Bernd Dollinger · Henning Schmidt-Semisch (Hrsg.)

Handbuch Jugendkriminalität

Bernd Dollinger
Henning Schmidt-Semisch (Hrsg.)

Handbuch Jugendkriminalität

Kriminologie und
Sozialpädagogik im Dialog

VS VERLAG FÜR SOZIALWISSENSCHAFTEN

Bibliografische Information der Deutschen Nationalbibliothek
Die Deutsche Nationalbibliothek verzeichnet diese Publikation in der
Deutschen Nationalbibliografie; detaillierte bibliografische Daten sind im Internet über
<http://dnb.d-nb.de> abrufbar.

1. Auflage 2010

Alle Rechte vorbehalten
© VS Verlag für Sozialwissenschaften | GWV Fachverlage GmbH, Wiesbaden 2010

Lektorat: Stefanie Laux

VS Verlag für Sozialwissenschaften ist Teil der Fachverlagsgruppe Springer Science+Business Media.
www.vs-verlag.de

Das Werk einschließlich aller seiner Teile ist urheberrechtlich geschützt. Jede Verwertung außerhalb der engen Grenzen des Urheberrechtsgesetzes ist ohne Zustimmung des Verlags unzulässig und strafbar. Das gilt insbesondere für Vervielfältigungen, Übersetzungen, Mikroverfilmungen und die Einspeicherung und Verarbeitung in elektronischen Systemen.

Die Wiedergabe von Gebrauchsnamen, Handelsnamen, Warenbezeichnungen usw. in diesem Werk berechtigt auch ohne besondere Kennzeichnung nicht zu der Annahme, dass solche Namen im Sinne der Warenzeichen- und Markenschutz-Gesetzgebung als frei zu betrachten wären und daher von jedermann benutzt werden dürften.

Umschlaggestaltung: KünkelLopka Medienentwicklung, Heidelberg
Satz: format.absatz.zeichen, Susanne Koch, Niedernhausen
Druck und buchbinderische Verarbeitung: Ten Brink, Meppel
Gedruckt auf säurefreiem und chlorfrei gebleichtem Papier
Printed in the Netherlands

ISBN 978-3-531-16067-2

Inhalt

A Einführung

Bernd Dollinger | Henning Schmidt-Semisch
Sozialpädagogik und Kriminologie im Dialog.
Einführende Perspektiven zum Ereignis „Jugendkriminalität". 11

Roland Anhorn
Von der Gefährlichkeit zum Risiko –
Zur Genealogie der Lebensphase „Jugend" als soziales Problem 23

Hans-Jörg Albrecht
Internationale Tendenzen in der Entwicklung des Jugendstrafrechts. 43

B Aktuelle Entwicklungen und Diskurse

Fritz Sack
Symbolische Kriminalpolitik und wachsende Punitivität. 63

Heribert Ostendorf
Strafverschärfungen im Umgang mit Jugendkriminalität. 91

Micha Brumlik
Das Wiederaufleben der Diszipin. Autorität und Strafe am Beispiel Immanuel Kants . . 105

Reinhard Kreissl
Neurowissenschaftliche Befunde, ihre Wirkung und Bedeutung für ein
Verständnis der Jugendkriminalität. 113

Bernd Dollinger
Jugendkriminalität zwischen Sozial- und Kriminalpolitik.
Ein lebenslaufbezogener Blick auf den Umgang mit sozialer Auffälligkeit 125

Christine Graebsch
What works? – Nothing works? – Who cares?
„Evidence-based Criminal Policy" und die Realität der Jugendkriminalpolitik 137

Olaf Emig
Kooperation von Polizei, Schule, Jugendhilfe und Justiz –
Gedanken zu Intensivtätern, neuen Kontrollstrategien und Kriminalisierungstendenzen . 149

C Theoretische Ansatzpunkte

Stefanie Eifler
Theoretische Ansatzpunkte für die Analyse der Jugendkriminalität 159

Bernd Dollinger
Ansatzpunkte eines reflexiven Begriffs von Jugendkriminalität.
Eine kulturtheoretische Annäherung 173

Helga Cremer-Schäfer
Die Jugendkriminalitätswelle und andere Kriminalisierungsereignisse 187

Albert Scherr
Jugendkriminalität – eine Folge sozialer Armut und sozialer Benachteiligung? 203

Dietrich Oberwittler
Jugendkriminalität in sozialen Kontexten –
Zur Rolle von Wohngebieten und Schulen bei der Verstärkung von
abweichendem Verhalten Jugendlicher 213

Thomas Naplava
Jugenddelinquenz im interethnischen Vergleich 229

D Verlaufsformen und Identitätskonstruktionen

Karl F. Schumann
Jugenddelinquenz im Lebensverlauf 243

Karl-Heinz Reuband
Delinquenz im Jugendalter und gesellschaftlicher Wandel.
Delinquenzverbreitung, Entdeckungsrisiken und polizeiliche Intervention
im Trendvergleich 259

Thomas Naplava
Jugendliche Intensiv- und Mehrfachtäter 293

Mechthild Bereswill | Anke Neuber
Jugendkriminalität und Männlichkeit 307

Mirja Silkenbeumer
Jugendkriminalität bei Mädchen 319

E   Prognose und Prävention

Marcus Hußmann
Diagnose und Individualprognose als Kernproblem des Umgangs mit
Jugendkriminalität 335

Detlev Frehsee
Korrumpierung der Jugendarbeit durch Kriminalprävention? 351

Robin Reder | Holger Ziegler
Kriminalprävention und Soziale Arbeit 365

F   Interventionen im Schnittfeld von Sozialer Arbeit und Justiz

Thomas Trenczek
Mitwirkung der Jugendhilfe im Strafverfahren – Jugendgerichtshilfe 381

Regine Drewniak
Ambulante sozialpädagogische Maßnahmen als Alternativen zum Freiheitsentzug 393

Tilman Lutz
Wiedergutmachung statt Strafe? Restorative Justice und der Täter-Opfer-Ausgleich . . . 405

Stefan Weyers
Demokratische Partizipation durch „Just Communities" 415

Hans-Joachim Plewig
„Konfrontative Pädagogik" 427

Frank Bettinger
Kriminalisierung und soziale Ausschließung 441

G   Der strafjustizielle Umgang mit Jugendkriminalität

Heinz Cornel
Der Erziehungsgedanke im Jugendstrafrecht: Historische Entwicklungen 455

Klaus Laubenthal | Nina Nestler
Geltungsbereich und Sanktionenkatalog des JGG 475

Bernd-Rüdeger Sonnen
Neuere Interventionsformen im Jugendstrafrecht 483

Gabriele Kawamura-Reindl
Bewährungshilfe im Spannungsfeld von Resozialisierung und Kontrolle 493

Karl-Heinz Reuband
Einstellungen der Bevölkerung gegenüber jugendlichen Straftätern.
Eine empirische Analyse ihrer Erscheinungsformen und Determinanten. 507

H   Inhaftierung und geschlossene Unterbringung

Johannes Feest | Kai Bammann
Jugendstrafvollzugsgesetze: Anspruch und Umsetzung 535

Mechthild Bereswill
Strafhaft als biographischer Einschnitt. Befunde zum Jugendstrafvollzug
aus der Perspektive seiner Insassen 545

Michael Lindenberg
Geschlossene Unterbringung in der Kinder- und Jugendhilfe. Darstellung,
Kritik, politischer Zusammenhang 557

Knut Papendorf
Gegen die Logik der Inhaftierung – die Forderungen des AJK aus heutiger Sicht 573

Autorinnen und Autoren 585

A Einführung

A. Einführung

Bernd Dollinger | Henning Schmidt-Semisch

Sozialpädagogik und Kriminologie im Dialog. Einführende Perspektiven zum Ereignis „Jugendkriminalität"

„Jugendlichkeit" ist ein zentraler Wert unserer an Gesundheit und Vitalität orientierten Gesellschaft. Doch gleichzeitig wird die Lebensphase „Jugend" auch mit Defiziten, Störungen und riskanten Verhaltensweisen assoziiert. Besondere mediale und politische Aufmerksamkeit erhalten Jugendliche, wenn sie mit strafrechtsrelevantem Verhalten, also mit (Jugend-)Kriminalität, in Erscheinung treten. In diesem Kontext geht es dann in der Regel nicht um aktuelle kriminologische und/oder sozialpädagogische Befunde, sondern Boulevardjournalismus und Teile der staatlichen Politik stellen auf wenige dramatische Einzelfälle ab, die zu Symbolen einer „Verrohung" Jugendlicher, einer verfehlten Integrationspolitik oder einer zu „weichen" Kriminalpolitik und Justiz stilisiert werden. Da die Massenmedien und selbst die polizeilichen Pressemitteilungen spezifische Formen von Normabweichungen besonders häufig thematisieren, wird dadurch zugleich eine spezifische Wahrnehmung von Delikthäufigkeiten produziert (vgl. Schwindt 2007: 283ff). So ist insbesondere physische Gewaltanwendung gegen Personen deutlich überrepräsentiert. Dass es sich hierbei im Vergleich zu statistisch ermittelten Delikthäufigkeiten um Verzerrungen handelt, wird massenmedial und politisch kaum ernst genommen, auch wenn die Wissenschaft dies nahezu durchgängig kritisch thematisiert. Immerhin ist sich die Fachwelt im Falle der Kriminalität Jugendlicher in einigen wichtigen Punkten weitestgehend einig. Sie liefert Erkenntnisse, die das öffentlich kommunizierte Bild differenzieren und korrigieren. Zentrale Befunde sind u.a. die folgenden Aspekte. Jugendkriminalität[1]:

a) ist *ubiquitär*, d.h. sie betrifft fast alle Jugendlichen;
b) ist *transitorisch*, also meist ein vorübergehendes und sich selbst „erledigendes" Phänomen im Lebenslauf;
c) ist im Vergleich zur Kriminalität Erwachsener *eher spontan, gruppenbezogen* und *richtet weniger wirtschaftlichen Schaden an*;
d) verweist nicht nur auf Jugendliche als Täter, sondern *auch als Opfer*, und
e) kann *nicht erfolgreich mit „harten" Maßnahmen* bekämpft werden, da diese mit hohen Rückfallquoten in Zusammenhang stehen.

Zwar scheint sich die Kriminalpolitik immer weiter von solchen empirisch fundierten Wissensbeständen zu entfernen, und man kann durchaus die Einschätzung vertreten, dass sich kriminalpolitische Entscheidungen eher „an populistischen Forderungen und Stimmungslagen orientieren als an dem, was aus wissenschaftlichen Erkenntnissen abgeleitet werden kann" (Pfeiffer/Wetzels 2006: 1096). Zugleich aber gibt es zumindest in Teilbereichen auch Anzeichen für die nach wie vor bestehende Möglichkeit, wissenschaftliches Wissen wirkmächtig

---
1 Vgl. im Einzelnen z.B. Dölling 2007; Heinz 2003; 2006; Kreuzer 1996; Walter 2005; BMI/BMJ 2006: 354ff.

werden zu lassen. Ein gutes Beispiel sind die in Wahlkämpfen mit gewisser Erwartbarkeit erhobenen Forderungen, den Umgang mit jugendlichen Straftätern rigider zu gestalten und z.B. Heranwachsende zwischen 18 und 21 Jahren regelhaft nach Erwachsenenstrafrecht zu sanktionieren – Forderungen, denen von Expertenseite ebenso wiederholt wie vehement widersprochen wird (vgl. Heinz 2008). Es mag auch diesem Einfluss der kriminalitätsbezogenen Wissenschaft (und Praxis) zuzuschreiben sein, dass die politischen Kampagnen zu einer Verschärfung des Jugendstrafrechts bislang (noch) nicht im beabsichtigten Umfang erfolgreich waren (vgl. zur Diskussion Kury/Obergfell-Fuchs 2006; Lautmann u.a. 2004)[2].

1 Kriminalitätswissen und die Ambivalenz massenmedialer Aufmerksamkeit

Diese Einschätzung darf allerdings nicht verallgemeinert werden, sondern sie sollte mit der gebotenen Zurückhaltung bedacht werden. Man mag es als Erfolg ansehen, wenn sich Sachkundige unterschiedlicher Provenienz einig sind, dass Kriminalpolitik einer wissenschaftlichen Basis bedarf und dies Ausdruck in der Zurückweisung populistischer Rhetoriken der Strafverschärfung finden muss. Zugleich aber sind die wissenschaftlichen Reaktionen auf punitive Tendenzen in Politik und Öffentlichkeit eben dies: eine *Reaktion*. Das Beharren auf etabliertem Wissen und nachgewiesener Evidenz folgt einem wissenschafts*externen* Impuls und agiert innerhalb des durch ihn gesetzten Rahmens. In diesem Kontext sind etwa Mediendarstellungen von Devianz längst selbst zum Forschungsgegenstand geworden (vgl. z.B. Linssen 2003; Rapold 2002; Sotirovic 2003). Dabei zeigt sich, dass öffentliche Darstellung und – wie auch immer zu bestimmendes – „objektives" Wissen über Kriminalität nicht systematisch aufeinander bezogen sind (vgl. Beckett 1997). Massenmediale Kommunikation konstituiert eine Realität sui generis (vgl. Luhmann 2004). Gerade der Kriminalberichterstattung ist eine „Eigengesetzlichkeit" (Walter 2005: 351) zuzuschreiben, die vorrangig massenmedialen Regeln anstatt empirischen Evidenzen oder theoretischen Erkenntnissen folgt. Wissenschaft, die sich hierauf einlässt, stellt nicht nur ihr Wissen in einem wissenschaftsexternen Rahmen dar, sondern dieser Rahmen bestimmt überdies die Qualität des Gesagten: Die mediale Logik gibt vor, *wie* sich Wissenschaft – und damit auch: *was* sie – zu artikulieren hat. Die betreffenden Regeln des Sagbaren sind in besonderer Weise beschränkt und strukturieren mögliche Inhalte. So betrachtet steht die Wissenschaft in Konkurrenz „um öffentliches Gehör, Medienaufmerksamkeit, Finanzen und Ressourcen" (Löschper 2000: 276). Sie ist gegenwärtig – und war dies unter anderen Voraussetzungen im Grunde schon immer – zu einer Partei im voraussetzungsvollen Kampf um den Glauben an Wahrheit geworden. Dabei muss sie sich wenigstens partiell den kulturell vorherrschenden Bedingungen der Wahrheits-Produktion stellen bzw. unterwerfen.

Es mag nostalgisch erscheinen, dies ins Gedächtnis zu rufen, denn immerhin ist die Wissenschaft seit längerer Zeit nicht mehr allein deswegen glaubwürdig, weil sie *als Wissenschaft*

---

2 Ein weiteres einschlägiges Beispiel für die potentielle Wirkmächtigkeit kriminologischer Befunde betrifft das zeitweise insbesondere in den USA verbreitete Vorurteil, es sei unerheblich, wie man mit Straftätern verfahre, da relativ unabhängig von der Interventionsart ähnliche Rückfallquoten auftreten. Verschiedene Kriminologen wiesen Gegenteiliges nach, so dass Cullen (2005: 1) zu dem Schluss kommt: „Their story is a reminder that, under certain conditions, the science of criminology is capable of making an important difference in the correctional enterprise, if not far beyond".

spricht. Vielmehr muss sie sich und ihr Wissen plausibel darstellen, und nicht selten steht sie dabei vor dem Dilemma, dass das von ihr kommunizierte Wissen prinzipiell unsicher ist und in unterschiedlichen Kontexten jeweils eigenständig „verarbeitet" wird, dass Expertisen und Gutachten sich mitunter widersprechen und in vielen, häufig zentralen wissenschaftlichen Themenbereichen mit dem erreichten Wissen gleichzeitig das Nichtwissen wächst (vgl. Böschen 2007; Wehling 2007; Weingart 2003: 95ff). So stehen den eingangs angesprochenen Wissensbereichen, in denen von einem empirisch fundierten Konsens auszugehen ist, Wissensfelder gegenüber, die zumindest derzeit von offenen Fragen geprägt sind. Dies betrifft z.B. die ätiologischen Hintergründe jugendlicher Kriminalität, die individuelle Wirkung von Sanktionen und Reaktionen auf Delinquenz, aber auch die Möglichkeiten präventiver Intervention oder kontextueller Einflüsse auf Handlungsformen, die als „kriminell" interpretiert werden, sowie eine Reihe weiterer Fragestellungen. Selbst mit den als besonders erkenntnisfördernd angesehenen Längsschnittstudien sind neue Fragestellungen und neue Formen von Nichtwissen verbunden, da sie u.a. die wesentliche Einsicht befördern, dass Jugendkriminalität nicht an sich, sondern stets nur im (sozial-)biographischen Kontext betrachtet werden kann, und Mechanismen „institutioneller Steuerung" (Schumann 2003: 218) wesentlichen Einfluss auf den Verlauf von Kriminalitätskarrieren ausüben. Diese soziale Steuerung und Prägung geht nicht nur von den gleichsam „normalen" Institutionen der Gestaltung des Lebensverlaufs (Familie, Schule, Ausbildung, Arbeitsplatz) aus, sondern auch von devianzorientierten „Sonder"-Institutionen wie Polizei, Strafjustiz oder justiznaher Sozialer Arbeit. Diese üben durch ihre spezifische Bearbeitungslogik von Jugendkriminalität Einfluss auf deren weiteren Verlauf aus. Nicht zuletzt in diesen Institutionen werden „Fälle" in Abhängigkeit von professionellen Interessenslagen und Wahrnehmungsrastern sowie „institutionellen Settings" (Schmidt 2008: 39) interpretiert und konstituiert (vgl. Holstein/Miller 2003: 85). In diesem Sinne sind als „kriminell" bezeichnete Handlungsformen von Jugendlichen und Heranwachsenden nur unter Berücksichtigung vielschichtiger professioneller und institutioneller Interpretationsleistungen zu verstehen, an denen die betreffenden Jugendlichen selbst partizipieren. Jugendkriminalität erweist sich folglich als ausgesprochen komplexes und dynamisches Geschehen, das allgemeingültige Aussagen – zumal in Form massenmedial verwertbarer Pointierung – kaum zulässt[3].

2 Kooperationsprobleme

Vor dem Hintergrund der unterschiedlichen Aspekte und Herangehensweisen, die den „Gegenstand" Jugendkriminalität in Wissenschaft, Praxis und Alltag konturieren und beeinflussen, wollen wir einen Bereich besonders hervorheben: die Kooperation von Kriminologie und Sozialpädagogik. Dies erscheint uns vor allem deshalb von besonderer Bedeutung, weil der

---

3 Zu ergänzen ist, dass auch der Begriff „Jugend" eine semantische Vereinheitlichung vornimmt, die der Realität nie gerecht werden kann. Wo dieser Kollektivsingular auf eine mehr oder weniger gleichartige Verfasstheit psychosozialer (und physiologischer) Lebenswirklichkeiten hinweist, zeigt die Jugendforschung deutliche Heterogenitäten, die es notwendig machen, von „Jugenden" (Scherr 2006) zu sprechen (vgl. auch Ferchhoff 2007: 96f.). Vereinheitlichungen zeigen sich hingegen in der – alltäglichen wie wissenschaftlichen – Interpretation und diskursiven Hervorbringung von „Jugend", die „zwischen Stigma, Wirklichkeit, Selbstanspruch und Ideal" (Mansel/Klocke 1996) schwankt. Ebenso wenig wie „Kriminalität" kann folglich „Jugend" dem Wissen Halt geben. Umso schwieriger wird es, wenn beides zusammengebracht wird.

gesellschaftliche Umgang mit Jugendkriminalität stets auf interdisziplinäre und interprofessionelle Zusammenhänge verweist, aus denen unmittelbar ein Zwang zur Kooperation erwächst. Neben Schule, Familie, Psychiatrie und anderen Institutionen stehen insbesondere Sozialpädagogik und Kriminologie im Vordergrund. Schon der Umstand, dass das Jugendgerichtsgesetz *Erziehung* als Referenz des Umgangs mit jugendlichen Delinquenten festschreibt, zwingt Sozialpädagogik und Kriminologie bzw. die praktische Soziale Arbeit und das Strafjustizsystem zur Zusammenarbeit. Diese Kooperation bildet den kriminal- und sozialpolitischen Auftrag, zu dem sich die Akteure in diesen Feldern, in welcher konkreten Form auch immer, zu verhalten haben und der in der Literatur ebenso breit wie kontrovers diskutiert wird (vgl. etwa Gerken/Schumann 1988a; Nickolai/Wichmann 2007; Müller 2001; Ostendorf 2005; Sonnen 2007).

Wie die Debatten zeigen, ist „Erziehung" allerdings ein höchst unklarer Bezugspunkt. Er garantiert nicht, dass die Akteure ähnliche Vorstellungen und Ziele verfolgen. Erziehung hat in der Pädagogik eine andere Bedeutung als die in § 2 Abs. 1 JGG vorgegebene Orientierung an der Legalbewährung des Einzelnen. Insbesondere kann aus der rechtlichen Festschreibung von Erziehung als Maxime des Umgangs mit jugendlicher Delinquenz nicht gefolgert werden, Jugendkriminalität bzw. strafrechtsrelevantes Verhalten Jugendlicher sei stets mit einem Defizit an Erziehungsleistungen verbunden. Eine derartige Behauptung wäre schon angesichts des ubiquitären und transitorischen Charakters von Jugendkriminalität unsinnig und kann nicht als Begründung dafür dienen, substantiell in das Leben von Jugendlichen und Heranwachsenden einzugreifen. Ansonsten würde der Erziehungsgedanke, wie Gerken und Schumann (1988b) diagnostizieren, als gleichsam „trojanisches Pferd" in Bereiche vordringen, in denen die Jugendlichen und Heranwachsenden vor Zugriffen durch gesellschaftliche Sonder-Institutionen zu schützen sind. Immerhin operiert Soziale Arbeit, wie u.a. Foucault (1998) rekonstruierte, in Bereichen, die der Strafjustiz an sich verschlossen sind. Im Erziehungsgedanken ist die Gefahr angelegt, Interventionen zwar in „bester Absicht" (Gerken/Schumann 1988b: 3), aber repressiv als verlängerter Freiheitsentzug, als Ahndung ansonsten nicht weiter verfolgter Bagatellkriminalität oder als Verminderung anderweitig unhinterfragter Schutzrechte umzusetzen. Neuere Trends, die eine zunehmende Verwischung der Grenzen von Strafjustiz und Sozialpädagogik zeigen, stimmen vor diesem Hintergrund bedenklich (vgl. Scherr 2007). Dies gilt auch und gerade für die relativ kleine Zahl Jugendlicher, deren Auffälligkeit mit Problemen der Sozialisation und Erziehung in Verbindung gebracht werden kann. Denn es ist bei dieser Klientel in besonderem Maße zu beachten, dass nicht ihr strafrechtsrelevantes Verhalten als solches besondere Hilfen zur Erziehung nahe legen kann, sondern ein gegebenenfalls bestehender erzieherischer Bedarf. Seine Identifizierung rekurriert auf genuin sozialpädagogische Kompetenzen der Bedarfsfeststellung sowie der Aushandlung von Möglichkeiten der Unterstützung und der Leistungserbringung und -bewertung.

Der im Kontext von Kriminalisierungsprozessen angenommene erzieherische Bedarf fungiert als Begründung der Kooperation von Sozialpädagogik und Strafjustiz. Blicken wir deshalb kurz auf die sozialwissenschaftliche Kooperationsforschung in Jugendhilfe und Sozialer Arbeit, um die mit den Kooperationsforderungen verbundenen möglichen Probleme zu erkennen. Ergebnisse dieser Forschungsbemühungen zeigen, dass Kooperation mitunter kaum mehr als ein „Mythos" (Santen/Seckinger 2003a) ist. Sie wird gebetsmühlenartig angemahnt, höchst unterschiedlich praktiziert, wenig erforscht, selten in ihren komplexen praktischen Anforderungen ernst genommen und gelingt lediglich hin und wieder. Deshalb wird im Bereich kooperativer psychosozialer Versorgungsleistungen konstatiert, es sei unverzichtbar, „über die Voraussetzungen von Verknüpfungen und Anschlussfähigkeiten nachzudenken" (Kardorff 1998:

217), und gerade hierin besteht ein zentrales Problem. Van Santen und Seckinger (2003b: 132) bemerken auf der Basis einer empirischen Analyse von Kooperationen in der Kinder- und Jugendhilfe, es gebe „keine Kultur der selbstkritischen Auseinandersetzung mit, geschweige denn der (Selbst)Evaluation von Kooperationseffekten". Dies ist umso gravierender, als Kooperation keineswegs per se positiv zu bewerten ist. Im Gegenteil: Kooperation könne sogar, so die beiden Autoren, zur „Verhinderung von Qualität" (ebd.) führen, wenn etwa Interventionsstrukturen zusammenwirken und eine kooperative Eigenlogik entsteht, die sich von konkret gegebenen Problemstellungen distanziert. Diese Gefahr ist keineswegs nur theoretischer Natur, sondern kann auf die empirische Erfahrung verweisen, dass Kooperation häufig von sublimer Konkurrenz geprägt ist. So wird sie z.B. nicht selten von Versuchen begleitet, eigene spezifische Handlungsfähigkeiten herauszustellen, indem kooperierende Gruppen ihre professionelle Identität durch Distinktionen konstituieren. Andere Professionen werden dann tendenziell delegitimiert, um die eigene Professionalität aufzuwerten (vgl. White/Featherstone 2005).

Transformiert man diese Befunde auf den Bereich der Jugendgerichtshilfe – das „klassische" Feld interprofessioneller Zusammenarbeit von Sozialpädagogik und Strafjustiz –, dann bestätigt sich, dass Kooperationen nicht automatisch den betreffenden Jugendlichen zugute kommen. Dies hat allerdings weniger mit der Gefahr interprofessioneller Konkurrenz und Distinktion zu tun, da die Machtverteilung hier relativ eindeutig ist: Der machtvollere Akteur ist die Strafjustiz, dergegenüber die Berechtigungen und Artikulationsmöglichkeiten auf Seiten der Sozialpädagogik vergleichsweise eingeschränkt sind. Vor diesem Hintergrund kann sich eine unterbleibende Reflexion von Kooperationsvoraussetzungen und -folgen als besonders gravierend erweisen, denn bei der Sozialpädagogik kann sich angesichts der Machtasymmetrie eine Haltung einstellen, sich in die Logik des Systems der Strafverfolgung einzuordnen und sich einer „subalternen Instrumentalisierung" (Müller 2001: 74) auszusetzen, wenn nicht der eigenständige sozialpädagogische Handlungsauftrag ernst genommen wird. Dieser verweist im Kern auf eine anwaltschaftliche Tätigkeit im Dienst der Heranwachsenden und nicht vorrangig auf Legalbewährung oder den Schutz der Gesellschaft vor (potentiellen) Straftätern. Diese Anwaltschaft, die sich u.a. auf das Recht des Kindes bzw. Jugendlichen auf Erziehung gemäß § 1 SGB VIII gründet, steht im Kooperationszusammenhang zwischen Sozialpädagogik und Strafjustiz mitunter in Zweifel. Empirische Befunde weisen darauf hin, dass die Tätigkeit der Jugendgerichtshilfe zumindest in Teilbereichen zu einer Vor-Verurteilung Jugendlicher führt und durch ihre Mitwirkung im Strafverfahren „die Wahrscheinlichkeit einer informellen Erledigung des Verfahrens sinkt" (Müller/Trenczek 2001: 869; im Einzelnen Trenczek 2003). Die teilweise personalisierende Diktion von Berichten der Jugendgerichtshilfe (vgl. Nienhaus 1999) kann sich diesbezüglich als ebenso nachteilig für die Jugendlichen erweisen wie organisationale Rahmenbedingungen, die aufgrund von Kostendruck, Entspezialisierungen oder hohen Belastungen durch Fallzahlen eine sozialpädagogisch verantwortungsvolle Tätigkeit von Jugendgerichtshelfern nicht zulassen.

Dies ist nicht so zu verstehen, als sei die Kooperation als solche grundsätzlich negativ zu werten. Es kann der geschilderten Problematik aber auch nicht durch einige pragmatische Hinweise zu gelingender Praxis abgeholfen werden. Kooperation ist nicht nur und nicht vorrangig ein methodisch-praktisches Problem, sondern es muss grundlegender angesetzt werden. Mindestens ebenso bedeutsam wie die Frage konkreter Zusammenarbeit ist es, die epistemologischen, gegenstandskonstitutiven, professionellen und organisationalen Voraussetzungen der praktischen Kooperationsarbeit in den Blick zu nehmen. Denn Jugendkriminalität beinhaltet – gerade auch als Handlungsproblem, als das sie von öffentlichen und politischen Akteuren definiert wird – keineswegs nur ein anwendungsbezogenes Kooperationsthema. Vielmehr verweist sie auf perspektivische Interessenslagen, unterschiedliche (Wissens-)Standorte und divergente Wahrnehmungsstrukturen. Dies lässt sich sowohl auf professionsbezogener als auch auf disziplinärer Ebene zeigen:

Auf professionstheoretischer Ebene ist in Rechnung zu stellen, dass es unzureichend wäre, nur eine Differenz im Umgang mit Jugendkriminalität festzustellen, etwa nach dem Muster, Sozialpädagogik folge einer vorrangig unterstützenden, die Strafjustiz dagegen einer punitiven Orientierung. Entscheidend sind tiefgründigere Unterscheidungen, da unterschiedliche Begriffe von Jugendkriminalität deutlich werden, wenn sie einerseits etwa als Anlass zur Förderung von Bildungsprozessen oder andererseits als Legitimation von Sozialdisziplinierung wahrgenommen wird. Ausgehend von derartigen Zielbestimmungen ergeben sich unterschiedliche Typisierungen des Problems „Jugendkriminalität". Wie Pfadenhauer (2005) konstatiert, wäre es unrealistisch anzunehmen, es existiere ein „Fall", der je nach seiner objektiven Beschaffenheit von unterschiedlichen Professionen adressiert wird. Es verhält sich vielmehr umgekehrt, denn nicht das Problem bestimmt die Lösung, sondern die Lösung bzw. Lösungsmöglichkeit definiert das Problem: „Professionelle lassen sich demnach als Akteure verstehen, die Probleme, mit denen sie sich auseinandersetzen, so zu definieren vermögen, dass diese eben möglichst weitgehend den Lösungen entsprechen, über die sie je (professionell) verfügen" (ebd.: 14). Einzelfälle werden so ausgedeutet, dass sie „lösungsadäquat" (ebd.) auftreten. Ein wichtiges Mittel hierzu ist, wie der wissenssoziologischen und phänomenologischen Tradition dieses Professionsverständnisses zu entnehmen ist, die Typisierung lebensweltlicher Realitäten. Sie kann umso unterschiedlicher ausfallen, je komplexer die in Frage stehenden Sachverhalte sind. Und wie oben ausgeführt wurde, handelt es sich bei (Jugend-)Kriminalität um ein überaus vielschichtiges Ereignis, das sehr unterschiedlichen Typisierungen zugänglich ist (vgl. Hess/Scheerer 2004). Zugänge zu Jugendkriminalität bilden die Komplexität nicht einfach ab, sondern sie setzen *spezifische Realitäten* voraus, die sie ansprechen, bearbeiten und dadurch als „Gegenstände" konstituieren. In der Sozialpädagogik wird Jugendkriminalität in diesem Sinne, wie geschildert, vorrangig als Erziehungsproblem „real", in der strafjustiziellen Praxis hingegen als Normverletzung, die zwar auch von „Erziehung" sprechen lässt, dies allerdings primär im Verständnis anzustrebender Legalbewährung. Selbst wenn demnach einheitliche Erziehungs-Terminologien anzutreffen sein sollten, so sind sie kein Garant für eine gemeinsam geteilte Wirklichkeitsauffassung.

Auf disziplinärer Ebene bestätigt sich dieses Bild, denn auch im Kontext wissenschaftlicher Diskurse ist von vorgeprägten, disziplinspezifischen Arten der Interpretation von Wirklichkeit auszugehen. Diesbezüglich ist das Verhältnis der disziplinären Sozialpädagogik zur Kriminologie nicht als das einer anwendungsbezogenen zu einer praxisdistanzierten Wissenschaft zu bestimmen. Es wäre ein Missverständnis, die Sozialpädagogik als Handlungswissenschaft zu verstehen und sie von einer grundlagenwissenschaftlichen Kriminologie abzugrenzen (oder umgekehrt). Dies würde voraussetzen, dass eine Wissenschaft einen Gegenstand objektiv bestimmen und ihn „bearbeitungsgerecht" zurichten könnte. Sowohl die Eigenständigkeit beider Disziplinen wie auch die Kontingenz dessen, was unter „Jugendkriminalität" jeweils verstanden wird, sprechen gegen diese Sicht. So gesehen können die beiden Disziplinen insbesondere nicht voraussetzen, dass sie über das Gleiche sprechen, wenn sie Jugendkriminalität thematisieren, sondern sie müssen bedenken, dass sie in diese Rede ihre jeweiligen Deutungs- und Problematisierungsmuster einbringen. Deshalb müssen bei Überlegungen zu Kooperationsmöglichkeiten notwendigerweise die spezifischen Analyse- und Wissenspotentiale von Sozialpädagogik und

Kriminologie thematisiert werden, um sie aufeinander zu beziehen und in ihrer Relation zu reflektieren. Wollen Sozialpädagogik und Kriminologie also kooperieren, so müssen sie anerkennen, dass sie dies von (zunächst) getrennten Punkten aus anstreben. Einen Dialog wird man kaum dadurch erfolgreich führen können, dass Unterschiede negiert werden. Es könnte sich hierbei als ertragreich erweisen, nicht einen einzigen „objektiven" Standpunkt anzustreben, sondern divergente Zugänge anzuerkennen und zu untersuchen, wie die jeweiligen Begriffe von Jugendkriminalität sowie die auf sie gerichteten Problematisierungs-, Handlungs- und Bearbeitungsweisen konstituiert und realisiert werden.

3   Die Ausrichtung des Handbuchs

Nimmt man diese Komplexität und Dynamik ernst, so wird nachvollziehbar, dass Interventionen in Jugendkriminalität vor einem besonderen Problem stehen: Sie setzen in der Regel voraus, sie wären effektiv, wissen angesichts eines unklaren und fluiden „Gegenstandes" aber nicht genau, wogegen, wie und mit welcher Zielrichtung[4]. Die Erforschung zentraler Zusammenhänge befindet sich „in Deutschland allenfalls in der Anfangsphase" (Boers 2007: 33). Selbst wenn man positiv in Rechnung stellen kann, dass in den vergangenen Jahren der besonderen Dynamik und Kontextabhängigkeit jugendlicher Kriminalität besonderes Gewicht beigemessen wurde[5], hat dies bislang nicht zu einem befriedigenden Erkenntnisstand geführt. Man weiß noch zu wenig über Jugendkriminalität – und dies in einer Situation, in der einerseits zunehmend Wirkungsstudien und evidenzbasierte Annäherungen eingefordert werden[6] und andererseits politische Entscheidungsträger Handlungsfähigkeit über symbolische Politik zu inszenieren suchen und Öffentlichkeit und Massenmedien immer wieder nach einfachen Botschaften und leicht vermittelbaren Informationen verlangen.

Diese Erkenntnisse bilden den Hintergrund für das „Handbuch Jugendkriminalität". Es ist bewusst nicht vorrangig darauf ausgerichtet, unmittelbar anwendungsorientiert zu sein, auch wenn es natürlich mit Blick auf praktische Nützlichkeit gelesen werden kann. Mindestens ebenso wichtig sind aber grundlegende Klärungsversuche, die „zur praktischen Kriminalpolitik und ihrer von den Medien geprägten tagespolitischen Agenda eine gewisse Distanz" einhalten, wie sie Kunz (2004: 306) der Kriminologie anempfiehlt. Man sollte nicht vorschnelle Antworten geben, wenn die betreffenden Fragen und Probleme noch nicht deutlich konturiert sind. Wenn drängender Handlungsbedarf zu bestehen scheint, ist es oftmals besonders erkenntnisreich, sich bewusst zu machen, in welcher Lage man sich befindet und wer eigentlich mit welchem Interesse, welcher Legitimation und auf der Grundlage welchen Wissens diesen Druck erzeugt. Wir haben deshalb bei der Herausgabe des Handbuchs Wert darauf gelegt, auch strittige Aspekte und reflexive Ausführungen einzubeziehen. Unabhängig von der starken Nachfrage nach

---

4   Devianz existiert nicht als gegebenes Datum, sondern hängt von Sichtweisen, normativen Bestimmungskriterien und kulturellen Wahrnehmungsrastern ab. Auch neuere Tendenzen, statt von „Devianz" oder „Kriminalität" von „antisozialem Verhalten", „Problemverhalten" oder „Risikoverhalten" zu sprechen, können dies nicht ändern. Es handelt sich in jedem Fall um perspektivische Hervorbringungen und begründungspflichtige Klassifikationen, auch wenn der objektivistische Anschein der Begriffe etwas anderes suggeriert (vgl. Groenemeyer 2007).

5   Vgl. z.B. Farrington (2007); Prein/Seus (2003); Schumann (2003); Stelly/Thomas (2005).

6   Vgl. zur Debatte über Evidenzbasierung in der Sozialen Arbeit Otto (2007), für die Kriminologie Graebsch (2004 sowie i.d.B.). Es sei hier lediglich angedeutet, dass die scheinbare Handlungs- und Planungssicherheit dieser Bestrebungen nicht geeignet ist, fehlendes theoretisches und empirisches Wissen zu substituieren.

Devianzwissen muss Wissenschaft u.E. Raum geben, um Kritik und Dissens zuzulassen. Sie muss, in anderen Worten, Reflexivität auch dann artikulieren und realisieren, wenn sie nicht direkt medienwirksam anschlussfähig ist und – zumindest auf den ersten Blick – nicht sofort praktisch angewendet werden kann.

Deshalb verfolgen wir einen breiten Zugang zu Jugendkriminalität, der sowohl anwendungsbezogene als auch eher theoretisch ausgerichtete Beiträge einbezieht und zugleich eine wissenschaftstheoretisch und inhaltlich heterogene Ausrichtung anstrebt. Die einzelnen Texte folgen also sehr unterschiedlichen Diktionen und Zugängen, die sich nicht in das häufig allzu eindimensionale Raster einer „kritischen" vs. einer „Mainstream"-Wissenschaft (oder Praxis) einordnen lassen. Die divergenten „Schulen" bzw. Theorieströmungen, die Sozialpädagogik (vgl. Füssenhäuser/Thiersch 2005; May 2008; Thole 2002) und Kriminologie (vgl. Kunz 2004, 101ff; Schneider 2007; Walter 2005: 94ff) auf jeweils heterogene Weise prägen, lassen sich nicht auf einen einheitlichen Nenner bringen. Ihn anzustreben, würde der Vielfalt der jeweiligen Zugänge zu Kriminalität auch *innerhalb* der betreffenden Disziplinen nicht gerecht.

Die Beiträge des Handbuchs repräsentieren Fachwissen, das aktuellen disziplinären Diskursen entspricht, ohne vorab auf ein homogenes Gesamtbild von Jugendkriminalität oder der Kriminalisierung von Jugend verpflichtet zu sein. Eine solche Hoffnung wäre nicht einzulösen. Schließlich sind die als kriminell bezeichneten und behandelten Handlungen noch komplexer und dynamischer angelegt, als es selbst die Wissenschaften von Devianz und Kriminalität in der Regel nachzeichnen können. Wir sehen es deshalb als Gewinn und nicht als Defizit an, dass diese Wissenschaften vielschichtig und mitunter auch widersprüchlich angelegt sind.

Das „Handbuch Jugendkriminalität" versucht folglich, Perspektiven einzubringen, nicht kristallisierte Wissensbestände abzubilden. Der Dialog zwischen Sozialpädagogik und Kriminologie soll auf der Basis eines breiten Zugangs zum Thema „Jugendkriminalität" befördert werden. Zu diesem Zugang gehört eine grundlegende Skepsis gegenüber einer homogenisierenden Deutung und Bearbeitung von „Jugendkriminalität". Nach einführenden Beiträgen folgt deshalb nicht zufällig an erster Stelle ein Themenbereich, der *aktuelle Entwicklungen und kriminalpolitische Diskurse* rekonstruiert. Das Wissen um Jugendkriminalität ist diskursiv konstituiert und selbst wissenschaftliches Wissen ist abhängig von entsprechenden politischen, kulturellen und medialen Darstellungen. Die betreffenden Beiträge bringen dies prinzipiell und mit besonderer Betonung aktueller Tendenzen des Umgangs mit Jugendkriminalität zum Ausdruck.

Von besonderer Bedeutung ist zudem der folgende Inhaltsbereich, der *theoretische Ansatzpunkte* benennt. Wer von Jugendkriminalität spricht und mit ihr zu tun hat, verfolgt mindestens implizit theoretische Entwürfe, so dass es angezeigt ist, sich explizit mit ihnen zu befassen. Nur so können sie diskutiert und auch widerlegt werden. Selbst wenn derzeit nicht von einem Konsens in der Theoriebildung ausgegangen werden kann und dieser möglicherweise auch nicht erreichbar ist, bedarf es weiterhin nachhaltiger Theoriearbeit.

Jugendkriminalität ist dynamisch und sie zeigt komplexe Formen des zeitlichen Verlaufs. Der Teil *Verlaufsformen und Identitätskonstruktionen* geht dem nach. Er analysiert den aktuellen Forschungsstand von Verlaufs- bzw. Karrieremodellen und erschließt die Frage des Zusammenhangs von Jugendkriminalität und Identitätsentwicklung. Gerade in diesem Zusammenhang zeigt sich, dass vorschnelle Polarisierungen – etwa Konformität vs. Devianz, biographisch vorübergehende vs. lebenslange Kriminalität – der in der Realität anzutreffenden Vielschichtigkeit meist nicht gerecht werden.

Dies wirkt sich auch auf *Prognose und Prävention* aus. Jugendliche entwickeln sich zumindest in wesentlichen Teilen spontan und unvorhersehbar, so dass Prognosen auf systematische

Probleme stoßen. Zudem müssen Präventionskonzepte hinterfragt werden, die deterministische Entwicklungen antizipieren zu können glauben. Kriminalitätsprävention, die Risikogruppen ausmacht und biographisch frühzeitig personale Deliktneigungen unterstellt, neigt zur Stigmatisierung. Sie droht, die Realitäten selbst hervorzurufen, gegen die sie angetreten ist. Es ist deshalb zur Vorsicht zu raten, wenn selbst wohlmeinende Hilfe nur unter dem Vorzeichen gewährt wird, vermeintliche Störer präventiv zu kontrollieren.

Es folgt der Bereich *Interventionen im Schnittfeld von Sozialer Arbeit und Justiz*. Wir haben bewusst nicht prinzipiell nach sozialpädagogischen und strafjustiziellen Interventionen aufgeteilt, da eine Zuordnung nicht immer eindeutig möglich ist. Vielmehr zeigt sich ein breites Spektrum an Ansatzpunkten und Logiken von Maßnahmen. Ihre Vielfalt und Dynamik ergibt sich unmittelbar aus dem „Gegenstand" und den vielfältigen Perspektiven, von denen aus er thematisch wird.

Gleichwohl zeigt sich *der strafjustizielle Umgang mit Jugendkriminalität* als dominierende Rationalität, wenn institutionell mit jugendlichen „Tätern" gearbeitet wird. Das Strafrecht bestimmt in zentraler Weise, wie Delinquente behandelt werden können und sollen. Eine große Bandbreite an Maßnahmen steht zur Verfügung, und es wird kontinuierlich diskutiert, ob und wie die entsprechenden Maßnahmen zu erweitern sind.

Von derzeit international wachsender Relevanz sind „harte" Maßnahmen wie *Inhaftierung und geschlossene Unterbringung*. Da sie mit überdurchschnittlich hohen Rückfallraten assoziiert sind und im Übrigen nur als „ultima ratio" des staatlichen Vorgehens gegen Delinquenz in Frage kommen können, bedürfen sie einer besonders kritischen Beachtung.

Wir hoffen, den Lesern mit diesen Inhalten tatsächlich *breite Zugänge* zu ermöglichen und Kontroversen ebenso wie gesicherte Befunde nahe bringen zu können. Dies kann nie umfassend erfolgen, denn selbst ein Handbuch steht vor dem Problem der Selektion und der Schwerpunktsetzung. Dennoch hoffen wir, durch die Beiträge relevante Wissensbereiche vermitteln zu können und zu weiteren Diskussionen und konstruktivem Streit anzuregen, denn hiervon lebt letztlich die Beschäftigung mit Jugendkriminalität. Wenn dies gelungen ist, so danken wir neben allen, die uns bei der Fertigstellung des Bandes geholfen haben, vor allem „unseren" Autorinnen und Autoren.

4 Literatur

Beckett, K., 1997: Making crime pay. New York.
Boers, K., 2007: Hauptlinien der kriminologischen Längsschnittforschung. In: K. Boers/J. Reinecke (Hg.): Delinquenz im Jugendalter. Münster u.a. S. 5-40.
Böschen, S., 2007: Wissenschaft und Gesellschaft. In: R. Schützeichel (Hg.): Handbuch Wissenssoziologie und Wissensforschung. Konstanz. S. 751-763.
Bundesministerium des Inneren/Bundesministerium der Justiz (BMI/BMJ), 2006: Zweiter Periodischer Sicherheitsbericht. Berlin.
Cullen, F.T., 2005: The Twelve People Who Saved Rehabilitation: How the Science of Criminology Made a Difference. In: Criminology. 43. Jg. S. 1-42.
Dölling, D., 2007: Kinder- und Jugenddelinquenz. In: H.J. Schneider (Hg.): Internationales Handbuch der Kriminologie. Bd. 1: Grundlagen der Kriminologie. Berlin. S. 469-507.
Farrington, D.P., 2007: Die Entwicklungs- und Lebenslaufkriminologie/Developmental and Life-Course Criminology. In: H.J. Schneider (Hg.): Internationales Handbuch der Kriminologie. Bd. 1: Grundlagen der Kriminologie. Berlin. S. 183-207.

Ferchhoff, W., 2007: Jugend und Jugendkulturen im 21. Jahrhundert. Wiesbaden.
Foucault, M., 1998: Überwachen und Strafen. Die Geburt des Gefängnisses. 12. Aufl. Frankfurt a.M.
Füssenhäuser, C./Thiersch, H., 2005: Theorien der Sozialen Arbeit. In: H.-U. Otto/H. Thiersch (Hg.): Handbuch Sozialarbeit/Sozialpädagogik, 3. Aufl. München. S.1876-1901.
Gerken, J./Schumann, K.F. (Hg.), 1988a: Ein trojanisches Pferd im Rechtsstaat. Der Erziehungsgedanke in der Jugendgerichtspraxis. Pfaffenweiler.
Gerken, J./Schumann, K.F., 1988b: Ein trojanisches Pferd im Rechtsstaat. Der Erziehungsgedanke in der Jugendgerichtspraxis. In: dies. (Hg.): Ein trojanisches Pferd im Rechtsstaat. Der Erziehungsgedanke in der Jugendgerichtspraxis. Pfaffenweiler. S. 1-10.
Graebsch, C., 2004: „Evidence-based Crime Prevention". Anspruch und Praxisbeispiele einer Kriminalpolitik nach medizinischem Modell. In: Kriminologisches Journal. 36. Jg., S. 266-283.
Groenemeyer, A., 2007: Gibt es eigentlich noch abweichendes Verhalten? In: Kriminologisches Journal. 39. Jg. S. 162-184.
Heinz, W., 2003: Jugendkriminalität in Deutschland. Kriminalstatistische und kriminologische Befunde (http://www.uni-konstanz.de/rtf/kik/Jugendkriminalitaet-2003-7-e.pdf; Zugriff 16.03.2005).
Heinz, W., 2006: Kriminelle Jugendliche – gefährlich oder gefährdet? Konstanz.
Heinz, W., 2008: Stellungnahme zur aktuellen Diskussion um eine Verschärfung des Jugendstrafrechts. In: Zeitschrift für Jugendkriminalrecht und Jugendhilfe. 19. Jg. S. 87-96.
Hess, H./Scheerer, S., 2004: Theorie der Kriminalität. In: D. Oberwittler/S. Karstedt (Hg.): Soziologie der Kriminalität. Wiesbaden. S. 69-92.
Holstein, J.A./Miller, G., 2003: Social Constructionism and Social Problems Work. In: dies. (Hg.): Challenges and Choices. Constructionist Perspectives on Social Problems. New York. 70-91.
Kardorff, E. von, 1998: Kooperation, Koordination und Vernetzung. Anmerkungen zur Schnittstellenproblematik in der psychosozialen Versorgung. In: B. Röhrle/G. Sommer/F. Nestmann (Hg.): Netzwerkintervention. Tübingen. S. 203-222.
Kreuzer, A., 1996: Jugendkriminalität. In: G. Kaiser/H.-J. Kerner/F. Sack/H. Schellhoss (Hg.): Kleines Kriminologisches Wörterbuch. Heidelberg. S. 182-191.
Kunz, K.-L., 2004: Kriminologie. 4. Aufl. Bern u.a.
Kury, H./Obergfell-Fuchs, J., 2006: Punitivität in Deutschland – Zur Diskussion um eine neue Straflust. In: T. Feltes/C. Pfeiffer/G. Steinhilper (Hg): Kriminalpolitik und ihre wissenschaftlichen Grundlagen. Heidelberg. S. 1021-1043.
Lautmann, R./Klimke, D./Sack, F. (Hg.), 2004: Punitivität. 8. Beiheft des Kriminologischen Journals. Weinheim.
Linssen, R., 2003: Gewalt im Jugendalter – Stereotypen in den Medien. In: Zeitschrift für Soziologie der Erziehung und Sozialisation. 23. Jg. S. 147-164.
Löschper, G., 2000: Reflexive Kriminologie? Oder: Eigentlich bin ich ganz anders, aber ich komme so selten dazu. In: Kriminologisches Journal. 32. Jg. S. 274-276.
Luhmann, N., 2004: Die Realität der Massenmedien. 3. Aufl. Wiesbaden.
Mansel, J./Klocke, A., 1996: Zwischen Stigma, Wirklichkeit, Selbstanspruch und Ideal. In: dies. (Hg.): Die Jugend von heute. Selbstanspruch, Stigma und Wirklichkeit. Weinheim/München. S. 7-16.
May, M., 2008: Aktuelle Theoriediskurse Sozialer Arbeit. Wiesbaden.
Müller, S., 2001: Erziehen – Helfen – Strafen. Das Spannungsverhältnis von Hilfe und Kontrolle in der Sozialen Arbeit. Weinheim/München.
Müller, S./Trenczek, T., 2001: Jugendgerichtshilfe – Jugendhilfe und Strafjustiz. In: H.-U. Otto/H. Thiersch (Hg.): Handbuch der Sozialarbeit/Sozialpädagogik. 2. Aufl. Neuwied/Kriftel. S. 857-873.
Nickolai, N./Wichmann, C. (Hg.), 2007: Jugendhilfe und Justiz. Freiburg.
Nienhaus, G., 1999: Subjektive Erklärungskonzepte jugendlicher Delinquenz: Qualitative Inhaltsanalysen sozialpädagogischer Stellungnahmen der Jugendgerichtshilfe (Diss. Univ. Essen).
Ostendorf, H., 2005: Der Erziehungsgedanke zwischen Rigidität und Diktat leerer Kassen. In: Zentralblatt für Jugendrecht. 11. Jg., S. 415-425.
Otto, H.-U., 2007: Zum aktuellen Diskurs um Ergebnisse und Wirkungen im Feld der Sozialpädagogik und Sozialarbeit. Berlin.
Pfadenhauer, M., 2005: Die Definition des Problems aus der Verwaltung der Lösung. In: M. Pfadenhauer (Hg.): Professionelles Handeln. Wiesbaden. S. 9-22.
Pfeiffer, C./Wetzels, P., 2006: Kriminalitätsentwicklung und Kriminalpolitik: Das Beispiel Jugendgewalt. In: T. Feltes/C. Pfeiffer/G. Steinhilper (Hg): Kriminalpolitik und ihre wissenschaftlichen Grundlagen. Heidelberg. S. 1095-1127.
Prein, G./Seus, L., 2003: Stigmatisierung in dynamischer Perspektive. In: K.F. Schumann (Hg.): Delinquenz im Lebensverlauf. Weinheim/München. S. 145-180.

Rapold, M., 2002: Schweigende Lämmer und reißende Wölfe, moralische Helden und coole Zyniker. Zum öffentlichen Diskurs über „sexuellen Kindesmissbrauch" in Deutschland.
Santen, E.v./Seckinger, M., 2003a: Kooperation: Mythos und Realität einer Praxis. München.
Santen, E.v./Seckinger, M., 2003b: Kooperation in der Kinder- und Jugendhilfe. In: C. Schweppe (Hg.): Qualitative Forschung in der Sozialpädagogik. Opladen. S. 119-144.
Scherr, A., 2006: Jugenden. In: ders. (Hg.): Soziologische Basics. Wiesbaden. S. 86-90.
Scherr, A., 2007: Jugendhilfe, die bessere Form des Strafvollzugs? Chancen und Risiken. In: W. Nickolai/C. Wichmann (Hg.): Jugendhilfe und Justiz. Freiburg. S. 68-83.
Schmidt, L., 2008: Problemarbeit und institutioneller Kontext. In: A. Groenemeyer/S. Wieseler (Hg.): Soziologie sozialer Probleme und sozialer Kontrolle. Wiesbaden. S. 35-47.
Schneider, H.J., 2007: Theorien der Kriminologie (Kriminalitätsursachen). In: ders. (Hg.): Internationales Handbuch der Kriminologie. Bd. 1: Grundlagen der Kriminologie. Berlin. S. 125-181.
Schumann, K.F., 2003: Delinquenz im Lebenslauf – Ergebnisbilanz und Perspektiven. In: ders. (Hg.): Delinquenz im Lebenslauf. Weinheim/München. S. 209-222.
Schwindt, H.-D., 2007: Kriminologie. 17. Aufl. Heidelberg.
Sonnen, B.-R., 2007: Stand und Entwicklung des Jugendkriminalrechts. In: Recht der Jugend und des Bildungswesens. 55. Jg., S. 128-140.
Sotirovic, M., 2003: How Individuals Explain Social Problems. The Influences of Media Use. In: Journal of Communication. 53. Jg. S. 122-137.
Stelly, W./Thomas, J., 2005: Kriminalität im Lebenslauf. Tübingen (Tübinger Schriften und Materialien zur Kriminologie; Bd. 10).
Thole, W., 2002: Soziale Arbeit als Profession und Disziplin. In: W. Thole (Hg.): Grundriss Soziale Arbeit. Opladen. S. 13-59.
Trenczek, T., 2003: Die Mitwirkung der Jugendhilfe im Strafverfahren. Weinheim u.a.
Walter, M., 2005: Jugendkriminalität. 3. Aufl. Stuttgart u.a.
Wehling, P., 2007: Wissen und Nichtwissen. In: R. Schützeichel (Hg.): Handbuch Wissenssoziologie und Wissensforschung. Konstanz. S. 485-494.
Weingart, P., 2003: Wissenschaftssoziologie. Bielefeld.
White, S./Featherstone, B., 2005: Communicating misunderstandings: multi-agency work as social practice. In: Child and Family Social Work. 10. Jg. S. 207-216.

Roland Anhorn

Von der Gefährlichkeit zum Risiko –
Zur Genealogie der Lebensphase „Jugend"
als soziales Problem

Einleitung

Es gibt vielfältige Verfahren und Mittel, wie eine Gesellschaft sich über die Frage ihrer „guten Ordnung", ihre moralischen Grenzziehungen, ihre Zugehörigkeiten und Ausschließungen, ihren „unveräußerlichen" Kanon gemeinsam zu teilender Werte – kurzum über die Grundlagen und Bestandteile ihrer Macht- und Herrschaftsordnung verständigen kann. Zu einem bevorzugten Verfahren zählt in modernen Gesellschaften die öffentliche Rede über *die* Jugend – in den Massenmedien, den Wissenschaften, der Politik, der professionellen Sozialen Arbeit. Die Problematisierung *der* Jugend stellt dabei ein wesentliches Medium und (Funktions-)Element in der Herstellung, Legitimation und fortwährenden Selbstvergewisserung von gesellschaftlichen Verhältnissen dar, für die soziale Ungleichheiten und Ausschließungen, Ausbeutung und Diskriminierung konstitutiv sind. Im Rahmen der gängigen Postulierung einer Dauerkrise der Jugend, die sich zyklisch intensiviert und zu Moralpaniken verdichtet (z.B. in den „Drogenwellen" ab Ende der 1960er, in der „Jugendgewalt" ab den 1990er Jahren), können breit gefächerte Szenarien einer Dramatisierung „sozialer Probleme" entworfen werden. Die Rede *über* die Jugend wird dabei zum unerschöpflichen Medium und legitimen Ort der Thematisierung gesellschaftlicher „Unordnung" und „Regellosigkeit", der vielstimmigen Artikulation von kollektiven und individuellen Unsicherheiten und Ängsten, skeptischen Diagnosen gesellschaftlicher Gegenwartszustände, nostalgischen Vergangenheitsverklärungen und sorgenschweren Zukunftsprognosen. Nicht zuletzt dient sie der verlässlichen Herstellung eines übergreifenden politisch-wissenschaftlich-professionellen Einvernehmens.[1]

Für die Tatsache, dass „Jugend" im Prozess der Selbstvergewisserung einer Gesellschaft zum bevorzugten und stetig wiederkehrenden Gegenstand der Problematisierung wird, gibt es eine Reihe von Gründen. „Alter" im Sinne chronologisch geordneter Lebensphasen (Kindheit, Jugend, Erwachsenenalter, Alter – um nur die gröbsten Klassifikationen zu nennen) stellt neben „Geschlecht" und „Rasse/Ethnie" eine der zentralen sozialen Kategorien dar, die – unter Verweis auf *biologische* Grundsachverhalte – gesellschaftliche Strukturierungsprinzipien zur Geltung bringen, mit denen sich Statushierarchien, ungleiche Ressourcenverteilungen und Machtasymmetrien legitimieren lassen. Aber während die vermeintlich selbstevidenten Bezüge zur Biologie/Körperlichkeit bei „Geschlecht" und „Rasse/Ethnie" mittlerweile unter einem gene-

---
1 „Jugend" zählt seit längerem zu den Themenkomplexen mit dem höchsten „Konsensfaktor" im öffentlichen Diskurs. Gegenwärtig ist wohl kein Thema so sehr geeignet, gesellschaftliche Widersprüche und divergierende Interessenlagen zu überspielen und eine öffentliche Einvernehmlichkeit herzustellen wie die rituellen Beschwörungen des Zustands der „Jugend".

rellen Ideologieverdacht stehen (ohne sich dabei allerdings zwangsläufig in Veränderungen der realen gesellschaftlichen Verhältnisse niederzuschlagen), findet sich eine dem vergleichbare Dekonstruktion im Bereich der Alters-Kategorien nicht, vielmehr finden Versuche einer Naturalisierung von (Macht-)Differenzen im Hinblick auf Alters-Kategorien, und hier insbesondere im Hinblick auf „Kindheit" und „Jugend", eine weitgehend ungeteilte – auch wissenschaftliche – Akzeptanz.

„Kindheit" und „Jugend" stellen zwei zentrale soziale Ordnungsprinzipien dar, über deren diskursive Konstruktionen sich spezifische (Erwachsenen-)Interessen relativ unangefochten Geltung verschaffen können. Während sich aber im Kontext der vorherrschenden gesellschaftlichen Bilder von Kindheit als einer Lebensphase, die durch außergewöhnliche Verletzlichkeit (aufgrund der elementaren Abhängigkeit von und Machtlosigkeit gegenüber Erwachsenen) gekennzeichnet ist und die deshalb als in besonderer Weise schutzbedürftig gilt, während sich also im Rahmen eines Diskurses, der Kinder als „unschuldige Opfer" repräsentiert, noch so etwas wie gesellschaftliche Solidarität, advokatorische Interessensvertretung und fürsorgliche Fürsprache für Kinder mobilisieren lässt, stehen Jugendliche unter dem grundsätzlichen Vorbehalt eines Abweichungsverdachts. Im Unterschied zum kinderspezifischen Opferdiskurs (Kinder als Opfer von Vernachlässigung, von Misshandlung, von sexualisierter Gewalt etc.) ist die öffentliche Rede über Jugendliche weitgehend als „Täterdiskurs" konzipiert (Jugendliche als Gewalttäter, als Konsumenten illegalisierter Drogen, als Schulverweigerer etc.), deren „Schutzbedürftigkeit" neben Hilfe und Unterstützung sehr viel mehr Kontrolle, Zwang und Disziplinierung mobilisiert.

Der tiefere Grund für dieses Phänomen dürfte in der spezifischen Konstruktion der Lebensphase „Jugend" und ihren vielfältigen politischen, sozialen und kulturellen Funktionen in den hochkomplexen kapitalistischen Gesellschaften des Westens zu suchen sein. „Eingezwängt" zwischen die Lebensphasen der Kindheit („nicht mehr") und des Erwachsenenalters („noch nicht") wird die Altersspanne „Jugend" sowohl im alltags- wie im wissenschaftlichen Diskurs in erster Linie negativ als *Defizit*, als *biopsychosozialer Mangel* (an körperlicher und psychischer Reife, an sozialer Selbständigkeit etc.), als *individuelle und gesellschaftliche Störung* (individuell infolge psychischer Instabilität, gesellschaftlich infolge von Kriminalität und Gewalt), als *Gefahr* und *Gefährdung* oder neuerdings als *Risiko* (durch selbst- und/oder fremdgefährdendes [Gesundheits-, Konsum-, Freizeit-]Verhalten etc.) – in jedem Fall aber als ein soziales *Problem* gefasst. Konstitutiv für das „Problembild der Jugend" sind allerdings auch die damit immer verbundenen „positiven" Zuschreibungen (Jugend als hoffungsvolle Zukunft, als nie versiegende Quelle der gesellschaftlichen Erneuerung, des Wertewandels, der Bewahrung von Traditionen etc.). Sie stellen nur vordergründig die widersprüchliche Kehrseite der dominierenden Negativ-Repräsentation von Jugend dar. Die Diskurselemente der Idealisierung wie der Dämonisierung stellen nicht nur beide Konstruktionen dar, die mutmaßlich gleich weit von der Lebenswirklichkeit der Jugendlichen entfernt sind, vielmehr bedingen und verstärken sie sich gegenseitig. Die Konturen einer gefährdeten und gefährlichen Jugend, die der erzieherischen Intervention, der Kontrolle und gegebenenfalls der Sicherung bedarf, treten umso schärfer hervor und begründen umso überzeugender Handlungsnotwendigkeiten, je größer der Kontrast zu den Wunschbildern einer „idealen" Jugend ausfällt. Insofern ist der „doppelte" Diskurs über die Jugend, der im Spannungsfeld seiner diffusen positiven wie negativen Merkmalszuschreibungen für ein Dauerkrisenszenario bürgt, nachgerade dazu prädestiniert, zum bevorzugten Kristallisationspunkt einer gesellschaftlichen Auseinandersetzung zu werden, die „Jugend" zum gefälligen Anlass der Sorge und Empörung nimmt und unter der Hand zum unverdächtigen Medium der Durchsetzung spezifischer Macht- und Herrschaftsinteressen macht.

Um die These von der Lebensphase „Jugend" als einer modernen Macht- und Herrschaftstechnologie im Einzelnen zu begründen, sollen im Folgenden die komplexen historisch-gesellschaftlichen Bedingungen – wenigstens ansatzweise – untersucht werden, die Ende des 19. Jahrhunderts zur Etablierung bzw. „Erfindung" von „Jugend" als einer eigenständigen, von der „Kindheit" und dem „Erwachsenenalter" deutlich abgrenzbaren Entwicklungsphase mit nur ihr eigentümlichen physischen, psychischen und sozialen Eigenschaften geführt haben (und die in ihrer Grundstruktur bis in unsere Gegenwart hinein Gültigkeit hat). Dabei soll im Besonderen der Frage nachgegangen werden, welche spezifischen Interessen, welche diskursiven (wissenschaftlichen) und nicht-diskursiven (institutionellen) Praktiken in den Konstruktionsprozess der Lebensphase „Jugend" eingeflossen sind, die im Ergebnis dazu geführt haben, „Jugend" mal als das gefährliche, mal als das gefährdete, immer aber als das bedenkliche „Andere" und „Fremde" inmitten der Gesellschaft zu konzeptualisieren. Die Vergewisserung der historischen Entstehungsbedingungen des Konzepts „Jugend" ist u.a. auch deshalb notwendig, weil sie gewissermaßen den – häufig gar nicht (mehr) bewussten – Resonanzboden für aktuelle Problematisierungsweisen, Motive und Konnotationen im Jugenddiskurs darstellen.

Mit einem Zeitsprung von rd. 100 Jahren wird im Anschluss daran mit der Kategorie „Risiko" die jüngste Variante einer Macht- und Herrschaftstechnologie untersucht, die „Jugend" zu ihrem bevorzugten Gegenstand hat. Dabei wird das Hauptaugenmerk zum einen auf die Kontinuität der historisch unter den verschiedensten Etiketten ins Werk gesetzten Problematisierungsweisen von „Jugend" gerichtet, und zum anderen den Verschiebungen in der Perspektive und der neuen Qualität in den Kontroll- und Regulierungsweisen nachgegangen, die mit einer Rahmung von Jugend als einer „Lebensspanne vermehrten Risikoverhaltens" (Raithel 2004: 9) vor allem für die Soziale Arbeit verbunden sind.

Die „Erfindung" der Lebensphase „Jugend"

„Jugend" ist *keine* universelle, d.h. a-historische und a-gesellschaftliche, primär durch einen „natürlichen" Wachstumsprozess bedingte Lebensphase, die sich gemäß einer der Ontogenese eingeschriebenen, biologisch vorgegebenen und von psychischen und sozialen Veränderungen begleiteten Entwicklungslogik entfaltet und die im Normalfall ihre „Vollendung" in der Etablierung eines Erwachsenstatus findet. Vielmehr stellt die Lebensphase „Jugend" eine soziokulturelle Konstruktion dar. Damit ist nicht nur gemeint, dass die gesellschaftlichen Voraussetzungen (z.B. Arbeitsmarkt, Familienstrukturen, Bildungssystem etc.) und hierdurch die spezifischen Erfahrungsinhalte, Konflikte und Anforderungen an die Lebensphase „Jugend" einem historischen Wandel unterliegen.[2] Das ist nur ein Aspekt in einer hier sehr viel grundsätzlicher angelegten Relativierung der Kategorie „Jugend". Innerhalb der mittlerweile in der Jugendforschung hegemonial gewordenen Vorstellung einer Trias aus bio-psycho-sozialen Momenten der Entwicklung stellen auch die vermeintlich objektiven, weil „naturgegebenen" basalen Prozesse der biologisch-körperlich-organischen Entwicklung (Körperwachstum, Ge-

---

2 Kein Werk der gängigen Literatur zur Jugendforschung versäumt es, auf diese Form der historisch-gesellschaftlichen Prägung von „Jugend" hinzuweisen.

schlechtsreife, etc.) und die damit in Verbindung gebrachten Begleiterscheinungen auf der Ebene des Psychischen (emotionale Instabilität: „extreme Gefühlschwankungen") und Sozialen (abweichendes Verhalten: „Austesten von Grenzen") ein spezifisches soziokulturelles Deutungsmuster von „Entwicklung" dar, das einer bestimmten historischen Konstellation mit ihren je eigenen Interessenskonflikten, Machtverhältnissen und Praktiken geschuldet ist.[3]

Die politisch-gesellschaftlichen Voraussetzungen: „Jugend" und die Ordnung der Klassen-, Geschlechter- und „Rassen"-Verhältnisse

Vorindustriell-vorbürgerlichen Gesellschaften war eine Lebensphase „Jugend" mit den uns zur soziokulturellen Selbstverständlichkeit gewordenen Bedeutungsgehalten weitgehend fremd. Der Übergang vom Status des Kindes zum Erwachsenen vollzog sich bei ihnen in einer relativ abrupten und zeitlich komprimierten Form:

> „Die Dauer der Kindheit war auf das zarteste Kindesalter beschränkt, d.h. auf die Periode, wo das kleine Wesen nicht ohne fremde Hilfe auskommen kann; das Kind wurde (...), kaum dass es sich physisch zurechtfinden konnte, übergangslos zu den Erwachsenen gezählt, es teilte ihre Arbeit und ihre Spiele. Vom sehr kleinen Kind wurde es sofort zum jungen Menschen, ohne die Etappen der Jugend zu durchlaufen" (Aries 1975: 45f.; vgl. auch Gillis 1980: 23f.).[4]

„Jugend" als eigenständige, von Kindheit und Erwachsenenalter abgegrenzte Lebensphase, deren „Einzigartigkeit" und besondere Bedeutung in spezifischen – eben jugendtypischen – Problemen, Krisen und Herausforderungen begründet ist (die wiederum auf alterstypische, vor allem intraindividuelle physiologische, kognitive, emotionale und soziale Veränderungen zurückgeführt werden können), dieser Sinnzusammenhang „Jugend" ist das Ergebnis der spezifischen historisch-gesellschaftlichen Bedingungen des späten 19. und frühen 20. Jahrhunderts.

Die Karriere des Konzepts „Jugend" vollzog sich im Kontext tiefgreifender und zusehends beschleunigter gesellschaftlicher Veränderungen, die im Zeichen einer vierfachen Herausforderung standen, die allesamt in die inhaltliche Ausformulierung wie die praktisch-institutionelle Gestaltung der Lebensphase „Jugend" Eingang gefunden haben: 1. sich zuspitzende Klassenkonflikte durch eine erstarkende *Arbeiterbewegung*, 2. der Kampf um Frauenrechte und -emanzipation durch eine an Einfluss gewinnende *Frauenbewegung*, 3. die bevölkerungspolitischen Degenerationsszenarien der *eugenisch-rassenhygienischen Bewegung* und schließlich 4. die mit Letzterem eng zusammenhängenden machtpolitischen Strategien eines nationalstaatlichen *Imperialismus*.

Eine derartige Konstellation von Konfliktverhältnissen wurde von maßgeblichen Teilen der Bevölkerung als Krise und Bedrohung der „guten Ordnung", als Erscheinungsform einer forcierten gesellschaftlichen Desintegration und Degeneration wahrgenommen, die Unsicherheitsgefühle, Befürchtungen und Orientierungsbedürfnisse erzeugten, die sich wiederum in entsprechenden Ordnungsansprüchen, Kontrollstrategien und Disziplinierungskonzepten zum

---

3 Das gilt im Übrigen für alle Alterskategorien.
4 Zur vorsichtigen Relativierung der These von Aries, vgl. Mitterauer 1986: 24.

Ausdruck brachten. „Jugend" stellte dabei ein Element in einem ganzen Ensemble von Instrumenten zur (Neu-)Ordnung der Gesellschaft dar.

Die mit dem rasanten Aufstieg des Industriekapitalismus verbundene Proletarisierung, die immer größeren Teilen der Bevölkerung eine Existenz in abhängiger Lohnarbeit aufnötigte, ließ nicht nur die als Bedrohung der gesellschaftlichen Ordnung wahrgenommene Arbeiterbewegung immer stärker werden. Darüber hinaus gewann im Zuge eines rapiden Bevölkerungswachstums (bei gleichzeitig mit Beginn des 20. Jahrhunderts einsetzendem Rückgang der Kindersterblichkeit, vgl. Cunningham 2006: 234) die Gruppe der (groß-)städtischen jugendlichen Arbeiter eine bisher nicht gekannte quantitative Präsenz und Sichtbarkeit im öffentlichen Raum (vgl. Peukert 1986: 58ff.). Mit der verstärkten Visibilität der „unkontrollierten", da aufgrund ihrer Lohnarbeit relativ selbständigen und deshalb auch „frühreifen", d.h. den Erwachsenenstatus „vorzeitig" beanspruchenden Gruppe der Arbeiterjugendlichen, richtete sich das Augenmerk einer besorgten Öffentlichkeit vor allem auf diejenigen proletarischen Jugendlichen, deren Integration in stabile Lohnarbeits- und Familienverhältnisse durch die Gefährdungen und Gefahren, die die „Kontrolllücken" in den städtischen Lebensformen der Arbeiterklasse heraufbeschworen, grundsätzlich in Frage gestellt war. Dabei ließ sich nahtlos an die bereits in der ersten Hälfte des 19. Jahrhunderts virulenten Bilder der „gefährlichen Klassen" als des Inbegriffs der sozialen Unordnung, der Unmoral, der Kriminalität und Verwahrlosung anknüpfen, wie das folgende Zitat belegt.

„Der Ungehorsam gegen die Eltern erweitert sich zum Ungehorsam gegen den Arbeitgeber, weiter gegen die Obrigkeit, gegen die ganze Gesellschaft. Darin besteht die so stark begehrte und über alle Schranken hinaus angemaßte Freiheit unserer Arbeiterjugend, daß sie nicht in willigem Dienstgehorsam und mit strebsamem Fleiße treuer Pflichterfüllung sich hingibt, sondern in Ungebundenheit und Verwilderung, in Untreue und Verrat, in rücksichtslosestem Eigennutz und ausgelassener Genußsucht ihren Ruhm und ihre Ehre sucht und damit alle Scheu und Achtung vor den gesellschaftlichen Ordnungen der Gesellschaft wegwirft (...) Wenn man diese jungen Leute beobachtet, wie sie, oft der Schule kaum entwachsen, des Abends auf den Straßen sich bewegen, alles was sie den Alten abgesehen, nachahmend, nur noch freier, noch ungebundener, und die schlimmsten Seiten jener ohne alle Scheu zur Schau tragend, dann erschrickt man wohl, aber man kann sich nicht mehr darüber verwundern, daß solchergestalt ein Proletariat heranwächst, welches schließlich die Strafanstalten und Zuchthäuser zu füllen auf dem besten Wege ist" (E. Floessel, Was fehlt unserer Arbeiterjugend? 1893, zit. n. Peukert 1986: 55f.).

Vor diesem Hintergrund kommt es nicht von ungefähr, dass eines der maßgeblichen Merkmale in der diskursiven Formierungsphase des Konzepts „Jugend" in der Verknüpfung von Jugendlichen mit „Abweichung/Kriminalität/Verwahrlosung" bestand – und bis auf den heutigen Tag in modifizierter Form immer noch besteht.

„Bei ihrem ersten Auftreten sind (...) ‚die Jugendlichen' die gesellschaftlich Unbrauchbaren, die Untauglichen, die straffällig Gewordenen, die es in der Regel ‚nicht einmal' zum ‚ordentlichen Arbeiter' gebracht haben. Es sind nicht die ‚normalen' jungen Menschen – Schüler, Lehrlinge, Studenten –, sondern die Auffälligen (auffällig durch Desertion vom Militär, Diebstahl, Raub, Unzucht und Brandstiftung)" (Roth 1983: 108; vgl. auch Gillis 1980: 144f.).

Die öffentliche Wahrnehmung einer neuen Dimension der „Bedrohung", die von der schieren physischen Präsenz und allgemeinen Sichtbarkeit einer neuen Spezies „gefährdeter" und „gefährlicher" proletarischer (Großstadt-)Jugendlicher auszugehen schien, fand ihren ersten Kristallisationspunkt und in der Folge ihre dauerhafte Nahrung im Konzept der Jugendkriminalität/Jugenddelinquenz. Im Rahmen des Konzepts der Jugendkriminalität wurden nicht nur diese begründenden *jugendspezifischen* Erscheinungsformen, Erklärungsmuster und Reaktionsweisen postuliert (und damit die Konturen einer von der Kindheit und dem Erwachsenenalter abgegrenzten Lebensphase „Jugend" noch schärfer umrissen). In der gesonderten statistischen Erfassung von Jugendkriminalität fand auch die bis zur Moralpanik gesteigerte Sorge der „respektablen" bürgerlichen Gesellschaft über den spektakulären Anstieg der Jugenddelinquenz ihre wissenschaftlich beglaubigte, „objektive" Begründung (vgl. Peukert 1986: 57, Baxter 2008: 36).[5]

Gefahrenszenarien und Maßstäbe einer bürgerlichen Respektabilität, die das klassenspezifische Bild der „idealen" Jugend ebenso wie ihre Negativform der abweichenden, kriminellen und verwahrlosten Jugend bestimmten, kommen auch im Hinblick auf die beiden eng miteinander verwobenen Dimensionen „Geschlecht" und „Rasse" zum Tragen. Kennzeichnend für beide ist, dass über einen Prozess der Biologisierung/Naturalisierung der Lebensphase „Jugend" eine Geschlechter- und Rassenhierarchie hergestellt werden sollte, die im einen Fall der Abwehr einer durch die Frauenbewegung repräsentierten Bedrohung der patriarchalen Arbeits- und Familienverhältnisse mit ihrer „natürlichen" Ordnung der Geschlechter diente, und die im anderen Fall die Propagierung und Durchsetzung einer aggressiven Männlichkeit stützte, die für die expansiven Macht- und Herrschaftsansprüche der Nationalstaaten im Zeichen eines verschärften und zunehmend militanter ausgetragenen Wettbewerbs um ökonomische und politische Einflusssphären das notwendige ideologische Fundament schuf.[6]

Den gemeinsamen Nenner dieser Biologisierug des Sozialen bildete ein aus sozialdarwinistischem und eugenisch/rassenhygienischem Gedankengut gespeiste Gesellschaftsdiagnose, die düsterste Degenerationsszenarien entwarf, die auf der einen Seite ein – i.d.R. auf Jahrzehnte hochgerechnetes – exponentielles Wachstum der „minderwertigen Bevölkerungsteile" (der „gefährlichen Klassen" und „inferioren Rassen") beschworen und auf der anderen Seite einen der (bürgerlichen) Frauenemanzipation und einer unmännlich-dekadenten Lebensführung zugeschriebenen Geburtenrückgang bei so genannten wertvollen und produktiven Bevölkerungsteilen beklagten. Vor diesem Hintergrund und in Verbindung mit der im Jugenddiskurs seit

---

5 Die in die Formierung der Jugendphase eingewobene Konstruktion des Konzepts „Jugendkriminalität" mit der daran anknüpfenden Skandalisierung proletarischer Lebensformen in den 1890er Jahren dürfte mutmaßlich den Urtypus der modernen Form einer auf die „Jugend" bezogenen Moralpanik darstellen, wie sie uns nach wiederholten „Aufführungen" mit ihren eingespielten Mechanismen, verbindlichen Rollenverteilungen und absehbaren Ergebnissen mittlerweile nur zu vertraut ist (vgl. den Beitrag von Cremer-Schäfer in diesem Band).

6 Wie selbstverständlich bildete der *männliche* Jugendliche den Fixpunkt in der – vordergründig universellen – Konstruktion der Lebensphase „Jugend", während weiblichen Jugendlichen lediglich ein davon abgeleiteter Status zugesprochen wurde (deren Normabweichungen im Übrigen – nach einem vertrauten Muster geschlechtsspezifischer Wahrnehmungsstereotype – in besondere Weise perhorresziert, sprich sexualisiert wurde). – Beispielhaft für die Akzentuierung einer „aggressiven Männlichkeit" in der Formierung der Lebensphase „Jugend" steht die zunehmende Militarisierung der Jugendbewegung und Jugendarbeit in Laufe des frühen 20. Jahrhundert, die schließlich in der „Hitler-Jugend" kulminierte (vgl. hierzu Giesecke 1981).

Anbeginn fest etablierten Formel von der „Jugend als Zukunft" (der Nation, der „Rasse", der westlichen Zivilisation etc.) wurde diese zur bevorzugten Projektionsfläche und Schnittstelle gesellschaftlicher Konflikte und Widersprüche. Die Rede von der „Jugend als unserer Zukunft" stellte „die Jugend" aufgrund ihrer gesellschaftlichen (wenngleich nie aktuellen, sondern immer nur aufgeschobenen) Relevanz nicht nur unter *Dauerbeobachtung* (institutionalisiert u.a. in der Jugendforschung), sondern machte sie fortan auch zu einem *Dauerproblem*. Wenn „Jugend als Zukunft" in der gängigen Lesart bedeutet, eine Generation heranzubilden, die den Herausforderungen einer erst noch kommenden Zeit gewachsen ist, und wenn „Jugend" per se als ein *Werden* (und noch nicht als [Erwachsen-]*Sein*) definiert wird, dann ist dem Jugenddiskurs der Defizitblick auf und die Dauerproblematisierung von Jugend geradezu systematisch eingeschrieben.[7]

Der wissenschaftliche Jugenddiskurs: Entwicklung als Fortschritt

Dieser Zusammenhang lässt sich vielleicht am eindrücklichsten im wissenschaftlichen Diskurs *über* die Jugend erschließen, wie er sich seit Ende des 19. Jahrhunderts herausgebildet hat und in der Folgezeit zu einem bestimmenden Element in der Konstruktion der Lebensphase „Jugend" geworden ist. In diesem Diskurs (und den diesem korrespondierenden institutionellen Praktiken und Arrangements der Schule, der Jugendpflege und Jugendfürsorge bis hin zur Jugendbewegung) spiegeln sich en miniature alle Facetten jener Auseinandersetzungen um eine „angemessene" Klassen-, Geschlechter- und „Rassen"-Ordnung unter den Bedingungen eines aggressiv-expansionistischen Imperialismus.

Die zentrale Grundprämisse der beginnenden wissenschaftlichen Thematisierung von Jugend bildete dabei das Konzept der „Entwicklung" mit einer spezifischen Vorstellung von „Zeit" als einer vorab bestimmten Abfolge von Phasen, genauer von Stufen der Entfaltung einer „natürlichen" Ordnung. Dieses Konzept lässt sich im Sinne Foucaults in die sehr viel umfassendere Entwicklung moderner Macht- und Herrschaftstechniken der Disziplinierung und Kontrolle einordnen, in deren Kontext der Dimension „Zeit" eine besondere Bedeutung zukommt.

> „Die Disziplinartechniken bringen individuelle Serien hervor: *Entdeckung einer Evolution als ‚Entwicklung'*. Der *Fortschritt der Gesellschaften* und die *Entwicklung der Individuen* – diese beiden großen Entdeckungen des 18. Jahrhunderts entsprechen wohl den neuen Machttechniken, den neuen Prozeduren des abteilenden, reihenden, zusammenfügenden und -zählenden Einsatzes der Zeit. Diese Makrophysik und diese Mikrophysik der Macht haben (...) in die Ausübung von Kontrollen und in die Praxis von Beherrschungen eine einheitliche, kontinuierliche und kumulative Zeitdimension integriert" (Foucault 1994: 207; Hervorhebungen R.A.).

---

7 Werden heißt ja – in die Sprache der modernen Jugendforschung übersetzt – Entwicklungsaufgaben, d.h. „Anforderungen der körperlichen und psychischen Innenwelt und der sozialen und physischen Außenwelt" (Hurrelmann 2007: 9) mit einem Zugewinn an Kompetenzen individuell so zu bewältigen, dass auch die gesellschaftlich gestellten Aufgaben „konstruktiv" gemeistert werden können. Da dieses Werden ein Prozess mit grundsätzlich ungewissem Ausgang ist, lassen sich an der „Jugend" dauerhaft und mit einem hohen Grad an Legitimität alle nur erdenklichen Probleme, Sorgen und Versäumnisse festmachen.

Im Hinblick auf die Lebensphase „Jugend" beinhaltete die wissenschaftlich verbindlich gemachte Vorstellung von Zeit als „Entwicklung" und „Fortschritt" im Einzelnen:

- Kindheit/Jugend/Erwachsenenalter sind – mit mehr oder weniger klaren Übergängen – als Phasen/Stufen erkennbar voneinander separiert (*abteilende Zeit*).[8]
- Der zeitliche Verlauf der Phasen/Stufen wird in eine Reihenfolge gebracht (z.B. Leistungsanforderungen im Klassensystem der Schulen oder der strafrechtlichen Verantwortlichkeit durch die Festlegung der Strafunmündigkeit, der eingeschränkten Strafmündigkeit und der vollen Strafmündigkeit) (*reihende Zeit*).[9]
- Entwicklung als Fortschritt bedeutet eine sukzessive Steigerung und Vermehrung von (kognitiven, emotionalen, sozialen und körperlichen) Kompetenzen und Fertigkeiten (am Ausgangspunkt steht ein „Wenig", das im Zuge der Entwicklung zu einem stetigen „Mehr" werden muss) (*kumulative Zeit*).
- Der „Normalfall" wird als Entfaltung eines Entwicklungsplans gedacht, die auf das Ganze gesehen (unter Einbeziehung jugendtypischer Abweichungen) eine stetige Annäherung (Fortschritt) an den wünschenswerten Erwachsenenstatus repräsentiert (der so etwas wie einen „point of no return" darstellt, denn ein Rückfall auf bereits „überwundene" Stufen der Entwicklung, sei es im Sozialverhalten oder im Gefühlsleben, bedeutet einen *Rückschritt*, der – vor allem wenn er von Dauer ist – pathologisiert wird) (*lineare Zeit*).
- Am Zielpunkt ihrer Entwicklung finden alle Phasen und Stufen zu ihrer umfassenden Synthese und produktiven Integration im Erwachsenenstatus (*synthetisierende Zeit*) und
- Entwicklung als individuelle Fortschrittsgeschichte findet ihre Vollendung und ihr Ziel im „reifen", „selbständigen", „vernünftigen" Erwachsenen (*teleologische Zeit*).

Die renommierteste zeitgenössische Ausformulierung einer auf die Lebensphase „Jugend" bezogenen „Evolutionstheorie" findet sich in der so genannten Rekapitulationshypothese, in der der „Fortschritt der Gesellschaften" mit der „Entwicklung der Individuen" in einen – nicht nur metaphorischen – Zusammenhang gestellt wird und alle wesentlichen – und bis auf den heutigen Tag nachwirkenden – Motive des hegemonialen Jugendbildes bereits ausbuchstabiert sind.[10] Auf den einfachsten Nenner gebracht lautet die Grundprämisse der Rekapitulationstheorie: Die Entwicklungsgeschichte der Menschheit wiederholt sich im Kleinen in der Stufenfolge der individuellen Lebensphasen. D.h. in der individuellen Entwicklung von Kindern und Jugendlichen lassen sich nicht nur die frühen Entwicklungsstufen und damit der Fortschritt des Menschengeschlechts (von den ehemaligen Niederungen der Barbarei zu den aktuellen Höhen der – westlichen – Zivilisation) *retrospektiv* ablesen, sondern im Spiegel der Jugend und ihrem jeweiligen Zustand lässt sich auch *prospektiv* die Zukunft der Gesellschaft erkennen.[11] Im Rahmen der Rekapitulationstheorie ließ sich so „Jugend" nicht nur plausibel mit der Unterdrückung, Ausbeutung und Disziplinierung der kolonialisierten Völker und innergesellschaftlich der Armen, der Frauen und „Minderwertigen" verknüpfen. Mit den Merkmalszuschreibungen,

---

8 Zu aktuellen Detaildifferenzierungen der Jugendphase, vgl. Hurrelmann 2007: 41.
9 Zur zeitlichen Reihung von Entwicklungsaufgaben, vgl. Hurrelmann 2007: 39.
10 Zur Rekapitulationstheorie, vgl. Lesko 2001: 31ff.; Baxter 2008: 48ff. – Zu dem amerikanischen Psychologen G. Stanley Hall (1844-1924), der nicht nur als prominentester Vertreter der Rekapitulationstheorie, sondern auch als einer der Begründer der modernen Jugendforschung und Entwicklungspsychologie gilt, vgl. Baxter 2008: 44ff.
11 In der aktuellen Variante dieser Denkfigur ist – natürlich ohne Bezug zur Rekapitulationstheorie – von „Jugendliche(n) als Seismografen gesellschaftlicher Entwicklungen" (Hurrelmann 2007: 8) die Rede.

die mit der „niederen" Entwicklungsstufe „Jugend" verbunden sind, ließ sich auch ein *Generationenverhältnis als Macht- und Herrschaftsverhältnis* der Kontrolle und Fürsorge etablieren, das für die Lebensbedingungen von Jugendlichen bis auf den heutigen Tag bestimmend ist.

Im Kontext der Rekapitulationstheorie konstituierte sich die Lebensphase „Jugend" als das „Andere", das „Wilde" und „Primitive" in einer scharf akzentuierten Abgrenzung vom Bild des Erwachsenen. Der produktive, rationale, autonome, selbstdisziplinierte, in seinem moralischen Urteilsvermögen gefestigte, verantwortungsbewusste und in die Zukunft blickende – bürgerliche, männliche, weiße – Erwachsene stand in scharfem Kontrast mit dem von seinen Gefühlen getriebenen („Sturm und Drang"), von seiner Körperlichkeit bestimmten, irrationalen, abhängigen, unbeständigen, gegenwartsorientierten und moralisch labilen Jugendlichen.[12]

„Es kommt eben in diesem Gärungszustande (der Jugend, R.A.) Gutes wie Böses unvermittelt, ungeordnet, stoßweise und ungezügelt durch vernünftige Überlegung zum Vorschein. Wer hier nach Gründen sucht, sieht sich oft vor Unbegreiflichkeiten gestellt. Ja es kommt vor, daß der junge Mensch wirklich nicht nur nicht weiß, warum er etwas getan hat, sondern kaum, was er getan hat. Wenn er das versichert, ist es durchaus nicht immer faule Ausrede. Man macht darum leicht die gröbsten und ungerechtesten erzieherischen Mißgriffe, wenn man einen solchen nach dem Maßstab eines reiferen Alters behandelt. Diese seelischen Eruptionen oder Konvulsionen steigern sich zuweilen sogar bei sonst gesunden und kräftigen Knaben zu dem, was man mit unklarem Ausdrucke Hysterie nennt. Diebsgelüste, unwiderstehlicher Hang zu Brandstiftung und Zugentgleisung, sexuelle Abnormitäten u.dgl. stellen sich ein, auch Wutanfälle oder Schwermutsanwandlungen bis zu Selbstmordgedanken" (H. Bauer, Zur Seelenkunde der Jugendlichen 1911, zit. n. Roth 1983: 127).

Wie sich mit der Rekapitulationstheorie die vielfältigsten Attribute der Lebensphase „Jugend" in einen schlüssigen Erklärungszusammenhang mit den „niederen", „vorzivilisatorischen" Entwicklungsstufen in der Evolution der „Rasse(n)" bringen ließen, wird am Beispiel der Peer-Orientierung deutlich, die seit jeher einen prominenten Platz in den jugendspezifischen Merkmalszuschreibungen und Problematisierungen einnimmt. Mit der Peer-Orientierung wird auf den „natürlichen" Sachverhalt der Entwicklung verwiesen, dass mit dem Austritt aus der „Kindheit" die Gleichaltrigen als soziale Bezugsgruppe, als Sozialisations- und Wertevermittlungsinstanz eine zunehmende, wenn nicht gar dominante Bedeutung gewinnen. Diese jugendtypische Neigung zur Peer-Gruppe, zur Clique, zur „Gang" korrespondiert nach der Rekapitulationstheorie menschheitsgeschichtlich mit der Clan-Orientierung der Höhlenmenschen (vgl. Baxter 2008: 96) und ihren kollektivistisch geprägten Lebens- und Arbeitsformen. Diese stehen aber den Mentalitäts- und Verhaltenserwartungen moderner bürgerlicher Lebensführung (Autonomie, individuelles Eigentum, Konkurrenz, individuelle Verantwortung etc.) diametral entgegen. Angesichts der unterstellten „Unreife", leichten Form- und Manipulierbarkeit der „Jugend" durch den clanähnlichen Konformitätsdruck der Gleichaltrigengruppe, die die Loyalität zur Clique über die Loyalität der elterlichen Autorität und die obrigkeitlichen Instanzen (Staat, Kirche, Schule), gar über die der Nation stellt – angesichts dieser Herausforderung durch eine „vorzi-

---

12 Dieses breite Spektrum an polarisierenden Negativzuschreibungen ist kein Privileg der „Jugend". Es wurde – wenngleich unter anderen Vorzeichen – mit nahezu identischen Formulierungen und vergleichbaren Ergebnissen auch im Hinblick auf „Geschlecht" (Frauen), „Rasse" (nicht-westliche) und „Klasse" (Arme) in Anschlag gebracht.

vilisatorische" Jugend musste die Peer-Orientierung zum Problem werden (in ihrer extremsten Form in Gestalt der Jugend-Gangs).[13]

Oder nehmen wir das Beispiel „Jugenddelinquenz". Im Kontext der öffentlichen Assoziierung einer „bedrohlich" steigenden Jugendkriminalität mit der Altersgruppe der (städtischen Unterschicht-)Jugendlichen, lieferte die Rekapitulationstheorie ein zeitgemäßes wissenschaftliches Deutungsangebot, das die Lebensphase „Jugend" mit ihren entwicklungsbedingten Besonderheiten als eigenständige Phase eines – stets gefährdeten – Zivilisierungsprozesses ausweisen konnte. Die von Cesare Lombroso (1835-1909) im Rahmen seiner – den kriminologische Diskurs seinerzeit dominierenden – Kriminalanthropologie entwickelte Figur des „geborenen Verbrechers" als Prototyp einer letztlich biologisch bestimmten Degenerationserscheinung, die den Rückfall auf eine vorzivilisatorische Entwicklungsstufe (Atavismus) repräsentierte, fand ihr erwartbares Echo in der sich Ende des 19. Jahrhunderts etablierenden Jugendkriminologie. Abweichendes Verhalten/Kriminalität von Jugendlichen stellte vor diesem Hintergrund die vorübergehende, „natürliche" Wiederkehr einer evolutionsgeschichtlichen Vergangenheit in der Gegenwart dar, einen „Rückfall" auf die überwundenen Entwicklungsstufen primitiver Völker, bei dem jugendliche Diebstahlsdelikte für das unterentwickelte Eigentumsverständnis der Naturvölker, Pyromanie für deren Feuerkult und das kollektive Herumstreunen in den Straßen der Städte für das Nomadentum der Jäger- und Sammlergesellschaften stand (vgl. Lesko 2001: 114; Baxter 2008: 66).[14]

Mit dieser Form der „Naturalisierung" wurden jugenddelinquente Verhaltensweisen zu „natürlichen" alterstypischen Begleiterscheinungen eines „Reifungsprozesses" wie Stimmbruch und Bartwuchs. Im Zuge einer als dauerhafte Aneignung der „Wesensmerkmale" zivilisierter Erwachsener konzipierten Zweiten Geburt (vgl. Lesko 2001: 35) galt es, die „natürlichen" Impulse und Instinkte zur Abweichung durch eine – pädagogisch angeleitete – methodisch-rationale Lebensführung für die Stärkung der Nation (ggf. auch der „Rasse") nutzbar zu machen.[15]

---

13 Um die ungebrochene Kontinuität der Problematisierung der Peer-Orientierung zu dokumentieren, hier die einschlägigen Ausführungen von Raithel (2004: 98): Die Peer-Gruppe „bietet in der Regel keine stabile soziale Einbindungsform. Die lockeren, instabilen und weniger verlässlichen Beziehungen stellen sich für die Entwicklung gefährdend dar. (...) Der für die Gleichaltrigengruppen charakteristische unterschiedlich starke Konformitätsdruck evoziert negative Konsequenzen, z.B. das Ausführen von bestimmten Risikoverhaltensweisen." – Wie nicht anders zu erwarten, wurde aus der „Erfindung" der Peer-Gruppe und der von ihr ausgehenden Gefährdungen prompt eine ganze Pädagogik. Vor allem innerhalb der Jugendbewegung (und der später aus ihr hervorgegangenen Professionellen) entwickelte sich eine Pädagogik der indirekten Führung, die die „autonome" Kontrolle von Jugendlichen *durch* Jugendliche (unter Ausschluss von Erwachsenen) in den Rang eines pädagogischen Glaubenssatzes erhob. Ihre ausgeklügelste und folgenreichste Ausprägung fand die Peer-Gruppe als pädagogisches Mittel indirekter Führung (durch Erwachsene) in der Hitler-Jugend, die unter dem der Jugendbewegung entlehnten Motto „Jugend führt Jugend" das Konzept einer totalen Kontrolle zu etablieren versuchte.

14 Zur Verdoppelung der Polarisierung von „wilden Jugendlichen" und „zivilisierten Erwachsenen" im Bild von den „primitiven Völkern" und dem „zivilisierten Westen", vgl. Baxter 2008: 77. – Der evolutionstheoretischen Zuordnung von Entwicklungsstufen korrespondierte von Anfang an eine – häufig pädagogisch gelenkte – Kultivierung und Inszenierung von „jugendgemäßen" sozialen Praktiken, die sich z.B. im Rahmen der Jugendbewegung am mehr oder weniger phantasierten Bild „naturverbundener", clanbezogener, nicht-sesshafter und von magischen Ritualen durchdrungener vorzivilisatorischer Stammesgesellschaften orientierten.

15 Die heutige Form der Naturalisierung von Delinquenz/Kriminalität in der Lebensphase „Jugend" firmiert unter dem Stichwort der „Episodenhaftigkeit". Als ein „alters- bzw. entwicklungstypisches Phänomen" (Hurrelmann 2007: 164) bringen es die „Bildung einer individuellen persönlichen Identität, die Auseinandersetzung mit den sozialen und gesellschaftlichen Normen des Zusammenlebens, die Suche nach Orientierungsrahmen und die Normierungen des persönlichen Handelns (...) anscheinend *fast unvermeidlich* mit sich, die Grenzen der expliziten oder informellen sozialen Normen nicht nur zu berühren, sondern gelegentlich auch zu übertreten"(Greve/Hosser 2008: 597; Hervorhebungen R.A.).

So steht am Ende eines komplexen Formierungsprozesses um die Wende zum 20. Jahrhundert ein primär negativ gefärbtes Bild der „Jugend", das als Hauptcharakteristikum eine elementare physische, kognitive, emotionale und soziale *Labilität* und damit eine grundsätzliche „Gefährdung" während dieser Lebensphase postuliert. Die allgemeine „Gefährdung" der „Jugend" wiederum verdichtet sich in der „Gefährlichkeit" einer Teilgruppe von (Unterschicht-)Jugendlichen, insbesondere in der Form von Kriminalität, „Frühreife" (Sexualität etc.) und Unabhängigkeit (von elterlicher und/oder obrigkeitlicher Kontrolle). Die wissenschaftliche Repräsentation der Lebensphase „Jugend" als universelle und a-historische, objektive Kategorie, die *alle* Jugendlichen *gleicherweise* umfasst, verdeckte dabei nicht nur die klassen-, geschlechts- und „rassen"-spezifischen Konstitutionsbedingungen des Konzepts. Vielmehr erzeugte und legitimierte die Universalisierung und Naturalisierung des wissenschaftlichen Jugendkonzepts ein breites Spektrum an „zivilisierenden" sozialen Praktiken und Institutionen, die die per se „gefährdete" und mitunter „gefährliche" Entwicklung der Jugendlichen (aus dem Blickwinkel des Fortschritts, der Stagnation oder des Rückschritts) zum Gegenstand einer kontinuierlichen – vergleichenden, differenzierenden, klassifizierenden – Beobachtung und korrigierenden – helfenden, strafenden, verwahrenden – Intervention machten (vgl. Foucault 1994: 206).[16]

„Jugend" im „neuen" Ordnungsformat des Risiko-Diskurses

Mit einem unvermittelten Sprung vom frühen 20. Jahrhundert als der Ära der wissenschaftlichen Initiation der Lebensphase „Jugend" in die Gegenwart des beginnenden 21. Jahrhunderts treten zwei für unseren Zusammenhang relevante Sachverhalte – der Kontinuität und der Diskontinuität – schlaglichtartig hervor: 1. Im Sinne einer (Dauer-)Problematisierung einer Altersgruppe funktioniert das Konstrukt „Jugend" nach wie vor – und vielleicht mittlerweile mehr denn je – als moderne Macht- und Herrschaftstechnologie in der Herstellung hierarchischer Generationenverhältnisse.[17] 2. Im Zuge der vertrauten Thematisierung als „Problem", als „Defizit", als „Störung" ist seit den 1990er Jahren die spezifische Rahmung von Jugend als „Risiko" zunehmend in den Vordergrund getreten – vielfach auch in Verbindung mit dem Konzept des „antisozialen Verhaltens" (vgl. Raithel 2004, 2001; Greve/Hosser 2008; Greve/Montana 2008;

---

16 Auf die Bedeutung, die Institutionen mit jugendspezifischer Aufgabenstellung wie Schule, Strafjustiz (Jugendgerichte, Jugendgefängnisse etc.) und Sozialpädagogik (Jugendarbeit, Jugendfürsorge etc.) bei der Formierung und Reproduktion der Lebensphase „Jugend" im Einzelnen zukommt, kann hier aus Platzgründen nicht näher eingegangen werden (vgl. hierzu Peukert 1986; Gillis 1980; Platt 1977). Der wechselseitigen Verschränkung und Verstärkung institutioneller Praktiken der Überwachung und Kontrolle, der Erziehung und Strafe auf der einen und den systematisierten Praktiken der Wissenserhebung und -formierung im wissenschaftlichen Jugend-Diskurs auf der anderen Seite, kommt dabei eine besondere Bedeutung zu.

17 Dass es im Medium des Jugend-Diskurses nach wie vor auch um die herrschaftliche Ordnung von Geschlechter-, Klassen- und ethnisierten Konfliktverhältnissen geht, zeigt selbst der flüchtigste Blick z.B. auf den aktuellen Gewaltdiskurs, in dem vom Standpunkt einer hegemonialen Männlichkeit aus die Darstellung einer abweichenden und diskreditierten, weil „gewalttätigen" Männlichkeit von Jugendlichen und jungen Erwachsenen problematisiert und sanktioniert wird, oder z.B. die aktuelle Bildungsdebatte, die die „bildungsmüden bzw. bildungsresistenten" Jugendlichen der Unterschicht (vor allem männlichen Geschlechts) zu einer besonders „gefährdeten" und potenziell „gefährlichen" Risikogruppe erklärt (vgl. Bude 2008), oder z.B. die Skandalisierung der Kriminalität von Jugendlichen „mit Migrationshintergrund", bei denen sich die Klassen-, Geschlechter- und Generationenordnungen in einem Aufwasch verhandeln lassen (weshalb sie auch mit Vorliebe in der öffentlichen Diskussion aufgegriffen wird).

Weichhold/Bühler/Silbereisen 2008; Farrington 2002). Jugend als „Risiko" zu fassen, repräsentiert dabei nicht nur „alten Wein in neuen Schläuchen" (wiewohl die Beharrlichkeit in der Rekapitulation von überlieferten [Negativ-]Zuschreibungen im Risikodiskurs bemerkenswert ist); damit wird auch eine „neue Logik" von Macht- und Herrschaftspraktiken etabliert, die die traditionellen Formen der Regulierung und Kontrolle von „Jugend" ergänzen und überlagern (ohne sie je zu ersetzen).

So lässt sich eine signifikante und symptomatische Verlagerung in den Thematisierungsweisen von „Jugend" feststellen: Was in den 1970er und 80er Jahren im Rahmen der Kategorie „Abweichendes Verhalten/Devianz" verhandelt wurde, wird nunmehr sukzessive zum Gegenstand des wissenschaftlichen Risikodiskurses (vgl. Best 2004: 82f.) – allerdings mit einer aufschlussreichen, seine Attraktivität nicht unwesentlich bestimmenden „Innovation". Im Gefolge eines hochgradig unbestimmten, diffusen und normativ aufgeladenen Risikobegriffs (vgl. Raithel 2004: 27) kommt es zu einer fast schon spektakulären Erweiterung der Bandbreite jugendlichen Verhaltens, das zum Gegenstand eines intransigenten wissenschaftlichen Willens zur Erfassung, Erklärung und Klassifikation wird und in der Folge zu einer so bisher nicht gekannten Verdichtung und Vervielfältigung der problematisierungs- und skandalisierungsfähigen Verhaltensweisen Jugendlicher führt. Neben den althergebrachten Fundus an delinquentem/kriminellem Verhalten (Gewalt, Eigentumsdelikte, Konsum illegaler und – „vorzeitig" – legaler Drogen etc.) treten im Rahmen des Risikokonzeptes nunmehr erweiterte Bereiche einer problematischen und bisweilen suspekten Lebensführung: „Ernährungsverhalten", „Hygieneverhalten", „Zahnpflegeverhalten", „riskantes Sexualverhalten", „riskantes Straßenverkehrsverhalten", „unzureichendes Bewegungsverhalten", „Lautstärkeverhalten", „riskantes sonnenbezogenes Verhalten", „problematisches Konsumverhalten", „explizit risiko-konnotative Aktivitäten" (wie Risikosportarten, Mutproben etc.), „ökologisches Risikoverhalten" usw. usf. (Raithel 2004: 10ff., 147ff.).

Die im Zusammenhang mit dem Risikobegriff routinemäßig vorgebrachten Hinweise auf mögliche positive Aspekte von „Risikoverhaltensweisen" kommen dabei über Lippenbekenntnisse meist nicht hinaus. Eindeutig vorherrschend bleibt beim „risikotheoretisch" orientierten Zugang eine auf die Diagnose von Defiziten und Störungen ausgerichtete *Problemfixierung*, wie sie uns unter den verschiedensten Begrifflichkeiten dem gleichbleibenden Inhalt nach aus der Geschichte der Jugendforschung nur zu vertraut ist.[18] So werden der Lebensphase „Jugend" als typische Merkmale in bewährt normativ-ordnungspolitischer Manier u.a. zugeschrieben: „Egozentrismus" (der Jugendliche davon abhält, übergeordnete „allgemeingültige" gesellschaftliche Interessen in Blick zu nehmen und zu vertreten);[19] „Oppositionsverhalten gegenüber der Autorität von Erwachsenen" (womit den Forderungen von Jugendlichen ein wesentlicher Teil ihrer Legitimität genommen wird, liegen sie doch nicht in der Sache, sondern in erster Linie in der „Natur" jugendtypischer Entwicklungsprozesse begründet); vorzeitiges „Demonstrieren des Erwachsenstatus" (das Anlass zur milden Herablassung oder aggressiven Abwehr einer „Anmaßung" gibt); die eingeschränkte – auch moralische – Erkenntnis- und Urteilsfähigkeit (die die systematische Vorenthaltung bzw. abgestufte Gewährung von Privilegien der Mitbestimmungs-,

---

18 Zur ungebrochenen Tradition einer problemfixierten Jugendforschung, vgl. Griese 1999: 463f., 483; Roth 1983: 10. Sofern nicht anders angegeben sind die Zitate im folgenden Abschnitt aus: Raithel 2004: 51.
19 „Jugendliche sehen nur das Persönliche, die Einzigartigkeit ihrer Wahrnehmung der Welt, weil sie während der Ablösung und der damit verbundenen sozialen Erweiterung ihres Lebensraums dauernd mit sich selbst beschäftigt sein *müssen*" (Raithel 2004: 61; Hervorhebung R.A.).

Gestaltungs- und Entscheidungsfreiheit rechtfertigt);[20] „Freizeitsituationen zwischen Leere und Überfülllung" (die zum Einfallstor für sozialpädagogische Strategien der Aktivierung und Alltagsstrukturierung bzw. einer grundsätzlichen Kritik des Konsumismus – verbunden mit moralischen Apellen an die Verzichtsbereitschaft der Jugendlichen – werden),[21] und schließlich das „Konformitätsverhalten" im Hinblick auf die Normen der Peer-Gruppe (das in Verbindung mit dem Freizeitverhalten zum begründeten Anlass für eine Ausweitung und Intensivierung der Kontrolle und Disziplinierung der Jugendlichen genommen wird)[22].

Das im Rahmen des Risikodiskurses insbesondere im Hinblick auf den „Risikofaktor" Peer-Gruppe vorgebrachte Plädoyer für eine Verdichtung der Regulierung jugendlicher Lebenszusammenhänge gründet in der (historisch vertrauten) Diagnose zunehmender Defizite der sozialen Kontrolle, konkret der „Unfähigkeit der sozialen Institutionen Kontrolle auszuüben" (Weichold u.a. 2008: 567).

Dieser mehr „gefühlte", denn empirisch belegte Befund von den Kontrolldefiziten wird im Weiteren in einer klassifikatorischen Differenzierung ausbuchstabiert, die ebenso problematisch wie praktisch folgenreich ist. Das „Andere", das „Fremde", das „Jugend" schon *an sich* repräsentiert, findet eine weitere Spezifizierung in einer kategorialen Aufspaltung, die die Gruppe der *en masse* episodenhaft abweichenden Jugendlichen („adolescence limited") mit der quantitativ zwar marginalen, qualitativ aber umso bedrohlicheren Gruppe der persistent abweichenden Jugendlichen („life-course-persistent") kontrastiert (die i.d.R. in Gestalt der „Intensiv- und Mehrfachtäter" auftreten).[23] Für die Gruppe, deren „risikobehaftete" Abweichungen auf die Lebensphase „Jugend" beschränkt bleiben, greift eine Strategie der *Normalisierung/Entdramatisierung* einer entwicklungsbedingten, zeitlich eingegrenzbaren Pathologie.

> „Sieht man von extremen Formen ab, ist antisoziales (delinquentes, kriminelles) Verhalten von Jugendlichen zum überwiegenden Teil *entwicklungstypischer Ausdruck* einer Auseinandersetzung mit den Normen der Erwachsenenwelt (...) und damit einfach der mitunter drastische Ausdruck einer misslingenden Auseinandersetzung mit den zentralen Entwicklungsaufgaben der Adoleszenz (...)" (Greve/Hosser 2008: 588; Hervorhebung R.A., vgl. auch das Zitat von Greve/Hosser in Anm. 15 in diesem Beitrag).

Die Normalisierungserwartung basiert dabei auf den Anpassungs- und Integrationswirkungen eines „naturwüchsigen", so genannten Aging-out-Prozesses, bei dem – spätestens – während des 3. Lebensjahrzehnts konventionelle Orientierungen im Hinblick auf Berufs- und Karrie-

---

20 Die „Unvernunft der Jugend", sprich die jugendtypische, i.d.R. emotionsbedingte „Eintrübung" der menschlichen Vernunftbegabung aufgrund des „beschränkten Urteilsvermögens unter jugendtypischem Affekt" (Weichold u.a. 2008: 540) zählt auch heute noch zum festen Bestandteil im Repertoire der auf die Jugend bezogenen Rituale der Degradierung. Raithel (2004: 62) bringt darüber hinaus die entwicklungsbedingte Abwehr der Zumutungen des „Vernünftigwerdens" in einen Zusammenhang mit der „Funktionalität" von Risikoverhalten: „Risikopraktiken dienen ebenfalls der *Flucht* vor dem Schicksal (!), erwachsen und damit vernünftig werden zu müssen" (Hervorhebung i.Org.).
21 „Langweilige Freizeit resultiert aus dem Erleben eines leeren Zeitgefühls und einem Mangel an Interessen und Zielstrebigkeit. Das Langeweilesyndrom wird zumeist als Lustlosigkeit, Einfallslosigkeit, Genervtsein, Unzufriedensein und Davonlaufenwollen empfunden" (Raithel 2004: 100).
22 Zur Problematisierung der Peer-Gruppe im Hinblick auf abweichende, „risikobehaftete" Verhaltensweisen, vgl. Greve/Montana 2008: 846, 849; Greve/Hosser 2008: 597, 610f.; Weichold u.a. 2008: 543, 562ff.
23 Als Standardgröße hat sich bei dieser Gruppe mittlerweile – mit leichten Schwankungen nach oben, bisweilen auch nach unten – ein Wert von etwa 5% der Gesamtpopulation der „jugendlichen Täter" eingependelt (vgl. stellvertretend Greve/Hosser 2008: 599).

replanung, Familiengründung und Freizeitgestaltung in einem Maße die Überhand gewinnen, dass sie „ein weiteres Überschreiten der sozial gezogenen Grenzen verhindern" (Greve/Hosser 2008: 598).[24]

Für die Gruppe der persistent Abweichenden greift dagegen eine Strategie der *Pathologisierung/Kriminalisierung/Dramatisierung* bis hin zur Dämonisierung, die sich bezeichnenderweise zur Demonstration des gesteigerten Risikopotenzials wie selbstverständlich der Assoziierung mit „Gewalt" bedient (vgl. Greve/Hosser 2008: 599). Die „wesenhafte" Differenz zwischen der Mehrheit der „adolescence-limited" Abweichenden und der kleinen Minderheit der „life-course-persistent" Abweichenden bildet sich auf der theoretischen Ebene mit der Annahme „einer *ganz anderen Ätiologie*" (Weichold u.a. 2008: 556; Hervorhebungen R.A.) ab.[25] Während bei „normal" Abweichenden eher *soziale* Gesichtspunkte für den Entwicklungsverlauf ausschlaggebend sind, „da tiefer sitzende individuelle Ursachen fehlen, und sich das Missverhältnis von Anspruch und Wirklichkeit über die Jahre durch neue befriedigende Rollen schier von selbst schließt" und infolgedessen risikoreiche Verhaltensweisen sukzessive nachlassen und sich schließlich verflüchtigen, sind für „persistent" Abweichende als den „Anderen unter den Anderen" *individuelle Pathologien* von ausschlaggebender Bedeutung. „Statt struktureller Probleme der Jugendphase stehen hier bereits frühkindlich vorliegende Auffälligkeiten, nämlich Anpassungsprobleme wie Aggressivität, Scheu, Aufmerksamkeitsstörungen, Impulsivität, Frustrationsintoleranz und vieles weitere mehr im Mittelpunkt, einschließlich sehr früher neurologischer Auffälligkeiten" (Weichold u.a. 2008: 556). Der Verweis auf die Episodenhaftigkeit des Risikoverhaltens und die damit verbundene Normalisierungserwartung greift bei dieser Teilgruppe von mehrheitlich männlichen Jugendlichen zu kurz (vgl. Greve/Hosser 2008: 588).

Aus der prinzipiellen Differenz der Erscheinungs- und Verlaufsformen (Gewaltaffinität, frühkindlicher Ausgangspunkt) und der Ursachen (individuelle, persönlichkeitsspezifische) im Verhältnis von persistentem zu episodenhaftem Risikoverhalten ergeben sich in letzter Konsequenz auch unterschiedliche, abgestufte Reaktions- und Interventionsformen. Auf das Ganze gesehen wird freimütig für die Wiederherstellung bzw. Intensivierung einer „Kultur der Kontrolle" mit stigmatisierenden und ausschließenden Konsequenzen plädiert. Mit einer bezeichnenden Fokussierung auf Eltern (die im Zuge einer neoliberalen Strategie der Responsibilisierung und Privatisierung von Erziehung und Bildung nunmehr im Begriff sind, selber zu einer „Problemgruppe" stilisiert zu werden) wird als eine der maßgeblichen Ursachen für abweichendes, risikoreiches, „antisoziales" Verhalten „die mangelhafte Überwachung des Kindes" (Greve/Montana 2008: 846) bzw. das „Nachlassen sozialer Kontrollen in Familien und Nachbarschaft" (Weichold u.a. 20008: 545) benannt.[26] Deshalb kommt dem elterlichen Wissen über „Freunde

---

24 Als Beispiel für den hiermit verbundenen ordnungspolitischen Normativismus sei an dieser Stelle nur auf Raithel (2004: 59) verwiesen, der unter dem Stichwort der Entwicklungsaufgaben „die Aufnahme partnerschaftlicher Beziehungen mit dem Ziel, eine Familie zu gründen und eigene Kinder zu erziehen", anführt.

25 So auch Greve/Hosser (2008: 600): „Personen mit persistent antisozialem Verhalten unterscheiden sich nicht nur aufgrund der Kontinuität devianten Verhaltens, sondern auch durch weitere personale und soziale Merkmale von den ‚jugendtypischen' Delinquenten." Die anschließende Auflistung der Merkmale lässt dabei nichts vermissen, was uns aus einer hegemonialen Tradition der Jugendforschung/Jugendkriminologie mit ihren versteckten oder offenen Biologismen und ihren selektiven Defizitzuschreibungen nicht schon seit jeher sehr vertraut wäre (u.a. werden angeführt: „höheres Ausmaß negativer Temperamenteigenschaften", „Mangel an sozialer Nähe", „allgemein niedrigere Intelligenz", „sprachliche und motorische Defizite", „Leseschwierigkeiten" „Aufmerksamkeitsprobleme", „hohe Aggressivität", „Impulsivität" etc., ebd.: 600f.).

26 Bei Farrington (2002: 673) kommt dasselbe Argument ebenso unabweisbar wie schlicht deterministisch daher: „Many studies show that parents that do not know where their children are when they are out, and parents who let their children roam the streets unsupervised from an early age, tend to have delinquent children."

und Freizeitaktivitäten" besondere präventive Bedeutung zu, zumal bei einer besonderen „Problemgruppe", den „Kindern aus sozial randständigen Stadtgebieten", so wissen Greve/Hosser (2008: 610), „die Überwachung des Kindes durch die Eltern vor dem Abgleiten in deviante Peergruppen und delinquentem Handeln" schützt.

Während für das Gros der Kinder und Jugendlichen, deren Risikoverhaltensweisen als vorübergehende Anpassungsprobleme gedeutet werden, „konsistente und milde Formen der Disziplinierung" (Greve/Montana 2008: 855) die Methode der Wahl darstellen, legt die im Rahmen des Risikodiskurses hergestellte kategoriale Eingrenzung der „Persistenten" eine „neue" Beherztheit im autoritär-repressiven und ausschließenden Zugriff auf diese – wie immer wieder betont wird – kleine Minderheit von Jugendlichen nahe. Die unübersehbare Renaissance des Zwangs in öffentlicher Erziehung und Resozialisierung (z.B. in der Heimerziehung im Allgemeinen oder der geschlossenen Heimunterbringung im Besonderen, der Rehabilitierung des Jugendarrests und der Jugendstrafe, etc.) ist dabei gleichermaßen Ursache wie Ergebnis dieser diskursiven Konstruktion.[27] Vor diesem Hintergrund kommt es inzwischen auch zu einer Aufspaltung in der Bewertung abweichender Karriereverläufe. Die einstmals – zumindest unter den Professionellen – konsensfähige Annahme, dass harte formelle, erst recht strafrechtliche Sanktionierungen der Normverletzungen von (allen) Jugendlichen eher zu einer Verfestigung, wenn nicht gar Eskalierung abweichender Karriereverläufe beitragen, ist im Hinblick auf den harten Kern der risikobelasteten „Intensiv- und Mehrfachtäter" mittlerweile nahezu völlig diskreditiert und wird zusehends von einer auch auf geringfügigste Abweichungen reagierenden „Denkzettel- und Warnschuss-Pädagogik" verdrängt, die auf die disziplinierenden Wirkungen bedingungsloser Grenzziehungen, unverhandelbarer Wertorientierungen und „natürlicher" Autoritätsverhältnisse und Rollenverteilungen setzt.

Bei allen Momenten der Kontinuität, die sich vielfach im Gesamtbild des wissenschaftlichen Jugenddiskurses feststellen lassen[28], darf allerdings nicht die neue Qualität bzw. Rationalität in der Technologie der Macht- und Herrschaftsausübung übersehen werden, die mit einer Problematisierung von „Jugend" als „Risiko" einher geht.

„Risiken", auch die mit der Lebensphase „Jugend" assoziierten Risiken, stellen das Produkt eines interessegeleiteten gesellschaftlichen Zuschreibungsprozesses und keine objektiven Sachverhalte, d.h. keine den inkriminierten Verhaltensweisen per se innewohnende Eigenschaft dar. „Risiken" sind vielmehr Teil einer Macht- und Herrschaftstechnologie, die auf der Grundlage einer *kalkulatorischen Rationalität* auf die „Führung" von Individuen und Bevölkerungsgruppen (z.B. Jugendliche) und damit auf die Herstellung und Verwaltung einer spezifischen (Klassen-, Geschlechter- oder Generationen-)Ordnung zielt (vgl. Dean 1999: 131).

Die neue Qualität, die mit der Logik eines „Risikokalküls" in die Regulation und Kontrolle gesellschaftlicher Verhältnisse einkehrt (und die die althergebrachten Entwürfe von Sozialer Arbeit, ihr professionelles Selbstverständnis, ihren sozialen Status etc. unmerklich zu unterminieren droht), lässt sich auf folgenden kurzen Nenner bringen:[29] Auf der Basis einer – prinzipiell offenen – Gesamtheit von *abstrakten* und sehr heterogenen Risikofaktoren (z.B. Unter-

---

27 Zu der bemerkenswerten Persistenz, mit der die klassifikatorische „Vermessung der Jugend" bis in den Bereich nahezu sinnfreier Differenzierung getrieben wird (wiewohl immer mit dem Ziel, den wirklich „harten Kern" begrifflich einzukreisen), vgl. Greve/Hosser 2008: 603.

28 Zu diesem Moment der Kontinuität zählt nicht zuletzt, dass hinter dem neuen Etikett der „persistent" abweichenden Jugendlichen nichts anderes als das sehr vertraute Bild von den „gefährlichen Klassen" in Gestalt des „ungebundenen" und unkontrollierten (Straßen-)Jugendlichen sichtbar wird. – Zur Reproduktion scheinbar unverwüstlicher Unterschichtsstereotypen im (jugend-)kriminologischen Diskurs, vgl. auch Farrington 2002: 682.

29 Zum Folgenden, vgl. den grundlegenden Beitrag von Castel 1983, dem auch der Titel dieses Beitrags entlehnt ist.

schichtzugehörigkeit, fehlender Schulabschluss, männliches Geschlecht) werden statistische Korrelationen hergestellt, die spezifische Risikoprofile, d.h. unterschiedliche Kombinationen von Risikofaktoren mit entsprechenden Wahrscheinlichkeitskoeffizienten für das Auftreten unerwünschter Verhaltensweisen und Tätertypen (z.B. jugendliche Intensivtäter, Gewalttäter etc.) hervortreten lassen.[30] Mit anderen Worten, die Problematisierung von „Jugend", die Diagnose der Gefährdung respektive Gefährlichkeit von Jugendlichen gründet in einer *vorab* vorgenommenen „Komposition" von Risikofaktoren, die vom konkreten Individuum, vom einzelnen Jugendlichen – zunächst – vollkommen abstrahiert. Damit folgt der Risikodiskurs einer „Logik", die geeignet scheint, die bisher fraglos vorausgesetzten Spezifika eines sozialarbeiterischen/ sozialpädagogischen Zugangs (und im Weiteren aller auf einen personalen Bezug gegründeter Professionen) aufzuweichen. Unter der Herrschaft einer abstrakt kalkulierenden Vernunft (vgl. Castel 1983: 62) verliert die traditionelle, *individualisierende* und auf eine *persönliche* Beziehung gegründete Rationalität sozialpädagogischer Verfahren der Situations- (und häufig nur impliziten) Risikoeinschätzung einen bedeutenden Teil ihrer Vorrangstellung, die u.a. darauf basiert(e), den „Klienten" als „unvergleichliches" Individuum zum Gegenstand eines singulären Wissens und den Professionellen als psychosozialen Experten zum privilegierten Diagnostiker individueller Befindlichkeiten, Gefahren und Gefährdungen zu machen. Die beziehungsförmige, auf *unmittelbare* Kommunikation angelegte Praxis der Sozialen Arbeit, die nach dem „klinischen Modell" auf der Grundlage der physischen Präsenz eines konkreten Gegenübers eine konkrete Gefährdung/Gefährlichkeit diagnostiziert und daraus Interventionen ableitet, wird überlagert und schließlich dominiert (allerdings nicht ersetzt) von einer abstrakten Bestimmung von Risikokonstellationen, die sich allein auf der Grundlage eines spezifischen (Akten-)Wissens ohne jeden personalen Bezug an bzw. in Individuen identifizieren lassen.

Diese zu regelrechten Risikoprofilen verdichteten Arrangements von abstrakten Risikofaktoren dienen als verallgemeinerte Interpretationsraster nicht nur der Selektion der „Risikofälle" im Vorfeld, sondern präformieren im Weiteren als vorgängige Wahrnehmungsfilter auch die sozialpädagogische Arbeit mit den konkreten, tendenziell zu „Risikobündeln" geformten „Einzelfällen". Soziale Arbeit (auch und vor allem mit Jugendlichen) ist damit zur Schnittstelle zweier Rationalitäten des Risikokalküls und -managements geworden.[31] In ihr kreuzen sich auf der einen Seite *quantitative* (mathematische) Verfahren eines auf ganze Populationen gerichteten *versicherungstechnischen* und *epidemiologischen* Risikokalküls, das im Falle von Versicherungen auf die Berechnung von Schadensfallwahrscheinlichkeiten (und die Höhe der entsprechenden Versicherungsbeiträge) und im Falle der Epidemiologie auf die Kalkulation der Auftretens- und Verbreitungswahrscheinlichkeit von Krankheiten (und die Möglichkeiten ihrer Verhinderung bzw. Minimierung) innerhalb einer Bevölkerung zielt.[32] Im Falle einer auf die „Jugend" bezogenen Risikokalkulation heißt das, die Wahrscheinlichkeit für das Auftreten und die Verbreitung von so genannten jugendlichen Risikoverhaltensweisen, ihre relevanten

---

30 Zum Schematismus der gebetsmühlenhaften Aufzählung einer schier endlosen Reihe von Risikofaktoren, vgl. exemplarisch Farrington 2002.
31 Zum Folgenden und der Unterscheidung der Risikorationalitäten in „insurance risk", „epidemiological risk" und „case-management risk", vgl. Dean 1999: 142f.
32 Dean (1999: 143) weist in diesem Zusammenhang auf eine wichtige Unterscheidung im Hinblick auf die Handlungsimplikationen beider Typen der Risikokalkulation hin: Das Risikokalkül der Versicherungslogik basiert auf einem „Ausgleich" (eines eingetretenen Schadens, d.h. ist vergangenheitsorientiert), während die Logik der Epidemiologie auf „Prävention" (eines präsumtiven Schadens, d.h. in die Zukunft) gerichtet ist. Es ist das Ethos der mit der Epidemiologie begründeten Prävention, das auf breiter Front Einzug in die Soziale Arbeit gehalten hat und im Begriff ist, diese grundlegend zu verändern.

Faktoren, ihr Zusammenspiel etc. zu „berechnen". Und auf der anderen Seite treffen diese auf die traditionellen *qualitativen* Verfahren einer auf den *Einzelfall* bezogenen Risikoabschätzung, die als klassische Instrumentarien der Sozialer Arbeit (Beratung, Einzelfallhilfe, Gruppenarbeit, Therapie etc.) zum festen Bestandteil ihres Selbstverständnisses zähl(t)en, nunmehr aber unter den Vorzeichen des Risikodiskurses in den Kontext neuer Formen der gesellschaftlichen Regulierung gestellt werden (vgl. Dean 1999: 143).

Damit ist noch nicht das – gelegentlich beschworene – Ende der Sozialen Arbeit gekommen, im Gegenteil, die stetige Vervielfältigung der Risikogruppen (z.B. der „Jugend" in all ihren Schattierungen) erhöhen eher den Bedarf an qualifizierendem, einzelfall- und maßnahmenbezogenem „Assessment". Die Veränderungen mit den nachhaltigsten Auswirkungen liegen vielmehr in der gesellschaftlichen Funktion und dem Stellenwert, den die Soziale Arbeit im Verhältnis hierarchisch organisierter politischer und professioneller Interessen in Zukunft einnehmen wird. Mit der „neuen" Logik einer der Versicherungswirtschaft und Epidemiologie entlehnten abstrahierenden Risikorationalität, die die „alte", auf den Einzelfall bezogene und individualisierende Rationalität „klinischer" Diagnostik überformt, treten Akteure und Interessen in den Vordergrund, die mehr auf ein optimiertes Management von Risikogruppen und weniger auf die – strafende, bessernde, rehabilitative – Einwirkung auf ein in seinen jeweiligen Besonderheiten wahrgenommenes Individuum gerichtet sind. Bereits vor mehr als 25 Jahren hat Robert Castel diesen – heute unter dem Etikett des „Managerialismus" verhandelten – tiefgreifenden Wandel im Machtgefüge der politischen und professionellen Interessen pointiert zusammengefasst:

„Der Praktiker vor Ort tritt nun als bloßer Helfer des Verwaltungsbeamten in Erscheinung, den er auf der Basis dieser diagnostisch-gutachterlichen Tätigkeit (...) mit Informationen versorgt. (...) Der direkte Zusammenhang zwischen dem Umstand, Kenntnisse über ein Individuum zu besitzen, und der Möglichkeit, es zu behandeln, ist zerstört. Die Praktiker (...) kontrollieren nicht mehr den Gebrauch der Daten, die sie produzieren. Der Verwaltungsfachmann ist der wirkliche ‚Macher'" (Castel 1983: 67).

Dabei gehorcht die neue, im Zusammenhang mit „Jugend" vielfältig erprobte Macht- und Herrschaftstechnologie des „Risikos" primär einer Logik der „Prävention", die es erlaubt, die traditionellen, z.T. sehr legitimationsanfälligen, z.T. sehr aufwendigen Macht- und Herrschaftsmittel der Repression und der Fürsorge stärker in den Hintergrund treten zu lassen (vgl. Castel 1983: 70). Dass die Soziale Arbeit momentan dabei ist, sich die neue Risikorationalität zu eigen zu machen und sich in ihr einzurichten, davon zeugen die unzähligen Präventionsprojekte (vor allem im Jugendbereich), auf die sich Soziale Arbeit – der Risikologik des Zeitgeistes und den Finanzierungsströmen folgend – regelrecht gestürzt hat.[33]

---

33 Zur Präventionslogik vgl. die Beiträge von Reder und Ziegler sowie von Frehsee in diesem Band.

Fazit

1. Als soziales Konstrukt stellt „Jugend" eine moderne Macht- und Herrschaftstechnologie dar, die diese zum Anlass (und als Ursache) für eine Reihe grundsätzlicher Fragen der bedrohten sozialen Ordnung, der erschütterten Gewissheiten, der ungewissen Zukunft einer „krisengeschüttelten" Gesellschaft nimmt. Um diese Funktion in der Herstellung und Aufrechterhaltung spezifischer Macht- und Herrschaftsverhältnisse erfüllen zu können, muss „Jugend" notwendig negativ als ein – Gefährdung ebenso wie Gefährlichkeit begründendes – „Defizit", als „Störung", als (noch nicht aktualisiertes) „Potenzial", als „Risiko" und damit als legitimer Gegenstand einer (Dauer-)Problematisierung konzipiert werden. Die Defizit- bzw. Störungsperspektive wiederum wird durch eine Naturalisierung der Lebensphase „Jugend" hergestellt, d.h. über die Zuschreibung „natürlicher", in den biopsychosozialen Besonderheiten dieser Entwicklungsphase begründeter Merkmale. Aus diesen „wesensgemäßen" Besonderheiten des „Reifungsprozesses" wird im Weiteren eine besondere „Vulnerabilität", sprich eine jugendtypische Anfälligkeit für Abweichungen, psychische Instabilitäten, Unreife des Denkens, Risikobereitschaften etc. abgeleitet. Mit der Konstruktion natürlicher Eigenschaften und der besonderen Vulnerabilität der Lebensphase „Jugend" werden nicht nur hierarchische Generationenverhältnisse stabilisiert, insofern „Erwachsene" im Kontrast zur „Jugend" als Leitbild der Rationalität, der Stabilität, der Produktivität, der Reife etc. darstellbar werden. Darüber hinaus liefert die Zuschreibung besonderer Gefährdungen/Risiken vielfältige und vor allem in den Augen einer breiten Öffentlichkeit stets legitime Anlässe für eine Erweiterung und Intensivierung der Kontrolle und Überwachung von Jugendlichen.
2. Obwohl „Jugend" auf der theoretischen Ebene als universelle Erfahrung konzipiert wurde und wird, transformiert(e) sie sich in der praktischen Anwendung nicht zuletzt in ein Konzept der besonderen Diskriminierung und Ausschließung bestimmter Gruppen von Jugendlichen (vgl. Baxter 2008: 91). Ausgesprochen oder nicht, waren es jedenfalls immer ganz bestimmte Segmente der „Jugend", deren Verhalten, Lebensstil, Freizeitgestaltung etc. zum Gegenstand korrigierender, erzieherischer, strafender, kontrollierender, fürsorgender Eingriffe wurden. Und wenn „Jugend" heute pauschal unter „Risiko" rubriziert wird, dann sind es letztlich doch immer wieder die seit Alters vertrauten Gruppen der (fremden, unterprivilegierten, männlichen) Jugendlichen, die bevorzugt zum Anlass für Skandalisierungen und Moralpaniken genommen werden.
3. „Jugend" dürfte – auch und vor allem in Gestalt des aktuellen Risikodiskurses – eines der letzten Refugien einer relativ unangefochtenen, hochgradig *normativen*, teilweise *deterministischen* und – zusehens wieder – *biologistisch* getönten „Erzählung" sein, in der als zentrales Motiv die Vorstellung von „Entwicklung als Fortschritt" figuriert. „Entwicklung" wird dabei konzipiert
    - als *kumulativer* Prozess (schrittweise Vermehrung körperlicher, kognitiver emotionaler und sozialer Kompetenzen),
    - als *linearer* und *zielgerichteter*, an den fraglosen Normen der „Erwachsenen" ausgerichteter Prozess (der idealiter aus der relativen Unbescholtenheit und Ruhe der „Kindheit" über die Verwirrungen, den Aufruhr und die Labilität der „Jugend" zur dauerhaften Ordnung und Stabilität der „Erwachsenen" führt),[34]

---

34 Die heute gängige These von der zunehmenden „Entstrukturierung" der Lebensphase „Jugend", die die Übergänge zum Erwachsenenstatus diffuser, offener, uneindeutiger erscheinen lässt, und die Konzeptionierung von Jugend als

- als *einseitiger* und *hierarchischer* Prozess (bei dem die Jugendlichen im Rahmen einer „Zivilisierungsmission" zu weitgehend passiven Empfängern von über Erziehung und Sozialisation vermittelten [Werte-]Inhalten, Kompetenzen etc. werden),
- als *a-historischer* Prozess (bei dem zwar meist die Geschichtlichkeit des Entwicklungskonzepts „Jugend" konzediert, dieser darüber hinaus jedoch für aktuelle Analysen keine Relevanz zugemessen wird. Damit bleibt aber der nachhallende klassen-, geschlechter- und „rassen"-spezifische bzw. nationalistische Subtext des Konzepts verschüttet),
- als *biopsychosozialer* Prozess (der in der insbesondere aus der Jugendkriminologie vertrauten Tradition multifaktorieller Ansätze eine – interaktive – Einheit von physischen, psychischen und sozialen Momenten in der Entwicklung suggeriert, gleichwohl aber eine unübersehbare Tendenz zur Biologisierung und Psychologisierung verrät, und zwar nach dem folgenden geläufigen Denkmuster: *Basale* physische und intrapsychische Vorgänge und Impulse stoßen gewissermaßen auf äußere soziale Bedingungen der Entwicklung, aus deren Zusammentreffen und wechselseitiger Beeinflussung sich die je individuellen Entwicklungsverläufe formen. Die Annahme eines sozial vorgängigen, „objektiven" Substrats der Entwicklung unterschlägt allerdings, dass auch die vermeintlich natürlichen und elementaren Prozesse der körperlichen und psychischen Entwicklung per se sozial präformiert sind und selbst das Ergebnis eines hegemonialen kulturellen Deutungsmusters darstellen, das – wie wir gesehen haben – im Interesse bestehender Macht- und Herrschaftsverhältnisse auf die Naturalisierung der Lebensphase „Jugend" ausgerichtet ist).

Die Logik dieser besonderen Erzählung von der „Jugend" zu durchbrechen, heißt letztlich nichts anderes, als die vorgegebenen Macht- und Herrschaftsverhältnisse in Frage zu stellen.

Literatur

Aries, P. (1975): Geschichte der Kindheit, München.
Baxter, K. (2008): The Modern Age: Turn-of-the-Century American Culture and the Invention of Adolescence, University of Alabama Press, Tuscaloosa.
Best, J. (2004): Deviance. Career of a Concept, Belmont.
Bude, H. (2008): Die Ausgeschlossenen. Das Ende vom Traum einer gerechten Gesellschaft, München.
Castel, R. (1983): Von der Gefährlichkeit zum Risiko. In: Wambach, M.M. (Hg.), Der Mensch als Risiko. Zur Logik der Prävention und Früherkennung, Frankfurt/M. S. 51-74.
Cunningham, H. (2006): Die Geschichte des Kindes in der Neuzeit, Düsseldorf.
Dean, M. (1999): Risk, calculable and incalculable. In: Lupton, D. (Hg.), Risk and sociocultural theory. New directions and perspectives, Cambridge. S. 131-159.
Farrington, D.P. (2002): Developmental Criminology and Risk-focused Prevention. In: Maguire, M./Morgan, R./Reiner, R. (Hg.), The Oxford Handbook of Criminology, Oxford/New York. S. 657-701.
Foucault, M. (1994): Überwachen und Strafen. Die Geburt des Gefängnisse, Frankfurt/M.
Giesecke, H. (1981): Vom Wandervogel bis zur Hitlerjugend. Jugendarbeit zwischen Politik und Pädagogik, München.
Gillis, J.R. (1980): Geschichte der Jugend. Tradition und Wandel im Verhältnis der Altersgruppen und Generationen in Europa von der zweiten Hälfte des 18. Jahrhunderts bis zur Gegenwart, Weinheim/Basel.

---

eigenständige (und nicht nur Übergangs-)Phase im menschlichen Lebenslauf (vgl. Hurrelmann 2007), mögen das teleologisch-normative Entwicklungsmodell der „Jugend" modifizieren, stellen es aber nicht grundsätzlich in Frage.

Greve, W./Hosser, D. (2008): Antisoziales Verhalten im Jugendalter: Entwicklungsbedingungen für adoleszente Delinquenz und Gewalt. In: Silbereisen, R.K./Hasselhorn, M., (Hg.) Entwicklungspsychologie des Jugendalters, Göttingen u.a.. S. 587-625.

Greve, W./Montana, L. (2008): Delinquenz und antisoziales Verhalten im Jugendalter. In: Oerter, R./Montana, L. (Hg.) Entwicklungspsychologie, 6. vollst. überarb. Aufl., Weinheim/Basel. S. 837-857.

Griese, H.M. (1999): Jugend. In: Albrecht, G./Groenemeyer, A./Stallberg, F.W. (Hg.), Handbuch soziale Probleme, Opladen/Wiesbaden. S. 462-486.

Hurrelmann, K. (2007): Lebensphase Jugend. Eine Einführung in die sozialwissenschaftliche Jugendforschung, 9. aktual. Aufl., Weinheim/München.

Lesko, N. (2001): Act Your Age! A Cultural Construction of Adolescence, New York/London.

Mitterauer, M. (1986): Sozialgeschichte der Jugend, Frankfurt/M.

Peukert, D.J.K. (1986): Grenzen der Sozialdisziplinierung. Aufstieg und Krise der deutschen Jugendfürsorge von 1878 bis 1932, Köln.

Platt, A.M (1977): The Child Savers. The Invention of Delinquency, 2. Aufl., Chicago/London.

Raithel, J. (2004): Jugendliches Risikoverhalten, Wiesbaden.

Raithel, J. (2001), (Hg.), Risikoverhaltensweisen Jugendlicher. Formen, Erklärungen und Prävention, Opladen.

Roth, L. (1983): Die Erfindung des Jugendlichen, München.

Weichold u.a./Bühler, A./Silbereisen, R.K. (2008): Konsum von Alkohol und illegalen Drogen im Jugendalter. In: Silbereisen, R.K./Hasselhorn, M. (Hg.) Entwicklungspsychologie des Jugendalters, Göttingen u.a.. S 537-586.

Hans-Jörg Albrecht

Internationale Tendenzen in der Entwicklung des Jugendstrafrechts

1 Einleitung

In der internationalen Entwicklung des Jugendstrafrechts sind heute noch Kräfte wirksam, die aus einer historischen Perspektive die Ausdifferenzierung von Kindheit und Jugend als selbständige soziale Kategorie und die hieraus abgeleiteten und Besonderheiten junger Menschen Rechnung tragenden rechtlichen Regeln des Jugendschutzes mit dem Ziel des Jugendwohls und der Erziehung befördern. Die treibenden Kräfte der Einführung einer erzieherisch ausgerichteten Behandlung von Kindern und Jugendlichen aus Anlass von Straftaten waren die Kinderretter- und Jugendgerichtsbewegungen des 19. Jahrhunderts (Bala/Hornick/Snyder 2002). Diese sorgten zunächst in Nordamerika und in Europa für die Entstehung von Systemen und Institutionen des Jugendkriminalrechts, die dann teilweise in das Recht der kolonialisierten Regionen Afrikas und Asiens übertragen werden (vgl. hierzu beispw. Afande 1997); teilweise nimmt das besondere Kolonialstrafrecht Züge eines erzieherischen Strafrechts an (Naucke 1988; v. Trotha 1988). Der rechtliche Umgang mit jugendlichen Straftätern tritt in der Folge einerseits in Form von ausschließlich an Jugendhilfe orientierten (einspurigen) Modellen auf. Die Begehung einer Straftat gilt hier als Symptom für Sozialisations- und Entwicklungsprobleme, auf die allein mit jugendhilferechtlichen Maßnahmen und in einem verwaltungsähnlichen Verfahren reagiert wird (Jugendwohlfahrtsmodell). Andererseits entsteht ein vom Erwachsenenstrafrecht getrenntes Jugendstrafrecht, in dem die Grundstrukturen des Strafrechts – insbesondere der Anknüpfungspunkt der Straftat sowie die strengeren Formen des Strafverfahrens – erhalten bleiben und besondere Regeln des materiellen und Verfahrensrechts die erzieherische Zielsetzung des gleichwohl strafrechtlichen Eingriffs absichern sollen. Erziehungsbedarf anzeigende Verhaltensauffälligkeiten abseits des Strafrechts werden demgegenüber durch das Jugendhilferecht abgedeckt (Strafrechtsmodell oder dualistisches Modell, vgl. hierzu Marttunen 2008). Die globale Verbreitung von Jugendstrafrecht (in vielfältigen Formen) beschleunigt sich in der zweiten Hälfte des 20. Jahrhunderts, auch bedingt durch supranationale Akteure wie Europarat und die Vereinten Nationen.

Die Entstehung schützender Regeln und der Ausbau eines Erziehungsrechts werden unterschiedlich beurteilt (zusammenfassend Platt 1977). Denn die Herausbildung von Kindheit und Jugend führt auch zu einem besonderen System sozialer Kontrolle, das sich aus jugendspezifischen rechtlichen Normen sowie Institutionen der Erziehung und Sozialisation zusammensetzt (Jugendamt, Schule), darüber hinaus in Konzepten der Jugenddelinquenz und in Eingriffstatbeständen zum Ausdruck kommt, die bei Risiken für die Erziehung und Sozialisation Interventionen der Jugendhilfe und des Jugendstrafrechts mit sich bringen. Die Kritik der Fürsorgeheime und der Heimerziehung in den 1960er und 1970er Jahren legt Zeugnis darüber ab, dass erzieherisch begründete Eingriffe strafenden und Chancen reduzierenden Charakter haben können (Meinhof 1971). Eine Extremposition betont denn auch eine Verschlechterung der Position des Kindes, insbesondere als Folge der „Wegnahme" von Rechten und der Zuordnung eines sozialen Status in der Gesellschaft, der einen Ausschluss von als riskant gedeuteten Lebensbereichen mit sich bringt (Ariès 1996). Eine andere Position vertritt die These einer Besserstellung des Kindes durch die Aufnahme des Gedankens des Kindeswohles in die (rechtliche) Organisation der Gesellschaft (deMause 1997). Jugend wird allerdings (neben den hierin enthaltenen biologischen, chronologischen, entwicklungspsychologischen Konzepten) vor allem eine soziale Kategorie, in der Vorstellungen über Statuspassagen zum Tragen kommen. Soziale Modernisierungsprozesse haben erheblichen Wandel im Hinblick auf diese Statuspassage (in die Erwachsenenrolle) mit sich gebracht. Hierzu gehören insbesondere die beträchtliche Verlängerung der Jugendphase und die Veränderungen in der Struktur der Familien mit dem Wandel hin zu Klein- bzw. Kernfamilien.

In der zweiten Hälfte des 20. Jahrhunderts entfalten sich dann internationale Systeme von Konventionen, Mindestregeln und Empfehlungen, die von den Vereinten Nationen, ihren Untergliederungen und dem Europarat ausgehen. Mit diesen Einflussfaktoren sind zwar allgemeine Entwicklungsbedingungen und Rahmensetzungen benannt, die auf Harmonisierung und Vereinheitlichung des Jugendstrafrechts unter den Leitgedanken des Kindeswohls und der Erziehung hinweisen. Jedoch zeigt der internationale Vergleich eine ganz erhebliche Variation im Umgang mit jugendlichen Straftätern (Winterdyk 2002; Albrecht/Kilchling 2002; Tonry/Doob 2004). Ferner ergibt der Vergleich, dass ein vom Erwachsenenstrafrecht abgetrenntes Jugendstrafrecht nicht überall entstand. In vielen Ländern finden sich besondere materiell- und verfahrensrechtliche Vorschriften für Jugendliche im regulären Erwachsenenstrafrecht (Doob/Tonry 2004). Der internationale Vergleich verweist schließlich auf erhebliche Veränderungen im zeitlichen Längsschnitt (Albrecht 2002), die in den letzten zwei Jahrzehnten eine deutliche Gestalt einnehmen. Hier geht es um die zunehmende Betonung strafrechtlicher Verantwortlichkeit von jugendlichen Straftätern und den Sicherungsgedanken. Damit ergeben sich Parallelen zu Tendenzen in der allgemeinen Kriminalpolitik und die Annahme, dass eine „punitive Wende" auch das Jugendkriminalrecht erfasst hat (Muncie 2008). Zwar wird das Jugendkriminalrecht bisweilen und mit Verweis auf als Innovation gedeutete Konzepte wie Resozialisierung, Diversion und Alternativen zur Freiheitsstrafe als „Vorreiter" von Entwicklungen im allgemeinen Strafrecht bezeichnet. Dabei ist die Vorstellung leitend, dass sich liberale und wohlfahrtsstaatliche Konzepte vor dem Hintergrund kindlicher (und deshalb als verletzlich und schutzbedürftig eingestufter) Straftäter schneller durchsetzen lassen. Allerdings handelte es sich bei dem zeitverschobenen Auftreten von Veränderungen in der Begründung von Strafen, in den Strafarten sowie den Erledigungsformen des Strafverfahrens, das sich im Vergleich der Entwicklung des Jugend- und Erwachsenenstrafrechts beobachten lässt, wohl eher um Zufälligkeiten, die dem jeweiligen kriminalpolitischen Klima geschuldet sind (Lappi-Seppälä 2006).

2 Die Setzung von Rahmenbedingungen für das Jugendstrafrecht im internationalen Recht

Die Betonung des Erziehungsgedankens als besondere Begründung und wesentliche Legitimation des (vom Erwachsenenstrafrecht getrennten und vor allem weniger einschneidenden

Freiheitsentzug vorsehenden) Jugendstrafrechts hat sich in internationalen und europäischen Instrumenten niedergeschlagen, die transnationale Standards des Jugendkriminalrechts, der Jugendstrafe und des Jugendstrafvollzugs setzen. Seit den 1960er Jahren wurden in der Reform und der praktischen Entwicklung des Jugendstrafrechts insbesondere die Entkriminalisierung, die Diversion, die Zurückdrängung freiheitsentziehender Maßnahmen und den Besonderheiten der Jugend angepasste Verfahren und Institutionen betont (Schüler-Springorum 1987, 1992; Dünkel 1988; Jung 1994; Gerstein 1996). Reformen des Jugendkriminalrechts standen in den 1960er und 1970er Jahren international unter dem Programm der drei großen „D" (Decriminalization, Diversion, Decarceration), also Entkriminalisierung, Diversion und Alternativen zur Freiheitsstrafe. Vor allem die eine kontraproduktive Stigmatisierungswirkung des Strafverfahrens und des Strafrechts betonende Theorie der Stigmatisierung („labeling approach") sowie die strukturell-funktionalen Kriminalitätstheorien und hier die Anomietheorie lieferten Begründungen für eine Jugendkriminalpolitik in den westlichen Industriestaaten, die den Gebrauch freiheitsentziehender Sanktionen an den Rand drängt und Chancen erhöhende bzw. Defizite ausgleichende Interventionen in den Mittelpunkt rückt.

Internationales Recht, das die strafrechtliche Reaktion auf Jugendkriminalität betrifft, findet sich bereits im Internationalen Pakt über Bürgerliche und Politische Rechte von 1966. Der Pakt untersagt zunächst in Art. 6 die Anwendung der Todesstrafe auf unter 18-jährige Straftäter. Von dieser Verpflichtung haben sich allerdings einige Staaten freigestellt und, wie die USA, einen Vorbehalt zu Protokoll gegeben, der die Anwendung der Todesstrafe bei zur Tatzeit noch nicht 18-Jährigen vom innerstaatlichen Recht allein abhängig macht (Streib 1998). Im Jahre 2005 freilich entschied das amerikanische Oberste Gericht (bei einem denkbar knappen Abstimmungsverhältnis von 5:4 Stimmen), dass die Todesstrafe für jugendliche Straftäter gegen den 8. und 14. Zusatz zur Verfassung verstoße (Roper v. Simmons (03-633) 543 U.S. 551 (2005); zum internationalen Stand der Todesstrafe für jugendliche Straftäter vgl. Hood/Hoyle 2008) Der Pakt verpflichtet ferner zur Beachtung des Trennungs- und Beschleunigungsgrundsatzes (Art. 10) sowie zur Einführung eines an der Erziehung orientierten Verfahrens (Art. 14). Die Kinderrechtskonvention 1989 verdichtet die Verpflichtungen und allgemeinen Prinzipien (so beispw. die Orientierung am Kindeswohl und den Trennungsgrundsatz, der es verbietet, unter 18-Jährige (Kinder in der Sprache der Konvention) mit erwachsenen Gefangenen zusammenzulegen). Die Kinderrechtskonvention greift dann die Politik der Haftvermeidung in Art. 37 (b) auf und unterstreicht, dass die Freiheitsentziehung bei einem Kind nur als letztes Mittel und für die kürzeste angemessene Zeit angewendet werden darf.

Die am 29. 11. 1985 von den Vereinten Nationen beschlossenen Mindestgrundsätze für die Jugendgerichtsbarkeit (Beijing Rules 1985) sind ergänzt worden durch Mindestgrundsätze für den Jugendstrafvollzug (Havana Rules, 14. 12. 1990) sowie für die Prävention von Jugendkriminalität (Riyadh Guidelines 1990). Die Mindestgrundsätze für das Jugendkriminalrecht haben aber nicht den Charakter zwingenden internationalen Rechts, sondern dienen als Empfehlungen für eine (menschenrechtliche Vorgaben achtende) Ausgestaltung des Jugendkriminalrechts (insoweit vergleichbar den Europäischen Regeln für den Vollzug der Freiheitsstrafe (European Prison Rules 2006) sowie den Minimumregeln der Vereinten Nationen für die Behandlung von Gefangenen Standard Minimum Rules 1957). Sie können allerdings in der Auslegung des nationalen (Verfassungs-)Rechts und europäischer sowie internationaler Konventionen eine Indizfunktion übernehmen, wie beispw. die Entscheidung des deutschen Bundesverfassungsgerichts zur Verfassungswidrigkeit des Jugendstrafvollzugs wegen fehlender gesetzlicher Grundlagen gezeigt hat (BVerfG, 2 BvR 1673/04 vom 31.5.2006; auch das Schweizerische Bundesgericht folgt diesem Ansatz, vgl. Bundesgericht, Entscheidung vom 12. 2. 1992, BGE 118 Ia, S. 64ff). Die Mindeststandards der Vereinten Nationen für das Jugendkriminalrecht sind allgemein gehalten und geben auch Einblick in das Problem, über die großen Leitlinien hinaus in Details des Jugendstrafrechts international gleichermaßen akzeptierte Standards zu setzen. Besondere Bedeutung kommt allerdings den Rahmenbedingungen zu, die die internationalen Mindeststandards für die freiheitsentziehenden Sanktionen festlegen. So schreibt Nr. 19 der Mindestgrundsätze der Vereinten Nationen für die Jugendgerichtsbarkeit (1985) vor, dass die stationäre Unterbringung von Jugendlichen stets als letztes Mittel zu gelten habe; sie darf nicht länger angeordnet werden als absolut notwendig. Zu den international übereinstimmend akzeptierten Grundsätzen der Kriminalpolitik gehört somit, den Freiheitsentzug gegenüber jungen Straftätern auf ein „letztes Mittel" und eine „äußerste" Lösung zu reduzieren (zur Implementierung der internationalen Vorgaben und ihrer Abhängigkeit vom wirtschaftlichen und sozialen Entwicklungsstand vgl. Kiessl 2001). Die im Jahr 2008 vom Europarat verabschiedeten Regeln zur Behandlung von jungen Menschen in freiheitsentziehenden Einrichtungen führen die internationale, an der Reduzierung der Freiheitsentziehung sowie an der Erziehung und (Re-)Integration orientierten Jugendkriminalpolitik fort (Ministerkomitee des Europarats Empfehlung CM/Rec (2008) 11), betonen allerdings auch, dass ein durch Erziehung begründetes jugendstrafvollzugsrechtliches Sonderrecht menschen- und verfassungsrechtlich verbürgte Positionen zu beachten hat (Dünkel 2008).

Die Folgen dieser Politik bilden sich in den normativen Grundlagen der Jugendkriminaljustiz ab. Insgesamt setzte sich in Europa und darüber hinaus eine Jugendkriminalpolitik durch, die das Kindeswohl sowie die Erziehung betont und die Jugendfreiheitsstrafe und die Untersuchungshaft als „ultima ratio" jugendrichterlicher Instrumente einstuft.

3 Die Jugendkriminalpolitik der 1960er und 1970er Jahre: Entkriminalisierung, Diversion und Alternativen zum Freiheitsentzug

Entkriminalisierung kann im Jugendstrafrecht auf mehreren Ebenen angesiedelt sein. Zunächst geht es um die Frage, ab welchem Alter strafrechtliche Verantwortlichkeit überhaupt eintreten soll. In dieser Frage ist international kein Konsens festzustellen (Doob/Tonry 2004). Selbst in Europa klaffen die Strafmündigkeitsgrenzen weit auseinander, obwohl dort, wo die Strafmündigkeit mit 10 oder 12 Jahren eintritt (Schweiz, England/Wales (10 Jahre), Niederlande, Irland (12 Jahre)) für Kinder im Wesentlichen (ebenso wie in Systemen mit höherem Strafmündigkeitsalter) allein jugendhilferechtliche Maßnahmen zum Einsatz gelangen. Die Diskussion war lange Zeit geprägt durch Forderungen, das Strafmündigkeitsalter nach oben zu verschieben und die Geltung eines besonderen, auf Erziehung ausgerichteten Jugendstrafrechts auf Heranwachsende und gar Jungerwachsene zu erstrecken. Jedoch hat sich das deutsche Modell der weitgehenden Aburteilung von Heranwachsenden nach Jugendstrafrecht nicht durchgesetzt. International ist (mit wenigen Ausnahmen und teilweise Strafmilderung für Heranwachsende vorsehend) die Grenze für die Anwendung von Erwachsenenstrafrecht und dessen Strafen bei 18 Jahren festgelegt. Seit den 1980er Jahren verändert sich der Diskurs um Grenzen der Strafmündigkeit und des Jugendstrafrechts. Sie wird nunmehr stärker durch das Interesse bestimmt, das Strafmündigkeitsalter abzusenken oder jedenfalls für Strafunmündige effektive Kontrollmaßnahmen vorzusehen (Albrecht 2002; Marttunen 2008: 456).

Sodann stellt sich die Frage nach einer Entkriminalisierung im materiellen Strafrecht. Entkriminalisierung lässt sich zunächst dort feststellen, wo einspurige Jugendhilfesysteme für Straftaten (und anderes abweichendes Verhalten) Jugendlicher keine strafrechtliche Verantwortlichkeit und kein Strafverfahren vorsehen, sondern jugendhilferechtliche Maßnahmen, die an (gegebenenfalls durch eine Straftat indizierten) Bedarf für Erziehung anknüpfen. Ansätze für eine materiellrechtliche Entkriminalisierung lassen sich dann im Strafrecht der ehemals sozialistischen Länder Zentral- und Osteuropas oder der Volksrepublik Chinas beobachten, wo die allgemeine Schwelle zur Strafbarkeit erst dann erreicht ist, wenn die Tat ein gewisses Maß an Sozialgefährlichkeit überschreitet.

Die Diversion (Einstellung des Strafverfahrens) hat sich international in unterschiedlichen Formen durchgesetzt und spielt überall eine erhebliche Rolle. Unterschiede (und Veränderungen) zeigen sich in der Frage, welche Institution für die Entscheidung zuständig ist und welche Konsequenzen mit einer Diversionsentscheidung verbunden werden (Jehle/Lewis/Sobota 2008). Während in den USA, in den Niederlanden, England und Irland (teilweise) die Polizei die Aufgabe übernimmt, beispw. eine informelle Verwarnung auszusprechen oder andere Diversionsmaßnahmen einzuleiten, ist es in anderen Systemen die Staatsanwaltschaft, die darüber entscheidet, ob ein Sachverhalt zur Anklage kommt oder ob das Verfahren eingestellt wird.

Unterschiede werden deutlich, wenn auf die mit einer Einstellung des Strafverfahrens verbundenen Folgen abgestellt wird. Das englische System des Jugendstrafverfahrens ist beispielsweise durch eine polizeiliche Zuständigkeit für Diversion charakterisiert, die lediglich eine Verwarnung beinhalten kann. Das System erfuhr jedoch eine radikale Änderung durch den Crime and Disorder Act 1998 (Sec. 65-6). Während vor 1998 Verwarnungen auch mehrfach eingesetzt werden konnten, sieht das neue Recht nunmehr vor, dass eine Verwarnung nur noch im Falle von Ersttätern und im Falle leichterer Straftaten ausgesprochen werden darf. Im Übrigen ist dann nur noch einmal eine weitere Verwarnung möglich, die als „letzte Warnung" verstanden und verhängt wird. Ganz überwiegend wird aber bei Verfahrenseinstellungen die Möglichkeit vorgesehen, Auflagen und Weisungen zu verhängen, von deren Erfüllung die endgültige Verfahrenseinstellung abhängig gemacht wird. An diesem Punkt setzt eine Kritik an, die das Problem einer möglichen „Ausweitung und Intensivierung der Kontrollnetze" durch die Diversion anspricht (Cohen 1985). So hat sich in Frankreich ein System der Einstellung entfaltet, das mit Bedingungen versehen ist, unter denen die Mediation, die Wiedergutmachung sowie (im Falle von Drogenkonsum) die Zwangsbehandlung eine erhebliche Rolle spielen (Aubusson de Cavarly 1999). Auch in den Niederlanden hat sich die Diversionspolitik geändert. Anstelle folgenloser Einstellungen wird seit einer Gesetzesänderung im Jahre 1995 nunmehr der Schwerpunkt auf eine Diversion gelegt, mit der dem jungen Straftäter zusätzliche Folgen auferlegt werden (im Wesentlichen Wiedergutmachung und die Teilnahme an so genannten „HALT"-Programmen, in denen jugendliche Straftäter Wiedergutmachungsleistungen erbringen, Junger-Tas 2004).

In der Fortentwicklung der Diversionsansätze im Jugendstrafrecht wird international derzeit verstärkt auf Täter-Opfer-Ausgleich, die Wiedergutmachung und das Modell einer „restorative justice" zurückgegriffen (Walgrave/Mehlbye 1998; Mestitz/Ghetti 2005). Hinzu treten Modelle, die auf eine Vernetzung informeller und formeller Sozialkontrolle sowie verschiedener staatlicher Institutionen zielen (beispw. Konferenzsysteme, hierzu Doobs/Tonry 2004). Damit kommt es auch zu einer stärkeren Berücksichtigung des Opfers der Straftat und der Öffentlichkeit.

Diversionsmaßnahmen haben jedenfalls in den meisten Ländern Europas dazu geführt, dass das jugendrichterliche oder gerichtliche Verfahren zu einer Ausnahme wurde. So werden in Schweden etwa 15% der grundsätzlich anklagefähigen Fälle tatsächlich in einer Gerichtsverhandlung erledigt. Der überwiegende Teil wird in summarischen Verfahren, durch Einstellung oder durch die Diversion zur Jugendwohlfahrt auf der staatsanwaltschaftlichen Ebene abgeschlossen (Jansen 2004). Ähnlich liegen die Quoten in den Niederlanden und in Österreich (Junger-Tas 2004; Stangl 1992). Mit der Entwicklung der Diversion kommt je nach Ausgestaltung der Polizei oder der Staatsanwaltschaft, und damit der Exekutive, zu Lasten der Judikative immer größere Bedeutung zu.

Die Politik der Zurückdrängung des Freiheitsentzugs bei jugendlichen Straftätern wird zunächst sichtbar in der allgemeinen Begrenzung des Freiheitsentzugs im System jugendstrafrechtlicher Sanktionen und in der Strafzumessung, sodann in den Alternativen, die sich im Zusammenhang mit der Vollstreckung der Jugendfreiheitsstrafe und Untersuchungshaft ausgebildet haben. Die Sanktionssysteme des Jugendstrafrechts sind durch eine vom Erwachsenenstrafrecht mehr oder weniger deutlich abgesetzte Begrenzung der Freiheitsstrafe gekennzeichnet. Dabei sind international zwei Ansätze erkennbar. Zum einen kann – wie im deutschen Jugendgerichtsgesetz – der Freiheitsentzug unabhängig von den in einzelnen Straftatbeständen vorgesehenen Strafrahmen allgemein auf ein reduziertes Höchstmaß festgelegt sein (vgl. §18 Jugendgerichtsgesetz, wo das Höchstmaß für die Jugendstrafe auf fünf Jahre, bzw. auf zehn Jahre (bei Straftaten, für die das Erwachsenenstrafrecht eine Höchststrafe von mehr als zehn Jahren androht) bestimmt wird). Im dänischen Strafrecht ist das Höchstmaß der Freiheitsstrafe bei acht Jahren festgesetzt worden. Im neuen Jugendstrafrecht der Schweiz (2003) wird als Höchststrafe für Jugendliche, die das 15. Lebensjahr vollendet haben, ein Jahr Freiheitsstrafe angedroht. Ab Vollendung des 16. Lebensjahrs kann ein Jugendlicher in der Schweiz mit Freiheitsstrafe von bis zu vier Jahren bestraft werden, jedoch nur dann, wenn der Straftatbestand des Erwachsenenstrafrechts eine Mindeststrafe von drei Jahren vorsieht oder wenn eine besonders schwere Gewaltstraftat begangen worden ist (§25 schweizer Jugendstrafgesetz). Damit bleibt das schweizer Jugendstrafrecht weit unter den Strafandrohungen, die in anderen europäischen Ländern durchschnittlich für jugendliche Straftäter vorgehalten werden.

Verschiedene Jugendstrafgesetzbücher (bzw. Erwachsenenstrafgesetzbücher dort, wo das Jugendstrafrecht im Strafgesetzbuch selbst geregelt wird oder ein gesondertes Jugendstrafrecht nicht existiert, vgl. für Dänemark Kyvsgaard 2004) erlauben für Jugendliche eher schematisch eine Halbierung (oder eine andere Quote) der Höchststrafen des Erwachsenenstrafrecht vor (vgl. beispw. für Frankreich Art. 20 der Ordonnance vom 2. Februar 1945, oder das österreichische Jugendstrafrecht, das im Übrigen bei mit lebenslanger Freiheitsstrafe bedrohten Straftaten, so wie das dänische Jugendstrafrecht, eine Differenzierung nach Begehung der Straftat nach Vollendung des 16. Lebensjahres (dann im Höchstmaß 15 Jahre Freiheitsstrafe) sowie vor Vollendung des 16. Lebensjahres (dann im Höchstmaß 10 Jahre Freiheitsstrafe) vorsieht) oder eine Absenkung auf drei Viertel der Höchststrafen des Erwachsenenstrafrechts (so das finnische StGB, Kapitel 3, §2). Eine Ausnahme bildet in Europa, wo die schärfsten Sanktionen (insbesondere die lebenslange Freiheitsstrafe oder das Höchstmaß der zeitigen Erwachsenenfreiheitsstrafe) bei Jugendstraftaten nicht verhängt werden dürfen (in Frankreich ist aber in Ausnahmefällen ab dem 16. Lebensjahr bei Mord ebenfalls die Verhängung der lebenslangen Freiheitsstrafe möglich, Dillenburg 2003: 105), das englische Strafrecht. In England/Wales kann für jugendliche Straftäter im Falle schwerer Gewalt- und Sexualstraftaten (insb. bei vorsätzlichen Tötungsdelikten) eine lebenslange bzw. zeitlich unbestimmte Inhaftierung ausgesprochen werden (seit 2005: Inhaftierung zum Zwecke des Gesellschaftsschutzes, detention for public protection, vgl. §226 Criminal Justice Act 2003).

Neben der (Jugend)Freiheitsstrafe lassen sich dann andere Formen der Freiheitsentziehung oder -beschränkung beobachten, die nicht als Freiheitsstrafe verstanden werden (und deshalb in Statistiken des Strafvollzugs nicht enthalten sind und deshalb den internationalen Vergleich der Praxis der Freiheitsentziehung bei jugendlichen Straftätern erschweren; Muncie 2008). Hierzu gehören Formen des kurzen Freiheitsentzugs wie der deutsche Jugendarrest oder die Unterbringung in geschlossenen Heimen und Erziehungszentren.

Alternativen zum Freiheitsentzug beziehen sich weitgehend auf dieselben Begründungen wie die Diversionspolitik. Neben dem Ziel geringerer Stigmatisierung geht es um Sanktionsökonomie und zunächst eine an erzieherischen Bedürfnissen junger Straftäter ausgerichtete Reaktion, die an vermuteten Ursachen delinquenten Verhaltens ansetzt. Alternativen zur Freiheitsstrafe werden heute als „intermediäre Sanktionen" bezeichnet. Damit soll ihre Stellung zwischen Freiheitsentzug und Diversion verdeutlicht werden. Zu intermediären Sanktionen zählen die Bewährungsstrafe bzw. die zur Bewährung ausgesetzte Freiheitsstrafe (die mit Auflagen, Weisungen sowie unterschiedlich intensiver Überwachung verbunden werden kann), die gemeinnützige Arbeit, die Wiedergutmachung, die Verpflichtung zur Teilnahme an Trainingskursen oder die seit den 1990er Jahren aufgegriffenen Formen elektronischer Kontrolle, die in der Regel mit Hausarrest, Betretensverboten und Tagesablaufplänen gekoppelt sind (Elliott/Airs/Easton/Lewis 2000; Albrecht 2002; van Kalmthout 2002; Cassidy/Harper/Brown 2005; Moore 2005). Der Trend geht schließlich hin zu einer flexiblen Kombination unterschiedlicher Sanktionen, die auf den für einzelne jugendliche Straftäter und ihre Opfer angenommenen Bedarf an Lernen, Verantwortungsübernahme, Kontrolle und Wiedergutmachung angepasst werden kann.

Die Suche nach effektiven jugendstrafrechtlichen Reaktionen führt in einer vernetzten Welt im Übrigen auch dazu, dass Sanktionsmodelle und -verfahren „auf Reisen gehen". Boot-Camps, die auf militärischen Drill und Disziplinierung ausgerichtet sind (MacKenzie/Hebert 1996), haben sich ebenso verbreitet wie „Schülergerichte" (U.S. Department of Justice 2000: 9ff), Ausgangssperren oder der elektronisch kontrollierte Hausarrest. Obschon die Evaluation von Boot-Camps gezeigt hat, dass sie sich auf Rückfallkriminalität nicht auswirken (Greenwood 1996: 81), beruht ihre Attraktivität wohl darauf, dass sie sich in eine Kriminalpolitik gut einfügen, die auf öffentlichkeitswirksame und „common sense" Antworten setzt.

Darüber hinaus haben sich Alternativen zur Untersuchungshaft in vielen Ländern durchgesetzt, gilt doch die Untersuchungshaft nachgerade als eine aus erzieherischer Sicht besonders schädliche Form der Freiheitsentziehung. In der Begründung von Begrenzungen der Untersuchungshaft bei jugendlichen Tatverdächtigen wird nicht nur der Verhältnismäßigkeitsgrundsatz deutlich hervorgehoben. Es werden auch Verbindungen zum System der Jugendhilfe hergestellt, mit denen die Sicherung der Durchführung eines Strafverfahrens auf Einrichtungen der Jugendhilfe verschoben wird (Cornils 2002: 44).

4 Vom Kindeswohl und erzieherischen Anspruch zur (strafrechtlichen) Verantwortlichkeit und Sicherheit

Die auf Entkriminalisierung, Diversion, Alternativen zum Freiheitsentzug und auf Erziehung ausgerichtete Jugendkriminalpolitik sieht sich in den letzten Jahrzehnten zunehmend Zweifeln ausgesetzt, die zu teilweise als Trendwende interpretierten Veränderungen führen. In der internationalen Kriminalpolitik sind heute Zeichen zu sehen, die auf einen Bruch mit der Kriminalpolitik der Reintegration, der Erziehung und Resozialisierung der 1960er und 1970er Jahre sowie dem Prinzip eines im Grundsatz freundlichen Umgangs mit jugendlichen Straftätern, hindeuten. Hierzu zählt vor allem das Wiederaufleben von Techniken der Ausgrenzung und Stigmatisierung, die nicht zuletzt im Zusammenhang mit Maßnahmen wirksam werden, die aus der Jugendstrafrechtsreform und hier vor allem der Reform der jugendstrafrechtlichen Sanktionen selbst hervorgehen. Die Stigmatisierung des Straftäters (Schamstrafen) wird offensichtlich gerade mit der Wiederbelebung des Gedankens an community empowerment und community justice wieder stärker betont (Etzioni 1998: 22). Pratt (2000) hat in einer Untersuchung über die Postmodernität sich entwickelnder Strafensysteme in reichem Maße auf Beispiele aus den Jugendstrafrechtsreformen des anglo-amerikanischen Bereichs zurückgreifen können, die zwar primär mit dem Schutz und Schutzbedürfnis des Opfers und der Öffentlichkeit begründet sind, im Kern jedoch Disziplinierung, die Drohung mit der Bloßstellung und damit vormoderne Stigmatisierung beinhalten. Das Interesse an Sicherung durch den öffentlichen Zugang zu Informationen über die Täterperson wird in den letzten Jahren vor allem im Zusammenhang mit Sexualstraftaten gegen Kinder wirksam. Offensichtlich werden in Systeme der Bekanntmachung von Daten zu Sexualstraftätern zunehmend auch jugendliche Täter einbezogen (so beispw. im englischen „Criminal Justice and Immigration Act" vom 8. Mai 2008). Erklärt wird eine Trendwende durch die Entstehung einer „Kultur der Kontrolle" (Garland 2001), die sich als Reaktion auf steigende Kriminalitätsbelastung, das Übergreifen der Kriminalität auf bis dahin sichere Räume der Mittelschichten und damit verbundenen Legitimationsverlust von auf Resozialisierung und Erziehung ausgerichteter Kriminalpolitik ausbildet. Ob eine solche Trendwende tatsächlich eingetreten ist und wenn ja, welche Regionen durch eine Kultur der Kontrolle oder eine punitive Wende erfasst worden sind, ist umstritten (Muncie 2008). Jedenfalls sind die bisherigen theoretischen und empirischen Analysen weitgehend auf den anglo-amerikanischen Raum beschränkt (vgl. beispw. Garland 2001, der sich im Wesentlichen auf England/Wales und die USA bezieht). Die Antwort auf die Frage ist sicher auch davon abhängig, auf welcher Datengrundlage und mit welchen methodischen Instrumenten Untersuchungen stattfinden. Darüber hinaus ist in Rechnung zu stellen, dass nur für wenige Länder ausreichende und verlässliche Informationen zu Praktiken des Jugendstrafrechts vorliegen, die aussagekräftige quantitative Analysen erlauben.

Geht man von der Analyse der Gesetzgebung sowie der kriminalpolitischen Diskurse aus, dann lassen sich erhebliche Veränderungen in den letzten Jahrzehnten feststellen. Die Gesetzgebung verweist international auf die dramatische Zunahme von medienwirksamer, sichtbarer und sofortiger rechtspolitischer Reaktion auf spektakuläre Einzelfälle der Jugendkriminalität, die überdies auf plakative und dem Alltagsverständnis angepasste Lösungen setzt (Walter 2001). Der Bulger-Fall, der Anfang der 1990er Jahre England umgetrieben hat (Graham 1998), demonstriert die neue Orientierung ebenso wie der Fall „Mehmet" und die U-Bahn-Gewalt in München sowie die öffentlichen und politischen Reaktionen auf die zumeist von jungen Männern ausgehende Hassgewalt der 1990er Jahre (Schumann 1993). In besonderer Prägnanz kam die öffentlichkeitsorientierte kriminalpolitische Haltung in dem New Labor Programm „Tough Against Crime and Tough Against the Causes of Crime" (Graham 1998) sowie in einer mit „Keine Entschuldigungen mehr" (No More Excuses) überschriebenen programmatischen Schrift des Innenministeriums (Home Office 1997) zum Ausdruck, mit denen in England/Wales einmal die Erwartungen der Öffentlichkeit im Hinblick auf eine unmissverständliche Antwort auf Kriminalität bzw. das „Zur Verantwortung Ziehen" junger Straftäter, zum anderen die Forderungen nach wirksamer und früher Prävention zufriedengestellt werden sollten. Gerade die (strafrechtliche) Verantwortlichkeit rückt damit in der Zielsetzung des Jugendstrafrechts in solchen Systemen in den Vordergrund, in denen das jugendwohlfahrtsrechtliche Modell (einspuriges Modell) bislang dominiert hatte. Dies zeigt sich vor allem in den USA bereits in den 1970er und 1980er Jahren (Ward/Kupchik 2009: 89ff.). In das Zentrum tritt nunmehr eine strafrechtliche Reaktion, deren Maß nicht durch das Kindeswohl und Erziehungsbedarf begründet wird, sondern durch seine Proportionalität zu Tat und strafrechtlicher Vorgeschichte des Täters, die Verhinderung von Rückfallkriminalität sowie den Schutz der Allgemeinheit (vgl. auch von Hofer 2003 für die Entwicklungen in Schweden und den englischen „Criminal Justice and Immigration Act" vom 8. Mai 2008). Jugendliche Straftäter sollen als verantwortliche Akteure behandelt werden. In den zweispurigen, von vornherein strafrechtlich ausgelegten Modellen hatte die strafrechtliche Verantwortlichkeit bzw. das Schuldelement (trotz der Rhetorik der Erziehung) nie an Gewicht verloren.

Der Wandel in den Zielsetzungen der Jugendkriminalpolitik ist auch das Ergebnis eines stärkeren Aufgreifens von Sicherheitsbelangen und von Opferinteressen und -bedürfnissen. Der Trend geht hin zu einer Betonung der Generalprävention, mit der Sicherheitserwartungen der Öffentlichkeit ebenso aufgefangen werden sollen wie die Interessen der Opfer von Straftaten (Herz 2002: 130ff). Auch die Empfehlungen des Europarats aus dem Jahre 2003 zu „neuen Wegen des Umgangs mit Jugendkriminalität" erweitern die konventionellen erzieherischen Zielsetzungen eines Jugendkriminaljustizsystems um die Berücksichtigung der Interessen des Kriminalitätsopfers (Council of Europe 2003). Dies mag zwar – wie so vieles andere auch – als erzieherisch gedeutet werden. Die Konsequenzen belegen freilich vor allem den „dual use" Charakter der Opferorientierung (nicht nur) im Jugendkriminalrecht. Die Opferorientierung begründet nämlich zuallererst eine stärkere Tatorientierung in der Entscheidung über die Rechtsfolgen. Die Tatschwere muss deshalb besondere Relevanz erlangen, weil mit opferbezogenen Erwägungen die erlittenen Verletzungen und materiellen Schäden in den Mittelpunkt der Entscheidungen rücken (Albrecht 2002). Die Schwere der Tat verweist im Übrigen gleichermaßen auf Gesichtspunkte der Vergeltung und des Schuldausgleichs. Ihre Berücksichtigung schafft dann die Anschlussfähigkeit zu der Frage, ob Sicherheitsbedürfnisse mehr erfordern als durch ein erzieherisch ausgerichtetes Jugendstrafrecht gewährleistet wird.

Den Veränderungen kommt entgegen, dass die auf Erziehung und Resozialisierung ausgerichtete Jugendkriminalpolitik und Gesetzgebung des 20. Jahrhunderts weniger durch theoretische Plausibilität oder empirische Nachweise, sondern vor allem durch die erstarkende Sozialbürokratie und die Ausweitung des Wohlfahrtsstaats gefördert wurde. Auf den in den 1990er Jahre liegenden starken Anstieg der polizeilich registrierten Kinder- und Jugendkriminalität sowie auf die erhebliche Zunahme polizeilich registrierter Gewaltdelikte junger Menschen (Tonry/Moore 1998; Snyder/Sickmund 1999) reagieren Vertreter des Erziehungsanspruches in aller Regel mit „Weiter so" und „Mehr von demselben" Reaktionen, die offensichtlich den weiter oben angesprochenen Legitimationsverlust nicht aufhalten können. Zwar sprechen empirische Untersuchungen dafür, dass der Anstieg der Kinder- und Jugendkriminalität zu einem gewichtigen Teil durch ein verändertes Anzeigeverhalten und die Schwächung informeller Systeme der Verhaltenskontrolle bedingt ist und somit eine Sensibilisierung in der Bevölkerung für Gewalt reflektiert. Im Übrigen handelt es sich bei der Gewaltkriminalität junger Menschen weitgehend um Körperverletzungen und Raub im öffentlichen Raum und unter Gleichaltrigen (Stevens/Kessler/Gladstone 2006: 18). Doch verfestigt sich in der Öffentlichkeit und in der Rechtspolitik das Bild eines zunehmenden Problems der Jugendgewalt, für das eine am Kindeswohl und der Erziehung allein ausgerichtete Jugendstrafrechtspraxis keine angemessenen Antworten mehr zur Verfügung hat und über das die Kontrolle verloren zu gehen scheint (Harrikari/Satka 2006). Die Problemsicht verschiebt und verengt sich gleichzeitig auf die durch die Medien und von Kriminalpolitikern hervorgehobene extreme Jugendgewalt und auf die Gruppe der Intensivstraftäter. Vor allem mit Straßengewalt und Intensivstraftätern werden im Übrigen die Kriminalität junger Immigranten und die Kriminalität noch nicht unter das Jugendstrafrecht fallender, strafunmündiger Kinder sowie die in den Großstädten hervortretenden Phänomene der Banden- und Gruppenkriminalität thematisiert. Die sozialen und wirtschaftlichen Umwälzungen der letzten Jahrzehnte haben nunmehr auch in europäischen Großstädten zu Ghettoisierungsphänomenen geführt (Lagrange/Oberti 2006), die erhebliche soziale Desintegration, Marginalisierungsprozesse, den Verlust informeller Sozialkontrolle durch Familie und Nachbarschaft anzeigen und aus anderen Regionen schon lange bekannt sind.

Das Aufgreifen sensibler Themen wie der Gewalt junger Immigranten, das in den Medien als völlig unzureichend (weil zu mild) denunzierte Jugendstrafrecht sowie die besondere Rolle, die die Sicherheit in den politischen Wahlkämpfen der neueren Zeit international spielt, indizieren eine nachhaltige Veränderung des sozialen und rechtspolitischen Klimas. In den Vordergrund rücken das Leid der Opfer von Gewalt und die Frage, wie die Gesellschaft effektiv vor Gewalt geschützt werden kann. Obwohl ein nicht geringer Teil der jugendkriminalpolitischen zeitgenössischen Literatur mit dem Versuch befasst ist, aus den gegenwärtigen Entwicklungen immer noch Unterstützung für den Erziehungskurs des 19. Jahrhunderts herauszulesen, stehen die Zeichen doch immer stärker auf einer nachhaltigen Korrektur der Jugendkriminalpolitik, die Strafe und Vergeltung, Freiheitsentzug und Sicherheit zu Maßstäben im Umgang mit jungen Straftätern macht.

Nachhaltig hat sich vor allem das jugendkriminalpolitische Klima in den USA verändert. Der Satz „Adult crime = adult time" bringt eine sich seit Ende der 1970er Jahre durchsetzende Politik zum Ausdruck, dass jugendliche Straftäter strafrechtlich nicht mehr privilegiert werden und bei schweren Straftaten von Erwachsenengerichten zu Erwachsenenstrafen verurteilt werden sollten. Eine deutliche Mehrheit der Bevölkerung in den USA unterstützt diese Politik (59% stimmen der Bestrafung von Jugendlichen im Falle von Gewaltdelikten mit Erwachsenenstrafen zu, Sourcebook of Criminal Justice Statistics 2003: 143; vergleichbare Ergebnisse bei Johnson 2009: 59). Die Möglichkeit, Jugendliche als Erwachsene und nach Erwachsenenstrafrecht abzuurteilen, war in den Bundesstaaten der USA (sowie in einigen europäischen Strafrechtssystemen, vgl. hierzu Albrecht/Kilchling 2002 Landesberichte zu Belgien, Dänemark oder Frankreich) immer vorhanden (in der Entscheidung Kent v. United States (383 U.S. 541, 566–67 (1966)) hat das amerikanische Oberste Gericht Kriterien festgelegt, die bei der Überweisung eines Jugendlichen an ein Erwachsenengericht beachtet werden müssen, insbesondere Mindestalter, Schwere der Straftat, Vorstrafenbelastung). Die Zunahme der Jugendgewalt in der zweiten Hälfte der 1980er und Anfang der 1990er Jahre (Blumstein/Rosenfeld 1998) führte dann dazu, dass die Voraussetzungen, unter denen eine Anwendung des Erwachsenenstrafrechts bei jugendlichen Straftätern erfolgen kann, beträchtlich ausgedehnt wurden (Griffin/Torbet/Szymanski 1998). Im Vordergrund steht dabei die öffentliche Sicherheit. Geschätzt wird, dass jährlich etwa 200.000 jugendliche Straftäter nach Erwachsenenstrafrecht verurteilt werden (Doobs/Tonry 2004: 9). Gleichwohl sind die Voraussetzungen sehr unterschiedlich im Vergleich der Einzelstaaten. So schwankt das Mindestalter für die Aburteilung nach Erwachsenenstrafrecht zwischen sieben und 15 Jahren; einige Staaten haben eine zwingende Anwendung von Erwachsenenstrafrecht bei bestimmten schweren Straftaten (insbesondere vorsätzliche Tötungsdelikte) vorgesehen. Ferner haben mehr als 30 Staaten den Grundsatz eingeführt, dass nach einer erstmaligen Anwendung von Erwachsenenstrafrecht ein Jugendlicher bei weiteren Straftaten immer als Erwachsener behandelt wird (once an adult/always an adult). Praxis und Folgen der Anwendung von Erwachsenenstrafrecht für Jugendliche werden kritisch kommentiert. Vor allem werden die mit der Vollstreckung von Freiheitsstrafen in Erwachsenenstrafvollzugsanstalten besonderen Belastungen für Jugendliche hervorgehoben (Young/Gainsborough 2000: 6f: genannt werden eine erhöhte Suizidrate sowie eine höhere Viktimisierung durch Gewalt und Sexualdelikte).

In Deutschland sind die Veränderungen repräsentiert in der vorbehaltenen und nachträglichen Sicherungsverwahrung, die nunmehr für Heranwachsende und seit 2008 auch für jugendliche Straftäter grundsätzlich möglich ist. Zwar ist die Politik gekennzeichnet durch eine Rhetorik, die Fälle der Sicherungsverwahrung im Jugendstrafrecht als extreme (und fast unwahrscheinliche, schenkt man den offiziellen Begründungen Glauben) Ausnahmefälle darstellen lässt. Doch ist allein die grundsätzliche Öffnung des Jugendstrafrechts für Zwecke der Sicherung und Sicherheit ein entscheidender Bruch mit dem Erziehungsgedanken. Denn die Öffnung wird dafür sorgen, dass diese Möglichkeiten genutzt werden. Der deutsche Appetit auf Sicherungsverwahrung auch für jugendliche Straftäter ist keine Ausnahmeerscheinung. Sichernder Freiheitsentzug ist die Folge einer Kriminalpolitik, die gefährliche Straftäter und den Schutz von Opfern sexueller Gewalt international besonders hervorhebt (vgl. beispw. für Belgien Adam/de Fraene/Jaspart/van Praet 2009: 70f.). In England/Wales ist 2007 die „Freiheitsstrafe zum Zwecke des Gesellschaftsschutzes" auch für jugendliche Straftäter eingeführt worden. Damit bekommt der Freiheitsentzug sichernden Charakter. Die neue Strafe besteht aus einer prinzipiell unbefristeten Freiheitsentziehung, für die der Richter eine Mindestverbüßungszeit vorsieht, vor deren Ablauf über eine vorzeitige Entlassung zur Bewährung nicht entschieden werden darf.

Hier haben sich Sicherheitsüberlegungen gegenüber gefährlichen Straftätern auch im Bereich des Jugendstrafrechts durchgesetzt. Freilich sind rechtspolitische, kontroverse Debatten zur Frage angemessener Reaktionen auf jugendliche Intensivtäter oder jugendliche Gewalttäter nicht auf England beschränkt. So wurde die Einführung der so genannten Jugendsanktion im dänischen Jugendstrafrecht (Gesetz Nr. 469 vom 7. Juni 2001), die eine intensive Behandlung über einen Zeitraum von zwei Jahren, davon bis zu einem Jahr in einer geschlossenen Einrichtung, vorsieht, mit dem Bedarf an effizienter Reaktion auf einen „harten Kern" jugendlicher, nicht angepasster Straftäter begründet (Cornils 2002: 42). Ferner ist die Anordnung von (zeitlich unbestimmter) Sicherungsverwahrung in Dänemark und in Finnland auch bei jugendlichen Straftätern möglich (Nemitz 2002: 147). Im Übrigen sehen einige Jugendstrafgesetze, wie beispw. das niederländische, französische und das belgische Jugendstrafrecht, die Möglichkeit vor, Jugendliche nach Erwachsenenstrafrecht abzuurteilen und dabei auch Erwachsenenstrafen anzuwenden. Zwar wird von der Möglichkeit der Anwendung des Erwachsenenstrafrechts (und der Erwachsenenfreiheitsstrafe) in der niederländischen Praxis bis heute wohl eher selten Gebrauch gemacht (Ministry of Justice 2002). Doch liegt hierin ein Potential begründet, das bei Veränderungen in den Sicherheitsinteressen sofort ausgeschöpft werden kann.

Demgegenüber hat der soziale Wandel in vielen der neuen Demokratien in Zentral- und Osteuropa zum verstärkten Aufgreifen eines Jugendhilfe und wohlfahrtsstaatliche Ausrichtung betonenden Ansatzes in der Jugendkriminalpolitik und zur Abmilderung der einst recht harten Sanktionspraxis gegenüber jugendlichen Straftätern geführt (vgl. beispw. Valkova 2002). Dies wird auch für Russland berichtet, wo seit 2000 die Zahl inhaftierter Jugendlicher Straftäter stark zurückgeht, jedoch immer noch deutlich über den entsprechenden Raten in Westeuropa liegt (McAuley/Macdonald 2007: 2).

Die aus Gesetzgebung, kriminalpolitischen Programmen und öffentlichen Diskursen entnehmbaren Tendenzen des Jugendkriminalrechts sprechen für eine Veränderung im Jugendstrafrecht hin zu einer Betonung strafrechtlicher Verantwortung, Kontrolle und Sicherheit. Noch nicht beantwortet ist damit die Frage, ob und inwieweit sich diese Veränderungen auch in den Praktiken des Jugendkriminalrechts auswirken. Eine vergleichende Analyse der Sanktionierung jugendlicher Straftäter steht vor dem Problem einer nur ganz unzureichenden Datengrundlage. Viele der nur für wenige Länder verfügbaren Statistiken bieten lediglich punktuelle Einblicke darin, wieviele Kinder und Jugendliche wie sanktioniert werden. Dies ist besonders deutlich, wenn es um die Beurteilung der Entwicklung der Freiheitsentziehung bei jungen Straftätern geht. Die statistische Erfassung von Gefangenen durch den Europarat ist davon abhängig, ob eine Sanktion als Freiheitsstrafe deklariert wird oder nicht. Formen der Freiheitsentziehung wie Arrest oder die Unterbringung in geschlossenen Heimen werden nicht registriert. Insoweit ist auch erklärbar, dass die relativen Zahlen des Freiheitsentzugs Jugendlicher in Europa auf der Grundlage dieser Daten stark auseinanderfallen (Pitts/Kuula 2005; Muncie 2008). Würden andere Formen des Freiheitsentzugs einbezogen, dann wären die Differenzen jedoch geringer (Martunnen 2008).

In den meisten Ländern des Europarats repräsentieren jugendliche Strafgefangene und Untersuchungshäftlinge eine kleine Minderheit. Durchschnittlich liegt der Anteil unter 18-jähriger bei etwa 2-3% an den Inhaftierten in Europa (WODC 2006: 125ff). So sind beispw. im Jahre 2005 10 jugendliche Gefangene in schwedische Gefängnisse eingeliefert worden, davon einer im Alter von 16 und 9 im Alter von 17 Jahren (Swedish Prison and Probation Service 2006: 1). In Deutschland werden an Stichtagen etwa 50 Gefangene im Alter von 14 oder 15 Jahren in Jugendstrafvollzugsanstalten gezählt. Die Zahl jugendlicher Strafgefangener (14-17-jährige) betrug in den letzten Jahren an Stichtagen knapp 800 (Statistisches Bundesamt 2008: 14). Am 31. 3. 2008 verbüßten demgegenüber allein 818 junge Menschen unter 18 Jahren in England eine lebenslange Freiheitsentziehung oder Freiheitsentzug zum Zwecke des Gesellschaftsschutzes (www.hmprisonservice.gov.uk/adviceandsupport/prison_life/lifesentencedprisoners/, zum Vergleich: an demselben Stichtag waren insgesamt 683 Jugendliche in Deutschland in Jugendstrafvollzugsanstalten inhaftiert, Statistisches Bundesamt 2008: 16).

Im Übrigen ist die Praxis des Jugendkriminalrechts aber dominiert durch Verfahrenseinstellungen (Diversion) und den weiten Gebrauch intermediärer Sanktionen. Dies reflektiert zunächst die durchschnittlichen Straftaten Jugendlicher, die durch geringe Schwere und erstmaliges Auftreten der Täter geprägt sind. Insoweit folgt die Jugendstrafrechtspraxis allgemeinen Kriterien, die auch das Erwachsenenstrafrecht international bestimmen. Jedoch müssen der sehr selektive Gebrauch des Freiheitsentzugs und die Dominanz (und Stabilität) der Diversion und intermediärer Sanktionen nicht unbedingt bedeuten, dass die Praktiken und die zugrunde liegenden Zielsetzungen dieselben geblieben sind. Die Ausweitung der elektronischen Überwachung, Ausgangsverbote und die Betonung von Restitution verweisen darauf, dass andere Zielsetzungen als die Erziehung, nämlich enge Überwachung, Risikokontrolle, Verdeutlichung des Unrechts und Tatausgleich auch im Zusammenhang mit Alternativen zur Freiheitsstrafe an Gewicht gewinnen.

5 Polizei, Prävention und Risikomanagement

Die besondere Hervorhebung von kindlichen und jugendlichen Intensiv-Gewaltstraftätern in der Jugendkriminalpolitik geht Hand in Hand mit der Entwicklung unterschiedlicher Formen präventiver und risikoorientierter Strategien, die international zwar unterschiedlich ausfallen, jedoch eine Vorverlagerung des (polizeilichen) Eingreifens und eine Verpolizeilichung des Umgangs mit einer Gruppe jugendlicher Straftäter mit sich bringen. Diese Strategien sind Teil eines Risikomanagements, für dessen Umsetzung primär die Exekutive die Verantwortung übernimmt. Flankiert werden präventive und risikominimierende Eingriffsstrategien durch die Entwicklung von Sanktionen, die sich an die Erziehungsberechtigten/Eltern richten und für den Fall (verschuldeter) unterlassener Kontrolle der Kinder vorgesehen sind.

In den USA gehören in das Arsenal präventiver Ansätze bereits seit längerem Anti-Gang-Programme, die einerseits eine besondere Erfassung als Gangmitglied in polizeilichen Informationssystemen (und daran anschließende strafverschärfende Konsequenzen im Falle der Begehung von Straftaten) mit sich bringen, zum anderen in besonderer Weise die präventive Verhaltenskontrolle durch Ausgangsverbote (curfew) hervorheben (Maxson/Hennigan/Sloane 2005). Die Entstehung neuer Kontrollformen, die auf dichte Überwachung, Repression und Strafverfolgung setzen, spiegelt Veränderungen im Umgang mit Gangs wider, die eine Parallele zu Veränderungen im Umgang mit jungen Straftätern insgesamt darstellen. Noch in den 1960er und 1970er Jahren standen Sozialinterventionen im Mittelpunkt, begründet mit der Annahme, dass Gangs und die Mitgliedschaft in Gangs eine Konsequenz sozial und ökonomisch deprivierter Nachbarschaften seien. Die Sozialinterventionen wurden abgelöst durch eine repressive Kriminalpolitik.

Im Vereinigten Königreich wurde im Jahr 1999 die so genannte „Anti-Social Behavior Order" eingeführt, die auf sozial störende Handlungen reagiert (Macdonald/Telford, 2007). Anknüpfungspunkt ist hier nicht eine Straftat, sondern störendes und die soziale Umgebung beunruhigendes oder verängstigendes Verhalten. Auf Antrag der Gemeindeverwaltung kann ein Gericht die Weisung verhängen, sich nicht mehr auf störende oder Unsicherheit auslösende Art und Weise zu verhalten. Verstöße sind mit Freiheitsstrafe bedroht. Auch hier stehen eine Vorverlagerung der Kontrolle und die Fokussierung von Risikogruppen im Mittelpunkt.

In Nordamerika und in Europa entwickeln sich schließlich polizeiliche Intensivtäterprogramme (für Deutschland vgl. Steffen 2003), die ebenfalls auf Risikokontrolle zielen. Dies ist auch eine Konsequenz der empirischen Karrieretäterforschung, die international nachweisen lässt, dass ein erheblicher Teil der schweren Kinder- und Jugendkriminalität durch eine kleine Gruppe junger Menschen begangen wird, die entweder noch nicht strafmündig sind oder die sich gegen die herkömmlichen jugendstrafrechtlichen und jugendpädagogischen Ansätze als resistent erweisen. Die Strategie enthält nach der Erfassung in polizeilichen Informationssystemen eine enge Überwachung und vorbeugende Maßnahmen, die sich in Deutschland in den letzten Jahren auch als „Gefährderansprache" äußert (Lesmeister 2008). Derartige konfrontative und begleitende Verfahren sind aus der Kontrolle des Fussballhooliganismus, der häuslichen Gewalt, neuerdings des Terrorismus bekannt. Personen, von denen die Polizei ausgeht, dass sie Straftaten begehen könnten, werden aufgesucht, um sie darüber zu informieren, dass eine besondere Überwachung stattfindet und um vor bestimmten Aktivitäten zu warnen. Intensivtäterprogramme und vergleichbare Ansätze haben primär einen polizeilichen bzw. gefahrenabwehrenden Charakter. In der Bekämpfung des Fussballhooliganismus und des Terrorismus führen die Strategien zu europäischen und internationalen Vernetzungen, wobei sich hier besondere datenschutz- und grundrechtliche Probleme ergeben (Albrecht 2006).

Eine andere Strategie wendet sich an die Eltern oder an die Erziehungsberechtigten kindlicher und jugendlicher Straftäter. Sie kann, wie in Irland, aus richterlichen Anordnungen bestehen, sich einer Alkohol- oder Drogenbehandlung zu unterziehen, an Erziehungskursen teilzunehmen oder für eine beständige und effektive Beaufsichtigung der straffällig gewordenen Kinder Sorge zu tragen. Die Anordnung enthält die Unterstellung unter die Bewährungshilfe und ist im Falle der schuldhaften Verletzung mit Geld- und Freiheitsstrafe bewehrt. Vergleichbare Regelungen wurden im Vereinigten Königreich eingeführt (Arthur 2004; zu Entwicklungen in Frankreich vgl. Kasten 2003). Anknüpfungspunkt ist hier der Ausfall rechtlich geforderter informeller Sozialkontrolle.

6 Zusammenfassung

Mehr als hundert Jahre nach der Entstehung eines gesonderten Jugendstrafrechts stellen sich Veränderungen ein, die von dem Ausgangspunkt der stellvertretenden Erziehung durch staatliche Instanzen weggehen. Aus dem als verletzlich und gefährdet betrachteten kindlichen und jugendlichen Straftäter wird ein für die Tat und gegenüber dem Opfer des Straftat verantwortlicher Täter, schließlich ein Risiko, das beherrscht werden soll. Hierzu tragen verschiedene Entwicklungen bei, die international beobachtet werden können, jedoch nur in großen Linien zu einer Konvergenz der Praktiken des Umgangs mit jungen Straftätern führen. Nach wie vor sind die Unterschiede in der Festlegung von Strafmündigkeitsgrenzen erheblich; die systematische Einordnung des Jugendstrafrechts lässt ebenfalls große Differenzen erkennen. Auch der Gebrauch des Freiheitsentzugs und insbesondere seine Dauer verweisen auf erhebliche Diskrepanzen. Insgesamt stehen aber die Weichen für die Jugendkriminalpolitik und das Jugendstrafrecht in eine Richtung, die durch „common sense", Sicherheit und Risikokontrolle vorgegeben wird.

Literatur

Adam, C./de Fraene, D./Jaspart, A./van Praet, S. (2009): Enfermement des Mineurs Poursuivis Pour «Aggression Sexuelle sur Mineur». In: Déviance et Société, Jg. 33, S. 69-93.
Afande, K. (1997): Jeune délinquant et jeune marginal au Togo. Aperçus de comparaison: Allemagne – France. Freiburg.
Albrecht, H.-J. (2002): Ist das deutsche Jugendstrafrecht noch zeitgemäß? München.
Albrecht, H.-J. (2006): Fußball und Gewalt. Entwicklungen, Erklärungsansätze und Prävention. Monatsschrift für Kriminologie und Strafrechtsreform, Jg. 89, S. 158-174.
Albrecht, H.-J., Kilchling, M. (Hrsg.): Jugendstrafrecht in Europa. Freiburg i. Br. 2002;
Ariès, P. (1996): Geschichte der Kindheit. 12. Aufl., München.
Arthur, R. (2004): Punishing parents for the crimes of their children. Milton Keynes.

Aubusson de Cavarly, B. (1999): France 1998: La justice des mineurs bousculée. In: Criminologie, Jg. 32, S. 83-99.
Bala, N.C./Hornick, J.P./Snyder, H.N. (2002): Juvenile Justice Systems. An International Comparison of Problems and Solutions. Toronto.
Blumstein, A./Rosenfeld, R. (1998): Assessing Recent Ups and Downs in U.S. Homicide Rates. The National Consortium on Violence Research.
Bureau of Justice Statistics (2003): Sourcebook of Criminal Justice. Washington.
Cassidy, D./Harper, G./Brown, S. (2005): Understanding electronic monitoring of juveniles on bail or remand to local authority accommodation. Home Office, London.
Cohen, S. (1985): Visions of Social Control. Cambridge.
Cornils, K. (2002): Dänemark. In: Albrecht, H.-J./Kilchling, M. (Hrsg.): Jugendstrafrecht in Europa. Freiburg, S. 27-50.
Council of Europe (2003): Recommendation Rec(2003)20 of the Committee of Ministers to member states concerning new ways of dealing with juvenile delinquency and the role of juvenile justice. (Adopted by the Committee of Ministers on 24 September 2003 at the 853rd meeting of the Ministers' Deputies).
deMause, L. (1997): Hört ihr die Kinder weinen? Eine psychogenetische Geschichte der Kindheit. 9. Aufl., Frankfurt.
Dillenburg, C. (2003): Jugendstrafrecht in Deutschland und Frankreich: Eine rechtsvergleichende Untersuchung. Köln.
Doob, A.N./Tonry, M. (2004): Varieties of Youth Justice. In: Tonry, M./Doob, A.N.: Youth Crime and Youth Justice. Comparative and Cross-National Perspectives. Chicago und London, S. 1-20.
Dünkel, F. (1988): Zur Entwicklung von Mindestgrundsätzen der Vereinten Nationen zum Schutze inhaftierter Jugendlicher. In: Zeitschrift für die Gesamte Strafrechtswissenschaft, Jg. 100, S. 361-384;
Dünkel, F. (2008): Die Europäische Empfehlung für inhaftierte und ambulant sanktionierte jugendliche Straftäter („European Rules for Juvenile Offenders Subject to Sanctions and Measures", ERJOSSM) und ihre Bedeutung für die deutsche Gesetzgebung. In: Recht der Jugend und des Bildungswesens, Jg. 56, S. 375-403.
Elliott, R./Airs, J./Easton, C./Lewis, R. (2000): Electronically monitored curfew for 10- to 15-year-olds – report of the pilot. London.
Etzioni, A. (1998): Community Watch. In: National Institute of Justice (Hrsg.): What can the Federal Government do to Decrease Crime and Revitalize Communities? Washington, S. 21-23.
Garland, D. (2001): The Culture of Control. Chicago.
Gerstein, H. (1996): UN-Kinderrechte und Jugendkriminalrecht. DVJJ-Journal, Jg. 7, S. 13-15.
Graham, J. (1998): Aktuelle Entwicklungen in der Jugendjustiz in England und Wales. In: DVJJ-Journal, Jg. 9, S. 317-321.
Greenwood, P.W. (1996): Responding to Juvenile Crime: Lessons Learned. In: The Juvenile Court, Jg. 6, S. 75-85.
Griffin, P./Torbet, P./Szymanski, L. (1998): Trying Juveniles as Adults in Criminal Court: An Analysis of State Transfer Provisions. Report. Washington.
Guidelines for the Prevention of Juvenile Delinquency. Adopted by the General Assembly as resolution 45/112 on the recommendation of the Eighth Congress 1990 (Riyadh Rules).
Harrikari, T./Satka, M. (2006): A New Regime of Governing Childhood? Finland as an Example. In: Social Work & Society. The International Online Only Journal, Jg. 4, www.socwork.net/2006/2/series/transition
Herz, A. (2002): England/Wales. In: Albrecht, H.-J., Kilchling, M. (Hrsg.): Jugendstrafrecht in Europa. Freiburg, S. 81-136,
Home Office (1997): No More Excuses: A New Approach to Tackling Youth Crime in England/Wales. London.
Hood, R./Hoyle, C. (2008): The death penalty: a worldwide perspective. 4. Aufl., Oxford.
Janssen, H. (1985): Diversion im Jugendstrafrecht als kriminalpolitische Alternative? In: Kriminalistik. 4. Jg., S. 208-212.
Jehle, J.-M./Lewis, C./Sobota, P. (2008): Dealing with Juvenile Offenders in the Criminal Justice System. In: European Journal of Crime Policy and Research, Jg. 14, S. 237–247.
Johnson, D. (2009): Anger about crime and support for punitive criminal justice policies. In: Crime & Punishment, Jg. 11, S. 51-66.
Jung, H. (1994): Jugendgerichtsbarkeit und Menschenrechte. In: DVJJ-Journal, Jg., S. 220-223.
Janssen, H. (1985): Diversion im Jugendstrafrecht als kriminalpolitische Alternative? In: Kriminalistik. 4. Jg., S. 208-212.
Kasten, A. (2003): Das französische Jugendstrafrecht. Die Auswirkungen der französischen Strafrechtsreform vom 9. September 2002 auf das französische Jugendstrafrecht. In: Zeitschrift für Jugendkriminalrecht und Jugendhilfe, Jg. 14, S. 382-388.

Kiessl, H. (2001): Die Regelwerke der Vereinten Nationen zum Jugendstrafrecht in Theorie und Praxis. Eine empirische Untersuchung über ihre Anwendung hinsichtlich der freiheitsentziehenden Maßnahmen bei delinquenten Kindern und Jugendlichen in Südafrika. Freiburg.
Kyvsgaard, B. (2004): Youth Justice in Denmark. In: Tonry, M., Doob, A.N. (Hrsg.): Youth Crime and Youth Justice. Comparative and Cross-National Perspectives. Chicago, S. 349-390.
Lagrange, H./Oberti, M. (2006): Émeutes Urbaines et Protestations. Paris.
Lappi-Seppala, T. (2006): Finland: A Model of Tolerance? In: Muncie, J./Goldson, B (Hrsg.): Comparative Youth Justice. London.
Lesmeister, D. (2008): Polizeiliche Prävention im Bereich jugendlicher Mehrfachkriminalität. Dargestellt am tatsächlichen Beispiel des Projekts „Gefährderansprache" des Polizeipräsidiums Gelsenkirchen. Hamburg.
Macdonald, S./Telford, M. (2007): The use of ASBOs against young people in England and Wales: lessons from Scotland. In: Legal Studies, Jg. 27, S. 604–629.
MacKenzie, D.L./Hebert, E.E. (1996): Correctional Boot Camps: A Tough Intermediate Sanction. Washington.
Marttunen, M. (2008): Juvenile Criminal Justice: Comparative and Criminal Policy Perspective on Sanctioning Juveniles. Helsinki.
Maxson, C. L./Hennigan, K.M./Sloane, D.C. (2005): It's Getting Crazy Out There: Can a Civil Gang Injunction Change a Community? In: Criminology & Public Policy Jg. 4, S. 577-606.
McAuley, M./Macdonald, K.I. (2007): Russia and Youth Crime. A Comparative Study of Attitudes and their Implications. In: British Journal of Criminology, Jg. 47, S. 2–22.
Meinhof, U. (1971): Bambule. Fürsorge für wen? Berlin.
Mestitz, A./Ghetti, S. (2005): Victim-Offender Mediation with Youth Offenders in Europe. An Overview and Comparison of 15 Countries. Dordrecht.
Ministry of Justice (2002): Second Periodic Report By the Kingdom of the Netherlands on the Implementation of the UN Convention on the Rights of the Child. Den Haag.
Moore, R. (2005): The Use of Electronic and Human Surveillance in a Multi-Modal Programme. In: Youth Justice, Jg. 5, S. 17-32.
Muncie, J. (2008): The `Punitive Turn' in Juvenile Justice: Cultures of Control and Rights Compliance in Western Europe and the USA. In: Youth Justice, Jg. 8, S. 107-121.
Naucke, W. (1988): Deutsches Kolonialstrafrecht 1886-1918. In: Rechtshistorisches Journal, Jg. 7, S. 297-315.
Nemitz, J.C. (2002): Finnland. In: Albrecht, H.-J., Kilchling, M. (Hrsg.): Jugendstrafrecht in Europa. Freiburg, S. 137-156.
Pitts, J./Kuula, T. (2005): Incarcerating Young People: An Anglo-Finnish Comparison. In: Youth Justice, Jg. 5, S. 147-164.
Platt, A. (1977): The Child-Savers. The Invention of Delinquency. 2. Aufl., Chicago.
Pratt, J. (2000): The Return of the Wheelbarrow Men; or, the Arrival of Postmodern Penalty? In: British Journal of Criminology, Jg. 40, S. 127-145.
Rules for the Protection of Juveniles Deprived of Their Liberty. Adopted by the General Assembly as resolution 45/113 on the recommendation of the Eighth Congress 1990 (Havana Rules).
Schüler-Springorum, H. (1987): Die Mindestgrundsätze der Vereinten Nationen für die Jugendgerichtsbarkeit. In: Zeitschrift für die Gesamte Strafrechtswissenschaft, Jg. 99, S. 809-820.
Schüler-Springorum, H. (1992): Die Richtlinien der Vereinten Nationen für die Prävention von Jugendkriminalität. In: Zeitschrift für die Gesamte Strafrechtswissenschaft 104, S. 169-184.
Schumann, K.F. (1993): Schutz der Ausländer vor rechtsradikaler Gewalt durch Instrumente des Strafrechts? Strafverteidiger, Jg. 13, S. 324-328.
Snyder, H. N./Sickmund, M. (1999). Juvenile offenders and victims: 1999 National report. Pittsburgh.
Standard Minimum Rules for the Administration of Juvenile Justice. Adopted by the General Assembly, 29 November 1985 (resolution 40/33), on the recommendation of the Seventh Congress (Beijing Rules).
Stangl, W. (1992): Erste Erfahrungen mit dem österreichischen JGG von 1988. In: Bundesministerium der Justiz (Hrsg.): Grundfragen des Jugendkriminalrechts und seiner Neuregelung. Symposium an der Kriminologischen Forschungsstelle der Universität zu Köln 1.-4. Oktober 1990. Bonn, S. 225-234
Statistisches Bundesamt (2008): Rechtspflege. Strafvollzug 2007 – demographische und kriminologische Merkmale der Strafgefangenen zum Stichtag 31.3. Wiesbaden.
Steffen, W. (2003): Mehrfach- und Intensivtäter: Aktuelle Erkenntnisse und Strategien aus dem Blickwinkel der Polizei. In: Zeitschrift für Jugendkriminalrecht und Jugendhilfe, Jg. 14, S. 152-159.
Stevens, A./Kessler, I./Gladstone, B. (2006): Review of Good Practices in Preventing Juvenile Crime in the European Union. Canterbury.

Streib, V.L. (1998): Moratorium on the Death Penalty for Juveniles. In: Law and Contemporary Problems, Jg. 61, S. 55-87.
Swedish Prison and Probation Service, Information Department (2006): Norrköping.
Tonry, M., Doob, A. N. (Hrsg.) (2004): Youth Crime and Youth Justice. Comparative and Cross-National Perspectives. Chicago und London.
Tonry, M., Moore, M.H. (Hrsg.) (1998): Youth and Violence. Chicago und London
U.S. Department of Justice (2000): Teen Courts: A Focus on Research. Washington.
Valkova, H. (2002): Tschechische Republik. In: Albrecht, H.-J., Kilchling, M. (Hrsg.): Jugendstrafrecht in Europa. Freiburg, S. 437-454.
van Kalmthout, A. (2002): Niederlande. In: Albrecht, H.-J., Kilchling, M. (Hrsg.): Jugendstrafrecht in Europa. Freiburg, S. 225-268.
von Hofer, H. (2003): Entwicklungstendenzen und Reformstrategien im schwedischen Jugendstrafrecht. In: DVJJ (Hrsg.), Jugend, Gesellschaft und Recht im neuen Jahrtausend. Blick zurück nach vorn. Mönchengladbach, S. 512–522.
von Trotha, T. (1988): Zur Entstehung von Recht. Deutsche Kolonialherrschaft und Recht im „Schutzgebiet Togo", 1884-1914. In: Rechtshistorisches Journal, Jg. 7, S. 317-346.
Walgrave, J., Mehlbye, J. (Hrsg.) (1998): Confronting Youth in Europe – Juvenile Crime and Juvenile Justice. Kopenhagen.
Walter, M. (2001): Jugendkriminalität. 2. Aufl., Berlin.
Ward G./Kupchik, A. (2009): Accountable to what? Professional orientations towards accountability-based juvenile justice. In: Punishment and society. 11. Jg., S. 85-109.
Winterdyk, J.A. (Hrsg.) (2002): Juvenile Justice Systems: International Perspectives. 2. Aufl., Toronto.
WODC (2006): European Sourcebook of Crime and Criminal Justice Statistics 2006. Den Haag.
Young , M.C./Gainsborough, J. (2000): Prosecuting Juveniles in Adult Court. An Assessment of Trends and Consequences. Washington.

B Aktuelle Entwicklungen und Diskurse

Fritz Sack

Symbolische Kriminalpolitik und wachsende Punitivität

Zum Einstieg: Wissenschaft als Vehikel symbolischer Politik?

Vor nahezu zwanzig Jahren erschien eine vierbändige kriminologische Publikation, die es aus verschiedenen Gründen verdient hätte, intensiver in die Disziplin einzudringen und diskutiert zu werden. Zwar ging es nicht um Kriminologie generell, vor allem nicht um Kriminalität total, aber doch um ihre Ur- und Zentralvariante: die Gewaltkriminalität, diese allerdings vor allem in der Form der „politisch motivierten Gewalt", daneben „aber auch die Gewalt im Stadion, die Gewalt in der Schule und die Gewalt in der Familie", unter ausdrücklichem Ausschluss der „klassischen Gewaltkriminalität mit Tatort ‚Straße' usw." (Schwind/Baumann u.a. 1990, Bd. I: 35).

Nicht jedoch in allererster Linie um die inhaltliche Akzentsetzung dieser „Analysen und Vorschläge der Unabhängigen Regierungskommission zur Verhinderung und Bekämpfung von Gewalt (Gewaltkommission)" geht es mir, obwohl auch sie nicht geringe theoretische Aufmerksamkeit verdient. Darauf komme ich noch zurück. Auch soll nicht im Vordergrund das die Kommission dekorierende Epitheton „unabhängig" stehen, das seine Existenz doch wohl der Tatsache verdankt, dass es sich um eine „Regierungs‚kommission'" und damit um eine Art „contradictio in adjecto" handelt. Denn natürlich, wie ich es aus eigener Erfahrung weiß[1], kann es da nur, wenn überhaupt, um eine „kleine", „reduzierte", eher zu vernachlässigende Unabhängigkeit gehen, deren Voraussetzungen in den personalen und inhaltlichen Randbedingungen ihrer Arbeitsweise und Verbindlichkeit liegt. Diese „Unabhängigkeit" hat ihren Preis in Form der Auswahl der für bestimmte Inhalte stehenden Personen[2], die als Mitglieder der Kommission bestimmt werden, in Form auch des inhaltlichen Profils der Kommissionsarbeit – freilich ist es ein mehr oder weniger „virtueller" Preis, dessen Höhe sich nur gedanklich nach der Vorstellung bestimmen ließe, was wäre, wenn die Kommission eine alternative personelle Besetzung erfahren hätte.

Mir geht es stattdessen um Überlegungen im Zusammenhang mit der Titel gebenden Thematik dieses Textes. Dafür bietet dieser politisch-wissenschaftliche Vorgang zwei Stichworte

---

1   Meine eigene Erfahrung geht auf die Beteiligung an der sogen. „Terrorismus-Kommission" zurück, die im Jahre 1978 vom damaligen Bundesinnenminister Maihofer beauftragt wurde, die diversen „Bedingungen für Terrorismus zu untersuchen" (Sack/Steinert 1984: 5). Diese Gelegenheit bot mir nachhaltiges Anschauungsmaterial für die Möglichkeiten und die Wahrnehmung staatlicher Interventionen in die wissenschaftlichen Abläufe der Auftragnehmer. Sie führten in meinem Falle zu einer einjährigen Verzögerung der Publikation meiner Befunde sowie zu einem die Studie abqualifizierenden Vorwort durch den Bundesminister des Innern als Herausgeber der Reihe der Kommission.
2   Vorsitzender und sein Stellvertreter waren nicht nur bekannte Wissenschaftler, sondern bekleideten mehrere Jahre hindurch höchste politische Ämter: Schwind als Justizminister des Landes Niedersachsen von 1978–1982, Baumann als Berliner Justizsenator von 1976-1978.

– das eine ein explizit politisches, das andere, nicht weniger politisch, ein auf den ersten Blick materielles. Der politische Aspekt erschließt sich nicht unmittelbar, sondern erst bei einem genaueren Blick auf den zeitlich-politischen Kontext der Kommisssion. Obwohl dieser nur kursorisch und oberflächlich hergestellt werden kann, erschließen einige spröde Daten aus der politischen Chronologie der Bundesrepublik Zusammenhänge, für die die Kriminologie hierzulande erst wenig Gespür entwickelt hat, wenn sie nicht gar Gegenstand der politischen – und selbst der wissenschaftlichen – Entrüstung werden.

Die Kommission verdankte Existenz und Auftrag einem Kabinettsbeschluss der wiedergewählten CDU/FDP-Regierung v. 16. Dezember 1987, die damit einer Koalitionsvereinbarung aus dem März des gleichen Jahres Folge leistete. Es gab also eine unmittelbare Wahlkampfnähe im Rücken dieses Auftrags, und da nach der Wahl vor der Wahl ist, liegt die Vermutung nahe, dass frühzeitiges Agenda-setting fürs Wahlgeschehen in die Überlegungen eingegangen ist – eine Vermutung, die sich auch angesichts der Wahlergebnisse nicht von der Hand weisen lässt: die Schwarz-Gelben hatten gegenüber ihrem satten Ergebnis der vorgezogenen Wahlen im Jahre 1983 (55,8%) einige Einbußen hinzunehmen (1987: 53,4%), und am politischen Horizont zeichnete sich bereits die dem gegnerischen Lager damals noch als Gespenst erscheinende, erst 12 Jahre später, im Jahre 1998, politische Realität gewordene rot-grüne Alternative ab, deren Abstand zur regierenden Koalition sich von 12 auf 8% reduziert hatte. Im Übrigen hatte sich unter dem amtierenden CSU-Innenminister Zimmermann schon eine von seinen FDP-Vorgängern Maihofer und Baum abgewandte harschere Gangart in der Innenpolitik etabliert, die zur vollen law-and-order-Blüte in den neunziger Jahren unter der Amtsführung des legendären Manfred Kanther gelangte, der es sich nicht nehmen ließ, die jährliche Verkündung der polizeilichen Kriminalstatistik zu einer rituellen Beschwörung der innerstaatlichen Bedrohung zu inszenieren.

Dass die Einsetzung der Kommission nicht nur eine kriminologische oder kriminalpolitische Bewandtnis hatte, lässt sich dabei aus einem Umstand vermuten, der verdient, gerade in diesem Zusammenhang erinnert zu werden. Für den hier interessierenden Kontext ist eine in der Rezeption dieses gewaltigen Kompendiums kaum zur Sprache gekommene Marginalie außerordentlich aufschlussreich. Ganz offensichtlich begann die Arbeit der Kommission mit einer Augen reibenden Entdeckung, die, hätte man sie früher gemacht, die Geburt der Kommission erschwert, wenn nicht gar vereitelt hätte. Zur Entstehungsgeschichte der Kommission erfährt der Leser, dass diese auf „die (Annahme einer) Eskalation der Gewalt" (Schwind/Baumann 1990: 28) zurückgehe. An diesem Zitat mag den Leser die Bewandtnis des Klammerzusatzes (Annahme einer) neugierig machen. Dieser war in der Tat nicht zufällig: Die Kommission hatte nämlich Mühe, aus den objektiven Daten den Gewaltanstieg umstandslos herauszulesen. Sie muss dafür schon weit nach hinten in die Vergangenheit greifen, denn: „seit 1982 ist ein leichter Rückgang festzustellen" (ebd.: 41). Man spürt förmlich zwischen den Zeilen das Unbehagen der Verfasser über diese kontrafaktische Entdeckung des Untersuchungsgegenstands, registriert das Jonglieren mit Zahlen und Zeiträumen, um doch noch andere Werte zu errechnen, um vor allem der „verführenden Schlussfolgerung" entgegentreten zu können, „dass eine Entspannung der Lage eingetreten sei" (ebd.).

In kriminalpolitischer Hinsicht – und das war ja wohl der politische Ausgangspunkt des Unternehmens – findet die „unabhängige Regierungskommission" ihren bequemen Ausweg darin, dass „(...)die Unsicherheiten in der Bestandsaufnahme (...) jedoch der Bejahung eines Handlungsbedarfs (...) nicht entgegen(stehen)". Vielmehr gehe es bei letzteren „(...) *immer um vielfältig determinierte politische Prioritätensetzungen*, die keineswegs durch aktuell erhöhte

Auftretenshäufigkeit von Gewalt begründet sein müssen" (ebd., 44 – Hervorheb. im Orig.). Den rettenden Anker für die Abkopplung von bzw. die Relativierung der objektiven Sicherheitslage findet die Kommission vor allem in der subjektiven Sicherheitslage bzw. – wie es in meteorologischer Analogie heißt – in der „gefühlten Kriminalität": „Auch ein Bedrohtheitsgefühl der Bevölkerung kann zum (mit-)maßgeblichen Kriterium werden" (ebd.).

Für meine Argumentation verdient die Zusammenfassung der Befunde der Gewaltkommission zur „Entwicklung der Gewaltkriminalität (objektive Sicherheitslage)" in der „Kurzfassung des Endgutachtens" notiert zu werden: „Als Ergebnis der Diskussionen in der Regierungskommission (...) ist dazu festzuhalten, dass eine genaue und übereinstimmende Einschätzung der objektiven Sicherheitslage (Kriminalitätslage) in der Bundesrepublik (zumindest zur Zeit) nicht möglich erscheint" (ebd.: 242).

Das Konzept der „symbolischen Politik"

Inwiefern und wodurch lassen sich Auftrag und Aktivität zur Erstellung der – wie es im Untertitel der vier Bände heißt – „Analysen und Vorschläge (...) zur Verhinderung und Bekämpfung von Gewalt" als ein Beispiel symbolischer Politik betrachten? Dazu soll ein Blick in das theoretische Konzept der „symbolischen Politik" vorangestellt werden.

„Bis heute ist ‚Politik als Ritual' ein Klassiker der politischen Kommunikationsforschung, angesichts der jüngsten Inszenierungen heute aktueller und spannender denn je" – mit diesem online-Begleittext veröffentlicht der Campus-Verlag 2005 die 3. erweiterte Auflage einer 1990 vom selben Verlag veranlassten Neuausgabe eines Buches, deren deutsche Fassung erstmalig rund drei Jahrzehnte zuvor – 1976 – ebenfalls von Campus publiziert wurde und dessen Erscheinen in englischer Sprache weitere 12 Jahre zurücklag[3]. Allerdings handelt es sich bei der deutschen Fassung um ein Kondensat aus zwei amerikanischen Monographien aus den Jahren 1964 und 1971. Sein bereits 2001 verstorbener amerikanischer Verfasser, Murray Edelman, hat mit diesem „Klassiker" einen wahren „topos" der Analyse und des Verständnisses von politischem Geschehen in die Welt gesetzt, der sich seither fest etabliert und fortentwickelt hat. Seine Überlegungen und Analysen sind aus dem professionellen wie dem alltäglichen Diskurs kaum mehr wegzudenken. Die ihm folgende theoretische und empirische Literatur ist kaum mehr zu überblicken, geschweige denn nachzuhalten.

Will man der Genealogie des Konzepts noch präziser nachgehen, erhält man zusätzlichen systematischen Gewinn aus einer ein Jahr vor dem Erscheinen von „Politik als Ritual" erschienenen empirischen Studie von vergleichbarer Resonanz und Bedeutung, kriminologisch einschlägiger noch wegen ihrer größeren Nähe zu Kriminalität und Kriminalisierung. Die Analyse von J. R. Gusfield (1963) über die amerikanische „Temperance Movement" („Abstinenzbewegung") des 19. Jahrhunderts lieferte mit ihrem Titel – „Symbolic Crusade" – nicht nur ein Schlüsselkonzept der kritischen Kriminologie, dessen Popularität sich im Wesentlichen allerdings den im selben Jahr erschienenen „Outsiders" von Howard S. Becker (1963) verdankt. Darüber hinaus ist die moralische Abstinenzbewegung zum Geburtshelfer des Prototyps eines

---

3 Tatsächlich ist die deutschsprachige Monographie von Edelman ein Text, den es als englischsprachige Publikation gar nicht gibt. Vielmehr stellt die deutsche Version des Buches eine Art Kompositum aus zwei separaten Büchern von Edelman dar, die auch zeitlich etliche Jahre auseinander liegen (Edelman 1964, 1971).

kriminalpolitischen Fiaskos geworden: Von 1920 bis 1933 standen die USA unter dem Regime einer Verfassungsnovellierung, die den Alkohol aus der Gesellschaft zu verbannen zum Ziel hatte. Bekanntlich war dieses (wirkungslose) Verbot der Nährboden für ein ungeahntes Wachstum der organisierten Kriminalität.

Hinsichtlich der inhaltlichen Charakterisierung der Arbeiten sowohl von Edelman wie von Gusfield sind einige Anmerkungen angebracht, die eine gewisse Akzentverschiebung der deutschen Rezeption gegenüber der englischen sichtbar machen. Bei beiden Autoren – Gusfield wie Edelman – geht es letztlich um eine Theorie politischen Handelns auf makrogesellschaftlicher Ebene. Die Temperance-Studie ist ein Meilenstein in der strukturellen Analyse sozialer und kollektiver Bewegungen insofern, als die Träger dieser Bewegung – „The New England Federalist ‚aristocracy'" (Gusfield 1963: 5) – mit ihrem moralischen Abstinenz-Kreuzzug die aufstrebende und opponierende Schicht der ländlichen Farmer, rigider Protestanten und der „uneducated middle class" politisch zu disziplinieren versuchten. Ebenfalls Edelman geht es um eine zuvörderst politische Theorie, die auf die Analyse und Erklärung kollektiver politischer Prozesse zielt. Auch sein Gegenstand ist das Zustandekommen und das Ergebnis politischer Entscheidungen für die Verteilung von Macht und Ressourcen in der Gesellschaft. Dabei geht es Edelman allerdings allgemeiner um die Frage nach Zugang und Erfolg bestimmter gesellschaftlicher Akteure in Bezug auf die Realisierung ihrer jeweiligen politischen Interessen. Insbesondere wirft er seinen Blick auf diejenigen Mitglieder der Gesellschaft, die nicht von mächtigen Organisationen und Korporationen repräsentiert werden, die über keinerlei Organisationsmacht und über keinen etablierten Routinezugang zu den staatlichen und politischen Funktionsträgern und Institutionen verfügen.

In dieser Weise unterscheidet Edelman – ähnlich wie Gusfield – zwischen organisierten kollektiven Akteuren mit feststehenden, auf Dauer gestellten Interessen, wie sie sich aus den existierenden Strukturmerkmalen der Gesellschaft ergeben, einerseits und kollektiven Akteuren mit punktuellen und temporären Interessen andererseits. Beispiele der ersten Art sind kollektive Akteure auf der Basis der Klassen-/Schicht-, der Rassen-, der Geschlechtsstruktur etc., Beispiele der zweiten Art sind „soziale Bewegungen" unterschiedlicher Zielsetzungen. Gusfield macht mit der „Abstinenzbewegung" des 19. Jahrhunderts bis zu ihrer Zuspitzung zur Prohibitionsbewegung die wohl bekannteste, historisch älteste und sozialstrukturell folgenreichste amerikanische Bewegung zum empirischen Fokus seiner theoretischen Reflektionen. Edelman hingegen formuliert seine Position allgemeiner im Sinne staatlichen und politischen Handelns der Eliten gegenüber dem „Volk" und der Gesellschaft, unter empirischer Bezugnahme aus unterschiedlichen Politikfeldern und -ebenen einerseits, organisierten wie spontanen kollektiven Akteuren anderseits. Mehr für Edelman als für Gusfield stellt die Bürgerrechtsbewegung der fünfziger und sechziger Jahre nicht nur einen wichtigen gesellschaftlichen und politischen Kontext seiner Analysen dar, sondern auch ein Reservoir empirischer Anschauung.

Während Gusfield seinen theoretischen und empirischen Akzent auf die Differenzierung von Klassen- vs. Statuspolitik im Sinne M. Webers legt und entsprechend Fragen des Lebensstils und des „kulturellen Kapitals" nachgeht, verallgemeinert Edelman diesen Gedanken hin zu einer Zweiteilung bzw. einer binären Systematik der Adressaten politischer Entscheidungen: einer Gruppe, die von politischen Entscheidungen unmittelbar und „greifbar" („tangible") profitieren, und der großen Masse der Gesellschaft, auf die die vielfältigen Formen symbolischer Aspekte politischer Entscheidungen ausgerichtet sind. In diesem Sinne unterscheidet Edelman zwischen den beiden Grundtypen politischen und staatlichen Handelns: solche lediglich expressiver Art und solche mit instrumentellen Effekten. Erstere verschaffen ihren Adressaten und Empfängern moralischen, psychischen, „immateriellen" „Gewinn" und Gratifikation, letztere den „eigentlichen" angestrebten bzw. „gemeinten" Effekt politischer Entscheidungen von Legislative, Exekutive oder Judikative.

Zwei Zitate von Edelman sollen dies in seinen Worten verdeutlichen. Zunächst zum allgemeinen Ziel seiner Studie: „Ein zentrales Thema unseres Buches ist gerade die Eigenschaft politischer Formen, *einerseits* eine Szenerie von Ausdruckswerten für die Massenöffentlichkeit zu sein und andererseits bestimmten Gruppen handfeste Vorteile zu gewähren" – letztere nennt Edelman „ihre ,*instrumentelle'* Funktion" (Edelman 1990: 2 – Hervorh. i.O.). Dementsprechend unterscheidet er zwei Formen der Politik: „Grundlegend für das Erkennen symbolischer Formen im politischen Prozess ist die Unterscheidung zwischen Politik als >Zuschauersport< und politischer Tätigkeit von organisierten Gruppen zur Durchsetzung ganz spezifischer, greifbarer Vorteile" (ebd.: 4). In knapper Form bringt er die Definition beider Aspekte auf diesen Punkt: „…politische Akte sind sowohl instrumentell wie expressiv" (ebd.: 10). Zum differentiellen „Nutzen" unterschiedlicher Akteure bzw. Adressaten politischer Entscheidungen stellt Edelman fest: „Nicht selten gilt der einen Seite die Rhetorik, der anderen die Entscheidung" (ebd.: 35).

Die Aufgabe der politischen Analyse findet bei Edelman diese Formulierung: „Eine politische Analyse muss demnach auf zwei Ebenen gleichzeitig operieren. Sie muss klären, auf welche Weise politische Handlungen bestimmten Gruppen jene *greifbaren Dinge* eintragen, die sie vom Staat haben wollen, und sie muss zugleich untersuchen, was dieselben Handlungen für die *Massenöffentlichkeit* bedeuten und wie diese durch sie beruhigt oder gereizt wird" (ebd.: 10).

In theoretischer Hinsicht stehen Edelman wie Gusfield in der Tradition des symbolischen Interaktonismus und des „interpretativen" Lagers der Soziologie, auch wenn beide ihre Bezugsautoren im Wesentlichen in den jeweiligen Kontext ihrer empirischen Befunde und Daten „einbetten". In seinem Vorwort zur Neuausgabe nimmt Edelman nachhaltig Bezug auf den so genannten „linguistic turn" aus den verschiedenen sozial- und geisteswissenschaftlichen Disziplinen, den die Studie „auf die Politik (anwende)" (Edelman 1990: VII). Demzufolge spielen zahlreiche Konzepte und Methoden aus der Linguistik, Literaturwissenschaft und der Semiotik eine bedeutende Rolle für die Argumentation und die „deutende" Erschließung der zahlreichen empirischen Beispiele. Die Studie ist insgesamt aus einer – wie man heute sagen würde – „konstruktivistischen" Perspektive erstellt, auch wenn sie sich selbst – gleichsam zeitbedingt – dieser Selbst-Charakterisierung enthält[4].

Für das Verständnis der symbolischen Theorie Edelmans – und damit auch für die Verwendung in unserem Zusammenhang – sind zwei weitere Anmerkungen hilfreich. Die erste bezieht sich auf die operationelle Unterscheidung der beiden Funktionstypen politischer Handlungen und Entscheidungen. Gibt es politische Handlungen, die entweder nur instrumentell oder nur expressiv sind? Diese Frage verneint Edelman in Bezug auf zwei der Linguistik E. Sapirs entnommene, den beiden Funktionstypen parallele Symboltypen: den „Verweisungssymbolen" und den „Verdichtungssymbolen". Während Edelman diese beiden Konzepte für eine „realistische politische Analyse" für „unerlässlich", wenn auch sich nicht gegenseitig ausschließend hält (ebd.: 6), betrachtet er sie im Vorwort zur Neuausgabe für „…anfechtbar, weil ich bezweifle, dass es überhaupt Verweisungssymbole gibt" (ebd.:VIII f.), was soviel heißt, dass jeder politischen Entscheidung symbolische Bedeutung zukomme.

---

[4] F. Nullmeier (2005: 204) sieht allerdings – präziser wohl – die Abkehr Edelmans von der „Zweiwirklichkeitenlehre" in den siebziger Jahren, also nach der Erstveröffentlichung der „Politik als Ritual", als die Hinwendung zu einer konstruktivistischen Position.

Für folgenreicher halte ich die zweite erläuternde Bemerkung zu Edelmans Symboltheorie politischen Handelns und politischer Prozesse. Edelman brachte sich mit seiner Theorieposition in heftige Opposition zu der damals hegemonialen Perspektive auf dem Feld der politischen Theorie. Der mainstream der politischen Theorie sowie des herrschenden Bewusstseins in Medien, Journalismus und Öffentlichkeit war besetzt und dominiert von einer pluralistischen Konzeption des politischen Prozesses. Diese ging davon aus, dass politische Entscheidungen einer pluralistischen Logik folgten: letztere resultierten danach aus den bloßen Aktivitäten der verschiedenen Gruppen der Gesellschaft, und zwar unangesehen ihres Charakters, ihrer Ziele etc. „In the wisdom of the day any group, large or small, succeeded on its merits" – so die Charakterisierung der mainstream politischen Theorie seiner Zeit gemäß einer Einschätzung der Wirkung der Symboltheorie 25 Jahre nach ihrem Erscheinen (Pouncy 1988: 782). Plastischer und präziser noch charakterisiert Pouncy die von Edelman attackierte Position, „that the political marketplace is a fluid, competitive, nonmonopolized environment" (ebd.) – das war (und ist), auf einen knappen Nenner gebracht, die ganze Weisheit der einflussreichen ökonomischen Demokratietheorie von Anthony Downs (1957).

Genau dieser These widersprach Edelman sehr nachhaltig, indem er zeigte, „...that issue movements – large groups focused on single issues that must organize on the basis of protest and other inexpensive resources – never succeed at getting the laws they favor into operation" (ebd.: 781): „This argument brought the book's theory of symbolic politics into conflict with the dominant explanation of American politics, the pluralist research program".

Der bilanzierenden Analyse von Pouncy auf der Grundlage einer Sichtung von mehr als 300 wissenschaftlichen Publikationen, die Edelmans Thesen in ihre Argumentation aufnahmen, wonach eine weitgehende Übernahme von Edelmans Symboltheorie sowie eine Annäherung der beiden theoretischen Positionen zu registrieren sei, widersprach Edelman selbst jedoch entschieden. In Sonderheit wehrt sich Edelman gegen seine Vereinnahmung durch eine Position „liberaler Reformen": „All my work ...points, rather, to the contrary conclusion, that reform legislation and its administration typically help perpetuate the very inequalities and discrimination they purport to attack. If I had specified in a more systematic way the links among language, social and economic conditions, and policy implementation, that liberal reformulation of a radical conclusion would be more difficult to make." (Edelman 1985: 199f.).

Die deutsche Rezeption der politischen Symboltheorie: allgemein

Es zeigt sich insgesamt, dass Edelmans Symboltheorie der Politik eine sehr fundamentale Kritik des politischen Systems und seiner Funktionsweise darstellt. Sie wird sicherlich verkürzt rezipiert, wenn sie bloß als „Klassiker der politischen Kommunikationsforschung" oder als „Tor zu einer kulturwissenschaftlichen Analyse von Politikprozessen" reduziert wird, wie dies etwa in den online-Texten des Campus Verlags heißt. Und es geht nicht nur um den „Design"-Aspekt von Politik, ihre Darstellung und Kommunikation, wie sich in der deutschen Diskussion insgesamt antreffen lässt.

Ein genauer Blick auf die deutsche Rezeption ist deshalb angebracht und aufschlussreich. Ihr verzögerter Beginn, selektiver Zugriff, ihre theoretische Akzentuierung und politikwissenschaftliche Wendung ist sehr detailliert und aufschlussreich in F. Nullmeiers Nachwort zu der dritten erweiterten Campus-Auflage nachgezeichnet (2005). Die erstmalige deutsche Fassung der „Politik als Ritual" hat kein Geringerer als Claus Offe in die Diskussion eingeführt.

Das liegt jetzt mehr als 30 Jahre zurück. Und Offe hält sich sprachlich wie systematisch in seiner Anerkennung, ja: in seinem Enthusiasmus für Edelmans Erfolg nicht zurück, „ …der Politikwissenschaft eine kritisch-aufklärerische Potenz zurück(gegeben zu haben), die ihr der professionalisierte Forschungsbetrieb in der Regel genommen hat" (Offe 1976: IX) – gegen den „naiven Objektivismus der vorherrschenden Politikwissenschaft …, die politische Ereignisse sozusagen zu ihrem Nennwert akzeptiert und darauf verzichtet, deren verschwiegene Dramaturgie aufzudecken – eben jenen laufend miterzeugten Strom von Realitätsdeutungen und Relevanzmustern, den man sehr wohl als ‚Propaganda der Tat' der herrschenden Klasse kennzeichnen könnte" (ebd.: VIII). Offe steht nicht an, die Analyse Edelmans „…als eine der einflussreichsten paradigmatischen Neuerungen der amerikanischen Politikwissenschaft zu bezeichnen" – nachdem er zuvor Edelmans These allerdings „…für eine fortdauernde Strukturbestimmung des Politischen, also für einen Grundtatbestand kollektiver Realitäts-Untüchtigkeit" erklärt hat, „deren Beobachtung das folgenlose Privileg einer kritischen sozialwissenschaftlichen Intelligenz ist" (ebd.: IX).

Keineswegs sieht Offe die Thesen Edelmans auf die USA beschränkt, auf die sich seine Empirie fast ausschließlich bezieht: „Hier wie dort stellt sich das Problem, wie die *Realität einer verkehrten Realitätsdeutung* begriffen werden kann" – jenseits von „Priestertrug- und Manipulationstheorien". (In Paranthese hinzugefügt: Zu letzterer Kategorie gehören so manche „Theorien" innerhalb der Kriminologie, zuvörderst die angebliche Rolle der Medien für Kriminalität und Kriminalpolitik). Offe extrahiert aus Edelmans Analyse „zwei strukturelle Bedingungen industriell entwickelter Massendemokratien, die der bezeichneten Doppelung des Politischen Vorschub leisten: erstens das beständig neu erzeugte Niveau von subjektiv erfahrenen Bedrohungen, Ängsten und Ambivalenzen", das nach „entlastenden Symbolen und Ritualen" verlange; sowie, zweitens, die so genannte „Komplexitätssteigerung" moderner Gesellschaften, die für ihre Mitglieder zu „Realitätsverlust" und damit zu einer „sinkenden Überprüfbarkeit und Kritisierbarkeit" der angebotenen offiziellen Erklärungen und Rechtfertigungen führte (ebd.: X).

Aber, so Offe im allerletzten Satz seines kurzen Editorials: „Die Theorie von der Zwieschlächtigkeit des Politischen bleibt, ungeachtet ihres hohen diagnostischen Werts und kritischen Potentials, unvollständig, solange sie nicht die Grenzen bezeichnet, an denen das politische Ritual versagt". Dieses Edelman angelastete Versäumnis heilt auch Offe nicht. Allerdings gibt er zumindest die Richtung an, wo man nach seiner Ansicht auf der Suche nach den Grenzen der Wirksamkeit des Rituals und der „Mystifikationen wohlfahrtsstaatlicher Massendemokratien" fündig werden könnte. In der Knappheit und Kürze von Stichworten benennt Offe „Angst" und „Realitätsverlust" als die „psychischen Bestandsbedingungen" „expressiver" Symbolpolitik, die „ja ihrerseits durch andere gesellschaftliche Teilsysteme wie Arbeit, Produktion, Sozialisation vermittelt sind". Im Klartext heißt dies: es sind die Defizite und Funktionsausfälle in diesen zuletzt genannten gesellschaftlichen Teilsystemen, aus denen die von Edelman analysierte Symbolpolitik resultiert und die folglich auch nur dort konterkariert werden kann.

Soweit die Rezeption von Edelman in den deutschen wissenschaftlichen Diskurs durch einen prominenten Gesellschaftstheoretiker. Sie hat bemerkenswerter Weise keinen Eingang mehr in die Neuausgabe von Edelmans Studie gefunden[5], obwohl die neueren Texte von Edelman

---

5 Dies stimmt nicht ganz: es trifft nur für die 1990 in der „Reihe Campus" (Band 1033) publizierte Neuausgabe zu – die 3. erweiterte Auflage aus dem Jahre 2005 enthält Offes Editorial wieder, zusammen mit dem erwähnten ausführlichen Nachwort von F. Nullmeier.

vermuten lassen, dass er durchaus Offes theoretische Fortführungen akzeptieren würde[6]. Dass sich indessen Offes theoretische Perspektiven wohl ein wenig verschoben haben, mag man einem gerade erschienenen Interview entnehmen, in dem er gesellschaftspolitische Hoffnungen auf den Akteur Staat setzt, der zuvor doch als Projektionsobjekt für seine und Edelmans Kritik fungierte (Offe 2009).

Nullmeiers Nachwort macht indessen deutlich, dass in der deutschen Rezeption Edelmans theoretische Fortschreibung der eigenen Position kaum notiert oder kommentiert wird – der Akzent liegt auf dem rein symbolischen Aspekt von Edelmans Analyse, deren negativer und kritischer Aspekt zudem teilweise ins Positive und Affirmative im Sinne ihres Beitrags zur Integration und zum Zusammenhalt der Gesellschaft gewendet wird – verkehrt ins Gegenteil der Position von Edelman, die bei Nullmeier (2005: 202) diese Charakterisierung findet: „Wie Charles Wright Mills ‚The Power Elite' und Herbert Marcuses ‚The One-Dimensional Man' entwickelt er eine radikale Absage an die selbstgefällige Vorstellung, man lebe in einer höchst demokratischen Gesellschaft".

Die deutsche Diskussion über das „symbolische Strafrecht"

Als ein Forschungsfeld, auf dem Edelmans Symboltheorie eine bemerkenswerte Rolle gespielt hat, nennt Pouncy (1988: 785) „legal studies", und zwar haben insbesondere die Vertreter der sogen. „Critical Legal Studies (CLS)" während der siebziger und achtziger Jahre im englischen Sprachraum das Recht als einen entscheidenden Akteur der symbolischen und rhetorischen „Verpackung" und Ausgestaltung der Politik identifiziert und kritisiert. Edelman selbst zieht aus der Welt des Rechts – von seiner legislativen bis zur judikativen Ebene – einen Großteil seiner empirischen Anschauung und theoretischen Inspiration.

Nur wenig von dieser herrschaftskritischen Pointe von Edelmans Analyse hat allerdings Eingang auch in die deutsche rechtswissenschaftliche und kriminalpolitische Diskussion gefunden[7]. Diese Feststellung mag auf den ersten Blick verwundern und den Verweis darauf auslösen, dass auch in der deutschen rechtswissenschaft- wie sozialwissenschaftlichen Literatur der topos des „symbolischen Politik bzw. des Rechts" eine etablierte Erscheinung darstellt. Dies offenbart sowohl der schnelle Blick in die google-Suchmaschine wie in beliebige Lehrbücher – und in fast jede Festschrift, die ja bekanntlich eine Textsorte und einen Ort darstellt, die sich für Off-Gedanken besonders eignet und anbietet.

Obwohl hier nicht der Ort ist, einen Überblick über die Entwicklung und den Diskussionsstand im Einzelnen zu geben, sind doch einige globale Beobachtungen angebracht und aufschlussreich. W. Hassemer, der sich in besonderer Weise und mehr als andere Strafrechtswissenschaftler gezielt, detailliert und systematisch mit dem symbolischen Strafrecht auseinandergesetzt

---

6 In seiner Wirkungsbilanz der Edelmanschen Symboltheorie über dessen Auseinandersetzung mit seinen Kritikern schreibt Pouncy (1988: 784): „He has commented that if he were writing the book today, he would make its concerns with Marxist and phenomenological theory explicit".

7 Ausnahmen dieser Feststellung mit Blick auf die „Critical Legal Studies (CSL)" verdienen notiert zu werden: Das „Forum Recht", eine seit Anfang der achtziger Jahre vierteljährlich erscheinende, von dem Bundesarbeitskreis kritischer Juragruppen (BAKJ) und dem Forum Recht e.V. herausgegebene rechtspolitische Zeitschrift hat sein Heft 3/2008 den „DissidentInnen des Rechtstheorie – Critical Legal Studies" gewidmet. Vgl. ferner G. Frankenberg (2006) m.v.N.

hat, registriert seit dem Ende der achtziger Jahre eine „weite Verbreitung in der deutschen Strafrechtsdogmatik und vor allem in der Theorie der Kriminalpolitik" (Hassemer 2001: 1002; 2008: 95), nachdem er bereits ein gutes Jahrzehnt davor einen seither viel zitierten Grundsatzartikel veröffentlicht hat[8] (Hassemer 1989). Schon damals konnte er sich auf eine schon vorhandene Literatur zum Thema berufen. Während seine Position den Versuch darstellt, das „Phänomen" des symbolischen Strafrechts begrifflich zu präzisieren, um es vom übrigen Strafrecht unterscheidbar zu machen, es nach Herkunft und Folgen abzuklopfen, „wenden" es die meisten anderen Autoren gleichsam performativ an, indem sie exemplarisch an der aktuellen Kriminalpolitik diejenigen Aspekte und Maßnahmen identifizieren, denen sie eine besondere Nähe und Affinität zum symbolischen Strafrecht attestieren. Deshalb werde ich mich für die Erörterung der strafrechtlichen und kriminalpolitischen Rezeption der Symboltheorie weitgehend auf die Arbeiten von Hassemer beziehen.

Eine erste allgemeine Feststellung könnte lauten, dass symbolisches Strafrecht und symbolische Kriminalpolitik gleichsam als ein Element der „Verunreinigung" des Strafrechts selbst dargestellt wird, letzteres verstanden in der Regel als das Profil und die Grundsätze des „klassisch-liberalen" Strafrechts. Dieser „Makel" des symbolischen Strafrechts wird zwar mit unterschiedlichen Adjektiven und Begriffen belegt, die jedoch in ein- und dieselbe Richtung weisen. So spricht Hassemer (2006:136) im Zusammenhang mit symbolischem Strafrecht von „bloß Wind machen", nachdem er bereits in seiner ersten Kritik des symbolischen Strafrechts aus dem Jahre 1989 den Rechtssoziologen Ryffel zustimmend mit dessen Charakterisierung symbolischer Gesetzgebung mit „Schlag ins Wasser" und – noch bösartiger: deshalb in lateinischer Sprache – mit dem Spruch „ut aliquid fieri videatur" zitiert.[9]

Eine Reihe von Autoren und Kritikern des symbolischen Strafrechts zusammenfassend, sieht Hassemer eine

„dichte Übereinstimmung hinsichtlich der allgemeinen Richtung, in der man Phänomene symbolischer Gesetzgebung suchen soll: Es geht um einen Gegensatz von »wirklich« und ‚scheinhaft', von ‚manifest' und ‚latent', von ‚eigentlich intendiert' und ‚anders realisiert': und es geht immer um die realen Wirkungen der Strafgesetze. ‚Symbolisch' assoziiert ‚Täuschung', im transitiven wie im reflexiven Sinn." (2000: 177)

Diese und ähnliche Charakterisierungen des symbolischen Strafrechts hat J. Ch. Müller (1993) bereits vor Jahren einer genaueren gegen-kritischen Analyse unterzogen. Zu Recht und überzeugend zielt Müller dabei auf die Instrumentalisierung des symbolischen Strafrechts durch seine Kritiker. Die Kritik dient der Verteidigung, Bewahrung und der Aufwertung des nichtsymbolischen Strafrechts. Symbolisches Strafrecht unterscheidet sich vom „eigentlichen" Strafrecht durch seine Ineffektivität in Bezug auf den Schutz bzw. die Verhinderung der Beeinträchtigung und Verletzung der „Rechtsgüter". Unisono werden Struktur und Wirken des symbolischen Strafrechts auf den Index der Verteidiger des klassischen Strafrechts gesetzt.

---

8 In seiner gerade erschienenen Publikation (2008) ist ein eigenes Kapitel dem „Symbolischen am symbolischen Strafrecht gewidmet (Hassemer 2008: 93 ff.), wobei es sich allerdings um einen unveränderten Abdruck seiner Erörterung in der Roxin-Festschrift handelt.
9 Ein Ausdruck, der bei Medizinern häufiger anzutreffen ist und – lt. Internet – soviel bedeutet wie „zur Beruhigung des Kranken", „damit überhaupt etwas geschieht" u.ä. Auf einem soeben – am 28./29.3.2009 an der Universität Passau – aus Anlass von B. Haffkes Emeretierung abgehaltenen Symposium sprach W. Hassemer über „Die Lebenslüge des symbolischen Strafrechts – vorgetäuschte Sicherheitsstrategien?".

Bei diesen Kritiker-Protagonisten bzw. den „Gegnern" des symbolischen Strafrechts, die sich gleichzeitig als Anhänger des klassisch-liberalen Strafrechts verstehen und gerieren, handelt es sich genauer um die Gruppe bzw. Fraktion derjenigen Strafrechtler, die man als „Rechtsguts- und Strafrechtsbegrenzungstheoretiker" bezeichnen kann.

Dem sogen. „Rechtsgut" wird danach die Funktion aufgebürdet, das staatliche Strafrecht zu limitieren, da strafrechtsfähig nur solche Verhaltensweisen sind, durch die ein Rechtsgut verletzt wird. Was als „Rechtsgut" qualifiziert wird, hat W. Hassemer wohl am nachhaltigsten entwickelt, formuliert und immer wieder neu betrachtet (1973, 1989), nachdem die Ursprünge der Rechtsguttheorie bis in die Mitte des 19. Jahrhunderts zurückreichen. Die Logik der Rechtsguttheorie gibt ihm und den Anhängern dieser Position die Argumente und Waffen an die Hand, das symbolische Strafrecht ins Abseits zu stellen.

Neben dem Rechtsgutkonzept spielt für die straflimitierende Position der Strafrechtstheorie ein weiteres, allgemeineres Konzept eine zentrale Bedeutuung, das der Folgenorientierung. Dabei handelt es sich um eine Strategie der Legitimation modernen Strafrechts. Strafrecht muss sich messen lassen an seinen Folgen. Auch dieses Konzept hat in Hassemer einen seiner wortreichsten und unermüdlichsten Vertreter und Missionar gefunden. Pointiert formuliert er dieses Prinzip in seiner ersten systematischen und kritischen Auseinandersetzung mit dem Konzept des symbolischen Strafrechts (Hassemer 2000: 181). Eine längere Passage aus diesem Aufsatz erhellt die Bedeutung des Prinzips dadurch besonders, dass Hassemer es mit einer – wie er es auch nennt – bloß „inputorientierten" Rechtfertigungsstrategie des Strafrechts kontrastiert.

> „Während inputorientierte Regelungen zu ihrer Rechtfertigung lediglich nachzuweisen haben, dass sie sich begrifflich mit ihren normativen Voraussetzungen vertragen (Verfassung, Gesetze), müssen output-orientierte Vorschriften – auf der Ebene der Gesetzgebung wie auf der Ebene des Gesetzesvollzugs – nicht nur richtig, sie müssen auch erfolgreich sein, sei es im Hinblick auf einzelne (Resozialisierung, Wiedereingliederung), sei es im Hinblick auf uns alle (Generalprävention, Beherrschung der Kriminalität). Prävention ist ein akzeptables Konzept nur, wenn sie gelingt".

Nun wird beiden Konzepten – dem des Rechtsguts wie dem der Folgenorientierung – von ihrem gleichen Verfechter in unmissverständlicher Weise ihre Wirkungslosigkeit bescheinigt. „Das zentrale Problem der Lehren vom Rechtsgut", so schreibt Hassemer in seinem Aufsatz zum symbolischen Strafrecht (2000: 182), „war und ist, dass es bei dieser Botschaft geblieben ist". Und diese Botschaft hat Hassemer kurz zuvor so formuliert: „Der Gesetzgeber dürfe nur dasjenige Verhalten unter Strafe stellen, welches ein Rechtsgut bedroht" … und zur Präzisierung: „Akte, die lediglich gegen Moralen, gesellschaftliche Wertvorstellungen oder Interessen des Souveräns gerichtet sind, müssten dem Deliktskatalog fernbleiben; der Begriff des Rechtsguts sollte (damit er auch wirklich diskriminieren kann) möglichst handfest gefasst sein…" (ebd.).

Hinsichtlich der Folgenorientierung des Strafrechts formuliert Hassemer nicht ganz so eindeutig wie im Falle des Rechtsguts. Die operative Definition der angestrebten Folgen des Strafrechts – Resozialisierung, Beherrschung der Kriminalität – geben jedoch genügend Anhaltspunkte der Bilanzierung auch dieses Eckpfeilers des „Begrenzungsstrafrechts": W. Lehne (1994) hat die empirisch einschlägigen negativen Befunde hierzu präsentiert, die übrigens Trutz v. Trotha (1983) schon sehr früh der deutschen Diskussion in monographischer Detailliertheit verfügbar gemacht hat, ohne dass von ihnen Notiz genommen wurde – von der Kriminologie nicht, vom Strafrecht erst recht nicht.

Es ist dieses von Rechtsgutdenken und Folgenorientierung geprägte Modell des Strafrechts, das den erbitterten Widerstand gegen das symbolische Strafrecht predigt und leistet. Es rühmt sich seiner „Folgen", die es eingestandener Maßen nicht hat, es bezieht sich auf eine Kategorie von Rechtsgütern, auf die sich das Strafrecht und die Kriminalpolitik offensichtlich nicht beschränkt. Dieser Widerstand ist ein Kampf gegen Windmühlenflügel – und das selbst nach eigener Analyse. Es hat schon Züge einer nicht geringen Donquichotterie, eines „törichten, von Anfang an aussichtslosen Unternehmens aus weltfremden Idealismus", wie der Duden die Haltung der Romanfigur von Cervantes erläutert: zu sehen, wie das symbolische Strafrecht einerseits nicht als eine Aberration und Sonderform des Strafrechts betrachtet wird, sondern – so Hassemer – als ein Produkt der Moderne, „ein Kind der Modernisierung des Strafrechts" (2008a: 97), andererseits als eine Art Nicht-Strafrecht im eigentlichen Sinne, wie wir oben bereits sahen.

Und es lohnt, noch einen genaueren Blick auf die Argumentation der Kritiker zu werfen. Der Stringenz wegen bleibe ich bei der Behandlung des Themas durch Hassemer, der, soweit ich sehe, nicht nur die bisherige strafrechtswissenschaftliche Diskussion berücksichtigt, sondern der auch eine Position vertritt, die nicht nur in hilfloser Kritik und ohnmächtiger Ablehnung verharrt. Vielmehr bemüht sich Hassemer, dem Konzept des symbolischen Strafrechts auch eine analytische Funktion und Perspektive abzugewinnen, obwohl ihm selbst vor allem an deren kritischen Gebrauch und Nutzen liegt. Zur Charakterisierung der Position Hassemers gegenüber dem symbolischen Strafrecht scheinen mir drei Aspekte besondere Betonung zu verdienen:
1.) die begriffliche Fassung des symbolischen Strafrechts;
2.) das Verhältnis des symbolischen zum nicht-symbolischen Strafrecht;
3.) die generierenden Faktoren des symbolischen Strafrechts;

Ad 1) Was zunächst die begriffliche Konturierung des symbolischen Strafrechts angeht ist jenseits der oben bereits genannten Definition hinsichtlich der behaupteten mangelnden Effektivität des symbolischen Strafrechts der Merkmalskatalog bemerkenswert, den Hassemer für das symbolische Strafrecht identifiziert. Danach erweitert es sich auf Probleme, die es nicht lösen kann, überschätzt seine Wirkungsmöglichkeiten, ohne sich darüber Rechenschaft abzulegen, produziert Vollzugsdefizite, stiftet gleichwohl politischen Nutzen (2008a:96).

Ad 2) Das Verhältnis des symbolischen Strafrechts zum Strafrecht allgemein wird als „fließend" und nur schwer bestimmbar bezeichnet. Zum einen sei jegliches Strafrecht auch „symbolisch" ausgestattet; zum anderen ist es, wie wir bereits sahen, keineswegs eine marginale Erscheinung, sondern stehe im Zentrum strafrechtlicher und kriminalpolitischer Entwicklung in der Moderne (2008a: 97). Es existiere neben dem – wie Hassemer abwechselnd und alternativ sagt – „normalen" bzw. „kommunikativen" Strafrecht[10] und habe diesem inzwischen den Rang abgelaufen.

Schaut man noch genauer hin, so unterscheidet Hassemer insgesamt drei Typen von Strafrecht: das traditionelle, das moderne und das symbolische Strafrecht. Der erste Typ ist ein rein normatives Modell, das durch die beiden bereits genannten Eckpfeiler der Folgenorientierung und des Rechtsgüterschutzes gekennzeichnet ist. Dieses ist identisch mit dem rechtsstaatlichen Strafrecht. Die beiden anderen Typen sind – entgegen ihrer Behandlung durch Hassemer – zum Verwechseln ähnlich. Das rechtsstaatliche und normativ-korrekte Modell, von dem wir bereits

---

10 Das Adjektiv „kommunikativ" will Hassemer für den ganz normalen „symbolischen" Aspekt jeglichen Strafrechts reservieren – gleichsam als analytischen Begriff, das Adjektiv „symbolisch" im normativ-kritischen Sinn für einen „Typ von Strafrecht, dessen latente Funktionen die manifesten Funktionen überlagern" (2008a: 111).

sahen, dass es die Wirklichkeit nicht wirklich erreichte und prägte, wird bei Hassemer nur über den Umweg der Lädierung und Beschädigung seiner Prinzipien durch die beiden anderen strafrechtlichen Typen beschrieben. Diese Prinzipien sind u.a. (2008a: 100f.): Tatstrafrecht, Legalitätsprinzip, Verhältnismäßigkeitsprinzip, Schuldprinzip und individuelle Zurechnung, ultimaratio-Prinzip, hohe strafprozessuale Eingriffsschwellen, Individual- statt Universalrechtsgüter, Verletzungs- statt Gefährdungsdelikte, Begrenzung statt einer Politik des „more of the same", etc.

Aus der Negation bzw. Inversion dieser Prinzipien und Eigenschaften des klassischen „Rechtsgüterschutzstrafrechts" ergeben sich die Konturen des modernen Strafrechts, dessen „Folgen" gemäß Hassemer „überwiegend negativ" (ebd.) sind. Darüber hinaus betont Hassemer die „präventive Orientierung" des modernen Strafrechts sowie seine Selbstüberschätzung bezüglich der Lösung gesellschaftlicher Probleme und die dadurch verursachte „Blockierung anderer Wege der Problemlösung". Auch tendiere das moderne Strafrecht zu einer „Verschärfung des Strafrechts und der strafprozessualen Eingriffsinstrumente". Die weitgehende Deckungsgleichheit von modernem und symbolischem Strafrecht formuliert Hassemer so: die Erfüllung der ihm angesonnenen „Lösung moderner Großprobleme" reflektiere es nicht – „In Wirklichkeit kann es sie nicht erfüllen. Also gibt es ungedeckte Schecks aus. *Es symbolisiert sich*" (2008a: 99 – Hervorh. FS).

Zur weiteren Annäherung an das Thema ist noch ein Blick auf die beispielhaften „Rechtsgüter" zu werfen, die den einzelnen Typen des Strafrechts zugeordnet werden. Obwohl diese materiellrechtlichen Konkretisierungen nicht übermäßig ausfallen, geben sie doch einige Aufschlüsse. Als Beispiele „klassischer Tatbestände" im Sinne des Rechtsgüterschutzes nennt Hassemer etwa Delikte der Körperverletzung und des Einbruchsdiebstahls, wohingegen das moderne (sprich: symbolische) Strafrecht es vorzugsweise mit Universalrechtsgütern im Drogenstrafrecht („Volksgesundheit"), mit opferfernen Delikten aus der Welt von „Wirtschaft, Umwelt, Drogen, Korruption etc." sowie Gefährdungsdelikten (2008a:100) zu tun hat. Das Umweltstrafrecht gilt geradezu als paradigmatisch für modernes und symbolisches Strafrecht.

Ad 3) Zu den treibenden Faktoren bzw. den Entstehungsgründen des denaturierten Strafrechts wird von Seiten der Kritiker – das sahen wir schon – an allererster Stelle der Prozess der „Modernisierung" angeführt. Das am häufigsten als Inbegriff dieser Modernisierung genannte Stichwort ist der Titel, der den deutschen Soziologen Ulrich Beck weltweit in aller sozialwissenschaftlichen, politischen und journalistischen Munde gebracht hat – die „Rsikogesellschaft". Dieses provoziere Kontrollbedürfnisse, die sich ihrerseits des Instruments des Strafrechts als Vehikel ihrer Artikulation bedienen, verstärkt zusätzlich durch einen Faktor, der von Hassemer als „Normenschwund" artikuliert wird. Das hört sich sehr konkret und dramatisch an: „Im Alltagsleben brauchen wir immer mehr staatliches Zwangsrecht, um angesichts narzisstischer Isolierung der Menschen und des Wegbrechens bisheriger Selbstverständlichkeiten von Freiheitsgrenzen und derer ubiquitärer Beachtung normativ zurechtzukommen" (Hassemer 2008: 97). Eine ganz analoge gesellschaftliche Diagnose findet sich etwa auch bei Frehsee (2003) – er spricht noch etwas pointierter von „Moderne" und „Postmoderne". Auf diese Frage ist noch zurückzukommen.

Ich breche an dieser Stelle den systematischen Blick auf die Diskussion um das symbolische Strafrecht ab, ohne sämtliche Nuancen und Differenzierungen erfasst zu haben. Insbesondere habe ich darauf verzichtet, die nicht wenigen empirischen Beispiele und Belege symbolischer Gesetze auszubreiten. Besonders schwer fällt mir dieser Verzicht bei dem mit 56 Jahren viel zu früh verstorbenen Kollegen D. Frehsee – obwohl Strafrechtler von Haus aus, war er eine

Art kriminologisch-trojanisches Pferd im Kreis der Strafrechtler[11]. Nicht so sehr die Dogmatik des Strafrechts, sondern das strafrechtliche „law in action" war sein Interesse, und er hatte ein geradezu intuitives Gespür für die wunden Stellen des Strafrechts. In Radikalität der Kritik des amtierenden Strafrechts ließ er sich kaum von einem Kollegen überbieten. Vielleicht am entschiedensten zog Frehsee die – nicht mehr gelbe, sondern „rote" – Karte des symbolischen Strafrechts gegen die eigene Zunft, vor allem natürlich gegen die der Gesetzesmacher, aber auch gegen deren universitären Interpreten und Ausleger. Ein posthum veröffentlichter Sammelband ausgewählter Schriften legt eindrucksvoll Zeugnis darüber ab (Frehsee 2003).[12]

Ich habe die Rekonstruktion und die Diskussion des symbolischen Strafrechts ein wenig anders akzentuiert, als dies etwa Jens Christian Müller und Werner Lehne in ihren erwähnten Aufsätzen im kriminologischen Journal getan haben. Die dort entwickelte Argumentation bleibt jedoch in ihrer generellen Richtung von meinem Zugriff auf das Thema unberührt. Auch ich halte das von Strafrechtlern, hier insbesondere am Beispiel Hassemers demonstriert, praktizierte Insistieren auf einer Zweiteilung des Strafrechts in eine „gute" und eine „böse" Abteilung, deren gute nicht mehr verspricht, als sie halten kann, und deren böse permanent den Mund zu voll nimmt, für historisch wie aktuell widerlegt und theoretisch wie empirisch obsolet – dies die Quintessenz der Überlegungen Lehnes. Ebenso kann man der Folgerung von Müller nicht widersprechen, der einerseits die Instrumentalisierung des Konzepts des symbolischen Strafrechts durch seine Kritiker zwecks Rettung des „echten" und „eigentlichen" Rechts überzeugend herausarbeitet, eine legitimierende und verfälschende Vereinnahmung der Labeling-Theorie nachweist und nachhaltig vor den „vier Fallen" warnt, in die man gerät, wenn man sich auf den Weg des symbolischen Strafrechts begibt und sich auf seine nur scheinbar kritische Botschaft einlässt. Die Mahnung Müllers mag deshalb als vorläufiges Fazit unserer Überlegungen stehen: „Wir sollten hingegen weiterhin davon ausgehen, dass unterschiedliche Interessen sich im Kampf im, um und gegen Strafrecht ausdrücken" (Müller 1993: 94).

An dieser Stelle ist ein Blick zurück auf den Ausgangspunkt der Symbolthese bei Edelman angebracht. Der deutschen Rezeption und Diskussion um diesen Theorietopos wäre der Einspruch seines Urhebers gewiss. Diese hat sich gleichsam nur auf eine Softversion der These kapriziert – die herrschaftskritische Stoßrichtung der Symboltheorie kommt in ihr schlicht nicht vor. Es fehlt ihr der Bezug zur Dimension von gesellschaftlicher Macht und Herrschaft. Dieser Aspekt soll im Folgenden stärker in den Blick gerückt werden.

Symbolisches Strafrecht und Punitivität

Ich möchte jetzt in die Argumentation ein Stichwort und einen „Diskurs" – um mich eines modernen Begriffs zu bedienen – einführen, die in der deutschen Diskussion so gut wie abwesend sind. Dennoch haben sie einen nicht nur weit hergeholten Bezug zu den vorangehenden Überlegungen. Es geht um die Parallelen, die zwischen der deutschen Diskussion um das symbolische Strafrecht und der außerdeutschen Diskussion um den so genannten „punitive turn" bestehen bzw. feststellen lassen. Diese Gleichzeitigkeit und Gleichsinnigkeit von Tendenzen

---
11 Detlev Frehsee hat sich selbst immer mehr als Kriminologe denn als Strafrechtswissenschaftler verstanden. Er vertrat dabei eine Kriminologie; die in allererster Linie sozialwissenschaftliche Tönung anstrebte bzw. verriet.
12 Besonderen Hinweis im Zusammenhang mit dem symbolischen Strafrecht verdient ein Aufsatz von Frehsee aus dem Jahre 1997 über „Fehlfunktionenen des Strafrechts…"

der Entwicklung auf dem Gebiet der Kriminal- und Strafrechtspolitik wird in der deutschen Diskussion nicht wahrgenommen, mehr noch: bisweilen schlicht geleugnet.

In der außerdeutschen Kriminologie werden seit mehr als zehn Jahren Ausmaß, Struktur, und Hintergründe einer ebenso dramatischen wie unerwarteten und weitgehend „unerklärlichen" Richtungsänderung der Kriminalpolitik diskutiert. Ein zentraler Kristallisationspunkt dieses Diskurses stellt die Studie des an der New Yorker Universität arbeitenden englischen Soziologen und Rechtswissenschaftlers David Garland dar. Nach einigen vorbereitenden Artikeln hat Garland im Jahre 2001 mit seiner „Culture of Control" diese kriminalpolitische Tendenz auf der empirischen Grundlage der einschlägigen Entwicklung in den USA sowie in Großbritannien auf den Punkt gebracht. Diese Studie hat seither erhebliche Wellen geschlagen – nicht nur in den beiden angesprochenen und betroffenen Ländern, sondern weit darüber hinaus. Sie ist mittlerweile in mehrere Sprachen übersetzt worden, hat Rezensionen und Essays in sämtlichen einschlägigen Fachzeitschriften – und darüber hinaus – sowie Symposien in verschiedenen Ländern und auf diversen Fachtagungen ausgelöst. Ihre deutsche Fassung ist – reichlich verspätet – als Band 12 der „Frankfurter Beiträge zur Soziologie und Sozialphilosophie" des renommierten Instituts für Sozialforschung, versehen mit einem Vorwort des Rechtswissenschaftlers Klaus Günther und des Soziologen und Sozialphilosophen Axel Honneth, vor einigen Monaten im Campus-Verlag erschienen.

Die Rezeption von Garlands Studie und seinen Thesen habe ich seit einigen Jahren in etlichen Vorträgen und Aufsätzen verfolgt – mit besonderem Blick auf ihre Aufnahme und Behandlung in der deutschen Diskussion. Ich verweise deshalb den Leser weitgehend auf diese Veröffentlichungen – auch aus einer gewissen Unwilligkeit (und Ermüdung) der ständigen Wiederholung heraus (u.a. Sack 2003, 2004, 2006, 2008). Einige grobe Striche sind indessen für meine weiteren Überlegungen hilfreich. Zunächst ist darauf zu verweisen, dass Garlands Befunde und These von einer Reihe anderer nicht-deutscher Autoren geteilt wird. Davon zeugt nicht nur ein Sammelband verschiedener Autoren unter dem Titel „The New Punitiveness" (Pratt u.a. 2005), sondern ebenso eine Monographie des Hauptherausgebers dieses Sammelbands (Pratt 2007).

Als nächste folgenreiche Bemerkung ist die Tatsache herauszustellen, dass Garlands Studie, obwohl auf den ersten Blick in ihren empirischen Verweisen geografisch begrenzt, nicht nur eine gleichsam historische Fallstudie zweier Länder darstellt, sondern den theoretischen Anspruch auf eine empirische Verallgemeinerung erhebt, wie der Titel – „Crime and social Order in Contemporary Society" – selbst schon ausdrückt. Dieser Anspruch hat Garland nicht nur den wohl größten Widerstand eingetragen, sondern auch zu einer Flut von länderspezifischen komparativen Replikationen geführt, denen ich ebenfalls in den oben genannten Aufsätzen sukzessive nachgegangen bin[13]. Ich will hier nur summarisch soviel festhalten, dass eine schärfere kriminalpolitische Gangart nahezu weltweit zu registrieren ist, auch wenn man länderspezifische Differenzen in Bezug auf den Beginn, das Tempo und das Ausmaß dieser kriminalpolitischen Tendenz in Rechnung zu stellen hat. Als – gemessen an seinem jahrzehntelang zu Recht bestehenden Image – erwartungswidriger Einzelbefund, der sich exakt mit Garlands Feststellung einer geradezu vollständigern Kehrtwendung der Kriminalpolitik in die entgegengesetzte Richtung deckt, erweist sich die Situation auf diesem Politikfeld in den Niederlanden, dieses ehedem Vorzeigelands einer liberalen Strafpraxis, zu dem die Experten vieler Nachbarländer richtiggehend pilgerten, um sich zu informieren, wie man es denn macht. Und selbst die ebenso

---

13 Zuletzt habe ich mich dazu in einem Vortrag auf dem 34. deutschen Soziologentag, der unter dem Motto „Unsichere Zeiten" stand, geäußert.

einst vorbildhaft dieses Politikfeld gestaltenden skandinavischen Länder sind von dieser Tendenz nicht verschont geblieben[14].

Indessen sind Kritiker und Kritiken der behaupteten kriminalpolitischen Tendenz nicht müde geworden, die von Garland und anderen ermittelten Befunde zu bestreiten, zu ignorieren, zu bagatellisieren oder auch zu normalisieren. Ein Dokument dieser Leugnung der kriminalpolitischen Entwicklung stammt aus der Feder des renommierten amerikanischen Kriminologen Michael Tonry, der langjährige Herausgeber der jährlich erscheinenden Reihe „Crime and Justice. A Review of Research" der Chicago University Press (Tonry 2007). Dieser Band stellt geradezu eine Art Anti-Garland dar. In ihm präsentieren zehn Autoren die kriminalpolitischen Tendenzen von sechs Einzelländern (England, Frankreich, Belgien, Niederlande, Kanada, Japan) und den vier skandinavischen Länder. Die beharrliche Suche nach Anzeichen einer Garland falsifizierenden Tendenz der Kriminalpolitik fällt weitgehend negativ aus – selbst über das aus europäischer Sicht kriminalpolitische und kriminologische „Niedrig-Land" Japan heisst es: „Japan's penal policy has become more severe and less focused on rehabilitation" (Tonry 2007: 371). Die einzige kontraindizierende Ausnahme ist den beiden Artikeln über Frankreich zu entnehmen. Beide Autoren widersprechen einer parallelen kriminalpolitisch-punitiven Tendenz Frankreichs entweder ausdrücklich oder durch Nichtbefassung, ohne übrigens die themen- und titelsetzende Studie Garlands textlich oder bibliographisch überhaupt zu erwähnen. Dieses republikanisch-stolze Ignorieren der These eines weltweit diskutierten Autors in der kriminologischen Disziplin durch zwei prominente französische einschlägige Wissenschaftler wird allerdings ein Jahr später durch einen kleinen, vom derzeitigen Direktor des bekannten Forschungsinstituts „CESDIP" besorgten Sammelband „geheilt" (Mucchielli 2008). Nicht nur verrät sein Titel den Bezug zum Titel von Garlands Studie – „La frénésie sécuritaire. Retour à l'ordre et nouveau contrôle social", sondern der Herausgeber beschließt sein Vorwort mit der Feststellung, dass alle die von Garland benannten Komponenten der neuen Kriminalpolitik „...se retrouvent de plus en plus en France" (Mucchielli 2008: 17).

Was schließlich die deutsche kriminologische und kriminalpolitische Diskussion über die kriminalpolitische Kehrtwende angeht, so möchte ich auch hier bekräftigen und unterstreichen, was ich an den bereits oben erwähnten Orten darüber gesagt habe. Die Rezeption und Diskussion von Garlands Studie ist zurückhaltend und mit einer Mischung aus professioneller Distanz, wissenschaftlichem Respekt und abweisender Nicht-Betroffenheit aufgenommen worden. In einem so genannten Deutschland-Bericht des European Journal of Criminology wurde noch im Jahre 2005 ein „punitive turn" schlicht geleugnet (Oberwittler und Höfer 2005: 466). Insbesondere muss verwundern, wie wenig gerade die Kriminologie und ihre Vertreter sich des Themas in empirischer wie theoretischer Hinsicht angenommen haben, zumal KriminologInnen nicht in gleicher Weise, wie dies für deutsche Juristen zutrifft, aus fehlender Sprachkompetenz der Zugang zu nichtdeutscher Literatur versperrt ist.

Der Widerstand innerhalb der deutschen Diskussion wird dabei mit z.T. bizarren Argumenten bestückt. So wird etwa Garlands Studie gelegentlich auf eine us-amerikanische Einzelfall-Analyse verkürzt und so gewissermaßen geografisch und kulturell auf Distanz gehalten – und überlesen, dass die Einbeziehung Englands in die Analyse das Ziel hatte „... (to suggest) that the

---

14 Bei den Leugnern dieser Entwicklung musste lange Zeit Finnland als Beispiel für eine gegenläufige, anti-repressive Kriminalpolitik herhalten. In der Tat hat es über Jahre hinweg eine sinkende Gefangenenquote in Finnland gegeben. Diese haben Historiker indessen nicht als Zeichen einer liberalen Kriminalpolitik, sondern als ein Moment der politischen Loslösung von russischer Hegemonie gesehen. Inzwischen ist Finnland wie die übrigen skandinavischen Länder Teil der kriminalpolitischen Wende. Vgl. dazu Sack 2006.

USA is *by no means unique* in its responses to crime or in the social processes that underlie it" (Garland 2001: IX). Und immer wieder kommt der Verweis auf die verfassungsrechtlich und -gerichtlich garantierte Gültigkeit des Resozialisierungsgebots – ein normativ zwar unschlagbares Argument, kriminologisch-empirisch jedoch wenig belangvoll.

Vertreter anderer Disziplinen haben an der Triftigkeit der Garlandschen These und Befunde keine Zweifel. Die beiden Vorwort-Autoren zur deutschen Fassung von Garlands Studie stehen nicht an festzustellen, „…dass Garlands *Kultur der Kontrolle* in vielen Hinsichten Anknüpfungspunkte für die deutsche Diskussion nicht nur über Kriminalpolitik und Strafkultur, über Sicherheit und Freiheit bietet, sondern auch über die Formation einer neuen Gesellschaftsstruktur" (Günther und Honneth 2008: 16.). Die zeitgleich mit Garlands Befunden von dem oben erwähnten Hassemer diagnostizierte „Straflust" und seine Charakterisierung der Reform des Strafrechts liest sich so: „Reform des Strafrechts – das ist seit zwei Jahrzehnten ein einäugiges Unterfangen. Es geht in dieser Reform, …, um nichts anderes als um Verschärfungen – im materiellen Strafrecht um neue Tatbestände, erhöhte Strafdrohungen und vereinfachte Voraussetzungen einer Verurteilung; im Strafprozessrecht um neue und verschärfte Ermittlungsmethoden" (Hassemer 2001a: 477)[15]. Etliche Jahre später hat der Würzburger Strafrechtshistoriker E. Hilgendorf seine „Beobachtungen zur Entwicklung des deutschen Strafrechts 1975-2005" wie folgt resümiert: „Es ist derzeit nicht erkennbar, wie man den Trend zu verschärfter Punitivität anhalten oder zumindest bremsen könnte" (2007: 214).

Insgesamt herrscht in der deutschen kriminologischen Diskussion eine Position vor, die als eine Art „excepionalism" bezeichnet werden kann – in inverser Weise vergleichbar der verbreiteten Charakterisierung der amerikanischen Situation. Diese wird im Kontext der westlichen Länder nicht nur in Bezug auf die praktizierte Kriminalpolitik gerne als „Ausreißer" gegenüber dem europäischen mainstream bezeichnet[16]. Analog dazu wird die deutsche Situation als ein Ausreißer in entgegengesetzte Richtung betrachtet. Diese Gegenthese wird nicht nur von deutschen Experten vertreten, sondern sie findet sich auch bei etlichen nicht-deutschen Autoren, allen voran erneut der bereits erwähnte Tonry, der einen Artikel im German Law Journal mit der Titelfrage publizierte: „Why aren't German penal policies harsher and imprisonment rates higher?" (Tonry 2004)[17].

Als letzte Stimme im Konzert von Wissenschaftlern, die sich mit der Frage der Sicherheitspolitik prominent geäußert haben, möchte ich auf einen deutschen Forscher verweisen, der sich selbst eher als Soziologe mit ethnologischen Interessen und Erfahrungen denn als Kriminologe versteht, obwohl er eine stattliche Strecke kriminologischer empirischer und theoretischer Publikationen vorweisen kann. Der oben bereits erwähnte Trutz von Trotha hat sich in den letzten Jahren mehrfach zu Fragen staatlicher sozialer Kontrolle geäußert, und zwar vor einem spezifischen empirischen und theoretischen Hintergrund. In empirischer Hinsicht nimmt er einerseits die veränderten empirischen Rahmenbedingungen und Strukturveränderungen strafrecht-

---

15 Dieser Aufsatz Hassemers geht auf einen Vortrag zurück, den er am 13.11.2000 auf der Großen Juristenwoche NRW gehalten hat und der unter der Überschrift „Die neue Lust auf Strafe" am 20.12.2000 in der Frankfurter Rundschau, Seite 16 dokumentiert worden ist.
16 In einem bemerkenswerten Referat auf dem 10. Weltkongress der Kriminologie in Hamburg hat der renommierte und umtriebige holländische Kriminologe Jan van Dijk den damals bereits spektakulären Anstieg der Gefangenenzahlen in den USA als die große Ausnahme von der von ihm vertretenen Regel bezeichnet, wonach die Gefangenenzahlen gemäß der Zivilisationsthese von N. Elias sich weltweit auf dem Rückmarsch befänden (Van Dijk 1989).
17 Auch J. Pratt (2007ff.) nimmt drei Länder von der repressiven Tendenz aus, darunter auch Deutschland, neben Finnland und Canada.

licher und staatlicher Kontrolle in den „okzidentalen" Ländern und anderseits reichhaltige, z.T. in eigener Feldforschung gewonnene rechtsethnologische Befunde in seine Überlegungen auf. Theoretisch stellt er diese Empirie praktizierter staatlicher Kontrolle in einen dezidiert staatstheoretischen bzw. -soziologischen Bezugsrahmen – mit besonderem Akzent auf die Erosion des staatlichen Gewaltmonopols.

Trothas Überlegungen und Analysen münden in eine Typologie von „gesamtgesellschaftlichen Ordnungsformen der Gewalt", von denen drei die nicht-westliche Welt Afrikas, Melanesien und Südamerika betreffen, zwei die westlichen Nationalstaaten: „Die präventive Sicherheitsordnung (PSO)", die nach Trothas Analyse „... der wohlfahrtsstaatliche(n) Ordnung (...) des westlichen Staates aus der zweiten Hälfte des 20. Jahrhunderts" (Hanser/Trotha 2002[18]: 340ff.) folge und sich bereits mitten in ihrer Verwirklichung befinde. Die darauf bezogene Feststellung Trothas für die Präventive Sicherheitsordnung fällt düster und dramatisch aus. Er ist davon überzeugt, dass „(d)er moderne westliche Staat... seinen Zenit überschritten (hat)" (Hanser/Trotha 2002: 314) – um komparativ zu resümieren: „Die PSO bringt die Bürger der postwohlfahrtsstaatlichen westlichen Demokratien den Verhältnissen in der so genannten ,Dritten Welt' näher, als ihnen lieb ist" (Hanser/Trotha 2002: 363). Entscheidende Kriterien seiner Analyse sowie Typologie sind der Ausbau privater und „parastaatlicher" Institutionen und Akteure, die präventive Umcodierung der staatlichen Kontrolle, die technische und sonstige Aufrüstung der Polizei. Stichworte seiner Argumentation enthält der Titel einer Kurzfassung seiner Analyse: „Reorganisation oder Ende der Rechtsstaatlichkeit? Risikostrafrecht, Kultur der Viktimisierung, Wiederkehr der Rache, Globaler Kleinkrieg, Präventive Sicherheitsordnung" (Rösel/Trotha 2003).[19] Insgesamt ähnelt die Diagnose Trothas über die Tendenz der Kriminal- und Sicherheitspolitik der von Garland, wobei hinzuzufügen ist, dass beider Befunde und Folgerungen völlig unabhängig – und auch zeitlich parallel gewonnen sind[20].

Nach alledem lässt sich zusammenfassend feststellen, dass eine weitere Leugnung der Triftigkeit einer repressiven Tendenz auch in der Bundesrepublik nicht so sehr der Beibringung empirischer Belege, Befunde und weiterer Zeugen bedarf, sondern der Reflexion über die Weigerung und Leugnung gegenüber dieser geradezu handgreiflichen Wirklichkeit durch eine Mehrheit der wissenschaftlichen und politischen Experten auf diesem Politikfeld. Nicht einmal können sich diese Punitivitäts-Leugner länger auf die Presse in ihrer Gesamtheit berufen, diesem so gerne entlastend als Sündenbock bemühten Akteur. Schon vor drei Jahren hat eine ZEIT-Redakteurin in einem umfangreichen Dossier – „Ab in den Knast" – diese kriminalpolitische Entwicklung gegeißelt (Rückert 2006).

Die Erklärungsnot der Experten, die die punitive Wende auch in der Bundesrepublik nicht erkennen können und nichts davon wissen wollen, tritt offen zutage, wenn man sich der Parallelen vergewissert, die ganz offensichtlich zwischen den beiden Titelstichworten dieser Überlegungen bestehen: zwischen dem symbolischen Strafrecht und der Punitivität – das „symbolische Strafrecht" als Inbegriff und übergreifendes Motto des Strukturwandels staatlich-strafrechtlicher Kontrolle in der deutschen Diskussion, die „Punitivität" als „Masterkonzept"

---

18 Bei dieser Publikation handelt es sich um eine gemeinschaftliche ethnologische Forschungsarbeit der beiden Autoren in Papua-Neuguinea und um die Überarbeitung und Erweiterung eines Aufsatzes von Trotha aus dem Jahre 1995 (Trotha 1995).
19 Unter der gleichen Fragestellung haben Jakob Rösel und Trutz von Trotha im November 2002 eine deutsch-französische rechtsethnologische Tagung veranstaltet, der dieser Artikel zugrunde lag (Rösel/Trotha 1995).
20 Ich habe die Parallelen zwischen Garland und Trutz von Trotha in einer genaueren Erörterung aufzuzeigen versucht (Sack 2009).

des angelsächsischen Diskurses in derselben Sache. Einige Erläuterungen zu dieser These sollten genügen, um dieser Feststellung Plausibilität zu verleihen. Vorab aller Einzelheiten ist es für die Vertreter des symbolischen Strafrechts ausgemacht, dass diese „degenerative" Entwicklung des Strafrechts keine deutsche Einzelerscheinung darstellt, sondern, wie es etwa Hassemer ausdrückt, „nicht nur in Westeuropa" (2008: 95) – geografisch noch weiter ausholend, als Garland dies tut, der sich auf die westlichen Gesellschaften beschränkt. Vor allem ein Strukturmerkmal, das in beiden Diskursen eine prominente und prägende Rolle spielt, ist die präventive Orientierung der Kriminal- und Sicherheitspolitik. Dieses Strukturmerkmal moderner Kriminalpolitik gehört gleichsam zum Signum moderner Staatlichkeit mit all seinen Implikationen der Herabsetzung staatlicher Interventionsschwellen, der Vorverlagerung strafrechtlicher Kontrolle. Die von Expertenperspektiven Abstand nehmende Politisierung der Kriminal- und Sicherheitspolitik ist ein weiteres gemeinsames Merkmal kriminal- und sicherheitspolitischer Entwicklungen in der deutschen und angelsächsischen Diskussion. Hier wie dort sind die politischen Parteien weitgehend gleichgeschaltet in Bezug auf die Kriminalpolitik, sowohl was die Richtung als auch was das politische und wahlrelevante Gewicht angeht. Als drittes „systemübergreifendes" Strukturmerkmal gegenwärtiger Kriminalpolitik ist die Skepsis bis Abwertung der Resozialisierung und sozialen Reintegration als strafrechtliches Vollzugsziel zu nennen. Für Garlands Argumentation ist dieses Kriterium von herausgehobener Bedeutung, in der deutschen Diskussion äußern sich die Zweifel an diesem Prinzip verstohlener und weniger offensiv, aber auch unmissverständlich. Ein letztes Merkmal gleichsinniger Tendenz in der Diskussion hier und außerhalb der Bundesrepublik ist die generelle Verschärfung des materiellen und prozessualen Strafrechts.

Beschränkt man den deutschen Blick nicht auf das symbolische Strafrecht, sondern erweitert ihn auf andere Felder und Autoren, so wird die Parallele zwischen der Kriminalpolitik hierzulande und anderenorts noch augenfälliger und unabweisbarer. „Feindstrafrecht" ist das eine Stichwort, Trothas Analyse das andere. Beide Stichworte sind geeignet, die deutsche Situation nicht nur diskursiv und theoretisch an die ausländische Diskussion heranzuführen. Vor allem werfen beide Teildiskurse, die weder im „symbolischen Strafrecht" noch in der staatsfrommen Kriminologie einen ihnen gebührenden Platz vorfinden, den erforderlichen Schatten auf die Kriminal- und Sicherheitspolitik. Das Feindstrafrecht wie die Analysen Trothas rücken vor allem einen Topos in das Zentrum ihrer Befunde, die im symbolischen Strafrecht allenfalls marginal oder indirekt zur Rede und Kritik stehen. Es geht um das schwergewichtige und das staatliche und gesellschaftliche Selbstverständnis tangierende Fundament des Rechtsstaats und seine freiheitsverbürgenden Prinzipien.

Ohne den Topos „Rechtsstaat" hier in seinen Einzelheiten ausbreiten zu können, sollen doch einige wenige Striche genannt sein. Die von dem renommierten Strafrechtstheoretiker Günther Jakobs an prominentem Ort und von ebenso prominenten Kollegen[21] publizierte These über die Entwicklung eines „Feindstrafrechts" – neben und innerhalb eines ansonsten Bürgerstrafrechts – nimmt einige unbezweifelte Aspekte der Entwicklung des deutschen Strafrechts – strafrechtliche Vorverlagerung, Strafverschärfung, keine Strafmilderung bei „vorverlagerten" Straftaten, Bekämpfungsrhetorik, Abbau strafprozessualer Garantien – zum deskriptiven Ausgangspunkt

---

21 Obwohl bereits 1985 in die dogmatische Diskussion eingeführt, hat erst ein rund zehnseitiger Redebeitrag Jakobs auf einer öffentlichen Tagung an der Berlin-Brandenburgischen Akademie der Wissenschaften im Jahre 1999 den Skandal ausgelöst, den das als Unwort betrachtete „Feindstrafrecht" seither unter Strafrechtlern, Politikern und gehobenen Journalisten ausgelöst hat. Die Verhandlungen auf dieser Tagung sind von Eser, Hassemer und Burkhardt herausgegeben worden. Zu weiten Einzelheiten vgl. Sack 2007.

seiner Überlegungen. In der weiteren Diskussion über Jakobs These dominieren Vorwürfe und Kritik darüber, dass Jakobs die diagnostizierte Entwicklung nicht normativ und verfassungsrechtlich kritisiert, sondern sie als gleichsam zwangsläufig aus Strukturveränderungen der Gesellschaft behandelt (u.a. Primat der Ökonomie, Migration, Globalisierung). Allerdings hat Jakobs selbst die von ihm angenommene Zwangsläufigkeit weder analytisch noch politisch begründet und detailliert.

Zur rechtsstaatlichen „Rahmung" der Analyse ist an dieser Stelle noch einmal auf die Forschungen Trothas zu verweisen. Sie können deshalb besonderes Gewicht und zusätzliche Überzeugung für sich beanspruchen, weil sie eine gleichsam globale, nicht auf die westlichen Länder beschränkte und von ihnen projizierte Entwicklungsperspektive vertreten, vielmehr den Rechtsstaat okzidentaler Herkunft und Prägung empirisch umfassend begründet als ein Auslaufmodell betrachten. Nicht zu Unrecht, übrigens, nimmt Trotha für seine Argumentation eine rhetorische Fragestellung von dem oben erwähnten Frehsee affirmierend auf (Rösel/Trotha 2003: 35f.)[22] In eben diese analytische Kerbe – das sei abschließend gesagt – haut auch mit zunehmender Heftigkeit der Frankfurter Strafrechtswissenschaftler P.-A. Albrecht. Von der „vergessenen Freiheit" war die Rede in seinem deutsch-englischen Bändchen aus dem Jahre 2003, vier Jahre später sieht er im „nach-präventive(n) Strafrecht" bereits den „Abschied vom Recht" (Albrecht 2007) voraus.

Das alles – so, denke ich, lässt es sich sagen – summiert sich zu einem Zustand, vor dem sich zu bewahren eine gehörige Portion Wunschdenken erfordert oder eine Palmströmsche Logik[23] à la Christian Morgenstern im Sinne „eine(r) Art Aufhebung der Kausalität" zu praktizieren, was Kurt Tucholsky „als das beste an den Bändchen" anlässlich der 6. Auflage von Morgensterns Palmström im Jahre 1913 bezeichnete[24]. Darüber hinaus provoziert es die Frage von N. Christie (2005): „Wie viel Kriminalität braucht die Gesellschaft?"

Natürlich – dies zu sagen, gebieten Fairness und Vollständigkeit – gibt es über die genannten Autoren und Publikationen hinaus rechtspolitische Kräfte und Institutionen, die der beschriebenen kriminal- und sicherheitspolitischen Entwicklung in den Arm zu fallen sich bemühen. In Sonderheit sind es bürger- und menschenrechtliche Vereinigungen, namentlich der Republikanische Anwältinnen – und Anwälteverein e.V. (RAV) und die Vereinigung deutscher Strafverteidiger auf ihren alljährlichen „Strafverteidigertagen", die die rechtsstaatliche Erosion wachsam aufs Korn nehmen – bei den letzten Malen hat das Feindstrafrecht heftige und teilweise polemische Kritik auf sich gezogen[25]. Allerdings vermag diese Kritik nur wenig auszurichten, wie sich immer wieder zeigt – Erfahrungen, die der englische Kriminologe Ian Loader auch über sein „Mutterland" des Rechtsstaats England berichtet. Auch dort haben die „Platonic Guardians", wie Loader (2005)[26] die Rechtsstaatsverteidiger von Kriminologen, Praktikerexperten und einigen verbündeten Politikern nennt, gegen den punitiven Trend nichts auszurichten vermocht.

---

22 „Verschwindet der Rechtsstaat?", fragte Frehsee (1999) in der „Neuen Kriminalpolitik" – und trug eine Reihe in diese Richtung weisende Einzelentwicklungen zusammen.
23 Dass auch Soziologen als empirische Wissenschaftler dieser Logik erliegen könnnen, erwies sich auf dem letzten Deutschen Soziologentag im Oktober 2008 in Jena.
24 Quelle dieses Zitats lt.http://www.textlog.de/tucholsky-palmstroem.html: Die Schaubühne, 11.09.1913, Nr. 37, Seite 876.
25 Vgl. dazu meinen in FN 21 angegebenen Aufsatz.
26 Auf der Grundlage einer Reihe von Experteninterviews mit bekannten Kriminologen, Beamten des Home Office und kriminalpolitischen Politikerexperten rekonstruiert Loader den vergeblichen Widerstand gegen die Erosion rechtsstaatlicher Prinzipien, die Loader im Übrigen für nicht mehr rückgängig zu machen einschätzt.

Auf dem Weg zu den „Ursachen" der Punitivität

Nachdem sich unter dem Strich eine weitgehende Konvergenz der kriminalpolitischen Entwicklung, so wie Garland sie für die Zeit seit Mitte der siebziger Jahre detaillierter zunächst für die USA und für England ausgemacht hat, andere es für eine Reihe anderer Gesellschaften bestätigt haben, und auch die Situation in der Bundesrepublik keine Ausnahme von dieser Tendenz darstellt, obwohl sie sich in anderem Gewand präsentiert, drängt sich die Frage nach den Ursachen dieses Prozesses auf. Dieser Frage möchte ich in einigen abschließenden Überlegungen nachgehen. Dies will ich in drei Schritten tun: zunächst möchte ich auf das Eingangsbeispiel einer symbolischen kriminal- und sicherheitspolitischen Maßnahme zurückkommen. Sodann soll ein genauerer Blick auf die besonderen „Kandidaten" symbolischer Kriminalpolitik geworfen werden. Als dritten Schritt werde ich eine Strategie struktureller Erklärung zunehmender Punitivität kurz skizzieren.

Dem Einsatz einer Regierungskommission zur Gewaltkriminalität lagen angesichts der sehr schnell offenkundigen Fehlannahme eines Anstiegs der Gewaltkriminalität andere Gründe als die der Kriminalitätskontrolle zugrunde. Dass die Gewaltkommission dennoch ihren Auftrag als sinnvoll ansah und mit einer gesellschaftlichen Besorgnis begründete, deren nicht-kriminellen Ursprung sie offen vermutete, verweist auf die Opportunität der Akteure, mit Kriminalität und Kriminalitätsangst politische Ziele und Inhalte zu transportieren, die außerhalb des Politikfeldes der Kriminalität und Kriminalpolitik liegen. In der amerikanischen Kriminalpolitik nennt man diese politische Strategie „Governing through Crime" (Simon 2007). Die Durchsetzung und Anfüllung der Wahlkampfperioden mit Themen der Kriminalität und Kriminalpolitik ist mittlerweile bestens dokumentiert – für die USA u.a. durch K. Becketts eindrucksvolle Studie über „Making Crime Pay" (1997)[27].

Die Studie von Beckett ist gleichzeitig ein überzeugendes Dokument gegen die von Politikern wie einem großen Teil der Presse immer wieder gehegte Vermutung, wonach die repressive Kriminalpolitik einen mehr oder weniger unmittelbaren Reflex der Entwicklung der Kriminalität darstellt – eine Vermutung, von der auch Garlands Studie nicht frei ist und der N. Christie in subtiler Ironie widerspricht[28]. Beckett nennt diese Position die „democracy-at-work-hypothesis" (1997:15 ff.): Kriminalität resultiert in Kriminalitätsfurcht, die ihrerseits von den Medien aufgenommen und verstärkt wird, was wiederum Politiker zum Anlass nehmen, die Kriminalpolitik hochzufahren. So paradox und für den common sense so unbegreiflich es klingen mag: die Ursachen-Sequenz lässt sich durchaus umdrehen: Die Politik „entdeckt" die „Profitträchtigkeit" der Kriminalität – die Medien ziehen nach – die Bevölkerung wird sensibilisiert – die „kriminelle Reizbarkeit" führt zu mehr Anzeigebereitschaft – die Kriminalstatistiken weisen einen Anstieg der Kriminalität aus – klingt das absurd?

Ist die Kriminalität insgesamt schon eine gesellschaftliche Erscheinung, die „Nutzen" stiftet und instrumentalisierbar ist für Zwecke außerhalb ihrer Bekämpfung, wobei sich durchaus etwa an die These Durkheims über die Funktionalität des Verbrechens denken lässt, so lässt

---

27 Das am besten dokumentierte, von Politologen als wahlentscheidend eingeschätzte Beispiel politisch folgenreicher Instrumentalisierung von Kriminalität durch Politiker betraf den Wahlkampf zwischen Bush sen. und M. Dukakis im Jahre 1988 (Anderson 1995). In der Bundesrepublik hat sich der frühere Bundeskanzler Schröder in dieser Hinsicht ebenfalls sehr gelehrig gezeigt.

28 Der Feststellung, dass „Garland sich in diesem Punkt …unklar ausdrückt", begegnet Christie mit dieser Überlegung: „Ich hoffe, seine grundlegende Auffassung ist die, unsere soziale Situation habe sich in einer Weise entwickelt, dass man den *Eindruck* einer zunehmenden Kriminalität haben muss und dass dieser Eindruck alle möglichen sozialen Konsequenzen hat" (Christie 2007: 26).

sich diese politische Strategie noch weiterverfolgen. Konnte vor etlichen Jahrzehnten H. Popitz noch zu Recht von der „Präventivwirkung des Nichtwissens" sprechen, so leben heute die Institutionen der öffentlichen Sicherheit ebenso wie Politik, die Öffentlichkeit und vor allem die Medien davon, dass sie genügend „kriminellen" Anlass zur Erregung über die Kriminalität und die so genannten „Sicherheitslücken" zur Hand haben.

Darüber hinaus hat allerdings auch nicht jede beliebige Straftat das Erregungspotential, mit dem sich gut manipulieren und panikartige Reaktionen erzeugen lassen. Und es ist auch nicht die reine Quantität, die zählt, auch wenn jede Meldung auf der jährlichen Pressekonferenz zur Präsentation und Erläuterung der neuesten Tendenz in der Kriminalstatistik – in aller Regel unter Anwesenheit des jeweiligen Ministers –, die sich zur Dramatisierung der Lage eignet, bereitwillig aufgenommen und verbreitet wird. Die Gelegenheit dazu bietet praktisch jede Kriminalstatistik: der Chefstatistiker des britischen Home Office berichtete vor etlichen Jahren auf einer Tagung, dass er, gefragt nach der Tendenz der Kriminalität, zunächst zurückfragen würde, an welcher Richtung der Entwicklung der Frager interessiert sei, um danach die passenden Daten zu liefern.

Eine bis heute klassische Studie über die Instrumentalisierung der Kriminalität für außerkriminologische Zwecke, zu der es leider kein deutsches Pendant gibt und die auch wenig Aufmerksamkeit in der disziplinären Diskussion gefunden hat, stammt aus dem Jahre 1978 und trägt den Titel „Policing the Crisis" (Hall u.a. 1978). Ein tödlich verlaufender Straßenraub im Jahre 1972 vor der U-Bahn-Station Waterloo wurde zum entgrenzten Ausgangspunkt einer gesellschaftsweiten Krisendiskussion in England. Nicht nur führte er zur Schöpfung eines Neologismus in der englischen Sprache – im Daily Mirror hieß es einige Tage später: „... a Word Common In the United States Enters the British Headlines: Mugging. To our Police, it's a frightening new strain of crime" (1978: 3). Dieses kriminelle Einzelereignis war auch der Ausgangs- und Kristallisationspunkt einer gesellschaftsweiten Debatte über den Zustand des Landes: „... we start with mugging, but we end with the way the society is ‚policing the crisis" (ebd., IX). Die Studie zeichnet diesen Prozess in seinen medialen, gesellschaftlichen und staatlichen Einzelheiten und Mechanismen nach.

Das „mugging"-Beispiel ist theoretisch deshalb so bedeutsam, weil es auf eindrückliche Weise demonstriert, dass es nicht um das kriminelle Ereignis selbst, um dessen raumzeitliche oder personale Koordinaten geht, sondern dass außen stehende und am Geschehen unbeteiligte Akteure dem Ereignis eine Bedeutung beimessen und es gleichsam „aufladen", es in soziale Kontexte transformieren, die vollkommen jenseits der daran beteiligten Akteure und Umstände liegen.

Das soll nicht heißen, dass sich jedes beliebige kriminelle oder abweichende Verhalten gleichermaßen zur Erzeugung symbolischer Prozesse und gesellschaftlicher Erregung und politischer Instrumentalisierung eignet. Es gibt schon Muster und Regelmäßigkeiten, die sich beobachten lassen. Erneut lässt sich dafür auf das Eingangsbeispiel der deutschen Gewaltkommission verweisen. Gewalt, Gewaltnähe oder auch nur Gewalterwartung oder Gewaltvermutung sind gleichsam Mastersymbole zur Generierung von gesellschaftlichen Zuständen der Bedrohung und des Verlangens nach Kontrollbedürfnissen. Gewalt – dieser Eindruck drängt sich immer wieder auf – wird mehr herbeigeredet, als sie dokumentierbar ist. Kaum ein Forscher stellt das Problem der Gewalt so in den Mittelpunkt seiner wissenschaftlichen Interessen, wie der bereits erwähnte Trutz von Trotha – allerdings ganz entschieden gegen den üblichen Strich der Kriminologie, vor allem was die notorische Ignorierung staatlicher und „makrokrimineller" Art angeht (Trotha 1997). Zu Recht schreibt der Berner Kriminologe und Strafrechtler Karl-Ludwig Kunz (2008: 321): „Die Fokussierung auf die Gewalt hat etwas gefährlich Unschuldiges" und verweist darauf, „… dass auch diese Kontrollpräferenz auf grundlegenderen sozialen und ökonomischen Entscheidungen (beruht)".

Der oben erwähnte John Pratt behandelt drei distinkte Formen von Kriminalität und Abweichung als besonders einschlägig und symptomatisch für den punitiven Populismus und die neue Kontrolle: Sexualstraftaten, Jugendkriminalität und die berühmten „incivilities" der „zero tolerance". Die generelle Stoßrichtung dieser Kriminalisierungen sieht er in der Absicht „…to provide protection against unwanted or undesirable others" (2007: 123). Bei allen drei Formen der Kriminalität handelt es sich um nahezu kriminelle Universalien, die zum kriminalpolitischen Fokus in den meisten Ländern gehören. Auch die Bundesrepublik macht bekanntlich keine Ausnahme. Sexualstraftaten gehören zu den Schrittmachern der deutschen Kriminalpolitik, wie drei Strafrechtswissenschaftler bereits vor etlichen Jahren feststellten (Duttge u.a. 2004). Sie sind auch das Schwungrad, das das Institut der Sicherungsverwahrung in Gang hält. Dass die Jugendkriminalität gleichsam zur „festen Bank" jeglichen kriminalpolitischen Köchers und Repertoires wie das Amen zur Kirche gehört, hieße Eulen nach Athen zu tragen, würde man es noch detailliert zu belegen für nötig befinden. Wem fallen da nicht gleich die fehlgeschlagenen Versuche im vorletzten hessischen Wahlkampf ein, als der damalige Ministerpräsident des Landes, Roland Koch, mit einem kriminalpolitischen Paukenschlag gegen die Jugendkriminalität die Gunst der Wähler zu erobern suchte?[29] Gerade hat der deutsche kriminologische Medienpapst, Christian Pfeiffer vom Kriminologischen Forschungsinstitut Niedersachsen, an der Seite des deutschen Innenministers die neuesten einschlägigen Gewaltbefunde aus einer gigantomanischen Befragung von über 44.000 15-jährigen Schülern der gesamten Bundesrepublik der Gesellschaft zur Kenntnis gebracht (Baier u.a. 2009), ohne allerdings jedermann von der Stichhaltigkeit seiner Befunde überzeugen zu können: „Ich glaube eher dem Verfassungsschutz als Christian Pfeiffer", schreibt H. Martenstein im jüngsten ZEIT-Magazin (2009). Den Incivilities schließlich geht es über städtische Anstrengungen, die Schmuddel-Personen (Obdachlose, Bettler etc.) aus den Innenstädten und Konsumplätzen fernzuhalten, zunehmend an den Kragen. Allerdings: an einem „Favoriten" der „incivilities-Verfolger", den Graffiti-Akteuren und -Rebellen des Alltags, lässt sich auch sehr nachdrücklich aufzeigen, dass es auch von den jeweiligen sozialen, stadt-ökologischen und anderen Kontexten abhängt, ob und in welchem Maße ein abweichendes Verhalten zum Inbegriff eines über es hinausweisenden Zustands und Zusammenhangs der kommunalen oder gesellschaftlichen Situation ist.

Ein Konzept, das in den letzten Jahren die Instrumentalisierung von Kriminalität und bestimmten Staftaten systematischer in den Blick nimmt, ist das der „signal crimes". Damit sind die Effekte gemeint, die Straftaten über ihre unmittelbaren Wirkungen und Konsequenzen für die daran Beteiligten hinaus nach sich ziehen. Nach dem englischen Kriminologen Martin Innes (2003: 52), der dieses Konzept für die Kriminologie geprägt hat[30], handelt es sich um „events that, in addition to affecting the immediate participants (ie. victims, witnesses, offenders) and those known to them, impact in some way upon a wider audience. The nature of the impact upon this wider audience varies, but it will cause them to reconfigure their behaviours or beliefs in some way."

---

29 Gelegentlich wird das Versagen dieses politischen Wahlstimmen-Köders m.E. zu Unrecht als Beleg für ein „Umkippen" in ein wieder liberaleres Fahrwasser der Kriminalpolitik gewertet. Ich halte diese Vermutung für ein theoriefremdes Wunschdenken.
30 Lt. Innes (2004: 353) ist das Konzept auch in einem kooperativen Projekt des „Signal Crimes Research Team" und des „National Reassuring Policing Programme" erprobt worden.

Innes und Fielding (2002) haben dieses Konzept in Richtung einer Art sozialer Semiotik elaboriert, die in gewisser Weise an Edelmans Arbeiten anknüpft, ohne sich allerdings explizit auf diesen zu beziehen. Sie sprechen von „communicative policing" und bringen die „signal crimes" in den außerkriminellen Kontext des „public reassurance". Diese „funktionale" These erinnert an die deutsche Diskussion um das „symbolische" Strafrecht, allerdings nicht in dem dort betonten pejorativen Sinn. In einer neueren Arbeit berichtet Innes (2004) über die empirische Anwendung des Konzepts auf die kriminalpolitische Strategie der „zero tolerance" sowie die theoretische Reformulierung bzw. Erweiterung des Konzepts der Kriminalitätsfurcht.

Schlussbemerkung:
Gesellschaftsstruktur und Struktur strafrechtlicher Kontrolle

Kritik und Reformulierung des Konzepts der Kriminalitätsfurcht ist auch der zentrale Fokus eines Aufsatzes von Hollway und Jefferson (1997). Auf der Basis gesellschaftstheoretischer und kultureller Analysen von vier prominenten Autoren und deren zentralen konzeptuellen Prinzipien – M. Douglas (Kultur der Verantwortlichkeit), U. Beck (Risiko), Z. Bauman (Ambivalenz) und A. Giddens (existentielle Angst) – diagnostizieren sie als gesellschaftliche Postmoderne einen Zustand entgrenzter Sicherheit und dadurch ausgelöster Bedürfnisse nach deren Reduktion und Bewältigung. Sie entwerfen auf dieser theoretischen Grundlage – und illustrieren anhand einer qualitativen Analyse von zwei Biographien – drei formale Aspekte und Bedingungen geeigneter und gelingender „Verarbeitung" von Unsicherheit, Risiko, Ambivalenz und Angst (ebd., 260). Eine erste Bedingung erfordert Individualisierbarkeit von Opfern und Tätern – weder kollektive Täter (Unternehmen, Parteien etc.) noch – in strafrechtlichen Termini – die Verletzung von Universalrechtsgütern (Steuerdelikte, Umweltdelikte etc.) eignen sich als „signal crimes"; die zweite Bedingung betrifft Straftaten, deren Täter relativ „machtlos" sind, d.h. leicht „entscheidbare"; drittens, schließlich eigenen sich Straftaten von Fremden besonders für die „Attribuierung" von Verantwortung und die Absorption von Unsicherheit: „This blaming of the outsider builds loyalty and this assists social cohesion" (ebd.).

Als allerletzte Schlussbemerkung mag eine Quintessenz gezogen werden, die sowohl disziplinärer wie analytischer Art ist. In disziplinärer Hinsicht sollte über die lange und vielgestaltige Argumentation deutlich geworden sein, dass die Traktierung der beiden Titelstichworte – symbolische Kriminalpolitik und Punitivität – nur unter Verlassen der herkömmlichen theoretischen und methodologischen Grenzen der Kriminologie angemessen und befriedigend zu bewältigen war. Diese Notwendigkeit lehrte bereits unser Einstiegsszenario der Gewaltkommission und erwies sich im weiteren Verlauf der Überlegungen immer zwingender. Zwar ist daraus kein Plädoyer „Against Criminology" (Cohen 1988) geworden, wohl aber eine nachhaltige Aufforderung und Mahnung, wieder Anschluss zu suchen an die Diskussionen über gesellschaftliche Prozesse und Strukturwandlungen außerhalb von Strafrecht und Kriminalpolitik.

Damit komme ich zu meinem analytischen Schlusspunkt. Er gilt der Frage nach den Hintergründen und Antriebsfaktoren der neuerlichen Kriminalpolitik und des Umbaus des Strafrechts. Wir hatten schon gesehen, dass die naheliegenste – und „bequemste" – Antwort auf diese Frage auch zugleich ihre am wenigstens zutreffende ist. Es ist nicht das Diktat der Kriminalität, das die Kriminalpolitik antreibt. Auch greift zu kurz, wer die Medien für die neue Kriminalpolitik in Haft nehmen will, wie dies etwa eine Studie des KFN nahe legt (Pfeiffer u.a. 2004) – und dort, übrigens, auch der Einschätzung von Garland zu dieser Frage widerspricht. Mehr und mehr setzt sich stattdessen die „displacement-These" durch, wonach der punitive Kriminalitätsdiskurs und die im Zusammenhang mit dem symbolischen Strafrecht konstatierten Kontrollbedürfnisse „...a manifestation of displaced anxiety" (Lupton & Tulloch 1999: 513) seien[31].

Um diesen Überlegungen weiter nachzugehen, lässt sich an die Erörterungen von Hollway und Jefferson anschließen. Es geht darum, den Strukturwandel auf dem Gebiet der Kriminalpolitik und des Strafrechts gezielter und genauer noch mit dem generellen gesellschaftlichen, ökonomischen und politischen Strukturwandel zu verknüpfen. Dass dieser Wandlungsprozess im Gange ist, ist ein Truismus, eine Binsenweisheit nicht nur für Wissenschaft, Journalismus und Politik, sondern für den gesellschaftlichen Alltag. Auch spielt er auf dem hier interessierenden Terrain der Politik eine explizite Rolle – die von Hollway und Jefferson genannten Referenzautoren, insbesondere U. Becks Risikokonzept, haben längst Einzug in kriminologische und strafrechtliche Argumentation gehalten[32]. Allerdings schiene es mir empfehlenswert, eine bei Garland nur zaghaft und sehr tentativ gelegte theoretische Fährte etwas offensiver und detaillierter zu verfolgen. Den Akzent, den Garland auf insbesondere den ökonomischen Strukturwandel in Form des Neoliberalismus und der Globalisierung legt, verdiente, in Richtung eines dezidiert politisch-ökonomischen Bezugsrahmens erweitert zu werden. Für eine solche Erneuerung der politischen Ökonomie von Kriminalität und Kriminalpolitik hat der britische Kollege R. Reiner (2007) in der letzten Auflage des „Oxford Handbook of Criminology" plädiert – an anderer Stelle hat er es auf das berühmte Wahlkampfmotto von Bill Clinton in seiner erfolgreichen Präsidentschaftskampagne gegen Bush sen. gebracht (Reiner 2007/08: 7): „It's the political economy, stupid".

Literatur

Albrecht, P.-A. (2003): Die vergessene Freiheit. Strafrechtsprinzipien in der europäischen Sicherheitsdebatte. Berlin: Berliner Wissenschaftsverlag; engl. Titel: The forgotten Freedom. September 11 as a Challenge for European Legal Principles.
Albrecht, P.-A. (2007): Abschied vom Recht. Das nach-präventive Strafrecht. In: Vorgänge. Zweitschrift für Bürgerrechte und Gesellschaftspolitik, H. 178, S. 27-43.
Anderson, D.C. (1995): Crime and the politics of hysteria: how the Willie Horton story changed American justice. New York.
Baier, D./C. Pfeiffer/J. Simonson/S. Rabold, (2009): Jugendliche in Deutschland als Opfer und Täter von Gewalt: Erster Forschungsbericht zum gemeinsamen Forschungsprojekt des Bundesministeriums des Innern und des KFN. (KFN-Forschungsbericht; Nr.: 107).
Beckett, K. (1997): Making Crime Pay. Law and Order in Contemporary American Politics. New York.
Christie, N. (2005): Wieviel Kriminalität braucht die Gesellschaft? München (norw. Original 2004).
Cohen, S. (1988): Against Criminology. New Brunswick & London.
Downes, D./R. van Swaaningen (2007): The Road to Dystopia? Changes in the Penal Climate of the Netherlands. In: Michael T./C. Bijleveld (Hg.), Crime and Justice in the Netherlands. Chicago. S. 31-72.

---

31 Gerade ist eine schöne englische Studie erschienen, die in einer survey-Studie mit einem Sample von 940 Befragten diesen Zusammenhängern nachgegangen ist und herausgefunden hat, dass „...factors such as concern about the economy and the state of ‚the youth today' account for a substantial proportion of the effect of actual crime concerns on punitiveness" (King & Maruna 2009: 147).
32 In der deutschen Diskussion sind Singelnstein und Stolle (2008) am weitesten in Richtung einer gesellschaftstheoretischen und -strukturellen Analyse veränderter Sicherheits- und Kriminalpolitik gegangen.

Downs, A. (1957). An economic theory of democracy. New York (dt.: Ökonomische Theorie der Demokratie. Tübingen 1968.)
Duttge, G./T. Hörnle/J. Renzikowski (2004): Das Gesetz zur Änderung der Vorschriften über die Straftaten gegen die sexuelle Selbstbestimmung. In: Neue Juristische Wochenschrift 15/2004, S. 1065-1072.
Edelman, M. (1971): Politics as Symbolic Action. Mass Arousal and Quiescence New York u.a.
Edelman, M. (1964): The Symbolic Uses of Politics. Urbana (Neuausgabe mit einem Nachwort 1985).
Edelman, M. (1976): Politik als Ritual. Die symbolische Funktion staatlicher Institutionen und politischen Handelns. Frankfurt a.M. (Neuausgabe 1990).
Frankenberg, G. (2006): Partisanen der Rechtskritik: Critical Legal Studies etc., in: Buckel, S./Christensen,/R.Fischer-Lescano, A. (Hg.): Neue Theorien des Rechts, Stuttgart 2006, S. 97-116.
Frehsee, D. (1997): Fehlfunktionen des Strafrechts und der Verfall rechtsstaatlichen Freiheitsschutzes. In: ders./Löschper, G./Smaus, G. (Hrg.). Konsruktion der Wirklichkeit durch kriminalität und Strafe. Baden-Baden, S. 14-46 (abgedr. In D. Frehsee 2003).
Frehsee, D. (1999): Verschwindet der Rechtsstaat? In: Neue Kriminalpolitik. Bd. 11/1, S. 16-21.
Frehsee, D. (2003): Der Rechtsstaat verschwindet. Strafrechtliche Kontrolle im gesellschaftlichen Wandel von der Moderne zur Postmoderne. Gesammelte Aufsätze. Hg. V. Wolfgang Schild. Berlin.
Garland, D. (2001): The Culture of Control. Crime and Social Order in Contemporary Society. Oxford; dt.: Kultur der Kontrolle. Verbrechensbekämpfung und soziale Ordnung in der Gegenwart. Vorw.: Klaus Günther und Axel Honneth. Frankfurt a.M.
Gusfield, J. R. (1963): Symbolic Crusade. Status Politics and the American Temperance Movement. Urbana, Ill.
Günther, K./A. Honneth (2008): Vorwort. In: D. Garland, Kultur der Kontrolle. Frankfurt a.M. S. 7-16.
Hall, S./B. Roberts/C. Critcher/T. Jefferson/J. Clarke (1978): Policing the Crisis. Mugging, the State and Law and Order. London und Basingstoke.
Hanser, P./T. von Trotha (2002): Ordnungsformen der Gewalt. Reflexionen über die Grenzen von Recht und Staat an einem einsamen Ort in Papua-Neuguinea. Köln.
Hassemer, W. (1973): Theorie und Soziologie des Verbrechens. Frankfurt a.M.
Hassemer, W. (1989/2000): Grundlinien einer personalen Rechtsgutslehre. In: ders., Strafen im Rechtsstaat. Baden-Baden 2000, S. 160-169.
Hassemer, W. (1989): Symbolisches Strafrecht und Rechtsgüterschutz. In: Neue Zeitschrift für Strafrecht (NStZ)1989, S. 553-559; zit. n. Abdruck in: Hassemer 2000, S. 170-188.
Hassemer, W. (2000): Strafen im Rechtsstaat. Mit einem Vorwort von A. v. Hirsch. Baden-Baden.
Hassemer, W. (2001): Das Symbolische am symbolischen Strafrecht.In: Schünemann, B. u.a. (Hg.), Festschrift für Claus Roxin zum 70. Geburtstag am 15.Mai 2001, S. 1001-1020: auch in: ders. (2008), S.93-114.
Hassemer, W. (2001a): Gründe und Grenzen des Strafens. In: T. Vormbaum,(Hrsg.), Jahrbuch der Juristischen Zeitgeschichte, Bd. 2. Baden-Baden, S. 458-484.
Hassemer, W. (2006): Sicherheit durch Strafrecht. In: HRRS. Online-Zeitschrift für höchstrichterliche Rechtsprechung, Heft 4/2006, S. 130-143.
Hassemer, W. (2008): Strafrecht. Sein Selbstverständnis, seine Welt. Berlin.
Hassemer, W. (2008a): Das Symbolische am symbolischen Strafrecht. In: ders. (2008), S. 93-114.
Hilgendorf, E. (2007): Beobachtungen zur Entwicklung des deutschen Strafrechts 1975-2005. In: ders./J. Weitzel (Hrsg.), Der Strafgedanke in seiner historischen Entwicklung. Berlin, S. 191-215.
Hollway, W./Jefferson, T. (1997): The risk society in an age of anxiety: situating fear of crime. In: The British Journal of Sociology, vol 48, no. 2, S. 255-266.
Innes, M. (2003): Signal Crimes. Detective work, mass media and constructing collective memory. In: Mason, P. (Hg.), Criminal Visions.Media representations of crime and justice, Cullompton, S. 51-69.
Innes, M. (2004): Signal crimes and signal disorders: notes on deviance as communicative action. In: The British Journal of Sociology, Vol. 55, No. 3; S.335-355.
Innes, M./N. Fielding (2002): From Community To Communicative Policing: ‚Signal Crimes' And The Problem Of Public Reassurance. In: Sociological Research Online, vol.7, (http://www.socresonline.org.uk/7/2/innes.html)
King, A./Maruna, S. (2009): Is a conservative just a liberal who has been mugged? Exploring the origins of punitive views. In: Punishment & Society, vol 11/2, S. 147-169.
Kunz, K.-L. (2008): Kriminologie. Eine Grundlegung. 5., vollständig überarbeitete und aktualisierte Auflage (zuerst 1994). Berlin u.a.
Lehne, W. (1994): Symbolische Politik mit dem Strafrecht. Versuch einer Reinterpretation des Diskurses um symbolisches Strafrecht. In: Kriminologisches Journal, Jg. 26, S. 210-224.
Loader, I. (2006): Fall of the Platonic Guardians: Liberalism, Criminology and the Political Responses to Crime in England and Wales. In: The British Journal of Criminology, vol. 46/4, S. 561-586.

Lupton, D./J. Tulloch (1999): Theorizing fear of crime: beyond the rational/irrational opposition. In: The British Journal of Sociology, vol. 50/3, S. 507-523.
Martenstein, H. (2006): ... ist der Anwalt des Mannes – und jetzt auch der Jugend. In: ZEIT-MAGAZIN No. 16, v. 8.4.2009, S. 6.
Mucchielli, L. (Hg.)(2008): La frénésie sécuritaire. Retour à l'ordre et nouveau controle social.
Müller, J.C. (1993): Die Legitimation des Rechtes durch die Erfindung des symbolischen Rechtes. In: Kriminologisches Journal, Jg. 25, S. 82-97.
Oberwittler, D./Sven Höfer (2005): Crime and Justice in Germany. An Analysis of Recent Trends and Research. Country Survey. In: European Journal of Criminology, vol. 2/4, S. 465-508.
Offe, C. (1976): Editorial. In: Edelman, Murray, Politik als Ritual; S. VII-X.
Offe, C. (2009): Gespräch mit Claus Offe: „Der Verfall von Staatskapazität bereitet mir Sorge". In: Neue Gesellschaft – Frankfurter Hefte, 3/2009, S. 55-58.
Nullmeier, F. (2005): Nachwort. In: Edelman, M., Politik als Ritual, 3. erweit. Aufl. 2005. Frankfurt a.M. S. 199-216.
Pfeiffer, C./M. Windzio/M. Kleimann (2004): Die Medien, das Böse und wir. In: Monatsschrift für Kriminologie und Strafrechtsreform, Jg. 87, S. 415-435.
Pouncy, H. (1988): Terms of Agreement: Evaluating the Theory of Symbolic Politics' Impact on the Pluralist Research Program. In: American Journal of Political Science, Vol. 32, No. 3, S. 781-795.
Pratt, J. (2007): Penal Populism. London und New York.
Pratt, J./D. Brown/M. Brown/S. Hallsworth/W. Morrison (Hg.) (2005): The New Punitiveness. Trends, theories, perspectives. Cullompton, Devon – Portland, Oregon.
Reiner, R. (2007): Political economy, crime and criminal justice. In: M. Maguire, R. Morgan and R. Reiner (Hrsg.): The Oxford Handbook of Criminology, 4th edition, S. 341-382.
Reiner, R. (2007/08): It's the political economy, stupid! A neo-Clintonian criminology. In: cjm-Criminal Justice Matters, No. 70. London School of Law, King's College, S. 7/8.
Rösel, J./T. von Trotha (Hrsg.)(2005): The Reorganisation or the End of Constitutional Liberties?/La réorganisation ou la fin de l'état de droit. Köln.
Rückert, S. (2006): Ab in den Knast. In: DIE ZEIT v. 24.05.2006.
Sack, F. (2003): Governing through Crime. In: Friedrich-Ebert-Stiftung/Forum Berlin (Hrsg.), Sicherheit vor Freiheit? Terrorismusbekämpfung und die Sorge um den freiheitlichen Rechtsstaat, S. 59-70.
Sack, F. (2004): Wie die Kriminalpolitik dem Staat aufhilft. Governing through Crime als neue politische Strategie. In: R. Lautmann/D. Klimke/F. Sack (Hrsg.), Punitivität. Beihefte 8 des Kriminologischen Journals, S. 30-50.
Sack, F. (2006): Deutsche Kriminologie: auf (Sonder)pfaden? Zur deutschen Diskussion der kriminalpolitischen Wende. Fankfurt am Main: Verlag für Polizeiwissenschaft. In: J. Obergfell-Fuchs/M. Brandenstein (Hrsg.), Nationale und internationale Entwicklungen in der Kriminologie. Festschrift für Helmut Kury zum 65. Geburtstag, S. 35-71.
Sack, F. (2006a): Gesellschaftliche Entwicklung und Sanktionseinstellungen – Anmerkungen zur deutschen kriminalpolitischen Diskussion. In: Soziale Probleme, 17. Jg., H. 2, S. 155-173.
Sack, F. (2007) Juristen im Feindstrafrecht. Wer den Rechtsstaat verteidigen will, muss die Gründe seines Niedergangs in den Blick nehmen. In: Vorgänge. Zeitschrift für Bürgerrechte und Gesellschaftspolitik, H. 178, S. 5-26.
Sack, F. (2008): Die deutsche Kriminologie im Lichte des Werkes von D. Garland. In: D. Klimke (Hrsg.), Exklusion in der Marktgesellschaft. Wiesbaden: VS Verlag für Sozialwissenschaften, S. 301-322.
Sack, F., (2009): Der weltweite "punitive turn": ist die Bundesrepublik dagegen gefeit?, Vortrag auf dem 34. dt. Soziologentag, Jena, Okt. 2008, erscheint demnächst.
Sack, F. (2009a): Kriminalsoziologie: Gesellschaftstheoretische Pfade. Erscheint in: Festschrift Trutz von Trotha
Sack, F./Steinert, H. (1984): Protest und Reaktion. Analysen zum Terrorismus 4/2. Opladen.
Schwind, H.-D./Baumann, J. u.a. (Hg.) (1990): Ursachen, Prävention und Kontrolle von Gewalt – Bde. I-IV, Bd. I: Endgutachten und Zwischengutachten der Arbeitsgruppen.
Simon, J. (2007): Governing through Crime: How the War on Crime Transformed American Democracy and Created a Culture of Fear. London/New York.
Singelnstein, T./P. Stolle (2008): Die Sicherheitsgellschaft. Soziale Kontrolle im 21. Jahrhundert. 2. vollständig überarbeitete Auflage (zuerst 2006). Wiesbaden.
Tonry, M. (2004): Why aren't German penal policies harsher and imprisonment rates higher? In: German Law Journal, Vol. 5/10, S. 1187-1206.
Tonry, M. (Hrsg.) 2007, Crime, Punishment, and Politics in Comparative Perspective. Crime and Justice. A Review of Research, Vol. 36. Chicago.
Trotha, T. von (1983): Strafvollzug und Rückfälligkeit. Eine Studie zur soziologischen Theorie und Empirie des Rückfalls von Strafgefangenen. Heidelberg.

Trotha, T. von (1995): Ordnungsformen der Gewalt oder Aussichten auf das Ende des staatlichen Gewaltmonopols. In: Nedelmann, B. (Hrsg.): Politische Institutionen im Wandel. Sonderheft 35 der Kölner Zeitschrift für Soziologie und Sozialpsychologie, Opladen/Wiesbaden, S. 129-166.

Trotha, T. von (1997): Zur Soziologie der Gewalt. In: ders. (Hrsg.), Soziologie der Gewalt. Sonderheft 37 der Kölner Zeitschrift für Soziologie und Sozialpsychologie. Opladen/Wiesbaden, S. 9-56.

Trotha, T. von (2003): Reorganisation oder Ende der Rechtsstaatlichkeit? Risikostrafrecht, Kultur der Viktimisierung, Wiederkehr der Rache, Globaler Kleinkrieg, Präventive Sicherheitsordnung. In: epd - Entwicklungspolitik 1/2/2003, S. 33-40.

van Dijk, J.J.M. (1989): Strafsanktionen und Zivilisationsprozess. In: Monatsschrift für Kriminologie und Strafrechtsreform 72, S. 437-450.

Heribert Ostendorf

Strafverschärfungen im Umgang mit Jugendkriminalität

1 Die Ebenen der Strafverschärfung

Strafverschärfungen im Umgang mit Jugendkriminalität erfolgen einmal und in erster Linie durch den Gesetzgeber. Diese betreffen zunächst Änderungen im Jugendgerichtsgesetz. Aber auch Strafverschärfungen im allgemeinen Strafrecht treffen Jugendliche und Heranwachsende, da die strafrechtlichen Verbote und Gebote, die Straftatbestände, für alle Bürger gelten. So trifft die Graffiti-Bestrafung gem. § 303 Abs. 2 StGB, eine besondere Form der Sachbeschädigung, gerade junge Menschen. Mit dem Gesetz zur Bekämpfung der sexuellen Ausbeutung von Kindern und Jugendlichen vom 20.06.2008 wurde nicht nur der Opferschutz ausgeweitet, sondern auch die Täterseite: Jetzt können auch Jugendliche wegen sexuellen Missbrauchs anderer Jugendlicher gem. § 182 StGB bestraft werden, wenn eine Zwangslage ausgenutzt wird. Derartige Strafverschärfungen im allgemeinen Strafrecht bleiben allerdings nachfolgend ausgeklammert. Es sind im Weiteren auf dieser gesetzgeberischen Ebene auch Strafverschärfungen im Vollzug, im Jugendstrafvollzug zu beachten. Mit den neuen Jugendstrafvollzugsgesetzen sind sozusagen durch die Hintertür Strafverschärfungen im Vergleich zum alten Rechtszustand eingeführt worden. Strafverschärfungen können sodann in der Sanktionspraxis durch die Jugendstrafjustiz erfolgen – ohne dass Gesetze verändert werden. Auf welcher Ebene auch immer Strafverschärfungen umgesetzt werden, immer stellt sich die Frage: Gibt es einen Bedarf für Strafverschärfung im Hinblick auf die Kriminalitätsentwicklung und sind Strafverschärfungen geeignet, Jugendkriminalität zurückzudrängen? Es kann immer nur um ein Zurückdrängen gehen, ausrotten können wir Jugendkriminalität nicht. Das gelingt selbst Diktaturen nicht.

2 Gesetzgeberische Strafverschärfungen

2.1 Auf der Ebene des JGG

Zunächst eine positive Meldung. Aufgrund des Urteils des Bundesverfassungsgerichts vom 31.05.2006 war der Gesetzgeber gezwungen, unter anderem den gerichtlichen Rechtsschutz im Jugendstrafvollzug zu reformieren. Auch nach der so genannten Förderalismusreform ist der Bund weiterhin hierfür zuständig. Dementsprechend wurde mit dem Zweiten Gesetz zur Änderung des JGG und anderer Gesetze vom 13.12.2007 dieser Rechtsweg neu abgesteckt, weg von den Oberlandesgerichten hin zu den Jugendkammern entsprechend dem Strafvollzugsgesetz für Erwachsene. Ohne eine große Diskussion, ja schon fast klammheimlich, ist es dem Bundesministerium der Justiz gelungen, im Rahmen dieses Gesetzes richtungsweisend und erstmalig in Form eines Gesetzes das Ziel des Jugendstrafrechts zu formulieren: „Die Anwendung des Jugendstrafrechts soll vor allem erneuten Straftaten eines Jugendlichen oder Heranwachsenden entgegenwirken. Um dieses Ziel zu erreichen, sind die Rechtsfolgen und unter Beachtung des elterlichen Erziehungsrechts auch das Verfahren vorrangig am Erziehungsgedanken auszurichten" (§ 2 Abs. 1 JGG). Da steckt zwar noch ein Pferdefuß in dieser Zielbestimmung mit der Einschränkung „soll vor allem", trotzdem ist dieser Wegweiser außerordentlich bedeutsam. Mit dieser Zielvorgabe werden Strafverschärfungen aus Gründen von Sühne und Vergeltung, aus Gründen der Abschreckung anderer Straftäter für unzulässig erklärt. Den helfenden, den unterstützenden Sanktionen wird im Sinne eines Erziehungsstrafrechts Vorrang eingeräumt. Diese Zielvorgabe gilt nicht nur für die unmittelbare Sanktionierung, sie gilt auch für die Vollstreckung ambulanter Sanktionen, so für die Anordnung eines eventuellen Ungehorsamsarrestes. Wenige Monate später hat aber derselbe Gesetzgeber auf Vorlage aus dem Bundesjustizministerium die nachträgliche Sicherungsverwahrung auch im Jugendstrafrecht eingeführt.[1] Nichtjuristen ist die Bedeutung der Sicherungsverwahrung nicht geläufig. Sicherungsverwahrung bedeutet Freiheitsentzug im Anschluss an die Verbüßung einer Jugendstrafe bzw. im Erwachsenenstrafrecht einer Freiheitsstrafe, wobei jetzt die Sicherung entsprechend dem Begriff „Sicherungsverwahrung" im Vordergrund steht. Die Notwendigkeit dieses Freiheitsentzuges muss zwar im Jugendstrafrecht alljährlich von den Gerichten überprüft werden, die Sicherungsverwahrung kann aber auch lebenslänglich dauern. Abgesehen von der Frage, ob damit die Verhältnismäßigkeit gewahrt wird, stellt sich das Problem, wie bei jungen Menschen, die sich noch in der Entwicklungsphase befinden, eine so negative Prognose gerade auf der Basis des Vollzugsverhaltens gestellt werden kann. Der Vollzug kann zu Aggressivitätssteigerung führen, die Bedingungen sind andere als draußen in der Freiheit. Verfassungsrechtlich ist im Hinblick auf das Verbot der Doppelbestrafung (Art. 103 Abs. 3 GG) bedeutsam, dass dieselben Tatsachen, die zu der Verurteilung zur Jugendstrafe geführt haben, später zur Anordnung der Sicherungsverwahrung herangezogen werden (zu weiteren verfassungsrechtlichen Einwänden vgl. Ostendorf/Bochmann 2007: 146 ff.).

Andere geforderte Strafverschärfungen hat das Bundesministerium der Justiz bislang noch abwehren können. Die Gesetzesinitiativen aus dem Bundesrat, insbesondere von Seiten der CDU/CSU sind kaum noch zu überblicken. Kulminiert ist diese Strafverschärfungsdebatte im hessischen Landtagswahlkampf, angestoßen durch den amtierenden Ministerpräsidenten Roland Koch. Es hat in der Fachöffentlichkeit heftigen Widerspruch gegeben, viele Fachverbände unter Federführung der DVJJ, 1150 Fachleute haben eine Gegenresolution unterschrieben (vgl. Heinz 2008a: 87). Auch wenn diese Strafverschärfungsforderungen offensichtlich Roland Koch nicht genutzt haben, viele sagen ihm geschadet haben, so bleiben die meisten Forderungen auf dem rechtspolitischen Tisch. Nur die Einführung eines Kinderstrafrechts steht z. Zt. nicht auf der kriminalpolitischen Agenda, wenngleich die Lage nicht einzuschätzen ist, wenn bei uns zwei 13-jährige einen Sexualmord begehen sollten. Wir werden also auch in Zukunft uns mit Strafverschärfungsforderungen auseinandersetzen müssen. Es sind dies im Wesentlichen folgende Forderungen:

---

[1] Gesetz zur Einführung der nachträglichen Sicherungsverwahrung bei Verurteilungen nach Jugendstrafrecht vom 08.07.2008.

Strafverschärfungen im Umgang mit Jugendkriminalität

1. Einführung eines so genannten Warnschussarrestes bei einer Bewährung vor der Jugendstrafe gemäß § 27 sowie bei einer Strafaussetzung der Jugendstrafe zur Bewährung gemäß § 21 JGG.
2. Einführung des Fahrverbots als Hauptstrafe, also nicht nur nach Verkehrsdelikten.
3. Heraufsetzung der Höchststrafe von 10 Jahren Jugendstrafe auf 15 Jahre.
4. Regelmäßige Anwendung des Erwachsenenstrafrechts bei Heranwachsenden.
5. Ausbau der Sicherungsverwahrung.

Noch weitergehend lautet die Forderung des früheren Hamburger Justizsenators Kusch, der die gänzliche Abschaffung des Jugendstrafrechts verlangt hat (vgl. Kusch 2006: 65; dagegen Ostendorf 2006: 320). Eine solche radikale Position ist in der Bevölkerung nicht vermittelbar, nach Umfragen wird aber mehrheitlich vom Bundesbürger eine Verschärfung des Jugendstrafrechts befürwortet, dies betrifft insbesondere die Sanktionierung durch die Jugendstrafjustiz.

Neben unmittelbaren gesetzlichen Strafverschärfungen gibt es mittelbare. In Anlehnung an den arbeitsrechtlichen Begriff der „gefahrgeneigten Tätigkeit" spreche ich von „strafverschärfungsgeneigten Rechtsänderungen". Da ist z.B. die Nebenklage auch gegen Jugendliche eingeführt worden (§ 80 Abs. 3 JGG). Damit finden Sühnebedürfnis und Vergeltungsstreben Eingang in den Jugendstrafprozess, was mit § 2 Abs. 1 JGG abgewehrt werden soll und im Übrigen nicht als natürlich, sondern nur kulturell-anerzogen erklärt werden kann: Hunde, Wölfe, domestizierte wie wilde Tiere haben kein Strafbedürfnis. Ob das Strafverlangen von Seiten des Nebenklägers tatsächlich zu einer Strafverschärfung führt, kann empirisch schwer nachgewiesen werden, zur Strafmilderung trägt es sicherlich nicht bei. Da ist z. B. die neue Zuständigkeit der Jugendkammer aus Opferschutzgründen gem. § 41 Abs. 1 Nr. 4 JGG. Die Anklage bei einem Gericht mit größerer Sanktionskompetenz erhöht für den Angeklagten das Risiko, dass auch von dieser Sanktionskompetenz Gebrauch gemacht wird. Auch wenn der Jugendkammer im Verhältnis zum Jugendschöffengericht keine größere Sanktionskompetenz mit Ausnahme bei Anwendung des Erwachsenenstrafrechts auf Heranwachsende (§ 108 Abs. 3 JGG) zukommt, ist die Gefahr einer Sanktionsausweitung darin begründet, dass die Jugendkammer an höhere Strafen gewöhnt ist, was zu einer entsprechenden Rollenerwartung (ver-) führt: „Strafverschärfungsgeneigte Rechtsänderungen". Es zeigt sich bei beiden Gesetzesänderungen, dass zunehmend das Jugendstrafrecht dem Erwachsenenstrafrecht angepasst wird. Vormals galt das Jugendstrafrecht als Vorreiter für Reformen im allgemeinen Strafrecht, z. B. für die Einführung des TOA. Heute ist das Erwachsenenstrafrecht Vorbild. Ein aktuelles Beispiel: Mit § 162 StPO wurde für gerichtliche Ermittlungsmaßnahmen vor der Anklageerhebung die Zuständigkeit des Amtsgerichts begründet, in dessen Bezirk die Staatsanwaltschaft ihren Sitz hat. Damit wurde der jugendstrafrechtliche Grundsatz der Wohnsitzzuständigkeit unbeachtet gelassen. Staatsanwaltschaft und Jugendgerichte streiten z. Zt. darüber, ob § 162 StPO auch für die Jugendgerichtsbarkeit gilt.

Wenn man die Akteure auf dem kriminalpolitischen Rasen betrachtet, besteht kein Zweifel: Die jugendkriminalrechtliche Mannschaft ist in der Defensive. Ab und zu gibt es einen Konterangriff, einen erfolgreichen Konterangriff wie mit der Zielbestimmung des § 2 Abs. 1 JGG. Ab und zu gibt es von Seiten des BVerfG auch Schiedsrichterentscheidungen zugunsten des Jugendkriminalrechts. So hat das BVerfG aus verfassungsrechtlichen Gründen einen Warnschussarrest neben der Sanktion des § 27 JGG nach geltendem Recht für unzulässig erklärt (vgl. BVerfG 2005: 73). Mit der bereits zitierten Entscheidung vom 31.05.2006 hat das BVerfG eine detaillierte Regelung der Rechte und Pflichten im Jugendstrafvollzug, u. a. einen besseren

Rechtsschutz für junge Gefangene eingefordert. Aber das BVerfG darf nur abpfeifen, wenn gegen die Verfassung verstoßen wird. Das andere muss in der kriminalpolitischen Diskussion abgewehrt werden.

2.2 Auf der Ebene des Strafvollzugs

Strafverschärfungen durch die Hintertür wurden mit den neuen Gesetzen zum Jugendstrafvollzug (vgl. hierzu umfassend Ostendorf 2008) eingeführt:

- Teilweise Aufgabe eines eigenständigen Jugendstrafvollzugs.
  Der Jugendstrafvollzug kann auch in gesonderten Abteilungen einer Erwachsenenanstalt durchgeführt werden. In § 92 Abs. 1 JGG hieß es demgegenüber: „Die Jugendstrafe wird in Jugendstrafanstalten vollzogen." Verschärfte Sicherheitsbelange einer Erwachsenenanstalt bestimmen auch das Anstaltsklima in einer angegliederten Jugendabteilung.
- Erweiterung des Vollzugsziels auf den Schutz der Allgemeinheit.
  Demgegenüber wird in § 2 Abs. 1 Strafvollzugsgesetz das Vollzugsziel auf die Resozialisierung des Gefangenen begrenzt; auch im „alten" § 91 Abs. 1 JGG wurde allein der Gefangene angesprochen. Der Schutz der Allgemeinheit ist das Einfallstor für eine rigide Handhabung der Vollzugslockerungen.
- Einführung einer Mitwirkungspflicht des jungen Gefangenen, was Konsequenzen haben kann für die vorzeitige Entlassung auf Bewährung, auch für die Anordnung einer nachträglichen Sicherungsverwahrung.
- Aufgabe des Vorrangs des offenen Vollzugs gemäß § 10 Strafvollzugsgesetz.
  Im Niedersächsischen Justizvollzugsgesetz heißt es beispielsweise demgegenüber: Unterbringung im geschlossenen Vollzug, wenn nicht im Vollstreckungsplan Einweisung in offenen Vollzug vorgesehen.
- Keine Nahrungs- und Genussmittel durch Paketempfang.
- Die Absonderung von anderen Gefangenen als besondere Sicherungsmaßnahme auch zur Abwehr einer Verdunklungsgefahr.
- Einführung von erzieherischen Maßnahmen, mit denen der formelle Weg für die Verhängung von Disziplinarmaßnahmen unterlaufen werden kann.

Es soll nicht verschwiegen werden, dass es auch viele Verbesserungen im Vergleich zur früheren Rechtslage gibt. Nur gerade mit der Erweiterung des Vollzugsziels auf den Schutz der Bevölkerung und mit dem tendenziellen Vorrang des geschlossenen Vollzuges wird eine richtungsweisende Vorgabe gemacht, die sich auch negativ im Hinblick auf Vollzugslockerungen auswirken kann, die für die Wiedereingliederung unverzichtbar sind. So kann sich auch der viel gerühmte so genannte Chancenvollzug in das Gegenteil verkehren, wenn Resozialisierungsmaßnahmen vom Mitmachen des Gefangenen abhängig gemacht werden. Chancenvollzug kann sich dann in Anlehnung an die Fußballsprache zu einem Chancentod entwickeln.

Der Hinweis auf Strafverschärfungen durch die Hintertür ist zu ergänzen durch eine Verschärfung der Entlassung auf Bewährung, wenn durch ministerielle Vorgaben wie in Hessen die Stellungnahme der Anstalten im Sinne einer restriktiven Entlassungspraxis ausgerichtet werden. Diese Stellungnahmen der Anstalten bestimmen maßgeblich die richterliche Entscheidung über die Strafrestaussetzung zur Bewährung. Hierbei besteht zumindest in der Rechtslehre Einigkeit (vgl. Ostendorf 2009, § 88 Rn. 6 m.w.N.), dass durch die Gesetzesänderung aus

Strafverschärfungen im Umgang mit Jugendkriminalität

dem Jahre 1998 mit der Einführung der so genannten Erprobungsklausel in § 88 JGG sich die inhaltlichen Voraussetzungen für die Entlassung auf Bewährung nicht verändert haben. Die Vollzugswirklichkeit scheint dem zu widersprechen.

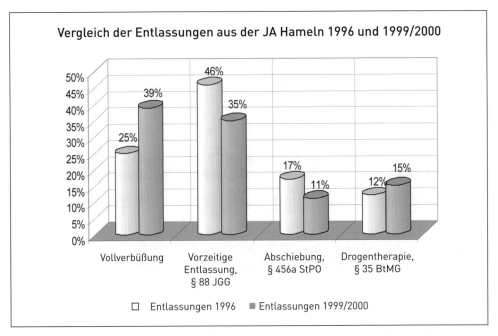

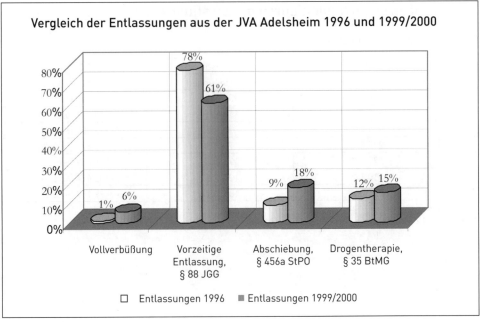

(aus: Röthel 2007)

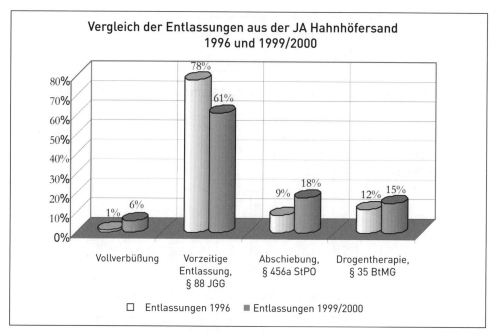

(aus: Röthel 2007)

3 Strafverschärfungen durch die Strafjustiz

3.1 Die Diversionspraxis

Verhältnis der Verurteilungen zu den Einstellungen gem. §§ 45, 47 JGG			
	Entscheidungen zusammen	Verurteilungen	Einstellungen
1980*	234 908	132 649	102 259 (43,5 %)
1985	242 762	119 126	123 636 (50,9 %)
1990	201 463	78 463	123 000 (61,1 %)
1995**	230 552	76 731	153 821 (66,7 %)
2000	277 929	93 840	184 089 (66,2 %)
2005	310 126	106 655	203 471 (65,6 %)
2006	305 091	105 902	199 189 (65,3 %)

* alte Bundesländer
** ab 1995 alte Bundesländer mit Einschluss Berlin-Ost

Strafverschärfungen im Umgang mit Jugendkriminalität

Trotz vermehrter öffentlicher Kritik an einer angeblich zu weit gehenden Einstellungspraxis bleibt die Diversionsrate bundesweit konstant.

3.2 Die jugendstrafrechtlichen Sanktionen

Jahr	Sanktionen insgesamt	Erziehungs-maßregeln	%	Zuchtmittel	%	Jugendstrafe	%
1970	125 901	13 153	(10,4)	101 061	(80,3)	11 687	(9,3)
1980	186 409	41 312	(22,2)	127 115	(68,2)	17 982	(9,6)
1990	108 471	32 861	(30,3)	63 507	(58,5)	12 103	(11,2)
1995	107 243	15 045	(14,0)	78 318	(73,0)	13 880	(12,9)
2000	136 576	19 026	(13,9)	99 797	(73,1)	17 753	(13,0)
2005	159 699	25 221	(15,8)	117 837	(73,8)	16 641	(10,4)
2006	160 036	25 740	(16,1)	117 410	(73,4)	16 886	(10,6)

(Quelle: Statistisches Bundesamt, Strafverfolgung; Gebiet: bis 1990 altes Bundesgebiet, ab 1995 altes Bundesgebiet einschließlich Berlin-Ost)

Der deutliche Anstieg der Zuchtmittel ab dem Jahre 1990 ist auf die Einführung der Arbeitsauflage als Zuchtmittel zurückzuführen, umgekehrt ist die Abnahme der Erziehungsmaßnahmen hiermit zu erklären. Die Erziehungsmaßregeln werden statistisch nach wie vor im Einzelnen nicht ausgewiesen, so dass auch keine verlässlichen Angaben über den Umfang der im Jahre 1990 eingeführten „neuen ambulanten Maßnahmen", Betreuungsweisung, sozialer Trainingskurs und Täter-Opfer-Ausgleich, gemacht werden können.

a) Zuchtmittel

Jahr	Zuchtmittel zusammen	Jugendarrest	Auflagen	Verwarnungen
1950	20 437	11 696 (57,3 %)	2 705 (13,2 %)	6 036 (29,5 %)
1960	73 816	30 492 (41,3 %)	24 251 (32,9 %)	19 073 (25,8 %)
1970	101 061	25 270 (25,0 %)	42 003 (41,6 %)	33 780 (33,4 %)
1980	127 115	27 183 (21,4 %)	52 697 (41,5 %)	47 235 (37,2 %)
1985	99 534	23 990 (24,1 %)	36 061 (36,2 %)	39 483 (39,7 %)
1990	63 507	12 785 (20,1 %)	25 967 (40,9 %)	24 755 (39,0 %)
1995	78 318	12 953 (16,5 %)	42 899 (54,8 %)	22 466 (28,7 %)
2000	99 797	16 832 (16,9 %)	55 910 (56,0 %)	27 055 (27,1 %)
2005	117 837	20 363 (17,3 %)	67 230 (57,1 %)	30 244 (25,7 %)
2006	117 410	20 756 (17,7 %)	66 905 (57,0 %)	29 749 (25,3 %)

Aufgrund von Auf- bzw. Abrundungen ergibt sich nicht immer die Summe von 100 %.

Innerhalb der Zuchtmittel dominieren die Auflagen, es sind dies vor allem Geldbußen und Arbeitsauflagen. Der Arrest hat zwar seit 1950 deutlich abgenommen, er behält aber seine justizpraktische Bedeutung. Hierbei ist darauf hinzuweisen, dass der Arrest vielfach auch mit anderen Maßnahmen gekoppelt wird, überhaupt eine Sanktionsanhäufung gemäß § 8 JGG gängige Praxis ist. Z. Zt. werden im Durchschnitt 1,5 Sanktionen für jeden Verurteilten ausgesprochen. Zum Arrest ist zu ergänzen, dass sehr viele ambulante Sanktionen in einen so genannten Ungehorsamsarrest einmünden. Ca. 40%, einige Arrestvollstreckungsleiter sagen bis zu 50% der Arrestanten sind Ungehorsamsarrestanten. Die kommen zu den Arrestverurteilten hinzu.

b) Jugendstrafe

Jahr*	6 Monate bis 1 Jahr	1 Jahr bis 2 Jahre	2 Jahre bis 5 Jahre	5 Jahre bis 10 Jahre
1960	8 253 (82,1 %)	1 445 (14,4 %)	333 (3,3 %)	21 (0,2 %)
1970	8 318 (76,1 %)	2 071 (18,9 %)	496 (4,5 %)	45 (0,4 %)
1980	12 771 (72,2 %)	3 607 (20,4 %)	1 186 (6,7 %)	121 (0,7 %)
1985	11 493 (65,8 %)	4 343 (24,9 %)	1 488 (8,5 %)	139 (0,8 %)
1990	7 524 (62,2 %)	3 393 (28,0 %)	1 066 (8,8 %)	67 (0,6 %)
1995	7 890 (56,8 %)	4 496 (32,4 %)	1 416 (10,2 %)	78 (0,6 %)
2000	9 744 (54,9 %)	5 993 (33,8 %)	1 923 (10,8 %)	93 (0,5 %)
2005	8 994 (54,0 %)	5 723 (34,4 %)	1 841 (11,1 %)	83 (0,5 %)
2006	9 073 (53,7 %)	5 732 (33,9 %)	1 990 (11,8 %)	91 (0,5 %)

* Bis 1990 wurden nur die »bestimmten« Jugendstrafen gezählt.
(Quelle: Statistisches Bundesamt, Strafverfolgung; Gebiet: bis 1990 altes Bundesgebiet, ab 1995 alte Länder einschl. Berlin-Ost)

Die Dauer der Jugendstrafe hat in den letzten Jahren zugenommen. Ob dies auf eine qualitative Veränderung der verurteilten Straftaten und dementsprechend der verurteilten Straftäter zurückzuführen ist oder auf ein neues Strafdenken, kann allein anhand dieser Zahlen nicht ergründet werden.

c) Jugendstrafe zur Bewährung

Jahr	aussetzungsfähige Jugendstrafen zusammen	davon Aussetzung
1960	8 253	4 553 (55,2 %)
1969	8 247	5 881 (71,3 %)
1980	16 378	11 192 (68,3 %)
1985	15 836	10 936 (69,1 %)
1990	10 917	7 784 (71,3 %)
1995	12 386	8 875 (71,7 %)
2000	15 737	11 028 (70,1 %)
2005	14 717	10 106 (68,7 %)
2006	14 805	10 211 (69,0 %)

(Quelle: Statistisches Bundesamt, Strafverfolgung; Gebiet: bis 1990 alte Länder, ab 1995 alte Länder einschl. Berlin-Ost)

Die Bewährungspraxis bleibt weitgehend konstant. Lediglich bei Jugendstrafen von ein bis zwei Jahren gibt es eine leicht rückläufige Tendenz.

3.3 Strafjustizieller Umgang mit Heranwachsenden

Anwendung von Jugend- bzw. Erwachsenenstrafrecht bei Heranwachsenden:

Jahr	Verurteilte zusammen	nach StGB	nach JGG
1954	60 567	48 069 (79,4 %)	12 498 (20,6 %)
1960	89 784	62 102 (69,2 %)	27 682 (30,8 %)
1965	61 161	38 056 (62,2 %)	23 105 (37,8 %)
1970	81 768	47 832 (58,5 %)	33 936 (41,5 %)
1975	84 599	46 418 (54,9 %)	38 181 (45,1 %)
1980	98 845	46 620 (47,2 %)	52 225 (52,8 %)
1985	90 667	34 186 (37,7 %)	56 481 (62,3 %)
1990	66 972	24 382 (36,4 %)	42 590 (63,6 %)
1995	64 887	25 824 (39,8 %)	39 063 (60,2 %)
2000	73 487	29 157 (39,7 %)	44 330 (60,3 %)
2005	77 229	78 261 (36,6 %)	48 968 (63,4 %)
2006	75 339	26 893 (35,7 %)	48 446 (64,3 %)

(Quelle: Statistisches Bundesamt, Strafverfolgung; Gebiet: bis 1990 alte Länder, ab 1995 alte Länder einschl. Berlin-Ost)

Trotz der politisch-publizistischen Kritik am Umgang der Jugendstrafjustiz mit Heranwachsenden bleibt diese auf Kurs. Bei näherer Betrachtung zeigt sich, dass gerade bei den schwersten Delikten das Jugendstrafrecht angewendet wird. Der Prozentsatz liegt bei den vorsätzlichen Tötungsdelikten sowie bei den schweren Sexualstraftaten über 90%. Ein Grund hierfür ist der Einsatz von Gutachtern, die sich regelmäßig für die Anwendung des Jugendstrafrechts aussprechen. Im Ländervergleich zeigen sich allerdings deutliche Unterschiede. So wird in Baden-Württemberg das Jugendstrafrecht bei Heranwachsenden zu 45% angewendet, in Schleswig-Holstein zu 88%. Da wir davon ausgehen können, dass die schleswig-holsteinischen Heranwachsenden in ihrer Entwicklung nicht weiter zurückgeblieben sind als die Heranwachsenden in Baden-Württemberg, müssen unterschiedliche richterliche Maßstäbe für die Anwendung des § 105 JGG ausschlaggebend sein.

3.4 Untersuchungshaft

Jugendliche, Heranwachsende und Erwachsene in Untersuchungshaft pro 100 000 der Altersgruppe						
Jahr	Jugendliche		Heranwachsende		Erwachsene	
	absolut	pro 100 000	absolut	pro 100 000	absolut	pro 100 000
1970	761	23,4	1754	71,2	10523	24,8
1980	822	19,3	2124	61,7	12267	27,6
1990	381	15,1	1309	53,2	12380	25,0
1995	892	24,9	2199	85,4	16696	26,4
2000	903	24,7	2120	74,3	14501	22,7
2002	814	21,4	1864	66,0	14175	22,0
2003	742	19,3	1837	65,8	14206	21,3

(Quelle: Statistisches Jahrbuch 2005, Tabellen 2.8, 10.17 Gebiet: bis 1990 alte Länder; ab 1995 Gesamtdeutschland)

Hier ist ein bemerkenswerter Rückgang der Untersuchungshaft zu konstatieren. Dies ist bereits ein erster Hinweis darauf, dass die Kriminalitätslage von der Justizpraxis nicht als dramatisch wahrgenommen wird.

Insgesamt kann eine Strafverschärfung durch die Jugendstrafjustiz nicht festgestellt werden. Sie bleibt sozusagen auf Kurs bei der Diversionspraxis, auch bei dem Umgang mit Heranwachsenden. Die Untersuchungshaft wird deutlich weniger angeordnet. Bei der eigentlichen Sanktionierung zeigen sich allerdings tendenzielle Strafverschärfungen. Dies betrifft insbesondere den Einsatz der repressiven ambulanten Sanktionen sowie die längere Dauer der Jugendstrafe.

4 Strafverschärfungsforderungen auf dem kriminologischen Prüfstand

Die Forderungen nach Verschärfung des Jugendstrafrechts werden in der Fachwelt der Kriminologie sowie der Justizpraxis fast einhellig abgelehnt. (vgl. stellvertretend die Beiträge von Heinz 2008b, Breymann/Trenczek 2008, Dünkel/Maelicke 2008, Tondorf 2008, Viehmann 2008, Kunath 2008, v. Wolffersdorff 2008)

Auf den Jugendgerichtstagen der DVJJ wird umgekehrt eine Weiterentwicklung des Jugendstrafrechts im Sinne eines Vorrangs erzieherischer Hilfen verlangt. Die zweite Jugendstrafrechtsreformkommission der DVJJ hat hierzu einen detaillierten Katalog von Forderungen vorgelegt.[2] Der 64. Deutsche Juristentag hat sich im Jahr 2002 in Berlin ebenfalls eindeutig für die Beibehaltung des geltenden Jugendstrafrechts ausgesprochen, eine Herabsetzung des Strafbarkeitsalters abgelehnt, ja, wenn auch mit knapper Mehrheit, verlangt, alle Heranwachsenden nach dem Jugendstrafrecht zu bestrafen. In diesem Sinne hat sich auch der Deutsche Richterbund geäußert. 54 Professoren aus den Bereichen Jugendstrafrecht und Kriminologie haben 1998 eine Resolution unterschrieben mit dem Titel: „Gegenreform im Jugendstrafrecht wider die repressive Hilflosigkeit" (Ostendorf 2000: 190).

Hierin heißt es unter anderem: „Das geltende Jugendstrafrecht hat dem Erwachsenenstrafrecht vor allem zweierlei voraus: Vielfalt des möglichen Reagierens und Flexibilität der Prozeduren. Mit beidem steht ein Instrumentarium zur Verfügung, das es erlaubt, den Verhältnissen, Bedürfnissen und ‚Lagen' der 14- bis 21-jährigen, die strafrechtlich auffallen, mit einem hohen Grad an Individualisierung (im Wortsinn:) gerecht zu werden." Auf die Gegenresolution aus Wissenschaft und Praxis sowie auf die Koch'schen Forderungen wurde bereits hingewiesen. Wie kommt es, dass trotz dieser einhelligen Position in der Wissenschaft und weitgehend auch in der Praxis gegen Strafverschärfungen diese in der Politik so vehement gefordert werden und in der Bevölkerung auch auf weitgehende Zustimmung stoßen?

Vorweg zwei allgemeine Erklärungen, die auch für das Erwachsenenstrafrecht gelten:

1. Das Grundbedürfnis nach Sicherheit ist in den letzten Jahren stärker geworden. In einer Zeit vielfacher persönlicher Verunsicherung und teilweiser Depression über die eigene Zukunft

---

2 Vorschläge für eine Reform des Jugendstrafrechts, DVJJ-Journal-Extra Nr. 5, 2002.

– behalte ich meinen Arbeitsplatz, bekomme ich eine Anstellung, wie finanziere ich den Alltag, wie geht es weiter mit den Renten – steigt das Bedürfnis nach Sicherheit.
2. Gleichzeitig verlieren die Freiheitsrechte im Bewusstsein der Bürger an Bedeutung. Armut, finanzielle Zukunftsängste sind zwar auch eine Form von Unfreiheit. Aber die staatsbürgerlichen Freiheitsrechte, das Wahlrecht, das Demonstrationsrecht, das Recht auf politische Teilnahme, sind unabhängig hiervon. Diese staatsbürgerlichen Freiheitsrechte werden zur Zeit gering geachtet. Damit verliert auch der Wert von Unschuldsvermutung, die Begrenztheit staatlichen Strafens, die Auffassung, dass Strafrecht die ultima ratio des Rechtsgüterschutzes sein muss, an Bedeutung. Und alle glauben, es werden nur die anderen erwischt.

Hinzu kommen zwei Fehlannahmen.

Erste Fehlannahme: Steigende Jugendkriminalität
In der Tat hatten wir nach der Polizeilichen Kriminalstatistik seit den 90er Jahren einen deutlichen Anstieg in der Jugendkriminalität. Die Verurteilungen sind allerdings im Vergleich dazu nur geringfügig angestiegen. Seit 2001 ist aber auch die polizeiliche Tatverdächtigen-Belastungsziffer für Jugendliche, d. h. Straftaten umgerechnet auf 100.000 Jugendliche, wieder gesunken. Im Jahr 2001 wurden von 100.000 Jugendlichen 7.416 Straftaten von der Polizei registriert. Im Jahr 2006 waren es 6.799 Straftaten. Das ist ein Rückgang innerhalb von 5 Jahren um über 8%. Im Jahr 2007 ist allerdings die Tatverdächtigenbelastungsziffer wieder auf 7.029 pro 100 000 Jugendliche gestiegen. Bei Heranwachsenden ist die Tatverdächtigenbelastungsziffer von 2004 bis 2007 um 5% gefallen. Schon seit 1998 geht die polizeilich registrierte Kinderdelinquenz zurück, in den Augen der Befürworter eines Kinderstrafrechts dramatisch. Hierbei wissen wir aus kriminologischen Untersuchungen, dass heute mehr angezeigt wird als früher, dass das Dunkelfeld der Kriminalität verkleinert wird (vgl. Schwind 2007). Auch die Schwere der Delikte hat keineswegs, wie vielfach angenommen wird, zugenommen. Mord und Totschlag, Raubdelikte sind deutlich zurückgegangen. Nur die Körperverletzungsdelikte haben zugenommen. Damit stimmt überein, dass die Jugend heute nach empirischen Erhebungen sehr gut dasteht. Die Werteeinstellung der Jugend zu Familie und Freundschaft ist außerordentlich positiv, hat sich nach der letzten Shell-Jugendstudie noch weiter erhöht. 69% der Jungen sagen im Jahr 2006 „Man braucht eine Familie, um glücklich zu sein", bei den Mädchen sind es sogar 76% (vgl. Shell Jugendstudie 2006: 50). Nach einer Jugendstudie, die von dem Bundesverband der deutschen Banken in Auftrag gegeben wurde, sagen 63% der jugendlichen Befragten, dass ihr Verhältnis zu den Eltern sehr gut ist, 33% sagen, dass es gut ist und nur 3% räumen ein, dass es nicht so gut oder schlecht ist. Nach der Studie „Jugendsexualität 2006"der Bundeszentrale für gesundheitliche Aufklärung sind die Eltern allen Alarmrufen über das Auseinanderbrechen familiärer Bindungen zum Trotz die wichtigsten Vertrauenspersonen für sexuelle Fragen. Jugend geht hiernach auch verantwortungsbewusster mit dem Geschlechtsverkehr um als früher, d. h. mehr als zwei Drittel benutzt heute Kondome, u. a. mit der Folge, dass die Zahl der Teenager-Mütter sinkt. Nach den Kriminalstatistiken und nach Umfragen steht Jugend heute erheblich besser da als vor 10 und 20 Jahren.

Die Nullbockgeneration ist passé. Jugend hat nach den aktuellen Befragungen in der Shell-Jugendstudie sowie der Jugendstudie der deutschen Banken einen ausgesprochenen Leistungswillen, geht zielorientiert in Ausbildung und Beruf, wenn sie denn eine Ausbildungs-, eine Arbeitsstelle findet. Wir haben eine zweigeteilte Jugend. Der größere Teil findet Anschluss an die Gesellschaft, ein kleinerer Teil gehört schon nicht mehr zu dieser Gesellschaft, dieser Teil steht von vornherein auf der Verliererseite, ist ausgegrenzt von unserem Wohlstand, von jeglicher Fortkommensperspektive. Und das spüren die Betroffenen. „Scheiße bauen" wird dann zu einem kompensatorischen Erfolgserlebnis, ist cool. Vornehmer ausgedrückt: Sie suchen ihre Selbstachtung und die Fremdanerkennung in Straftaten, wobei sich häufig ein Aggressionsstau entlädt. Schon im Jahre 1999 wurde in der Magdeburger Initiative hieraus die Lehre gezogen, dass nicht die Jugend die Gesellschaft bedroht, sondern dass sie durch die Gesellschaft in ihren Entwicklungschancen bedroht ist. Dann sind andere Politikfelder gefordert als die Kriminalpolitik. Wenn in der „Zeit" vom 28.08.2008 die Privatisierung und der fehlende gesellschaftspolitische Impetus mit dem Aufmacher „Charakterlose Jugend" beklagt wird, so fällt diese Klage auf die Erwachsenenwelt zurück.

Wenn keine zahlenmäßige Steigerung mehr behauptet werden kann, dann eine qualitative Steigerung der Jugendkriminalität. Einzelfälle müssen hierfür herhalten, obwohl sich sowohl nach der Polizeilichen Kriminalstatistik als auch nach Dunkelfelduntersuchungen eine solche qualitative Steigerung nicht belegen lässt. Hierzu der Zweite Periodische Sicherheitsbericht der Bundesregierung aus dem Jahr 2006: „In der Gesamtschau ergibt sich somit ein konsistentes Bild: Dunkelfeldstudien an verschiedenen Orten sowie bezogen auf verschiedene Zeiträume bieten für die These eines Anstiegs der Jugendkriminalität keine empirische Abstützung. Die verfügbaren Befunde deuten eher in die Richtung, dass es zu Rückgängen der Jugenddelinquenz sowohl bei Eigentums- als auch bei Gewaltdelikten gekommen ist, bei Letzteren nicht nur beim Raub, sondern auch bei den Körperverletzungsdelikten. Dies ist verbunden mit einem Anstieg der Anzeigebereitschaft sowie der Wahrscheinlichkeit offizieller Registrierungen. In Kombination mit Feststellungen dazu, dass für einen wichtigen Risikofaktor, die Verbreitung innerfamiliärer Gewalt gegen Kinder und Jugendliche, ebenfalls Rückgänge festzustellen sind, erscheint eine solche Tendenz abnehmender Delinquenz Jugendlicher sowohl theoretisch plausibel als auch empirisch abgesichert" (Bundesministerium des Innern sowie der Justiz 2006: 398). Darüber hinaus wird mit den Einzelfällen höchst unterschiedlich umgegangen. Der Fall in der U-Bahn-Station in München Anfang des Jahres wurde tagelang, wochenlang in den Medien behandelt. Der Fall des pensionierten Schulleiters, der von zwei jungen Männern mit Migrationshintergrund fast zu Tode geprügelt wurde, führte zu einem Sturm der Entrüstung. Im Sommer, vor wenigen Wochen, wurde im Brandenburgischen Templin ein arbeitsloser Tischler von zwei jungen mutmaßlichen Rechtsextremisten zu Tode geschlagen. Das Echo war gering, der Fall hat keine Schlagzeilen produziert. Weshalb so unterschiedliche Reaktionen? Der erste Fall wurde politisch instrumentalisiert, er passte in das Konzept des Umgangs mit kriminellen Ausländern. Aber das ist nur ein Teil der Antwort. Haben wir uns schon an die rechtsradikalen Gewalttaten gewöhnt? Macht es einen Unterschied, ob ausländische oder rechtsradikale Gewalttäter zuschlagen? Wir sehen, Jugendkriminalität wird medial und politisch vermarktet, die Wahrnehmung von Jugendkriminalität wird gesteuert.

Zweite Fehlannahme: Mehr Härte = mehr Effizienz
Die zweite Fehlannahme ist, dass mehr Härte mehr Effizienz bringt. Das Gegenteil ist nach groß angelegten Rückfalluntersuchungen der Fall.

Jehle, Heinz und Sutterer haben die größte Rückfalluntersuchung für die Bundesrepublik Deutschland vorgelegt (vgl. Jehle/Heinz/Sutterer 2003; s.a. Heinz 2004: 35 ff.). Erfasst wurden alle Personen, die 1994 im Zentral- oder Erziehungsregister eingetragen waren. Da bei Verurteilungen zu einer unbedingten Freiheits- bzw. Jugendstrafe sowie zu einer freiheitsentziehenden Maßregel für den anschließenden Zeitraum des Vollzugs keine echte Rückfälligkeitsprüfung erfolgen kann, wurden die in diesem Jahr aus dem Vollzug Entlassenen mit aufgenommen. Der

Rückfallzeitraum betrug vier Jahre, d. h. im Jahre 1999 wurden das Bundeszentralregister und das Erziehungsregister erneut ausgewertet. Hier einige Ergebnisse:
- Rückfälligkeit nach Verbüßung der Jugendstrafe ohne Bewährung 77,8%
- der Jugendstrafe mit Bewährung 59,6%
- Arrest 70%
- ambulante Sanktionen 31,7%.

Es ist offensichtlich schwieriger, mit freiheitsentziehenden Sanktionen junge Menschen wieder auf den „geraden Weg" zu bringen. In den Anstalten passt man sich an oder wird angepasst. Wenn eine Änderung, eine positive Änderung in der Einstellung und im Verhalten erreicht wird, hält diese bei neuen Konfliktsituationen in Freiheit häufig nicht an. Erst recht ist es trügerisch, auf einen Abschreckungseffekt zu setzen. Das funktioniert gerade bei jungen Menschen in der Regel nicht. Alle glauben, dass sie nicht erwischt werden. Wenn Jugendrichter den Jugendarrest zur Abschreckung verhängen, damit die Verurteilten den Freiheitsentzug kennen lernen und deshalb vor weiteren Taten sich abschrecken lassen, so zeigen empirische Untersuchungen zur Wirkung des Arrestes eher das Gegenteil: Nach Befragungen verliert mit dem Erleben des Arrestes der Freiheitsentzug seinen Schrecken. (vgl. Schumann 1986: 367; Schwegler 1999: 285)

Umgekehrt wird der Entsozialisierungsprozess verstärkt, weil in den Augen der Umwelt der Arrestant ein Krimineller ist, der schon „gesessen" hat.

Nun kann man gegen einen solchen Vergleich der Rückfallquoten einwenden, da werden Äpfel mit Birnen verglichen, weil diejenigen, die zu einer Jugendstrafe verurteilt werden, in der Regel schon vorher aufgefallen sind, d. h. schon zu diesem Zeitpunkt Rückfalltäter waren und dementsprechend die Rückfälligkeit höher ausfallen muss, unabhängig von der dann folgenden Sanktionierung. Dieser Einwand ist berechtigt, allerdings liefern auch die so relativierten Ergebnisse einen Erkenntnisgewinn für die Sanktionierung: Wenn z. B. ein Jugendgericht den Angeklagten zu einem Jugendarrest verurteilt, muss es damit rechnen, dass dieser trotz dieser Sanktionierung zu 70% wieder rückfällig wird. Darüber hinaus sind in Einzeluntersuchungen vergleichbare Tat- und Tätergruppen gebildet worden, um dem Einwand des unzulässigen Vergleichs zu begegnen. Diese hierauf durchgeführten Rückfalluntersuchungen haben für sozialpädagogische Sanktionen deutlich bessere Ergebnisse gebracht als für die repressiven Sanktionen (vgl. Kraus/Rolinski 1992: 32; Wellhöfer 1995: 42; s.a. die Sekundäranalyse von Synowiec 1998: 362).

So hat eine Erfolgskontrolle vom sozialen Trainingskurs und Arrest eine signifikant geringere Rückfallquote für Teilnehmer des sozialen Trainingskurses ergeben, obwohl diese sogar höher vorbelastet waren.

Das differenzierte Sanktionensystem des Jugendgerichtsgesetzes mit dem Vorrang von unterstützenden, sozialpädagogischen Maßnahmen bringt mehr Effizienz im Sinne von Rückfallvermeidung als härtere Strafen, als das lange Wegsperren. So lautet denn auch eine schon geläufige Forderung: Im Zweifel weniger – so die frühere Leitende Oberstaatsanwältin der Staatsanwaltschaft Itzehoe Dr. Holle Löhr (vgl. Löhr 1992: 579).

Kriminologie betreibt Entwarnung, die Kriminalpolitik, die Medien betreiben Dramatisierung. Das Hauptproblem der heutigen Jugendstrafrechtspraxis ist das fehlende bzw. mangelnde Angebot für ambulante Sanktionen sowie für Alternativen zur Untersuchungshaft. Dahinter steht die ungelöste Kostenfrage. Wir haben ein Vollzugsdefizit. Für ein härteres Jugendstrafrecht besteht nicht nur kein Bedarf, es wäre kriminologisch unvernünftig, ja kontraproduktiv, um im Sinne des § 2 Abs. 1 JGG neue Straftaten zu verhindern.

Literatur

Bundesministerium des Inneren sowie der Justiz (Hg.), 2006: Zweiter Periodischer Sicherheitsbericht der Bundesregierung. Berlin.
Bundesverfassungsgericht, 2005: Aussetzung der Entscheidung über die Jugendstrafe, Jugendarrest, Bestimmtheitsgebot: Bundesverfassungsgericht – 2 BvR 930/04 – Beschluss vom 09.12.2004. In: Zeitschrift für Jugendkriminalrecht und Jugendhilfe, 16. Jg, S. 73-74.
Breymann, K./Trenczek, T., 2008: Diskussion um das Jugendstrafrecht. Nachbetrachtungen zum Wahlkampf in Hessen. In: Zeitschrift für Jugendkriminalrecht und Jugendhilfe, 19. Jg., S. 68.
Dünkel, F./Maelicke, B., 2008: Strategische Innovationsaufgaben für eine grundlegende Verbesserung der Praxis der Jugendstrafrechtspflege. In: Zeitschrift für Jugendkriminalrecht und Jugendhilfe. 19. Jg., S. 69.
DVJJ = Deutsche Vereinigung für Jugendgerichte und Jugendgerichtshilfe e.V., 2002: Vorschläge für eine Reform des Jugendstrafrechts. DVJJ-Journal-Extra Nr. 5.
Heinz, W., 2004: Die neue Rückfallstatistik – Legalbewährung junger Straftäter. In: Zeitschrift für Jugendkriminalrecht und Jugendhilfe. 15. Jg., S. 35 ff.
Heinz, W., 2008a: Stellungnahme zur aktuellen Diskussion um eine Verschärfung des Jugendstrafrechts. In: Zeitschrift für Jugendkriminalrecht und Jugendhilfe. 19. Jg., S. 87-96.
Heinz, W., 2008b: Bekämpfung der Jugendkriminalität durch Verschärfung des Jugendstrafrechts!? In: Zeitschrift für Jugendkriminalrecht und Jugendhilfe. 19. Jg., S. 60-67.
Jehle, J.-M./Heinz, W./Sutterer, P., 2003: Legalbewährung nach strafrechtlichen Sanktionen, Bundesministerium der Justiz (Hg.). Mönchengladbach.
Kunath, W., 2008: Verschärfung des Jugendstrafrechts. Zur CDU-Kriminalpolitik in Hessen, Hamburg und darüber hinaus. In: Zeitschrift für Jugendkriminalrecht und Jugendhilfe. 19. Jg., S. 74.
Kraus, L./Rolinski, K., 1992: Rückfall nach Sozialem Training auf der Grundlage offiziell registrierter Delinquenz. In: Monatsschrift für Kriminologie und Strafrechtsreform. 75. Jg., S. 32ff.
Kusch, R., 2006: Plädoyer für die Abschaffung des Jugendstrafrechts. In: Neue Zeitschrift für Strafrecht, 26. Jg, S. 65-70.
Löhr, H. E., 1992: Im Zweifel weniger – Überlegungen zum Umgang mit der Krminalität der Machtlosen. In: Ostendorf, H. (Hg.): Strafverfolgung und Strafverzicht/Festschrift zum 125 jährigen Bestehen der Staatsanwaltschaft Schleswig-Holstein. Köln u.a.
Ostendorf, H., 2000: Wieviel Strafe braucht die Gesellschaft? Baden-Baden.
Ostendorf, H., 2006: Gegen die Abschaffung des Jugendstrafrechts oder seiner Essentialia. In: Neue Zeitschrift für Strafrecht, 26. Jg., S. 320-326.
Ostendorf, H. (Hg.), 2008: Handbuch zum Jugendstrafvollzugsrecht. Baden-Baden.
Ostendorf, H., 2009: Jugendgerichtsgesetz, 8. Aufl., Baden-Baden.
Ostendorf, H./Bochmann, C., 2007: Nachträgliche Sicherungsverwahrung bei jungen Menschen auf dem internationalen und verfassungsrechtlichen Prüfstand. In: Zeitschrift für Rechtspolitik, 40. Jg., S. 146 ff.
Röthel, J.C., 2007: Vorzeitige Entlassung aus dem Jugendstrafvollzug. Frankfurt a.M. u.a.
Schumann, K. F., 1986: Der Jugendarrest – (Zucht-) Mittel zu jedem Zweck? In: Zentralblatt für Jugendrecht, 73. Jg, S. 363.
Schwegler, K., 1999: Dauerarrest als Erziehungsmittel für junge Straftäter. München.
Schwind, H.D., 2007: Kriminologie, 17. Aufl., 2007. Heidelberg u.a.
Shell Jugendstudie, 2006: Jugend 2006. Eine pragmatische Generation unter Druck. Frankfurt am Main.
Synowiec, P., 1998: Wirkung und Effizienz der ambulanten Maßnahmen des Jugendstrafrechts. Stuttgart.
Tondorf, G., 2008: Hände weg vom Jugendstrafrecht. In: Zeitschrift für Jugendkriminalrecht und Jugendhilfe, 19. Jg., S.71f.
Viehmann, H., 2008: Hessische Koch-Rezepte zum Thema „Jugendkriminalität". Die Vorschläge des Hessischen Ministerpräsidenten zum Jugendkriminalrecht im Wahlkampf 2008. In: Zeitschrift für Jugendkriminalrecht und Jugendhilfe, 19. Jg., S. 73.
Wellhöfer, P.R., 1995: Soziale Trainingskurse und Jugendarrest. Versuch einer vergleichenden Erfolgskontrolle. In: Monatsschrift für Kriminologie und Strafrechtsreform, 78. Jg., S. 42-46.
Wolffersdorff, C. von, 2008: Das Spiel mit den einfachen Lösungen. Anmerkungen zur Debatte über Jugendgewalt und Erziehungscamps. In: Zeitschrift für Jugendkriminalrecht und Jugendhilfe, 19. Jg., S. 75f.

Micha Brumlik

Das Wiederaufleben der Disziplin.
Autorität und Strafe am Beispiel Immanuel Kants

Vorbemerkung

Begriff, Theorie und Praxis einer gegen rigides Strafen und Triebunterdrückung angehenden antiautoritären Erziehung waren seit ihrem Entstehen konservativen bis reaktionären Einwänden ausgesetzt – etwa durch die Thesen des Bonner Forums „Mut zur Erziehung" aus dem Jahr 1978.[1] Die damals gestellten und diskutierten Fragen nach dem Verhältnis von Pädagogik, Autorität und Disziplin sollten freilich mit den Bonner Thesen und den auf sie folgenden Erwiderungen keineswegs ein für allemal erledigt sein, sondern dreißig Jahre später noch einmal aufbrechen – zuletzt anhand der seit zwei Jahren geführten Debatte um Bernhard Buebs Pamphlet „Mut zur Disziplin" (2006). Nicht zuletzt dieses Pamphlets wegen hat sich auch die wissenschaftliche Pädagogik des Themas zum ersten Mal seit dreißig Jahren wieder grundsätzlich angenommen und es in ihren Zeitschriften gründlich erörtert (vgl. Claußen 2007; Sünker 2007). So ist etwa im Rückgriff auf die von Bueb reklamierte reformpädagogische Tradition, unter Bezug auf Siegfried Bernfeld und Janusz Korczak der Nachweis gelungen, dass Buebs Begriff der Disziplin in äußerster, undifferenzierter Schlichtheit letztlich nur das umfasst, was man als „militärische Disziplin" bezeichnen könnte: unbefragter Gehorsam gegenüber präzise umrissenen Befehlen (vgl. Wyrobnik 2007: 156 ff). Der Begriff der militärischen Disziplin impliziert jedoch deren Erzwingbarkeit und das heißt – nicht nur im äußersten Falle – der Androhung oder wirklichen Zufügung von Übeln an Personen, die sich den Befehlen verweigern. Eine Pädagogik der Disziplin wird daher mit einer gewissen Notwendigkeit auch die Thematik des Strafens wieder aufnehmen müssen. Nicht zuletzt hat der schließlich gescheiterte Wahlkampf des hessischen Ministerpräsidenten Roland Koch, in dem er den Überfall zweier Schläger auf einen alten Mann in der Münchner U-Bahn zu einer radikal populistischen Demagogie nutzte, das Thema weiter verbreitet (vgl. Brumlik 2008). Freilich kam – anders als erwartet – die Forderung nach einem verschärften Jugendstrafrecht und gar der Anwendung des Jugendstrafrechts auf delinquente Kinder bei der Wählerschaft nicht an, sondern kostete sogar Stimmen. Und allen Versprechungen zum Trotz, die Thematik auch nach dem Wahlkampf ernsthaft weiter zu verfolgen, wurde sie seither totgeschwiegen – dem Amoklauf von Winnenden zum Trotz.

Parallel dazu hat sich in systematischer Hinsicht – sowohl in den Arenen der Öffentlichkeit als auch innerhalb der wissenschaftlichen Debatte – gezeigt, dass das jahrelang eher vernachlässigte Problem der „Autorität" in der Erziehung nach wie vor ungeklärt ist. Auch diese Thematik brach anlässlich der Debatte um Buebs „Lob der Disziplin" erneut auf. So hielt dieser Autor seinen Kritikern erstens vor, das gewesen zu sein, dessen er sich selbst beschuldigte (vgl.

---

1   H. Bausch u.a. Mut zur Erziehung. Beiträge zu einem Forum am 9./10. Januar 1978 im Wissenschaftszentrum Bonn-Bad Godesberg, Stuttgart 1978; dazu kritisch D. Benner u.a. Entgegnungen zum Bonner Forum „Mut zur Erziehung", München 1983

Kraushaar 2008: 254): nämlich „Rousseauisten", also Anhänger einer sträflich optimistischen Anthropologie, um zweitens, durch wiederholte Hinweise auf seine letztlich undemokratische Forderung nach „vorbehaltloser Anerkennung von Autorität" gedrängt, einzuräumen, dass natürlich jede einzelne mit Autorität gegebene Anweisung zur Disposition gestellt und bestritten werden könne, sofern die grundsätzliche Bedeutung von Autorität als Basis aller Erziehung anerkannt werde. So sehr Zweifel daran erlaubt sind, dass das noch im Einklang mit dem steht, was Bueb im „Lob der Disziplin" geschrieben hat, so sehr ist doch einzuräumen, dass damit ein lange Zeit vernachlässigtes systematisches Problem wieder aufgenommen wurde, mit dem sich auch kritische Autoren wie Michael Winkler und Frank-Olaf Radtke auseinander gesetzt haben (vgl Radtke 2007; Winkler 2007).

Kant über Disziplin und Erziehung

So teilen diese Autoren bei aller sonstigen Kritik an Bueb zumindest eine seiner Überzeugungen, dass nämlich Erziehung ohne einen gewissen Zwang nicht möglich sei und beziehen sich dabei auf die gewiss beste Autorität, die man für diese Position finden kann, nämlich auf Immanuel Kant:

> „Eines der größten Probleme der Erziehung ist, wie man die Unterwerfung unter den gesetzlichen Zwang mit der Fähigkeit, sich seiner Freiheit zu bedienen, vereinigen könne. Denn Zwang ist nötig! Wie kultiviere ich die Freiheit bei dem Zwange? Ich soll meinen Zögling gewöhnen, einen Zwang seiner Freiheit zu dulden, und soll ihn selbst zugleich anführen, seine Freiheit gut zu gebrauchen"(Kant, 1970b, A 32: 711).

Eine Behauptung, die für Radtke und Winkler das „konstitutive Strukturproblem der modernen Erziehung" (Radtke 2007: 205) umschreibt. Kants Aussage basiert auf einer Reihe anthropologischer Annahmen, die zwar immer noch plausibel, aber keineswegs so unbestreitbar trivial sind, wie sie zunächst scheinen. So sehr nämlich Kant darin zuzustimmen ist, dass der Mensch das einzige Wesen ist, das erzogen werden muss und das ohne Erziehung nichts ist, so sehr ist umgekehrt zu fragen, was Kant genau damit meint, dass „Disziplin oder Zucht die Tierheit in die Menschheit" (Kant, 1970b, A2: 697) umändere. Für Kant ist es jedenfalls die Aufgabe der „Disziplin" zu verhüten, dass der Mensch ob seiner tierischen Antriebe von seiner „Bestimmung", die ganze Naturanlage der Menschheit hervorzubringen, abgelenkt wird: Disziplin, so Kant

> „muß ihn z.E. einschränken, dass er sich nicht wild und unbesonnen in Gefahren begebe. Zucht ist also bloß negativ, nämlich die Handlung, wodurch man dem Menschen die Wildheit benimmt, Unterweisung hingegen ist der positive Teil der Erziehung" (Kant, a.a.O. A4: 698).

Mit dieser Vorgabe und der Erläuterung des Begriffs der Zucht ist jedoch das Problem der Autorität noch gar nicht gestellt und es scheint, als ob Kant selbst die mit seiner Erziehungskonzeption verbundenen Widersprüche nicht habe lösen können: einerseits postuliert er nämlich, dass für die Bildung des Charakters die Gründung von Moralität unabdingbar sei, woraus eine strikte Handlungsanleitung folgt: „Wenn man Moralität gründen will: so muß man nicht strafen" (a.a.O. A100). Andererseits – und an dieser Stelle spielt nun das Autoritätsproblem ganz offensichtlich mit hinein – gehöre zum Charakter eines Kindes, zumal eines Schülers, Gehorsam:

> „Dieser ist zwiefach, erstens: ein Gehorsam gegen den absoluten, dann zweitens aber auch gegen für vernünftig und gut erkannten Willen eines Führers. Der Gehorsam kann abgeleitet werden aus dem Zwange, dann ist er absolut, oder aus dem Zutrauen, und dann ist er von der andern Art. Dieser freiwillige Gehorsam ist sehr wichtig; jener aber auch äußerst notwendig; indem er das Kind zur Erfüllung solcher Gesetze vorbereitet, die es künftighin, als Bürger, erfüllen muß, wenn sie ihm auch gleich nicht gefallen" (Kant, 1970b, A 101: 741).

Es lohnt sich, Kants Bemerkungen genau zu lesen: demnach gibt es eine Form des Gehorsams, die auf Zutrauen beruht, nämlich auf dem Vertrauen in den für gut erkannten Willen des Pädagogen. „Vertrauen" ist ein „moralisches Gefühl" (vgl. Brumlik 2002): Es lässt sich als eine Haltung charakterisieren, die eigentümlich zwischen einer kognitiv gewonnenen Einsicht und einem intuitiv erworbenen Gefühl oszilliert. Vertrauen wird geschenkt und es wird erworben, und zwar als „riskierte Verletzlichkeit". Zudem postuliert Kant einen Gehorsam, der aus der Einsicht in den als vernünftig erkannten Willen eines „Führers" resultiert, was seitens eines Kindes übrigens nur unter der empirischen Bedingung möglich ist, dass das Kind seinerseits bereits über Moralität, genauer über die vernünftige Fähigkeit, das vernünftige Urteilsvermögen verfügt, diesen guten Willen des Pädagogen auch als gut zu erkennen. Diese moralische Urteilsfähigkeit aber lässt sich gerade nicht durch bloß körperliche Übermacht oder die Androhungen oder das Zufügen von Übeln, also durch Autorität oder Strafe erzwingen. Diese Einsicht Kants hat mehr als hundert Jahre zuvor exakt jene später empirisch gut bestätigten Forschungen zur Entwicklung des moralischen Urteils im Sinne von Piaget und Kohlberg vorweggenommen.

Freilich hatte Kant vor seinem Postulat eines Gehorsams aus Einsicht und Zutrauen jedoch die Gestalt eines „Führers" mit einem „absoluten Willen" postuliert, dem zu gehorchen man gerade nicht durch eine Überprüfung des Sinns seiner Weisungen erlernen soll. Dieser Gehorsam hat mit Moralität nichts zu tun, sondern erweist sich als rein funktionale Gewohnheit, um in einem Untertanenstaat überleben zu können. Kant selbst hat an anderer Stelle, in einer politischen Perspektive, moralische Gründe dafür aufgeboten, warum den Gesetzen eines Staates auch dann, wenn sie als despotisch anzusehen sind, zu willfahren sei (vgl. Kant 1970a: 234), jedoch ebenso deutlich gemacht, dass es nach einer gegen einen derartigen Despotismus erfolgten Revolution nicht mehr statthaft ist, den alten, wenn auch unrechtmäßig überwundenen Zustand wieder einzusetzen. Der Gedanke, dass im Gegensatz zu dem ihm geläufigen Untertanenstaat eine Staatsform möglich sei, die auf dem moralisch begründeten Konsens der Individuen beruht, so wie sich das Rousseau im „Contrat social" vorgestellt hat, scheint Kant in seinen pädagogischen Vorlesungen – anders als in anderen Schriften (vgl. Maus 1992) – kaum gegenwärtig gewesen zu sein.

Auf jeden Fall: Eine moralisch begründete und moralisch akzeptable Forderung nach bedingungsloser Unterwerfung in der Erziehung kann es nach Kant nicht geben; im Rahmen einer politischen Demokratie und einer ihr entgegenkommenden demokratischen Alltagskultur, die Kant noch nicht vor Augen haben konnte, wird die Forderung nach absolutem Gehorsam und der ihr entsprechenden Befugnis, Gehorsam durch Strafen zu erzwingen, ohnehin obsolet. Ohne moralische Einsicht der Bürger in die Legitimität demokratischer Verfahren sind Demokratien gar nicht denkbar. Damit ist zweierlei gezeigt: Eine autoritäre Berufung auf Kant bei weiter vorgegebenem Anspruch, damit moralische Ziele zu verfolgen, ist selbstwidersprüchlich und erweist sich als mit einer demokratischen Kultur unverträglich. Wenn das zutrifft, dann sind auch aufgeweichte Vorschläge, bei grundsätzlicher Anerkennung von Autorität jede einzelne Weisung zur Disposition zu stellen, ebenso gegenstandslos: Basis jeder demokratischen Kultur ist im Geiste Kants die Unterweisung in Moralität, die gerade ohne Strafe und Sanktion auskommen muß.

Im Übrigen fällt auf, dass „Autorität" in den meisten derartigen Diskursen nicht weiter definiert wird. „Autorität" ist aber nicht mit „Macht", also mit Max Weber (1922: 28) „der Chance, seinen Willen gegen den Willen anderer durchzusetzen, gleichviel, worauf diese Chance beruht" gleichzusetzen, sondern eher mit der ebenfalls soziologischen Kategorie des „Einflusses". „Autorität", die nicht als solche anerkannt wird, ist nämlich keine; „Autorität", die nicht auf Anerkennung beruht, ist nichts anderes als schiere und brutale körperliche oder psychische Übermacht und beruht letztlich auf Angst. Anerkannte „Autorität" erscheint bereichsspezifisch: als legitime und legitimierte Zuständigkeit. Im Falle des Eltern/Kind oder des Lehrer/Schüler Verhältnisses kann die Legitimation in gar nichts anderem bestehen, als in der erwiesenen und vertrauensvoll akzeptierten Erfahrung von Kind oder Schüler, dass Eltern oder Erzieher wohlwollend in seinem Interesse handeln. Diese Erfahrung lässt sich jedoch nicht auf einen nicht absehbaren, späteren Zeitpunkt verschieben, sondern muß bereits im Vollzug des Erziehungs- und Bildungsprozesses offenbar werden.

Entsprechend kritisch sind dann aber auch skeptische oder funktionalistische Beschreibungen von Erziehungspraxis zu nehmen, die einen eher willkürlich gewählten Ausschnitt aus Kants Überlegungen dazu nutzen, Paradoxien dort zu konstruieren, wo sie doch nach entwicklungspsychologischer Empirie gar nicht bestehen. Kants allzu bereitwillig übernommene Formel von der „Kultivierung der Freiheit bei dem Zwange" muß durchaus nicht das letzte Wort in dieser Debatte sein. Moraltheoretisch und -psychologisch lässt sich nämlich durchaus fragen, ob es überhaupt im strengen Sinne möglich ist, Wesen, die nicht über einen ihnen wenigstens teilweise bewussten Willen verfügen, zu zwingen. Jedenfalls ist ungeklärt, ob der Begriff des Zwangs überhaupt bei Wesen, die keinen ausweisbaren, freien Willen haben, anwendbar ist. Bedeutet „zwingen" lediglich, ein Wesen mit irgendeinem Willen dem eigenen Willen zu unterwerfen oder heißt „zwingen", Personen, die sich bewusst einen eigenen Willen gebildet haben, einem anderen Willen zu unterwerfen? Zwingt man also einen Ochsen dazu, einen Karren zu ziehen? Und wie sind unter dieser Perspektive Kinder zu betrachten: als letztlich unansprechbare Naturwesen oder als Personen mit einem sich entwickelnden eigenen Willen, der Achtung verdient? Womöglich zeigt sich gerade im Rahmen einer entwicklungspsychologischen Betrachtung, dass Kants Kategorien nicht wirklich zureichen, das in Frage stehende Problem zu lösen, weshalb auch die Berufung auch ihn gar nicht angemessen wäre.

Pädagogisches Strafen bei Kant

Tatsächlich stellen sich dem Problem „Strafe und Erziehung" gerade in einer kantianischen Perspektive kaum lösbare begriffliche Schwierigkeiten. Versteht man unter „Strafe" ganz allgemein und unspezifisch – in den Begriffen der Lerntheorie – negative Sanktionen, oder – in den Begriffen des Strafrechts – eine „Übelzufügung", so ist im Weiteren zu unterscheiden, ob diese Übelzufügung im Sinne einer Dressur oder eines Appells an Einsicht verstanden werden soll. Versteht man nun unter Dressur die durch Zufügen von Übeln bewirkte Änderung eines Verhaltens, ganz gleichgültig, ob dies mit Einsichten verbunden ist oder nicht, so, dass das negativ bewertete Verhalten einfach aufgrund der Angst vor weiteren Übeln unterlassen wird, kann – bei aller möglichen Effektivität – von der einsichtigen Veränderung fehlgeleiteten Verhaltens und also von Erziehung keine Rede mehr sein. Mag man auch für den Begriff der Dressur an dieser Stelle auch den Begriff der „Zucht" setzen, so ändert sich im Grundsatz nichts: es bleibt dabei, dass die zu züchtigende *menschliche* Personen hier gerade nicht als menschliche *Person*, sondern als konditionierbares Reflexbündel angesehen wird. Dass eine derartige Perspektive mit jener wesentlichen kantischen Maxime, Menschen jederzeit auch als Zwecke, niemals nur als Mittel zu behandeln (vgl. Kant 1968: 61), unvereinbar ist, liegt auf der Hand. Versteht man die strafende Übelzufügung jedoch nicht als bloßen Akt der Dressur, sondern als schmerzgestützten Appell an eine bereits vorfindliche Einsicht, so muß, um einen Regress oder Zirkelschluss zu vermeiden, an eine bereits vorfindliche, nun eben gerade nicht durch Übelzufügung erzeugte Einsichtsfähigkeit appelliert werden – was aber nichts anderes heißt, als dass eine auf Einsicht bauende Theorie pädagogischen Strafens sich in gewisser Weise überflüssig macht. Es wäre hinzuzufügen, dass sich das gleiche Problem auch im Falle von Belohnungen, d.h. nicht Zufügungen von Übeln, sondern von Gütern stellt. Auch in diesem Fall muß zwischen Dressur und Appell an Einsicht unterschieden werden und zwar so, dass eine ihrerseits nicht durch Belohnungen erzeugte Einsicht schon vorausgesetzt werden muß. Kant hat das nicht anders gesehen, müsse man doch in der Erziehung folgendes beachten:

> „1. dass man das Kind, von der ersten Kindheit an, in allen Stücken frei sein lasse (ausgenommen in den Dingen, wo es sich selbst schadet, z.E. wenn es nach einem blanken Messer greift), wenn es nur nicht auf eine Art geschieht, dass es anderer Freiheit im Wege ist, z.E. wenn es schreiet, oder auf eine allzulaute Art lustig ist, so beschwert es andere schon.
> 2. Muß man ihm zeigen, dass es seine Zwecke nicht anders erreichen könne, als nur dadurch, dass es andere ihre Zwecke auch erreichen lasse, z.E. dass man ihm kein Vergnügen mache, wenn es nicht tut, was man will, dass es lernen soll etc.
> 3. Muß man ihm beweisen, dass man ihm einen Zwang auflegt, der es zum Gebrauch seiner eigenen Freiheit führt, dass man es kultiviere, damit es einst frei sein könne, d.h. nicht von der Vorsorge anderer abhängen dürfe" (Kant, 1970b, A 33: 711).

Darüber hinaus hat Kant tatsächlich noch gezeigt, dass diese Form paternalistischer Einflussnahme dem möglichen Vorwurf eines Zirkelschlusses dadurch entgeht, dass er überhaupt nicht die Anlagen zur moralischen Freiheit des Kindes bestreitet, sondern lediglich auf einen Mangel an Weltwissen hinweist – die Kenntnis der sozialen Welt reicht bei Kindern einfach noch nicht, um zu verstehen, dass sie später einmal für sich selber sorgen müssen – ihr Weltwissen setzt wie selbstverständlich voraus, dass ihre Eltern und deren Sorge für immer für sie da sein werden.

Schließlich hat Kant jedoch auch noch eine eigene Theorie „moralischen Strafens" entwickelt, die tatsächlich auf eine bestimmte, schon beim Kind vorhandene Form des moralischen Selbstverständnisses zielt:

> „Moralisch straft man, wenn man der Neigung, geehrt und geliebt zu werden, die Hülfsmittel der Moralität sind, Abbruch tut, z.E. wenn man das Kind beschämt, ihm kalt und frostig begegnet. Diese Neigungen müssen so viel als möglich erhalten werden. Daher ist diese Art zu strafen die beste; weil sie der Moralität zu Hülfe kommt, z.E. wenn ein Kind lügt, so ist ein Blick Verachtung Strafe genug, und die zweckmäßigste Strafe" (Kant, 1970b, A 103: 742).

Liest man diese Passage durch die Brille etwa psychoanalytischer Theorien des kindlichen Narzissmus, wie sie etwa Alice Miller (1989) vorgelegt hat, so mögen diese Passagen den Soupcon gegen eine „schwarze Pädagogik" (Katharina Rutschky) der Aufklärung nur verstärken – situiert man sie hingegen in ihrer eigenen Zeit, in der die Prügelstrafe, also die Zufügung schmerzhaftester körperlicher Übel die Standardform erzieherischen Strafens war, so wird der darin enthaltene Fortschritt sofort deutlich: Kant wirbt für diese Form der Strafe noch mit dem zusätzlichen Argument, dass sie zugleich die zweckmäßigste sei. Der Sache nach aber findet sich hier zugleich der Kern einer Anthropologie, die als wesentliche Bedürfnisse empirischer Menschen – und zwar genau in dieser Reihenfolge – den Wunsch nach Respekt (d.h. nach Anerkennung) und nach Liebe konstatiert. Die Bedeutsamkeit dieser Wünsche für eine Theorie des Sozialen und eine ihr entsprechende Theorie der Bildung und Erziehung (vgl. Brumlik 2002) ist im allgemeinen eher den Entwürfen Hegels und Fichtes zugeschrieben worden – tatsächlich zeigt sich jedoch, dass Kant das Problem schon genau gesehen hat. Die Neigungen, geliebt und respektiert zu werden, sind für Kant Hilfsmittel der Moralität und sollen daher erhalten bleiben, was im Umkehrschluss nichts anderes heißen kann, als dass im Umgang mit Kindern alles zu vermeiden ist, was in ihnen eine Haltung der Selbstverachtung oder der negativen Bewertung der eigenen Person, d.h. des Selbsthasses fördert. Respekt und Liebe erweisen sich dann in dieser Perspektive nicht nur als kategorische moralische Haltungen, sondern zugleich als effektive, durchaus sogar in sich selbst zu bejahende Mittel zum Zweck der Moralisierung.

Die politische Dimension

Die Frage nach Sinn und Möglichkeit des Strafens enthält zugleich eine Antwort auf die Frage nach Sinn und Möglichkeit von Autorität: Autoritärer Zwang – d.h. die Unterordnung unter den absoluten Willen eines „Führers" – soll eine vorbereitende Funktion haben: „jener aber auch äußerst notwendig; indem er das Kind zur Erfüllung solcher Gesetze vorbereitet, die es künftighin, als Bürger, erfüllen muß, wenn sie ihm auch gleich nicht gefallen" (Kant, 1970b A 101: 741). Aber noch nicht einmal diese Formulierung führt zum erwünschten Schluss einer absoluten Autorität als Voraussetzung jeglicher Vergesellschaftung. Für den Kant seiner und damit unserer Zeit konnte nämlich gar kein Zweifel daran bestehen, dass die Bürger eines Gemeinwesens grundsätzlich Bürger einer Republik, d.h. eines demokratischen Gemeinwesens, sein wollten und – vor allem auch – sein sollten (vgl. Maus 1992). Damit wäre zugleich gezeigt, dass die Forderung nach der vorbehaltlosen Anerkennung einer absoluten, gar noch strafbefugten Autorität schon im begrifflichen Ansatz und –, nein geradezu antidemokratisch ist.

So zeigt sich: Die Diskussion um den Begriff der Autorität und auch die Auseinandersetzung mit einem Klassiker der Aufklärung, mit Kant, erweisen sich als alles andere denn als ein im Selbstzweck beharrendes Seminargeschäft: Eine systematische Reflexion auf die Problematik der Autorität und des damit verbundenen Problems des Strafens in der Erziehung erweist schließlich einmal mehr die hohe Passgenauigkeit einer demokratischen, partnerschaftlichen, ja anti-autoritären Erziehung mit einer politischen Demokratie und deren Kultur, wie sie das deutsche Grundgesetz vorsieht. Tatsächlich ist nämlich der vorgetragene Wunsch nach vorbehaltloser Anerkennung von Autorität nicht etwa, wie häufig vermeint, einfach „konservativ" (vgl. Kaltenbrunner 1974), sondern genau genommen „reaktionär."

Literatur

Bausch, H. (1978): Mut zur Erziehung. Stuttgart.
Benner, D. (1978): Entgegnungen zum Bonner Forum „Mut zur Erziehung". München.
Bueb, B. (Hg.; 2006): Mut zur Disziplin. Berlin.
Brumlik, M. (2002): „Vertrauen und Scham – Grundzüge einer Theorie moralischer Gefühle". In: ders. Bildung und Glück. Versuch einer Theorie der Tugenden, Berlin, S. 65-81.
Brumlik, M. (2002): Anerkennung als pädagogische Idee. In: B. Hafeneger u.a. (Hg.) Pädagogik der Anerkennung. Grundlagen, Konzepte, Praxisfelder, Schalbach/Ts. S. 13-25.
Brumlik, M. (Hg.; 2008): Ab nach Sibirien? Wie gefährlich ist unsere Jugend? Weinheim.
Claußen, B. (2007): Pro und Contra Pädagogik der Disziplin – zur Regression und politischen Dimension im zeitgenössischen Erziehungsdenken. In: Sozialwissenschaftliche Literaturrundschau 2, 30.Jg. S. 19-42.
Kaltenbrunner, G.-K. (Hg.;1974): Die Herausforderung der Konservativen. Absage an Illusionen, München.
Kant, I. (1968): Grundlegung zur Metaphysik der Sitten. In ders.: Schriften zur Ethik und Religionsphilosophie, Bd. 6, Darmstadt. S. 7-103.
Kant, I. (1970a): Zum ewigen Frieden. In: ders. Schriften zur Anthropologie Geschichtsphilosophie Politik und Pädagogik, Bd. 9, Darmstadt. S. 191-253.
Kant, I. (1970b): Über Pädagogik. In ders.: Schriften zur Anthropologie Geschichtsphilosophie Politik und Pädagogik, Bd.9, Darmstadt. S. 691-765.
Kraushaar, W. (2008): Achtundsechzig. Eine Bilanz, Berlin.
Maus, I. (1992): Zur Aufklärung der Demokratietheorie. Rechts- und demokratietheoretische Überlegungen im Anschluß an Kant. Frankfurt a. M.
Miller, A. (1989): Das Drama des begabten Kindes. Frankfurt a. M.
Radtke, F.-O. (2007): Wiederaufrüstung im Lager der Erwachsenen. In: M. Brumlik (Hg.) Vom Missbrauch der Disziplin, Weinheim. S. 204-242.
Sünker, H. (2007): Mündigkeit und Disziplin. Gesellschaftliche Perspektiven von Erziehung und Bildung. In: Neue Praxis, 37. Jg., S. 575-584.
Weber, M. (1922): Wirtschaft und Gesellschaft. Tübingen.
Winkler, M. (2007): Lob der Freiheit – wie Bernhard Bueb durch Missverstand das Problem der Erziehung sichtbar macht. In: Neue Praxis, 37.Jg. S. 390-407.
Wyrobnik, I. (2007): Disziplin bei Bernfeld und Korczak. In: Neue Praxis 6, 37.Jg. S. 567-573.

Reinhard Kreissl

Neurowissenschaftliche Befunde, ihre Wirkung und Bedeutung für ein Verständnis der Jugendkriminalität

Die Ausgangslage

Jugendliche zählen seit ihrer Erfindung als epistemisches Objekt zu den Problemgruppen, auf die sich Wissenschaft und Politik beziehen, wenn es darum geht, Aktivität und Erkenntnisse zu präsentieren. Historische Konjunkturen der Thematisierung schieben je nach gesellschaftlicher Situation unterschiedliche Problemdiagnosen in den Vordergrund. Aktuell sind es die aufblühenden Neurowissenschaften, die sich daran machen, auch das Problem Jugend zu bearbeiten. Die Motivlage ist bekannt. Jugendliche werden nicht nur als ein aktuell zu bearbeitendes soziales Problem definiert. Jugend ist ein Übergangsstadium und aus einem problematischen Jugendlichen entwickelt sich möglicherweise ein Erwachsener, der ebenfalls Probleme macht. Entlang der Zeitschiene biographischer Entwicklung versuchen Politik und Wissenschaft die richtigen und wichtigen Parameter zu finden, in der Hoffnung, damit durch entsprechende Maßnahmen frühzeitig diejenigen zu identifizieren, die aus dem Korridor der Normalität herausfallen werden, sei es als besonders begabt, besonders aggressiv oder widerstandsfähig, besonders dumm oder sonst wie abweichend. Die ambitionierte Variante dieses Programms sucht nicht nur nach Möglichkeiten der Identifizierung von Bruchpunkten im Rahmen eines natürlich (d.h. immer auch: normal!) gedachten Entwicklungslaufs, sondern hofft auf Erkenntnisse, wie diese Entwicklung gesteuert werden kann. Das traditionelle Schema: Diagnose, Prognose, Therapie steuert die Strategien im Umgang mit Jugendlichen. Was ist das Problem, wie wird es sich entwickeln und was kann man gegebenenfalls dagegen unternehmen? Bereits bei der Diagnose zeigt sich die historische Variabilität. Die derzeit hegemoniale Kategorisierung von Störungen verfährt nach den Kriterien des DSM-IV, und schneidet damit die Empirie in entsprechend bearbeitbare Stücke. Wirkmächtigkeit entfalten solche von Experten verwalteten Klassifikationsschemata als reflexive Deutungen im Rahmen institutioneller Prozeduren der Einordnung, die das Leben der von ihnen Betroffenen nachhaltig beeinflussen können. Institutionelle Praktiken, ökonomische Interessen, normative Bewertungen und empirische Beobachtungen amalgamieren zu einem Ordnungssystem, das Jugendkriminalität als Problem von Wissenschaft und Politik erst sichtbar macht. Verhaltensauffälligkeiten, antisoziale Persönlichkeitsstörungen, Aufmerksamkeitsdefizitsyndrome werden erst vor dem Hintergrund solcher Klassifikationssysteme sichtbar. Foucault hat mit Verweis auf Borges in seiner Einleitung zur „Ordnung der Dinge" (Foucault 1974:17) solche Klassifikationssysteme der gebührenden Lächerlichkeit preisgegeben. Die Tiere, um deren Klassifikation in einer „gewissen chinesischen Enzyklopädie" es in dem besagten Text geht, gruppierten sich wie folgt: „a) Tiere, die dem Kaiser gehören, b) einbalsamierte Tiere, c) gezähmte, d) Milchschweine, e) Sirenen, f) Fabeltiere, g) herrenlose

Hunde, h) in diese Gruppierung gehörige, i) die sich wie Tolle gebärden, k) die mit einem ganz feinen Pinsel aus Kamelhaar gezeichnet sind, l) und so weiter, m) die den Wasserkrug zerbrochen haben, n) die von weitem wie Fliegen aussehen." Die Mandarine der American Psychiatric Association, die über die Ordnung des DSM-IV wachen, wären wohl nicht amüsiert, wenn man ihre Klassifikationsversuche mit dieser Aufzählung verglichen.

Was dieser verfremdende Vergleich jedoch deutlich macht, ist die Differenz zwischen Ordnungssystemen und der phänomenalen Welt. Auch Jugendliche würden vermutlich andere Klassifikationsschemata verwenden als die, mit denen man sie in politischen und wissenschaftlichen Diskursen belegt und einordnet. Der Sinn einer Auseinandersetzung mit den jeweils herrschenden Theorien und Interpretationen über ein soziales Phänomen wie Jugend geht also nicht in der Frage auf, wie genau sie mit einer vorgängigen Realität übereinstimmen, diese beschreiben, erklären und Anhaltspunkte für ihre Veränderung geben. Vielmehr sind solche Interpretationsschemata immer eingebettet in bestimmte soziale Praktiken, gesellschaftliche Konjunkturen und leben nur dank der Institutionen, die sie absichern. Das gilt für sozialwissenschaftlich inspirierte Interpretationen ebenso wie für die derzeit an Aufmerksamkeit gewinnenden Neurowissenschaften.

Die Konjunktur der Neuro- und Biowissenschaften

In einem Artikel mit dem apodiktisch kurzen Titel DNA, rufen Robert Plomin und John Crabbe, zwei renommierte Wissenschaftler, beide im Bereich genetischer Forschung ausgewiesene Experten, im Psychological Bulletin, dem Zentralorgan der amerikanischen Psychologie, passend zur Jahrtausendwende den Beginn eines neuen Zeitalters aus. Im Summary des Beitrags heißt es am Ende: „Finally the authors discuss behavioral genomics and predict that DNA will revolutionize psychological research and treatment early in the 21st century" (Plomin und Crabbe 2000: 806). Wissenschaftshistorisch handelt es sich hier um eine Gegenbewegung zu Strömungen, die mit vergleichbarer Verve die baldige Lösung politischer Probleme und wissenschaftlicher Rätsel auf der Basis sozialwissenschaftlicher Forschung ankündigten. Dazwischen gab es ähnliche Konjunkturen im Umfeld der Artificial Intelligence Forschung, die Problemlösungen im Bereich der Analyse menschlichen Handelns mit Verweis auf die epochalen Fortschritte der Computerwissenschaften versprachen. Auch in den Neuro- und Biowissenschaften waren es die beachtlichen Fortschritte im Bereich der technischen Entwicklungen, die einen entsprechenden Optimismus befeuert und Hoffnungen auf einen „unified scientific approach to the study of behavior" geweckt haben (vgl. Kandel 2000: 5). Natürlich wird davon ausgegangen, dass diese Vereinheitlichung unter der Führung der Naturwissenschaften zustande kommen wird. Menschliches Handeln wird zum Objekt einer sich vorurteilsfrei darstellenden neuen Form der Analyse, „no longer constrained by avoiding taboo subjects such as neural cicuits, ideas, volition, and conciousness, the study of action is now tackled from a naturalistic point of view in which anything is open to investigation provided it be constrained by behavioral and neuroscientific evidence" (Morsella 2009: 3). Diese Textproben aus einschlägigen Handbüchern legen die Latte hoch. Allerdings scheint das einzige, was bisher revolutioniert worden ist, das System der Forschungsförderung zu sein. Die Kosten für die Anschaffung und den Betrieb der Apparaturen, die bei den so genannten bildgebenden Verfahren (fMRI) in den Neurowissenschaften zum Einsatz kommen, übersteigen bei weitem alles, was sozialwissenschaftliche

Forschungsprojekte verschlingen. Es mag für Laien (und um solche handelt es sich bekanntlich auch bei jenen, die über die Allokation der Forschungsmittel entscheiden) faszinierend sein, wenn man bunte Bilder vorweisen kann, die das menschliche Gehirn wie auf einem Foto bei der Arbeit zeigen sollen, aber der wissenschaftliche Erkenntnisgewinn ist im Vergleich zum Aufwand und der damit einhergehenden Public Relation bisher noch bescheiden, auch wenn sich inzwischen ein ganzes Feld von „Neuro-Derivaten" entwickelt, und selbst Forschungsrichtungen wie Ökonomie sich der Neurowissenschaft bedienen und Neuroökonomie betreiben (vgl. Sanfey u.a. 2006).

Die Präsentation immer neuer Befunde aus hoch spezialisierten Forschungsgebieten erweckt den Eindruck, hier schreite auf breiter Front ein neues Wissenschaftsprogramm mit Riesenschritten voran, aber dieser Eindruck täuscht zumindest im Hinblick auf jene Phänomene, deren Erklärung die oben zitierten Autoren versprechen. Die Entschlüsselung des menschlichen Genoms liefert zunächst keine Anhaltspunkte für das menschliche Verhalten, die Untersuchung bestimmter neurochemischer Prozesse im Gehirn sagt noch nichts über das menschliche Denken aus und der Versuch, die Wirkungsketten von den genetischen Mechanismen der DNA über die chemischen Prozesse in der Zelle hin zu komplexeren neurophysiologischen Strukturen im Gehirn und im Organismus und von dort zu beobachtbarem Verhalten oder gar komplexen Handlungsketten zu rekonstruieren, ist ohne ein explizites Modell der Interaktion von „nature" und „nurture" zum Scheitern verurteilt. Die apodiktische Feststellung, dass es kein „nurture" ohne „nature" gäbe, dass also alles menschliche Verhalten eine physiologische und biologische Basis habe, ist so trivial wie unwidersprochen, allerdings reicht sie nicht für ein Forschungsprogramm aus, das menschliches Verhalten erklären soll (vgl. Freese 2008).

Vor allen Dingen reicht es nicht aus, sich auf eine einseitig lineare Kausalität von der genetischen Ebene zur Ebene sozialen Verhaltens zu konzentrieren, zu vielfältig sind die inzwischen auch von den Vertretern der Neurowissenschaft akzeptierten Rückkopplungen zwischen Umwelt und körperlichen Prozessen (vgl. Cacioppo u.a. 2000). Selbst der oben bereits zitierte John Crabbe musste in einem bemerkenswerten Experiment feststellen, dass sich genetisch identische Labormäuse aus einem speziell gezüchteten, gentechnisch veränderten Stamm (so genannte Knock-out Mäuse) anders verhalten, wenn man die Umwelt verändert, in der die Laborexperimente mit ihnen durchgeführt werden (vgl. Crabbe u.a. 1999).

Die Mehrzahl der Befunde, mit denen man es bei den Neurowissenschaftlern, die sich mit Verhaltenserklärungen beschäftigen, zu tun bekommt, sind relativ bescheiden. In den meisten Fällen wird von Korrelationen berichtet, die das Auftreten eines bestimmten physiologischen Merkmals mit einem Verhaltensmerkmal in Zusammenhang bringen, und selbst hier ist die Verhaltensebene oft nicht sehr präzise bestimmt.

Das gilt insbesondere für Verhaltensauffälligkeiten, die meist nicht sehr zuverlässig operationalisiert werden. Was selten zu finden ist, sind Hypothesen über die Pathways, also die Übertragungswege von der Ebene neurochemischer Prozesse auf die Ebene des beobachtbaren Verhaltens. Wenn man weiß, dass die biologische Phase des Jugendalters mit einigen geschlechtsspezifischen hormonellen Veränderungen einhergeht, so ist damit zunächst für eine Erklärung von Jugendkriminalität noch nicht viel gewonnen. Reifungsbedingt erhöhte Testosteronwerte bei männlichen Jugendlichen werden als eine der Ursachen für die Häufung polizeilicher Auffälligkeit von männlichen Jugendlichen in der Adoleszenz genannt und dann mit anderen Faktoren, z.B. im Rahmen von Kohortenstudien, zur Varianzerklärung herangezogen (vgl. bspw. Farrington 1997), aber um ein Erklärungsmodell von Verhalten handelt es sich hier im eigentlichen Sinne nicht. Zudem tritt hier das bekannte Problem auf, auf das der amerikanische Politikwissenschaftler J.Q. Wilson (1975) vor langer Zeit in seinem Buch „Thinking about Crime" hingewiesen hat: Die Ergebnisse einer wissenschaftlichen Kausalanalyse sind nicht unbedingt für politische Maßnahmen nützlich. Wenn man weiß, dass Jugendliche aufgrund etwa von biologischen Reifungsprozessen zu deviantem Verhalten neigen, kann man dennoch deswegen nicht die Jugendphase abschaffen, um die Kriminalitätsraten zu senken. Allerdings gibt es immer wieder vereinzelte Stimmen, die auf der Basis von Befunden aus dem Bereich der Neurowissenschaften für eine medikamentöse Intervention als präventiver Maßnahme bei auffälligen Jugendlichen votieren.

Der praktische Wert vieler Ergebnisse aus den Neuro- und Biowissenschaften für ein Verständnis von Jugendkriminalität beschränkt sich darauf, Hypothesen, die bereits seit längerem vertreten werden, mit Befunden aus dem Bereich dieser Forschungen zu untermauern. Das gilt insbesondere für den Nachweis der Mechanismen, über die sich bestimmte Umweltbedingungen auf die Funktionsweise des menschlichen Organismus auswirken. Man kann im Rahmen der Untersuchung der Neurogenese nun auch anhand von neurowissenschaftlichen Befunden zeigen, dass Kindsmisshandlung sich auf die Entwicklung von Kindern negativ auswirkt. Problematisch sind diese Ansätze jedoch, wenn aus der Analyse von neurobiologischen Defiziten auf zukünftiges Verhalten geschlossen wird. Hier zeigt sich dann, dass eine Reduktion von Kriminalität auf Verhaltensmerkmale, die eher einem theoriefernen Alltagsverständnis entspringen, zu kaum haltbaren Interpretationen führt. Auf dieses Problem wird im letzten Abschnitt des Beitrags eingegangen.

Die neurobiologische und genetische Basis von Verhalten und Verhaltensstörungen

Eine Vielzahl empirischer Untersuchungen im Bereich der Neurowissenschaften hat sich mit dem Problem der Regulierung von Emotionen beschäftigt. Was ist die körperliche Basis von Angst, Depression und Aggression? Welche neurochemischen Prozesse sind für Stimmungsschwankungen verantwortlich? Gibt es eine genetische Prädisposition für bestimmte Empfindungen? Sind übertriebene Aggressivität oder Ängstlichkeit „angeboren"? Werden angeborene Dispositionen durch entsprechende Umweltreize aktiviert? Die Grundidee dieser Forschungen besagt, dass genetische Differenzen sich in Unterschieden bei beobachtbaren körperlichen Prozessen niederschlagen und diese wiederum für die Ausformung von Emotionen verantwortlich sind, was dann letztlich seinen Niederschlag auf der Ebene des Verhaltens und der sozialen Interaktion hat. So gibt es bspw. Hinweise darauf, dass Variationen bestimmter Gene für die Regulation des Serotoninhaushalts von Bedeutung sind. Serotonin ist ein so genannter Neurotransmitter, eine Substanz, die den Stoffwechsel an den Nervenenden der Neuronen steuert. Unterschiede in der Serotoninrezeptionsfähigkeit an den Synapsen erzeugen unterschiedliche Reaktionen im Gehirn, die sich dann als unterschiedliche Gefühlszustände niederschlagen (vgl. Hariri und Holmes 2006). Die meisten dieser Untersuchungen beschränken sich noch auf Tierversuche. Hier versucht man, durch gentechnische Manipulation entsprechende Varianten zu züchten, die über die genetische Besonderheit verfügen, von der man annimmt, dass sie für einen bestimmten Mechanismus verantwortlich ist (etwa den Transport von Serotonin an den Synapsenenden). Zeigen sich die entsprechenden Effekte dann im Laborversuch, reagieren also die genetisch veränderten Mäuse wie erwartet, dann wird davon ausgegangen, dass ein Zusammenhang vorhanden ist. Den verschiedenen Neurotransmittern und Hormonen (wie Vasopresisin, Oxytocin oder Adrenalin) kommt eine prominente Rolle in der neurobiologischen Analyse der biologischen Grundlagen von sozialem Verhalten zu. Ebenfalls wieder im Tierversuch mit entsprechenden Mutanten konnte nachgewiesen werden, dass Mäuse, deren neuroendokrinologisches System aufgrund einer gezielten genetischen Veränderung kein Oxytocin produzieren, schlechtere Leistungen im Bereich der social recognition erbringen, d.h. Schwierigkeiten haben, Artgenossen wiederzuerkennen, mit denen sie bereits Kontakt hatten (vgl. Winslow und Insel 2004). Das Geruchssystem spielt dabei (übrigens auch beim Kleinkind) eine erhebliche Rolle.

Welche Bedeutung hat diese Art von Befunden für das Problem der Jugendkriminalität? Auf der Grundlage entsprechender Annahmen über die Neurobiologie von Emotionen lassen sich traditionelle Kategorien und Beschreibungen, die in der Kriminologie zur Typologisierung von Individuen verwendet werden (etwa mangelnde Selbstkontrolle, große Risikobereitschaft, etc.) biologisch untermauern.

Dabei wird heute kaum mehr die These vertreten, dass genetische Variationen der einzige Faktor sind, der entsprechendes Verhalten erklärt. Anerkannt wird die Rolle von Umweltfaktoren, die entweder als Auslöser oder Verstärker auf körperliche Prozesse wirken können. Eine im Bereich der Jugendforschung inzwischen klassische Studie, bei der eine Geburtskohorte von neuseeländischen Jugendlichen von ihrem dritten (1972) bis zu ihrem 26. Lebensjahr systematisch in Intervallen beobachtet wurde, liefert für entsprechende Befunde eine immer wieder verwendete Datenbasis. Eine sehr positive Selbstdarstellung dieser Studie findet sich auf der Homepage der Universität von Otago[1]. Diese als „Dunedin Studie" bekannt gewordene Kohorte ist in mehreren hundert Publikationen beschrieben und die entsprechenden Daten analysiert worden. Wir wollen hier nur zwei Beispiele heranziehen. Caspi u.a. (2002) untersuchen anhand einer Stichprobe von männlichen Jugendlichen aus dieser Kohorte den Zusammenhang zwischen registriertem antisozialem Verhalten und einer Variation des Enzyms MAOA, das für den Haushalt der Neurotransmitter Serotonin und Dopamin eine Rolle spielt und dessen Produktion seinerseits wiederum durch ein lokalisierbares Gen auf dem X-Chromosom gesteuert wird. Anhand ihrer Daten behaupten die Autoren eine Interaktion zwischen Umwelt und genetischen Faktoren gefunden zu haben. Probanden mit hohen „MAOA-Werten", die in ihrer Kindheit misshandelt worden waren, neigten seltener zu antisozialem Verhalten als solche mit entsprechend niedrigeren Werten. Caspi (2000) präsentiert anhand von Daten aus dieser Studie die These, dass bereits im Alter von drei Jahren mit hoher Treffsicherheit der Persönlichkeitstyp eines Kleinkindes – und damit natürlich auch seine Neigung zu antisozialem Verhalten oder krimineller Auffälligkeit – festgestellt werden kann.

Die Argumentationslogik dieser Untersuchungen basiert auf folgenden Überlegungen: Genetische Variationen sind für die Produktion bestimmter neuroaktiver Substanzen verantwortlich. Dieses „Programm" ist im Organismus angelegt. Diese Substanzen wiederum prägen eine Reihe wahrnehmbarer bzw. messbarer Eigenschaften des Individuums (von Intelligenz bis zur Aggressionsneigung). Identifiziert man dementsprechend die genetischen Variationen in einem frühen Alter, so sind damit statistische Voraussagen über die zukünftige Persönlichkeitsentwicklung möglich. Einer der problematischen Punkt bei diesem Studiendesign ist die Annahme, dass bestimmte Persönlichkeitsmerkmale (von denen angenommen wird, dass sie

---

1 Unter: http://dunedinstudy.otago.ac.nz/news/childhd.html.

eine genetische Grundlage haben) mit bestimmten Verhaltensweisen korrelieren. Und dabei konzentriert sich das Interesse zumeist auf so genannte anti-soziale Verhaltensweisen. Die logische Kette: Gen-Organismus-Persönlichkeit-Verhalten führt in der überwiegenden Mehrzahl zu irgendeiner Form letztlich gesellschaftlich definierten und kulturell variablen abweichenden Verhaltens. Dabei zeigt sich ein sehr selektives Interesse an der frühzeitigen Identifikation von „problematischen" Jugendlichen. Die Rolle des sozialen Kontexts bleibt meistens unberücksichtigt oder wird in einer soziologisch nicht befriedigenden Art und Weise als non-shared environment operationalisiert (vgl. z.B. Wichers u.a. 2001)

Ein interessantes Gegenbeispiel ist die Studie von Board und Fritzon (2005), die mit Hilfe eines psychologischen Tests die Ausprägung von psychopathischen Persönlichkeitsmerkmalen bei Angehörigen des mittleren und höheren Managements in Unternehmen erhoben haben und zu dem Befund kommen, dass dort ein signifikanter Anteil an Psychopathen am Werk ist. Liest man die Literatur über die Ätiologie von Sozio- und Psychopathen, so entsteht vor dem Auge das typische Bild des Kriminellen – der auch die Phänomenologie dieser Literatur bestimmt (vgl. etwa Mealey 1995 für einen soziobiologischen Ansatz; vgl. Raine u.a. 2000 für eine neurobiologische Interpretation; für einen Überblick in deutscher Sprache unter Berücksichtigung von geschlechtsspezifischen Differenzen vgl. Lück u.a. 2005).

Das Problem des Determinismus zweiter Ordnung

Im Gegensatz zu den frühen Studien, die oft von einer linearen genetischen Determinierung ausgegangen sind, zeigt sich die heutige Neurowissenschaft gegenüber Umwelteinflüssen durchaus aufgeschlossen (vgl. für einen Vergleich der alten und neuen Biowissenschaften Rose 2000). Dies geschieht einmal im Rahmen von Untersuchungen, die eine so genannte Gene-Environment Interaction messen. Zum anderen aber wird anerkannt, dass frühkindliche und vorgeburtliche Entwicklungsphasen des menschlichen Organismus stark durch Umwelteinflüsse geprägt sind. Die Formulierung, dass das Gehirn das sozialste Organ des Menschen sei, trägt dieser Annahme Rechung. Allerdings wird die Entwicklung als eine zeitliche begrenzte Prägung interpretiert. Eine in der frühkindlichen Phase (in der Regel bis zum dritten Lebensjahr) festgelegte Disposition kann – so eine verbreitete These der Neurowissenschaften – in späteren Lebensphasen nicht mehr korrigiert werden. Dementsprechend konzentrieren sich sozialpolitische Programme, die auf Prävention von anti-sozialem Verhalten zielen, wenn sie sich des Interpretationsschemas dieser Wissenschaften bedienen, auch auf die Phase der frühen Kindheit. Das hat gleichzeitig die Folge, dass ein „Eingreifen" in späteren Lebensphasen als wenig erfolgversprechend gilt. Die politisch-strategische Bedeutung dieses Denkens liegt auf der Hand: Stärkung der diagnostischen medizinisch-psychologischen Kompetenz für ein frühes Eingreifen und in späteren Stadien für das Sortieren von gefährlichen und passageren Tätertypen bei gleichzeitigem Rückbau von Programmen, die auf Verbesserung der Lebensbedingungen und Lebenschancen jenseits des Grundschulalters zielen.

Gegen diesen Determinismus zweiter Ordnung lassen sich eine Reihe von empirischen Befunden ins Feld führen, die zeigen, dass sich Persönlichkeitsmerkmale im Lauf des Lebens verändern können. Der Teufel sitzt hier im Detail: Es hängt davon ab, was, wie, wann mit welchen Methoden gemessen bzw. erhoben wird und welcher theoretisch-kategoriale Ansatz als Grundlage dient. Die These, dass bestimmte als universell betrachtete Persönlichkeitsmerkmale, etwa die so genannten „Big Five", sich in früher Kindheit entwickeln und dann konstant bleiben, ist mehrfach in Frage gestellt worden (vgl. etwa Srivastava u.a. 2003). Auch hat sich gezeigt, dass die von Vertretern der evolutionären Psychologie vertretene These, dass sich bestimmte Persönlichkeitsmerkmale über die Generationen durch eine Gen-Umwelt-Interaktion fortpflanzen – d.h. die Erziehungspraktiken hyperaktiver Mütter werden durch das hyperaktive Verhalten ihrer Kinder geprägt (Mutter und Kind haben in diesem Szenario eine genetische Neigung zur Hyperaktivität) – mit guten Gründen kritisiert werden kann (vgl. zum Überblick über die Auseinandersetzung die Beiträge in Campbell und Muncer 1998).

Auch hier hat die Molekulargenetik (und die in diesem Bereich an neurowissenschaftlichen Fragestellungen interessierte Forschung) eine Reihe von Befunden in Tierversuchen hervorgebracht, die auf „Eingriffspunkte" für Umweltfaktoren in genetisch mit determinierte Prozesse hinweisen. Die Frage, ob ein bestimmtes Gen „aktiviert" wird, kann von Umweltfaktoren abhängen. So zeigt sich etwa, dass durch die Zusammensetzung der im frühen Alter verabreichten Nahrung der Prozess der Methylation der DNA – der untechnisch gesprochen für die „Aktivierung" eines Gens verantwortlich ist – beeinflusst werden kann (vgl. Waterland u. Jirtle 2003). Andere Studien zeigen, dass es nicht durch genetische Mechanismen vermittelte Vererbungsprozesse über mehrere Generationen gibt (vgl. Francis u.a. 1999). Vorgeburtlich induzierter Stress lässt sich durch entsprechende Interventionen in frühen nachgeburtlichen Entwicklungsstadien reduzieren (vgl. Vallée u.a. 1997). Ebenso kann eine Verbesserung der Umweltbedingungen die negativen Folgen einer frühen Trennung von der Mutter für den Nachwuchs kompensieren (vgl. Francis u.a. 2002) und eine Beschleunigung der Entwicklung des visuellen Systems durch eine entsprechend angereicherte Umwelt ist ebenso möglich (vgl. Cancedda u.a. 2004) wie eine verbesserte Neurogenese im frühen Alter (vgl. Kempermann u.a. 1998). Alle diese Studien, die sich auf Tierversuche mit Labormäusen beziehen, mögen aus einer sozialwissenschaftlichen Perspektive wenig aussagekräftig erscheinen, sie gewinnen ihre Bedeutung aber dadurch, dass sie jene Mechanismen und Pathways überprüfen, die in der Neurowissenschaft auch für menschliches Verhalten (wie Stressreaktionen, geringe soziale Bindungs- oder mangelnde Konzentrationsfähigkeit) angenommen werden. Sie zeigen, dass die Annahmen einer Festlegung durch genetische Programmierung nicht durchgängig zu halten sind.

Rückkopplungen zwischen sozialen und neurochemischen Prozessen

Eine Vielzahl von Studien belegt zudem, dass es viele Rückkopplungsprozesse zwischen sozialen und körperlichen Prozessen gibt. Aus der Säuglingsforschung sind entsprechende Befunde seit langem bekannt (zum Überblick vgl. Winberg 2005). Aber auch im Bereich der Therapieforschung konnte gezeigt werden, dass es zwischen physiologischen Zuständen und sozialen Prozessen nachweisbare Zusammenhänge gibt. Diese Befunde demonstrieren, dass es schwierig ist, von einer linearen Kausalität auszugehen, die soziales Verhalten auf körperliche Dispositionen unterschiedlichster Art zurückzuführen versucht. Einen gut lesbaren Überblick über den Stand der Forschung in diesem Bereich bietet Goleman (2006), der in einem eigenen kurzen Kapitel auch auf die Thematik der Jugendkriminalität und die Möglichkeiten der Intervention auf der Basis einer sozialwissenschaftlich erweiterten Neurowissenschaft eingeht (vgl. Goleman 2006:424ff). Entsprechende Rückkopplungen und Interaktionen zwischen Umweltfaktoren im weiteren Sinne und biologischen Prozessen bis hinunter auf die Ebene der genetischen Strukturen sind in der Molekularbiologie erforscht worden (auch hier sei auf das für interessierte Laien gut lesbare Buch von Eva Jablonka und Marion J. Lamb (2005) „Evolution in Four Dimensions" hingewiesen). Die Genetikerin Barbara McClintock, die mit ihrer These, dass sich die DNA aufgrund von veränderten Umweltbedingungen gezielt diesen Bedingungen anpassen kann, für Aufruhr und Ablehnung sorgte, erhielt für ihre Entdeckung der „Transposone", der so genannten springenden Gene, 1984 den Nobelpreis. Das Dogma, dass die Keimbahn nur durch Zufallsmutationen und Transkriptionsfehler der DNA (die gemeinhin als Motoren der Darwinschen Evolution gedachten Mechanismen) variiere, nicht aber in einer kausalen Weise durch Umweltbedingungen verändert werden könne, galt lange Zeit als unumstößlich. Variationen der Umwelt, die einen Einfluss auf das „Ein- und Ausschalten" bestimmter Gene haben können, wurden zwar anerkannt, aber die molekulare Struktur galt als invariabel und eigentlicher Sitz jenes (zu entschlüsselnden) Programms, das die Entwicklung aller Lebewesen bestimmt. Susan Oyama (1985) hat sich in einem sehr informativen Beitrag mit dieser Idee eines genetischen Determinismus kritisch auseinandergesetzt und den Begriff des „developmental system" als Alternative vorgeschlagen. Die grundlegende Idee, für die sie wirbt, lässt sich auf die folgende Formel bringen: Es geht im Bereich der Gene zwar alles in geordneten Bahnen vor sich, aber es gibt keinen Determinismus. Die Rolle der Umwelt (also von all dem, was nicht in den Genen ist!) muss neu bestimmt werden. Das folgende Zitat bringt diese Position auf den Punkt: „Form emerges in successive interactions. Far from being imposed on matter by some agent, it is a function of the reactivity of matter at many hierarchical levels, and of the responsivness of those interactions to each other. ... Organismic form, then, constant or variable, is not transmitted in genes anymore than it is contained in the environment, and it cannot be partioned by degrees of coding or by amounts of information. It is constructed in developmental processes" (Oyama 1985: 22)[2]. Die Frage, die am Ende im Angesicht einer – wenn man es etwas zuspitzt – environmentalen Selbstaufklärung der neueren biologisch fundierten Wissenschaften vom Menschen bleibt, ist die nach der Tragfähigkeit des Grundmodells eines isolierten Organismus (in seiner Umwelt).

Das Robinsonmodell oder Interaktion als Grundkategorie

Damit stellt sich am Ende die Frage, ob der grundbegriffliche Ansatz beim isolierten Individuum als Analyseeinheit sinnvoll ist, oder ob es nicht viel erfolgversprechender wäre, die Dyade oder die Gruppe als Erhebungs- und Beobachtungseinheit zu verwenden, wenn man sich mit dem Verhältnis von sozialen und biologischen Aspekten der Handlungserklärung im Allgemeinen und der Untersuchung von Kriminalität und Abweichung im Besonderen beschäftigt (vgl. Kreissl u. Steinert 2008; 2009). Dafür spricht eine Reihe von Argumenten. In der Kriminologie wird in weiten Teilen davon ausgegangen, dass „Kriminalität" im doppelten Sinne ein Interaktionsgeschehen ist. Zum einen gehören etwa zu einer Körperverletzung i.d.R. mindestens zwei Akteure; die Konzentration auf den Täter oder das Opfer als je isoliert zu betrachtende Einheiten verstellt den Blick auf das genuin prozesshafte Geschehen der Ereignisse. Zum anderen hat der

---

2 Es mag ein Zufall sein, aber viele der Beiträge, die sich mit grundlegenden Argumenten gegen einen genetischen Determinismus und die These einer umweltunabhängigen genetischen Prägung richten, stammen von Wissenschaftlerinnen.

Etikettierungsansatz immer wieder gegen die traditionelle Sichtweise darauf hingewiesen, dass es sich bei „Kriminalität" um ein zugeschriebenes Label handelt, eine Beobachterkategorie, die von dafür lizensierten Institutionen verwendet wird.

Aber auch in einem weiteren theoretischen Zusammenhang spricht einiges für eine soziale Perspektive (die also nicht das Individuum als Beobachtungseinheit verwendet). Der evolutionäre Übergang von den Menschenaffen zum Menschen, mit dem der Prozess der Co-Evolution (von biologischer und soziokultureller Evolution) einsetzte, ist markiert durch genau jene Fähigkeit, die später von Mead als role-taking analysiert wurde und in der Psychologie als die Fähigkeit zur Entwicklung einer „Theory of Mind" bezeichnet wird (vgl. Tomasello 2006). Erst die Verfügbarkeit einer intersubjektiv verwendbaren symbolisch strukturierten Umwelt ermöglicht den Prozess des sozialen Lernens und der kulturellen Tradierung (oder soziokulturellen Evolution), der zur evolutionär unwahrscheinlichen Entwicklung der Menschheit geführt hat. Das aber bedeutet, dass es immer mindestens zweier Akteure bedarf, die sich in einer gemeinsam geteilten Umwelt bewegen und ihre Handlung koordinieren, damit dieser Prozess in Gang kommt. Die Fähigkeit zur Wahrnehmung des Anderen scheint sogar in die Hardware unseres Körpers eingebaut zu sein, wie die Entdeckung der so genannten Spiegelneuronen zeigt. Es handelt sich dabei um eine bestimmte Art von Neuronen, die sensomotorische Reaktionen im Körper steuern, wobei die entsprechende körperliche Reaktion „automatisch" durch die Wahrnehmung bzw. Beobachtung entsprechender Bewegung bei einem anderen Exemplar der eigenen Gattung ausgelöst wird (vgl. Di Pellegrino u.a. 1992).

Im Hinblick auf die weitere Entwicklung an der Schnittstelle von Neuro- und Sozialwissenschaft lässt sich daraus folgender Schluss ziehen: Die Befunde der neueren Biowissenschaften, von Genetik über Neurowissenschaft bis hin zu den vielen Spezialisierungen der so genannten Life-Sciences, sind wichtig und können für die Soziologie, auch für die soziologische Erklärung abweichenden Verhaltens, einiges beitragen. Dazu wäre es allerdings erforderlich, dass auch die Sozialwissenschaften ein präziseres Verständnis von sozialen Prozessen entwickeln. Mikroanalytische Studien, etwa in der Tradition der Ethnomethodologie, können einiges beitragen zur Aufklärung der lokal produktiven Genese von Devianz. Solche Studien können zugleich auch Hinweise auf jene notwendigen Fertigkeiten und Kompetenzen geben, die in der Interaktion erforderlich sind. Hier lässt sich sozusagen das Personal der sozialen Handlungsvollzüge im Hinblick auf die erforderliche Grundausstattung für die Teilnahme am gelungenen sozialen Verkehr mit Hilfe der Befunde aus Biologie und der daraus abgeleiteten Psychologie zum Gegenstand der Analyse machen. Die Fähigkeit zur Wahrnehmung und Interpretation (oder angemessenen Verarbeitung) subtiler sozialer Signale, angefangen vom Gesichtsausdruck bis hin zu prosodischen und paralinguistischen Modulationen ist eine für die Handlungskoordination wichtige Fähigkeit. Diese Fähigkeit zur Dekodierung oder Deutung von Signalen hängt – auch – von bestimmten neurowissenschaftlich erforschbaren Strukturen ab und die so genannte social cognitive Neuroscience zielt genau auf jenen Bereich (vgl. Ochsner 2004). Im Moment stehen entsprechende Ansätze allerdings noch ziemlich am Anfang. Es gibt kaum disziplinübergreifende Untersuchungen über die Genese abweichenden Verhaltens, die soziologische und neurowissenschaftliche Befunde in einer nicht-reduktionistischen Art und Weise verknüpfen. Bis sich hier eine kritische Masse des Diskurses gebildet hat, wird es weiterhin notwendig sein, gegen jene Art von Trivialbiologisierung zu argumentieren, die unter dem Deckmantel wissenschaftlicher Befunde für eine nur schlecht kaschierte Kontrollpolitik des „blaming the victim" votiert. Dies zu tun und gleichzeitig offen für die neuen Entwicklung in diesem spannenden Forschungsfeld zu sein, macht nicht zuletzt den Reiz der Beschäftigung mit den Neurowissenschaften aus.

Literatur

Board B.J., Fritzon K. (2005): Disordered Personalites at Work. Psychology, Crime and Law, Vol 11 No.1. p. 17-32.
Cacioppo, J.T. u.a. (2000): Multilevel Integrative Analysis of Human Beavior: Social Neuroscience and the Complementing Nature of Social and Biological Approaches. Psychological Bulletin, Vol. 126, No. 6, p. 829-843.
Campbell A., Muncer S. (Eds.) (1998): The Social Child. Hove (UK).
Cancedda L. u.a. (2004): Acceleration of Visual System Development by Environmental Enrichment. The Journal of Neuroscience Vol. 24, No. 20, p. 4840 – 4848.
Caspi A. (2000): The Child is Father of the Man: Personality Continuities From Childhood to Adulthood. Journal of Personality and Social Psychology, Vol. 78, No. 1, p. 158-172.
Caspi A. u.a. (2002): Role of Genotype in the Cycle of Violence in Maltreated Children. Science Vol 297, No. 5582, p.851-854.
Crabbe J.C., Wahlsten, D., Dudek B.C. (1999): Genetics of Mouse Behavior: Interactions with Laboratory Environment. Science, Vol. 284, No. 5420, p. 1670-1672.
Di Pellegrino, Guiseppe/Fadiga, Luciano/Fogassi, Leonardo/Gallese, Vittorio/Rizzolatti, Giacomo (1992): Understanding motor events: a neurophysiological study, in: Experimental Brain Research 91, 176-180.
Farrington D.P. (1997): Human Development and Criminal Careers, in: Maguire M. u.a. (Hg.) Oxford Handbook of Criminology (2nd Edition), Oxford, p. 361-408.
Foucault M. (1974): Die Ordnung der Dinge. Frankfurt/M
Francis, D. u.a. (1999): Nongenomic Transmission Across Generations of Maternal Behavior and Stress Responses in the Rat. Science Vol. 286, No. 5, p. 1155-1158.
Francis D. u.a. (2002): Environmental Enrichment Reverses the Effects of Maternal Separation on Stress Reactivity. The Journal of Neuroscience Vol 22, No. 18, p. 7840-7843.
Freese J. (2008): Genetics and the Social Science Explanation of Individual Outcomes. American Journal of Sociology, vol. 114 (S1) pp. 1-35.
Goleman D. (2006): Soziale Intelligenz, München.
Hariri A.R., Holmes A. (2006): Genetics of emotional regulation: the role of the serotonin transporter in neural function. Trends in Cognitive Science, Vol. 10 No. 4, p. 182-191.
Jablonka E., Lamb M.J (2005): Evolution in Four Dimensions. Cambridge Mass.
Kandel E. R. (2000): The Brain and Behavior, in: Kandel E.R. u.a. (Hg.) Principles of Neural Science (4th edition) New York u.a. p. 5-18.
Kempermann G. u.a. (1998): Experience-Induced Neurogenesis in the Senescent Dentate Gyrus. The Journal of Neuroscience Vol. 18, No. 9, p. 3206-3212.
Kreissl R./Steinert H. (2008): Für einen gesellschaftstheoretisch aufgeklärten Materialismus, in: Kriminologisches Journal, Jg. 40, S. 269-283
Kreissl R./Steinert H. (2009): Sozio-neuro-wissenschaftliche Handlungstheorie und die empirische Erforschung sozialen Handelns – mit Beispielen zur Dimension „Respekt". Reaktion auf die Diskussion in Heft 4/2008 des KrimJ, in: Kriminologisches Journal, Jg. 41, S. 20-31
Lück M. u.a. (2005): Psychobiologische Grundlagen aggressiven und gewalttätigen Verhaltens. Oldenburg.
Mealey L. (1995): The sociobiology of sociopathy: An integrated evolutionary model. Behavioral and Brain Sciences Vol 18. No. 3. P. 523-599.
Morsella E. (2009): The Mechanisms of Human Action: Introduction and Background, in: Morsella E. u.a. (Hg.): Oxford Handbook of Human Action, Oxford, p.1-32.
Oyama S. (1985): The ontogeny of information. Developmental systems and evolution. Cambridge.
Plomin R., Crabbe J. (2000): DNA. Psychological Bulletin Vol 126. No. 6, p. 806-828.
Sanfey A.G. u.a. (2006): Neuroeconomics: cross-currents in research on decision-making. Trends in Cognitive Science, Vol. 10, No.3 p.108-116.
Raine A. u.a. (2000): Reduced prefrontal gray matter volume and reduced autonomic activity in anti-social personality disorder. Archives of General Psychiatry Vol. 57. No. 2, p. 119-127.
Rose N. (2000): The biology of culpability. Theoretical Criminology Vol 4. No.1 p. 5-34.

Srtivastava S. u.a. (2003): Development of Personality in Early and Middle Adulthood: Set Like Plaster or Persistent Change? Journal of Personality and Social Psychology, Vol 84, No.5, p. 1041-1053.

Tomasello M. (2006): Uniquely Human Cognition Is a Product of Human Culture. In: Levinson S.C. und Jaisson P. (Eds.), S. 203-218.

Valée M. u.a. (1997): Prenatal Stress Induces High Anxiety and Postnatal Handling Induces Low Anxiety in Adult Offspring: Correlation with Stress-Induced Corticosterone Secretion. The Journal of Neuroscience Vol. 17, No. 7, p. 2626-2636.

Waterland, R.A., Jirtle, R.L. (2003): Transposable Elements: Targets for Early Nutritional Effects on Epigenetic Gene Regulation. Molecular and Cellular Biology, Vol 23, No. 15, p. 5293-5300.

Wichers M.C. u.a. (2001): Associations between nonshared environment and child problem behaviour. Social Psychiatry and Psychiatric Epidemiology, Vol 36, No. 7, p.319-323.

Wilson J.Q. (1975): Thinking about Crime, New York.

Winberg J. (2005): Mother and Newborn Baby: Mutual Regulation of Physiology and Behavior – A Selective Review. Developmental Psychobiology Vol 47. No. 3, p. 217-229.

Winslow J.T., Insel T.R. (2004); Neuroendocrine basis of social recognition. Current Opinion in Neurobiology Vol 14, p. 248-253.

Bernd Dollinger

Jugendkriminalität zwischen Sozial- und Kriminalpolitik. Ein lebenslaufbezogener Blick auf den Umgang mit sozialer Auffälligkeit

1 Einleitung

Der Beitrag bringt zusammen, was bei oberflächlicher Betrachtung nicht zusammengehört. Sozial- und Kriminalpolitik werden häufig als getrennte Politikbereiche wahrgenommen[1]. *Sozialpolitische Maßnahmen* scheinen lediglich der Hilfe zu dienen, indem Sozialpolitik Menschen gegen standardisierte Risiken des modernen Lebens absichert und auf der Grundlage von Vorstellungen sozialer Ordnungsbildung eine geregelte Lebensführung insbesondere dann ermöglicht, wenn Belastungen eintreten (vgl. Schmidt 2005: 15f). Die an die Sozialpolitik anschließende Sozialpädagogik unterstützt in diesem Sinne Jugendliche, wenn sie sozial auffällig werden oder benachteiligt sind. *Kriminalpolitik* setzt sich dagegen mit kriminellem Verhalten auseinander und legt Prinzipien und Vorgaben fest, wie mit entsprechenden Personen verfahren werden soll. Leitend ist hier der Blick auf einen Teilbereich von Politik, der „den *kriminalrechtlich verankerten Schutz der Gesellschaft* und des einzelnen Bürgers" (Kaiser 1993: 280; s.a. Schwindt 2007: 16; Lange 2008) intendiert. Im Anschluss an kriminalpolitische Vorgaben interveniert das System der Strafjustiz vorrangig durch die Zufügung negativer Sanktionen.

Folgt man dieser Annäherung, so scheint es sich um zwei getrennte Dimensionen politischen Handelns zu handeln. Sozialpolitik, so ließe sich dieses Verständnis pointieren, weist positive Güter zu und ermöglicht eine Lebensführung nach solidarmoralisch definierten Standards, Kriminalpolitik hingegen ist straforientiert und fokussiert im Dienste des Gesellschaftsschutzes Personen, die als „Straftäter" wahrgenommen werden. In dem folgenden Beitrag soll begründet werden, dass diese Sicht unzutreffend bleibt. Sozial- und Kriminalpolitik sollen als Modi politischer Steuerung in den Blick genommen werden, die sich vielfach überschneiden und wechselseitig überlagern[2]. Grundlegend ist dabei die sozial-/politische Funktion der Steuerung von Lebensläufen nach kulturellen Mustern und Erwartungshorizonten „legitimer" Lebensführung. Um dies näher auszuführen, wird zuerst auf begrifflich-konzeptionelle Bezugspunkte von Sozialpolitik hingewiesen. Ergänzend wird auf die Kriminalpolitik geblickt, um nachzuweisen, dass sie, ähnlich der Sozialpolitik, als Instanz der Zuweisung von Chancen der Lebensführung und der Strukturierung von Mustern des Lebenslaufs zu identifizieren ist.

---
1 Wo Bezüge angedacht werden, geschieht dies mitunter auf problematische Art und Weise, indem Arme als überdurchschnittlich kriminell inszeniert werden, um ein „Mehr" an Sozialpolitik einzufordern (s. hierzu kritisch Scherr i.d.B.). Der folgende Beitrag weist in eine andere Richtung, da er die wechselseitige Durchdringung sozial- und kriminalpolitischer Handlungslogiken vor Augen führt und sie in einer gemeinsamen Funktion, der lebenslaufkonstitutiven Bearbeitung sozialer Auffälligkeit, dekliniert.
2 Angesichts einer höchst vielschichtigen Thematik muss sich der Beitrag damit zufrieden geben, prinzipielle Zusammenhänge sichtbar zu machen. Etwas breiter dargestellt ist die Argumentation in Dollinger (2007a).

Die Darstellung dient insgesamt der Aufklärung über Hintergründe und Optionen der Kooperation derjenigen Instanzen, die mit der Bearbeitung sozialer Auffälligkeit beauftragt sind. Es wird versucht, gleichsam hinter die Probleme zu blicken, die sich an dem schwierigen Verhältnis von pädagogisch orientierter *Erziehung* und kriminalrechtlich gedachter *Strafe* aufzeigen lassen. Dieses Verhältnis ist in der Literatur v.a. am Beispiel der Kooperationsschwierigkeiten von Jugendhilfe (als Chiffre für „Erziehung") und Strafjustiz (als Chiffre für „Strafe") relativ breit und differenziert diskutiert (vgl. z.B. Gerken/Schumann 1988; Müller 2001; Nickolai/Wichmann 2007; Ostendorf 2005; Streng 1994). Es ist lohnenswert, so die These dieses Beitrags, nicht nur die Verfahrenslogiken und Handlungsmuster dieser beiden Institutionen in Beziehung aufeinander zu analysieren, sondern ihre sozial- und kriminalpolitischen Voraussetzungen und Ermöglichungsprinzipien in die Analysen einzubeziehen. Im Blickpunkt steht somit *die lebenslaufbezogene Steuerungsfunktion,* die Sozial- und Kriminalpolitik wahrnehmen, indem sie auf soziale Mängellagen Bezug nehmen. Sie verweist letztlich, um das Ergebnis vorwegzunehmen, auf ein verwickeltes Gefüge von Rationalitäten und Handlungspraxen, die es wenig plausibel machen, von getrennten Instanzen der Problembearbeitung auszugehen. Sie greifen vielmehr ineinander und formen Lebensläufe nach dem Muster kultureller Deutungen sozialer Auffälligkeit. Dies ist besonders folgenreich für Jugendliche, denn formelle Kriminalisierungsoptionen resultieren aus der mit 14 Jahren einsetzenden Strafmündigkeit (§ 19 StGB). Sie setzen demnach mit der Jugendphase und damit zu einem Zeitpunkt ein, zu dem der weitere Verlauf des Lebens nachhaltig geprägt wird. Ohne dass frühere Lebensphasen deshalb irrelevant wären, werden in der Lebensphase Jugend insbesondere durch die Erreichung von Bildungszertifikaten Möglichkeiten und Restriktionen der Lebensführung „objektiviert". Sozial- und kriminalpolitische Maßnahmen greifen hier, wie nachfolgend gezeigt wird, nachhaltig ein.

2 Sozialpolitik als Strukturierung von Optionen des Lebenslaufs

Blicken wir zunächst auf die Sozialpolitik. Sie wird teilweise mit dem staatlichen System sozialer Sicherung identifiziert. Diese enge Sichtweise bedarf der Erweiterung, denn bereits „mit der Ausweitung der wohlfahrtsstaatlichen Aktivitäten in der Weimarer Republik" wurde der Begriff „diffus" (Kaufmann 2005: 25). Er umfasst heute eine Reihe von Politikfeldern, die sich mit Fragen des Arbeitsschutzes, der Arbeitsvermittlung, der Gesundheit, der Kinder- und Jugendhilfe, mit speziellen Problemgruppen, der Bildungspolitik usw. befassen (ebd.: 26). Letztlich geht es diesem weiten Verständnis nach um die Schaffung einer als gerecht betrachteten Gesellschaft durch verschiedene politische und nicht-politische Akteure und ihr Zusammenwirken (vgl. Bleses/Seeleib-Kaiser 2001: 1765). In international bekanntlich höchst verschiedenen Varianten realisieren Wohlfahrtsstaaten im sozialpolitischen Handeln Vorstellungen sozialer Gerechtigkeit (vgl. Opielka 2004: 23ff). Ihnen entsprechen jeweils besondere Modellkonzeptionen sozialer Ordnung und ihrer „Legitimität". Sehr deutlich sichtbar wird dies am Entstehungszusammenhang des deutschen Systems sozialer Sicherung, durch das spezifische Ordnungsvorstellungen verbindlich gemacht werden sollten. Dem Prinzip der Sozialversicherung wurde mit Bismarck die Intention der Stabilisierung der bestehenden Integrations- und Ungleichheitsverhältnisse und der Disziplinierung insbesondere der (Fabrik-)Arbeiterschaft eingeschrieben. In den Worten Bismarcks zur Rentenversicherung: „Wer eine Pension hat für sein Alter, der ist viel zufriedener und viel leichter zu behandeln, als wer darauf keine Aussicht hat" (Bismarck, zit.n. Wehler 1995: 910). In diesem Sinne folgte die Einrichtung einer staatlichen Sozialpolitik dem Prinzip „einer obrigkeitsstaatlichen Intervention" (ebd.: 909), die sehr klare Absichten hegte, die mit der Interessenslage der Arbeiterschaft keineswegs per se deckungsgleich waren. Mit Alber (1987) können die staatlichen Interessen auf die Bereitstellung einer Legitimationsbasis für die Fortführung der gegebenen Strukturen sozialer Ungleichheit und politischer Herrschaft bezogen werden.

Diese historische Ausgangslage kann nicht unmittelbar auf die Gegenwart übertragen werden; Entstehung und Funktionsprinzipien des aktuellen wohlfahrtsstaatlichen Arrangements werden unterschiedlich theoretisiert (vgl. im Überblick z.B. Kaufmann 2003: 25ff; Lessenich 2000). Festzuhalten bleibt allerdings, dass sozialpolitisches Handeln mit Interessenslagen verknüpft ist, die mit Prinzipien der Konstitution besonderer Ordnungsvorstellungen assoziiert sind. Wer sozialpolitisch agiert, bringt partikulare Interessenslagen zum Ausdruck und macht sie zur Richtschnur kollektiver (und individueller) Muster der Lebensführung. Entgegen einer Interpretation, die Sozialpolitik vorrangig als Verteilung positiver Güter und Erweiterung individueller Teilhabechancen thematisiert, ist ihre Bindung an Vorgaben der Konstitution von „Normalität" und psychosozialer „Legitimität" zu respektieren. Sozialpolitik, so ließe sich auch formulieren, definiert Grenzlinien erwünschten und unerwünschten Verhaltens und generiert dadurch je spezifische Ausprägungen sozialer Inklusion und Exklusion (vgl. Lessenich 1995).

Dies ist als *prinzipielles* Prinzip von Wohlfahrtsstaatlichkeit anzusehen, auch wenn dies mitunter in Vergessenheit geriet. Dies war und ist insbesondere der Fall beim Blick auf eine Phase gesellschaftlicher Entwicklung, die als „fordistisch" bezeichnet wird und als deren Referenzpunkt die Ermöglichung gesellschaftlicher „Vollinklusion" bezeichnet wird (vgl. Lessenich 1995, 54ff; Schaarschuch 1990). Auch hier dominierte – und dominiert bis heute – der Versuch, partikulare Prämissen der Lebensführung zu generalisieren und erwartbare Formen von Lebenslauf, Identität und Biographie zu konstituieren. In den vergangenen Jahren wurde diese Selektivität sozialpolitischer Mittelzuweisungen wieder deutlicher, indem ihr investiver Charakter kenntlicher wurde (vgl. Dahme/Wohlfahrt 2005; 2008). Im Unterschied zur „fordistischen" Sozialpolitik, die bis in die 1970er Jahre und darüber hinaus bestimmend war, wird gegenwärtig konstatiert, dass sozialpolitische Transferleistungen nicht umfassend oder arbiträr, sondern mit Blick auf prädefinierte Zielvorstellungen *kollektiver Wohlfahrtsproduktion* und *an ihr orientierter* individueller Lebensführung eingesetzt werden. Die sozialdisziplinierende Qualität von Sozialpolitik und ihre Funktion, Lebenslaufmuster nach Maßgaben kollektiver Wohlfahrt zu strukturieren, treten dadurch nachhaltig in das Bewusstsein. Gemäß der Maxime der „workfare" wird die Priorität ökonomischer und arbeitsmarktpolitischer Verfahrensformen belegt: Sozialpolitische Interventionen werden, stärker als zuvor, konditionalisiert und an die Bereitschaft des Einzelnen zur Aufnahme einer Beschäftigung gebunden, die auch dann vorgeschrieben wird, wenn sie z.B. substantiell vom Qualifikationsniveau des Betreffenden abstrahiert (vgl. Völker 2005; insgesamt Peck 2001). Im Mittelpunkt sozialpolitischen Handelns steht folglich nicht (mehr) die prinzipiell einzulösende Wohlfahrt des Einzelnen. Das primäre Ziel von Sozialpolitik liegt in der Produktion kollektiver Wohlfahrt, die mit Wohlfahrt auf individueller Ebene nur mehr oder weniger stark gekoppelt ist. Bevor hierauf unter Punkt vier näher eingegangen wird, ist auf die Kriminalpolitik einzugehen, um die beiden Politikfelder in der damit angesprochenen Referenz aufeinander beziehen zu können. Es soll dabei ausführlicher auf die Kriminalpolitik eingegangen werden, da es in der deutschsprachigen Diskussion derzeit nicht weit verbreitet ist, die Kriminalpolitik in sozialpolitischer Funktionalität wahrzunehmen, so dass besonderer Begründungsbedarf besteht.

3 Kriminalpolitik und die Steuerung von Lebensläufen

Ausgehend von dem geschilderten Verständnis von Sozialpolitik lässt sich die Kriminalpolitik in enger Anbindung an sozialpolitisches Handeln bestimmen (vgl. Dollinger 2007a). Es wird deutlich, dass z.b. die Duldung bzw. Herstellung von Exklusion und die Qualität der Sozialdisziplinierung keine Spezifika von Kriminalpolitik darstellen, sondern sozialpolitischem Handeln an sich eingeschrieben sind. Sie bilden die Kehrseite einer sorgenden Zuwendung und einer Förderung durch finanzielle, rechtliche und/oder psychosoziale Ressourcenzuweisungen. Umgekehrt kann kriminalpolitisches Agieren nicht nur auf den Bereich der Exklusion bezogen werden, denn Kriminalpolitik kann intendieren, die Re-Integration Kriminalisierter zu fördern[3]. In welche Zielrichtung Kriminalpolitik faktisch tendiert, ist abhängig von voraussetzungsvollen Prozessen, aber es ist insgesamt in Rechnung zu stellen, dass sie die Lebensverläufe bestimmter Personen – in der Regel sozialer Randgruppen – systematisch steuert. Dies macht es erforderlich, auf die breitere Einbettung der Kriminalpolitik einzugehen.

3.1 Rahmungen kriminalpolitischen Handelns

Kriminalpolitik leistet Entscheidungen darüber, „welche Sachverhalte, Tatbestände oder Verhaltensweisen normiert, vom Staat gesetzlich kodifiziert und mit Strafandrohung abgesichert werden sollen" (Frevel 2008: 104). Zugleich bestimmt sie, wie die entsprechenden Normierungen durchgesetzt werden. Es geht mithin nicht nur um die Gestaltung von Strafrecht, sondern um umfassendere Fragen wie die des Umgangs mit Kriminalität und den sanktionsbehafteten Schutz von Rechtsgütern (vgl. Putzke 2006). Folgerichtig repräsentiert Kriminalpolitik „ein intern zu differenzierendes und in einen äußeren Bezugsrahmen einzuordnendes, höchst komplexes Politikfeld" (Frevel 2008: 104). Es kann nicht auf einen einheitlichen Nenner gebracht werden, und wie im Falle der Sozialpolitik bedarf es eines weitläufigeren Blicks. Er muss sichtbar machen, dass die politische Definition sowohl von Kriminalität wie auch des „legitimen" Umgangs mit ihr in vielfältige Bezüge integriert ist, in denen entsprechende Deutungen und Handlungsvorgaben strukturiert und in Praxisformen umgesetzt werden. Dieses weite Feld reicht bis zur Aufgabenzuschreibung, die Kriminalpolitik solle zum „Aufbau eines sozialintegrierenden Normennetzwerks" (ebd.: 118) beitragen.

Kriminalpolitik ist folglich eng mit der Frage verbunden, welche Art gesellschaftlicher Ordnung politisch anvisiert werden soll und welche Ausschlussbeziehungen hierbei in Kauf genommen werden, um auf ihrer Grundlage „Integration" zu gewährleisten – eine Grundfrage, die im oben beschriebenen Sinne ebenfalls konstitutiv ist für die Sozialpolitik. Die breiten gesellschaftlichen Bereiche, in die Kriminalpolitik einbezogen ist, sollen deshalb hier auf die sozialpolitische Problematik der institutionalisierten Prägung von Lebensverläufen bezogen werden. Um dies leisten zu können, ist der Abhängigkeit kriminalpolitischer Entscheidungen von kulturellen Mustern der Wahrnehmung von Kriminalität und der Deutung, bestimmte Umgangsformen mit Straffälligkeit seien rational und sinnvoll, genauer nachzugehen. Auf dieser

---

3 Dies gilt auch, wenn Kriminalisierung gemäß Kritischer Kriminologie primär als Verursachung von Ausschließung interpretiert wird. Kriminalpolitik verweist auf Prozesse strafrechtlich gestützter Normierung und Sozialkontrolle, die stets zugleich ausschließend (auf Kriminalisierte) und integrativ (v.a. auf Nicht-Kriminalisierte und z.T. auf Kriminalisierte) wirken. Es ist zu bedenken, dass Kriminalisierung unterschiedliche Interventionslogiken und Zielvorstellungen realisieren kann, wie nachfolgend näher ausgeführt wird. Sie können dauerhafte Ausschließung ebenso umfassen wie Rehabilitation und Resozialisierung.

Basis ist zu zeigen, dass auch die Kriminalpolitik Funktionen der Steuerung von Lebenslaufoptionen ausübt.

Die entsprechende „embeddedness of crime and punishment" (Melossi 2001: 405) kann durch Analysen David Garlands illustriert werden. Der Bezug zur Sozialpolitik wird unmittelbar einsichtig durch ein von ihm beschriebenes Arrangement von Kriminalpolitik, das vorrangig rehabilitativ ausgerichtet ist[4]; Garland bezeichnet es als „penal welfarism". Es zielt auf die (Re-)Integration von Straftätern im Rahmen einer wohlfahrtsstaatlich ausgerichteten Kriminalpolitik; in ihrem Kern stehe eine „ideology centred around the imaginary relation of a benevolent state extending care and treatment to an inadequate individual, a positive image which fitted well with the ideology of welfarism" (Garland 1985: 257).

Diese Epoche ist zwar nach Garland „inzwischen Geschichte" (Hess 2007: 7), aber sie ist dennoch lehrreich, denn sie zeigt die oben benannte Verbindung von Integration und Exklusion. In den Worten Garlands (1985: 260): „Surveillance and long-term segregation have always been represented as the balancing forces that allowed a measure of leniency without corresponding risks". Wie im Falle der Sozialpolitik geht es folglich um Strafe und Zuwendung, um Wohlwollen und „segregation". Garland legt diesbezüglich besonderen Wert darauf, scheinbar eindeutige Zusammenhänge und Dichotomisierungen zu hinterfragen. Der „penal welfarism" war eben nicht nur integrativ, sondern er war dies auf der Grundlage von Ausschließungen – wie umgekehrt auch neuere kriminalpolitische Regime heterogen ausgerichtet sind (vgl. Hutchinson 2006). In Formen kriminalpolitischer Praxis fließen unterschiedliche Vorgaben ein und sie sind Ergebnisse vielfältiger Auseinandersetzungen um die Repräsentation von Devianz und die Legitimität ihrer Bearbeitung. Entsprechend vielfältig sind die entsprechenden kriminalpolitischen Regime, denn sie verweisen auf in sich widersprüchliche Bezüge. So waren es denn auch verschiedene Ursachen in ökonomischen, sozialen, politischen und insbesondere kulturellen Bereichen, die zu einer Revision des „penal welfarism" und mit ihm zu einem „astonishingly sudden drain away of support for the ideal of rehabilitation" (Garland 2001: 8) führten. Das im 20. Jahrhundert dominierende wohlfahrtsstaatliche Modell des Umgangs mit Kriminalität wurde aus verschiedenen Richtungen kritisiert und transformiert. Es zeige sich eine neue, wiederum komplexe kriminalpolitische Agenda (vgl. im Einzelnen Garland 2001; 2004). Sie passe sich einer Kultur der „high crime societies" (Garland 2004) an, die präventive, rationalistische Präventionsansätze ebenso kennt wie punitive, populistisch gerahmte Segregationen von „Kriminellen". Den Ansätzen ist u.a. gemeinsam, dass die Zurückführung des „Täters" in die Gesellschaft immer weniger als moralisch gebotenes Ziel betrachtet wird. Dieses Grundthema sozialer Berufe besitze in dem beschriebenen, neu etablierten kulturell-kriminalpolitischen Muster kaum noch Angriffspunkte.

Man muss den Ausführungen Garlands nicht in allen Punkten folgen (vgl. zur kritischen Diskussion Hess u.a. 2007). Allerdings weist er zu Recht darauf hin, dass Kriminalpolitik nur im Rahmen komplexer Bezüge zu verstehen ist[5]. Vorherrschende Formen des Umgangs mit Kriminalität weisen zurück auf „ein Ensemble aus strukturellen und kulturellen Faktoren" (Garland

---

4 Zur kulturtheoretischen Selbstverortung dieser Analysen vgl. Garland (2006).
5 Dies wird insbesondere gegen Thesen eingebracht, die Kriminalpolitik und Inhaftierungspraxen kausal mit Bedingungen des Arbeitsmarktes assoziieren. Diese ökonomistische Theorietradition verweist auf Vorgaben durch Rusche bzw. Rusche und Kirchheimer (1981). Zu einem neueren Anschluss vgl. etwa Cremer-Schäfer/Steinert (1997), zu Kontext und Rezeption vgl. Steinert (1981). Eine erhellende Darstellung, in der die vielfältigen Einflussfaktoren auf Inhaftierungsquoten im Ländervergleich rekonstruiert und ökonomische Deutungen relativiert werden, liefert Sutton (2004; s.a. Ruddel 2005).

2004: 63). Sie bilden die Basis für die historisch gewordene, besondere Art der Repräsentation von Kriminalität und der Legitimation der Kriminalitätsbekämpfung, die nicht – bzw. im Sinne Garlands: nicht nur bzw. nicht vorrangig – von einer „objektiven" Qualität von Kriminalität ausgehen. Stattdessen wird Kriminalität kulturell und politisch diskursiviert und aus den konkreten Formen der Repräsentation ergeben sich, wie nun zu zeigen ist, langfristige Folgen für die betroffenen „Täter".

3.2 Empirische Hinweise

Empirische Belege zeigen nachdrücklich, in wie hohem Maße die Kriminalpolitik in Regimes des Lebenslaufs eingebunden ist. Am Beispiel der massenhaften Inhaftierungen in den USA wird dies besonders deutlich, weshalb sie gleichsam als „Modellfall" für die hier verfolgte Argumentation betrachtet werden kann. Damit wird nicht unterstellt, die kriminalpolitische Entwicklung der USA und Europas bzw. Deutschlands seien identisch; dies würde der Differenz und der Komplexität der landesspezifischen Strukturen nicht gerecht. Vielmehr ist prinzipiell zu zeigen, welche Qualität die Kriminalpolitik als lebenslaufkonstitutive Größe entfaltet und welche faktischen sozialpolitischen Voraussetzungen und Funktionen sie besitzt. Die systematische Selektivität von Kriminalisierung kann dabei als empirisch bestätigtes Faktum vorausgesetzt werden (vgl. z.B. Albrecht 2005, 137ff; Geißler 1994; Kunz 2004, 49f; Sack 1993; grundlegend Popitz 1968): Weder das polizeiliche Anzeigen noch die Kriminalisierung von „Tätern" erfolgen arbiträr, sondern im Sinne eines meist unbewussten, aber wirksamen „implicit bias" (Beckett u.a. 2006: 106). Gemäß stereotypisierter Erwartungs- und Wahrnehmungsmuster werden nur bestimmte Erscheinungen als anormal und gefährlich interpretiert und führen zu besonderen Anschlusshandlungen wie Anzeigen bei der Polizei, proaktiver polizeilicher Kontrolle oder richterlichen Verurteilungen. Geht man beispielhaft von der im Jugendalter nicht zu bestreitenden Ubiquität von Straftaten aus, d.h. von der schichtunabhängigen allgemeinen Verbreitung kriminellen Verhaltens, so werden aus einem sehr großen Reservoir kriminalisierbarer Handlungen nach nicht-arbiträren Mustern einzelne Verhaltensweisen und damit Personen ausgewählt, die als „Täter" qualifiziert werden. Dies erfolgt in einem sozial selektiven Prozess, in dem überdurchschnittlich häufig Personen aus unteren Schichten kriminalisiert werden, während Angehörige mittlerer und oberer Schichten relativ gute Chancen besitzen, dem Filterungsprozess zu entgehen.

Dieser Sachverhalt erscheint zunächst trivial und er ist zum kriminalsoziologischen „common sense" zu zählen. Er ist allerdings einschlägig, da er die sozialpolitische Ausgangslage und Funktionalität der Kriminalpolitik sehr deutlich werden lässt. Dies gilt besonders angesichts wachsender Inhaftierungsraten bzw. einer zunehmenden Punitivität, wie sie die USA und Europa kennzeichnen (vgl. im Überblick Christie 1995; Kury 2008; Kury/Ferdinand 2008; Lautmann u.a. 2004; Wacquant 2000a; 2009; differenzierend für Deutschland Kury/Obergfell-Fuchs 2006). Aus der Selektivität resultieren substantielle gesellschaftliche Folgewirkungen, z.B. indem dem Arbeitsmarkt bestimmte Milieus entzogen werden und Arbeitslosigkeitsraten nachhaltig verändert werden. In den Worten von Beckett und Western (2000: 30), die auf die Expansion von Inhaftierungen in den 1980er und 1990er Jahren in den USA eingehen und diesbezüglich feststellten:

„Consisting mostly of young, unskilled, able-bodied men of working age, large and growing prison and jail populations conceal a high level of joblessness that, if included in labour market statistics, would contribute about two percentage points to the male unemployment rate by the mid-1990s. These effects are especially strong for African-Americans: labour inactivity is understated by about two thirds, or seven percentage points, by the conventional measure of black male unemployment".

Inhaftierungen führen zu merklichen sozialpolitischen Effekten. Sie reduzieren nicht nur die in offiziellen Statistiken registrierten Raten der Arbeitslosigkeit. Sie führen weitergehend zu spezifischen Ausformungen von Lebensläufen. Da nicht alle Personen in gleicher Weise von Kriminalisierung betroffen sind, sondern die systematische soziale Selektivität greift, zeigen sich besondere negative Effekte bei bereits benachteiligten Milieus: Western (2006) weist nach, dass der Inhaftierungsschub im benannten Zeitraum in den USA in hohem Maße durch die überdurchschnittliche Einsperrung dunkelhäutiger Amerikaner mit geringem Bildungsniveau vollzogen wurde. Indem Western die Kriminalisierung von Personen, die die „high school" vorzeitig beendet haben („dropout"), mit der Kriminalisierung von Menschen mit höherem Bildungsniveau vergleicht, konstatiert er eine deutlich höhere Belastung der erstgenannten: „Incredibly, a black male dropout, born in the late 1960s had nearly a 60-percent chance of serving time in prison by the end of the 1990s" (Western 2006: 26)[6]. Das Bildungsniveau erwies sich demzufolge in der Zeit der Inhaftierungsexpansion als entscheidender diskriminativer Faktor, der mit der Betroffenheit von Inhaftierung assoziiert war, und dies bei hell- wie dunkelhäutigen Amerikanern. Während nach Western z.B. ethnische Ungleichheiten relativ stabil blieben, wurden dadurch Klassenunterschiede verschärft (ebd.: 75).

Legt man bei der Interpretation die Perspektive des Lebenslaufs zugrunde, so zeigt sich, dass Menschen mit Benachteiligungen durch Kriminalisierung dauerhaft auf vergleichsweise statusarme und prekäre Optionen der Lebensführung verwiesen werden. Die Betroffenheit von Inhaftierung reduziert nachhaltig z.B. Optionen stabiler familialer Beziehungen und dauerhafter, gut bezahlter Beschäftigung (vgl. Beckett/Western 2000: 30; Pager 2007; Uggen u.a. 2006; Western 2006: 83ff). Die Folge von Inhaftierung ist für die jeweiligen Gruppen relative Prekarität, die mit erhöhten Chancen erneuter Inhaftierung verbunden ist.

Soziale Benachteiligung steht allerdings nicht nur am Ende, sondern auch am Beginn von Inhaftierung(-en): Kriminalisierung geht gemäß der systematischen Selektivität strafjustizieller Kontrolle regelhaft die Betroffenheit von Benachteiligungen voraus. Dies zeigt sich bei der sozialstrukturellen „Schieflage" von Anzeigen bei der Polizei ebenso wie bei Inhaftierungen. Insofern in der internationalen westlichen Kriminalpolitik in hohem Maße auf letztere zurückgegriffen wird, spricht Wacquant (2000b: 86) von einer besonderen Bedeutung des Gefängnisses „bei der neuen Verwaltung von Elend". Dies kann auf den oben bereits angesprochenen empirischen Nachweis Bezug nehmen, dass „compared to the nonincarcerated population, prisoners have long been undereducated, underemployed, relatively poor, and disproportionately non-white" (Uggen u.a. 2006: 295). Diese soziale Schieflage führt dazu, dass die Lebenslaufmuster der Kreise, die etwa in den USA von Masseninhaftierungen besonders betroffen sind, nur unter Berücksichtigung der kriminalpolitischen Praxis rekonstruiert werden können. Für junge, gering qualifizierte Amerikaner mit dunkler Hautfarbe ist Inhaftierung zum „common

---

6 Das Kriminalisierungsrisiko der zwischen 1965 und 1969 geborenen dunkelhäutigen „dropouts" lag für sie dreißig Jahre später bei 58,5%, das der weißen „dropouts" bei 11,2%. Im Vergleich wiesen Personen mit Collegeerfahrung eine Kriminalisierungsbelastung von 4,9% (Dunkelhäutige) und 0,7% (Weiße) auf (vgl. Western 2006, 27).

life event" (Pettit/Western 2004: 164) geworden, das z.B. die Wahrscheinlichkeit eines Militärdienstes oder eines Collegeabschlusses übersteigt.

Wer über Sozialpolitik nachdenkt und dabei einen Bezug zur Strukturierung von Lebensläufen herstellt (vgl. z.B. BMFSFJ 2006; Lessenich 1995), kommt in der Konsequenz nicht umhin, die Kriminalpolitik und „ihren" Weg der Bearbeitung sozialer Benachteiligung zu berücksichtigen. Dies gilt nicht nur bei Ländern, die massenhafte Inhaftierungen realisieren, sondern international, denn Kriminalpolitik greift grundlegend und selektiv in Chancen der Lebensführung ein. Am Beispiel der USA zeigt sich dies besonderes drastisch. In Deutschland ist dies nicht prinzipiell anders.

4 Sozialpolitische Grundlagen. Ein Resümee

Sozialpolitisches Handeln legt Grenzen legitimen und illegitimen Verhaltens fest. Ressourcenzuweisungen werden in voraussetzungsvollen politischen Prozessen geplant und übermittelt, als deren Gegenseite soziale Ausschließungen auftreten. Im Kern geht es dabei um die Frage, wie, mit welchen Mitteln und mit welchen Zielen mit sozialen Problemen umgegangen werden soll. Stellt man hierbei die jüngst bestärkte selektive Qualität sozialpolitischer Leistungen in Rechnung, so wird die Differenz zwischen kollektivem und individuellem Nutzen deutlich sichtbar. Sie müssen „*heute als in zwei verschiedenen Dimensionen liegend behandelt werden; sie lassen sich nicht einfach verrechnen oder gar aufeinander reduzieren*" (Kaufmann 2005, 228). Die sozialpolitischen Maximen des Schutzes und der Förderung kollektiver Ressourcen sind nicht per se deckungsgleich mit der Förderung individueller Wohlfahrt. Sozialpolitik nimmt beispielsweise die Möglichkeit der Nicht-Hilfe in Kauf, wenn auf individueller Seite geforderte Subjektzustände der Aktivität oder der Bereitschaft zur Kooperation mit sozialpolitischen Akteuren nicht gezeigt werden. Die Fürsorgedimension der Sozialpolitik wurde in den vergangenen Jahren sukzessive meritokratisch refiguriert, da vor allem den Personen geholfen werden sollte, die sich als leistungswillig und -bereit erwiesen (vgl. Dollinger 2007b). Der Anspruch einer unbedingten Re-Integration wurde relativiert im Zuge des Umbaus „des Wohlfahrtsstaates zum ‚Wettbewerbsstaat'" (Dahme 2008: 13).

Vergleicht man dies mit der von Garland beschriebenen Wohlfahrtsstaatlichkeit im Rahmen des „penal welfarism", so zeigt sich eine zweifache Transformation: Ebenso wie die Kriminalpolitik gemäß Garlands Analyse, wurde auch die Sozialpolitik neu orientiert. Die integrativfürsorgende Sozialpolitik, die auf Vollintegration und eine zumindest rudimentäre, unbedingte Basissicherung Wert legte, wurde in einen aktivierenden, sozialinvestiven Wohlfahrtsstaat umgemünzt, in dem mit negativen Sanktionen bedroht ist, wer als nicht kooperations- und leistungsbereit erscheint. Zugespitzt formulieren deshalb Beckett und Western (2001: 35): „Like penal policy, social policy has become more punitive", so dass es plausibel sei, die beiden Reformtrends aufeinander zu beziehen. Sie bilden, so die These der Autoren, ein „*single policy regime aimed at the governance of social marginality*" (ebd.: 46; Hervorh. B.D.).

Man muss diese Annahme zwar vorsichtig interpretieren und es sind vom Forschungsstand der USA keine direkten Schlüsse auf andere Länder mit je spezifischen kriminal- und sozialpolitischen Konstellationen möglich. International an Bedeutung gewinnende punitive Tendenzen werden pfadabhängig, d.h. je nach bereits bestehenden institutionellen und weltanschaulichen Bedingungen, realisiert und führen zu national- oder bundesstaatlich spezifischen Entwicklungen (vgl. Beckett/Western 2001; Downes/Hansen 2006; Muncie 2005; Sutton 2004; s.a. Züchner 2007: 166). Deren Richtung ist allerdings nicht beliebig. Über staatliche Differenzen hinweg lässt sich eine Konzentration punitiver Interventionsrationalitäten bei benachteiligten Personenkreisen feststellen. Mit Blick auf sie wurde explizit eine Revision der bestehenden Unterstützungspraxis eingefordert, da ihnen attestiert wurde, vom „Mainstream" des gesellschaftlichen und kulturellen Lebens abgekoppelt zu sein und sich in einem Leben in sozialpolitischer Abhängigkeit eingerichtet zu haben. In dieser Lage seien sie durch vorherrschende Werte und Normen wenig berührt; junge Männer dieser „Unterschicht" tendierten zu Kriminalität und Gewalt und junge unverheiratete Frauen zu früher Mutterschaft (vgl. entsprechend etwa Murray 1990/2007). Diese Ausführungen sind zwar empirisch gehaltlos, aber sie wirken sich als Element eines Diskurses aus, der zur Diskreditierung einer fürsorgenden Sozialpolitik und einer wohlfahrtsstaatlichen Kriminalpolitik beitrug (vgl. im Überblick Butterwegge 2005, 75ff; s.a. Klein 2009; Oschmiansky 2003). „Wohlfahrt", so ließen sie dies zuspitzen, wird zunehmend als kollektive „Sicherheit" dekliniert, die nicht vorrangig den Einzelnen vor sozialen Problemen schützt, sondern die Gesellschaft vor dem Einzelnen angesichts sozialer Probleme und hoher Kriminalitätsraten. Armut tritt als Form von Devianz auf, mit der vorsichtig umzugehen ist, da sie die Betroffenen scheinbar zu Fehlverhalten neigen lässt und Kriminalität wahrscheinlich werden lässt. Wie die vorausgehenden Darstellungen gezeigt haben, kann mit derartigen Deutungsfolien eine Praxis des Umgangs mit Marginalität gestützt werden, die sich insbesondere bei Jugendlichen kontraproduktiv auswirkt: Werden ihnen durch punitive sozial- und kriminalpolitische Steuerungsrationalitäten Entwicklungsmöglichkeiten vorenthalten, so prägt dies ihre Chancen der Selbstentfaltung. Sie werden dauerhaft auf Lebensläufe festgelegt, die von Prekarität gekennzeichnet sind.

Will man diesem Trend entgegenwirken, so kann aus der vorliegenden Analyse folgender Schluss gezogen werden: Es bleibt unzureichend, das System der Strafverfolgung angesichts seiner Logik der Zufügung von Leid zu kritisieren und ihm gegenüber auf die wohlwollende Rationalität der Hilfe und Unterstützung auf Seiten der Sozialpolitik zu verweisen. Dichotomisierungen von „Erziehung statt Strafe" oder des Kinder- und Jugendhilfegesetzes auf der einen und des Jugendgerichtsgesetzes auf der anderen Seite leisten eine Vereinfachung, denn *beide* Seiten der vermeintlichen Dichotomien antworten auf soziale Auffälligkeit mit den Mitteln der Integration und der Ausschließung. Sie lassen in ihrer Antwort politische Aufgabenzuweisungen wirksam werden, die sich überlagern und sich zu spezifischen Regimes des Umgangs mit sozialer Prekarität verdichten. Dabei stehen sie nicht komplementär zueinander nach dem Schema: je mehr Kriminal-, desto weniger Sozialpolitik (oder vice versa). Vielmehr zeigt die Einbindung der Kriminalpolitik in sozialpolitische Muster der Prägung von Lebensläufen gemeinsame Orientierungen im Rahmen historisch etablierter Praxisformen.

Will man dies normativ wenden und zu einem – wie auch immer bestimmbaren und begründbaren – *besseren* Umgang mit sozial auffälligem Verhalten Jugendlicher gelangen, so muss man sich die Mühe machen, die gesamte Politik und Praxis der Bearbeitung sozialer Prekarität zu reflektieren. Man muss komplexe Politikfelder und ihre kulturelle Einbettung erschließen, nicht nur einen einzelnen Politikbereich. Er bleibt letztlich immer mit anderen verschränkt und in sie eingebunden. Dies zu bedenken, könnte dazu überleiten, eine kohärente Politik zu entwickeln, die Jugendliche auch im Falle von Auffälligkeiten nicht ausgrenzt, sondern auf der Grundlage von Ressourcenzuwendungen fördert.

Literatur

Alber, J., 1987: Vom Armenhaus zum Wohlfahrtsstaat. 2. Aufl. Frankfurt a.M.
Albrecht, P.-A., 2005: Kriminologie. 3. Aufl. München.
Beckett, K./Western, B., 2000: Crime Control, American Style: From Social Welfare to Social Control. In: Penny Green/Andrew Rutherford (Hg.): Criminal Policy in Transition. Oxford. S. 15-31.
Beckett, K./Western, B., 2001: Governing social marginality: Welfare, incarceration, and the transformation of state policy. In: D. Garland (Hg.): Mass Imprisonment. London u.a. S. 35-50.
Beckett, K./Nyrop, K./Pfingst, L., 2006: Race, Drugs, and Policing: Understanding Disparities in Drug Delivery Arrests. In: Criminology. 44. Jg. S. 105-137.
Bleses, P./Seeleib-Kaiser, M., 2001: Sozialpolitik. In: H.-U. Otto/H. Thiersch (Hg.): Handbuch der Sozialarbeit/Sozialpädagogik. 2. Aufl. Neuwied/Kriftel. S. 1763-1773.
Bundesministerium für Familie, Senioren, Frauen und Jugend (BMFSFJ), 2006: Siebter Familienbericht. Familie zwischen Flexibilität und Verlässlichkeit. Perspektiven für eine lebenslaufbezogene Familienpolitik. Berlin.
Butterwegge, C., 2005: Krise und Zukunft des Sozialstaates. 2. Aufl. Wiesbaden.
Christie, N., 1995: Kriminalitätskontrolle als Industrie. Auf dem Weg zu Gulags westlicher Art. 2. Aufl. Pfaffenweiler.
Cremer-Schäfer, H./Steinert, H., 1997: Die Institution „Verbrechen & Strafe". Über die sozialkulturellen Bedingungen von sozialer Kontrolle und sozialer Ausschließung. In: Kriminologisches Journal. 29. Jg. S. 244-255.
Dahme, H.-J., 2008: Krise der öffentlichen Kassen und des Sozialstaats. In: Aus Politik und Zeitgeschichte. 12-13/2008, S. 10-16.
Dahme, H.-J./Wohlfahrt, N., 2005: Sozialinvestitionen. Zur Selektivität der neuen Sozialpolitik und den Folgen für die Soziale Arbeit. In: H.-J. Dahme/N. Wohlfahrt (Hg.): Aktivierende Soziale Arbeit. Baltmannsweiler. S. 6-20.
Dahme, H.-J./Wohlfahrt, N., 2008: Der Effizienzstaat: die Neuausrichtung des Sozialstaats durch Aktivierungs- und soziale Investitionspolitik. In: B. Bütow/K.A. Chassé/R. Hirt (Hg.): Soziale Arbeit nach dem sozialpädagogischen Jahrhundert. Opladen. S. 43-58.
Dollinger, B., 2007a: Sozialpolitik als Instrument der Lebenslaufkonstitution. Argumente für eine Perspektivenveränderung. In: Zeitschrift für Sozialreform. 2007. 53. Jg. S. 147-164.
Dollinger, B., 2007b: Meritokratische Inklusion und sozialpädagogische Reaktion. Oder: Teilhabe durch Leistungsnachweis. In: Zeitschrift für Sozialpädagogik. 2007. 5. Jg. S. 300-319.
Downes, D./Hansen, K., 2006: Welfare and punishment. The relationship between welfare spending and imprisonment. (Crime and Society; http://www.crimeandjustice.org.uk/opus303/Welfare_and_Punishment_webversion.pdf; Zugriff am 15.04.2009).
Frevel, B., 2008: Kriminalpolitik im institutionellen System der Bundesrepublik Deutschland. In: H.-J. Lange (Hg.): Kriminalpolitik. Wiesbaden. S. 103-120.
Garland, D., 1985: Punishment and Welfare. Aldershot.
Garland, D., 2001: The Culture of Control. Chicago.
Garland, D., 2004: Die Kultur der „High Crime Societies". Voraussetzungen einer neuen Politik von „Law and Order". In: D. Oberwittler/S. Karstedt (Hg.): Soziologie der Kriminalität. Wiesbaden. S. 36-68.
Garland, D., 2006: Concepts of culture in the sociology of punishment. In: Theoretical Criminology. 10. Jg., S. 419-447.
Geißler, R., 1994: Soziale Schichtung und Kriminalität. In: ders. (Hg.): Soziale Schichtung und Lebenschancen in der Bundesrepublik Deutschland. 2. Aufl. Stuttgart. S. 160-194.
Gerken, J./Schumann, K.F. (Hg.), 1988: Ein trojanisches Pferd im Rechtsstaat. Der Erziehungsgedanke in der Jugendgerichtspraxis. Pfaffenweiler.
Hess, H., 2007: Einleitung. David Garlands ‚Culture of Control' und die deutsche Kritische Kriminologie. In: Kriminologisches Journal. 8. Beiheft., S. 6-22.
Hess, H./Ostermeier, L./Paul, B. (Hg.), 2007: Kontrollkulturen. Weinheim.
Hutchinson, S., 2006: Countering catastrophic criminology. In: Punishment & Society. 8. Jg., S. 443-467.
Kaiser, G., 1993: Kriminalpolitik. In: G. Kaiser/H.-J. Kerner/F. Sack/H. Schellhoss (Hg.): Kleines Kriminologisches Wörterbuch. Heidelberg. S. 280-286.
Kaufmann, F.-X., 2003: Varianten des Wohlfahrtsstaates. Der deutsche Sozialstaat im internationalen Vergleich. Frankfurt a.M.
Kaufmann, F.-X,. 2005: Sozialpolitik und Sozialstaat: Soziologische Analysen. 2. Aufl. Wiesbaden.
Klein, A., 2009: Die Wiederentdeckung der Moralpanik – „Sexuelle Verwahrlosung" und die „neue Unterschicht". In: Soziale Passagen. 1. Jg., S. 23-34.
Kunz, K.-L., 2004: Kriminologie. 4. Aufl. Bern u.a.

Kury, H. (Hg.), 2008: Fear of crime - punitivity. Bochum.
Kury, H./Ferdinand, T.N. (Hg.), 2008: International perspectives on punitivity. Bochum.
Kury, H./Obergfell-Fuchs, J., 2006: Punitivität in Deutschland – Zur Diskussion um eine neue Straflust. In: T. Feltes/C. Pfeiffer/G. Steinhilper (Hg): Kriminalpolitik und ihre wissenschaftlichen Grundlagen. Heidelberg. S. 1021-1043.
Lange, H.-J., (Hg.), 2008: Kriminalpolitik. Wiesbaden.
Lautmann, R./Klimke, D./Sack, S. (Hg.), 2004: Punitivität. 8. Beiheft des Kriminologischen Journals. Weinheim.
Lessenich, S., 1995: Wohlfahrtsstaatliche Regulierung und die Strukturierung von Lebensläufen. In: Soziale Welt. 46. Jg., S. 51-69.
Lessenich, S., 2000: Soziologische Erklärungsansätze zu Entstehung und Funktion des Sozialstaats. In: J. Allmendinger/W. Ludwig-Mayerhofer (Hg.): Soziologie des Sozialstaats. Weinheim/München. S. 39-78.
Melossi, D., 2001: The cultural embeddedness of social control. In: Theoretical Criminology. 5. Jg., S. 403-424.
Müller, S., 2001: Erziehen – Helfen – Strafen. Weinheim/München.
Muncie, J., 2005: The globalization of crime control - the case of youth and juvenile justice. In: Theoretical Criminology. 9. Jg., S. 35-64.
Murray, C., 1990/2007: The underclass. In: E. McLaughlin/J. Muncie/G. Hughes (Hg.): Criminological Perspectives. 2. Aufl. London u.a. S. 127-141.
Nickolai, W./Wichmann, C. (Hg.), 2007: Jugendhilfe und Justiz. Freiburg i.Br.
Opielka, M., 2004: Sozialpolitik. Grundlagen und vergleichende Perspektiven. Reinbek b. Hamburg.
Oschmiansky, 2003: Faule Arbeitslose? Zur Debatte um über Arbeitsunwilligkeit und Leistungsmissbrauch. In: Aus Politik und Zeitgeschichte. Bildung 6-7. S. 10-16.
Ostendorf, H., 2005: Der Erziehungsgedanke zwischen Rigidität und Diktat leerer Kassen. In: Zentralblatt für Jugendrecht. 11. Jg. S. 415-425.
Pager, D., 2007: Marked: Race, Crime, and Finding Work in an Era of Mass Incarceration. Chicago.
Peck, J., 2001: Workfare States. New York.
Pettit, B./Western, B., 2004: „Mass Imprisonment and the Life Course: Race and Class Inequality in the U.S. Incarceration". In: American Sociological Review 69: 151-169.
Popitz, H., 1968: Über die Präventivwirkung des Nichtwissens. Dunkelziffer, Norm und Strafe. Tübingen.
Putzke, H., 2006: Was ist gute Kriminalpolitik? – Eine begriffliche Klärung. In: In: T. Feltes/C. Pfeiffer/G. Steinhilper (Hg): Kriminalpolitik und ihre wissenschaftlichen Grundlagen. Heidelberg. S. 111-122.
Ruddel, R., 2005: Social disruption, state priorities, and minority threat: A cross-national study of imprisonment. In: Punishment & Society. 7. Jg. S. 7-28.
Rusche, G./Kirchheimer, O., 1981: Sozialstruktur und Strafvollzug. Frankfurt a.M.
Sack, F., 1993: Selektion und Selektionsmechanismen. In: G. Kaiser/H.-J. Kerner/F. Sack/H. Schellhoss (Hg.): Kleines Kriminologisches Wörterbuch. 3. Aufl. Heidelberg. S. 462-469.
Schaarschuch, A., 1990: Zwischen Regulation und Reproduktion. Gesellschaftliche Modernisierung und Perspektiven Sozialer Arbeit. Bielefeld.
Schmidt, M.G., 2005: Sozialpolitik in Deutschland. Historische Entwicklung und internationaler Vergleich. 3. Aufl. Wiesbaden.
Schwindt, H.-J., 2007: Kriminologie. 17. Aufl. Heidelberg.
Steinert, H., 1981: Dringliche Aufforderung, an der Studie von Rusche und Kirchheimer weiterzuarbeiten. In: G. Rusche/O. Kirchheimer: Sozialstruktur und Strafvollzug. Frankfurt a.M. S. 314-336.
Streng, F., 1994: Der Erziehungsgedanke im Jugendstrafrecht. In: Zeitschrift für die gesamte Strafrechtswissenschaft. 106. Bd. S. 60-92.
Sutton, J., 2004: The Political Economy of Imprisonment in Affluent Western Democracies, 1960-1990. In: American Sociological Review. 69. Jg. S. 170-189.
Uggen, C./Manza, J./Thompson, M., 2006: Citizenship, Democracy, and the Civic Reintegration of Criminal Offenders. In: The Annals of the American Academy of Political and Social Science. 605. Bd. S. 281-310.
Völker, W., 2005: Aktivierende Arbeitsmarktpolitik – auf dem Weg zu mehr Zwang und Existenzdruck. In: H.-J. Dahme/N. Wohlfahrt (Hg.): Aktivierende Soziale Arbeit. Baltmannsweiler. S. 70-87.
Wacquant, L.J.D., 2000a: Über den US-Export des neuen strafrechtlichen Commonsense nach Europa. In: W. Ludwig-Mayerhofer (Hg.): Soziale Ungleichheit, Kriminalität und Kriminalisierung. Opladen. S. 85-117.
Wacquant, L.J.D., 2000b: Elend hinter Gittern. Konstanz.
Wacquant, L., 2009: Bestrafen der Armen. Opladen.
Wehler, H.-U., 1995: Deutsche Gesellschaftsgeschichte. Bd. 3: Von der „Deutschen Doppelrevolution" bis zum Beginn des Ersten Weltkrieges. 1849-1914. München.
Western, B., 2006: Punishment and inequality in America. New York.
Züchner, I., 2007: Aufstieg im Schatten des Wohlfahrtsstaates. Weinheim/München.

Christine Graebsch

What works? – Nothing works? – Who cares?
„Evidence-based Criminal Policy" und die Realität der Jugendkriminalpolitik

Wie der Titel dieses Beitrags, so stammt auch sein Thema aus der internationalen englischsprachigen Kriminologie. Die Formulierungen „what works?"[1] und „evidence-based"[2] sind mittlerweile aber auch hier in aller Mund. Wird dabei allerdings die schlichte Übersetzung „evidenzbasiert" verwendet, so leitet dies in die Irre. Nach dem in der deutschsprachigen Philosophie gebräuchlichen Begriff ist „evident" nämlich das, was jedermensch ohne jegliche methodische Anstrengungen unmittelbar einleuchtet und daher nicht mehr weiter erklärt oder erforscht werden muss. Die „evidence-based"-Bewegung ist gerade mit dem gegenteiligen Ziel angetreten. Es soll mit möglichst exakten Methoden empirisch über stets zweifelhafte Kausalzusammenhänge zwischen getroffenen Maßnahmen und wahrgenommenen Effekten geforscht werden. Dabei können und müssen auch die Selbstverständlichkeiten der herrschenden Kriminalpolitik erschüttert werden. Was allen sofort einleuchtet, ist in der Kriminalpolitik nämlich oftmals gerade das aus empirisch informierter Sicht Falsche. Und genau dies ist auch der Grund, weshalb sich die „evidence-based"-Bewegung überhaupt erst formierte. Sie will der Politik eine alternative Entscheidungsgrundlage zu bloßer Intuition und methodisch schlechter Evaluation anbieten.

Nach einer kurzen Einführung in „evidence-based"-Ansätze, die aus diesem Grund nur mit dem englischen Originalbegriff bezeichnet und bereits auf das hier relevante Politikfeld eingegrenzt und abgekürzt als EBCP „Evidence-based Criminal Policy" bezeichnet werden, wird deren Realität in den USA anhand von ausgewählten Beispielen aus dem Jugendbereich dargestellt, um schließlich noch kurz auf das Verhältnis zwischen empirischer Erkenntnis und Jugendkriminalpolitik in der Bundesrepublik einzugehen.

„Evidence-based Criminal Policy": Konzept und Kritik

EBCP stützt sich auf Ergebnisse kriminalpräventiver Evaluationsforschung, die mit möglichst exakten (quantitativen) Forschungsmethoden gewonnen wurden. Angestrebt werden echte experimentelle Designs mit Randomisierung. Solchen Zufallsexperimenten wird als „Goldstan-

---

1 Vgl. etwa den sehr berühmt gewordenen Bericht von ForscherInnen der Universität Maryland (Sherman et al. 1997) an den US-Kongress mit dem Titel „Preventing Crime: What works? What doesn't? What's promising?".
2 So lautete beispielsweise der Titel der 2002 erschienen Buch-Version des so genannten Sherman-Reports (Fn. 1) „Evidence-based Crime Prevention", ein sich an die Forderung nach „Evidence-based Medicine" anlehnender Begriff (Sherman et al. 2002; vgl. dazu auch Sherman 1998).

dard" höchstmögliche Exaktheit bescheinigt[3], weil nach einer randomisierten Zuweisung zu Experimental- und Kontrollgruppen alle individuellen und sozialen Faktoren als näherungsweise auf diese Gruppen gleichverteilt gelten. Deshalb wird ein gemessener Erfolg der getesteten Maßnahme, deren Einfluss theoretisch den einzigen Unterschied zwischen den Gruppen darstellt, kausal als Erfolg zugeschrieben. Zwar wird auch bei Studien ohne Zufallszuweisung das Abschneiden der Gruppe, die die zu evaluierende Maßnahme erhalten hat, oft einer Kontrollsituation gegenübergestellt, etwa in einem Vorher-Nachher-Vergleich oder dem Vergleich unterschiedlicher Orte. Ein vermeintlich positives Evaluationsergebnis lässt sich dann aber oftmals – statt mit dem Erfolg der getesteten Maßnahme – auch mit bereits vor deren Einsatz bestehenden Unterschieden zwischen den Gruppen erklären, Maturationsprozessen durch bloßen Zeitablauf etwa oder lokalen Kulturen. Zumindest kann ohne Randomisierung nicht völlig ausgeschlossen werden, dass nach Einsatz der getesteten Maßnahme zwischen den Gruppen festgestellte Unterschiede nicht durch diesen, sondern durch die Auswahl bereits zuvor unterschiedlicher Gruppen bedingt sind („selection bias"). Wenn in einer experimentellen Studie die Zuweisung zu der Maßnahme über ein Zufallsverfahren gesteuert und nicht den Evaluationsforschern oder gar den Programmbetreibern überlassen wird, schließt dies zudem Manipulationsmöglichkeiten weitgehend aus und bietet somit die Aussicht auf eine von inhaltlichen und wirtschaftlichen Interessen an einem bestimmten Evaluationsergebnis weitgehend unabhängige Forschung.[4]

Die Kehrseite der Medaille ist aber, dass gerade die Protagonisten der „evidence-based"-Bewegung ihrerseits die Evaluationsforschung und Politikberatung als ein Geschäft betreiben, bei dem die Selbstvermarktung vor der Offenheit gegenüber Alternativen und Transparenz im Handeln rangiert, nicht anders als bei dem von ihnen kritisierten Verhalten der Politiker[5]. Der „evidence-based"-Ansatz ist dabei mittlerweile vielfältig institutionalisiert, die wohl wichtigste Vereinigung ist die so genannte „Campbell Collaboration" (http://www.campbellcollaboration.org). Sie ist – wie schon der berühmte Bericht von Sherman et al. (1997) – angetreten, ein Ranking kriminalpräventiver Maßnahmen für die Politikberatung zu erstellen, das wiederum auf einem Ranking zugrundeliegender Forschungsergebnisse beruht, die nach dem Grad ihrer Annäherung an das randomisierte Kontrollgruppendesign eingruppiert wurden. Qualitative Forschungsmethoden werden in diesem Konzept ausgeblendet, ebenso Rückfragen zum theoretischen Hintergrund von Programmen oder dem der Evaluation selbst. Die behauptete Überlegenheit des Experiments mit vorheriger Zuweisung der Versuchspersonen zu Experimental- und Kontrollgruppe auch gegenüber klug angelegten quasi-experimentellen Studien ist zudem auch im Rahmen quantitativer Methodologie der Evaluationsforschung unbegründet. Bei so genannten natürlichen Experimenten werden Unterschiede genutzt, die nicht gezielt für die Forschung geschaffen wurden, sondern auf anderen Ereignissen, wie etwa Gesetzesänderungen beruhen, an die sich dann Vorher-Nachher-Vergleiche oder Vergleiche zwischen Orten mit quasi-experimentellem Design anschließen können. Statt also Personen gezielt in die Experimental- oder Kontrollgruppe zu würfeln, macht man sich gewissermaßen die Zufälligkeiten des Alltags zunutze. Zwar trifft es zu, dass bei einem quasi-experimentellen Design – etwa

---

3 Vgl. dazu etwa einführend Boruch 2000; ausführlich Shadish u.a. 2002.
4 Die Frage allerdings, wie sich umgekehrt die Orientierung kriminologischer Forschung an der Frage „what works?" auf deren Unabhängigkeit von herrschenden kriminalpolitischen Strömungen auswirkt, kann hier trotz ihrer Relevanz nur angesprochen, nicht aber ausgeführt werden.
5 Vgl. für irreführende Erfolgsbehauptungen der „evidence-based"-Protagonisten den eigenen Ansatz betreffend Graebsch 2004: 267 f.

dem Vergleich zwischen einer Stadt, in der die zu untersuchende Maßnahme getroffen wurde und einer anderen, in der dies nicht der Fall ist – stets noch andere Unterschiede zwischen den Gruppen vorhanden sind als lediglich der des Einsatzes der Maßnahme. So kann etwa die einbezogene Bevölkerung in der einen Stadt durchschnittlich älter, ärmer oder heterogener sein, vor allem kann es aber Unterschiede geben, die sich auf die Wirksamkeit der Maßnahme auswirken, dafür aber bisher gerade noch nicht bekannt sind, was ihre Entdeckung erschwert. Wenn eine Gruppe, die ein Programm durchlaufen hat, mit einer Kontrollgruppe verglichen wird, bei der dies nicht der Fall ist, kann schon die nicht-randomisierte Auswahl der TeilnehmerInnen für ein Programm oder deren selbständige Anmeldung dazu („run in group"), selbst bei am gleichen Ort und zur selben Zeit beobachteten Gruppen zu einer Ungleichverteilung von Merkmalen, die einen Einfluss auf die Programmwirkung haben, in den Untersuchungsgruppen führen. Allerdings kann auch das Zufallsexperiment solche Unterschiede lediglich in der Theorie eliminieren, nur in statistischer Hinsicht und erst nach einer Vielzahl von Wiederholungen, die nicht realisierbar ist. In der praktischen Forschung mit Menschen in sozialen Zusammenhängen gelingen eine echte Randomisierung und auch die notwendige Replikation, soweit sie überhaupt stattfindet, notwendigerweise immer nur zum Teil.

Die wissenschaftliche und politische Auseinandersetzung mit den Ergebnissen einer Evaluation bedeutet im Falle des Quasi-Experiments zu diskutieren, welche so genannten intervenierenden Variablen in Betracht kommen, die das Ergebnis anstelle des bloßen Einflusses der kriminalpräventiven Maßnahme verzerrt haben könnten. Bei einem Zufallsexperiment läuft die anschließende Diskussion dagegen hauptsächlich über die Frage, ob die Randomisierung in ausreichendem Maße gelungen ist, und sie kann sich schnell im statistischen Detail verlieren. Eine solche Debatte hat ein hohes Ausschlusspotential für Nicht-Eingeweihte und birgt deshalb ein nicht unerhebliches undemokratisches Potential, zumal wenn Maßnahmen nur noch mit der als überlegen erachteten Methode auf Kosten und Nutzen hin evaluiert, aber nicht mehr in ihrer Sinnhaftigkeit, politischen Zielsetzung und der Festlegung, was als Kosten und was als Nutzen zu gelten hat, hinterfragt werden. Bei der rückfallbezogenen Effektivitätskontrolle ist eine hohe Anschlussfähigkeit an den ökonomisch geprägten Diskurs über die Effizienz kriminalpräventiver Maßnahmen gegeben. Während randomisierte Studien also – zumindest theoretisch – den Vorteil aufweisen, dass mit ihnen auch bisher nicht verstandene Einflussfaktoren entdeckt werden können und zugleich Irrtümer über den Einfluss bislang für relevant gehaltener Einflussfaktoren besser aufgedeckt werden können, haben randomisierte Studien den Nachteil, dass ihre Ergebnisse gerade in diesen Fällen nicht aus sich heraus verstehbar sind, weil es sich um rein statistische Zusammenhangsnachweise handelt, die einer nachträglichen Erklärung bedürfen. In der Praxis arbeiten zudem gerade die randomisierten Forschungsdesigns in der Kriminologie mit äußerst schlichten Rückfallparametern als Ergebnisvariable und einer theoretischen Black Box, wobei sich lediglich ein Erfolg oder Misserfolg, nicht aber die Zusammenhänge, die diesen bedingen, erforschen lassen[6], vielmehr die gesamte forscherische Energie auf Randomisierung und statistische Auswertung konzentriert wird. Zu alledem sind

---

6 In Deutschland sind im Bereich Kriminalprävention randomisierte Feldexperimente neben dem Heroinexperiment (das aber weitgehend eine Arzneimittelstudie ist, www.heroinstudie.de) nur im Bereich Sozialtherapie bekannt, wobei sich die Studie von Ortmann 2002 von der Theorielosigkeit der meisten US-amerikanischen Studien äußerst positiv abhebt– wenn auch nicht hinsichtlich der völlig fehlenden Auseinandersetzung mit Bedenken gegen die Zufallszuweisung, und dies obwohl oder gerade weil sie auch noch im dafür besonders problematischen Bereich der Freiheitsstrafe und der Haftbedingungen stattfand (vgl. zur Problematik von Forschung mit Gefangenen auch Graebsch 2002).

randomisierte Studien rechtlich und ethisch bedenklich, weil sie die Zuweisung von kriminalpräventiven Maßnahmen dem Kriterium der Zweckdienlichkeit für die Forschung statt den jeweils rechtlich vorgegebenen Zielsetzungen einer Maßnahme unterwerfen. Sie verletzen damit den verfassungsrechtlichen Gleichheitsgrundsatz. In der Praxis meint man dann regelmäßig auch noch ohne Einwilligung der Betroffenen auszukommen, und dieses Problem noch nicht einmal ansprechen zu müssen.

Dem Einwand aus dem Gleichbehandlungsgebot halten EBCP-Protagonisten stets entgegen, die Zufallszuweisung diene aber doch gerade der verbesserten Kriminalprävention in der Zukunft und sei deswegen gerechtfertigt. Nicht diskutiert wird, inwieweit eventuelle Vorteile für später Betroffene – die aber auch nur dann entstehen, wenn die neue kriminalpräventive Maßnahme weniger eingriffsintensiv ist als der vorherige status quo – Eingriffe gegenüber den heute Betroffenen rechtfertigen könnten. Zudem stimmt dieses vorgebrachte Argument aber natürlich nur dann, wenn die Ergebnisse auch tatsächlich in Politik umgesetzt würden. Selbst bei – keineswegs selbstverständlich – vorhandenem guten Willen der Entscheidungsträger, experimentell gefundene Ergebnisse in Rechtsentscheidungen umzusetzen, bestehen Kompatibilitätsprobleme zwischen der Struktur empirischer Erkenntnis und der des rechtlichen Entscheidungsprogramms, die eine Umsetzung der Ergebnisse systematisch verhindern (Graebsch: 2007, 2000). Dass es jedoch in aller Regel bereits am politischen Willen fehlt, Ergebnisse umzusetzen, die nicht den herrschenden politischen Erwartungen entsprechen, auch wenn dies einfach möglich wäre, zeigt ein Blick auf die US-amerikanische (Jugend-)Kriminalpolitik.

„Evidence-based practise" in der US-amerikanischen Jugendkriminalpolitik?

1982 beschrieb der Evaluationsforscher Finckenauer (1982: 3 ff.) das in der Jugendkriminalpolitik vorherrschende „Panacea-Phänomen". Gerade bezogen auf besonders komplexe soziale Probleme, wie dem der Jugenddelinquenz, bestünde ein starkes gesellschaftliches Bedürfnis nach extrem einfachen Lösungen, nach einem umfassend einsetzbaren und zugleich billigen Allheilmittel. Daher würden im politischen Diskurs immer neue Wundermittel mit unrealistischen Versprechungen angepriesen. Die anfängliche Euphorie in der Hoffnung auf kriminalpräventive Erfolge ziehe notwendig eine Enttäuschung nach sich, die dann in einem ewigen Zirkel zur Suche nach einem neuen Panacea führe. Während Finckenauer damals (1982: 233) noch so optimistisch war, Evaluationen mit experimentellem Forschungsdesign für ein wirksames Gegenmittel zu halten, korrigierte er sich 17 Jahre später (Finckenauer/Gavin 1999: 13ff., 123 ff.) unter dem Eindruck der Bestandskraft von ihm evaluierter Gefängniskonfrontationsprogramme für Jugendliche, die dem Konzept von „Scared Straight" folgen. In Deutschland gibt es vergleichbare Programme unter Namen wie „Gefangene helfen Jugendlichen" oder „Knast ist nicht cool" (vgl. dazu Graebsch 2006 a). In den USA hatte eine Vielzahl experimenteller Studien deren kriminalpräventive Wirkungslosigkeit und sogar Anhaltspunkte für den Verdacht auf eine kontraproduktive, delinquenzsteigernde Wirkung ergeben (vgl. dazu ausführlich Graebsch 2006 b). Seither bestehen solche Programme aber nicht nur weiter, es werden sogar fortwährend neue ins Leben gerufen. Die Initiatoren distanzieren sich zwar regelmäßig verbal von den bei „Scared Straight" eingesetzten Einschüchterungsstrategien und betonen eher erzieherische

Aspekte. Die Programme ähneln „Scared Straight" aber stets verblüffend und ihre erzieherische Wirkung kann man sich von gar nichts anderem erhoffen als von Einschüchterung und Angst vor Strafe. Finckenauer hält es seither nicht mehr für zwingend, dass ein Panacea nach Enttäuschung durch ein neues abgelöst, sondern für gut möglich, dass es weiterhin eingesetzt werde. Es werde auch oft auf den alten ähnliche, aber neue Programme zurückgegriffen, die jedoch auf denselben impliziten theoretischen Annahmen beruhten wie die vorherigen.

Auch der Leiter der Nonprofit-Forschungseinrichtung NCCD in San Fransisco, Barry Krisberg, resümierte (2000) nach Durchführung diverser eigener experimenteller Studien mit hohem Forschungsaufwand, diese könnten sich nicht gegen „junk science" durchsetzen, gegen einfach gestrickte Evaluationen, die jemand mal eben schnell auf eine Serviette gekritzelt habe, die aber ein gerade politisch gewünschtes Ergebnis brächten. Politiker zeigten Berührungsängste mit Krisbergs Studien, die anders als die Mehrzahl auch sonstiger experimenteller Studien, nicht nur die Wirkung einander sehr ähnlicher Programme verglichen, sondern radikalere Unterschiede bzw. Veränderungen betrachteten, insbesondere ganz unterschiedliche Sanktionen und diese im besten Falle auch noch in Vergleich zu einer Non-Intervention. Im Ergebnis zeigte sich trotzdem meist wenig bis gar kein Unterschied in der Wirkung, so dass man zu dem Ergebnis kommen kann, es sei nahezu gleichgültig was man macht („nothing works") – und dann aus rechtlichen und ethischen Gründen die am wenigsten eingriffsintensive Maßnahme wählen müsste. Statt sich aber für die eigentlich viel wichtigeren, weil eine generelle Weichenstellung betreffenden Forschungsergebnisse solcher Studien, die zudem sehr selten sind, zu interessieren, würden die schlicht angelegten Programmevaluationen bevorzugt, die häufig auch noch von den Programmverantwortlichen selbst durchgeführt würden, so dass es wenig verwundere, wenn diese danach von der Wirksamkeit des Programms überzeugt seien („I have evaluated my program and – guess what? – it works").

Aber selbst dort, wo komplexe (experimentelle) Studien dann ausnahmsweise doch einmal Berücksichtigung finden, werden sie bereits in der wissenschaftlichen Literatur, erst Recht in Politik und Medien, in einer Weise rezipiert, bei der die Ergebnisse – während der eine sie von dem anderen abschreibt, ohne die Originalstudie heranzuziehen – immer indirekter und ohne die gefundenen Einschränkungen wiedergegeben. Dabei entsteht eine Überzeugungskraft vermeintlich klarer Ergebnisse, die sich als „Woozle-Effekt" charakterisieren lässt. Winnie the Pooh vertiefte sich so in seine Suche nach vermeintlich gefundenen Schneespuren eines Woozles, dass er letztendlich seine eigenen bei der Suche entstandenen Spuren für den Beweis der Existenz des Woozles hielt. Dieser Effekt wurde am Beispiel des berühmt gewordenen „Minneapolis Domestic Violence Experiments" gezeigt (Gartin 1992: 21f.). Die daraus abgeleitete populäre aber falsche Schlussfolgerung „arrest works best" war nicht mehr korrigierbar, auch nicht durch eine Vielzahl methodisch weit überlegener experimenteller Folgestudien mit entgegenstehenden Ergebnissen. Das Ergebnis einer Studie kann entsprechend, weil es in einen politischen Mainstream zu passen scheint, auf diese Weise am Ende für Entscheidungen herangezogen werden, die den aus einer Studie abgeleiteten Empfehlungen sogar zuwiderlaufen (vgl. zum Ganzen Graebsch 2004: 275ff.).

Ein weiteres Problem liegt darin, welche Konsequenzen eigentlich von PolitikerInnen gezogen und von KriminologInnen diesen zu ziehen empfohlen werden, wenn Programmevaluationen die Wirksamkeit einer kriminalpräventiven Maßnahme nicht bestätigen können. Dabei fangen die Probleme schon mit der Entscheidung an, wann ein solcher Sachverhalt überhaupt als gegeben anzusehen sein soll. Schließlich mögen die einen dies aus einer Handvoll Studien mit der Folge ableiten, dass sie entsprechende kriminalpräventive Eingriffe fortan für nicht mehr zu rechtfertigen halten, während die anderen deren Wirksamkeit immer weiter erforschen und die Maßnahme dazu natürlich auch weiterhin einsetzen wollen, weil man nicht ausschließen kann, dass sich irgendwann doch noch der erwünschte Effekt zeigt. Diese Problematik lässt sich am Beispiel der „Boot Camps" darstellen, die auch in der deutsprachigen Debatte über Jugendkriminalpolitik immer wieder Erwähnung finden. Für die USA hatte Doris MacKenzie militärisch orientierte Boot Camps bereits 1997 im Sherman-Report auf Grundlage diverser experimenteller Studien in der Kategorie „doesn't work" verbucht (Sherman et al. 1997: Chapter 9, 6.2) – aber dennoch weitergeforscht. Im Jahre 2005 konnte eine „Systematic Review" für die Campbell Collaboration (Wilson u.a. 2005) auf Grundlage von 43 Kontrollgruppenstudien zu Boot Camps erneut deren kriminalpräventive Wirksamkeit – im Vergleich zu einem nach dem Stand der Forschung auch nicht gerade erfolgversprechenden Gefängnisaufenthalt bzw. Bewährung – nicht bestätigen. Dort wird dann zwar immerhin der Schluss gezogen, dass militärische Programme und strikte Disziplin kein wirksames Mittel gegen Jugenddelinquenz seien, die Abschaffung von Boot Camps aber dennoch ausdrücklich nicht gefordert. Ihr Einsatz solle nur nicht mehr mit deren kriminalitätssenkender Wirkung begründet werden (Wilson u.a. 2005: 20). Dies zeigt, dass die zu ziehenden Schlussfolgerungen selbst bei (selten) eindeutigen Forschungsergebnissen keineswegs evident (!) sind. Man hätte für eine Selbstverständlichkeit halten können, dass nachgewiesene Wirkungslosigkeit oder gar Kontraproduktivität solch eingriffsintensiver Maßnahmen wie Boot Camps oder gar Freiheitsstrafen dazu führen müsste, das Eingriffsniveau abzusenken. Schließlich lassen solche Ergebnisse durchaus den Schluss zu, dass die derzeitige enorme Rigidität der Kriminalpolitik, erst Recht der US-amerikanischen, auch vor dem Hintergrund der selbst proklamierten Zwecke nicht notwendig, womöglich sogar schädlich ist. Man hätte die Hoffnung haben können, dass in solchen Fällen stets auf eine weniger eingriffsintensive Maßnahme ausgewichen wird. Man könnte dies weiterhin für eine Minimalanforderung für die Zulässigkeit zufallsgesteuerter Zuweisung zu unterschiedlichen Maßnahmen halten, weil dann doch zumindest – wenn schon nicht diejenigen, die an dem Experiment teilnehmen – die Personen, die später in der gleichen Situation sind, von solcher Forschung profitieren könnten, und nicht bestenfalls eine abstrakte Allgemeinheit, die dabei stets nur gedacht wird als die Allgemeinheit potentieller Opfer. Mehr als ein Jahrzehnt nach dem Sherman-Report wird nun aber immer noch mit Boot Camps herumexperimentiert. Neuerdings glaubt man nun eine Nachsorgemöglichkeit gefunden zu haben, die den Effekt der Boot Camps verbessere (Kurlychek/Kempinen 2006). Getestet werden konnte allerdings lediglich, ob Boot Camps mit oder ohne diese Nachsorge besser abschneiden. Die Frage, ob es kriminalpräventiv erfolgreicher wäre, auf Boot Camps (samt der Nachsorge) ganz zu verzichten, wird von dieser Studie nun nicht einmal mehr aufgeworfen. Forschung und Politik akzeptieren Boot Camps offenbar als selbstverständliche Notwendigkeit – wie es bereits von der Institution Gefängnis bekannt ist –, der man nur ein bisschen was hinzufügen muss, um die negativen Folgen abzumildern. Der aus der Medizin kommende „evidence-based"-Ansatz sieht sein Vorbild ausdrücklich in der Arzneimittelforschung mit ihren randomisierten klinischen Studien (vgl. etwa Sherman 1992: 70 ff.). In der Praxis seiner Übertragung auf die Kriminalpolitik – in der im Gegensatz zur Medizin das Prinzip „primum non nocere" keineswegs anerkannt ist – läuft dieser Ansatz aber auf einen Vergleich mit der zwangsweisen Vergabe eines Giftcocktails an einen Patienten zum vermuteten Nutzen Dritter hinaus, dessen toxische Wirkungen dann in aufwändigen Forschungsdesigns mit der Vergabe von Schmerzmitteln u.ä. abzumildern versucht würden.

In diesen Zusammenhang, am Ende eines Jahrzehnts, in dem die „evidence-based"-Bewegung sehr aktiv war, passt auch die Beobachtung von Marlowe (2006), es gäbe in der Evaluationsforschung – nicht nur der Politik – eine Tendenz, die Brandmarkung mit dem roten „M" vermeiden zu wollen. Das M steht dabei für Martinson, dessen 1974 gezogenes negatives Resümee aus Evaluationen kriminalpräventiver Rehabilitationsprogramme unter dem (überspitzten) Stichwort „nothing works" bekannt geworden war. Dass es zu dieser Berühmtheit kam, dürfte an der Anschlussfähigkeit dieses Ergebnisses sowohl an eine linksliberale Behandlungskritik als auch an eine konservative Ausrichtung auf Vergeltung und Abschreckung gelegen haben. Und auch hier wurden anschließende Korrekturen des „Woozle-Effekts" lange ignoriert. Die Ablehnung des rehabilitativen Ansatzes führte seinerzeit aber keineswegs zur Zurückdrängung der Institution Gefängnis, sondern dürfte zu deren Renaissance ungewollt einen nicht unwesentlichen Beitrag geleistet haben. Insofern ist die Angst, mit dem roten „M" gebrandmarkt zu werden verständlich und heute mutmaßlich gepaart mit der vor einem Ausschluss aus dem Evaluationsbusiness. Zudem lassen sich auch ForscherInnen nicht ohne weiteres von den Ergebnissen empirischer Studien in den Grundfesten ihrer kriminalpolitischen Überzeugungen erschüttern, auch wenn sie dies selbst noch so laut von Politikern fordern mögen.

Wäre da nicht der „Scarlet M – Faktor" müsste etwa die gegenwärtig aktuelle „reentry"-Debatte anders verlaufen. Jüngere experimentelle Forschung führte zu der Erkenntnis, dass unterstützend gemeinte Nachsorgeprogramme für Haftentlassene sogar schädliche Wirkungen im Hinblick auf die Wahrscheinlichkeit einer späteren Wiederinhaftierung haben können (Wilson/ Davis 2006). Diese Tatsache wurde mit Überraschung aufgenommen, obwohl seit der Nachuntersuchung zur (randomisierten) Cambridge Sommerville Study (McCord 1978) gut bekannt ist, dass auch wohlmeinende Programme kontraproduktive Effekte haben können. Man nimmt nun an, dass die negativen Wirkungen auf schlechte Implementation des Programms zurückzuführen seien und betont die Wichtigkeit von „dosage" und „duration" für kriminalpräventive Programme. Vieles ist möglich, noch mehr auf dem Feld der Kriminalprävention. Dass man nun aber so überzeugt ist, die Programmwirkung werde sich bei richtiger Dosierung in das Gegenteil des soeben gemessenen Effekts verkehren statt die naheliegendere Schlussfolgerung in Erwägung zu ziehen, dass das Programm eben nicht in der gewünschten Weise wirkt, kann durchaus auf den Faktor „Scarlet M" zurückzuführen zu sein. Darüber hinaus dürfte dieser bereits bei der Konzeption des Greenlight-Projektes am Werk gewesen sein, das lediglich nachweisbar wirksame Elemente umfassen sollte, tatsächlich aber solche enthielt, die bereits mit bescheidenem Ergebnis evaluiert worden waren (Marlowe 2006: 340ff.). Es ist sicher schwer nachvollziehbar, dass die Programmgruppe sogar noch schlechter abschnitt als die nicht entsprechend unterstützte Kontrollgruppe. Im Auffinden solcher vorher nicht bekannter Effekte wird aber doch gerade der Vorteil experimenteller Designs gesehen, so dass eine nunmehr intensive Auseinandersetzung mit der Frage stattfinden muss, woran dies liegen kann. Zugleich zeigt sich hier aber auch die angesprochene Schwäche experimenteller Forschung, die nur ein Ergebnis, aber keinerlei Erklärungsansatz für dieses liefert. Und es wäre sogar möglich, dass dieses Ergebnis lediglich dem Zufall geschuldet ist, weil bei einer Vielzahl an Replikationen des Experiments selbst bei Wirksamkeit der Maßnahme zu erwarten wäre, dass in geringem Umfang negative Evaluationsergebnisse produziert werden.

Dass sich die gegenwärtige Debatte so sehr auf die Vermeidung von „reentry" konzentriert, zeigt den „Scarlet M"-Faktor noch in anderer Hinsicht am Werk. Man versucht die Wirkungen des „Giftcocktails" Gefängnis nachträglich abzumildern; darüber ihn wegzulassen, wird nicht diskutiert. Dem Drehtüreffekt versucht man zu begegnen, aber nur indem man nach Mitteln sucht, das Individuum vom Sog der Rückdrehung nach innen fern zu halten, nicht indem man über die Öffnung der Drehtür insgesamt nachdenkt. Das ist auch deswegen bedenklich, weil

Strafvollzug durchaus wie ein Giftcocktail wirkt, der den Effekt gutgemeinter Rehabilitationsmaßnahmen konsumiert, wie auch Ortmanns Resümee aus seiner experimentellen und theoretisch fundierten Sozialtherapiestudie (2002) zeigt.

„Evidence-based practise" in der bundesrepublikanischen Jugendkriminalpolitik?

In Deutschland ist die Forderung nach EBCP mittlerweile angekommen und eine durch experimentelle Forschung gestützte Politik wurde hier auch schon in den 1980er-Jahren unter dem Stichwort „experimentelle Politik" verstärkt empfohlen (Hellstern/Wollmann 1983). Im Jahre 2005 veranstaltete die Neue Kriminologische Gesellschaft eine Tagung mit dem Titel „Kriminologie und wissensbasierte Kriminalpolitik: Entwicklungs- und Evaluationsforschung", zu der sie mit Lawrence W. Sherman und David P. Farrington zwei wichtige Protagonisten der EBCP einlud. Während diese dann auch die Wichtigkeit experimenteller Forschung hervorhoben[7], waren bei der Tagung (vgl. den Tagungsband Lösel u.a. 2007) ansonsten kriminologische Beiträge allerlei Art versammelt, wobei von einer Differenzierung der Forschungsergebnisse entsprechend der Validität der eingesetzten Forschungsmethoden überhaupt nichts zu bemerken ist. Es fanden sich sogar Beiträge über Forschung, die erheblich hinter den mühsam erarbeiteten (und dennoch nicht weit fortgeschrittenen) Stand des kriminologischen Wissens zurückfallen, wie etwa die von Entorf vorgestellte Abschreckungsstudie (vgl. Dölling u.a. 2007), die ohne jede Auseinandersetzung mit der methodischen Kritik an der Verwendung von Aggregatdaten auszukommen meint, obgleich sogar die Begründer dieser Forschungsrichtung für ein Moratorium derselben eintraten (vgl. zur Kritik Schumann 1987: 23). Insgesamt kann man in der deutschsprachigen Literatur beobachten, dass der Begriff „evidence-based"/evidenzbasiert eher unspezifisch für jedwede Art der Bezugnahme auf wissenschaftliche Studien zur Begründung politischer Entscheidungen verwendet wird. Das bringt die Gefahr mit sich, dass EBCP zu einem bloßen modischen Etikett verwässert, mit dem auch „junk science" zertifiziert werden kann.

Das Panacea-Phänomen lässt sich auch in der deutschen Jugendkriminalpolitik gut studieren. So wird in Politik und Medien immer wieder auf vermeintliche Wundermittel gesetzt, denen eine umfassende Wirkung zugeschrieben wird, die oft eine einschüchternde bzw. konfrontative Komponente aufweisen und nicht selten aus den USA kommen, wobei die Ergebnisse dort durchgeführter (negativer) Evaluationen nicht mit importiert werden, sondern lediglich die Heilsversprechen. Das lässt sich etwa am Beispiel der auch in der Bundesrepublik vorhandenen Gefängnisbesuchsprogramme zeigen (Graebsch 2006 a). Selbstverständlich grenzen diese sich verbal stark von „Scared Straight" usw. ab, ohne allerdings tatsächlich Unterschiede aufzuweisen. Ein anderes aktuelles Beispiel stellen die Projekte „Chance" als freie Form des Jugendvollzuges in Baden-Württemberg dar. In der Presse mit „Rückfallquote Null"[8] angepriesen, gibt die Evaluation (Institute für Kriminologie 2008) ein völlig anderes Bild ab. Das Projekt Chance ist demnach bestenfalls nicht schlechter als der Aufenthalt im Jugendvollzug. Dabei ist zu beachten, dass die nicht randomisierte oder gematchte Vollzugs-Kontrollgruppe mit hoher Wahrscheinlichkeit unter Selektionseffekten der Art zu leiden hat, dass die „besseren Risiken" in das Projekt kamen, die schlechteren im Vollzug verblieben sind. Das Projekt Chance hatte

---

7 Vgl. die abgedruckten Beiträge Farrington 2007 und Sherman 2007, wobei letzterer nunmehr den Begriff „Enlightened Crime Prevention" unter Bezugnahme auf ein Kant'sches Aufklärungsmodell benutzt – und dabei offenbar völlig verkennt, dass experimentelle Wirkungsforschung in der Straftheorie von Kant gerade keinen Platz haben kann.

8 gl. etwa welt-online (http://www.welt.de) vom 05.01.2008.

freilich schon deswegen denkbar schlechte Chancen, bei der Evaluation positiv abzuschneiden, weil es einen konfrontativen Ansatz verfolgt, der sich in der Evaluationsforschung längst als ineffektiv erwiesen hatte, wie bereits oben exemplarisch dargelegt.

Hinsichtlich des Jugendvollzugs hat das Bundesverfassungsgericht jüngst verlangt, dass dieser ständig an empirischen Erkenntnissen zu messen und diesen anzupassen sei (BverfG, 2 BvR 1673/04 vom 31.05.2006). Was eine Selbstverständlichkeit der Kriminalpolitik im Allgemeinen sein sollte, aber eben keinesfalls ist, wurde für diesen Bereich also nochmals ausdrücklich angeordnet. Dies sollte Grund genug sein, den Blick darauf zu lenken, inwieweit Praxis und Gesetzgebung diesen Anforderungen Folge leisten. Ziemlich genau ein Jahr nach der genannten Entscheidung des Bundesverfassungsgerichts wurde im Rechtsausschuss des Bundestages ein Gesetzesentwurf verhandelt, der die nachträgliche Sicherungsverwahrung bei nach Jugendstrafrecht Verurteilten vorsah. Von den dort anwesenden acht ExpertInnen befürworteten diesen Entwurf lediglich zwei, deren Stellungnahmen sich dadurch auszeichneten, dass sie eben nicht wissenschaftlich fundiert waren, sondern sich auf eigene Eindrücke aus der Praxis stützten (Konopka 2008, Pütz 2008). Alle anderen Stellungnahmen waren von eindeutiger Ablehnung getragen. Mehrere ExpertInnen begründeten diese gerade mit der auf empirische Studien gestützten Befürchtung negativer Konsequenzen für den gesamten Jugendvollzug (Kreuzer 2008, Graebsch 2008, Ullenbruch 2008, Kinzig 2008). Das Gesetz wurde dennoch beschlossen. Nicht einmal eine Evaluation seiner Folgen wurde dabei vorgesehen. Obwohl der Gesetzgeber mit der Neuregelung die Verantwortung für die Anordnung von Sicherungsverwahrung über die entscheidenden Gefährlichkeitsprognosen[9] nahezu vollständig in die Hände außerjuristischer Sachverständiger legte, war ihm deren Sachverstand für die Prognose über die Gesetzeswirkungen oder wenigstens deren nachträgliche Evaluation dann offensichtlich doch nicht gut genug (vgl. zum Ganzen auch Graebsch 2009). Diese Erkenntnis betrifft exemplarisch die aktuell eingriffsintensivste Seite der Jugendkriminalpolitik, die auch deshalb besonders bedeutsam ist, weil es einen kriminologischen Konsens darstellt, dass eingriffsintensive Maßnahmen bei jungen Menschen jedenfalls besonders sorgfältig geprüft werden müssen. Wenn schon dabei der Einfluss empirischer Forschung so gering ist, wie gezeigt, erübrigt es sich, weitere Belege betreffend weniger eingriffsintensiver Bereiche anzuführen, die aber leider reichlich vorhanden sind.

Literatur

Boruch, R. (2000): Wie können wir wissen, was wirkt? Probleme mit randomisierten Experimenten auf dem Gebiet der Kriminalpolitik. In: Bremer Institut für Kriminalpolitik (Hrsg.), Experimente im Strafrecht – Wie genau können Erfolgskontrollen von kriminalpräventiven Maßnahmen sein? S. 61-86.

Dölling, D./Entorf, H./Hermann, D./Rupp, T./Woll, A. (2007): Metaanalyse empirischer Abschreckungsstudien – Untersuchungsansatz und erste empirische Befunde. In: Lösel/Bender/Jehle (Hg.), a.a.O., S. 633-648.

---

9   Ein wesentliches Argument gegen die Einführung der Sicherungsverwahrung bei jungen Menschen stellte die Tatsache dar, dass es zur Einschätzung von deren Gefährlichkeit noch nicht einmal geeignete Prognoseverfahren gibt, wahrscheinlich sogar überhaupt nicht geben kann. Aber auch im Bereich der Kriminalprognose werden keineswegs nur ihrem Namen nach an bloße Kosmetik erinnernde Marken, wie die MIVEA, als wissenschaftlich fundierte Methode verkauft, die angeblich auch völlig problemlos auf Jugendliche sowie alle möglichen anderen Personenkreise und Deliktarten übertragbar sein soll und im Vollzug bereits an mehreren Orten systematisch eingesetzt wird, vgl. dazu Graebsch/Burkhardt 2006.

Finckenauer, J.O. (1982): Scared Straight! and the Panacea Phenomenon, Englewood Cliffs, New Jersey.
Finckenauer, J.O./Gavin, P.W. (1999) (with Hovland, A./Storvoll, E.): Scared Straight. The Panacea Phenomenon Revisited, Prospect Heights.
Gartin, Patrick Raymond (1992): „The Individual Effects of Arrest in Domestic Violence Cases: A Reanalysis of the Minneapolis Domestic Violence Experiment." Ann Arbor: University Microfilms International.
Graebsch, Christine (2009): „Der Gesetzgeber als gefährlicher Wiederholungstäter. Empirische Erkenntnis über Kriminalprävention und Kriminalprognose im Recht der Sicherungsverwahrung sowie bei der ausländerrechtlichen Ausweisung." In: Müller, H.E./Sander, G.M./Valkova, H. (Hg.): Festschrift für Ulrich Eisenberg zum 70. Geburtstag, München, S. 725-740.
Graebsch, C. (2008): Stellungnahme für die öffentliche Anhörung des Rechtsausschusses des Deutschen Bundestages am 28. Mai 2008, http://www.bundestag.de/ausschuesse/a06/anhoerungen/37_jugendstrafrecht-sichverw/index.html.
Graebsch, C. (2007): Kompatibilitätsprobleme zwischen experimenteller Erkenntnisgewinnung und rechtlichem Entscheidungsprogramm. In: Lösel/Bender/Jehle (Hg.), a.a.O., S. 193-204.
Graebsch, C. (2006 a): Ist Knast nicht cool? Helfen Gefangene Jugendlichen? In: Zeitschrift für Strafvollzug, 55. Jg., 161-164.
Graebsch, C. (2006 b): Gefangene helfen Jugendlichen nicht – wem dann? In: Neue Kriminalpolitik, 18. Jg., S. 46-52.
Graebsch, C. (2004): "Evidence-Based Crime Prevention". Anspruch und Praxisbeispiele einer Kriminalpolitik nach medizinischem Modell. In: Kriminologisches Journal, 34. Jg., 266-283.
Graebsch, C. (2002): Medizinische Versuche mit Gefangenen und anderen Unfreiwilligen. Anmerkungen für eine kontextorientierte Ethikdebatte und einige Fragen aus kriminologischer Sicht. In: Joerden, J.C./Neumann, J.N. (Hrsg.): Medizinethik 3, Ethics and Scientific Theory of Medicine, Frankfurt am Main, S. 153-199.
Graebsch, C. (2000): Legal Issues of Randomized Experiments on Sanctioning. In: Crime & Delinquency, 46. Jg., S. 271-281.
Graebsch, C./Burkhardt, S.-U. (2006): MIVEA-Young Care? Prognoseverfahren für alle Altersgruppen, oder doch nur Kosmetik? In: Zeitschrift für Jugendkriminalrecht und Jugendhilfe, 17. Jg., S. 140-147.
Hellstern, G.M./Wollmann, H. (1983), Hrsg.: Experimentelle Politik – Reformstrohfeuer oder Lernstrategie: Bestandsaufnahme und Evaluierung, Opladen: Beiträge zur sozialwissenschaftlichen Forschung, Band 27.
Institute für Kriminologie der Universitäten Heidelberg und Tübingen (2008): Abschlussbericht der wissenschaftlichen Begleitung des Projekts Chance, Jugendstrafvollzug in freien Formen – durchgeführt vom Projekt Chance e.V. mit Mitteln aus der Landesstiftung Baden-Württemberg gGmbH, verfügbar unter: http://www.projekt-chance.de .
Kinzig, Jörg (2008): Schriftliche Stellungnahme für die öffentliche Anhörung des Rechtsausschusses des Deutschen Bundestages am 28. Mai 2008, abrufbar unter
http://www.bundestag.de/bundestag/ausschuesse/a06/anhoerungen/Archiv/37_Jugendstrafrecht-Sichverw/04_Stellungnahmen/Stellungnahme_Kinzig.pdf
Konopka, M. (2008): Stellungnahme für die öffentliche Anhörung des Rechtsausschusses des Deutschen Bundestages am 28. Mai 2008 http://www.bundestag.de/ausschuesse/a06/anhoerungen/37_jugendstrafrecht-sichverw/index.html.
Kreuzer, A. (2008): Stellungnahme für die öffentliche Anhörung des Rechtsausschusses des Deutschen Bundestages am 28. Mai 2008 http://www.bundestag.de/ausschuesse/a06/anhoerungen/37_Jugendstrafrecht_Sichverw/04_Stellungnahmen/index.html.
Krisberg, B. (2000): Advising Criminal Policy – Are Experimental Evaluations Important (deutsche Übersetzung) In: Bremer Institut für Kriminalpolitik (Hrsg.): Experimente im Strafrecht. Wie genau können Erfolgskontrollen von kriminalpräventiven Maßnahmen sein? Bremen, S. 162-178.
Kurlycheck, M./Kempinen, C. (2006): "Beyond Boot Camp: The Impact of Aftercare on Offender Reentry." In: Criminology & Public Policy, 5. Jg., 363-388.
Lösel, F./Bender, D./Jehle, J.-M. (Hg.; 2007): Kriminologie und wissensbasierte Kriminalpolitik. Entwicklungs- und Evaluationsforschung, Godesberg.
Marlowe, D.B. (2006): When "what works" never did: Dodging the "Scarlet M" in correctional rehabilitation. In: Criminology & Public Policy, 5. Jg., 339-346.
Martinson, R. (1974): What works? Questions and answers about prison reform. In: The Public Interest, 35. Jg., 22-54.
McCord, J. (1978): „A Thirty-Year Follow-up of Treatment Effects." In: American Psychologist, March, S. 284-289.
Ortmann, R. (2002): Sozialtherapie im Strafvollzug. Eine experimentelle Längsschnittstudie zu den Wirkungen von Strafvollzugsmaßnahmen auf Legal- und Sozialbewährung., Freiburg i.B.

Pütz, Edwin (2008): Stellungnahme zum Gesetzentwurf der Bundesregierung, BT-Drucksache 16/6562 vom 04.10.2007, abrufbar unter:
http://www.bundestag.de/bundestag/ausschuesse/a06/anhoerungen/Archiv/37_Jugendstrafrecht-Sichverw/04_ Stellungnahmen/Stellungnahme_Puetz.pdf

Schumann, K.F./Berlitz, C./Guth, H.-W. (1987): Jugendkriminalität und die Grenzen der Generalprävention, Neuwied

Shadish, W.R./Cook, T.D./Campbell, D.T. (2002): Experimental and Quasi-Experimental Designs for Generalized Causal Inference, Boston u.a.

Sherman, L.W./Farrington, D.P./Welsh, B.C./MacKenzie, D.L. (Hg.) (2002),.: Evidence-Based Crime Prevention, London u.a.

Sherman, L.W./Gottfredson, D.C./MacKenzie, D.L./Eck, J./Reuter, P./Bushway, S.D. (1997): Preventing Crime: What Works, What Doesn't, What's Promising. A Report to the United States Congress. Prepared for the National Institute of Justice.", verfügbar unter http://www.preventingcrime.org

Sherman, L.W. (1998): „Evidence-Based Policing". In: Ideas in American Policing, July, Police Foundation, S. 1-15.

Sherman, L.W. (1992): Policing Domestic Violence. Experiments and Dilemmas. New York.

Ullenbruch, T. (2008): Stellungnahme zur öffentlichen Anhörung des Rechtsausschusses des Deutschen Bundestages am 28. Mai 2008, http://www.bundestag.de/ausschuesse/a06/anhoerungen/37_jugendstrafrecht-sichverw/index.html,

Wilson, D.B./MacKenzie, D.L./Mitchell, F.N. (2005): Effects of Correctional Boot Camps. A Campbell Collaboration systematic review, verfügbar unter http://www.aic.gov.au/campbellcj/reviews/titles.html

Wilson, J.A./Davis, R.C. (2006): Good intentions meet hard realities: An evaluation of the project Greenlight Reentry Program. In: Criminology & Public Policy, 5. Jg., 303-338.

Olaf Emig

Kooperation von Polizei, Schule, Jugendhilfe und Justiz – Gedanken zu Intensivtätern, neuen Kontrollstrategien und Kriminalisierungstendenzen

Die Konzentration polizeilicher Schwerpunktarbeit auf so genannte junge Intensivtäter und gewaltbereite junge Menschen erfordert aus der Sicht von Polizeistäben und Politik eine enge Kooperation der Jugendhilfe mit Schule und Polizei. Intensivtäter[1] sollen für einen Großteil von Eigentums- und Gewaltdelikten verantwortlich sein. Die Aktivitäten gegen sie sind wesentliche Bestandteile kriminalpolitischer Konzepte, mit denen Jugendhilfe und Schule in ein Netzwerk von Mitteilungspflichten und Konferenzen eingebunden werden. Im Mittelpunkt des Erkenntnisinteresses über Kriminalität und Auffälligkeit stehen dabei Stadtteile und Quartiere, die von Benachteiligung und hoher Arbeitslosigkeit geprägt sind. Dabei orientiert sich Polizei bei der Bekämpfung von Kriminalität nicht mehr vornehmlich an repressiven und deliktorientierten Maßnahmen, sondern sie arbeitet täterorientiert, um möglichst viel Kenntnisse über den jugendlichen Täter zu gewinnen. Diese „operative Präventionsstrategie" bringt es mit sich, dass potentielle Täter in Dateien erfasst und potentiell gefährliche Gruppen wie Gewalt-, Intensiv- oder Schwellentäter überwacht werden (Hohmeyer 1999: 3). Gerade weil sie im Vorfeld ihrer Ermittlungen Erkenntnisse und Einschätzungen der Jugendhilfe braucht, um differenzierte Lagebilder über „Gewalt-, Diebstahlsdelikte" und soziale Auffälligkeiten zu bekommen, ist die Polizei bei dieser strategischen Ausrichtung auf die aktive und verbindliche Kooperation der Jugendhilfe und Schule angewiesen. In diese Lagebilder sollen Erkenntnisse über so genannte problematische Quartiere mit einfließen. Informationen über „Migrationshintergründe" und die Identifizierung von „Hoch-Risiko-Familien"[2] sind weitere Bausteine solcher Lagebilder. Als Ursache von Kriminalität werden dabei eine hohe Konzentration und Wechselwirkungen so genannter kriminogener Faktoren angenommen. Die polizeilichen Lagebilder sollen dazu dienen, kriminelle Karrieren vorhersagen und gegebenenfalls unterbrechen zu können. Aus polizeilicher Sicht sind sie damit Teil ihrer präventiven Strategie.

Prävention wird dabei als geeignetes Vehikel gesehen, den kriminalpolitischen Blick auf das Gemeinwesen zu richten und verschiedene Professionen und Akteure zusammenzubringen. Der „runde Tisch" in Form von kriminal- oder sicherheitspräventiven Arbeitsgruppen wurde zum Synonym für eine notwendige und vermeintlich längst überfällige Zusammenarbeit zwischen der Polizei, ausgesuchten Akteuren der Bevölkerung und der Jugendhilfe. Dadurch

---

1   Für Intensivtäter gibt es keine einheitliche Definition und jedes Bundesland hat eine eigene Definition darüber, was ein Intensivtäter sein soll. In Bremen wird von der Polizei aufgrund polizeilicher Auffälligkeiten vierteljährlich eine „Intensivtäter-Rangliste" erstellt und gepflegt. Deliktsfelder, die die öffentliche Sicherheit und das „Sicherheitsgefühl" beeinträchtigen, werden nach einem spezifischen Multiplikator gewichtet. Es werden alle Tatverdächtigen mit mehr als fünf Straftaten pro Jahr gewertet.
2   Der Begriff der Hoch-Risiko-Familie wird in den Strategie- und Handlungspapieren gegen Jugendgewalt nicht definiert. So geraten Familien zu kriminogenen Faktoren.

kommt es allerdings zu einer Vermischung unterschiedlicher Kontrollsysteme, die funktional und sozial bisher eigenständig wirkten. Die Polizei nimmt in diesem Kontext vielerorts bei der Bildung von kriminalpräventiven Arbeitskreisen und Steuerungsgruppen eine konstitutionelle und konzeptionelle Vorreiterrolle ein. Polizei organisiert vor Ort nächtliche Basketballturniere, sie veranstaltet Malwettbewerbe zur inneren Sicherheit in Schulen und Kindergärten und sie ist immer häufiger als „Partner" in pädagogischen (schulischen) oder sozialpädagogischen Arbeitsgremien zu finden. Diese gemeindeorientierte Ausrichtung der Polizeiarbeit verlagert bisherige personenbezogene repressive Kontrollstile unter dem Rubrum des „präventiven Blicks" in ein strafrechtliches Vorfeld des permanenten Verdachts gegen alle Bürger. Die technische Seite dieses Perspektivenwechsels finden wir in der Überwachung von Plätzen und Orten durch das technische Auge der Videokamera.

Gleichzeitig bedeutet Kriminalprävention in diesem Sinne die Umdefinition von Jugendhilfeaufgaben: Die bisherige Orientierung der Jugendhilfe an den Bedürfnissen und Interessen der Jugendlichen wird sukzessive ersetzt zugunsten einer Verhinderung abweichenden Verhaltens durch ein neues Muster sozialer Kontrolle. Mit der Praxis der Prävention, seiner theoretischen Anreicherung und einer großzügigen politischen Unterstützung wurde eine Klammer gefunden, die geeignet scheint, die unterschiedlichen Sichtweisen, Interessen und Professionen zu vereinen. Ein Gemeinwesen, ein Stadtteil oder ein Quartier wird unter einem kriminalpräventiven Fokus anders gesehen und gewertet als unter einem städtebaulichen oder infrastrukturellen Blick. Ins Visier der Betrachtung geraten die Jugendlichen, die aufgrund knapper oder nicht vorhandener Ressourcen ihre sozialen Interaktionen überwiegend im öffentlichen Raum austragen. Ihr Verhalten wird als störend, laut und auffällig empfunden und unter dem „großen Mantel" der Prävention wird dann nach Lösungen, die nicht immer vom Sachverstand getragen sind, gesucht. Sozialarbeit hat ihren professionellen Anspruch, soziale Probleme zu erkennen und diese in Form von Programmen Lösungen bzw. Hilfen zuzuführen, in diesem Bereich aufgegeben. In der Dynamik einer fiebrigen Präventionsdebatte besteht die Gefahr, dass alles zur Prävention erklärt wird. Die ganze Erziehung ist dann Prävention, zielgruppen- und geschlechtsspezifische Varianten mit eingeschlossen. Den Befürwortern einer Ausweitung der Kriminalprävention mangelt es nicht an Selbstbewusstsein: Sie verweisen auf die Zusammenhänge zwischen Integration, Kriminalität und der sozialen Teilhabe durch Kriminalprävention[3]. Prävention ist dann ein bunter Strauß von Projekten, der von der Beobachtung (und Bewertung) vom „Suchtverhalten in der Familie" bis zur ständigen Überwachung/Begleitung von Jugendlichen durch die Polizei (die ironischerweise „Patenschaften" genannt werden) reicht.

Im Kontext der präventiven Strategie ist auch die Erfassung und Deutung des Sozialraumes für die Kriminalitätsbekämpfung von großer Relevanz. Der Gebrauch der kriminologischen Regionalanalyse ist seit Mitte der 80er Jahre in Deutschland zu beobachten. Für einen vorab festgelegten Raum werden neben den geografischen Besonderheiten der Untersuchungsregion möglichst kleinräumig differenzierte Sozial- und Bevölkerungsdaten, Angaben über registrierte Kriminalität, Erkenntnisse von Bevölkerungsbefragungen, justizielle Daten und Informationen über die Instanzen der Sozialkontrolle zusammengetragen und in Beziehung zueinander gesetzt (Luff 2004: 4).

Für Präventionsprojekte ist der Sozialraum von Interesse, weil ein bestimmtes Bild von sozialen Räumen vermittelt wird, das den Sozialraum meist in einem negativen Verständnis als Gefahrenraum sieht. Sicherheitsinteressen der Polizei verlangen Lagebilder über Kriminalität

---

3 Siehe Einladungstext zum 14. Deutschen Präventionstag im Juni 2009.

und abweichendes Verhalten. Hierzu gehören auch jugendtypische Lebensmuster, risikoreiches Konsum- und Suchtverhalten sowie die Einbeziehung der Institution Schule in Bezug auf Abweichungsverhalten und Verstöße gegen Ordnungsgesetze (z.B. Schulvermeidungsverhalten). Hilfe, eingekeilt zwischen Prävention und Repression, wird dann oftmals so verstanden, dass die Kinder und Jugendlichen aus den belasteten „Räumen" und „Quartieren" durch externe Angebote herausgeholt werden, um sie zu schützen. An den strukturellen Bedingungen wie Arbeitslosigkeit, enge Wohnverhältnisse, wenig sinnvolle Freizeitangebote etc. ändert sich nichts. Im jugendpolitischen System zeichnet sich eine grundsätzliche Verschiebung ab, und zwar vom Anspruch auf eine positive Entwicklung des jungen Menschen zu einer Jugendhilfe, die den tatsächlichen oder vermeintlichen Schutz der Bevölkerung zum Gegenstand von Interventionsstrategien macht. Polizeiliche und ordnungspolitische Auffälligkeit sowie der Umgang mit Delinquenz oder unbotmäßigem Verhalten – wie Schule schwänzen – spielen dabei eine große Rolle. Viele Konzepte und Strategien der Kinder- und Jugendhilfe oder der Gemeinwesenarbeit werben Mittel mit der Aussicht oder dem Versprechen ein, Kriminalität und Gewalt eindämmen zu wollen bzw. zu können. Wie von selbst und scheinbar unaufhaltsam werden Strafverfolgungsbehörden, milieukundige Polizisten und Jugendbeauftragte mit präventiven Ambitionen in die lebensweltbezogenen und sozialräumlichen Strukturen einbezogen. Dass Jugendhilfe und Polizei unterschiedliche Aufgabenfelder, Zielvorstellungen, Herangehensweisen und eigene Rollenverständnisse haben sowie auch eine eigene Sichtweise gesellschaftlicher Problemlagen, scheint von der öffentlichen Forderung nach gemeinsamer Verantwortung bei der Bekämpfung von Gewalt und Kriminalität erdrückt und überlagert zu werden. Gefahrenabwehr zur gemeinsamen Grundlage von Sozial- und Polizeiarbeit zu machen, bedeutet, Sozialarbeit auf die Schutzpflichten des SGB VIII (Kindeswohlsicherung, Aufarbeitung von Straftaten, etc.) zu begrenzen.

Zudem wirft die instutionalisierte Kooperation von Jugendhilfe und Polizei rechtliche Probleme auf, denn das Legalitätsprinzip bindet die Polizei an einen strikten Strafverfolgungsauftrag. Handlungsalternativen zur Strafverfolgung nach dem Opportunitätsprinzip, wie es bei einer Ordnungswidrigkeit möglich wäre, gibt es nicht. Jugendhilfe hingegen muss deutlich machen, dass der Sozialraum für Kinder und Jugendliche in erster Linie ein gefahrloser Aneignungsraum ist, der eben auch jugendtypische Lebensstile (Cliquen), riskante Konsummuster (Alkohol, Nikotin, illegale Betäubungsmittel) und Grenzüberschreitungen aufweist und ermöglicht (Deinet 2002: 3). In diesem Sinne muss es eine zentrale Frage von professionellen Strategien sozialräumlicher Intervention sein, ob es über die „Öffnung" sozialer Räume gelingt, mehr gesellschaftliche Teilhabe mit und für die Bewohner zu realisieren. Dies gilt für Bildungschancen, Teilhabe an Ausbildung und Arbeit, aktives Mitgestalten am kulturellen und politischen Leben und eine gelungene Gestaltung der eigenen Biografie (Schumann 2004: 324). Auch der 11. Kinder- und Jugendbericht von 2002 der Bundesregierung betont, dass nach wie vor soziale Ungleichheit durch Geschlecht, Bildung, Schicht/Klasse, Region und Migrationshintergrund bestimmt wird. Durch Vernachlässigung der Infrastruktur, Bausünden, Wohnsegregation und Massenarbeitslosigkeit bestehe die Gefahr der „Gettoisierung" von Wohnquartieren. Mit dem Hinweis auf die Vernachlässigung des sozialen und kulturellen Kapitals (Bordieu) verweist der Bericht darauf, dass 10% der Jugendlichen keinen Arbeitsplatz finden, ca. 15% die Schule schwänzen, 25% schulische Absteiger sind und 20% die Schule ohne Hauptschulabschluss verlassen. In diesem Kontext ist der Begriff des Mehrfach- oder Intensivtäters in der Jugendhilfe nicht neu, er wurde aber in der Regel mit sozialen Mängellagen und besonderen Förderungsbedarfen junger Menschen konnotiert. Für die Jugendhilfe waren Mehrfachtäter immer eine besondere Herausforderung, um ihre Angebote zu überprüfen und – wenn nötig – weiter zu entwickeln oder zu modifizieren. Mit dem Typus „Intensivtäter" wird aber ein Begriff in die Handlungspraxis eingeführt, der per Absicht und Definition auf den strafrechtlichen und sozialschädlichen Fokus des jungen Menschen abhebt. Wer als „Intensivtäter" erfasst und registriert wird, unterliegt einem Monitoring- und Rankingsystem der Polizei. Die Ausländerbehörde Bremen beispielsweise hat für die Bearbeitung von ausländerrechtlichen Verfahren von Straftätern (auch von jugendlichen Straftätern) ein eigenes Team eingesetzt. Durch die enge Zusammenarbeit mit der Polizei ist ein wechselseitiger und schneller Informationsaustausch gewährleistet. „Ausländerrechtliche Maßnahmen können so zeitnah und konsequent durchgeführt werden." Das Team der Ausländerbehörde nimmt an so genannten „Gefährderansprachen", die die Polizei mit Jugendlichen durchführt, teil, und sie verweist auf die ausländerrechtlichen Konsequenzen delinquenten Handelns (11. Kinder- und Jugendbericht 2002). Im Rahmen der Entwicklung der zahlreichen Präventionsprojekte wurden unter den Jugendlichen aber auch noch weitere Risikogruppen, die einer besondern Kontrolle und Behandlung bedürfen, ausfindig gemacht. Hierzu zählen (neben den „Intensivtätern") die Gruppe der ausländischen oder deutschen Tatverdächtigen, die einen „Migrationshintergrund" aufweisen sowie Graffiti-Sprayer, Schwellentäter, gewaltbereite Jugendliche oder etwa delinquente, aber strafunmündige Kinder. Gerade am Beispiel der zuletzt genannten Gruppe der delinquenten, strafunmündigen Kinder lässt sich die weitgehend widerstandslose Beteiligung der Jugendhilfe bzw. die bereitwillige Zur-Verfügung-Stellung ihres jugendhilfespezifischen Instrumentariums für Aufgaben des Sanktions- und Rechtsfolgesystems des Strafrechts feststellen. Sie trägt damit – wenn auch weitgehend ungewollt – dazu bei, die Herabsetzung des Strafmündigkeitsalters hoffähiger zu machen. Denn was passiert eigentlich, wenn diese Kinder trotz dieser Programme weiterhin delinquent bleiben? Wer in der Logik des Strafrechtssystems bleibt, muss die Mittel des Zwangs und nicht zuletzt des Freiheitsentzuges in Form der geschlossenen Unterbringung für die betroffenen Kinder in Kauf nehmen. Eine herausgehobene Stellung nimmt beispielsweise in Bremen die „Behördenübergreifende Fallkonferenz" im Handlungskonzept „Stopp der Jugendgewalt" ein, weil hier als Begründung zur Konstituierung und Tätigkeit der Fallkonferenz die Prämisse der Sicherung des Kindeswohls angegeben wird, aber eine effektive Strafverfolgung unter Einbeziehung des Jugendamtes gemeint ist. In der Handlungsanleitung zur Fallkonferenz heißt es, „Ziel der Behördenübergreifenden Fallkonferenz ist einzig die Gefahrenabwendung für das Kind bzw. Jugendlichen" sowie die Abwehr von Kindeswohlgefährdung im Sinne von Kindeswohlsicherung. In den weiteren Zielen werden die Gefahrenabwehr zum Schutz der Bevölkerung und die Unterbrechung bzw. Verhinderung einer kriminellen Karriere genannt. Für die Durchführung der Fallkonferenz sind Vertreter der Polizei, der Schule und des Amtes für Soziale Dienste (Jugendamt) als „konstant Teilnehmende" zuständig, um geeignete „Maßnahmen" zu beraten und zu beschließen. Das „Ausländeramt und die Staatsanwaltschaft" können zur Beratung hinzugezogen werden. Die Leitung für die Fallkonferenz obliegt dem Vertreter des Amtes für Soziale Dienste[4]. Damit wird das Jugendamt bzw. das Amt für Soziale Dienste selbst zum exekutiven Teil einer repressiven Kriminalpolitik. Das widerspricht dem gesetzlichen Auftrag, dass Kindeswohlsicherung ausschließlich dem Wohl des Kindes zu dienen hat. Die Polizei möchte u.a. von der Fallkonferenz wissen, ob ein „regelmäßiger, pünktlicher Schulbesuch" stattgefunden hat und welche Rolle der Delinquent im Klassenverband einnimmt, wobei als Gedankenhilfe die Begriffe „Anführer, Clown, Opfer und Tyrann" angegeben werden.

---

4 Handlungsleitfaden einer Behördenübergreifenden Fallkonferenz in Bremen. (Stand 10. November 2008)

Darüber hinaus wünscht die Polizei Angaben der Schule über das Verhalten der betroffenen Geschwisterkinder. Von der Jugendhilfe werden Angaben über „bereits durchgeführte Hilfen" und Mitteilungen darüber, „wer (…) an den derzeitigen Maßnahmen beteiligt ist", erwartet[5]. An diesen Beispielen wird deutlich, dass unter dem Label „Kindeswohlsicherung" die Jugendhilfe zur Durchsetzung gesellschaftlicher Kontrollfunktionen instrumentalisiert und in direkter Weise in die operative Verbrechensbekämpfung einbezogen wird.

So kommt es auch zu einer Aushöhlung und Umgehung des gesetzlichen Datenschutzes: Das Handlungskonzept „Stopp der Jugendgewalt" hält einer datenschutzrechtlichen Prüfung nicht stand. Das Bremer Innenressort wurde durch den Bremer Datenschutzbeauftragten gerügt, weil das Konzept „Stopp der Jugendgewalt" mit der Rechtslage unvereinbar sei (Weser-Kurier 2009, S. 8). Durch den weitgehenden Informationsaustausch – wie beispielsweise die Unterrichtung der Justiz über den unregelmäßigen Schulbesuch und die Unterrichtung der Schule von Strafverfahren gegen Minderjährige durch die Staatsanwaltschaft und Gerichte – liegt es auf der Hand, dass der Datenschutz und die Rechtssprechung nur ungenügend berücksichtigt wurden. Fatalerweise wurde in der Fachöffentlichkeit, in der Presse und in den politischen Gremien der Eindruck vermittelt, der Datenschutz sei über das Konzept „Stopp der Jugendgewalt" einschließlich der Handlungsoptionen informiert und einbezogen bzw. man befände sich für Teilprojekte des Handlungskonzepts noch in einem Abstimmungsprozess. Nachdem das Handlungskonzept schon ein Jahr in Kraft war, stellte sich im März 2009 heraus, dass der Landesbeauftragte für Datenschutz und Informationsfreiheit der Freien Hansestadt Bremen bisher an dem Verfahren nicht beteiligt war. Der Datenschutz in der Jugendhilfe dient dem Schutz persönlicher Daten in Zusammenhang mit dem Sozialdatenschutz. Im § 35 SGB I ist das Sozialgeheimnis als grundlegende Norm ausgewiesen. Das Bundesverfassungsgericht[6] forderte für den hoheitlichen Umgang mit personenbezogenen Daten die Einhaltung von Grundsätzen, die in der Jugendhilfe beachtet werden müssen. Demnach beinhaltet der Erforderlichkeitsgrundsatz, dass personenbezogene Daten nur dann erhoben werden dürfen, wenn sie zur Erfüllung der jeweiligen hoheitlichen Aufgabe erforderlich sind. Und das Transparenzgebot erfordert, dass die Daten erhebende Stelle den Klienten/Kunden darüber aufzuklären hat, was mit seinen Daten geschieht und zu welchem Zweck sie verwendet werden bzw. offenbart werden können. Ohne Zustimmung des Betroffenen dürfen erhobene Daten nicht zu einem anderen Zweck weitergegeben werden, weil sonst das Recht auf informationelle Selbstbestimmung eingeschränkt und verletzt wird (Landesjugendamt Bayern 2000). Die Gewährleistung des besonderen Sozialdatenschutzes in der Umsetzung des SGB VIII als Leistungsgesetz ist eine unverzichtbare Prämisse in der Jugendhilfe, da das Vertrauensprinzip als Garant für das Zustandekommen und die Wirksamkeit von Leistungen nach diesem Gesetz unabdingbar ist. Durch die weitere Ergänzung der Regelungen zum Datenschutz wird der besondere Vertrauensschutz in § 65 SGB VIII hervorgehoben. Unbefugte Datenweitergabe ist auch für Sozialarbeiter strafbewährt[7]. In Kooperationskontexten muss das Prinzip des Datenschutzes im Allgemeinen und für den Bereich

---

5 Polizei Bremen. Zusammenfassung der Informationen, die im Rahmen einer Fallkonferenz ausgetauscht werden sollten. (Ziffer 2.1 bis 2.3 des Projektplanes). 16.07.2008

6 Das Bundesverfassungsgericht formulierte in seinem Urteil zum Volkszählungsgesetz 1983 wichtige Grundpositionen zum Datenschutz. Es leitete aus den Artikeln 2 Absatz 1 (Freiheit der Person) und 1 Absatz 1 (Schutz der Menschenwürde) des Grundgesetzes ein Grundrecht auf informationelle Selbstbestimmung ab.

7 Lt. § 203 Abs. (1) Nr. 5 des Strafgesetzbuches wird normiert, dass staatlich anerkannte Sozialarbeiter als Berufsgruppe in Bezug auf die Strafbarkeit keine Daten wg. der Verletzung von Privatgeheimnissen an andere Institutionen weitergeben dürfen.

des Sozial- und Vertrauensdatenschutzes im Besonderen als Arbeitsprinzip der Jugendhilfe gegenüber Kooperationspartnern offensiv hervorgehoben und vermittelt werden.

Was für die Jugendhilfe gilt, ist in ähnlicher Weise auch für die Institution Schule zentral, denn eine erweiterte Anzeigepflicht für Straftatbestände an Schulen kollidiert mit dem Bildungs- und Erziehungsauftrag der Schule. Schule bzw. das pädagogische Personal löst Konflikte und Abweichungsverhalten vorrangig pädagogisch und es kann dabei auf eine jahrzehntelange erfolgreiche Praxis verweisen. Zusätzlich kann die Schule bzw. Schuladministration auf verwaltungsrechtliche Maßnahmen in Verbindung mit dem Ordnungsrecht zurückgreifen, was im Einzelfall auch zum Freiheitsentzug von Schülern durch die Vollstreckung eines Ungehorsamarrestes führen kann. Bisher lag es im Ermessen eines Lehrers bzw. der Schulleitung, ob eine Strafanzeige gegen Schüler gestellt wird. Eine Anzeigepflicht besteht für geplante und schwerste Straftaten wie z.B. Mord, Völkermord oder Raub. Die erweiterte Anzeigepflicht für Lehrer und Sozialarbeiter an Schulen kann das spezifische pädagogische Vertrauensverhältnis zwischen Pädagogen und Schülern unterlaufen und die Bemühungen um die Ausweitung des Zeugnisverweigerungsrechts für die Berufsgruppen der Lehrer und Sozialpädagogen erschweren (Stiftung SPI Clearingstelle Jugendhilfe/Polizei 1998). Seitens der Schule sollen laut Handlungskonzept Informationen an die Justiz auch „über die unerlaubte Abwesenheit vom Unterricht" mit einfließen. Dadurch werden Informationen über Verhaltensweisen und Einstellungen von Schülern an Strafverfolgungsbehörden weitergeleitet, die einem besonderen Vertrauensschutz im Lehrer-Schüler-Verhältnis unterliegen. Zukünftig soll die Justiz in „geeigneten Fällen" die Schule über die Einleitung eines Strafverfahrens und von der Erhebung einer Klage sowie vom Ausgang eines Verfahrens unterrichten, wobei unklar bleibt, was „geeignete Fälle" sein sollen. Solche unbestimmten Rechtsbegriffe tragen erheblich zur Verunsicherung und zur Instrumentalisierung des Strafrechts zur Disziplinierung und Kriminalisierung von Schülern bei.

Resümee

Jeder junge Mensch hat ein Recht auf Förderung seiner Entwicklung und Erziehung. Jugendhilfe soll zur Verwirklichung dieses Anspruchs aktiv beitragen, sie hat individuelle und soziale Entwicklung zu fördern und für positive Lebensbedingungen Sorge zu tragen. Mit Absicht hat deshalb der Gesetzgeber diesen Förderanspruch des Einzelnen und die Aufforderung an die Jugendhilfe, sich für bessere Lebensbedingungen einzusetzen, im § 1 des Sozialgesetzbuches VIII für die Kinder- und Jugendhilfe normativ verankert. Jugendhilfe im Strafverfahren beinhaltet auch Sozialarbeit im Quartier/Stadtteil. Die Aufklärung über Bedingungsfaktoren, Verlaufsformen und Verarbeitung von Delinquenz sind Aufgaben der Jugendhilfe im Strafverfahren. Die Jugendhilfe plädiert im Lichte kriminologischen Wissens und praktischer Erfahrungen für einen angemessenen und rationalen Umgang mit Kriminalität. Jugendhilfe muss entschieden Stigmatisierungstendenzen entgegentreten und den Gestaltungsauftrag des SGB VIII ernst nehmen.

Der ideologische Begriff des jugendlichen Intensiv- und Gewalttäters sowie die weiteren konstruierten Risikogruppen dienen vorrangig der Legitimation für den erweiterten und vorgelagerten Polizeieinsatz in den Feldern der Kinder- und Jugendhilfe und Schule. Die breite Unterstützung durch Politik und Verwaltung sowie die Berichterstattung in den Medien üben einen Druck aus, der dazu führt, dass das Primat der Pädagogik in Jugendhilfe und Schule zugunsten eines repressiven Umgangs mit Kindern und Jugendlichen ausgehöhlt wird. Statt Lagebilder über „gefährliche Orte" und „Risikogruppen" anzufertigen, muss Jugendhilfe dazu beitragen, Benachteiligungen und schlechte Lebensverhältnisse zu analysieren und mit Hilfe des Klientels zu verändern. Eine theoretisch fundierte und selbstbestimmte kritische Soziale Arbeit zeichnet sich dadurch aus, dass sie ihren Gegenstand eigenständig benennt. Stigmatisierende und unwissenschaftliche sowie personalisierende Negativzuschreibungen wie Intensiv- oder Schwellentäter sind als untaugliche analytische Kategorien abzulehnen (Bettinger 2009). Jugendhilfe muss in Zeiten wirtschaftlicher Unsicherheiten und steigender Arbeitslosigkeit, die in Folge Armut hervorbringt, das Gebot des Politischen betonen und offensiv ihre eigenständige Schutz- und Hilfefunktion unter Wahrung des Datenschutzes hervorheben.

Literatur

Bayerisches Landesjugendamt (2000): verfügbar unter: www.blja.bayern.de/themen/datenschutz/schutz
Bettinger, F. (2009): Unveröffentlichtes Manuskript zu „Perspektiven kritischer Sozialer Arbeit". Vortrag im Haus der Wissenschaft in Bremen am 24.2.2009.
Deinet, U. (2009): Zwischen Bildungs- und Sozialraumorientierung – zu Situation und Perspektiven Offener Kinder- und Jugendarbeit, S. 3 (www.efhlu.de/pdf/Fortbildung/deinet.pdf).
Deinet, U./Krisch, R. (2002): Der sozialräumliche Blick der Jugendarbeit. Methoden und Bausteine zur Konzeptentwicklung und Qualifizierung (Kurzfassung). Opladen.
Hohmeyer, C. (1999): Risiko Prävention. Zur polizeilichen Vorbeugung von Jugendkriminalität. Bürgerrechte & Polizei/CILIP 63 (2/1999).Internetdarstellung S. 3 unter http://www.cilip.de/ausgabe/63/praeven.htm
Luff, J. (2004): Kriminologische Regionalanalysen: Zu Moden und Methoden, Notwendigkeit und Nutzen. In: Kerner, H.-J.; Marks, E. (Hrsg.): Internetdokumentation Deutscher Präventionstag. Hannover, S.4 (http://www.praeventionstag.de/content/9_praev/doku/luff/index_9_luff.html).
Schumann, M. (2004): Sozialraum und Biographie. Versuch einer pädagogischen Standortbestimmung. In: Neue Praxis 4/2004, S. 324.
Stiftung SPI Clearingstelle Jugendhilfe/Polizei (1998): Infoblatt Nr. 1 Schweigepflicht, Anzeigepflicht, Zeugnisverweigerungsrecht. Sozialpädagogisches Institut Berlin. Februar 1998.
Weser-Kurier Bremen vom 28.04.2009.

C Theoretische Ansatzpunkte

Stefanie Eifler

Theoretische Ansatzpunkte für die Analyse der Jugendkriminalität

1 Jugendkriminalität im Hell- und Dunkelfeld

Kriminelle Aktivitäten von Jugendlichen ziehen stets ein beachtliches Ausmaß an öffentlicher Aufmerksamkeit auf sich. Während Mediendarstellungen den Eindruck vermitteln, dass die Häufigkeit und Intensität der Jugendkriminalität angestiegen sei, sind Sozialwissenschaftler bemüht, dieses Bild zu relativieren.

Eine wichtige Aufgabe besteht in diesem Zusammenhang zunächst darin, das Kriminalitätsaufkommen bei Jugendlichen zu beschreiben. Dabei bezieht sich der Begriff der Kriminalität auf diejenigen Formen sozialen Handelns, die im Rahmen von strafrechtlichen Normen als kriminell eingeordnet und mit negativen Sanktionen in Form von Strafen oder Maßregeln belegt werden. In Anlehnung an eine entsprechende Begriffsverwendung im Bereich des amerikanischen Jugendstrafrechts wird synonym auch der Begriff Delinquenz verwendet. Dabei bezieht sich das *Hellfeld der Jugendkriminalität* auf die Gesamtheit der Straftaten, die den Strafverfolgungsbehörden (Polizei und Justiz) zur Kenntnis gelangen und die anhand von offiziellen Statistiken erfasst werden. Als *Jugendliche* gelten hier diejenigen Personen, die dem Jugendstrafrecht unterstehen, nämlich die 14- bis unter 18-jährigen Jugendlichen und die 18- bis unter 21-jährigen Heranwachsenden. In der Polizeilichen Kriminalstatistik (PKS), die seit 1953 geführt wird, werden die aufgrund polizeilicher Tätigkeit ermittelten Straftaten und Tatverdächtigen erfasst. Die PKS enthält keine Informationen über den weiteren Verlauf des Strafverfahrens, etwa über spätere Verfahrenseinstellungen, so dass die PKS als Tätigkeitsstatistik der Polizei das Kriminalitätsaufkommen insgesamt eher überschätzt. Die in der PKS erfasste Verbreitung und Häufigkeit von Straftaten wird einerseits durch die polizeilichen Aktivitäten selbst – wie beispielsweise die Häufigkeit von Polizeistreifen in bestimmten Gegenden – beeinflusst, andererseits hängt sie ab vom Anzeigeverhalten in der Bevölkerung. Betrachtet man die Entwicklung der Jugendkriminalität im Hellfeld, so zeigt sich seit Beginn der 1990er Jahre ein bedeutsamer Anstieg des Anteils von Jugendlichen und Heranwachsenden an allen Tatverdächtigen für die gefährliche und schwere Körperverletzung, für schwere Eigentumsdelikte zeigt sich seit Mitte der 1990er Jahre ein Rückgang (vgl. Boers/Walburg 2007, Boers/Walburg/Reinecke 2006). Aus der Polizeilichen Kriminalstatistik (PKS) des Jahres 2007 geht hervor, dass der Anteil von Jugendlichen und Heranwachsenden an allen Tatverdächtigen 12,1% und 10,6% beträgt, wobei deren Anteil an der Gesamtbevölkerung nur 4,4% und 3,6% ausmacht (Statistisches Bundesamt 2008). Dabei treten Jugendliche überwiegend wegen Körperverletzungsdelikten (25,2%), gefolgt von Ladendiebstählen (21,9%) und Sachbeschädigungen (18,1%) strafrechtlich in Erscheinung, Heranwachsende werden vorwiegend aufgrund von Körperverletzungsdelikten (24,7%) und Verstößen gegen das Betäubungsmittelgesetz (16,6%) polizeilich auffällig (BKA 2008). Ein anderes Bild der Jugenddelinquenz ergibt sich, wenn das *Dunkelfeld der Jugendkriminalität* betrachtet wird, diejenigen Straftaten also, die den Strafverfolgungsbehörden nicht zur Kenntnis gelangen. Nur ein kleiner Teil dieser Straftaten wird im Hellfeld der Kriminalität sichtbar: Studien zur Relation zwischen dem Hell- und Dunkelfeld weisen darauf hin, dass nur jeder 10. Jugendliche, der berichtet, eine Straftat begangen zu haben, auch polizeilich auffällig wird (Mansel/Hurrelmann 1988). Nur gegen zwei Drittel der jugendlichen Tatverdächtigen wird im Verlauf des Strafverfahrens tatsächlich Anklage erhoben (Mansel 1986). Weiterhin zeigt sich, dass der Schweregrad und die Häufigkeit von Straftaten das Risiko erhöhen, strafrechtlich in Erscheinung zu treten (Mansel 1989, 1993). Männliche Jugendliche unterliegen zudem im Vergleich zu weiblichen Jugendlichen einem höheren Risiko, polizeilich auffällig zu werden (Mansel 2001, Boers/Walburg 2007, Boers/Walburg/Reinecke 2006). Die Gesamtheit der Straftaten, die den Strafverfolgungsbehörden verborgen bleibt, lässt sich – wie die inzwischen zahlreichen Forschungsarbeiten übereinstimmend zeigen konnten – durch drei zentrale Merkmale charakterisieren (Mansel/Hurrelmann 1998, Raithel/Mansel 2003, Boers/Reinecke 2007, Baier 2008). Eines dieser Merkmale ist die *Ubiquität* der Jugendkriminalität, was bedeutet, dass kriminelle Aktivitäten in der Lebensphase Jugend weiter verbreitet sind und häufiger auftreten als in allen anderen Lebensphasen. Eine Befragung von Münsteraner Jugendlichen im Jahre 2003 führte beispielsweise zu dem Ergebnis, dass 54% der Jugendlichen berichten, bis zum 16. Lebensjahr mindestens eine der erfragten Straftaten (Gewaltdelikte, Eigentumsdelikte, Sachbeschädigungen) begangen zu haben (Boers/Walburg 2007). Als ein weiteres Merkmal gilt der *Bagatellcharakter* der Jugendkriminalität. Die bereits erwähnten Münsteraner Jugendlichen nennen am häufigsten Eigentumsdelikte (47%), gefolgt von Sachbeschädigungen (24%), Gewaltdelikten (18%) und schweren Gewaltdelikten (6%; vgl. Boers/Walburg 2007). Eine Klassifikationsanalyse der Angaben dieser Jugendlichen führt zu dem Ergebnis, dass der überwiegende Teil der Jugendlichen (70,4%) mit Körperverletzungen ohne Waffen, Sachbeschädigungen und Fahrraddiebstählen mit hoher Wahrscheinlichkeit leichte Formen strafbaren Handelns ausführt, während ein weiterer Teil von Jugendlichen (20,0%) mit hoher Wahrscheinlichkeit nur Ladendiebstähle begeht. Ein demgegenüber kleiner Anteil von Jugendlichen (9,6%) lässt sich der Gruppe der Mehrfach- oder Intensivtäter zuordnen, die mit fünf oder mehr schweren Delikten pro Jahr für einen großen Teil des Kriminalitätsaufkommens verantwortlich sind (Pöge 2007, vgl. hierzu auch Boers 2007). Schließlich wird der *episodische Charakter* der Jugenddelinquenz herausgestellt: Sie bleibt in der Regel auf die Jugendphase begrenzt und verschwindet bei einem überwiegenden Teil aller Jugendlichen von selbst bzw. ohne dass Maßnahmen der formellen sozialen Kontrolle eingeleitet werden (Spontanbewährung). Die Beziehung zwischen Alter und kriminellen Aktivitäten gehört dabei zu den klassischen kriminologischen Befunden, und zahlreiche Forschungsarbeiten beschreiben das Muster der Entwicklung der Jugendkriminalität im Lebenslauf übereinstimmend: Kriminelle Aktivitäten nehmen im frühen Jugendalter zu, erreichen den Höhepunkt ihrer Verbreitung und Häufigkeit im mittleren bis späteren Jugendalter und gehen danach rapide zurück. Nur ein kleiner Teil aller Jugendlichen setzt seine kriminellen Aktivitäten bis ins Erwachsenenalter fort (vgl. Boers 2007).

Auch wenn insbesondere die Analyse der Jugenddelinquenz im Dunkelfeld eine entdramatisierende Haltung als angemessen erscheinen lässt, ist die Jugendkriminalität als *soziales Problem* gesellschaftlich anerkannt. Nach Schetsche (1996) gehört sie also zu der Kategorie sozialer Sachverhalte, die „von kollektiven Akteuren, der Öffentlichkeit oder dem Wohlfahrtsstaat als (soziales Problem) angesehen und bezeichnet (werden)" (Schetsche 1996: 2). Eine solche Anerkennung als soziales Problem impliziert, dass Maßnahmen zur Reduzierung oder Lösung des problematischen Sachverhalts eingeleitet wurden. Im Falle der Jugendkriminalität sind dies die verschiedenen Maßnahmen der Prävention und Intervention (vgl. hierzu Brusten 1999, Griese 1999). Sofern diese Maßnahmen als Sozialtechnologien im Sinne einer kritisch-rationalen Wissenschaftsauffassung betrachtet werden, erfordert es die Entwicklung von Strategien der Prävention und Intervention, die sozialen Bedingungen der Jugenddelinquenz in den Blick zu nehmen. Während also im Bereich der Soziologie sozialer Probleme die Frage im Mittelpunkt steht, wie ein bestimmter sozialer Sachverhalt zu einem sozialen Problem geworden ist, soll es im vorliegenden Zusammenhang um die Frage gehen, aus welchen Gründen bzw. *warum* Jugendliche kriminellen Aktivitäten nachgehen.

In den Sozialwissenschaften werden bei der Suche nach den sozialen Bedingungen der Jugendkriminalität gegenwärtig hauptsächlich drei verschiedene Strategien verfolgt, deren gemeinsamer Ausgangspunkt die typischen Erscheinungsweisen der Jugenddelinquenz sind. Dabei hat vor allem die Beobachtung, dass die Jugendkriminalität episodisch auftritt, dazu geführt, dass sich in der theoretischen Analyse der delinquenten Aktivitäten von Jugendlichen Ansätze durchgesetzt haben, die die Gründe für das Auftreten von Jugendkriminalität bezogen auf den Lebensverlauf analysieren. Sinnvoll scheint eine Unterscheidung nach Perspektiven zu sein, die verschiedene Verläufe der kriminellen Aktivitäten von Jugendlichem über die Lebensspanne in der Tradition der klassischen Mehrfaktorenansätze in der Kriminologie *beschreiben* (2.1), die unterschiedliche Verläufe der Jugenddelinquenz unter Rückgriff auf klassische Theorien abweichenden Verhaltens *erklären* (2.2), und die verschiedene Verläufe der Jugendkriminalität im Anschluss an den klassischen Labeling Approach auf die gesellschaftlichen Reaktionen auf kriminelle Aktivitäten von Jugendlichen zurückführen (2.3). Die folgenden Ausführungen widmen sich diesen theoretischen Perspektiven im Einzelnen.

2 Ansätze zur Analyse der Jugendkriminalität

2.1 Ansätze zur Beschreibung der Jugendkriminalität

Eine Reihe von Ansätzen verfolgt das Ziel, Jugendliche anhand der Häufigkeit und Intensität ihrer delinquenten Aktivitäten im Lebensverlauf zu klassifizieren.

Eine der ersten Studien war die Philadelphia Cohort Study (Wolfgang/Figlio/Sellin 1972), die auf der Grundlage des Hellfeldes der Jugenddelinquenz die Art und Häufigkeit der von Jugendlichen des Jahrgangs 1945 begangenen bzw. polizeilich registrierten Straftaten untersucht hat. Dabei zeigte sich zum einen die Ubiquität der Jugenddelinquenz, da nämlich 35% aller Jugendlichen bis zum 18. Lebensjahr mindestens einmal strafrechtlich in Erscheinung getreten waren, und zum anderen ergaben sich deutliche Belege dafür, dass sich eine relativ kleine Gruppe von jugendlichen Delinquenten durch eine relativ häufige Begehung von Straftaten auszeichnet, indem nämlich 18% aller jugendlichen Delinquenten mit fünf und mehr Straftaten für 52% aller Straftaten im Hellfeld der Jugendkriminalität verantwortlich waren. Diese Gruppe von jugendlichen Delinquenten wird seit den Arbeiten von Wolfgang, Figlio und Sellin (1972) als die Gruppe der *chronic offenders* oder *Intensivtäter* bezeichnet.

Mit dem Anspruch, delinquente Aktivitäten von Jugendlichem im Lebensverlauf zu beschreiben, tritt auch das Panel on Criminal Careers an (Blumstein et al. 1986). Für delinquente Verläufe, die im Hinblick auf die Häufigkeit und Intensität der Begehung von Straftaten beschrieben werden, verwendet die Arbeitsgruppe um Blumstein den Begriff der *kriminellen Karriere*. In dieser Studie zeigte sich einmal mehr der episodische Charakter der Jugenddelinquenz. Ein weiterer zentraler Befund besteht darin, dass Jugendliche sich bei ihren delinquenten Aktivitäten im Allgemeinen nicht auf bestimmte Straftaten spezialisieren; vielmehr wird die *Versatilität* oder Vielgestaltigkeit der Jugendkriminalität herausgestellt (vgl. hierzu auch Gottfredson/ Hirschi 1990).

Zusätzlich zu einer Beschreibung von Jugenddelinquenz im Lebensverlauf verfolgt die Cambridge Study in Criminal Development (Farrington 2003, Loeber/Farrington 1998) das Ziel, Risikofaktoren zu identifizieren, mittels derer fortgesetzte delinquente Aktivitäten im Lebensverlauf vorhergesagt werden können. Zwar arbeiten die Autoren biologische ebenso wie psychologische und soziale Risikofaktoren heraus, als besonders geeignet zur Vorhersage späterer Jugenddelinquenz gelten jedoch antisoziale Neigungen und Verhaltensweisen, die anhand des Konzepts der *Antisocial Personality* beschrieben werden.

Eine Klassifikation der delinquenten Aktivitäten von Jugendlichen im Lebensverlauf, die zur Grundlage zahlreicher weiterer Forschungsarbeiten wurde, aber mittlerweile als überholt gilt, geht auf Moffitt (1993) zurück. Anhand des Dunedin Panels hat sie zwei typische Verläufe (Trajektorien) beschrieben, nämlich die *Adolescence Limited Trajektorie,* bei der kriminelle Aktivitäten auf die Jugendphase beschränkt bleiben, und die *Life Course Persistent Trajektorie,* bei der sich über die gesamte Lebensspanne eine Vielzahl problematischer und delinquenter Aktivitäten zeigen[1].

Ansätze, die die Art und Häufigkeit der delinquenten Aktivitäten von Jugendlichen bezogen auf den Lebensverlauf beschreiben, stehen in der Tradition der klassischen *Mehrfaktorenansätze* in der Kriminologie, die auf die Forschungsarbeiten des amerikanischen Ehepaares Eleanor und Sheldon Glueck (1950, 1956, 1959) zurückgehen. Diese haben in den 1950er Jahren in umfangreichen Studien die Lebensläufe jugendlicher Straftäter retrospektiv untersucht. Dabei haben sie Straftäter und Nicht-Straftäter systematisch im Hinblick auf biologische, psychologische und soziale Merkmale verglichen und diejenigen Merkmale herausgearbeitet, anhand derer sich Jugendliche, die strafrechtlich in Erscheinung getreten waren, von Jugendlichen, die nicht polizeilich auffällig geworden waren, voneinander unterscheiden. Zu diesem Merkmalen gehören vor allem Aspekte der sozialen Herkunft wie die ökonomischen Verhältnisse des Elternhauses und die Familienverhältnisse, aber auch die körperliche und geistige Verfassung, der schulische Werdegang und das frühere problematische und/oder kriminelle Verhalten (vgl. Glueck/Glueck 1959: 77 ff.). Sie wurden von den Autoren als Einflussfaktoren aufgefasst, die in einer kausalen Beziehung zu den delinquenten Aktivitäten von Jugendlichen stehen. Tatsächlich erlaubt das methodische Vorgehen der Autoren eine solche Interpretation nicht: Aus der Beobachtung, dass verschiedene biologische, psychologische und soziale Merkmale gemeinsam mit Jugenddelinquenz auftreten, folgt keineswegs, dass diese Merkmale die kriminellen Aktivitäten von Jugendlichen verursacht haben, sondern vielmehr, dass es sich um Faktoren handelt, die mit Jugenddelinquenz lediglich korrelieren. Gegen Mehrfaktorenansätze wurde aus diesem Grund der Einwand erhoben, sie stellten einen „Verzicht auf die Suche nach einer Theorie" (Cohen 1968: 221) dar und seien in diesem Sinne a-theoretisch.

Mehrfaktorenansätze knüpfen ihrerseits an die positivistische Tradition in der Kriminologie an, die seit dem späten 19. Jahrhundert begründet wurde und deren Beginn die anthropolo-

---

1 Weitere Verlaufsmodelle werden ausführlich bei Boers (2007) beschrieben und diskutiert (vgl. außerdem Schumann in diesem Band). Methodische Entwicklungen hinsichtlich der Beschreibung von delinquenten Aktivitäten im Lebensverlauf im Anschluss an Nagin (2005) finden sich bei Reinecke (2006).

gischen Arbeiten Cesare Lombrosos markieren. Im Rahmen seiner Studien hat Lombroso an Insassen von Strafanstalten Schädel- und Gesichtsmerkmale vermessen. Seine Beobachtungen führten ihn zu einer Klassifikation von Tätertypen, die in die These vom *geborenen Verbrecher* (Lombroso 1890-1894/1876) einging. Schädelmerkmale, die mit Kriminalität korrelieren, sind Schädeldeformationen und extreme Ausprägungen von Gesichtsmerkmalen wie eine fliehende Stirn oder besonders hervorstehende Kieferknochen. Lombroso zufolge werden Eigenschaften, die zu kriminellen Aktivitäten prädisponieren, vererbt: Straftäter stammen aus Familien, in denen sich Fälle von Minderbegabung, Syphilis, Epilepsie und Alkoholismus (indirekte Vererbung) oder Kriminalität (direkte Vererbung) häufen.

Ansätze, die in positivistischer Manier Zusammenhänge zwischen biologischen Merkmalen, insbesondere zwischen genetisch bedingten oder erworbenen biochemischen Merkmalen, und den kriminellen Aktivitäten von Jugendlichen analysieren, erleben gegenwärtig eine Renaissance. Physiologische Faktoren, die mit Jugenddelinquenz in Verbindung gebracht werden, sind neben hormonellen Prozessen (Androgen-Level, Hypoglykämie) auch allergische Reaktionen (cerebrale Allergien). Ebenso werden Zusammenhänge zwischen neurologischen Dysfunktionen und delinquenten Aktivitäten von Jugendlichen hergestellt: Neben Störungen der Hirnfunktion (Minimaler Hirnschaden, Aufmerksamkeitsdefizit-Hyperaktivitäts-Syndrom ADHS), werden hier vor allem Störungen des Neurotransmitter-Stoffwechsels (Serotonin-Level) thematisiert. Allerdings gilt auch für diese Ansätze der Einwand, der bereits gegen die Mehrfaktorenansätze vorgetragen wurde: Die Richtung der Beziehung zwischen biochemischen Prozessen und den delinquenten Aktivitäten von Jugendlichen bleibt im Rahmen bisheriger Forschungsarbeiten nahezu gänzlich ungeklärt. Erst in jüngster Zeit unternimmt die Arbeitsgruppe um Moffitt den Versuch, Interaktionen zwischen biologischen und sozialen Bedingungen der Jugenddelinquenz herauszuarbeiten. Dabei wurde die These untersucht, dass bestimmte genetische Dispositionen nur in Abhängigkeit von ungünstigen sozialen Rahmenbedingungen zu delinquenten Aktivitäten von Jugendlichen führen. In diesem Zusammenhang wird ein Enzym, die Mono-Amino-Oxidase (MAO), mit der Gewaltbereitschaft von Jugendlichen in Verbindung gebracht, wobei niedrige MAO-Level mit einem verminderten Abbau von Adrenalin und einer erhöhten Gewaltbereitschaft einhergehen und Jugendliche in Abhängigkeit von ihrer genetischen Disposition ein hohes oder niedriges MAO-Level aufweisen. Unter ungünstigen Sozialisationsbedingungen verstärken sich genetisch bedingt niedrige MAO-Level, unter günstigen Sozialisationsbedingungen kommt diese genetische Disposition nicht zum Ausdruck (Caspi et al. 2002, Caspi/Moffitt 2006). Dieser Forschungsansatz verbindet folglich biologische und soziale Einflussfaktoren im Rahmen eines kausalen Modells und kommt damit Ansätzen, die eine Erklärung der Jugenddelinquenz anstreben, einen wesentlichen Schritt näher.

2.2 Ansätze zur Erklärung der Jugendkriminalität

Einen anderen Weg in der Analyse der Jugenddelinquenz im Lebensverlauf schlagen Ansätze ein, die sich verschiedener Konzepte aus klassischen kriminalsoziologischen Theorien bedienen und diese im Rahmen so genannter integrativer Ansätze miteinander verbinden (Eifler 2002, Seipel 1999). Kriminalsoziologische Theorien haben ursprünglich spezifische Merkmale des sozialen Kontextes, in dem kriminelle Aktivitäten von Jugendlichen entstehen, in isolierter Weise analysiert. Obwohl eine Vielzahl solcher Theorien formuliert wurde, dienten bislang neben lern- und kontrolltheoretischen Perspektiven die Anomietheorie und die Theorie sozialer

Desorganisation als Grundlagen für die Formulierung umfassender Erklärungsmodelle (vgl. Eifler 2002).

Im Mittelpunkt lerntheoretischer Ansätze steht die Annahme, dass delinquente Aktivitätsmuster im Rahmen sozialer Beziehungen gelernt werden. In Familie, Schule und Peer-Group werden einerseits konforme und delinquente Aktivitäten vorgelebt und andererseits konforme und delinquente Orientierungen vermittelt. Jugendliche lernen aufgrund der Prinzipien von Belohnung und Bestrafung, welche Aktivitätsmuster in den sozialen Kontexten, in denen sie sich aufhalten, mit jeweils positiven oder negativen Sanktionen verbunden sind und richten daran ihre eigenen Aktivitätsmuster aus. Aus der Perspektive der Theorie der differentiellen Verstärkung (Burgess/Akers 1966, Akers 1977) begünstigen ein Überwiegen von delinquenten gegenüber konformen Aktivitätsmustern *(Differentielle Assoziationen)* und ein Überwiegen von Belohnungen gegenüber Bestrafungen für delinquente Aktivitäten *(Differentielle Verstärkung)* delinquente Orientierungen *(Definitionen)* und Aktivitätsmuster. Jugenddelinquenz wird aus dieser Perspektive wahrscheinlich, wenn Jugendliche im Rahmen familiärer Beziehungen Delinquenz begünstigende Einstellungen gelernt haben, wenn weder familiäre Beziehungen noch schulische Kontexte eine stabile Orientierung an konformen Aktivitätsmustern vermitteln, und wenn Jugendliche damit rechnen, im Rahmen ihrer Peer-Group soziale Anerkennung für delinquente Aktivitäten zu erhalten.

Kontrolltheoretische Ansätze beruhen auf der Annahme, dass Bindungen an das Werte- und Normensystem einer Gesellschaft Jugenddelinquenz verhindern. Diese Bindungen werden im Rahmen der Kontrolltheorie Hirschis (1969) als *soziale Bande* bezeichnet, wobei vier Elemente voneinander unterschieden werden. Als wichtigstes Element fungiert das *Attachment,* die Sensibilität eines Jugendlichen für die Einstellungen konformer Bezugspersonen oder -gruppen. Ein starkes Attachment führt dazu, dass Jugendliche sich delinquenter Aktivitäten enthalten, um nicht das Missfallen konformer Bezugspersonen wie etwa Eltern und Lehrer zu erregen. Ein weiteres Element ist das *Commitment,* das Ausmaß, in dem Jugendliche an konventionelle Ziele gebunden sind. Wenn Jugendliche unter hohem persönlichen Einsatz einen Schulabschluss erworben und einen Ausbildungsplatz erhalten haben, so wird vermutet, dass sie von delinquenten Aktivitäten absehen, mit denen sie diese Errungenschaften gefährden könnten. Die zeitliche Einbindung in konventionelle Aktivitäten, das *Involvement,* verhindert als weiteres Element sozialer Bande die Delinquenz von Jugendlichen. Schließlich führt das Element des *Belief,* der Glaube eines Jugendlichen an die Legitimität der konventionellen Werte und Normen, dazu, dass delinquente Aktivitäten unterlassen werden. Stabile soziale Bande werden aus der Perspektive kontrolltheoretischer Ansätze im Rahmen der primären Sozialisation herausgebildet, wobei insbesondere die Bedeutung des elterlichen Erziehungsverhaltens herausgestellt wird (Gottfredson/Hirschi 1990). In Übereinstimmung mit entwicklungspsychologischen Forschungsarbeiten wird angenommen, dass die Entstehung starker sozialer Bande durch ein elterliches Erziehungsverhalten begünstigt wird, das ebenso durch emotionale Anteilnahme und Verständnis (attachment) wie durch eine Beaufsichtigung der kindlichen Aktivitäten und eine konsequente Kontrolle delinquenter Aktivitäten (supervision) geprägt ist. Neuere Versionen der Kontrolltheorie gehen davon aus, dass eine inadäquate Sozialisation sich in einer mangelnden Fähigkeit und Bereitschaft zur Selbstkontrolle (Self-Control) niederschlägt, die ihrerseits eine delinquente Entwicklung begünstigt (Gottfredson/Hirschi 1990).

Anomietheoretische Ansätze gehen ursprünglich auf Durkheim zurück, der in seinen Arbeiten über die soziale Arbeitsteilung (1893/1992) und den Selbstmord (1897/1983) mit dem Begriff der Anomie einen strukturell bedingten Mangel an Regulation des individuellen Verhaltens in modernen Gesellschaften bezeichnet hat. Merton (1938, 1957) führte die Ideen Durkheims in der Absicht weiter, das erhöhte Kriminalitätsaufkommen ökonomisch benachteiligter Gruppen zu erklären. Er betrachtete die amerikanische Gesellschaft seiner Zeit als durch die Idee des ‚American Dream' geprägt, nach der das elementare Lebensziel darin besteht, Wohlstand und finanziellen Erfolg zu erreichen. Dieses Ziel ist ebenso wie die Wege, über die es verwirklicht werden kann, im Rahmen der kulturellen Struktur verankert und gilt für alle Mitglieder einer Gesellschaft gleichermaßen als verbindlich. Im Rahmen einer sozialen Struktur bestehen verschiedene, als legitim angesehene Möglichkeiten, die kulturell vorgegebenen Ziele zu erreichen. Während allerdings die Ziele für alle Mitglieder einer Gesellschaft gleichermaßen gelten, sind die sozialstrukturell verfügbaren Mittel ungleich verteilt, so dass kulturell vorgegebene Ziele und sozialstrukturell verfügbare Mittel deckungsgleich sein oder – im Zustand der *Anomie* – auseinander fallen können. Da insbesondere ökonomisch benachteiligte Gruppen nicht in der Lage sind, Prestige und Ansehen auf den kulturell als legitim definierten Wegen zu erlangen, entsteht unter anomischen Bedingungen für diese Gruppen eine Situation, in der sie – sofern sie die kulturell vorgegebenen Ziele weiterhin als Richtlinien ihres Handelns ansehen – auf illegitime Wege der Zielerreichung ausweichen. Jugendliche, deren Elternhaus von einer Situation der ökonomischen Benachteiligung geprägt ist, neigen aus anomietheoretischer Sicht zu delinquenten Aktivitäten. Bisherige empirische Analysen der selbstberichteten Delinquenz von Jugendlichen führen selbst bei Anwendung unterschiedlicher Messungen der sozialen Benachteiligung zu keiner durchgängigen empirischen Unterstützung dieser These; vielmehr belegen die vorhandenen Befunde eher die Ubiquität der Jugenddelinquenz (vgl. Albrecht/Howe 1992). Ausgehend von Cohen (1955) und insbesondere von Cloward und Ohlin (1960) finden Jugendliche dabei im Kontext von *delinquenten Subkulturen* Mittel und Wege, sich auf illegitimem Wege Prestige und Ansehen zu verschaffen. Im Rahmen von delinquenten Subkulturen gelten Werte und Normen, die von den konventionellen Werten und Normen der Gesamtgesellschaft abweichen, so dass Jugendliche an anderen Statuskriterien gemessen werden. Eine offene Frage ist in diesem Zusammenhang, ob Jugendliche die konventionellen Werte und Normen der Gesamtgesellschaft gänzlich zu Gunsten der Werte und Normen der Subkultur suspendieren müssen, oder ob sie zwischen beiden *driften* (Matza 1964) können. Letztere These wird von Sykes und Matza (1957) ausformuliert, die davon ausgehen, dass auch delinquente Jugendliche zwar die konventionellen Werte und Normen internalisiert haben, sich aber in bestimmten Situationen selbst von der Verpflichtung freisetzen können, diesen Werten und Normen entsprechend zu agieren. Sykes und Matza (1957) zufolge geschieht eine solche Freisetzung anhand von *Neutralisierungstechniken,* das sind kognitive Strategien, mittels derer Jugendliche delinquente Aktivitäten vor sich selbst und vor anderen rechtfertigen können. Im Anschluss an anomietheoretische Überlegungen kann sich ein gesellschaftlicher Zustand der Anomie auch individuell als Diskrepanz zwischen individuellen Aspirationen und Erwartungen äußern: So können Jugendliche im Hinblick auf ihre schulischen und beruflichen Bildungsabschlüsse eigene Ziele formulieren und anstreben, und sie können bezüglich der Erreichbarkeit dieser Ziele eigene Erwartungen hegen. Wenn dabei Diskrepanzen erfahren werden, in dem Sinne, dass beispielsweise Bildungswege, die Jugendliche einschlagen möchten, nicht beschritten werden können, so werden aus anomietheoretischer Perspektive delinquente Aktivitäten erwartbar (Hirschi 1969). Eine Theorie, die diese Überlegung weiter ausarbeitet, ist die General Strain Theory von Robert Agnew (1985, 1992). Auch aus dieser Perspektive wird Jugenddelinquenz als eine Art der Anpassung an belastende soziale Rahmenbedingungen konzeptualisiert. Dabei werden drei Typen sozialer Belastung, die zum Erleben von *Strain* führen, voneinander unterschieden. Die erste Art sozialer Belastung besteht in der (wahrgenommenen) Unmöglichkeit, positiv bewertete Ziele zu erreichen. Diese Unmöglichkeit kann auf dreierlei Weise spürbar werden, nämlich einmal als Diskrepanz zwischen Aspirationen und Erwartungen im oben erläuterten Sinne, weiterhin als Diskrepanz zwischen Erwartungen und aktuellen Errungenschaften – etwa wenn eine Berufsausbildung von Jugendlichen an der Abschlussprüfung scheitert – und schließlich als Diskrepanz zwischen Handlungsergebnissen, die Personen als fair oder gerecht empfinden, und tatsächlichen Handlungsergebnissen – etwa wenn Jugendliche sich im Vergleich zu anderen bei der Vorbereitung von Klassenarbeiten über alle Maßen anstrengen und schließlich nur schwache oder mittelmäßige Leistungsbewertungen erfahren. Die zweite Art sozialer Belastung besteht in dem Erleben eines Entzugs positiv bewerteter Stimuli, also beispielsweise dem Tod naher Angehöriger, dem Verlust des Ausbildungsplatzes oder auch einem Schulwechsel. Als dritte Art sozialer Belastung wird die Konfrontation mit negativen Stimuli betrachtet, also beispielsweise das Erleben von Gewalt oder Misshandlung durch andere. Aus der Perspektive der General Strain Theory führt das Erleben von Strain zunächst zu Gefühlen von Ärger und Enttäuschung, die ihrerseits delinquente Aktivitäten begünstigen.

Die Theorie sozialer Desorganisation beschreibt ausgehend von der Chicago School der Soziologie Einflüsse der strukturellen Merkmale von städtischen Wohnumgebungen auf das Kriminalitätsaufkommen (Park/Burgess/McKenzie 1928, Shaw/McKay 1942). In neueren Versionen dieses Ansatzes werden insbesondere Nachbarschaften und deren Fähigkeit zur Etablierung informeller sozialer Kontrollprozesse analysiert (Bursik/Grasmick 1995). In diesem Zusammenhang wird angenommen, dass Nachbarschaften, die sich durch eine hohe Dichte, häufige Kontakte und intensive wechselseitige Verpflichtungen auszeichnen, die effektivsten informellen Kontrollen im Kreis ihrer Mitglieder etablieren können und folglich vergleichsweise niedrige Kriminalitätsraten aufweisen (vgl. hierzu ausführlicher den Beitrag von Oberwittler in diesem Band).

Mit dem Ziel, nicht nur einzelne Aspekte der Entstehung von Jugenddelinquenz zu betrachten, sondern vielmehr eine umfassende Erklärung der delinquenten Aktivitäten von Jugendlichen anzubieten, wurden die Theorie sozialer Desorganisation, die Anomietheorie und die Lern- und Kontrolltheorien im Rahmen integrativer Ansätze zur Analyse der Jugenddelinquenz miteinander verbunden. Während die ursprünglichen Theorien statisch formuliert waren, beziehen sich diese integrativen Ansätze explizit auf eine Analyse der Jugendkriminalität im Lebensverlauf.

Im Ansatz von Elliott, Huizinga und Ageton (1985) werden die Theorie der sozialen Desorganisation, die Anomietheorie sowie die Lerntheorie in der Sprache der Kontrolltheorie miteinander verbunden. Kriminelle Aktivitäten von Jugendlichen werden danach besonders wahrscheinlich, wenn Jugendliche in soziale Kontexte eingebunden sind, in denen sie delinquente Orientierungen und Aktivitätsmuster lernen können. Zu einer Einbindung in solche Kontexte kommt es dem integrativen Ansatz zufolge, wenn Jugendliche nur schwache soziale Bande an die konventionellen Werte und Normen der Gesellschaft ausgebildet haben und wenn sie aufgrund des Erlebens von Strain Ärger und Enttäuschung empfinden. Eine Schwächung der sozialen Bande wird wiederum auf verschiedene Faktoren zurückgeführt. So können sozial desorganisierte Umgebungen die Realisierung konventioneller Werte und Normen strukturell nicht sichern, ebenso kann eine inadäquate primäre Sozialisation den Aufbau sozialer Bande nicht fördern. Etwas uneindeutig bleiben im Ansatz von Elliott, Huizinga und Ageton (1985) die Zusammenhänge zwischen konventionellen und delinquenten sozialen Banden: Diese können jeweils eigenständige Auswirkungen auf delinquente Aktivitäten haben, möglich ist aber auch, dass Jugenddelinquenz nur dann auftritt, wenn zu einer Schwächung der konventionellen sozialen Bande die Einbindung in delinquente soziale Kontexte hinzukommt, oder wenn – aus kontrolltheoretischer Sicht konsequent – eine vorgängige Schwächung der konventionellen sozialen Bande zu einer Selektion in delinquente soziale Kontexte führt. Auch die gegenwärtige Forschungsliteratur lässt es nicht zu, sich für einen der möglichen Wirkungszusammenhänge eindeutig zu entscheiden.

Thornberry (1987) kritisiert das von Elliott, Huizinga und Ageton (1985) vorgeschlagene Modell, weil es nur eine Richtung annimmt, in der die theoretischen Konzepte kausal miteinander verbunden werden. In dem integrativen Ansatz, den Thornberry (1987) alternativ präsentiert, werden die theoretischen Konzepte demgegenüber reziprok aufeinander bezogen. So führt beispielsweise eine starke Bindung an schulische Leistungsanforderungen dazu, dass Jugendliche sich eher nicht delinquenten Peer-Groups anschließen, und die Tatsache, dass Jugendliche sich von derart problematischen Gleichaltrigengruppen fernhalten, führt wiederum dazu, dass Bindungen an schulische Leistungsanforderungen gestützt bzw. aufrechterhalten werden.

Darüber hinaus haben sich Thornberry et al. (1994) mit der Frage beschäftigt, wie genau soziale Bande, soziales Lernen und delinquente Aktivitäten von Jugendlichen miteinander verbunden sind. In diesem Zusammenhang hat er ein *Sozialisationsmodell* von einem *Selektionsmodell* unterschieden. Dem Sozialisationsmodell zufolge führen eine Schwächung der sozialen Bande und eine Einbindung in delinquente Peer-Groups zu delinquenten Aktivitäten, dem Selektionsmodell zufolge sind die Schwächung der sozialen Bande und eine Einbindung in delinquente Peer-Groups die Folge delinquenter Aktivitäten. Bislang wird in der Forschungsliteratur keines der Modelle eindeutig präferiert.

Einen gänzlich anderen Weg der theoretischen Integration verfolgen Gottfredson und Hirschi (1990) im Rahmen ihrer General Theory of Crime. Sie reduzieren die Vielzahl kriminalsoziologischer Konzepte auf ein einziges Erklärungsprinzip namens *Self-Control*. Dieses bezieht sich auf die Fähigkeit, die negativen Konsequenzen delinquenter Aktivitäten adäquat einzuschätzen, die im Rahmen primärer Sozialisationsprozesse durch ein geeignetes elterliches Erziehungsverhalten erworben wird. Die zentrale Annahme des Ansatzes besteht darin, dass kriminelle Aktivitäten mit kurzfristig positiven und langfristig negativen Konsequenzen verbunden sind bzw. sein können. Jugendliche mit einer geringen Self-Control beurteilen delinquente Aktivitäten als attraktiv, weil sie deren negative Konsequenzen nicht in den Blick nehmen bzw. nehmen können. Die Autoren entwerfen eine operationale Definition von geringer Self-Control, wonach diese in einer starken Hier-und-Jetzt-Orientierung (*impulsivity*), einer geringen Sorgfalt, Persistenz und Verlässlichkeit (*simple tasks*), einer starken Abenteuerlust (*risk-seeking*), einem starken Interesse an körperlicher Aktivität (*physical activities*), einer starken Tendenz, selbstbezogen, indifferent gegenüber anderen und unsensibel zu sein (*self-centered*), und einer geringen Frustrationstoleranz (*temper*) besteht. Der General Theory of Crime zufolge werden diese Eigenschaften bereits während der primären Sozialisation herausgebildet, bleiben danach über die weitere Lebensspanne stabil und begünstigen delinquente Orientierungen ebenso wie delinquente soziale Bande und delinquente Aktivitäten selbst. Insbesondere an dieser These der Stabilität von Self-Control hat sich Kritik entzündet, wobei aber bisherige Forschungsarbeiten keine eindeutige Interpretation erlauben.

Der Vorstellung, dass eine geschwächte Bindung an die konventionellen Werte und Normen letztlich delinquente Entwicklungen begünstigt, kommt in der Analyse der Jugendkriminalität gegenwärtig aber ganz sicher eine Schlüsselrolle zu.

2.3 Gesellschaftliche Reaktionen auf Jugendkriminalität

Auch eine weitere Perspektive steht nämlich in der kontrolltheoretischen Tradition, bezieht aber neben den sozialen Bedingungen der Jugendkriminalität auch deren Wechselspiel mit den sozialen Reaktionen auf delinquente Aktivitäten von Jugendlichen im Lebensverlauf in die Analyse ein.

Laub und Sampson (2003) haben auf der Grundlage einer Reanalyse der Daten des Ehepaares Sheldon und Eleanor Glueck (vgl. Kap. 2.1) ursprünglich eine Theory of Age-Graded Informal Social Control vorgeschlagen. Dieser Ansatz geht davon aus, dass eine Schwächung konventioneller sozialer Bande an (Herkunfts-)Familie und Schule zu einer Stärkung der Beziehungen zu delinquenten Peer-Groups führt. Dieser Prozess der Selektion in problematische soziale Kontexte setzt sich möglicherweise auch im weiteren Lebensverlauf fort, so dass auch im Erwachsenenalter der Aufbau konventioneller sozialer Bande an eine eigene Familie und einen Beruf nicht gelingt. Werden aber trotz einer Schwächung konventioneller sozialer Bande an (Herkunfts-)Familie und Schule im späteren Lebensalter konventionelle soziale Bande an Familie und Ausbildung oder Beruf aufgebaut, so kann die in diesen Zusammenhängen etablierte informelle soziale Kontrolle einen Abbruch delinquenter Aktivitäten begünstigen. Diese Beobachtung haben Samspon und Laub (1993, Laub/Sampson 2003) mit ihrem Konzept der *turning points* beschrieben und damit die Analyse delinquenter Aktivitäten im Lebensverlauf entscheidend flexibilisiert. In ihren empirischen Analysen haben sie allerdings auch beobachtet, dass formelle soziale Kontrollen im Jugendalter die Chancen auf eine spätere Etablierung konventioneller sozialer Bande mindert. Eine Inhaftierung führt beispielsweise dazu, dass sich die Aussichten auf eine Berufsausbildung verschlechtern. Aufgrund dieser Befunde haben die Autoren ihre bisherige Theorie um die Ideen des Labeling Approach ergänzt und im Rahmen ihrer Life Course Theory of Cumulative Disadvantage formuliert (Sampson/Laub 1997).

Im Mittelpunkt des Labeling Approach steht nicht die Delinquenz, sondern die gesellschaftliche Reaktion auf Aktivitäten, die als delinquent bezeichnet werden. Dem Labeling Approach zufolge bestehen gesellschaftliche Konflikte über die Vorstellungen, welche Aktivitäten als kriminell gelten und welche nicht, wobei diese Konflikte zugunsten der Mächtigen entschieden werden. Delinquenz entsteht erst dadurch, dass die Aktivitäten von Personen an solchen Vorstellungen gemessen und als kriminell bezeichnet werden. Als Folge dieser Zuschreibung ergeben sich Selbstbildänderungen, über die sich wiederum delinquente Aktivitäten verfestigen. Auf Lemert (1951) geht in diesem Zusammenhang die Unterscheidung zwischen der *primären* und der *sekundären Devianz* zurück. Als primäre Devianz gelten spontane Regelverletzungen und Gesetzesverstöße, sekundäre Devianz hingegen bezieht sich auf Regelverletzungen und Gesetzesverstöße, die eine Person begeht, nachdem sie aufgrund primärer Devianz als kriminell bezeichnet worden ist. Vertreter des Labeling Approach haben sich insbesondere gegen die anomietheoretische These einer erhöhten Delinquenzbelastung ökonomisch benachteiligter Gruppen gewandt und die *Ubiquität* krimineller Aktivitäten herausgestellt.

Einen integrativen Ansatz auf der Grundlage des Labeling Approach hat Kaplan (1975) im Rahmen seiner Self-Derogation Theory vorgeschlagen. Diese Theorie geht von der Annahme aus, dass kriminelle Aktivitäten die Konsequenz negativer Einstellungen einer Person zu sich selbst sind: Es wird angenommen, dass die Ablehnung der eigenen Person (*self-rejection*) eine Bereitschaft zu delinquenten Aktivitäten bewirkt (*disposition to deviance*), die wiederum das Auftreten von Delinquenz bedingt (*behavior*). Ausgehend vom Konzept des *Selbst* im symbolischen Interaktionismus erlernen Jugendliche Einstellungen zu sich selbst in erster Linie aufgrund der Reaktion anderer auf das eigene Verhalten und durch die Antizipation der Einstellungen dieser anderen, wobei diese Einstellungen zur eigenen Person verhaltenssteuernde Wirkungen entfalten. Kaplan (1975) betrachtet vor allem affektive Einstellungen zur eigenen Person, nämlich die *self-attitudes* oder *self-feelings*, und nimmt an, dass Jugendliche, die sich selbst ablehnen, eher dazu neigen, delinquenten Aktivitäten nachzugehen, und zwar vermittelt über eine intentionale Komponente, die als Verhaltensdisposition *(disposition to deviance)* wirkt. Als Grundlage dieser theoretischen Überlegungen dient die Annahme eines *self-esteem motive,* also eines Bedürfnisses, die Erfahrungen positiver Selbsteinstellungen zu machen bzw. negativer Selbsteinstellungen zu vermeiden. Kaplan (1975) zufolge resultiert eine Selbstablehnung aus selbstherabsetzenden Erfahrungen während der primären und sekundären Sozialisation in Familie, Schule und Peer-Group. Jugendliche, die konventionelle soziale Kontexte nicht als Quelle positiver Selbsteinstellungen erfahren, entwickeln eine Bereitschaft, delinquente soziale Kontexte aufzusuchen, um dort positive Selbstbewertungen zu erfahren. Jugenddelinquenz wird aus dieser Perspektive als eine Möglichkeit aufgefasst, positive Selbstbewertungen zu erwerben.

Formelle soziale Kontrollen können im Sinne des Labeling Ansatzes also die Chancen reduzieren, im weiteren Lebensverlauf konventionelle soziale Bande aufzubauen (Sampson/Laub 1997), sie können sich ebenso als weitere Quellen negativer Selbsteinstellungen erweisen und die Abkehr von konventionellen Wertvorstellungen und normativen Anforderungen im Rahmen krimineller Karrieren, die hier als eskalierende Verläufe gedacht werden, weiter befördern (vgl. Schumann in diesem Band).

3 Offene Fragen in der Analyse der Jugendkriminalität

Die Erscheinungsweise der Jugenddelinquenz, ihre Ubiquität, ihr Bagatellcharakter und ihre Episodenhaftigkeit haben dazu geführt, dass sich in der theoretischen Analyse Perspektiven durchgesetzt haben, die delinquente Aktivitäten von Jugendlichen im Lebensverlauf betrachten. In der gegenwärtigen Theorienlandschaft bestehen zahlreiche Ansätze nebeneinander, die Verläufe von delinquenten Aktivitäten beschreiben, erklären, oder im Hinblick auf ihren Zusammenhang mit formellen sozialen Kontrollen analysieren.

Während sich im Bereich der deskriptiven Ansätze eine Renaissance biologischer Perspektiven inklusive der ihnen innewohnenden methodologischen Schwächen konstatieren lässt, dominieren im Bereich der erklärenden Ansätze Perspektiven, die Jugendkriminalität im Kontext des Beziehungsgefüges aus Familie, Schule und Peer-Group thematisieren. Dabei sind vor allem kontrolltheoretische Perspektiven verbreitet, die in schwachen Bindungen an konventionelle Werte und Normen den eigentlichen Ausgangspunkt delinquenter Lebensverläufe sehen. Insbesondere Sampson und Laub (1997) haben gezeigt, dass die Analyse der Jugenddelinquenz sich flexibel auf den Beginn, die Aufrechterhaltung und die Beendigung delinquenter Aktivitäten beziehen muss und kann, wobei die Anschlussfähigkeit an kontrolltheoretische Perspektiven herausgestellt wurde.

Im Hinblick auf weitere theoretische Entwicklungen scheint es notwendig, die Analyse der Einflüsse des sozialen Beziehungsgefüges, in das Jugendliche eingebunden sind, um sozialstrukturelle Aspekte zu erweitern. Ausgehend von der Theorie sozialer Desorganisation werden auch hier bereits kontrolltheoretische Perspektiven herangezogen, um insbesondere sozialräumliche Einflüsse auf die delinquenten Aktivitäten von Jugendlichen im Rahmen von Mehrebenenmodellen zu analysieren (vgl. den Beitrag von Oberwittler in diesem Band).

Darüber hinaus haben Boers und Reinecke (2007) kürzlich ein strukturdynamisches Analysemodell vorgeschlagen, dass sozialstrukturelle Merkmale ebenso wie Merkmale sozialer Beziehungen und Einflüsse formeller sozialer Kontrollen im Rahmen eines dynamischen Mehrebenenmodells verknüpft. Anstelle einer schichtspezifisch variierenden Kriminalitätsbelastung anomietheoretischer Prägung zu Ungunsten sozial benachteiligter Jugendlicher erwarten Boers und Reinecke (2007) ausgehend von der Ubiquitätsthese milieu- und lebensstilspezifische Ausprägungen der delinquenten Aktivitäten von Jugendlichen. Ausgehend von diesem Ansatz hat Pöge (2007) eine milieuspezifische Klassifikation der Jugenddelinquenz vorgestellt. Dabei hat er Werte als grundlegende milieuspezifische Orientierungen und Musikpräferenzen als grundlegende milieuspezifische Stilisierungen als Elemente der Klassifikation gewählt. Seine Studie führt zu dem Ergebnis, dass Wertorientierungen und Musikpräferenzen mit typischen Delinquenzmustern verbunden werden können. Zwar stehen bislang empirische Studien aus, die diesen Ansatz in Lebenslauf bezogener Perspektive analysieren, die bisherigen Befunde legen aber eine nicht nach vertikalen Kriterien sozialer Ungleichheit diskriminierende Sichtweise (vgl. Boers/Reinecke 2007) auf die Jugenddelinquenz nahe. Weiterführend ist dieser Ansatz auch deshalb, weil er allgemeine Theorien sozialen Handelns auf die Analyse der Jugenddelinquenz anwendet. Im Rahmen dieser Theorien werden delinquente Aktivitäten von Jugendlichen entweder als das Ergebnis einer rationalen Entscheidung konzeptualisiert (Wittenberg 2007) oder aber – in prinzipieller Übereinstimmung mit der General Strain Theory von Agnew – als eine Reaktion auf belastende Lebensumstände (Pollich 2007). Ausführliche empirische Analysen dieser theoretischen Überlegungen stehen bislang allerdings noch aus.

Literatur

Agnew, Robert (1985): A Revised Theory of Delinquency. In: Social Forces, 64. Jg., S. 151–167.
Agnew, Robert (1992): Foundation for a General Strain Theory of Crime and Delinquency. In: Criminology, 30. Jg., S. 47–88.
Akers, Ronald L. (1977): Deviant Behavior: A Social Learning Approach. Belmont, CA.
Albrecht, Günter; Howe, Carl-Werner (1992): Soziale Schicht und Delinquenz. Verwischte Spuren oder falsche Fährte? In: Kölner Zeitschrift für Soziologie und Sozialpsychologie, 44. Jg., S. 697-730.
Baier, Dirk (2008): Entwicklung der Jugenddelinquenz und ausgewählter Bedingungsfaktoren seit 1998 in den Städten Hannover, München, Stuttgart und Schwäbisch Gmünd. KFN: Forschungsberichte Nr. 104.
Blumstein, Alfred; Cohen, Jaqueline; Roth, Jeffrey A.; Visher, Christy A. (1986): Criminal Careers and „Career Criminals" (Bd. 1). Washington, DC.
Boers, Klaus (2007): Hauptlinien der kriminologischen Längsschnittforschung. In: Boers, Klaus; Reinecke, Jost (Hrsg.): Delinquenz im Jugendalter. Erkenntnisse einer Münsteraner Längsschnittstudie. Münster, S. 5-40.
Boers, Klaus; Reinecke, Jost (2007): Strukturdynamisches Analysemodell und Forschungshypothesen. In: Boers, Klaus; Reinecke, Jost (Hrsg.): Delinquenz im Jugendalter. Erkenntnisse einer Münsteraner Längsschnittstudie. Münster, S. 41-55.
Boers, Klaus; Walburg, Christian (2007): Verbreitung und Entwicklung delinquenten und abweichenden Verhaltens unter Jugendlichen. In: Boers, Klaus; Reinecke, Jost (Hrsg.): Delinquenz im Jugendalter. Erkenntnisse einer Münsteraner Längsschnittstudie. Münster, S. 79-95.
Boers, Klaus; Walburg, Christian; Reinecke, Jost (2006): Jugendkriminalität – Keine Zunahme im Dunkelfeld, kaum Unterschiede zwischen Einheimischen und Migranten. In: Monatsschrift für Kriminologie und Strafrechtsreform, 89. Jg., S. 63-87.
Brusten, Manfred (1999): Kriminalität und Delinquenz als soziales Problem. In Albrecht, Günter; Groenemeyer, Axel; Stahlberg, Friedrich W. (Hrsg.): Handbuch Soziale Probleme. Opladen, S. 507-555.

Bundeskriminalamt (2008): Polizeiliche Kriminalstatistik 2007. Wiesbaden.
Burgess, Robert L.; Akers, Ronald L. (1966). A Differential Association-Reinforcement Theory of Criminal Behavior. In: Social Problems, 14. Jg., S. 128-147.
Bursik, Robert J.; Grasmick, Harold G. (1995): Neighborhoods and Crime. The Dimensions of Effective Community Control. New York, NY.
Caspi, Avshalom; McClay, Joseph; Moffitt, Terrie E.; Mill, Jonathan; Martin, Judy; Craig, Ian W.; Taylor, Alan; Poulton, Richie (2002): Role of Genotype in the Cycle of Violence in Maltreated Children. In: Science, 297. Jg., S. 851-854.
Caspi, Avshalom; Moffitt, Terrie E. (2006): Gene-Environment Interactions in Psychiatry: Joining Forces with Neuroscience. In: Nature Reviews Neuroscience, 7. Jg., S. 583-590.
Cloward, Richard/Ohlin, Lloyd (1960): Delinquency and Opportunity. Glencoe, IL.
Cohen, Albert K. (1955): Delinquent Boys. Glencoe, IL.
Cohen, Albert K. (1968): Mehr-Faktoren-Ansätze. In: Sack, Fritz; König, René (Hrsg.): Kriminalsoziologie. Frankfurt/M., S. 219–225.
Durkheim, Emile (1983/1897): Der Selbstmord. Frankfurt a. M.
Durkheim, Emile (1992/1893): Über soziale Arbeitsteilung. Studie über die Organisation höherer Gesellschaften. Frankfurt a. M.
Eifler; Stefanie (2002): Kriminalsoziologie. Bielefeld.
Elliott, Delbert S.; Huizinga, David; Ageton, Suzanne S. (1985): Explaining Delinquency and Drug Use. Beverly Hills, CA.
Farrington, David P. (2003): Developmental and Life-Course Criminology: Key Theoretical and Empirical Issues – The 2002 Sutherland Award Adress. In: Criminology, 41. Jg., S. 221-255.
Glueck, Sheldon; Glueck, Eleanor (1950): Unraveling Juvenile Delinquency. New York, NY.
Glueck, Sheldon; Glueck, Eleanor (1956): Physique and Delinquency. New York, NY.
Glueck, Sheldon; Glueck, Eleanor (1959): Predicting Delinquency and Crime. Cambridge, MA.
Gottfredson, Michael R.; Hirschi, Travis (1990): A General Theory of Crime. Stanford, CA.
Griese, Hartmut M. (1999): Jugend. In Albrecht, Günter; Groenemeyer, Axel; Stahlberg, Friedrich W. (Hrsg.): Handbuch Soziale Probleme. Opladen, S. 462-486.
Hirschi, Travis (1969): Causes of Delinquency. Berkeley, CA.
Kaplan, Howard B. (1975): Self-Attitudes and Deviant Behavior. Pacific Palisades, CA.
Laub, John H.; Samspon, Robert L. (2003): Shared Beginnings, Divergent Lives. Delinquent Boys to Age 70. Cambridge, MA.
Lemert, Edwin M. (1951): Social Pathology. New York, NY.
Loeber, Rolf; Farrington, David P. (1998): Serious and Violent Juvenile Offender: Risk Factors and Successful Interventions. Thousand Oaks, CA.
Lombroso, Cesare (1890–1894/1876): Der Verbrecher in anthropologischer, ärztlicher und juridischer Beziehung. Hamburg.
Mansel, Jürgen (1986): Die unterschiedliche Selektion von jungen Deutschen, Türken und Italienern auf dem Weg vom polizeilich Tatverdächtigen zum gerichtlich Verurteilten. In: Monatsschrift für Kriminologie und Strafrechtsform, 69. Jg., S. 309-324.
Mansel, Jürgen (1989): Die Selektion innerhalb der Organe der Strafrechtspflege am Beispiel von jungen Deutschen, Türken und Italienern. Eine empirische Untersuchung zur Kriminalisierung durch formelle Kontrollorgane. Frankfurt.
Mansel, Jürgen (1993): Schulische Gewalt und Kriminalisierung. In Schubarth, Wilfried; Melzer, Wolfgang (Hrsg.): Schule, Gewalt und Rechtsextremismus. Opladen, S. 93-114.
Mansel, Jürgen (2001): Angst vor Gewalt. Eine Untersuchung zu jugendlichen Opfern und Tätern. Weinheim.
Mansel, Jürgen; Hurrelmann, Klaus (1988): Aggressives und delinquentes Verhalten Jugendlicher im Zeitvergleich. Befunde aus „Dunkelfeldforschungen" aus den Jahren 1900, 1990 und 1996. In: Kölner Zeitschrift für Soziologie und Sozialpsychologie, 50. Jg., S. 78-109.
Matza, David (1964): Delinquency and Drift. New York, NY.
Merton, Robert K. (1938): Social Structure and Anomie. In: American Sociological Review, 3. Jg., S. 672–682.
Merton, Robert K. (1957): Social Theory and Social Structure. Glencoe, IL.
Moffitt, Terrie E. (1993): Adolescence-Limited and Lif-Course Persistent Antisocial Behavior: A Developmental Taxonomy. In: Psychological Review, 100. Jg., S. 674-701.
Nagin, Daniel S. (2005): Group-Based Modeling of Development. Cambridge, MA.
Park, Robert E./Burgess, Ernest W./McKenzie, Roderick D. (1928): The City, Chicago/IL: Chicago University Press.
Pöge, Al. (2007): Klassifikationen Jugendlicher anhand ihres delinquenten Verhaltens. In: Boers, Klaus; Reinecke, Jost (Hrsg.): Delinquenz im Jugendalter. Erkenntnisse einer Münsteraner Längsschnittstudie. Münster, S. 97-127.

Pöge, An. (2007): Soziale Jugendmilieus und Delinquenz. In: Boers, Klaus; Reinecke, Jost (Hrsg.): Delinquenz im Jugendalter. Erkenntnisse einer Münsteraner Längsschnittstudie. Münster, S. 201-239.
Pollich, Daniela (2007): Die kognitive Emotionstheorie von Richard S. Lazarus und ihre Anwendung auf jugendliches Gewalthandeln. In: Boers, Klaus; Reinecke, Jost (Hrsg.): Delinquenz im Jugendalter. Erkenntnisse einer Münsteraner Längsschnittstudie. Münster, S. 175-200.
Raithel, Jürgen; Mansel, Jürgen (Hrsg.; 2003): Kriminalität und Gewalt im Jugendalter. Hell- und Dunkelfeldbefunde im Vergleich. Weinheim.
Reinecke, Jost (2006): Longitudinal Analysis of Adolescents' Deviant and Delinquent Behavior. Applications of of Latent Class Growth Curves and Growth Mixture Models.In: Methodology, 2. Jg., 100-112.
Sampson, Robert J.; Laub, John H. (1993): Crime in the Making. Pathways and Turning Points Through Life. Cambridge, MA.
Sampson, Robert J.; Laub, John H. (1997): A Life-Course Theory of Cumulative Disadvantage and the Stability of Delinquency. In Thornberry, Terence P. (Hrsg.): Developmental Theories of Crime and Delinquency. Advances in Criminological Theory, Vol. 7. New Brunswick, S. 133-161.
Schetsche, Michael (1996): Die Karriere sozialer Probleme. Soziologische Einführung. Opladen.
Statistisches Bundesamt (2008): Statistisches Jahrbuch 2008. Wiesbaden.
Seipel, Christian (1999): Strategien und Probleme des empirischen Theorienvergleichs in den Sozialwissenschaften. Rational Choice Theorie oder Persönlichkeitstheorie? Opladen.
Sykes, Gresham; Matza, David (1957): Techniques of Neutralization. A Theory of Delinquency. In: American Journal of Sociology, 22. Jg., S. 664–670.
Thornberry, Terence P. (1987): Towards an Interactional Theory of Delinquency. In: Criminology, 25. Jg., S. 863–891
Thornberry, Terence P.; Lizotte, Alan J.; Krohn, Marvin D.; Farnworth, Margaret; Jang, Sung Joon (1994): Delinquent Peers, Beliefs, and Delinquent Behavior. A Longitudinal Test of Interactional Theory. In: Criminology, 32. Jg., S. 47–83.
Wittenberg, Jochen (2007): Motive und Hemmnisse jugendlicher Ladendiebe. In: Boers, Klaus; Reinecke, Jost (Hrsg.): Delinquenz im Jugendalter. Erkenntnisse einer Münsteraner Längsschnittstudie. Münster, S. 147-173.
Wolfgang, M.; Figlio, R. M.; Sellin, T. (1972): Delinquency in a Birth Cohort. Chicago, IL.

Bernd Dollinger

Ansatzpunkte eines reflexiven Begriffs von Jugendkriminalität.
Eine kulturtheoretische Annäherung

1   Reflexive Devianzforschung

Es gibt viele Arten, Jugendkriminalität zu theoretisieren (vgl. etwa Eifler i.d.B.; Lilly u.a. 2007, 307ff; Kirton 2005; Lamnek 2007; 2008; Walter 2005: 50ff). Neben einzelnen Theorien steht mittlerweile eine ansehnliche Zahl an integrativen Theorievarianten zur Verfügung (vgl. z.B. Gottfredson/Hirschi 1990; Hermann 2003; Hess/Scheerer 1997, 2004; Smaus 1986; Tittle 2004) – und dennoch ist es bislang nicht gelungen, einen befriedigenden theoretischen Erkenntnisstand zu erzielen. Zwar dürfte unstrittig sein, dass Theoriearbeit nützlich und notwendig ist. Eine Erweiterung des Wissens um Jugendkriminalität kann – auch wenn sie durch empirische Forschungsmethoden angestrebt wird – nur unter Bezug auf theoretisch gehaltvolles Wissen erfolgen. An Theorien führt letztlich kein Weg vorbei, wenn man sich mit Jugendkriminalität beschäftigt. Arbeit mit und an Theorien zu Jugend-/Kriminalität ist demnach prinzipiell notwendig. Allerdings herrscht derzeit Ernüchterung vor. Lautmann (2005: 252) konstatiert, dass Erklärungen von Kriminalität „unbefriedigend ausfallen". Kunz (2008: 7) verweist beim Blick auf die Kriminalitätsforschung auf „Fehlentwicklungen"; aus ihnen könne man lernen, gleichwohl sei zumindest derzeit von Positionen auszugehen, die „nicht eben gerade als theoretisch avanciert" zu gelten hätten. Kriminalitätstheorien zeigten einen „beengten Blick" und „versprechen zu viel" (Kunz 2004: 213). Und Lamnek (2007: 289), um ein weiteres Beispiel zu geben, stellt in seinem „klassischen" Überblick den Devianztheorien „ein relativ schlechtes Zeugnis" aus.

Diese Ausgangslage dient als Motivation, um im Folgenden in erkenntniskritischer Absicht einen *reflexiven* Theoriezugang zu wählen. Er soll ein Angebot formulieren, das nützlich sein kann, um einen veränderten Blick auf Jugendkriminalität zu werfen. Er soll die Disparität der Möglichkeiten, sich theoretisch mit Kriminalität zu beschäftigen, nicht negieren oder als Defizit lesen, sondern sie konstruktiv aufnehmen. Dabei ist in Rechnung zu stellen, dass es nicht möglich ist, sich ein exaktes Bild von „der" Kriminalität zu machen, denn einzelne und ebenso integrative Theorien sind stets durchsetzt von Perspektiven, Erkenntnisinteressen und Werthaltungen, die es verhindern, eine Kriminalitätswirklichkeit durch eine wie auch immer geartete Theorie schlicht wiederzugeben. Man muss basaler ansetzen. Es geht mithin um Fragestellungen mit epistemologischer Tiefenschärfe (vgl. Kreissl 2000). Eine so verstandene reflexive Forschungsstrategie kann sich damit befassen, wie Kriminalität überhaupt zum Forschungsthema wird. Sie geht von der Unmöglichkeit aus, *direkten* Zugang zur „Realität" zu gewinnen und versucht Gewissheit *über die Art und Weise* zu gewinnen, wie unter Beteiligung von Wissenschaft eine „Kriminalitätswirklichkeit" – in den Worten von Hess und Scheerer (2004: 70): eine

„Sinnprovinz der Kriminalität" – hergestellt wird. Sie kann nicht als unstrittiger Orientierungspunkt unterstellt werden, denn sie äußert sich dem Forscher nicht unverstellt. Er muss sich gemäß Kunz (2008: 87) die Mühe machen, den „Bedeutungsknoten" Kriminalität zu entwirren. Dies ist nachfolgend angedacht. Es ist beabsichtigt, unter Bezug auf spezifische vorliegende Theorieofferten, die dies ermöglichen, eine selbst- und begriffskritische Herangehensweise an Jugendkriminalität nahe zu legen. Intendiert ist die Konturierung einer Perspektive, die ihren „Gegenstand" nicht essentialistisch voraussetzt, sondern die dessen Konstitution ebenso in Frage stellen kann wie ihre eigene Beobachtungsleistung. Die Mittel, durch die dies geleistet werden soll, beziehen sich auf *die Etikettierungstheorie, die „cultural criminology"* sowie *poststrukturalistische Theorieelemente*, die zu einer reflexiven Forschungsstrategie verbunden werden (vgl. hierzu auch Kretschmann 2008).

Um nützlich zu sein, muss sie Antworten auf zentrale Problemlagen der Theoretisierung von Jugendkriminalität zulassen. Als solche werden im Folgenden drei Aspekte betrachtet: Ein erkenntniskritischer Zugang muss sich die Frage nach dem „Wesen" von Kriminalität im gesellschaftlichen Rahmen stellen (s. Abschnitt 2.1). Da Kriminalität gerade bei Jugendlichen in hohem Maße auf die differenzierte Zuschreibung individueller Verantwortlichkeit abstellt, ist zudem zu diskutieren, welche Rolle der Einzelne als Subjekt im Kontext von Kriminalität und Kriminalisierung übernimmt (s. Abschnitt 2.2). Und schließlich ist zu erörtern, wie die Verbindung von Gesellschaft und Subjekt kriminalitätstheoretisch verstanden und rekonstruiert werden kann (s. Abschnitt 2.3). Diese hier freilich nicht erschöpfend darzustellenden Punkte können illustrieren, dass eine entsprechende Forschungsstrategie ein lohnendes Unterfangen ist. Theorie kann höchst praktisch sein, wenn sie weiterführende und interessante Perspektiven ermöglicht, schließlich sind es zuletzt Theorien, die Wirklichkeit als solche hervorbringen.

2 Kriminalisierung als kulturelle Symbolisierung

„Kriminalität" ist zunächst, ganz schlicht, eine Differenzbehauptung, die der Beurteilung und Kategorisierung sozial in Erscheinung tretender Ereignisse dient (vgl. Bussmann 2000). Diese können offenkundig sehr unterschiedlich interpretiert werden: Ob es sich um „Ärgernisse und Lebenskatastrophen" (Hanak u.a. 1989), die absichtvolle Zufügung von Leid, einen Ausdruck pathologischen Handelns, um das Resultat zufälliger Interaktionen o.a. handelt, liegt nicht in der Natur einer Erscheinung, sondern derartige Bedeutungen werden in sozialen Prozessen ausgehandelt. Eine mögliche Interpretation sozialer Ereignisse ist ihre Deutung als *Kriminalität* (vgl. Christie 2005: 14). Sie konstituiert eine strafrechtliche und öffentliche Grenze, die die betreffenden Handlungen von „normalen", nicht-kriminellen unterscheidet und verleiht ihnen den Nimbus des Besonderen und Außer-Alltäglichen. Ohne die Wahrnehmungsbrille der „Kriminalität" mögen „kriminelle" Handlungen zwar häufig alles andere als aufregend und spektakulär sein. Gleichwohl werden Kategorien geschaffen, durch die soziale Ereignisse und Handlungsformen entlang einer Trennlinie der „Normalität" klassifiziert werden. Und dies betrifft nicht nur die Seite der „Konformen", sondern auch die der Kriminalisierten, die sich unter bestimmten Umständen damit auseinandersetzen müssen, „kriminell" zu sein.

„Unter bestimmten Umständen" weist darauf hin, dass die Zuweisung der Bedeutung, ein Ereignis sei „kriminell", nicht beliebig erfolgt. Beispielsweise ist der Verkauf von Heroin etwas anderes als der von Äpfeln, Automobilen oder Computern. Und dennoch ist er in dieser

Besonderheit nur als Produkt einer Symbolisierung zu verstehen. Kriminalität verweist auf „Definitionsleistungen" (Hess/Scheerer 2004: 73), durch die Tatbestände ins Lebens gerufen werden und Kriminalität rechtlich begründet wird. Damit assoziiert sind Markierungen, die entsprechende Ereignisse zu kulturellen Symbolen werden lassen, wie sie für Jugendliche besonders aussagekräftig sind. Sie können Verwendung finden, um Identitäten zu konstituieren, und bleiben dabei eng an die kulturellen Auszeichnungen der betreffenden Handlungen gebunden. So kann mit Cannabiskonsum Distinktionsgewinn erzielt werden, der im Vergleich zu dem als „hart" geltenden Konsum von Crack oder Heroin nicht allzu gefährlich erscheint (vgl. Koenen 1999; Dollinger 2002). Rechtsextremismus kann sich die deutsche Geschichte „zunutze machen", um vor dem Hintergrund massenmedialer und politischer Aufmerksamkeit kollektive Identität zu inszenieren, wobei auch hier die Rückbindung an umfassendere kulturelle Strukturen einschlägig ist (vgl. Butterwegge 2000). Und, um ein letztes Beispiel zu geben, das Anbringen von Graffitis kann sich als kulturelle „Leistung" mit erheblichem Spannungspotential, als „tense excitement" und als „artistic production interwoven with illegality and adventure" (Ferrell 1997: 5) erweisen. In allen diesen Fällen stehen nicht eine einzelne Handlung und ihr möglicher instrumenteller Gewinn im Vordergrund. Maßgeblich ist die kulturell prästrukturierte Aussagekraft einer Aktion. Sie weist zurück auf massenmedial vermittelte, kulturelle Erfahrungen von Kriminalität, wie sie nach Garland (2001: 158) das alltägliche Wissen von Kriminalität und Strafverfolgung prägen. Wichtig zum Verständnis von Jugendkriminalität sind demnach, pointiert ausgedrückt, die kulturellen Relationen und Differenzen, die eine „kriminelle" Handlung markieren, qualifizieren und subjektiv relevant werden lassen. Kriminalität wird durch sie zur Botschaft über den Einzelnen – dies allerdings nicht im Sinne einer gegeben Subjektqualität, sondern im Sinne einer Information darüber, in welcher Kultur er lebt und welche Symbole sie gelten lässt, um Menschen qua Kriminalisierung zu diskriminieren und qua Nichtkriminalisierung zu integrieren. Kriminalität, so ist deshalb festzuhalten, existiert nur als kulturelle Bezeichnung, d.h. als Kriminalisierung im Sinne einer Bedeutungszuweisung. Sie resultiert aus der Etablierung, Durchsetzung und Anwendung strafrechtlicher Tatbestände, die angesichts ihrer kulturellen Verwurzelung über den Bereich des Strafrechts und des Systems der Strafverfolgung weit hinausgehen. Will man dies verstehen und in diesem Sinne dem „Wesen" von Kriminalität nachgehen, so ist zunächst auf die Ebene der Kultur und die in ihre realisierte Symbolisierung einzelner Ereignisse als „Kriminalität" zu sehen.

2.1 „Kriminalität" als Kategorie sozialmoralischer Bewertung

Die Kategorie „Jugendkriminalität" richtet sich auf kriminalisierte Handlungsweisen Jugendlicher (und Heranwachsender). Aus der Spannbreite jugendlicher Lebensstile und Handlungsformen werden durch Kriminalisierung einige ausgewählt und diskriminiert. Sie werden damit nicht verhindert, wohl aber werden sie aus dem Kreis der „Normalität" ausgeschieden und unter eine Sonderkategorie subsumiert. Sie sucht die Handlungen als „Kriminalität" zu homogenisieren und spezielle Bearbeitungsformen, in erster Linie durch Strafjustiz und/oder Sozialpädagogik, zu legitimieren.

Das Jugendgerichtsgesetz (JGG) richtet sich diesbezüglich bewusst nicht auf einzelne Taten, sondern als „Täterstrafrecht" auf Persönlichkeiten und Subjektqualitäten. Auf den einzelnen soll spezialpräventiv eingewirkt werden, d.h. es sollen Maßnahmen gewählt werden, die „den Sozialisationsbedürfnissen des einzelnen jungen Menschen gerecht werden" (Laubenthal/Baier 2006: 3). Dieser Anspruch soll realisiert werden, indem neben der Person auch auf die Lebensumstände geachtet wird. Der Delinquent soll mit Blick auf „die Lebens- und Familienverhältnisse", den „Werdegang, das bisherige Verhalten (...) und alle übrigen Umstände" umfassend analysiert werden, um gemäß § 43 (1) JGG seine „Eigenart" beurteilen zu können. Nicht vorrangig die Straftat als solche, die sich im Jugendstrafrecht nicht von derjenigen Erwachsener unterscheidet, stützt folglich die Einschätzung des Betreffenden, sondern vorrangig ein unterstellter Erziehungs- und Interventionsbedarf mit persönlichkeitsbezogener Referenz[1].

Die Kategorien, die zur Charakterisierung des Delinquenten eingesetzt werden, stützen sich auf moralische Vorgaben und Normierungen. Sie bestimmen das Strafrecht insgesamt; dessen „normative Funktion (...) besteht (...) im Wesentlichen in der Darstellung und Verdeutlichung herrschender Moral anhand von individuellen Konflikten" (Singelnstein/Stolle 2008: 138). Bestimmte Lebensstile und -formen werden als defizitär, problematisch und korrekturbedürftig bestimmt, so dass die Betreffenden mit einem „Moralstrafrecht" (Böllinger 1993; bezogen auf Drogenkonsum) konfrontiert werden. Jugendliche werden in ihrer Subjektivität evaluiert und diese wird mit einem Normalmaß „gelingender" Sozialisation und Entwicklung abgeglichen. Ohne eine solche Evaluierung wäre ein (Täter-)Strafrecht nicht denkbar: Es verweist auf „politics of moral order" (Sutton 2000: 378), die den Umgang mit sozialer Auffälligkeit strukturieren und Differenzunterstellungen einer legitimen und illegitimen Existenz beinhalten. Diese Unterstellungen dienen dann im Verlauf der Strafverfolgung und -ahndung als Orientierungsmaßstab, um Interventionsbedarf zu begründen. „Kriminelle" Jugendliche scheinen Besonderheiten, Anomalien zu zeigen, die der Korrektur „bedürfen". Es kommen Kriterien zum Tragen, die unterscheiden und Unterschiede qualifizieren.

Diese Differenzierungen sind der letztlich entscheidende Punkt, wenn von „Jugendkriminalität" gesprochen wird. Sie spricht ein Unwerturteil aus, das über Jugendliche richtet und das die Jugendlichen anleitet, anhand der kriminalpolitisch implementierten Differenzkriterien selbst über sich zu richten. Jugendliche Identitätsentwicklung zeichnet sich geradezu durch ein „Spiel" mit derartigen Grenzbestimmungen von Il-/Legitimität aus, durch das Jugendliche vorherrschende Moralvorschriften konterkarieren und nutzen, um sich von ihnen abzusetzen. Sie verwenden sie zur möglicherweise aufregenden und sozial aussagekräftigen Distinktion ihrer Person. Kriminalität Jugendlicher ist deshalb nicht vorrangig instrumentelles Handeln, sondern eine soziale und symbolische „Botschaft" über den Einzelnen, mit der er sich selbst beschäftigt und mit der sich seine Umwelt auseinandersetzt (vgl. Haan/Vos 2004; Weyers 2005; s.a. Karstedt 2007).

Die Rede von einem „Spiel" ist allerdings missverständlich. Jugendkriminalität ist häufig bagatellhaft und transitorisch, aber im Jugendstrafrecht erfahren die jugendlichen Auseinandersetzungen mit entsprechenden Normierungen eine objektivierende Bewertung: Sie werden daraufhin abgeglichen, ob sie als „Normalität" oder „Anormalität" zu deuten sind. Für eine reflexive Erforschung von Delinquenz ist es entscheidend, dass derartige Bewertungen im Forschungsprozess grundlegend in Frage gestellt werden und ihnen keine apriorische Gültigkeit zuerkannt wird. Man muss sie als das erkennen, was sie sind, nämlich sprachliche Symbolisierungen kontextualisierter Handlungen: Wer „Jugendkriminalität" thematisiert, spricht ein Unwerturteil über einzelne Handlungen Jugendlicher aus, die er in seiner Rede normativ und klassifikatorisch als „Gegenstand" fixiert. Dabei kann man nicht beliebig über „Jugendkriminalität"

---

1 Erziehungsbedarf wird nicht generell unterstellt. Er wird u.a. eingeschränkt, wenn Erziehung gegenüber der Möglichkeit, eine Jugendstrafe zu verhängen, wenig erfolgreich zu sein scheint. In diesem Fall wird gemäß § 17 (2) JGG auf das Vorhandensein von „schädlichen Neigungen des Jugendlichen" oder eine besondere „Schwere der Schuld" erkannt.

sprechen, sondern es gibt Regeln, die dies ermöglichen und strukturieren. MacNaughton-Smith (1975) brachte sie in der Rede von einem „second code" auf den begrifflichen Punkt. Gemeint sind Regeln, die nicht explizit formuliert sind, sondern die implizit steuern, wie Diskriminierungen – etwa strafrechtlicher Art – ausgesprochen und angewendet werden. Für Jugendkriminalität sind sie besonders aussagekräftig, da explizit der Versuch unternommen wird, nicht die Tat eines Einzelnen als Interventionsanlass zu verwenden, sondern die Bedingungen ihres Auftretens, ihren personalen Kontext. Dadurch kommen sehr interpretationsoffene Kategorien wie „Erziehungsverhältnisse", „Sozialisationsbedingungen" oder „schädliche Neigungen" zur Geltung. An ihnen orientierte Kriminalisierungen müssen *perspektivische Wertungen* einbringen und *einen fiktiven Moralkonsens voraussetzen*: In modernen, pluralen Gesellschaften gibt es zwar keine Einigkeit in Fragen der Moral und Menschen halten sich nur sehr unterschiedlich an Verhaltenserwartungen. Dennoch unterstellt eine Bewertung von Handlungen als Delinquenz einen solchen Konsens *kontrafaktisch*. Indem sie dies leistet, bestimmt sie im Rückgriff auf partikulare Wert- und Regelsysteme *hegemoniale Bewertungskategorien jugendlicher Lebensführung*. Der Urteilende weiß sich zu einem „,Sprechen im Namen der Gesellschaft'" befugt, „womit die Allgemeinverbindlichkeit des Anliegens offensichtlich gemacht werden kann" (Singelnstein/Stolle 2008: 139). Im Hintergrund dieser Simulation von Allgemeinverbindlichkeit liegt die Negation von Kontingenz und Komplexität: Vielfalten jugendlicher Lebensstile und Handlungsoptionen werden bewertet und in Kategorien der Il-/Legitimität verortet.

Formuliert man diesen Zusammenhang auf abstrakterem Niveau, so setzt das Jugendstrafrecht etwas voraus, das nicht existiert, um sich selbst in seiner Wertungsgrundlage absolut zu setzen. Es handelt sich um eine Hegemonie ohne Basis; sie verweist auf stets labile, diskursive Projekte, die sich, wie Reckwitz unter Bezug auf den Hegemoniebegriff Laclaus beschreibt, als Arten präsentieren, Ordnungen und Subjektpositionen auf alternativlos erscheinende Weise zu deuten. Hegemoniale Projekte fungieren nicht nur als Quelle der Interpretation von Subjekten, sondern ihnen kommt auch die Funktion zu „den offenen, unentscheidbaren kulturellen Horizont vorübergehend (zu; B.D.) ‚schließen'" (Reckwitz 2006a: 344).

Eingelagert in strafrechtliche Bestimmungen und Verfahrensweisen sowie den sozialpädagogischen Umgang mit kriminalisierten Jugendlichen sind demnach Botschaften und Vorschriften, die kulturelle Pluralitäten und individuelle Handlungsmöglichkeiten restringieren und in homogenisierte Zonen der Legitimität und Illegitimität einteilen, um verbindliche Auskunft über normative Wertigkeiten von Verhaltensweisen und Seinsarten zu geben. Dies erfolgt in der Kriminalisierung unter Referenz auf einen scheinbar einheitlichen – de facto aber höchst pluralen – Gegenstand: „Jugendkriminalität". Sie fungiert als zunächst inhaltsleerer, abstrakter Begriff, der relativ unbestimmt ist und erst durch „kreative" Arbeit gefüllt wird: Ereignisse werden unter strafrechtliche Tatbestände subsumiert. In dieser Subsumtion kommt eine *konstruktive* Tätigkeit zur Geltung, die Handlungen und Handlungsorientierungen konstituiert und normativ in einer spezifischen Richtung qualifiziert (vgl. Messmer 1996; s.a. Reichertz 2007). Durch diese diskursive, homogenisierende Praxis werden die Ereignisse als Teil des Versuchs der Hegemonialisierung einer partikularen symbolischen Ordnung neu hervorgebracht (vgl. Cremer-Schäfer/Steinert 1998). In diese Praxis fließen sehr unterschiedliche Vorgaben ein, etwa Deutungsstrukturen eines Richters, polizeiliche Ermittlungsstrategien, rechtliche Vorschriften, Interpretationen eines Jugendgerichtshelfers, Selbstdarstellungsweisen eines „Täters" usw. Sie ergeben ein komplexes Gefüge, das in der Bestimmung eines „Falles" jugendlicher Kriminalität kulminiert.

Wird dies bedacht, so ergibt sich als Anschlussfrage: Worauf gründet sich diese Aktivität, wenn sie nicht in einer objektiven Handlungsqualität liegt, wenn nicht eine in sich kriminelle Handlung den Ausschlag für Prozesse der Kriminalisierung gibt? In *gesellschaftstheoretischen Etikettierungsansätzen* (vgl. Boogaart/Seus 1991; Lamnek 2007: 223ff) wird als Erklärungsprinzip beispielsweise die „Arbeitsmoral" einer Gesellschaft, die „Reproduktion sozialer Differenzierung", das „Patriarchat" oder ähnliches festgelegt. Es wird unterstellt, Kriminalisierung erfolge, um z.B. Armen zu vermitteln, dass sie zu arbeiten haben, um ihr Überleben zu sichern, während sie durch Kriminalisierung von Diebstahl oder anderem abgeschreckt werden. So aufschlussreich derartige Analysen auch sind, es bleibt bei zwei Problemen, die umgangen werden müssen: Erstens wird Kriminalisierung als reflexhafte *Antwort* auf tiefer liegende „Logiken" gedeutet, die Kriminalisierung mit „Sinn" ausstatten. Die Widersprüchlichkeit von Kriminalisierung, ihr Ringen mit der Komplexität von Lebens- und Handlungsformen und die unterschiedlichen Interessen, die in ihr zur Geltung kommen, können so nur teilweise abgebildet werden. Es ist fraglich, ob Kriminalisierung tatsächlich derart „sinnvoll" und „rational" gedeutet und erklärt werden kann, wie es in diesen Annäherungen aufscheint. Zweitens ist zu bedenken, dass diese Ansätze ein *perspektivisches Gesellschaftsbild* verfolgen, etwa das einer ökonomisch oder patriarchal determinierten sozialen Ordnung, die individuelles Handeln strukturiert. Diese Setzung einer bestimmten Auffassung von Gesellschaft als objektiv gegebener ist klärungsbedürftig: In den Sozialwissenschaften gibt es keinen Konsens über die „Natur" der Gesellschaft und ein fixiertes Wesen sozialer Erscheinungen, insbesondere der Kriminalität, wird in diesen Theorieansätzen gerade in Zweifel gezogen, so dass es problematisch erscheint, eine prädiskursive Ordnung des Sozialen anzunehmen.

Dies legt es nahe, im hier beschriebenen Sinne *Differenz* als Ausgangspunkt zu wählen. Unternimmt man dies, so kann Gesellschaft nicht als positives Datum bestimmt werden, sondern als Konglomerat von vielschichtigen diskursiven Verstrickungen (vgl. Laclau/Mouffe 2006). Sie kann Kriminalisierung nicht mit per se gegebenem „Sinn" ausstatten. Kriminalisierung resultiert aus Versuchen der Herstellung einer bestimmten Ordnungsvorstellung, sie ergibt sich nicht aus einer an sich bestehenden Gesellschaftsform. Einige neuere Theorievarianten versuchen dem gerecht zu werden, indem sie im Sinne eines „post-foundationalism" (vgl. z.B. Kessl 2008; Marchart 2007; Stäheli 2000) von offenen Bedingungsgefügen des Sozialen ausgehen, nicht von letztbegründenden Modellen einer gegebenen sozialen Ordnung. Dies führt zu Möglichkeiten, Kriminalisierung *als Versuch einer Hegemoniebildung* zu verstehen, die gewissermaßen „*essenzlos*" ist: Sie ruht nicht auf einer Einheit oder einem positiven „Wesen" des Sozialen und auch nicht auf Interessen einer klar konturierten (Herrschafts-)Gruppe, sondern auf diskursiven Praxen, die in sich heterogen und widersprüchlich aufgebaut sind. Durch Kriminalisierung leisten sie Ein- und Ausgrenzungen, um sich als universelles Projekt auszuweisen, denn der „hegemoniale Diskurs beansprucht Allgemeingültigkeit und Alternativenlosigkeit und demonstriert durch das sinnhafte Präsenthalten eines Außens, das sich nicht in die universale Ordnung fügt, seine eigene Kontingenz und Partikularität" (Reckwitz 2006a: 345). Somit kann Kriminalisierung zwar *kontrafaktisch* die Hegemonie einer (fiktiven) symbolischen Ordnung für sich beanspruchen. Aber durch ihr „Produkt", den „Kriminellen" und die „kriminelle Handlung", dem sie essentiellen Status zuschreibt (vgl. Young 1999: 102ff), stellt sie sich selbst immer wieder in Frage.

2.2 „Kriminelle Subjekte"?

Dieser eben gezeigte Prozess bleibt natürlich nicht folgenlos. Kriminalisierung hat insbesondere Konsequenzen für die als „kriminell" Bezeichneten, da sie als „kriminelle Subjekte" identifiziert werden. Objektivistische Theorieofferten verfolgen diesen Sachverhalt i.d.R., indem sie die Betreffenden als Getriebene vor Augen führen: Sie sind – durch genetische Veranlagung, durch defizitäre Fähigkeiten der Selbstkontrolle, durch eine Kumulation von Risikofaktoren, durch soziale Benachteiligung oder anderes – zu Kriminalität vorherbestimmt. Eine kulturorientierte Annäherung verweist demgegenüber auf die eigenständige Auseinandersetzung des Einzelnen mit dem Symbol „Kriminalität". Sie stellt ein Akteurmodell bereit, das der Komplexität des sozialen und individuellen Lebens zu entsprechen sucht (vgl. Sack 2003: 110). Dies soll nun in den Blick genommen werden, um die Beteiligung des Subjekts an Kriminalisierungsvorgängen zu thematisieren.

Nach Reckwitz (2006b: 117) muss eine Handlungsinterpretation, die auf symbolbezogenes Agieren von Subjekten abstellt, „den Weg einer Rekonstruktion der kognitiv-symbolischen Organisation der Wirklichkeit gehen, wie sie von den Handelnden beständig vollzogen wird." Individuelles Handeln wird als sinnbezogene Auseinandersetzung mit einer – etwa durch Kriminalitätsdiskurse – symbolisch vorstrukturierten Welt betrachtet. Somit wird der Einzelne als Handelnder ernst genommen, allerdings setzt er sich mit symbolischen Welten und Differenzrelationen auseinander, die nicht von ihm selbst geschaffen wurden. Bezieht man dies auf die oben genannten Beispiele Drogenkonsum, Rechtsextremismus und das Anbringen von Graffitis, so sind sie gewissermaßen als „Angebote" zu betrachten, die eine Kultur dem Einzelnen zum Zwecke seiner Selbststilisierung offeriert. Er kann sie nutzen, um sozial anschlussfähige Identitätsmarker zu setzen, die eng mit der Validierung seiner selbst als soziales Wesen verknüpft sind.

Im Falle einer als kriminell bezeichneten Handlung verweist dies auf die Möglichkeit einer Motivation zu Kriminalität. Ohne dass die Begehung genau vorhergesagt werden könnte, ist zumindest einzukalkulieren, dass Subjekte eine Motivation zu Kriminalität entwickeln können (vgl. Hess/Scheerer 2004: 77ff). Als symbolisch Handelnde orientieren sie sich an Diskursen, in denen Kriminalitätsdeutungen kommuniziert werden, und entsprechende Bedeutungszuweisungen können auf eigene Handlungen angewendet werden. Dadurch werden für folgende, informelle oder formelle Kriminalisierungen Anschlussinterpretationen prästrukturiert. Diese Anschlüsse können sich allerdings von dem „Sinn", den ein Akteur mit seiner Handlung verbindet, deutlich unterscheiden. Handlungsinterpretationen werden im Prozess der Kriminalisierung permanent neu justiert und je nach institutionellen Rahmenbedingungen, kriminalpolitischen Vorgaben, Interessen von Professionsangehörigen usw. in spezifischer Qualität verarbeitet (vgl. Holstein/Miller 2003). Es handelt sich um einen Prozess dauerhafter Veränderung von und Einwirkung auf Subjektivität. Diese wird bei Jugendlichen (meist) nicht „geschlossen" und einheitlich ausgerichtet. Subjektivitäten Jugendlicher befinden sich in stetiger Transformation und trotz der Tätigkeit professioneller Problemarbeiter sind sie „never fixed" (Holstein 1992: 34)[2]. Immerhin aber wird durch Kriminalisierung permanent auf Subjektivität eingewirkt

---

2 Die *Heterogenität* von Subjektivität ist zu betonen, da selbst „kritische" Positionen mitunter eine „Produktion" von „Kriminellen" theoretisieren, ohne die Brüchigkeit und Prozesshaftigkeit von Kriminalisierungen ausreichend zu betonen. Wird ein Delinquent als „Produkt einer Institution" beschrieben und ein „Delinquentencharakter des Zuchthäuslers" (Foucault 1998: 389) unterstellt, der durch soziale Disziplinierung verursacht werde, so könnte dies als diskursive Schaffung krimineller Subjekte missverstanden werden, an deren Ende ein faktisch Krimineller steht. Dies gilt auch für eine etikettierungstheoretische Position, die Tannenbaum (1973: 215) in seiner schon 1938

und es zeigen sich vielfältige Verschiebungen und Neuorientierungen dessen, was ein Subjekt ursprünglich mit „seinem" Handeln sinnhaft verbunden haben mag.

Geht man hiervon aus, so ist die homogenisierende Kategorie „Jugendkriminalität" in heterogene diskursive Praxisformen der Kriminalisierung aufzulösen. Eine „kriminelle" Subjektivität (oder Identität) ist als Zurechnung zu verstehen, die der Vielschichtigkeit von Individualitäten und Subjektivitätsformen stets Gewalt antut. Menschen sind nie nur kriminell, auch wenn massenmediale, alltägliche, politische oder auch disziplinäre Diskurse dies teilweise nahe legen und ein Moment der Abweichung zum Anzeichen eines vermeintlichen „full-time deviant" (Erikson 1973: 27) mutiert. Empirische Studien zeigen demgegenüber nicht nur den mehrheitlich transitorischen Charakter von Jugendkriminalität. Sie zeigen auch, dass, wer „kriminelle" Handlungen verübt, konventionelle Werte keineswegs an sich ablehnt: „Straffällige Jugendliche haben mit wenigen Ausnahmen keine Defizite im Verständnis der Moral. Sie verstehen und akzeptieren moralische Normen im Allgemeinen, dennoch haben viele eine ambivalente Haltung ihnen gegenüber" (Weyers 2005: 17). Jugendliche Kriminalität ist demnach dynamisch und widersprüchlich.

Dennoch kommt es bei der Rede von ihr immer wieder zu Festlegungen „krimineller" Subjektivität. Es scheint sich um Subjekte zu handeln, deren vorrangige Eigenschaft es ist, „kriminell" zu sein. Auch wenn diese Behauptungen in Rechnung zu stellenden Komplexitäten nie gerecht werden, finden sie statt, und der Akteur, dem eine „kriminelle" Handlung angelastet wird, partizipiert hieran mehr oder weniger aktiv. Seine Subjektivität wird unter seiner Beteiligung dauerhaft reinterpretiert und mindestens tentativ festzulegen gesucht (wie erfolglos auch immer dies unternommen wird).

Dies besitzt zwei Seiten: Zum einen will die Umgebung wissen, um wen es sich „wirklich" handelt. Sie entwickelt immer neue Vorstellungen seines „Wesens"; seine Vergangenheit, Gegenwart und Zukunft erscheinen je nach Stand der Kriminalisierung in neuem Licht (vgl. Garfinkel 1977: 34). Diagnosen, Prognosen, Gutachten und andere Objektivierungsmechanismen mühen sich ab, um der „wirklichen" Subjektivität auf die Schliche zu kommen. Bleiben Zweifel bestehen, so müssen Diagnosen wiederholt, neue Gutachten eingeholt werden usw.. Da Subjektivität vielschichtig aufgebaut ist und sie sich dauerhaft verändert, ist dies ein endloser Prozess, der sein Ziel – die endgültige kategoriale Bestimmung von Subjektivität – nie erreichen kann. Zum anderen hat der Akteur seinerseits Teil an den betreffenden Deutungen und Festlegungsversuchen, denn Kriminalisierung betrifft Auseinandersetzungen um Identitätsformen (vgl. Bond-Taylor 2005). Der Einzelne sammelt Wissen über sich und richtet sich hierbei nach Feedback, das ihm Auskunft über sich verspricht. Im Fall von Kriminalisierung vergegenwärtigt dies eine Orientierung des Handelnden an den symbolisierten Zurechnungen,

---

geäußerten These repräsentiert, ein jugendlicher Delinquent „becomes the thing he is described as being. Nor does it seem to matter whether the valuation is made by those who would punish or by those who would reform." Etikettierungen oder Machtbeziehungen erhalten also die Funktion zugesprochen, zielgenau zu bestimmen, welche Subjektivität Einzelnen als relativ geschlossene Form attestiert wird. Sie fungieren als objektivistische Erklärungen „krimineller" Subjektzustände. Dies gilt es zu korrigieren, denn ätiologische Theorien, die Kriminalität zu erklären suchen, ohne Prozesse der Normkonstruktion und Kriminalisierung zu bedenken, werden dadurch zwar konterkariert. Allerdings bleibt es bei objektivistischen Aussagen über die – wenn auch nun macht- oder etikettierungstheoretisch vermittelte – „Natur" eines Delinquenten. Erst die Erkenntnis, dass derartige Sinnfestlegungen nicht letztgültig möglich sind, erlaubt es, die Kontingenz von Kriminalisierung, ihre prekäre Abhängigkeit von hegemonialen Kriminalitätsdiskursen und ihren permanenten Kampf mit der Komplexität individuellen und sozialen Lebens in Betracht zu ziehen. Reckwitz spricht von einer „Transgression von Sinnfixierungen" (Reckwitz 2006c: 11), die es erforderlich macht, das diskursiv Ausgeschlossene und Diskriminierte genauer anzusehen und die Bedingungen seiner Ausschließung, gerade auch in ihrer Brüchigkeit, zu hinterfragen.

Ansatzpunkte eines reflexiven Begriffs von Jugendkriminalität   181

mit denen Kriminalisierende seine Handlung versehen. Diese Zurechnungen können frühere subjektive Motivlagen und -strukturen überformen und neu hervorbringen, wenn der Betreffende seine Motivation zum Handeln neu kennen lernt, indem er externe Bewertung retrospektiv auf seine Handlung bezieht (vgl. Murphy u.a. 1998: 131). Dadurch werden externe Sinnzuweisungen in die Subjektivität des Einzelnen eingeschleust (vgl. Krasmann 2003); der individuelle Einzelne kann nur individuell sein, indem er „sich kulturelle Regeln einverleibt" (Reckwitz 2006d: 14). Er verhält sich zu ihnen und setzt sie zu alternativen, früheren Deutungen seiner selbst in Bezug. Er wird zum Kollaborateur seiner kulturellen Subjektivierung.

Das Resultat allerdings ist, wie oben beschrieben, keine widerspruchsfreie Etikettierung im Sinne einer „kriminellen Subjektivität". Ebenso wie die Kategorie „Kriminalität" in sich heterogen organisiert ist, sind Subjektivitäten komplex aufgebaut und integrieren widersprüchliche Vorgaben (vgl. grundlegend Fritzsche u.a. 2001; s.a. Keupp u.a. 1999). Da der Einzelne niemals *nur* kriminell ist, sondern in seiner Subjektivität vielfältig orientiert ist, bleibt das Verhältnis von Kriminalisierung und kriminalisiertem Subjekt widersprüchlich. Wo Kriminalisierung dem Anspruch nach einheitliche Ordnungen repräsentiert und zu etablieren sucht, bezeugt das kriminalisierte Subjekt die Unmöglichkeit dieses Projekts. Wie Ferrell (1995: 31f) folgert, demonstrieren kriminalisierte Handlungen „resistance to the very powers that criminalize them. And as these powers then respond to such displays of resistance, they in many cases set up a spiral of amplified criminalization, and in others a dynamic by which such displays come eventually to be coopted and commodified". Wird die Komplexität individueller und sozialer Lebensverhältnisse im Prozess der Kriminalisierung zunächst negiert, so kehrt sie in den vielfältigen Formen wieder zurück, in denen die Gebrochenheit der Kriminalisierungs-„Logik" deutlich wird. Das nie bzw. nur in Ausnahmefällen gänzlich kriminalisierbare Subjekt bringt zum Ausdruck, dass Kriminalisierung stets nur Teilwahrheiten ausspricht.

Da sich Kriminalitätstheorien prinzipiell mit „kriminellen Subjekten" befassen müssen, haben sie in Rechnung zu stellen, dass Subjektivität *hybrid* beschaffen ist als ein „kombinatorisches Arrangement verschiedener Sinnmuster" (Reckwitz 2006d: 15). In ihnen zeigen sich individuell spezifische Verarbeitungsformen der Symbolik „Kriminalität". Eine „kriminelle Subjektivität", insofern man sie als homogenen Zustand deutet, existiert nicht. Jugendliche, die als kriminell bezeichnet werden, sind prinzipiell *auch anders*, und dieses Andere wird in der Kriminalisierung übergangen und mit einem kaum rechtfertigungsfähigen Zwang zur Homogenität konfrontiert.

2.3 Kontextualisierung

Betrachten wir noch die Frage, wie in Kriminalitätstheorien Subjektivität und Kriminalität assoziiert werden. Auf inhaltlicher Ebene geschieht dies auf sehr unterschiedliche Weise. Kriminalitätstheorien offerieren Deutungen, die Kriminalisierung durch Hinweise auf biologische Anomalien, soziale Konstellationen, psychische Auffälligkeiten und anderes rechtfertigen. Sieht man von den offenkundig sehr disparaten inhaltlichen Bezügen ab, so verbleibt auf formaler Ebene jeweils eine Kontextualisierung, denn Kriminalitätstheorien leisten Konstruktionen von Kontexten, durch die kriminelle Ereignisse gerahmt werden. Häufig handelt es sich um die Behauptung einer kausalen Beziehung, aus deren Anerkennung die Zuständigkeit bestimmter Professionen resultiert (vgl. Quensel 1986): Wird Kriminalität etwa durch Anomie oder Armut erklärt und entsprechend kontextualisiert, so „bedarf" es sozialpädagogischer bzw. sozialpolitischer Akteure; wird sie mit situativen Anreizen begründet, so „bedarf" es situativ-räumlicher

Prävention; wird sie auf differentielle genetische Ausstattung zurückgeführt, so „bedarf" es dauerhafter Ausschließung usw. In jedem Fall zeigt sich die Kategorie „Kontext" als einer der wichtigsten Bezugspunkte der Rede von Kriminalität.

Der Etikettierungstheorie ist das Verdienst zuzusprechen, diese Zusammenhänge grundlegend problematisiert zu haben. Kriminalität ist ihr zufolge nicht durch die Qualität einer Handlung zu beschreiben, sondern durch Prozesse der Kriminalisierung, die, um sich zu rechtfertigen, auf Kontexte Bezug nehmen (vgl. Peters 1996: 110). Diskurstheoretisch reformuliert bedeutet dies, dass Kontexte relevant sind, wenn und indem sie als Rahmungen von kriminellen Handlungen verhandelt werden und zur Ausdeutung von Kriminalität eingesetzt werden. Einzelne Handlungen und Subjekte werden „kriminell", indem ihnen diskursiv die Zurechung „kriminell" attestiert wird.

Es ist von besonderer Bedeutung, dies als kulturabhängige Markierung zu betrachten, die in konflikthaften Auseinandersetzungen zur Anwendung kommt. In ihnen werden Sachverhalte in einer kontingenten Praxis in Beziehung gesetzt – etwa Armut und eine als „kriminell" betrachtete Handlung –, um Ereignissen den Status der Kriminalität zuzuschreiben. Im Mittelpunkt steht eine nicht objektiv begründbare Relationierung einzelner Ereignisse. Sie fungieren *gegenseitig* als Kontexte, ohne dass ihrer Bezugnahme eine innere Logik zugrunde läge. Es findet nicht eine ätiologische Klärung statt, wenn z.B. Armut als Ursache von Kriminalität in den Blick genommen wird, sondern zwei Sachverhalte werden nach mehr oder weniger plausiblen Spielregeln relationiert (vgl. grundlegend Wirth 2008).

Aus ätiologischer Sicht muss dies erfolglos bleiben, denn es wird behauptet, Ereignisse durch einzelne Kontexte *erklären* zu können. Armut, so wird unterstellt, könne Kriminalität begründen. Kontexte können den „Sinn" einer artikulierten Praxis aber nie ganz erfassen (vgl. Reckwitz 2008: 73). Werden erklärende Kontexte eingebracht, so kann dies nur selektiv erfolgen; sie werden thematisiert, um mit Erklärungen für (vergangene) Ereignisse an einer bestimmten Stelle *aufzuhören*. Man kann nicht wirklich begründen, warum für einen Kontext nicht wiederum weitere Kontexte rekonstruiert werden und warum auf bestimmte, und nicht andere, Kontexte Bezug genommen wird, um Sachverhalte zu erklären. Kontexte finden in der Kriminalitätsforschung Anwendung als erklärende Variablen, aber sie können nur mehr oder weniger große Varianzen und Relationen aufklären, während ein Kontext an sich nicht aussagekräftig ist; er bleibt „immer offen, also fehlbar und unzureichend" (Derrida 1995: 9). Eine vollständige „Sättigung" der Erklärung von Kriminalisierung ist ausgeschlossen. Jugendkriminalität bleibt *ein Ereignis*, auch wenn es kontextualisiert wird (vgl. hierzu Lautmann 2005). Zu rekonstruieren bleibt lediglich – oder besser wäre zu sagen: immerhin – die Tatsache, dass bestimmte soziale und/oder personale Faktoren mit dem Ereignis Jugendkriminalität assoziiert werden, um sie plausibel und einer Intervention zugänglich zu machen.

Aus Sicht einer reflexiven Annäherung an Jugendkriminalität muss bedacht werden, dass mit der Rede von Kriminalität zwar immer auf Kontexte abgestellt wird, sei es implizit oder explizit. Aber diese Kontextualisierung erfolgt selektiv und voraussetzungsvoll. Man ist gut beraten, die Rede von Ursachen, Auslösern und/oder Stabilisatoren von Delinquenz zurückhaltend zu handhaben und ihre Fluidität und nur relative Gültigkeit anzuerkennen. Dies ist vor allem geboten, da Kontexte nur lückenhaft ausgewählt werden können und diese Auswahl mit vorherrschenden Deutungen von Kriminalität in Verbindung steht. So werden etwa Armut oder situative Faktoren ausgewählt, um Kriminalität zu „erklären", aber diese Auswahl folgt theoretischen und disziplinären Axiomen und „Moden", kulturellen Plausibilitäten und forschungsmethodischen Vorgaben. Zu einer letztgültigen Klärung können sie nicht beitragen.

Bei der Betrachtung von Jugendkriminalität muss man sich folglich mit einer ernüchternden Feststellung begnügen: Einerseits tritt, so wurde oben festgestellt, Jugendkriminalität nur als Differenz auf. Die Bedingung der Möglichkeit, Jugendkriminalität als solche wahrzunehmen, ist nur durch ihre Unterscheidung von anderen sozialen Sachverhalten gegeben. Sie ist somit stets und zwingend kontextualisiert und in Sinnrelationen eingebunden. Ansonsten könnte man nicht von ihr sprechen, da erst die Differenz ihr „Sinn" zuweist. Andererseits kann diese Kontextualität im Forschungsprozess nie gänzlich erhellt werden. Kontexte entziehen sich ihrer umfassenden Erschließung und sie können nicht zur zweifelsfreien Bestimmung von Jugendkriminalität beitragen.

Dies trifft prinzipiell zu, die genannten Aspekte sind derzeit allerdings besonders relevant: Man kann von einer Renaissance objektivistischer Theorievarianten sprechen, die (Jugend-)Kriminalität als außerdiskursive Tatsache festzumachen suchen und sie in deterministischen Bezügen verorten. Young (2004) deutet dies als Reaktion auf gesellschaftliche Veränderungen, die er in Zusammenhang mit dem sozialwissenschaftlichen „cultural turn" der vergangenen Jahre bringt. Er verweise auf die Berücksichtigung subjektiver Bedeutungen und expressiver Dimensionen von Kriminalität, etwa im Rahmen einer „cultural criminology". Aber dies führe zu Gegenreaktionen, denn:

> „It is in late modernity that such creativity and reflexivity becomes all the more apparent, and yet – here is the irony – it is at precisely such a time of the cultural turn that a *fundamentalist positivism* occurs within the social ‚sciences' with increasing strength and attempts at hegemony." (ebd.: 13; Hervorhebung B.D.)

Delinquenz scheint gemäß der positivistischen Logik auf starren Bedingungen zu beruhen, die dem Forscher ohne weiteres zugänglich sind. Diese Tendenz findet sich ebenso in biologistischen wie in sozialstrukturellen Theorieofferten. Trotz der großen Unterschiede zwischen den einzelnen Annäherungen insistieren sie auf der Möglichkeit, Kriminalität objektiv zu bestimmen, indem sie auf positiv zugängliche Tatsächlichkeiten zurückgeführt wird, unabhängig von der Reflexivität der Akteure oder von kulturellen Sinnzuweisungen, die Kriminalität erst zu solcher werden lassen. Positivistische Trends sind deshalb eng verbunden mit der Konstruktion des „Kriminellen" als „Anderem", als Wesen, das von „Normalen" deutlich geschieden ist (vgl. Young 1999; 2001). Es werden Kontexte konstruiert, denen der Einzelne ausgeliefert zu sein scheint. Er wird zum Spielball außerindividueller Kräfte, die ihn zu Fehlverhalten bestimmen. Auf diese Weise kann nicht nur biologistisches, sondern auch sozialtheoretisches Wissen zur Essentialisierung und zum Ausschluss „Krimineller" überleiten. Der kontingente Start- und Ausgangspunkt dieses „othering" bleibt der Analyse regelhaft entzogen und muss durch reflexive Analysen bewusst gemacht werden.

3 Fazit

Eine reflexive Theoretisierung von Jugendkriminalität muss skeptisch betrachten, wie und in welchem Ausmaß die Forschung zu Jugendkriminalität an arrivierten Kriminalitätsdiskursen teilnimmt und sie voraussetzt. Bereits der Begriff „Jugendkriminalität" weist fragwürdige Prämissen auf. Als einheitlicher Gegenstand existiert sie nicht und ihre Rückführung auf soziale

Ursachen, biologische Risikofaktoren oder andere „objektive" Bedingungsfaktoren bleibt kontingent. In Rechnung zu stellen sind folglich weniger „Wesensarten" von Jugendkriminalität als vielmehr Diskurse über sie. Dies bedeutet nicht, sie als nicht „real" oder „bloße Fiktion" abzutun. Im Gegenteil kann durch einen diskursorientierten, kulturtheoretischen Ausgangspunkt die unglückliche Unterscheidung von Kriminalität und Kriminalisierung unterlaufen werden, denn Kriminalität existiert ausschließlich, indem Ereignissen die Bedeutung der Kriminalität zugewiesen wird, d.h. sie existiert nur als Kriminalisierung. Sie nimmt auf die Diskriminierung bestimmter Lebensstile, Handlungsformen und Erlebnisweisen Bezug und konstituiert Grenzen der Il-/Legitimität. Kriminalitätsforschung, die die impliziten Normierungen und Wahrnehmungsvoraussetzungen dieser Dichotomisierung nicht aufarbeitet, tendiert zu ihrer Reproduktion.

Will man diese Reproduktionsarbeit kontrastieren, so kann darauf Bezug genommen werden, dass in den hegemonialen Anspruch der Rede von Jugendkriminalität Widersprüche eingelassen sind. Der von ihr unterstellte Moralkonsens ist eine Fiktion und Jugendkriminalität ist eine überaus heterogene Erscheinung. Dies ist umso ernster zu nehmen, als Jugendliche an Kriminalitätsdiskursen selbst teilhaben. Auf der Suche nach Identität und sozialer Anerkennung nehmen sie „Angebote" wahr, die ihnen in kulturellen Artikulationen zur Selbstdarstellung und zur Expression von Individualität offeriert werden. Die *Grundlosigkeit* von Kriminalitätsdiskursen, d.h. ihre Kontingenz und Widersprüchlichkeit, wird dadurch leicht verdeckt, da sich Jugendliche z.T. so verhalten, wie es von ihnen erwartet wird. Der Fremdstilisierung von Kriminalität kann so eine Selbststilisierung Jugendlicher korrespondieren. Aufgabe einer reflexiven Devianzwissenschaft muss es sein, diesen selbstbestärkenden Kreislauf zu hinterfragen und sich ihm gegenüber unabhängig zu positionieren.

Man muss folglich hinter die Logik der symbolischen Konstitution von Grenzen blicken. Die dichotomen Konstruktionen und Abwertungen, die in den betreffenden Diskursen artikuliert werden, sind in ihren Folgewirkungen – vor allem der sozialen Ausgrenzung bestimmter Jugendlicher – und in ihren kontingenten Prämissen zu betrachten. Gegen die Hegemonie von Kriminalitätsdiskursen, selbst wenn sie auf den ersten Blick wohlmeinend auftreten, müssen alternative Lesarten eingebracht werden. „Auf diesem Wege", so Singelnstein und Stolle (2008: 137), „könnten die auf Zuschreibungen beruhenden Dichotomien von gut und böse, angepasst und abweichend, homogener Mehrheitsgesellschaft und unangepasster Minderheit aufgebrochen werden, um der gesellschaftlichen Vielfalt und Unterschiedlichkeit ausreichend Raum geben zu können."

Literatur

Böllinger, L., 1993: Soziale Disziplinierung und Moralstrafrecht – Illegaler Drogenkonsum und BtMG. In: D. Frehsee/ G. Löschper/K.F. Schumann (Hg.): Strafrecht, soziale Kontrolle, soziale Disziplinierung. Opladen. S. 271-280.
Bond-Taylor, S., 2005: Political Constructions of the Anti-Social Community: Developing a Cultural Criminology (http://www.york.ac.uk/inst/chp/hsa/autumn05/papers/bond-taylor.doc; Zugriff am 03.07.2008).
Boogaart, H.v.d./Seus, L., 1991: Radikale Kriminologie. Pfaffenweiler.
Bussmann, K.-D., 2000: Evolution und Kriminalität. In: Monatsschrift für Kriminologie und Strafrechtsreform. 83. Jg., S. 233-246.
Butterwegge, C., 2000: Ambivalenzen der politischen Kultur, intermediäre Institutionen und Rechtsextremismus. In: W. Schubarth/R. Stöss (Hg.): Rechtsextremismus in der Bundesrepublik Deutschland. Bonn. S. 292-313.
Christie, N., 2005: Wieviel Kriminalität braucht die Gesellschaft? München.

Cremer-Schäfer, H./Steinert, H., 1998: Straflust und Repression. Zur Kritik der populistischen Kriminologie. Münster.
Derrida, J., 1995: Marx' Gespenster. Frankfurt a.M.
Dollinger, B., 2002: Drogen im sozialen Kontext. Augsburg.
Erikson, K.T., 1973: Notes on the Sociology of Deviance. In: E. Rubington/M.S. Weinberg (Hg.): Deviance. The Interactionist Perspective. Text and Readings in the Sociology of Deviance. 2. Aufl. New York. S. 26-30
Ferrell, J., 1995: Culture, Crime, and Cultural Criminology. In: Journal of Criminal Justice and Popular Culture. 3. Jg. S. 25-42 (hier: http://www.albany.edu/scj/jcjpc/vol3is2/culture.html; Zugriff am 03.07.2008).
Ferrell, J., 1997: Criminological *Verstehen*: Inside the Immediacy of Crime. In: Justice Quarterly. 14. Jg. S. 3-23.
Foucault, M., 1998: Überwachen und Strafen. Die Geburt des Gefängnisses. 12. Aufl. Frankfurt a.M.
Fritzsche, B./Hartmann, J./Schmidt, A./Tervooren, A., 2001: Erziehungswissenschaftliche Debatten unter poststrukturalistischen Perspektiven – eine Einleitung. In: dies. (Hg.): Dekonstruktive Pädagogik. Opladen. S. 9-17.
Garfinkel, H., 1977: Bedingungen für den Erfolg von Degradierungszeremonien. In: K. Lüderssen/F. Sack (Hg.): Seminar: Abweichendes Verhalten III. Die gesellschaftliche Reaktion auf Kriminalität. Bd. 2: Strafprozess und Strafvollzug. Frankfurt a.M. S. 31-40.
Garland, D., 2001: The Culture of Control. Chicago.
Gottfredson, M./Hirschi, T., 1990: A general theory of crime. Stanford.
Haan, W.d./Vos, J., 2004: Widersprüchliche Gefühle. Rationalität und Emotionalität im Entscheidungsverhalten von jugendlichen Straftätern. In: D. Oberwittler/S. Karstedt (Hg.): Soziologie der Kriminalität. Wiesbaden. S. 316-336.
Hanak, G./Stehr, J./Steinert, H. 1989: Ärgernisse und Lebenskatastrophen. Über den alltäglichen Umgang mit Kriminalität. Bielefeld.
Hermann, D., 2003: Werte und Kriminalität. Wiesbaden.
Hess, H./Scheerer, S., 1997: Was ist Kriminalität? Skizze einer konstruktivistischen Kriminalitätstheorie. In: Kriminologisches Journal. 29. Jg. S. 83-155.
Hess, H./Scheerer, S., 2004: Theorie der Kriminalität. In: D. Oberwittler/S. Karstedt (Hg.): Soziologie der Kriminalität. Wiesbaden. S. 69-92.
Holstein, J.A., 1992: Producing People. Descriptive Practice in Human Service Work. In: Current Research on Occupations and Professions. 7. Jg., S. 23-39.
Holstein, J.A./Miller, G., 2003: Social Constructionism and Social Problems Work. In: J.A. Holstein/G. Miller (Hg.): Challenges and Choices. Constructionist Perspectives on Social Problems. New York. S. 70-91.
Karstedt, S., 2007: Die Vernunft der Gefühle: Emotion, Kriminalität und Strafrecht. In: H. Hess/L. Obermeier/B. Paul (Hg.): Kontrollkulturen (9. Beiheft des Kriminologischen Journals). S. 25-45.
Kessl, F., 2008: „Real ist real und ist nicht real." Notate zu aktuellen Konjunkturen eines kritischen Realismus. In: Widersprüche. 28. Jg. S. 53-69.
Keupp, H./Ahbe, T./Gmür, W./Höfer, R./Mitzscherlich, B./Kraus, W./Straus, F., 1999: Identitätskonstruktionen. Das Patchwork der Identitäten in der Spätmoderne. Reinbek
Kirton, D., 2005: Young people and crime. In: C. Hale/K. Hayward/A. Wahidin/E. Wincup (Hg.): Criminology. 2. Aufl. Oxford. S. 385-402.
Koenen, E.J., 1999: Individualisierung als Abweichung. Zum veränderten Umgang mit neuen Formen von Devianz. In: Kriminologisches Journal. 31. Jg. Heft 4. S. 243-264
Krasmann, S., 2003: Die Kriminalität der Gesellschaft. Konstanz.
Kreissl, W., 2000: Was zeichnet eine Reflexive Kriminologie aus? In: Kriminologisches Journal. 32. Jg. S. 271-273.
Kretschmann, A., 2008: Anything goes? Eine kritische Betrachtung der Cultural Criminology. In: Kriminologisches Journal. 40. Jg. S. 200-217.
Kunz, K.-L., 2004: Kriminologie. 4. Aufl. Bern u.a.
Kunz, K.-L., 2008: Die wissenschaftliche Zugänglichkeit von Kriminalität. Wiesbaden.
Laclau, E./Mouffe, C., 2006: Hegemonie und radikale Demokratie. 3. Aufl. Wien.
Lamnek, S., 2007: Theorien abweichenden Verhaltens I. 8. Aufl. Paderborn.
Lamnek, S., 2008: Theorien abweichenden Verhaltens II. 3. Aufl. Paderborn.
Laubenthal, K./Baier, H., 2006: Jugendstrafrecht. Berlin/Heidelberg.
Lautmann, R., 2005: Das Kaninchen und die Schlange. Der sozialwissenschaftliche Rationalismus ratlos vor dem Verbrechen. In: Kriminologisches Journal. 37. Jg., S. 252-267.
Lilly, J.R./Cullen, F.T./Ball, R.A., 2007: Criminological theory. 4. Aufl. Thousand Oaks.
MacNaughton-Smith, P., 1975: Der zweite Code. Auf dem Wege zu einer (oder hinweg von einer) empirisch begründeten Theorie über Verbrechen und Kriminalität. In: K. Lüderssen/F. Sack (Hg.): Seminar: Abweichendes Verhalten II. Die gesellschaftliche Reaktion auf Kriminalität. Bd. 1: Strafgesetzgebung und Strafrechtsdogmatik. Frankfurt a.M. S. 197-212.

Marchart, O., 2007: Gesellschaft ohne Grund: Laclaus politische Theorie des Post-Fundationalismus. In: E. Laclau: Emanzipation und Differenz. Wien. S. 7-18.
Messmer, H., 1996: Kriminalität als dekontextualisiertes Konzept. Wirklichkeitskonstruktionen im Strafprozeß. In: K.-D. Bussmann/R. Kreissl (Hg.): Kritische Kriminologie in der Diskussion. Opladen. S. 211-236.
Murphy, S./Waldorf, D./Reinarman, C., 1998: Drifting into Dealing: Wie man zum Kokainhändler wird. In: B. Paul/H. Schmidt-Semisch (Hg.): Drogendealer. Ansichten eines verrufenen Gewerbes. Freiburg i.Br. S. 127-147.
Peters, H., 1996: Als Partisanenwissenschaft ausgedient, als Theorie aber nicht sterblich: der labeling approach. In: Kriminologisches Journal. 28. Jg. S. 107-115.
Quensel, S., 1986: Let's abolish theories of crime: Zur latenten Tiefenstruktur unserer Kriminalitätstheorien. In: Kriminologisches Journal. 1. Beiheft. S. 11-22.
Reckwitz, A., 2006a: Ernesto Laclau: Diskurse, Hegemonien, Antagonismen. In: S. Moebius/D. Quadflieg (Hg.): Kultur. Theorien der Gegenwart. Wiesbaden. S. 339-349.
Reckwitz, A., 2006b: Die Transformation der Kulturtheorien. Nachdruck der Erstausgabe 2000. Weilerswist.
Reckwitz, A., 2006c: Kritische Gesellschaftstheorie heute (www.velbrueck-wissenschaft.de/pdfs/2006_reckwitz.pdf. Zugriff am 11.02.2008).
Reckwitz, A., 2006d: Das hybride Subjekt. Weilerswist.
Reckwitz, A., 2008: Subjekt. Bielefeld.
Reichertz, J., 2007: Die Spur des Fahnders oder: Wie Polizisten Spuren finden. In: S. Krämer/W. Kogge/G. Grube (Hg.): Spur. Spurenlesen als Orientierungstechnik und Wissenskunst. Frankfurt a.M. S. 309-332.
Sack, F., 2003: Akteursmodelle in den Sozialwissenschaften. In: K.-L. Kunz/C. Besozzi (Hg.): Soziale Reflexivität und qualitative Methodik. Zum Selbstverständnis der Kriminologie in der Spätmoderne. Bern u.a. S. 73-117.
Singelnstein, T./Stolle, P., 2008: Die Sicherheitsgesellschaft. 2. Aufl. Wiesbaden.
Smaus, G., 1986: Versuch um eine materialistisch-interaktionistische Kriminologie. In: Kriminologisches Journal. 1. Beiheft. S. 179-199.
Stäheli, U., 2000: Poststrukturalistische Soziologien. Bielefeld.
Sutton, J.R., 2000: Imprisonment and Social Classification in Five Common-Law Democracies, 1955-1985. In: American Journal of Sociology. 106. Jg., S. 350-386.
Tannenbaum, F., 1973: The Dramatization of Evil. In: E. Rubington/M.S. Weinberg (Hg.): Deviance. The Interactionist Perspective. Text and Readings in the Sociology of Deviance. 2. Aufl. New York. S. 214f.
Tittle, C.R., 2004: Refining control balance theory. In: Theoretical Criminology. 8. Jg., S. 395-428.
Young, J., 1999: The Exclusive Society. London u.a.
Young, J., 2001: Identity, community and social exclusion. In: R. Matthews/J. Pitts (Hg.): Crime, Disorder and Community Safety. A New Agenda? London/New York. S. 26-53.
Young, J., 2004: Voodoo Criminology and the Numbers Game. In: J. Ferrell/K. Hayward/W. Morrison/M. Presdee (Hg.): Cultural Criminology Unleashed. London u.a. S. 13-27.
Walter, M., 2005: Jugendkriminalität. Stuttgart u.a.
Weyers, S., 2005: Delinquenz und Moral. Eine Auseinandersetzung mit den kriminologischen Thesen Kohlbergs. In: Kriminologisches Journal. 37. Jg. S. 3-22.
Wirth, U., 2008: Vorüberlegungen zu einer Logik der Kulturforschung. In: U. Wirth (Hg.): Kulturwissenschaft. Frankfurt a.M. S. 9-67.

Helga Cremer-Schäfer

Die Jugendkriminalitätswelle und andere Kriminalisierungsereignisse

Bezeichnung und Bezeichnetes, Begriff und Sache stehen bei der *Jugendkriminalitätswelle* in mehrerer Hinsicht in einem Spannungsverhältnis. Von der *Jugendkriminalitätswelle* ist öffentlich die Rede, wenn die Kriminalstatistik, rückblickend zwischen zwei Zeitpunkten, einen Anstieg des Kriminalitätsmaßes zeigt. Die sich auftürmende Wassermasse dient als Bild für Bedrohung durch „Jugendkriminalität", das Abflauen interessiert selten, ebenso Bestrafungswellen. Bei der *Jugendkriminalitätswelle* handelt es sich seit den 1990er Jahren um die „Welle der Jugendgewalt". „Gewalt" als eine artifizielle, statistische Kategorie der Polizeilichen Kriminalstatistik wird auch erst seit 1981 aus Delikten zusammengerechnet.

Eine *Jugendkriminalitätswelle* zu beobachten, setzt mehrere Annahmen als selbstverständliche und „natürliche" Gegebenheiten voraus. Erstens wird unterstellt, Kriminalität sei ein beobachtbares Merkmal einer Handlung und kein der Handlung äußerliches Etikett, das in einem sozialen Prozess der Wahrnehmung und Kategorisierung und Zuschreibung soziale Geltung erlangt. Zweitens wird angenommen, das Zählen und Messen von Kriminalität, verstanden als kriminelles Verhalten einer Person, sei möglich. Die Selbstverständlichkeit und Natürlichkeit jeder Annahme kann mit guten Gründen bezweifelt und anders gedacht werden.

1 Theoretische und begriffliche Voraussetzungen der Jugendkriminalitätswelle

1.1 Der naive Kriminalitätsbegriff

Die erste Annahme kann man als Umkehrung der Einsichten in die Beschaffenheit menschlicher Interaktion fassen. Das Diktum von Howard S. Becker relationierte „Reaktion und Aktion", indem er feststellte, „(…) daß gesellschaftliche Gruppen abweichendes Verhalten dadurch schaffen, dass sie Regeln aufstellen, deren Verletzung abweichendes Verhalten konstituiert, und daß sie diese Regeln auf bestimmte Menschen anwenden, die sie zu Außenseitern abstempeln. Von diesem Standpunkt aus ist abweichendes Verhalten keine Qualität der Handlung, die eine Person begeht, sondern vielmehr eine Konsequenz der Anwendung von Regeln durch andere und der Sanktionen gegenüber einem ‚Missetäter'" (Becker 1973: 8). Der Sinn dieses Diktums lag und liegt noch heute darin, sich als kritische und reflexive Sozialwissenschaft weder „Problemdefinitionen" von Institutionen (einschließlich der Wissenschaft) vorgeben zu lassen, noch nicht-relationale, reduktionistische bzw. verdinglichende Kategorien (wie „Kriminalität") zu benutzen, um als objektiv zu gelten. Ohne ihre eigene Konstitutionsarbeit sichtbar zu machen, würde Wissenschaft die Praxis der Institutionen von Devianz verdoppeln. Das bedeutet aus der Etikettierungsperspektive der Kritischen Theorie „naiv".

Sozialen Institutionen kommt als Ordnungsmächten und ideologischen Apparaten stets eine Herrschaftsfunktion zu. Es sind in diesem Kontext nicht „Abweichungen" von einer herrschenden Ordnung, die nach einer korrigierenden Reaktion verlangen und die entsprechende Institution entstehen lassen. „Es verhält sich eher umgekehrt", wie Wolfgang Keckeisen (1974) in seiner frühen und kritischen Rezeption der Soziologie von Devianz als notwendiges Propädeutikum für eine sozialpädagogische Theorie pointiert formuliert hat. Ein „Komplex von Institutionen" ist es, der „den Gegenstand ihrer Praxis sich zu allererst ‚*erzeugt*' – und zwar in einem doppelten Sinn" (Keckeisen 1974: 10). Geschaffen werden durch organisatorische und materielle Voraussetzungen erstens die Kategorien und die Reaktionen, die wiederum, als „Gegenmaßnahmen" definiert, soziale Akteure zweitens zu einem Objekt machen. Zum Objekt werden heißt, Menschen werden wie ein Gegenstand bearbeitet (ebd.).

„Kriminalisierung erzeugt *Kriminalität*" verdichtete die folgende Analyseperspektive der Kritischen Kriminologie zu einer Kurzformel; ebenso wie „Kriminalität als Zuschreibung und Etikett" oder „Kriminalität als soziale Konstruktion" weisen die Kürzel darauf hin, dass *Kriminalität* ein gesellschaftliches Verhältnis von Akteuren zugrunde liegt, dass *Kriminalität* als Ergebnis eines Prozesses zu verstehen und daher nur als relationaler Begriff zu gebrauchen ist. Zur wissenschaftlichen Redlichkeit gehört daher, dass alle Aktivitäten und Akteure, die dieses Verhältnis hervorbringen, zugleich untersucht werden. „Unplausibel" erscheint dieses Zugleich von begrifflicher und realer Verdinglichung nur, wenn und insofern wir in der Logik von Institutionen denken und/oder wissenschaftlich einen „rechthaberischen Realismus" praktizieren: Die Perspektive und Denkweise, dass Institutionen den Gegenstand (Kriminalität/Verbrechen) ihrer Praxis in dem geschilderten Sinn „erzeugen", widerspricht den Legitimationserzählungen von Institutionen, weil Praxis damit als Herrschaft erscheint, der (ein Stück) ihrer Legitimation entzogen wird.

Wer eine *Jugendkriminalitätswelle* als Welle kriminellen Verhaltens bestimmen will, muss gegen die bereits erreichte wissenschaftliche Selbstaufklärung einen „Reverse-Schalter" betätigen und über eine „Rücklaufaktion" wieder einen naiven Begriff von „wirklicher Kriminalität" zur Geltung bringen. Das ist nicht so einfach wie das Drücken des Reverse-Schalters. Hilfreich blieb bisher u.a. die „Kriminalstatistik", weil sie als ein kontrollierbarer „Zerrspiegel" der Verbrechenswirklichkeit gepflegt wird.

1.2 Kriminalstatistik als „Zerrspiegel von Kriminalität"

Die zweite Annahme baut auf dem „naiven", da nicht-relationalen Kriminalitätsbegriff auf und unterstellt zudem, dass das kriminelle Verhalten einer Person gezählt und gemessen werden kann. Erst mit einer kontinuierlichen Zählung von „Verbrechen" und „Verbrechern" kann man von einem zeitlichen oder räumlichen oder sozialen Mehr oder einem Weniger an Kriminalitätsaufkommen in Relation zu einem anderen Zeitpunkt sprechen oder Kriminalität auf soziale Positionen und Klassen verteilen.

Eine „Welle" der Jugendkriminalität kann uns nur zur Kenntnis gebracht werden, wenn Abstraktionen zu weiteren Abstraktionen und Symbolen verarbeitet werden: Zu Häufigkeits- und Verhältniszahlen, Anteilswerten, Strukturen der sozialen Verteilung von Kriminalität sowie, ganz wichtig für die Kriminalitätswelle, Entwicklungsraten von Häufigkeitszahlen. Im Vergleich zu kaum mehr nachvollziehbaren Operationen der Sozialforschung wirkt die Kriminalstatistik nicht besonders artifiziell, vielleicht wird sie deshalb für eine Kriminalitätsstatistik gehalten.

Zu den Spezifika der Kriminalstatistik als einem Berichtswerk von Organisationen gehört, dass diese als „people-processing-organizations" ihre eigenen (gegenstandskonstituierenden) Tätigkeiten in ihren Zahlenwerken zum Verschwinden bringen. Am häufigsten wird zu diesem Zweck eine einfache Umbenennung und Umkategorisierung gebraucht. Die Polizeiliche Kriminalstatistik zählt nicht, welche Anzeigen sie entgegennimmt und was sie damit in welchen Fällen macht, die PKS quantifiziert nicht Ermittlungstätigkeiten und wen die Polizei weshalb verdächtigt und wen hingegen nicht. Gezählt werden nicht Prozesse und Interaktionen der (Nicht-)Übersetzung von Konflikten und Schadensereignissen in registrierte Verbrechen (Straftaten) und prozessierte Verbrecher (Straftäter), ausgewiesen wird nicht die soziale Selektivität und die „institutionelle Diskriminierung" (Gomolla/Radtke 2002). Berichtet wird mit der Benennung die Zahl der „Straftaten" und der „ermittelten Straftäter". Für alle Institutionen gilt, was Arno Pilgram (vgl. 1980, 2005) bereits in den späten 70er Jahren als Charakteristikum der Sicherheitsberichterstattung herausgearbeitet hat: Im Gegenstand des Berichts, im Kriminalitäts-Maß ist die Praxis der Messung unsichtbar, wie bei jeder Organisation, die Menschen bearbeitet, verwaltet und „prozessiert".

Der Fokus der schon lange Zeit verfügbaren Kritik (nicht nur der polizeilichen) Kriminalstatistik beschränkt sich bis heute darauf, dass die offiziellen Statistiken kein „exakter Maßstab" wären und „nicht die Wirklichkeit des Verbrechens" (Kerner 1973) wiedergeben. Die Überprüfung des Realitätsgehaltes von offiziellen Kriminalstatistiken (der Polizei, der Strafjustiz und des Gefängnisses) wurde zu einer zentralen Aufgabe der Kriminologie erklärt. Als die entscheidende Beobachtungsinstanz von Kriminalitätsentwicklungen im Allgemeinen und der *Jugendkriminalitätswelle* im Besonderen muss diese Kriminologie allerdings den Weg zurück zu einem richtigen Kriminalitätsmaß organisieren.

Der Ausgangspunkt des Wegs ist in Teilen des wissenschaftlichen Diskurses reflexiv. „Die Kriminalstatistik, mit der, gleichsam naturalistisch, ,Kriminalität' gemessen werden könnte, gibt es nicht, (...). Zum einen wird der Messgegenstand – Kriminalität – erst in Prozessen der Wahrnehmung und Bewertung konstituiert, zum anderen wird primär nicht ,Kriminalität' gemessen, sondern Tätigkeiten der Strafverfolgungsbehörden" (Heinz, 2003: 10).

Die Formulierung hält letztlich an einem nicht-relationalen Kriminalitätsbegriff fest, der jedoch nicht „primär", sondern nur sekundär in den ausfilternden Definitionen und Entscheidungen von Justiz und Polizei gemessen wird. Wir finden verschiedene Strategien, um – entgegen der „Aufklärung" über die Kriminalstatistik – die oben erwähnte „reverse"-Taste nicht betätigen zu müssen. Wir begegnen der Aufforderung, die Statistik zwar im verkehrten Sinn als Kriminalitätsstatistik zu benutzen, doch mit „Vorsicht" – wie z.B. das Deutsche Jugendinstitut auf seiner Wissensseite schreibt (DJI-Wissen von A-Z). Diese Version ist exemplarisch für die Lesart von lediglich „verzerrten" offiziellen Dokumenten im Bereich der Sozialen Arbeit (Wahl/Hees 2009) und dem des kulturindustriellen Wissenstransfers (DER SPIEGEL 2008). Im 2. Periodischen Sicherheitsbericht begegnen wir sowohl dem Verständnis von Kriminalität als ein durch Strafrechtsorgane und Messungen konstituierter Gegenstand wie der konträren Annahme, Kriminalität könnte „naturalistisch" gemessen werden – zwar nicht durch die offiziellen Statistiken, wohl aber durch die kriminologischen „Dunkelfeldstudien", die üblicherweise im Format der Markt- und Meinungsforschung durchgeführt werden. Das Expertengremium beginnt den Absatz zu statistischen Berichten der Sicherheitsorgane reflexiv:

„Kriminalität ist kein Sachverhalt, der einfach gemessen werden könnte, wie etwa die Länge, das Gewicht oder die Temperatur eines Gegenstandes. Kriminalität ist vielmehr ein von Struktur und Intensität strafrechtlicher Sozialkontrolle abhängiger Sachverhalt. (...) (Die Statistiken) spiegeln – eingeschränkt – die hier stattfindenden Prozesse der Wahrnehmung und Registrierung, Ausfilterung und der Bewertungsänderung wider."

Der Absatz endet naiv:

„Ohne Zusatzinformationen, insbesondere aus Dunkelfeldforschungen, bleibt ungewiss, ob die Zahlen der amtlichen Kriminal- und Strafrechtspflegestatistiken die Entwicklung der Kriminalitätswirklichkeit widerspiegeln oder ob sie lediglich das Ergebnis einer Verschiebung der Grenze zwischen Hell- und Dunkelfeld sind" (2. PSB: 9).

Dunkelfeldforschungen und ihre ziemlich artifiziellen Quantifizierungen („selbstberichtete Delinquenz", „Viktimisierungsrisiko", „multivariate Analysen") werden als dem Forschungsgegenstand äußerliche Verfahren dargestellt. Sie gelten als das beste Maß für Kriminalität als „ein Ding an sich", da alle Kriminalisierungsvorgänge (Kategorisierungen, primäre und sekundäre Codes, Subsumtionsregeln) bei einer Befragung scheinbar ausgeschaltet werden. Mit Dunkelfeldstudien verfügen Akteure allerdings über eine unerschöpfliche Quelle an potentiellen „Delinquenten" – jenseits der Institutionen, die sich ihre Täter und Schuldigen herausfiltern. Man kann die Dunkelfeldforschung in Analogie zu den Neurowissenschaften als ein „bildgebendes Verfahren" verstehen, „Delinquenz" (und ihre Ursachen und gesellschaftlichen „Brutstätten") und den „Delinquenten" (und seine vor dem Verbrechen sichtbaren Merkmale) öffentlich verfügbar zu machen.

Die Kritik der offiziellen Statistiken als „Konstrukte" versperrt sich selbst den Weg zu einem relationalen Kriminalitätsbegriff. Ein Schritt dahin wäre, wenn die Statistiken als das genommen werden, was sie quantifizierend ziemlich exakt darstellen: Berichte der Organisationen über die individuelle Nutzung der Institution „Verbrechen & Strafe" durch die Leute bzw. durch definitionsmächtige kollektive Akteure und die darauf folgende bzw. eigene kriminalisierende und strafende Reaktion von Polizei und Justiz. Wenn Kriminalstatistiken – wie vor allem von Arno Pilgram (1980, 2004, 2005) u.a. für alternative, wissenschaftliche Sicherheitsberichterstattung vorgeschlagen – als Tätigkeitsberichte von Organisationen gelesen werden, die „Kriminalisierungsnachfrage" von individuellen Akteuren bzw. der privaten und staatlichen Organisationen zurückweisen, bestätigen oder auch verstärken, verfügen wir über eine recht genaue Dokumentation historischer und aktueller „Kriminalisierungs- und Bestrafungsstrategien". Mediale, wissenschaftliche und professionelle Praxis wählt weitgehend einen anderen Weg.

2 Wie das Augenscheinliche einer Kriminalitätswelle fabriziert wird

Kriminalität und Gewalt sind besonders geeignet, ein Bedrohungsszenario zu schaffen, das „uns alle" in den „uns allen gemeinsamen" Interessen trifft. Die Bedrohung ergibt sich aus konkreten, bedrohlichen Ereignissen, die durch Verweise auf statistische Kriminalitäts- und Gewaltanstiege als die „Spitze des Eisbergs" erscheinen. Ein Vergleich von verschiedenen „Wellen" (der Jugendgewalt, der Kinderkriminalität, der zunehmend brutalisierten Mädchen, der erneut zunehmenden Gewaltbereitschaft junger Männer) zeigt, dass die Techniken seit den 90er Jahren standardisiert bleiben (Cremer-Schäfer 2008, 2007, 2001a+b, 2000a+b, 1998, 1993). Für die Welle der Kinderkriminalität (Cremer-Schäfer 1998, 2000b) wurden z.B. Mitte der 90er nicht Kinder, sondern Jugendliche als in der ganzen Republik registrierte Gewalttäter dargestellt, die die sozial Schwachen malträtieren und schließlich umbringen:

> „Im Keller eines Neubaublocks im Brandenburgischen Schwedt fesselten vier Kinder und Jugendliche die 13jährige Melanie mit Fahrradketten. Sie schlugen die Kleine, sie traten sie und zwangen ihr Opfer zur Masturbation. Auf den nackten Oberkörper ihres Opfers pressten sie immer wieder brennende Zigaretten, um zu testen, ob sie noch lebte. Zum Schluss versuchten sie Melanie die Pulsadern aufzuschneiden. Acht Tage später starb das Mädchen an den Folgen der grausamen Tortur.
> Zwei 15jährige Schüler ermordeten im November 1992 einen 28jährigen Arbeitslosen auf einem Parkplatz im mecklenburgischen Ankershagen. Erst schlugen sie ihn zusammen und durchsuchten ihn nach Geld. Dann brachten sie ihr Opfer mit drei Stichen in den Unterleib um.
> Erst 14 Jahre war ein Lehrling, der im August 1992 seinen 11jährigen Halbbruder auf einem Münchner Bolzplatz mit einem Stromkabel erdrosselte. Dessen „Geschwätz über Geld und Computer", sagt der kleine Täter, habe ihn „genervt". Er hasste den Bruder, weil der beliebter war als er selber.
> Ein 15jähriger Schüler aus Bayreuth würgte eine Rentnerin in ihrer Wohnung, schüttete ihr kochendes Wasser über den Kopf und rammt ihr anschließend dreimal das Küchenmesser in den Rücken. Als die Klinge brach, schlug der Junge der 79jährigen Frau mit einem Hammer ebenfalls dreimal auf den Schädel. Er hatte ihr das Portemonnaie gestohlen, und sie hatte den Diebstahl entdeckt.
> „Fuzzy, wo hast du dein Geld?" fragte in Augsburg ein 16jähriger Malerlehrling einen 55jährigen Behinderten und stieß ihm sein Schmetterlings-Messer in den Rücken. Immer wieder fragte der Lehrling nach dem Versteck des Geldes, immer wieder stach er dabei zu. 21 Wunden zählte der Gerichtsmediziner später an der Leiche."
> (Quelle: DER SPIEGEL 3/1993)

Spektakuläre und erschreckende Ereignisse werden mit den Zahlen der Polizeilichen Kriminalstatistik („PKS") verknüpft. Erst dadurch entsteht eine Gefahr der „Masse". Die gegenüber den Berichtswerken der Strafjustiz bevorzugte PKS stellt noch keine „Daten und Fakten" zur Verfügung. Die Dramatik der Welle muss interpretativ hergestellt werden. Im Folgenden wird die Praxis in den Medien dargestellt – jedoch nicht, um Medienschelte zu betreiben, stellen sich doch prominente Wissenschaftler meist als Interpreten zur Verfügung.

Ganz zentral für den Eindruck des Überflutet-Werdens ist die Auswahl der Vergleichszeitpunkte. Ein außerordentlicher Anstieg wird am deutlichsten, wenn wir die Zeitperiode im nächst zurückliegenden „Tal" eines Kriminalitätsmaßes beginnen lassen und dieses Jahr als „normales", daher Basisjahr der Entwicklung bestimmen (d.h. statistisch gleich 100 setzen und eine Steigerungsrate errechnen). Die Entwicklung der folgenden Jahre wird damit als „Abweichung" von einem Normalwert gesetzt. Anders würde die „Gefährlichkeit" und das „Außerordentliche" nicht plausibel, da vorangegangene „Spitzenwerte" der Anzeigen deutlich machen, dass uns „Jugendkriminalität" nicht in das Chaos gestürzt hat, wohl aber die Reaktion darauf einige angezeigte Jugendliche in schwierigste Situationen gebracht hat.

Um den Anstieg zwischen den optimalen Zeitpunkten der „Welle" optisch zu verstärken, empfiehlt es sich, in öffentlichen Diskursen die amtlichen Darstellungen und Graphiken zu modifizieren. Als „bildgebendes Verfahren" kann man z.B. die Zeiteinheiten (auf der x-Achse) möglichst klein wählen (z.B. 12 Jahre auf 6 cm abtragen), das Kriminalitätsmaß („TVBZ" oder „Tatverdächtige") dagegen großzügiger auf einer etwa dreimal so hohen y-Achse abtragen. Die offiziellen Statistiken (PKS) und die der wissenschaftlichen Experten arbeiten mit einem Verhältnis der Achsen von 1:1. Diese „höhenverzerrte" Darstellung einer „gefährdeten und gefährlichen Jugend" war Ende der 90er Jahre mehrfach in der Presse zu beobachten (Quelle: BKA).

Ein anderes Verfahren gibt der Graphik einen großen Raum im jeweiligen Medium. Wort und Bild legen gegenseitig ihre Bedeutung fest. In den ersten Tagen des Jahres 2008 konnten wir in vermittelter Unmittelbarkeit (durch das öffentliche Abspielen einer Überwachungskamera) ein Schreckensereignis verfolgen. In Medien wird es durch Text und Bilder wiederholt. DER SPIEGEL (2/2008) präsentiert im Standardmuster, dass kurz vor Weihnachten in einem Untergeschoss der Münchner U-Bahn „ein 20-jähriger Türke" und „ein 17-jähriger Grieche" einen alten Mann zusammenschlagen, zunächst als „pensionierter Lehrer", dann als „Rentner" bezeichnet. Die beiden jungen Männer werden wie andere junge und chancenlose Männer als „Exempel des Bösen" kategorisiert. Die wahltaktische Nutzung von „München" in Hessen (durch den Ministerpräsidenten Koch) wurde moniert, die ideologische Nutzung durch einen „wissenschaftlich-publizistischen Dramatisierungsverbund" (Brüchert 2008) nicht. Das Wellen-Bild im Nachrichtenmagazin DER SPIEGEL (2/2008) besteht z.B. aus einer roten Diagonale, die sich über die Breite einer Seite bis zu deren Mitte zieht. Die Diagonale bildet mit den Seitenrändern ein rechtwinkeliges, fast gleichschenkeliges Dreieck, das ganz fein mit den Linien eines Fingerabdrucks unterlegt ist. Gegenüber dem Text wird das Dreieck nicht abgegrenzt, vielmehr bleibt der Übergang zum Text fließend. In kurzen Worten erhalten wir eine „Interpretationshilfe" der nackten Zahlen und Linien. Über der steil ansteigenden Linie ist zu lesen:

„Heranwachsende Gewalt. Polizeilich erfasste Gewaltkriminalität. Tatverdächtige in der Altersgruppe der 18 bis 20-Jährigen."

Im Inneren des Dreiecks lesen wir an der Spitze des Anstiegs die Zahl 35. 484 „Tatverdächtige in der Altersgruppe der 18 bis 20-Jährigen". Kommentiert wird die Entwicklung mit Klein- und Großgedrucktem in einem schwarz unterlegten Hinweiskästchen:

„Veränderung bezogen auf 1994: +84%*" .

Das kleine Sternchen * führt uns in den linken Winkel des Dreiecks (gleichsam zurück in das „Wellental") und gibt an, sehr klein und dünn gedruckt, dass der Anstieg in allen Altersgruppen 57% betrage, ohne dass die 84% relativiert würden. Als weitere Interpretationshilfen finden Betrachterinnen einen rot unterlegten „Anteilskuchen", der besagt: 87,2% seien männliche und 12,8% weibliche Tatverdächtige. Weiter erfahren wir in einem schwarz-weiß-rot gestalteten Kasten: der Anteil der Nichtdeutschen an den Tatverdächtigen beläuft sich auf 24,8% – ihr Anteil an der Bevölkerung beträgt 8%. Daraus sollen wir schließen, dass „Nichtdeutsche" in höherem Maß zu unserer Unsicherheit beitragen als Deutsche. Eine Inhaltsanalyse von Text & Bild führt zu den „jungen, kriminellen Ausländern": So das Foto der Jungmännerhorde mit Kampfhund und in militärischem Outfit oder die Szene „Treten, wenn der Gegner schon am

Boden liegt". Andere Bilder zeigen die Niederwerfung: Zur Gewaltwelle gehören inzwischen die Bilder der mit dem Gesicht am Boden liegenden, niedergeworfenen jungen Leute, Bilder von Handschellen tragenden Tätern folgen auf die Waffen einsetzende Jugend. Der Sinn des Topos der „gefährlichen und gefährdeten Jugend" hat sich vom „Pessimismus als pädagogische Triebkraft" und dessen „Investitionen für Konformität" entfernt. Wer hat das wie bewerkstelligt?

3 Die Jugendkriminalitätswelle als Element von autoritären, wohlfahrtsstaatlichen und punitiven „Moralpaniken"

Gesellschaftliche Ereignisse, organisierte und staatliche Reaktionen darauf sowie Redeweisen über Abweichung und Kontrolle bzw. Verbrechen und Bestrafung mit dem Begriff der „moral panic" zu fassen, impliziert eine reflexive Haltung dazu einzunehmen und das spezifische Verhältnis von Ereignissen und Etikettierungen, von „Aktion" und „Reaktion" zu untersuchen. Der analytische Begriff wurde in und mit der „Soziologie der Devianz" der zweiten Hälfte der 1960er Jahre entwickelt, die durch ihr Interesse an Widerständigkeiten und Subkulturen (insbesondere die der Jugend, des Drogenkonsums, der Arbeiterklasse) einen politischen und wissenschaftlichen Sinn entwickelten, die „Unangemessenheit" von politisch-begrifflicher Reaktion herauszuarbeiten.[1] Mit der Fallstudie über das „mods and rocker"-Phänomen der 60er Jahre von Stanley Cohen (1972/1987/2002) wurde „moral panic" zu einer „key idea" der sozialwissenschaftlichen Analyse von sozialen Kämpfen um einen gültigen oder durchzusetzenden „impliziten Gesellschaftsvertrag" (Cremer-Schäfer/Steinert 1998). Diese Kämpfe bzw. Aushandlungen der Bedingungen von sozialer Reproduktion und Partizipation an gesellschaftlich erzeugten Ressourcen drehen sich um Degradierung, Verdinglichung, Diskriminierungen und weitergehende Formen der Ausschließung und ereignen sich stets in einem Herrschaftsverhältnis von Ungleichen. Das Generationenverhältnis gehört ebenso in die Kategorie der Herrschaftsverhältnisse wie die Politik- und Staatsform, das Klassenverhältnis, das Geschlechterverhältnis, Formen des Rassismus und die moralisch legitimierte, institutionelle soziale Ausschließung von „folk devils", die sich bekanntermaßen nicht das Volk aussucht, sondern die ihm als „suitable enemies" angeboten bis aufgeherrscht werden.

3.1 Kleine Skizze der Geschichte der Politik mit dem Strafrecht im Fall der Jugend

Insgesamt lassen sich in den polit-ökonomisch abgrenzbaren Perioden der Gesellschaftsgeschichte im nationalstaatlichen Rahmen der Bundesrepublik vier Phasen abgrenzen, in de-

---

1 Die Formulierung „Unangemessenheit" verweist auf begriffliche und reale Verdinglichungen in gesellschaftlichen Wahrnehmungs- und politischen Reaktionsweisen, auf das „Etikettieren". Die Bedeutung jugendlichen, individuellen oder kollektiven Handelns wird nicht aus der Interaktion und aus Handlungsketten entwickelt, in denen „action" und „reaction" sich nicht trennen lassen. „Unangemessenheit" sieht in Begriffen stets Konstruktionen, hält aber daran fest, dass wir als kompetente Subjekte Grade von Verdinglichung und Perspektivendifferenz unterscheiden können. Durch die Ausblendung der Perspektivität jeder Begriffsarbeit entsteht die Perspektive der Unreflexivität. Sie wird, wie naive Begriffe, sozial erzeugt.

nen gegen junge Leute verstärkt das Strafrecht in Anspruch genommen wurde.[2] Wenn wir die polizeiliche Kriminalstatistik als das nehmen, worüber sie berichtet, ergibt sich daraus keine „Jugendkriminalitätswelle", sondern eine steigende „Kriminalisierungsbereitschaft". D.h. eine Bereitschaft, in Schadensfällen, in Konflikten und bei Unfällen, in die junge Leute und Kinder verwickelt sind, auf die Organisationen und Akteure des Strafrechts zurückzugreifen – aus welchen Gründen auch immer. Als Erklärungsmuster sowohl in ätiologischen Kriminalitätstheorien wie aus der Etikettierungsperspektive stand lange der „Generationenkonflikt" und die darin implizite Jugendfeindlichkeit im Vordergrund. Spätestens seit den 80er Jahren ist dieses (gelegentlich auch bequeme) Erklärungsmuster zu differenzieren. Diskurse über „steigende Jugendkriminalität" werden einerseits für wesentlich banalere Zwecke genutzt, sie werden andererseits mit anderen Formen der ökonomischen und politisch organisierten Ausschließung verbunden, insbesondere mit der Pflege von Fremdenfeindlichkeit und Armutsfeindlichkeit, die ihrerseits wieder eine Einsperrungswelle abstützen. Im Folgenden interessiert mich daher die Bedeutung und Funktion von „Jugendkriminalitätswellen" bei der Durchsetzung von Formen der Kontrollpolitik und deren Übergang zu Formen der moralisch legitimierten und politisch organisierten sozialen Ausschließung.

Junge Leute wurden zwischen 1958 und 1963 sowie zwischen 1966 und 1972 mit einer förmlichen Anzeigenwelle bedacht. Zwischen 1976/1977 und 1983 können wir verstärkte Steigerungsraten der Strafanzeigen beobachten – bei Jugendlichen und Heranwachsenden ebenso wie bei Erwachsenen. Abgesehen von mehreren Veränderungen der Registrierpraktiken stellt sich in der undiffenzierten Kategorie der „Straftaten insgesamt" das Phänomen „Kriminalitätswelle" in den folgenden Jahren als ein mehr oder weniger ausgeprägter, kontinuierlicher Anstieg dar. Schadensereignisse und Konflikte um das Eigentum zeigen ab dem Ende der 90er Jahre z.B. eine „abflauende Welle", doch Konflikte um Lebensweisen („Drogendelikte") und kriminalisierbare Gewaltsituationen („Gewaltdelikte") sorgen „kompensierend" für einen weiteren kontinuierlichen Anstieg der Inanspruchnahme von Organisationen und Akteuren des Strafrechts.[3] Als das dynamischste Element dieser 3. Phase können immer wieder die Kontroll- und Anzeigenstrategien von privaten und öffentlichen Betrieben bzw. der Sicherheitsorgane selbst identifiziert werden (Brüchert 2004). Die „straflustige" Bevölkerung wird dagegen eher als ein Mythos gepflegt.

Nur die erste „Jugendkriminalitätswelle" war mit einer repressiven und intensivierten Politik des Strafens und Einsperrens von jungen Leuten verbunden. Aus der Generation der „Halbstarken" wurden um die 1960er Wende so viele Jugendliche eingesperrt und geschlossen untergebracht wie nie zuvor und danach. Selbst in absoluten Zahlen wurde z. B. die Zahl der Gefangenen im Jugendgefängnis erst wieder 1983 erreicht. Der zweiten und dritten „Welle" wurde mit einer Modernisierung des Strafrechts sowie disziplinierenden und pädagogischen Formen von Kontrolle entgegengearbeitet; beide sind in der 4. Phase in die Rationalisierung verschiedener Herrschaftstechniken und eine „Kultur der Punitivität" übergegangen – wenn sich in Bezug auf Punitivität überhaupt von „Kultur" sprechen lässt.

Die Formen der praktizierten „Kriminalpolitik" ergaben sich keineswegs automatisch. Gesellschaftliche Prozesse werden von Akteuren und durch Unternehmungen umgesetzt, die zugleich Theorien und Interventionsgegenstände erzeugen: Theorien über Verbrechen & Strafe,

---

2   Zur Theorie und Empirie von Kriminalisierungs- und Moralisierungsphasen sowie zum Bezug zur Gesellschaftsgeschichte vgl. Kriminalsoziologische Bibliographie Heft 60, 1988 und Cremer-Schäfer/Stehr 1990 sowie Cremer-Schäfer/Steinert 1998.
3   Eine professionelle Darstellung der offiziellen Daten ab der Mitte der 1980er findet sich in Heinz 2003.

Schwäche & Fürsorge und über Gefährlichkeit & (präventives) Unschädlichmachen. Moralpaniken sind die gesellschaftlichen Veranstaltungen, in denen herrschende Devianz- und Kontrolltheorien (durchaus konfliktreich) erzeugt und modifiziert, verhindert und reaktiviert werden. Jede „Jugendkriminalitätswelle" war von einer bzw. mehreren Diskursen über Gesellschaft, den Zustand der Jugend und die notwendigen Reaktionen begleitet.

3.2 Von der episodischen zur permanenten Moralpanik

Nach gut dreißig Jahren der Analyse von Moralpaniken lässt sich nur unzuverlässig prognostizieren, wer wann in Bezug auf welches Ereignis erfolgreich und mit welchen mehr oder weniger revidierbaren Folgen für wen einen solchen Prozess in Gang setzt. Vorgelegte Studien stellen jedoch Wissen zur Verfügung, um Regeln, Strategien und Muster zu erkennen, mittels derer kontrollierende Reaktionen und Übergänge von Kontrollpolitik zu einer Politik der sozialen Ausschließung zugleich durchgesetzt und legitimiert werden. Stanley Cohen charakterisiert das Unternehmen einer Moralpanik durch eine Kurzgeschichte.

> „Gesellschaften scheinen von Zeit zu Zeit Perioden einer Moralpanik ausgesetzt. Ein Zustand, eine Episode, eine Person oder eine Gruppe taucht auf, um als Bedrohung gesellschaftlicher Werte und Interessen definiert zu werden. Die Natur des Ereignisses wird von Medien geformt und stereotypisiert, die moralischen Barrikaden durch Redakteure, Bischöfe, Politiker und rechtschaffen denkende Bürger besetzt. Sozial anerkannte Experten für das Soziale und das Abweichende geben ihre Diagnosen ab und machen ihre Lösungsvorschläge. Reaktionen auf die Vorgänge werden entwickelt und angewendet; daraufhin verschwinden die Zustände, sie werden nieder gehalten oder sie verschlimmern sich und werden noch sichtbarer. Manchmal sind die Objekte der Panik relativ neu, manchmal schon alte Bekannte, die neu aus- und beleuchtet werden. Manchmal geht die Panik vorüber und wird vergessen, ausgenommen als Teil von Folklore und kollektivem Gedächtnis; zu anderen Zeiten gibt es ein ernsthafteres Nachspiel und sie kann Veränderungen in der (Straf-)Rechts- und Sozialpolitik auslösen oder sogar das Selbstverständnis von Gesellschaft verändern" (Cohen 2002, S. 1; in meiner Übersetzung).

Die Aktualisierung dieser von konkreten Ereignissen abstrahierenden Kurzgeschichte kann auf eine ganze Reihe von internationalen Fallstudien zurückgreifen. Danach ist über nationale „Kontrollkulturen" hinaus zu beobachten, dass das Episodische von Moralpaniken („von Zeit zu Zeit") einer „permanenten Moralpanik" gewichen ist. Die nur logische Unmöglichkeit einer „permanenten Panik" ergibt sich daraus, dass wir es nicht mehr nur mit Jugendfeindlichkeit, mit Klage-Ritualen und symbolischer Politik zu tun haben. Moralpaniken haben ihr Problemfeld ab Ende der 70er deutlich erweitert: „Männergewalt" und „Kindesmissbrauch" erweitern z.B. das Kriminalitäts- und Gewaltthema. „Wirtschaftsflüchtlinge", „Asylanten", „Sozialhilfebetrüger" verbinden die Moralpanik mit Fremden- und Armutsfeindlichkeit. Dies stellt an Kriminalität und Gewalt ansetzende Moralpaniken über eine „gefährliche und gefährdete Jugend" (wieder) verstärkt in den Kontext von sozialer Feindseligkeit. Das Muster des „Pessimismus als pädagogische Triebkraft" (Rutschky 1985) wird mit einem anderen Sinn versehen. Genauer: Es versieht sich mit einem anderen Sinn.

3.3 „Jugendkriminalität": Lange Wellen und Konjunkturen von Theorien und Etiketten

Legt man die registrierte Jugendkriminalität zugrunde, bestand die Bedrohung durch die „halbstarke" Jugend zu gut einem Viertel aus grobem Unfug und Ruhestörung; weiterhin aus Sachbeschädigungen, Straßenverkehrsdelikten, einfacher und schwerer Körperverletzung, Widerstand gegen die Staatsgewalt, Aufruhr, Haus- und Landfriedensbruch. Zeitgenössisch wurden die Praktiken der Halbstarken in der politischen Sprache des „Klassismus" beschrieben: Unzivilisiert, roh, ungezügelt, gemein, ungehemmt, primitiv. Auch das Vokabular von reformpädagogischen Experten wie Curt Bondy (1957) liest sich als stigmatisierende Sozialpathologie. Während der Zeit des so genannten Wirtschaftswunders kamen ziemlich wenig Zweifel am Sinn von Kriminalisierung, Zucht und Ordnung, Bestrafen, Einsperren in Gefängnisse und Fürsorgeerziehung auf. Die Form der Jugendkontrolle, die „Repression", entsprach dem restaurativen Klima der Nachkriegszeit. Die Wende zu den 1960er Jahren brachte eine fachliche und von den Medien der Kulturindustrie eher abgeschiedene Debatte um „Wohlstandskriminalität" und „Wohlstandsverwahrlosung" der Jugend.

Sowohl an den Reaktionen auf den (schwankenden) Anstieg der „Jugendkriminalität" in den 70ern wie an der Reaktion auf die protestierende und rebellische Jugend wird ein Doppelcharakter des modernisierten Komplexes von Strafe & Wohlfahrt deutlich. Für „Rädelsführer" der (studentischen) Jugendbewegung und solche, die allzu radikal blieben oder wurden, bedeutete die Reaktion ein „autoritäres, kriminalisierendes Zurückschlagen". Doch alle jene, die bereit und in der Lage waren, sich Integration durch „Leistung" zu verdienen und sich ein wenig zu mäßigen, wurden mit der „Konsum- und Freizeitgesellschaft" und, nicht zu vergessen, durch den eigenen Protest auch gesellschaftliche Befreiungen erfahrbar.

Vom Beginn der 70er Jahre bis zur politischen Wende zu Beginn der 80er Jahre wechselten die Objekte sich (wiederholt) ab: Jugendkriminalität, das Rockerunwesen, das Rauschgiftproblem, die Gastarbeiter, die Rowdys, die Hausbesetzer, die Startbahngegner, die Chaoten, die Gewaltbereiten. Anders als in law and order-Kampagnen (und vor allem dem „Symbolischen Kreuzzug" gegen den Terrorismus) stand in Bezug auf „Jugend" nicht die Legitimation der strafrechtlichen „Ausnahmereaktionen" im Vordergrund. Die Unangemessenheit der politisch-populistischen Reaktion, die sich der staatlichen Sicherheitsapparate und der medialen Apparate bis an die Grenze der Propaganda bediente, wurde von einem Teil der Akteure zum Gegenstand gemacht, die die steigende Jugendkriminalität auf die „moralischen Barrikaden" gebracht hatte. Mit dem Topos „Kriminalität als ein Soziales Problem" und aus der Perspektive des „Pessimismus als pädagogische Triebkraft" (Rutschky) versuchten die Sozialwissenschaften und die sozialen Berufe sich die Interventionen auf Kriminalität anzueignen und sich darüber als Professionen der Abweichungen, nicht nur als Dienste der Strafjustiz zu etablieren.

Jugendliche wurden im Reden (und durch Gesetzgebung) kriminalisiert, die institutionellen Reaktionen entpönalisierten und pädagogisierten sich. Der „Pessimismus als pädagogische Triebkraft" machte die Kontrollform insgesamt sozial-technischer und „sanfter" – weil auch mit Ressourcen verbunden, die die soziale Reproduktion in der disziplinierten Lohnarbeit und Lebensweise abstützte. Moralpaniken wurden zur Gelegenheit, „Marktforschung für den Wohlfahrtsstaat" (Alvin Gouldner) und soziale Professionen durchzuführen. Die Parolen „Erziehen/Helfen/Therapie statt Strafen" hatten als Mittel gegen eine „gefährdete und gefährliche Jugend" Hochkonjunktur; zu Beginn der 80er setzten dann Prävention und Präventionsphantasien ein. Inzwischen wissen wir also ein Viertel Jahrhundert um die Widersprüche dieses Musters.

1980, als „steigende Jugendkriminalität" ein vorherrschendes Thema der Kriminologie war, sammelte Stephan Quensel einige Erklärungen dafür, „warum die Jugendkriminalität steigen muss" – jedenfalls bei einer Politik der Sicherheit, die „Law and Order" und „Pessimismus als pädagogische Triebkraft" (noch) verbindet: Jede steigende Kriminalität legitimiert die Institution, die für ihre Bekämpfung zuständig ist, per se. Forderungen nach mehr oder anderem Personal oder Kompetenzausbau erlangen eine kaum bezweifelbare Berechtigung, das präventive Image wird gestützt. Strafanzeigen können für materielle Interessen genutzt werden: „Ladendiebstahl" und „Leistungserschleichung" sparen Dienstleistungskosten. Der Topos, „die Täter würden immer jünger", verstärkt die Gefahren- und Feindbilder des Drogendiskurses. „Jugendkriminalität" legitimiert der Kriminologie ihre theoretische Trägheit und die Orientierung auf den Täter. Wenn die Ursachen für „schwere Kriminalität" in Kindheit und Erziehung liegen, dann brauchte man sich nur auf die jungen Täter und ihre (Familien-)Verhältnisse zu konzentrieren. Damit stehen pädagogische und sonst soziale Problemlösungen an, doch keine strukturellen Veränderungen.

Diese Funktionen und die Nützlichkeit der steigenden Jugendkriminalität für „Ideologieproduktion" finden wir bis heute. Personalisierung und Familialisierung gesellschaftlicher Probleme, pädagogisierende Lösungen sozialer Probleme, Zuständigkeitskämpfe zwischen sozialen Professionen bilden Fortsetzungsgeschichten. Das Muster des „Pessimismus als pädagogische Triebkraft" hat bis in die 80er Jahre Veränderungen in der Strafrechts- und Sozialpolitik befördert: ausschließende Formen der Jugendkontrolle (Jugendstrafe, Fürsorgeerziehung) wurden zurückgedrängt, Jugendhilfe beobachtete und kontrollierte (zeitweise explizit) ihre stigmatisierenden Implikationen, ihre punitiven und einschließenden Maßnahmen. Das Wissen über das Verbrechen wurde entmoralisiert, Handlungstheorien instrumenteller und sozialtechnischer. Gleichwohl blieb die Selbstaufklärung insbesondere in der Wissenschaft halbiert. Die „ernst zu nehmenden Folgen" der Drohung mit einer gefährlichen Jugend, gar mit „sozialen Sprengsätzen", um eine soziale Politik in Gang zu setzen, wurden kaum durchdacht. Die Kategorie „Gefährlichkeit" eignet sich nicht nur zur Legitimation von „kontrollierender Integration", sondern zur sozialen Diskreditierung eines Objekts und zu sozialer Ausschließung. Der praktische Pessimismus wurde für einen Teil der Jugend gefährlich.

Mit der Verbreitung der „wohlfahrtsstaatlich" passenden Theorie der „sozialen Ursachenfaktoren" trat an die Stelle der Moralisierung von Verbrechen die „Naturalisierung der Delinquenz". Die Konstituierung des Gegenstands der modernisierten ätiologischen Kriminologie und deren Verwandtschaft mit dem „Homo Delinquens" von Cesare Lombroso hat Peter Strasser bereits 1979 beschrieben. Die sozialwissenschaftlich-empirische, nicht mehr rätselratend-metaphysisch argumentierende Kriminologie und alle Kriminalität bekämpfenden Akteure und Professionen erzeugen den Delinquenten, der noch vor der sichtbaren Delinquenz und unabhängig davon zu identifizieren ist. Ohne „soziale Ursachenfaktoren" kein Delinquent, der „primär", „sekundär" und „tertiär" präventiv bekämpft werden kann.

Die Ablösung der moralisierenden Verbrechenstheorien durch „naturalisierende" Theorien impliziert lediglich einen partiellen Fortschritt, weil Erziehen und Helfen ohne Verdinglichungen zwar als Norm gesetzt, doch nicht getan werden kann. „Delinquenz" behindert das Denken: „Delinquenz" verhindert, Kriminalität als einen relationalen Begriff zu entwickeln, durch den Situationen und Prozesse, Positionen und Perspektiven erforscht werden und gesellschaftliche Verstehbarkeit von kriminalisierbaren Situationen erarbeitet werden könnte. Je stärker sich Kriminologie als ein eigenes Expertenwissen und eine spezielle Forschungssparte etabliert hat, desto weniger wurde Selbstreflexivität kultiviert und desto mehr wurde der Delinquente zum Objekt von (um)prägender Intervention gedacht.

Die Kritik dieses Prozesses konnte sich nur als eine Außenseiterposition halten. Die Kampagnenpolitik der 1960er, der 1970er und 1980er Jahre wurde recht gründlich wissenschaftlich analysiert ohne größere Nachhaltigkeit. Die Moralpaniken der 1990er Jahre über „Jugendgewalt", „Ausländerkriminalität", „Kinderkriminalität", „Gewalt in der Schule", „Straßenraub", „Streetgangs", „Intensiv- und Mehrfachtäter" wurden wesentlich stärker als zuvor unter Beteiligung von Fachleuten, Expertinnen und Wissenschaftlern geführt, die einen naiven, nichtrelationalen Kriminalitätsbegriff voraussetzten und zugleich erzeugten. Medien könnten ohne diese „primären Definierer" kein Problem (wiederholt) auf die Tagesordnung der Öffentlichkeit bringen. An der „Medienkriminalität" sind aber durchaus nicht Medien schuld. „Aufklärend" wirkte und wirkt die Beteiligung von kriminologischen Jugendexperten und -expertinnen nicht. Vielmehr ist als eine „ernst zu nehmende Folge" des „Pessimismus" auf den moralischen Barrikaden zu beobachten, dass Wohlfahrt, Punitivität und Ausschließung vereinbar wurden.

3.4 Das gesellschaftliche Nachspiel der „Jugendgewalt"

Zum aktuellen Umgang mit „Jugendgewaltwellen" gibt es im Wesentlichen „bad news". Ich habe an verschiedenen Teil-Kampagnen mit umfangreichem empirischem Material aus Print-Medien (zwischen 1993 und 2008 veröffentlicht), insbesondere aus dem „wissenschaftlich publizistischen Verstärkerkreislauf" (Brüchert 2008), diese sich wiederholenden Funktionen aufgezeigt. Das bezog sich generell auf (Un-)Sicherheitskampagnen, auf Gewalt, Gewalt in der Schule, auf Kinderkriminalität, Jugendkriminalität, die brutalisierten Mädchen, das Schulschwänzen als Einstieg in Intensivtäterschaft. Im Folgenden werde ich das „ernsthafte Nachspiel" (Cohen 1972), die Veränderungen in der (Straf-)Rechts- und Sozialpolitik als Teil des „impliziten Gesellschaftsvertrags" ab den 90er Jahre thesenartig benennen. Das nationale „Nachspiel" unterscheidet sich nicht von der Entwicklung auf „globaler" Ebene, wie die bibliographische Übersicht der Fallstudien von Cohen zeigt (2002).

„Jugendgewalt" erzeugt soziale Angst und Kopflosigkeit gegenüber der Strafe: Öffentliches, über Massenmedien vermitteltes Reden zu den „sozialen Ursachen" von Kriminalität und Gewalt dienen generell dazu, öffentlich „Unbehagen in der Kultur" über ökonomische und gesellschaftliche Entwicklungen zu artikulieren. Über Kulturindustrie und konkurrierende Massenmedien vermittelt kippt die „moralische Empörung über Ungerechtigkeit" noch leichter in die populistische Form der „moralischen Entrüstung" über Abweichler und Außenseiter. Moralische Entrüstung artikuliert nicht, *was* an gesellschaftlichen Verhältnissen Unbehagen oder Zorn verursacht, es wird bestimmt, *wer* (von den üblichen Verdächtigen) die Bedrohung personifiziert. Als Thema der Kulturindustrie führt Soziale Angst zu einem weiteren Rationalitätsverlust der Diskussion um schnelle und endgültige Problemlösungen. Autoritäre und strafende Reaktionen, Grenzziehungen gewinnen an Plausibilität: Anti-Aggressionstraining, Lagererziehung, schnelle Sanktion, familiär-patriarchalisch vollzogene Jugendstrafen werden durch ihre „offensichtliche" Wirksamkeit den sanften Kontrollen gleichwertig gemacht. Sie ersetzen Entkriminalisierung und Entpönalisierung als Politik und Denkmodell.

Kriminologische Politik und Praxisberatung radikalisiert den Rationalitätsverlust kriminalpolitischer Diskurse: Die Ausrichtung von Forschung auf ihre Verwendung als Beratungswissen im Fall von Kriminalität und Gewalt treibt im Kontext des neoliberalen Wohlfahrtsstaates andere ideologische Manöver hervor als die ehemals in und mit Moralpaniken betriebene

„Marktforschung für den Wohlfahrtsstaat". Derzeit werden vor allem Armuts- und Fremdenfeindlichkeit rationalisiert, an der Trivialisierung sozialer Relationen gearbeitet und „Schlüssellösungen" in den Umlauf der medialen und fachlichen Diskurse gebracht.

Reden über Jugendgewalt stützt, systematisiert und rationalisiert Armuts- und Fremdenfeindlichkeit: Diskreditierung und Ausschließungsbereitschaft gegenüber dem Delinquenten und seiner Herkunft werden nicht mittels eines Rätselratens über Kriminalität verbreitet, sondern mittels empirischer „Fakten": Ermittelte Täter haben einen „Migrationshintergrund" und sind die „Looser" der „Winner-Looser-Kultur", vom „Tatmotiv Armut" ist die Rede. Am Beispiel der immer wieder anhebenden „Gewalt in der Schule" lässt sich vor allem beobachten, dass eine der wichtigsten Funktionen von Moralpaniken darin liegen, dass sie nichts Neues bringen, sondern Ideologien und Mythen auffrischen: Die „Erkenntnisse" bestimmen einmal mehr die Beziehung zwischen reich & arm, einheimisch & fremd, zivilisiert & nicht gesellschaftsfähig. Wir wissen einmal mehr, von wem Gefahren ausgehen: von den Armen, der Unterschicht, von jenen, die sich nicht kontrollieren können und die nicht früh, zu gegebenem Anlass, kontrolliert werden. Da werden die alten Prädestinationslehren meritokratisch aufpoliert: Die Spitzen- und gehobenen Positionen in der Sozialstruktur erscheinen als leistungsgerechter und kompetenzgerechter Verdienst. Wenn es jemand nicht dahin schafft, muss es an seiner mangelnden Qualifikation liegen. „Soziale Sprengsätze" können zu diesen Positionen ohnehin nicht zugelassen werden.

Kriminologische Jugendforschung fördert die Trivialisierung sozialer Relationen und propagiert praktisch nachgefragte „Schlüssellösungen": Wissenschaften von Gewalt und Kriminalität bestimmen sich nicht nur als Praxis- und Politikberatung, sie sind auf die kulturindustrielle Verwertung von Forschung verwiesen und werden als Experten und primäre Definierer des Gewalt- und Kriminalitätsproblems von Medien nachgefragt. In dieser Lage lassen sich nur „einfache Theorien" verwenden, am besten passt die Gruppe der Kontrolltheorien von Delinquenz. Gewalttäter wird demnach, wem frühe Kontrollen fehlen und wer in der Folge nicht sachgerecht kontrolliert wird. Wo nur Verhaltenskontrollen fehlen, fällt die Politik und Praxisberatung leicht. Soziale Kontrolle müsste nur in der ganzen Breite ihrer Mittel auf jeder Entwicklungsstufe von Kindern und Jugendlichen eingeführt werden: Von der gezielten pädagogischen Intervention über Sanktionsdrohungen bis zur strafenden Übelzufügung. Die Prägekraft, die Verhaltenskontrollen in frühester Kindheit und, ersatzweise, auch später zugemessen wird, enthält zudem die Botschaft, dass Kümmern und Kontrollieren zugunsten des letzteren neu austariert werden können und müssen. Und damit sind wir bei der Darstellung der herrschenden Moral, die neoliberaler Sozialpolitik zugrunde liegt: „fordern und fördern" – genauer: es wird kontrolliert, ob Forderungen eingehalten werden und Fördern sich lohnt.

Anders als die „alten" sozialstrukturellen Theorien von Devianz und psychodynamischen Kriminalitätstheorien trivialisieren Kontrolltheorien menschliche Interaktion. Sie unterstellen, Menschen verhielten sich wie eine steuerbare „Trivialmaschine". Unter Trivialisierung verstehe ich die explizite oder implizite Annahme, Handlungsstrategien oder Personen könnten durch die Manipulation einer wirkmächtigen Variablen in eine gewünschte Richtung verändert werden. Insbesondere kriminologische Forschung verspricht Sicherheit und Verlässlichkeit des Wissens, verspricht, dass die Variation eines Faktors (der ‚unabhängigen Variablen') zu einer bestimmten Veränderung von Verhalten (als der ‚abhängigen Variablen') führt. Am Nachdenken über die Implikationen von Trivialisierung werden wir meist gehindert, weil die Anwendung eines sozialen Artefakts (eines Forschungsergebnisses) in der Regel auf die Plausibilität stößt, die sie systematisiert.

Trivialisierung sozialer Relationen ist das genaue Gegenteil einer reflexiven Sozialwissenschaft. Um Phänomene der Verstehbarkeit zuzuführen, müssen wir uns die Arbeit machen, über ein Phänomen viele Geschichten aus der Perspektive aller daran beteiligten Positionen zusammenzutragen. Aufgabe von Wissenschaft besteht in der Komplizierung von sozialen Ereignissen und in ihrer Kontextualisierung in Interaktionssituationen und Herrschaftsverhältnissen: hinzu kommt die Entwicklung einer Aufmerksamkeit für Geschichten der Leute, die auf eine andere Form von Gesellschaft verweisen.

4 Am Ende: Keine Kontrolle von Moralpaniken als Produzenten von „Jugendgewaltkriminalitätswellen"?

Es gibt ein fundiertes Wissen über Moral-Paniken. Es wächst mit jeder neuen Welle von Kriminalität & Gewalt. Wir werden dieses Wissen wahrscheinlich auch brauchen, um einen reflexiven theoretischen Pessimismus zu behalten. Einiges spricht dafür, dass sich wiederholen wird, was Stanley Cohen 1972 am Ende seines Buches über die Mods, die Rocker und die Moral-Paniken der 1960er Jahre feststellte:

> „Es werden mehr Moral-Paniken erzeugt werden und unsere Gesellschaft, so wie sie gegenwärtig strukturiert ist, wird weiterhin für einige ihrer Mitglieder – wie die Jugendlichen der Arbeiterklasse – Probleme erzeugen und wird verdammen, was immer diese Gruppen an Bearbeitungsstrategien für diese Probleme finden wird" (Cohen 1972/1987/2002: 204, meine Übersetzung).

Das probate Mittel, „Verdammte" erneut zu verdammen, besteht darin, immer wieder, für kürzere oder längere Dauer eine „Gewaltwelle" auszumachen. Die moralischen Barrikaden werden besetzt, Diagnosen abgegeben, Lösungsvorschläge gemacht, ernsthaftere Nachspiele zeichnen sich ab.... „Jugendkriminalitätswellen" mit Konsequenz als Kriminalisierungspolitiken zu analysieren, würde diesen Kreislauf stören, auch wenn die Nachhaltigkeit der Störung nicht zu prognostizieren ist.

Literatur

Becker, H.S. (1973): Außenseiter. Zur Soziologie abweichenden Verhaltens, Frankfurt.
Bondy, C. u.a. (1957): Jugendliche stören die Ordnung, München.
Brüchert, O. (2004): Es gibt keine Kriminalstatistik, nur eine Anzeigenstatistik ....und das ist auch gut so. In: Hanak, G./Pilgram, A. (Hg.): Phänomen Strafanzeige. Jahrbuch für Rechts- und Kriminalsoziologie 2003, S. 87-106.
Brüchert, O.(2008): Der wissenschaftlich-mediale Verstärkerkreislauf. In: Klimke, D. (Hg.), Exklusion in der Marktgesellschaft, Wiesbaden, S. 229-235.
Bundesministerium des Innern/Bundesministerium der Justiz (o.J.): Zweiter Periodischer Sicherheitsbericht. (http://www.bmj.bund.de/files/-/1481/PSB.pdf)
Cohen, St. (1972/1987/2002): Folk-Devils & Moral Panics. The Creation of the Mods and Rockers, Oxford.
Cremer-Schäfer, H. (1993): Was sichert Sicherheitspolitik? Über den politischen Nutzen steigender Kriminalität und ausufernder Gewalt. In: Kampmeyer, E./Neumeyer, J. (Hg.), Innere Unsicherheit. Eine kritische Bestandsaufnahme, München 1993, S.13-40.

Cremer-Schäfer, H. (2000a): Sie klauen, schlagen, rauben. In: Heiner Barz (Hg.), Pädagogische Dramatisierungsgewinne. Jugendgewalt. Analphabetismus. Sektengefahr, Frankfurter Beiträge zur Erziehungswissenschaft, Reihe Kolloquien Bd. 3, Frankfurt 2000, S. 81-108.
Cremer-Schäfer, H. (2001a): Emanzipation, Anpassung und Gewalt. Über den einen oder anderen Vorteil der öffentlichen Bedeutungslosigkeit von jungen Frauen und Nachteile der öffentlichen Aufmerksamkeit für die gefährlichen jungen Männer. In: Rang, B./May, A. (Hg.), Das Geschlecht der Jugend. Adoleszenz: weiblich/männlich?, Frankfurter Beiträge zur Erziehungswissenschaft. Kolloquien Bd. 5, Frankfurt, S. 163-175.
Cremer-Schäfer, H. (2001b): Öffentliche Debatten über die „gefährliche und gefährdete Jugend". Überlegungen anlässlich eines (vorläufigen) Endes. In: Diskurs3/2001, S. 15-20.
Cremer-Schäfer, H. (2002): Zwei Formen sozialer Ausschließung. Über den Zusammenhang von Armut und Kriminalisierung. In: Anhorn, R./Bettinger, F. (Hg.): Kritische Kriminologie für Soziale Arbeit. Impulse für professionelles Selbstverständnis und kritisch-reflexive Handlungskompetenz, Weinheim und München, S. 125-146.
Cremer-Schäfer, H. (2007): Von der „Gewalt an der Schule" zum Interesse kriminologischer Jugendbeobachtung an negativen Bildungskarrieren. In: Amos, K./Cremer-Schäfer, H. (Hg.): Saubere Schulen. Vom Ausschließen und Ausbrechen Jugendlicher, Jahrbuch für Rechts- und Kriminalsoziologie 2005, S. 157-178.
Cremer-Schäfer, H. (2008): „Schulschwänzen". Über Naturalisierungs- und Trivialisierungsgewinne kriminologischer Jugendforschung, in: Klimke, D. (Hg.), Exklusion in der Marktgesellschaft, Wiesbaden 2008, S. 175-189.
Cremer-Schäfer, H. (2000b): Skandalisierungsfallen. In: Heiner Barz (Hg.): Pädagogische Dramatisierungsgewinne. Jugendgewalt. Analphabetismus. Sektengefahr, Frankfurter Beiträge zur Erziehungswissenschaft, Reihe Kolloquien Bd. 3, Frankfurt, S. 109-130.
Cremer-Schäfer, H./Stehr, J. (1992): Der Normen & Werte-Verbund. Strafrecht, Medien und herrschende Moral. In: Kriminologisches Journal 22. Jg., S.90-104.
Cremer-Schäfer, H./Steinert, H. (1998): Straflust und Repression. Zur Kritik der populistischen Kriminologie, Münster.
DER SPIEGEL (2008): Unterrichtsmagazin Gewalt – Ursachen und Erscheinungsformen, Hamburg, Leipzig.
DJI WISSEN A-Z: Jugendkriminalität-Jugendkriminalitätsstatistik (http://www.dji.de/cgi-bin/projekte).
Gomolla, M., Radtke, F. (2002): Institutionelle Diskriminierung. Die Herstellung ethnischer Differenz in der Schule, Opladen.
Heinz, W. Jugendkriminalität in Deutschland. Kriminalstatistische und kriminologische Befunde, Internet-Veröffentlichung im Konstanzer Inventar Kriminalitätsentwicklung 2003. <www.uni-konstanz.de/rtf/kik/>
Keckeisen, W. (1974): Die gesellschaftliche Definition abweichenden Verhaltens. Perspektiven und Grenzen des labeling approach, München.
Kerner, H.J. (1973): Verbrechenswirklichkeit und Strafverfolgung. Erwägungen zum Aussagewert der Kriminalstatistik, München.
Kriminalsoziologische Bibliografie (1988): Kriminalisierungsphasen, Heft 60/Jg.15, Wien.
Pilgram, A. (1980): Kriminalität in Österreich. Studien zur Soziologie der Kriminalitätsentwicklung, Wien.
Pilgram, A. (2004): Ansätze zu einer historischen Phänomenologie der Kriminalanzeige. In: Hanak, G./Pilgram, A. (Hg.): Phänomen Strafanzeige. Jahrbuch für Rechts- und Kriminalsoziologie 2003, S. 109-125.
Pilgram, A. (2005): Die unvollendete Verwissenschaftlichung der Sicherheitsberichterstattung – an den Beispielen Deutschland und Österreich. In: Pilgram, A./Prittwitz, C. (Hg.): Kriminologie. Akteurin und Kritikerin gesellschaftlicher Entwicklung. Über das schwierige Verhältnis der Wissenschaft zu den Verwaltern der Sicherheit – Jahrbuch für Rechts- und Kriminalsoziologie 2004, Baden-Baden, S. 165-177.
Rutschky, K. Das Milchmädchen rechnet – Über den Pessimismus als pädagogische Triebkraft. In: Baacke, D. (Hg.): Am Ende Postmodern, Weinheim und München 1987.
Stehr, J. (2006): Normalität und Abweichung. In: Scherr, Albert (Hg.): Soziologische Basics, Wiesbaden, S. 130-134.
Strasser, P. (1979): Verbrechenserklärungen und Strafkonzeptionen. In: Kriminologisches Journal 11. Jg., S. 1-21.
Wahl, K./Hees, K. (2009): Täter oder Opfer? Jugendgewalt – Ursache und Prävention, München, Basel.

Albert Scherr

Jugendkriminalität – eine Folge sozialer Armut und sozialer Benachteiligung?

Jugendkriminalität – das zeigen alle einschlägigen Untersuchungen – ist überwiegend Bagatellkriminalität sowie ein lebensphasentypisches und ubiquitäres Phänomen. D.h.:

- nahezu alle Jugendlichen begehen gelegentlich strafbare Handlungen, also nicht nur diejenigen, die in irgendeiner Weise sozial benachteiligt sind;
- Jugendkriminalität ist überwiegend eine Folge lebensphasentypischer Effekte; im Alter von etwa 10 bis 12 Jahren beginnt die Quote der Normverstöße anzusteigen, sie erreicht mit 17–18 Jahren ihren Höhepunkt und sinkt dann langsam wieder ab;
- dabei überwiegen Ladendiebstahl, Vandalismus und solche Körperverletzungen, die keine medizinische Behandlung erfordern (vgl. dazu mit einer Zusammenstellung der relevanten Daten Heinz 2003).

Gleichwohl waren und sind – auch in Bezug auf Jugendliche – Varianten der Behauptung, dass die Armen bzw. die sozial Benachteiligten bzw. die Unterschichten in besonders hohem Maß zu abweichendem Verhalten und auch zu Kriminalität tendieren, in den Medien, aber auch in der sozialwissenschaftlichen Diskussion weit verbreitet.[1]

So kommt etwa die einschlägige Studie ‚Soziale Probleme und Jugenddelinquenz im sozialökologischen Kontext' (Oberwittler 2003) zu dem Ergebnis, dass bei deutschen Jugendlichen (nicht aber bei Jugendlichen mit Migrationshintergrund)[2] ein deutlicher Zusammenhang zwischen dem Sozialstatus von Stadtteilen und (selbstberichteter und polizeilich registrierter) Delinquenz festzustellen sei.[3] Vergleichbare Überlegungen finden sich nicht nur in älteren und neueren kriminalsoziologischen Theorien, in Robert K. Mertons Anomietheorie (Merton 1968), in der Theorie differentieller Gelegenheitsstrukturen (s. Cloward 1968), in Tilmann Mosers einflussreicher Studie ‚Jugendkriminalität und Gesellschaftsstruktur' (1987) oder zuletzt in Form der Heitmeyer'schen Desintegrationsthese (Anhut/Heitmeyer 2005).[4]

---

1 Bereits bei Friedrich Engels wird – und dies in der Absicht der Kritik und Skandalisierung der Lebensbedingungen des Proletariats – folgender Zusammenhang vermutet: Die „ganze Stellung und Umgebung" des Arbeiters „enthält die stärksten Neigungen zur Immoralität. Er ist arm, das Leben hat keinen Reiz für ihn, fast alle Genüsse sind ihm versagt, die Strafen des Gesetzes haben nichts Fürchterliches mehr für ihn – was soll er sich also in seinen Gelüsten genieren, weshalb soll er den Reichen im Genuß seiner Güter lassen, statt sich selbst einen Teil davon anzueignen? Was für Gründe hat der Proletarier, nicht zu stehlen?" (Engels 1845: 183)
2 Dagegen behaupten andere Studien, dass es gerade bei jugendlichen Migranten einen deutlichen Zusammenhang zwischen sozialem Status und Männlichkeitskonzepten gibt (s. etwa Pfeiffer/Wetzels 2001)
3 Dagegen hat der individuelle Sozialstatus dieser Studie zufolge keinen Einfluss auf die Delinquenzwahrscheinlichkeit.
4 Bereits Merton (1968) weist darauf hin, dass dieser Zusammenhang nicht sinnvoll als eine unmittelbare Kausalität zu fassen ist: „Armut allein und daraus folgende Beschränkung der Chancen reichen nicht aus, um eine auffallend hohe Rate kriminellen Verhaltens auszulösen. Selbst ‚notorische Armut mitten im Überfluss' muss nicht notwendig

Auch für den Diskurs der Sozialpädagogik und der Jugendhilfe waren und sind Spielarten der These grundlegend, dass abweichendes Verhalten und Kriminalität als Folge sozialer Benachteiligungen zu begreifen sind. Das Deutsche Jugendinstitut glaubt im Hinblick auf jugendliche Mehrfachtäter folgendes feststellen zu können:

> „Gesetzesverstöße und Straftaten haben keinesfalls nur eine Ursache. In den meisten Fällen handelt es sich um weit verbreitete, aber vorübergehende Phänomene, die der normalen Persönlichkeitsentwicklung zugerechnet werden müssen. (…) Nicht so einfach ist die Frage nach den Auslösern und Hintergründen bei der Gruppe der jugendlichen Vielfachtäter zu beantworten. Psychische Defizite, Gewalt in der Familie, *Armut*, familiäre Sprachlosigkeit und Vernachlässigung, ein *problembehaftetes Wohnumfeld*, *schulische Defizite*, *soziale Benachteiligung*, ethnische Probleme, *mangelhafte Sprachkenntnisse* bei ausländischen Jugendlichen können ebenso eine Rolle spielen wie *schlechte Ausbildung, fehlende Zukunftsperspektiven* und *sozialer Neid*." (Deutsches Jugendinstitut 2008; Hervorhebung A.S.).[5]

Solche und ähnliche Überlegungen bilden die Grundlagen für Interventions- und Präventionskonzepte, die in Aussicht stellen, dass eine Verbesserung der Lebenssituation jeweiliger Adressaten zugleich zu einer Verringerung problematischer Verhaltensweisen führen werde. Entsprechend kommt z.B. Dirk Halm (2000: 291) zu der Einschätzung, dass „die Bedeutung der sozialen Lage für die Entwicklung von Strategien gegen die Gewaltbereitschaft junger Männer … nach wie vor kaum hoch genug eingeschätzt werden" kann.

Die diesbezüglich klassische und immer wieder zustimmend zitierte Formulierung geht auf den Strafrechtler Franz von Listz (1851 – 1919) zurück und lautet: „Eine gute Sozialpolitik ist die beste Kriminalpolitik" (s. Lamnek 2001)[6]. Der entsprechende sozialpädagogische Topos fordert dazu auf, die Probleme, die Klienten machen, als Ausdruck der Probleme zu begreifen und zu bearbeiten, die sie haben.

Im Folgenden kann es jedoch nicht allein und auch nicht primär darum gehen, diejenigen Daten und Theorien vorzustellen, die die These zu bestätigen scheinen, dass Armut bzw. soziale Benachteiligung eine Ursache von Kriminalität ist. *Denn trotz ihrer vordergründigen Plausibilität und der guten Absicht, sozialpolitische und sozialpädagogische Maßnahmen einzufordern, die zur Verbesserung der Lebenssituation und damit zur Kriminalitätsprävention beitragen, sind unterschiedliche Einwände gegen diese Annahme in Rechnung zu stellen.*

Diese betreffen a) die Gültigkeit der vermeintlichen empirischen Belege, b) die Erklärungskraft jeweiliger Theorien sowie c) die nicht unproblematischen Folgen einer ‚Logik des Verdachts', die mit der Unterstellung operiert, dass die Wahrscheinlichkeit abweichenden und strafbaren Verhaltens bei denjenigen hoch ist, die nicht in der Lage oder nicht bereit sind, einer geregelten Arbeit nachzugehen und ein durchschnittliches Einkommen zu erzielen.

---

zu diesem Ergebnis führen. Aber wenn Armut und die damit verbundenen Nachteile beim Streben nach den für alle Gesellschaftsmitglieder geltenden Kulturwerten verbunden sind mit kulturellem Nachdruck auf finanziellen Erfolg als vorherrschendes Ziel, dann sind hohe Raten kriminellen Verhaltens das normale Ergebnis." (ebd.: 299)

5 Dem entspricht die in der kriminologischen Forschung gängige Einschätzung, dass bei so genannten jugendlichen Intensivtätern eine Kumulation unterschiedlicher Belastungsfaktoren festzustellen ist, die in unklarer Weise zusammenwirken; als relevante Faktoren genannt werden insbesondere Frühauffälligkeit, Herkunft aus sozioökonomisch belasteteren Familienverhältnissen, problematische Erziehungsverhältnisse, selbst erfahrene oder beobachtete familiäre Gewalt, materielle Notlagen, Schul- und Ausbildungsdefizite (s. etwa Steffen 2007).

6 Irritierend ist, dass sich entsprechende Bezugnahmen auch bei Autoren finden, die gewöhnlich als vehemente Kritiker ätiologischer Kriminalitätstheorien auftreten, so etwa bei Fritz Sack (s. board.raidrush.ws/archive/t-274800.htm).

1 Unbestreitbare Fakten, Kontroversen und die Logik des Verdachts

Zunächst ist festzustellen: „Die meisten Menschen, die in Armut aufwachsen, zeigen kein sonderlich abweichendes Verhalten, und selbst die, die irgendwie abweichen, bleiben in zahllosen Verhaltensweisen konventionell." (Matza 1973: 104).

Durch Benachteiligungen gekennzeichnete Lebensbedingungen führen in der Mehrzahl aller Fälle nachweislich nicht zu strafrechtlicher Auffälligkeit. Folglich sind schlichte Ursache-Wirkungs-Konstruktionen zwischen Armut und sozialer Benachteiligung einerseits, (Jugend-) Kriminalität andererseits nicht tragfähig. Das heißt aber nicht, dass es von vornherein obsolet wäre, nach – wie immer auch komplexen und vermittelten – Zusammenhängen zwischen sozialer Lage und strafrechtlich relevanten Sachverhalten zu fragen.

Ihre Plausibilität gewinnen diesbezügliche Annahmen zunächst daraus, dass unter den Insassen von Gefängnissen und den Klienten der Jugendgerichtshilfe Personen mit einem geringen formalen Bildungsniveau sowie aus den unteren Einkommensschichten deutlich überrepräsentiert sind (s. Cornel 1996). *Es ist in der kriminalsoziologischen und kriminologischen Diskussion entsprechend unstrittig, dass die Armen bzw. sozial Benachteiligten häufiger strafrechtlich sanktioniert werden. Durchaus strittig aber ist es, ob hierin das Resultat eines sozial selektiven Prozesses der Kriminalisierung zu sehen ist, oder aber – die wie immer auch durch Selektionsprozesse verzerrte – Folge einer tatsächlich höheren Kriminalitätsbelastung.*

Die zuerst genannte Position wird vehement von den Vertretern der so genannten kritischen Kriminologie vertreten (s. etwa Sack 1972; Peters 1997; Cremer-Schäfer 2002) und gelegentlich zu der Forderung zugespitzt, dass Forschung über mögliche Zusammenhänge zwischen sozialer Lage und Kriminalität sinnlos seien, da sie von einer falschen Ausgangsannahme ausgehen. Ausgangspunkt hierfür ist die Feststellung, dass amtlich registrierte Kriminalität keineswegs ein Abbild der potentiell strafbaren Handlungen, sondern Ergebnis einer sozial höchst selektiven Konstruktion ist. Nachweislich sind sowohl das Anzeigeverhalten der BürgerInnen, die Kontrollpraxis der Polizei sowie die Sanktionspraxis der Gerichte durch sozialstrukturelle Faktoren beeinflusst (s. etwa Lüderssen/Sack 1977; Lehne 1998). Dabei sind folgende Zusammenhänge in Rechnung zu stellen:
- je niedriger die soziale Position ist, umso höher ist die Wahrscheinlichkeit, einer Straftat verdächtigt zu werden; dies gilt in besonderer Weise für diejenigen, die unterhalb der ‚Grenze der Respektabilität' situiert sind, die zentral durch eigenständige Erwerbstätigkeit markiert wird;[7]
- je größer die soziale Distanz zwischen denjenigen ist, die ein Delikt begehen und denjenigen, die sich als Opfer eines Delikts erleben, um so höher ist die Wahrscheinlichkeit, dass offizielle Instanzen eingeschaltet werden und folglich ein Prozess der Kriminalisierung in Gang kommt (s. Christie 2005: 99ff.; Ohlemacher 2000: 218ff.);
- darüber hinaus wird seitens der kritischen Kriminologie darauf hingewiesen, dass das wissenschaftliche Wissen und das Alltagswissen über vermeintliche Zusammenhänge von sozialer Lage und Kriminalität selbst ein Bestandteil der sozialen selektiven Kriminalisie-

---

7 Karl F. Schumann u.a. (2003) haben in ihrer Längsschnittstudie nachgewiesen, dass arbeitslose Jugendliche und Auszubildende sich nicht im Hinblick auf die Häufigkeit der von ihnen begangenen Delikte unterscheiden, dass Erstere aber signifikant häufiger und härter strafrechtlich sanktioniert werden. Hierfür ist eine Sichtweise bedeutsam, die Straftaten, wenn sie im Kontext einer ansonsten respektablen Lebensführung begangen werden, anders bewertet werden, als solche, die als Ausdruck oder Indiz einer insgesamt problematischen Lebenssituation gelten.

rungsprozesse sind: Wenn gewöhnliche Bürger sowie Polizisten, Richter und Sozialarbeiter zu glauben gelernt haben, dass Armut und soziale Benachteiligung die Wahrscheinlichkeit kriminellen Verhaltens steigern, dann etabliert dies eine Erwartung, die tendenziell als selbsterfüllende und selbstverstärkende Prophezeiung wirksam wird.

Vor dem Hintergrund einer Untersuchung, die die Sanktionspraxis von Gerichten bei arbeitslosen und berufstätigen Jugendlichen mit dem Ergebnis vergleicht, dass die Arbeitslosen bei gleichen Straftaten mit deutlich härteren Sanktionen zu rechnen haben, weist Karl F. Schumann entsprechend auf den potentiell „ideologischen Charakter" (2002: 166) sozialätiologischer Kriminalitätstheorien hin: Ein Zusammenhang zwischen Erwerbstätigkeit bzw. Arbeitslosigkeit und Straftaten existiert nach den Befunden dieser Untersuchung „in erster Linie in den Köpfen des Personals der Strafjustiz" (ebd.); diesbezügliche Annahmen sind aber hoch folgenreich, denn „sie reagieren (…) auf die Täter, als hätten sie Schuld an dem konstruierten Zusammenhang" (ebd.). D.h.: Arbeitslose Jugendliche werden strafrechtlich indirekt dafür bestraft, dass sie arbeitslos sind, weil die Überzeugung einflussreich ist, dass Arbeitslosigkeit bzw. eine fehlende Berufsausbildung die Wahrscheinlichkeit weiterer Straftaten steigert.

Vor diesem Hintergrund wird seitens der kritischen Kriminologie vorgeschlagen, an dem durch den Labeling-Approach gegenüber der älteren Kriminologie eingeleiteten Perspektivwechsel festzuhalten: Nicht vermeintliche oder tatsächliche Zusammenhänge zwischen sozialer Lage und Straftaten sollen analysiert werden, sondern die Geschichte und Gegenwart der sozial selektiven Praxis der Kriminalisierung (s. Cremer-Schäfer/Steinert 1998: 9ff.). Im Anschluss an die klassische Studie von Georg Rusche und Otto Kirchheimer (1938) wird insbesondere dazu aufgefordert, Zusammenhänge zwischen der ökonomischen Entwicklung, den Strukturen sozialer Ungleichheit und dem Prozess der Kriminalisierung in Hinblick auf gesellschaftspolitische Prozesse zu untersuchen, die zu Kriminalisierung führen.[8] Leitend ist dabei die Annahme, dass Kriminalisierung, insbesondere die Verhängung von Haftstrafen, sich primär gegen diejenigen richtet, die als Arbeitskräfte nicht benötigt werden; Kriminalisierung stellt so betrachtet eine politische Praxis dar, die auf die Kontrolle von Armen und Arbeitslosen sowie auf die Darstellung und Durchsetzung der herrschenden (Arbeits-)Moral ausgerichtet ist (s. Steinert/Cremer-Schäfer 1998: 29ff.).

Eine solche Perspektive ist zweifellos unverzichtbar, um diejenigen, die professionell mit Jugendkriminalität befasst sind, für die potentiell hoch problematischen Folgen naiver Kriminalitätstheorien zu sensibilisieren. Gleichwohl bleibt die Frage unbeantwortet, ob die überproportionale strafrechtliche Sanktionierung der sozial Benachteiligten *ausschließlich* ein Effekt der sozial selektiven Kontroll- und Sanktionspraxis ist, oder aber eine tatsächlich höhere Kriminalitätsbelastung nur verstärkt.[9]

Bevor im Weiteren auf die Frage nach dem Wahrheitsgehalt solcher Theorien, die Armut, oder soziale Benachteiligung als eine Ursache von Kriminalität behaupten, noch etwas näher eingegangen wird, soll zunächst noch knapp dargestellt werden, warum und wie insbesondere männliche Jugendliche wiederkehrend als potentielle Straftäter verdächtigt werden.

---

8 In seiner international vergleichenden Analyse zur ‚Politischen Ökonomie der Inhaftierung in westlichen Wohlfahrtsstaaten' kommt John R. Sutton (2004) zu dem Ergebnis, dass Gesellschaften mit entwickelten Sozialstaaten, starken Gewerkschaften und einflussreichen linken Parteien deutlich geringere Kriminalitätsraten haben als Gesellschaften, in denen sich ein neoliberales Politikkonzept durchgesetzt hat.

9 Zur diesbezüglichen Auseinandersetzung zwischen kritischer und realistischer Kriminologie s. die Diskussionsbeiträge in den Heften 1/1997 und 4/2000 der Zeitschrift ‚Kriminologisches Journal'.

2 Männliche Jugendliche als bedrohliche Außenseiter

Sozialhistorische Studien weisen daraufhin, dass Sozialpolitik und Kriminalpolitik einen gemeinsamen Bezugspunkt in der Bearbeitung der Ängste und Konflikte haben, die in das Zusammenleben zwischen Wohlhabenden und Armen, Etablierten und Außenseitern eingelassen sind (s. insbesondere de Swaan 1993): Im Prozess der Industrialisierung, der mit einer fortschreitenden Konzentration der Bevölkerung in Städten und damit mit einem sozial und räumlich verdichteten Zusammenleben von Bürgern, Arbeitern und subproletarischen Schichten einhergeht, entwickeln sich unterschiedliche Bedrohungsszenarien. Das soziale Problem Armut betrifft nicht ‚nur' die den Armen zugemuteten Lebensbedingungen, sondern auch die vermeintlichen oder tatsächlichen Gefährdungen, die den Wohlhabenden und Etablierten im Zusammenleben mit den Armen drohen; entsprechend war die Sozial- und Kriminalpolitik insbesondere darauf ausgerichtet, die Verbreitung ansteckender Krankheiten und die Ausweitung des Bettelns zu verhindern sowie Eigentumsdelikte und Gewaltkriminalität zu bekämpfen.

Zur Teilgruppe der potentiell „gefährlichen Armen" (ebd.) wurden und werden wiederkehrend proletarische und subproletarische männliche Jugendliche gerechnet. Lutz Roth (1983: 107) weist darauf hin, dass die Verwendung des Wortes ‚Jugendlicher' – im Unterschied zur Rede vom ‚Jüngling' – sich zuerst im Kontext von Jugendfürsorge und Jugendstrafvollzug durchsetzt und dabei in den assoziativen Zusammenhang von Verwahrlosung, Verbrechen und Strafe eingerückt ist. Entsprechend formulierte Clemens Schultz (1912) in seiner zeitgenössisch einflussreichen Schrift ‚Die Halbstarken':

> „Der großstädtische Junge ist mit 17 Jahren männlich und völlig reif geworden. Er ist frei und kann sich leicht jeder Kontrolle (...) entziehen. (...) Er ist der klar bewusste Feind der Ordnung, d.h. der Gesellschaft, der Konvention, des sozialen Lebens, des Gesetzes." (ebd.: 195; zit. nach Breyvogel 1998: 84ff.)

Ein vergleichbares Konstrukt stellt auch das in der Jugendhilfe historisch einflussreiche Bild der „verwahrlosten Jugend" (Aichhorn 1951) dar. Dieses entwirft einen Sozialtypus, für den angenommen wird, dass heterogene Problemdimensionen ineinander verschränkt sind:

> „Unter ‚verwahrloster Jugend' verstehe ich nicht nur alle Typen von Kriminellen und die asozialen Jugendlichen, sondern auch schwer erziehbare und neurotische Kinder und Jugendliche verschiedener Art. Eine genaue Sonderung dieser Gruppen von einander ist schwierig, die Übergänge zwischen ihnen sind fließend." (ebd.: 9)

Gegenwärtig relevante Konstruktionen potentiell gefährlicher und potentiell krimineller Jugendlicher – im Zentrum der medialen und politischen Diskurs stehen bekanntlich vor allem männliche Jugendliche mit geringem formalen Bildungsniveau und mit Migrationshintergrund – schließen also an einen Diskurs an, der die Erwartung etabliert, dass benachteiligte junge Männer potentiell bedrohliche Außenseiter, eine für die Jugendhilfe, die Polizei und das Strafrecht in besonderer Weise relevante Problemgruppe seien. Eine Logik des Verdachts, die Jugendlichkeit, Männlichkeit und soziale Benachteiligung aufeinander bezieht, glaubt eine Konstellation beschreiben zu können, in der Gewalt und Kriminalität geradezu erwartbar sind.

So fassen Christian Pfeiffer und Thomas Wetzels (2001) die – in der Fachdiskussion auch aus forschungsmethodischen Gründen umstrittenen – Ergebnisse ihrer Analysen der Datenlage u.a. zu folgenden Thesen zusammen:

- Der Anstieg der Jugendgewalt ist überwiegend jenen jungen Migranten zuzurechnen, die sozial nicht integriert werden konnten. Eine besondere Problemgruppe sind solche jungen Zuwanderer, die seit längerem in Deutschland unter Bedingungen sozialer Benachteiligungen aufwachsen.
- Jugendgewalt ist männlich; das Übergewicht junger männlicher Täter hat sich seit Mitte der 80er Jahre sehr verstärkt. (ebd.: 13)

Diese Einschätzung wird – wenn auch mit einer anderen, nämlich strafrechtskritischen Akzentuierung – von Helga Cremer-Schäfer (2002) bestätigt:

„Das Strafgesetz missbilligt in seinen wichtigsten Teilen (und ‚Delikten') die Handlungsstrategien und Mittel, auf die junge, mittellose, undisziplinierte, fremde Männer zurückgreifen, wenn sie die Existenzschwierigkeiten in dem Paria-Sektor bzw. Konflikte bearbeiten und dabei auch noch ‚Männlichkeit' darzustellen haben." (ebd.: 133)

Auch in der neueren kriminologischen bzw. kriminalsoziologischen Forschung finden sich also Varianten der Annahme, dass es relevante Zusammenhänge zwischen Armut, sozialer Benachteiligung und bestimmten Formen strafrechtlich relevanten Verhaltens bei männlichen Jugendlichen gibt. Vor diesem Hintergrund fällt es ersichtlich nicht leicht, zwischen Spielarten einer tradierten Logik des Verdachts, die sich auf proletarische und subproletarische (männliche) Jugendliche richtet, und einer vorurteils- und ideologiekritisch informierten wissenschaftlichen Forschung klar zu unterscheiden, die aufzeigt, dass bestimmte Formen der Darstellung und Herstellung von Männlichkeit mit gewaltaffinen kriminalisierbaren Praktiken einher gehen können (s. dazu Kersten 1998; Scherr 2004).

3 Notwendige Klärungen

Die Schwierigkeit, in Hinblick auf die hier in Rede stehenden Fragestellungen zu theoretisch und empirisch fundierten Klärungen zu gelangen, resultiert meines Erachtens nicht nur daraus, dass weder amtliche Statistiken noch Befragungen verlässliche Messung der Summe der potentiell strafbaren Handlungen zulassen. Hinzu kommt, dass auch im wissenschaftlichen Diskurs immer wieder auf eine hinreichende Klärung der verwendeten Begriffe verzichtet wird: Der Sammelbegriff ‚Kriminalität' verweist auf sehr heterogene Typen von Handlungen – jugendtypische Kriminalität umfasst u.a. Ladendiebstähle, Schwarzfahren, Drogengebrauch und unterschiedliche Ausprägungen von Gewalt – deren einzige Gemeinsamkeit darin zu sehen ist, dass sie strafrechtliche Normen verletzen und für die je spezifische Gründe und Ursachen in Rechnung zu stellen sind. Allgemeine Kriminalitätstheorien haben ihren Fokus entsprechend in recht unspezifisch gehaltenen Überlegungen dazu, was Individuen veranlasst, geltende Rechtsnormen zu verletzen. Die Termini ‚Armut' und ‚soziale Benachteiligung' beschreiben ihrerseits keine intern homogenen Lebenslagen oder Lebensbedingungen, sondern verweisen auf ein breites Spektrum von Einkommens-, Bildungs-, Arbeits- und Wohnverhältnissen. Bei einer Fragestellung, die ein ungenau gefasstes Explanandum mit einem ebenso ungenau gefassten Explanans verbindet, ist es wenig verwunderlich, dass sie einen recht spekulativen und durch empirische Forschung schwer kontrollierbaren Diskurs etabliert. Insofern ist davon auszugehen, dass die Frage, ob Armut und soziale Benachteiligung zu Kriminalität führen, so gestellt kaum sinnvoll beantwortbar.

Will man aus der Logik des Verdachts heraustreten und sich dabei nicht auf eine diskursanalytische oder ideologiekritische Position zurückziehen, dann ist es folglich erforderlich, sowohl das Explanans als auch das Explanandum präziser zu fassen. Es ist also für unterschiedliche Formen strafrechtlich sanktionsbedrohten Verhaltens je spezifisch zu untersuchen, ob sie in einem Zusammenhang mit bestimmten sozialen Lebensbedingungen stehen und dieser Zusammenhang kann prinzipiell nicht als schlichter Ursache-Wirkungs-Zusammenhang gefasst werden. Denn generell gilt, dass soziale Lebensbedingungen keine direkten und eindeutigen Auswirkungen auf soziales Handeln haben; auch im Hinblick auf Jugendkriminalität gilt, dass sich der Zusammenhang zwischen Lebensbedingungen und sozialen Praktiken nicht unmittelbar, sondern dadurch herstellt, dass sozial voraussetzungsvolle Wahrnehmungen, Deutungen und Bewertungen der eigenen Lebenssituation und eigener Erfahrungen in mehr oder weniger bewusste Handlungsentwürfe eingehen, für deren Entwicklung und Realisierung das subjektive ‚Wissen' über Handlungszwänge und Möglichkeiten ebenso relevant ist wie normative Abwägungen und situative Einflüsse. Armut führt ebenso wenig direkt zu Diebstahl, wie Reichtum zu Steuerhinterziehung.

4 Werden die Armen und Benachteiligten tatsächlich häufiger straffällig?

Die Frage, ob und ggf. wie durch Benachteiligungen gekennzeichnete Lebensbedingungen zu strafrechtlich relevanten Handlungen führen, ist folglich deliktspezifisch zu stellen und sie muss die konkreten sozialen Prozesse berücksichtigen, in denen die Auseinandersetzung mit der eigenen Lebenssituation dazu führen kann, dass sich strafbare Praktiken ggf. als eine notwendige oder legitime Reaktion darstellen.[10] Zudem ist eine differenzierte, über die Zusammenstellung sozialstatistischer Daten hinausgehende Untersuchung jeweiliger Lebensbedingungen erforderlich.

Zur Verdeutlichung: Untersuchungen zur Drogen- und Gewaltkriminalität in US-amerikanischen Ghettos (s. etwa Jankowski 1991) zeigen auf, dass diese im Kontext der Bedingungen zu analysieren sind, unter denen weder marktwirtschaftliche noch sozialstaatliche Strukturen die Möglichkeit zum Aufbau einer respektablen Lebensperspektive bieten und in denen formelle soziale Kontrollen nicht mehr greifen. In Versuchen, die Etablierung von „endemischer Gewalt" und „endemischer Kriminalität" (Wacquant 1998: 172f.) in US-amerikanischen Ghettos zu erklären, wird entsprechend zum einen auf die Folgen einer „Politik der systematischen

---

10 Entsprechend wird in der bereits erwähnten Studie ‚Soziale Probleme und Jugenddelinquenz im sozialökologischen Kontext' darauf hingewiesen, dass eine „Polarisierung der Jugendlichen ... in ‚Anhänger' und ‚Gegner' ihres Viertels" festzustellen ist, die für das Freizeitverhalten, die sozialen Kontakte und die Wahrscheinlichkeit kriminalisierbaren Verhaltens folgenreich ist (Oberwittler 2003: 159).

Erosion der öffentlichen Einrichtungen" (ebd.: 170), zum anderen auf „eine dualistische, vom Staat bestätigte Rassentrennung" (ebd.) als Faktoren verwiesen, die zum Niedergang der Ghettos geführt haben und diese zu Verdichtungsorten einer extremen sozialen Benachteiligung werden ließen, die mit rassistischer Diskriminierung verschränkt ist. Damit ist knapp auf einen hoch spezifischen Zusammenhang hingewiesen, in dem sich in einer angebbaren historischen Phase und in Folge einer neoliberal konturierten „Politik der geplanten Verwahrlosung" (ebd.: 171) in einigen urbanen Ghettos in den USA gewaltgestützte und ökonomisch durch illegalen Drogenhandel ermöglichte Gangstrukturen herausgebildet haben.

Entscheidend ist im vorliegenden Zusammenhang, dass hier Bedingungen deutlich werden, in denen soziale Ungleichheit und Diskriminierung in Verbindung mit einem Abbau wohlfahrtsstaatlicher Strukturen sowie einer starken sozialräumlichen Segregation zu einer Zunahme bestimmter Formen von Kriminalität geführt haben. Deutlich wird dabei auch, dass der Zusammenhang von Armut, sozialer Benachteiligung und Kriminalität in einem hohen Maße politisch moderiert ist.

Vergleichbares lässt sich auch aus den inzwischen zahlreichen Studien über rechtsextreme Jugendgewalt lernen: Diese ist gerade nicht hinreichend als ein direkter Effekt sozialer Desintegrationsprozesse oder von Arbeitslosigkeit und geringer formaler Bildung erklärbar. Zu berücksichtigten sind vielmehr zumindest die gesellschaftlichen, politischen und medialen Prozesse der Vorurteilsproduktion, die Verankerungen nationalistischer und rassistischer Ideologien in lokalen und regionalen Milieus sowie die gruppendynamischen Prozesse in rechtsextremen Szenen und Cliquen (s. Möller/Schuhmacher 2007).

Betrachtungen, die Kriminalität dagegen mit den wenig aussagekräftigen Daten der polizeilichen Statistik erfassen und diese dann korrelationsstatistisch in Bezug zum Einkommens- und Bildungsniveau der Tatverdächtigen setzen, werden den an eine ernstzunehmende wissenschaftliche Analyse zu stellenden Anforderungen nicht gerecht; denn die vielfältigen methodischen Zweifel an der Validität der Daten führen notwendig zu einem eher spekulativen Diskurs, in dem – nicht zuletzt in Abhängigkeit vom politischen Selbstverständnis der beteiligten Wissenschaftler – entweder der sozial selektive Konstruktcharakter der Daten betont wird, oder aber geltend gemacht wird, dass diese, bei aller gebotenen Skepsis, dennoch auf ein sozialpolitisch und kriminalpräventiv ernst zunehmendes Problem hinweisen.

So fasst Thomas Ohlemacher (2000) das Ergebnis seiner theoretisch informierten und methodenkritischen Überprüfung relevanter Daten wie folgt zusammen:

> „Jüngere Studien (...) scheinen eindeutige Hinweise zu geben: Wachsende Ungleichheiten, Verwerfungen, Heterogenitäten in unserer Gesellschaft korrespondieren mit einem gravierenden Anstieg der staatlicherseits registrierten Kriminalität insbesondere im Bereich der Jugendlichen und Heranwachsenden. (...) Ein Teil des amtlich registrierten Anstiegs von Gewalthandlungen ist (...) von der veränderten Kriminalitätsstruktur und den darauf reagierenden Bürgern veranlasst. (...) Der verbleibende Teil ist jedoch ein ‚tatsächlicher' Anstieg, der durch sich verschärfende Lagen der Ungleichheit (mit-) verursacht ist." (ebd.: 222)

Wie groß oder klein dieser „verbleibende Teil" ist, bleibt dabei ebenso unklar wie die Fragen unbeantwortet bleiben, wie der Bedingungszusammenhang zwischen sozialer Ungleichheit und Kriminalitätsentwicklung für jeweilige Delikttypen genau zu fassen ist und welche Bedeutung je konkrete sozialpolitische und sozialräumliche Rahmungen haben.

Für eine empirische Fundierung und eine dadurch ermöglichte Versachlichung von Debatten über die Frage, ob Armut und soziale Benachteiligungen in einem Zusammenhang mit Jugendkriminalität stehen und was daraus an Konsequenzen für die Sozialpolitik und die Jugendhilfe abzuleiten ist, sind differenzierte Fallstudien erforderlich, die ethnographisch und fallrekonstruktiv angelegt sind.[11]

Abschließend bleibt festzustellen, dass es weder für die wissenschaftliche Forschung, noch für die Jugendhilfe und Sozialpolitik hilfreich ist, eine Debatte fortzusetzen, die ganz generell und unspezifisch nach Zusammenhängen zwischen Armut, sozialer Benachteiligung und Kriminalität fragt. Diesbezüglich kann nur zweierlei verlässlich festgestellt werden: Die als arm, arbeitslos oder sozial benachteiligt Wahrgenommenen unterliegen einem höheren Kriminalisierungsrisiko. Und ein wissenschaftliches Wissen sowie ein sozialarbeiterisches/sozialpädagogisches Erfahrungswissen, das einen generellen und unspezifischen Zusammenhang von sozialer Lage und Kriminalität behauptet, verstrickt sich in eine Logik des Verdachts, die zur sozial selektiven Kriminalisierung der Benachteiligten beiträgt.

Literatur

Aichhorn, August (1951/1974): Verwahrloste Jugend. 9. Aufl. Bern.
Anhut, Reimund; Heitmeyer, Wilhelm (2005): Desintegration, Anerkennungsbilanzen und die Rolle sozialer Vergleichsprozesse. In: Heitmeyer, Wilhelm; Imbusch, Peter (Hg.): Integrationspotenziale einer modernen Gesellschaft. Wiesbaden, S. 13-74.
Breyvogel, Wilfried (1998): Der „gefährliche Jugendliche" auf der Bühne der Sichtbarkeit. In: Breyvogel, Wilfried (Hg.): Stadt, Jugendkulturen und Kriminalität. Bonn, S. 84-111.
Breyvogel, Wilfried (Hg.) (1998): Stadt, Jugendkulturen und Kriminalität. Bonn.
Christie, Nils (2005): Wieviel Kriminalität braucht die Gesellschaft? München.
Cloward, Richard A. (1968): Illegitime Mittel, Anomie und abweichendes Verhalten. In: Sack, Fritz/König, René (Hrsg.): Kriminalsoziologie. Frankfurt, S. 314-338
Cornel, Heinz (1996): Lebensbedingungen straffälliger Menschen – empirische Befunde. In: Nickolai, Werner u.a. (Hg.): Straffällig. Lebenslagen und Lebenshilfen. Freiburg, S. 39-68.
Cremer-Schäfer, Helga (2002): Formen sozialer Ausschließung. Über den Zusammenhang von ‚Armut' und ‚Kriminalisierung'. In: Anhorn, Roland (Hg.): Kritische Kriminologie und soziale Arbeit. Impulse für professionelles Selbstverständnis und kritisch-reflexive Handlungskompetenz. Weinheim, S. 125-146.
Cremer-Schäfer, Helga; Steinert, Heinz (1998): Straflust und Repression. Zur Kritik der populistischen Kriminologie. Münster.
Deutsches Jugendinstitut (2008): Jugendkriminalität. Ursachen. www.dji.de/cgi-bin/projekte/output.php?projekt=748&Jump1=LINKS&Jump2=400;
Engels, Friedrich (1845/1972): Die Lage der Arbeitenden Klasse in England. Berlin
Halm, Dirk (2000): Tradition, soziale Ungleichheit und Devianz- In: Kriminologisches Journal. H. 4, 32. Jg., S. 286-292
Heinz, Wolfgang (2003): Jugendkriminalität in Deutschland. Kriminalstatistische und kriminologische Befunde. www.uni-konstanz.de/rtf/kik/.
Heitmeyer, Wilhelm; Imbusch, Peter (Hg.) (2005): Integrationspotenziale einer modernen Gesellschaft. 1. Aufl. Wiesbaden
Jankowski, Martín S. (1991): Islands in the street. Gangs and American urban society. Berkeley, Calif.
Kersten, Joachim (1998): Sichtbarkeit und städtischer Raum. Jugendliche Selbstinszenierung, Männlichkeit und Kriminalität. In: Breyvogel, Wilfried (Hg.): Stadt, Jugendkulturen und Kriminalität. Bonn, S. 112-129.
Lamnek, Siegfried (2001): Kriminalität. In: Schäfers, Bernhard (Hg.): Handwörterbuch zur Gesellschaft Deutschlands. 2. Aufl. Opladen, S. 392-402.

---

11 Eine in dieser Hinsicht vorbildliche Studie hat Ferdinand Sütterly (2003) vorgelegt.

Lehne, Werner (1998): Zu den Konstruktionsprinzipien der polizeilichen Kriminalstatistitik am Beispiel der Jugendkriminalität. In: Breyvogel, Wilfried (Hg.): Stadt, Jugendkulturen und Kriminalität. Bonn, S. 153-171.
Lüderssen, Klaus (Hg.) (1977): Strafprozeß und Strafvollzug. 1. Aufl. Frankfurt am Main.
Matza, David (1973): Abweichendes Verhalten. Stuttgart.
Merton, Robert K. (1968): Sozialstruktur und Anomie. In: Sack, Fritz; König, René (Hg.): Kriminalsoziologie. Frankfurt am Main, S. 283-313.
Möller, Kurt; Schuhmacher, Nils (2007): Rechte Glatzen. Rechtsextreme Orientierungs- und Szenezusammenhänge; Einstiegs-, Verbleibs- und Ausstiegsprozesse von Skinheads. Wiesbaden.
Moser, Tillmann (1987): Jugendkriminalität und Gesellschaftsstruktur. Frankfurt
Oberwittler, Dietrich (2003): Stadtstruktur, Freundeskreise und Delinquenz. In: Oberwittler, Dietrich; Karstedt, Susanne (Hg.): Soziologie der Kriminalität. Sonderheft 43 der KZfSS. Wiesbaden, S. 135-170.
Ohlemacher, Thomas (2000): How far can you go? Empirische Sozialforschung, Kriminologie und Kriminalisierung. In: Ludwig-Mayerhofer, Wolfgang (Hg.): Soziale Ungleichheit, Kriminalität und Kriminalisierung. Opladen, S. 203-234.
Peters, Helge (1997): Distanzierung von Praxis in deren Namen. In: Kriminologisches Journal. 29. Jg., S. 267-274.
Pfeiffer, Christian; Wetzel, Thomas (2001): Zur Struktur und Entwicklung der Jugendgewalt in Deutschland: Ein Thesenpapier auf Basis aktueller Forschungsbefunde. ww.kfn.de/versions/kfn/assets/strukturentwjugendgewalt.pdf
Roth, Lutz (1983): Die Erfindung des Jugendlichen. München.
Rusche, Georg; Kirchheimer, Otto (1938/1974): Sozialstruktur und Strafvollzug. Frankfurt.
Sack, Fritz (1972): Definition von Kriminalität als politisches Handeln: der labeling approach. In: Kriminologisches Journal, H. 4, S. 3-31
Scherr, Albert (2004): Körperlichkeit, Gewalt und soziale Ausgrenzung in der ‚postindustriellen Wissensgesellschaft'. In: Heitmeyer, Wilhelm; Soeffner, Hans- Georg (Hg.): Gewalt: Entwicklungen, Strukturen, Analyseprobleme. Frankfurt, S. 202-226.
Schultz, Clemenz (1912): Die Halbstarken. Leipzig
Schumann, Karl F. (2002): Ausbildung, Arbeit und kriminalisierbares Verhalten. In: Anhorn, Roland (Hg.): Kritische Kriminologie und soziale Arbeit. Impulse für professionelles Selbstverständnis und kritisch-reflexive Handlungskompetenz. Weinheim, S. 147–168.
Schumann, Karl F. (2003): Delinquenz im Lebensverlauf. Weinheim
Steffen, Wiebke (2007): Jugendkriminalität und ihre Verhinderung zwischen Wahrnehmung und empirischen Befunden. Gutachten zum 12. Deutscher Präventionstag am 18. und 19. Juni 2007 in Wiesbaden. www.praeventionstag.de/html/GetDokumentation.cms?XID=227
Sütterly, Ferdinand (2003): Gewaltkarrieren. Jugendliche im Kreislauf von Gewalt und Missachtung. Frankfurt.
Sutton, John R. (2004): The Political Economy of Imprisonment in Affluent Western Democracies, 1960-1990. In: American Sociological Review, Vol. 69, S. 170-185.
Swaan, Abram de (1993): Der sorgende Staat. Wohlfahrt, Gesundheit und Bildung in Europa und den USA der Neuzeit. Frankfurt.
Wacquant, Loic (1998): Über Amerika als verkehrte Utopie. In: Bourdieu, Pierre et al. (Hg.): Das Elend der Welt. Zeugnisse und Diagnosen alltäglichen Leidens an der Gesellschaft. Konstanz, S. 159-168.

Dietrich Oberwittler

Jugendkriminalität in sozialen Kontexten – Zur Rolle von Wohngebieten und Schulen bei der Verstärkung von abweichendem Verhalten Jugendlicher

Zu den Dimensionen, die in der Forschung über Jugenddelinquenz seit einigen Jahren wieder intensiver beachtet werden, zählen auch sozialräumliche Kontexte. Für Kinder und Jugendliche stellen das Stadtviertel, in dem sie wohnen, und die Schule, in die sie gehen, bedeutsame Sozialisationskontexte dar, die sie mit Ressourcen und Gelegenheiten für Erfahrungen, Interaktionen und Lernprozesse versorgen (Bronfenbrenner 1979; Grundmann/Lüscher 2000). Sowohl Wohngebiete als auch Schulen unterscheiden sich in Struktur, Zusammensetzung und Qualität voneinander und damit auch die Erfahrungen, die Jugendliche in ihnen machen. Die einen wohnen in wohlhabenden, ruhigen Einfamilienhaussiedlungen und besuchen Gymnasien, in denen das Leistungsniveau hoch und schulisches Fehlverhalten selten sind, die anderen wohnen in sozialen Brennpunkten und besuchen Haupt- oder Gesamtschulen, die den großen Anteil von sozial benachteiligten und lernschwachen Schülern vor große Herausforderungen stellt. Zwischen diesen Extremen gibt es breite Abstufungen und auch Kombinationen von lebensweltlichen Erfahrungen mit ganz unterschiedlichen Folgerungen für die Betroffenen. Dass die sozialräumlichen Kontexte von Jugendlichen so unterschiedlich sind, ist in erster Linie der grundlegenden Tatsache der sozialen (und ethnischen) Segregation geschuldet, die über verschiedene Mechanismen des Städtebaus, des Wohnungsmarktes, der Organisation des Bildungswesens etc. dazu führt, dass Familien in ähnlichen sozialen Lebenslagen auch räumlich eher in Nachbarschaft zueinander wohnen, und dass Jugendliche ähnlicher sozialer und ethnischer Herkunft eher die gleichen Schulen besuchen (Farwick 2007; Häußermann 2008; Kristen 2008; Oberwittler 2007a und b; Solga/Wagner 2008). Ein Ergebnis der Segregation vor allem in Großstädten ist die Existenz so genannter sozialer Brennpunkte, also Stadtviertel mit hohen Konzentrationen sozial benachteiligter Bewohner.

Die Segregationstendenzen nehmen mit dem wirtschaftlichen Strukturwandel in den Industriegesellschaften und der wachsenden sozialen Ungleichheit zu und schlagen sich in einer tiefer werdenden sozialen Spaltung der Städte nieder (Häußermann/Kronauer/Siebel 2004). Besonders problematisch an dem Strukturwandel ist, dass die ökonomische Basis der traditionellen Industriearbeiterschaft schrumpft und dadurch die Arbeitslosigkeit in niedrig qualifizierten, manuellen Erwerbsbereichen ansteigt. Die sozialen Folgen dieser Entwicklungen werden seit einigen Jahren unter dem Schlagwort der ‚Exklusion' diskutiert. Damit ist über die Tatsache der materiellen Ungleichheit hinaus eine mangelnde gesellschaftliche Integration der Betroffenen in verschiedenen Bereichen wie Bildung, Kultur und Politik gemeint (Häußermann 2006; Kronauer 2002; Murie/Musterd 2004). Kinder und Jugendliche, deren Sozialisation noch nicht abgeschlossen ist, sind davon vermutlich in besonderem Maße betroffen (Bien/Weidacher

2004; Butterwegge et al. 2004; Conger et al. 1994; Klocke/Hurrelmann 1998). In Frankreich entlädt sich die Konzentration von Problemlagen in den Vororten in gewalttätigen Formen des Jugendprotests (Castel 2009; Dubet/Lapeyronnie 1994; Ottersbach 2008), in den USA ereignet sich ein erheblicher Teil der tödlichen Gewaltkriminalität in den Armenghettos im Kontext von Drogenhandel und Bandenkämpfen (Massey/Denton 1993; Morenoff/Sampson/Raudenbush 2001; Peterson/Krivo/Hagan 2006).

Demgegenüber erscheinen das Ausmaß und die negativen Wirkungen sozialräumlicher Ausgrenzung in Deutschland auf den ersten Blick vergleichsweise geringfügig. Dennoch bleibt die grundsätzliche Frage berechtigt, ob und welche Verstärkungseffekte auf Delinquenz und andere Formen von Problemverhalten Jugendlicher von der räumlichen Konzentration von Benachteiligungen ausgehen, wie diese erklärt werden können und in welchem Verhältnis sie zu individuellen und familiären Einflussfaktoren stehen. Falls Raumeffekte existieren, so hätte dies unter anderem zur Folge, dass die höhere Delinquenzbelastung von Jugendlichen mit niedrigem Sozialstatus zumindest teilweise über kollektive Wirkungspfade erklärt und nicht ausschließlich auf der individuellen und familiären Ebene, wie allgemein üblich, erklärt werden müsste.

Die Beobachtung, dass Kriminalität und Gewalt in den Armutsvierteln der Großstädte grassieren, hat eine sehr lange Tradition, die bis in das 19. Jahrhundert zurück reicht (Albrecht 1982). Die stadtsoziologische ‚Chicago School' entwickelte in der Mitte des 20. Jahrhunderts die Theorie der sozialen Desorganisation und legte damit eine Basis für die weitere Forschung über großstädtische Viertel mit hoher Kriminalitätsbelastung. Clifford Shaw und Henry McKay (1969 [1942]) stellten fest, dass bestimmte, durch Armut, ethnische Heterogenität und hohe Fluktuation geprägte Stadtviertel Chicagos über lange Zeiträume hinweg sehr hohe Jugendkriminalitätsraten aufwiesen (‚delinquency areas'), und erklärten dies mit der mangelnden Fähigkeit der Bewohner, eine effektive informelle Sozialkontrolle über die Jugendlichen auszuüben, sowie mit der fortwährenden Weitergabe subkultureller Orientierungen von einer Jugendgeneration an die nächste. Ihre Erklärung der Jugendkriminalität zielte also explizit auf die *kollektiven* Eigenschaften der Stadtviertel, nicht auf die *individuellen* Eigenschaften der jugendlichen Bewohner oder ihrer Familien. In Deutschland griffen Karl-Dieter Opp (1968) und Detlev Frehsee (1979) diesen Ansatz auf und stellten die Bedeutung der Subkultur in den Mittelpunkt, erkannten jedoch auch die methodischen Beschränkungen des Desorganisationsansatzes, der sich auf offiziell erhobene Struktur- und Polizeidaten verließ und die behaupteten Wirkungspfade und das Zusammenspiel individueller und kollektiver Einflüsse auf das abweichende Verhalten von Jugendlichen nicht empirisch untersuchen konnte.

Erst mit der großflächigen Verbreitung von Jugendbefragungen zur selbstberichteten Delinquenz, Bewohnerbefragungen zu sozialen Prozessen im Wohnquartier sowie mit der Entwicklung neuer statistischer Auswertungsmethoden zur Trennung von Individual- und Kontexteffekten hat dieses Forschungsthema seit den 1990er Jahren wieder einen Aufschwung erlebt. Seitdem hat sich ein rasch wachsender Forschungszweig mit Hilfe verschiedener Theorieansätze an die Beantwortung dieser Fragen gemacht und den Wissensstand zu sozialräumlichen Kontexteffekten auf eine solide Basis gestellt – allerdings fand diese Forschung ganz überwiegend außerhalb Deutschlands statt (Bottoms 2007; Kubrin/Weitzer 2003; Oberwittler/Rabold/Baier 2010; Sampson/Morenoff/Gannon-Rowley 2002). Die ‚MPI-Schulbefragung 1999/2000' mit ca. 5.000 befragten Jugendlichen in mehr als 60 Stadtvierteln und Schulen in Köln, Freiburg und dem Freiburger Umland war die erste und bislang größte deutsche Studie, die diesem neuen Forschungsansatz gefolgt ist (Oberwittler 2003, 2004a, 2004b, 2007a, 2007b; Oberwittler et al. 2001). Die Erfahrungen aus der oben genannten Studie bilden eine wichtige Grundlage für diesen Beitrag, in dem ich einen knappen Überblick über die theoretischen Grundlagen und empirischen Ergebnisse der Forschung zu sozialräumlichen Kontexteffekten auf jugendliche Delinquenz geben möchte. Dabei lasse ich methodische Aspekte weitgehend außer Acht und verzichte zugunsten einer konzisen Darstellung auf viele Differenzierungen, die in der zitierten Literatur zu finden sind.

Theoretische Erklärungsansätze

Die Wirkung von Sozialräumen auf Menschen wird in den theoretischen Erklärungsansätzen in erster Linie als eine Frage der *sozialen* Organisation, nicht der physischen oder baulichen Struktur, verstanden (Bursik 1988; Wikström 2007; Wikström/Sampson 2003). Sozialräumliche Theorien abweichenden Verhaltens verfolgen keine gänzlich neuen Fährten, sondern lehnen sich sehr eng an bestehende kriminalsoziologische Theorien, vor allem Kontroll- und Lerntheorien, an. Sozialräumliche Theorien nehmen die kollektiven Eigenschaften von sozialen Gruppen in den Blick, von denen angenommen wird, dass sie mehr sind als die Summe der Eigenschaften der Individuen und daher eigenständige Wirkungen entfalten. Verschiedene soziologische Theoretiker wie Coleman (1990), Boudon (1998) und Giddens (1984) haben Wirkungspfade von kollektiven Eigenschaften auf individuelles Verhalten im Rahmen von Mikro-Makro-Mikro-Modellen postuliert (vgl. auch Esser 2002; Hess/Scheerer 2004).

Der populärste Ansatz baut auf lern- und subkulturtheoretischen Erkenntnissen auf, nach denen delinquentes Verhalten durch den Kontakt mit anderen delinquenten Jugendlichen erlernt und verstärkt wird (Akers/Jensen 2003). Die Rolle der Gleichaltrigen – vor allem der delinquenten peers – in der Entwicklung von Jugenddelinquenz ist in den letzten Jahren nach einer langen Phase der Unterbewertung wieder neu ‚entdeckt' worden (Warr 2002). Längsschnittstudien zeigen, dass ein enger Kontakt zu delinquenten Freunden die eigene Delinquenz verstärkt, auch wenn man den Effekt der Selbstselektion in delinquente Freundesnetzwerke berücksichtigt (Haynie 2002; Haynie/Osgood 2005; Thornberry et al. 2003). Die sozialräumliche Dimension fügt diesem Mechanismus insofern Brisanz hinzu, als mit der Konzentration sozial benachteiligter Jugendlicher in Schulen und Wohngebieten die Wahrscheinlichkeit wächst, mit anderen Jugendlichen zusammenzutreffen, die gleiche individuelle Risikofaktoren und delinquente Neigungen aufweisen. Crane (1991: 1226) hat diesen Effekt in Anlehnung an die Übertragung ansteckender Krankheiten als „the epidemic theory of ghettos" bezeichnet. Nach dieser Vorstellung entwickelt sich in benachteiligten Wohnquartieren und in Schulen eine delinquente Subkultur, indem abweichende Normen, wie z.B. die Anwendung von Gewalt in Konfliktsituationen, seltener abgelehnt und häufiger akzeptiert oder sogar erwartet werden. Anderson (1999) spricht von einem auf Gewalt und Ehre basierenden „code of the street", der die Verhaltenserwartungen in den Armenghettos der U.S.-amerikanischen Großstädte prägt. Frehsee (1979, S. 349) nahm an, dass Jugendliche unterschiedlicher sozialer Statusgruppen die Verhaltensnormen ihres Wohnquartiers übernehmen: „Innerhalb der Wohnbereiche findet also eine kulturelle Anpassung an das dominante Normensystem statt." Inzwischen wurde diese recht weitgehende Annahme der *Dominanz* delinquenter Normen zugunsten der Überlegung aufgegeben, dass in den sozial benachteiligten Wohnquartieren die Norm*heterogenität* wächst (Friedrichs 1997; Friedrichs/Blasius 2000; Harding 2007). Dies erfordert von den Jugendlichen einerseits eine Auswahl zwischen Handlungsalternativen, andererseits erschwert die Normheterogenität die Verständigung über und Realisierung von gemeinsamen Zielen, z.B. der entschiedenen Kontrolle jugendlichen Fehlverhaltens im öffentlichen Raum durch die Bewohner (siehe unten).

Weitere negative Effekte der räumlichen Konzentration von sozialen Benachteiligungen, insbesondere von Arbeitslosigkeit und Armut, liegen nach Wilson (1997, vgl. Friedrichs 1998, Friedrichs/Galster/Musterd 2003) in dem Fehlen von positiven Rollenvorbildern z.B. der erfolgreichen Bildungs- und Berufskarriere. Wenn angesichts schlechter Bildungs- und Arbeitsmarktchancen die Aussichten auf eine positive Berufskarriere gering sind, dürften die Bindungen an die konventionelle Gesellschaft und die Legitimität ihrer Normen leiden und die Attraktivität illegaler Erwerbsmöglichkeiten steigen (Grogger 1998). Beides ist ein geeigneter Nährboden nicht nur für Kriminalität, sondern auch für kollektive Gewalt, wie sie in den französischen Vorstädten zu beobachten ist.

Ein zusätzlicher, erstmals in der klassischen Studie von Shaw und McKay ausformulierter Ansatz hebt auf die mangelnde informelle Sozialkontrolle der Jugendlichen durch die erwachsenen Bewohner ab. Eine hohe Fluktuation, ethnische Heterogenität sowie Armutskonzentration in den benachteiligten Wohnquartieren verhindern demnach über die fehlende soziale Kohäsion der Bewohner eine effektive Kontrolle und führen zu sozialer Desorganisation. Dieser Ansatz wurde in den letzten Jahren unter dem Begriff der kollektiven Wirksamkeit (,collective efficacy') weiterentwickelt und hat eine große Verbreitung gefunden (Sampson/Raudenbush/Earls 1997; vgl. Friedrichs/Oberwittler 2007). So wurde er auch auf die Organisation von Schulen übertragen (Payne et al. 2003; Wilbers 2004): In effektiv organisierten Schulen sorgen Lehrer durch ein positives Schulklima und gemeinschaftliche Strategien dafür, dass Gewalt und anderes Fehlverhalten kontrolliert werden und sich nicht in dem Maße ausbreiten, wie es andernfalls zu erwarten wäre. Einen ähnlichen, sowohl Wohnquartiere als auch Schulen umfassenden Aspekt hat Coleman (1988) mit dem Begriff der ,intergenerational closure' herausgestrichen: Der Kontakt von Eltern mit anderen Eltern über ihre Kinder eröffnet durch Austausch und gegenseitige Unterstützung in schulischen und anderen Belangen zusätzliche, extra-familiäre Ressourcen für eine gelingende Sozialisation.

Alle soeben vorgestellten Erklärungsansätze befassen sich mit der Bedeutung lokaler sozialer Bindungen – sowohl innerhalb der Gruppen der Jugendlichen und der Erwachsenen als auch zwischen diesen Gruppen – für die Sozialisation von Jugendlichen. Damit passen sie gut zur aktuellen Hochkonjunktur des Sozialkapital-Konzepts in der sozialwissenschaftlichen und insbesondere stadtsoziologischen Forschung (Franzen/Freitag 2007; Schnur 2003).

Ging es in der neueren Forschung anfangs darum, die Existenz der theoretisch vorausgesagten Auswirkungen sozialräumlicher Kontexte auf Jugendliche empirisch zu belegen oder zu widerlegen, so wurde mit ihrem Fortgang schnell deutlich, dass die pauschale Annahme solcher Effekte auf ,die' Jugendlichen in benachteiligten Sozialräumen eine Vereinfachung darstellt, die den komplexen Realitäten nicht angemessen ist. Denn implizit werden Jugendliche damit als passive Opfer ihrer Lebensumwelt und als ,Reaktionsdeppen' (von Trotha 1977) angesehen. Angemessener ist jedoch die Vorstellung von ,produktiv Realität verarbeitenden Subjekten' (Hurrelmann 2006), die sich aktiv mit ihrer Lebensumwelt auseinandersetzen und unterschiedlich auf sozialräumliche Bedingungen reagieren. Dies beginnt mit der wichtigen Frage nach der räumlichen Ausrichtung der Aktionsräume und Freundesnetzwerke von Jugendlichen, die als Ausdruck individueller Präferenzen verstanden werden kann (Arum 2000, S. 403; Wikström und Sampson 2003, siehe unten). Das eigene Wohngebiet stellt zwar eine Gelegenheitsstruktur für Kontakte dar, ist aber keine Insel, auf die Jugendliche notwendigerweise beschränkt sind.

Einige der oben referierten Annahmen zu sozialräumlichen Kontexteffekten müssen daher qualifiziert und weiter ausdifferenziert werden. Analoges gilt für die Rolle der Familien und der elterlichen Erziehung; auch Eltern können durch aktives Verhalten mit beeinflussen (oder dies zumindest versuchen), wie sich sozialräumliche Bedingungen auf ihre Kinder auswirken.

Diese Überlegungen führen schließlich zu der grundlegenden Frage, wie Jugendliche mit unterschiedlichen individuellen Eigenschaften und Ressourcen auf ihre soziale Umwelt reagieren und wie die sozialräumliche Dimension in andere Dimensionen der Erklärung von Jugenddelinquenz integriert werden kann. Geeignete Ansätze für die Erklärung differentieller Wirkungen sozialräumlicher Kontexte sind das so genannte ‚biopsychosoziale' Modell von Dodge und Pettit (2003) und die neue ‚Situational Action Theory' von Per-Olof Wikström (2004, 2005, 2010), die zentral auf die Analyse der Interaktionen von Individuum und sozialräumlicher Umwelt ausgerichtet ist.

Methodisch stellt die empirische Untersuchung von Kontexteffekten hohe Anforderungen, denen der Großteil der älteren Forschung nicht genügen konnte (Duncan/Raudenbush 1999; Roosa et al. 2003). Denn eine höhere Delinquenzbelastung bestimmter Sozialräume könnte bereits auf die Konzentration individueller Belastungsfaktoren (z.B. niedriger Sozialstatus, elterliches Erziehungsverhalten etc.) zurückzuführen sein. Dann würde es sich lediglich um einen Kompositionseffekt, d.h. einen Effekt der Zusammensetzung der Jugendlichen handeln. Empirische Untersuchungen zu Kontexteffekten müssen daher über sehr umfangreiche Daten sowohl zu den individuellen als auch zu den sozialräumlichen Bedingungsfaktoren von Delinquenz (oder eines anderen Verhaltensbereiches) verfügen und diese mit Hilfe der so genannten Mehrebenenanalyse auswerten (Engel/Simonson 2005). Diese erst Anfang der 1990er Jahre entwickelte Erweiterung der klassischen Regressionsanalyse erlaubt die simultane Schätzung von individuellen und kollektiven Effekten sowie von Wechselwirkungen zwischen beiden Ebenen. In den USA wurden in den letzten Jahren mehrere aufwändige Längsschnittbefragungen im Kinder- und Jugendalter durchgeführt, die durch das geographische Stichprobendesign auch die Untersuchung sozialräumlicher Kontexteffekte ermöglichen und die bereits eine Reihe sehr relevanter Ergebnisse erbracht haben. Die beiden bedeutendsten Studien sind die ‚National Longitudinal Study of Adolescent Health' (‚Add Health') mit ca. 20.000 Befragten und 4 Befragungswellen über mehr als 10 Jahre sowie das ‚Project of Human Development in Chicago Neighbourhoods' (PHDCN) mit ca. 2.200 Befragten und 3 Befragungswellen. Allein aus den Daten der ‚Add Health'-Studie sind bislang mehr als 2.500 Veröffentlichungen und mehr als 150 Dissertationen entstanden.

Empirische Erkenntnisse

Bei der Darstellung der Forschungsergebnisse soll es zunächst wiederum um die vereinfachende Frage der Existenz von Verstärkungseffekten von Jugenddelinquenz durch sozialräumliche Benachteiligungen gehen, bevor anschließend der Blick auf differenzielle Effekte und Wechselwirkungen individueller und kollektiver Merkmale gelenkt wird.

Die U.S.-amerikanischen Studien haben vielfache Hinweise auf die Existenz solcher Effekte ergeben (Sampson/Morenoff/Gannon-Rowley 2002). In der Chicagoer Längsschnittstudie erklärte die sozialräumliche Benachteiligung der Wohnquartiere ein Drittel der Höherbelastung der schwarzen Jugendlichen gegenüber den weißen Jugendlichen mit selbstberichteter Gewaltdelinquenz (Sampson/Morenoff/Raudenbush 2005). Der in den USA bei der Erklärung von Gewalt oft im Vordergrund stehende ‚race'-Faktor entpuppt sich demnach zumindest teilweise als eine Folge sozialräumlicher Benachteiligungen. Auf der Basis derselben Chicagoer Daten zeigte sich in einer anderen Auswertung eine Verdoppelung der Wahrscheinlichkeit, schwere Gewalt auszuüben, wenn die Jugendlichen bis zu zwei Jahren zuvor Zeuge von Gewalt mit Schusswaffen geworden waren (Bingenheimer/Brennan/Earls 2005, vgl. Patchin et al. 2006). Die Autoren interpretieren diesen statistisch gut abgesicherten Zusammenhang als kausalen Effekt des Wohnquartiers und sehen ihn als Beleg für die Verstärkungseffekte einer Gewalt-Subkultur.

Auch die ‚Add Health'-Studie kann die Existenz von sozialräumlichen Verstärkungseffekten belegen. Die Armutskonzentration des Wohngebietes hat einen signifikanten Effekt auf die Gewaltdelinquenz der Jugendlichen und führt gemeinsam mit einer Reihe weiterer Risikofaktoren dazu, dass ethnische Zuordnungen statistisch gänzlich unbedeutend werden (Bellair/McNulty 2005). Auch De Coster et al. (2006: 741) kommen anhand der 'Add Health'-Daten zu dem Schluss „that the relationship between violence and individual level, race, ethnicity, poverty, parents' education, and female headship can be explained in part by the types of communities in which families and individuals reside".

Eine weitere, aufgrund ihrer experimentellen Anlage einmalige Studie ist die ‚Moving to Opportunity'-Studie (MTO), bei der einkommensarme, meist schwarze Familien aus Wohngebieten konzentrierter Armut nach dem Zufallsprinzip Gutscheine für Umzüge in ‚bessere' Wohngebiete erhielten; die weitere Entwicklung der umgezogenen Familien und einer Vergleichsgruppe wurde über bislang fünf Jahre verfolgt. Während die Delinquenz von Mädchen in der Experimentalgruppe insgesamt abnahm, reagierten Jungen auf den Umzug zwar mit einem Rückgang der Gewaltdelikte, jedoch gleichzeitig mit einem Anstieg der Eigentumsdelikte (Kling/Ludwig/Katz 2005; Kling/Liebman/Katz 2007, siehe unten). Die Forscher erklären diesen paradoxen Befund mit der erhöhten Anreizstruktur für Eigentumsdelikte in den wohlhabenden Wohngebieten.

Der Einfluss schulischer Kontexte auf Jugenddelinquenz wurde in den empirischen Studien seltener untersucht; teils werden Schulen unter den als wesentlicher wahrgenommenen Stadtviertelkontext subsumiert. Dies ist jedoch nur insofern sinnvoll, als die kommunale Organisation der Sekundarschulen eine weitgehende räumliche Überlappung von Wohngebieten und Schulbezirken herstellt, was z.B. in Deutschland nicht der Fall ist (Oberwittler 2007b). Studien, die sich auf Schulen als sozialräumliche Kontexte konzentrieren, konnten die Annahme bestätigen, dass die Schulorganisation und das ‚Schulklima' einen eigenständigen Einfluss auf das Ausmaß des delinquenten Verhaltens der Schüler (auch außerhalb der Schule) haben (Brookmeyer et al. 2006; Gottfredson et al. 2005; Payne 2008). Eine Studie zur Entwicklung von Grundschulkindern fand heraus, dass das Ausmaß an Selbstkontrolle – einem wichtigen psychologischen Prädiktor von Jugenddelinquenz – negativ von dem Fehlverhalten der anderen Schüler in der Klasse beeinflusst wurde, was als ein ‚Ansteckungseffekt' interpretiert werden könnte (Beaver/Wright/Maume 2008; vgl. Pratt/Turner/Piquero 2004).

Die europäische Forschung zu sozialräumlichen Wirkungen auf Jugenddelinquenz ist viel weniger entwickelt und methodisch weniger aufwändig; es dominieren noch Querschnittsstudien, deren Ergebnisse zurückhaltender interpretiert werden müssen. Studien, die die Wirkungen konzentrierter Benachteiligungen in Wohngebieten untersuchen, haben keine eindeutigen Ergebnisse erbracht. So zeigten sich in Rotterdam (Rovers 1997), Antwerpen (Pauwels 2007) und Peterborough (Wikström/Butterworth 2006) keine Kontexteffekte auf Jugenddelinquenz, während die Kölner/Freiburger Studie Hinweise auf recht starke Kontexteffekte erbrachte, die jedoch nur für einige Gruppen gelten (Oberwittler 2004a, 2004b, 2007b, siehe unten). Für einheimische Jugendliche mit auf das eigene Wohnquartier konzentriertem Freundeskreis verdoppelt sich nach dieser Studie beinahe die Wahrscheinlichkeit der schweren Delinquenz mit der Zunahme der sozialräumlichen Armut unter Kontrolle individueller Faktoren; gleichzeitig verliert der individuelle Arbeitslosen- bzw. Sozialhilfestatus der Eltern seine Signifikanz. Bei Mädchen nimmt insbesondere die Gewaltneigung stark zu, bei Jungen eher die Wahrscheinlichkeit schwerer Eigentumsdelikte. Ebenso wie in den erwähnten Analysen von Bellair/McNulty (2005) und De Coster et al. (2006) wirkt die sozialstrukturelle Benachteiligung also eher kollektiv über die Wohngebiete als individuell auf jugendliche Delinquenz. Allerdings gilt dies erwartungswidrig nicht für Jugendliche aus Migrantenfamilien, für die sich keine sozialräumlichen Verstärkungseffekte fanden (Oberwittler 2007b). Auch in einer national-repräsentativen Studie in den Niederlanden zeigte sich ein deutlicher Anstieg des Risikos psycho-sozialen Problemverhaltens von Kindern in den am stärksten benachteiligten Wohnquartieren (Reijneveld et al. 2005). Mit Blick auf den verwandten Bereich des Bildungs- und Arbeitsmarkterfolgs von Jugendlichen hat Brännström (2004, 2006) in Schweden keine Hinweise auf Stadtvierteleffekte gefunden und deshalb von dem ‚phantom of the neighbourhood' gesprochen.

Studien, die auf Schulen als sozialräumlichen Kontext fokussiert sind, haben auch in Europa vergleichsweise stärkere Effekte auf abweichendes Verhalten von Jugendlichen gefunden (z. B. Bernburg/Thorlindsson 2005). Diese Ergebnisse basieren teils auf Mehrebenenmodellen, in denen die Einflüsse von Schulen und Wohngebieten simultan berücksichtigt und in ihrer Stärke verglichen werden können. Diese so genannten kreuzklassifizierten (cross-classified) Mehrebenenmodelle sind besonders geeignet, um die gleichzeitige Mitgliedschaft von Individuen in unterschiedlichen Kontexten abzubilden. Während Oberwittler (2007b) Hinweise auf signifikante Effekte beider Kontexte auf Jugenddelinquenz gefunden hat, wobei der Schuleffekt stärker als der Wohngebietseffekt ist, berichten Kauppinen (2008) und Brännström (2008) im Hinblick auf schulische Leistungen über ausschließliche oder zumindest erheblich stärkere Schuleffekte. Da sich delinquentes Verhalten überwiegend außerhalb und Schulleistungen innerhalb des Schulkontextes ereignen, könnten diese Differenzen zwischen den Studien sinnvoll sein.

Insgesamt kann man die noch lückenhafte Forschungslage so beschreiben, dass es wesentlich stärkere Belege für Konexteffekte auf Jugenddelinquenz in U.S.- amerikanischen als in europäischen Studien gibt. Angesichts der wesentlich stärkeren sozialen Ungleichheit, der ‚Ghettoisierung' von Benachteiligungen und dem niedrigeren Niveau des Wohlfahrtsstaates in den USA ist dieses Ergebnis auch nicht überraschend, sondern spricht eher für den Erfolg des stärker wohlfahrtsstaatlich orientierten europäischen Gesellschaftsmodells.

Wechselwirkungen zwischen Jugendlichen und sozialräumlichen Kontexten

Das Interesse in der aktuellen Forschung verlagert sich zunehmend von der pauschalen Frage nach der Existenz von Konexteffekten auf weitergehende Fragen nach den Wechselwirkungen (oder Interaktionseffekten) der individuellen Jugendlichen und ihren Familien mit den sozialräumlichen Bedingungen. Nicht alle Jugendlichen reagieren gleich auf die sozialräumlichen

Bedingungen, in denen sie leben; einige Jugendliche sind empfänglich für Gefährdungen, während andere scheinbar umempfänglich (resilient) reagieren (Elliott et al. 2006). Offenbar wirken bestimmte individuelle Eigenschaften als eine Art Puffer gegen ungünstige Umwelteinflüsse. Die Untersuchung dieser Unterschiede kann weiteren Aufschluss über die Wirkungspfade geben, die den Einfluss der strukturellen Kontextbedingungen auf das abweichende Verhalten vermitteln, und bietet Ansatzpunkte für die Gestaltung von Präventions- und Interventionskonzepten. Im Folgenden sollen einige wichtige Dimensionen, die dabei eine Rolle spielen, kurz angesprochen werden.

Familiäre Faktoren

Familiäre Faktoren, insbesondere die Eltern-Kind-Beziehung und das elterliche Erziehungsverhalten haben unbestritten eine zentrale Bedeutung für die Genese von Jugenddelinquenz (Farrington/Welsh 2007; Loeber/Farrington 1998). Eine Reihe von Studien deuten darauf hin, dass ein positives Familienklima und Erziehungsverhalten als Schutz und ‚Puffer' gegen ungünstige sozialräumliche Kontexteinflüsse wirken können. Daraus folgt umgekehrt, dass die Existenz familiärer Risikofaktoren unter ungünstigen Kontextbedingungen zu einer Verschärfung der Delinquenz führen kann. Jugendliche aus defizitären Familien in benachteiligten Wohngebieten sind demnach als besondere Risikogruppe anzusehen. Hay et al. (2007) zeigen, dass der Effekt familiärer Armut auf Jugenddelinquenz mit der Konzentration sozialer Benachteiligungen im Wohngebiet anwächst. Schonberg/Shaw (2007) kommen in einer systematischen Forschungsübersicht zu dem Ergebnis, dass in einschlägigen Studien überwiegend eine puffernde Wirkung des elterlichen Verhaltens auf die Gefährdungen des sozialräumlichen Kontextes festgestellt wurde, die allerdings in Stadtvierteln mit extremen Benachteiligungen versagt. Wenn Eltern über die Freizeitaktivitäten und -orte ihrer Kinder unterrichtet sind, hat dies besonders in benachteiligten Wohngebieten einen abschwächenden Effekt auf deren Delinquenz (Lahey et al. 2008; vgl. auch Beyers et al. 2003; Brody et al. 2001; Browning/Leventhal/Brooks-Gunn 2005; Rankin/Quane 2002). Qualitative Studien haben gezeigt, dass viele Eltern große Anstrengungen unternehmen, ihre Kinder von den Gefahren der von Gewalt geprägten Armenghettos in den amerikanischen Großstädten fernzuhalten (Furstenberg et al. 1999; Molnar et al. 2005; Pettit 2004).

Gleichaltrige

Gleichaltrigenbeziehungen spielen erst in den letzten Jahren wieder eine prominente Rolle in der Forschung über Jugendkriminalität. Dazu hat unter anderem die Add Health-Studie beigetragen, die auch eine umfangreiche Netzwerkanalyse umfasst und damit vielfältige Analysemöglichkeiten bietet. Haynie et al. (2006) zeigen mit diesen Daten, dass der Effekt sozialräumlicher Benachteiligungen auf Delinquenz weitgehend durch delinquente Gleichaltrigenkontakte vermittelt wird. Mit zunehmender sozialräumlicher Benachteiligung wächst die Wahrscheinlichkeit des Kontaktes zu deviant orientierten Gleichaltrigen und sinkt die Wahrscheinlichkeit des Kontaktes zu konventionell orientierten Gleichaltrigen. Gemeinsame unbeaufsichtigte Freizeit lässt die Wahrscheinlichkeit delinquenter Handlungen in benachteiligten Wohngebieten eher ansteigen als in anderen Wohngebieten (Bernburg/Thorlindson 2007).

Dennoch, nicht alle Jugendlichen in benachteiligten Wohngebieten oder Schulen sind selbst delinquent oder haben delinquente Freunde. Vielmehr besteht bei den Gleichaltrigenbeziehungen trotz struktureller Beschränkungen stets eine Wahlmöglichkeit, die von den Jugendlichen auch genutzt wird. In der Kölner/Freiburger Studie zeigte sich, dass der räumlichen Ausrichtung der Freundeskreise und des Freizeitverhaltens eine ganz entscheidende Bedeutung für die Frage zukommt, ob Jugendliche sich von den sozialräumlichen Bedingungen ihres Wohnquartiers beeinflussen lassen oder nicht (Oberwittler 2004b). Ungefähr die Hälfte der befragten Jugendlichen haben Freundeskreise, die überwiegend außerhalb des eigenen Wohnquartiers verortet sind. Die Analysen ergaben, dass der sozialräumliche Kontext des Wohnquartiers nur für Jugendliche mit lokalem Freundeskreis bedeutsam ist; andernfalls besteht kein Zusammenhang zwischen sozialräumlicher Benachteiligung und delinquentem Verhalten. Die räumliche Auswahl der Freunde wiederum reflektiert individuelle Präferenzen der Jugendlichen gegenüber den sozialräumlichen Milieus, in denen sie leben (Arum 2000). In der Auseinandersetzung der Jugendlichen mit ihrem Wohnquartier ist demnach ein Element der Wahl und damit der Selbstselektion enthalten, das in den sozialen Brennpunkten tendenziell zu einer Spaltung in ‚Anhänger' und ‚Gegner' des Wohnquartiers zu führen scheint. Es sind vor allem Hauptschüler, die sich eher lokal orientieren und in den sozialen Brennpunkten an der delinquenten Subkultur teilhaben. Dies bedeutet in der Konsequenz, dass die soziale Segregation der Wohnsitze durch eine von den Jugendlichen selbst mit gesteuerte soziale Segregation ihrer sozialen Netzwerke und Aktionsräume ergänzt und noch übertroffen wird. Das unterstreicht die Bedeutung der Gleichaltrigenbeziehungen für die Wirkung sozialräumlicher Bedingungen auf Jugenddelinquenz.

Geschlecht

Es gibt einige überraschende Hinweise darauf, dass Mädchen stärker auf sozialräumliche Kontexteinflüsse reagieren als Jungen. Dies zeigte sich nicht nur in dem oben erwähnten ‚Moving to Opportunity'-Experiment (Kling/Ludwig/Katz 2005; Kling/Liebman/Katz 2007) und in weiteren amerikanischen Studien (Crowder/South 2003, Elliott et al. 2006; Kreager 2007; Vazsonyi/Cleveland/Wiebe 2006), sondern auch in der Kölner/Freiburger Studie (Oberwittler 2003, 2007b). Insbesondere die Gewaltneigung und die Zugehörigkeit zu gewaltorientierten Cliquen der einheimischen Mädchen steigen mit der sozialräumlichen Benachteiligung erheblich stärker an als die der einheimischen Jungen. Gewalt ist für Mädchen offenbar nur unter dem Einfluss subkultureller Verstärkungen eine akzeptable Verhaltensoption; für Jungen ist es auch darüber hinaus ‚normal', Gewalt auszuüben.

Ein entgegengesetzter Zusammenhang zeigt sich jedoch für nicht-deutsche Mädchen, deren Delinquenzneigung mit der sozialräumlichen Benachteiligung sogar signifikant zurückgeht. Eine wahrscheinliche Erklärung hierfür ist, dass in den am stärksten benachteiligten Wohnquartieren Milieus aus islamischen Herkunftsländern mit traditionellen Werthaltungen anzutreffen sind, in denen die Mädchen einer starken elterlichen Kontrolle unterworfen sind und noch eher traditionellen Rollenbildern folgen, was geringere Neigungen und Gelegenheiten zu delinquentem Verhalten zur Folge hätte.

Zusammenfassung

Als wesentliches Ergebnis der aktuellen Forschung kann festgehalten werden, dass Kontexteffekte sozialräumlicher Benachteiligungen auf Jugendliche im Sinne einer Verstärkung der Delinquenz existieren, jedoch im Vergleich zu den wesentlich bedeutsameren individuellen Risikofaktoren eher schwach sind. Dies gilt erst recht im Vergleich der europäischen zu den amerikanischen Studien. Die exakte Stärke des kausalen Effekts des Sozialraums ist aufgrund methodischer Probleme schwer zu bestimmen, jedoch werden Längsschnittstudien in der Zukunft diese Frage wahrscheinlich besser beantworten können. Die Forschung hat gezeigt, dass diese Effekte des Sozialraums vorrangig über Gleichaltrigenbeziehungen vermittelt werden. Sozialstrukturelle Benachteiligungen wirken sich demnach vor allem über subkulturelle Prozesse auf Jugendkriminalität aus.

Es ergibt sich aus den Erkenntnissen über Wechselwirkungen der sozialräumlichen Einflüsse mit individuellen Risikofaktoren, dass nur ein Teil der Jugendlichen überhaupt für Kontexteffekte empfänglich und ein nicht unwesentlicher Teil resilient ist. Dies bedeutet allerdings auch, dass die Kontexteffekte für diese ‚verwundbaren' Teilgruppen von Kindern und Jugendlichen gravierender sind, als dies in den üblichen Durchschnittsberechnungen erkennbar wird. Zukünftige Analysen sollten die Wechselwirkungen individueller und sozialräumlicher Risikofaktoren noch stärker in den Mittelpunkt rücken.

Lassen sich aus diesen Forschungsergebnissen Folgerungen für die Prävention und Intervention von Jugenddelinquenz ziehen? Zunächst ist die Erkenntnis entscheidend, dass ein Abbau von sozialen Ungleichheiten und von sozialräumlichen Konzentrationen von Benachteiligungen einen wichtigen Beitrag zur Prävention von Jugenddelinquenz leisten würde. Sozialpolitische Konzepte, die soziale Benachteiligungen abbauen und zum Erhalt des Wohlfahrtsstaates beitragen, sowie sozialräumliche Politikansätze, die die Stabilisierung oder Aufwertung benachteiligter Wohnquartiere zum Ziel haben, wie das Programm ‚Die soziale Stadt', sind daher grundsätzlich zu begrüßen. Auch eine Reform des dreigliedrigen Schulsystems mit dem Ziel des Abbaus der sozialen Selektivität und der Konzentration benachteiligter und leistungsschwacher Jugendlicher in den Hauptschulen, die vor allem im Kontext der Schulleistungsforschung gefordert wird, würde vermutlich einen wirksamen Beitrag zur Verminderung von Jugenddelinquenz leisten.

Die ‚Sozialraumorientierung' spielt in der Prävention und Intervention von Jugenddelinquenz und in der Kinder- und Jugendhilfe schon lange eine bedeutsame Rolle (Deinet 2005). Die neueren Erkenntnisse über Wechselwirkungen zwischen individuellen und sozialräumlichen Risikofaktoren unterstreichen die Notwendigkeit, Maßnahmen spezifisch auf bestimmte Zielgruppen hin auszurichten, wie z. B. auf gewaltbereite Mädchen in sozialen Brennpunkten. Dabei sollte jedoch stets auf nicht-intendierte Nebenwirkungen sozialpädagogischer Angebote geachtet werden. So haben Studien gezeigt, dass der Besuch von Jugendzentren mit geringer Zeitstrukturierung und Anleitung der Jugendlichen – in voller Übereinstimmung mit dem subkulturellen Erklärungsansatz sozialräumlicher Kontexteffekte – zu einer Verstärkung des delinquenten Verhaltens führen kann (Mahoney/Stattin/Lord 2004; Pfeiffer/Rabold/Baier 2008). Evaluationsstudien mit experimenteller Anlage, die die Wirkungen sozialpolitischer, städtebaulicher oder sozialpädagogischer Maßnahmen messen könnten, fehlen in Deutschland leider weitgehend. Angesichts der gesellschaftlichen Bedeutung einer positiven psycho-sozialen Entwicklung von Kindern und Jugendlichen sollte der Evaluation nach internationalen Standards zukünftig eine größere Bedeutung beigemessen werden.

Literatur

Akers, R.L.; Jensen, G.F. (2003) (Hrsg.): Social learning theory and the explanation of crime: a guide for the new century. New Brunswick, N.J.
Albrecht, G. (1982). Theorien der Raumbezogenheit sozialer Prozesse. In: Vaskovicz, L. (Hrsg.), Raumbezogenheit sozialer Probleme. Opladen, S. 19-57.
Anderson, E. (1999). Code of the street: decency, violence, and the moral life of the inner city. New York
Arum, R. (2000). Schools and communities: ecological and institutional dimensions. In: Annual Review of Sociology 26, S. 395-418.
Beaver, K.B.; Wright, J.P.; Maume, M.O. (2008). The effect of school classroom characteristics on low self-control: A multilevel analysis. In: Journal of Criminal Justice 36(2), S. 174-181.
Bellair, P.E.; McNulty, T.L. (2005). Beyond the bell curve: community disadvantage and the explanation of black-white differences in adolscent violence. In: Criminology 43(4), S. 1135-1167.
Bernburg, J.G.; Thorlindsson, T. (2005). Violent values, conduct norms, and youth aggression: a multilevel study in iceland. In: Sociological Quarterly 46, S. 457-478.
Bernburg, J.G.; Thorlindsson, T. (2007). Community structure and adolescent delinquency in Iceland: A contextual analysis. In: Criminology 45(2), S. 415-444.
Beyers, J.M.; Bates, J.E.; Pettit, G.S.; Dodge, K.A. (2003). Neighborhood structure, parenting processes, and the development of youths externalizing behaviors: a multilevel analysis. In: American Journal of Community Psychology 31(1/2), S. 35-53.
Bien, W.; Weidacher, A. (2004). Leben neben der Wohlstandsgesellschaft. Familien in prekären Lebenslagen. Wiesbaden.
Bingenheimer, J.B.; Brennan, R.T.; Earls, F.J. (2005). Firearm violence exposure and serious violent behavior. In: Science 308, S. 1323-1326.
Bottoms, A.E. (2007). Place, space, crime and disorder. In: Maguire, M.; Morgan, R.; Reiner, R. (Hrsg.), The Oxford Handbook of Criminology (4. A.). Oxford, S. 528-574.
Boudon, R. (1998). Social mechanisms without black boxes. In: Hedström, P.; Swedberg, R. (Hrsg.), Social Mechanisms. An Analytical Approach to Social Theory. Cambridge, S. 172-203.
Brännström, L. (2006). Phantom of the neighbourhood. longitudinal studies on area-based conditions and individual outcomes. Stockholm.
Brännström, L. (2004). Poor places, poor prospects? Counterfactual models of neighbourhood effects on social exclusion in Stockholm, Sweden. In: Urban Studies 41(13), S. 2515-2537.
Brännström, L. (2008). Making their mark: the effects of neighbourhood and upper secondary school on educational achievement. In: European Sociological Review 24(4), S. 463-478.
Brody, G.H.; Ge, X.; Conger, R.; Gibbons, F.X.; McBride Murry, V.; Gerrard, M.; Simons, R.L. (2001). The influence of neighborhood disadvantage, collective socialization, and parenting on african american children's affiliation with deviant peers. In: Child Development 72(4), S. 1231-1246.
Bronfenbrenner, U. (1979). The ecology of human development. Cambridge/Mass.
Brookmeyer, K.A.; Fanti, K.A.; Henrich, C.C. (2006). Schools, parents, and youth violence: a multilevel, ecological analysis. In: Journal of Clinical Child and Adolescent Psychology 35(4), S. 504-514.
Browning, C.R.; Leventhal, T.; Brooks-Gunn, J. (2005). Sexual initiation in early adolescence: the nexus of parental and community control. In: American Sociological Review 70, S. 758-778.
Bursik, R.J.J. (1988). Social disorganization and theories of crime and delinquency: problems and prospects. In: Criminology 26(4), S. 519-552.
Butterwegge, C.; et al. (2004). Armut und Kindheit. Ein regionaler, nationaler und internationaler Vergleich (2. A.). Wiesbaden.
Castel, R. (2009). Negative Diskriminierung: Jugendrevolten in den Pariser Banlieues. Hamburg.
Coleman, J.S. (1966). Community disorganization. In: Merton, R.K.; Nisbet, R.A. (Hrsg.), Contemporary Social Problems (2. A.). New York, S. 670-723.
Coleman, J. (1988). Social capital in the creation of human capital. In: American Journal of Sociology 94, S. 95-120
Coleman, J.S. (1990). Foundations of social theory. Cambridge, Mass.
Conger, R.D.; Ge, X.; Elder, G.H.; Lorenz, F.O.; Simons, R.L. (1994). Economic stress, coercive family process, and developmental problems of adolescents. In: Child Development 65, S. 541-561.
Crane, J. (1991). The epidemic theory of ghettos and neighborhood effects on dropping out and teenage childbearing. In: American Journal of Sociology 96, S. 1226-1259.
Crowder, K.; South, S.J. (2003). Neighborhood distress and school dropout: the variable signifcance of community context. In: Social Science Research 32(4), S. 659-698.

De Coster, S.; Heimer, K.; Wittrock, S.M. (2006). Neighborhood disadvantage, social capital, street context, and youth crime. In: Sociological Quarterly 47(4), S. 723.
Deinet, U. (2005) (Hrsg.): Sozialräumliche Jugendarbeit. Grundlagen, Methoden und Praxiskonzepte. Wiesbaden
Dodge, K.A.; Pettit, G. (2003). A biopsychosocial model of the development of chronic conduct problems in adolescence. In: Developmental Psychology 39(2), S. 349-371.
Dubet, F.; Lapeyronnie, D. (1994). Im Aus der Vorstädte. Der Zerfall der Demokratischen Gesellschaft. Stuttgart
Duncan, G.J.; Raudenbush, S.W. (1999). Assessing the effect of context in studies of child and youth development. In: Educational Psychologist 34(1), S. 29-41.
Elliott, D.S.; Menard, S.; Rankin, B.H.; Wilson, W.J.; Huizinga, D. (2006). Good kids from bad neighborhoods. Successful development in social context. Cambridge.
Engel, U.; Simonson, J. (2005). Sozialer Kontext in der Mehrebenenanalyse. In: Diekmann, A. (Hrsg.), Methoden der Sozialforschung. Wiesbaden, S. 303-329.
Esser, H. (2002). Soziologie. Spezielle Grundlagen. 6 Bde. Frankfurt/M.
Farrington, D.P.; Welsh, B.C. (2007). Saving children from a life of crime. early risk factors and effective interventions. Oxford.
Farwick, A. (2007). Soziale Segregation in den Städten. Von der gepaltenen Gesellschaft zur gespaltenen Stadt. In: Baum, Detlef (Hrsg.), Die Stadt in der sozialen Arbeit: Ein Handbuch für soziale und planende Berufe. Wiesbaden, S. 111-121.
Franzen, A.; Freitag, M. (2007). Sozialkapital. Grundlagen und Anwendungen (Kölner Zeitschrift für Soziologie und Sozialpsychologie, Sonderheft 47), Wiesbaden: VS Verlag für Sozialwissenschaften.
Frehsee, D. (1979). Strukturbedingungen urbaner Kriminalität: Eine Kriminalgeographie der Stadt Kiel unter besonderer Berücksichtigung der Jugendkriminalität. Göttingen.
Friedrichs, J. (1997). Normenpluralität und abweichendes Verhalten: Eine theoretische und empirische Analyse. In: Heitmeyer, W. (Hrsg.), Was treibt die Gesellschaft auseinander?. Frankfurt a.M., S. 473-505.
Friedrichs, J. (1998). Do poor neighborhoods make their residents poorer? Context effects of poverty neighborhoods on residents. In: Andreß, H.-J. (Hrsg.), Empirical Poverty Research in a Comparative Perspective. Aldershot, S. 77-98.
Friedrichs, J.; Blasius, J. (2000). Leben in benachteiligten Wohngebieten. Opladen.
Friedrichs, J.; Galster, G.; Musterd, S. (2003). Neighbourhood effects on social opportunities: The European and American research and policy context. In: Housing Studies 18(6), S. 797-806.
Friedrichs, J.; Oberwittler, D. (2007). Soziales Kapital in Wohngebieten. In: Franzen, A.; Freitag, M. (Hrsg.), Sozialkapital. Wiesbaden, S. 450-486.
Furstenberg, F.F.J.; Cook, T.D.; Eccels, J.; Elder, G.H.J.; Smeroff, A. (1999). Managing to make it. urban families and adolescent success. Chicago.
Giddens, A. (1984). The constitution of society: outline of the theory of structuration. Cambridge.
Gottfredson, G.D.; Gottfredson, D.C.; Payne, A.A.; Gottfredson, N.C. (2005). School climate predictors of school disorder: results from a national study of delinquency prevention in schools. In: Journal of Research in Crime and Delinquency 42(4), S. 412-444.
Grogger, J. (1998). Market wages and youth crime. In: Journal of Labour Economics 16(4), S. 756-791.
Grundmann, M.; Lüscher, K. (2000) (Hrsg.): Sozialökologische Sozialisationsforschung: Ein anwendungsorientiertes Studien- und Lehrbuch. Konstanz.
Häußermann, H. (2006). Die Krise der ‚sozialen Stadt'. Warum der sozialräumliche Wandel der Städte eine eigenständige Ursache für Ausgrenzung ist. In: Bude, H.; Willisch, A. (Hrsg.), Das Problem der Exklusion. Ausgegrenzte, Entbehrliche, Überflüssige. Hamburg, S. 294-313.
Häußermann, H. (2008). Wohnen und Quartier: Ursachen sozialräumlicher Segregation. In: Huster, E.-U.; Boekh, J.; Mogge-Grotjahn, H. (Hrsg.), Handbuch Armut und Soziale Ausgrenzung. Wiesbaden, S. 335-349.
Häußermann, H.; Kronauer, M.; Siebel, W. (2004). An den Rändern der Städte. Armut und Ausgrenzung. Frankfurt a.M.
Harding, D.J. (2007). Cultural context, sexual behavior, and romantic relationships in disadvantaged neighborhoods. In: American Sociological Review 72, S. 341-364.
Hay, C.; Fortson, E.N.; Hollist, D.R.; Altheimer, I.; Schaible, L.M. (2007). Compounded risk: the implications for delinquency of coming from a poor family that lives in a poor community. In: Journal of Youth and Adolescence 36, S. 593-605.
Haynie, D.L. (2002). Friendship networks and delinquency: the relative nature of peer delinquency. In: Journal of Quantitative Criminology 18(2), S. 99-134.
Haynie, D.L.; Osgood, D.W. (2005). Reconsidering peers and delinquency: How do peers matter?. In: Social Forces 84(2), S. 1109-1130.

Haynie, D.L.; Silver, E.; Teasdale, B. (2006). Neighborhood characteristics, peer networks, and adolescent violence. In: Journal of Quantitative Criminology (22), S. 147-169.
Hess, H.; Scheerer, S. (2004). Theorie der Kriminalität. In: Oberwittler, D.; Karstedt, S. (Hrsg.), Soziologie der Kriminalität. Wiesbaden, S. 69-92.
Hurrelmann, K. (2006). Einführung in die Sozialisationstheorie (9. A.). Weinheim.
Kauppinen, T.M. (2008). Schools as mediators of neighbourhood effects on choice between vocational and academic tracks of secondary education in helsinki. In: European Sociological Review 24, S. 379-391.
Kling, J.R.; Liebman, J.B.; Katz, L.F. (2007). Experimental Analysis of Neighborhood Effects. In: Econometrica 75(1), S. 83-119.
Kling, J.R.; Ludwig, J.; Katz, L. (2005). Neighborhood effects on crime for female and male youth: evidence from a randomized housing voucher experiment. In: Quarterly Journal of Economics 120(1), S. 87-130.
Klocke, A.; Hurrelmann, K. (1998) (Hrsg.): Kinder und Jugendliche in Armut. Opladen; Wiesbaden.
Kreager, D.A. (2007). When it's good to be "bad": violence and adolescent peer acceptance. In: Criminology 45(4), S. 893-923.
Kristen, C. (2008). Primary school choice and ethnic school segregation in German elementary schools. In: European Sociological Review 24(4), S. 495-510.
Kronauer, M. (2002). Exklusion: die Gefährdung des Sozialen im hoch entwickelten Kapitalismus. Frankfurt a.M.
Kubrin, C.E.; Weitzer, R. (2003). New directions in social disorganization theory. In: Journal of Research in Crime and Delinquency 40(4), S. 374-402.
Lahey, B.B.; Van Hulle, C.A.; Onofrio, B.M.; Lee Rodgers, J.; Waldman, I.D. (2008). Is parental knowledge of their adolescent offspring's whereabouts and peer associations spuriously associated with offspring delinquency?. In: Journal of Abnormal Child Psychology 36, S. 807-823.
Loeber, R.; Farrington, D.P. (1998) (Hrsg.): Serious and violent juvenile offenders: risk factors and successful interventions. Thousand Oaks.
Loeber, R.; Stouthammer-Loeber, M. (1986). Family factors as correlates and predictors of juvenile conduct problems and delinquency. In: Tonry, M.; Morris, N. (Hrsg.), Crime and Justice, Vol. 7. Chicago, S. 29-150.
Mahoney, J.L.; Stattin, H.; Lord, H. (2004). Unstructured youth recreation centre participation and antisocial behaviour development: Selection influences and the moderating role of antisocial peers. In: International Journal of Behavioral Development 28(6), S. 553-560.
Massey, D.S.; Denton, N.A. (1993). American apartheid: segregation and the making of the underclass. Cambridge/Mass.
Molnar, B.E.; Roberts, A.L.; Browne, A.; Gardener, H.; Buka, S.L. (2005). What girls need: recommendations for preventing violence among urban girls in the US. In: Social Science and Medicine 60, S. 2191-2204.
Morenoff, J.; Sampson, R.J.; Raudenbush, S.W. (2001). Neighborhood inequality, collective efficacy, and the spatial dynamics of urban violence. In: Criminology 39(3), S. 517-559.
Murie, A.; Musterd, S. (2004). Social exclusion and opportunity structures in european cities and neighbourhoods. In: Urban Studies 41(8), S. 1441-1459.
Oberwittler, D. (2003). Geschlecht, Ethnizität und sozialräumliche Benachteiligung – überraschende Interaktionen bei sozialen Bedingungsfaktoren von Gewalt und schwerer Eigentumsdelinquenz von Jugendlichen. In: Lamnek, S.; Boatca, M. (Hrsg.), Geschlecht – Gewalt – Gesellschaft. Opladen, S. 269-294.
Oberwittler, D. (2004a). A multilevel analysis of neighbourhood contextual effects on serious juvenile offending. The role of subcultural values and social disorganization. In: European Journal of Criminology 1(2), S. 201-235.
Oberwittler, D. (2004b). Stadtstruktur, Freundeskreise und Delinquenz. Eine Mehrebenenanalyse zu sozialökologischen Kontexteffekten auf schwere Jugenddelinquenz. In: Oberwittler, D.; Karstedt, S. (Hrsg.), Soziologie der Kriminalität. Wiesbaden, S. 135-170.
Oberwittler, D. (2007a). The effects of ethnic and social segregation on children and adolescents: recent research and results from a German multilevel study (Discussion Paper Nr SP IV 2007-603, Wissenschaftszentrum Berlin für Sozialforschung, Arbeitsstelle Interkulturelle Konflikte und gesellschaftliche Integration). Berlin.
Oberwittler, D. (2007b). The effects of neighbourhood poverty on adolescent problem behaviours: a multi-level analysis differentiated by gender and ethnicity. In: Housing Studies 22(5), S. 781-803.
Oberwittler, D. (2008). Wohnquartiere mit konzentrierten sozialen Benachteiligungen können zur Verschärfung der Jugenddelinquenz beitragen – Neue Erkenntnisse zu sozialräumlichen Kontexteffekten. In: Recht der Jugend und des Bildungswesens 56(1), S. 73-83.
Oberwittler, D.; Blank, T.; Köllisch, T.; Naplava, T. (2001). Soziale Lebenslagen und Delinquenz von Jugendlichen. Ergebnisse der MPI-Schulbefragung 1999 in Freiburg und Köln. Freiburg.
Oberwittler, D.; Rabold, S.; Baier, D. (2010) (Hrsg.): Sozialräumlicher Kontext und Kriminalität. Theoretische Grundlagen und empirische Befunde im nationalen und internationalen Vergleich (in Vorbereitung).

Opp, K.-D. (1968). Zur Erklärung delinquenten Verhaltens von Kindern und Jugendlichen. Eine ökologische Analyse der Kinder- und Jugenddelinquenz in Köln und eine Kritik des kriminal-ökologischen Ansatzes. München.
Ottersbach, M. (2008) (Hrsg.): Jugendliche im Abseits. Zur Situation in französischen und deutschen marginalisierten Stadtquartieren. Wiesbaden.
Patchin, J.W.; Huebner, B.M.; McCluskey, J.D.; Varano, S.P.; Bynum, T.S. (2006). Exposure to community violence and childhood delinquency. In: Crime & Delinquency 52(2), S. 307-332.
Pauwels, L. (2007). Buurtinvloeden en jeugddelinquentie. Een toets van de Sociale Desorganisatietheorie. Den Haag
Payne, A.A. (2008). A multilevel analysis of the relationships among communal school organization, student bonding, and delinquency. In: Journal of Research in Crime and Delinquency 45(4), S. 429-455.
Payne, A.A.; Gottfredson, D.C.; Gottfredson, G.D. (2003). Schools as communities: the relationships among communal school organization, student bonding, and school disorder. In: Criminology 41(3), S. 749-777.
Peterson, R.; Krivo, L.J.; Hagan, J. (2006) (Hrsg.): The many colors of crime: inequalities of race, ethnicity, and crime in America. New York.
Pettit, B. (2004). Moving and children's social connections: neighborhood context and the consequences of moving for low-income families. In: Sociological Forum 19(2), S. 285-311.
Pfeiffer, C.; Rabold, S.; Baier, D. (2008). Sind Freizeitzentren eigenständige Verstärkungsfaktoren der Jugendgewalt?. In: Zeitschrift für Jugendkriminalrecht und Jugendhilfe(3), S. 258-267.
Pratt, T.C.; Turner, M.G.; Piquero, A.R. (2004). Parental socialization and community context: a longitudinal analysis of the structural sources of low self control. In: Journal of Research in Crime and Delinquency 41(3), S. 219-243
Rankin, B.H.; Quane, J.M. (2002). Social contexts and urban adolescent outcomes: The interrelated effects of neighborhoods, families, and peers on African-American youth. In: Social Problems 49(1), S. 79-100.
Reijneveld, S.A.; Brugman, E.; Verhulst, F.C.; Verloove-Vanhorick, P. (2005). Area deprivation and child psychosocial problems. A national cross-sectional study among school-aged children. In: Social Psychiatry and Psychiatric Epidemiology 40, S. 18-23.
Roosa, M.W.; Jones, S.; Tein, J.-Y.; Cree, W. (2003). Prevention science and neighborhood influences on low-income children's development: theoretical and methodological issues. In: American Journal of Community Psychology 31(1/2), S. 55-72.
Rovers, B. (1997). De Buurt een Broeinest? Een onderzoek naar de invloed van woonomgeving op jeugdcriminaliteit. Nijmegen.
Sampson, R.J.; Morenoff, J.D.; Gannon-Rowley, T. (2002). Assessing "neighborhood effects": social processes and new directions in research. In: Annual Review of Sociology 28, S. 443-478.
Sampson, R.J.; Morenoff, J.D.; Raudenbush, S.W. (2005). Social anatomy of racial and ethnic disparities in violence. In: American Journal of Public Health 95(2), S. 224-232.
Sampson, R.J.; Raudenbush, S.W.; Earls, F.J. (1997). Neighborhoods and violent crime: a multilevel study of collective efficacy. In: Science 277, S. 918-924.
Schnur, O. (2003). Lokales Sozialkapital für die „soziale Stadt" – Politische Geographien sozialer Quartiersentwicklung am Beispiel Berlin-Moabit. Opladen.
Schonberg, M.A.; Shaw, D.S. (2007). Do the predictors of child conduct problems vary by high- and low-levels of socioeconomic and neighborhood risk?. In: Clinical Child and Family Psychology 10(2), S. 101-136.
Shaw, C.; McKay, H.D. (1969 [1942]). Juvenile delinquency and urban areas. Chicago.
Solga, H.; Wagner, S. (2008). Die Zurückgelassenen – Die soziale Verarmung der Lernumwelt von Hauptschülern und Hauptschülerinnen. In: Becker, R.; Lauterbach, W. (Hrsg.), Bildung als Privileg? Ursachen von Bildungsungleichheit aus soziologischer Sicht (3. A.). Wiesbaden, S. 189-217.
Thornberry, T.P.; Krohn, M.D.; Lizotte, A.J.; Smith, C.A.; Tobin, K. (2003). Gangs and delinquency in developmental perspective. Cambridge.
Trotha, T.v. (1977). Ethnomethodologie und abweichendes Verhalten. Anmerkungen zum Konzept des ‚Reaktionsdeppen'. In: Kriminologisches Journal 9, S. 98-115.
Vazsonyi, A.T.; Cleveland, H.H.; Wiebe, R.P. (2006). Does the effect of impulsivity on delinquency vary by level of neighborhood disadvantage?. In: Criminal Justice and Behavior 33(4), S. 511-541.
Warr, M. (2002). Companions in crime: the social aspects of criminal conduct. Cambridge.
Wikström, P.-O.H.; Butterworth, D. (2006). Adolescent crime: individual differences and lifestyle risks. Cullompton.
Wikström, P.-O.H.; Sampson, R.J. (2003). Social mechanisms of community influences on crime and pathways in criminality. In: Lahey, B.B.; Moffitt, T.E.; Caspi, A. (Hrsg.), The causes of conduct disorder and serious juvenile delinquency. New York, S. 118-148.
Wikström, P.-O.H. (2004). Crime as alternative. Towards a cross-level situational action theory of crime causation. In: McCord, J. (Hrsg.), Beyond Empiricism: Institutions and Intentions in the Study of Crime. New Brunswick, S. 1-37.

Wikström, P.-O.H. (2005). The social origins of pathways in crime. towards a developmental ecological action theory of crime involvement and its changes. In: Farrington, D.P. (Hrsg.), Testing integrated developmental/life course theories of offending. New Brunswick, S. 211-145.
Wikström, P.-O.H. (2007). The social ecology of crime. The role of the environment in crime causation. In: Schneider, H.J. (Hrsg.), Internationales Handbuch der Kriminologie, Bd. 1: Grundlagen der Kriminologie. Berlin, S. 333-357.
Wikström, P.-O.H. (2010). Situational action theory. In: Cullen, F.; Wilcox, P. (Hrsg.), Encyclopedia of Criminological Theory. Thousand Oaks.
Wilbers, K. (2004) (Hrsg.): Das Sozialkapital von Schulen. Die Bedeutung von Netzwerken, gemeinsamen Normen und Vertrauen für die Arbeit von und in Schulen (Dokumentation der 13. Hochschultage Berufliche Bildung 2004, Technische Universität Darmstadt). Bielefeld.
Wilson, W.J. (1997). When work disappears: the world of the new urban poor. New York.

Thomas Naplava

Jugenddelinquenz im interethnischen Vergleich

1 Einleitung

Der Zusammenhang zwischen Kriminalität und Migration ist nicht nur Gegenstand kriminologischer Forschung, sondern auch Thema öffentlicher sowie politischer Debatten, die insbesondere zu Wahlkampfzeiten immer wieder neu entfacht werden. Die Kombination beider Themenkomplexe polarisiert und trennt politische Lager voneinander. Die Aussicht, auf diese Weise Wählerstimmen zu gewinnen, ist nicht gerade gering, da die Einstellungen der Bevölkerung in Deutschland eine deutliche Tendenz aufweisen.[1] Die Instrumentalisierung der beiden Themen zu politischen Zwecken birgt jedoch die Gefahr, dass dabei das Niveau von Vorurteilen nicht übertroffen wird. Die Rede von „den Ausländern" und „der Ausländerkriminalität" wird der Komplexität der Thematik nicht gerecht, sondern erzeugt ein stereotypes Bild von Migranten als eine homogene Gruppe und ignoriert dabei die Vielfalt von Migranten in Bezug auf Sozialstruktur und Migrationsbedingungen sowie die soziale und kulturelle Integration in das Aufnahmeland. Darüber hinaus verweisen derartige Begriffsbildungen nicht nur auf soziale Probleme, sondern definieren diese auch. Dies hat zur Folge, dass in Bezug auf bestimmte vermeintliche Problemgruppen eine Erwartungshaltung gegenüber einer (empirischen) Bestätigung des als problematisch definierten Sachverhalts erzeugt wird (Walter/Kubink 1993; Pilgram 1993).

Ohne Differenzierungen werden zudem direkte ursächliche Beziehungen zwischen dem Ausländerstatus und kriminellem Verhalten suggeriert (Walter/Kubink 1993). Um Stigmatisierungen und ungerechtfertigten Verallgemeinerungen in Bezug auf den Zusammenhang zwischen Kriminalität und Immigration vorzubeugen, sind daher Differenzierungen der Migrationsprozesse und der Immigrantengruppen notwendig. Forschungsleitend ist dabei die Vorstellung, dass die Staatsangehörigkeit sowie die regionale Herkunft in Bezug auf Kriminalität grundsätzlich neutrale soziale Kategorien darstellen und erst durch die Verbindung mit sozialen Faktoren ihre soziologische Bedeutung erhalten. Nicht die Staatsangehörigkeit oder die regionale Herkunft verursachen kriminelles Handeln, sondern die individuellen Lebensbedingungen im Aufnahmeland (Eisner 1998).

Vor diesem Hintergrund verfolgt die wissenschaftliche Auseinandersetzung mit Kriminalität und Migration das Ziel, zu beantworten, ob und in welchem Ausmaß sich Ausländer bzw. Immigranten im Vergleich zur einheimischen Bevölkerung häufiger bzw. seltener kriminell verhalten und – sofern sich dies bestätigt – was diese Unterschiede erklärt. Die Beantwortung beider Fragen ist sowohl in kriminalpolitischer als auch in kriminologischer Hinsicht von groß-

---

1 Die im Rahmen des ALLBUS befragten Personen haben im Jahr 2006 zu 42% der Aussage zugestimmt, dass in Deutschland lebende Ausländer häufiger Straftaten begehen als Deutsche, und zu etwa 90% als Kriterium für die Vergabe der deutschen Staatsangehörigkeit die Frage als wichtig bewertet, ob die Person Straftaten begangen hat (ALLBUS 2007).

er Bedeutung: Zum einen werden Debatten zur so genannten „Ausländerkriminalität" auf eine sachliche Grundlage bezogen. Insbesondere für die Bewältigung sozialer Probleme ist es eine Voraussetzung, dass das Ausmaß und die Umstände des Problems sowie der Betroffenen genau bekannt sind und nicht auf vagen Schätzungen oder Meinungen beruhen. Dabei stellt sich auch die Frage, ob dem delinquenten Verhalten der einheimischen deutschen und der Jugendlichen mit Migrationshintergrund die gleichen Ursachen zugrunde liegen. Die Antworten darauf sind wiederum für die Ausrichtung (kriminal-)präventiver Interventionen unmittelbar relevant.

Der vorliegende Beitrag befasst sich zunächst mit der Frage, ob und in welchem Ausmaß sich Jugendliche mit Migrationshintergrund häufiger delinquent verhalten als einheimische deutsche Jugendliche. Dazu werden sowohl das Hellfeld als auch das Dunkelfeld betrachtet. Darauf aufbauend werden theoretische Ansätze zur Erklärung der unterschiedlichen Delinquenzbelastung einheimischer und Jugendlicher mit Migrationshintergrund sowie deren empirische Bewährung dargestellt. Ausgangspunkt sind dabei allgemeine theoretische Ansätze der Kriminalsoziologie.

2 Delinquenz einheimischer und Jugendlicher mit Migrationshintergrund

2.1 Delinquenz im Hellfeld

Im Hellfeld der polizeilich registrierten Kriminalität werden Tatverdächtige u. a. nach ihrer Staatsangehörigkeit unterschieden. Darüber hinaus gehende Angaben zum Migrationshintergrund enthalten die offiziellen Statistiken nicht. Ein grundlegendes Problem der Interpretation der Kriminalitätsbelastung von Nichtdeutschen ergibt sich daraus, dass ein erheblicher Anteil der polizeilich registrierten Nichtdeutschen nicht melderechtlich erfasst ist (z.B. Personen, die sich illegal oder als Touristen, Durchreisende oder Stationierungsstreitkräfte in Deutschland aufhalten). Da die Bezugsgröße zur Berechnung der Kriminalitätsbelastung der Nichtdeutschen unvollständig ist, wird die Kriminalitätsbelastung der Nichtdeutschen, die dauerhaft in Deutschland leben, überschätzt. Zudem ist zu berücksichtigen, dass bestimmte Delikte nahezu ausschließlich bei nichtdeutschen Tatverdächtigen registriert werden (Verstöße gegen das Aufenthalts- und Asylverfahrensgesetz). Ein Vergleich der Kriminalitätsbelastung deutscher und nichtdeutscher Tatverdächtiger ist daher nur möglich, wenn diese Verzerrungsfaktoren beseitigt werden.

Auch wenn dies anhand der Polizeilichen Kriminalstatistik nur bedingt möglich ist, lohnt sich ein Blick in die Statistiken zu polizeilichen Registrierungen, da diese die zentrale Grundlage zur Bewertung der Kriminalität in Deutschland darstellen. Demnach sind nichtdeutsche Tatverdächtige, gemessen an dem Anteil der Ausländer an der Bevölkerung (etwa 9%), bei nahezu allen Straftaten überproportional vertreten. Im Jahr 2007 betrug der Anteil der nichtdeutschen Tatverdächtigen an allen Tatverdächtigen 17%, wenn Verstöße gegen das Aufenthalts- und Asylverfahrensgesetz sowie diejenigen nichtdeutschen Tatverdächtigen unberücksichtigt bleiben, die nicht melderechtlich erfasst sind. Der Anteil der nichtdeutschen 14- bis 17-jährigen Tatverdächtigen an allen 14- bis 17-jährigen Tatverdächtigen betrug 16,6%[2] (Bundeskriminalamt 2008).

---

2 Dieser Wert bezieht sich auf alle Tatverdächtigen dieser Altersgruppe und auf alle registrierten Delikte.

Sonderauswertungen der polizeilichen Datenbestände zeigen übereinstimmend, dass nichtdeutsche Jugendliche bei nahezu allen Straftaten, insbesondere bei Raubdelikten und Körperverletzungen, überproportional häufig vertreten sind. Die Belastungszahlen nichtdeutscher Jugendlicher sind bei diesen Delikten 2- bis 4-mal höher als die der deutschen Jugendlichen (Elsner u. a. 1998; Karger/Sutterer 1990; Rebmann 1998; Traulsen 1988). Noch deutlicher sind Unterschiede zwischen deutschen und nichtdeutschen Jugendlichen, wenn die Häufigkeit der Registrierungen betrachtet wird (z.B. Elsner u. a. 1998). Ohder (2007) berichtet anhand einer Aktenanalyse, dass die Hälfte der jugendlichen Intensivtäter in Berlin keine deutsche Staatsangehörigkeit hat und 70% einen Migrationshintergrund aufweisen. Bei diesen Befunden ist allerdings zu berücksichtigen, dass die Jugendlichen, die von der Polizei mehrfach registriert und als Intensivtäter klassifiziert werden und in Folge dessen mit besonderen polizeilichen Maßnahmen bedacht werden, in der Regel unter sehr ungünstigen Bedingungen mit vielen sozialen Problemen aufwachsen und damit einhergehend grundsätzlich einem größeren Registrierungsrisiko unterliegen (Naplava 2008; Ostendorf in diesem Band). In Bezug auf die Delinquenzbelastung von jungen Aussiedlern im Hellfeld sind die Befunde hingegen uneinheitlich. Während Grundies (2000) und Luff (2000) jeweils höhere Belastungszahlen junger Aussiedler gegenüber einheimischen deutschen Jugendlichen berichten, zeigen sich bei Gluba und Schaser (2003) keine Unterschiede.

Der aus diesen Befunden abgeleiteten Annahme, Nichtdeutsche würden sich häufiger kriminell verhalten, da ihr Anteil an der Bevölkerung deutlich niedriger ist als an allen Tatverdächtigen, werden grundlegende Zweifel entgegengebracht. Zum einen wird argumentiert, dass die sozialstrukturellen Unterschiede zwischen der deutschen und nichtdeutschen Bevölkerung berücksichtigt werden müssten, da die in Deutschland ansässigen Nichtdeutschen häufiger männlich und jung seien und häufiger in großen Städten lebten. Diese Faktoren korrelierten positiv mit Kriminalität im Hellfeld und erklärten daher die unterschiedliche Kriminalitätsbelastung (Geißler/Marißen 1990; Mansel 1986).

Zum anderen wird eingewendet, dass das Registrierungsrisiko von Ausländern größer sei. Demnach würden Nichtdeutsche nicht häufiger Straftaten begehen, sondern mit größerer Wahrscheinlichkeit registriert werden. Im Rahmen des Etikettierungsansatzes wird argumentiert, dass die Stigmatisierung und Ablehnung der Ausländer durch die einheimische Bevölkerung mit einer verstärkten Aufmerksamkeit gegenüber Ausländern einhergehen. In Folge dessen sind der informelle Kontroll- und der offizielle Verfolgungsdruck gegenüber Ausländern größer. Kontakte zu Instanzen der Strafverfolgung können sich negativ auf die Chancenteilhabe und Integration im Aufnahmeland auswirken. Dies wiederum erhöht das Entdeckungs- und Kriminalisierungsrisiko.

Das höhere Registrierungsrisiko wird darauf zurückgeführt, dass die Anzeigebereitschaft der Opfer größer ist, wenn sich die Ethnie des Täters von der des Opfers unterscheidet (Mansel/Albrecht 2003a). Anhand von Schülerbefragungen hat sich z.B. gezeigt, dass die Anzeigebereitschaft der Opfer bei heteroethnischen Täter-Opfer-Konstellationen größer ist (Köllisch 2004; Oberwittler u. a. 2001; Wetzels u. a. 2001). Der Einfluss der Ethnie des Täters auf die Anzeigebereitschaft der Opfer ist allerdings gegenüber dem Einfluss der Tatschwere und der Tatfolgen eher gering. Insgesamt sind die Befunde zum Anzeigeverhalten gegenüber ausländischen Tätern widersprüchlich (Killias 1988; Mansel/Albrecht 2003a; Simonin/Killias 2003). Eisner (1998) gibt zudem zu bedenken, dass Unterschiede der Tatverdächtigenbelastung einheimischer und ausländischer Jugendlicher auch bei selteneren und schweren Delikten vorhanden sind, bei denen ein unterschiedliches Anzeigeverhalten nur geringfügige Auswirkungen hat, so dass das Anzeigeverhalten nur einen Teil der Differenz in der Kriminalitätsbelastung erklären kann.

Zudem zeigte sich in älteren Studien, dass strafrechtliche Verfahren gegen nichtdeutsche Tatverdächtige häufiger eingestellt werden (Geißler/Marißen 1990; Mansel 1986; Reichertz/ Schröer 1993). Dies kann dadurch erklärt werden, dass Ausländer häufiger aufgrund von Bagatelldelikten polizeilich registriert werden (Pfeiffer/Delzer 1999). Reichertz und Schröer (1993) vermuten dagegen, dass die häufigeren Einstellungen der Verfahren durch größere Probleme bei der Ermittlung von Straftaten ausländischer Tatverdächtiger bedingt sind. Neuere Untersuchungen liefern hingegen Hinweise darauf, dass sich die Anteile deutscher und nichtdeutscher Verurteilter an den Tatverdächtigen angenähert haben und die Strafverfolgung damit nicht mehr die erhöhte Tatverdächtigenrate unter Nichtdeutschen korrigiert (BMI/BMJ 2001; Rebmann 1998; Elsner u. a. 1998; zu gegenteiligen Befunden gelangen Mansel/Albrecht 2003b). Ein weiterer Hinweis auf den selektiven Umgang der Institutionen der Strafverfolgung ergibt sich daraus, dass gegen nichtdeutsche Täter härtere Strafen verhängt werden (Geißler/Marißen 1990; Ludwig-Mayerhofer/Niemann 1997; zu gegenteiligen Befunden gelangen Dittmann/Wernitznig 2003).

2.2 Delinquenz im Dunkelfeld

Befragungen zum Dunkelfeld bieten gegenüber Hellfeldstatistiken zwei wesentliche Vorteile: Zum einen wird die Delinquenz unabhängig von der (polizeilichen) Registrierung erfasst und die das Verhalten der Jugendlichen beeinflussenden Umstände können unmittelbar untersucht werden. Zum anderen bieten Befragungen die Möglichkeit, den weiteren Migrationshintergrund zu bestimmen, indem Geburtsort, Alter bei der Immigration und Geburtsorte der Eltern erfasst werden. Da die Staatsangehörigkeit den Migrationsstatus zunehmend ungenau abbildet[3], stellt dies eine grundlegende Ergänzung zu den Hellfeldstatistiken dar. Zu berücksichtigen ist allerdings, dass auch die Aussagekraft der Angaben zur selbst berichteten Delinquenz gewissen Einschränkungen unterliegt, die die Ehrlichkeit der Angaben zur Delinquenz sowie die Erreichbarkeit von auskunftswilligen Personen betreffen. Empirische Studien zur Frage, inwieweit selbst berichtete Angaben zur Delinquenz korrekt sind, haben durch den Abgleich mit offiziellen Registrierungen unterschiedlich valide Angaben bei einheimischen und immigrierten Jugendlichen bzw. Jugendlichen von Minderheiten aufgedeckt (Huizinga/Elliott 1986; Junger 1989; Köllisch/Oberwittler 2004). Demnach stimmen die Angaben zu delinquentem Verhalten von Jugendlichen mit niedrigem Bildungs- und Schulstatus sowie mit Migrationshintergrund seltener mit den offiziellen Registrierungen überein.

Hinsichtlich der Erreichbarkeit ist zu bedenken, dass generell sozial schwache Personen mit vielen sozialen Problemen wesentlich seltener für Befragungen gewonnen werden können. Diesbezüglich sind Jugendbefragungen in Schulen gegenüber Befragungen in Haushalten überlegen. Damit einhergehend fällt bei Schulstichproben die sozialstrukturelle Selektion deutlich geringer aus (Oberwittler/Naplava 2002). Allerdings zeigt sich auch, dass bei haushalts-

---

3 Insbesondere die Zuwanderung von Aussiedlern sowie die Änderungen des Staatsbürgerschaftsrechts im Jahr 2000 und der darauf folgenden vermehrten Einbürgerungen von in Deutschland lebenden Ausländern haben dazu geführt, dass der Migrationshintergrund der in Deutschland ansässigen Bevölkerung durch die Staatsangehörigkeit nicht (mehr) ausreichend abgebildet wird (siehe Statistisches Bundesamt 2005). Der (erweiterte) Migrationshintergrund von Personen kann daher nur abgebildet werden, indem Informationen über die Herkunft der Eltern sowie den Geburtsort erfasst werden.

basierten Befragungen familiäre Faktoren und bei schulbasierten Erhebungen Faktoren des schulischen Umfeldes sowie der Gleichaltrigen in jeweils engerer Beziehung mit delinquentem Verhalten stehen (Naplava/Oberwittler 2002). Diese methodischen Aspekte sind daher bei der Interpretation von Befunden aus Dunkelfeldbefragungen zu berücksichtigen.

Neuere Studien zeigen, dass sich einheimische deutsche von Jugendlichen mit Migrationshintergrund hinsichtlich der Gesamtdelinquenz nicht substantiell voneinander unterscheiden, dass aber Jugendliche türkischer Herkunft und Jugendliche aus den Gebieten des ehemaligen Jugoslawiens häufiger Gewaltdelikte berichten (Babka von Gostomski 2003; Naplava 2003, 2005; Wetzels u. a. 2001). Strobl und Kühnel (2000) ermittelten in ihrer Befragung für ausländische Jugendliche die signifikant höchsten Mittelwerte und für Aussiedler geringere Werte als für einheimische deutsche Jugendliche auf einer Delinquenzskala.

Eine Sekundäranalyse von fünf Schulstudien in Deutschland hat erbracht, dass – unter Kontrolle des Alters, des Geschlechts und der besuchten Schulform – junge Aussiedler bei Diebstahlsdelikten etwas und türkische und Jugendliche aus den Gebieten des ehemaligen Jugoslawiens bei Gewaltdelikten im Vergleich zu einheimischen deutschen Jugendlichen deutlich auffälliger sind (Naplava 2003). In der Studie von Boers u. a. (2006) hingegen zeigten sich in Duisburg keine Unterschiede der Delinquenzbelastung zwischen einheimischen und Jugendlichen mit Migrationshintergrund bei Sachbeschädigungen, Eigentums- und Gewaltdelikten. Aus der gleichen Studie wird für Münster berichtet, dass mit zunehmender Aufenthaltsdauer der Anteil der delinquenten Jugendlichen unter den Immigranten größer ist (Walburg 2007). Dies ist ein Befund, der auch von anderen Studien berichtet wurde (Naplava 2003; Schmitt-Rodermund/Silbereisen 2004; Wetzels u. a. 2001). Die unterschiedlichen Ergebnisse aus Münster und Duisburg sowie der Zusammenhang delinquenten Verhaltens mit der Aufenthaltsdauer werden im Abschnitt zu den theoretischen Ansätzen aufgegriffen.

3 Theoretische Ansätze

Zur Erklärung delinquenten Verhaltens existieren zahlreiche theoretische Ansätze, insbesondere zu den Ursachen von Gewalthandeln (z.B. Albrecht 2002; Lamnek in diesem Band). Unmittelbar aus dem Migrationsprozess abgeleitete Bedingungen abweichenden Verhaltens werden jedoch nur von wenigen Ansätzen thematisiert, so dass zur Erklärung delinquenten Verhaltens innerhalb und zwischen ethnischen Gruppen auf allgemeine kriminalsoziologische Theorien rekurriert wird (Naplava 2005). Zu unterscheiden sind Ansätze auf der individuellen Ebene (z.B. sozioökonomische Benachteiligung), auf der Ebene von Gruppen (z.B. Subkultur) und auf der Ebene sozialräumlicher Kontexte (z.B. soziale Desorganisation).

Eine Erklärung der unterschiedlichen Delinquenzbelastung einheimischer und Jugendlicher mit Migrationshintergrund bezieht sich auf die sozioökonomische Benachteiligung von Immigranten, die im Rahmen der Anomietheorie als delinquenzfördernd interpretiert wird (Merton 1968). Aus anomietheoretischer Perspektive verhalten sich Individuen abweichend, wenn ihnen nicht ausreichend als legitim anerkannte Mittel zur Verfügung stehen, um gesellschaftlich allgemein anerkannte Ziele, wie Wohlstand und soziale Anerkennung, zu erreichen. Indem die betroffenen Individuen illegitime Mittel anwenden oder alternative Ziele verfolgen, verhalten sie sich abweichend. Demnach begehen Immigranten häufiger Straftaten, weil sie im Durchschnitt über weniger Ressourcen verfügen.

Die empirischen Befunde zum Zusammenhang zwischen delinquentem Verhalten und sozialem Status als Indikator für die Verfügbarkeit über legitime Mittel bzw. für den Erfolg, gesellschaftliche Ziele erreichen zu können, sind insgesamt uneinheitlich (z.B. Albrecht 2002; Naplava 2005). Auf die Frage bezogen, ob Indikatoren des sozialen Status den Unterschied der Gewaltdelinquenz zwischen einheimischen deutschen und Jugendlichen mit Migrationshintergrund erklären können, ist die Befundlage ebenfalls insgesamt ernüchternd. Auch unter Kontrolle des sozialen Status der Eltern und der besuchten Schulform der Jugendlichen bleiben die Effekte der ethnischen Herkunft auf das Gewalthandeln signifikant. Als stärkster Prädiktor erweist sich dabei in doppelter Hinsicht die besuchte Schulform: Zum einen berichten Gymnasiasten am seltensten über eigenes Gewalthandeln und Sonder- und Hauptschüler berichten darüber am häufigsten. Zum anderen wird der Effekt der ethnischen Herkunft verringert, wenn die Schulform berücksichtigt wird (Babka von Gostomski 2003; Naplava 2005; Walburg 2007; Wetzels u. a. 2001).

Insbesondere vor dem Hintergrund, dass junge Immigranten im deutschen Schulsystem massiv benachteiligt sind (z.B. Kristen 2002), stellt sich die Frage, wie der Zusammenhang zwischen Schulform und Gewalt zu interpretieren ist. Zum einen könnte der Zusammenhang auf einer systematischen Selektion von Kindern und Jugendlichen in den Schulformen unter der Annahme zurückzuführen sein, dass bestimmte Eigenschaften und Verhaltensweisen, die die Wahl der Schulform beeinflussen, auch mit delinquentem Verhalten in Beziehung stehen. Zum Beispiel könnten Aufmerksamkeitsprobleme, Impulsivität, Dominanz und Aggressivität, die mit delinquentem Verhalten korrelieren (Lösel/Bliesener 2003), dazu führen, dass erforderliche Schulleistungen nicht erbracht und damit bestimmte Schulformen nicht erreicht werden. Zum anderen könnte der Zusammenhang auch kausal interpretiert werden, d. h. die Schule und der Schulbesuch verursachen das Gewalthandeln der Schüler unmittelbar. Das Gewalthandeln könnte demnach aufgrund von Konflikten auftreten, die durch ein ungünstiges Schul- und Klassenklima bedingt sind (Lösel/Bliesener 2003), oder eine Reaktion auf Fehlleistungen bei hohem (elterlichem) Anspruch sein (Hurrelmann/Engel 1992).

Im Rahmen subkulturtheoretischen Denkens ist die Kulturkonflikttheorie entstanden, mit der unmittelbar ein spezifischer Aspekt des Migrationsprozesses in die Erklärung abweichenden Verhaltens eingebunden wird (Sellin 1938). Die Kulturkonflikttheorie geht allgemein davon aus, dass aufgrund divergierender Werte und Normen zwischen oder auch innerhalb von Gruppen Verhaltensweisen als abweichend wahrgenommen und sanktioniert werden. Der äußere Kulturkonflikt besagt z.B., dass Immigranten ihr Verhalten auch nach der Migration an Normen und Werten des Heimatlandes ausrichten. Das Verhalten weicht daher häufig von den Normen und Werten des Aufnahmelandes ab und wird sanktioniert. Gegen die Gültigkeit dieser These spricht allerdings, dass in Deutschland nicht die Immigranten der ersten Generation, sondern die der nachfolgenden Generationen überproportional häufig polizeilich registriert werden (Rebmann 1998; Kaiser 1998). Gemäß der These ist jedoch eher davon auszugehen, dass die Bedeutung der Normen und Werte des Heimatlandes bei den nachfolgenden Generationen schwindet und sich ihr Verhalten daher seltener gegen Normen des Aufnahmelandes richtet.

Der innere Kulturkonflikt geht ebenfalls davon aus, dass die nachkommenden Generationen ihr Verhalten stärker an Normen und Werte des Aufnahmelandes ausrichten. Doch führt dies im Gegensatz zu den Annahmen des äußeren Kulturkonfliktes zu Konflikten mit den vorhergehenden Generationen, die weiterhin an den Normen und Werten des Heimatlandes festhalten (Sellin 1938). Zudem werden Immigranten mit Enttäuschungen und Frustrationen konfrontiert, wenn sich ihre Erwartungen an die Lebensbedingungen im Aufnahmeland nicht erfüllen. Die

These erhält insoweit empirische Bestätigung, als die Aufenthaltsdauer immigrierter Jugendlicher mit delinquentem Verhalten sowie mit innerfamiliären Konflikten positiv in Beziehung steht (Naplava 2003; Walburg 2007; Wetzels u. a. 2001). Die im Rahmen anomietheoretischen Denkens als Anerkennungsdefizite interpretierten Frustrationen korrelieren ebenfalls mit delinquentem Verhalten (Babka von Gostomski 2003). Die methodischen Probleme von Dunkelfeldbefragungen berücksichtigend, kann der Zusammenhang zwischen Aufenthaltsdauer und Delinquenz allerdings auch dahingehend interpretiert werden, dass Immigranten mit vergleichsweise kurzer Aufenthaltsdauer bemüht sind, sich nicht negativ darzustellen, um Vorurteilen entgegenzuwirken. Demnach wäre davon auszugehen, dass Immigranten mit kurzer Aufenthaltsdauer ihr delinquentes Verhalten häufiger verschweigen (Naplava 2003).

Im Zusammenhang mit diesen beiden theoretischen Ansätzen wird darüber hinaus die Bedeutung von Banden und Cliquen für delinquentes Verhalten betont. Jugendgruppen können ein alternatives Werte- und Normensystem entwickeln. Die Bildung derartiger Subkulturen wird dabei generell als eine Reaktion auf sozioökonomische Benachteiligung und der daraus resultierenden Perspektivlosigkeit interpretiert (Cohen/Short 1979). Innerhalb der Subkultur etablieren sich Statuskriterien, die mit subkultur-spezifischen Mitteln erreicht werden können. Soziale Anerkennung innerhalb der Subkultur und hohes Selbstwertgefühl werden z.B. durch die Demonstration von Stärke und Macht in Form von Gewalthandeln erreicht (siehe z.B. Tertilt 1996). Ergebnisse aus Jugendstudien zeigen, dass insbesondere männliche Jugendliche mit Migrationshintergrund häufiger delinquenten Cliquen angehören und die Zugehörigkeit mit delinquentem Verhalten in Beziehung steht. Die Cliquenzugehörigkeit wie auch Freundschaften mit delinquenten Jugendlichen erklären den Unterschied des Gewalthandelns zwischen einheimischen deutschen und Jugendlichen mit Migrationshintergrund nahezu (z.B. Naplava 2005, Wetzels u. a. 2001). Dieses Ergebnis ist allerdings dahingehend einzuschränken, als die Cliquenzugehörigkeit und delinquente Freunde typische Begleiterscheinungen delinquenten Verhaltens Jugendlicher darstellen und in wechselseitigem Zusammenhang mit diesem stehen (Thornberry 1987).

Die Orientierung und Bindung an Gruppen wird darüber hinaus generell mit Gewalthandeln in Beziehung gesetzt. Kollektivismus als ein Typ sozialer Integration geht einher mit starken gruppenbezogenen Wertkodizes wie Treue und Ehre (Karstedt 2001). In diesen Werthaltungen sind Männlichkeitsnormen verankert, die den Einsatz von Gewalt zum Schutz bzw. zur Verteidigung der eigenen und der Ehre der Gruppe legitimieren (Enzmann u. a. 2004). In diesem Zusammenhang zeigt sich auch, dass Gewalterfahrungen in der Familie mit dem Gewalthandeln von Jugendlichen in Beziehung stehen. Jugendliche mit Migrationshintergrund – vor allem mit Herkunft aus der Türkei und Gebieten des ehemaligen Jugoslawiens – sind häufiger von Gewalt in der Familie betroffen und weisen eine stärkere Affinität zu gewaltbefürwortenden Einstellungen auf. Während die Einstellungen zur Gewalt mit dem Gewalthandeln unmittelbar in Beziehung stehen und die Unterschiede des Gewalthandelns zwischen einheimischen und Jugendlichen mit Migrationshintergrund erklären, stehen die Gewalterfahrungen in der Familie mit dem Gewalthandeln jedoch nur indirekt in Zusammenhang. Sowohl die Gewalterfahrungen als auch die Gewalteinstellungen der Jugendlichen stehen wiederum in Beziehung mit sozioökonomischer Benachteiligung (Naplava 2005; Wetzels u. a. 2001).

Ein weiterer kriminalsoziologischer Ansatz ist die Theorie sozialer Desorganisation, die vor dem Hintergrund der Verdichtung von Immigranten und Minderheiten in US-amerikanischen Großstädten entwickelt wurde (Oberwittler in diesem Band). Shaw und McKay (1942) haben in ihren Analysen aufgezeigt, dass die Kriminalitätsraten von ethnischen Gruppen mit dem sozialräumlichen Kontext variieren und die Kriminalitätsraten in städtischen Gebieten trotz Fluktuation der Bevölkerung und Wandel der ethnischen Zusammensetzung stabil bleiben. Als zentrale Ursache der Kriminalität haben sie daher sozialräumliche Bedingungen herausgestellt. Soziale Desorganisation in Stadtgebieten zeichnet sich durch niedrigen sozialen Status, ethnische Heterogenität, hohe Fluktuation der Bewohner sowie zerrüttete Familien aus. Der Wandel und die Instabilität der Bewohnerstruktur führen dazu, dass lokale soziale Netzwerke und damit der soziale Zusammenhalt in Nachbarschaften geschwächt werden. Durch die geringe Kohäsion der Bewohner untereinander können schließlich die Verbindlichkeit sozialer Normen und die informelle Sozialkontrolle im öffentlichen Raum nicht aufrechterhalten werden (Bursik 1988).

Diesen als systemisches Modell bezeichneten Ansatz aufgreifend argumentieren Sampson und Wilson (1995), dass die höheren Kriminalitätsraten der Schwarzen in den USA nicht auf ethnische und kulturelle Unterschiede, sondern darauf zurückzuführen sind, dass die schwarze Bevölkerung überwiegend in Gebieten lebt, die von Armut und zerrütteten Familien geprägt sind. Die Ursachen der Kriminalität sind demnach nicht individuelle, sondern sozialräumliche Eigenschaften wie die strukturelle soziale Desorganisation und die damit einhergehende kulturelle soziale Isolation der Bevölkerung in bestimmten Wohngebieten. US-amerikanische Studien, die diese sozialräumlichen Faktoren berücksichtigen, zeigen, dass insbesondere die soziale Benachteiligung von Stadtgebieten die Unterschiede der Kriminalitätsraten zwischen Weißen und Schwarzen erklärt (z.B. McNulty/Bellair 2003; Peeples/Loeber 1994; weitere Nachweise bei Peterson/Krivo 2005 und Short 2002). Andererseits berichten Sampson und Bean (2006) über das „Paradox", dass die Kriminalitätsraten bestimmter ethnischer Gruppen in den Gebieten niedriger sind, wo der Anteil dieser ethnischen Bevölkerung vergleichsweise groß ist.

Die Befunde der US-amerikanischen Studien können jedoch nicht ohne Einschränkungen auf Deutschland übertragen werden, da in deutschen Städten das Ausmaß an konzentrierter Armut und ethnischer Segregation deutlich geringer ist. Doch deuten Studien in Deutschland ebenfalls auf die Bedeutung des sozialräumlichen Kontextes hin (z.B. Oberwittler 2004). Anhand der Polizeilichen Kriminalstatistik zeigt sich im Hellfeld, dass die Kriminalitätsraten innerhalb einzelner Migrantengruppen zwischen städtischen Kontexten erheblich variieren (Albrecht 2001). Da sich dieses Ergebnis auf das Hellfeld bezieht, könnte auch ein Polizeieffekt dafür verantwortlich sein. In diesem Zusammenhang liegen Hinweise darauf vor, dass das Registrierungsrisiko von Jugendlichen mit Migrationshintergrund bestimmter Herkunftsländer in sozial benachteiligten Wohngebieten höher ist als das in nicht benachteiligten (Naplava 2005).

Auf das Dunkelfeld bezogen unterscheidet sich die Delinquenzbelastung Jugendlicher ebenfalls nach sozialräumlichem Kontext. Während sich die Raten des Gewalthandelns der einheimischen von den der Jugendlichen mit Migrationshintergrund in Duisburg nicht unterscheiden (Boers u. a. 2006), sind die Raten des Gewalthandelns der Jugendlichen mit Migrationshintergrund bestimmter Herkunftsländer in Münster etwas – wenn auch nicht signifikant – höher als die der einheimischen Jugendlichen (Walburg 2007). Bei einer Befragung in Köln zeigte sich, dass die Delinquenzbelastung der einheimischen Jugendlichen, die in sozial benachteiligten Wohngebieten leben, erwartungsgemäß höher ist. Dagegen ist die Delinquenzbelastung der Jugendlichen mit türkischem und jugoslawischem Migrationshintergrund in diesen Wohngebieten entgegen den Annahmen niedriger (Naplava 2005).

Boers u. a. (2006) vermuten in Bezug auf ihre Befunde, dass mit der gegenüber Münster stärkeren ethnischen Segregation in Duisburg das Potenzial informeller sozialer Kontrolle in diesen Gebieten größer ist. Dieser Effekt könnte dadurch entstehen, dass in ethnisch hoch segregierten Wohngebieten aufgrund der intra-ethnischen Integration und Kohäsion die Mechanismen der informellen Sozialkontrolle umfangreicher und wirksamer sind. Segregation impliziert demnach nicht nur zwangsläufig Exklusion von Bevölkerungsgruppen, sondern innerhalb des Kontextes auch Integration (Dangschat 2004).

Zudem deuten Befunde der Befragung in Köln darauf hin, dass Jugendliche mit Migrationshintergrund, die in nicht sozial benachteiligten Wohngebieten mit niedrigem Ausländeranteil leben, ihre Freizeit seltener in ihrem Wohngebiet und dafür häufiger in Stadtzentren verbringen als Jugendliche, die in sozial benachteiligten Wohngebieten wohnen. Sie sind damit häufiger Kontexten mit schwacher informeller Sozialkontrolle ausgesetzt. Darüber hinaus sind Jugendliche mit türkischem Migrationshintergrund, die in Wohngebieten mit niedriger sozialer Benachteiligung wohnen, deutlich häufiger Mitglied einer Jugendclique (Naplava 2005). Dies könnte eine Reaktion auf einen Mangel an intra-ethnischer sozialer Integration im Wohngebiet sein. Auch wenn diese Befunde einer Absicherung durch weitere empirische Untersuchungen bedürfen, verdeutlichen sie die Bedeutung der sozialräumlichen Bedingungen gerade in Bezug auf die Erklärung der unterschiedlichen Delinquenzbelastung zwischen einheimischen und Jugendlichen mit Migrationshintergrund.

4 Resümee und Ausblick

Unterschiede der Delinquenzbelastung zwischen einheimischen und Jugendlichen mit Migrationshintergrund sind insbesondere bei Gewaltdelikten zu beobachten. Nahezu alle theoretischen Ansätze zur Erklärung dieser Unterschiede setzen unmittelbar oder mittelbar an der sozioökonomischen Benachteiligung der Jugendlichen mit Migrationshintergrund an. Auch wenn die sozioökonomischen Lebensumstände weder das delinquente Verhalten noch die Unterschiede zwischen Einheimischen und Immigrierten erklären können, so sind sie für das Verständnis derjenigen Mechanismen unabdingbar, die mit dem Gewalthandeln unmittelbar in Beziehung stehen. Dazu zählen Einstellungen zur Legitimität von Gewalt, die Bildung von Subkulturen sowie die Interaktion von Erwartungen und Ressourcen einerseits und Barrieren andererseits. Frustrationen und geringes Selbstwertgefühl aufgrund geringer Teilhabechancen und Exklusionserfahrungen sind die Grundlage, auf der sich alternative Werte- und Normensysteme entwickeln und in Form von Cliquen und Gewalt manifestieren. Die sozialräumlichen Bedingungen bilden in diesem Zusammenhang einen maßgeblichen Rahmen sowohl für Integrations- als auch Exklusionserfahrungen.

Die meisten Erklärungsansätze zu Unterschieden der Delinquenzbelastung zwischen einheimischen und Jugendlichen mit Migrationshintergrund leiden darunter, dass Migrationserfahrungen nicht in das jeweilige theoretische Konzept unmittelbar eingebunden sind. Dazu zählen z.B. spezifische Werte- und Normvorstellungen, kulturelle Orientierungen hinsichtlich der individuellen Lebensplanung sowie Umstände des Migrationsprozesses, wie Grund und Anlass der Migration, Einreisezeitpunkt und Integration in das Aufnahmeland. Die aus den Migrationserfahrungen resultierenden spezifischen individuellen Belastungen könnten im Rahmen der Theorie von Agnew (1992) konzeptionell auf der Ebene der Wahrnehmung berücksichtigt werden. Dieser an Überlegungen der Stressforschung angelehnte Ansatz bezieht die Wahrnehmungen wiederum auf die jeweils zur Verfügung stehenden und wahrgenommenen Ressourcen und Strategien zur Problemlösung. Auf diese Weise könnten diejenigen Mechanismen aufgedeckt werden, die zwischen den sozioökonomischen Lebenslagen von Immigranten einerseits und dem (delinquenten) Verhalten andererseits vermitteln. Die meisten theoretischen Ansätze und empirischen Studien zur Frage der Bedeutung von Migrationserfahrungen für delinquentes Verhalten konzentrieren sich zudem auf die im Vergleich zu der einheimischen Bevölkerung auffälligeren Immigrantengruppen. Außer Acht gelassen wird dabei allerdings häufig, dass die in zahlreichen Fällen zu beobachtende Unauffälligkeit von Ausländern bzw. Immigranten in offiziellen Kriminalitätsstatistiken wie auch im Dunkelfeld bei dem gegenwärtigen Forschungsstand ebenso erklärungsbedürftig ist (Pilgram 1993). Die Beobachtung, dass Immigrantengruppen seltener auffällig sind, die in ethnisch hoch segregierten Wohngebieten leben, ist ein Beispiel für solche protektiven Faktoren. Darüber hinaus ist auch die Diskrepanz der Kriminalitätsbelastung ethnischer Gruppen zwischen Hell- und Dunkelfeld erklärungsbedürftig, zumal nach derzeitigem Forschungsstand nicht eindeutig ist, ob es sich dabei vornehmlich um ein statistisches bzw. methodisches Problem oder um ein Ergebnis der Kontrollmechanismen handelt.

Literatur

Agnew, R. (1992): Foundation for a General Strain Theory of Crime and Delinquency. In: Criminology, 30. Jg., S. 47-87.
Albrecht, G. (2002): Soziologische Erklärungsansätze individueller Gewalt und ihre empirische Bewährung. In: Heitmeyer, W./Hagan, J. (Hrsg.): Internationales Handbuch der Gewaltforschung. Opladen, S. 763-818.
Albrecht, H.-J. (2001): Migration und Kriminalität. In: Jehle, J.-M. (Hrsg.): Raum und Kriminalität. Mönchengladbach, S. 195-209.
ALLBUS (2007): ALLBUS Datenhandbuch 2006. ZA-Nr. 4500. Köln/Mannheim.
Babka von Gostomski, C. (2003): Gewalt als Reaktion auf Anerkennungsdefizite? Eine Analyse bei männlichen deutschen, türkischen und Aussiedler-Jugendlichen mit dem IKG-Jugendpanel 2001. In: Kölner Zeitschrift für Soziologie und Sozialpsychologie, 55. Jg., S. 253-277.
Boers, K./Walburg, C./Reinecke, J. (2006): Jugendkriminalität – Keine Zunahme im Dunkelfeld, kaum Unterschiede zwischen Einheimischen und Migranten. Befunde aus Duisburger und Münsteraner Längsschnittstudien. In: Monatsschrift für Kriminologie und Strafrechtsreform, 89. Jg., S. 63-87.
Bundeskriminalamt (2008): Polizeiliche Kriminalstatistik 2007. Wiesbaden.
Bundesministerium des Innern/Bundesministerium der Justiz (2001): Erster Periodischer Sicherheitsbericht. Berlin.
Bursik, R.J. (1988): Social Disorganization and Theories of Crime and Delinquency: Problems and Prospects. In: Criminology, 26. Jg., S. 519-551.
Cohen, A.K./Short, J.F. (1979): Zur Erforschung delinquenter Subkulturen. In: Sack, F./König, R. (Hrsg.), Kriminalsoziologie. Wiesbaden, S. 372-394.
Dangschat, J. (2004): Segregation – Indikator für Desintegration? In: Journal für Konflikt- und Gewaltforschung, 6. Jg., S. 6-31.
Dittmann, J./Wernitznig, B. (2003): Strafverfolgung und Sanktionierung bei deutschen und ausländischen Jugendlichen und Heranwachsenden. Eine Untersuchung am Beispiel des Einbruchsdiebstahls. In: Monatsschrift für Kriminologie und Strafrechtsreform, 86. Jg., S. 195-205.
Eisner, M. (1998): Jugendkriminalität und immigrierte Minderheiten im Kanton Zürich. In: Bauhofer, S./Bolle, P.-H./ Dittmann, V./Niggli, M.A. (Hrsg.): Jugend und Strafrecht. Chur, S. 103-137.
Elsner, E./Steffen, W./Stern, G. (1998): Kinder- und Jugendkriminalität in München. München.
Enzmann, D./Brettfeld, K./Wetzels, P. (2004): Männlichkeitsnormen und die Kultur der Ehre. Empirische Prüfung eines theoretischen Modells zur Erklärung erhöhter Delinquenzraten jugendlicher Migranten. In: Oberwittler, D./ Karstedt, S. (Hrsg.): Soziologie der Kriminalität. Wiesbaden, S. 264-287.
Geißler, R./Marißen, N. (1990): Kriminalität und Kriminalisierung junger Ausländer. Die tickende soziale Zeitbombe – ein Artefakt der Kriminalstatistik. In: Kölner Zeitschrift für Soziologie und Sozialpsychologie, 42. Jg., S. 663-687.

Gluba, A./Schaser, P. (2003): Registrierte Kriminalität von Aussiedlern in zwei niedersächsischen Großstädten. Eine Analyse auf Basis der Polizeilichen Kriminalstatistik Hannovers und Wolfsburgs von 1998-2001. In: Kriminalistik, 57. Jg., S. 291-304.

Grundies, V. (2000): Kriminalitätsbelastung junger Aussiedler. Ein Längsschnittvergleich mit in Deutschland geborenen jungen Menschen anhand polizeilicher Registrierungen. In: Monatsschrift für Kriminologie und Strafrechtsreform, 83. Jg., S. 290-305.

Huizinga, D./Elliott, D.S. (1986): Reassessing the Reliability and Validity of Self-Report Delinquency Measures. In: Journal of Quantitative Criminology, 4. Jg., S. 293-327.

Hurrelmann, K./Engel, U. (1992): Delinquency as a Symptom of Adolescents´ Orientation Toward Status and Success. In: Journal of Youth and Adolescence, 21. Jg., S. 119-138.

Junger, M. (1989): Discrepancies between Police and Self-Report Data for Dutch Racial Minorities. In: British Journal of Criminology, 29. Jg., S. 273-284.

Kaiser, G. (1998): Kriminologie. Heidelberg.

Karger, T./Sutterer, P. (1990): Polizeilich registrierte Gewaltdelinquenz bei jungen Ausländern. Befunde der Freiburger Kohortenstudie unter Berücksichtigung von Verzerrungen in der Polizeilichen Kriminalstatistik. In: Monatsschrift für Kriminologie und Strafrechtsreform, 73. Jg., S. 369-383.

Karstedt, S. (2001): Die moralische Stärke schwacher Bindungen. Individualismus und Gewalt im Kulturvergleich. In: Monatsschrift für Kriminologie und Strafrechtsreform, 84. Jg., S. 226-243.

Killias, M. (1988): Diskriminierendes Anzeigeverhalten von Opfern gegenüber Ausländer? In: Monatsschrift für Kriminologie und Strafrechtsreform, 71. Jg., S. 156-165.

Köllisch, T. (2004): Vom Dunkelfeld ins Hellfeld. Anzeigeverhalten und Polizeikontakte bei Jugendlichen. Dissertation. Freiburg i. Br.

Köllisch, T./Oberwittler, D. (2004): Wie ehrlich berichten männliche Jugendliche über ihr delinquentes Verhalten? Ergebnisse einer externen Validierung. In: Kölner Zeitschrift für Soziologie und Sozialpsychologie, 56. Jg., S. 708-735.

Kristen, C. (2002): Hauptschule, Realschule oder Gymnasium? Ethnische Unterschiede am ersten Bildungsübergang. In: Kölner Zeitschrift für Soziologie und Sozialpsychologie, 54. Jg., S. 534-552.

Lösel, F./Bliesener, T. (2003): Aggression und Delinquenz unter Jugendlichen. Untersuchungen von kognitiven und sozialen Bedingungen. Neuwied.

Ludwig-Mayerhofer, W./Niemann, H. (1997): Gleiches (Straf-)Recht für alle? Neue Ergebnisse zur Ungleichbehandlung ausländischer Jugendlicher im Strafrecht der Bundesrepublik. In: Zeitschrift für Soziologie, 26. Jg., S. 35-52.

Luff, J. (2000): Kriminalität von Aussiedlern. München.

Mansel, J. (1986): Die unterschiedliche Selektion von jungen Deutschen, Türken und Italienern auf dem Weg vom polizeilichen Tatverdächtigen zum gerichtlich Verurteilten. In: Monatsschrift für Kriminologie und Strafrechtsform, 69. Jg., S. 309-325.

Mansel, J./Albrecht, G. (2003a): Die Ethnie des Täters als ein Prädiktor für das Anzeigeverhalten von Opfern und Zeugen. Die private Strafanzeige als Form der Konfliktregulierung. In: Soziale Welt, 54. Jg., S. 339-372.

Mansel, J./Albrecht, G. (2003b): Migration und das kriminalpolitische Handeln staatlicher Strafverfolgungsorgane. Ausländer als polizeiliche Tatverdächtige und gerichtlich Abgeurteilte. In: Kölner Zeitschrift für Soziologie und Sozialpsychologie, 55. Jg., S. 679-715.

McNulty, T.L./Bellair, P.E. (2003): Explaining Racial and Ethnic Differences in Serious Adolescent Violent Behavior. In: Criminology, 41. Jg., S. 709-748.

Merton, R.K. (1968): Social Theory and Social Structure. New York.

Naplava, T. (2003): Selbst berichtete Delinquenz einheimischer und immigrierter Jugendlicher im Vergleich. Eine Sekundäranalyse von Schulbefragungen der Jahre 1995-2000. In: Soziale Probleme, 14. Jg., S. 63-96.

Naplava, T. (2005): Jugenddelinquenz im interethnischen Vergleich. Erklärungsmöglichkeiten delinquenten Verhaltens einheimischer und immigrierter Jugendlicher. Dissertation. Bielefeld.

Naplava, T. (2008): Jugendliche Intensivtäter als Kriminalitätsproblem und Problemkonstruktion. In: Groenemeyer, A./Wieseler, S. (Hrsg.): Soziologie sozialer Probleme und sozialer Kontrolle. Realitäten, Repräsentationen und Politik. Wiesbaden, S. 193-214.

Naplava, T./Oberwittler, D. (2002): Methodeneffekte bei der Messung selbst berichteter Delinquenz von männlichen Jugendlichen – Ein Vergleich zwischen schriftlicher Befragung in der Schule und mündlicher Befragung im Haushalt. In: Monatsschrift für Kriminologie und Strafrechtsreform, 85. Jg., S. 401-423.

Oberwittler, D. (2004): Stadtstruktur, Freundeskreise und Delinquenz. Eine Mehrebenenanalyse zu sozialökologischen Kontexteffekten auf schwere Jugenddelinquenz. In: Oberwittler, D./Karstedt, S. (Hrsg.): Soziologie und Kriminalität. Wiesbaden, S. 135-170.

Oberwittler, D./Blank, T./Köllisch, T./Naplava, T. (2001): Soziale Lebenslagen und Delinquenz von Jugendlichen. Ergebnisse der MPI-Schulbefragung 1999 in Freiburg und Köln. Freiburg.

Oberwittler, D./Naplava, T. (2002): Auswirkungen des Erhebungsverfahrens bei Jugendbefragungen zu ‚heiklen' Themen - schulbasierte schriftliche Befragung und haushaltsbasierte mündliche Befragung im Vergleich. In: ZUMA-Nachrichten, 26. Jg., S. 49-77.

Ohder, C. (2007): „Intensivtäter" im Spiegel von Akten der Berliner Staatsanwaltschaft. In: Zeitschrift für Jugendkriminalrecht und Jugendhilfe, 18. Jg., S. 56-64.

Peeples, F./Loeber, R. (1994): Do Individual Factors and Neighborhood Context Explain Ethnic Differences in Juvenile Delinquency? Journal of Quantitative Criminology, 10. Jg., S. 141-157.

Pfeiffer, C./Delzer, I. (1999): Wird die Jugend immer brutaler? Erste Befunde einer regionalen Aktenanalyse zur Jugendgewalt. In: Feuerhelm, W./Schwind, H.-D./Bock, M. (Hrsg.): Festschrift für Alexander Böhm. Berlin, S. 701-720.

Peterson, R.D./Krivo, L.J. (2005): Macrostructural Analysis of Race, Ethnicity, and Violent Crime: Recent Lessons and New Directions for Research. In: Annual Review of Sociology, 31. Jg., S. 331-356.

Pilgram, A. (1993): Mobilität, Migration und Kriminalität - gegen die Vordergründigkeit kriminologischer Studien über Ausländer. In: Pilgram, A. (Hrsg.): Grenzöffnung, Migration, Kriminalität. Jahrbuch für Rechts- und Kriminalsoziologie. Baden-Baden, S. 17-35.

Rebmann, M. (1998): Ausländerkriminalität in der Bundesrepublik Deutschland. Freiburg.

Reichertz, J./Schröer, N. (1993): Beschuldigtennationalität und polizeiliche Ermittlungspraxis. In: Kölner Zeitschrift für Soziologie und Sozialpsychologie, 45. Jg., S. 755-771.

Sampson, R.J./Bean, L. (2006): Cultural Mechanisms and Killing Fields. A Revised Theory of Community-Level Racial Inequalities. In: Peterson, R.D./Krivo, L.J./Hagan, J. (Hrsg.): The Many Colors of Crime. Inequalities of Race, Ethnicity, and Crime. New York, S. 8-36.

Sampson, R.J./Wilson, W.J. (1995): Towards a Theory of Race, Crime, and Urban Inequality. In: Hagan, J./Peterson, R.D. (Hrsg.): Crime and Inequality. Stanford, S. 37-54.

Schmitt-Rodermund, E./Silbereisen, R.K. (2004): „Ich war gezwungen, alles mit der Faust zu regeln" – Delinquenz unter jugendlichen Aussiedlern aus der Perspektive der Entwicklungspsychologie. In: Oberwittler, D./Karstedt, S. (Hrsg.): Soziologie der Kriminalität. Opladen, S. 240-263.

Shaw, C./McKay, H.D. (1942): Juvenile Delinquency and Urban Areas. Chicago.

Short, J.F. (2002): Ethnische Segregation und Gewalt. In: Heitmeyer, W./Hagan, J. (Hrsg.): Internationales Handbuch der Gewaltforschung. Wiesbaden, S. 104-123.

Sellin, T. (1938): Culture Conflict and Crime. New York.

Simonin, M./Killias, M. (2003): Anzeige von Gewaltdelikten: Eine Frage der Tatumstände oder der Merkmale von Täter und Opfer? In: Crimiscope 22.

Statistisches Bundesamt (2005): Bevölkerung und Erwerbstätigkeit. Bevölkerung mit Migrationshintergrund. Ergebnisse des Mikrozensus 2005. Fachserie 1, Reihe 2.2. Wiesbaden.

Strobl, R./Kühnel, W. (2000): Dazugehörig und ausgegrenzt. Analysen zu Integrationschancen junger Aussiedler. Weinheim.

Tertilt, H. (1996): Turkish Power Boys. Ethnographie einer Jugendbande. Frankfurt a. M.

Thornberry, T.P. (1987): Toward an Interactional Theory of Delinquency. In: Criminology, 25. Jg., S. 863-891.

Traulsen, M. (1988): Die Kriminalität der jungen Ausländer nach der Polizeilichen Kriminalstatistik. In: Monatsschrift für Kriminologie und Strafrechtsreform, 71. Jg., S. 28-41.

Walburg, C. (2007): Migration und selbstberichtete Delinquenz. In: Boers, K./Reinecke, J. (Hrsg.): Delinquenz im Jugendalter. Erkenntnisse einer Münsteraner Längsschnittstudie. Münster, S. 241-268.

Walter, M./Kubink, M. (1993): Ausländerkriminalität – Phänomen oder Phantom der (Kriminal-)Politik? In: Monatsschrift für Kriminologie und Strafrechtsreform, 76. Jg., S. 306-319.

Wetzels, P./Enzmann, D./Mecklenburg, E./Pfeiffer, C. (2001): Jugend und Gewalt. Eine repräsentative Dunkelfeldanalyse in München und acht anderen deutschen Städten. Baden-Baden.

D Verlaufsformen und Identitätskonstruktionen

Karl F. Schumann

Jugenddelinquenz im Lebensverlauf

Jugendkriminalität ist ubiquitär und episodisch. Dieser Befund ist inzwischen allgemein anerkannt. Ubiquität zeigte sich in einer Fülle von Befragungsstudien über delinquentes Verhalten: Die große Mehrheit der Jugendlichen berichtete dabei von eigenen Rechtsbrüchen. Den episodischen Charakter erkannte man aus diversen Längsschnittstudien, die teils kriminelle Karrieren, teils delinquente Lebensläufe untersuchten. Man wollte die chronischen Kriminellen identifizieren, fand allerdings überwiegend Täter, die bald wieder konform geworden waren. Dies hatte Brisanz. Der traditionelle Ansatz der Kriminologie wurde in Frage gestellt. Seit Lombroso die positive Schule der Kriminologie begründete, glaubte man, Kriminalität dadurch erklären zu können, dass man eine Trennlinie zwischen Straffälligen und Konformen zieht und etwaige Unterschiede zwischen beiden Gruppen als Kriminalitätsursachen wertet. Wenn allerdings Straftaten nur zeitweilig begangen werden, danach aber nicht mehr, sollte man nicht nach Unterschieden zwischen Menschen, sondern besser nach Unterschieden zwischen Lebensphasen derselben Menschen fragen. Statt der traditionellen *inter*-individuellen Vergleichsperspektive ist also eine *intra*-individuelle Fragestellung sinnvoll: nach der sich wandelnden Rolle von Kriminalität im gesamten Lebensverlauf von Menschen. Zu erklären wäre etwa die Entwicklung von einer - auch abweichendes Verhalten einschließenden - „Sturm und Drang" - Phase der Jugend hin zur Lebensweise erwachsener Menschen, die zunehmend auf Vermeidung von Risiken gerichtet ist.

Der Lebenslaufansatz untersucht ganz generell die Rolle, die strafbare Handlungen im gesamten Lebensverlauf eines Menschen spielen. Er erlebte in der Kriminologie insbesondere durch die Arbeiten von John Laub und Robert Sampson (1993) seinen Durchbruch. Sie entwickelten die Theorie der altersabhängigen informellen sozialen Kontrolle (age-graded theory of informal control), nach der das im Lebensverlauf angesammelte oder verloren gegangene soziale Kapital durch die diesem implizite informelle soziale Kontrolle für Auftreten oder Unterbleiben von Kriminalität entscheidend ist. Statt nach stabilen Unterschieden zwischen Tätern und Nicht-Tätern zu suchen, sei es sinnvoller, von sich wandelnden sozialen Konstellationen im Lebenslauf auszugehen, die zu gewissen Zeiten kriminalisierbares Verhalten wahrscheinlicher machen als zu anderen, und diese Kontextbedingungen aufzuklären.

1 Der Lebenslaufansatz in den Sozialwissenschaften

Der Wandel der zentralen Fragestellung der Kriminologie von *inter*-individuellen zu *intra*-individuellen Unterschieden entspricht dem gewachsenen Einfluss, den die Lebenslaufforschung in den Sozialwissenschaften mittlerweile erlangt hat. Mit seiner klassischen Studie „Children of the Great Repression" (1974) legte Glen Elder die Grundlage für eine Lebenslaufanalyse, die das menschliche Leben organisiert sieht durch Mechanismen und institutionelle Rahmungen. Mit zunehmendem Alter finden Übergänge in Rollen und sozial definierte Status statt; diese *transitions* kombinieren das Verlassen und die Übernahme von Rollen und sind eingebettet in *trajectories*, die den Übergängen ihre spezifische Form und Bedeutung geben (Elder 1998: 955). Die *trajectories* strukturieren Prozesse z.B. in der Sphäre des Berufslebens und der Familie. Obwohl sie darauf nicht beschränkt sind, ist doch gerade zwischen diesen *trajectories* Koordination und Synchronisation erforderlich. Dabei geht es insbesondere um Zeitpunkte für Übergänge und um die Dauer, mit der ein Status eingenommen wird, bevor er für einen anderen verlassen wird. Aus der Synchronisation verschiedener Lebenssphären ergeben sich Auswirkungen aufeinander. Insbesondere *turning points*, die im Verlauf einer Lebensdimension auftreten, können auch in andere Sphären hineinwirken. Die Strukturiertheit des Lebensverlaufs beruht insbesondere auf den genannten Mechanismen, natürlich auch auf Abfolgen von Ereignissen, die z.B. die Stufenleiter einer Karriere markieren, aber auch eine Akkumulation von Nachteilen darstellen können (Elder 1998a: 6). In der deutschen Rezeption des Lebenslaufansatzes ist insbesondere auf die Strukturierung durch soziale Rahmungen durch Institutionen des Sozialstaates hingewiesen worden (Mayer/Müller 1988; Heinz/Krüger 2001). Damit ist gemeint, dass durch Leistungen, Rechte oder Optionen insbesondere für Risiken im Lebensverlauf eine sanfte Steuerung der Übergänge vorgegeben wird (Leisering/Müller/Schumann 2001). Die Anwendung des Lebenslaufansatzes auf Fragestellungen der Kriminologie analysiert Straftaten als eingebettet in den Zusammenhang der anderen trajectories, z.B. des Familienlebens (Elder/Caspi/Downey 1986).

2 Die „Age-graded Theory of Informal Social Control" von Sampson und Laub

Sampson und Laub verknüpfen Elders Konzepte mit Hirschis Kontrolltheorie. Im Lebensverlauf der Individuen sind die Lebensbereiche strukturiert durch unterschiedliche Institutionen, die neben Verbleib in Rollen und der Lenkung von Übergängen zu weiteren Rollen (*trajectories*) zugleich eine formelle und informelle soziale Kontrolle leisten. Wenn die sozialen Bindungen in den *trajectories* brüchig oder schwach werden, wird zugleich diese Kontrolle reduziert und Kriminalität wahrscheinlicher. In den Lebensstadien Kindheit, Jugend und Erwachsenendasein besitzen Institutionen wie Familie, Schule, Arbeitsleben und Partnerschaft unterschiedlich starke Bedeutung. Die sozialen Bindungen können durch Abweichung, aggressives Verhalten oder andere Auffälligkeiten bereits in der Kindheit belastet werden. Eltern reagieren womöglich mit Sanktionen wachsender Schärfe und ziehen sich womöglich sukzessive zurück. In der Schulzeit können Auffälligkeiten disziplinarische Reaktionen und wachsende Isolation innerhalb der Klasse bewirken. Die informelle Kontrolle durch Familie, sozialen Nahraum, in der Schule, an Arbeitsplätzen und in sonstigen Gesellungen geht in gleichem Maße zurück, wie es zu einem Rückgang der Sozialbeziehungen kommt.

Dies ist aber keine Einbahnstrasse. Lebensereignisse im weiteren Lebenslauf und in der Erwachsenenphase können solchen Entwicklungen aus Kindheit und Jugend entgegenwirken (Sampson/Laub 1993: 304). Es gibt *turning points* im Leben wie eine neue Partnerschaft oder Berufserfolg, die den Verlauf ändern können. Nicht die Tatsache solcher Ereignisse, sondern ihre Intensität und damit soziale Bindekraft sind dabei entscheidend. Wandel beruht insbesondere auf dem Sozialkapital, den sich bietenden Verbindungen zu Institutionen und den zwischenmenschlichen Beziehungen; beide machen Erfolge möglich, die sonst ausgeschlossen wären (1993: 310). Umgekehrt bedeutet mangelndes Sozialkapital zugleich schwache soziale Bindungen und geringe informelle Kontrolle. Zwar ist offen, welche der vier Ebenen, die Hirschi für das „bonding" angibt (attachment, commitment, involvement bzw. values), stärker und schwächer wirksam sind. Vermutlich sind es aber die beiden erstgenannten, die Bindungen an Personen (attachment) und die Investitionen in Schule und Beruf bzw. die dabei bislang erreichten Erfolge (commitment). Eine Reduzierung dieser Bindungen mündet im Verlust von Optionen bzw. in der Akkumulation von Nachteilen.

Dazu tragen strafrechtliche Reaktionen entscheidend bei. Nicht nur sind sie selbst degradierend; sie ziehen in der Folge Nachteile im Berufsleben nach sich. Die ihnen implizite moralische Verurteilung der Täterperson geht einher mit Lebenschancen beschneidenden Effekten.

Mit Blick darauf haben Sampson und Laub ihren Ansatz zu einer „Life-Course Theory of Cumulative Disadvantage" (1997) weiter präzisiert. Sie basiert auf Lemerts Konzept der sekundären Devianz, nach Meinung der beiden Autoren der einzigen Theorie, die Prozesse der Genese von Straftaten zu rekonstruieren vermag. Lemert (1975) zeigt, wie Sanktionierung nicht nur zur Änderung der Identität führen kann, sondern auch zum Verzicht auf „normale" Routinen und zum Verlust „konventioneller Lebenschancen" sowie zur Verstärkung des Kontakts zu devianten Subgruppen (Sampson und Laub 1997: 139). Sampson und Laub folgen den Überlegungen von Paternoster und Iovanni (1989) darin, dass die offizielle Stigmatisierung Beginn eines Prozesses sein kann, der im sozialen Nahraum fortgesetzt wird. Informelle Reaktionen beschneiden die sozialen Chancen, sie können auch zum Rückzug aus konventionellen Lebenszusammenhängen führen, um weiterer Stigmatisierung vorzubeugen. Die Schwächung des Sozialkapitals kann auf ein völliges Abschneiden von Lebensoptionen (*knifing off*) hinauslaufen. So schaukeln sich Sanktionierungen und verringerte Lebenschancen im Beruf und die Verdünnung sozialer Netzwerke als Akkumulation von Nachteilen zu einer Lebenssituation auf, in der Delikte zum stabilen Muster werden, weil informelle Kontrolle in den reduzierten Bindungen an die gesellschaftlichen Institutionen mehr und mehr an Einfluss verliert. Mit ihrer Lebenslaufperspektive beanspruchen Sampson und Laub, stabile und dauerhafte Delinquenzverläufe ebenso erklären zu können wie Phasen oder auch Abwendung von Kriminalität.

3 Weitere Ansätze der kriminologischen Lebenslaufforschung

Während Lebensverlaufsforschung sich Biographien widmet, wurde in der Kriminologie Längsschnittforschung zunächst spezieller als Erforschung krimineller Karrieren betrieben. Diese Forschungsrichtung begann mit Marvin Wolfgangs erster Kohortenstudie (Wolfgang, Figlio, Sellin 1972). Für diese Philadelphia Cohort Study wurden für alle im Jahre 1945 geborenen Jungen, die in Philadelphia im Alter zwischen 10 und 18 Jahren lebten (und deshalb in den Akten der Schulverwaltung registriert waren), die über ihre Kriminalität bei der Polizei vorliegenden Daten erfasst. Für die insgesamt 9.945 männlichen Personen wurden weitere Daten über die schulische Entwicklung, auch gemessene IQ-Werte, einbezogen. 35% der Männer waren einmal oder häufiger polizeilich registriert. Unterschieden wurden Einmaltäter, Mehrfachtäter und chronische Täter (die fünf oder mehr Taten begangen hatten). Die Entdeckung dieser chronischen Täter war eines der Ergebnisse, für das diese Studie immer wieder zitiert wird: 18% der Delinquenten begingen 52% aller überhaupt registrierten Taten (Wolfgang, Figlio and Sellin 1972, 88). Die chronischen Täter zu charakterisieren, den zeitlichen Beginn ihrer Straftatenkette festzustellen und zu erklären, war ein Hauptanliegen der Forscher. Mangels weiterer Personendaten stellen die deskriptiven Zusammenhänge zwischen Taten und Folgetaten in ihrem Zeitintervall und die Berechnung der Wahrscheinlichkeiten von Folgetaten in Abhängigkeit vom Delikt den Hauptkorpus der Analysen dar; dies sind sterile Detailvermessungen von Aspekten krimineller Karrieren. Im Kontrast dazu kommt der Analyse von Folgewirkungen polizeilicher und gerichtlicher Reaktionen eine größere Bedeutung zu. Die Determinanten sekundärer Devianz gehören ja zu den genuin dynamischen Fragestellungen der neueren Kriminologie. Wolfgang, Figlio und Sellin fanden heraus, dass die Wahrscheinlichkeit weiterer Delikte mit der Stärke der Sanktion anstieg. Sie zogen daraus die Schlussfolgerung, dass das System des Jugendstrafrechts bestenfalls keinen Effekt auf das nachfolgende Verhalten der jungen Männer hat, schlimmstenfalls aber einen schädlichen (ebd.: 252). Dieser Befund wurde zumindest in Deutschland zur empirischen Begründung der kriminalpolitischen Präferenz für Diversion herangezogen (vgl. Kerner 1984: 30). Aus der 1945er Kohorte wurde ein 10%-Sample gründlicher untersucht und im Alter von 26 Jahren interviewt. Danach konnte die registrierte Delinquenz der selbstberichteten (self-reported delinquency = SRD) gegenübergestellt werden – mit interessanten Befunden: bei SRD verschwanden die bei den registrierten Daten gefundenen Zusammenhänge mit Rasse und Schicht (Wolfgang, Thornberry and Figlio 1987: 199); dies ist ein Beleg für selektive Strafverfolgung.

Dieser Karriereansatz, dem es um Beschreibung und Prognose des weiteren Kriminalitätsverlaufs anhand von Daten der Polizei und Justiz geht, der aber im Gegensatz zum Lebenslaufansatz nicht den Verlauf in anderen Lebensbereichen mit in eine dynamische Analyse einbezieht, wurde durch eine Arbeitsgruppe um Albert Blumstein zu einem Forschungsparadigma weiter entwickelt, das in den 1980er Jahren in den USA große Bedeutung erlangte. Die Feststellung der Philadelphia-Studien, eine kleine Zahl von Dauer-Straftätern sei für die Mehrheit der insgesamt registrierten Taten verantwortlich, führte zur Zusammenstellung eines Panels on Research on Criminal Careers im Jahre 1983 durch das National Institute of Justice. Unter der Leitung von Alfred Blumstein entstand eine Expertise, die insbesondere auch zum neuen kriminalpolitischen Credo, genannt *selective incapacitation*, der gezielten Inhaftierung von möglichst früh als potentiell chronische Täter prognostizierten Personen, Stellung bezog. Das Panel entwickelte Maße für Dauer der Karriere, Häufigkeit der Beteiligung an Straftaten (*lambda*), Entwicklung der Deliktschwere im Lebensverlauf und Kontexte des Karriereendes (*desistance*) als generelle Analyseraster für kriminelle Karrieren (Blumstein, Cohen, Roth and Visher 1986: 31ff.). Die Messung der Deliktshäufigkeit der Täter durch den Wert *lambda* erweckt den Eindruck, es handle sich um eine dynamische Analyse. Die Karriereforschung hat allerdings weniger die intra- als die inter-subjektive Differenz unterschiedlicher Häufigkeiten hervorgehoben: Nur eine kleine Gruppe weise ein kontinuierlich hohes *lambda* auf (Chaiken & Chaiken 1982). Wie bei den Philadelphia-Studien ist in der Karriereforschung die Identifikation der besonders aktiven Täter vorrangiges Erkenntnisziel. Die angestrebte Früherkennung etwa mit einem Prognoseinstrument, wie es Greenwood (1982) entwickelte, unterstellt, dass die hohe Frequenz eine stabile Eigenart dieser Täter ist. Schubert hat zu Recht darauf hingewiesen, dass die deskriptiven Kategorien des Karriereansatzes *onset, desistance, duration* und *participation* keine theoretische Leistung darstellen und dass innerhalb des Karriereansatzes allenfalls theoretische „Rudimente" (1997: 64) auszumachen sind. In der Tat haben die prononciertesten Studien dieses Genres vor allem die Prognose- und Kontrollmöglichkeit von Vielfachtäterschaft im Auge gehabt (vgl. Bettmer, Kreissl, Voß 1988).

Eine weitere Forschungstradition verfolgt psychologische Fragestellungen. West und Farrington haben mit ihrer „Cambridge Study of Delinquent Development" die Grundlagen für diesen entwicklungspsychologischen Ansatz gelegt. Diese Untersuchung ist ein Klassiker ähnlich der ersten Philadelphia-Studie von Wolfgang u.a. Dazu hat sicherlich auch die vehemente Publikationstätigkeit insbesondere von D. Farrington geführt. Selten ist über 411 Männer, von denen im Alter von 24 Jahren lediglich 132 (32%) polizeilich registriert waren, so viel geschrieben worden; bis 1990 waren schon vier Bücher und mehr als 60 Aufsätze erschienen (Farrington and West 1990: 115). 1961 wurden die 411 Jungen aus London, die überwiegend aus Arbeiterfamilien stammten, erstmals – im Alter von acht bzw. neun Jahren – während ihrer Schulzeit an der public school getestet und befragt. Daten wurden auch bei Eltern und Lehrern (zu Erziehungspraktiken der Eltern und Schulverhalten) erhoben. Wiederholungserhebungen fanden im Alter von 10 und 12 Jahren an den Schulen statt; erfasst wurden insbesondere Dimensionen der Persönlichkeit, Intelligenz, Leistungsbereitschaft, psychomotorische Fähigkeiten. In später durchgeführten Interviews (im Alter von 14, 16, 18, 21, 25 und 32) standen Berufsbiografie, Freizeitaktivitäten, Partnerschaften und Deliktbegehung im Vordergrund. Die registrierte Kriminalität wurde beim Criminal Record Office festgestellt. Diese prospektive Längsschnittstudie böte an sich mit den acht Erhebungswellen gutes Datenmaterial für die Untersuchung intraindividueller Verläufe; gleichwohl wurde in der Auswertung meist panelanalytisch gearbeitet. Für die abhängige Variable Delinquenz in einem bestimmten Alter oder Mehrfachtäterschaft wurden als Prädiktoren Variablen, die zeitlich zuvor z.B. in der Kindheit oder frühen Jugend gemessen wurden, herangezogen. Solche Prädiktoren waren: frühes antisoziales Verhalten, Straffälligkeit der Eltern, soziale Deprivation, geringe Intelligenz, schlechtes Erziehungsverhalten der Eltern (Farrington 1987: 63). Mit solchen Prognose-Fragestellungen wird das Potenzial der Längsschnittforschung allerdings verschenkt, weil nicht der Wandel während der späteren Lebensabschnitte interessiert, sondern ausschließlich Kontinuität der Straffälligkeit. Für den Karriereansatz ist Früherkennung von Mehrfachtätern das entscheidende pragmatische Interesse. Gleichwohl sind einige Ergebnisse der Cambridge-Studie Meilensteine der Forschung, insbesondere der Nachweis von Stigmatisierungseffekten strafrechtlicher Verurteilung in der Jugendzeit. Von den Männern, die in den Interviews Straftaten berichteten, wurden einige gefasst und verurteilt, andere blieben im Dunkelfeld. Die von der Justiz Verurteilten zeigten in der anschließenden Periode eine signifikant höhere Delinquenz als die Täter, deren Delikte im Dunkelfeld verborgen blieben (Farrington 1977, 1978). West und Farrington konnten ferner zeigen, dass Delinquenz mit größerem Risiko von Arbeitslosigkeit verbunden war, und andrerseits in Lebensphasen der Arbeitslosigkeit die Deliktquote anstieg (1990: 119). Damit wurde zumindest im Ansatz ein interaktiver Mechanismus aufgedeckt. Generell interessieren sich psychologische Längsschnittstudien eher für Kontinuitäten von Persönlichkeitszügen. Intra-individuelle Veränderungen erscheinen dann eher als peripher, wenn nicht gar als störend.

Gegenwärtig häufig diskutiert werden die Forschungen von *Terrie Moffitt,* die eine Theorie der zwei Typen von Delinquenz entwickelte (1993). Sie geht davon aus, dass es einerseits „lifecourse persistent offenders" gibt, und dass der Grundstein dieser andauernden Straffälligkeit in frühester Kindheit gelegt wurde. Davon verschieden ist eine andere Delinquentengruppe, die nur in der Jugendzeit straffällig wird. Für diese „adolescence-limited"-Delinquenten macht Moffitt ein Reifeproblem verantwortlich. Für beide Typen seien unterschiedliche Entwicklungstheorien zu formulieren. Zum Nachweis dieser Differenzierung zog Moffitt die Daten der

Dunedin-Kohorte der Geburtsjahre 1972/3 heran. Die 1.037 neuseeländischen Kinder wurden, beginnend im Alter von drei Jahren bis ins Alter von 26 Jahren untersucht.

Für Moffitt beginnt *life-course persistent offending (LCP)* mit antisozialem Verhalten in Kindheit (Beißen, Schlagen, Herumtreiben) und Jugend (Ladendiebstahl, Drogenhandel, Raub usw.). Dies gehe auf Gehirnschädigungen, Ernährungsmängel, erlebte Misshandlungen als Kind, Überaktivität, mangelnde Impulskontrolle usw. zurück und folge auch aus sprachlicher Inkompetenz, Unfähigkeit zur Reziprozität der Perspektiven und anderen sozialen Defiziten. Zum Habitus werde antisoziales Verhalten durch dauernde Konflikte mit den Eltern, die den Defiziten gegenüber pädagogisch versagten, die Kinder aus dem Haus auf die Straße trieben. Die soziale Umwelt reagiere ähnlich abwehrend. Prosoziale Fähigkeiten seien unter diesen Bedingungen schwer erlernbar. Die psychopathische Persönlichkeit (Moffitt 1994: 28) werde gerade deshalb dauerhaft, weil ihre Komposition sich gegen Änderungseinflüsse sperre.

Der Typus des lediglich auf die Jugendphase beschränkten *(adolescence-limited)* Delinquenten *(AL)* wird von Moffitt teils mit Lebenslaufskontexten erklärt, teils bezogen auf Diskrepanzen zwischen sozialem und biologischem Alter. Weil körperliche Reife auf soziale Unreife träfe, entstünden Spannungen. Die soziale Unreife werde durch die Schulpflicht bis zum Alter von 18 Jahren bewirkt. Indizien des Erwachsenenseins (Sexualität, Alkoholkonsum, Autobesitz usw.) müssten aufgrund familiärer und finanzieller Abhängigkeit zurückgestellt werden. Weil sich die Altersgenossen, die *life-course-persistent* delinquent sind, alle Freiheiten nähmen, würden sie kurzzeitig Vorbilder für die übrigen Jugendlichen, die dann eine auf die Jugendphase beschränkte Delinquenz begingen. Sobald sie aber die Insignien der sozialen Reife erreicht hätten, ginge deren Delinquenz zurück (1994: 35).

Im Alter von 26 Jahren stellte sich die Aufgliederung der 477 Männer der Dunedin-Kohorte allerdings weitaus differenzierter dar. Ein Zehntel wurde als LCP identifiziert, 122 (ein Viertel) dem AL-Typus zugeordnet. Aber 51% konnten keiner Gruppe zugewiesen werden, auch nicht einer der hinzugefügten weiteren zwei Gruppen, einerseits *abstainer* (5%), nämlich durchweg Konforme, andererseits die, deren abweichendes Verhalten in der Adoleszenz moderater wurde *(recovery;* 8%). Offenkundig lässt sich mit dem von der Theorie hervorgehobenen Gegensatzpaar LCP vs. AL nur ein gutes Drittel aller Jugendlichen erfassen (36%) (vgl. Moffitt u.a. 2002, 189). Die Hälfte der nicht-klassifizierbaren Delinquenten wird überhaupt nicht von Moffitt diskutiert, die *recoverer* möchte sie lieber „low-level chronic offenders" nennen, gesteht aber noch nicht ein, dass diese Gruppe ihre Dichotomie widerlegt, denn wegen ihrer vielen Belastungen in der Kindheit galten sie zunächst als LCP identifiziert, eine Prognose, die sich später nicht halten ließ (Moffitt u.a. 2002: 197). Noch problematischer für die Typologie ist aber, dass die adolescence-limited-Delinquenten auch nach Ende ihrer Jugendzeit bis ins Alter von 26 Jahren weiter delinquent blieben. Moffitt glaubt, dass das Erwachsensein heute später beginnt, als sie es 1993 vermutete. Man könnte aber auch resümieren, dass ihre Theorie wenig Gültigkeit besitzt, weil ein Teil der LCD-Gruppierten im Jugend- und frühen Erwachsenenalter nicht stark delinquent ist (recovery), obwohl dies in der Kindheit prognostiziert wurde, und auch die als adolescence-limited Eingestuften nach Ende der Adoleszenz keineswegs aufhören.

Gerade mit Blick auf die Arbeiten von Moffitt wird deutlich, dass sich der Lebenslaufansatz in der Kriminologie, auch wenn Sampson und Laub ihn zu einer innovativen Perspektive entwickelten, keineswegs aus der Tradition ätiologischer Kriminologie gelöst hat und dies auch weiterhin nur begrenzt versucht (vgl. auch Benson 2002). Insbesondere die Zielsetzung, frühzeitig kriminelle Karrieren prognostizieren zu können, impliziert eher eine statische (nämlich eine kriminelle Gefährlichkeit festschreibende) als eine dynamische Sicht auf die Personen; sie wurde dafür zu Recht von Bettmer, Kreissl und Voß (1988) kritisiert.

Es lassen sich aber eine Reihe weiterer Lebensverlaufsanalysen nennen, die speziell zur Jugenddelinquenz maßgebliche Ergebnisse erbracht haben. Dazu gehören drei Studien, die 1987 vom Office for Juvenile Justice and Delinquency Prevention ins Leben gerufen wurden: die Rochester Youth Development Study (RYDS), geleitet von Terence Thornberry, der Denver Youth Survey unter der Leitung von David Huizinga, und die Pittsburgh Youth Study, geleitet von Ralf Loeber. Die drei Studien verwenden großenteils identische Fragebögen und Messinstrumente, um Ergebnissen durch die parallele Überprüfung an drei Orten mit unterschiedlich komponierten Samples eine größere Validität zu sichern. Alle drei Studien haben allerdings unterschiedliche Frageschwerpunkte. Auf eine ausführliche Darstellung der drei Studien und ihrer Ergebnisse muss hier verzichtet werden; einen Überblick gibt der Sammelband von Thornberry und Krohn (2003).

Zu den wichtigsten Längsschnittstudien gehört auch der von Delbert S. Elliott geleitete National Youth Survey, in dem US-weit 1.725 Jugendliche bis 1994 in neun Erhebungswellen befragt wurden. Vor allem die Kontexte, aus denen sich Gewaltanwendung im Lebensverlauf entwickelt und dann einerseits beibehalten oder aufgegeben wird, wobei insbesondere der Rassenzugehörigkeit eine Filterfunktion zukommt, wurden analysiert (Elliott 1994). In Europa fand insbesondere die Edinburgh Study of Youth Transitions and Crime Beachtung, die seit 1998, geleitet von D.J. Smith, bei 4.300 Jugendlichen durchgeführt wird. Bei der ersten Interviewwelle waren sie im Alter von 12 - 13 Jahren, angestrebt ist ein Beobachtungsfenster bis ins Alter von 30 Jahren. Akten der Schulen und Polizei werden herangezogen. Ergebnisse lassen sich bei Smith (2007) finden sowie unter www.law.ed.ak.uk/cls/esytc/index.htm.

Die in den USA durchgeführten Längsschnittstudien sind nicht ohne Kritik geblieben. Stärkste Kritiker des Ansatzes sind Gottfredson und Hirschi (1987), die Longitudinaldesigns als großartige Geldverschwendung ansehen: Sie seien immens teuer und erbrächten über lange Zeit keine Ergebnisse. Darüber hinaus erheben sie verschiedene Einwände:
- So hätten die Längsschnittstudien bislang ihren eigenen Anspruch, eindeutige Klärung von Kausalbeziehungen zu leisten, nicht erfüllt (594). Dies sei auch kaum zu erwarten, weil viele als Kausalbeziehungen betrachtete Zusammenhänge im Grunde gemeinsame Effekte von dritten, latenten Variablen seien.
- Ferner gingen Längsschnittstudien davon aus, dass Lebensereignisse unabhängige Einflussgrößen auf den Verlauf der Delinquenz darstellten. Dies sei aber nicht der Fall. Nach der Theorie von Gottfredson und Hirschi sind Lebensereignisse ebenso abhängig von gewissen Eigenheiten des Menschen, dem sie passieren, wie Kriminalität. Ereignisse wie Arbeitslosigkeit, Trennung und Scheidung und andere nachteilige Geschehnisse träfen Personen nicht zufällig; vielmehr seien dafür die gleichen Faktoren verantwortlich, die auch eine Tendenz zu Kriminalität förderten. Nach ihrer „General Theory of Crime" (1990) handelt es sich dabei um Mangel an Selbstkontrolle.
- Auch die Untersuchung intra-individueller Delinquenzverläufe stößt auf ihren Widerspruch. Sie zweifeln an dem praktischen Nutzen, bei denen, die irgendwann Delikte begangen haben, zu erforschen, wie das Auf und Ab der Häufigkeiten dieser Handlungen zu erklären ist. Nur der inter-individuelle Vergleich könne zur Prävention von Delinquenz beitragen (1987: 607).
- Zentrale Variablen wie Alter, Geschlecht oder Rasse stünden vorab fest und es gäbe keine Anhaltspunkte dafür, dass ihr Einfluss im Lebensverlauf variiere; vielmehr sei er konstant (ebd.: 590).

Viele Vorbehalte von Gottfredson und Hirschi folgen aus ihrer theoretischen Grundposition, nach der in den ersten drei Lebensjahren insbesondere durch elterliches Verhalten die Fähigkeit zur Selbstkontrolle entwickelt wird und als relativ konstante Persönlichkeitsbasis das weitere Leben bestimmt. Insoweit in den Argumenten diese Prämisse aufscheint, fällt Lebenslaufforschern die Entgegnung leicht. Sie können lakonisch feststellen, wie etwa Elliott und Menard, wer – wie Gottfredson und Hirschi – Kriminalität von grundsätzlich nicht-beobachtbaren Eigenschaften wie *criminality*, also normbrecherischen Neigungen oder *propensities* erkläre (deren behauptete Stabilität natürlich ebensowenig nachweisbar ist wie die latenten Variablen selbst), schließe intra-individuellen Wandel per definitionem aus (1996: 29) bzw. eskamotiere sie aus dem analytischen Ansatz.

Die Kausalitätsfrage wird von Elliott/Menard (1996) am Beispiel des Streitfalls, ob delinquente Freunde spätere Delinquenz bewirken oder ob sich Delinquente ebensolche Freunde suchen, sehr differenziert erörtert. Sie zeigen auf Grund von Daten des NYS die Aufschaukelungsprozesse zwischen dem Zusammensein mit delinquenten Freunden und eigener Delinquenz aufgrund der bestehenden Interaktion beider Variablen (59f.). Damit ist die Behauptung von Gottfredson und Hirschi widerlegt, die kriminellen Tendenzen des Individuums drückten sich auch in Beziehungen zu delinquenten Freunden aus, es gäbe aber keine Einflüsse von diesen.

Auch der Vorbehalt der stabilen Wirkung von Kernvariablen wird von Elliott entkräftet (1994a: 198): Angehöriger der afro-amerikanischen Minorität zu sein, erschwert den Ausstieg aus Gewaltkriminalität, allerdings nur dann, wenn stabilisierende Lebenschancen wie ständige Arbeit und andauernde Partnerschaft fehlen. Sind sie vorhanden, gibt es keine Unterschiede zu Weißen.

Diese Gegenüberstellung mag die Grundsätzlichkeit der Kontroverse beleuchten; für eine sorgfältige Bewertung der Argumente fehlt hier der Platz. Interessant ist aber die divergente Sichtweise auf einen Befund aus der Längsschnittforschung, nämlich dass sich Delinquenz vorangegangener Jahre als bester Prädiktor späterer Delinquenz erweist. In der Tat ist bei vielen Längsschnittuntersuchungen auffallend, dass die Delinquenz des Vorjahres (oder eines früheren Zeitpunktes) den höchsten Erklärungsbeitrag in statistischen Modellierungen späterer Delinquenz leistet. Gottfredson und Hirschi sehen darin einen Beweis für ihr Theorem einer stabilen *criminality*, einer feststehenden Neigung zu Kriminalität. Sampson und Laub dagegen verweisen auf die Analyse von Nagin und Paternoster (1991), die zeigten, dass dieser Effekt in der Erwachsenenphase zurückgeht, und sehen darin die Relevanz der Akkumulation von Nachteilen einerseits, von *turning points* andrerseits.

5 Zur Lebenslaufforschung über Jugenddelinquenz in Deutschland

Die Lebenslaufperspektive ist in der deutschen Kriminologie selten angewendet worden. Prospektive Längsschnittstudien mit einer größeren Zeitspanne gibt es kaum; die Lebenslaufsanalysen betrafen meist retrospektiv gewonnene Datensätze oder solche aus Panelstudien. So hat die Forschergruppe um *Hans-Jürgen Kerner und Elmar Weitekamp* eine Follow-up-Untersuchung der Tübinger Jungtäter-Vergleichsstudie von H. Göppinger durchgeführt. Aus dieser Nachfolgestudie sind wichtige Erkenntnisse, die insbesondere auch an die Theorie von Sampson und Laub anknüpfen, hervorgegangen (Mischkowitz 1993, Stelly und Thomas 2001). Sie betreffen allerdings Lebensverläufe von Erwachsenen und sind daher hier nicht einschlägig. Eine prospektive Studie zur Jugenddelinquenz wird gegenwärtig von Boers und Reinecke in Münster bzw. Duisburg durchgeführt; erste Ergebnisse wurden kürzlich publiziert (Boers/Reinecke 2007).

In einer Langzeitstudie mit zwei Erhebungszeitpunkten untersuchte *Pongratz* bei 140 in den Jahren 1953 und 1954 geborenen Prostituiertenkindern Effekte von unterschiedlichen Erziehungsmilieus je nachdem, ob das Kind adoptiert wurde, bei Pflegeeltern, bei der leiblichen Mutter oder in Heimen aufwuchs. In einer Folgeuntersuchung etwa 14-18 Jahre danach (1975-1980) zeigte sich, dass trotz erschwerter Bedingungen in Kindheit und Jugend nur in wenigen Fällen Verhaltensauffälligkeiten auftauchten. Für 75% ergab die Nachuntersuchung gute soziale Einordnung (Pongratz 1988: 75). Protektive Faktoren verhinderten vielfach kriminelle Lebensverläufe. Das Design (Aktenanalyse und etwa 16 Jahre danach retrospektive Interviews mit 115 Personen) ist ein Langzeit-Panel, keine Longitudinalstudie und ähnelt dem Ansatz der Erforschung protektiver Faktoren in der Psychologie.

Der Karriereansatz, also die bloße Beschreibung des Kriminalitätsverlaufs ohne Beachtung der Dynamiken anderer Lebensbereiche, wurde in Deutschland selten aufgegriffen. *Heinz* und *Storz* untersuchten an einer Kohorte des Geburtsjahrgangs 1961, für die im Bundeszentralregister Einträge vorlagen, wie sich in den Jahren danach die Registrierungen bis zum Lebensalter von 22 Jahren (erfasst im Jahr 1984) entwickelten. 9% der Angehörigen des Jahrgangs 1961 waren registriert; von diesen wies ein Prozent fünf und mehr Einträge auf (Heinz und Storz 1992: 139). Die Forscher interessierten sich allerdings nicht für die Entwicklung der einzelnen Personen, sondern für die Unterschiede der verschiedenen Bundesländer bei der Anwendung von Diversion. Es ging dabei also um Sanktionswirkungen. Es zeigte sich, je häufiger in einem Land bei dem ersten strafrechtlichen Verfahren die Möglichkeiten der §§ 45, 47 JGG zur Vermeidung einer Verurteilung genutzt wurden, desto geringer war sowohl nach informeller als auch nach formeller Sanktionierung die Gefahr einer Verfestigung der Karriere im Sinne eines Übergangs zu wiederholter formeller Sanktionierung (Heinz und Storz 1992: 188).

In einer späteren Studie wurde an der Geburtskohorte 1967 geprüft, ob in den 80er Jahren ein Wandel im Gebrauch von Diversion stattfand. Trotz höherer Prävalenz (11,4% des Jahrgangs 1967 waren registriert) blieb die Rate formell Verurteilter gleich (Heinz, Spieß und Storz 1988: 656). Die Wahrscheinlichkeit weiterer Sanktionierung erwies sich als signifikant höher, wenn die erste Sanktionierung formell geschah (Spieß und Storz 1989: 143). Die Anwendung des Karriereansatzes bezog sich also vor allem auf Effizienzuntersuchungen von Sanktionswirkungen. Dies hat seinen Grund wohl auch in den in Deutschland geltenden Datenschutzregelungen, die strikte Anonymisierung verlangen, bevor Datensätze aus dem Bundeszentralregister in die Hände der Forscher gelangen. Sie können daher nicht – wie in Philadelphia – mit anderen Dokumenten oder gar Befragungen gekoppelt werden; die Daten aus dem BZR enthalten praktisch keine Informationen über andere Aspekte des Lebenslaufs; auch wo sie teilweise um Polizeidaten ergänzt werden können, ist das Informationsniveau gering, sodass kaum mehr als Deskription von Verläufen gelingen kann. Wichtige Kontextvariablen stehen nicht zur Verfügung.

6 Die Bremer Lebensverlaufsstudie von Haupt- und Sonderschülern

Es gibt allerdings eine abgeschlossene deutsche Lebenslaufstudie über Jugenddelinquenz, die als prospektive Längsschnittstudie Daten des BZR mit Selbstberichten über Delinquenz kontrastieren konnte, dabei die Nützlichkeit des Theoriekonzepts von Sampson und Laub testete und insgesamt wichtige Einsichten über die Dynamik von Delinquenz im Lebensverlauf bundesdeutscher Jugendlicher erbringen konnte. Sie soll etwas ausführlicher dargestellt werden.

Prospektive Längsschnittstudien untersuchen den Lebensverlauf einer Zufallsstichprobe, über deren Delinquenz man bei Beginn nichts weiß; erst im Laufe der Jahre stellt sich heraus, wer delinquent wurde und wer nicht. Die Bremer Lebensverlaufsstudie untersuchte Jugendliche nach Verlassen der Hauptschulen bzw. Gesamtschulen und einiger Sonderschulen in der Stadt Bremen. Für die 12 Jahre nach Schulabgang wurde der Einstieg in eine berufliche Qualifikation, der Verlauf der Ausbildung, der Beginn von Berufstätigkeiten sowie die Arbeitslosigkeit in Form eines monatlichen Kalendariums erfasst. Die Delinquenz wurde rückblickend auf Jahresbasis durch Selbstberichte erfasst. Zusätzlich wurden für alle Angehörigen der Kohorte Auskünfte beim Bundeszentralregister eingeholt, ob registrierte Kriminalität[1] gegeben war. Dadurch konnten Zusammenhänge zwischen Aspekten des Lebensverlaufs (z.B. der Ausbildung und ersten Etablierung am Arbeitsmarkt) einerseits und Delinquenz bzw. registrierten Straftaten Jahr für Jahr analysiert werden, es konnten entweder zeitgleich oder auch unter Beachtung der Zeitstruktur möglicher Kausalitäten zeitversetzte Modelle gerechnet werden, auch konnten im retrospektiven Einbezug von Lebensereignissen dynamische Entwicklungen modelliert werden.

Die potentiellen Kohortenmitglieder wurden erstmalig im Mai/Juni 1989 in den Schulen in den Klassen 10, 9 und 8 befragt; für die eigentliche Kohorte qualifizierten sich dann nur jene, die tatsächlich im Juli 1989 der Schule den Rücken kehrten. In den folgenden Interviews (1992/2, 1995, 1997 und 2000) wurden Fragen zu Ausbildung und Beruf, zur Einbindung in die Herkunftsfamilie, zu Freunden bzw. Cliquen und Partnerschaften, zu Freizeitverhalten, Einstellungen zu Delinquenz, Alkohol- und Drogengebrauch, Lebensplanung und -perspektiven, Bewertungen und Bilanzierungen der jeweiligen Lebenslagen usw. gestellt. Bei Beginn 1989 war die Kohorte im Durchschnitt 16,6 Jahre alt und bestand zu 45% aus Frauen und 55% aus Männern. Der Ausländeranteil betrug 17%. Bei der zweiten Erhebung (1992/3) konnte aus dem Pool potentieller Abgänger, die bei der 1. Welle befragt worden waren, die eigentliche Kohorte faktischer Schulabgänger mit Kooperationsbereitschaft an einer Längsschnittstudie im Umfang N= 424 konstituiert werden (so genanntes Makropanel). Bei den folgenden Wellen trat erwartbar ein gewisser Schwund auf, der aber tolerabel war. 1997 wurden noch 370 Personen interviewt, 2000 nur 333, immerhin aber noch 78,5% der ursprünglichen Kohorte. Die Ausfälle führten zu keiner Verzerrung (vgl. Schumann 2003, Kap.2).

Zusätzlich zu dieser quantitativen Kohortenstudie wurde mit einem Teil der Kohortenmitglieder (bei Beginn 60 Jugendliche) eine 5-Wellen-Studie mit offenen Leitfadeninterviews durchgeführt. Gestützt auf diese qualitativen Daten konnten die individuellen Sichtweisen und Einschätzungen hinsichtlich der Mitgliedschaft in Cliquen, des Verlaufs der Ausbildung und

---

[1] Wir bezeichnen die selbst berichteten Straftaten als Delinquenz, weil – wenn Befragte die Strafbarkeit ihrer Handlungen selber einstufen – wahrscheinlich Unschärfen gegeben sind; demgegenüber wird registriertes strafbares Handeln als Kriminalität bezeichnet, weil hier die Bewertung von Staatsanwälten und Gerichten vorgenommen wurde.

des Berufseinstiegs und die Erfahrungen von Deliktbegehung und Sanktionierungen erkundet werden. In der qualitativen und quantitativen Studie wurden Selbstberichte bezogen auf 34 Deliktvarianten abgefragt. Sie wurden aggregiert zu vier Indizes (Eigentumsdelikte, Gewaltdelikte, Drogendelikte, Restdelikt-Index) und einem Gesamtindex.

Zu den wichtigsten Ergebnissen gehören folgende Befunde (vgl. für Details Schumann 2003):

- Mit dem Älterwerden sinkt die Delinquenz. Der Effekt ist aber wesentlich schwächer als nach der – als universelle Tatsache der Kriminologie bezeichneten – *age-crime-curve* zu erwarten wäre, die sich auf registrierte Straftaten bezieht. Anstelle einer abfallenden Kurve zeigt selbst berichtete Delinquenz eher ein rechtsschiefes Plateau. Es geht auf gegenläufige Entwicklungen zurück. Während Gewalt- und Eigentumsdelikte mit dem Alter abnehmen, beginnt die Drogendelinquenz erst im Jugendalter und bleibt einige Zeit stabil.
- 83% der Kohorte waren irgendwann einmal Täter. Die These von der Ubiquität von Jugenddelinquenz ist also gut begründet. Nur jeder (bzw. jede) Sechste war während der gesamten Zeit von der Strafmündigkeit an bis ins Alter von ca. 27 Jahren völlig konform.
- 12% haben in jedem der 12 Jahre irgendwelche Delikte begangen. 71% der Kohorte haben während einiger Jahre Taten begangen, zwischendurch pausiert. Episodenhaftigkeit bedeutet also nicht, dass es klare zeitliche Endpunkte der Involviertheit in Delinquenz gäbe. Vielmehr ist Delinquenz eingestreut in die Lebensphase Jugend, mit kleinerer oder größerer Regelmäßigkeit.
- Die Delinquenz der Frauen geht im Lauf der Jahre stärker zurück und hat eher die Form einer Kurve. Die unterschiedlichen Entwicklungen bei beiden Geschlechtern legen es nahe, nach genderbezogenen Erklärungen zu suchen. Dabei wäre z.B. an die größere Distanz zu denken, die bestimmte Muster von Weiblichkeit, insbesondere wenn sie der traditionellen Frauenrolle entsprechen, im Gegensatz zu manchen Klischeevorstellungen von Männlichkeit zu Delinquenz aufweisen.
- Bei Nichtdeutschen gibt es eine überraschende Diskrepanz: Die selbstberichtete Delinquenz ist geringer, die im BZR registrierte Delinquenz aber höher als diejenige der Deutschen. Das spricht für eine selektive Strafverfolgung zum Nachteil der Ausländerpopulation, d.h. eine statusbedingt stärkere Rekrutierung in Lebensverläufe, die von einer Akkumulation von Nachteilen geprägt sind.

Von großer Bedeutung sind Erkenntnisse über die Bedingungen des Ausstiegs aus Kriminalität, in der Karriereforschung *desistance* genannt. Während gewisser Lebensphasen integrieren Jugendliche kriminalisierbares Handeln in ihr Selbstkonzept. Am Ende dieser Lebensphasen sinkt Delinquenz auch in Folge von Ausstieg aus Gruppen Gleichaltriger, in denen diese Delinquenz verübt wurde. Solche Gruppen, „Cliquen" oder „Gangs" Jugendlicher lösen sich ohnehin oft mit dem Übergang in das Erwachsensein und der damit verbundenen Übernahme entsprechender gesellschaftlicher Rollen (in Familie, Erwerbsleben etc.) auf. Dies markiert zugleich oft auch das Ende der Jugendphase. Ausstieg erfolgt auch, wenn mit steigendem Lebensalter ein höherer beruflicher und sozialer Status erreicht wird, der durch strafbare Handlungen gefährdet wäre. Die Angst, doch einmal inhaftiert werden zu können, hat Einfluss auf den Ausstieg aus Delinquenz sowie aus delinquenten Gruppen, durch deren Aktionen man in Taten verwickelt werden könnte. Maßgeblich ist schließlich auch der Rückzug in die Privatsphäre einer Partnerschaft. In dieser biographischen Sicht wird *desistance* auf einen bewusst gesteuerten Entschluss zurückgeführt, der das Ergebnis einer Kosten-Nutzen-Abwägung sein dürfte, die aber weder rechtliche noch moralische Elemente aufweist und eher als Abwägung von Lebensprioritäten verstanden werden kann. Insofern spielen Entwicklungen in anderen *trajectories* eine beträchtliche Rolle für das Aufgeben delinquenter Handlungen.

Gleichaltrigengruppen sind für die Vergesellschaftung in der Jugendphase besonders einflussreich. Jeder zweite Jugendliche ist in Cliquen eingebunden, auch wenn der Wechsel von der Schule in die Berufsausbildung teilweise die peer group-Anbindung reduziert. Cliquenmitglieder weisen eine höhere mittlere Tatfrequenz auf als Jugendliche ohne feste Freundesgruppe, Bandenmitglieder eine deutlich höhere als Cliquenmitglieder. Bandenmitglieder zeigen durchgängig hohe Delinquenzbelastungen. Gewaltdelikte sind relativ selten bei Jugendlichen ohne feste Clique, während sie bei Bandenmitgliedern in der frühen Phase der Jugend ein weit verbreitetes Phänomen sind, das mit der Zeit abnimmt. Die Bedeutung der Clique schwindet allmählich, der Zeitaufwand für die Clique wird mit dem Älterwerden reduziert, wenn auch von Männern geringer als von Frauen (vgl. Othold 2003).

Betrachtet man auf der Grundlage der standardisierten Daten die Entwicklungen der Lebensverläufe nach dem Kontakt mit Kontrollinstanzen, zeichnet sich ein klares Bild ab: Kontrollerfahrungen – selbst geringerer Schwere – scheinen nicht nur Ausgrenzungsprozesse vom Arbeitsmarkt zu befördern, sondern auch – zumindest längerfristig – kriminalisierbares Verhalten zu stabilisieren oder gar zu steigern. Sie wirken also kontraproduktiv. Die Bedeutung der Akkumulation von Nachteilen für dauerhafte Delinquenz konnte wenigstens ansatzweise geklärt werden. Misserfolg in Ausbildung und Berufslaufbahn geht auch auf den Einfluss von Sanktionen zurück. Verschlechterungen im Beruf sind signifikant eher eine Folge von Verurteilungen als von Verfahrenseinstellungen nach den §§ 45, 47 JGG.

Die gefundenen Verlaufstypen der Delinquenz sind erheblich differenzierter, als es die dichotome Typologie von Moffitt, nach der die beiden Varianten *life-course persistent* und *adolescence limited* zu unterscheiden wären, erwarten ließe. Ein Achtel der Kohorte beging in jedem Jahr Straftaten, ein Sechstel niemals. Die übrigen Jugendlichen begingen Straftaten während variabler Zeiträume, (also während 1, 2, 3, 4, 5, 6, 7, 8 oder 9 Jahren), und zwar jeweils rund 8 % (Othold und Schumann 2003: 92). Dabei lassen sich keineswegs zwei abgrenzbare Typen erkennen, sondern eher ein Kontinuum aller möglichen Zeiträume, in denen Delinquenz geschieht. Das hatte ja auch Moffitt bei der Dunedin-Kohorte, als die Männer das Alter von 26 Jahren erreicht hatten, herausgefunden (Moffitt u.a. 2002: 201), ohne allerdings ihre Theorie aufgeben zu wollen.

Insgesamt hat sich die Wichtigkeit und Produktivität des Ansatzes von Sampson und Laub gezeigt. Künftig wird man stärker auf Interaktionen zwischen den *trajectories* von Arbeitsleben und sozialen Netzwerken und mit Sanktionierungen achten müssen. Dass Freiheitsstrafen Sozialkapital vernichten, ist plausibel, bedarf aber differenzierter Forschungen.

7 Zur künftigen Relevanz der kriminologischen Lebensverlaufsforschung

Auf dem Hintergrund der mitgeteilten Ergebnisse kann die Nützlichkeit bestimmter Begriffe und Mechanismen des Lebenslaufansatzes für die Erforschung von Delinquenzverläufen diskutiert werden. Wichtig sind etwa *transitions,* d.h. die Übergange innerhalb von *trajectories*;

der Begriff erfasst die Fortbewegungen in einer Lebenssphäre. Besonders wichtig ist der inzwischen populäre *turning point*. Weitekamp et al. (2000) und Warr (1998) machen ebenso wie Sampson und Laub Ausstiege aus Delinquenz vorrangig an *turning points* fest, die allerdings in anderen *trajectories* stattfinden: Eheschließung, gute Arbeitsstelle. Andere Forschungen haben den Eintritt ins Militär genannt (Bouffard/Laub 2002). Es gibt auch negative *turning points* von Konformität zu Kriminalität, z. B. Sitzenbleiben in der Schule (Nagin et al. 2002), aber wohl auch Relegation von einem Schultyp zu einem geringer angesehenen (Schumann 2003a). Zu untersuchen wäre, ob Viktimisierung ebenfalls zu einem *turning point* zum Negativen werden kann.

Andrerseits bleibt aber eine gewisse Skepsis, ob die stärkere Hinwendung zur Erforschung intra-individueller Delinquenz-Dynamiken nicht auch Risiken birgt. Können die Erkenntnisse der Lebensverlaufsforschung für eine Kriminalpolitik, der es um die Strategie der *selective incapacitation* geht, funktionalisiert werden? Darin könnte man ja den Sinn einer Typenbildung a la Moffitt wie des *life-course persistent offenders* sehen. Über Kontexte von Wandel und dessen Grenzen mehr Wissen anzusammeln, bedeutet implizit immer auch, die Bedingungen von Stabilität zu markieren. Und diese Stabilitäten interessieren bei Voraussagen von Gefährlichkeit. Wenn die „New Penology" (Feeley/Simon 1992) eine Entwicklung hin zur Verwaltung einerseits, zur präventiven Beherrschung andrerseits von Gefährlichkeitsrisiken unterschiedlicher Größenordnung impliziert, dann bietet Lebenslaufforschung dazu zweifellos Wissensbestände an. Insofern ist nicht garantiert, dass die Erforschung intra-individueller Dynamiken als solche bereits eine Abwendung von der etablierten Positiven Kriminologie darstellt. Gleichwohl bietet der Lebenslaufansatz die Chance, die Kontexte von Ausstieg oder Reduktion von Delinquenz zu erkunden und für die Praxis aufzuweisen, auf welche Weise das Zustandekommen solcher *turning points* gefördert werden könnte. Man kann auf die künftige Entfaltung dieser innovativen Perspektive gespannt sein.

Literatur

Benson, Michael L. (2002): Crime and the Life Course, Los Angeles: Roxbury.
Bettmer, F./Kreissl, R./Voß, M. (1988): Die Kohortenforschung als symbolische Ordnungsmacht. In: Kriminologisches Journal, 20.Jg., 191-212.
Blumstein, A./Cohen, J./Roth, J.A./Visher, C. (Eds.) (1986): Criminal Careers and "Career Criminals", Washington.
Boers, Klaus/Jost Reinecke (2007) Delinquenz im Jugendalter, Münster.
Bouffard, L.A./Laub, J.H. (2002): Jail or the Army: Does Military Service Facilitate Desistance from Crime? (unpublished).
Chaiken, J.M./Chaiken, M. (1982): Varieties of Criminal Behavior. Santa Monica.
Elder, G.H./Caspi, A./Downey, G. (1986): Problem Behavior and Family Relationships: Life Course and Intergenerational Themes, in: Soerensen, A.B./Weinert, F.E./Sherrod, L.R. (Eds.): Human Development: Interdisciplinary Perspectives, Hilsdale, N.J., 293-340.
Elder, Glen (1974): Children of the Great Depression. Chicago.
Elder, Glen H., Jr. (1998): The Life Course and Human Development, in: Lerner, Richard M. (Ed.): Handbook of Child Psychology, New York: 939-991.
Elder, Glen H., Jr. (1998a): The Life Course as Developmental Theory, in: Child Development, Vol.69, 1-12
Elliott, D.S./Menard, S. (1996): Delinquent Friends and Delinquent Behavior: Temporal and Developmental Patterns, in: Hawkins, J.David (Ed.): Delinquency and Crime. Current Theories. New York: 28-67.
Elliott, Delbert S. (1994): Serious Violent Offenders: Onset, Developmental Course, and Termination, in: Criminology, Vol.32, 1-21.

Elliott, Delbert S. (1994a): Longitudinal Research in Criminology: Promise and Practice, in: Weitekamp, E./Kerner, H.-J. (Eds.): Cross-National Longitudinal Research on Human Development and Criminal Behavior, Dordrecht: 189-201.
Farrington, D.P./West, D.J. (1990): The Cambridge Study in Delinquent Development: A Long-Term-Follow-Up of 411 London Males, in: Kerner, H.-J./Kaiser, G. (Hrsg.): Kriminalität. Festschrift für H. Göppinger. Berlin, 115-138.
Farrington, David P. (1977): The Effects of Public Labelling, in: British Journal of Criminology, Vol.17, 112-125.
Farrington, David P. (1987): Implications of Biological Findings for Criminological Research, in: Mednick, S./ Moffitt,T./Stack, S.A. (Eds.): The Causes of Crime. New Biological Approaches. Cambridge, 42-64.
Farrington, David P. (1987): Predicting Individual Crime Rates, in: Morris, N./Tonry, M. (Eds.): Crime and Justice, Vol.9, Chicago: 53-101.
Feeley, Malcolm M./Simon, Jonathan (1992): The New Penology, in: Criminology, Vol.30, 449-474
Gottfredson, M./Hirschi, T. (1987): The Methodological Adequacy of Longitudinal Research on Crime, in: Criminology, Vol.25, 581-614.
Gottfredson, M.R./Hirschi, T. (1990): A General Theory of Crime. Stanford.
Greenwood, Peter W. (1982): Selective Incapacitation, Santa Monica.
Heinz, W./Spieß, G./Storz, R. (1988): Prävalenz und Inzidenz strafrechtlicher Sanktionierung im Jugendalter. In: Kaiser, G./Kury, H./Albrecht, H.-J. (Hrsg.): Kriminologische Forschung in den 80er Jahren. Freiburg, 631-660.
Heinz, W./Storz, R. (1992): Diversion im Jugendstrafverfahren der Bundesrepublik Deutschland. Bonn.
Heinz, W.H./Krüger, H. (2001): Life Course: Innovations and Challenges for Social Research, in: Current Sociology, Vol. 49, 29-45.
Kerner, Hans-Jürgen (1984): Jugendgerichtsverfahren und Kriminalprävention, in: DVJJ (Hrsg.): Jugendgerichtsverfahren und Kriminalprävention, Verhandlungen des 19. Jugendgerichtstages, München: 14-45.
Leisering, L./Müller, R./Schumann, KF. (2001): Institutionen und Lebenslauf im Wandel – die institutionentheoretische Forschungsperspektive, in: Leisering, L./Müller, R./Schumann, K.F. (Hrsg.): Institutionen und Lebensläufe im Wandel. Weinheim/München: 11-26.
Lemert, E.M. (1975): Das Konzept der sekundären Abweichung. In: Stallberg, F.W. (Hrsg.): Abweichung und Kriminalität. Hamburg, 33-46.
Mayer, K.-U./Müller, W. (1988): The State and the Structure of the Life Course, in: Soerensen, A.B./Weinert, F.E./Sherrod, L.R. (Eds.): Human Development: Interdisciplinary Perspectives, Hilsdale, N.J.: Erlbaum, 217-245.
Mischkowitz, Robert (1993): Kriminelle Karrieren und ihr Abbruch. Empirische Ergebnisse einer kriminologischen Langzeituntersuchung als Beitrag zur „Age-Crime-Debate". Bonn.
Moffitt, Terrie E. (1993): Adolescence-Limited and Life-Course-Persistent Antisocial Behavior: A Development Taxonomy, Psychological Review, Vol. 100, 674-701.
Moffitt, Terrie E. (1994): Natural Histories of Delinquency, in: Weitekamp, E./Kerner, H.-J. (Eds.): Cross-National Longitudinal Research on Human Development and Criminal Behavior, Dordrecht: 3-61.
Moffitt, T.E./Caspi, A./Harrington, H./Milne, B.J. (2002): Males on the Life-Course-Persistent and Adolescence-Limited Antisocial Pathways: Follow-up at Age 26 Years, in: Development and Psychopathology, Vol.14, 179-207.
Nagin, D.S./Pagani, L./Tremblay, R.S./Vitaro, F. (2002): Life Course Turning Points: A Case Study of the Effect of Grade Retention on Interpersonal Violence (unpublished).
Nagin, D.S./Paternoster, R. (1991): On the Relationship of Past and Future Delinquency, in: Criminology, Vol.29, 163-190.
Othold, F. (2003): Jugendcliquen und Jugenddelinquenz, in: Schumann (2003), 123-144.
Othold, F./Schumann, K.F. (2003): Delinquenzverläufe nach Alter, Geschlecht und Nationalitätenstatus, in: Schumann (2003), 67-94.
Paternoster, R./Iovanni, L. (1989): The Labeling Perspective and Delinquency: An Elaboration of the Theory and an Assessment of the Evidence, in: Justice Quarterly, Vol. 6, 359-394.
Pongratz, Lieselotte (1988): Herkunft und Lebenslauf. Weinheim/München.
Sampson, R.J./Laub, J.H. (1997): A Life-Course Theory of Cumulative Disadvantage and the Stability of Delinquency, in: Thornberry, Terence (Ed.): Developmental Theories of Crime and Delinquency, New Brunswick, N.J., 133-161.
Sampson, R.J./Laub, J.H. (1993): Crime in the Making, Cambridge/London.
Schubert, Axel (1997): Delinquente Karrieren Jugendlicher. Reanalysen der Philadelphia Cohort Studies. Aachen.
Schumann, Karl F. (Hrsg.) (2003): Delinquenz im Lebensverlauf, Weinheim/München.
Schumann, Karl F. (Hrsg.) (2003a): Berufsbildung, Arbeit und Delinquenz, Weinheim/München.
Schumann, Karl F. (2003b): Delinquenz im Lebenslauf – Ergebnisbilanz und Perspektiven, in: Schumann (2003), 209-222.

Smith, D.J. (2007) Crime and the Life Course, in: Maguire, M./Morgan, R./Reiner, R. (Eds.): The Oxford Handbook of Criminology, 4th Ed., Oxford.
Spieß, G./Storz, R. (1989): Informelle Reaktionsstrategien im deutschen Jugendstrafrecht: Legalbewährung und Wirkungsanalyse, in: BMI (Hrsg.): Jugendstrafrechtsreform durch die Praxis, Bonn, 127-153.
Stelly, W./Thomas, J. (2001): Einmal Verbrecher - immer Verbrecher? Wiesbaden.
Thornberry, T./Krohn, M.D. (Eds.) (2003): Taking Stock of Delinquency – an Overview of Findings From Contemporary Longitudinal Studies. New York.
Warr, Mark (1998): Life-Course Transitions and Desistance from Crime. In: Criminology Vol. 36, 183-216.
Weitekamp, E./Kerner, H.-J./Stelly, W./Thomas, J. (2000): Desistance From Crime: Life History, Turning Points and Implications for Theory Construction in Criminology, in: Karstedt, S./Bussmann, K. (Eds.): Social Dynamics of Crime and Control, Oxford/Portland: Hart, 207-227.
Wolfgang, M.E./Figlio, R.M./Sellin, T. (1972): Delinquency in a Birth Cohort. Chicago.
Wolfgang, M.E./Thornberry, T.P./Figlio, R.M. (1987): From Boy to Man, From Delinquency to Crime, Chicago.

Karl-Heinz Reuband

Delinquenz im Jugendalter und gesellschaftlicher Wandel. Delinquenzverbreitung, Entdeckungsrisiken und polizeiliche Intervention im Trendvergleich
– dargestellt am Beispiel Dresdner und Düsseldorfer Studenten –

1 Einleitung

In der öffentlichen Diskussion um die Kriminalitätsentwicklung wird in der Regel auf Daten der polizeilichen Statistik zurückgegriffen und oft so getan, als würde sie die Realität der Kriminalität abbilden. Doch nur ein Bruchteil der Delikte geht in die polizeiliche Kriminalstatistik ein: Zwischen dem Delikt und der polizeilichen Registrierung liegt die Bereitschaft des Opfers – bzw. Zeugen –, das Delikt der Polizei zu melden, und die Erfassung des Deliktes durch die Polizei. Und alle diese Einflussfaktoren können im Zeitverlauf Veränderungen unterliegen und Trends in der Kriminalitätsentwicklung suggerieren, die nicht existieren.

Verzerrungen in der polizeilichen Erfassung von Kriminalität gab es u.a. gehäuft in den neuen Bundesländern in der unmittelbaren Nachwendezeit, als sich die Polizei und Justiz erst reorganisieren musste. So wurden dort lange Zeit die polizeilichen Statistiken aufgrund von Arbeitsüberlastung unzureichend geführt, mit der Folge, dass die Bearbeitung der Straftaten teilweise auf das Folgejahr verschoben wurde und die Delikte erst dann in die Statistiken eingingen. Erst seit 1993 (Bundeskriminalamt 2008: 28) – manche Autoren meinen sogar erst seit 1994 (Pfeiffer 1995: 2) – kann man von einer annähernd vergleichbaren Erfassung der Delikte durch die polizeiliche Kriminalstatistik in Ost- und Westdeutschland ausgehen.

Umfragen in der Bevölkerung – bezogen sowohl auf Opfererfahrungen als auch auf eigene Delinquenz – sind im Allgemeinen besser als Polizeistatistiken geeignet, die Kriminalitätswirklichkeit abzubilden. Denn sie erlauben das „Dunkelfeld" der Kriminalität mitzuerfassen – jene Kriminalität, die offiziellen Stellen nicht bekannt wird und keinen Eingang in die polizeiliche Kriminalstatistik findet (vgl. u.a. Killias 2002). Doch Umfragen dazu sind in Deutschland selten und zudem in der Regel auch nicht als längerfristige Trendstudie verfügbar. Im Folgenden sollen Ergebnisse einer der wenigen Langzeituntersuchungen zur selbstberichteten Delinquenz junger Menschen dargestellt und analysiert werden. Es handelt sich um eine Studie unter Studenten der Sozialwissenschaften in Ost- und Westdeutschland, von uns durchgeführt an den Universitäten Dresden und Düsseldorf.

Mit der Hinwendung zu Studenten als Forschungsobjekt greifen wir eine alte Tradition der Dunkelfeldforschung auf: Studenten waren es, mit denen die Forschung zur selbstberichteten Delinquenz sowohl in den USA als auch in Westdeutschland begann. In den USA geschah dies vereinzelt bereits in den 40er Jahren (Porterfield 1946), in Deutschland rund 20 Jahre später.

Die ersten Untersuchungen dazu in Deutschland wurden in den 1960er Jahren von Fritz Sack in Form einer explorativen Studie (unveröffentlicht) und von Stefan Quensel (Quensel und Quensel 1970) durchgeführt. In der Folgezeit verbreiterte sich die Untersuchungsbasis. Verstärkt wurden einbezogen: Schüler, Lehrlinge und Jugendliche (vgl. u.a. Amelang und Wantoch 1971, Brusten und Hurrelmann 1973, Kirchhoff 1973), Bundeswehrrekruten (Schöch 1976, Kreuzer 1980), junge Erwachsene (Villmow und Stephan 1983, Boers et al. 1994) sowie die bundesweite Bevölkerung ab 18 Jahren (Reuband 1989, ALLBUS 1990).

Studenten sind trotz dieser Ausweitung der Populationsbasis bis heute in Deutschland ein bevorzugtes Objekt der Dunkelfeldforschung geblieben, allerdings meist beschränkt auf Jura-Studenten im Erstsemester, befragt im Rahmen von Einführungsvorlesungen zum Strafrecht oder zur Kriminologie (vgl. u.a. Kreuzer 1978, 1993, Feltes und Feldmann-Hahn 2008, Kinzig 2008, Dünkel 2008). Die Befunde der Befragungen dienen hier meist mehr pädagogisch-didaktischen als wissenschaftlichen Zwecken: Es gilt, an den Ergebnissen deutlich zu machen, wie verbreitet Delinquenz ist und dass selbst angehende Juristen nicht davor gefeit sind. Dementsprechend wurden Ergebnisse aus diesen Erhebungen bislang nicht oder nur punktuell publiziert. Dabei bieten die Befragungen durchaus mehr als nur Informationen pädagogisch-didaktischer Art.

Natürlich sind Studenten nicht repräsentativ für die Jugendlichen schlechthin, und Jura-Studenten sind es ebenso wenig wie Studenten der Sozialwissenschaften. Nicht nur die Tatsache zählt hier, dass eine Minderheit der Jugendlichen im entsprechenden Alter ein Studium ergreift, sondern auch die Tatsache, dass Studenten in ihrer sozialen Herkunft und Einstellungsmustern von der Jugend in ihrer Gesamtheit in gewissem Umfang abweichen. Dies schließt allerdings nicht aus, dass sie beide ähnlichen Trends in Einstellungen und Verhalten unterliegen können. Denn Studenten bilden oft in der Gesellschaft ein Innovationspotential mit einer Leitbildfunktion für andere.[1] Trends, die sich bei ihnen vollziehen, werden deshalb häufig auf die Gruppen der Jugendlichen zurückwirken. Und Trends unter Jugendlichen werden sich – wenn auch womöglich modifiziert – ebenfalls unter den Studierenden wiederfinden. Dies könnte auch für den Bereich delinquenten Verhaltens gelten.

Wo es um die Reaktionen der Kontrollinstanzen auf Delinquenz geht, dürften ohnehin die Besonderheiten eines Studentensamples verblassen und allgemeinere Aussagen möglich sein. Zwar ist es denkbar, dass sich Jugendliche mit höherer Bildung im Kontakt mit der Polizei oder anderen Kontrollinstanzen eher als schlechter Gebildete gegen die Zuschreibung einer devianten Etikettierung wehren können (vgl. u.a. Brusten und Malinowski 1975). Die Wahrscheinlichkeit der Auffälligkeit dürfte davon jedoch kaum oder gar nicht berührt sein. In dem folgenden Beitrag interessieren die Verbreitung von Delinquenz sowie deren Erfassung und Registrierung im Zeitverlauf. Dabei soll auch die Tatsache berücksichtigt werden, dass manche Delikte, wie z.B. Schwarzfahren oder Ladendiebstahl, der Polizei meist nur vermittelt über Personen bekannt werden. Sinkende oder steigende Zahlen in der polizeilichen Kriminalitätsstatistik müssen daher nicht notwendigerweise reale Veränderungen in der Devianz widerspiegeln. Sie können ebenso eine Folge veränderter Sichtbarkeit von Delinquenz sein und einen Wandel

---

1 In diesem Zusammenhang sei u.a. auf die Studentenunruhen der späten 1960er Jahre verwiesen und die darauf einsetzenden Veränderungen in der Jugend und der Gesellschaft. Studenten der geistes- und sozialwissenschaftlichen Fachrichtungen nahmen hierbei eine Pionierfunktion ein. Siehe dazu u.a. Allerbeck (1973). Die überproportionale Beteiligung Jüngerer und besser Gebildeter am Wertewandel der 1960er und 1970er Jahre hat sich auch bei der Analyse von Wertewandel im Bereich der Kindererziehung gezeigt – anhand von Werten, die in der Literatur auch als allgemeine gesellschaftliche Werte der Selbstentfaltung vs. Akzeptanz und Pflicht gedeutet worden sind (vgl. Reuband 1988b).

in der Art der Entdeckung und sozialen Kontrolle beinhalten: von informellen zu formellen Arten der Kontrolle oder umgekehrt.

2 Methodisches Vorgehen

Basis der Untersuchung sind anonyme schriftliche Befragungen unter den Teilnehmern der Vorlesung „Methoden der empirischen Sozialforschung" an der TU Dresden bzw. der Heinrich-Heine-Universität Düsseldorf. Es handelt sich um eine Pflichtveranstaltung, die von allen Erstsemestern im Studiengang Soziologie/Sozialwissenschaften absolviert werden muss. Begonnen wurde in Dresden mit der Umfrageserie im Sommersemester 1993. Sie wurde bis 1997 kontinuierlich auf jährlicher Basis und anschließend in größeren zeitlichen Abständen fortgeführt. Seit 1997 wurden auch Studenten in Düsseldorf in das Untersuchungsdesign einbezogen und mit den gleichen Fragebogeninstrumentarien regelmäßig, meist jährlich, befragt. Insgesamt wurden in Dresden in der Zeit zwischen 1993 und 2008 1.732 Studenten und in Düsseldorf zwischen 1997 und 2008 1.459 befragt. Zusammengenommen sind dies 3.238 Personen. Unsere Befragungsserie ist damit in der Bundesrepublik neben der von Arthur Kreuzer (vgl. u.a. Kreuzer et al. 1993) eine der größten und zeitlich umfassendsten zur selbstberichteten Delinquenz Studierender.

Durchgeführt wurden die Erhebungen in der Regel zu Beginn des Wintersemesters, in Ausnahmefällen zeitverzögert zu Beginn des folgenden Sommersemesters. Ort der Befragungen war der Hörsaal, in dem die Vorlesung stattfand. Eine Zuweisung von Sitzplätzen mit räumlichem Abstand zwischen den Teilnehmern – wie bei Klausuren üblich – gab es nicht. Natürlich ist es denkbar, dass fehlender Zwischenraum die Bereitschaft zum Eingeständnis von Devianz reduziert. Alles in allem weisen Studien jedoch darauf hin, dass die Verzerrungen, die daraus erwachsen können, minimal sind. So erbrachte ein Methodenexperiment, bei dem nach einem Zufallsverfahren Studenten in zwei Gruppen aufgeteilt wurden und die eine Hälfte im Hörsaal, die andere postalisch befragt wurde, keine Unterschiede in der Delinquenzverbreitung (vgl. Kreuzer et al. 1990, 1992).

Die fachspezifische Zusammensetzung der Studentenpopulation blieb an beiden Untersuchungsorten über die Zeit ähnlich, mit leichten Akzentunterschieden, die sich aus Änderungen der Studienordnung und der Methodenausbildung ergaben. So zählten in Dresden nach der Jahrtausendwende neben Studenten der Soziologie und Politik auch Studenten der Kommunikationswissenschaft zu den Hörern der Vorlesung. Und in Düsseldorf wurde im Wintersemester 1999 der Magisterstudiengang „Soziologie" durch den Bachelor-Studiengang „Sozialwissenschaften" abgelöst (bestehend aus den Fächern Soziologie, Politikwissenschaft und Kommunikationswissenschaft). Da es jedoch an beiden Universitäten vor der Einführung der neuen Studiengänge auf Seiten der Studierenden nicht unüblich war, Soziologie mit Politik- oder Kommunikationswissenschaft als Nebenfach zu kombinieren und Nebenfachstudenten teilweise ebenfalls die Veranstaltung besuchten, dürften die Veränderungen in der Studentenschaft weniger groß sein, als die Änderungen der Studiengänge zunächst erscheinen lassen. Ein Numerus Clausus, der bestimmte Durchschnittsnoten zum Auswahlkriterium machte, wurde für das Fach Soziologie bzw. Sozialwissenschaften in Dresden 1997 eingeführt, in Düsseldorf 1998.

Weitgehende Stabilität kennzeichnet die soziale Zusammensetzung der Befragten über die Zeit. Und eine ähnliche Zusammensetzung mit allenfalls leichten Unterschieden gibt es auch im Ost-West-Vergleich. Nur ein kleiner Teil der Studierenden stammt aus dem Studienort selbst, typisch ist eine Rekrutierung aus benachbarten Orten und dem eigenen Bundesland. Lediglich 23% der Dresdner Studenten wuchsen vor Aufnahme des Studiums in Dresden auf, unter den Düsseldorfer Studenten beläuft sich der entsprechende Anteil auf 13%. Der Prozentsatz derer, die im Ausland ihre Kindheit oder frühe Jugend verbrachten, liegt bei 3% (Dresden) bzw. 8% (Düsseldorf). 62% der Befragten in beiden Städten sind Frauen. Der Altersdurchschnitt, gemessen am arithmetischen Mittel, liegt in Dresden bei 21,1 Jahren, in Düsseldorf bei 22,1 Jahren (Median: 20 bzw. 21 Jahre). Für diesen leichten Unterschied ist im Wesentlichen die Tatsache verantwortlich, dass der Besuch des Gymnasiums in Sachsen acht, in Nordrhein-Westfalen neun Jahre umfasst.[2]

In der sozialen Zusammensetzung ähneln die befragten Studenten der Studentenschaft in der Bundesrepublik. So zählen auch hier mehr Frauen als Männer zu den Studienanfängern, und auch hier liegt das Durchschnittsalter der Studienanfänger seit den 1990er Jahren – ähnlich wie bei uns – zwischen 21 und 22 Jahren (vgl. Heine et al. 2008: 8). Über etwaige Besonderheiten oder Gemeinsamkeiten in der sozialen Herkunft kann im vorliegenden Fall nichts ausgesagt werden, da Informationen zum Ausbildungsniveau oder Beruf der Eltern in unseren Erhebungen nicht ermittelt wurden. Zur Verfügung stehen lediglich die Ergebnisse einer Absolventenbefragung des BA-Studienganges Sozialwissenschaften in Düsseldorf, erhoben im Juni/Juli 2006. Die Befragung ist deswegen für unsere Zwecke brauchbar, da die Mehrheit der Studenten im BA-Studiengang Sozialwissenschaften ihr Studium mit dem Bachelor beenden. Nach der Absolventenbefragung verfügten 42% der Väter über einen Hochschulabschluss (Universität oder Fachhochschule) und 25% der Mütter.[3]

Wir nehmen an, dass sich diese Zusammensetzung kaum von der unterscheiden dürfte, die für Studenten der Sozialwissenschaften in Deutschland üblich ist. Aus bundesweiten Befragungen von Studienanfängern ist bekannt, dass Studenten sozialwissenschaftlicher Fächer seltener als solche, die Jura oder Medizin studieren, aus akademischen Elternhäusern stammen. Gemessen am Sozialprofil der Studienanfänger insgesamt, ist die Abweichung jedoch nicht sehr gravierend. So kamen dem Studentensurvey der AG Hochschulforschung der Universität Konstanz zufolge 47% der Studienanfänger des Jahres 2007 aus einem Elternhaus mit mindestens einem Elternteil mit Universitätsabschluss. Unter den Studienanfängern in den Sozialwissenschaften lag der entsprechende Anteil bei 41% (Multrus et al. 2008: 16).

3 Verbreitung der Delinquenz in Dresden und Düsseldorf

In die Untersuchung einbezogen wurden ausgewählte Delikte, die vom „Schwarzfahren" über den „Ladendiebstahl" bis hin zum Haschischkonsum und Fahren eines Autos unter Alkoholeinfluss reichten. Eine Abdeckung aller Deliktarten war nicht intendiert. Erfasst werden sollten

---

2   Nicht alle Studenten begannen mit dem Studium sofort nach dem Abitur. Einige waren zunächst bei der Bundeswehr, andere waren zeitweise erwerbstätig. Gefragt, ob sie vor Aufnahme des Studiums berufstätig waren, bejahten dies 25% der Dresdner und 37% der Düsseldorfer Studenten.
3   Ergebnisse einer Online-Befragung durch unsere Kollegen Gerhard Vowe und Marco Dohle vom Sozialwissenschaftlichen Institut der Universität Düsseldorf. 62% der angeschriebenen ehemaligen Studenten nahmen an der Befragung teil. Die Studenten, welche Sozialwissenschaften als Ergänzungsfach studierten, sind in dieser Erhebung nicht enthalten.

vielmehr häufige Delikte, die jemals im Jugendalter begangen werden. Da es sich um Erstsemester handelt, bedeutet das: meist in der Zeit als Schüler. Ausgelassen wurden u.a. Delikte, die in der öffentlichen Diskussion über Kriminalität zwar besonders häufig thematisiert werden, aber selten vorkommen: wie Gewaltdelikte, Raub oder Einbruch.

Erfasst wurde die Delinquenz über deliktspezifische Fragen, in der Regel mit vorgegebenen Häufigkeitsklassen. Lediglich in zwei Jahren wurde eine offene Frage ohne Häufigkeitsklassen verwendet. Dieser Wechsel der Fragekonstruktion führte bei einigen Delikten zu einer etwas selteneren Nennung – welche Gründe dafür verantwortlich sind, muss an dieser Stelle offen bleiben.[4] Wo Häufigkeitsklassen vorgegeben waren, variierten diese zwischen einmal bis über hundertmal. Somit wurden auch Frequenzen aufgeführt, die in einem oberen Bereich der Delinquenzbegehung angesiedelt sind. Die Unzulänglichkeiten vieler Studien, die sich auf niedrige Häufigkeitsnennungen beschränken oder globale, diffuse Kategorien verwenden (vgl. die Kritik bei Thornberry und Krohn 2000: 39f.), wurden vermieden.

Tabelle 1: Delinquenzvorkommen in Dresden im Zeitverlauf nach Ort (in %)

	1993[1]	1994	1995	1996	1997	1999[1,3]	2000	2003[2]	2008
Schwarzfahren	96	98	89	95	94	90	91	86	82
Sachbeschädigung	41	42	35	40	37	40	38	+	42
Ladendiebstahl	68	73	70	69	66	62	61	56	49
Haschischkonsum	22	38	35	43	51	61	50	52	54
Andere Drogen	+	+	10	10	19	18	17	16	22
Angetrunken Auto fahren	43	33	28	35	41	43	30	35	25
Angetrunken Motorrad/ Moped gefahren	22	17	11	8	8	8	7	+	+
(N=)	(127)	(158)	(160)	(234)	(123)	(82)	(250)	(208)	(306)

+ nicht erfragt.
1 Erfragt im Sommersemester (= Kohorte des WS im 2. Semester)
2 Häufigkeitsangabe erfragt in numerischer Form
3 Häufigkeitsangabe erfragt in numerischer und kategorialer Form, hier: kategoriale Variante
Basis: Wenn nicht anders vermerkt, fand die Erhebung jeweils zu Beginn des Wintersemesters des jeweiligen Jahres statt und umfasst Studenten im 1. Semester
Frageformulierung: „Im Folgenden einige Verhaltensweisen, die fast jeder einmal im Leben begeht. Alles zählt mit, auch die Kindheit und Jugend. Wie oft haben Sie schon... ohne erforderliche Fahrkarte ein öffentliches Verkehrsmittel benutzt? – Sachen, die Ihnen nicht gehören, mutwillig beschädigt oder zerstört (z.B. Fenster eingeworfen, Autoantennen geknickt, Telefonzellen beschädigt)? – etwas aus einem Laden oder Kaufhaus mitgehen lassen, ohne es zu bezahlen? – in angetrunkenem Zustand ein Auto gefahren? – in angetrunkenen Zustand ein Moped oder Motorrad gefahren? – Haschisch oder Marihuana genommen? – eine andere Droge (außer Alkohol und Tabak) genommen?"

---

4   Dass methodische Gründe dafür mitverantwortlich waren, zeigte sich auch im Rahmen einer Splitversion des Fragebogens, die in Dresden zur Anwendung kam (mal als geschlossene, mal als offene Fragen). In Tabelle 1 haben wir aus Gründen des Vergleichs für das Jahr 1999 die Werte für die kategoriale Antwortvorgaben ausgewiesen, die Werte für die numerischen Vorgaben gehen jedoch in die weitere Analyse mit ein.

Tabelle 2: Delinquenzvorkommen in Düsseldorf im Zeitverlauf nach Ort (in %)

	1997	1999[1,2]	2000	2003[1]	2003[2]	2004	2006[1]	2006	2007	2008
Schwarzfahren	96	91	95	93	92	91	85	86	88	85
Sachbeschädigung	61	27	41	28	+	41	29	36	44	34
Ladendiebstahl	69	35	53	45	45	54	41	39	33	35
Haschischkonsum	72	63	65	64	62	76	59	53	51	42
Andere Drogen	+	22	22	28	15	33	23	13	27	20
Angetrunken Auto fahren	45	38	37	39	40	48	30	23	31	26
Angetrunken Motorrad/Moped gefahren	13	6	8	3	+	12	7	4	+	+
(N=)	(137)	(152)	(165)	(75)	(151)	(169)	(144)	(162)	(122)	(179)

+nicht erfragt.
1 Erfragt im Sommersemester (= Kohorte des WS im 2. Semester)
2 Häufigkeitsangaben erfragt in numerischer Form
Basis: Wenn nicht anders vermerkt, fand die Erhebung jeweils zu Beginn des Wintersemesters des jeweiligen Jahres statt und umfasst Studenten im 1. Semester

In den *Tabellen 1* und *2* sind die Befunde der Erhebungen für Dresden und Düsseldorf nach dem Erhebungsjahr zusammengestellt. Als erstes fallen die von Jahr zu Jahr z. T. erheblichen Schwankungen in der Verbreitung von Delinquenzerfahrung auf. Neben Unterschieden in der Operationalisierung dürften in erster Linie kohortenspezifische und stichprobenbedingte Einflüsse dafür verantwortlich sein. Dass die Schwankungen Unterschiede in der Bereitschaft zum Eingeständnis von Devianz bedeuten, halten wir für unwahrscheinlich: Die Erhebungen waren vergleichbar angelegt, der Fragebogen weitgehend identisch und die Erläuterungen zum Zweck der Untersuchung gleich. Hinzu kommt, dass schriftliche Befragungen, die anonym durchgeführt werden, eine Offenheit der Meinungsäußerung begünstigen. Seltener als bei face-to-face- oder telefonischen Befragungen werden sozial erwünschte Antworttendenzen aktiviert (vgl. u.a. Tourangeau et al. 2000). Dies gilt auch für Fragen zum abweichenden Verhalten (vgl. Köllisch und Oberwittler 2004). Im Übrigen sind Schwankungen in der bekundeten Delinquenzprävalenz nicht für unsere Erhebungen allein typisch: Ähnlich starke Schwankungen lassen sich den Befragungsserien von Arthur Kreuzer unter Gießener Jura-Studenten und von Frieder Dünkel unter Greifswalder Jura-Studenten entnehmen.[5]

Als zweites fällt bei der Inspektion der Tabellen auf, dass es trotz aller Schwankungen ein Grundmuster gibt, das über die Zeit im Wesentlichen bestehen bleibt. Danach ist Delinquenz – wie schon andere Studien gezeigt haben – geradezu universal verbreitet. Praktisch jeder hat schon mal ein Delikt begangen, das gegen das Gesetz verstößt. Am häufigsten ist unter den erfragten Delikten das Schwarzfahren, mit Abstand gefolgt vom Ladendiebstahl, der Sachbeschädigung und dem Drogengebrauch. Relativ häufig ist ferner das Fahren unter Alkoholeinfluss. Berücksichtigt man nur diejenigen, die jemals ein Auto oder Moped besaßen oder gegenwärtig besitzen, erhöht sich naturgemäß der Anteil, so z.B. in Dresden für das Fahren eines PKW unter

---

5 So betrug in Gießen z.B. die Lebenszeitprävalenz für Ladendiebstahl unter den männlichen Befragten 1999 29%, 2000 47% und 2001 38% (unveröffentlichte Daten). Und in der Greifswalder Erhebung lag beim Ladendiebstahl unter allen Befragten (Männer und Frauen) im WS 2002/03 die Lebenszeitprävalenz bei 55%, im WS 2003/04 bei 40% (Dünkel und Geng 2009).

Alkoholeinfluss im Jahr 1993 von 43% auf 63%. Damit werden in diesem Jahr fast gleich hohe Werte erreicht wie beim Ladendiebstahl.[6]

Hat auch fast jeder Student jemals ein Delikt begangen, so ist doch die Häufigkeit, mit der dies geschah, gering. So haben, mit Ausnahme des Schwarzfahrens und des Haschischkonsums, rund drei Viertel der Delinquenten das Delikt nicht mehr als fünfmal verübt. Und auch beim Schwarzfahren und beim Haschischkonsum hält sich die Deliktbegehung in Grenzen: Rund die Hälfte der Befragten hat das jeweilige Delikt nicht mehr als zehnmal begangen. Der Verstoß gegen die Gesetze ist in der Regel sporadisch und nicht kontinuierlich.

4 Entwicklung der Delinquenz

Glaubt man der üblichen Berichterstattung in den Massenmedien, so scheint es, als würde Deutschland von einer Kriminalitätswelle überrollt. Von sinkender Bedrohung ist nur selten die Rede, Einzelfälle avancieren allzu oft zu einem typischen Muster steigender Bedrohung. Und in besonders häufigem Maße wird dabei die Kriminalität Jugendlicher als Bedrohungselement beschworen (vgl. auch Walter 2000). Aber stimmt, was so oft behauptet wird: dass die Kriminalität immer weiter zunimmt und Jugendliche daran einen besonderen Anteil haben? Gilt, was für die Vergangenheit durchaus in gewissem Maße zutraf[7], auch noch in der Gegenwart? Steigt die Verbreitung von Delinquenz?

Am weitesten reichen die Erhebungen für Dresden zurück. Wie man der *Tabelle 1* entnehmen kann, ist die Entwicklung dort seit Beginn der Beobachtungsperiode, Anfang der 1990er Jahre, keineswegs durch einen kontinuierlichen Anstieg der Delinquenz, sondern durch eine Mischung von Konstanz und Wandel geprägt. So erweisen sich die Lebenszeitprävalenzen für das Schwarzfahren, die Sachbeschädigung und das Fahren eines Autos unter Alkoholeinfluss über die Zeit zunächst als nahezu stabil. Beim Ladendiebstahl und beim Fahren eines Mopeds unter Alkoholeinfluss gibt es seit 1993 eine deutlich rückläufige Entwicklung und beim Drogengebrauch einen Aufwärtstrend. Die Verbreitung der Cannabiserfahrung hat sich innerhalb der 1990er Jahre fast verdreifacht, der einstige „Rückstand" gegenüber dem Westen ist schließlich aufgeholt. Man könnte – in Anlehnung an die Terminologie Wolfgang Zapfs (der sich auf andere, nicht-deviante Bereiche bezieht, vgl. Zapf 1994) – im Fall des Drogengebrauchs auch von einer „nachholenden Modernisierung" sprechen.

Ende der 1990er Jahre scheint unter den ostdeutschen Studenten die Verbreitung des Drogengebrauchs, ebenso wie die anderer Formen der Delinquenz, einen Höhepunkt erreicht zu haben. Von nun an zeichnet sich ein tendenziell rückläufiger Trend ab. Auch in Düsseldorf ist seit der zweiten Hälfte der 1990er Jahre eine ähnliche Entwicklung zu beobachten. Und davon betroffen sind, mal stärker mal weniger stark, alle Delikte. Besonders spektakulär ist der Verlauf beim Ladendiebstahl. Während 1997 rund zwei Drittel der Studierenden angaben, jemals dieses

---

6 In den Jahren 1994 bis 1997 liegen die entsprechenden Anteile bei 57-, 48-, 60-, 58%, in Düsseldorf 1997 bei 49%. Die Werte nähern sich mithin nicht immer, sondern nur zeitweise den Werten für Ladendiebstahl.

7 Seit den 1950er Jahren ist die Kriminalität, gemessen an der polizeilichen Kriminalstatistik, nahezu kontinuierlich gestiegen, seit Anfang der 1990er Jahre gilt dies nicht mehr uneingeschränkt (vgl. Bundeskriminalamt 2009). Langzeitstudien auf der Basis von Dunkelfeldbefragungen, die genauere Informationen über Trends in der Viktimisierung liefern könnte, gibt es für die Bundesrepublik nicht. Allenfalls gibt es rudimentäre Informationen zur Viktimisierung auf der Basis einzelner Fragen (vgl. Reuband 1995: 40).

Delikt begangen zu haben, waren es in den Jahren 2007 und 2008 nur noch halb so viele. Einen deutlichen – und nahezu kontinuierlichen – Rückgang kennzeichnet ebenfalls die Verbreitung des Haschischkonsums. Bekundeten 1997 rund 72% der Befragten, jemals Haschisch oder Marihuana geraucht zu haben, so waren es 2008 nur noch 42%. Der Anstieg im Gebrauch sonstiger Drogen, wie er sich in Dresden findet, vermag den Gesamttrend des Drogengebrauchs nicht zu prägen. In nahezu allen Fällen handelt es sich bei denen, die schon mal zu anderen Drogen gegriffen haben, um Cannabiskonsumenten. Nennenswerte Veränderungen in der Verbreitung des Drogengebrauchs ergeben sich durch Einbeziehung der sonstigen Drogen daher nicht. Dies gilt auch für die Düsseldorfer Befragten.

Bemerkenswert ist, dass der Rückgang der Delinquenzerfahrung unter den westdeutschen Studenten zum Teil noch stärker verlaufen ist als unter ihren ostdeutschen Kommilitonen und das erreichte Delinquenzniveau, wie im Fall des Ladendiebstahls, inzwischen das der ostdeutschen Studierenden unterschreitet. Spiegelt sich in dem Rückgang, der unter den Düsseldorfer Befragten als besonders stark erscheint, nun aber tatsächlich einen realen Wandel wider – oder ist eine veränderte Zusammensetzung der Befragten dafür verantwortlich? Schließlich setzten sich die Düsseldorfer Befragten 1997 mehrheitlich aus Studenten der Soziologie im Magisterstudiengang zusammen, während es sich in neuester Zeit um Studenten der Sozialwissenschaften im BA Studiengang handelt und um solche, die Soziologie, Politik- oder Kommunikationswissenschaft als Ergänzungsfach studieren. Studenten der Soziologie und Sozialwissenschaften aber neigen gewöhnlich eher zur Delinquenz als Studenten anderer Fächer (vgl. u.a. Baumgärtner 1998). Auch hat zwischenzeitlich ein Numerus clausus die Eingangsbedingungen für das Studium verschärft und den erforderlichen Notendurchschnitt verändert. Vertiefende Analysen erbringen jedoch keine Anhaltspunkte für einen Wandel aufgrund dieser veränderten Studienbedingungen.[8] Weder können Veränderungen in der Fächerwahl noch Veränderungen in der erforderlichen Abiturnote den Wandel in der Delinquenzverbreitung erklären.

Um längerfristige Trends genauer beschreiben zu können, über eine breitere Befragtenbasis für vertiefende Analysen zu verfügen und um kohorten- und stichprobenbedingten Schwankungen in ihren Effekten zu minimieren, ist es sinnvoll, für die Analyse mehrere Erhebungsjahre zusammenzufassen. Wir tun dies im Folgenden, indem wir eine Vierjahres-Klassen-Einteilung zur Grundlage der Analysen machen.[9] Zwei Fragen knüpfen daran an: Ist die Entwicklung der Devianz, wie wir sie beschrieben haben, ein Phänomen, das Männer und Frauen gleichermaßen betrifft? Und: Wie hat sich unter denen, die jemals delinquent wurden, die Häufigkeit der Deliktbegehung im Laufe der Zeit verändert?

Die entsprechenden Werte zur Prävalenz sind in der *Tabelle 3* für die Gesamtheit der Befragten und in *Tabelle 4* für Männer und Frauen getrennt zusammengestellt. In Übereinstimmung mit den üblichen Befunden in- und ausländischer Forschung erweisen sich bei den meisten Delikten die Männer als häufiger delinquent als die Frauen. Stärkere informelle soziale Kontrollen durch die Eltern dürften neben anderen Einflussgrößen, wie geschlechtsspezifische Rollenbildern, dafür verantwortlich sein (vgl. Junger-Tas et al. 2004). Für unsere Fragestellung vor allem bedeutsam ist, dass die beschriebenen Trends sowohl für die Männer als auch die

---

8 Sowohl in den Düsseldorfer Erhebungen von 2006 als auch 2007 ergab sich kein Zusammenhang zwischen Abiturnote und Delinquenz. 2008 waren Befragte mit besserer Note hingegen in der Tat seltener delinquent. Aber selbst wenn man die Befragten mit schlechterer Note dem Vergleich zugrunde legt, wird der Wert für Ladendiebstahl, der zu Beginn der Beobachtungsperiode bestand, nicht erreicht.
9 Wir tun dies unabhängig von der Zahl der Erhebungen, die darin eingehen: In den meisten Fällen sind es vier Erhebungen, in manchen Fällen (wie in Dresden nach 1997) auch weniger.

Frauen zutreffen. So ging in Dresden unter den Männern der Anteil von Personen, die jemals einen Ladendiebstahl begangen haben, von 77% in den Jahren 1993-96 auf 49% in den Jahren 2005-2008 zurück und unter den Frauen im gleichen Zeitraum von 66% auf 50%. Aufgrund des etwas stärkeren Rückgangs bei den Männern haben sich die Geschlechter damit in Dresden in der neuesten Zeit angeglichen – ob vorübergehend oder längerfristig, sei dahingestellt.[10] In Düsseldorf sank ebenfalls bei beiden Geschlechtern die Prävalenz – allerdings in gleichem Umfang, so dass die einstigen Geschlechterunterschiede weiterhin Bestand haben.

Tabelle 3: Deliktverbreitung in Dresden und Düsseldorf im Zeitverlauf (in %)

	Schwarz-fahren	Sach-besch.	Laden-diebstahl	PKW Alkohol	Moped Alkohol	Cannabis	Sonstige Drogen
Dresden							
1993-1996	95	40	70	34	14	36	10
1997-2000	91	36	61	36	7	51	18
2001-2004	86	+	56	35	+	52	15
2005-2008	82	42	50	25	+	54	22
Düsseldorf							
1997-2000	94	42	52	40	9	66	21
2001-2004	92	37	49	44	9	69	25
2005-2008	86	36	37	27	6	51	20

+ keine Werte/nicht erfragt
Zahl der Befragten Dresden: Schwarzfahren: 165-630 ; Sachbeschädigung: 128-262 ;
Ladendiebstahl: 112-466 ; PKW Alkohol: 76-230 ; Moped Alkohol: 36-90 ; Cannabis: 88-274; Sonstige Drogen: 39-95
Zahl der Befragten Düsseldorf: Schwarzfahren: 359-521 ; Sachbeschädigung: 90-215 ;
Ladendiebstahl: 193-236 ; PKW Alkohol: 164-180 ; Moped Alkohol: 17-41 ; Cannabis: 259-307 ; Sonstige Drogen: 67-122

Tabelle 4: Deliktverbreitung in Dresden und Düsseldorf nach Geschlecht im Zeitverlauf (in %)

	Schwarz-fahren		Sachbesch.		Laden-diebstahl		Alkohol Auto		Alkohol Moped		Haschisch		Sonstige Drogen	
	M	F	M	F	M	F	M	F	M	F	M	F	M	F
Dresden														
1993-1996	95	94	59	28	77	66	49	26	27	6	45	31	18	7
1997-2000	89	91	54	27	63	60	51	28	13	3	62	45	23	15
2001-2004	88	85	+	+	58	54	50	23	+	+	56	49	23	10
2005-2008	84	81	59	30	49	50	33	19	+	+	64	47	31	16
Düsseldorf														
1997-2000	95	94	61	29	56	49	53	31	13	6	72	63	29	16
2001-2004	95	90	58	25	54	46	51	39	14	6	74	66	34	21
2005-2008	90	84	56	24	43	34	39	21	10	3	63	44	29	15

+ nicht erfragt; M = Mann; F = Frau

---

10 Da die Zahl der Erhebungen, die in die Analyse der jüngsten Periode eingehen, geringer ist als in Düsseldorf, muss dieser Befund als tentativ betrachtet werden.

Über die Häufigkeit, mit der Delinquente das jeweilige Delikt begangen haben, lassen sich aus den Änderungen in der Lebenszeitprävalenz keine Rückschlüsse ableiten. Denkbar sind alle Optionen: sowohl eine Stabilität über die Zeit, ein Rückgang als auch ein Anstieg. Ein Rückgang wäre z.B. plausibel, wenn eine sinkende Delinquenzprävalenz eine Abnahme normativer Unterstützung in der sozialen Umwelt bedeuten würde und Personen, die sich delinquent verhalten, durch die Veränderung des Meinungsklimas beeinflusst werden. Andererseits wäre auch ein Anstieg der Delikthäufigkeit vorstellbar: wenn aufgrund erhöhten sozialen Drucks lediglich die sporadisch Delinquenten den Weg zurück in die Konformität finden, während diejenigen mit intensiver Bindung an die Abweichung davon kaum oder gar nicht tangiert werden. Unter diesen Bedingungen würde der Kreis der Delinquenten auf einen harten Kern häufig Delinquenter zusammenschrumpfen.[11]

Tabelle 5: Durchschnittliche Häufigkeit der Delinquenz nach Art der Delinquenz, Ort und Jahr (arithmetisches Mittel) (Personen, die jemals das Delikt begangen haben)

	Schwarzfahren	Sachbesch.	Ladendiebstahl	PKW Alkohol	Moped Alkohol	Cannabis	Sonstige Drogen
Dresden							
1993-1996	29,8	8,0	10,1	10,3	8,4	30,2	16,4
1997-2000	21,9	8,7	10,8	12,1	15,6	37,8	16,2
2001-2004	19,8	+	5,0	8,8	+	30,9	17,9
2005-2008	19,5	8,3	5,8	5,5	+	35,1	30,2
Düsseldorf							
1997-2000	32,7	12,1	7,5	8,5	10,0	50,5	6,4
2001-2004	29,3	11,2	6,9	6,9	4,9	45,5	29,2
2005-2008	21,8	6,6	6,7	5,8	15,0	42,7	23,3

+ keine Werte/nicht erfragt
Codierung (Umwandlung der Häufigkeitsklassen in numerische Werte): 1 = 1 ; 2-5 = 3,5 ; 6-10 = 8 ; 11-20 = 15 ; 21-50 = 35 ; 51-100 = 75 , 100+ = 120
Zahl der Befragten siehe Tabelle 3

Welcher Art sind nun die Ergebnisse unserer Studie, wenn man sich auf diejenigen bezieht, die das jeweilige Delikt schon mal begangen haben? Wie man *Tabelle 5* entnehmen kann, ist es bei nahezu allen Delikten zu einem Rückgang in der Häufigkeit der Begehung gekommen. So ist z. B. unter den Dresdner Befragten die Häufigkeit des Schwarzfahrens von 29.8 in den Jahren 1993-96 auf 19.5 in den Jahren 2005-2008 gesunken, was einem Rückgang von 35% entspricht. Im Fall des Ladendiebstahls setzt der Rückgang der Deliktbegehung etwas später ein, ist aber nicht minder eindrucksvoll: So liegt der Ausgangswert in den Jahren 1993-1996 bei 10.1 und beläuft sich nur noch auf 5.8 in den Jahren 2005-2008. Dies entspricht einem Rückgang von 43%. Analoge Trends zeichnen die anderen Deliktarten, einschließlich Haschischkonsum, aus. Nur die Einnahme sonstiger Drogen macht eine Ausnahme. Hier findet sich eine erhebliche

---

11 Dass Änderungen in der Verbreitung kausal mit einer Änderung in der Häufigkeit der Deliktbegehung verbunden sind, ist im Zusammenhang mit der Analyse von Drogentrends von Denise Kandel behauptet worden (Kandel und Faust 1975). Ihr zufolge geht der Anstieg der Drogenprävalenz zwangsläufig mit einer Intensivierung des Gebrauchs einher. Die Realität ist jedoch komplexer, die Parallelen sind weniger eindeutig als behauptet (vgl. u.a. Reuband 1994: 82 ff.); auch die kausale Zuordnung ist fragwürdig: Der Anstieg der Konsumhäufigkeit bei steigender Drogenprävalenz dürfte eher Ursache als Folge der Entwicklung im Bereich der Drogenprävalenz sein.

Steigerung. Die zwischenzeitlich gestiegene Popularität von Ecstasy als Partydroge spiegelt sich vermutlich in dem Aufwärtstrend wider.

In Dresden hält der Aufwärtstrend bei den sonstigen Drogen bis in die neueste Zeitperiode an, in Düsseldorf endet er im Zeitraum 2001-2004.[12] Natürlich ist vorstellbar, dass der frühzeitigere Übergang in eine Phase der Stagnation in Düsseldorf lediglich ein Zwischenstadium beinhaltet und der Anstieg in der Zukunft wieder einsetzen wird. Denkbar ist aber auch, dass sich unter den Düsseldorfer Befragten eine Kehrtwende ereignet hat, die sich zeitverzögert ebenfalls unter den ostdeutschen Jugendlichen ausbreiten wird. Die „Modewelle" des Ecstasykonsums ist unter Umständen (vorerst) an ihre Grenzen gestoßen.

5 Auffälligkeit und Registrierung durch die Polizei

Nur ein Bruchteil aller Delinquenz wird der Polizei bekannt. Die Wahrscheinlichkeit, dass es dazu kommt, ist je nach Delikt verschieden. Sie ist gewöhnlich dort am größten, wo es sich beim Opfer um eine Person handelt, diese sich der Viktimisierung bewusst ist, der Schaden von ihr als schwerwiegend eingestuft wird und sie glaubt, mit der Anzeige eine Kompensation des Schadens bzw. Bestrafung für den Täter zu erreichen. Bei manchen Delikten ist eine Anzeige zudem zwingend erforderlich, so etwa wenn man den Schaden durch die Versicherung ersetzt bekommen will. Ob der Täter des angezeigten Delikts gefasst wird oder nicht, ist dann davon abhängig, ob dem Delikt ein Täter zugerechnet werden konnte und die Polizei seiner habhaft wird (was u.a. eine Funktion polizeilicher Aktivität ist). Am geringsten ist im Allgemeinen die Wahrscheinlichkeit einer Entdeckung bei Straftaten, bei denen es kein Opfer gibt und sich der Täter allenfalls selbst schädigt (wie z.B. beim Drogengebrauch). Die Entdeckungswahrscheinlichkeit in einem solchen Fall ist allein vom Handeln der Polizei oder anderer Kontrollinstanzen abhängig.

In Übereinstimmung mit den Befunden bisheriger Forschung ist der Anteil der Befragten, die wegen eines Deliktes schon mal Personen oder Institutionen gegenüber auffällig wurden, in unserer Erhebung gering. Am häufigsten kommt es im Zusammenhang mit dem Schwarzfahren dazu – was angesichts der Häufigkeit, mit der dieses Delikt begangen wird, nicht erstaunt. Rund 39% der Dresdner Studenten, die zwischen 1997 und 2008 befragt wurden, gaben an, wegen Schwarzfahrens schon mal bei einer Fahrkartenkontrolle aufgefallen zu sein. Unter den Düsseldorfer Studenten liegt der Wert mit 41% ähnlich hoch. Aber bei nicht mehr als 7-8% aller Befragten kam es deswegen der eigenen Einschätzung zufolge zu einer Anzeige.[13] Dass dies so selten geschieht, hat damit zu tun, dass andersgeartete Strategien der Konfliktschlichtung üblich sind: Es werden Ordnungsstrafen seitens der öffentlichen Verkehrsbetriebe verhängt. Und ehe es zur Anzeige kommt, bedarf es in der Regel eines mehrfachen Verstoßes und/oder der Weigerung des Betroffenen, die Ordnungsstrafen zu bezahlen.

---

12 Ebenfalls gestiegen scheint das Fahren eines Mopeds unter Alkoholeinfluss in Düsseldorf. Doch es handelt sich hier nur um zwei Erhebungen (in 2006) – periodische oder kohortenspezifische Effekte sind nicht auszuschließen.

13 Nicht in allen Fällen, in denen der jugendliche Täter glaubt, eine Anzeige wäre erstattet worden, muss es zu einer formellen Registrierung gekommen sein. In manchen Fällen mag er die Erfassung persönlicher Informationen mit der Anzeigeerstattung gleichgesetzt haben oder aufgrund der Aussage Betroffener, sie würden eine Anzeige erstatten, daran geglaubt haben.

An zweiter Stelle der Auffälligkeitshäufigkeit steht der Ladendiebstahl. Je nach Stadt wurden zwischen 12 und 15% der Befragten deswegen schon mal bei einem Kaufhausdetektiv oder dem Ladenpersonal auffällig, zwischen 4 und 6% wurden angezeigt. Wer im Laden oder Kaufhaus als erster des Delikts gewahr und daraufhin aktiv wurde, wurde von uns nicht erfragt. Aus anderen Untersuchungen ist bekannt, dass die Identifikation und der Zugriff selten durch andere Käufer oder das Ladenpersonal erfolgt. In der Regel dürfte dies durch Ladendetektive geschehen oder anderes Personal, das für die Bewachung und Kontrolle Funktionen übernommen hat (vgl. Blankenburg 1969).[14] Wie sehr Änderungen im Umfang von Kontrollen die Zahl der erfassten Täter in die Höhe treiben kann, zeigt u.a. eine Analyse eines Berliner Kaufhauses in der Zeit der Wende, als die Aufstockung der Sicherheitskräfte auf die doppelte Anzahl die Zahl der Diebstahlfeststellungen innerhalb eines Monats um mehr als das Fünffache ansteigen ließ (vgl. Ewald et al. 1992, Tab.: 40).

Der Anteil derer, die wegen Drogengebrauchs oder Trunkenheit beim Führen eines Fahrzeugs oder Mopeds bei der Polizei auffielen und gegen die deswegen eine Anzeige erstattet wurde, liegt noch niedriger als bei den zuvor genannten Delikten. Dies ist letztlich nicht verwunderlich, denn die Höhe der Quote für Auffälligkeit ist nicht nur eine Funktion deliktspezifischer Umstände, sondern ebenfalls eine Funktion der Verbreitung des Delikts. Beschränkt man sich auf die Personen, die das Delikt schon mal begangen haben, steigen naturgemäß die Anteile für Auffälligkeit und polizeiliche Registrierung an. Aber auch jetzt gilt nach wie vor, dass nur eine Minderheit der Delinquenten jemals als solche identifiziert wird. So wurden z.B. in Dresden unter denen, die jemals einen Ladendiebstahl verübten, lediglich 44% im Zusammenhang damit jemals auffällig, und nur gegen 11% wurde eine Anzeige erstattet. Umgerechnet auf den Kreis derer, die auffällig wurden, liegt der Anteil polizeilicher Erfassung bei 30%.

Ähnlich niedrige Registrierungschancen lassen sich bei den anderen Delikten feststellen – mit drei Ausnahmen: Trunkenheit beim Fahren eines Autos oder Mopeds sowie Drogenkonsum. Bei diesen Delikten wird offenbar bei der Mehrheit der auffällig gewordenen Jugendlichen eine Anzeige verfasst. Und dies ist kein Zufall: Es handelt sich um ein Kontrolldelikt, und die Auffälligkeit erfolgt von vornherein im Kontext polizeilichen Handelns. Die Möglichkeit, den Gesetzesverstoß zu beweisen, ist groß: Hat jemand zu viel getrunken und gerät in eine Kontrolle, wird – wenn ein entsprechender Alkohol-Test unternommen und der Grenzwert überschritten wird – der Sachverhalt der Devianz qua Test objektiviert. Analoge Verhältnisse gelten für den Cannabiskonsum: Wenn bei einer Polizeikontrolle Drogen gefunden werden, ist die Devianz belegt und muss qua Gesetzeslage gegen den Besitzer Anzeige erstattet werden. Eine Anklage vor Gericht ist damit allerdings nicht zwingend verbunden: Wenn bestimmte Grenzwerte für Drogenmengen nicht überschritten werden und kein Tatbestand des Drogehandels vorliegt, wird das Verfahren seitens der Staatsanwaltschaft gewöhnlich eingestellt (vgl. Reuband 2007a, Hellebrand 2008).

---

14 Wo in der Befragung von einer Anzeige die Rede ist, ist anzunehmen, dass sie in der Regel aus der Situation der Auffälligkeit beim Ladendiebstahl erwuchs. In einigen wenigen Fällen dürfte der Täter auch erst später im Zusammenhang mit anderen Delikten oder Kontrollen der Polizei als Ladendieb aufgefallen und die Anzeige mithin aufgrund anderer Umstände initiiert worden sein. Untersuchungen zum Ladendiebstahl und den Tätern sind leider außerordentlich spärlich. Vgl. u.a. Minger (1979), Reuband (1983), Wittenberg (2007), Köllisch (2008).

Delinquenz im Jugendalter und gesellschaftlicher Wandel 271

Tabelle 6: Auffälligkeit und Anzeige bei Polizei (jemals) nach Delikt und Häufigkeit der Delinquenz nach Ort (Anteil in %)

	Dresden		Düsseldorf	
	Auffälligkeit	Anzeige	Auffälligkeit	Anzeige
Schwarzfahren				
1	29	6	19	1
2-5	28	7	29	3
6-10	48	8	45	8
11-20	51	12	48	9
21-50	64	13	55	10
51-100	65	12	68	16
100 +	67	17	68	16
Sachbeschädigung				
1	18	1	6	2
2-5	19	5	17	2
6-10	23	6	27	5
11-20	31	19	33	9
21+	48	35	40	17
Ladendiebstahl				
1	15	6	13	4
2-5	22	8	24	8
6-10	35	12	19	8
11-20	51	17	46	20
21+	62	36	41	13
Cannabisgebrauch				
1	2	-	-	1
2-5	2	2	1	-
6-10	2	3	1	2
11-20	4	3	1	4
21-50	5	-	5	4
51-100	13	2	12	3
100 +	13	2	26	6

Basis: Erhebungen ab 1997 (Kumulativer Datensatz)
Zahl der Befragten in Dresden: Schwarzfahren: 68, 304, 191, 116, 106, 66, 46; Ladendiebstahl: 199, 240, 62, 47, 42; Sachbeschädigung: 94, 153, 34, 16, 25; Cannabisgebrauch: 55, 105, 68, 54, 57, 46, 75
Zahl der Befragten Düsseldorf: Schwarzfahren: 88, 360, 207, 168, 181, 95, 118 ; Ladendiebstahl: 243, 224, 63, 46, 39 ; Sachbeschädigung: 125, 210, 63, 30, 40; Cannabisgebrauch: 76, 173, 80, 70, 107, 57, 205

Anders als dies von den Vertretern eines radikalen Labeling-Ansatzes in der Kriminalsoziologie behauptet wurde, ist die Wahrscheinlichkeit, ob jemand auffällig wird, von der Häufigkeit der Deliktbegehung nicht unabhängig. Mag auch pro Delikt das Risiko der Entdeckung gering sein, so kumuliert sich doch das Risiko mit steigender Häufigkeit der Deliktbegehung (vgl. u.a. Amelang und Wantoch 1971: 391, Williams und Gold 1972, Reuband 1982: 129f., Kreuzer 1993). Dies gilt ebenfalls für unsere Untersuchung: Wie man *Tabelle 6* entnehmen kann, nimmt die Wahrscheinlichkeit der Auffälligkeit bei allen Delikten mit zunehmender Deliktbegehung zu.[15] Gleichwohl gibt es auch deliktspezifische Unterschiede: Während sich bei manchen Delikten die Auffälligkeit nach einigen wenigen Malen der Deliktbegehung einstellt, dauert es bei anderen weitaus länger. Der Drogengebrauch, bei dem im Gegensatz zu anderen Delikten eine Mehrheit selbst dann nicht auffällig wird, wenn das Delikt mehr als 100mal begangen wurde, ist dafür ein Beispiel.[16] Die Möglichkeit, die Delinquenzbegehung nach außen hin abzuschotten, ist bei diesem Delikt besonders günstig (vgl. dazu Becker 1973, Reuband 1994), und Opfer, die das Delikt anzeigen könnten, gibt es nicht.

Tabelle 7: Auffälligkeit (jemals im Leben) nach Delikt, Jahr und Ort (Anteil in %) (Personen, die das Delikt mindestens einmal begangen haben)

	Schwarz-fahren		Sach-beschädi-gung		Ladendieb-stahl		Betrunken PKW		Betrunken Moped		Cannabis-konsum	
	Auff.	Anz.	Auff.	Anz.	Auf.	Anz.	Auff.	Anz.	Auff.	Anz.	Auff.	Anz.
Dresden												
1993-1996	41	3	21	4	22	9	5	3	6	1	+	1
1997-2000	40	8	20	7	26	11	8	4	3	3	2	1
2001-2004	48	13	+	+	26	13	5	4	+	+	11	4
2005-2008	49	9	26	8	27	9	3	3	+	+	6	2
Düsseldorf												
1997-2000	41	8	19	4	19	7	5	3	5	-	9	3
2001-2004	49	9	25	8	24	10	7	4	-	-	9	4
2005-2008	45	7	18	4	23	7	7	4	6	6	9	3

+nicht erfragt

* < 0,5%

Frageformulierung: „Bei welcher der folgenden Personen sind sie wie häufig wegen einer der oben angeführten Verhaltensweisen schon mal aufgefallen? (Falls nie, bitte jeweils eine 0 eintragen): ...einem Kaufhausdetektiv/Ladenpersonal - einem Fahrkartenkontrolleur - dem Geschädigten (bei Sachbeschädigung) - der Polizei wegen Trunkenheit am Steuer eines Autos - der Polizei wegen Trunkenheit als Moped-/Motorradfahrer - der Polizei wegen Haschisch/Marihuanabesitzes - der Polizei wegen Besitzes sonstiger Drogen"; „Wie häufig hat man schon einmal wegen eines der aufgeführten Delikte gegen Sie Anzeige erstattet? (Falls nie, bitte jeweils eine 0 eintragen): wegen „Schwarzfahrens" mit öffentlichen Verkehrsmitteln - wegen Beschädigung fremden Eigentums - wegen Kaufhaus-/Ladendiebstahls - wegen Trunkenheit am Steuer eines Autos - wegen Trunkenheit als Moped-/Motorradfahrer - wegen Haschisch/Marihuanabesitzes - wegen Besitzes sonstiger Drogen"

Wie man *Tabelle 7* entnehmen kann, ist die Wahrscheinlichkeit der Auffälligkeit im Beobachtungszeitraum bei mehreren Delikten längerfristig gestiegen. Wurden in den Jahren 1993-2000 in Dresden 40-41% des Schwarzfahrens auffällig, so waren es in der Folgezeit 48-49%. In

---

15 Eine gewisse Ausnahme von dieser Regel scheint Düsseldorf im Fall des Ladendiebstahls zu machen: Hier sinkt der Wert bei denen, die mehr als 20mal das Delikt verübt haben, unter den Wert derer, die das Delikt 11-20mal beginnen. Im Fall der Dresdner Befragten ist kein vergleichbarer Befund anzutreffen. Inwieweit es sich bei den besonders delinquenten Düsseldorfern um Personen handelt, die es als eine Art Intensivtäter gelernt hat, sich entsprechender Auffälligkeiten zu entziehen, ist eine offene Frage.
16 Nennenswerte Unterschiede zwischen den Dresdner und Düsseldorfer Befragten scheinen kaum zu bestehen. Lediglich bei denen, die über 100mal Drogen genommen haben, scheint die Chance der Auffälligkeit unter den Düsseldorfer Befragten etwas größer (26% vs. 13%) – Folgen womöglich eines insgesamt extensiveren Konsums, anderer Verhaltensweisen auf Seiten der Delinquenten oder unterschiedlicher Kontrollstrategien seitens der Polizei.

ähnlicher Weise stieg die Zahl in Düsseldorf: von 41% Ende der 1990er Jahre auf Werte um 45% und mehr. Analoge Trends lassen sich für den Ladendiebstahl nachweisen.[17] Im Fall des Haschischgebrauchs hingegen scheint die Situation komplexer zu sein. So ist die Auffälligkeitsquote unter den Dresdner Befragten von Mitte der 1990er Jahre an von 2% auf 11% gewachsen und dann wieder gesunken. Mit 6% liegt der gegenwärtige Anteil gleichwohl nach wie vor höher als zum Ausgangszeitpunkt.[18] Unter den Düsseldorfer Befragten hingegen verharrt der Wert konstant bei 9%.

Ob sich in der Bundesrepublik seit Beginn der Drogenwelle Ende der 1960er Jahre, aufgrund veränderter Kontrollstrategien der Polizei und eines gewandelten Meinungsklimas, die Chance der Erfassung reduziert hat oder nicht, ist mit Hilfe unserer Daten nicht zu beantworten. Umfragen unter Hamburger Schülern aus der Frühzeit des Drogenkonsums Anfang der 1970er Jahre erbrachten unter denen, die mehr als 100mal Drogen zu sich genommen hatten, dass rund ein Drittel im Zusammenhang mit Drogen von der Polizei schon mal zur „Rede gestellt" worden war (Reuband 1982: 130). Ob der eigene Drogenbesitz oder -konsum bei diesem Anlass auch bekannt wurde, ist ungewiss. Es könnte sich in manchen Fällen um eine bloße Überprüfung an öffentlichen Orten, z.B. in einer Diskothek, gehandelt haben, ohne dass dies zwangsläufig zu einer Entdeckung von Drogen führte. Dementsprechend wird man die Zahl derer, bei denen Drogen gefunden und eine Anzeige geschrieben wurde, niedriger anzusetzen haben.

Die Chance, durch den Konsum von Drogen auffällig zu werden, war offenbar schon in der Frühzeit der Drogenwelle gering. Dieser Tatbestand und die Tatsache, dass es sich beim Drogengebrauch um ein Kontrolldelikt handelt, bedeutet jedoch nicht, dass es zwischen der Entwicklung des Drogenkonsums und der Zahl polizeiauffälliger Drogenkonsumenten keine Beziehungen geben muss. Parallelen sind in der Entwicklung durchaus unter bestimmten Bedingungen denkbar. Und sie kommen auch in der Realität vor: In dem Maße, wie sich z.B. der Drogengebrauch unter Hamburger Jugendlichen in den 1960er und 1970er Jahren ausbreitete, stieg auch die Zahl der Jugendlichen, die im Zusammenhang mit Drogenbesitz von der Polizei registriert wurden (vgl. Reuband 1994: 72). Ein derartiger Zusammenhang ist gleichwohl nicht als zwangsläufig und „natürlich" anzusehen. Die Risiken der Auffälligkeit unterliegen durchaus eigenen Gesetzmäßigkeiten. Dies zeigten die Ergebnisse unserer Untersuchung der Dresdner und Düsseldorfer Studenten.

Bedenkt man, dass sich unseren Daten zufolge sowohl in Dresden als auch Düsseldorf die Häufigkeit der verübten Delinquenz im Zeitverlauf reduziert hat, so erscheint das gestiegene Risiko einer Auffälligkeit, das die meisten hier betrachteten Delikte kennzeichnet, umso eindrucksvoller. Welche Gründe dafür verantwortlich sind, muss offen bleiben. Eine denkbare Erklärung liegt auf Seiten der Täter: Sie sind womöglich unvorsichtiger geworden und fallen deswegen häufiger auf. Eine andere denkbare Erklärung liegt in Art und Ausmaß der Kontrolle durch die Institutionen, bei denen es zur Entdeckung des devianten Handelns kam. So könnte

---

17 Eine vertiefende Analyse, welche unter den Auffälligen die Häufigkeit der Auffälligkeit zum Thema macht, erbringt beim Ladendiebstahl keinen systematischen Zusammenhang mit der Periode der Erhebung, im Fall des Schwarzfahrens bei den Dresdner Befragten aber sehr wohl. Unter denen, die 1993-96 befragt wurden und wegen Schwarzfahrens jemals auffielen, geschah dies 1993-96 im Durchschnitt 2,0mal, 1997-2000 2,4mal, 2001-2004 2,5mal und 2005-2008 2,8mal. Der Zusammenhang ist statistisch signifikant.
18 Ungeklärt ist, warum es in Dresden zu einem kurvilinearen Verlauf im Fall des Drogengebrauchs kam. Denkbar ist, dass es dort zunächst eine gewisse Zeit brauchte, ehe sich die Polizei auf das sich dort neu etablierende Phänomen des Drogengebrauchs mit entsprechenden Maßnahmen einstellte. In dem Maße wie man eine „entspanntere" Haltung entwickelte, wie es in Westdeutschland schon früher geschehen war, mag der Verfolgungsdruck gesunken sein und sich damit auch die Auffälligkeitschancen reduziert haben.

es z.B. sein, dass der Ausbau von Videoüberwachung und der vermehrte Einsatz von Detektiven das Auffälligkeitsrisiko beim Ladendiebstahl erhöht haben. Desgleichen könnte sich beim Schwarzfahren das Risiko der Auffälligkeit durch eine Zunahme der Kontrollhäufigkeit vergrößert haben.

Bedeutet die vermehrte Chance der Auffälligkeit aber auch eine gestiegene Chance polizeilicher Registrierung? Wie man *Tabelle 7* entnehmen kann, ist dies nur bedingt der Fall. So liegt in Dresden und Düsseldorf der Anteil derer, die wegen Ladendiebstahls angezeigt wurden, in den Jahren 2005-2008 ähnlich hoch wie zu Beginn der Beobachtungsperiode – obwohl der Anteil derer, die auffällig wurden, größer geworden ist. Ähnliche Tendenzen, trotz z.T. gegenläufiger Entwicklungen in der Zwischenzeit, zeichnen die meisten anderen Delikte aus.[19] Ob es sich um eine andere Art des Umgangs mit den Auffälligen handelt und interne Regelungen vermehrt bevorzugt werden, oder Veränderungen in der Art der betroffenen Güter eine Erklärung bieten[20], ist ebenso ungewiss wie die Frage, ob der beschriebene Trend bestehen bleiben wird oder nicht.

Dass es unter den Ostdeutschen im Gefolge der Wende zu entscheidenden Veränderungen in den Bedingungen der Anzeigeerstattung gekommen ist, ist andererseits sicher – auch ohne dass wir über Dunkelfelduntersuchungen aus dieser Zeit verfügen: Zu Zeiten der DDR wurden Ladendiebstähle, deren Wert nicht mehr als 50 DM betrug (und das waren über 90%) intern durch die Verkaufseinrichtung gehandhabt, eine Anzeige bei der Polizei unterblieb (vgl. Ewald et al. 1992). Mit der Wiedervereinigung wurde diese Rechtsbestimmung außer Kraft gesetzt und Anzeigeerstattung möglich. Und davon wird, wie auch unsere Befunde zeigen, Gebrauch gemacht.

Vertiefende Analysen unserer Studentenuntersuchung[21] belegen, dass sich innerhalb des von uns untersuchten Zeitraums die Häufigkeit der Delinquenz bei allen Delikten auf die Wahrscheinlichkeit der Auffälligkeit auswirkt und dass in der Phase *nach* Auffälligkeit die Häufigkeit der Auffälligkeit einen Einfluss auf die Anzeigewahrscheinlichkeit ausübt. Aber die Umsetzungschance ist nicht gleich groß. Beim Fahren unter Alkoholeinfluss ist sie am größten – ein Befund, den wir zuvor ja auch schon bei der Tabellenanalyse ermittelt hatten und als Folge des Delikts gedeutet hatten. Darüber hinaus zeigt sich, dass vom Jahr der Erhebung kein eigenständiger Effekt auf die Wahrscheinlichkeit polizeilicher Registrierung ausgeht. Das hieße: Delinquente werden zwar bei bestimmten Delikten (wie Ladendiebstahl) heutzutage häufiger entdeckt, aber sie werden nicht häufiger auch als Täter von der Polizei registriert.

---

19 Lediglich, wenn man frühere Zeiträume einbezieht, scheint dies in Dresden der Fall zu sein: beim Schwarzfahren und bei der Sachbeschädigung. Inwieweit sich darin eine Zwischenphase widerspiegelt, in der sich die Polizei in den neuen Bundesländern erst neu organisieren musste (vgl. dazu Korfes 1997), muss an dieser Stelle ungeklärt bleiben.

20 Änderungen in der Art der gestohlenen Güter könnten sich z.B. durch veränderte Gelegenheitsstrukturen aufgrund anderer Sicherungsmaßnahmen ergeben. Würden vermehrt weniger hochwertige Güter gestohlen, könnte u.U. die Anzeigeneigung der Ladenbesitzer sinken. Der Anteil der Personen, die einmal wegen Ladendiebstahl bei Detektiven oder Ladenpersonal auffielen und die eine Anzeige erhielten, liegt in Dresden 1993-96 bei 39% (N= 89), 1997-2000 bei 37% (N=70), 2001-2004 bei 48% (N= 27) und 2005-2008 bei 26% (N= 39). In Düsseldorf liegt er 1997-2000 bei 38% (N=45), 2001-2004 bei 36% (N= 45) und 2005-2008 bei 21% (N= 58).

21 Wir haben dies mittels logistischer Regressionsanalyse getan und das Jahr hierbei als kontinuierliche Variable verwendet. Dabei haben wir die Häufigkeit der Deliktbegehung bzw. der Auffälligkeit, die Art und Weise, wie Delikthäufigkeit codiert wurde, die fachliche Herkunft der Befragten, das Geschlecht sowie deren Alter in die Analyse einbezogen.

6 Zur Frage der Generalisierbarkeit der Befunde aus Studentenumfragen

Der wohl bedeutsamste Befund unserer Untersuchung ist, dass sich sowohl die Verbreitung als auch die Häufigkeit der Delinquenz bei den meisten Delikten im Zeitverlauf verringert hat. Wie sehr spiegelt sich darin ein allgemeiner Trend unter Studenten oder gar der Jugend wider? Wie sehr lassen sich die Ergebnisse verallgemeinern? Leider gibt es nur wenige Langzeituntersuchungen, die eine Prüfung erlauben. So stehen in Deutschland nur zwei Studien unter Studenten mit längerfristigen Zeitreihen zur Delinquenz zur Verfügung: Beide beziehen sich auf Jura-Studenten, und beide wurden in Orten der Provinz durchgeführt: in Gießen (u.a. Kreuzer et al. 1993)[22] und in Greifswald (Dünkel 2008).

Damit unterliegen die Erhebungen gewissen Beschränkungen: Jura-Studenten sind nicht nur traditioneller und weniger offen für Veränderungen als Studenten anderer Fachrichtungen (vgl. Müßig-Trapp und Willige 2006, Multrus et al. 2008: 35, Bargel 2008: 42), sie sind auch seltener delinquent als Studenten anderer Fachrichtungen.[23] Trends, die sich in anderen Gruppierungen der Jugend ereignen, spiegeln sich hier deshalb vermutlich seltener oder zeitverzögert wider. Gleiches gilt für Menschen, die in kleinen Orten leben; sie sind, wie es schon Georg Simmel einst beschrieb (1903), stärker Traditionen verhaftet, und sie sind, wie es Untersuchungen zur Delinquenz belegen, seltener delinquent als Großstädter (vgl. Baier et al. 2008).

Zum Glück gibt es zwei breit angelegte Studien, die sich auf Jugendliche stützen, mehrheitlich Großstädte einbeziehen und in etwa den gleichen Zeitraum umfassen wie unsere Studentenbefragungen. Es handelt sich um Befragungen unter Schülern der 9. Klasse in Hannover, München, Stuttgart und Schwäbisch-Gmünd in den Jahren 1998 sowie 2005-2006 (Baier et a. 2008) und Hamburg in den Jahren 1998, 2000 und 2005 (Block et al. 2008). Darüber hinaus steht für Greifswald eine Befragungsserie unter Schülern der 9. Klasse in den Jahren 1998, 2002 und 2006 zur Verfügung (Dünkel et al. 2008) – was zugleich die Möglichkeit eröffnet, etwaige Besonderheiten der Trends unter Jura-Studenten am gleichen Ort zu prüfen.[24] Des Weiteren gibt es eine Befragung unter Schülern in Brandenburg, die den Zeitraum zwischen 1999 und 2005 umfasst und einige Fragen zur Delinquenz enthält (Sturzbecher et al. 2007).

Sowohl die Gießener als auch die Greifswalder Befragungen unter Jura-Studenten dokumentieren für den Zeitraum der späten 1990er Jahre bis in die Gegenwart hinein keine Veränderung in der Delinquenzverbreitung, wohl aber tun dies die Erhebungen unter den Schülern der 9. Klasse. Bei *allen* diesen Erhebungen – auch denen in Greifswald – lässt sich ein Rückgang der Lebenszeitprävalenz bei jenen Delikten feststellen, die Bestandteil unserer Erhebung sind. Und die Veränderungen sind, ähnlich wie bei uns, eindrucksvoll. Gaben 1998 z.B. in der groß angelegten Erhebung, welche die Städte Hannover, München, Stuttgart und Schwäbisch-Gmünd

---

22 Bis Anfang der 1990er Jahre sind die Zahlen in verschiedenen Publikationen von Arthur Kreuzer zusammengefasst (vgl. u.a. Kreuzer et al. 1993), Wir greifen hier auf Übersichten zurück, die bis in die Gegenwart reichen (u.a. Erhebungen durch Lehrstuhlvertreter nach Emeritierung von Arthur Kreuzer) und uns freundlicherweise zur Verfügung gestellt wurden.
23 In einer Untersuchung, die wir 2002 in Hamburg, München, Kiel, Stuttgart, Düsseldorf und Dresden durchführten, gaben z.B. 49% der Sozialwissenschaften-Studenten einen Ladendiebstahl jemals im Leben an, die Jura-Studenten zu 36%. Cannabiserfahrung bekundeten 62% der Studenten der Soziologie/Sozialwissenschaften und 43% der Jura-Studenten. Die entsprechenden Werte für Schwarzfahren liegen bei 89% und 79%.
24 Zwar wird in der Schüleruntersuchung mit der 9. Klasse eine Altersgruppe erfasst, die relativ niedrig liegt. Bedenkt man jedoch, dass ein Großteil der Delinquenz im frühen Jugendalter auftritt, stellt dies keine grundlegende Verzerrung für das uns interessierende Phänomen dar. Trends allgemeiner Natur müssten sich auch hier niederschlagen.

umfasst, 49% der Befragten einen jemals begangenen Ladendiebstahl an, waren es 2005/06 nur noch 27% (Baier 2008: 32). Im Fall der Sachbeschädigung sank die Prävalenz ebenfalls, wenn auch – ähnlich wie bei uns – in weniger starkem Maße (Rückgang von 19% auf 15%). Für das Schwarzfahren liegen aus diesem Projekt nur Befunde für München und Hannover vor. Danach stieg dort die Lebenszeitprävalenz leicht an – von 80 auf 88% bzw. von 76 auf 79%. Die Inzidenz jedoch sank im gleichen Zeitraum (Baier 2008: 33).

Auch in der Greifswalder Schüleruntersuchung sank die Lebenszeitprävalenz für Ladendiebstahl: von 58% im Jahr 1998 auf 44% im Jahr 2002 und auf 41% im Jahr 2006 (Dünkel et al. 2006). Und in der Hamburger Untersuchung, hier gemessen als Einjahresprävalenz, sank sie von 38% im Jahr 1998 auf 28% im Jahr 2000 und belief sich schließlich auf 23% im Jahr 2005 (Block et al. 2008: 158, zit. nach Heinz 2008). Desgleichen ging in dieser Untersuchung die Lebenszeitprävalenz für Sachbeschädigung bzw. Vandalismus zurück: von 19% auf 15% zwischen den Jahren 1998 und 2005. Demgegenüber blieb in Greifswald die Quote bei diesen Delikten konstant.

Einen Rückgang im Vorkommen des Diebstahls belegt ferner eine Umfrage unter Brandenburger Schülern zwischen 1999 und 2005 (Sturzbecher et al. 2007: 250). Des Weiteren verweist eine Duisburger Schülerbefragung in den 9. Klassen bei den Delikten Ladendiebstahl und Sachbeschädigung auf einen Rückgang in der Zeit zwischen 2002 und 2004 (Boers und Reinecke 2004). Im letztgenannten Fall ist der Zeitraum zwar zu kurz, um im Kontext unseres Langzeitvergleichs weitergehende Folgerungen daraus zu ziehen. Entscheidend ist an dieser Stelle jedoch primär die Konsistenz der Befunde: Der Trend geht – von einzelnen Delikten abgesehen – überall in die gleiche Richtung und beinhaltet einen Rückgang der Eigentumsdelikte.

Angaben zum Drogengebrauch können den genannten Schülerbefragungen nur bedingt entnommen werden: entweder ist der Zeitraum zu kurz, oder Fragen dazu wurden gar nicht erst gestellt.[25] Stattdessen bieten sich die bundesweiten Erhebungen der Bundeszentrale für gesundheitliche Aufklärung an. Ihnen zufolge ist unter den 12-25jährigen die Lebenszeitprävalenz des Cannabisgebrauchs in den 1980er und 1990er Jahren bis zum Jahr 2004 gestiegen, und seitdem rückläufig. Der regelmäßige Cannabisgebrauch (mehr als zehnmal im letzten Jahr) geht jedoch schon seit etwas längerer Zeit zurück. Unter den 12-25jährigen ist dies seit Anfang der 1990er Jahre der Fall (BZgA 2008: 11f.). Dadurch bedingt hat sich, wie andere Studien in Großstädten belegen, im Zeitverlauf teilweise auch die Erfahrung mit Drogen in den nachwachsenden Generationen reduziert (vgl. Reuband 2009).

Warum es in den letzten Jahren bei den hier betrachteten Delikten in West- wie in Ostdeutschland zu einem Rückgang der Delinquenz kam, ist ungeklärt. Im Fall des Ladendiebstahls könnte es eine Intensivierung der Kontrolltätigkeit (durch Detektive und Videoüberwachung) und eine vermehrte technische Warensicherung gewesen sein. Doch warum sollten – wie die Schüler- und partiell unsere Studentenbefragungen belegen[26] – auch das Schwarzfahren, die Sachbeschädigung und der Cannabiskonsum rückläufig sein? Bei diesen Delikten gibt es – so scheint es – keine nennenswerten Änderungen der Kontrollen und externen Zwänge, die vermehrt eine Umsetzung devianter Motivationen in Handeln hätten verhindern können. Angesichts dessen erscheint es denkbar, dass ein Wandel in der Motivation zur Abweichung und den Wertorientierungen als Determinante der reduzierten Delinquenzverbreitung stattgefunden hat.

---

25 Für den Drogengebrauch gibt es in der Langzeituntersuchung die mehrere Städte umfasst (Baier et al. 2008) erst seit 2000 entsprechende Angaben, zudem beschränkt auf zwei Städte, weswegen wir auf diese hier verzichten.
26 Im Fall der Sachbeschädigung ist der Trend auf Düsseldorf beschränkt, womöglich aufgrund der Tatsache, dass für die neueste Zeitperiode in Dresden nur eine Umfrage zur Verfügung stand. Auch bezüglich des Drogengebrauchs gibt es Einschränkungen.

7 Wertewandel als Ursache der rückläufigen Delinquenz?

Dass Delinquenz mit Wertorientierung korreliert, ist in mehreren Studien dokumentiert worden. Danach begünstigten hedonistische Werte, die Selbstverwirklichung betonen, Einstellungen, die abweichendes Verhalten als legitim oder tolerabel erscheinen lassen. Umgekehrt gesehen fördern traditionelle Werte, die in der Literatur auch als „Pflicht- und Akzeptanzwerte" bezeichnet worden sind, konforme Einstellungen und die Akzeptanz staatlicher Gesetze (vgl. Kreuzer et al. 1993, Posner 1997, Boers et al. 2002, Herrmann 2003, Raithel 2003, Reinecke 2007, Sturzbacher et al. 2007, Dünkel 2008). In diesem Zusammenhang ist für unsere Fragestellung nun von besonderer Bedeutung, dass es in den letzten Jahren in Deutschland in einer geradezu spektakulären Weise zu einer Entwicklung gekommen ist, die unter Studenten, Jugendlichen und Erwachsenen zum Wiederaufleben konservativ-traditioneller Werte geführt hat – bei gleichzeitig sinkendem Interesse an politischen Sachverhalten.

So belegen Langzeitstudien, dass das Interesse an Politik sowohl unter Studenten der Sozialwissenschaften als auch den Studenten anderer Fächer erheblich gesunken ist, sie sich verstärkt am Elternhaus orientieren und gesellschaftskritische Werte bei ihnen allgemein an Bedeutung verloren haben. Diese Entwicklung lässt sich bereits in den 1980er Jahren erkennen und hält bis heute an (Bargel 2008: 7ff., 17ff.). Jugenduntersuchungen verweisen auf ähnliche Tendenzen. So dokumentieren sowohl die Shell-Jugendstudie (Gensicke 2002, 2006) als auch das Jugend-Panel des Deutschen Jugendinstituts (Gille 2006: 143, 163 ff., 201, Gaiser und de Rijke 2006: 273, Gille 2008) ein Abnehmen des politischen Interesses und eine Zunahme konservativer Haltungen seit den frühen 1990er Jahren. Auch Untersuchungen unter Jugendlichen in Brandenburg, die den Zeitraum 1999–2005 umfassen, verweisen auf ein Erstarken konservativer Werte: hedonistische Werte nehmen an Bedeutung tendenziell ab, arbeitsbezogene Werte zu (vgl. Reinmuth und Sturzbecher 2007: 24ff.).

Umfragen des Instituts für Demoskopie zum Wertewandel in der Bundesrepublik und Langzeitstudien zu postmaterialistischen Wertorientierungen erlauben es aufgrund einer zeitlich umfassenderen Datenbasis, die Entwicklungen noch genauer in ihrem Ablauf zu spezifizieren. Demnach ist es vor allem zu Beginn der 1990er Jahre zu einer tiefgreifenden Trendumkehr in den Werthaltungen gekommen. Während sich zuvor auf Selbstentfaltung ausgerichtete Werte kontinuierlich ausgebreitet hatten, vollzog sich in den 1990er Jahren ein abrupter Wechsel und Umkehr des Trends. Werte, die einst an Zustimmung verloren hatten, wie Höflichkeit und gutes Benehmen, ordentliche und gewissenhafte Arbeit und ein „Sich-Einpassen in die Ordnung" erlebten eine Renaissance. Pflicht- und Akzeptanzwerte gewannen an Bedeutung. Und postmaterialistische Werte, die sich zuvor nahezu kontinuierlich ausgebreitet hatten, verloren vermehrt an Rückhalt (vgl. van Deth 2001: 26, Klein und Ohr 2004, Kaina und Deutsch 2006). Diese Entwicklung kennzeichnete die Jüngeren unter 30 Jahren ebenso wie partiell auch die Gesamtbevölkerung.[27] Die einstmals objektiv wie subjektiv bestehende Generationskluft verringerte sich im Gefolge dieser Entwicklungen (vgl. Noelle-Neumann und Petersen 2001: 19 ff.).

Einstellungen zu abweichendem Verhalten scheinen von der Umkehr des Wertewandels nicht unberührt geblieben zu sein. So gewann unter Studenten bereits seit den 1980er Jahren die Forderung, man müsse gegen Kriminalität härter vorgehen, kontinuierlich an Akzeptanz. War es Mitte der 1980er Jahre eine Minderheit, die diese Meinung vertrat, so ist es inzwischen

---

27 Zum Wandel in der Bewertung von Umweltproblemen, einst Thema der grün-alternativen Bewegungen, siehe Preisendörfer (1999), Kuckartz (2000).

eine Mehrheit.[28] Auch andere Studien lassen erkennen, dass unter jüngeren Menschen – vor allem solchen mit höherer Bildung – die Einstellungen zur Kriminalität in den letzten Jahren tendenziell punitiver geworden sind (vgl. Streng 2006, Reuband 2007b). Dies könnte – einen Zusammenhang zwischen Wertorientierung und Einstellung zur Strafe auf der einen und eigener Delinquenz auf der anderen Seite unterstellt – die eigene Bereitschaft zur Delinquenz nicht unbeeinflusst gelassen haben.[29]

Bezieht man die Untersuchungen unter westdeutschen Studenten aus den 1960er Jahren in die Betrachtung ein, spricht vieles dafür, dass der gegenwärtige Rückgang der Delinquenzverbreitung in begrenztem Umfang eine Rückkehr zu früheren Verhältnissen bedeutet. So ermittelte Fritz Sack 1964 in einer (unveröffentlichten) Untersuchung unter Kölner Soziologie-Studenten eine Lebenszeitprävalenz für Ladendiebstahl von rund einem Fünftel (vgl. Reuband 1989: 103). Da es sich um Teilnehmer einer Veranstaltung zur Kriminologie handelte und diese qua Themeninteresse überproportional über deviante Erfahrungen verfügen dürften, ist die Delinquenzverbreitung unter den damaligen Studenten der Soziologie in ihrer Gesamtheit wohl eher niedriger anzusetzen. Umso spektakulärer ist der Wandel in der Folgezeit: Soziologie-Studenten, die wir im Jahr 1983 – ebenfalls in Köln – als Teilnehmer der Pflichtveranstaltung „Methoden der empirischen Sozialforschung" befragten, nannten einen mehr als doppelt so hohen Wert (dazu Reuband 1989: 103). Und ein ähnlich hoher Wert – in Höhe von 55 % – fand sich in einer Replikationsuntersuchung 1993 in Köln erneut unter Teilnehmern der „Methoden der empirischen Sozialforschung" (eigene unveröffentlichte Ergebnisse).

Eine steigende Neigung zum Ladendiebstahl seit den 1960er Jahren lässt sich in gleichem Zeitraum für Gießener Jura-Studenten belegen. So ermittelte Stephan Quensel – ähnlich wie Fritz Sack unter Kölner Soziologie Studenten – im Jahr 1967 eine Lebenszeitprävalenz für Ladendiebstahl in Höhe von 24% (Quensel und Quensel 1970). In den Folgeuntersuchungen unter Jura-Studenten am gleichen Hochschulstandort stiegen die Werte für Ladendiebstahl an und erreichten in den 1970er Jahren einen Wert um 39% und in der Zeit zwischen 1981 und 1988 um 43% (eigene Berechnungen auf der Basis von Tabellen aus den Erhebungen von Arthur Kreuzer).

Die Tatsache, dass diesen Befunden zufolge die Aufwärtsentwicklung in der Delinquenzausübung Studenten der Soziologie ebenso wie der Rechtswissenschaften kennzeichnete, und sich in Großstädten ebenso wie in Universitätsstädten der Provinz fand, deutet auf stark ausgeprägte, allgemeine Trends in der Jugend hin. In der Tat ist die Zeit der zweiten Hälfte der 1960er Jahre eine Zeit gesellschaftlicher Umbrüche. Es handelt sich um eine Periode jugendlichen Aufbruchs, politischen Protests und jugendlicher Subkulturen, die sich von den Werten und Normen der Gesellschaft distanzierten und neue Verhaltens- und Lebensformen ausprobierten

---

28 Eine „harte Bestrafung von Kriminalität" als politisches Ziel bejahten 1985 42% der Studenten an Universitäten, 1993 (nunmehr einschl. Ostdeutschlands) 67% und 2007 73% (Bargel 2008: 17). Diese Zunahme punitiver Orientierungen findet sich – wenn auch in unterschiedlich starker Akzentuierung – bei Studenten unterschiedlicher Fachrichtungen, einschließlich Jura und Sozialwissenschaften (Simeander et al. 2007: 227, 231). Ob diese zunehmende Punitivität auf der abstrakten Ebene aber auch eine zunehmende Punitivität auf der konkreten Ebene bedeutet – im Urteil über konkrete Fälle – ist eine offene Frage (vgl. Reuband 2007b).

29 Die Korrelation zwischen der Forderung nach härteren Strafen zur Bekämpfung von Kriminalität und eigener Delinquenz jemals im Leben, liegt zwar selbst bei den 18-29jährigen niedrig. Doch handelt es sich hier um eine Analyse, bei dem die gegenwärtige Orientierung mit einem Verhalten in Beziehung gesetzt wird, das mehrheitlich in der Vergangenheit liegt. In dem Alter, in dem die Delikte begangen werden, dürfte der Zusammenhang enger sein. Zu dem Einfluss der Einstellungen zu abweichendem Verhalten auf spätere Delinquenz unter Jugendlichen siehe u.a. Menard und Huizinga (1994), Zhang et al. (1997), Engels et al. (2004), Reinecke (2007), Wittenberg (2007).

(vgl. auch Aly 2009). Gezielte Regelverletzungen und neue Formen des Bewusstseins mithilfe von Drogen gehörten dazu. Die Zahl der Demonstrationen und öffentlichen Proteste nahm von Jahr zu Jahr zu. Protestbewegungen, die sich zwar zum Teil nur auf einzelne Themen bezogen, aber eine generelle Kritik an staatlichem Handeln mit einschlossen, formierten sich und vermochten mehr und mehr Menschen zu aktivieren (vgl. Neidhardt und Rucht 1999: 152). Die letzte große Protestbewegung dieser Art, die Millionen Menschen zu mobilisieren vermochte und in gewissem Maße das Ende dieser Hochphase öffentlichen politischen Protests repräsentiert, stellt die Friedensbewegung Anfang der 1980er Jahre dar (vgl. Reuband 1985).

8 Delinquenz in Ostdeutschland in der Vorwendezeit

Die Entwicklung der Delinquenz einerseits und andererseits die Entwicklung der Wertorientierungen und des politischen Interesses legen den Gedanken nahe, dass es sich bei der Entwicklung der Delinquenz in Westdeutschland im Langzeitvergleich um eine Art Wellenbewegung handeln könnte, die durch soziale, politische und kulturelle Bedingungen mit beeinflusst wurde und dadurch ebenfalls ihre spezifische Stoßrichtung erhielt.

Wenn Wertewandel und politischer Protest in den alten Bundesländern die Ausbreitung der Delinquenz begünstigte, wie – so fragt sich – konnte es dann in den neuen Bundesländern zu einer Situation ähnlicher Delinquenzverbreitung Anfang der 1990er Jahre kommen? Jugendlichen Protest, Subkulturen und Protestbewegungen, vergleichbar den Verhältnissen in Westdeutschland, gab es schließlich dort vor der „Wende" des Jahres 1989 nicht. Viele Autoren glauben, dass es in der DDR auch zu keinem Wertewandel wie in Westdeutschland kam und dass sich Jugendliche in Ost und West stark unterschieden haben (vgl. u.a. Institut für Demoskopie 1990).[30]

Die Annahme, es hätte unter den DDR-Jugendlichen keinen Wertewandel gegeben, scheint indes zu einfach zu sein: Umfragen aus der Zeit der Wende belegen bemerkenswert hohe Übereinstimmungen in den Werten west- und ostdeutscher Jugendlicher (vgl. u.a. Georg 1993, Hille 1993, Hoffmann-Lange et al. 1993, Reitzle und Silbereisen 1996). Zieht man die Jugendumfragen des Zentralinstituts für Jugendforschung (ZIJ) aus der Zeit der DDR heran, so wird zudem deutlich, dass es, zeitlich mit etwas anderer Akzentuierung und in etwas anderer Wertekonstellation, auch in der DDR in den 1970er und 1980er Jahren unter den Jugendlichen einen Wertewandel gegeben hat, der ähnlich wie im Westen mit einer steigenden Wertschätzung individueller Autonomie und gleichzeitiger Kritik am staatlichen System und Institutionen – der DDR – einherging (vgl. Förster 1997, 1999).

Diese spezifische Konstellation könnte, so unsere Vermutung, funktional äquivalente Prozesse wie im Westen und eine zunehmende Distanzierung vom herrschenden, staatlich verkörperten Normensystem begünstigt haben – eine Art „normative Entfremdung" (Reuband 1976), die mit einer steigenden Toleranz gegenüber Gesetzesverstößen einhergeht. Pflicht- und Akzep-

---

30 Elisabeth Noelle-Neumann hat diese These in maßgeblicher Weise an Fragen der Arbeitsethik festgemacht – doch gerade dieses Beispiel eignet sich dafür schlecht, angesichts der Besonderheiten der DDR und des Umbruchs (vgl. Reuband 1997). Wo entsprechende Vergleiche in der unmittelbaren Nachwendezeit angestellt wurden, überraschte auf der Ebene der Bevölkerung eher die hohe Übereinstimmung als der Dissens zwischen Ost und West (vgl. u.a. Gensicke 1992, 1993, Meulemann 1996, Reuband 1997, Pickel 2006).

tanzwerte könnten, mit anderen Worten, ähnlich wie im Westen auch in der DDR an Bedeutung verloren und Werte der Selbstentfaltung an Bedeutung gewonnen haben.

Wäre dies der Fall und die jeweilige Wertekonstellation mitverantwortlich für das jeweilige Delinquenzniveau, so würde die zum Teil recht hohe Verbreitung bestimmter Deliktformen unter den Dresdner Studenten zu Beginn der 1990er Jahre nicht zwangsläufig als ein Nachwendephänomen zu interpretieren sein, sondern als eines, dessen Ursprünge bis in die DDR-Zeit zurückreichen. Leider ist die Datenlage, die dazu genauer Auskunft geben könnte, nicht vorhanden. Die wenigen verfügbaren Umfragen zur Delinquenz unter ostdeutschen Jugendlichen stammen aus der frühen Nachwendezeit. Sie belegen für diese Zeit, von einzelnen Ausnahmen abgesehen[31], im Vergleich zu den alten Bundesländern eine nahezu gleiche – z.T. sogar erhöhte – Verbreitung von Delinquenz und Delinqenzbereitschaft. Dies gilt auch für die Delikte, die in unserer Analyse enthalten sind: Schwarzfahren und Ladendiebstahl (vgl. Mansel und Hurrelmann 1998: 98, Kreuzer 1993, Schmidtchen 1997: Tab. 16: 103).

Auf die Vorwendezeit lassen diese Umfragen jedoch keine Rückschlüsse zu: denn was sie ermitteln, kann sowohl die Situation der Vorwendezeit als auch die unmittelbare Nachwendezeit oder eine Kombination von beiden widerspiegeln. Und dafür, dass die Delinquenz in der Umbruchszeit in Ostdeutschland anstieg, gibt es auch entsprechende Indizien (vgl. Boers et al. 1994, Kurz 1997). Die Frage ist nur, ob der Anstieg derart groß war, um einen früher bestehenden Rückstand aufzuholen. Durchaus denkbar ist, dass sich bereits vor der Wende eine Angleichung der Delinquenz bei manchen Delikten vollzogen hatte und sich in der unmittelbaren Folgezeit in den neuen Bundesländern eine weitere Steigerung in der Delinquenzhäufigkeit ereignete.

Es gibt freilich eine indirekte Möglichkeit, die Verhältnisse vor der Wende ansatzweise zu schätzen: über Bevölkerungsumfragen der Nachwendezeit, die Erwachsene in das Untersuchungsdesign mit einbeziehen. Erfragt man die Delikte, die überwiegend in der Jugendzeit begangen werden, ist es möglich, aus der Kombination von Kohortenzugehörigkeit und Angaben zu den jemals begangenen Delikten Rückschlüsse auf die Verbreitung von Delinquenz im Jugendalter zu ziehen. In diesem Zusammenhang ist bedeutsam, dass delinquente Verhaltensweisen – einschl. Schwarzfahren und Ladendiebstahl – ein Jugendphänomen darstellen, das in seiner Verbreitung in der Regel mit 16-18 Jahren seinen Höhepunkt erreicht und dann wieder an Bedeutung verliert (vgl. u.a. Farrington 1986, Laub und Sampson 2008).

Natürlich gibt es das Problem der Rückerinnerung und möglicher Verzerrungen wenn man so vorgeht, wie es hier vorgeschlagen wird (vgl. Reuband 1986). Geht man jedoch realistischerweise davon aus, dass diese Beeinträchtigung die ost- wie westdeutschen Befragten gleichermaßen betrifft, ist eine Vergleichbarkeit gegeben. Die von uns vorgenommene Sekundäranalyse des ALLBUS aus dem Jahr 2000 (ZA/GESIS-Studien Nr. 3450) zeigt: die entsprechenden Prävalenzwerte der Ostdeutschen – auch in den mittelalten Kohorten, die ihre Jugend in der Zeit der DDR verbrachten – liegen in der Regel mindestens ebenso hoch wie die im Westen.

---

31 Vgl. dazu die Befragung von Jugendlichen und jungen Erwachsenen in der Zeit zwischen 1991 und 1993 bei Boers und Kurz (1994), Posner (1997). Danach hat sich die Lebenszeitdelinquenz, zwischen 1991 und 1993 in Ostdeutschland stark erhöht, erreichte jedoch in der Regel noch nicht das Niveau Westdeutschlands des Jahres 1993. Gemessen an den Angaben zum 12-Monatszeitraum jedoch erscheint es fragwürdig, ob sich tatsächlich ein derart starker Wandel vollzogen hat.

Eine Divergenz zwischen den beiden Landesteilen, welche höhere Delinquenzprävalenzraten für Westdeutschland ausweist, tritt erst in den noch älteren Kohorten auf.[32]

Inwieweit die hohe Übereinstimmung in den jüngeren und mittleren Kohorten Folge eines längerfristigen Entwicklungsprozesses ist, der sich in der DDR ähnlich wie in Westdeutschland bereits in den 1970er und 1980er Jahren ausgebreitet hat, kann mangels entsprechender Langzeitanalysen hier nicht geklärt werden. Zwar sinken die Prävalenzwerte bei Aufgliederung nach Kohortenzugehörigkeit – je älter die Befragten sind, desto seltener wurde ihren Angaben zufolge jemals ein Delikt begangen –, jedoch gibt es andererseits eigenen Untersuchungen zufolge[33] durchaus Hinweise dafür, dass mit steigendem Alter die jemals verübte Delinquenz häufiger verheimlicht (oder vergessen) wird. Das Ausmaß der Verzerrung, das dadurch entsteht, kann mangels entsprechender Daten für Ostdeutschland nicht geschätzt und Korrekturfaktoren zur Bestimmung der Trends nicht ermittelt werden.

Doch wie auch immer der Trend im Einzelnen ausgesehen haben mag, bedeutsam an dieser Stelle ist: die empirischen Indizien sprechen dafür, dass die Delinquenzraten zwischen ost- und westdeutschen Jugendlichen bereits vor der Wende, Mitte bis Ende der 80er Jahre, stark angenähert waren: zumindest bei den hier betrachteten Delikten, welche die anonymen Einrichtungen des Staates oder der Geschäftswelt schädigen. Damit erscheinen die Ähnlichkeiten in der Delinquenz, die unsere Untersuchung zwischen den west- und ostdeutschen Befragten erbrachte, durchaus nicht als einzigartig. Die Möglichkeit, dass sie teilweise Resultat eines längerfristigen Wertewandels sind, der sich ebenfalls in Ostdeutschland vollzogen hat, ist nicht ausgeschlossen. Nicht zu verwechseln ist allerdings die Annäherung zwischen Ost- und Westjugendlichen bei den hier diskutierten Delikten mit einer Annäherung der insgesamt verübten Kriminalität in Ost- und Westdeutschland. Auch wenn staatlicherseits auf Delikte in der DDR zum Teil anders reagiert wurde als im Westen und die Straftaten nicht immer in die polizeiliche Kriminalstatistik eingingen, ist doch sicher, dass die Kriminalitätsbelastung in der DDR vor der Wiedervereinigung unter der Westdeutschlands lag (vgl. Ewald und Langer 1997, Kerner 1997, Kury et al. 1992).

9 Schlussbemerkungen

Was bleibt als Fazit? Delinquenz ist unter Studenten nahezu universell verbreitet. Das bedeutet allerdings nicht, dass sie zwangsläufig häufig begangen wird. Und es bedeutet nicht, dass sie in letzter Zeit verübt wurde. In nicht wenigen Fällen handelt es sich um Delikte, die zeitlich schon weiter zurückliegen und in die frühe Jugendphase fallen. Jugenddelinquenz stellt unter diesen

---

32 Es ergeben sich die folgenden Werte für jemals begangene Delikte in unterschiedlichen Altersgruppen/Kohorten, differenziert in West- vs. Ostdeutschland: Schwarzfahren 18-29 Jahre: 61% vs. 65%, 30-44: 41% vs. 48%, 45-59: 33% vs. 33%., Ladendiebstahl 18-29 Jahre: 21% vs. 31%, 30-44: 17% vs. 13%, 45-59 Jahre: 6% vs. 8%. Nahezu gleiche Werte für West- und Ostdeutschland finden sich in der jüngsten Altersgruppe für Alkohol am Steuer (23% vs. 25%). In den nachfolgenden älteren Kohorten dagegen fallen die Werte zwischen Ost und West aufgrund des überproportionalen Rückgangs unter den Ostdeutschen auseinander, eine Folge – so ist zu vermuten – des in der DDR im Vergleich zu Westdeutschland selteneren PKW- Besitzes und dem Vorhandensein einer 0 Promille Grenze für Alkohol am Steuer.

33 Im Fall Westdeutschlands verfügen wir über eigene Erhebungen aus den 1980er Jahren (Reuband 1989), die in Kombination mit den Daten des ALLBUS einen Kohortenvergleich ermöglichen. Vgl. zu dem Problem zunehmender Verzerrung, dargestellt an Umfragebefunden zum Drogenkonsum, auch Reuband (1986, 1988a).

Bedingungen zumeist ein bloßes Austesten von Grenzen dar, nicht die Entscheidung für einen abweichenden Lebensstil. Die Delinquenz bleibt eine vorübergehende Episode.

Im Gegensatz zu in der Öffentlichkeit weitverbreiteten Vorstellungen steigt Delinquenz unter jungen Menschen nicht zwangsläufig immer weiter an. Spätestens seit den 1990er Jahren ist im Gegenteil bei vielen Delikten die Delinquenz gesunken. Und der Rückgang ist nicht als bloßer Wandel in der Bereitschaft anzusehen, Devianz in Befragungen einzugestehen: Wo Vergleiche mit der polizeilichen Kriminalstatistik möglich sind, wie im Fall des Ladendiebstahls, und es sich nicht um bloße Kontrolldelikte handelt, lassen sich deutliche Parallelen zur registrierten Kriminalität nachweisen.[34]

Der Rückgang der Delinquenz hat den Anteil der Jugendlichen, die durch delinquente Handlungen auffielen, nicht zwangsläufig reduziert. So hat sich die Wahrscheinlichkeit der Auffälligkeit bei mehreren der von uns betrachteten Delikte im Beobachtungszeitraum erhöht. Die Gründe dafür sind ungeklärt – ob es eine gestiegene Unvorsichtigkeit der Täter ist, andere Objekte des Begehrens oder andere Kontrollmaßnahmen, ist unbekannt. Eine steigende Polizeiauffälligkeit scheint bei den meisten hier betrachteten Delikten freilich nicht aus der gestiegenen Auffälligkeitschance zu erwachsen. Dies könnte bedeuten, dass von den vom Delikt Betroffenen teilweise vermehrt auf andere Regelungen zurückgegriffen wird als eine Anzeigeerstattung. Welcher Art diese sind und unter welchen Bedingungen dies geschieht, ist ungeklärt.

Mitverantwortlich für den Rückgang der Delinquenzverbreitung dürfte neben veränderten Gelegenheitsstrukturen aufgrund veränderter Kontrollstrategien[35] die Umkehrung des bisherigen Wertewandels sein: Gesellschaftskonforme Werte haben nach langer Zeit sinkender Zustimmung inzwischen wieder verstärkt an Bedeutung gewonnen. Die Haltung gegenüber abweichendem Verhalten ist weniger tolerant geworden. Wann der neue Trend einsetzte, scheint je nach Subgruppe der Gesellschaft und Art der Indikatoren zu variieren. Unter Studenten lassen sich bereits seit den 1980er Jahren entsprechende Veränderungen nachweisen, unter Jugendlichen und Erwachsenen erst seit den 1990er Jahren. Welche Gründe für die Umkehr des Wertewandels in den 1990er Jahren verantwortlich sind, ist bislang im Einzelnen ungeklärt. Verschlechterungen des Arbeitsmarktes, welche die eigene Zukunft als weniger prosperierend

---

34 So ist z.B. die Zahl der Ladendiebstähle ähnlich stark wie in den Dunkelfelduntersuchungen zurückgegangen. In Nordrhein-Westfalen z.B. zwischen 1999 und 2008 um 29% (vgl. Landeskriminalamt Nordrhein-Westfalen 2008; eigene Berechnungen, auch Bundeskriminalamt 2008, Landeskriminalamt Sachsen 2009). Bemerkenswerterweise setzt der Rückgang bei den unterschiedlichen Altersgruppen zeitlich unterschiedlich ein: bei den Kindern seit 1993, bei Jugendlichen seit 1996 und bei Heranwachsenden seit 1998 (Bundesministerium des Innern und Bundesministerium der Justiz 2006: 385). Man könnte dies u.U. als Kohorteneffekt deuten: danach setzt der Wandel am ehesten bei der jüngeren, nachwachsenden Kohorte ein. Die Älteren hingegen werden stärker noch durch ihre vorangegangene Sozialisation beeinflusst. Zu analogen Effekten dargestellt an der Mediennutzung vgl. BDZV (2009: Tab. S. 29).

35 Ob die veränderten Kontrollstrategien nicht nur die Gelegenheit zur Deliktbegehung reduzieren, sondern auch eine abschreckende Wirkung entfaltet haben, ist ungewiss. Leider liegen – mit einer Ausnahme – keine Daten zur Wahrnehmung der Entdeckungsrisiken im Trendvergleich vor. Nach Arthur Kreuzer, der sich auf Rückerinnerungsfragen stützt, ist die Risikoeinschätzung unter den ostdeutschen Studenten bei den Delikten Schwarzfahren und Ladendiebstahl zwischen 1989 und 1990 gestiegen, bei Fahren unter Alkoholeinfluss gesunken (Kreuzer et al. 1993: 206). Dass massive Kontrollen die Häufigkeit der Deliktbegehung reduzieren, ist für das Delikt des Schwarzfahrens dokumentiert (vgl. Killias et al. 2009), in anderen Fällen ist der Zusammenhang weniger eindeutig und z.T. eher negativ (vgl. Dölling 2006, Kreuzer et al.1993, Reuband 2007a). Zu der Wahrnehmung der Entdeckungschancen und Problemen ihrer Messung siehe Reuband (2003).

erscheinen lassen als früher, Leistungseinschränkungen der Sozialsysteme und Änderungen in der politischen Kultur stellen potentielle Ursachen dar (vgl. Klein und Ohr 2004: 162).[36]

Offen ist, wie viele und welche Delikte überhaupt von dem Wertewandel und dessen Umkehr betroffen sind und in welch starkem Maße dies der Fall ist. Unsere Studie war auf einige ausgewählte Delikte beschränkt. Die wenigen verfügbaren Schüleruntersuchungen, die Vergleiche für die Zeit der 1990er Jahre und später erlauben, deuten darauf hin, dass auch andere als die hier diskutierten Delikte in ihrer Prävalenz rückläufig sind (vgl. Dünkel et al. 2008, Block et al. 2008, Baier et al. 2008). Selbst im Fall der Gewaltdelikte gibt es gewisse Anzeichen dafür, sofern man sich auf Jugend in ihrer Gesamtheit und nicht auf Untergruppen der Jugend bezieht (vgl. dazu auch Baier et al. 2009).[37]

Vermutlich kommt es auf die jeweilige Konstellation des Wertewandels an, welche Delikte überproportional von dem Wandel tangiert werden. So dürfte es einen Unterschied machen, ob es sich lediglich um postmaterialistisch gefärbte Selbstverwirklichungstendenzen handelt oder ob der Wandel mit wachsender Gesellschaftskritik gekoppelt ist. Gesetzesverstöße, die sich gegen staatliche Einrichtungen oder Einrichtungen der Wirtschaft richten, werden den Akteuren weniger moralisch verwerflich erscheinen, wenn der Staat und das Wirtschaftssystem in ihrer Legitimität oder Effizienz in Frage gestellt werden. Aus dieser Sicht könnten in den alten Bundesländern die Delikte Schwarzfahren und Ladendiebstähle im Gefolge der politischen und kulturellen Alternativbewegungen der 1960er bis 1980er Jahre vielen Jugendlichen zeitweise als weniger verwerflich gegolten haben als dies vorher oder später der Fall war. Ähnliche Tendenzen, nur mit anderem historisch-politischen Hintergrund, gab es möglicherweise auch in der DDR – wobei dort die Tatsache, dass die meisten Läden und Kaufhäuser Staatsbetriebe waren, der Delinquenz eine funktional äquivalente Stoßrichtung gegeben haben könnte wie die Kapitalismuskritik im Westen.

International gesehen sind unsere Befunde zur Delinquenzentwicklung nicht einzigartig. Schüleruntersuchungen in Finnland, Schweden und partiell auch der Schweiz dokumentieren für den gleichen Zeitraum wie unsere Untersuchung einen Rückgang der Eigentumskriminalität, speziell beim Ladendiebstahl (vgl. Kivivuori und Salmi 2005, Kivivuori 2007, Svensson 2007; Haymoz et al. 2008).[38] Und die finnische Umfrage, die zu dieser Frage Angaben enthält,

---

36 Für Elisabeth Noelle-Neumann war – verkürzt formuliert – am Wertewandel, der zu vermehrter Bejahung von Selbstverwirklichungswerten in den 1960er und 1970er Jahren führte, Theodor Adorno schuld: Die Frankfurter Schule (und ihre Widerspiegelung in den 68er-Bewegungen) hätte zur Abkehr von den traditionellen Werten geführt. Das Verblassen des Wertewandels wird entsprechend als eine Art „Normalisierung" gedeutet (vgl. Noelle-Neumann und Petersen 2001). Diese Deutung indes wird der Realität nicht gerecht: Mag auch eine gewisse Ideologisierung des politischen Protests dadurch begünstigt worden sein und es zu generationsspezifischen Effekten gekommen sein (vgl. Kaina und Deutsch 2006: 171, vgl. auch die Stärkung der Altersbeziehung bei Allerbeck 1976), so ist doch nicht zu übersehen, dass sich ähnliche Prozesse des Wertewandels in anderen Ländern ereigneten (vgl. Inglehart 1998).
37 Im Fall der Schüleruntersuchung, die in Brandenburg 1999 und 2005 durchgeführt wurde, ist der Wandel im Vorkommen von Gewaltausübung zwar minimal, der Wandel in der Ablehnung von Gewalt jedoch umso größer (vgl. Sturzbecher et al. 2007: 248ff.). Dies könnte längerfristige zukünftige Änderungen auch auf der Verhaltensebene signalisieren.
38 Es gibt allerdings auch Ausnahmen in dem beschriebenen Trend. So scheint in Großbritannien die Delinquenzverbreitung, Umfragen zwischen 1992 und 2003 zufolge, insgesamt nicht zurückgegangen zu sein. Sie ist allerdings auch nicht angestiegen (vgl. Flood-Page et al. 2000, Philips und Chamberlain 2006, Roe und Ashe 2008). Auch die Schweizer Daten erbringen nicht durchgängig bei allen Delikten einen Rückgang (Haymoz et al. 2008), Eine weitgehende Konstanz beim Ladendiebstahl, dokumentiert für den Zeitraum zwischen 1992 und 2002 eine niederländische Untersuchung. Es lässt sich hier auch keine gestiegene Chance der Polizeiauffälligkeit zeigen. (Wittebrood 2003).

verweist zugleich auf gestiegene Risiken der Auffälligkeit gegenüber der Polizei bei Ladendiebstahl (ebenso wie bei Gewaltdelikten und Zerstörung von Schuleigentum, vgl. Kivivuori 2005, Salmi 2007). Ob diese Entwicklung darauf zurückgeht, dass Institutionen (bzw. Personen), die vom Delikt betroffen sind, häufiger des Delikts gewahr werden oder eher zur Anzeigeerstattung bereit sind als früher, wurde offenbar nicht untersucht. Des Weiteren zeigt die finnische Erhebung, dass sich bei den Jugendlichen im Zeitverlauf eine abnehmende Toleranz für Devianz und eine zunehmend punitive Haltung ausgebreitet haben (Kivivuori 2005).

International gesehen sind auch die Befunde zur Umkehr des Wertewandels nicht einzigartig. Sie finden sich ebenfalls in anderen Ländern wie z.B. Norwegen. Postmaterialistische Wertorientierungen, die sich zunächst kontinuierlich ausgebreitet hatten, haben auch dort an Rückhalt verloren (vgl. Kaina und Deutsch 2006: 177).[39] Wir haben es im Fall der Delinquenz, ähnlich wie einst im Fall des Drogengebrauchs (vgl. Reuband 1992, 1998), womöglich mit internationalen Trends zu tun, die gesellschaftlichem und kulturellem Wandel unterliegen und selbst bei unterschiedlicher Kriminalpolitik zu gleichartigen Entwicklungen führen.

Leider ist es in den Studien der Jugendforschung, in denen Wertorientierungen routinemäßig erhoben werden, nicht üblich, Fragen zur Delinquenz zu stellen. Und leider ist es in Studien, in denen Drogengebrauch und/oder Delinquenz im Trendvergleich ermittelt werden, nicht üblich, Wertorientierungen zu erfassen. Es dominiert zu sehr eine epidemiologische Perspektive, bei der es um bloße Bestandsaufnahme des Verhaltens geht und nicht um eine differenzierte Analyse sozialer und kultureller Einflussfaktoren.

Es ist angeraten, in zukünftigen Studien den Fragen der Gelegenheitsstruktur und der Wertorientierung – sowohl aus einer mikro- als auch aus einer makrosoziologischen Perspektive – vermehrte Aufmerksamkeit zu schenken. Dabei interessiert bei den Gelegenheitsstrukturen sowohl die objektive als auch die subjektive Perspektive: objektiv die tatsächlichen Gegebenheiten und Veränderungen, und subjektiv deren Wahrnehmung durch die Jugendlichen und die Bevölkerung. Bei der Analyse der Werte sind insbesondere jene Werte von Interesse, die sich im Zeitverlauf in besonders starkem Maße geändert haben. Desgleichen interessiert, welche Einstellungen zu den spezifischen Formen abweichenden Verhaltens und Gesetzesverstoßes eingenommen werden, und wie diese mit den Wertorientierungen verbunden sind.

Bedeutet die Einbettung der Delinquenz in Wertorientierungen nun aber für die Praxis der Prävention von Jugendkriminalität, bevorzugt die Stärkung traditioneller Werte zu fördern? Es ist hier nicht der Ort und auch nicht das Thema, die Frage präventiver Maßnahmen im Einzelnen zu erörtern. Sicher ist jedoch: Werte wirken nicht direkt auf die Delinquenz, sondern indirekt über die Einstellungen zum abweichenden Verhalten (vgl. u.a. Hermann 2003, Reinecke 2007). Was bedeutet: Es kommt auf die Art der intervenierenden Prozesse an, ob Werte mit spezifischen Einstellungen zu Gesetzesverstößen einhergehen oder nicht. Die Beziehungen dürften variabel sein und je nach sozialen und kulturellen Konstellationen unterschiedliche Formen annehmen und unterschiedlich stark sein.[40]

---

39 Bemerkenswert an einer weiteren finnischen Untersuchung unter Rekruten der Armee, die einen Vergleich des Jahres 1962 mit dem Jahr 2006 erlaubt, ist, dass die jüngsten Angaben zur Delinquenzprävalenz denen der 1960er Jahre sogar angenähert sind, sie zum Teil sogar unterschreitet (Ladendiebstahl jemals im Leben z.B. 1962: 41%, 2006: 38%, vgl. Salmi 2008: 100). Dies spricht u.E. zusammen mit den anderen finnischen Untersuchungen – ähnlich wie in Deutschland – für eine Auf- und Abwärtsbewegung im Vorkommen von Delinquenz.

40 Zudem ist zu bedenken, dass die Zusammenhänge in der Regel schwach sind. Je umfassender und zahlreicher die herangezogenen Indikatoren, desto enger ist allerdings der Zusammenhang (vgl. Reinecke 2007). Auch ist zu bedenken, dass bei mancher Operationalisierung die thematische Breite der erfragten Werte eingeschränkt ist, so dass man den Einfluss der Werte hier vermutlich unterschätzt.

Zum anderen ist auch nach den positiven Effekten jener Werte zu fragen, welche Delinquenz zu begünstigen scheinen. So sind die Werte individueller Autonomie in modernen Gesellschaften durchaus funktional. Denn sozialer Wandel bedarf, wie bereits William Thomas einst schrieb (1928), nicht mehr das Erlernen spezifischer traditioneller Regeln, sondern von Kompetenzen, die eigenständige Entscheidungen in komplexen Situationen erlauben (Thomas 1965: 28). Erwin K. Scheuch und Marvin Sussman haben von vergrößerten Optionschancen in modernen Gesellschaften gesprochen und das Streben nach Selbstverwirklichung als einen Hauptindikator für „Modernität" bezeichnet (Scheuch und Sussman 1970: 250). Und Ulrich Beck hat in seinem Werk „Risikogesellschaft" die Individualisierung als Kennzeichen moderner Gesellschaften dargestellt und die Notwendigkeit individueller Entscheidungsfähigkeit als Folge der veränderten Rahmenbedingungen hervorgehoben – als Element von Freiheit, aber auch von neuen Zwängen (Beck 1986).

Die allgemeine Bejahung von Pflicht- und Akzeptanzwerten – zu Lasten der Bejahung individueller Entscheidungen und Selbstverwirklichung – läuft Gefahr, Immobilität auf der individuellen und gesellschaftlichen Ebene zu bewirken. Denn je mehr individuelle Impulse unterdrückt und Konformität zum Prinzip erhoben wird, desto weniger ist zwar Abweichung die Folge, desto mehr aber – so schon Emile Durkheim (1895) – verschwinden in der Gesellschaft „persönliche Originalität" und jene kreativen Handlungen, die gesellschaftlich hoch bewertet werden. Aus dieser Sicht fragt es sich, ob die „Unzuträglichkeiten", die von gesellschaftlich als problematisch eingestuften Bedingungen ausgehen „von unmerklichen Vorteilen mehr als aufgewogen werden" (Durkheim 1965[1895]: 146). Mit anderen Worten: soziale Abweichung kann in gewissem Umfang auch die Kehrseite gesellschaftlichen Fortschritts sein.

Literatur

ALLBUS 2000: Allgemeine Bevölkerungsumfrage in den Sozialwissenschaften 2000. ZA-GESIS Studien-Nr. 3450, Codebuch, Köln
Allerbeck, K. R., 1973: Soziologie radikaler Studentenbewegungen: Eine vergleichende Untersuchung in der Bundesrepublik Deutschland und den vereinigten Staaten. München/Oldenburg
Allerbeck, K. R., 1976: Demokratisierung und sozialer Wandel in der BRD. Sekundäranalyse von Umfragedaten 1953-1974. Opladen
Aly, G., 2009: Unser Kampf 1968 – ein irritierender Blick zurück. Frankfurt
Amelang, M. und Wantoch, H., 1971: Untersuchungen zur selbstberichteten Delinquenz. II: Faktoren begangener und erlittener Straftaten, In: Monatsschrift für Kriminologie und Strafrechtsreform, 54, S. 377-393
Baier, D., 2008: Entwicklung der Jugenddelinquenz und ausgewählter Bedingungsfaktoren seit 1998 in den Städten Hannover, München, Stuttgart und Schwäbisch Gmünd. Kriminologisches Forschungsinstitut Niedersachsen, Forschungsbericht Nr. 104. Hannover
Baier, D., Pfeiffer, C., Simonson, J. und Rabold, S., 2009: Jugendliche in Deutschland als Opfer und Täter von Gewalt. Erster Forschungsbericht zum gemeinsamen Forschungsprojekt des Bundesministeriums des Innern und des KFN. Kriminologisches Forschungsinstitut Niedersachsen, Forschungsbericht Nr. 107
Bargel, T. 2008: Wandel politischer Orientierungen und gesellschaftlicher Werte der Studierenden. Studierendensurvey: Entwicklungen zwischen 1983 und 2007. Bonn/Berlin
Baumgärtner, T., 1998: Drogenprävalenz und Drogenpräsenz im studentischen Milieu, in: T. Baumgärtner, (Hg.): Kiffen, Koksen und Klausuren. Über den studentischen Umgang mit legalen und illegalen Drogen in Ostdeutschland. Leipzig, S. 35-54.
BDZV (Bundesverband Deutscher Zeitungsverleger) 2009: Die deutschen Zeitungen in Zahlen und Daten. Berlin
Beck, U, 1986: Risikogesellschaft. Auf dem Weg in eine andere Moderne. Frankfurt a.M.
Becker, H., 1973: Außenseiter. Frankfurt a.M.

Blankenburg, E., 1969: Die Selektivität rechtlicher Sanktionen. In: Kölner Zeitschrift für Soziologie und Sozialpsychologie, 21, S. 805-829.
Block, T, Brettfeld, K. und Wetzels, P., 2008: Umfang, Struktur und Entwicklung von Jugendgewalt und –delinquenz in Hamburg 1997-2004. Hamburg; Tabelle 4 auszugsweise zitiert in: Heinz, W. 2008: „Bei der Gewaltkriminalität junger Menschen helfen nur härtere Strafen!" Überarbeitete sowie mit Schaubildern und Tabellen versehene Fassung des Beitrags in: Neue Kriminalpolitik, 2008, 2, S. 50-59.
[http://www.uni-konstanz.de/FuF/Jura/heinz/publikationen.html#2]
Boers, K. und Kurz, P., 1997: Kriminalitätseinstellungen, soziale Milieus und sozialer Umbruch. In: K. Boers, G. Gutsche und K. Sessar (Hg.): Sozialer Umbruch und Kriminalität in Deutschland. Opladen. S. 187-254.
Boers, K. und Reinecke, J., 2004: Selbstberichtete Kriminalität, abweichendes Verhalten, Alkohol- und Drogenkonsum. In: Informationen zur 3. Schulerbefragung Schülerbefragung in Duisburg. Westfälische Wilhelms-Universität Münster: Institut für Kriminalwissenschaften und Universität Trier: FB IV, Abteilung Soziologie. S. 3-11.
Boers, K., Class, M. und Kurz, P., 1994: Self-reported delinquency in Germany after Reunification. In: Junger-Tas, J., Terlouw, G.-J., Klein, M.W. (Hg.): Delinquent behavior among young people in the Western World. Amsterdam, New York. S. 345-355.
Boers, K., Reinecke, J., Motzke, K. und Wittenberg, J., 2002: Wertorientierungen, Freizeitstile und Jugenddelinquenz. In: Neue Kriminalpolitik, 4, S. 141-146.
Brusten, M. und Hurrelman, K., 1973: Abweichendes Verhalten in der Schule. Eine Untersuchung zu Prozessen der Stigmatisierung. München.
Brusten, M. und Malinowski, P., 1975: Die Vernehmungsmethoden der Polizei und ihre Funktion für die gesellschaftliche Verteilung des Etiketts „kriminell", In: M. Brusten und J. Hohmeier (Hg.), Stigmatisierung 2. Zur Produktion gesellschaftlicher Randgruppen. Neuwied – Darmstadt, S. 57-112.
Bundeskriminalamt, 2009: Polizeiliche Kriminalstatistik 2008. Wiesbaden.
Bundesministerium des Innern/Bundesministerium der Justiz, 2006: Zweiter Periodischer Sicherheitsbericht. Berlin
BZgA (Bundeszentrale für gesundheitliche Aufklärung), 2008: Die Drogenaffinität Jugendlicher in der Bundesrepublik Deutschland 2008. Alkohol-, Tabak- und Cannabiskonsum. Erste Ergebnisse zu aktuellen Entwicklungen und Trends Oktober 2008. Köln.
Dölling, D. 2008: Zur strafrechtlichen Behandlung der Heranwachsenden. In: T. Görgen, K. Hoffmann-Holland, H. Schneider und J. Stock (Hg.): Interdisziplinäre Kriminologie : Festschrift für Arthur Kreuzer zum 70. Geburtstag. Frankfurt/M., S. 119-129.
Dölling, D., Entorf, H., Hermann, D., Häring, A. Rupp, T. und Woll, A., 2006: Zur generalpräventiven Abschreckungswirkung des Strafrechts – Befunde einer Metaanalyse. In: Kury, H. (Hg.): Härtere Strafen – weniger Kriminalität? Zur Verschärfung der Sanktionseinstellungen. In: Soziale Probleme, 17, S. 210-231.
Dünkel, F. 2008: Delinquenz- und Opferbefragungen als „pädagogischer" Beitrag zur kriminologischen Grundlagenforschung- dargestellt am Beispiel der Greifswalder Studentenbefragungen. In: T. Görgen, K. Hoffmann-Holland, H. Schneider und J. Stock (Hg.): Interdisziplinäre Kriminologie: Festschrift für Arthur Kreuzer zum 70. Geburtstag. Frankfurt/M. S. 130-151.
Dünkel, F. und Geng, B., 2009: Kriminalitätserfahrungen und gesellschaftspolitische Orientierungen von Greifswalder Studenten. Teil 1: Empirische Befunde einer Befragung von Greifswalder Studenten im WS 2008/09 zu Viktimisierungen und selbstberichteter Delinquenz.
[http://www.rsf.uni-greifswald.de/duenkel/publikationen/internet/jugendkriminalitaet.html]
Dünkel, F., Gebauer, D. und Geng, B. 2008: Jugendgewalt und Möglichkeiten der Prävention. Gewalterfahrungen, Risikofaktoren und gesellschaftliche Orientierungen von Jugendlichen in der Hansestadt Greifswald und auf der Insel Usedom. Ergebnisse einer Langzeitstudie 1998 bis 2006. Mönchengladbach.
Durkheim, E., 1965 [zuerst 1895]: Die Regeln der soziologischen Methode. Neuwied/Berlin.
Engels, R., Luijpers, E., Landsheer J. und Meeus, W., 2004: A longitudinal study of relations between attitudes and delinquent behavior in adolescents. In: Criminal Justice and Behavior, 31, S. 244-260.
Ewald, U. und Langer, W. 1997: Opferleben in Deutschland nach der Wende. Entwicklungen in Ostdeutschland mit vergleichendem Bezug zu Westdeutschland. In: K. Boers, G. Gutsche und K. Sessar (Hg.): Sozialer Umbruch und Kriminalität in Deutschland. Opladen. S. 89-156.
Ewald, U., Iwohn, G., Lautsch, E., 1992: Bagatellen und ihre Verarbeitung in der DDR. Jugendberatung in Ostberlin während der Wende. KFB-Materialien, Heft 1-2, Mönchengladbach.
Farrington, D. P., 1986: Age and Crime. In: Tonry, M. und Morris, N. (Hg.): Crime and justice: An annual review of research, 7, Chicago, S. 189-250.
Feest, J. und Blankenburg, E., 1972: Die Definitionsmacht der Polizei. Strategien der Strafverfolgung und soziale Selektion. Düsseldorf.

Feltes, T. und Feldmann-Hahn, 2008: Dunkelfeldforschung in Bochum. In: T. Görgen, K. Hoffmann-Holland, H. Schneider und J. Stock (Hg.): Interdisziplinäre Kriminologie : Festschrift für Arthur Kreuzer zum 70. Geburtstag. Frankfurt/M. S. 152-169.
Flood-Page, C., S. Campbell, V. Harrington und J. Miller, 2000: Home Office Research Study 209. Youth crime: Findings from the 1998/99 Youth Lifestyles Survey. Home Office Research, Development and Statistics Directorate Crime and Criminal Justice Unit, London.
Förster, P., 1997: Der lange Weg vom DDR- zum Bundesbürger. In: Schlegel, U. und Förster, P.: Ostdeutsche Jugendliche. Vom DDR-Bürger zum Bundesbürger. Opladen. S. 207-224.
Förster, P., 1999: Die Entwicklung des politischen Bewusstseins in der DDR-Jugend zwischen 1966 und 1989. In: Friedrich, W., Förster, P. und Starke, K. (Hg.): Das Zentralinstitut für Jugendforschung in Leipzig: 1966 bis 1990: Geschichte – Methodik – Erkenntnisse. Berlin. S. 70-165.
Gaiser, W. und de Rijke, J., 2006: Gesellschaftliche und politische Beteiligung. In: M. Gille, S. Sardei-Biermann, W. Gaiser und J. de Rijke (Hg.): Jugendliche und junge Erwachsene in Deutschland. Lebensverhältnisse, Werte und gesellschaftliche Beteiligung 12-29-jähriger. Wiesbaden, S. 213-276.
Gensicke, T., 1992: Werte und Wertewandel im Osten Deutschlands. In: Klages, H., Hippler, H.-J., Herbert, W. (Hg.): Werte und Wandel. Ergebnisse und Methoden einer Forschungstradition. Frankfurt am Main/New York, S. 672-694.
Gensicke, T., 1995: Modernisierung, Wertewandel und Mentalitätsentwicklung in der DDR. In: Bertram, H. Hradil, S. und Kleinheinz, G. (Hg.): Sozialer und demographischer Wandel in den neuen Bundesländern. Berlin, S. 101-140.
Gensicke, T., 2002: Individualität und Sicherheit in neuer Synthese? Wertorientierungen und gesellschaftliche Aktivität. In: Deutsche Shell (Hg.): 14. Shell Jugendstudie. Jugend 2002. Zwischen pragmatischem Idealismus und robustem Materialismus. Frankfurt am Main. S. 139-212.
Gensicke, T., 2006: Zeitgeist und Wertorientierungen. In: Shell Deutschland Holding (Hg.): 15. Shell Jugendstudie. Jugend 2006. Eine pragmatische Generation unter Druck. Frankfurt am Main. S. 169-202.
Georg, W., 1993: Modernisierung und Lebensstiele Jugendlicher in Ost- und Westdeutschland. In: Politik und Zeitgeschichte, 26-27, S. 20-28.
Gille, M., 2006: Werte, Geschlechterrollenorientierungen und Lebensentwürfe. In: M. Gille, S. Sardei-Biermann, W. Gaiser und J. de Rijke (Hg.): Jugendliche und junge Erwachsene in Deutschland. Lebensverhältnisse, Werte und gesellschaftliche Beteiligung 12-29-jähriger. Wiesbaden, 2006. S. 131-212.
Gille, M., 2008: Umkehr des Wertewandels? Veränderungen des individuellen Werteraums bei Jugendlichen und jungen Erwachsenen seit Beginn der 1990er Jahre. In: Gille, M. (Hg.): Jugend in Ost und West seit der Wiedervereinigung. Ergebnisse aus dem replikativen Längsschnitt des DJI-Jugendsurvey. Jugendsurvey 3. Wiesbaden. S. 119-172.
Gutsche, G., 1997: Soziale Problembewältigung und Umgang mit Kriminalität in einer sich wandelnden Struktur sozialer Milieus. In: K. Boers, G. Gutsche und K. Sessar (Hg.): Sozialer Umbruch und Kriminalität in Deutschland. Opladen. S. 53-88.
Haymoz, S., Markwalder, N., Lucia, S. und Killias, M., 2008: Kriminalitätsentwicklung in der Schweiz: Alles nur halb so schlimm? Tendenzen anhand der verfügbaren Indikatoren seit 20 Jahren. In: Crimiscope, 37 & 38.
Heine, C., Krawietz, M. und Sommer, D., 2008: Studienanfänger im Wintersemester 2006/07. Wege zum Studium, Studien- und Hochschulwahl, Situation bei Studienbeginn. HIS:Projektbericht Juni 2008. Hannover.
Hellebrand, J., 2008: Die Selektionsmacht der Staatsanwaltschaft bei der Verfolgung der leichteren BtM-Kriminalität. In: T. Görgen, K. Hoffmann-Holland, H. Schneider und J. Stock (Hg.): Interdisziplinäre Kriminologie : Festschrift für Arthur Kreuzer zum 70. Geburtstag. Frankfurt/M. S. 302-318.
Hermann, D., 2003: Werte und Kriminalität. Konzeption einer allgemeinen Kriminalitätstheorie. Wiesbaden.
Hille, B., 1993: Lebensstrukturen und Lebensperspektiven Jugendlicher im vereinten Deutschland. In: Aus Politik und Zeitgeschichte, B. 24, S. 14-20.
Hoffmann-Lange, U., Gille, M. und Schneider, H., 1993: Das Verhältnis von Jugend und Politik in Deutschland. In: Aus Politik und Zeitgeschichte, B. 19, S. 3-12.
Inglehart, R., 1998: Modernisierung und Postmodernisierung. Kultureller, wirtschaftlicher und politischer Wandel in 43 Gesellschaften. Frankfurt a. M.
Institut für Demoskopie Allensbach, 1990: Allensbacher Berichte Nr. 9.
Junger-Tas, J., Ribeaud, D. und Cruyff, M. J., 2004: Juvenile Delinquency and Gender. In: European Journal of Criminology, 1, S. 333-375.
Kaina, V. und Deutsch, F., 2006: Verliert die „stille Revolution" ihren Nachwuchs? – Wertorientierungen in Deutschland im Kohorten- und Zeitvergleich, in: Brettschneider, F., van Deth, J., Roller, E. (Hg.): Jugend und Politik – Voll normal! Wiesbaden, S. 157-181.

Kandel, D. B. und Faust, R., 1975: Sequence and stages in pattern of adolescent drug use. In: Archives of General Psychiatry, 32, S. 923-932.
Kerner, H.-J., 1997: Kriminologische Forschung im sozialen Umbruch. Ein Zwischenresümee nach sechs Jahren deutsch-deutscher Kooperation. In: K. Boers, G. Gutsche und K. Sessar (Hg.): Sozialer Umbruch und Kriminalität in Deutschland. Opladen. S. 331-372.
Killias, M., 2002: Grundriss der Kriminologie. Eine europäische Perspektive. Bern.
Killias, M., Scheidegger, D. und Nordenson, P., 2009: The effects of increasing the certainty of punishment: A field experiment on public transportation. In: European Journal of Criminology 6/5, S. 1-22.
Kinzig, J., 2008: Kriminalpolitische Einstellungen Tübinger Jura-Studierender – mit einem Seitenblick auf die Giessener Delinquenzbefragung. In: T. Görgen, K. Hoffmann-Holland, H. Schneider und J. Stock (Hg.): Interdisziplinäre Kriminologie: Festschrift für Arthur Kreuzer zum 70. Geburtstag. Frankfurt/M. S. 383-402.
Kirchhoff, F., 1975: Selbstberichtete Delinquenz: eine empirische Untersuchung. Göttingen.
Kivivouri, J. (2002): Trends and Patterns of Self-Reported Juvenile Delinquency in Finland. Summary. National Research Institute of Legal Policy. Publication no. 188, Helsinki.
Kivivuori, J. 2007: Delinquent Behaviour in Nordic Capital Cities. Scandinavian Research Council for Criminology National Research Institute of Legal Policy, Finland, Helsinki. National Research Institute of Legal Policy, Publication no. 188, Helsinki.
Kivivuori, J. und Salmi, V., 2005: Trends of self-reported juvenile delinquency in Finland, 1995-2004. In: National Research Institute of Legal Policy, Publication no. 214, Helsinki.
Klein, M. und Ohr, D., 2004: Ändert der Wertewandel seine Richtung? Die Entwicklung gesellschaftlicher Wertorientierungen in der Bundesrepublik Deutschland zwischen 1980 und 2002. In: Schmitt-Beck, R., Wasmer, M. und Koch, A. (Hg.): Sozialer und politischer Wandel in Deutschland. Analyse mit ALLBUS-Daten aus zwei Jahrzehnten. Wiesbaden. S. 153-178.
Köllisch, T. und Oberwittler, D., 2004: Wie ehrlich berichten männliche Jugendliche über ihr delinquentes Verhalten? Ergebnisse einer externen Validierung. In: Kölner Zeitschrift für Soziologie und Sozialpsychologie, 56, S. 708-735.
Köllisch, T., 2008: Vom Dunkelfeld ins Hellfeld: Determinanten der Kriminalisierung jugendlicher Ladendiebe. In: T. Görgen, K. Hoffmann-Holland, H. Schneider und J. Stock (Hg.): Interdisziplinäre Kriminologie : Festschrift für Arthur Kreuzer zum 70. Geburtstag. Frankfurt/M. S. 403-423.
Korfes, G., 1997: Soziale Kontrolle im Wandel der Einstellungen von ostdeutschen Polizisten und Strafjuristen. In: In: K. Boers, G. Gutsche und K. Sessar (Hg.): Sozialer Umbruch und Kriminalität in Deutschland. Opladen S. 293-330.
Kreuzer, A., 1978: Über Giessener Delinquenzbefragungen. In: Tiffterer, O. und Zezschwitz, Fv.: Festschrift für Walter Mallmann. Baden-Baden, S. 129-150.
Kreuzer, A., 1980: Weitere Beiträge aus Giessener Delinquenzbefragungen. Monatsschrift für Kriminologie und Strafrechtsreform, 63, S. 385-396.
Kreuzer, A., Görgen, T., Krüger, R., Münch, V. und Schneider, H., 1993: Jugenddelinquenz in Ost und West. Vergleichende Untersuchungen bei ost- und westdeutschen Studienanfängern in der Tradition Giessener Delinquenzbefragungen. Bonn.
Kreuzer, A., Görgen, T., Römer-Klees, R. und Schneider, H. 1992: Auswirkungen unterschiedlicher methodischer Vorgehensweisen auf die Ergebnisse selbstgerichteter Delinquenz. In: Monatsschrift für Kriminologie und Strafrechtsreform, 75, S. 91-104.
Kreuzer, A., Hürlimann, M. und Wagmann, K., 1990: Giessener Delinquenzbefragungen – Delinquenz bei jungen Frauen und Männern nach Befunden bei Studienanfängern im WS 1988/89. In: Spiegel der Forschung, 7, S. 11-15
Kuckartz, U., 2000: Umweltbewusstsein in Deutschland 2000: Ergebnisse einer repräsentativen Bevölkerungsumfrage. Berlin.
Kury, H., Dörmann, U., Richter, H. und Würger, M., 1992: Opfererfahrungen und Meinungen zur Inneren Sicherheit in Deutschland. Ein empirischer Vergleich von Viktimisierungen, Anzeigeverhalten und Sicherheitseinschätzungen in Ost und West vor der Vereinigung. Wiesbaden.
Landeskriminalamt Nordrhein-Westfalen, 2008: Kriminalitätsentwicklung im Land Nordrhein-Westfalen Jahr 2008. Düsseldorf.
Landeskriminalamt Sachsen, 2009: Polizeiliche Kriminalstatistik 2008 des Freistaats Sachsen. Dresden.
Laub, J. H. und Sampson, R. J., 2008: Shared Beginnings. Divergent Lives. Delinquent Boys to Age 70. Cambridge, Mass.
Mansel, J. und Hurrelmann, K., 1998: Aggressives und delinquentes Verhalten Jugendlicher im Zeitvergleich. Befunde der ‚Dunkelfeldforschung' aus den Jahren 1988, 1990 und 1996. In: Kölner Zeitschrift für Soziologie und Sozialpsychologie, 50, S. 78-109.

Meier, R.F., 2007: Discovering Delinquency. In: Sociological Inquiry, 58, S. 231-239.
Menard, S. und Huizinga, D., 1994: Changes in conventional attitudes and delinquent behavior in adolescence. In: Youth & Society, 26, S. 23-51.
Meulemann, H., 1996: Werte und Wertewandel. Zur Identität einer geteilten und wieder vereinten Nation. Weinheim/ München.
Minger, H., 1979: Normbruch und Sanktion. Faktoren der Überwachungseffizienz und Anzeige-Neigung bei Kaufhausdiebstählen. Jur. Diss. Erlangen-Nürnberg.
Multrus, M., Bargel, T., Ramm, M., 2008: Studiensituation und studentische Orientierungen. 10. Studierendensurvey an Universitäten und Fachhochschulen. Bonn/Berlin.
Müßig-Trapp, P. und Willige, J., 2006: Lebensziele und Werte Studierender. HISBUS Kurzinformation Nr.14. Hannover.
Neidhardt, F. und Rucht, D., 1999: Protestgeschichte der Bundesrepublik Deutschland. Ereignisse, Themen, Akteure. In: Kaase, M., Schmid, G. (Hg.) Eine lernende Demokratie: 50 Jahre Bundesrepublik Deutschland. WZB Jahrbuch Berlin. S. 129-164.
Noelle-Neumann, E. und Petersen, T., 2001: Zeitenwende. Der Wertewandel 30 Jahre später. In: Aus Politik und Zeitgeschichte B29/2001, S. 15-22.
Palmore, E., 1978: When can age, period and cohort be separated? In: Social Forces, 57, S. 282-295.
Pfeiffer, C., 1995: Kriminalität junger Menschen im vereinigten Deutschland - Eine Analyse auf der Basis der Polizeilichen Kriminalstatistik 1984 - 1994. KFN Forschungsberichte Nr. 47.
Philips, A. und V. Chamberlain, 2006: MORI Five-Year Report: An analysis of Youth Survey Data. [http://www.yjb.gov.uk/Publications/Scripts/prodDownload.asp?idproduct=288&eP=]
Pickel, G., 2006: Die ostdeutsche Jugend – im deutschen Vergleich besonders verdrossen oder auf dem Weg in eine gemeinsame politische Kultur? In: Brettschneider, F./van Deth, J./Roller, E. (Hg.): Jugend und Politik „Voll normal!". Wiesbaden. S. 130-155.
Polizeipräsidium Düsseldorf, 2009: Kriminalitätsentwicklung 2008. Düsseldorf.
Posner, C., 1997: Die Täterbefragung im Kontext „Sozialer Umbruch und Kriminalität" In: K. Boers, G. Gutsche und K. Sessar (Hg.): Sozialer Umbruch und Kriminalität in. Opladen. S. 157-186.
Preisendörfer, P., 1999: Umwelteinstellungen und Umweltverhalten in Deutschland. Empirische Befunde und Analysen auf der Grundlage der Bevölkerungsumfragen „Umweltbewusstsein in Deutschland 1991-1998". Opladen.
Quensel, S. und Quensel, E. 1970: Delinquenzbelastungsskalen für männliche und weibliche Jugendliche. In: Kölner Zeitschrift für Soziologie und Sozialpsychologie, 22 S. 75-97.
Raithel, J., 2003: Erziehungserfahrungen, Wertorientierungen und Delinquenz Jugendlicher. Befunde zum Zusammenhang von Erziehungsweisen, Mentalitäten und Kriminalität. In: Zeitschrift für Erziehungswissenschaften, 6, S. 590-601.
Reinecke, J., 2007: Das Verhältnis von Wertorientierungen, Freizeitstilen, Rechtsnormen und Delinquenz. In: Boers, K., Reinecke, J. (Hg.): Delinquenz im Jugendalter. Erkenntnisse einer Münsteraner Längsschnittstudie. Münster/ New York/München/Berlin, S. 235-358.
Reitzle, M. und Silbereisen, R. K., 1996: Werte in den alten und neuen Bundesländern. In: Silbereisen, R. K., Vaskovics, L. A. und Zinnecker, J. (Hg.), Jungsein in Deutschland. Jugendliche und junge Erwachsene 1991 und 1996. Opladen S. 41-56.
Reinmuth, S.I. und D. Sturzbecher, 2007: Wertorientierungen, Kontrollüberzeugungen, Zukunftserwartungen und familiale Ressourcen, in: D. Sturzbecher und D. Holtmann (Hg.): Werte, Familie, Politik, Gewalt – Was bewegt die Jugend? Berlin, S. 17-57.
Reuband, K.-H., 1976: Normative Entfremdung als Devianzpotential. Über die Beziehung zwischen wahrgenommenem Lehrerverhalten und Bereitschaft zum Rauschmittelkonsum, in: K.H. Reuband, Hrsg., Rauschmittelkonsum, soziale Abweichung und institutionelle Reaktion. Wiesbaden, S. 20-40.
Reuband, K.-H., 1982: Delinquenz und Polizeiauffälligkeit, in: G. Albrecht und M. Brusten (Hg.), Soziale Probleme und soziale Kontrolle. Neue empirische Forschungen, Bestandsaufnahmen und kritische Analysen. Opladen, S. 125-153.
Reuband, K.-H., 1983: Dunkelfeld, Deliktstruktur und Täterbild. Zum Verhältnis von registrierter und nichtregistrierter Kriminalität, in: H.J. Kerner, H. Kury und K. Sessar (Hg.), Deutsche Forschungen zur Kriminalitätsentstehung und Kriminalitätskontrolle. Bd. 1. Köln, S. 199-234.
Reuband, K.-H., 1985: Die Friedensbewegung nach Stationierungsbeginn: Soziale Unterstützung in der Bevölkerung als Handlungspotential, In: Vierteljahresschrift für Sicherheit und Frieden (S+F), 3, S. 147-156.
Reuband, K.-H., 1986: Die Verbreitung illegaler Drogenerfahrung in der Bevölkerung der Bundesrepublik - Versuche ihrer Messung im Rahmen der Umfrageforschung, In: Suchtgefahren, 32, S. 87-102.

Reuband, K.-H., 1988a: Soziale Erwünschtheit und unzureichende Erinnerung als Fehlerquelle im Interview. Möglichkeit und Grenzen bei der Rekonstruktion von früherem Verhalten - das Beispiel Drogengebrauch, In: ZA-Information 23, S. 63-72.
Reuband, K.-H., 1988b: Von äußerer Verhaltenskonformität zu selbständigem Handeln. Über die Bedeutung kultureller und struktureller Einflüsse für den Wandel in den Erziehungszielen und Sozialisationsinhalten, In: H. Meulemann und O. Luthe (Hg.), Wertewandel - Fakt oder Fiktion? Frankfurt/New York, S. 73-97.
Reuband, K.-H., 1989: On the Use of Self Reports in Measuring Crime among Adults. Methodological Problems and Prospects, In: M. Klein, (Hg.), Cross-National Research in Self Reported Crime and Delinquency. Dordrecht/Boston/London, S. 89-106.
Reuband, K.-H., 1992: Drogenkonsum und Drogenpolitik. Deutschland und die Niederlande im Vergleich. Opladen
Reuband, K.-H., 1994: Soziale Determinanten des Drogengebrauchs. Eine empirische Untersuchung des Gebrauchs weicher Drogen in der Bundesrepublik Deutschland. Opladen.
Reuband, K.-H., 1995: Veränderungen in der Kriminalitätsfurcht der Bundesbürger. Eine Bestandsaufnahme empirischer Erhebungen. In: G. Kaiser und M. Jehle, (Hg.), Kriminologische Opferforschung. Neue Perspektiven und Erkenntnisse. Band II. Heidelberg, S. 37-54.
Reuband, K.-H., 1997: Aushandeln statt Gehorsam? Erziehungsziele und Erziehungspraktiken in den alten und neuen Bundesländern im Wandel, In: L. Böhnisch und K. Lenz, (Hg.): Familien. Eine interdisziplinäre Einführung. München S. 129-159.
Reuband, K.-H., 1998: Drug policies and drug prevalence. The role of demand and supply, In: European Journal on Criminal Policy and Research, 6, S. 321-336.
Reuband, K.-H., 2003: Wie wahrscheinlich ist „wahrscheinlich"? Verbale Kategorisierungen und numerische Schätzungen von Befragten. In: Schweizerische Zeitschrift für Kriminologie, Heft 2, S. 13-17
Reuband, K.-H., 2007a: Der Stellenwert strafrechtlicher Regelungen für die Verbreitung des Cannabiskonsums in der Bundesrepublik, In: H. Schmidt-Semisch und B. Dollinger, (Hg.), Sozialwissenschaftliche Suchtforschung. Wiesbaden, S. 131-168.
Reuband, K.-H., 2007b: Konstanz und Wandel in der „Strafphilosophie" der Deutschen – Ausdruck stabiler Verhältnisse oder steigender Punitivität? Ergebnisse eines Langzeitvergleichs (1970-2003), In: Soziale Probleme, 18, S. 187-213.
Reuband, K.-H., 2009: Entwicklungen des Drogenkonsums in Deutschland und die begrenzte Wirksamkeit der Kriminalpolitik, in: D. Duprez und A. Groenemeyer, Hrsg., Drogen, Drogenprobleme und Drogenpolitik in Europa, in: Soziale Probleme, 20, Heft 1-2, S. 90-116.
Roe, S. und J. Ashe, 2008: Young people and crime: findings from the 2006 Offending, Crime and Justice Survey. In: Home Office Statistical Bulletin, 09/08. S. 2-33.
Salmi, V., 2007: Self-reported delinquency among Helsinki adolescents. In: National Research institute of Legal Policy, Research Communications no. 73, Helsinki.
Salmi, V., 2008: Self-reported delinquent behaviour of young males in Finland, 1962 and 2006. In: National Research institute of Legal Policy, Publication no. 235, Helsinki.
Scheuch, E. K. und Sussmann, M. B., 1970: Gesellschaftliche Modernität und Modernität der Familie. In: Lüschen, G., und Lupri, E. (Hg.): Soziologie der Familie. In: Kölner Zeitschrift für Soziologie und Sozialpsychologie, Sonderheft 14, Opladen S. 239-253.
Schmidtchen, G., 1997: Wie weit ist der Weg nach Deutschland? Sozialpsychologie der Jugend in der postsozialistischen Welt. Opladen.
Schöch, H., 1976: Ist Kriminalität normal? Probleme und Ergebnisse der Dunkelfeldforschung. In: Göppinger, H. und Kaiser, G. (Hg.): Kriminologische Gegenwartsfragen. Stuttgart, S. 426-443.
Schwarz, N. und B. Knäuper, 2005: Kognitionspsychologie und Umfrageforschung: Altersabhängige Kontexteffekte. In: A. Diekmann (Hg.): Methoden der Sozialforschung. Wiesbaden 2005, S. 203-216.
Schwind, H.D. und Eger, H.-J., 1973: Untersuchungen zur Dunkelziffer. Nichtentdeckte Straftaten von Göttinger Jura-Studenten. In: Monatsschrift für Kriminologie und Strafrechtsreform, 56. S. 151-170.
Simeaner, H., Dippelhofer S., Bargel H., Ramm M. und Bargel T., 2007: Datenalmanach Studierendensurvey 1983 - 2007. Studiensituation und Studierende an Universitäten und Fachhochschulen (Heft 51). Konstanz, Arbeitsgruppe Hochschulforschung, Universität Konstanz.
Simmel, G., 1995 [zuerst 1903]: Die Großstädte und das Geistesleben. In: Rammstedt, O. (Hg.): Georg Simmel: Aufsätze und Abhandlungen 1901-1908. Frankfurt am Main, S. 116-131.
Streng, F., 2006: Sanktionseinstellungen bei Jura-Studenten im Wandel. In: Kury, H. (Hg.): Härtere Strafen – weniger Kriminalität? Zur Verschärfung der Sanktionseinstellungen. In: Soziale Probleme, 17. S. 210-231.

Svensson, R. 2007: Youths and crime 1995-2005. Results from six self-report studies among Swedish year nine pupils. In: The Swedish Council for Crime Prevention – Centre for knowledge about crime and crime prevention measures, Stockholm Report 2007: 8.

Sturzbecher, D., Großmann, H. und Reinmuth, S.I., 2007: Jugendgewalt und Reaktionen des sozialen Umfelds. In: D.Sturzbecher und D. Holtmann (Hg.): Werte, Familie, Politik, Gewalt – Was bewegt die Jugend? Berlin, S. 230-277.

Thornberry, T. P. und Krohn, M. D., 2000: The Self-Report Method for Measuring Delinquency and Crime. In: D. Duffee, R.D. Crutchfield, S. Mastrofski, L. Mazerolle und D. McDowall (Hg): Criminal Justice 2000, Volume 4: Innovations in Measurement and Analysis. Washington. S. 33-82.

Thornberry, T., Lizotte, A., Krohn, M., Farnworth M. und Jang, S.J., 1994: Delinquent peers, beliefs and delinquent behaviour: An longitudinal test of interactional theory. In: Criminology, S. 47-83.

Tourangeau, R. Rips, L. J. und Rasinski, K., 2000: The psychology of survey response. Cambridge, Mass.

Van Deth, J., 2001: Wertewandel im internationalen Vergleich. Ein deutscher Sonderweg? In: Aus Politik und Zeitgeschichte B29/2001, S. 23-30.

Villmow, B. und Stephan, E. (unter Mitarbeit von H. Arnold), 1983: Jugendkriminalität in einer Gemeinde. Eine Analyse erfragter Delinquenz und Victimisierung sowie amtlicher Registrierung. Kriminologische Forschungsberichte aus dem Max-Planck-Institut für ausländisches und internationales Strafrecht. Freiburg.

Walter, M., 2000: Von der Kriminalität in den Medien zu einer Bedrohung durch Medienkriminalität und Medienkriminologie? In: Kriminalität in den Medien, S. 10-22. Mönchengladbach.

Williams, J. R. und Gold, M., 1972: From delinquent behavior to official delinquency. In: Social Problems, 20, S. 209-229.

Wittebrood, K., 2003: Juvenile Crime and Sanctions in the Nederlands. In: Journal of Contemporary Criminal Justice, 19, S. 435-451.

Wittenberg, J., 2007: Motive und Hemmnisse jugendlicher Ladendiebe. In: Boers, K. und Reinecke, J. (Hg.): Delinquenz im Jugendalter. Erkenntnisse einer Münsteraner Längsschnittstudie. Münster/New York/München/Berlin; S. 147-174.

Zapf, W., 1994: Modernisierung, Wohlfahrtsentwicklung und Transformation. Soziologische Ausätze 1987 bis 1994. Berlin.

Zhang, Q., Loeber, R. und Stouthamer-Loeber, M., 1997: Developmental trends of delinquent attitudes and behaviors: replications and synthesis across domains, time and samples. In: Journal of Quantitative Criminology, 13, S. 181-215.

Thomas Naplava

Jugendliche Intensiv- und Mehrfachtäter[1]

1 Einleitung

Die kriminologische Forschung zu mehrfacher Straffälligkeit hat zahlreiche theoretische Ansätze entwickelt und empirische Befunde hervorgebracht (zusammenfassend u. a. Blumstein et al. 1988; Boers 2007; Farrington 2003, 2005; Piquero et al. 2003, Schumann in diesem Band). Die Beobachtung, dass individuelle Lebensläufe von wiederkehrendem kriminellem Handeln geprägt sind, und die Aussicht, diese Persistenz vor dem Beginn zu prognostizieren oder zumindest sehr früh zu diagnostizieren und darauf aufbauend Möglichkeiten zu erschließen, wiederholtes kriminelles Handeln zu unterbinden, verleihen diesem Zweig der kriminologischen Forschung immer wieder neuen Antrieb. Die wissenschaftliche Auseinandersetzung mit wiederholter Straffälligkeit gewinnt durch die unmittelbare Anwendungsorientierung zudem weit reichende kriminalpolitische Bedeutung. Die Instanzen sozialer Kontrolle, wie Polizei, Gericht und Strafvollzug, sind bestrebt, wiederholt auffällige junge Tatverdächtige durch spezielle Maßnahmen davon abzubringen, weitere Straftaten zu begehen. Vor allem die Polizei hat im Umgang mit jungen Intensivtätern spezielle Maßnahmen entwickelt, um dieser Tatverdächtigengruppe die gesetzlichen Normen mit Nachdruck aufzuzeigen und damit zugleich die Position der Polizei als Instanz sozialer Kontrolle zu bestärken.

Der vorliegende Beitrag befasst sich vor diesem Hintergrund mit wiederholter Straffälligkeit in wissenschaftlicher und anwendungsorientierter Perspektive und versucht, Ansatzpunkte zur Verknüpfung beider Perspektiven aufzuzeigen. Dabei werden seitens der Praxis polizeiliche Maßnahmen im Umgang mit wiederholt straffälligen Jugendlichen umrissen und mit Ansätzen und Befunden der Forschung in Beziehung gesetzt. Dies erfolgt mit dem Ziel, die Sichtweise der Praxis und deren spezielle Probleme im Umgang mit Intensivtätern in den Themenkatalog der Forschung aufzunehmen und die die Praxis leitenden Überlegungen durch theoretische Ansätze und empirische Befunde zu ergänzen.

2 Zu den Begriffen „kriminelle Karriere" und „Intensivtäter"

Während in der kriminologischen Forschung wiederholte Straffälligkeit im Rahmen des Begriffs der kriminellen Karriere erfasst wird, ist in der Praxis eher der Begriff der Intensivtäter gebräuchlich. Darüber hinaus werden auch Begriffe wie Mehrfachtäter, Vielfachtäter, Serientäter, mehrfach Auffällige und „Monsterkids" verwendet. Die Anzahl der Begriffe und die diesen

---

[1] Bei diesem Text handelt es sich um eine gekürzte und leicht überarbeitete Fassung, die im Sammelband von Axel Groenemeyer und Silvia Wieseler (2008) veröffentlicht wurde. Mein Dank für die Zusage zum Wiederabdruck gilt dem Verlag für Sozialwissenschaften und den beiden Herausgebern des Ursprungstextes.

zugrunde liegenden unterschiedlichen Definitionen spiegeln zugleich die Vielfalt der Perspektiven verschiedener Professionen auf wiederholt Straffällige wider (Müller/Behrmann 2004). Kriminelle Karriere bezeichnet die „Abfolge von Straftaten als eine Sequenz aufeinander bezogener und zusammenhängender Aktivitäten" (H.-J. Albrecht 1993: 302). Dem Begriff liegt keine Theorie zugrunde, sondern er umfasst einen konzeptionellen Rahmen, um kriminelles Handeln in Abhängigkeit vom Alter bzw. vom Älterwerden zu analysieren. Die forschungsleitenden Aspekte beziehen sich auf Beginn, Dauer, Muster und Abbruch krimineller Karrieren im Lebenslauf sowie auf deren Ursachen und Unterscheidungsmerkmale (Blumstein et al. 1988; Farrington 2003; Piquero et al. 2003).

Der Begriff der Intensivtäter bezeichnet insbesondere die Untergruppe der (polizeilich bekannten) Tatverdächtigen, die eine große Anzahl polizeilicher Registrierungen aufweisen. Die Polizei definiert Intensivtäter u. a. als Tatverdächtige mit fünf oder mehr polizeilich registrierten Straftaten in einem Kalenderjahr (Wolke 2003). In der Praxis wird die Definition variiert (Anzahl der Straftaten) oder bestimmte Delikte werden stärker gewichtet (z. B. Raub und schwerer Diebstahl). Damit steht der Begriff des Intensivtäters dem der „career criminals" nahe, d. h. der Untergruppe der Täter, die sich hinsichtlich verschiedener Kombinationen der Straftatenhäufigkeit und -schwere sowie Dauer der Auffälligkeit von Nicht-Delinquenten bzw. weniger auffälligen Tätern unterscheiden (Blumstein et al. 1988). Inhalt und Anwendung des Begriffs sind letztlich von der Praxis der Instanzen sozialer Kontrolle bestimmt, die auf eine (schnelle) Bearbeitung ihrer Aufgaben gerichtet ist, d. h. der Begriff des Intensivtäters bezeichnet ein Praxisproblem aus der Sicht des jeweiligen beruflichen Bezugs. Die Vielschichtigkeit der berufliche Bezüge, die zu Intensivtätern unterhalten werden, steht daher einer einheitlichen Definition bzw. Verwendung des Begriffs entgegen (Müller/Behrmann 2004).

Der Begriff des Intensivtäters reduziert die Problematik auf das Legalverhalten junger Menschen. Andere, das kriminelle Verhalten begünstigende und verursachende Faktoren drohen ausgeblendet zu werden. Damit einhergehend werden Interventionen eher an den Symptomen als an den Ursachen ausgerichtet. Die Reduzierung des Problems der Intensivtäter auf den Aspekt kriminellen Handelns hat zudem zur Folge, dass die Bestrafung als Form sozialer Kontrolle dominiert (Groenemeyer 2003). Die Polizei definiert das Problem der Intensivtäter innerhalb der Logik ihrer Aufgaben und Zuständigkeiten. Dies ist grundsätzlich legitim. Da die Polizei aufgrund ihrer Stellung als Instanz zur Aufrechterhaltung des Gewaltmonopols über große Definitionsmacht verfügt, ist sie auch in der Lage, in Bezug auf Ausmaß und Inhalt des Problems der Intensivtäter sowie in Bezug auf die (aus polizeilicher Sicht) angemessenen Reaktionsformen Maßstäbe zu setzen. Im Vergleich zur Polizei fallen die Möglichkeiten anderer Instanzen sozialer Kontrolle, in deren Zuständigkeit der Umgang mit wiederholt auffälligen Jugendlichen liegt, deutlich geringer aus, auf die gesellschaftliche Konstruktion der Intensivtäter als soziales Problem Einfluss zu nehmen.

3 Kriminologische und kriminalpolitische Relevanz wiederholter Straffälligkeit

Wiederholt straffällige Jugendliche stellen in mehrfacher Hinsicht ein Kriminalitätsproblem bzw. ein Problem für die Kriminalpolitik dar. Zunächst entstand durch die Beobachtung, dass auf eine kleine Gruppe der Täter überproportional viele Straftaten entfallen[2], die Aussicht, das Kriminalitätsaufkommen auf sehr effektive und insbesondere sehr effiziente Weise reduzieren zu können, indem Maßnahmen zur Verhinderung von Straftaten auf diese Tätergruppe konzentriert wurden (Blumstein et al. 1988; Greenwood/Turner 1987). Vor diesem Hintergrund wurden einerseits die Bemühungen forciert, das Verhalten von Tätern zu prognostizieren, und andererseits die Idee entwickelt, die hoch belasteten Täter von weiteren Straftaten durch Inhaftierung abzuhalten („selective incapacitation"). Die Instrumente der individuellen Prognose von Intensivtätern sind allerdings nicht ausreichend sicher und präzise. Insbesondere ist die Individualprognose problematisch, wenn sie auf der Extrapolation bisheriger krimineller Auffälligkeiten und die diese unmittelbar begleitenden Umstände beruht, wie Kontakte zu delinquenten anderen, Zugehörigkeit zu einer devianten Gruppe und kriminelles Verhalten der Familienmitglieder, ohne die Faktoren einzubeziehen, die den Abbruch einer kriminellen Karriere begünstigen. Insbesondere bei Kindern und Jugendlichen, deren Reifeprozess nicht abgeschlossen und deren Entwicklung sehr offen ist, muss eine Prognose große Unsicherheit aufweisen. Werden Individualprognosen von Instanzen sozialer Kontrolle als Grundlage des eigenen Handelns erstellt, ist zudem das Problem selbst erfüllender Prophezeiungen zu berücksichtigen. Eine „Unschädlichmachung" von Tätern „auf Verdacht" ist daher nicht zu rechtfertigen (siehe dazu Albrecht 1990, 2004).

Auf der anderen Seite ist das kriminalpolitische Problem der Intensivtäter auch darin begründet, dass die wiederholte Straffälligkeit Jugendlicher die Effektivität der Instanzen der Strafverfolgung und damit deren Legitimität in Frage stellt, da die Instrumente der Instanzen sozialer Kontrolle im Angesicht der den Strafverfolgungsorganen bekannten Jugendlichen, die intensiv, vielfach, mehrfach oder in Serie Straftaten begehen, offensichtlich versagen.[3] Da (jugendliche) Intensivtäter und deren Straftaten zudem einen hohen Nachrichtenwert für Medien darstellen, gelangt dieses „Problem" durch die Berichterstattung der Medien auch in das Bewusstsein der Öffentlichkeit, die mit Forderungen nach mehr Kontrolle und mehr Strafe reagiert (Walter 2003). Die Politik ist gezwungen, Aktivitäten zu entfalten und deren Erfolg zu gewährleisten sowie entsprechende Meldungen in die Öffentlichkeit zu tragen. Auf der Makroebene besteht das kriminalpolitische Problem aufgrund wiederholter Straffälligkeit demnach darin, Handlungskompetenz und Effektivität in Bezug auf Maßnahmen der Kriminalitätskontrolle zu demonstrieren, auch um die Legitimation des Gewaltmonopols aufrechtzuerhalten.[4]

---

2 Zur Verteilung von Straftaten auf Täter im Hellfeld siehe z. B. Wolfgang et al. (1972) sowie Grundies et al. (2002) und im Dunkelfeld Oberwittler et al. (2001) sowie Köllisch (2004).
3 Die Befürchtung, dass das Strafgesetz und die Strafverfolgung offensichtlich nicht in der Lage sind, dem Verhalten der Intensivtäter Grenzen zu setzen, unterstellt, dass delinquente Jugendliche, die wenige Straftaten aufweisen, d. h. weniger Straftaten als Intensivtäter, durch Strafgesetze und Strafverfolgung davon abgehalten werden, weit mehr Straftaten zu begehen. Eine kriminalitätsreduzierende Wirkung aufgrund negativer Generalprävention wird jedoch empirisch nicht gestützt (Backmann 2005; Schumann et al. 1987).
4 Dem steht das Argument gegenüber, dass die Politik ihre Definitionsmacht dazu nutzt, um in den Bereichen dringende gesellschaftliche soziale Probleme zu definieren, in denen sie als Akteur mit Monopolstellung agiert und daher ohne Konkurrenz bzw. Opposition ist, um ihre Handlungskompetenz unter Beweis zu stellen.

Gegenüber den Möglichkeiten, das Kriminalitätsaufkommen durch Verhinderung der Straftaten wiederholt polizeilich registrierter Täter effektiv und effizient reduzieren zu können, sind allerdings Zweifel angebracht. Werden auch die Straftaten berücksichtigt, die im Dunkelfeld verbleiben, würde der Wegfall der Straftaten derjenigen Jugendlichen, die der Polizei bekannt sind, zu einer unwesentlichen Reduzierung aller begangenen Straftaten führen (Killias 1999), da generell nur ein sehr kleiner Teil des Dunkelfeldes der Jugenddelinquenz polizeilich registriert wird (Köllisch 2004) und die Polizei als Kontrollakteur im Vergleich zu Eltern und Lehrern am seltensten von Straftaten Jugendlicher erfährt (Albrecht 2003b).[5]

Auf der Mikroebene steht als Kriminalitätsproblem die Verhinderung bzw. Unterbrechung individueller krimineller Karrieren bei Jugendlichen im Vordergrund, da kriminelle Karrieren die Entwicklung der Jugendlichen und die soziale Integration in die Erwachsenenwelt gefährden. Zu den Aufgaben der Instanzen, die für junge Täter und Intensivtäter zuständig sind, wie Jugendhilfe, Jugendgerichtshilfe und Bewährungshilfe, zählt daher auch, den Erfolg dieses Entwicklungs- und Integrationsprozesses zu unterstützen (Emig 2004; Müller/Behrmann 2004). Dabei wird dem Umstand Rechnung getragen, dass kriminelle Jugendliche zwar Schwierigkeiten machen, aber auch Schwierigkeiten haben, zu deren Bewältigung die betroffenen Jugendlichen Hilfe benötigen.[6] Hinter dem kriminellen Handeln verbirgt sich häufig die Kumulation individueller Probleme, wie zerrüttete Familienverhältnisse, Heimaufenthalte, schulisches Versagen, geringe Ausbildungs- und Berufschancen, Armut, Migration, Drogen- und Alkoholkonsum, körperliche Beeinträchtigungen sowie Verhaltens- und Persönlichkeitsauffälligkeiten (Emig 2004; Holthusen 2004; Huck 2002; Matt/Rother 2001; Melzer/Jakob 2002; Ohder 2007).[7] Dass kumulierte individuelle Probleme nicht nur Begleiterscheinungen kriminellen Handelns sind, sondern diese ursächlich mit delinquentem Verhalten in Beziehung stehen, verdeutlicht die Reflexion individueller Problemlagen durch kriminalsoziologische Theorien (Albrecht 2002, 2003a; Sampson/Laub 1997). Kriminelle Karrieren stellen demnach eine Facette von vielen Problemen dar und sind nicht von den individuellen Problemverflechtungen zu trennen. Die Mehrdimensionalität dieser individuellen Problemverflechtungen und die sich daraus entwickelnden dynamischen, selbstverstärkenden Prozesse werden durch den Begriff des Intensivtäters jedoch nicht erfasst.

---

5 Unberücksichtigt bleibt dabei allerdings, dass sich die der Polizei bekannten Straftaten von den unbekannten Straftaten im Dunkelfeld in Bezug auf Form und Schwere der Delikte unterscheiden können.
6 Die Umschreibungen „Jugendliche in Schwierigkeiten" und „schwierige und schwierigste Jugendliche" verweisen auf diesen Sachverhalt.
7 Dieses Ergebnis empirischer Studien zum Hellfeld ist auch erwartbar, da Drogenkonsum als typisches Kontrolldelikt im Zusammenhang mit Beschaffungskriminalität sowie körperliche Beeinträchtigungen, Verhaltens- und Persönlichkeitsauffälligkeiten das Kontrollrisiko generell erhöhen und Betroffene häufig bereits vor der polizeilichen Auffälligkeit bei anderen Instanzen auffällig geworden sind und daher im Hellfeld überrepräsentiert sein dürften. Nicht auszuschließen ist zudem, dass sich dadurch auch die Kriminalisierungsrisiken anderer Verhaltensweisen der Jugendlichen erhöhen.

4 Intensivtäter und kriminelle Karrieren aus polizeilicher Perspektive

4.1 Polizeiliche Maßnahmen im Umgang mit Intensivtätern

Bevor polizeiliche Konzepte und Maßnahmen im Umgang mit jugendlichen und heranwachsenden Intensivtätern umrissen werden, ist eine Anmerkung zur Darstellung und Aussagekraft des zugrunde liegenden Materials voranzustellen. Die Thematik bewegt sich in einem sensiblen politischen Bereich, denn von dem Erfolg oder Misserfolg polizeilicher Strategien der Kriminalitätskontrolle hängen bekanntermaßen politische Karrieren ab. Im Rahmen der polizeilichen Maßnahmen im Umgang mit jungen Intensivtätern gilt es immerhin, Kriminalität einzudämmen, jugendliches Verhalten zu kontrollieren und entsprechende Erfolge darüber zu berichten. Es ist letztlich diesem Umstand geschuldet, dass nicht alle Informationen zu polizeilichen Konzepten und Maßnahmen zugänglich sind.[8] Häufig bleiben daher Details unbekannt, die jedoch für eine abschließende Bewertung unerlässlich sind. Die Darstellung stützt sich auf die der Öffentlichkeit zugänglichen Informationen zu den Intensivtäterprogrammen der Polizeibehörden in Dortmund, Gelsenkirchen, Köln, Mönchengladbach und Warendorf (Henkel und Neumann 2005; Wolke 2003; http://infodok.bka.de[9]). Die Intensivtäterprogramme werden zusammenfassend dargestellt, nicht alle Facetten sind in allen Programmen enthalten.

Während die Bekämpfung[10] der Jugendkriminalität generell zu den besonderen Aufgaben der Polizei gehört, hat die spezielle Bekämpfung jugendlicher Intensivtäter in den vergangenen Jahren im Aufgabenkatalog der Polizei in Nordrhein-Westfalen an Bedeutung gewonnen.[11] Die Behörden sind dazu aufgefordert, im Umgang mit jugendlichen und heranwachsenden Intensivtätern spezielle Maßnahmen zu entwickeln und umzusetzen, die über die übliche Ermittlungsarbeit hinausreichen. Die Wahrnehmung dieser Aufgaben erfolgt im Zusammenhang mit dem allgemeinen Auftrag der Polizei, namentlich der Strafverfolgung und Gefahrenabwehr. Ziel ist es, jugendliche und heranwachsende Intensivtäter davon abzuhalten, weitere Straftaten zu begehen, die Aufklärungsquote zu steigern und kriminelle Karrieren bei Jugendlichen und Heranwachsenden zu verhindern.

Die polizeilichen Maßnahmen lassen sich damit dem Bereich der Repression wie auch dem Bereich der (sekundären und tertiären) Prävention zuordnen. Die Polizei erkennt zwar die gesamtgesellschaftliche Einbettung der Kriminalität und die sich daraus ableitenden gesamtgesellschaftlichen Aufgaben an, die polizeiliche Kriminalprävention konzentriert sich aber (verständlicherweise) auf das Verhindern von Straftaten durch polizeiliche Maßnahmen und kooperiert im Bedarfsfall mit anderen gesellschaftlichen Akteuren (Gatzke/Jungbluth 2006).[12] Eine

---

8   Zuzüglich der Informationen, die aus wissenschaftlicher Sicht zwar wünschenswert wären, aber nicht dokumentiert werden, da sie für die Erledigung der polizeilichen Aufgaben und für die Steuerung der Polizeiorganisation als nicht erforderlich angesehen werden.
9   Die im Internet zugängliche Datenbank des Bundeskriminalamtes enthält von den Projektträgern selbst eingestellte Projektberichte zur Kriminalitätsprävention und -intervention.
10 Im Gegensatz zu dem im wissenschaftlichen Diskurs gebräuchlichen Begriff der Kriminalitätskontrolle ist der Begriff der Kriminalitätsbekämpfung im Rahmen polizeilicher Maßnahmen weiterhin üblich.
11 Die folgende Darstellung bezieht sich auf die Verhältnisse in Nordrhein-Westfalen. Sowohl Gemeinsamkeiten als auch Unterschiede zu Konzepten in anderen Bundesländern sind vorhanden (z. B. Emig 2004; Holthusen 2004; Kant/Hohmeyer 1999; Guttke/Jasch 2003; Steffen 2003). Die grundlegenden Überlegungen stammen aus den 1970er und 1980er Jahren (Kant/Hohmeyer 1999; Kunath 1993).
12 In diesem Zusammenhang erhält die Redewendung „Prävention durch Repression" eine gewisse Logik.

intrinsische Motivation der Polizei, Maßnahmen speziell für junge Intensivtäter einzurichten, ergibt sich zusätzlich daraus, dass dieser Täterkreis einen hohen Arbeitsaufwand erzeugt und wiederkehrende Auffälligkeiten gleichzeitig Frustrationen bei den Sachbearbeitern schüren.[13]

Die Aufnahme eines jungen Tatverdächtigen in ein Intensivtäterprogramm entscheidet sich in der Regel grundsätzlich anhand festgelegter Kriterien, wie die Anzahl der polizeilichen Registrierungen innerhalb eines Kalenderjahres (drei oder mehr bzw. fünf oder mehr). Die Festlegung auf drei bzw. fünf oder mehr Registrierungen entbehrt allerdings jeglicher inhaltlicher Grundlage und ist völlig willkürlich. Das Kriterium ist auch nicht uneingeschränkt anwendbar, da die Anzahl der Intensivtäter aufgrund dieser Definition die personellen Kapazitäten in vielen Behörden überschreiten dürfte.[14] Teilweise werden zudem bestimmte Delikte besonders gewichtet (z. B. Raub oder schwerer Diebstahl), d. h. das Begehen bestimmter Delikte führt unabhängig von der individuellen Anzahl der registrierten Straftaten zur Aufnahme in ein Intensivtäterprogramm.

Die Kriterien zur Gewichtung von Delikten sind jedoch sehr offen. Sie werden umschrieben mit „den Rechtsfrieden besonders störende Straftaten" und „Straftaten von einigem Gewicht" (Henkel/Neumann 2005: 1; vgl. auch Ohder 2007). Diesen Umschreibungen liegt die Vorstellung zugrunde, die Auswahl der jungen Tatverdächtigen an denjenigen Deliktsfeldern auszurichten, die aus polizeilicher Sicht (mutmaßlich) das Sicherheitsgefühl der Bevölkerung beeinträchtigen. Damit erhalten die Definition sowie die Maßnahmen im Umgang mit Intensivtätern allerdings eine völlig neue Dimension: Primäres Ziel ist es nicht, das polizeilich registrierte Kriminalitätsaufkommen, verursacht durch wiederholt auffällige junge Tatverdächtige, sondern die Kriminalität zu reduzieren, die (mutmaßlich) im Bewusstsein der Öffentlichkeit als Bedrohung empfunden wird.

Dieser Perspektivenwechsel hat gewisse ethische Probleme zur Folge, denn in welchem zu rechtfertigenden Zusammenhang steht die Einschätzung des Sicherheitsempfindens der Bevölkerung (durch die Polizei) mit der Einschätzung der individuellen Gefährdung eines jungen Tatverdächtigen (durch die Polizei)? Die Straftaten und Täter(-gruppen), die Ängste in der Bevölkerung schüren, können sich zudem unterhalb abstrakter Kategorien wie Raub und schwerer Diebstahl im individuellen Fall grundlegend voneinander unterscheiden. Nur die fallbezogene und individuelle Zuordnung von Straftaten, die ursächlich Angst unter Bewohnern verbreiten, zu einem individuellen Tatverdächtigen, könnte die Grundlage sein, aufgrund derer die Aufnahme eines Tatverdächtigen in ein Intensivtäterprogramm zu rechtfertigen wäre.

Junge Tatverdächtige werden aber nicht nur anhand von „Kriterien" für ein Intensivtäterprogramm ausgewählt. Die Polizeibehörden sehen gerade in der flexiblen Auslegung von Kriterien, ergänzt um weitere Entscheidungshilfen, die Möglichkeit, individuelle Gefährdungen bei der Auswahl zu berücksichtigen (Henkel/Neumann 2005; Wolke 2003). Den Einschätzungen der individuellen Gefährdung liegen Prognosen über das zu erwartende Legalverhalten junger Tatverdächtiger zugrunde. Durch eine Individualprognose soll die Aufnahme junger Tatverdächtiger in ein Intensivtäterprogramm unabhängig von dem Kriterienkatalog ermöglicht werden. Es ist davon auszugehen, dass die für die Intensivtäterprogramme zuständigen Sachbearbeiter eine intuitive Prognose aufgrund der Einschätzung erstellen, dass „die Gefahr einer sich verfestigenden kriminellen Karriere besteht" (Henkel/Neumann 2005: 1) und eine „erhebliche

---
13 Dies trifft erwartungsgemäß auch auf andere Instanzen sozialer Kontrolle zu, die sich mit Intensivtätern befassen (Müller/Behrmann 2004).
14 Manche Behörden nehmen in die Intensivtäterprogramme daher nur die so genannten Top-Ten auf, d. h. eine bestimmte Anzahl Tatverdächtiger mit den meisten registrierten Straftaten.

kriminelle Energie und sonstige besondere kriminogene Faktoren" vorliegen (vgl. Emig 2004; Guttke/Jasch 2003).[15]

Diese Prognosen erfolgen anhand der Erfahrungen der Praktiker mit jungen Tatverdächtigen, die wiederholt polizeilich registriert werden, und der dadurch erlebten Gewissheit, dass bei bestimmten Fallkonstellationen eine erneute Auffälligkeit wahrscheinlich ist, d. h. dass sich das bislang sichtbare Verhalten auch in Zukunft fortsetzen wird. Methodisch anspruchsvolle und theoriegeleitete Prognoseverfahren sind insgesamt aufgrund zu hoher Raten falsch-positiver Klassifikationen generell unsicher. Intuitive Prognosen sind darüber hinaus problematisch, da die Subjektivität dieses Verfahrens selbst erfüllende Prophezeiungen zur Folge haben kann (Albrecht 1990, 2004).

Die Beliebigkeit der Aufnahme junger Tatverdächtiger in Intensivtäterprogramme in der Praxis schränkt daher eine detaillierte Darstellung und einen Vergleich der Konzepte insgesamt sehr stark ein. Die offene und aufgrund subjektiver Entscheidungen getroffene Auslegung der Kriterien gefährdet zudem das Ziel der Intensivtäterprogramme – Kriminalität in besonderer Weise zu reduzieren –, da „sich in dem statistischen Anzeigenerfassungssystem des Polizeipräsidiums Kölns quantitativ und qualitativ höher belastete Tatverdächtige als im Verfahrensbestand" (Wolke 2003: 506) des Intensivtäterprogramms finden.[16]

Die Intensivtäterprogramme der Polizei in Nordrhein-Westfalen beinhalten den Aufbau spezifischer Organisationsstrukturen einerseits und unmittelbare Maßnahmen im Umgang mit jungen Tatverdächtigen andererseits. Die spezifischen Organisationsstrukturen zielen darauf, Bearbeitungsprozesse zu beschleunigen und Abläufe zu standardisieren. In der Regel werden eigene (Jugend-)Kommissariate mit Jugendsachbearbeitern eingerichtet. Beamte werden innerhalb der polizeilichen Aus- und Fortbildungseinrichtungen speziell als Jugendsachbearbeiter geschult. Die Ermittlungsarbeit erfolgt täterbezogen, d. h. Straftaten werden nicht wie üblich fallbezogen (und damit abhängig von dem Tatort), sondern personenbezogen bearbeitet (Henkel/Neumann 2005; Wolke 2003), d. h. alle einen Tatverdächtigen betreffenden Anzeigen werden zentral bearbeitet. Durch die zentrale Bündelung aller einen Tatverdächtigen betreffenden Informationen entsteht eine umfassendere Aktenlage (Wolke 2003). Wechselt ein Tatverdächtiger seinen Wohnort, wird die Akte an das zuständige Kommissariat weitergereicht (Henkel/Neumann 2005). Auf diesem Wege soll die Trennung der Zuständigkeiten der beteiligten Instanzen in Bezug auf die verfügbaren Informationen überwunden werden, um die Grundlage einer ganzheitlichen Sicht auf junge Intensivtäter zu schaffen.

Zu den weiteren Aufgaben der (Jugend-)Kommissariate gehört die enge Kooperation mit Jugendamt, Jugendhilfe und Staatsanwaltschaft, um den Transfer von Informationen zu verbessern und „schnelle Reaktionen" zu ermöglichen (Henkel/Neumann 2005; Wolke 2003). In Dortmund wurden ergänzend so genannte Jugendkontaktbeamte eingerichtet, deren vorrangige Aufgabe es ist, durch informelle Ansprache der Jugendlichen und Erziehungsberechtigten sowie durch engen Kontakt zu Jugendamt und Schule kriminelle Karrieren zu vermeiden. Diese Maßnahmen sind auch im Zusammenhang mit dem Ziel zu sehen, das Vertrauen in die Polizei zu stärken und Berührungsängste zu nehmen. Gleichwohl sind auch diese Beamten, wie die Jugendsachbearbeiter der Polizei, an das Legalitätsprinzip gebunden.

Die Kommissariate führen zudem in der Regel eine Liste mit Intensivtätern, die in einigen Behörden auch im Intranet der Polizei zugänglich ist. In Köln z. B. werden in dieser Liste per-

---

15 Das Verfahren der Individualprognose wird leider nicht detailliert beschrieben.
16 Unklar bleibt jedoch, auf welche Kriterien (Häufigkeit der Straftaten, Delikte, Schwere der Straftaten, Vorbestrafung etc.) sich diese Aussage stützt.

sönliche Angaben, Sachbearbeiter und ein Lichtbild der Intensivtäter gespeichert. Diese Daten sind jederzeit für die zuständigen Beamten abrufbar (Henkel/Neumann 2005).[17] Zudem können junge Intensivtäter auf richterlichen Beschluss zur polizeilichen Beobachtung gemäß § 21 PolG Nordrhein-Westfalen ausgeschrieben werden (Henkel/Neumann 2005), d. h. alle offiziellen Kontakte der jungen Tatverdächtigen mit der Polizei (dazu zählt z. B. auch der Verkehrsbereich) werden zentral gespeichert und können von den zuständigen Beamten eingesehen werden.

Schließlich erfolgen im Rahmen der Intensivtäterprogramme so genannte „Gefährderansprachen", die von Jugendsachbearbeitern oder auch von Beamten des Bezirksdienstes durchgeführt werden. Die Beamten, teilweise auch in Begleitung von (Jugend-)Staatsanwälten, besuchen Intensivtäter – bei Minderjährigen im Beisein von Erziehungsberechtigten – in der (elterlichen) Wohnung.[18] Das Gespräch bzw. die Ansprache dient dazu, dem jungen Tatverdächtigen die Konsequenzen seines Verhaltens aufzuzeigen und darauf hinzuwirken, dass der Jugendliche keine weiteren Straftaten mehr begeht. Ihm soll die „kontinuierliche Präsenz" der Polizei und der „hohe[n] Grad der Entschlossenheit auf Seiten der Polizei" (Henkel/Neumann 2005: 6) vermittelt werden. Der Jugendliche soll den Bezug zwischen „Tat und Ahndung" erkennen und sich gewiss sein, dass einer nächsten Tat weitere Konsequenzen (mit zunehmender Härte) folgen werden. Diese Ansprache erfolgt bewusst im „Format der Abschreckung", als „Drohbotschaft" wie ein „warnendes Kettengerassel" (Henkel/Neumann 2005: 6). Zugleich wird den Erziehungsberechtigten mitgeteilt, dass ihr Kind in ein polizeiliches Intensivtäterprogramm aufgenommen wurde und welche Straftaten dem Kind zur Last gelegt werden. Nach diesem Erstgespräch folgen weitere Ansprachen, zum Teil anlassunabhängig, auch an öffentlichen Treffpunkten der Jugendlichen.

4.2 Kritische Würdigung der polizeilichen Maßnahmen im Umgang mit Intensivtätern

Am Anfang jedes Intensivtäterprogramms stehen die Definition von Intensivtätern und die Festlegung der Kriterien zur Aufnahme junger Tatverdächtiger in ein Intensivtäterprogramm. Vor dem Hintergrund der individuellen Konsequenzen, die eine Aufnahme in ein Intensivtäterprogramm für einen Jugendlichen zur Folge hat, ist die Willkürlichkeit der Definitionen und der Kriterien zur Auswahl der Intensivtäter weder zu rechtfertigen noch dürften diese dazu geeignet sein, das Kriminalitätsaufkommen wiederholt auffälliger junger Tatverdächtiger auf effiziente Weise und u. U. überhaupt zu reduzieren. Die polizeilichen Definitionen und Auswahlkriterien junger Intensivtäter stehen in keinem inhaltlichen Bezug zu den kriminelles Verhalten verursachenden Faktoren, mit Ausnahme der Kontinuität kriminellen Handelns. Die Konzepte der Polizei orientieren sich allerdings nur an der Häufigkeit der bekannt gewordenen Straftaten und stützen sich damit ausschließlich auf die die polizeiliche Praxis beeinflussende Größe. Auch in Bezug auf die polizeilichen Maßnahmen ist nicht zu erkennen, dass diese in engem Sachzusammenhang mit den kriminelle Karrieren bedingenden Faktoren stehen. Zwar operiert jede Instanz gemäß ihrer eigenen, von der Praxis bestimmten Logik (Müller/Behrmann 2004). Doch darf dabei nicht unberücksichtigt bleiben, dass die Polizei als Instanz der staatlichen Macht auch sehr große Verantwortung gegenüber den Bürgern trägt und Maßnahmen der Polizei daher

---

17 Die Realisierung dieses Instruments war allerdings nur unter Einbindung des Datenschutzes möglich (Henkel/Neumann 2005: 4). Auch in Bremen wird eine vergleichbare Intensivtäterliste im Intranet der Polizei geführt (Emig 2004).
18 Alternativ werden auch Gefährderanschreiben verfasst und dem Jugendlichen übergeben.

innerhalb der beiden Pole des Schutzes des Allgemeinwesens einerseits und des Schutzes des Einzelnen andererseits zu bewerten sind.

Die empirische Längsschnittforschung hat gezeigt, dass der Zusammenhang zwischen Häufigkeit kriminellen Handelns und der Dauer der Auffälligkeit nicht sehr eng ist, d. h. es gibt Täter, die vergleichsweise viele Straftaten innerhalb einer kurzen Zeitspanne begehen, und es gibt Täter, die über einen langen Zeitraum Straftaten mit niedriger Frequenz begehen (Bushway et al. 2003; Dahle 1998; Nagin et al. 1995). Konzentriert sich die polizeiliche Auswahl der Intensivtäter auf diejenigen mit großer Anzahl registrierter Straftaten, so werden spezielle polizeiliche Maßnahmen auch bei Tatverdächtigen angewendet, von denen zu erwarten ist, dass sie auch ohne Intervention keine weiteren Straftaten mehr begehen werden. Andererseits bleiben Tatverdächtige unberücksichtigt, die eine bestimmte Anzahl oder eine bestimmte Deliktsform (z. B. Raub oder schwerer Diebstahl) registrierter Straftaten nicht aufweisen, obwohl sie über mehrere Jahre hinweg polizeilich registriert werden. Doch gerade in Bezug auf diese Gruppe ist das Risiko groß, dass sich die kriminelle Karriere über das Jugendalter hinaus fortsetzt und damit die Integration in die Erwachsenenrolle beeinträchtigt wird.

Die bewusst offene und flexible Aufnahme junger Tatverdächtiger in Intensivtäterprogramme öffnet zudem einer beliebigen Konstruktion von Intensivtätern als polizeiliches Kriminalitätsproblem alle Tore.[19] Offensichtlich führen die Bemühungen zur Intensivierung der Kooperation mit anderen Instanzen wie Jugendamt, Jugendhilfe und (Jugend-)Staatsanwaltschaft nicht flächendeckend dazu, die individuelle Gesamtproblematik der Jugendlichen entsprechend zu berücksichtigen, obwohl das Konzept eigener (Jugend-)Kommissariate mit speziell geschulten Jugendsachbearbeitern dies hätte erwarten lassen können. Die täterorientierte Ermittlungsarbeit ist ebenfalls als ambivalent zu bewerten, da die Stabilität der Kontakte zwischen Sachbearbeiter und Intensivtäter auch dazu führen kann, dass diese Konstanz „den Blick des Beamten, der ‚seine Pappenheimer' zu kennen glaubt" (Kant/Hohmeyer 1999), verstellen kann. Die Jugendsachbearbeiter befinden sich grundsätzlich in dem Spannungsfeld, einerseits in kriminalpräventiver Absicht mit den anderen beteiligten Instanzen sozialer Kontrolle zu kooperieren und an Präventionsprojekten mitzuwirken. Andererseits sind sie dazu gezwungen, Hinweisen auf Straftaten oder Tätern nachzugehen. Sofern der polizeiliche Umgang mit Intensivtätern auch vertrauensbildende Maßnahmen einschließt, würden diese durch den Strafverfolgungszwang der Beamten konterkariert.

Die Gefährderansprache gegenüber Jugendlichen ist als eine Maßnahme im Rahmen der polizeilichen Gefahrenabwehr zu sehen. Allerdings fehlt eine rechtliche Regelung dieser Maßnahme im Polizeigesetz. Die Gefährderansprache stellt eine spezielle polizeiliche Maßnahme dar und bedarf daher einer Ermächtigungsgrundlage im Polizeigesetz, das den polizeilichen Eingriff in Grundrechte der Bevölkerung regelt. Grundrechtseingriffe sind Eingriffe in das allgemeine Persönlichkeitsrecht und/oder die allgemeine Handlungsfreiheit. Durch die Kontaktaufnahme der Polizei mit den Intensivtätern in deren Wohnung, an deren Arbeitsplatz oder anlassunabhängig an Treffpunkten der Jugendlichen können der gute Ruf der Jugendlichen und deren persönliche Ehre beeinträchtigt werden. Dadurch wird in die Entscheidungs- und Handlungsfreiheit der Jugendlichen eingegriffen. Die im Polizeigesetz verankerte so genannte Generalklausel als Ermächtigungsgrundlage für polizeiliches Einschreiten gilt indes nur bei Ausnahmefällen, wenn konkrete Hinweise für die Gefahr vorliegen, dass in nächster Zeit eine

---

19 Von einer „Erfindung" des Intensivtäters ist sogar insoweit auszugehen, als dieser „kriminologische Typus" als in der Realität vorkommend betrachtet wird, obwohl für das Konstrukt des Intensivtäters keine allgemein gültige und eindeutige Operationalisierung existiert und daher nicht messbar ist (Walter 2003).

Straftat begangen bzw. eine Gefährdung erfolgen wird (siehe dazu Arzt 2007). Die intuitiven Prognosen kriminellen Handelns der Intensivtäter durch die Polizei können jedoch nicht als konkrete Hinweise gelten und stellen daher keine Grundlage für die Anwendung der Generalklausel dar, zumal Gefährderansprachen als eine wiederkehrende Maßnahme konzipiert sind.

Die polizeilichen Maßnahmen sind insgesamt von repressivem Vorgehen geprägt und erfolgen teilweise unter dem (rhetorischen) Deckmantel der präventiven Ziele, kriminelle Karrieren zu verhindern und zu beenden (Kant/Hohmeyer 1999). Die Maßnahmen beschränken sich nahezu ausschließlich darauf, die Verfolgungsintensität und den Kontrolldruck auf die Jugendlichen zu erhöhen und dadurch einen Abschreckungseffekt zu erwirken. Dass die Polizei bemüht ist, die (individuelle) Entdeckungswahrscheinlichkeit zu erhöhen, steht zwar im Einklang mit dem allgemeinen polizeilichen Auftrag und erweist sich im Rahmen der kriminologischen Forschung grundsätzlich als begründet, denn kriminelles Handeln wird eher durch das subjektive Entdeckungsrisiko als durch die wahrgenommene Strafhöhe unterbunden (Dölling/Hermann 2003; Mehlkop/Becker 2004; Nagin/Pogarsky 2001). Der Schutz des Einzelnen bleibt jedoch nur gewahrt, wenn die Maßnahmen adäquat sind und unangemessene, negative Folgen für die Betroffenen vermieden werden.

Aus Sicht der kriminologischen Forschung stellt sich insbesondere die Frage, inwieweit die polizeilichen Maßnahmen geeignet sind bzw. sein können, junge Intensivtäter davon abzuhalten, weitere Straftaten zu begehen.[20] Die Erhöhung der Verfolgungsintensität und des Kontrolldrucks stehen einerseits im Einklang mit kontrolltheoretischen Überlegungen: Abweichendes Verhalten wird durch direkte Kontrolle, d. h. den unmittelbaren Reaktionen und Sanktionen auf abweichendes Verhalten (supervision), und durch indirekte soziale Kontrolle, d. h. das Bewusstsein, dass das eigene Verhalten nicht den Meinungen und Einstellungen der Bezugspersonen entspricht (attachment), unterbunden (Hirschi 1969). Andererseits ist für die kontrolltheoretischen Überlegungen die Reziprozität sozialer Bindungen essentiell, denn abweichendes Verhalten wird nur bei demjenigen unterbunden, der sich seinerseits emotional bindet (attachment) und sich gegenüber anderen verpflichtet fühlt (commitment). Die dargestellten polizeilichen Maßnahmen hingegen beruhen auf ungleichen (und nicht freiwilligen) Beziehungen zwischen „Bezugsperson" und Intensivtäter. Repressive Umgangsformen stehen dem kontrolltheoretischen Denken daher entgegen.

Der repressive Charakter der polizeilichen Interventionen ist folglich auch nicht vereinbar mit den Bedingungen des Abbruchs krimineller Karrieren, wie sie von der Theorie der altersabhängigen informellen Sozialkontrolle postuliert werden (Sampson/Laub 1993, 2005; Stelly/ Thomas 2004; Schumann in diesem Band). Es ist zwar denkbar, dass die repressiven Maßnahmen der Polizei einen „Leidensdruck" erzeugen und dadurch einen Entscheidungsprozess in Gang setzen können, der zum Abbruch einer kriminellen Karriere führt. Dies kann allerdings nur unter gewissen Voraussetzungen erfolgen, z. B. wenn „soziale Anknüpfungspunkte für die Umstrukturierung der sozialen Identitäten überhaupt vorhanden sind oder neu aufgebaut werden können" (Groenemeyer 1991: 180). Zudem hängt ein derartiger Entscheidungsprozess von der Einsicht des Betreffenden ab. Dies anzunehmen ist allerdings vor dem Hintergrund unplausibel, dass Intensivtäter häufig mehrfach belastet sind und Kriminalität als Folge unzureichender Ressourcen zur Problemlösung zu sehen ist. Voraussetzungen für eine bewusste Entscheidung gegen weitere Straftaten sind aber gerade soziale Bindungen und soziales Kapital, deren

---

20 Siehe dazu die auf die vorliegende Fragestellung bezogene Darstellung theoretischer Ansätze der kriminologischen Längsschnittforschung bei Naplava (2008).

subjektiver Nutzen den des kriminellen Handelns übersteigt (Sampson/Laub 2005).

Die polizeilichen Interventionen beinhalten auch keine Maßnahmen, die darauf zielen, soziale Bindungen bzw. Strukturen informeller Sozialkontrolle im sozialen Umfeld der Intensivtäter aufzubauen. Der intendierte Abschreckungseffekt könnte sich vielmehr negativ auf bestehende soziale Bezüge der Jugendlichen auswirken. Durch die von der Polizei initiierten Kontakte mit den Intensivtätern, insbesondere im Rahmen der Gefährderansprachen, steigt die Wahrscheinlichkeit, dass dem sozialen Umfeld der Jugendlichen die polizeilichen Registrierungen bekannt werden. Es ist nicht auszuschließen, dass gerade dadurch die sozialen Bindungen (zusätzlich) belastet werden. Dies dürfte insbesondere für die delinquenten Jugendlichen zutreffen, die mit hoher Wahrscheinlichkeit auch ohne Intervention im Zuge der Übernahme neuer Rollenverpflichtungen im beruflichen und familiären Bereich kriminelle Aktivitäten nicht fortsetzen (Stelly/Thomas 2006). Zu diesem Typus gehören vor allem Jugendliche, die Straftaten in der Freizeit und damit zeitlich und räumlich getrennt von intakten sozialen Bezügen in Familie, Schule und Beruf begehen (Matt 1995; Stelly/Thomas 2006). Erfolgt die Auswahl der Intensivtäter allerdings aufgrund der Häufigkeit registrierter Straftaten, die innerhalb einer vergleichsweise kurzen Beobachtungsspanne auftreten, und werden sowohl die längerfristige individuelle Entwicklung als auch die diesem Verhalten zugrunde liegenden Entstehungszusammenhänge nicht berücksichtigt, erhöht sich die Wahrscheinlichkeit, dass auch junge Tatverdächtige als Intensivtäter klassifiziert werden, die über ausreichendes soziales Kapital verfügen und damit zumindest eine Voraussetzung erfüllen, um kriminelles Verhalten ohne Intervention nicht fortzusetzen.

5 Folgerungen

Hinsichtlich der polizeilichen Maßnahmen im Umgang mit jungen Intensivtätern ist zu konstatieren, dass Theorie und Praxis weitgehend unverknüpft nebeneinander existieren. Die Interaktion zwischen Polizei und chronischen Tätern ist seitens der Forschung bislang nur ansatzweise theoretisch reflektiert und insgesamt eher unsystematisch empirisch untersucht und seitens der Praxis nur oberflächlich zur Kenntnis genommen worden. Um dieses Vakuum zu füllen, wäre seitens der Forschung eine stärkere Bezugnahme auf die die jeweilige Praxis der Instanzen sozialer Kontrolle bestimmenden Probleme im Umgang mit Intensivtätern wie auch eine stärkere Bezugnahme auf die Wirkungen von Interventionen durch Instanzen sozialer Kotrolle auf die Intensivtäter erforderlich. Die Umsetzung spezieller Maßnahmen im Umgang mit Intensivtätern setzt die Überzeugung an ihre positive Wirkung voraus, denn langfristiges Ziel ist es, den Arbeitsaufwand zu verringern und dadurch Frustrationen zu vermeiden. Jede spezielle polizeiliche Maßnahme im Rahmen der Strafverfolgung und Gefahrenabwehr impliziert aber eine Steigerung des Umfangs der Sachverhalte, die von der Polizei bearbeitet werden. Damit erhöht sich zugleich die Wahrscheinlichkeit, dass Straftaten in das polizeiliche Hellfeld gelangen (Naplava/Walter 2006). Die Analyse von Hellfelddaten allein ist daher nicht geeignet, Aussagen zur Wirkung polizeilicher Interventionen zu treffen.

Auf der Seite der polizeilichen Praxis bedürfte es einer stärkeren konzeptionellen Anbindung der Interventionsmaßnahmen an Ursachen und Verlaufsmuster krimineller Karrieren im Kontext der allgemeinen Jugendkriminalität und eines stärkeren Bewusstseins gegenüber negativen Konsequenzen polizeilicher Interventionen. Für Forschung und Praxis stellen sich die

Fragen, welche polizeilichen Maßnahmen auf welche Weise auf das Verhalten der Intensivtäter wirken. Dabei wäre insbesondere zu klären, ob die polizeilichen Maßnahmen überhaupt Abschreckungseffekte entfalten und inwieweit diese Tatverdächtige davon abhalten, weitere Straftaten zu begehen, oder ob die polizeilichen Interventionen eher Etikettierungseffekte zur Folge haben.

Dass die Häufung schwerer Kriminalität Jugendlicher durch eine Erhöhung des Kontrolldrucks unterbunden werden kann, ist bei dem gegenwärtigen Stand der Forschung eher zu bezweifeln. Vielmehr verspricht aus theoretischer Perspektive eine Stärkung der Strukturen informeller Sozialkontrolle in der Gesellschaft, dass die Möglichkeiten für den Abbruch krimineller Karrieren erweitert werden. Maßgeblich für die soziale Integration Jugendlicher sind die schulischen und beruflichen Ausbildungschancen, die langfristige Perspektiven erst ermöglichen. Insbesondere für Jugendliche mit sehr geringen Chancen und Ressourcen sollten die Unterstützungsangebote erweitert werden, im Zuge der individuellen Integration in die „Erwachsenenwelt" Verantwortung gegenüber sich selbst und anderen zu übernehmen.

Literatur

Albrecht, G. (1990): Möglichkeiten und Grenzen der Prognose „krimineller Karrieren". In: Schriftenreihe der DVJJ (Hrsg.): Mehrfach Auffällige – mehrfach Betroffene. Erlebnisweisen und Reaktionsformen. Band 13. Bonn, S. 99-116.

Albrecht, G. (2002): Soziologische Erklärungsansätze individueller Gewalt und ihre empirische Bewährung. In: Heitmeyer, W./Hagan, J. (Hrsg.): Internationales Handbuch der Gewaltforschung. Opladen, S. 763-818.

Albrecht, G. (2003a): Jugend, Recht und Kriminalität. In: Krüger, H.-H. (Hrsg.): Handbuch der Jugendforschung. 3. Auflage. Opladen, S. 743-794.

Albrecht, G. (2003b): Soziallage jugendlicher Straftäter. Ein Vergleich für selbstberichtete Delinquenz im Dunkel- und Hellfeld und die Sanktionspraxis im Kontrollfeld. In: Raithel, J./Mansel, J. (Hrsg.): Kriminalität und Gewalt im Jugendalter. Hell- und Dunkelfeldbefunde im Vergleich. Weinheim, S. 87-116.

Albrecht, G. (2004): Sinn und Unsinn der Prognose von Gewaltkriminalität. In: Heitmeyer, W./Soeffner, H.-G. (Hrsg.): Gewalt. Entwicklungen, Strukturen, Analyseprobleme. Frankfurt a. M., S. 475-524.

Albrecht, H.-J. (1993): Kriminelle Karriere. In: Kaiser, G./Kerner, H.-J./Sack, F./Schellhoss, H. (Hrsg.): Kleines Kriminologisches Wörterbuch. 3. Auflage. Heidelberg, S. 301-308.

Arzt, C. (2007): Gefährderansprachen gegenüber Jugendlichen durch die Polizei. In: Stiftung SPI (Hrsg.): Clearingstelle Jugendhilfe/Polizei, Infoblatt Nr. 41. Berlin, S. 1-6.

Backmann, B. (2005): Delinquenz und Viktimisierung Jugendlicher in der Schweiz. Eine ländervergleichende Studie. In: Monatsschrift für Kriminologie und Strafrechtsreform, 88. Jg., S. 46-60.

Blumstein, A./Cohen, J./Farrington, D.P. (1988): Criminal Career Research: Its Value for Criminology. In: Criminology, 26. Jg., S. 1-35.

Boers, K. (2007): Hauptlinien der kriminologischen Längsschnittforschung. In: Boers, K./Reinecke, J. (Hrsg.): Delinquenz im Jugendalter. Erkenntnisse aus einer Münsteraner Längsschnittstudie. Münster, S. 5-40.

Bushway, S.D./Thornberry, T.P./Krohn, M.D. (2003): Desistance as a Developmental Process: A Comparison of Static and Dynamic Approaches. In: Journal of Quantitative Criminology, 19. Jg., S. 129-153.

Dahle, K.-P. (1998): Straffälligkeit im Lebenslängsschnitt. In: Kröber, H.-L./Dahle, K.-P. (Hrsg.): Sexualstraftaten und Gewaltdelinquenz. Heidelberg, S. 47-55.

Dölling, D./Hermann, D. (2003): Befragungsstudien zur negativen Generalprävention: Eine Bestandsaufnahme. In: Albrecht, H.-J./Entorf, H. (Hrsg.): Kriminalität, Ökonomie und Europäischer Sozialstaat. Heidelberg, S. 133-165.

Emig, O. (2004): Zuwanderungsprozesse, soziale Probleme und Jugendkriminalität. In: Zeitschrift für Jugendkriminalrecht und Jugendhilfe, 15. Jg, S. 395-405.

Farrington, D.P. (2003): Developmental and Life-Course Criminology: Key Theoretical and Empirical Issues – The 2002 Sutherland Award Address. In: Criminology, 41. Jg, S. 221-255.

Farrington, D.P. (Hrsg.) (2005): Integrated Developmental and Life Course Theories of Offending. New Brunswick.
Gatzke, W./Jungbluth, T. (2006): Neuausrichtung polizeilicher Kriminalprävention in NRW. In: Kriminalistik, 60. Jg., S. 651-658.
Greenwood, P.W./Turner, S. (1987): Selective Incapacitation Revisited. Why High-Rate Offenders Are Hard to Predict. Santa Monica.
Groenemeyer, A. (1991): Karrieremodell abweichenden Verhaltens und soziale Kontrolle der Drogenabhängigkeit. In: Soziale Probleme, 2. Jg., S. 157-187.
Groenemeyer, A. (2003): Von der Sünde zum Risiko? Bilder abweichenden Verhaltens und die Politik sozialer Probleme am Ende des Rehabilitationsideals. In: Groenemeyer, A. (Hrsg.): Soziale Probleme und politische Diskurse. Konstruktionen von Kriminalpolitik in sozialen Kontexten. Materialien und Forschungsberichte Nr. 3. Universität Bielefeld, S. 17-49.
Groenemeyer, A./Wieseler, S. (2008): Soziologie sozialer Probleme und sozialer Kontrolle. Realitäten, Repräsentationen und Politik. Wiesbaden.
Grundies, V./Höfer, S./Tetal, C. (2002): Basisdaten der Freiburger Kohortenstudie. Prävalenz und Inzidenz polizeilicher Registrierungen. Arbeitsberichte 1/2002 aus dem Max-Planck-Institut für ausländisches und internationales Strafrecht in Freiburg i. Br.. Freiburg.
Guttke, K./Jasch, M. (2003): Intensivtäterermittlung in Frankfurt und die Grenzen der Karriereforschung. In: Zeitschrift für Jugendkriminalrecht und Jugendhilfe, 14. Jg., S. 175-178.
Henkel, M./Neumann, D. (2005): Intensivtäterbekämpfung in Köln. Ein Dauerthema neu belebt. In: Der Kriminalist, 9/05, S. 1-7.
Hirschi, T. (1969): The Causes of Delinquency. Berkeley.
Holthusen, B. (2004): Modellprojekt: Kooperation im Fall von jugendlichen „Mehrfach- und Intensivtätern". Deutsches Jugendinstitut, Abschlussbericht der wissenschaftlichen Begleitung. München.
Huck, W. (2002): Kinder und Jugendliche als Intensivtäter: Anamnese, Früherkennung und dissoziales Verhalten. In: DVJJ-Journal, 13. Jg., S. 187-193.
Kant, M./Hohmeyer, C. (1999): Polizeiliche Bekämpfung von Jugendkriminalität. Ambivalente Strategien zwischen Prävention und Repression. In: Cilip, 62. Jg., S. 24-30.
Killias, M. (1999): Reduktion der Kriminalität durch „Unschädlichmachung" von Vielfachtätern – ein statistischer Trugschluss. In: Bewährungshilfe, 46. Jg., S. 426-432.
Köllisch, T. (2004): Anzeigeverhalten und die polizeiliche Registrierung von Jugenddelinquenz. Ein theoretisches Modell und empirische Untersuchungen zu sozialen und sozialökologischen Determinanten des Opferverhaltens. Dissertation. Freiburg i. Br.
Kunath, W. (1993): Junge Vielfachtäter. Ein Bekämpfungskonzept der Hamburger Polizei. In: Kriminalistik, 47. Jg., S. 790-793.
Matt, E. (1995): Episode und "Doppel-Leben": Zur Delinquenz Jugendlicher. In: Monatsschrift für Kriminologie und Strafrechtsreform, 78. Jg., S. 153-164.
Matt, E./Rother, D. (2001): Jugendliche „Intensivtäter". In: Monatsschrift für Kriminologie und Strafrechtsreform, 84. Jg., S. 472-482.
Mehlkop, G./Becker, R. (2004): Soziale Schichtung und Delinquenz. Eine empirische Anwendung eines Rational-Choice-Ansatzes mit Hilfe von Querschnittsdaten des ALLBUS 1990 und 2000. In: Kölner Zeitschrift für Soziologie und Sozialpsychologie, 56. Jg., S. 95-126.
Melzer, W./Jakob, D. (2002): Delinquenz und Sozialisation jugendlicher Mehrfachtäter. Abschlussbericht für das Sächsische Staatsministerium des Innern. Dresden.
Müller, M./Behrmann, J. (2004): Jugendliche Intensivtäter in der Wahrnehmung der Professionen. In: Zeitschrift für Jugendkriminalrecht und Jugendhilfe, 15. Jg., S. 144-149.
Nagin, D.S./Farrington, D.P./Moffitt, T.E. (1995): Life-Course Trajectories of Different Types of Offenders. In: Criminology, 33. Jg., S. 111-139.
Nagin, D.S./Pogarsky, G. (2001): Integrating Celerity, Impulsivity, and Extralegal Sanction Threats Into a Model of General Deterrence: Theory and Evidence. In: Criminology, 39. Jg., S. 865-891.
Naplava, T. (2008): Jugendliche Intensivtäter als Kriminalitätsproblem und Problemkonstruktion. In: Groenemeyer, A./Wieseler, S. (Hrsg.): Soziologie sozialer Probleme und sozialer Kontrolle. Realitäten, Repräsentationen und Politik. Wiesbaden, S. 193-214.
Naplava, T./Walter, M. (2006): Entwicklung der Gewaltkriminalität: Reale Zunahme oder Aufhellung des Dunkelfeldes? In: Monatsschrift für Kriminologie und Strafrechtsreform, 89. Jg., S. 338-351.
Oberwittler, D./Blank, T./Köllisch, T./Naplava, T. (2001): Soziale Lebenslagen und Delinquenz von Jugendlichen. Arbeitsberichte 1/2001. Freiburg i. Br.

Ohder, C. (2007): „Intensivtäter" im Spiegel von Akten der Berliner Staatsanwaltschaft. In: Zeitschrift für Jugendkriminalrecht und Jugendhilfe, 18. Jg., S. 56-64.

Piquero, A.R./Farrington, D.P./Blumstein, A. (2003): The Criminal Career Paradigm. In: Tonry, M. (Hrsg.): Crime and Justice: A Review of Research. Volume 30. Chicago, S. 359-506.

Sampson, R.J./Laub, J.H. (1993): Crime in the Making: Pathways and Turning Points Through Life. Cambridge/London.

Sampson, R.J./Laub, J.H. (1997): A Life-Course Theory of Cumulative Disadvantage and the Stability of Delinquency. In: Thornberry, T. (Hrsg.): Developmental Theories of Crime and Delinquency. Advances in Criminological Theory. Volume 7. New Brunswick, S. 1-29.

Sampson, R.J./Laub, J.H. (2005): A General Age-Graded Theory of Crime: Lessons Learned and the Future of Life-Course Criminology. In: Farrington, D.P. (Hrsg.): Integrated Developmental and Life-Course Theories of Offending. New Brunswick, S. 165-181.

Schumann, K.F./Berlitz, C./Guth, H.-W./Kaulitzki, R. (1987): Jugendkriminalität und die Grenzen der Generalprävention. Neuwied.

Steffen, W. (2003): Mehrfach- und Intensivtäter: Aktuelle Erkenntnisse und Strategien aus dem Blickwinkel der Polizei. In: Zeitschrift für Jugendkriminalrecht und Jugendhilfe, 14. Jg., S. 152-158.

Stelly, W./Thomas, J. (2004): Wege aus schwerer Jugendkriminalität. Tübinger Schriften und Materialien zur Kriminologie. Band 5. Tübingen.

Stelly, W./Thomas, J. (2006): Die Reintegration jugendlicher Mehrfachtäter. In: Zeitschrift für Jugendkriminalrecht und Jugendhilfe, 17. Jg., S. 45-51.

Walter, M. (2003): Mehrfach- und Intensivtäter: Kriminologische Tatsache oder Erfindung der Medien? In: Zeitschrift für Jugendkriminalrecht und Jugendhilfe, 14. Jg., S. 159-163.

Wolfgang, M.E./Figlio, R.M./Sellin, T. (1972): Delinquency in a Birth Cohort. Studies in Crime and Justice. Chicago.

Wolke, A. (2003): Jugendliche Mehrfach-/Intensivtäter. Polizeiliche Ermittlungskonzepte. In: Kriminalistik, 57. Jg., S. 500-506.

Mechthild Bereswill | Anke Neuber

Jugendkriminalität und Männlichkeit

Bereits 1955 hat Albert Cohen in seinem Buch „Delinquent Boys" auf die Überlegenheit junger Männer in den Kriminalitätsstatistiken hingewiesen. Die geschlechtliche Konnotation seines Titels verschwindet in der deutschen Übersetzung von 1961 hinter dem vermeintlich neutralen Bild „Kriminelle Jugend", gleichwohl Cohens Text sich ausdrücklich mit jungen Männern und der Funktion von Subkulturen für ihre Anerkennungskämpfe beschäftigt. In diesem Kontext entwickelt er die zentrale Kategorie „status deprivation", die sich auf die Konstellation bezieht, dass jungen Männern aus der working class die Möglichkeit verwehrt wird, einen anerkannten gesellschaftlichen Status zu erlangen. Zugleich würden die jungen Männer jedoch genau diesen Status begehren und versuchen, ihn mit anderen (illegitimen) Mitteln zu erlangen.

Damit weist Cohen schon in den 1950er Jahren auf die Notwendigkeit einer geschlechtsbezogenen Betrachtung sozialer Phänomene im Kontext von abweichendem Verhalten hin. Zugleich lenkt er den Blick auf die Verschränkung von sozialer Ungleichheit und Geschlecht. Er fragt, ähnlich wie viele Arbeiten der Chicago School, nach der legitimierenden Bedeutung, die Männlichkeit im Kontext von Kriminalität und Delinquenz hat (vgl. Sutherland 1986; Willis 1977; siehe auch den Überblick bei Newburn 2007: 832).

Cohen geht davon aus, dass die Bande eine „Institution der Jungen" (1955: 33) und Verwahrlosung in erster Linie männlich sei. Er thematisiert die kulturellen Zuschreibungen und Differenzen im Geschlechterverhältnis, wenn er beispielsweise die Sanktionierungspraxis als geschlechtsspezifisch beschreibt: „Es ist anzunehmen, dass einige Arten von Vergehen, wenn sie von Mädchen begangen werden, mit geringerer Wahrscheinlichkeit der Polizei und den Gerichten zur Kenntnis gebracht werden und sich deshalb auch nicht so leicht in unseren amtlichen Statistiken niederschlagen, als wenn sie von Jungen begangen worden wären. Andererseits bezieht man bestimmte andere Arten von Vergehen, vor allem sexueller Art, gewöhnlich seltener auf Jungen." (1955: 32f.) In Anlehnung an Talcott Parsons Rollentheorie und seine Perspektive auf Jugendverwahrlosung (1947), ist Geschlecht auch für Cohen eine Rolle (zur Kritik der Rollentheorie vgl. Becker-Schmidt/Knapp 1987; Connell 1987; Messerschmidt 1993). Abweichendem Verhalten oder Verwahrlosung, wie Cohen es nennt, liegt demnach ein Anpassungsproblem zugrunde, das in erster Linie ein Problem der männlichen Rolle ist. Parsons beschreibt den „maskulinen Protest" aufgrund von Unsicherheit in der Identifizierung mit der männlichen Geschlechtsrolle (vgl. Cohen 1955: 123ff.). Somit erfülle Verwahrlosung die Funktion, den Beweis seiner Männlichkeit zu liefern. Cohen betont, dass diese Annahme besonders für junge Männer der Mittelschicht gelte, da die Jungen der Unterschicht sich ihrer Männlichkeit sicherer seien. Von daher sei „die Motivation der Verwahrlosung in der Unterklasse" (Cohen 1955: 127) komplizierter. Hier liege das Anpassungsproblem auf dem Gebiet der das Selbstbewusstsein beeinflussenden Statusunterschiede in einem Statusytem, das sich an den Normen der respektablen Mittelklassengesellschaft orientiert. Aggressives Verhalten in der Bande, das gegen diese Normen verstößt, symbolisiere Männlichkeit und sei für den jungen Mann der „Unterklasse" attraktiv, „weil es für ihn nur wenige Möglichkeiten eindeutig maskuliner Betätigung gibt, die gleichzeitg auch Mittel zur Lösung seiner Statusprobleme sind" (Cohen 1955: 127). Aus Cohens Perspektive ist abweichendes Verhalten junger Männer somit „maskuline Betätigung" und „Lösung von Statusproblemen" – als Mann der Unterklasse.

Lassen wir die Kritik an der damals vorherrschenden Rollentheorie und den damit verbundenen, unreflektierten wissenschaftlichen Konstruktionen von Zweigeschlechtlichkeit beiseite, erweisen sich Cohens Beobachtungen und Überlegungen als immer noch Weg weisend, was die augenscheinliche Verknüpfung von Devianz, genauer: Konstruktionen von Kriminalität auf der einen und solchen von Geschlecht auf der anderen Seite anbetrifft. Ob wir die umstrittenen Tatverdächtigenzahlen der Polizeilichen Kriminalstatistik (PKS) heran ziehen, die Zahl der zu einer Haftstrafe verurteilten Männer mit der der Frauen vergleichen oder den Jugendstrafvollzug untersuchen: Zuschreibungen und Handlungsmuster der Devianz, Delinquenz und Kriminalität, vor allem aber die Ausübung sozialer Kontrolle folgen offenbar festen Mustern der Geschlechterdifferenz. Als Beispiel für die hartnäckige Verknüpfung von Männlichkeit und Delinquenz wird dabei immer wieder das Risikoverhalten junger Männer im Umgang mit ihrem Körper und mit Gewalt in der homosozialen Gruppe angeführt (vgl. Meuser 2002, 2003, 2005).

Statt aber fraglos von „weiblicher" oder „männlicher" Abweichung und Normalität auszugehen, gilt es die Tiefendimension der Beziehung von Devianz und Geschlecht auszuloten. Bezogen auf das Verhältnis von Männlichkeit und abweichendem Verhalten ist vor diesem Hintergrund nach der verdeckten Struktur dieser augenscheinlichen Beziehung, nach ihren Verwerfungen, Brüchen und Widersprüchen zu fragen. Anders gesagt, ist Männlichkeit nicht das, was wir *sehen*, was Jungen und Männer *tun*. Geschlecht ist vielmehr eine komplexe Kategorie mit unterschiedlichen Bedeutungsdimensionen, die nicht offen vor uns liegen, sondern aus unterschiedlichen Theorieperspektiven heraus exploriert werden können. Ebenso wenig hat abweichendes Verhalten ein Geschlecht – die Bedeutungen von Devianz und Geschlecht verschlüsseln sich vielmehr gegenseitig, wobei die enge Beziehung von Männlichkeit und Kriminalität im Hellfeld auf die Vergeschlechtlichung der gesellschaftlichen Mechanismen sozialer Kontrolle verweist.

Vor diesem Hintergrund wird das Verhältnis von Männlichkeit und Kriminalität im folgenden unter Bezug auf die verschiedenen Dimensionen der Kategorie Geschlecht diskutiert: aufgegriffen werden strukturtheoretische, interaktionstheoretische und identitätstheoretische Aspekte, die einen je unterschiedlichen Zugang zu Männlichkeit eröffnen. Wir konkretisieren unsere Überlegungen am Beispiel eines Phänomens, das im Zusammenhang der Frauen- und Geschlechterforschung von großer Bedeutung ist und zugleich den öffentlichen wie wissenschaftlichen Diskurs zu Devianz und Geschlecht maßgeblich prägt – Gewalt.

Dimensionen der Kategorie Geschlecht – der Fall Männlichkeit

Alltäglich wird Geschlecht mit einer natürlichen, am Körper erkennbaren und unveränderbaren Unterscheidung zwischen Frauen und Männern assoziiert, die eng mit der Annahme von differenten Eigenschaften oder Verhaltensweisen verknüpft ist. Gehen wir auf Abstand zu unseren Alltagsannahmen und nähern uns der Kategorie Geschlecht aus einer soziologischen Perspektive, wird die Setzung einer rein biologischen, vorsozialen Natur des Menschen hinfällig. Nehmen wir „das Soziale der Kategorie Geschlecht" (Gümen 1998) in den Blick, eröffnen sich eine Reihe systematischer Differenzierungen: Zu unterscheiden ist zwischen Frauen und Männern als singuläre Subjekte und als Mitglieder von sozialen Gruppen in bestimmten Positionen, beispielsweise auf dem Arbeitsmarkt. Ebenso ist zwischen unseren alltäglichen Vorstellungen über Frauen und Männer und kulturellen Bildern von Weiblichkeit und Männlichkeit zu unterscheiden. Während wir alltäglich davon ausgehen, dass jemand selbstverständlich und eindeutig Frau oder Mann ist, weisen Begriffe wie Weiblichkeit und Männlichkeit darauf hin, dass solche Unterscheidungen der Ausdruck von kulturellen Zuschreibungen sind. Vor diesem Hintergrund kann die Herausbildung einer „geschlechterstrukturierten sozialen Welt" (Gildemeister 2005: 205) untersucht werden. Menschen *sind* keine Frauen und Männer, sie *werden* im Lauf komplexer Interaktions- und Aneignungsprozesse zu Repräsentanten von Differenz und nehmen bestimmte Plätze im sozialen Gefüge einer Gesellschaft ein.

Demnach treten soziale Bedeutungen von Abweichung und Männlichkeit in eine enge Wechselbeziehung, ohne vollständig ineinander zu greifen (vgl. Bereswill 2007a). Geschlecht kann dabei als eine Struktur, als ein Prozess oder als eine Konfliktdynamik in den Blick genommen werden. Diese unterschiedlichen Akzentuierungen werden im folgenden weiter ausgeführt, wobei es sich um verschiedene Theorieangebote mit unterschiedlichen Reichweiten und Grenzen ihrer jeweiligen Erklärungskraft handelt.

Die Strukturkategorie Geschlecht, hegemoniale Männlichkeit und männliche Herrschaft

Wird Geschlecht als Strukturkategorie begriffen, zielt dies auf die Untersuchung gesellschaftlicher Strukturzusammenhänge im Kontext von Herrschaftsverhältnissen (vgl. Becker-Schmidt 1993). Gesellschaft wird als ein soziales Gefüge erfasst, das nach bestimmten Regeln und Organisationsprinzipien funktioniert. Diese Prinzipien, beispielsweise die Verrechtlichung sozialer Beziehungen, setzen soziale Gruppen einer Gesellschaft ins Verhältnis zueinander. Solche Relationen sind nicht wertfrei, sie sind durch Auf- und Abwertungen und durch Hierarchien bestimmt. Frauen und Männer werden hierbei als soziale Gruppen, nicht als unverwechselbare Subjekte betrachtet. Geschlechterverhältnisse sind das Resultat von historischen Prozessen, in deren Verlauf sich die Arbeitsteilung zwischen den Geschlechtern oder unterschiedliche gesellschaftliche Sphären wie die des Öffentlichen und Privaten in der bürgerlichen Gesellschaft heraus gebildet haben (vgl. Hausen 1976; Gerhard 1978; Beer 1990; Becker-Schmidt 1993; Wolde 1995). Männlichkeit und die soziale Position von Männern in der Moderne haben sich dabei als dominant und tonangebend durchgesetzt – eine Struktur, deren Wandel in der gegenwärtigen gesellschaftlichen Situation umkämpft und wissenschaftlich umstritten ist.

Greifen wir vor diesem Hintergrund das Thema Gewalt auf, wird auf struktureller Ebene mehrheitlich Gewalt im Geschlechterverhältnis und hier Gewalt von Männern gegen Frauen thematisiert. Damit einher gehen klare Täter-Opfer-Zuschreibungen: Weiblichkeit wird mit Opferschaft und Männlichkeit mit Täterschaft assoziiert. Was bei dieser Täter-Opfer-Dichotomie aus dem Blick gerät, sind die Täter-Opfer-Ambivalenzen, denn Männer und männliche Jugendliche sind nicht nur bei den Tätern (respektive Tatverdächtigen) in der Überzahl, sondern auch auf Seiten der Opfer. Gewalt von Männern richtet sich mehrheitlich gegen Männer – auch im Jugendalter. „Müssen also unter einer differenzierten Perspektive, die auch Gewalt von Männern gegen Männer und Gewalt von Frauen gegen Frauen und Männer berücksichtigt, Thesen revidiert werden, die männliche Machtpositionen in Gewalt begründet und unterstützt sehen und die von einer durch diese Machtposition entstehenden und gefestigten männlichen Geschlechtsherrschaft ausgehen?" (Bruhns 2002: 189).

Mit dieser Frage berührt Bruhns den Kern gesellschaftstheoretischer Überlegungen zum Geschlechterverhältnis: Männlichkeit wird mit Herrschaft assoziiert und Herrschaft mit offener oder symbolischer Gewalt. Ebenfalls von feministischer Gesellschaftskritik ausgehend, entwickelte der Soziologe Robert W. Connell (1987, heute: Raewyn Connell) das Konzept der „hegemonialen Männlichkeit", mit dem er zeigen will, dass soziale Ungleichheit im Geschlechterverhältnis nicht an offene Gewalt geknüpft ist. Seine Überlegungen haben die gegenwärtige Männlichkeitsforschung stark beeinflusst und werden auch im Kontext von Devianz und Marginalisierung heran gezogen (vgl. beispielsweise Spindler 2006), wobei die gesellschaftstheoretische Fundierung nur selten systematisch aufgegriffen wird (vgl. Kersten 1986, 1997; Meuser 1998/2006; Connell 1999; vgl. auch die kritische Rezeption des Konzepts bei Meuser/Scholz 2005; Bereswill 2007b). Der Begriff hegemoniale Männlichkeit, der an Antonio Gramscis Klassenanalyse anschließt und auf die Dynamik sozialer Über- und Unterordnungsmuster zwischen verschiedenen sozialen Gruppen einer Gesellschaft bezogen ist, fokussiert die kulturellen Ausdrucksformen dominanter und untergeordneter Formen von Männlichkeit und damit verbundene Legitimationsmuster von Geschlechterhierarchien, insbesondere zwischen Männern. Im Mittelpunkt stehen hier die kulturellen und institutionellen Durchsetzungskämpfe unterschiedlicher Ideale von Männlichkeit und Weiblichkeit in ihren Relationen zueinander, verbunden mit einer Vielzahl möglicher Konfigurationen, in deren Zentrum die soziale Ausdeutung männlicher Herrschaft steht.

Geschlecht als Strukturmerkmal von Gesellschaft oder als dynamische Konfiguration von Über- und Unterordnungen zu begreifen, führt zu grundlegenden Fragen, die das Verhältnis von Männlichkeit und abweichendem Verhalten in einen gesellschaftstheoretischen Rahmen einrücken, der durchaus Verbindungen zu Cohens funktionalistischer Statusthese aufweist: In welchem Verhältnis stehen verschiedene soziale Gruppen zueinander? Wer verfügt über welche Rechte? Wer hat Zugang zu welchen Ressourcen – ökonomisch, politisch, kulturell? Wer ordnet wen unter, und wie sind Rangordnungen institutionalisiert? Wie werden Hierarchien und Diskriminierungen legitimiert?

Werden solche Fragen unter Bezug auf Bourdieus Theorie der männlichen Herrschaft aufgegriffen (vgl. Bourdieu 1997, 2005; Meuser 2005; Meuser/Scholz 2005), gewinnen die Delinquenz junger Männer und ihre Gewaltbereitschaft die Bedeutung eines Ordnung stiftenden Elements der Macht- und Durchsetzungskämpfe zwischen Männern. Die hohe Kriminalitätsrate junger Männer und ihre Bereitschaft, den eigenen Körper in gewaltaffinen Handlungsmustern zu riskieren, ist demnach weniger Ausdruck individueller Gefährdungspotenziale – wie dies im sozialpädagogischen Blick häufig wahrgenommen wird –, sondern vielmehr Mittel zur kollektiven Einübung und Herstellung männlicher Normalität (vgl. Meuser 2005).

Joachim Kersten, der sich als einer der ersten und wenigen Wissenschaftler im deutschsprachigen Raum mit dem Verhältnis von Devianz und Männlichkeit beschäftigt hat, greift auf ein ähnliches Erklärungsmuster zurück: Mit Bezug auf Connells Konzept der hegemonialen Männlichkeit und Gilmores kulturanthropologische Untersuchungen geht Kersten davon aus, dass es männliche Gemeinschaftsfunktionen – das Ernähren, Beschützen und Erzeugen von Nachwuchs – gibt. Sie dienen als Interpretationsbasis für männliche Rituale, Praxen und Abgrenzungsformen. Dabei ist die „Auseinandersetzung um ‚Männlichkeit' […] immer eine Auseinandersetzung, die durch Hierarchien bestimmt ist" (Kersten 1995: 24). Ausgehend von der Annahme einer Auseinandersetzung zwischen hegemonialen und marginalisierten Männlichkeiten in Bezug auf Leitbilder „richtiger Männlichkeit" entwickelt Kersten seine Theorie zum Zusammenhang von Delinquenz und Männlichkeit: Abweichung bewertet er in diesem Zusammenhang als „(...) Herausforderung der hauptamtlichen Ernährer und Beschützer oder als situative Teilnahme an hegemonialer Männlichkeit durch Erniedrigung der Opfer (...)" (Kersten 1995: 24). Abweichung stellt laut Kersten eine Möglichkeit für marginalisierte junge Männer dar, „männlich zu erscheinen" – eine Interpretation des Verhältnisses von Devianz und Geschlecht, die eine deutliche Nähe zu Cohens „status deprivation" aufweist.

Vor diesem Hintergrund ist die Tatsache, dass in der PKS 2007 (Bundeskriminalamt Wiesbaden 2008) 72,5% der jugendlichen Tatverdächtigen (14-18 Jahre) männlich und nur 27,5% weiblich sind, Ausdruck eines historisch gewachsenen Geschlechterverhältnisses, in dem Männlichkeit und Weiblichkeit mit unterschiedlichen Positionen im öffentlichen und privaten Raum und mit differenten Strategien der Herstellung und Durchsetzung kultureller Hegemonie verknüpft sind. Die bemerkenswerte Zunahme der Gewaltdelikte von jungen Frauen wird in diesem Zusammenhang häufig als Ausdruck gesellschaftlichen Wandels interpretiert – eine Kontroverse, die hier nicht weiter aufgegriffen werden kann (vgl. Bereswill 2006b: 249f.).

Bleiben wir stattdessen bei Fragen von Männlichkeit, so sehen wir, dass der Zusammenhang von Männlichkeit und Gewalt in der Kriminologie und Soziologie weniger gesellschaftstheoretisch als mit Rückgriff auf das Konzept des doing gender untersucht wird. Der britische Kriminologe James W. Messerschmidt betont mit Bezug zur Theorie des strukturierten Handelns die Kontextabhängigkeit von Geschlecht: „gender grows out of social practices in specific settings and serves to inform such practices in reciprocal relation" (2000: 7). Mit Bezug zu Connell unterstreicht er, dass das kulturelle Ideal für Männer die hegemoniale Männlichkeit des jeweiligen Kontextes ist, die es zu erreichen gilt. Allerdings kann Männlichkeit laut Messerschmidt in einem bestimmten Kontext herausgefordert werden („masculinity challenges"). Gewalt ist dabei eine Ressource („masculine resource"), mit der bedrohte Männlichkeit verteidigt und wiederhergestellt wird (2000: 12). Ähnlich argumentiert auch Kersten. Für ihn ist Gewalthandeln von jungen Männern nicht Herstellung von Männlichkeit, sondern „Bewerkstelligung von Geschlecht" (Kersten 1997). Demnach ist Jugendgewalt für marginalisierte Jungen häufig „(...) eine letzte Ressource von Männlichkeitsdarstellungen (...)" (Kersten 1995: 24). Sie müssen, wenn sie sich auf hegemoniale Machtausübung beziehen wollen, ihren Anspruch auf gesellschaftliche Partizipation öffentlich sichtbar machen, indem sie Konflikte stiften.

Beschreibt Messerschmidt Gewalt als „masculine resource", begreift der deutsche Soziologe Michael Meuser Gewalt als „doing masculinity". Gewalt reproduziert die Strukturen hegemonialer Männlichkeit (Meuser 2003). Meuser, der Pierre Bourdieus Habituskonzept mit Connells Konzept der hegemonialen Männlichkeit verbindet, zeigt eine Gemeinsamkeit zwischen Gewalthandeln und dem auf, was Bourdieu als „ernste Spiele des Wettbewerbs" (Bourdieu 1997: 203) von Männern bezeichnet, in denen der männliche Habitus reproduziert wird. Dabei kommt homosozialen Gemeinschaften eine besondere Bedeutung zu. Hier grenzen Männer andere Männer in Prozessen sozialer Schließung aus, sie halten aber auch die Hegemonieansprüche gegenüber Frauen aufrecht (vgl. Meuser 1999: 56). In diesen homosozial strukturierten Räumen reproduziert sich somit die Geschlechterdifferenz, und Männlichkeit wird konstruiert. Auf Gewalt übertragen geht Meuser (2003) davon aus, dass Gewalthandeln als „doing masculinity" den Unterschied zum anderen Geschlecht deutlich machen soll, ihren Sinn jedoch erst in der Auseinandersetzung mit anderen Männern erhält (vgl. kritisch dazu Neuber 2008). Auffällig ist, dass Kersten, Messerschmidt und Meuser von einer Kompensationsdynamik ausgehen: Um die Dynamik der Über- und Unterordnungsprozesse auszubalancieren, müssen Männer auf Mittel kollektiver Stabilisierung (sowohl kulturell als auch institutionell) männlicher Privilegien zurück greifen. Marginalisierte junge Männer (aufgrund von sozialer Zugehörigkeit oder

Ethnizität) beziehen sich somit auf Formen von Hypermaskulinität, um ihre Männlichkeit zu verteidigen.

Als Vorteil dieser handlungstheoretischen Perspektive wird bezogen auf Frauen benannt, dass sie gegenüber gesellschaftstheoretischen Ansätzen von einer eindimensionalen Opferzuschreibung an Frauen weg führe (vgl. Meuser 1999: 53). Auffällig ist, dass dies umgekehrt scheinbar nicht zutrifft: Wenn Gewalt doing masculinity ist, trägt die handlungstheoretische Perspektive nicht dazu bei, die eindimensionale Täterzuschreibung an Männer aufzuheben. Im Gegenteil verfestigt sie diese, indem sie Gewalt mit Geschlecht erklärt (vgl. Neuber 2009: 45).

Trotz dieser grundsätzlichen Kritik leistet die interaktions- und konstruktionstheoretische Fundierung des doing gender einen wichtigen Beitrag zum Verständnis von Devianz. Deshalb werden die theoretischen Überlegungen zu Geschlecht und Devianz als soziale Konstruktion im folgenden Abschnitt weiter beleuchtet.

Männlichkeit als soziale Konstruktion

Stellen wir die Zahlenangaben der PKS gedankenexperimentell auf den Kopf und behaupten, 72,5% der jugendlichen Tatverdächtigen sind weiblich: Diese Meldung löst wahrscheinlich Irritationen im Alltagsbewusstsein der meisten Menschen aus. Sie durchkreuzt schließlich die angestammten Erwartungsunterstellungen zu Geschlechterdifferenz, verbunden mit einer reibungslosen Version dessen, was in der Geschlechterforschung als „kulturelle Konstruktion von Zweigeschlechtlichkeit" (Hagemann-White 1988) bezeichnet wird. „Damit lenkt das Gedankenexperiment unsere Aufmerksamkeit auf verfestigte Muster der eigenen, kollektiv eingeübten Wahrnehmung von Devianz und Geschlecht, (...)" (Bereswill 2007a: 37). Sichtbar wird, dass Zuschreibungen der Abweichung und Zuschreibungen der Geschlechterdifferenz eng verwoben sind. Zugleich werden Devianz und Geschlecht in diesem theoretischen Zusammenhang als soziale Konstruktionen aufgefasst, die situationsbezogen und interaktiv ausgehandelt werden, sich gegenseitig stützen, überlagern oder durchkreuzen.

Theoriegeschichtlich verbindet der Konstruktionsgedanke kriminologische und geschlechtertheoretische Argumentationen. Er ist mit dem labeling approach oder Etikettierungsansatz für die Kriminologie und mit dem interaktionstheoretischen Konzept des doing gender für die Geschlechterforschung verbunden (vgl. Goffman 1961/1973, 1977; Becker 1963/1973; Matza 1969/1973; Lemert 1972; Keckeisen 1974; Brusten/Hurrelmann 1976; Kessler/McKenna 1978; Sack 1979; Hagemann-White 1984, 1988; Kersten 1986; Gildemeister/Wetterer 1992; Hirschauer 1993; Peters 1995; Althoff u.a. 2001; Kelle 2001; Wetterer 2004). Abweichendes Verhalten ist hier keine persönliche Eigenschaft, sondern das Resultat eines Zuschreibungsprozesses, in dessen Verlauf Menschen Fremdzuschreibungen übernehmen und sich selbst als abweichend zu klassifizieren beginnen. Analog dazu ist Geschlecht nichts, was Menschen haben oder sind, sondern ebenfalls das Resultat eines komplexen Interaktionsprozesses. Im Verlauf solcher Interaktionen handeln wir immer neu aus, was in unserem Alltagswissen als eindeutig, unveränderbar und natürlich gilt (vgl. Hagemann-White 1984, 1988): die Unterschiede zwischen Männern und Frauen (und die zwischen Normalität und Abweichung).

Im Anschluss daran ist die enge Beziehung von Männlichkeit und Gewalt Ausdruck einer Verschränkung zwischen situationsspezifischen Zuschreibungen von Devianz und solchen von Geschlecht. Auch die Struktur von Kriminalitätsstatistiken repräsentiert demnach eine gesellschaftliche Interaktionsordnung (vgl. Goffman 1977), die entlang einer klaren Differenzierung und Hierarchisierung zwischen Frauen und Männern wie zwischen Abweichung und Normalität verläuft. Anders gesagt: Die überproportionale Präsenz von Jungen und Männern auf dem Feld der Kriminalität verweist auf die geschlechtliche Kodierung von abweichendem Verhalten, nicht auf das Wesen oder gar die Natur von Männlichkeit und genauso wenig auf das Geschlecht von Kriminalität.

Geschlecht als soziale Konstruktion zu begreifen, ist mit theoretischen und methodischen Strategien verbunden, die Interaktionsprozesse nicht *mit* der Kategorie Geschlecht untersuchen, sondern die Herstellung *von* Geschlecht selbst und das damit verbundene implizite Wissen aller Interakteure erforschen. Entsprechend kann das alltägliche Regelwissen von Menschen explizit gemacht werden. Für Forschung zum Verhältnis von Jugendkriminalität und Geschlecht und für Praxis im Umgang mit abweichendem Verhalten erfordert dieser Zugang die Etablierung eines „doppelten Blicks" (Hagemann-White 1993), der erlaubt, die eigenen Unterstellungen zu Geschlechterdifferenz zu reflektieren. Diese Reflexion genügt aber nicht. Um zu rekonstruieren, wie Geschlechterdifferenz hergestellt wird, müssen Zuschreibungen, die mit Männlichkeit und Weiblichkeit verbunden sind, systematisch irritiert, hinterfragt und zurückgenommen werden. Das Reflektieren und Hinterfragen der Herstellung von Geschlechterdifferenz spitzt sich im Kontext von sozialer Kontrolle weiter zu. Hier greifen soziale Konstruktionen von Geschlecht mit sozialen Konstruktionen von Abweichung und sozialer Kontrolle ineinander. Konkrete Fragen, die sich hierbei stellen, lauten: Wie werden Täterschaft und Opferschaft, Gewaltbereitschaft und Gewaltabstinenz mit Männlichkeit und Weiblichkeit verknüpft? Wie und warum wird deviantes Verhalten von jungen Männern und jungen Frauen sanktioniert?

Der interaktionstheoretische Zugang zu Männlichkeit und Devianz schärft den Blick für den sozialen Charakter von Zuschreibungen, die im Umgang mit Normalität und Abweichung sowie im Kontext von sozialer Kontrolle wirksam werden. Männlichkeit und Devianz als soziale Konstruktionen zu begreifen, radikalisiert die Kritik an naturalisierenden, pathologisierenden und ätiologischen Argumenten zu den Ursachen von Delinquenz. Subjektbezogene Fragen der Aneignung von Männlichkeit im Kontext von Geschlechtsidentität werden konsequent intersubjektiv gewendet – Männlichkeit ist demnach Ausdruck einer kontextabhängigen Interaktionsleistung, biographische und subjekttheoretische Aspekte treten hinter diese Betrachtung zurück. Solche Aspekte werden im folgenden aufgegriffen, um die biographische Aneignung von Männlichkeit in den Blick zu rücken.

Geschlecht als Konfliktkategorie – Männlichkeit als Konfliktdynamik

Subjekttheoretisch ist Geschlecht ein Aspekt der Identität von Menschen. Aus dieser Sicht korrespondieren die intersubjektive Aneignung und intrasubjektive Verarbeitung sozialer Erfahrungen, ohne ineinander aufzugehen (vgl. Bereswill et al. 2008). Geschlecht, besser gesagt kulturelle Deutungsangebote von Weiblichkeit und Männlichkeit, werden demnach nicht einfach übernommen oder abgelehnt, wie dies beispielsweise in lerntheoretischen Ansätzen oder im rollentheoretischen Modell lange Zeit unterstellt wurde. Die Geschlechtsidentität von Menschen ist vielmehr Ausdruck eines lebenslangen, spannungsreichen und mit fortlaufenden Konflikten verbundenen Aneignungsprozesses, in dessen Verlauf der Eigensinn des Subjekts und gesellschaftliche Erwartungshorizonte in Spannung zueinander stehen (vgl. Bereswill 2006a). Nach dieser Auffassung ist Geschlecht eine Konfliktkategorie und Geschlechtsidentität keine abgeschlossene Entwicklungsleistung. Sie ist vielmehr Ausdruck eines steten Balanceaktes: zwischen den sozialen Erwartungen an das Subjekt und seinen eigenen Wünschen, aber auch im Subjekt selbst, in dessen innerer Realität ebenfalls widerstreitende Strebungen ausbalanciert werden müssen (vgl. Becker-Schmidt/Knapp 1987). Das innere Schwanken, die Ambivalenz zwischen unterschiedlichen Möglichkeiten auszubalancieren, erfordert die Kapazität, Widersprüche verarbeiten und Konflikte bewältigen zu können. Ob und wie sehr solche Dynamiken im Subjekt geschlechtsspezifischen Logiken unterliegen, bleibt eine offene Frage.

Die Lebenslagen und Lebensentwürfe von Frauen und Männern subjekttheoretisch zu untersuchen, setzt eine dialektische Denkbewegung voraus: Gilt es einerseits, die gesellschaftlichen Erwartungszwänge und Chancenstrukturen im Blick zu behalten, die die Entwicklungsmöglichkeiten und Handlungshorizonte beispielsweise von Heranwachsenden prägen, muss der forschende Blick zugleich offen bleiben für die eigensinnige Gestaltung sozialer Zwänge, Chancen und Risiken auch im Umgang mit der eigenen Position und dem subjektiven Selbstempfinden „als Frau" oder „als Mann".

Eine solche konfliktorientierte Untersuchungsperspektive erlaubt, zwischen Handlungsmustern, kulturellen Deutungsmustern und dem biographischen Eigensinn von Menschen zu unterscheiden und ermöglicht somit einen differenzierten Zugang zu den Konstruktions- und Konstitutionsbedingungen von vermeintlich eindeutiger Differenz. Diese Perspektive fordert den interaktionstheoretischen Zugang zu Männlichkeit und Devianz heraus, da sie einen weiteren Differenzierungsschritt beinhaltet: zwischen kollektiven Deutungs- und Handlungsmustern, die Männer in spezifischen Kontexten artikulieren, und subjektiven Deutungen von Gewalt, deren Sinn sich erst im Kontext biografischer Konflikterfahrungen entschlüsseln lässt. Dabei ist der subjektive Sinn beispielsweise von Gewalt mit den kollektiven Deutungsmustern verwoben, jedoch nicht gleichbedeutend, und die konflikthafte Beziehung von Männlichkeit und Gewalt wird offensichtlich (vgl. Bereswill 2006b). Während aus der interaktionstheoretischen Perspektive des doing gender Männlichkeit und Gewalt miteinander erklärt werden, verschlüsseln sie sich aus einer subjekttheoretischen Perspektive gegenseitig. Unsere eigene Forschung zum Verhältnis von Männlichkeit und Gewalt hat gezeigt, dass der tiefere Zusammenhang von Gewalt und Geschlecht sich über die Dekonstruktion symbolischer Ordnungen und kultureller Konstruktionen allein nur oberflächlich erschließen lässt (vgl. Bereswill 2003, 2006b, Neuber 2009; zu einer subjekttheoretischen Perspektive in der Kriminologie vgl. auch Gadd/Jefferson 2007). So sind die Positionen von Täter und Opfer kulturell vergeschlechtlicht und eng mit Geschlechterdifferenz verwoben: Weiblichkeit wird mit dem Opferstatus und Gewaltabstinenz, Männlichkeit mit Täterschaft und Gewaltbereitschaft assoziiert. Ferner zeigt sich die Verknüpfung von Gewalt mit Autonomiekonflikten, was besonders deutlich wird, wenn Gewalt im Spannungsfeld von Autonomie, Bindung und Abhängigkeit betrachtet wird. Gewalt ist Ausdruck schmerzhafter Autonomiekonflikte – die Ambivalenz dieser Konflikte wird in der Gewalt zu neutralisieren versucht (vgl. Sauter 2000: 68f.).

Wird Geschlecht als Konfliktkategorie gefasst, rückt die ungleichzeitige Vermittlung von gesellschaftlichen Strukturen, kulturellen Konstruktionen und subjektiven Aneignungsweisen in den Blick. Aus einer subjekttheoretischen Perspektive wird sichtbar, was zumeist im toten Winkel bleibt: grundlegende Täter-Opfer-Ambivalenzen im Umgang mit Gewalt, die für den Zusammenhang von Männlichkeit und Gewalt konstitutiv sind. So wird auch deutlich, wie komplex und widersprüchlich das Verhältnis von Gewalt und Geschlecht im Kontext von Autonomie, Bindung und Abhängigkeit ist. Diese Konstellation nicht in eine Richtung aufzulösen, sondern zusammen zu halten, ist eine theoretische wie methodische Herausforderung.

Ausblick

Eine geschlechtsbezogene Perspektive auf Jugendkriminalität nimmt die Konstruktionen von Normalität und Abweichung auf der einen und Konstruktionen von Geschlecht auf der anderen Seite in den Blick und setzt sie zueinander ins Verhältnis. Dabei treten soziale Bedeutungen von Abweichung und Männlichkeit in eine enge Wechselbeziehung, gehen jedoch nicht vollständig ineinander auf.

Die systematische Analyse von Geschlecht in die Untersuchung von Jugendgewalt mit einzubeziehen, bietet die Möglichkeit, die fortlaufende Bedeutung von sozialer Ungleichheit, nicht nur im Geschlechterverhältnis, zu berücksichtigen. Auf die Verschränkung von Geschlecht und sozialer Ungleichheit hat schon Cohen in den 1950er Jahren hingewiesen, wie wir zu Beginn des Textes ausgeführt haben. Gegenwärtig gelten junge Männer, die durch abweichendes Verhalten auffallen, wissenschaftlich als Modernisierungsverlierer und öffentlich als schwer erziehbare Störer der sozialen Ordnung. Die Frauen- und Geschlechterforschung hingegen lenkt mit ihrer zentralen Erkenntnis, Geschlecht als sozialen Platzanweiser zu begreifen, den Blick auf die Rekonstruktion der Konstitutions- und Konstruktionslogiken von Hierarchien und Ausschlüssen und wirft generelle Fragen nach der sozialen Integration auf: Ist die Vorherrschaft von Männlichkeit eine Struktur, die gegenwärtig noch eine grundsätzliche Gültigkeit besitzt? Oder lassen sich Konstellationen sozialer Ungleichheit identifizieren, die nicht in dieses Muster passen? Wie gestaltet sich das Verhältnis von Devianz, Geschlecht und sozialer Ungleichheit? Aus einer Geschlechterperspektive rücken die Ungleichzeitigkeiten sozialen Wandels ins Zentrum der Betrachtung.

Darüber hinaus schaffen die Theorieansätze der Frauen- und Geschlechterforschung einen Rahmen, die fortlaufende Naturalisierung von Geschlechterdifferenz, wie sie in den Handlungsmustern und Zuschreibungen von Devianz, Delinquenz, Kriminalität und sozialer Kontrolle sichtbar werden, zu durchkreuzen. Hierin liegt eine wissenschaftliche und gesellschaftliche Herausforderung im Umgang mit Jugendkriminalität.

Literatur

Althoff, M./Bereswill, M./Riegraf, B. (2001): Feministische Methodologien und Methoden. Traditionen, Konzepte, Erörterungen. Opladen.
Becker, H.S. (1963/1973): Outsiders. Studies in the Sociology of Deviance, London, New York.
Becker-Schmidt, R. (1993): Geschlechterdifferenz – Geschlechterverhältnis: Soziale Dimensionen des Begriffs „Geschlecht". In: Zeitschrift für Frauenforschung, 11. Jg., S. 37-46.
Becker-Schmidt, R./Knapp, G. -A. (1987): Geschlechtertrennung – Geschlechterdifferenz. Suchbewegungen sozialen Lernens. Bonn.
Beer, U. (1990): Geschlecht, Struktur, Geschichte. Soziale Konstituierung des Geschlechterverhältnisses. Frankfurt am Main und New York.
Bereswill, M. (2003): Gewalt als männliche Ressource? – theoretische und empirische Differenzierungen am Beispiel junger Männer mit Hafterfahrungen. In: Lamnek, S./Boatca, M. (Hg.): Geschlecht, Gewalt, Gesellschaft. Opladen, S. 123-137.
Bereswill, M. (2006a): Biographische Vaterkonflikte und Vaterbilder marginalisierter junger Männer. In: Bereswill, M./Scheiwe, K./Wolde, A. (Hg.): Vaterschaft im Wandel. Geschlechtertheoretische Perspektiven. Weinheim und München, S. 155-170.
Bereswill, M. (2006b): Männlichkeit und Gewalt. Empirische Einsichten und theoretische Reflexionen über Gewalt zwischen Männern in Gefängnissen. In: Feministische Studien, 24. Jg., S. 242-255.

Bereswill, M. (2007a): Abweichendes Verhalten und Geschlecht. Eine vielschichtige Beziehung. In: Kawamura-Reindl, G./Halbhuber-Gassner, L./Wichmann, C. (Hg.): Gender Mainstreaming – ein Konzept für die Straffälligenhilfe? Freiburg im Breisgau, S. 35-51.

Bereswill, M. (2007b): Undurchsichtige Verhältnisse. Marginalisierung und Geschlecht im Kontext der Männlichkeitsforschung. In: Klinger, C./Knapp, G.-A./Sauer, B. (Hg.): Achsen der Ungleichheit – Achsen der Differenz. Verhältnisbestimmungen von Klasse, Geschlecht, Rasse/Ethnizität. Frankfurt am Main und New York, S.84-99.

Bereswill, M./Koesling, A./Neuber, A. (2008): Umwege in Arbeit. Die Bedeutung von Tätigkeit in den Biographien junger Männer mit Hafterfahrung. Inter-disziplinäre Beiträge zur kriminologischen Forschung, Band 34. Baden-Baden.

Bourdieu, P. (1997): Die männliche Herrschaft. In: Krais, B./Dölling, I. (Hg.): Ein alltägliches Spiel. Geschlechterkonstruktionen in der Praxis. Frankfurt am Main, S. 153-217.

Bourdieu, P. (2005): Die männliche Herrschaft. Frankfurt am Main und New York.

Bruhns, K. (2002): Gewaltbereitschaft von Mädchen – Wandlungen im Geschlechterverhältnis. In: Dackweiler, R.M./Schäfer, R. (Hg.): Gewalt-Verhältnisse. Feministische Perspektiven auf Geschlecht und Gewalt. Frankfurt am Main und New York, S. 171-197.

Brusten, M./Hurrelmann, K. (1976): Abweichendes Verhalten in der Schule. Eine Untersuchung zu Prozessen der Stigmatisierung. München.

Bundeskriminalamt Wiesbaden (Hg.) (2008): Polizeiliche Kriminalstatistik. Bundesrepublik Deutschland. Berichtsjahr 2007.

Cohen, A. (1961): Kriminelle Jugend. Reinbek bei Hamburg.

Connell, R.W. (1987): Gender and Power. Cambridge.

Connell, R.W. (1999): Der gemachte Mann. Konstruktion und Krise von Männlichkeiten. Opladen.

Gadd, D./Jefferson, T. (2007). Psychosocial Criminology. An Introduction. London, Los Angeles, New Dehli, Signapore.

Gerhard, U. (1978): Verhältnisse und Verhinderungen. Frauenarbeit, Familie und Recht der Frauen im 19. Jahrhundert. Frankfurt am Main.

Gildemeister, R. (2005): Carol Hagemann-White: Sozialisation: Weiblich-Männlich. In: Löw, M./Mathes, B. (Hg.): Schlüsselwerke der Geschlechterforschung. Wiesbaden, S. 194-213.

Gildemeister, R./Wetterer, A. (1992): Die soziale Konstruktion der Zweigeschlechtlichkeit und ihre Reifizierung in der Frauenforschung. In: Knapp, G. -A./Wetterer, A. (Hg.): Traditionen Brüche. Entwicklungen feministischer Theorie. Freiburg im Breisgau, S. 201-254.

Goffman, E. (1961/1973): Asyle. Über die soziale Situation psychiatrischer Patienten und anderer Insassen. Frankfurt am Main.

Goffman, E. (1977): The Arrangement between the Sexes. In: Theory and Society, 4. Jg., S. 301-331.

Gümen, S. (1998): Das Soziale des Geschlechts. Frauenforschung und die Kategorie „Ethnizität". In: Das Argument, 40. Jg., S. 187-202.

Hagemann-White, C. (1984): Sozialisation: Weiblich – männlich? Opladen.

Hagemann-White, C. (1988): Wir werden nicht zweigeschlechtlich geboren. In: Hagemann-White, C./Rerrich, M.S. (1988) (Hg.): FrauenMännerBilder. Männer und Männlichkeit im feministischen Diskurs. Bielefeld, S. 224-235.

Hagemann-White, C. (1993): Die Konstrukteure des Geschlechts auf frischer Tat ertappen? Methodische Konsequenzen einer theoretischen Einsicht. In: Feministische Studien, 11. Jg., S. 68-78.

Hausen, K. (1976): Die Polarisierung der Geschlechtscharaktere – eine Spiegelung der Dissoziation von Erwerbs- und Familienleben. In: Conze, W. (Hg.): Sozialgeschichte der Familie in der Neuzeit Europas. Stuttgart, S. 363-393.

Hirschauer, S. (1993): Dekonstruktion und Rekonstruktion. Plädoyer für die Erforschung des Bekannten. In: Feministische Studien, 11. Jg., S. 55-67.

Keckeisen, W. (1974): Die gesellschaftliche Definition abweichenden Verhaltens. Perspektiven und Grenzen des labeling approach. München.

Kelle, H. (2001): „Ich bin der die das macht". Oder: Über die Schwierigkeit „doing gender"-Prozesse zu erforschen. In: Feministische Studien, 19. Jg., S. 37-56.

Kersten, J. (1995): Junge Männer und Gewalt. In: Neue Kriminalpolitik, S. 22-27.

Kersten, J. (1986): Gut und (Ge)Schlecht: Zur institutionellen Verfestigung abweichenden Verhaltens bei Jungen und Mädchen. In: Kriminologisches Journal, 13. Jg., S. 241-257.

Kersten, J. (1997): Gut und Geschlecht. Berlin.

Kessler, S./McKenna, W. (1978): Gender. An Ethnomethodological Approach. Chicago und London.

Lemert, E.M. (1972): Der Begriff der sekundären Devianz. In: Lüderssen, K./Sack, F. (Hg.): Seminar Abweichendes Verhalten I. Die selektiven Normen der Gesellschaft. Frankfurt am Main, S. 433-476.

Matza, D. (1969/1973): Abweichendes Verhalten. Untersuchungen zur Genese abweichender Identität. Heidelberg.

Messerschmidt, J.W. (1993): Masculinities and Crime. Critique and Reconzeptualization of Theory. Boston.
Messerschmidt, J.W. (2000): Nine Lives. Adolescent Masculinities, the Body, and Violence, Cumnor Hill.
Meuser, M. (1999): Gewalt, hegemoniale Männlichkeit und „doing masculinity". In: Smaus, G./Löschper, G. (Hg.): Kriminologisches Journal, 7. Beiheft: Das Patriarchat und die Kriminologie, S. 49-65.
Meuser, M. (2002): „Doing Masculinity" – Zur Geschlechtslogik männlichen Gewalthandelns. In: Dackweiler, R.-M./Schäfer, R. (Hg.): Gewalt-Verhältnisse. Feministische Perspektiven auf Geschlecht und Gewalt. Frankfurt am Main und New York, S. 53-78.
Meuser, M. (2003): Gewalt als Modus von Distinktion und Vergemeinschaftung. Zur ordnungsbildenden Funktion männlicher Gewalt. In: Lamnek, S./Boatca, M. (Hg.): Geschlecht, Gewalt, Gesellschaft. Opladen, S. 37-54.
Meuser, M. (2005): Strukturübungen. Peergroups, Risikohandeln und die Aneignung des männlichen Geschlechtshabitus. In: King, V./Flaake, K. (Hg.): Männliche Adoleszenz. Sozialisation und Bildungsprozesse zwischen Kindheit und Erwachsensein. Frankfurt am Main, S. 309-324.
Meuser, M. (2006): Geschlecht und Männlichkeit. Soziologische Theorie und kulturelle Deutungsmuster. Wiesbaden.
Meuser, M./Scholz, S. (2005): Hegemoniale Männlichkeit. Versuch einer Begriffsklärung aus soziologischer Perspektive. In: Dinges, M. (Hg.): Männer – Macht – Körper. Hegemoniale Männlichkeit vom Mittelalter bis heute. Frankfurt; New York, S. 211-228.
Neuber, A. (2008): Gewalt und Männlichkeit bei inhaftierten Jugendlichen. In: Luedtke, J./Baur, N. (Hg.): Die soziale Konstruktion von Männlichkeit. Hegemoniale und marginalisierte Männlichkeiten in Deutschland. Opladen, S. 201-221.
Neuber, A. (2009): Die Demonstration kein Opfer zu sein. Biographische Fallstudien zu Gewalt und Männlichkeitskonflikten. Interdisziplinäre Beiträge zur kriminologischen Forschung, Band 35. Baden-Baden.
Newburn, T. (2007): Criminology. Cullompton, Devon.
Parsons, T. (1947): Certain Primary Sources and Patterns of Aggression in the Social Structures of the Western World. In: Psychiatry, X, S. 167-181.
Peters, H. (1995): Devianz und soziale Kontrolle. Eine Einführung in die Soziologie abweichenden Verhaltens. Weinheim und München.
Sack, F. (1979): Neue Perspektiven in der Kriminologie. In: Sack, F./König, R. (Hg.): Kriminalsoziologie. Wiesbaden, S. 413-475.
Sauter, S. (2000): Wir sind ‚Frankfurter Türken'. Frankfurt am Main.
Spindler, S. (2006): Corpus delicti. Männlichkeit. Rassismus und Kriminalisierung im Alltag jugendlicher Migranten. Münster.
Sutherland, E.H. (1968): Die Theorie der differentiellen Kontakte. In: Sack, F./König, R. (Hg.): Kriminalsoziologie. Frankfurt/M., S. 395-399.
Wetterer, A. (2004): Konstruktion von Geschlecht. Reproduktion von Zweigeschlechtlichkeit. In: Becker, R./Kortendiek, B. (Hg.): Handbuch Frauen- und Geschlechterforschung. Wiesbaden, S. 122-131.
Willis, P. (1977): Learning to Labour: How working class kids get working class jobs, Farnborough.
Wolde, A. (1995): Geschlechterverhältnis und gesellschaftliche Transformationsprozesse. In: Becker-Schmidt, R./Knapp, G.-A. (Hg.): Das Geschlechterverhältnis in den Sozialwissenschaften. Frankfurt/Main und New York, S. 279-308.

Mirja Silkenbeumer

Jugendkriminalität bei Mädchen

Einleitung

Der Forschungszweig „Kriminalität bei Mädchen" nimmt in der umfangreichen bundesdeutschen Forschungslandschaft zur „Jugendkriminalität" noch weitgehend eine Randstellung ein. Zudem konzentrierte sich die sozialwissenschaftliche Forschung in den letzten zwanzig Jahren stärker auf Gewaltdelinquenz bei Jugendlichen als auf andere Deliktbereiche wie etwa Diebstahlskriminalität. Die Forschungsarbeiten zum Themenfeld „Mädchendelinquenz", die Mitte der 70er Jahre bis Ende der 80er Jahre durchgeführt wurden, thematisierten neben Diebstahlskriminalität bei Mädchen (Gipser 1975, 1987) vor allem als „Verwahrlosung" bezeichnete Formen von Devianz wie Trebegang (Trauernicht 1989), Suchtmittelabhängigkeit, Schulabsentismus oder Verstöße gegen gesellschaftlich vorherrschende Sexualnormen (Kieper 1980). In den letzten zehn bis fünfzehn Jahren sind in einigen interpretativ-biografisch ausgerichteten Studien gewalttätige Handlungsorientierungen (u.a. Bruhns/Wittmann 2002; Möller 2001; Popp 2002; Silkenbeumer 2000, 2007) bzw. rechtsextreme Handlungsorientierungen (Köttig 2004) weiblicher Jugendlicher untersucht worden. In der kriminologischen wie sozialwissenschaftlichen Forschung zur Jugddelinquenz wie Jugendgewalt finden sich wenige Untersuchungen, die über Grundauswertungen zur Verteilung nach Geschlecht hinausgehende differenzierte Analysen zu den Lebenslagen und -erfahrungen von delinquent auffällig gewordenen Mädchen vorlegen. Geschlechtsbezogene Normalitätskonstruktionen im Kontext von Devianz und Delinquenz führen offenbar auch dazu, dass bestimmte Handlungsweisen bei dem einen oder anderen Geschlecht überhaupt nicht oder nur aus einer geschlechterdichotomen Perspektive berücksichtigt werden (Popp 2003: 204). Offen bleibt in etlichen Erklärungsansätzen zu Geschlecht im Kontext von Problemverhaltensweisen, Devianz und Delinquenz gerade auch die Frage, wie Handlungsweisen von Mädchen verstanden werden können, die nicht dem stereotypen Bild „typischer" Mädchendelinquenz entsprechen.

Nach einem kurzen Überblick über statistisch gewonnene Erkenntnisse sowie Ergebnisse aus Dunkelfeldforschungen zu geschlechtsbezogenen Unterschiedenen in der Delinquenzbelastung werden im folgenden Beitrag ausgewählte Erklärungsansätze und empirische Befunde diskutiert und Forschungsdesiderate benannt. Eine Intention des Beitrags ist es aufzuzeigen, wie vielschichtig und uneindeutig das Verhältnis zwischen Weiblichkeit, Adoleszenz und Kriminalität ist und in welcher Hinsicht Geschlecht als theoretische Kategorie in der Betrachtung von „Mädchendelinquenz" zu reflektieren ist.

1 Geschlechtsbezogene Unterschiede in der Delinquenzbelastung und Deliktstruktur

In der Fachwelt finden wir regelmäßig die griffige Formel „Jugendkriminalität ist Jungenkriminalität" oder auch „Kriminalität und Gewalt sind männlich"; in dieser Gleichsetzung wird Männlichkeit implizit zur zentralen Ursache von Gewalt erklärt. Im Bereich der Strafjustiz treten Mädchen und Frauen als Tatverdächtige, als Angeklagte und als Verurteilte zu allen Zeiten und in allen uns bekannten Kulturen in weitaus geringerem Maße in Erscheinung als männliche Jugendliche und Erwachsene. Der Befund einer im Vergleich zu Jungen und Männern deutlich geringeren Kriminalitätsbelastung bei Mädchen und Frauen wird seit Führung amtlicher Statistiken auch durch Forschungen zum „Dunkelfeld" immer wieder bestätigt (BMI/BMJ 2006: 32). Daten der Polizeilichen Kriminalstatistik (PKS) sind ein gängiger Bezugspunkt, wenn es um das Phänomen „Jugendkriminalität" geht, so dass sie auch im Folgenden, trotz ihrer eingeschränkten Aussagekraft, herangezogen wird, um Erkenntnisse über die Häufigkeit der erfassten Fälle sowie über Formen und Entwicklungstendenzen der registrierten Kriminalität erläutern zu können. Für Geschlechtervergleiche eignet sich die PKS allerdings nur begrenzt, da sich hinter den Legalkategorien höchst differierende Deliktsphänomene verbergen können, die möglicherweise unterschiedlich nach Geschlecht verteilt sind (Heinz 2003). Des Weiteren ist zu berücksichtigen, dass Kriminal- und Strafrechtspflegestatistiken auf dem Prinzip der numerischen Häufigkeit beruhen und somit bspw. die Art und Intensität einer zugefügten körperlichen Verletzung nur zum Teil erfassen. Weiterhin kann aufgrund der statistischen Angaben keine Aussage über die Art der Tatbeteiligung gemacht werden (Dittmann/Herman 2001: 73; Heinz 2001: 65).

Die Kriminalitätsbelastung junger Mädchen und Frauen hat insgesamt zwischen 1985 und 2007 zugenommen, doch die Zunahme der Tatverdächtigenbelastungszahlen (TVBZ) bei den männlichen Jugendlichen in diesem Zeitraum ist um das 3,7fache größer als jene der Mädchen. Entgegen anders lautender Aussagen ist die registrierte Kriminalität männlicher Jugendliche noch stärker angestiegen und der Geschlechterabstand hat sich insgesamt erhöht (BMI/BMJ 2006: 384; Heinz 2008: 37ff.). Im Jahr 2007 betrug die TVBZ der wegen gefährlicher und schwerer Körperverletzung registrierten deutschen männlichen Jugendlichen 1.398, bei den weiblichen Jugendlichen hingegen 338 (Heinz 2008: 38f.). Die relativen Anstiege der Tatverdächtigenbelastungszahlen für weibliche Jugendliche und Heranwachsende sind zwar weitaus stärker als bei ihren männlichen Altersgenossen, doch diese höheren prozentualen Anstiege sind auf die extrem niedrigen Ausgangsraten bei weiblichen Tatverdächtigen zurückzuführen (ebd.: S. 39; BMI/BMJ 2006: 384). Die Differenz der TVBZ von männlichen und weiblichen Tatverdächtigen im Bereich Gewaltkriminalität bei Jugendlichen stieg von 911 im Jahr 1993 auf 1.466 im Jahr 2005. Bei den Heranwachsenden stieg diese Differenz zwischen den Geschlechtern von 1.263 im Jahr 1993 auf 2002 im Jahr 2005 (ebd.). Weibliche Jugendliche werden überwiegend aufgrund minder schwerer Delikte im Vergleich zu männlichen Jugendlichen registriert (ebd.: 33).

Hinsichtlich des in der Kriminologie hinreichend bekannten Befundes des Altersverlaufs der von Jugendlichen begangenen Normverstöße zeigt sich, dass die Quote der überwiegend leichten Normverstöße etwa ab dem zehnten bis zwölften Lebensjahr ansteigt. Im Alter von siebzehn bis achtzehn Jahren ist der Belastungsgipfel am höchsten und nach dem zwanzigsten Lebensjahr sinkt die Belastung allmählich wieder ab (ebd.: 357). Dieser Verlauf gilt in ähnlichem

Maße für beide Geschlechter, wobei die Höchstbelastung bei weiblichen Jugendlichen mit unter 18 Jahren etwas früher als bei männlichen Heranwachsenden eintritt, bei denen der Belastungsgipfel bei unter 21 Jahren liegt (ebd.). Alters- und geschlechtsbezogene Normierungen und Selbstdefinitionen greifen neben weiteren Faktoren wie jener der aktuellen Lebenssituation offenbar eng ineinander, so dass weibliche Jugendliche sozial auffällige Verhaltensweisen biografisch früher im Vergleich zu jungen Männern einstellen.

Geschlechtsbezogene Unterschiede fallen im Bereich selbstberichteter Delinquenz niedriger aus als in der PKS. Ergebnisse von Dunkelfeldforschungen im Bereich Jugendkriminalität zeigen ebenfalls, dass mit steigender Häufigkeit und Schwere der Delikte der Abstand zwischen den Geschlechtern auch im Dunkelfeld wieder zunimmt und dieser im Bereich der Gewaltkriminalität am stärksten ausgeprägt ist (Baier/Pfeiffer/Simonson/Rabold 2009; Boers/Walburg/ Reinecke 2006; Heinz 2008: 11). Ein Vergleich von Dunkelfelddaten und der PKS zu Relationen von männlichen zu weiblichen Jugendlichen zeigt bei den Bagatelldelikten annähernde Relationen. Die Täterraten bei den Drogendelikten sind in der PKS um den Faktor 5.1 und im Dunkelfeld nur um 1.5 erhöht, bei den Körperverletzungsdelikten liegen die Täterraten männlicher Jugendlicher im Dunkelfeld bei einem Faktor von 2.4 gegenüber etwa dem 3.5-fachen in der PKS (BMI/BMJ 2006: 367).

Aus der Diskrepanz zwischen Befunden der registrierten Kriminalität und jenen aus dem Dunkelfeld (zusammenfassend Walter 2005) resultiert die Annahme einer im Jugendalter weit verbreiteten Kriminalität (Ubiquität), die überwiegend episodenhaft ist. Auszugehen ist von einem Kontinuum, an dessen einem Ende die große Mehrzahl der Jugendlichen mit jugendtypischen, leichten und wenigen Delikten steht und an dessen anderem Ende die sehr kleine und heterogene Gruppe Jugendlicher steht, die mehrfach und/oder wegen schwererer Delikte justiziell sanktioniert werden (Heinz 2008: 11). Im statistischen Sinne sind seltene strafrechtlich relevante Normverstöße im Bereich geringfügiger Kriminalität im Jugendalter „normal"; diese Aussage gilt mit Abstrichen auch für Mädchen und junge Frauen. Die in der Forschung zu Jugendkriminalität etablierte Differenzierung in eine eher jugendkulturelle und eine bewältigungsbezogene, sozial-existentielle Dimension von Delinquenz hat sich auch in qualitativen Studien über Abweichendes Verhalten von Mädchen als brauchbare Analysekategorie erwiesen (vgl. dazu bereits Kieper 1980: 169). Diese Typisierung ist jedoch hinsichtlich ihrer Tragfähigkeit immer wieder am konkreten Fall zu überprüfen und nicht statisch zu denken, zudem gibt es zwischen beiden Mustern fließende Übergänge. Deshalb sind forschungspraktisch die Historizität ebenso wie die Entwicklungsdynamik und Transformationschancen in den Handlungsmustern und dem Verhaltensrepertoire delinquenter Mädchen zu berücksichtigen.

Die geringeren Geschlechterdifferenzen im Bereich selbstberichteter Delinquenz im Vergleich zu Daten der PKS können nur zum Teil dadurch erklärt werden, dass die Wahrscheinlichkeit einer polizeilichen Registrierung auch bei gleicher Deliktbelastung für weibliche Jugendliche niedriger ausfällt (BMI/BMJ 2006: 366). Nach Befunden aus Schülerbefragungen erstatten junge Männer als Opfer von Gewalt häufiger eine Anzeige und werden selbst häufiger angezeigt (Baier/Pfeiffer/Simonson/Rabold 2009; Oberwittler/Blank/Köllisch/Naplava 2001). Dies ist jedoch erwartungsgemäß, wenn man berücksichtigt, dass junge Männer durchschnittlich schwerere Taten begehen, Straftaten mit größerem Gewicht eher angezeigt werden und auch deshalb der Verfolgungsdruck höher ist. Die Entdeckungswahrscheinlichkeit unterscheidet sich nach den Befunden der KFN-Schülerbefragungen zur selbstberichteten Delinquenz für die Stadt Hannover kaum zwischen den Geschlechtern, beim Ladendiebstahl ist die Kontaktrate für weibliche Jugendliche sogar höher als bei männlichen Jugendlichen (Rabold/Baier/

Pfeiffer 2008: 46). Zudem wird fast die Hälfte der Ladendiebstähle von Mädchen in Gruppen begangen, während diese bei anderen Delikten von Mädchen kaum eine Rolle spielen und reine Jungengruppen für fast die Hälfte der Körperverletzungen und Drogendelikte verantwortlich ist (ebd.).

Definitorische Erklärungsversuche zur Frauenkriminalität betrachten die in den Kriminalstatistiken ausgewiesene Kriminalität von Frauen lediglich als Ergebnis der geschlechtsspezifisch unterschiedlichen Kriminalisierung von Frauen im Vergleich zu Männern (zusammenfassend Mischau 1997). Angenommen wird, dass ein „ritterliches" Verhalten („Kavaliershypothese") von Seiten der Instanzen der sozialen Kontrolle dazu führe, dass Frauen milder sanktioniert bzw. gar nicht erst strafrechtlich verfolgt werden. Die These, dass weibliche Jugendliche und Frauen von Instanzen sozialer Kontrolle „milder" bestraft werden, hat Ende der 80er Jahre unter dem Stichwort „Frauenbonus" (Geißler/Marißen 1988, 1992) zu verstärkten Forschungsbemühungen und heftiger Kritik geführt. Ludwig-Mayerhofer und Rzepka (1991, 1992) konnten die Befunde einer „Ungleichbehandlung der Geschlechter" aus der Untersuchung von Geißler und Marißen (1988) durch eine eigene landesweite Untersuchung zur jugendstrafrechtlichen Praxis in Nordrhein-Westfalen schließlich widerlegen. Für die Situation in Deutschland ist festzuhalten, dass es zwischen dem Einfluss der Geschlechtszugehörigkeit und dem Strafmaß keinen kausalen Zusammenhang gibt. Vielmehr sind es in erster Linie der Tathergang, die geringere Deliktschwere, die selteneren Vorstrafen und die geringere Rückfallbelastung, die die scheinbar mildere Sanktionierung von Mädchen und jungen Frauen begünstigen (Jehle/Heinz/Sutterer 2003: 47; Ludwig-Mayerhofer/Rzepka 1991: 543ff.; Oberlies 1997: 133ff.).

Der Anteil inhaftierter Frauen an der Gesamtpopulation des Strafvollzugs liegt insgesamt weiterhin bei etwa fünf Prozent, inhaftierte weibliche Jugendliche bilden eine noch kleinere Gruppe. Am 31.3.2008 verbüßten 265 weibliche Strafgefangene eine Jugendstrafe gegenüber 6.293 männlichen Strafgefangenen (Statistisches Bundesamt 2009). Ein bedeutendes Forschungsdesiderat ist im Bereich der tertiären Prävention und Rehabilitation jugendlicher Strafgefangener auszumachen, auch hier überwiegen dann die Arbeiten zur Situation männlicher Inhaftierter (vgl. dazu die Beiträge in Bereswill/Höynck 2002). An die vor zehn Jahren publizierte Forschungsarbeit „Mädchen in Haft – Devianzpädagogische Konzepte" von Jansen (1999) ist bislang nicht systematisch angeknüpft worden. In einer aktuellen Untersuchung zu den Lebens- und Haftbedingungen im europäischen und deutschen Frauenvollzug stellt Zolondek (2007: 268) fest, dass die empirische Forschung über Lebens- und Haftbindungen sowie zur Wirksamkeit von Behandlungsmaßnahmen im „Frauenstrafvollzug" intensiviert werden muss.

2 Erklärungsansätze und empirische Befunde zum Verhältnis von Geschlecht, Gesellschaft und Delinquenz bei Mädchen in der Adoleszenz

Die sich Mitte der 70er Jahre zunächst vor allem im angloamerikanischen Raum entwickelnden feministischen Perspektiven in der Kriminologie machten auf die Unsichtbarkeit von Frauen in den meisten kriminologischen Ansätzen aufmerksam und unterzogen vorliegende Erklärungsansätze zur „Frauenkriminalität" einer kritischen Analyse (im Überblick dazu Chesney-Lind/

Shelden 2004; Seus 2002). Hier wurde aufgezeigt, auf welche Weise zeitgebundene Vorstellungen von Geschlecht, Geschlechterverhältnisse sowie diskriminierende, biologistische Weiblichkeitsbilder Eingang in Erklärungsversuche zur Kriminalität von Frauen fanden. Als das zu erklärende Andere wurde das Verhalten delinquent auffällig gewordener Frauen betrachtet, seltener die Frage, warum der Anteil von Männern und Jungen hier so deutlich höher ausfällt. Im deutschsprachigen Raum sind aus divergierenden theoretischen Perspektiven zahlreiche Monografien und Übersichtswerke zu Frauenkriminalität erschienen (u.a. Bröckling 1980; Gipser/Stein-Hilbers 1980; Franke 2000; Funken 1989; Leder 1997), in denen die Perspektive auf delinquente Mädchen mit Ausnahme der Arbeiten von Gipser nicht im Mittelpunkt stand (siehe auch den Überblick bei Bruhns/Wittmann 2003).

In Abgrenzung zu den bis in die 60er Jahre noch weit verbreiteten und bis heute nicht gänzlich verschwundenen biologisch-psychologischen Erklärungsmodellen (siehe dazu Mischau 1997: 117ff.), in denen physiologische, geschlechtliche und psychische Merkmale als ursächlich für die statistische Unterrepräsentation von Frauen betrachtet werden, gewannen sozialisationstheoretische Ansätze zunehmend an Bedeutung. Ausgehend von Konzepten der Rollentheorie werden die Internalisierung geschlechtsspezifisch unterschiedlicher Rollenerwartungen und Sozialisationsziele als Ursachen ausgemacht. In rollentheoretischen Ansätzen wird hervorgehoben, dass Mädchen aufgrund der Übernahme gesellschaftlicher Geschlechtsrollenerwartungen eher nach innen gerichtete Konfliktbewältigungsstrategien entwickeln (Gipser 1975; Gipser/Stein-Hilbers 1987). Mädchen fielen deshalb in den Deliktbereichen gehäuft auf, die nicht gegen diese Erwartungen verstoßen und mit ihrer Geschlechtsidentität in Einklang zu bringen sind. Gipser (1978) ging davon aus, dass auch delinquentes Verhalten durch „geschlechtsspezifische Sozialisationsprozesse" in Abhängigkeit von internalisierten „Rollenvorstellungen" mitbestimmt werde. Gerade der von Mädchen häufig begangene Ladendiebstahl sei als Ausdruck der weiblichen Rollendefinition und damit als „rollenstützende Delinquenz" zu verstehen, wobei Gipser auch weitere Einflussfaktoren berücksichtigt wie den Zugang zu entsprechenden Gelegenheitsstrukturen, Marginalisierungserfahrungen oder auch gruppendynamische Prozesse (1987: 168ff.).

Sozialisation wird in diesen älteren Ansätzen noch als Prozess verstanden, in dem die Eigentätigkeit des Subjekts in der Aneignung und Auseinandersetzung mit der äußeren Realität kaum eine Rolle spielt. Zentrale Kritikpunkte an dem Verständnis der „Rollenübernahme" zur Analyse des Zusammenhangs von Geschlecht, Kriminalität und ihrer Kontrolle sind inzwischen vielfach formuliert worden (z. B. Althoff 2005; Messerschmidt 1997; Mischau 1997). Warum es überhaupt „Geschlechterrollen" gibt, erklären diese Ansätze nicht, ebenso berücksichtigen sie damit verbundene gesellschaftliche Macht- und Herrschaftsverhältnisse zu wenig, die an der Herstellung des soziokulturellen Systems der Zweigeschlechtlichkeit beteiligt sind. Problematisch ist weiterhin, dass die „weibliche Rolle" als kulturell vorgegeben betrachtet wird, die Abweichung von der normativ vorgegebenen „Weiblichkeitsrolle" dagegen als selbst gewähltes Verhalten. „Weibliche Normalität" und „weibliche Kriminalität" als Ergebnis einer Kriminalisierung müssen jedoch gleichermaßen als erklärungsbedürftig angesehen werden. Zudem werden Prozesse der Entstehung und Veränderung der „Geschlechtsrollenerwartungen" nicht beachtet, die als eindeutig gedachten Geschlechtsrollen und geschlechtstypische Einstellungen sind in diesen Konzepten immer schon da und müssen zwangsläufig übernommen werden.

Eng mit den Thesen zu einem „geschlechtsspezifischen Sozialcharakter" als Ergebnis geschlechtsspezifischer Sozialisationsprozesse verknüpft sind jene Ansätze, in denen diese Erkenntnisse in einen gesellschaftstheoretischen Kontext gestellt und die formellen und informellen Instanzen sozialer Kontrolle näher berücksichtigt werden. In feministischen Ansätzen innerhalb der Kriminologie erfolgte eine Blickerweiterung über die Grenzen der traditionellen Kriminologie hinaus hin zu der informellen sozialen Kontrolle bei Mädchen und Frauen und damit zu den nicht vom Strafrecht definierten Bereichen (Althoff 2005; Seus 2002). Neben dem System formeller Jugendsozialkontrolle ist Jugenddelinquenz bei Mädchen und Jungen immer auch bezogen auf die Inhalte und Formen informeller sozialer Kontrolle in der Familie, im Bereich öffentlicher Erziehung und formaler Bildung, der Gleichaltrigengruppe etc. zu betrachten. Soziale Kontrolle von Mädchen und Frauen wird stärker von informellen Kontrollinstanzen wahrgenommen. In komplexen Prozessen der Problemkonstruktion abweichender Verhaltensweisen werden immer auch Wissensformen und Deutungsperspektiven auf der Ebene der alltäglichen Kommunikation etabliert, die die Wahrnehmung und Interpretation des Verhaltens vorstrukturieren. Damit verknüpft sind mehr oder weniger simplifizierende Annahmen über Ursachenzusammenhänge, weshalb soziale Normverstöße oder bestimmte Problemverhaltensweisen gezeigt werden. Gerade psychische und somatische Definitionen für abweichendes Verhalten von Mädchen und Frauen sind hier zu nennen (Kips 1991). Wenngleich für eine geschlechtsspezifische Sanktionspraxis auf den bislang untersuchten Ebenen im justiziellen Bereich keine hinreichenden empirischen Belege auszumachen sind, so finden sich jenseits der formellen Aspekte sozialer Kontrolle im Jugendhilfebereich Hinweise auf eine nach Geschlecht unterschiedlich verlaufende Disziplinierungs- und Sanktionspraxis (Pankofer 1997: 66ff.; vgl. auch Ziehlke 1993: 155). Tugendhaftigkeit, Sittlichkeit und Moral sind neben Fragen nach der psychischen Verfassung zentrale Themen in Abweichungs- und Kriminalisierungsdiskursen, wenn es um Mädchen und junge Frauen geht. Dabei richtet sich die soziale Kontrolle bei Mädchen z.B. stärker auf die Wahrung eines „guten Rufs"; ihr Sexualverhalten wird zur Richtschnur der Beurteilung ihrer Person, während die Reputation eines jungen Mannes dagegen eher aus der Erfüllung von Arbeitsanforderungen bzw. seinen Arbeitsleistungen resultiert (Seus 1998). Die informelle soziale Kontrolle unangepasster Verhaltensweisen von Mädchen wie Trebegang oder so genannte sexuelle Freizügigkeit, die immer erst durch die Konfrontation mit kulturell definierten Konzepten „weiblicher Normalität" als Abweichung erscheinen, wirkt über verschiedene Mechanismen stabilisierend auf die Geschlechterordnung (Seus 2002: 98f.). Die Eigenaktivität des Subjekts in dem Prozess der Sozialisation wurde zunehmend berücksichtigt und angenommen, dass Mädchen auch aufgrund ihrer gesellschaftlichen Verortung und der damit verbundenen besonderen Struktur sozialer Kontrolle eher die ihnen nahe gelegten passiven und nach innen gerichteten Reaktionsmuster auf Problemlagen zeigen. Fragen danach, wie Mädchen in sozialen und institutionellen Kontexten auch auf bestimmte Bewältigungsformen zurückgeworfen werden, sind weiterhin aktuell und in weiteren (nicht nur qualitativen) Studien näher zu untersuchen.

Mädchen weichen gerade dann sowohl von hegemonialen Normen einer Gesellschaft als auch von normativen Weiblichkeitsbildern ab, wenn sie als „männlich" definierte Gewalthandlungen vornehmen. Diese Handlungsweisen werden dann leicht als Ausdruck einer gestörten „Mädchensozialisation", als Verlust „normaler Weiblichkeit" oder schlicht als Imitation maskulin konnotierter Handlungsmuster gedeutet, wobei die Mädchen auch mit pathologisierenden Begriffen („verrückt", „hysterisch" etc.) konfrontiert werden (vgl. dazu auch Popp 2003; Seus 2002; Silkenbeumer 2007). Die durch die Geschlechterordnung definierte „geschlechtliche Sozio-Logik" macht „Gewalt zu einer illegitimen ‚Jedefrau-Ressource'", hebt entsprechend auch Meuser (2003: 51) hervor. Indem Mädchen über Gewaltausübung Machtansprüche geltend machen und Gewalt für sich als legitime Handlungsressource zur Durchsetzung eigener Interessen begreifen, positionieren sie sich jenseits der tradierten Geschlechterordnung. Befunde qualitativer Studien zu gewalttätigen Handlungen bei Mädchen weisen darauf hin, dass die Gewalt betonende Selbstinszenierung manchen Mädchen in der Entwicklungsphase der Adoleszenz kontextabhängig auch dazu dient, gegen Vorstellungen des braven, angepassten Mädchens zu rebellieren (Silkenbeumer 2000: 237). Eine durch Gewaltausübung zum Ausdruck gebrachte Form „oppositioneller Weiblichkeit" wird auch als Versuch interpretiert, die Geschlechterordnung über veränderte Weiblichkeitskonzepte aufzubrechen und in bestimmten Handlungskontexten gegen tradierte Weiblichkeitsbilder zu opponieren (Bruhns/Wittmann 2002: 270). Ausgehend von empirischen Befunden zu Annäherungstendenzen zwischen Schülerinnen und Schülern in ihren Handlungsorientierungen in gewalttätigen Kontexten wird etwa von Popp (2002) die These der Auflösung einer strukturierenden Wirkung der Kategorie „Geschlecht" aufgestellt. Meuser (2003) stellt aus gesellschaftstheoretischer Perspektive dar, dass Formen weiblicher Gewalt (jenseits der Intentionen der Subjekte) eine auf die Geschlechterordnung bezogene konstituierende Bedeutung beizumessen sei.

Zwar haben die historischen und sozialen Veränderungen männlicher und weiblicher Adoleszenz grundlegend neue Konstellationen des Verhältnisses von Geschlecht und Adoleszenz hervorgebracht, doch diese sind neben neuen Gemeinsamkeiten auch von alten wie neuen Ungleichheiten und Ungleichzeitigkeiten geprägt (King 2002: 95). Kulturell wirksam werdende Mädchenbilder, Zuschreibungsmuster und Bilder autonomer, selbstbewusster weiblicher Lebensführung und -planung haben sich durch Prozesse gesellschaftlicher Modernisierung verändert. Diese Weiblichkeitsbilder werden vielfältig vermittelt und Mädchen setzen sich im Kontext ihrer je konkreten Lebenssituation und Biografie, die neben Geschlecht durch weitere soziale Differenzlinien bestimmt werden, mit gesellschaftlichen Identitätsstandards auseinander. Das breite Spektrum geschlechtlicher Entwürfe, welche sich Mädchen individuell-biografisch aneignen und in Abhängigkeit situativer und interaktiver Handlungsbedingungen ausgestalten, ihr Umgang mit einem gesellschaftlich veränderten Geschlechterverhältnis – all dies spricht gegen einen geschlechterdichotomen Blick auf Devianz, Delinquenz und Geschlecht im Jugendalter. Mädchen partizipieren stärker an jugendkulturellen Räumen, und – wenn auch seltener als Jungen – auch an gewaltbereiten gemischt- und gleichgeschlechtlichen Cliquen und nehmen dort vielfältige Positionen ein (Bruhns/Wittmann 2002: 259).

Geschlechtsbezogene Muster von Delinquenz sind nicht statisch, sondern variieren kontext- und situationsabhängig. Dies lässt sich gut anhand der Befunde aus angloamerikanischen Studien über delinquente Mädchen in gemischtgeschlechtlichen wie geschlechtshomogenen Gangs (Campbell 1981, 1984, 1995; Messerschmidt 1997; Miller 2002) wie in der im deutschen Raum von Bruhns und Wittmann (2002) durchgeführten qualitativen Studie zeigen. Zwar befinde sich weibliches Gewalthandeln im Widerspruch zu kulturell idealisierten Norm- und Wertvorstellungen von angemessenen Formen von Weiblichkeit, es stehe aber durchaus in Übereinkunft mit normativen Orientierungen innerhalb des jeweiligen Gruppenzusammenhangs und werde von den Mädchen als kompatibel mit „Weiblichkeit" betrachtet (Bruhns/Wittmann 2002: 271). In angloamerikanischen Studien über Gangs, die nur bedingt auf bundesdeutsche Verhältnisse übertragen werden können, ist herausgearbeitet worden, dass sich Aggression für Mädchen als Mittel darstellt, um handlungsfähig zu bleiben: „In ihrer Existenz ist Aggression ein Mittel, um zu überleben" (Campbell 1995: 196). Für Mädchen wie für Jungen kann die Zugehörigkeit zu einer Jugendgang „eine kollektive Lösung der gelebten Erfahrungen von Machtlosigkeit aufgrund von Klassen- und Rassenzugehörigkeit" darstellen, wie Messerschmidt (1997: 22) erläutert. Die Bedeutung der Zugehörigkeit zu gleich- sowie gemischtgeschlechtlichen gewaltausübenden Gruppen resultiert nicht nur aus zum Teil auch geschlechtsbezogenen Missachtungs- und Ohnmachtserfahrungen, sondern auch aus ihrer in emotionaler wie sozialer Hinsicht stützenden Funktion und in dem Vermögen, Orientierung zu bieten (Bruhns/Wittmann 2002: 264; vgl. ähnlich auch Möller 2001). Die Bedeutung gewaltförmiger Abweichungen vom (bürgerlichen) Weiblichkeitsideal variiert milieu- und schichtspezifisch, wenngleich weibliches Gewalthandeln gesamtgesellschaftlich als „Devianz" und Verstoß gegen *gender*-Regeln bewertet wird. Dies bedeutet freilich nicht, dass Gewalthandeln bei Mädchen und die Zugehörigkeit zu gewaltbereiten Cliquen auf ein Problem sozial marginalisierter und unterprivilegierter Mädchen reduzierbar ist. Die These, dass Mädchen durch gewalttätiges Handeln gegen angeeignete Weiblichkeitsbilder verstoßen, beansprucht offenbar weniger Plausibilität für unterprivilegierte Mädchen des „Arbeitermilieus" als für Mädchen aus anderen sozialen Milieus (vgl. auch Meuser 2003). In den Studien Campbells aus den 80er Jahren und in der neueren Untersuchung von Miller (2002) über Mädchen in Jugendgangs wird deutlich, dass es für Mädchen aus der „Arbeiterklasse" keine Seltenheit ist, in kämpferische Auseinandersetzungen mit anderen Mädchen involviert zu sein, und dass sie von Jungen darin zum Teil noch bestärkt werden. Bruhns und Wittmann (2002: 269) heben die Bedeutung des sozialen Kontexts und hier der durchaus veränderlichen Gruppenregeln für die Konstruktionsprozesse von Geschlecht und Gewalt hervor, durch welche Gewaltausübung durch Mädchen unterschiedlich bewertet wird: „Die Konstruktion einer ‚friedlichen', Gewalt zurückweisenden Weiblichkeit kann demnach ebenso wie die Konstruktion einer Gewalt integrierenden Weiblichkeit als Prozess veränderter Gruppennormen und -orientierungen interpretiert werden."

Zur Erklärung von sozialen und strafrechtlichen Normverstößen von Mädchen wird in diesen Studien auf handlungstheoretische und sozialkonstruktivistische Ansätze in der Geschlechterforschung rekurriert. Das Modell des *doing gender* konzeptualisiert Geschlecht als Prozesskategorie; daran orientierte Forschungsarbeiten analysieren die alltäglichen und fortlaufenden Praktiken der situations- und kontextabhängigen Herstellung von Geschlecht. Dabei werden sowohl der aktive Anteil der Interaktionsteilnehmer an dem Prozess der Reproduktion von Geschlechterdifferenz als auch die Vielfalt an geschlechtlichen Entwürfen betont. Interessant ist nun die Frage, ob und wie Mädchen Geschlecht im Gewalthandeln realisierten und ob es sich dabei um die Konstruktion von Männlichkeit durch Mädchen oder um einen alternativen Weiblichkeitsentwurf handelt. Bruhns und Wittmann (2002) sowie Silkenbeumer (2000) interpretieren die Gewalthandlungen der Mädchen nicht als Imitation von Männlichkeit, sondern als situative Bewerkstelligung eines bestimmten Weiblichkeitsentwurfs und als Ausdruck der Auseinandersetzung um verschiedene Formen von Geschlecht. Auch Messerschmidt (2004: 134) interpretiert die Bewerkstelligung einer „oppositional bad-girl femininity" als Ausdruck einer kontextabhängigen Kombination herkömmlicher Verhaltensweisen und eher atypischer Geschlechterpraktiken wie Gewalt. Daneben arbeitet er entlang von Fallanalysen einen weiteren Typus von Mädchen in Gangs heraus, die in bestimmten Situationen eine „masculine identity" herstellen, nicht jedoch, um den Jungen ähnlich zu sein, sondern, um sich von Selbstentwürfen anderer Mädchen zu unterscheiden (ebd.: 142). Diesen Mädchen wird jedoch in ihren Gruppen nicht der gleiche Platz wie den Jungen zugestanden, die Position als „one of the guys" und die Einnahme einer männlichen Identität können durch ein Mädchen nicht in jeglicher Hinsicht realisiert werden. Messerschmidt interpretiert diesen kontextgebundenen Selbstentwurf deshalb als Ausdruck einer bestimmten Form von Geschlecht (eines dritten *gender*), welche nicht mit der Dichotomie in weiblich oder männlich und der Parallelisierung von *sex* und *gender* zu erfassen ist (ebd.: 144ff.). Individuen können gegen geschlechtsbezogene Erwartungen und Normierungen verstoßen und vorübergehend oder auf Dauer ihr soziales Geschlecht wechseln, die Herstellung von Weiblichkeit und Männlichkeit ist nicht an die Zugehörigkeit zum männlichen oder weiblichen Geschlecht gebunden. Problematisch sind daher Annahmen, die Gewalthandlungen von Mädchen, die traditionellerweise als Mittel zum Nachweis eines bestimmten Männlichkeitsbildes interpretiert werden, nun als Ausdruck des (reflexiven) Versuchs interpretieren, eine bestimmte Form von Weiblichkeit darzustellen *(bad-girl femininity)* (Messerschmidt 2004). Doch auch die andere Lesart, Gewalt als Ausdruck der Herstellung einer männlichen Identität zu interpretieren, ist problematisch. Ob eine soziale Situation überhaupt zur Bühne für Geschlechterkonstruktionen wird oder nicht, kann nicht vorab bestimmt werden, da geschlechtsbezogene Selbstidentifikationen nicht in jeder Handlungssituation omnirelevant sind. Die Annahme einer direkten und eindeutigen Verbindung zwischen Geschlecht und Gewalt auf der konkreten Handlungsebene ist daher für Mädchen wie für Jungen zurückzuweisen (siehe dazu auch Bereswill 2003; Neuber 2009). Die Tragfähigkeit konstruktivistischer und ethnomethodologischer Konzeptualisierungen des *doing gender* ist begrenzt, da psychische Motiv- und Konfliktlagen handelnder Akteure dadurch nicht hinreichend erfasst werden. Weiterhin wird nicht berücksichtigt, dass die aktuelle Handlungspraxis durch die vorgängigen und über die Situation hinausgehenden biografischen Konstruktionen beteiligter Akteure (mit-)konstituiert wird und die Herstellung von Geschlecht immer im Kontext gegebener gesellschaftlicher Verhältnisse erfolgt, welche neben Geschlecht von weiteren Differenzkategorien wie Alter, Ethnie oder Milieuzugehörigkeit abhängen (vgl. Seus 2002: 104).

Unter einer biografischen Perspektive erweist sich der Zusammenhang zwischen Geschlecht und Gewalt als weitaus komplexer und ist eingebettet in durch Ambivalenzen in weiblichen Lebenszusammenhängen entstehende Problembelastungen und individuell-biografische Konfliktlagen im Zusammenspiel mit situativen Bedingungen konkreter Handlungssituationen (Silkenbeumer 2007). Es gilt, den widersprüchlichen Erfahrungen der Nichtübereinstimmung von geschlechtsbezogenen Normierungen, gesellschaftlichen Identitätsangeboten und den Selbstwahrnehmungen der Individuen im Kontext von Geschlecht und Kriminalität in zukünftigen Forschungsarbeiten weitere Aufmerksamkeit zu widmen. Wenn Geschlecht nicht immer schon in seiner Bedeutung für die Akteure vorausgesetzt, sondern hinterfragt wird, und wenn die Kategorie Geschlecht als „Konfliktkategorie" reflektiert wird (Becker-Schmidt/Knapp 1984), ist es möglich, den je nach Ressourcen und psychischer Verfasstheit individuell unterschiedlichen Bewältigungsmodi innerer und äußerer Realität gerecht zu werden. Die „subjektive Seite" des Vergesellschaftungsprozesses kann sich in Ambivalenzerfahrungen und widerständigen Subjektpotenzialen niederschlagen – und sei es in Form kriminalisierbarer Verhaltensweisen (Seus 2002: 94).

Wird von der Handlungsstrategie, etwa dem Gewalthandeln bei jungen Frauen und Männern, automatisch auf „die Gleichheit der Ausgangslage" hinsichtlich vorhandener ähnlicher Risikofaktoren und Bedingungskonstellationen geschlossen, wird die Relevanz geschlechtsbezogener Erfahrungskonstellationen hingegen ausgeblendet. Die immer wieder replizierten Korrelate für schwere Formen von Jugenddelinquenz wie eine früh beginnende Einbindung in deviante Gleichaltrigengruppen und Erziehungsumgebungen, die durch Konflikte und Gewalt geprägt sind, unterscheiden sich zwischen den Geschlechtern kaum (vgl. dazu Eisner/Ribeaud 2003, S. 199ff.). Doch einige dieser Risikofaktoren werden für Mädchen und Jungen offenbar unterschiedlich wirksam; so gibt es empirische Hinweise darauf, dass Mädchen und Jungen aufgrund gleich- und gegengeschlechtlicher Identifikationsprozesse jeweils anders unter den Gewaltstrukturen in der Familie leiden und diese auf unterschiedliche Art und Weise verarbeiten. Gleichwohl können diese Erfahrungen nicht als Folge allgemeiner Prozesse weiblicher und männlicher Sozialisation interpretiert werden, sondern variieren je nach individueller Familiendynamik und vor dem Hintergrund weiterer Risiko- und Schutzfaktoren.

3 Ausblick

Von Seiten geschlechtertheoretisch fundierter Jugendforschung ist der Zusammenhang allgemeiner adoleszenztypischer Krisenmomente und Transformationschancen mit Veränderungen kultureller Deutungsmuster von Weiblichkeit näher zu untersuchen, bevor beliebte Trendaussagen eines Bedeutungsverlusts der strukturierenden Wirkung der Kategorie Geschlecht formuliert werden.

Mädchen sind als eigenständige, wenngleich auch heterogene Zielgruppe im System der Jugendstraffälligenhilfe zu sehen. Bevor jedoch flächendeckend ambulante Maßnahmen in Form sozialer Trainingskurse oder auch Anti-Gewalt-Trainingskurse für straffällig gewordene Mädchen ausgebaut werden, ist der vorhandene Bedarf erst sorgfältig zu ermitteln. Innerhalb der Jugend(straffälligen)hilfe und Jugendsozialarbeit wird ein gestiegener Handlungsbedarf im Bereich geschlechtsbezogener Konzepte und Maßnahmen für Mädchen und Jungen in den Bereichen Gewaltprävention, Intervention und Resozialisierung postuliert (vgl. Bruhns/Wittmann 2003). Der Balanceakt zwischen Beachtung von Differenzen und Fixierung auf Differenzen ist gerade auch für die Soziale Arbeit im Kontext von Jugendkriminalität immer wieder kritisch zu reflektieren. Geschlechtsbezogene Ambivalenzen und Diskrepanzerfahrungen können nicht individualistisch verkürzt als Ausdruck individueller „Störungen" betrachtet werden, notwendig ist vielmehr ein doppelter Blick auf Subjekte und gesellschaftliche Strukturen. Konflikte aggressiv auffällig gewordener Mädchen bewegen sich etwa zwischen Wünschen nach Dominanz, Autonomie und Durchsetzung auf der einen und Bedürfnissen nach Anerkennung, sozialer Konformität und Verbundenheit auf der anderen Seite und verweisen auf Anerkennungs- und Selbstbehauptungskonflikte (Silkenbeumer 2007: 329). Die Spannung zwischen dem widersprüchlichen Verwiesensein auf das Innen und dem Bedürfnis nach dem Außen deutet auf einen tiefer liegenden gesellschaftlichen Weiblichkeitskonflikt als Ausdruck objektiv und subjektiv widersprüchlicher Realität hin, der von Mädchen – je nach verfügbaren Ressourcen – unterschiedlich bearbeitet wird. Eine Form, dem Druck nach innen auszuweichen, wird gerade in der Adoleszenz und vor allem in kritischen Lebenssituationen von manchen Mädchen durch expressives, auch aggressives Bewältigungsverhalten realisiert. Damit handelt es sich um ein Bewältigungsmuster, welches vor dem Hintergrund weiblicher Adoleszenz und Lebenslagen einzuordnen ist (ebd.). In der sozialpädagogischen Arbeit mit (delinquenten) Mädchen sind daher die für die weibliche Adoleszenz typischen Konfliktmomente und Verhaltensmuster, ihre unangepassten Widerstandsmuster, ihre Versuche, Grenzen auszuprobieren, die Lust darauf, schrill, unbedacht, spontan, aggressiv, lärmend zu sein, wegzulaufen oder Drogen zu konsumieren in ihrem spezifischen Eigensinn zu verstehen und zu akzeptieren.

Literatur

Althoff, M. (2005): Abweichendes Verhalten von Frauen und Mädchen und die soziale Konstruktion von Geschlecht. In: Jugend, Beruf, Gesellschaft, 65, S. 175-181.
Baier, D./Rabold, S./Pfeiffer, C. (2008): Jugendgewalt und Jugenddelinquenz in Hannover. Akutelle Befunde und Entwicklungen seit 1998. KFN Forschungsbericht Nr. 105. Hannover.
Baier, D./Pfeiffer, C./Simonson, J./Rabold, S. (2009): Jugendliche in Deutschland als Opfer und Täter von Gewalt: Erster Forschungsbericht zum gemeinsamen Forschungsprojekt des Bundesministeriums des Innern und des KFN. KFN-Forschungsbericht Nr. 107. Hannover.
Becker-Schmidt, R./Knapp, G.-A. (1987): Geschlechtertrennung – Geschlechterdifferenz. Suchbewegungen sozialen Lernens. Bonn.
Bereswill, M. (1999): Gefängnis und Jugendbiografie. Qualitative Zugänge zu Jugend, Männlichkeitsentwürfen und Delinquenz. KFN-Forschungsberichte: Nr. 78. Hannover.
Bereswill, M. (2003): Gewalt als männliche Ressource? Theoretische und empirische Differenzierungen am Beispiel junger Männer mit Hafterfahrung. In: Lamnek, S./Boatcă, M. (Hrsg.): Geschlecht, Gewalt, Gesellschaft. Opladen, S.123-137.
Bereswill, M./Höynck, T. (Hrsg.) (2002): Jugendstrafvollzug in Deutschland. Mönchengladbach.
Boers, K./Walburg, C./Reineke, J. (2006): Jugendkriminalität – keine Zunahme im Dunkelfeld, kaum Unterschiede zwischen Einheimischen und Migranten. Befunde aus Duisburger und Münsteraner Längsschnittstudien. In: Monatszeitschrift für Kriminologie und Strafrechtsreform, 89. Jg., 2, S. 63-87.
Bruhns, K./Wittmann, S. (2002): „Ich meine, mit Gewalt kannst du dir Respekt verschaffen". Mädchen und junge Frauen in gewaltbereiten Jugendgruppen. Opladen.
Bruhns, K./Wittmann, S. (2003): Mädchenkriminalität – Mädchengewalt. In: Raithel, J./Mansel, J. (Hrsg.): Kriminalität und Gewalt im Jugendalter. Hell- und Dunkelfeldbefunde im Vergleich. Weinheim und München, S. 41-63.
Bröckling, E. (1980): Frauenkriminalität. Darstellung und Kritik kriminologischer und devianzsoziologischer Theorien. Stuttgart.
Bütow, B. (2005): Mädchen in Cliquen. Sozialräumliche Konstruktionsprozesse von Geschlecht in der weiblichen Adoleszenz. Weinheim und München.
Bundesministerium des Inneren/Bundesministerium der Justiz (Hrsg.) (2006): Zweiter Periodischer Sicherheitsbericht der Bundesregierung (Langfassung). Berlin.
Campbell, A. (1981): Girls Delinquents. New York.
Campbell, A. (1984): The Girls in the Gang. A Report from New York City. New York.
Campbell, A. (1995): Zornige Frauen – wütende Männer. Wie das Geschlecht unser Aggressionsverhalten beeinflußt. Frankfurt am Main.
Chesney-Lind, M./Shelden, R.G. (2004): Girls, delinquency, and juvenile justice. Belmont.
Dittmann, J./Hermann, D. (1999): Kriminalität durch Emanzipation? In: Kämmerer, A./Speck, A. (Hrsg.): Geschlecht und Moral. Heidelberg, S. 70–87.
Eisner, M./Ribeaud, D. (2003): Erklärung von Jugendgewalt – eine Übersicht über zentrale Forschungsbefunde. In: Raithel, J./Mansel, J. (Hrsg.): Kriminalität und Gewalt im Jugendalter. Hell- und Dunkelfeldbefunde im Vergleich. Weinheim und München, S. 182–207.
Franke, K. (2000): Frauen und Kriminalität: eine kritische Analyse kriminologischer und soziologischer Theorien. Konstanz.
Funken, C. (1989): Frau, Frauen, Kriminelle: zur aktuellen Diskussion über „Frauenkriminalität". Opladen.
Geißler, R./Marißen, N. (1988): Junge Frauen und Männer vor Gericht. Geschlechtsspezifische Kriminalität und Kriminalisierung. In: Kölner Zeitschrift für Soziologie und Sozialpsychologie, Jg. 40, H. 3, 505-526.
Geißler, R./Marißen, N. (1992): Der Frauenbonus oder das Paradox der geschlechtsspezifischen Gleichbehandlung. In: Kölner Zeitschrift für Soziologie und Sozialpsychologie, Jg. 44, H. 3, 549-558.
Gipser, D. (1975): Mädchenkriminalität. Soziale Bedingungen abweichenden Verhaltens. München.
Gipser, D./Stein-Hilbers, M. (1980): Soziale Grundlagen weiblicher Konflikte und Lebensbewältigung. In: dies. (Hrsg.): Wenn Frauen aus der Rolle fallen. Weinheim, S. 11-43.
Gipser, D. (1987): Besonderheiten der Frauen- und Mädchenkriminalität. In: Theorie und Praxis der Sozialen Arbeit, 5, S.162-168.
Heinz, W. (2008): Wenn junge Gewalttäter Schlagzeile machen. Vortrag, gehalten am 8.12.2008 im Pädagogisch-Theologischen-Zentrum (Haus Birkach) der Evangelischen Landeskirche Württemberg in Stuttgart-Birkach. Verfügbar über: http://www.uni-kontanz.de/rtf/kik/heinzjungegewalttaeter2008.pdf
Heinz, W. (2003): Soziale und kulturelle Grundlagen der Kriminologie - Der Beitrag der Kriminalstatistik, in: Dittmann, J./Jehle, J.M. (Hrsg.): Kriminologie zwischen Grundlagenwissenschaft und Praxis, Mönchengladbach, S. 149-185.

Jansen, I. (1999): Mädchen in Haft. Devianzpädagogische Konzepte. Opladen.
Jehle, J.-M./Heinz, W./Sutterer, P. (2003): Legalbewährung nach strafrechtlichen Sanktionen. Eine kommentierte Rückfallstatistik. Mönchengladbach.
Kieper, M. (1980): Lebenswelten „verwahrloster" Mädchen. Autobiografische Berichte und ihre Interpretation. München.
King, V. (2002): Die Entstehung des Neuen in der Adoleszenz. Individuation, Generativität und Geschlecht in modernisierten Gesellschaften. Opladen.
Kips, M. (1991): Strafrecht für Männer – Psychiatrie für Frauen. In: Kriminologisches Journal, 2, S. 125-134
Lamnek, S./Boatcă, M. (Hrsg.) (2003): Geschlecht, Gewalt, Gesellschaft. Opladen.
Leder, H.C. (1997): Frauen- und Mädchenkriminalität: kritische Bestandsaufnahme aus devianzsoziologischer und wissenschaftstheoretischer Sicht. Frankfurt.
Ludwig-Mayerhofer, W./Rzepka, D. (1991): Noch einmal: Geschlechtsspezifische Kriminalisierung im Jugendstrafrecht? In: Kölner Zeitschrift für Soziologie und Sozialpsychologie, Jg. 43, Heft 3, 542-557.
Ludwig-Mayerhofer, W./Rzepka, D. (1992): Vom Denken, vom Rechnen und davon wie beide vielleicht doch miteinander zusammenhängen. Anmerkungen zu Geißler und Marißen. In: Kölner Zeitschrift für Soziologie und Sozialpsychologie, Jg. 44, Heft 3, 559-561.
Messerschmidt, J. W. (1997): Von der Analyse der Männerherrschaft zur Forschung über Geschlechterverhältnisse: Unterschiede und Vielfalt bei der Bewerkstelligung von Geschlecht. Am Beispiel der „Mädchen in der Gang". In: Kersten, J./Steinert, H. (Hrsg.): Starke Typen: Iron Mike, Dirty Harry, Crocodile Dundee und der Alltag von Männlichkeit. Baden-Baden, S. 13–37.
Messerschmidt, J. W. (2004): Flesh & blood. Adolescent gender diversity and violence. Maryland
Meuser, M. (2003): Gewalt als Modus von Distinktion und Vergemeinschaftung. Zur ordnungsbildenden Funktion männlicher Gewalt. In: Lamnek, S./Boatcă, M. (Hrsg.): Geschlecht, Gewalt, Gesellschaft. Opladen, S. 37–55.
Miller, J. (2002): The Strengths and Limits of ‚Doing Gender' for Understanding Street Crime. In: Theoretical Criminology, 6 (4), 433-460.
Mischau, A. (1997): Frauenforschung und feministische Ansätze in der Kriminologie. Dargestellt am Beispiel kriminologischer Theorien zur Kriminalität und Kriminalisierung von Frauen. Pfaffenweiler.
Möller, K. (2001): Coole Hauer und brave Engelein. Gewaltakzeptanz und Gewaltdistanzierung im Verlauf des frühen Jugendalters. Opladen.
Neuber, A. (2009): Die Demonstration kein Opfer zu sein. Biografische Fallstudien zu Gewalt und Männlichkeitskonflikten. Baden-Baden.
Oberlies, D. (1997): Tötungsdelikte zwischen Männern und Frauen. In: Monatsschrift für Kriminologie und Strafrechtsreform, Jg. 80, 3, 133-147.
Oberwittler, D./Blank, T./Köllisch, T./Naplava, Th. (2001): Soziale Lebenslagen und Delinquenz von Jugendlichen. Ergebnisse der MPI-Schulbefragung 1999 in Freiburg und Köln. Arbeitsberichte 1/2001 aus dem MPI für ausländisches und internationales Strafrecht. Freiburg i.Br.
Pankofer, S. (1997): Freiheit hinter Mauern? Mädchen in geschlossenen Heimen. Weinheim und München.
Popp, U. (2002): Geschlechtersozialisation und schulische Gewalt. Geschlechtstypische Ausdrucksformen und konflikthafte Interaktionen von Schülerinnen und Schülern. Weinheim und München.
Popp, U. (2003): Das Ignorieren „weiblicher" Gewalt als Strategie zur Aufrechterhaltung der sozialen Konstruktion von männlichen Tätern. In: Lamnek, S./Boatcă, M. (Hrsg.) (2003): Geschlecht, Gewalt, Gesellschaft. Opladen, S. 195-211.
Seus, L. (1998): "Men's Theories and Womens Live" Geschlechtsspezifische Auswirkungen der sozialen Kontrolle. Nationales Forschungsprogramm 40, Bulletin 2, Bern.
Seus, L. (2001): Doing gender while doing crime? Soziale Kontrolle und Geschlecht in der Kriminologie. In: Born, C./Krüger, H. (Hrsg.): Individualisierung und Verflechtung. Geschlecht und Generation im deutschen Lebenslaufregime. Weinheim und München, S. 109-138.
Seus, L. (2002): „Irgendwas ist schief gegangenen im Prozess der Emanzipation" Abweichung und Geschlecht. In: Anhorn, R./Bettinger, F. (Hrsg.): Kritische Kriminologie und Soziale Arbeit. Impulse für professionelles Selbstverständnis und kritisch-reflexive Handlungskompetenz. Weinheim und München, S. 87-109.
Silkenbeumer, M. (2000): Im Spiegel ihrer Lebensgeschichten. Gewalttätiges Verhalten Jugendlicher und Geschlechtszugehörigkeit. Stuttgart.
Silkenbeumer, M. (2007): Biografische Selbstentwürfe und Weiblichkeitskonzepte aggressiver Mädchen und junger Frauen. Münster.
Spiess, G. (2008): Jugendkriminalität in Deutschland – zwischen Fakten und Dramatisierung. Kriminalstatistische und kriminologische Befunde. Verfügbar über: http://www.uni-konstanz.de/rtf/gs/Spiess-Jugendkriminalitaet-in-Deutschland-2008.pdf
Statistisches Bundesamt (2009): Rechtspflege. Fachserie 10, Reihe 4.1, Wiesbaden.

Trauernicht, G. (1989): Ausreißerinnen und Trebegängerinnen. Theoretische Erklärungsansätze, Problemdefinitionen der Jugendhilfe, strukturelle Verursachung der Familienflucht und Selbstaussagen der Mädchen. Münster.
Walter, M. (2005): Jugendkriminalität. Stuttgart.
Walkenhorst, P. (2007): Strategien der Gewaltprävention im Jugendstrafvollzug. In: Arbeitstelle Kinder- und Jugendkriminalitätsprävention (Hrsg.): Strategien der Gewaltprävention im Kindes- und Jugendalter. Eine Zwischenbilanz in sechs Handlungsfeldern. München, S. 230-247.
Ziehlke, B. (1993): Deviante Jugendliche. Individualisierung, Geschlecht und soziale Kontrolle. Opladen.
Zolondek, J. (2007): Lebens- und Haftbedingungen im deutschen und europäischen Frauenstrafvollzug. Schriften zum Strafvollzug, Jugendstrafrecht und zur Kriminologie, Band 28. Mönchengladbach.

E Prognose und Prävention

Marcus Hußmann

Diagnose und Individualprognose als Kernproblem des Umgangs mit Jugendkriminalität

1 Einführung

Frühe Diagnostik und Prognosen jugendlicher Entwicklungsverläufe, die von wiederkehrenden, im Hellfeld registrierten Straftaten gekennzeichnet sind, gaben der kriminologischen Forschung zu mehrfacher Straffälligkeit bislang immer wieder neuen Antrieb (vgl. Naplava 2008: 193). Im Zuge dessen wurden in der angewandten Kriminologie zahlreiche diagnostische und prognostische Verfahren für jugendliche Straftäter entwickelt. Bei der Erstellung von Individualprognosen sind Merkmale wie Schulbiographie, Berufsausbildung, familiale Bindungen sowie die Häufigkeit, die Vielfalt und die Verschiedenartigkeit der Straftat und das Alter bei offizieller Straffälligkeit bedeutsam (vgl. Horstkotte 1999: 611; Lösel 1998: 34). Solche und andere Merkmale aus vergangenen sowie aktuellen Lebenssituationen sollen diagnostiziert und interpretiert werden, um eine Einschätzung über zukünftiges (Legal-)Verhalten treffen zu können. Bei Bedarf werden zudem Gutachten u.a. der Jugendhilfe sowie der forensischen Medizin für jene Personen hinzugezogen.

Das Jugendkriminalrecht mit seinem besonderen Wirksamkeitsanspruch weist zahlreiche prognostische Elemente auf (zu einer Übersicht relevanter gesetzlicher Angaben vgl. Walter 2005: 292). Im Unterschied zu überindividuellen Prognosen, z.B. für staatliche Planungen, beziehen sich individuelle Prognosen, neben der Einschätzung über das zukünftige (Legal-)Verhalten eines jungen Menschen, auf die Frage der Wirksamkeit bestimmter Interventionen (vgl. Walter 2005: 293). Prognosen im Jugendstrafrecht bestimmen weithin die Entscheidung des Jugendrichters bei der Auswahl der Sanktionen und nehmen Einfluss auf die Anordnung sowie die Fortdauer des Freiheitsentzuges (vgl. Horstkotte 1999: 611). Daran wird deutlich, dass sich Kriminalprognosen und Interventionsprogramme bedingen (können) und keine voneinander unabhängigen Größen darstellen (vgl. Walter 2005: 293).

In der Praxis der Prognosestellung überwiegen intuitive Verfahren, u.a. von Richtern, Jugendgerichtshelfern, psychologisch bzw. psychiatrischen Gutachtern oder Bewährungshelfern, die meist auf der Grundlage von Berufserfahrungen gestellt werden (ebd.). Neben den intuitiven Prognosen kommen empirisch begründete, klinische und in letzter Zeit vermehrt solche Prognoseverfahren zum Einsatz, die sich deutlich an den Bedingungen der Praxis orientieren. Der Auftrag an forensische Gutachten, die in Deutschland ausschließlich vom Gericht angeordnet werden dürfen, besteht wesentlich in der Feststellung, ob bei einem jugendlichen Delinquenten zum Zeitpunkt der Straftat eine psychische Störung vorlag, die im Zusammenhang mit der Tat steht (vgl. Doreleijers/Jäger/Gutschner 2008: 27). Diagnosen in der Kinder- und Jugendhilfe können sich demgegenüber auch an der Frage ausrichten, wie mit jugendlicher Devianz umzugehen ist und somit relevante Weichenstellungen zwischen verschiedenen Instanzen im Umgang mit Jugenddelinquenz einleiten.

In der Kriminologie lässt sich historisch eine forschungsbezogene Entwicklung prognostischer Verfahren erkennen. Der anfängliche Optimismus in Kriminalfrühprognosen in der Mitte des 20. Jahrhunderts, ausgelöst durch die Prognosetabellen von Glueck und Glueck (s.u.), wurde wegen der nachgewiesenen unbefriedigenden empirischen Trefferraten gründlich enttäuscht. „Es wurde nicht nur die Aussagekraft spezifischer Ergebnisse in Frage gestellt, sondern die Forschung und Praxis der Prognose insgesamt" (vgl. u.a. Lösel 1998: 29).

An diesen Befunden hat sich trotz einer Revitalisierung empirisch fundierter Prognoseverfahren bis heute im Prinzip wenig geändert. Bislang existieren keine Untersuchungsergebnisse, die eine annähernde Treffsicherheit von Individualprognosen an straffällig gewordenen Jugendlichen überzeugend nachweisen können. „Kriminelle Karrieren" sowie deren biographische Abbrüche gelten nach wie vor als prognostisch nicht vorhersagbar (vgl. Oelkers u.a. 2008: 201). Zudem gilt die völlig unumstrittene Erkenntnis der Kriminologie, „dass die weit überwiegende Zahl der als Straftaten beurteilten Geschehensabläufe nur episodischen Charakter hat, das heißt, sie sind nicht Symptome als negativ beurteilter Merkmalsausprägungen, sondern werden nach einer bestimmten Zeit von ganz allein nicht mehr fortgesetzt, ohne dass es irgendeiner staatlichen Intervention bedürfe" (Graebsch 2008: 8). Diagnosen und Individualprognosen im Kontext von Jugendstrafverfahren und deren Fehlerhaftigkeit stellen Kernprobleme im Umgang mit Jugendkriminalität dar.

Die folgende Darstellung vertieft diese Aspekte. Im ersten Abschnitt wird als eine wesentliche Voraussetzung von Diagnosen und Individualprognosen die Klassifizierung von Verlaufsformen beschrieben. Es folgt eine Übersicht über die Entwicklungsstränge unterschiedlicher Prognoseverfahren. Da die von Kriminalprognosen adressierten Heranwachsenden regelhaft auch zur Klientel der Kinder- und Jugendhilfe zählen und hier relevante Weichen für zukünftige Instanzenkontakte gestellt werden können, wird in einem eigenen Abschnitt auf die Entwicklung von und auf den Diskurs über sozialpädagogische Diagnosen bzw. Diagnosen in der Sozialen Arbeit eingegangen.[1] In den Abschnitten über Diagnose- und Prognoseverfahren werden jeweils entweder die bekanntesten Instrumente aufgeführt oder jene, die exemplarisch für eine entsprechende Entwicklungslinie stehen. Zum Abschluss folgt eine Diskussion über Kernprobleme, die sich aus den benannten Aspekten der vorangegangenen Abschnitte ergeben.

2 Konstruktionen und Klassifizierungen von Tätergruppen als Grundlage von Diagnosen

International übereinstimmend nachgewiesen gilt der empirische Befund, dass über die Hälfte der schwerwiegenden, im Hellfeld registrierten Straftaten, die von Heranwachsenden ausgehen, von einer kleinen Minderheit männlicher Straftäter (ca. 5-7%) verübt wird (vgl. Lösel 1998: 34f). Entsprechende Erkenntnisse aus Kohortenstudien (zur Übersicht: Stolle 2004/2005) besagen, dass Jugendkriminalität meist phasenhaft verläuft und ein jugendtypisches Phänomen darstellt. „Die offiziellen Statistiken zeigen (...) eindeutig, dass die Kriminalitätsbelastung in der Jugend stark ansteigt, in der späteren Adoleszenz oder im Jungerwachsenenalter einen Hö-

---

[1] Da sich für das Thema „Diagnostik" in Bezug auf die Berufsbezeichnungen „Soziale Arbeit" und „Sozialpädagogik" inhaltlich keine Unterschiede ergeben, werden beide Bezeichnungen unsystematisch und synonym verwendet.

hepunkt erreicht und dann wieder kontinuierlich abfällt" (Lösel 1998: 37 mit Bezug auf Blumstein/Cohen/Farrington 1988).

Eine kleine Gruppe jugendlicher Straftäter setzt das delinquente Verhalten sequenziell und zusammenhängend fort. Dieses Ergebnis wird in der kriminologischen Forschung durch den – nicht unumstrittenen – Begriff der „kriminellen Karriere" als ein konzeptioneller Rahmen gefasst (vgl. Lösel 1998: 38; Naplava 2008: 194; Walter 2005: 280). „Die Karriere bezieht sich auf die Sequenz oder Abfolge von Delikten während eines Lebensabschnittes. (...) Den Karriereforschern liegt besonders an der Unterscheidung zwischen der Prävalenz und der Frequenz (oder Inzidenz) krimineller Erscheinungen. (...) Die Prävalenzrate gibt Auskunft über die Verteilung der Kriminalität auf eine bestimmte Altersgruppe. (...) Die Frequenz hingegen betrifft die deliktischen Geschehnisse bei einem einzelnen Menschen" (Walter 2005: 280). Früher Beginn der Auffälligkeiten, schwache soziale Bindungen sowie Instanzenkontakte zählen zu den bestimmenden Faktoren einer kriminellen Karriere (vgl. Naplava (2008: 199).

Neben dem Karrierebegriff existieren, je nach professionsspezifischem Zugang, weitere Termini, z.B. Intensivtäter, chronische Täter, Mehrfachtäter oder Serientäter (ebd.: 194).

Die Altersabhängigkeit und ein häufiger Spontanabbruch auch von wiederholt durchgeführten kriminellen Handlungen Jugendlicher steht wissenschaftlich außer Frage (vgl. Lösel 1998: 38). Gleichwohl existieren empirisch fundierte Klassifikationen zur Unterscheidung von jugendlichen Tätergruppen, die zur Grundlage einer Diagnose früher Entwicklungskarrieren herangezogen werden können. Eine der bemerkenswertesten Klassifikation ist die von Moffitt (1993) beschriebene Unterscheidung der „adolescence-limited antisociality" und der seltenen „life-course-persistent antisociality" (Moffit 1993), die im vorliegenden Band von Karl Schumann ausgeführt und hier nicht näher erörtert werden soll.

Zu den Bedingungen eines Abbruchs einer „kriminellen Karriere" zählt u.a. das soziale Kapital des Betroffenen, wenn stabile Bindungen eine soziale Kontrollfunktion ausüben und der subjektive Nutzen solcher sozialen Kontakte den der Devianz übersteigt (vgl. Naplava 2008: 208).

Auch wenn manche der Klassifikationen zur Identifizierung von jugendlichen Tätergruppen Tendenzen anzeigen sollen, enthalten sie kaum prognostische Aussagen über zukünftiges (Legal-)Verhalten. Allerdings legen sie fest, auf welche Merkmale sich der Diagnostiker/Prognostiker konzentrieren kann. Die Konzentration auf „Tätermerkmale" definiert den Fokus für das Phänomen „Jugendkriminalität" und es stellt sich die Frage, wie diese Perspektivität die Diagnose- und Prognoseverfahren beeinflusst. Diese Frage soll in der Erörterung der wichtigsten Instrumente weiter verfolgt und im Resümee dieses Beitrages kritisch diskutiert werden.

3 Frühe und neuere multifaktorielle Ansätze zur Diagnose und Prognose im Umgang mit Jugendkriminalität

Nach einer stark individuell-pathologisierenden Sichtweise auf Kriminalität als abnormes Persönlichkeitsphänomen setzte sich in den USA der 1930er Jahre langsam ein soziologisch geprägter multifaktorieller Ansatz durch, der die Hauptmerkmale für Kriminalität herausfinden sollte (vgl. Walter 2005: 148). Insbesondere die Tabellen zur „Frühprognose kriminellen Verhaltens" von Glueck und Glueck (1950) oder die „Cambridge Study" (West/Farrington 1973) fanden große Beachtung. Diese statistischen Prognosen „verpflichten sich auf das induktive Sammeln einer möglichst großen Vielfalt von ‚Fakten', unabhängig davon, ob diese sich in einen theoretischen Rahmen einfügen." (Kunz 2008: 97)

Beispielhaft für frühe multifaktorielle Ansätze gilt die breit und bereits in den 1930er Jahren angelegte Vergleichsstudie des Ehepaares Glueck. Sie entwickelten eine Punktwertprognosetafel, die hier in der deutschen Kommentierung von Rössner (2006/2007: 1f.) zitiert ist. Die Punktwertprognosetafel zeigt die Wahrscheinlichkeit des Rückfalls „durch eine Addition der prozentual errechneten Verteilung von 5 Merkmalen mit dem Auftreten von Kriminalität bzw. dem Fehlen. Es werden so zunächst Ausprägungen des Merkmals und dann der zuzuordnende Prozentwert festgestellt, ehe dieser addiert wird (in Klammern der jeweilige Punktwert krimineller Gefährdung):

1. Erziehung durch den Vater
   - Überstreng oder wechselhaft (72,5)
   - Zu weich (59,8)
   - Streng aber liebevoll (9,3)

2. Aufsicht der Mutter
   - Unzureichend (83,2)
   - Ausreichend (57,5)
   - Gut (9,9)

3. Zuneigung des Vaters
   - Gleichgültig oder feindlich (75,9)
   - Warm (auch überbesorgt) (33,8)

4. Zuneigung der Mutter
   - Gleichgültig oder feindlich (86,2)
   - Warm (auch überbesorgt) (43,1)

5. Zusammenhalt in der Familie
   - Nicht vorhanden (96,9)
   - In geringem Maß (61,3)
   - Vorhanden (20,6)

Der höchste zu addierende Wert beträgt 414,7. Einen Punktwert von über 300 erreichen rd. 90% der Straffälligen und nur 10% der Nichtkriminellen."

Aus den jeweiligen Merkmalen kann induktiv eine Prognosetafel erstellt werden, anhand derer statistische Wahrscheinlichkeitsaussagen über das individuelle Kriminalitätsrisiko von Personen möglich werden sollen. Individuelle „Schlechtpunkte" können gegen „Gutpunkte" aufgerechnet werden (vgl. Kunz 2008: 97).

Die Anwendung der Glueck'schen Prognosetafeln führte allerdings zu unbefriedigenden Trefferquoten; eine Verlässlichkeit konnte nur bei der Anwendung auf Extremgruppen bestätigt werden (vgl. Lösel 1998, S. 29f.; Kunz 2008: 97). „Ihre mangelnde Treffsicherheit erklärt sich aus der viel zu simplen Vorstellung, die Kriminalität werde von der starren Mechanik isolierter, äußerlich wahrnehmbarer und einander ergänzender Faktoren ausgelöst. Diese für den pragmatischen Mehrfaktorenansatz typische Vorstellung trägt Feedback-Effekten nicht Rechnung, weshalb durch ungünstige soziale Voraussagen und, mehr noch, durch Sanktionierungen die

Diagnose und Individualprognose 339

Wahrscheinlichkeit des Eintritts des vorrausgesagten oder bereits einmal sanktionierten Ereignisses wächst" (Kunz 2008: 98). Zudem werden Scheinzusammenhänge suggeriert, durch die übergreifende gesellschaftliche Umstände für das Entstehen von „Jugendkriminalität" aus dem Blick geraten (ebd.: 98f).

Die Kritik, dass Scheinzusammenhänge suggeriert würden, trifft auch die neueren multifaktoriellen Erklärungen. Sie addieren jedoch keine Schlecht- bzw. Gutpunkte, sondern betrachten das Individuum als Teil bestimmter gesellschaftlicher Felder und in deren Wechselbeziehungen. Repräsentativ und empirische Grundlage für neuere multifaktorielle Ansätze ist die Göppingersche Jungtäter-Vergleichsuntersuchung (vgl. Göppinger 1983). Bock (1998:9/Herv. i.O.), ehemaliger Schüler von Göppinger und Mitarbeiter dieser Studie, schreibt: „Bei der Tübinger Jungtäter-Vergleichsuntersuchung wurden im ständigen Umgang mit der ganzen Breite und Vielfalt von über 400 Einzelfalluntersuchungen diejenigen Charakteristika des Lebenszuschnitts und des Verhaltens herausgearbeitet, systematisiert und in idealtypischer Weise komprimiert, die für (mehrfach, verfestigte) Straffälligkeit *spezifisch* sind und im Kontrast dazu, der gleichsam gegen Kriminalität immunisierende Lebenszuschnitt." Mit einem aufwändigen Forschungsdesign wurden Daten von 200 männlichen Strafgefangenen im Alter von 20-30 Jahren und einer gleichgroßen Vergleichsgruppe nicht inhaftierter Männer gleichen Alters von einem interdisziplinären Forscherteam durch unterschiedliche methodische Zugänge (u.a. Befragungen, Ortsuntersuchungen, medizinische Untersuchungen) erhoben (ebd.: 3). Diese Studie ergab, dass nicht schicksalhaft vorgegebene Lebenslagen und -chancen ein kriminorelevantes Kriterium darstellten, sondern das Verhalten des Probanden u.a. im Leistungs- oder Kontaktbereich (ebd.). Göppinger und seine Mitarbeiter arbeiteten kriminovalente und kriminoresistente Konstellationen heraus, in denen kriminorelevante Kriterien bzw. deren Fehlen in eine Relation gesetzt sind:

„Die *kriminovalente* Konstellation besteht aus
1. Vernachlässigung des Arbeits- und Leistungsbereichs sowie familiärer und sonstiger sozialer Pflichten zusammen mit
2. fehlendem Verhältnis zu Geld und Eigentum,
3. unstrukturiertem Freizeitverhalten und
4. fehlender Lebensplanung;

die *kriminoresistente* Konstellation besteht aus
1. Erfüllung der sozialen Pflichten zusammen mit
2. adäquatem Anspruchsniveau,
3. Gebundenheit an eine geordnete Häuslichkeit (und an ein Familienleben) sowie
4. realem Verhältnis zu Geld und Eigentum.

Die Sonderstellung dieser Konstellationen besteht darin, dass ihr Zusammenhang mit Straffälligkeit bzw. deren Ausbleiben *verstehbar* ist." (ebd.: 5f/Herv. i.O.) Im Unterschied zu den Schlechtpunktetabellen bei Glueck/Glueck werden die einzelnen Kriterien bei Göppinger in einem sich dynamisierenden Zusammenhang betrachtet. Aus der Tübinger Untersuchung wurden zudem Idealtypen gebildet, deren Bezugspunkt die *„Beziehung zwischen der Delinquenz und dem Täter in seinen Bezügen"* (ebd.: 10/Herv. i.O.) darstellt.

Auf der Grundlage dieser Ergebnisse wurde die „Methode der idealtypisch-vergleichenden Einzelfallanalyse", kurz MIVEA, ausgearbeitet und von Bock weiterentwickelt (vgl. Göppinger 1985; Göppinger/Bock 2008; www.mivea.de). Gemäß der Göppinger Studie werden für die Diagnose Daten des Probanden ermittelt und anhand der Bezugskriterien ausgewertet, um Folgerungen für eine prognostische Aussage zu ziehen. MIVEA findet aufgrund ihrer relativ einfachen, praxisorientierten und klaren Anwendbarkeit eine zunehmende Bedeutung im Jugendstrafrecht als Entscheidungshilfe für die Praxis (vgl. www.mivea.de; Graebsch/Burkhardt 2006). Zudem existiert ein Zertifizierungskurs für diese Methode.

Einwände gegen die idealtypisch-vergleichende Beurteilung werden vor allem hinsichtlich der mangelnden methodischen Stringenz und der Samplestruktur der einbezogenen Fälle der Göppinger Jungtäter-Vergleichsuntersuchung sowie ihrer Nähe zu persönlichkeitstheoretischen Erklärungen vorgebracht (vgl. Graebsch/Burkhardt 2006: 142f; Kunz 2008: 99). Zudem würden Göppingers Untersuchungen eine Täterorientierung aufweisen, die weder gesellschaftliche Zusammenhänge noch die Opferseite berücksichtigen (vgl. ebd.: 143). Gegen MIVEA werden zahlreiche Kritikpunkte, nicht nur in Bezug auf die empirische Grundlage und eine fehlende wissenschaftliche Absicherung, sondern auch hinsichtlich des fragwürdigen Anspruchs, eine Prognosemethode für unterschiedliche Anwender sein zu wollen, angeführt (vgl. vor allem Graebsch/Burhardt 2006). „MIVEA perpetuiert ... aus wissenschaftlicher Sicht unhaltbare und schon im Ansatz überholte Denkmuster und verankert sie in den Köpfen von Strafvollzugs-, Gerichtspraxis und Öffentlichkeit. MIVEA bietet dem Justiz- und Vollzugspraktiker die Möglichkeit, diese Moralvorstellungen mit einen pseudo-wissenschaftlichen Mäntelchen zu umgeben" (vgl. Graebsch/Burhardt 2006: 145). Zudem wurde diese Methode seit ihrem Bestehen seit 1983 nie evaluiert (vgl. Quensel 2008).

Während MIVEA als ausgesprochen leicht anzuwendende Methode für Nutzer aus unterschiedlichen professionsspezifischen Bereichen gilt, können im Strafverfahren bei Bedarf klinische Gutachten von psychologisch bzw. psychiatrisch ausgebildeten Fachkräften hinzugezogen werden. Viele der bislang aufgeführten Kriterien, die für die Einschätzung zukünftigen (Legal-)Verhaltens herangezogen werden, finden sich dabei in den psychologischen bzw. psychiatrischen Diagnose- und Prognoseverfahren wieder, so dass sie manchen kriminologischen Instrumentarien ähneln.

4 Eine Annäherung an psychologische und psychiatrische Diagnose- und Prognoseverfahren

Psychologische und psychiatrische Gutachten können im Strafverfahren in Deutschland ausschließlich vom Gericht angefordert werden. „Gegenwärtig werden Gutachten zur psychischen Befindlichkeit von Kindern und Jugendlichen in Strafverfahren von zwei Berufsgruppen erstellt: Medizinern (Kinder- und Jugendpsychiater, Psychiater, Rechtsmediziner) und Psychologen, wobei häufig beide Berufsgruppen zusammenarbeiten und ihre spezifischen Kompetenzen gemeinsam in das Gutachten einbringen (z.B. körperliche vs. testpsychologische Untersuchung)" (Doreleijers/Jäger/Gutschner 2008: 38).

Ähnlich den kriminologischen Diagnose- und Prognoseverfahren existieren auch hier empirisch validierte Kriterienlisten sowie unterschiedliche Screeninginstrumente als Leitfaden. „Dabei wird die prognostische Einzelfallbeurteilung an Hand einer Kriterienliste vorgenommen, welche relevante Risikofaktoren benennt und gewichtet" (Kunz 2008: 83). Zu den bekanntesten aktuelleren Verfahren zählen der HCR-20 (Assessing Risk for Violence 20) und der SVR 20 (Sexual Violence Risk 20), die zur Prognose von Gewaltdelikten bei psychisch auffälligen oder „persönlichkeitsgestörten Personen" bzw. speziell zur Risikoeinschätzung für Sexualstraftäter entwickelt wurden (ebd.: 83; Walter 2005, S. 294).[2] Der HCR 20 stellt eine Kombination von retrospektiven und prospektiven Variablen dar (vgl. Walter 2005: 294). In Deutschland wurde der HCR-20 von Nedopil (u.a. 2005) mit zusätzlichen Risikovariablen angereichert und weiter entwickelt.[3] Zu den Risikovariablen zählen u.a. die Bedeutung situativer Faktoren für das Delikt, der Zusammenhang mit einer Persönlichkeitsstörung, frühere Gewaltanwendungen, Stabilität von Partnerbeziehungen, Stabilität in Arbeitsverhältnissen, Alkohol-/Drogenmissbrauch, Psychische Störung, Krankheitseinsicht und Therapiemotivation, Stressoren, etc. (ebd.).

Zur Diagnostik für forensische Gutachten stehen unterschiedliche Screeninginstrumente zur Verfügung (zur Übersicht vgl. Doreleijers/Jäger/Gutschner 2008). „Das Screening verfolgt allgemein das Ziel, aus einer sehr großen Zielgruppe diejenigen Menschen herauszufiltern, die ein bestimmtes Kriterium (beispielsweise das Vorhandensein einer psychischen Störung) erfüllen. Screeningmethoden sollen sowohl den betreffenden Jugendlichen als auch die Person, die das Screening durchführt, möglichst wenig Zeit kosten" (ebd.: S. 35). Screeninginstrumente arbeiten meist auf der Basis von Fragebögen, Interviewmethoden mit Jugendlichen, Familiengesprächen, Checklisten oder Angaben von Schulen. „Die am weitesten verbreiteten Screeninginstrumente, die sich für die Aufdeckung von psychopathologischen Auffälligkeiten in der jugendlichen Allgemeinbevölkerung eignen, sind der SDQ (Strengths and Difficulties Questionnaire) und die CBCL/YSR (Child Behavior Checklist/Youth Self Report). Der SDQ ist in ungefähr 10 Minuten zu bearbeiten, es existiert eine Eltern- und eine Lehrerversion" (ebd.: 35). In Deutschland, so die Autoren, stehe die Implementation des BARO (Basis Raads Onderzoek/Basis Screening des Jugendamtes) bevor, der u.a. auf der Basis von halbstrukturierten Interviews eine „besorgniserregende Entwicklung" (ebd.: 26) eines Jugendlichen diagnostizieren soll. Sowohl für das Jugendamt als auch für das Gericht stehe auf der Basis eines standardisierten Berichts eine Entscheidungsgrundlage für das weitere Vorgehen (weitere Diagnostik, Erziehungshilfe, Betreuung durch einen Bewährungshelfer) zur Verfügung. Abgefragt werden u.a. die Bereiche delinquentes Verhalten, somatische Entwicklung und Krankheiten, externalisierende/internalisierende Störungen oder das Funktionieren zu Hause/in der Schule (ebd.: 36). Für eine forensische diagnostische Untersuchung werden Fragen geklärt, z.B. ob der Angeklagte unter einer psychischen Störung leidet, wie der persönliche Entwicklungsstand zu beurteilen ist, in wie weit der Jugendliche für die Tat verantwortlich gemacht werden kann oder welche Faktoren vorhanden sind, die einen Rückfall wahrscheinlich machen (ebd.: 37).

Gesicherte empirische Ergebnisse, die eine genauere Trefferquote zukünftigen Verhaltens anhand von Kriterienlisten im Unterschied zu intuitiven Prognosen nachweisen, liegen bislang nicht vor, und die prognostische Verlässlichkeit gilt als umstritten (vgl. Walter 2005: 295; Kunz 2008: 85). Trotz der hohen Anforderungen an psychologische bzw. psychiatrische Gutachten existieren zudem kaum Anforderungen an die Gutachter und keine Qualitätsprüfungen der Gutachten (vgl. Doreleijers/Jäger/Gutschner 2008: 27). „Mitunter führt die Prognose zur Annahme einer ‚Therapieresistenz'. Für dieses Verdikt, das dem im 19. Jahrhundert durch von Liszt

---

2 Außerdem zählen der Static-99 und SORAG zu weiteren, derzeit gängigen aktuaristischen Prognoseinstrumenten, die die Rückfallwahrscheinlichkeit von Sexualstraftätern antizipieren sollen (vgl. Graebsch 2008: 7)
3 Vgl. Kunz 2008: 84: Hier ist die Integrierte Liste der Risikovariablen (ILRV) nach Nedopil aufgeführt. Bei Walter (2005: 295) findet sich eine Auflistung und Erörterung weiterer Verfahren, die speziell für besonders junge Probanden entwickelt und ausgewertet wurden.

entworfenen Konzept des unverbesserlichen – und daher dauerhaft unschädlich zu machenden – Rückfallverbrechers (...) entspricht, gibt es keine empirische Entsprechung in Befundtatsachen. Vielmehr handelt es sich dabei um ein begriffliches Konstrukt, das die Gründe für die Undurchführbarkeit einer Therapie ausschließlich in der Person des Probanden verortet und diese mit dem apodiktischen Verdikt der Unverbesserlichkeit belegt, das sich erst recht dazu eignet, ‚Therapieresistenz' zu fördern. Mitunter liegt die ‚Untherapierbarkeit' schlicht daran, dass geeignete Therapiemöglichkeiten und -einrichtungen fehlen" (Kunz 2008: 85). Die hier angesprochene, von Franz von List (1882/1883) begründete „Moderne Schule" zielte auf Prävention: „Nach dem ‚Marburger Programm', mit dem List die Neuausrichtung des Strafrechts prägnant auf eine Formel brachte, sollte das Strafrecht den besserungsfähigen und besserungsbedürftigen Missetäter bessern, den nichtbesserungsbedürftigen abschrecken und den nicht besserungsfähigen durch Inhaftierung sichern" (Goerdeler 2007: 173).

Die Sicherung von nicht „besserungsfähigen Tätern" existiert derzeit in der aktuellen Sicherheitspolitik in den USA und stellt als „selective incapacitation" ein Kernproblem des Umgangs mit Jugendkriminalität dar.

5 Individuelle Gefährlichkeitsprognosen und kollektive Neutralisierung durch „selecitive incapacitation" in den USA

Das Konzept der „selective incapacitation" richtet sich auf jene bereits beschriebene kleine Gruppe von hoch belasteten (jungen) Tätern („chronische Täter", „Intensivtäter", „Karrieretäter", „Hoch-Risiko-Jugendliche" aus der Gruppe der „life-course-persistent antisociality", s.o.), um sie durch Inhaftierung von weiteren Straftaten abzuhalten (vgl. Naplava 2008: 195). Um die Gruppe der „Hochbelasteten" zu identifizieren, bedarf es entsprechender Prognosemöglichkeiten: „Denn man muss vorher wissen, wer demnächst ein ‚Hochfrequenztäter' sein wird, um sodann diese Karrierekriminalität zu unterbinden" (Walter 2005: 281).

Vor dem Hintergrund der so genannten „Greenwood Scale", einer Schlechtpunktetabelle zur Identifizierung von carreer criminals, hat sich im anglo-amerikanischen Bereich eine Politik der „selective incapacitation" entwickelt: „Die Grundidee der selective incapacitation ist ebenso einfach wie faszinierend. Die notwendigerweise begrenzten staatlichen Mittel, insbesondere die teuren Gefängnisplätze, sollen ökonomisch eingesetzt werden, denen ‚selektiv' vorbehalten bleiben, die in Freiheit belassen in naher Zukunft weitere erhebliche Taten begehen würden" (ebd.). Vor dem Hintergrund der geringen empirischen Bestätigungen von Individualabschreckung und der – längst revidierten – These des „nothing works" in Bezug auf Re-Sozialisierung wird in den USA mit dem Begriff der „incapacitation" die maßgebliche Wirkung des Freiheitsentzuges beurteilt (vgl. Kunz 2008: 275): „Das Sicherungsanliegen setzt auf eine leicht erreichbare und überprüfbare *low-technology*-Verhaltenskontrolle durch objektive Verunmöglichung von Straftaten, während die Anliegen der Abschreckung und Re-Sozialisierung auf fehleranfällige *high-technology*-Verhaltensbeeinflussung setzen, deren Erfolg letztlich insbesondere auch von der subjektiven Bereitschaft des Täters, sich beeinflussen zu lassen, abhängt. (...) Die Sicherung durch Freiheitsentzug ist die effizienteste Möglichkeit zur Beschränkung krimineller Gelegenheiten" (ebd.: 276/Herv. i.O.). Im Vordergrund der selective incapacitation in den USA steht die „kollektive Neutralisierung eines durch bestimmte Merkmale der Tat definierten Täterkreises (= collecitve oder categorial incapaciation)" (ebd.).

Die Grundidee der selective incapacitation erweist sich in mehrfacher Hinsicht allerdings als inkonsistent. Die Erfahrung zeigt, dass sie keinen effektiven Einfluss auf die Sicherheitslage in den USA hat: „Gefährliche Täter wachsen immer wieder nach" (Horstkotte 1999: 614). Diese Kriminalpolitik deklariert zudem eine nicht unerhebliche Anzahl von Personen zu ‚gefährlichen Tätern', von denen zukünftig keine Straftaten zu erwarten sind. Kunz (2008: 281) veranschaulicht dies mit dem folgendem Rechenexempel: „Angenommen, zehn von hundert Individuen, die einen langdauernden Freiheitsentzug unterworfen sind und deren Gefährlichkeit prognostiziert werden soll, seien tatsächlich gefährlich, und die Fehlerquote betrüge (tief angesetzt: bescheidene) zehn Prozent. Dann würde man von den zehn wirklich Gefährlichen neun zutreffend erkennen und von den neunzig Ungefährlichen irrtümlich neun als gefährlich klassifizieren. Trotz einer Gesamt-Trefferquote von neunzig Prozent wären dann von den achtzehn als gefährlich Eingeschätzten die Hälfte objektiv ungefährlich. Die Diagnose ‚gefährlich' trifft somit nur in 50% der Fälle auch wirklich zu. Von den zweiundachtzig als ungefährlich taxierten Personen wäre hingegen nur eine Person tatsächlich gefährlich. Die Diagnose ‚ungefährlich' ist somit nur in 1,23 Prozent der Fälle falsch."

Die zu unrecht als gefährlich eingestuften Fälle werden als „falsche Positive" bezeichnet (vgl. u.a. Walter 2005: 296). Sie zeigen die Unmöglichkeit an, eine überzeugende Politik der selective incapacitation zu betreiben, weil die wenigen Hochbelasteten lediglich im Nachhinein zutreffend als solche erkannt werden können. Zudem werden die im Dunkelfeld agierenden und damit unerkannten Täter nicht erfasst. Durch die Klassifizierung mittels Greenwood-Scale werden vor allem leicht fassbare Täter aus der Unterschicht sowie Schwarze und Arme durch Schlechtpunktkonzentrationen benachteiligt (ebd.: 281, 296f, vgl. Kunz 2008: 277f). Die Anwendung derartiger Verfahren zeigt überdies die Gefahr einer sich selbst erfüllenden Prophezeiung an: „Es zeichnet sich insgesamt ein kreisförmiges Geschehen ab, bei dem bestimmte Menschen als gefährlich identifiziert, sanktioniert und anschließend vergleichsweise stärker kontrolliert werden. Damit wird nicht nur eine weitere Auffälligkeit wahrscheinlicher, sondern auch eine prognostische Bestätigung angebahnt. Solchermaßen spiegeln die Kriminalprognosen in der Praxis zu einem erheblichen Teil die Verhaltensmuster der Kontrollinstanzen" (Walter 2005: 297).

Neuere erziehungswissenschaftliche Studien sowie Forschungsergebnisse der Sozialen Arbeit u.a. über Fallverstehen, Diagnosen und über jugendliche „Straßenkarrieren" zeigen an, dass nicht nur strafrechtliche Instanzenkontakte, sondern auch schulische und sozialpädagogische Interventionen einen nicht unerheblichen Anteil in der Entwicklung von schwierig verlaufenden Fallprozessen zu handfesten „Karrieren" haben (vgl. u.a. Ader 2006; Hußmann 2007). Der sozialarbeiterische Diskurs um Diagnosen nimmt diese Aspekte mit auf und kritisiert sie in einer grundlegenden Weise. Mit dem folgenden Abschnitt wird neben einer Übersicht zum Thema „Diagnosen der Sozialen Arbeit" auf diese Ergebnisse eingegangen.

6 Diagnostik in der Sozialen Arbeit

Zu den Instanzen, die für junge Täter zuständig sind, gehören z.B. neben der Bewährungshilfe auch die Jugendgerichtshilfe und die Jugendhilfe. Frühe Diagnostik als Grundlage einer zu bestimmenden Individualprognose oder auch zur Prävention ist ebenfalls ein Thema für die Kinder- und Jugendhilfe (zur Schnittstelle von Strafgerichtsbarkeit und Jugendhilfe, vgl. Goerdeler 2007). Laut Scherr (2007: 71) weist die Klientel von Jugendhilfe, Jugendgerichtsverfahren und Jugendstrafvollzug empirisch eine große Schnittmenge auf: „Es handelt sich überwiegend um Jugendliche, die aufgrund ihrer sozialen Benachteiligung sowohl in spezifischer Weise auf Hilfeleistungen der Kinder- und Jugendhilfe verwiesen sind, als auch aufgrund ihrer sozialen Benachteiligung einem erhöhten Kriminalitätsrisiko unterliegen. (...) Die ‚Chance', vom Klienten der Jugendhilfe zur Klientel der Strafjustiz zu werden, oder im Rahmen von Jugendgerichtsverfahren an sozialpädagogische Maßnahmen verwiesen zu werden, [hängt] von fallbezogenen Abwägungen über den angemessenen gesellschaftlichen Umgang mit jeweiligen Problemartikulationen [ab]" (ebd.: 71f). Wie Fachkräfte aus dem Jugendamt mit polizeilichen Meldungen umzugehen haben, ist rechtlich wenig fixiert und liegt im fachlichen Ermessen des Jugendamtes (vgl. Bindel-Kögel/Heßler/Münder 2004: 63).

Während in der Kriminologie groß angelegte empirische Studien die Hauptströmungen relevanter Verfahren zur Diagnose und Prognose kennzeichnen, existiert für die Sozialpädagogik zwar eine beinahe unüberschaubare Anzahl von unterschiedlichen Diagnoseverfahren, die jedoch selten eine empirische Basis ausweisen können. Neben den Diagnoseverfahren sind zudem zahlreiche kasuistische Methoden entstanden, die den Diagnosebegriff vermeiden.

Ein systematisches Verstehen zählt zur Grundlage für professionelles sozialarbeiterisches Handeln und ist Bestandteil der Professionalisierungsgeschichte der Sozialen Arbeit (im Folgenden: vgl. Hußmann 2008). Johann Hinrich Wicherns Beobachtungen und dessen präzise Beschreibungen zu Lebensweisen und -verhältnissen der Armen in Hamburg St. Georg zu Beginn des 19. Jahrhunderts (vgl. Kunstreich 1997:7) zählen ebenso dazu wie das 1926 veröffentlichte Werk „Soziale Diagnose" der ersten großen deutschen Theoretikerin der Sozialen Arbeit Alice Salomon. Mit den 1990er Jahren setzt die bis heute andauernde und umfangreich geführte Theorie- und Methodendebatte über den Gegenstandsbereich der sozialpädagogischen Kasuistik ein – zeitgleich zum Inkrafttreten des Kinder- und Jugendhilfegesetzes (KJHG), zum Diskurs über das „Lebensweltkonzept" (Grundwald/Thiersch 2004), zur Rezeption der Thesen über gesellschaftliche Transformationsprozesse (vgl. u.a. Beckmann 2001), zum sprunghaften Anstieg des Einsatzes qualitativer Forschungsverfahren (vgl. u.a. Jakob/Wensierski 1997) sowie zur Einführung der so genannten „Neuen Steuerungsmodelle" (vgl. u.a. Krölls 1996). Diese neuere Debatte ist begleitet von einer raschen Entwicklung verschiedener Diagnose- bzw. „Fallverstehens"-verfahren und von einer uneinheitlichen Begriffsverwendung zur Klärung sozialarbeiterischer Fälle.

Hinter der heterogenen Anwendung der entsprechenden Fachtermini steht auch ein fachlicher Dissens, der sich an der Frage entzündet, ob Diagnosen in der Sozialen Arbeit Anwendung finden sollten. Kritiker der sozialpädagogischen Diagnostik erkennen u.a. die Gefahr von Ettiketierungs- und Stigmatisierungseffekten sowie der hegemonialen Anwendung eines als höherwertig definierten fachlichen Wissens. Mit Bezug auf den „labeling approach" und dem darin erörterten Stigmatisierungseffekt von Etikettierungs- und Stigmatisierungsprozessen äußert z.B. Hekele seine Kritik an Diagnosen, sie seien eine Form von übler Nachrede (vgl. Hekele 2005: 47). Auf der anderen Seite erkennen jene Vertreter, die für sozialpädagogische Diagnosen argumentieren, an der Diagnosekritik u.a. die Gefahr einer Entprofessionalisierung der Sozialpädagogik (vgl. u.a. den „Briefwechsel" zwischen Kunstreich, Müller, Heiner, Meinhold 2003).

Die Fachdebatte um sozialpädagogische Diagnostik respektive Fallverstehen kann grob in einen Diskurs der „Rekonstruktiven Sozialpädagogik" und in eine praxisbezogene Debatte unterschieden werden (vgl. Ader 2006).

Die Debatte der „Rekonstruktiven Sozialpädagogik" ist einerseits durch den Einfluss des sozialwissenschaftlichen, interpretativen Paradigmas, wie dem Symbolischen Interaktionismus geprägt und andererseits durch die Auseinandersetzung mit methodologischen Richtungen aus den Kontexten der Objektiven Hermeneutik (Oevermann 1980) sowie der Biographieforschung (Schütze 1994) (vgl. Wensierski/Jakob 1997: 8.). Zu den Verfahren, die im Kontext der „Rekonstruktiven Sozialpädagogik" entwickelt wurden, zählt u.a. die „Pädagogische Diagnostik" (Höpfner und Jöbgen, u.a. 2001), die am „Institut für pädagogische Diagnostik" entstanden ist. Höpfner und Jöbgen (2001: 38f) schreiben: „Die pädagogische Diagnostik ist ein Verfahren, das unterschiedliche Methoden und Techniken aus der empirischen Sozialforschung zusammenführt, um lebensgeschichtliche Selbstbeschreibungen, wie sie im Rahmen der Datenerhebung zustande kommen, auf die in ihnen wirksamen handlungsleitenden Muster zu bestimmen. Diese Muster entsprechen dem, was sich in der Biographieforschung unter dem Begriff der ‚Fallstruktur' eingebürgert hat".

Kritisiert wird das Programm der rekonstruktiven Sozialpädagogik u.a. hinsichtlich der grundsätzlichen Differenz zwischen Forschung und Praxis sowie der mangelnden Beachtung von institutionellen Rahmenbedingungen. Ob die in den Verfahren der Rekonstruktiven Sozialpädagogik praktizierten Abkürzungsstrategien, welche eine Lösung der Übertragbarkeit von sozialwissenschaftlichen Forschungsmethoden auf die Zeitlichkeit und die Ziele der Praxis darstellen, dabei zentrale Strukturelemente der Analyse ausblenden und somit als problematisch zu bewerten sind, wird kontrovers diskutiert (vgl. Jakob 1999; Schrödter 2003; Merchel 2003).

Im Unterschied zur Fallrekonstruktion stehen in der praxisbezogenen Debatte prognostische Einschätzungen über zukünftige Entwicklungen im Fokus, aus denen pädagogische Aufgabenstellungen und Interventionen sowie administrative Entscheidungen abgeleitet werden sollen (vgl. Ader 2006: 27ff.). Auffällig ist zudem, dass sich nahezu alle Veröffentlichungen dieser Debatte auf das Arbeitsfeld der Jugendhilfe, insbesondere auf Fragen nach der dem jeweiligen Fall angebrachten Hilfe („Hilfe zur Erziehung" § 27/Kinder- und Jugendhilfegesetz SGB VIII/KJHG) sowie nach der geeigneten Ausgestaltung des Hilfeplanverfahrens („Mitwirkung, Hilfeplan" § 36/KJHG) beziehen. Zu den bekanntesten zählt die Trilogie über „Sozialpädagogische Diagnosen" (Mollenhauer/Uhlendorff 1992, 1995; Uhlendorff 1997), jener Fallgruppe von Jugendlichen, die als „besonders schwierig" gelten, die sich in besonderen Konfliktsituationen befinden, für die kaum noch Hilfemaßnahmen zur Verfügung stehen und die mehrfach wechselnde Heimaufenthalte hinter sich haben. Sie werden von den Autoren als „psychosozial schwer belastete Jugendliche" bezeichnet (vgl. Mollenhauer/Uhlendorff 1992: 14) und nach einem Interviewverfahren einer entwicklungstheoretisch ausgerichteten Diagnostik unterzogen. Im Unterschied zu diesem hermeneutisch orientierten Vorgehen wurde vom Bayrischen Landesjugendamt (2001) ein Ankreuzverfahren für Praktiker der Jugendhilfe mit dem Titel „Sozialpädagogische Diagnose-Tabellen" entwickelt. Es handelt sich hierbei um einen Katalog mit zahlreichen Aspekten zur Risiko- und Ressourceneinschätzung, zum Erleben und Handeln junger Menschen bzw. zur Einschätzung der Erziehungs- und Entwicklungsbedingungen. Über dieses Diagnoseinstrumentarium schreiben Hilmeier/Huber/Pschibl (2004: 50f): „Der Bezirkssozialarbeit soll ein Instrumentarium für die Eingangsdiagnostik im Vorfeld der Hilfen zur Erziehung nach §§ 27ff SGB VIII zur Verfügung gestellt werden, welches das Hilfeplanverfahren qualifizieren und vor allem auch transparenter und für alle Beteiligten nachvollziehbarer machen kann".

Abgesehen von der Kritik, die vielfach an praxisorientierten Verfahren geäußert wird, u.a. im Hinblick auf die deduktive Logik im Kontext von ‚versäulten' Hilfen, aufgrund ihrer normativen Gehalte oder ihrer Ungenauigkeit im Praxisvollzug (vgl. u.a. Schreiber 2003; Merchel 2003; Langhanky 2004), weisen neuere Studien über die pädagogische Fallarbeit der Praxis erhebliche Defizite nach. Die kürzlich erschienenen empirischen Untersuchungen von v. Freyberg und Wolff (2006) sowie von Ader (2006) lassen eine mangelhafte pädagogische Praxis erkennen, wenn Kinder und deren Familien, die durch sozialpädagogische und schulische Maßnahmen betreut und gefördert werden, für die Praktiker zu „schwierigen Fällen" werden (vgl. im Folgenden: Hußmann 2008). Sie beleuchten vor allem, dass der Einfluss von wirkmächtigen Routinen pädagogischer Institutionen auf die Fallarbeit häufig unreflektiert und gewohnheitsmäßig unerkannt bleibt. Die AutorInnen konstatieren u.a. eine Symptomorientierung der intervenierenden Fachkräfte bei mangelndem Wissen über lebensweltliche Ressourcen sowie ein Ausblenden von frühkindlichen Ohnmachterlebnissen und von Tabu-Themen, z.B. Pädophilie. Ferner dominiere in den Arbeitsweisen sowie in den Konzepten der Institutionen Verwaltungsrationalität; fachliche Einschätzungen seien durch methodische Beliebigkeit und fehlende Selbstreflexion gekennzeichnet. In schwierig verlaufenden Fallprozessen würden zudem notwendige Koordinationen und Kooperationen von Fachkräften aus verschiedenen Diensten scheitern, die im „Fall" involviert sind, etc. Ader (2006: 217) resümiert, „dass die Jugendhilfe und ihre Partner in der Fallbearbeitung einen erheblichen Anteil daran haben, dass Fälle schwierig werden und eskalieren und sich die Beziehungs- und Interaktionsdynamiken in Familien, zwischen Familien und Profis und innerhalb des Hilfesystems kritisch zuspitzen, statt sich zu entspannen." Diese aktuellen Untersuchungsergebnisse weisen Parallelen zu den Daten aus der Forschungstradition auf, die sich auf die Situation von Jugendlichen konzentriert, deren Lebensmittelpunkte die Bahnhofs- und Straßenszenen deutscher Metropolregionen sind. Hier ist seit den 1990er Jahren bekannt, dass mangelndes Fallverstehen sowie die Handlungslogiken und Weichenstellungen von Fachkräften aus Jugendhilfe und Schule einen nicht unerheblichen Anteil an solchen „Straßenkarrieren" bzw. an problematisch verlaufenden Fallprozessen haben (vgl. Hußmann 2007, Hußmann 2008). Im Licht der öffentlichen und stark überwachten, subkulturellen Straßenszenen von Metropolregionen sind insbesondere männliche Jugendliche einer deutlich erhöhten Kriminalisierung ausgesetzt (vgl. Bodenmüller/Piepel 2003).

Vor diesem Hintergrund kristallisiert sich für die Fallwahrnehmung von Sozialisationsrisiken bei sozial wie institutionell benachteiligten und desintegrierten Kindern, Jugendlichen und deren Familien ein fachliches Problem heraus: Die Forschungsergebnisse weisen nach, dass nicht nur Adressaten an den Bedingungen von schulischen und sozialpädagogischen Maßnahmen scheitern, sondern auch die Professionellen im Umgang mit dieser Fallgruppe (vgl. Hußmann 2008).

7 Diagnose und Individualprognose als Kernproblem des Umgangs mit Jugendkriminalität

Bislang konnte den Diagnosen und Individualprognosen für straffällige Jugendliche empirisch keine Zuverlässigkeit nachgewiesen werden. Abgesehen von komplexitätsreduzierenden „Tätermerkmalen" stellt der nicht abgeschlossene und offene Entwicklungsprozess von Heranwachsenden die wohl größte Unsicherheitskomponente für die Verfahren dar. Die retrospektive Untersuchung einer Diagnose sowie der – in der Regel damit verbundene – prospektive Versuch der Vorhersage zukünftigen (Legal-)Verhaltens können die prinzipielle Kontingenz jugendlicher Entwicklungsverläufe nicht einkalkulieren. Vor diesem Hintergrund kann mit Graebsch (2008, S. 8f) argumentiert werden, dass man heute sehr genau weiß, dass es kein Prognoseverfahren speziell für junge Menschen geben kann. „Wenn gelegentlich das Gegenteil behauptet wird, so lohnt sich durchaus auch ein Blick darauf, ob dies auch von unabhängiger Seite oder aber allein von denjenigen gesagt wird, die an der Vermarktung eines Prognoseinstruments beteiligt sind." (ebd.: 8)

Die Effekte jedoch, die von Diagnosen und Prognosen auf jugendliche Biografien ausgehen, zeigen Kernprobleme im Umgang mit Jugendkriminalität an: So kann etwa die Ebene des Kontrollverhaltens zu einer rückfallbeeinflussenden Komponente für wiederholte Straffälligkeit werden (vgl. Kunz 2008: 83), so dass Instanzenkontakte im Jugendalter zu Wegbereitern für eine „kriminelle Karriere" werden können. Dieser Zusammenhang konnte durch entsprechende empirische Untersuchungen nachgewiesen werden (s.o.). Schlechte Prognosen und die darauf folgenden härteren Sanktionen stellen sich als Mitgestalter einer solchen Zukunft dar (vgl. Walter 2005: 298) und können darin ein Eigenleben entfalten, das den Betroffenen zusätzlich belastet (vgl. Horstkotte 1999: 612). Aber auch mit intuitiven Prognosen, die auf der Grundlage von Berufserfahrungen gestellt werden, läuft der erfahrene Praktiker Gefahr, in die Irre zu laufen: „So erfolgen insbesondere keine negativen Rückmeldungen, soweit Straftäter unnötig und zu hart sanktioniert werden. Falls sie nicht mehr auffallen, wird das als Bestätigung verbucht, obwohl die betreffende Sanktion das Risiko vielleicht sogar noch ungünstig beeinflusst hatte, zumindest nicht erforderlich war" (Walter 2005: 295). Gefängnisse erscheinen somit umso erfolgreicher, je überflüssiger die Gefangenschaft war (ebd.: 296).

Die Merkmalslisten der hier aufgeführten Verfahren machen zudem unmissverständlich deutlich, dass Diagnosen und Prognosen zur Kriminalisierung vor allem von deklassierten und/oder früh traumatisierten Heranwachsenden beitragen. Ein jugendlicher „Mehrfachtäter" aus dem Bildungsbürgertum und ein erwachsener Wirtschaftskrimineller können durch diese Verfahren regelhaft günstigere Prognosen erwarten, als ein als straffällig registrierter Heranwachsender aus einem strukturell benachteiligten und bildungsfernen Milieu. Dieser Zusammenhang von Klassenlage und Delinquenz findet seine Bestätigung am deutlichsten in den Jugendhaftanstalten (vgl. Oelkers u.a., 2008: 185) und wurde für das Gebiet der Kinder- und Jugendkriminalität in Langzeitstudien nachgewiesen (vgl. z.B. Pongratz/Jürgensen 1990). „(Nicht-) Funktionieren in der Familie", „Schuleschwänzen", „Drogenkonsum" oder ein „fehlendes Verhältnis zu Geld" als negativ zu wertende Merkmals- und Verhaltensmuster auf der Symptomebene zu interpretieren, ignoriert u.a. die Bedeutung des sozialen und subjektiven Sinns in der Bewältigung von Ausgrenzung. Begreift man abweichendes Verhalten als Bewältigungsverhalten (vgl. Böhnisch 2003), offenbaren sich mit den Merkmalen mancher Diagnose- und Prognoseverfahren sodann die Defizite einer Gesellschafts- und Sozialpolitik. Im Jugendgerichtsverfahren zeigen sich solche „Defizite vor allem in Hinblick auf die Überwindung von Armut, sozialer Ungerechtigkeit, Lehrstellenmangel und Arbeitslosigkeit sowie in Hinblick auf die rechtzeitige und angemessene sozialpädagogische Bearbeitung benachteiligter Lebenslagen von Kindern, Jugendlichen und ihren Familien" (vgl. Scherr 2007: 73).[4] Mit dem neueren Fokus auf die

---

4   Hier sei angemerkt, dass sich Sozialpädagogik und Jugendhilfe derzeit nicht mehr als Gegner von Polizei und Strafjustiz begreifen (vgl. Scherr 2007: 68). Scherr (ebd.: 74) erkennt Anzeichen dafür, „dass die Kinder- und Jugendhilfe sich zunehmend einen ... pragmatischen ‚Realismus' zu eigen macht, der die strafrechtliche Täterorientierung akzeptiert, sich im Rahmen dieser Perspektive einrichtet und zugleich auf eine gesellschaftspolitische Kritik der Bedingungen von Kriminalisierungen verzichtet." Inwieweit diese Entwicklung Einfluss auf die Per-

Verhaltensäußerungen in manchen Diagnose- und Prognoseinstrumenten verblassen die dahinterliegenden krank machenden, ungerechten, ausgrenzenden und demütigenden gesellschaftlichen Bedingungen. Vielmehr findet man eine Unterstellung von Gefährlichkeit vor, die sich auf die wiederentdeckten „Mehrfach- und ‚Intensivtäter" richtet (vgl. Oelkers u.a., 2008: 206). Die Ausarbeitung von bestimmten Eigenschaften, die vor allem Ausgegrenzte erfüllen, unterstützt diese begrifflichen und konsequenzreichen Konstruktionen. Sie unterstützt eine selektive Wahrnehmung bei der Vergabe „sozialer Zensuren", wie sie der Soziologe Chambliss 1973 in einer Studie über delinquentes Verhalten männlicher Jugendlicher aus der oberen Mittelschicht und aus der Unterschicht untersucht hat. Die Ergebnisse dieser Studie resümierend, schreiben Kunstreich und Lindenberg (2005: 352): „Durch selektive Wahrnehmung und Etikettierung wurden die armen, herausfordernden ‚harten Burschen' (‚tough kids') als ‚Delinquente' identifiziert, während dies den ähnlich delinquenten Jungen aus der oberen Mittelschicht mit sozial einflussreichen Eltern erspart blieb."

Diagnose und Individualprognose sind nicht zuletzt ein Kernproblem im Umgang mit jungen Straftätern, weil sie das Phänomen „Jugendkriminalität" methodisch durch standardisiert angelegte Deutungshorizonte und durch die Konzentration auf „Tat" und „Täter" versuchen zu objektivieren. Eine Orientierung auf den jugendlichen Täter greift jedoch zu kurz, denn auch Erwachsene – und damit auch Professionelle und deren helfende, kontrollierende oder strafende Instanzen – sind ein Bestandteil des Phänomens „Jugendkriminalität" in einer Lebensspanne mit großen und schnellen Veränderungen. Nimmt man weitere Aspekte hinzu, wie die Auswirkungen von (sozial-)staatlichen Programmen sowie die Bedeutung größerer gesellschaftlicher Zusammenhange, zeigt sich „Jugendkriminalität" als ein strikt relational zu interpretierendes Phänomen.

Literatur

Ader, S. (2006): Was leitet den Blick? Wahrnehmung, Deutung und Intervention in der Jugendhilfe. Weinheim und München.

Bayrisches Landesjugendamt (Hrsg.) (2004): Sozialpädagogische Diagnose. Arbeitshilfe zur Feststellung des erzieherischen Bedarfs. München, 4. Auflage (2001).

Beckmann, C. (2001): Soziale Arbeit zwischen Prävention und Ausschluss. In: WIDERSPRÜCHE, Zeitschrift für sozialistische Politik im Bildungs-, Gesundheits- und Sozialbereich. 21. Jg. März/2001, S. 43-62.

Bindel-Kögel, G./Heßler, M./Münder, J. (2004): Kinderdelinquenz zwischen Polizei und Jugendamt. Münster

Blumstein, A./Cohen, J./Farrington, D.P. (1988): Criminal career research: Its value for criminology. Criminology 26, S. 1-35.

Bock, M (1998): Die Methode der idealtypisch-vergleichenden Einzelfallanalyse und ihre Bedeutung für die Kriminalprognose. In: Dölling, D. (Hrsg.): Die Täter-Individualprognose. Beiträge zu Stand, Problemen und Perspektiven der kriminologischen Prognoseforschung. Heidelberg, S. 1-28.

Bodenmüller, M./Piepel, G. (2003): Streetwork und Überlebenshilfen. Entwicklungsprozesse von Jugendlichen aus Straßenszenen. Weinheim, Berlin, Basel.

Böhnisch, L.: Die Tücke des Subjekts. In: WIDERSPRÜCHE, Zeitschrift für sozialistische Politik im Bildungs-, Gesundheits- und Sozialbereich. 88, 23. Jahrgang, Juni 2003, S. 47-52.

Chambliss, W. (1973): The Saints and the Roughnecks. In: Society, Volume 11 (1973), S. 24-31.

---

spektiven von Diagnostikern sozialpädagogischer Provenienz nimmt, muss durch entsprechende Untersuchungen geklärt werden.

Doreleijers, T./Jäger, M./Gutschner, D. (2008): Screening und Diagnostik bei delinquenten Jugendlichen. In: Steinhausen, H-C./Bessler, C. (Hrsg.): Jugenddelinquenz. Entwicklungspsychiatrische und forensische Grundlagen und Praxis. Stuttgart, S. 27-40.

Freyberg von, T./Wolff, A. (2006): Trauma, Angst und Destruktivität in Konfliktgeschichten nicht beschulbarer Jugendlicher. In: Leuzinger-Bohleber, M./Haubl, R./Brumlik, M. (Hrsg.): Bindung, Trauma und soziale Gewalt. Psychoanalyse, Sozial- und Neurowissenschaft im Dialog. Göttingen, S. 164-185.

Glueck, E./Glueck, S. (1950): Unravelling juvenile delinquency. Cambridge Mass.

Göppinger, H. (1983): Der Täter in seinen sozialen Bezügen. Ergebnisse aus der Tübinger Jungtäter-Vergleichsuntersuchung. Unter Mitarbeit von M. Bock, J.-M. Jehle und W. Maschke. Heidelberg.

Göppinger, H. (1985): Angewandte Kriminologie, Ein Leitfaden für die Praxis, Berlin.

Göppinger, H./Bock, M. (Hrsg.) (2008): Kriminologie. 6. vollständig neu bearbeitete und erweiterte Auflage. München.

Goerdeler, J. (2007): Jugendstrafrecht als institutionalisierte Schnittstelle von Strafgerichtsbarkeit und Jugendhilfe. In: Köttgen, C. (Hrsg.): Ausgegrenzt und mittendrin. Jugendliche zwischen Erziehung, Therapie und Strafe. Regensburg, S. 172-198.

Graebsch, C. (2008): Stellungnahme zum Gesetzesentwurf der Bundesregierung: Entwurf eines Gesetzes zur Einführung der nachträglichen Sicherungsverwahrung bei Verurteilungen nach Jugendstrafrecht, BT-Drucksache 16/6562 anlässlich der öffentlichen Anhörung des Rechtsausschusses des Deutschen Bundestages am Mittwoch, den 28. Mai 2008. Zugriff unter: http://www.bundestag.de/ausschuesse/a06/anhoerungen/37_jugendstrafrechtsichverw/04_stellungnahmen/Stellungnahme_Graebsch.pdf im November, 2008.

Graebsch, C./Burkhardt, S.-U. (2006): MIVEA – Young Care? Prognoseverfahren für alle Altersgruppen, oder doch nur Kosmetik? In: Zeitschrift für Jugendkriminalrecht und Jugendhilfe 2/2006, S. 140-147.

Grundwald, K./Thiersch, H. (Hrsg.) (2004): Praxis lebensweltorientierter Sozialer Arbeit. Handlungszugänge und Methoden in unterschiedlichen Arbeitsfeldern. Weinheim.

Hekele, K. (2005): Sich am Jugendlichen orientieren. Ein Handlungsmodell für subjektorientierte Soziale Arbeit. Überarbeitete Neuauflage (1987), Weinheim und München.

Hillmeier, H./Huber, G./Pschibl, K. (2004): „EST – Evaluationsprojekt Sozialpädagogische Diagnose-Tabellen". Bayerisches Jugendamt. In: unsere jugend, 2/2004, S. 50-59.

Höpfner, N./Jöbgen, M. (2001): Kurzportrait: Pädagogische Diagnostik. In: Ader, S./Schrapper, C./Thiesmeier, M. (Hrsg.): Sozialpädagogisches Fallverstehen und sozialpädagogische Diagnostik in Forschung und Praxis. Koblenzer Schriften zur Sozialpädagogik und Weiterbildung, Band 1. Münster, S. 38-45.

Horstkotte, H. (1999): Prognose und Therapie, besonders bei jugendlichen und heranwachsenden Sexualstraftätern. In: DVJJ (Hrsg.): Kinder und Jugendlich als Opfer und Täter. Prävention und Reaktion. Dokumentation des 24. Deutschen Jugendgerichtstages vom 18. bis 22. September 1998 in Hamburg. Mönchenglattbach, S. 611-625.

Hußmann, M. (2007): „Jugendliche in der Szene" – Eine Annäherung an Untersuchungsergebnisse aus rund 30 Jahren Forschung und der Versuch einer sozialräumlichen Sichtweise. In: Herz, B. (Hrsg.): Lern-„Brücken" für Jugendliche in Straßenszenen. Münster/New York/München/Berlin, S. 21-46.

Hußmann, M. (2008): Lern-Lust oder (doch) Hirntoaster? Kasuistik als Grundlage für die Entstehung entwicklungsfördernder pädagogischer Settings. In: Sozialmagazin. Die Zeitschrift für Soziale Arbeit. 9/2008, S. 44-51.

Jakob, G. (1999): Fallverstehen und Deutungsprozesse in der sozialpädagogischen Praxis. In: Peters, Friedhelm (Hrsg.): Diagnosen – Gutachten – hermeneutisches Fallverstehen. Rekonstruktive Verfahren zur Qualifizierung individueller Hilfeplanung. Frankfurt/Main, S. 99-125.

Jakob, G./v. Wensierski, H.-J. (Hrsg.) (1997): Rekonstruktive Sozialpädagogik – Konzepte und Methoden sozialpädagogischen Verstehens in Forschung und Praxis. Weinheim, München.

Krölls, A. (Hrsg.) (1996): Neue Steuerungsmodelle. Der Einzug der Betriebswirtschaftslehre in der Sozialarbeit/Diakonie. Hamburg.

Kunstreich, T. (1997/1998): Grundkurs Soziale Arbeit. Sieben Blicke auf Geschichte Gegenwart Sozialer Arbeit, Hamburg, Band I (1997) und Band II (1998).

Kunstreich, T./Müller, B./Heiner, M./Meinhold, M. (2003): Diagnose und/oder Dialog? Ein Briefwechsel. In: WIDERSPRÜCHE , Zeitschrift für sozialistische Politik im Bildungs-, Gesundheits- und Sozialbereich. 88, 23. Jahrgang, Juni 2003, S. 11-31.

Kunstreich, T./Lindenberg, M. (2005): Die Tantalus-Situation – Soziale Arbeit mit Ausgegrenzten. In: Thole, W. (Hrsg.): Grundriss Soziale Arbeit. Ein einführendes Handbuch. 2., überarbeitete und aktualisierte Auflage. (2002) S. 349-366.

Kunz, K.-L. (2008): Kriminologie. Eine Grundlegung. 5., vollständig überarbeitete und aktualisierte Auflage. Bern, Stuttgart, Wien.

Lösel, F. (1998): Die Prognose antisozialen Verhaltens im Jugendalter: Eine entwicklungsbezogene Perspektive. In: Dölling, D. (Hrsg.): Die Täter-Individualprognose. Beiträge zum Stand, Problem und Perspektiven der kriminologischen Prognoseforschung. Heidelberg, S. 29-61.

Langhanky, M. (2004): Handeln ohne Diagnostik. In: Schrapper, C.: Sozialpädagogische Diagnostik und Fallverstehen in der Jugendhilfe. Anforderungen, Konzepte, Perspektiven, Weinheim und München, S. 39-46.

Merchel, J, (2003): „Diagnose" im Hilfeplanverfahren: Anforderungen und Problemstellungen. In: neue praxis, 6, Jg. 33, 2003, S. 527-542.

Moffitt, TE (1993): „Life-course-persistent" and „adolescence-limited" antisocial behaviour: A developmental taxonomy. Psychological Review, 100, S. 674-701.

Mollenhauer, K./Uhlendorff, U. (1992): Sozialpädagogische Diagnosen. Über Jugendliche in schwierigen Lebenslagen. Weinheim, München.

Mollenhauer, K./Uhlendorff, U. (1995): Sozialpädagogische Diagnosen II – Selbstdeutungen verhaltensschwieriger Jugendlicher als empirische Grundlage für Erziehungspläne. Weinheim, München.

Naplava, T. (2008): Jugendliche Intensivtäter als Kriminalitätsproblem und Problemkonstruktion. In: Groenemeyer, A./Wieseler, S. (Hrsg.): Soziologie sozialer Probleme und sozialer Kontrolle. Realitäten, Repräsentationen und Politik. Wiesbaden, S. 193-214.

Nedopil, N. (2005): Prognosen in der forensischen Psychiatrie. Ein Handbuch für die Praxis. Lengerich.

Oelkers, N./Otto, H.-U./Schrödter, M./Ziegler, H. (2008): „Unerziehbarkeit" – Zur Aktualität einer Aussonderungskategorie. In: Brumlik, M. (Hrsg.): Ab nach Sibirien? Wie gefährlich ist unsere Jugend? Weinheim und Basel, S. 184-216.

Oevermann, U. (1980): Zur Logik der Interpretation von Interviewtexten. In: Heinze, T./Klusemann, H.W./Soeffner, H.-G. (Hrsg.): Interpretation einer Bildungsgeschichte. Bensheim, S. 15-69.

Pongratz, L./Jürgensen, P. (1990): Kinderdelinquenz und kriminelle Karrieren. Eine statistische Nachuntersuchung delinquenter Kinder im Erwachsenenalter. Pfaffenweiler.

Quensel, S. (2008): Rezension vom 12.10.2008 zu: Hans Göppinger, Michael Bock (Hrsg.): Kriminologie. C.H.Beck Verlag (München) 2008. 6., vollständig neu bearbeitete und erweiterte Auflage. 781 Seiten. ISBN 978-3-406-55509-1. In: socialnet Rezensionen unter http://www.socialnet.de/rezensionen/6653.php, Datum des Zugriffs 30.11.2008.

Rössner, D. (2006/2007): Die Kriminalprognose. Zugriff unter: www.uni-marburg.de/fb01/lehrstuehle/strafrecht/roessner/roessner_vermat/roessner_archiv/wso607_0110400065/roessner_kriminalprognose im November 2008

Salomon, A.: Soziale Diagnose. Berlin.

Scherr, A. (2007): Jugendhilfe, die bessere Form des Strafvollzugs? Chancen und Risiken. In: Nickolai, W./Wichmann, C. (Hrsg.): Jugendhilfe und Justiz. Gesucht: Bessere Antworten auf Jugendkriminalität. Freiburg im Breisgau, S. 68-83.

Schreiber, W. (2003): Sozialpädagogische Diagnose und Intervention. Ansätze in der Arbeit mit psychosozial geschädigter Klientel. In: neue praxis 6, Jg. 33, 2003, S. 515-526.

Schrödter, M. (2003): Zur Unhintergehbarkeit von Diagnose. Klassifikation in der professionellen Sozialen Arbeit. In: WIDERSPRÜCHE. Zeitschrift für sozialistische Politik im Bildungs-, Gesundheits- und Sozialbereich. Heft 88, 23. Jg., 2003, Nr. 2, S. 85-100.

Schütze, F. (1994): Das Paradoxe in Felix' Leben als Ausdruck eines ‚wilden Wandlungsprozesses. In: Koller, H.-Ch./Kokemohr, R. (Hrsg.): Lebensgeschichte als Text. Zur biographischen Artikulation problematischer Bildungsprozesse. Weinheim, S. 13-60.

Stolle, P. (2004/2005): Täterzentrierte Kriminalitätstheorien. Zugriff unter: www.strafrecht-online.org/index.php?dlinit=1&id=1909 im November 2008.

Uhlendorff, U. (1997): Sozialpädagogische Diagnosen III. Ein sozialpädagogisch-hermeneutisches Verfahren für die Hilfeplanung, Weinheim, München.

Walter, M. (2005): Jugendkriminalität. Eine systematische Darstellung. 3., neu bearbeitete und erweiterte Auflage. Stuttgart, München, Hannover, Berlin, Weimar, Dresden.

Wensierski, von, H.-J./Jakob, G. (1997): Rekonstruktive Sozialpädagogik. Sozialwissenschaftliche Hermeneutik, Fallverstehen und sozialpädagogisches Handeln – eine Einführung. In: Jakob, G./Wensierski, von, H.-J. (Hrsg.), a.a.O., S. 7-22.

West, D.J./Farrington, D.P. (1973): Who becomes delinquent? London.

www.mivea.de - Zugriff im November 2008.

Detlev Frehsee

Korrumpierung der Jugendarbeit durch Kriminalprävention?[1]

Prävention als Leitprinzip der Sicherheitsgesellschaft

Prävention hat sich in den Risikogesellschaften der so genannten späten Moderne zu einem der gesellschaftspolitischen Leitprinzipien entwickelt (Hughes 1998: 4 ff). Dies ist sowohl Ausdruck grundlegender Wandlungen des menschlichen Existenzverständnisses in den entwickelten Ländern wie auch Antrieb für prinzipielle Veränderungen der Konzeptionen sozialer Steuerung und daraus folgender gesellschaftsorganisatorischer und kultureller Wandlungen. (Die Veränderungen der Steuerungskonzepte, durch die auch die Jugendarbeit in ihrer Rolle und Funktion betroffen ist, sollen später angesprochen werden.)

Der Wandel des menschlichen Existenzverständnisses zeigt sich darin, dass das Leben nicht mehr selbstverständlich hingenommen wird in seiner Vielgestaltigkeit unterschiedlicher Vollkommenheitsgrade, Beschränkungen und Begrenztheiten. Vielmehr wird es an Maßstäben wie etwa der statistischen Lebenserwartung, dem body-mass-index oder dem Werbebild des marktfähigen Konsumenten orientiert und nach diesen bewertet; und auch Armut, Unfälle, Krankheiten oder vorzeitiger Tod werden nicht mehr einfach als persönliche Schicksale akzeptiert. Unter dem Druck normativer Idealbilder wie körperlicher Fitness und Jugendlichkeit erscheint selbst der natürliche Alterungsprozess als Mangel, Makel und Unglück. Mit dem Bedeutungsverlust religiösen Glaubens schwindet der Trost, im Jenseits für die Entbehrungen im Diesseits entschädigt zu werden, folglich muss schon diesseits eine optimale Existenzverwirklichung gelingen. Mit zunehmender Individualisierung begreift sich der einzelne immer weniger als Teil des Ganzen, sondern reklamiert seine Einzigartigkeit. In der Folge gewinnt das kulturelle Leitziel hedonistischer Selbstverwirklichung in der Erlebnisgesellschaft an Bedeutung.

Dieser singuläre Selbstbezug steigert auch die Sensibilität für Beeinträchtigungen und erweitert das Gefahrenbewusstsein. So ist Sicherheit zu einem der wichtigsten Lebensgüter geworden, dem bereits der Verfassungsrang eines Menschenrechtes zugebilligt wird (Robbers 1987). Dabei sind es die Erfahrungen eines Lebens in außergewöhnlich sicheren Zeiten selbst, die erst die Erwartung optimierter Sicherheit legitimieren. Zeitgenössische Sicherheitsbedürfnisse können freilich auf neuartige Risiken moderner Technik mit gewaltigen Schädigungs- und Vernichtungspotentialen verweisen, denen sich angesichts ihrer globalen Präsenz niemand entziehen kann, und die im Versagensfall unbeherrschbar sind. Auf der anderen Seite macht die Technik ständig neue Versprechungen, jedwede Risiken zu bannen. (An die Möglichkeit der Gentechnik, nicht nur die Unvollkommenheit einer Existenz, sondern schon unvollkommene Existenzen an sich zu verhindern, soll hier nur zur Kennzeichnung der erreichten Dimension

---

1 Anm. der Herausgeber: Es handelt sich um einen Wiederabdruck aus: Freund, T./Lindner, W. (Hg.), 2001: Prävention. Zur kritischen Bewertung von Präventionsansätzen in der Jugendarbeit. Opladen. Der Abdruck erfolgt mit freundlicher Genehmigung des Verlags und der ersten Herausgeber.

erinnert werden.) Infolgedessen verlangen wir bereichsweise nachgerade irrational nach absoluter Sicherheit, und zwar nicht nur bezüglich moderner Großrisiken (Atomkraft), sondern zunehmend auch bei klassischen Marginalrisiken (schwere Sexualverbrechen).[2]

Kriminalprävention

Unter verschiedenen präventiven Zielrichtungen, die auf allen möglichen Gestaltungs- und Organisationsebenen verfolgt werden, kommt der *Kriminalprävention* insofern eine besondere Rolle zu, als diese Sicherheit befördern will durch die Verhinderung menschlichen Verhaltens. Dieser Ansatz hat verschiedene Vorzüge: Während sich Ereignisse wie Unfälle, technisches Versagen, Krankheiten, Natureinwirkungen, ökonomische Zusammenbrüche u.ä. durch noch so gute Vorsorge nie ganz vermeiden lassen, kann in bezug auf verantwortliches, intentionales, vermeidbares Verhalten der Anspruch erhoben werden, dass dies Jedermann unterlässt. Indem die Risikoquelle bei dem sich verhaltenden Menschen lokalisiert wird, kann diesem im Falle des Schadenseintritts die Verantwortung aufgebürdet werden. Dafür wird der Bedarf immer größer, weil sich unter Bedingungen steigender sozialer, technischer, ökonomischer Komplexität die Handlungsmöglichkeiten ständig erweitern; zugleich wird es immer aufwendiger, Abläufe und Prozesse in geordneten Bahnen zu halten. Deshalb wird die Verantwortung für ordnungsgemäße Interaktionsverläufe immer mehr auf die handelnden Individuen verlagert. An sie werden immer stärkere und vielfältigere Anforderungen gestellt, steigende Risikopotentiale dieser sich erweiternden Handlungsmöglichkeiten selbstkontrolliert zur Beherrschung zu bringen. Systemische Risiken, wie sie sich aus technischer Komplexität, Marktzwängen, Entfremdungsbedingungen oder sozialen Ungleichheiten ergeben, werden den handelnden Akteuren aufgebürdet und somit in menschliche Risiken umgedeutet, woraufhin die riskanten Verhältnisse und Zustände entlastet werden und weiter so belassen werden dürfen, wie sie sind.

Präventive Kriminalpolitik

Diese weiträumigen sozialen Veränderungsprozesse haben zur Folge, dass zunächst mit den Mitteln des Strafrechts versucht wird, die wachsende Vielfalt der Handlungsmöglichkeiten durch strafbewehrte Verhaltensverbote einzugrenzen. Wo immer sich neue Verkehrsbereiche auftun, eröffnen sich neue Missbrauchsmöglichkeiten, die sogleich mit den Mitteln des Strafrechts gedämpft werden müssen. Dabei wird auch dieses konzeptionell repressive Steuerungsinstrument im Sinne des Präventionsgedankens zunehmend auf ein möglichst frühzeitiges Ansetzen ausgerichtet, indem es sich immer weniger damit begnügt, erst Handlungen zu verbieten, durch die unmittelbar Schädigungen ausgelöst werden, sondern schon solche Handlungen, die gefährlich sind oder womöglich gefährlich sein könnten. Diese so genannte „Vorfeldkriminalisierung" wird als der Anpassungsmodus interpretiert, mit dem das Strafrechtssystem auf die Herausforderungen der Risikogesellschaft eingeht und so zum „Risikostrafrecht" mutiert (Prittwitz 1993). Diese Wandlung findet auch im Prozessrecht ihren Niederschlag, das durch eine ständige Ausweitung der Ermittlungs-, Eingriffs- und Informationssammlungsrechte die Kompetenzen der Verfolgungsorgane ausbaut und seine Zuständigkeiten exponentiell auswei-

---

2 Gesetz zur Bekämpfung von Sexualdelikten und anderen gefährlichen Straftaten vom 26.1.1998 (BGBl. I S. 160).

tet, indem sich diese erweiterten Zugriffsrechte auf immer weiter ins Vorfeld möglicher Schädigungen gerichtete Verhaltensverbote beziehen.

Immer stärker geht es nicht mehr nur um „wirkliche Kriminalität" im Sinne tatsächlicher Schädigungen oder Gefährdungen. Die Risikogesellschaft kennzeichnet sich dadurch, dass unter den Bedingungen zunehmender Verunsicherungen, wie sie insbesondere durch die Umbrüche der deutschen Einigung genährt wurden, die bloße Furcht vor Lebenseinbußen eine immer größere Rolle spielt. Dabei kommt der Kriminalitätsfurcht eine herausgehobene Bedeutung zu, weil sich Kriminalität als dramatisiertes Mysterium hervorragend als Projektionsfläche für alle möglichen Unsicherheiten und Ängste eignet. Dies hat zur Folge, dass sich die Politik einerseits veranlasst sieht, auf solche Ängste einzugehen, sie diese andererseits aber auch ausnutzt, weil sich gerade im Bereich der Kriminalpolitik mit gewissen Gesten staatlicher Stärke sehr preiswert Politik machen läßt. Obwohl sich immer wieder bestätigt, dass es zwischen solchen Ängsten und den messbaren faktischen Risiken krimineller Schädigung beträchtliche Differenzen gibt, ist die Besänftigung von Kriminalitätsfurcht seit Anfang der neunziger Jahre mehr und mehr zur offiziellen Zielsetzung amtlicher Kriminalpolitik geworden. Es finden sich sogar Gesetzesbegründungen, die auf jeden empirischen Beleg faktisch gestiegener krimineller Bedrohungspotentiale verzichten und sich allein in Hinweisen auf Bevölkerungsängste erschöpfen, obwohl dabei durchaus handfeste Auswirkungen für die Praxis der Strafrechtspflege und die Inanspruchnahme verurteilter Straftäter bewirkt worden sind.[3] Kriminalpolitik ist in bedeutendem Maße ein symbolisches Geschäft geworden, das sich weithin in einem virtuellen Raum vorgestellter krimineller Bedrohungsszenarien bewegt.

Kommunale Kriminalprävention

Dies gilt auch für die jüngste kriminalpolitische Errungenschaft: die kriminalpräventiven Konzeptionen in kommunalen Organisations- und Zuständigkeitsbereichen. Im Rahmen der eigenen, unmittelbar selbst erfahrbaren Lebensumfelder können diffuse und unbestimmte Ängste vergegenständlicht werden. Dabei kommt es wiederum zu interpretativen Überhöhungen, indem nun alles mögliche dem Leitbegriff „Kriminalität" subsumiert wird, was irgendwie beunruhigt, ängstigt oder stört. In der Tat erweist sich, dass sich die tatsächlichen kriminalpräventiven Aktivitäten weithin, mitunter gar überwiegend gegen Lästigkeiten und Unannehmlichkeiten richten, die in der rechtlichen Bewertung allenfalls als Ordnungswidrigkeiten eingeordnet werden können (disorders und incivilities). Der Politik eröffnet sich hier die Möglichkeit, den Menschen zu ihrer eigenen unmittelbaren Anschauung am Beispiel solcher alltäglichen und allgegenwärtigen Lästigkeiten und Ordnungsstörungen zu demonstrieren, dass etwas zur Gewährleistung von Sicherheit getan wird. Darüber hinaus bietet kommunale Kriminalprävention die besondere Möglichkeit, den Bürger selbst in Aktivitäten zur Sicherheitsvorsorge einzubinden, Abwehrbereitschaft für ihn selbst erfahrbar zu machen und ihm mit diesem Beispiel der Kriminalitätsabwehr das Gefühl zu vermitteln, dass jeder etwas tun und damit Herrschaft über seinen Lebensraum zurückgewinnen kann. Das Konzept enthält also ein gewisses Mobilisierungspotential, weshalb mitunter gern Bezüge zu kommunitaristischen Idealen neuer, materialer Gemeinschaftlichkeit hergestellt werden.

---

3 Vgl. etwa Entwurf eines Gesetzes zur Rechtsvereinheitlichung bei der Sicherungsverwahrung, BR-Drs. 763/93, Anl. 2.

Der besondere Charakter kommunaler Mobilisierung über das Medium Kriminalität liegt allerdings darin, dass es dabei nicht um den Zusammenschluss geht *für* etwas, sondern um Formierung *gegen* etwas; es ist ein Modus der Integration durch Ausgrenzung, durch Polarisierung, durch das Angebot immer wieder neuer Feindbilder des bedrohlichen Bösen.

Jugend als zentrales Objekt Kommunaler Kriminalprävention

Da es hier um veränderte Anforderungen an Rolle und Funktion der Jugendarbeit geht, muss uns besonders interessieren, dass es die Jugend ist, die in dieser Hinsicht ein besonders praktikables Zielbild abgibt. Das erscheint zunächst auf der Grundlage einer wissenschaftlichen Einschätzung krimineller Bedrohungspotentiale erstaunlich, weil wir immer mehr darüber wissen, dass die wirkungsmächtigeren Risiken ganz anders zu verorten sind. Dennoch ergibt sich diese Fokussierung auf die Jugend aus der Natur der Sache, weil es sich bei den Kriminalitätsformen, an denen sich zuerst Angstphantasien und dramatisierende Mystifizierungen entzünden, um solche handelt, die sich vorzugsweise in öffentlichen Räumen abspielen und durch ihre vordergründige, auf unmittelbare Bedürfnisbefriedigung angelegte, gegenständliche, direkte Angriffsweise besonders offen in der sozialen Sichtbarkeit stehen. Sichtbarkeit und Gegenständlichkeit sind zugleich die Kennzeichen von Jugendkriminalität, weshalb sich diese besonders gut für symbolische Plakatierungen eignet.[4] Überdies sind es insbesondere auch Jugendliche, die vielfach auf die Straße als Lebensraum angewiesen sind und dort mit unkonventionellen Benehmensweisen als lästig und störend wahrgenommen werden. Sehen wir im übrigen heute „Kriminalitätsfurcht" auch als Chiffre für tiefer sitzende Verunsicherungen und diffuse Lebensängste, so kann die Neigung zur Verortung herausragender Kriminalitätsgefahren bei der Jugend auch als Angst vor der Unzuverlässigkeit derjenigen gedeutet werden, auf deren Schultern unser aller Zukunft lastet. Wachsen überdies die Bevölkerungsanteile derjenigen, die kinderlos keine eigene Erfahrung mit den Befindlichkeiten junger Menschen haben, oder bei denen diese Erfahrung immer länger zurückliegt, so läßt sich auch darin eine Erklärung für das Schwinden von Toleranz und Verständnisbereitschaft erkennen. Im übrigen bildet die Jugend als machtlose Gesellschaftsgruppe eine ideale Ableitungs- und Projektionsfläche für eigene Versäumnisse und mangelnde Opferbereitschaft zugunsten der Jugend oder der eigenen Kinder, für die vielfältigen eigenen kleinen Sünden im Umgang mit rechtlichen Verhaltensanforderungen oder für den Werteverfall in den verschiedenen Bereichen hoher und höchster Gesellschaftsetagen, bezüglich derer die Leute resignierend hinnehmen müssen, dass sie ihnen nicht beikommen können.

Polizei als zentraler Träger präventiver Konzepte

Auf der Seite der sozialen Kontrolle, also der Betreiber der neuen kriminalpräventiven Orientierungen ist die Polizei die dominante Instanz. Besonders augenfällig ist sie der entscheidende Akteur im Rahmen der Kriminalprävention auf kommunaler Ebene, denn wohl überall sind es die Polizei und die Innenministerien gewesen, welche die Präventionsbewegung überhaupt in Betrieb gesetzt haben. Und auch soweit – nicht ohne die Intention der Kaschierung der sicherheitsadministrativen Provenienz – zumeist die Bürgermeister oder sonstige zivile Repräsentanten veranlasst worden sind, den Vorsitz in den Präventiven Räten zu übernehmen,

---

4 „Vor allem die Jugendlichen wecken bei den Bürgern ... von Hamm Furcht" (Misterek/Reichertz 1997; 487).

hat die Polizei überall eine herausgehobene Position und Stabsfunktion, während Vertreter der Jugendbehörden oder gar freier Träger – vorzugsweise in der Funktion der Jugendgerichtshilfe – allenfalls in Arbeitsgruppen mitwirken.

Diese polizeiliche Dominanz ergibt sich zunächst aus der Natur der Sache, denn Kriminalität und Innere Sicherheit sind originäre Angelegenheiten der Polizei. Und wo Sicherheit zu einem gesellschaftlichen Leitziel erhoben wird und der Begriff der Sicherheit in der Spezifizierung von Sicherheit vor Kriminalität gebündelt wird, erhebt sich Polizei zwangsläufig zu einer prioritären gesellschaftlichen Instanz. Die Polizei selbst nimmt diese Statuserhöhung nur allzu bereitwillig an, weil sie, die sie ja trotz höchster demoskopischer Anerkennungswerte ständig an Identitätsproblemen leidet, hier neue Profilierungsmöglichkeiten findet, indem sie sich dem Bürger als Service-Einrichtung andienen und unter dem Stichwort des community policing ein neues Selbstbild entwickeln kann. Darüber hinaus verschaffen dieses Engagement und diese konzeptionelle Schwerpunktverlagerung der Polizei beträchtliche Machtzuwächse, indem sie über die Kooperationen und Vernetzungen Zugänge zu allen kommunalgesellschaftsrelevanten Bereichen findet, in kommunalpolitische Entscheidungs- und Gestaltungsprozesse eingebunden wird, somit allerorten Einfluss gewinnt und als Fachbehörde für Normverstöße überall das letzte Wort hat.[5]

Dieser Statuszuwachs der Institution Polizei konkretisiert sich in rechtlichen Befugniserweiterungen auf allen Ebenen. Ihre Kompetenzzuwächse im Bereich der Strafverfolgung haben zur Folge, dass dort nicht mehr das Gerichtsverfahren der Normalfall der amtlichen Verarbeitung von Kriminalität ist, sondern der eindeutige Schwerpunkt staatlicher Strafverfolgung mittlerweile im polizeilichen Ermittlungsverfahren liegt. Infolge der Einräumung supranationaler Kompetenzen (zuletzt Europol) beschränkt sich polizeiliche Zuständigkeit nicht mehr auf das Staatsgebiet. Und insbesondere im Bereich des Polizeirechts – also des originär präventiven Rechts der Gefahrenabwehr – werden die Zielbeschreibungen immer offener gefasst und die Voraussetzungen für polizeiliches Tätigwerden zusehends aufgelöst. Nachdem die Aufgabe der Abwehr konkreter, durch Tatsachen verifizierter, unmittelbar bevorstehender Gefahren für ein bestimmtes Rechtsgutobjekt zunächst 1951 durch das BKA-Gesetz um die Aufgabe der „Vorbeugenden Verbrechensbekämpfung" und dann nach dem Volkszählungsurteil von 1983 in den Polizeigesetzen der Länder durch die Aufgabe der „vorbeugenden Bekämpfung von Straftaten" erweitert wurde, ist in den späten 90er Jahren die Aufgabe der „Verhütung" von Straftaten hinzugefügt worden (z.B. § 1 I S. 2 PolG NW). Die Rechtswissenschaft sieht damit Grenzen „gesprengt". „Noch unbestimmter kann man kaum formulieren, um der Polizei Aufgaben zuzuweisen" (Gusy 1996: 103). Skeptiker sehen die Entwicklung Deutschlands „zu einem Staat, in dem die politisch definierte ‚Sicherheit' weitgehend dem Selbstlauf wenig kontrollierter Behörden überlassen bleibt; ... das sicherheitsbehördliche Effizienzdenken normativ kaum noch gezügelt wird, ... die ganz von Effizienzvorstellungen her bestimmte Praxis justizfest" gemacht wird (Wagner 1987, Einl A Rn. 10).

Diese Entwicklung erscheint nach der an strikte Befugnisbeschreibungen und Tatsachengrundlagen gebundenen Polizei des Rechtsstaates nachgerade als Rückfall auf die Allzuständigkeit der „guten Wohlfahrtspolicey" des Absolutismus im 18. Jahrhundert, durch die „jede Facette des Territoriums der Untertanen obrigkeitlicher Aufsicht unterworfen werden" sollte: „Die ‚Disziplin' der Körper, Sinne und Geister jedes und jeder einzelnen war gemeint" (Lüdtke 1992: 11). Jedenfalls geht die Polizei mit der immer stärkeren Einbeziehung in alle möglichen

---

5 Zu den Verflechtungen mit anderen, auch privaten Sicherheitsinstanzen vgl. Beste 2000; 17 f.

politischen Gestaltungsfragen durch ihre Beteiligung an Räten und Gremien, mit dem Engagement in Schulen, Kindergärten, der offenen Jugendarbeit etc. und der zunehmenden Informalisierung ihrer Präsenz im bürgerlichen Alltag immer deutlicher in diese Richtung.[6]

Vom Förderungsparadigma zum Störungsparadigma

Wenn zuvor der Statuszuwachs der Polizei damit in Verbindung gebracht wurde, dass die Sicherheits- und Präventionsorientierung unserer Zeit primär auf polizeiliche Funktionen zielt, so bedeutet der Ausbau allgegenwärtiger gesellschaftlicher Teilnahme und Mitwirkung, dass die auf Sicherheit und Kriminalprävention bezogenen Sichtweisen und Weltbilder der Polizei auch immer stärkere Verbreitung finden und in ihrer Relevanz auch für zivile politische Gestaltungsfragen und die Bedürfnisse der Menschen weiter bestärkt werden. Im Rahmen dieser zunehmenden Verpolizeilichung der Welt geht es nicht mehr nur um die Belebung eines schon immer in Ansätzen vorhandenen Spektrums kriminalitätsverhütender Aktivitäten. Es geht um einen (kriminal-)politischen Paradigmawandel.

Denn das polizeiliche Weltbild ist funktionsgemäß eines der Störungs- und Gefahrenabwehr, der Gewährleistung von Sicherheit und Ordnung, deren fokussierende Blicke sich auf die mögliche Störung oder Verletzung richten, also symptombezogen sind. Dies äußert sich in einer Präferenz für Maßnahmen der so genannten sekundären Prävention, die unmittelbar auf die Störungen, also die Symptome selbst zielen wie Ausgrenzungen, Aussperrungen, Vertreibungen, Verdrängungen, Verstecken, Unsichtbarmachen.

Bemerkenswerter freilich ist, dass sich Polizei zunehmend auch primärpräventive Ansätze verfügbar macht. Bei „Primärprävention" handelt es sich jedoch in der Sache um Erziehungs- und Sozialisationsarbeit, so dass sich hier die Anknüpfung an die Zuständigkeit der Jugendarbeit und der Sozialpädagogik ergibt. Auch insofern werden wir an die Allzuständigkeit der Wohlfahrtspolicey des Absolutismus erinnert, die sich nicht nur um die „Erhaltung guter Zucht und Ordnung unter den Untertanen" zu kümmern hatte, sondern auch um die Beförderung der „Glückseligkeit des gemeinen Wesens". Freilich war kennzeichnend für diese Entwicklungsphase, dass sich Wohlfahrt und Sicherheit nicht klar trennen ließen und das eine auch mit den Mitteln des anderen betrieben wurde. Noch in Weimar ging es darum, „Elemente des Schutzes der Person *des* Gefährdeten mit generalpräventiven Aspekten des Schutzes der Gesellschaft *vor* den Gefährdeten zu verbinden" (Reinke 1993: 18). Die Sozialpädagogik hat mittlerweile natürlich andere Konzepte entwickelt; heute geht es ihr um Förderung, Unterstützung, Hilfe, um die Bewältigung von Benachteiligungen und Mangellagen, um empathische und klientenzentrierte Ansatzweisen. Für das professionelle Selbstverständnis der Polizei hingegen kann eine solche persönliche, quasi jugendpädagogische Zuwendung immer nur Mittel zum Ziel der Vermeidung möglicher künftiger Störungen sein; auch insofern ist letztlich die symptombezogene Perspektive zielführend.

Wir können also idealtypisch von zwei gegensätzlichen Paradigmata sprechen: dem förderungs- und hilfeorientierten Paradigma der Sozialpädagogik und dem Störungsparadigma der Polizei. Und was wir gegenwärtig zu beobachten haben, ist eine Verdrängung, oder womöglich sogar eine *Ablösung des Förderungsparadigmas durch das Störungsparadigma*. Dies ist aber keinesfalls nur eine Angelegenheit der Polizei selbst. Vielmehr generalisiert sich dieses Stö-

---

6 Der Landrat des Kreises Gütersloh hat seine Betreuungsbereichsbeamten angewiesen, häufig das Gespräch mit dem Bürger zu suchen, und zwar ausdrücklich auch, wenn „kein Anlass" besteht (Haller Kreisblatt v. 24.6.2000).

rungsparadigma, wird zunehmend allgemeinverbindlich, indem es mehr und mehr Anerkennung als allgemeine politische Gestaltungsfolie gewinnt.

In einer Sicherheitsgesellschaft können Maßnahmen wie „Förderung und Integration Jugendlicher, Intensivierung der Jugendarbeit für Nichtdeutsche, Förderung von Mitgliedschaft in Vereinen, Unterstützung von Schul- und Vereinsprojekten, Angebote zielgruppen- und erlebnisorientierter Freizeitaktivitäten, Abstimmung der Busanbindungen auf Schulzeiten, Bedarfsorientierung bei Öffnungszeiten von Jugendhäusern, Einrichtung von Elternberatungsstellen" oder „pädagogische Zusatzangebote in Schulpausen, Schüler- und Elternberatung, Gesprächskreise für Lehrkräfte, Schularbeitenhilfe oder gar Fahrradwerkstätten, Kinderzirkus, Mopedkurse" usw. nicht mehr einfach veranstaltet werden um der Kinder und Jugendlichen selbst willen, zur Beförderung ihres Wohlgefühls, ihrer Sicherheit und Lebensqualität, oder um sie selbst vor Versagungs- oder Vereinsamungsgefühlen, vor Verunsicherungen, Orientierungsschwierigkeiten, Schul- und Familienproblemen, Überforderungen, Selbstbeschädigungen u.a. zu bewahren. Vielmehr wenden wir uns heutzutage unseren Kindern in dieser Weise zu, damit sie nicht stehlen oder uns durch sonstige Verhaltensweisen lästig fallen, und immer häufiger bedarf es hierzu erst eines Kriminalpräventiven Rates (LKA Baden-Württemberg 1996: 61) bzw. einer Arbeitsgruppe „Ladendiebstahl" (Pohl-Laukamp 1996: 82). Nicht mehr die Fürsorge für unsere Kinder ist hier handlungsleitend, sondern die Kontrolle ihres Bedrohungspotentials und die Abwehr der von ihnen ausgehenden Gefahren.

Alles wird plötzlich an seiner Präventionseignung gemessen: Integrative Familienhilfe muss sich fragen lassen, wieweit sie als „Möglichkeit zur Kriminalprävention" geeignet ist (Rehse 2000). Jugendhilfeplanung erscheint „als Teil einer Präventionsstrategie" (Bendit u.a. 2000: 185). Ein Förderprogramm für Jugendarbeit wird schon gleich als Aktionsprogramm „Präventive Jugendarbeit" betitelt und „wesentlich motiviert durch die in der Öffentlichkeit heftig geführten Debatten um ‚Jugend und Gewalt'" (Liebe 2000: 291). Im Juni 2000 eröffnete der Bundesinnenminister in Herford den Kongress nordrhein-westfälischer Musikschulen. Dabei hielt er es für angemessen, den Wert dieser Musikschulen folgendermaßen zu begründen: „Menschen, die miteinander musizieren, sind friedlich gestimmt." Und für die Innere Sicherheit sei es wichtig, friedlich gestimmte Menschen zu haben.[7] Alle möglichen normalen zivilen Lebensverhältnisse erfahren auf diese Weise eine Umdeutung in kriminalitäts- oder sonstwie störungsbezogene Sachverhalte. Jugendarbeit insgesamt – wie sie herkömmlich um der Jugend selbst willen ohnehin geleistet wird und damit ihren Sinn bereits in sich trägt – wird nun dem Leitziel der Kriminalprävention unterworfen und zum „gemeinsamen Einsatz gegen Jugendkriminalität" umformuliert (Koetzsche 1994: 18).

In diesem Klima mobilisieren auch die Gemeindeverwaltungen ihre eigenen Gestaltungsmöglichkeiten und setzen verstärkt auf Ordnungssicherung. Sie erweitern ihr Reaktionsarsenal durch Ordnungssatzungen und Gefahrenabwehrverordnungen, durch die nicht nur schädliches, sondern auch lästiges und unangenehmes Verhalten unter Kontrolle gebracht werden soll. Nachdruck geben regierungsamtliche Empfehlungen wie diese: „Auch unterhalb der Grenze zur Straftat hat jede Bürgerin und jeder Bürger einen Anspruch auf Schutz und Sicherheit" (Innenministerium NW 1998: 4). Offiziell wird der „öffentlichen Unordnung" der Kampf angesagt (Karwinkel 1999: 45). Ein Diebstahl oder eine Körperverletzung ist eine vergleichsweise eindeutige Angelegenheit. Aber was ist ordentlich oder unordentlich? Indem die Amtsmacht mehr und mehr auch Fragen des Lebensstils, der Sauberkeit, Ästhetik, Rücksichtnahme, des

---

[7] Neue Westfälische vom 24.6.2000.

guten Geschmacks ihrer Zuständigkeit unterwirft, erweitert sie das Spektrum von Benehmensweisen, die zum Objekt präventiver Störungsabwehr erklärt werden können. Beispielhaft etwa die „Saarbrücker Bettelsatzung", mit der versucht wurde, das „Nächtigen", das „Betteln durch gezieltes körpernahes Ansprechen", das „Niederlassen zum Genuss von Alkohol" zur Sondernutzung öffentlichen Raumes zu erklären (Bindzus/Lange 1998). Andernorts wurden Trinkgelage auf Schulhöfen bußgeldbewehrt. Kommunale Ordnungsbehörden und staatliche Polizei üben in so genannten „Ordnungspartnerschaften" den Schulterschluss und wappnen sich mit Instrumenten wie Aufenthaltsverbot, Platzverweis und „Verbringungsgewahrsam" gegen das Lästige, bevor es überhaupt manifest wird. Unordnung soll also beseitigt werden durch Vertreibung und Verdrängung, womit sie ja eigentlich nur aus dem Blickfeld gerückt wird; die Armut soll unsichtbar werden. In den privatisierten Zonen der Einkaufszentren oder den funktionsbegrenzten Zonen der Bahnhöfe und U-Bahnschächte bedarf es noch nicht einmal eines bestimmten Benehmens, etwa des Trinkens oder Bettelns, um seine Daseinsberechtigung zu verlieren, sondern nur eines bestimmten „outfits". Präventionsbedürftige „öffentliche Unordnung" ist es danach schon, wenn jemand saturierten Bürgern durch seine bloße Anwesenheit zumutet, sein Elend zur Kenntnis zu nehmen. Es gibt offenbar einen neuen Typ des „existentiellen Störers", der durch sein bloßes So-Sein einen Angriff auf die öffentliche Ordnung darstellt. Nach dem oben beschriebenen Muster werden Mangellagen, bei denen es sich eigentlich um strukturelle Probleme handelt, Individuen aufgebürdet. Soziale Risiken, von denen Menschen betroffen sind, werden umgedeutet in Risiken, die von Menschen ausgehen, wenn etwa der von Obdachlosigkeit betroffene Arme als Störer begriffen wird, der entfernt werden muss. Mehr und mehr trifft auch auf uns zu, was in den USA dahin gekennzeichnet worden ist, dass der „Krieg gegen die Armut" zu einem „Krieg gegen die Armen" umgeformt wird (Wacquant 1997: 53).

Das Störungsparadigma äußert sich auch in den vielfältigen Versuchen, dem Jugendstrafrecht wieder zu härterer Repressivität zu verhelfen oder in den Klagen über die unzureichende Kontrollstrenge des KJHG. Die jüngste Frucht ist ein Gesetzentwurf vom April 2000, der sich des Sorgerechts bemächtigen will, indem er verlangt, § 1666 BGB so zu ergänzen, dass Störungen *durch* das Kind i. S. „wiederholter schwerwiegender Verstöße gegen das Strafrecht" als Gefährdung des Kindeswohls interpretiert werden sollen, um von den bis dahin nur als Hilfe begriffenen familienrichterlichen Maßnahmen repressiven Gebrauch machen zu können. Überdies sollen Maßnahmen aus dem Weisungs- und Auflagenkatalog des Strafrechts in das Sorgerecht übernommen werden, damit auch strafunmündige Kinder angewiesen werden können, der Schulpflicht nachzukommen, sich einem Täter-Opfer-Ausgleich (TOA) zu stellen, oder damit ihnen der Umgang mit Personen verboten oder auferlegt werden kann, gemeinnützige Arbeitsleistungen zu erbringen.[8]

Jugendarbeit in der Verdrängung

Unter solchen Bedingungen sieht sich die Jugendarbeit als Vertreter des Hilfeparadigmas zunehmend in die Enge gedrängt. In den 1970er und 1980er Jahren haben wir die Blüte der Sozialpädagogik erlebt, die sowohl im kriminologischen Raum der Straffälligenarbeit durch die so genannte „innere Reform" des Jugendgerichtsgesetzes (JGG), die Expansion ambulanter Alternativen und sozialpädagogische Ausfüllung strafrechtlicher Reaktionsweisen we-

---

8   Entwurf eines Gesetzes zur Verbesserung der gesetzlichen Maßnahmen gegenüber Kinder- und Jugenddelinquenz vom 12.4.2000, BT Dr 14/3189.

sentlicher Träger eines eindrucksvollen Stilwechsels in der strafjustitiellen Bewältigung von Jugendkriminalität gewesen ist. Gleichermaßen ist im Bereich der allgemeinen Jugendhilfe die praktische Entwicklung alternativer Betreuungsmodelle klientenzentrierter, empathischer Jugendarbeit der gesetzlichen Annahme durch das KJHG weit vorausgeeilt. Man könnte diese Phase als die Ära der Sozialpädagogik bezeichnen. In den neunziger Jahren dagegen sind wir augenfällig in eine Ära der Polizei eingetreten.

Inzwischen engagieren sich Polizeibeamte in Kindergärten, Schulen und der offenen Jugendarbeit, veranstalten Gesprächskreise, Discos, Streetball-meetings, Streetsoccer, Kampfsportturniere und sonstige Sportveranstaltungen und akquirieren dafür Sponsorengelder. Das AJS-Forum beklagt sich kürzlich: „Polizisten betreuen Jugendliche auf der Straße, bieten Anti-Gewalt-Jugendgruppen an, führen Streitschlichter-Programme an Schulen ein oder gestalten Elternabende zu Erziehungsfragen. Vieles hiervon geschieht in Kooperation mit Fachleuten aus der Jugendhilfe, aus Sportvereinen und Schulen. Immer häufiger aber, so scheint es, übernehmen Polizeibeamte eigenständig originär pädagogische Aufgaben" (AJS-Forum 2/99). Sukzessive drängt sich Polizei in die originären Felder der Pädagogik und Sozialpädagogik. Die bayerische Polizei verlangt, „Generalprävention bereits ins Kindesalter auszudehnen" (Elsner/Steffen/Stern 1998: 175), und hält für eine effektive präventivpolizeiliche Tätigkeit die „zeitweilige Präsenz an Schulen und Kindergärten" (ebd.: 166) für erforderlich. Die sächsische Polizei spricht von „Primärprävention bei Kindern" (Raisch 1998: 283). Die letzte Konsequenz ist dann, so wurde kürzlich in einer Diskussion ironisch angemerkt, polizeiliche Zuständigkeit für pränatale Prävention, weil ja schließlich auch der mütterliche Lebenswandel während der Schwangerschaft für die künftige Entwicklung von Bedeutung ist.

Es scheint sich die Meinung zu verbreiten: Was ein Sozialpädagoge kann, kann ein Polizist schon lange. Von einer „einfachen Formel" spricht der oberste Präventionsbeamte beim LKA Nordrhein-Westfalen und empfiehlt „Abenteuer-Events als Alternative zur kriminellen Karriere", wobei wiederum anzumerken ist, dass es nicht darum geht, Ausgleich für die Erlebnisarmut zivilisierter Urbanität herzustellen, natürliche Aneignungsmöglichkeiten zu bieten, physische Existenzerfahrung, sondern darum, Kriminalität abzuwehren. Und weiter heißt es: „Die Polizeibeamten, die sich freiwillig für eine (soziale Freizeitarbeit) entschieden, machten ihren ‚Job' gut. Warum auch nicht?" Und schließlich: „Wo liegt der Unterschied zur Arbeit verantwortungsvoller Eltern? Müssen Eltern eine Ausbildung als Sozialarbeiter nachweisen?" (Kriener 1999). Die Lage wird immer bizarrer: Jetzt also übernehmen Polizisten schon die Aufgaben der Eltern oder umgekehrt: läuft es darauf hinaus, dass die Gesellschaft die Erziehung ihrer Kinder der Polizei überläßt? Die Jugendhilfe hält natürlich dagegen: „Für die erzieherische Prävention im Rahmen von Elternbildung, Jugendarbeit und sozialer Kompetenzschulung bei Kindern und Jugendlichen sind nach wie vor die hierfür (lange und teuer) ausgebildeten pädagogischen und psychologischen Fachkräfte zuständig" (AJS-Forum 2/99). Aber vielleicht ist gerade dies ein wichtiger Punkt: Sozialpädagogik erscheint offenbar zunehmend zu teuer angesichts des Umstandes, dass sie eher auf Fernwirkung angelegt und der Ertrag solcher Arbeit schwer sichtbar zu machen und im Einzelfall ungewiss ist. Demgegenüber hat eine symptombezogen auf Störungsabwehr orientierte Prävention ein klar fassbares Ziel. Jedenfalls sehen wir, dass in der originären sozialpädagogischen und sozialen Versorgung ständig neue Kürzungen der Mittel für Kindergärten, Mädchen- und Frauenhäuser, Arbeitskreise gegen sexuellen Missbrauch, Notrufe, Eriehungsberatungsstellen, Lernmittel- und Fahrtkostenzuschüsse, Schuldnerberatungs- und Entschuldungshilfestellen, Verbraucherberatung und nicht zuletzt der jugendamtlichen und freien Projekte der ambulanten Straffälligenhilfe hingenommen werden müssen, während das Präventionsgeschäft boomt.

Auch beim Personaleinsatz scheint die hohe Hand lieber in Sicherheitspersonal zu investieren als in sozialpädagogisches. So lesen wir etwa die Klage: „Es darf nicht länger angehen, dass in Städten wie Köln annähernd 20 Beamte für polizeiliche Prävention, aber nur 2 Jugendhilfe-Fachkräfte für die erzieherische Vorbeugung im Rahmen des Jugendschutzes zuständig sind" (AJS-Forum 2/99). Die neuste Geheimwaffe im Kampf gegen die Unordnung sind so genannten Stadt- und Dorfwachen; Rentner und Langzeitarbeitslose (in Nordrhein-Westfalen), die in dreiwöchigen Kursen in „Gesprächsführung, Konfliktlösung, Stressbewältigung und Rechtsgrundlagen" „ausgebildet" werden (Innenministerium NRW 1998: 10 f). In Sachsen sind dies „Sozialhilfeempfänger und Langzeitarbeitslose, aber auch ABM-Kräfte", die mit Dienstkleidung als Stadtbedienstete kenntlich gemacht werden (Karwinkel 1999: 47 f.).

Mit dem politischen und kulturellen Primat der Sicherheit ist ein Wirklichkeitskonzept verbunden, das die Welt vor allem im Hinblick auf Störpotentiale und Gefahrenquelle wahrnimmt und danach ordnet, eine Welt des institutionalisierten Misstrauens (Blum 1999). Sie wird eingeteilt nach gefährlichen und ungefährlichen Gegenden, Interaktionsvorgängen, Personen und Personengruppen. Jugend wird in diesem Paradigma nicht mehr unter dem Gesichtspunkt ihres Entwicklungspotentials begriffen, sondern als Risiko- und Störungspotential. Und da Prävention begrifflich nicht erst auf eingetretene Störungen reagiert, sondern bei den hypothetischen und auf welche Indikatoren auch immer gestützten Potentialen ansetzt, erfolgt die Zuordnung zwangsläufig pauschal, so dass bezüglich der Jugend „unter dem Leitmotiv der Prävention gleich eine ganze Generation" verdächtigt wird (Hohmeyer 1999: 34). Die „Brutstätten-Metapher" diffamiert „Lebenswelten, in denen es Armut, Arbeitslosigkeit, Drogengebrauch, Sprachlosigkeit gibt" in ihrer Gesamtheit (Sturzenhecker 2000: 17). Die „Kommunalisierung der 'Inneren Sicherheit'" (Berner 1999) durch Beteiligung gemeinderechtlich nicht vorgesehener, also demokratisch nicht legitimierter Räte und Gremien an kommunalen Willensbildungs- und Entscheidungsprozessen (Witte 1995: 757) eröffnet Einflussmöglichkeiten für mächtige Gruppen der Stadtgesellschaft, um sich mit ihren Partikularinteressen durchzusetzen. Auf diese Weise gelingt es vor allem dem Einzelhandel, die Freihaltung von Störungen und Lästigkeiten zum „Standortvorteil" zu erheben.[9]

Jugendarbeit auf der Suche nach ihrem Profil

Unter dem Druck einer solchen Entwicklung wird Jugendarbeit herausgefordert, sich ihrer funktionalen Identität zu vergewissern, um sich durch konsequentes funktionsgerechtes Wirken gegen die Vereinnahmung durch das Störungsparadigma zu behaupten und die Geltung eines anderen Paradigmas zu praktizieren. Dabei geht es um jugendzentrierte Positionen, um anwaltliche Parteinahme (Sturzenhecker 2000: 21), darum, die Entwicklungs- und Partizipationschancen der Jugend einzuklagen und ihr Anderssein zu verteidigen, weil jugendliches Anderssein die Innovation ist, ohne die eine Gesellschaft erstarrt.

Diese Aufgabe ist freilich schwer, weil die Jugendarbeit einem starken Sog ausgesetzt ist, sich dem Störungsparadigma zu unterwerfen. Dies hat vor allem finanzielle Gründe, weil es

---

[9] So ist etwa in Sachsen Motivation für präventive Bemühungen die Sorge um den „attraktiven, sicheren und sauberen Standort für Handel und Industrie" (Karwinkel 1999: 45). In Nordrhein-Westfalen sind der Hauptverband des Deutschen Einzelhandels und der Einzelhandelsverband Nordrhein-Westfalen in die städtische Prävention eingebunden (Innenminister des Landes Nordrhein-Westfalen u.a. 1999).

offenbar immer heikler wird, Geld für Jugendarbeit zu bekommen, wenn diese nicht ausdrücklich als Präventionsarbeit ausgewiesen wird (Kappeler 2000: 26). Hier ist es oft eine nackte Existenzfrage, im aktuellen Mainstream mitzuschwimmen, weil unter Bedingungen zunehmender Ökonomisierung der Sozialpädagogik, Effizienzkontrolle, Konkurrenz und Kundenorientierung nicht mehr die Funktion die Tätigkeit bestimmt, sondern die Nachfrage, wobei die „Kunden" der Jugendarbeit insofern nicht die Jugendlichen sind, sondern die Geldgeber. Wenn wir bedenken, wie mühsam sich ja auch die Jugendarbeit aus den Zurichtungs- und Kontrollhaltungen der Kinderretter oder schlimmer noch, der staatlichen Fürsorgeerziehung des 19. Jahrhunderts befreien musste, dass noch bis zum Ende der 1980er Jahre das von den obrigkeitlichen Vorstellungen einer eingreifenden Verwaltung geprägte JWG die Rechtsgrundlage bot, lassen sich gegenwärtig nachgerade regressive Tendenzen erkennen, Jugendarbeit wieder stärker auf Überwachung und Kontrolle zurückführen zu wollen.[10]

Wegen dieses Soges ist auch die Frage gar nicht so einfach zu beantworten, ob man der Jugendarbeit empfehlen soll, in die Kriminalpräventiven Räte, Arbeitsgruppen und Projekte zu drängen, um hier Gegenpositionen zu besetzen. Zwar können so sozialpädagogische Sichtweisen und Kenntnisse etwa über Entstehungsbedingungen von Friktionen, über Sozialisation, Identitätsbildung, Milieus, Subkulturen, Gefährdungslagen eingebracht werden, um so statt Maßnahmen der Störungsabwehr auf die originäre Beförderung von Lebens- und Sozialisationsbedingungen hinzuwirken. Ob sich dies dann freilich politisch auch so auswirken wird, oder ob diese differenzierten Informationen dann wiederum in kriminalistische Präventionsstrategien einfließen, ob also eine von sozialpädagogischer Seite als Hilfs- und Unterstützungsbedarf diagnostizierte Lage wiederum in ein kontrollbedürftiges Störfeld umgedeutet wird, ist eine Machtfrage und da hat die Polizei wohl die besseren Karten.

Schließlich läßt sich von außen mit gewisser Irritation beobachten, dass es in der praktischen Jugendarbeit vielfach keine großen Widerstände gegen die Vereinnahmung durch das Störungsparadigma der Präventionsorientierung aufgeboten werden. Dies mag damit zu erklären sein, dass (Kriminal-)Prävention auch für die Jugendarbeit eine neue Orientierung und Konkretheit schafft, indem sie klare Problemdefinitionen liefert und Ziele setzt und somit aus dem Dilemma befreit, „mit diffusen Zielen eine diffuse Jugendphase begleiten" zu sollen (Sturzenhecker 2000; 18). Selbst in der Literatur finden wir eine bereitwillige Zustimmung zur Verdichtung der panoptischen Gesellschaft, wenn etwa Nachbarschaftsnetzwerke nicht mehr nur als Mittel der gegenseitigen Hilfe begrüßt werden, sondern auch der Früherkennung delinquenten Verhaltens (Pannebakker 2000: 251). „Riskantes Freizeitverhalten" wird in einem Atemzug genannt mit gewalttätigen Auseinandersetzungen und ist deshalb gleichrangiger Gegenstand der Prävention (Casas u.a. 2000: 336). Großes Interesse wird auch hierzulande dem niederländischen „Monitoring" entgegengebracht, bei dem es um regelmäßige Erhebungen und Datenbankvergleiche in den Bereichen Familie, Schule, Freundschaft, Gesundheit, Lebensstil und Delinquenz geht, um „Informationen über Ausmaß und Art von Verbrechen" junger Menschen verfügbar zu machen (Blom 2000: 220 ff).

Deshalb ist zuerst noch einmal eine Selbstvergewisserung der Jugendarbeit anzumahnen. Sofern sie darauf hinwirken will, die Geltung ihres Förderungsparadigmas zu behaupten, muss sie zunächst einfach attraktive Gegenangebote machen. Hier müssen sich die Jugendarbeit und die Sozialarbeit allgemein vorhalten lassen, dass die kritisierte Ausrichtung von Prävention auch darauf zurückzuführen ist, dass der Polizei einfach das Feld überlassen worden ist. Hier

---

10 Zu dermaßen rückwärtsgewandten Interpretationen des KJHG vgl. Kappeler 2000: 24.

konkurrenzfähig zu werden, setzt voraus, dass auch die Sozialarbeit Strukturen und Präsenzen aufbaut, die an den Bedürfnissen der Kunden orientiert sind. Sofern Jugendarbeit mit Kriminalpräventiven Räten kooperiert, sollte sie sich nicht lediglich auf spezielle Arbeitsgruppen verweisen lassen. Bedeutsamer ist eine wirkungsmächtige Repräsentanz von Jugendarbeit und Jugendhilfe auf der Ebene der Leitungs-, Programm-, Koordinations-, Steuerungsgruppen der Räte. Denn vorrangig ist, dass sich Sozialarbeit schon auf der Programmebene gegen die kriminalistische Überformung des ganzen Konzeptes zur Wehr setzt und dass sozialpädagogische Sichtweisen wieder in den Vordergrund gerückt werden.

Die Zielsetzung sollte in die Richtung *ziviler* Konzepte der Kooperation der verschiedenen relevanten amtlichen und privaten Kräfte gehen, die gemeinwesen- und sozialraumorientiert auf die Milderung von Not- und Mangellagen, den Abbau von Benachteiligungen, die Beförderung angemessener Partizipationsmöglichkeiten der verschiedenen Gruppen, den Ausgleich von Interessenkonflikten hinwirken und die Möglichkeiten dafür bereitstellen, dass die vielfältigen unausgeschöpften Kompetenzen und Kapazitäten mit den vielfältigen Bedürfnissen zum Abgleich gebracht werden können. Deshalb sollte auf das Leitmotiv „Kriminalprävention" überhaupt verzichtet und kenntlich gemacht werden, dass es, wenn überhaupt um Prävention, jedenfalls um die Prävention von Hilflosigkeit, Vereinsamung, Benachteiligung, Orientierungslosigkeit, Verunsicherung, Ausgrenzung usw. geht. Wenn im weiteren Rahmen eines so ausgerichteten Konzeptes auch und unter anderem Angebote zur Bewältigung von Kriminalitätsfurcht und tatsächlichen Opfererfahrungen enthalten sind, ist dagegen nichts mehr einzuwenden. Wichtig ist jedoch, dass die Mobilisierung der Bürger *für* etwas erstrebt werden sollte und nicht *gegen* etwas. Speziell bezüglich der Jugend liefert die „Magdeburger Initiative" eine hilfreiche Anschauung (Breymann u.a. 1999).

Dabei darf nicht ignoriert werden, dass Jugendarbeit, so sehr sie ermutigt werden sollte, sich bislang entwickelte sozialpädagogisch-konzeptionelle Errungenschaften nicht wieder austreiben zu lassen, auf einer anderen Ebene um grundlegende Neuorientierungen nicht herumkommt. Das „sozialdemokratische Zeitalter" ist vorbei; immer deutlicher konturiert sich die Marktgesellschaft. Weil immer weniger damit gerechnet werden kann, dass öffentliche Mittel fließen, wird die Jugendarbeit immer weniger in der Lage sein, die unmittelbare Arbeit mit dem Klienten selbst zu leisten. Der zeitgemäße Ausweg dürfte deshalb in der Richtung zu finden sein, die unter dem Stichwort der „Bürgergesellschaft" diskutiert wird. Hier wird es künftig darum gehen, in der Bevölkerung selbst vorhandene Potentiale zu mobilisieren und Jugend- und Sozialarbeit wird ihre Potenz multiplizieren müssen, indem sie vor allem gemeinwesenorientiert in solche Mobilisierungen investiert.

In der Sache befindet sich eine Fülle von Konzepten und Modellen in der Diskussion und Erprobung wie etwa Netzwerkbildungen i. S. v. Generationennetzwerken, Patenschaften, Partnerschaften zwischen unterschiedlichen Bevölkerungsgruppen, sowie Freiwilligenagenturen, Tauschbörsen, Tauschringe, Anreizsysteme zur Belebung so genannter „Bürgerarbeit", Schlichtungshilfen und Mediationsstellen. In Bezug auf die Jugendlichen geht es darum, sie einzubinden, zu beteiligen, ihnen Zuständigkeiten zuzubilligen und damit Teilhabe und Verantwortlichkeit erfahrbar zu machen; statt auszugrenzen zu integrieren; statt zu vertreiben, Lebens- und Erfahrungsräume bereitzustellen, statt zu verbieten, Alternativangebote zu machen; insb. sie zur Selbstorganisation anzuregen und zu unterstützen.

Das Mobilisierungspotential, welches mit der Bewegung der Kommunalen Kriminalprävention hinsichtlich Kooperationen, gemeinsamer Projekte, Aufbrechen der Ämterabgeschlossenheit, Zusammenwirken verschiedener amtlicher und privater, kommerzieller und gemeinnütziger, professioneller und laienhafter Kräfte freigesetzt worden ist, ist eindrucksvoll. Wenn dieses Potential aus seiner kriminalistischen Überformung gelöst und von seiner negativen Ausrichtung *gegen* etwas zu einer positiven Ausrichtung *für* Integration gewendet werden könnte, wäre das eine Konzeption, an der man weiterarbeiten könnte.

Literatur

Bendit, R./Erler, W./Nieborg, S./Schäfer, H. (2000; Hg.): Kinder- und Jugendkriminalität, Opladen.
Berner, F.(1999): Die Kommunalisierung der „Inneren Sicherheit", Diplom-Arbeit Bielefeld.
Beste, H.(2000): Neue Sicherheit für die Stadt, in: Neue Kriminalpolitik , 1/2000, S. 17-21.
Bindzus, D./Lange, J. (1998): Alkoholgenuß als Sondernutzung? Die „Saarbrücker Bettelsatzung" macht weiter von sich reden – OLG Saarbrücken, NJW 1998,251, in: Juristische Schulung 1998, S. 696-701.
Blom, M. (2000): Monitoring in Groningen und Bremen auf lokaler und internationaler Ebene, in: Bendit u.a., S. 220-225.
Blum, E. (1999): Voll ins Auge. Verlust an Freiheit oder Gewinn an Sicherheit? Überwachungskameras verändern das Bild von uns selbst, in: Die Zeit vom 18.11.1999.
Breymann, K. u.a. (1999): Magdeburger Initiative, in: DVJJ-Journal 1999, S. 4-10.
Casas, F./Crespo, T./Tarrès, A./Pacual, S. (2000): Riskantes Freizeitverhalten von Jugendlichen, in: Bendit u.a., S. 336-343.
Elsner, E./Steffen, W./Stern, G.(1998): Kinder- und Jugendkriminalität in München, München.
Gusy, C.(1996): Polizeirecht, 3. Aufl., Tübingen.
Hohmeyer, C. (1999): Risiko Prävention, in: Bürgerrechte & Polizei 2/1999, S. 31-38.
Hughes, G. (1998): Understanding crime prevention. Social control, risk and late modernity, Buckingham, Philadelphia.
Innenministerium des Landes Nordrhein-Westfalen (1998): Sicherheit in Städten und Gemeinden. Ordnungspartnerschaften, Düsseldorf, Dezember.
Innenminister des Landes Nordrhein-Westfalen; Hauptverband des Deutschen Einzelhandels; Einzelhandelsverband Nordrhein-Westfalen (1999; Hg.): Mehr Sicherheit in Städten und Gemeinden. Ordnungspartnerschaften in Nordrhein-Westfalen, Düsseldorf und Köln o.J.
Kappeler, M. (2000): Prävention als Fetisch (in) der Jugendhilfe, in: Neue Kriminalpolitik, 2/2000, S. 23- 27.
Karwinkel, G. (1999): Das Aktionsbündnis „Sichere Sächsische Städte". Bedeutung und Anwendung der Gedanken in der kreisfreien Stadt Hoyerswerda aus praktischer Sicht, in: Die Kriminalprävention, S. 45-53.
Koetzsche, H. (1994): Projekte der Kriminalitätsverhütung, in: Rat für Kriminalitätsverhütung Schleswig-Holstein, Dokumentationsreihe, Band 4.
Kriener, G. (1999): Der lange Weg zu einer modernen Kriminalprävention, in: AJS-Forum 3/1999, S. 7.
Kury, H. (1997): Kriminalitätsbelastung, Sicherheitsgefühl der Bürger und Kommunale Kriminalprävention, in: Kury, H. (Hg.): Konzepte Kommunaler Kriminalprävention, Freiburg i.Br., S. 218-295.
Landeskriminalamt Baden-Württemberg (1996; Hg.): Kommunale Kriminalprävention, Stuttgart.
Liebe, M. (2000): Das Aktionsprogramm „Präventive Jugendarbeit" des Bayerischern Jugendrings: Konzept und Erfahrungen, in: Bendit u.a., S. 291-295.
Lüdtke, A. (1992): Einleitung: „Sicherheit" und „Wohlfahrt". Aspekte der Polizeigeschichte, in: Lüdtke, A. (Hg.): „Sicherheit" und „Wohlfahrt": Polizei, Gesellschaft und Herrschaft im 19. Und 20. Jahrhundert, Frankfurt am Main, S. 7-33.
Misterek, W./Reichertz, J. (1997): Verunsicherung durch Kriminalität? Erste Ergebnisse einer repräsentativen Meinungsumfrage in Hamm/Westf., in: Kury, H. (Hg.): Konzepte Kommunaler Kriminalprävention, Freiburg i.Br., S. 471-487.
Pannebakker, M. (2000): Nachbarschaftsnetzwerke als Mittel der Früherkennung delinquenten Verhaltens, in: Bendit u.a., S. 251-255.
Pohl-Laukamp, D. (1996): Kriminalprävention auf kommunaler Ebene, in: Trenczek, T.; Pfeiffer, H. (Hg.): Kommunale Kriminalprävention, Bonn, S. 75-103.
Prittwitz, C. (1993): Strafrecht und Risiko, Frankfurt am Main.
Raisch, P. (1998): Polizeiliche Vorbeugungsarbeit mit Kindern, Kriminalistik 1998, S. 283-287.

Rehse, M. (2000): Integrative Familienhilfe – Familienhilfe als Möglichkeit zur Kriminalprävention, in: Bendit u.a., S. 119-123.
Reinke, H. (1993): „Das Amt der Polizei", in: Reinke, H. (Hg.): „...nur für die Sicherheit da...?": Zur Geschichte der Polizei im 19. Und 20. Jahrhundert, Frankfurt am Main, New York, S. 9-32.
Robbers, G. (1987): Sicherheit als Menschenrecht: Aspekte der Geschichte, Begründung und Wirkung einer Grundrechtsfunktion, Baden-Baden.
Sturzenhecker, B. (2000): Prävention ist keine Jugendarbeit, in: Sozialmagazin 1/2000, S. 14-21.
Wacquant, L.J.D. (1997): Vom wohltätigen zum strafenden Staat: Über den politischen Umgang mit dem Elend in Amerika, in: Leviathan 1997, S. 50-66.
Wagner, H. (1987): Kommentar zum Polizeigesetz von Nordrhein-Westfalen und zum Musterentwurf eines einheitlichen Polizeigesetzes des Bundes und der Länder, Neuwied.
Weßlau, E. (1989): Vorfeldermittlungen. Probleme der Legalisierung „vorbeugender Verbrechensbekämpfung" aus strafprozessualer Sicht, Berlin.
Witte, G. (1995): Gewalt und Kriminalität vorbeugen – eine Aufgabe der Städte? in: der städtetag 1995, S. 753-759.

Robin Reder | Holger Ziegler

Kriminalprävention und Soziale Arbeit

Prävention: Begriffe und Ausformungen

Als Prävention werden (sozial-)technologische Manipulationen von Geschehensabläufen bezeichnet, deren kognitive Grundoperation darin besteht, gegenwärtige Zustände zur Wahrscheinlichkeit künftiger Ereignisse in Beziehung zu setzen. Mit der Kennzeichnung von Politiken, Maßnahmen oder Vorrichtungen als präventiv wird dabei typischerweise ein doppeltes *normatives* Versprechen gegeben: Es wird versprochen Entwicklungen abzuwehren, die normativ – nämlich als problematisch, gefährlich, ungerecht oder einfach schlecht – beschrieben werden und es wird versprochen, die Kontinuität und (relative) Unversehrtheit einer Gegenwart zu erhalten. Diese Gegenwart wird insofern gegenüber alternativen Entwicklungen affirmiert, die als Störungen, Schädigung oder Bedrohungen verstanden werden. Bernd Dollinger (2006: 148) spricht diesbezüglich von einer „strukturkonservative[n] Tendenz von Prävention. Normen werden als verbindliche Handlungsmaximen definiert und das sie fundierende Moralsystem reproduziert". Sicherlich gibt es verschiedene Verständnisse von Prävention, zumal der „Gegenstandsbereich vorbeugenden Handelns [...] offen [...ist und] erst im vorbeugenden Zugriff selbst Gestalt an[nimmt]" (Bröckling 2008: 39). Der Begriff selbst ist relativ weit und unscharf; je nach Fachgebiet und Intention erfährt er eine andere Wendung. Zwar gehen alle Akteure in diesem Feld von der originären Wortherkunft aus, nämlich dem *prevenire* als Zuvorkommen, doch so meint ein Mediziner mit Prävention eher die Krankheits- oder Operationsfolgen vorbeugende Maßnahme, ein Kriminologe in der Regel die Kriminalität reduzierende und ein Politiker beispielsweise die Krieg verhindernde, dem man etwa – sensu Machiavelli – mit Krieg zuvorkommt[1].

Gleichwohl ist für bestimmte, vor allem sozialwissenschaftliche Disziplinen und wohlfahrtstaatliche wie kriminalpolitische Professionen die Idee der Prävention konstitutiv. So etwa für die Kriminologie, die sich de facto nie als eigenständige Reflexionswissenschaft, sondern vor allem als „Schwesterwissenschaft" des Strafrechts (vgl. Schwind 2005) bzw. als kriminalpolitische Ratgeber- und Handlungswissenschaft verstand. Von Beginn an und bis heute fungierte die Kriminologie als eine „empirisch-pragmatische Wissenschaft mit dem Ziel der Verbrechenskontrolle" (Schneider 2007: 164), die sich zur Aufgabe macht „konkrete Maßnahmen [... auszuarbeiten], wie man konkrete Kriminalitätsformen [...] vermeidet und kontrolliert" (Schneider 2007: 165). Die Kriminologie in diesem Sinn ist vor allem eine Präventionswissenschaft. Aber auch für die Soziale Arbeit lässt sich davon sprechen, dass Prävention nicht nur eine bestimmte sozialpädagogische Perspektive oder Strukturmaxime ist (vgl. Thiersch

---

1 Dass Krieg als Prävention eine andere Bedeutung hat als Schwangerschaftsprävention, mag jedem einleuchten, selbst noch wenn man die medizinische Sorge um eine ungewollte Schwangerschaft (Interruptio) zynisch als Lebensprävention bezeichnen wolle.

2000), sondern umgekehrt ist die Soziale Arbeit selbst vor allem ein Produkt des präventiven Denkens.

Im Folgenden geht es vor allem darum, eine spezifische Form der Prävention zu erörtern, die sich gegenwärtig zunehmend gegen das durchsetzt, was sich in kriminal- wie wohlfahrtspolitischen Feldern als sozial-professionelle Form der Prävention bezeichnen lässt.

Analytische Begründungen eines sozial-professionellen Präventionsbegriffs in der Sozialen Arbeit finden sich in allen wesentlichen sozialpädagogischen Ansätzen, etwa der Lebensweltorientierung (vgl. Thiersch 2000) oder im Kontext einer Begründung von Sozialer Arbeit als Dienstleistung (vgl. Böllert 1995). Dieser Begriff von Prävention soll vor allem die Notwendigkeit einer professionellen, sozialpädagogischen (Mit-)Gestaltung politischer Verhältnisse und sozialer Lebenslagen betonen (vgl. Otto/Flösser 1992). Im Mittelpunkt steht eine Einflussnahme auf die Lebenschancen von AdressatInnen in einer Weise, die ihnen „die Chance [eröffnen soll,] nicht in solche Handlungskontexte zu geraten, in denen sie in Kauf nehmen müssen, zu Trägern sozialpolitischer Probleme zu werden" (Vobruba 1983: 29). Die sozial-professionelle Präventionsprogrammatik war nie unumstritten. Ihr wurde vorgeworfen, dass sie sich zwar „mit einer Aura programmatischer Fortschrittlichkeit umgeben [würde], gleichwohl aber Bestandteil gesellschaftlicher Ordnungspolitik" sei (Lindner 2005: 41, vgl. Völker 1987). Prävention bleibe auch in einer sozial-professionellen Perspektive „eine *Subkategorie sozialer Kontrolle*" (Lamnek 1994: 216), die sich im Wesentlich auf die „verallgemeinerten Normal-Existenzform" (Schaarschuch 1990: 60) der Lohnarbeit beziehe und dabei – mit einem auf Defizite orientierten Blick – *antizipatorisch* bereits vor der Unterbietung der normativen Prämissen dieser Normalitätsunterstellung ansetze, um alternative Zukünfte bzw. Zukunftsentwürfe auszuschließen bzw. diese als „Unordnung und Abweichung durch gezielte Normalitätskontrolle zu beseitigen" (Stehr 2007: 36). Dabei könne Prävention zwar durchaus „Formung und Integration implizieren, sie kann aber ebenso Ausschließung bedeuten, wenn die Nützlichmachung misslingt oder nicht realisierbar ist" (Stehr 2007: 36). Die Gefahr des Präventionsbegriffs wird dabei in seiner zunächst „bestechenden Vernünftigkeit" (Frehsee 2000: 65) gesehen. Gerade weil häufig „glaubhaft versichert wird, man könne mit Prävention effektiv gegen Probleme vorgehen und dabei die Nebenfolgen einer nur reaktiven Interventionsstrategie" (Dollinger 2006: 147), gerade weil niemand bestreiten kann, „dass Vorbeugen besser ist als Heilen" (Frehsee 2000: 65), erscheint der implizit moralisierende und normierende Präventionsbegriff gefährlich: Mit dem präventiven Blick werde schnell eine Perspektive des ‚Generalverdachts' geschaffen (vgl. Lindner/Freund 2001), der – im Gewand der Hilfe – kontrollierend in die alltägliche Lebensführung der Betroffen hineinreiche (vgl. Müller 1995) und keine logischen Stoppregeln mehr kenne, da er erstens über die guten Absichten (vgl. Dollinger 2006) legitimiert sei und zweitens „begrifflich ansetzt, ohne dass etwas passiert ist, und sich nur daran orientiert, dass etwas passieren könnte; [daher] ist der Adressatenkreis unbegrenzt und unbestimmt" (Frehsee 2000: 67).

Trotz dieser kaum von der Hand zu weisenden Kritik am Präventionsbegriff kann zumindest für die Soziale Arbeit davon gesprochen werden, dass die sozial-professionelle Begründung von Prävention eng mit der Forderung einer (wie auch immer) „positiven" sozialpolitischen Gestaltung von Lebensverhältnissen verbunden ist (vgl. Böllert 1995, von Kardorff 1995, 1996), die, so die Hoffnung, die Bedeutung von normierenden Eingriffen im Falle von Abweichungen und Unterbietungen sozio-kultureller Normen zurückdrängen würde. Insbesondere basierend auf der modernisierungstheoretischen Annahme grundlegender Prozesse der Individualisierung und Flexibilisierung bzw. einem partiellen Geltungsverlust gesellschaftlicher Normen und Normalitätsmuster (vgl. dazu Seelmayer 2008) sollten sich Präventionsmaßnahmen dabei gerade nicht auf die (verschleierte) Disziplinierung der AdressatInnen richten, sondern in einer Form erfolgen, die dem je einzelnen Fall, der je individuellen Lebenslage und der Besonderheiten der alltäglichen Lebensführung der Betroffenen gerecht werde (vgl. Böllert 1995, Thiersch 2000).

Solche sozial-professionellen Formulierungen von Prävention scheinen gegenwärtig an normativer Überzeugungskraft und handlungspraktischer Relevanz zu verlieren. Demgegenüber gewinnt international eine Form der Prävention an Bedeutung, deren Grundlage die pragmatische Logik eines versicherungsmathematischen Risikomanagements darstellt (vgl. Feeley/Simon 1994, Harcourt 2007, Schmidt-Semisch 2002, Simon 1988, Webb 2009). Sowohl in der Sozialen Arbeit also auch in kriminalpolitischen Kontexten ist diese Form der Prävention mit der eng mit Debatten um managerielle Umgestaltungen der (sozial-)staatlichen Verwaltung, sowie einer evidenzbasierten und wirksamkeitsorientierten Neuausrichtung von Kontrollstrategien verbunden (vgl. Muncie 2004, Otto et al. 2009, Smith 2006, Webb 2009). Der versicherungsmathematische Risikomanagerialismus ist misstrauisch gegenüber der Profession und teilt mit dem sozial-professionellen Präventionsbegriff weder den sozialpolitischen Impetus noch den mehr oder weniger hermeneutischen Bezug auf den Einzelfall. Kennzeichnend für den versicherungsmathematischen Risikomanagerialismus sind eine deutliche Tendenz zur individualisierten Verantwortlichmachung der Betroffenen, eine Betonung von Frühinterventionen sowie die Bereitschaft auf durchaus rigorose bis punitive Interventionsmuster zurückzugreifen, wenn die Betroffenen nicht die als notwenig erachtete Kooperationsbereitschaft zeigen.

Um die Verschiebungen in den kriminal- und sozialpolitischen Präventionsdiskursen nachzuzeichnen, ist ein systematischer Blick auf die Logik präventiven Denkens hilfreich.

Die Logik der sozialen Prävention

Bernd Dollinger (2006: 146) hat zu Recht auf die politisch und moralisch positive Konnotation des Präventionsbegriffs aufmerksam gemacht, die „weitgehend unberührt vom Präventionsalltag" fortlebe. Diese „positive Haltung Prävention gegenüber", so führt Dollinger weiter aus, verdanke „sich der Annahme, es sei sinnvoll, möglichst früh gegen ein Problem zu intervenieren". Gerade mit Blick deviantes und delinquentes Verhalten gilt Prävention dabei zugleich als Gegenstück zur Repression (vgl. Rössner et al. 2000). Der Präventionsbegriff, so bemerkt etwa Phillipe Robert (2003: 116), werde dabei fälschlicherweise „used to designate any non-punitive solution susceptible of reducing the frequency of criminal behaviour". Die analytisch irreführende Gegenüberstellung von Prävention und Repression ist durchaus verständlich. Denn das repressive Sanktionieren von Delinquenten gilt zunächst berechtigterweise nicht als Prävention. Prävention zielt darauf Abweichungen – bzw. negative Folgen von Abweichungen – zu verhindern, d.h. ihnen zuvorkommen. Prävention zielt aber nicht darauf nicht schädliche oder schändliche Taten im Nachhinein zu bestrafen.

Nichtsdestoweniger aber gehören repressive Maßnahmen durchaus zum Repertoire präventiver Strategien (vgl. Pütter 2007). So war es beispielsweise die Idee der Prävention, die einen bekannten us-amerikanischen Journalisten vor einiger Zeit dazu brachte, in einer politischen Sendung im deutschen Fernsehen die Todesstrafe für Kinderschänder zu fordern. Dieser Journalist argumentierte nun nicht im Sinne des alttestamentarischen Talion und er war auch nicht (primär) der Meinung, Kinderschänder würden den Tod verdienen. Vielmehr ging es ihm um ganz technische Fragen der Risikoreduzierung. Pointiert formuliert lautet sein Argument, dass

Exekutionen das zweifelsfrei sicherste Mittel seien, um tickende menschliche Zeitbomben zu entschärfen – nachhaltig und bevor es zu spät ist. Diese Argumentation legitimiert höchst ‚repressive' Maßnahmen; nichtsdestoweniger folgt sie einer ausschließlich präventiven Logik. Logisch kann Prävention also ganz offensichtlich nicht das Gegenteil von Repression sein.

Prävention ist keine Eigenschaft, die einem Handlungsvollzug innewohnt. Prävention ist vielmehr eine Denk- und Handlungsrationalität, bzw. eine spezifische strategisch-instrumentelle Handlungsbegründung. Es geht um Eingriffe in einen Geschehensablauf, die systematisch mit dem Ziel verbunden werden, die Wahrscheinlichkeit des Eintritts eines antizipierten Phänomens zu manipulieren. Diese antizipierten Phänomene werden als Risiken thematisiert. Wir definieren daher alle Interventionen, gleich welchen Inhalts, als ‚präventiv', die auf einer Antizipation einer künftigen Entwicklung basieren, auf die sie kontingenzreduzierend[2] einzuwirken trachten.

Was hat diese Logik der Prävention nun mit Sozialer Arbeit zu tun?

Soziale Arbeit als Produkt präventiven Denkens

Wie Adalbert Evers und Helga Nowotny (1987) nachzeichnen, ist Prävention historisch mit der ‚Entdeckung' der Gestaltbarkeit von Gesellschaft verbunden; genauer mit der Entdeckung, dass Gesellschaften auf der Basis wissenschaftlicher Erkenntnisse politisch gestaltbar sind. Dabei war es ganz wesentlich die ‚probabilistische Revolution' durch die Sozialstatistik des 19. Jahrhunderts, die die wissenschaftliche und politische Weltsicht verändert hat (vgl. Goldthorpe 2000). Die Sozialstatistik erlaubt es scheinbar schicksalhafte Gefahren und Schadensereignisse prognostizierbar und damit beherrschbar zu machen. Mit Blick auf die Regierung prognostizierbarer Risiken lässt sich, wie Henning Schmidt-Semisch (2002) argumentiert, eine Politik vorstellen, in der die Kalkulation und Prognose von Risiken durch eine Aggregierung unterschiedlicher Informationen als Basis für die Herstellung von risikohomogenen Gruppen dient. Während sich Risikogleiche verlustfrei wechselseitig absichern können, erscheint es für die Mitglieder eines Versichertenkollektivs wenig rational, heterogene Risiken abzusichern. Die Gleichheit ist versicherungsmathematisch bestimmt. In der Durchsetzung einer solchen versicherungsmathematischen Modells gegenüber der sozialen Gerechtigkeit sieht Henning Schmidt-Semisch (2002) einen Kernaspekt dessen, was man als „Neoliberalismus" beschreiben kann. Im Mittelpunkt steht die Forderung des risikoteilenden Kollektivs gegen die Einzelnen ‚vorsichtiges' Verhalten und Risikovermeidung zu zeigen. Es geht um die Pflicht des Einzelnen zum verantwortlichen Umgang mit kollektiven Ressourcen.

Allerdings ergibt sich diese Perspektive ‚versicherungsmathematischer Gerechtigkeit' keinesfalls aus einer sozialstatistischen „Verfügbarmachung" von Zukunft. Diese ist ganz im Gegenteil auch die Basis für den Wohlfahrtsstaat bzw., wie ihn François Ewald (1993) nennt, den (sozialen) Vorsorgestaat. Das präventive Denken bekommt dabei durch die Formulierung einer neuen, positiven Wissenschaft Auftrieb. Auguste Comte nennt sie zunächst ‚physique sociale', dann ‚Sociologie'. Diese Wissenschaft ist vollständig vom Gedanken der Prävention beseelt. Ihren Daseinszweck formuliert Comte wie folgt: „Voir pour savoir, savoir pour prévoir, prévoir pour prévenir[3]".

---

2 Kontingenz bezeichnet die Existenz eines Raums alternativer Möglichkeiten in einem sozialen Gefüge.
3 „Sehen um zu wissen, wissen um vorherzusehen, vorhersehen um vorzubeugen."

In Form der Sozialstatistik verspricht diese Wissenschaft aus ‚Normalwerten' der Gesamtpopulation abgeleitete Differenzierungen, Kategorisierung und Sortierungen bereit zu stellen. Im Unterschied zur religiösen, moralischen und juristischen wird so eine neue Welt eröffnet: Die empirische Welt des Gesellschaftlichen in einer Form, die gemessen, berechnet und daher auch vorhergesagt werden kann. Dabei kommen Sozial- bzw. Moralstatistiker zu einer revolutionären Entdeckung. Nämlich die, wie es der belgische ‚Moralstatistiker' Adolphe Quetelet Mitte des 19. Jahrhunderts formuliert, ‚grundlegende Tatsache', dass „die Willensfreiheit des Menschen verblasst und schließlich keine erkennbaren Wirkungen mehr zeitigt, wenn die Beobachtungen sich auf eine große Zahl von Einzelpersonen erstrecken" (zit. nach Scheerer 2001: 156). Ob der Einzelne nun ein unberechenbares, ‚autonomes Subjekt' mit ‚freiem Willen' ist oder nicht, wird vor dem Hintergrund dieser neuen Perspektive irrelevant. Denn es wird nun erkannt, dass das, was im Einzelfall eine „durch das Zusammentreffen ganz höchstpersönlicher Umstände gekennzeichnete Struktur" darstellt, „bei der Analyse aggregierter Daten häufig [...als] ‚normaler' Teil eines sozialen Musters [oder] einer sozialen Regelmäßigkeit" erscheint (Scheerer 2001: 156). Damit wird im Sinne einer ‚Politik der großen Zahl' (vgl. Desrosières 1993) eine systematische Regulation gesellschaftlicher Risiken ermöglicht.

Wahrscheinlichkeitsprognostisch regelmäßig auftretende Risiken lassen nicht mehr nur als Produkt individueller Unvorsicht und mangelnder persönlicher Vorsorge und Verantwortung verstehen, sondern als soziale Risiken durch kollektive Versicherungssysteme – die Sozialversicherung – in einer standardisierten Form absichern. Dies geschieht zunehmend in der zweiten Hälfte des 19. Jahrhundert als wesentliche Einflussgröße für die als die Geburt ‚des Sozialen' bzw. eine Regierung aus einer sozialen Perspektive beschrieben (vgl. O'Malley 2000, Rose 1999). Das Soziale ist eine Rationalität des Regierens, in der Risikoungleichheiten durch eine (staatliche) Erzeugung einer – dem Versprechen nach – klassenübergreifenden Quasi-Schicksalsgemeinschaft von ‚Sozialbürgern' (partiell) ausgeglichen werden.

In diesem Kontext erlaubt die Präventionslogik auch die Geburt der Sozialen Arbeit als eine wohlfahrtsstaatliche Instanz im engeren Sinne und als positive Wissenschaft menschlicher Führung. „Die als ‚Soziale Arbeit' bezeichneten Tätigkeiten sowie die auf ihnen fußenden ‚sozialpädagogischen' Entwürfe", schreibt etwa Micha Brumlik (2000: 188), „bilden sich als Folge des sozialen Versicherungsstaates" heraus, der genau als Instanz der Lebensrisikoabsicherung verstanden wird. Während eine soziale ‚Politik der großen Zahl' in der Lage ist, gegen ‚standardbiographische' soziale Risiken abzusichern, fokussiert die personenbezogene Soziale Arbeit damit verbundene Lebensführungsrisiken, die sich individualbiographisch artikulieren. Basierend auf der prinzipiellen Annahme, dass menschliches Verhalten z.B. über individuelle Motivationen, Orientierungen und Kompetenzen zu steuern sei, ist der Auftrag der Sozialen Arbeit im Wesentlichen ein Präventionsauftrag: Es geht darum, innerhalb einer sozialpolitisch gesetzten und geforderten Normalität eine Koordinierung von Selbst- und Fremdführungsweisen sicherzustellen und damit ‚handlungsfähige', ‚normale' Subjekte und stabile ‚Identitäten' zu generieren.

Der Präventionsauftrag im Spannungsfeld von Adressatenindividualität und Wahrscheinlichkeitsprognostik

Man muss nun SozialpädagogInnen nicht unbedingt – im Vokabular von Michel Foucault 1976: 380) formuliert – als ‚Ingenieure der Menschenführung' oder ‚Orthopäden der Individualität' beschreiben. Unstritig ist jedoch, dass Soziale Arbeit als eine Instanz des ‚people changing' (vgl. Hasenfeld 1972) in Erscheinung tritt. Sie stellt an ihre AdressatInnen Leitfragen wie ‚Wer bist du?', ‚Wie bist du?', ‚Warum bist du?' (vgl. Foucault 1993, Garland 1985). Die Beantwortung dieser Fragen – die als Folge äußerer und innerer Ursachenkomplexe verstanden wird - ist die Basis für die Konstruktion bzw. Klassifikation ihrer AdressatInnen als ‚hilfebedürftig'. Die Diagnosen über den Ist-Zustand der AdressatInnen und die daraus folgenden Prognosen, ob und unter welchen Bedingungen sie mit Blick auf ihre Lebensführungs- bzw. Handlungs- und Daseinsweisen in einen bestimmten Soll-Zustand zu überführen sind, wird dabei im wesentlichen den Professionellen überlassen. Ihnen wird aufgrund ihrer Ausbildung, ihres theoretischen Erklärungswissens, ihrer Erfahrung und fachlichen Fundierung eine besondere Kompetenz im Bereich der Diagnostik oder ‚stellvertretenden Deutung' unterstellt. Und diese Kompetenzen konnte die Profession im Rekurs auf ihre wissenschaftliche Wissengrundlage im Sinne spezifischer Ursachen- und Lösungstheorien mit Blick auf die Probleme ihrer KlientInnen untermauern. Den Professionellen wird zugestanden, auf Basis ihres professionellen Wissens und Könnens – und überführt in ihre eigenen Kriterien – am Besten selbst bestimmen zu können, wer ihre KlientInnen sind, warum sie ihre KlientInnen sind und wie mit ihnen umzugehen sei (vgl. Ziegler 2006).

Aus der Perspektive eines versicherungsmathematischen Risikomanagerialismus wird diese besondere Kompetenz bestritten: Es findet sich ein ausgeprägtes Misstrauen in professionelle Selbststeuerung und ein ausgesprochener Pessimismus bezüglich der Effektivität professioneller Entscheidungen. Wie Christian Schrapper und Silke Pies (2003) bemerken, sind die Entscheidungen von Professionellen in hohem Maße von den handelnden Personen abhängig und entsprechend ‚flüchtig'. Aus der Perspektive der VertreterInnen eines versicherungsmathematischen Risikomanagerialismus gelten Entscheidungen der Wohlfahrtsprofessionellen daher als willkürlich und die relevanten Entscheidungsparameter als lediglich subjektiv und intuitiv (vgl. Gambrill 2001).

Praktisch der gesamte gegenwärtige Qualitätsdiskurs mit seiner Konzentration auf Vereinbarungen, Richtlinien und Standards zeugt von einer Entschlossenheit, der ‚Accountability' und den quantitativen Operatoren managerialistischer Expertisen und anwendungsorientierter Effizienzstudien zu vertrauen. Die fachlichen Begründungen der Wohlfahrts-Professionellen seien dagegen als eher unwichtige Einschätzungen, als zu lösende Implementationsprobleme oder als mehr oder weniger wohlgemeinte, in der Regel jedoch ideologielastige Vorstellungen abzutun.

Dies bedeutet nun nicht, dass die klassische Begründung der sozial-professionellen Präventionsperspektive – im Wesentlichen die ‚abstrahlungstheoretische' Annahme, dass problematische Lebensumstände zu problematisierbaren Handlungs- und Daseinsweisen führen würden – falsch gewesen wäre. Wesentlich ist vielmehr, dass eine durch professionelles Deutungs- und Erklärungswissen vermittelte und begründete Annahme darüber, wie ein Subjekt so geworden ist, wie es ist und was zu tun ist, damit es anders wird, nicht mehr in die risikomanagerielle Präventionslandschaft passt. Denn diese orientiert sich nicht mehr an der kaum vorhersagbaren und ‚technologisch' nur schwer steuerbaren Entwicklung des Einzelfalls[4] (vgl. Luhmann/ Schorr 1982), sondern am statistisch aggregierten Population-Flow. Im Mittelpunkt steht die Manipulation überindividueller Prävalenzraten. Für einen versicherungsmathematischen Risi-

---

4 Das Technologiedefizit bei Luhmann und Schorr verweist vor allem auf die Schwierigkeit mittels erzieherischen Handelns im Sinne einer spezifischen Form der Kommunikation „beim Adressaten der Kommunikation genau die psychischen Effekte auszulösen, die die Kommunikation intendiert hat" (Bauch 2004: 88)

komanagerialismus werden plausible Bestimmungen von Ursachen eines Problems dabei als nicht mehr als notwendige Voraussetzungen einer Problemlösung verstanden.

Wie Robert Pelzer und Sebastian Scheerer (2006: 204) ausführen, richtet sich das

> „Erkenntnisinteresse dieser Form der Produktion von ‚Präventionswissen' nicht auf Ursachen bzw. generative Strukturen (z.B. lebensgeschichtliche Hintergründe); gesucht werden stattdessen Faktoren, die die Identifizierung von potenziellen Gefährdern aus einer gegebenen Population von Individuen ermöglichen. Es reicht, wenn die Prädiktorkriterien den interessierenden Sachverhalt statistisch-induktiv mit einer hinreichend hohen Wahrscheinlichkeit anzeigen. Sie müssen aber keine ‚wahren' Ursachen darstellen, sondern können auch Symptome für einen dahinterliegenden Wirkmechanismus sein".

Gerade in anwendungspraktischen Kontexten erscheinen Theorien aus einer risiko-manageriellen Perspektive häufig als eher überflüssige, gegebenenfalls sogar schädliche Sophistereien, die einer statistischen Modellierung von Entscheidungstechniken – wie etwa einer Bayesschen Berechnung erwartbarer Eintrittswahrscheinlichkeiten – nicht nur weit unterlegen sind, sondern häufig auch noch im Wege stehen[5] (vgl. Thyer 2001). Fallhermeneutisches und ursachentheoretisches Professionswissen als Basis professioneller Ermessensentscheidungen ist aus dieser Perspektive durch die Etablierung eines standardisierten sozialpädagogischen Diagnoseverfahrens abzulösen, das eine ‚genaue Analyse' der ‚Ist-Situation' und eine Formulierung statistisch nach Wirkradius bemessbarer ‚operativer Ziele' erlaubt.

Das wesentliche Dispositiv der sozialen Regulation und Kontrolle in fortgeschrittenen liberalen Gesellschaften, so zeichnet der britische Kriminologe und Soziologe Jock Young nach, ist die Versicherungsmathematik. Der versicherungsmathematische Standpunkt basiert auf Risikokalkulation, er ist akribisch, kollektivistisch und probabilistisch, er beschäftigt sich nicht mit Kausalitäten, sondern mit Wahrscheinlichkeiten, nicht mit Gerechtigkeitsfragen, sondern mit Risiko- und Schadensminimierungen (vgl. Young 1999: 392).

Robert Castel hat bereits in den frühen 1980er Jahren auf die Entwicklung und Verbreitung einer erstaunlichen Form der Prävention aufmerksam gemacht, die „tiefgreifende Neuerungen in Bezug auf die Tradition der Mentalmedizin und der Sozialarbeit" (Castel 1983: 51) beinhalte. Die Innovation der versichermathematischen Präventionslogik – und nichts anderes beschreibt Castel – sei die folgende:

> „Diese neuen Strategien sind mit der Auflösung des Begriffs des Subjekts oder des konkreten Individuums verbunden, der durch einen Komplex von Faktoren, die Risikofaktoren ersetzt wird. Wenn das zutrifft, so bringt eine derartige Transformation bedeutsame Implikationen für die Praxis mit sich. Das Wesentliche bei der Intervention ist nicht länger die unmittelbare Beziehung, die Konfrontation zwischen beispielsweise einem Betreuer und einem Betreuten, Helfer und einem Hilfeempfänger […]. Entscheidend

---

5   Es muss jedoch betont werden, dass neben dem versicherungsmathematischen Risikodiskurs auch ein (konservativer) moralischer Gefährlichkeitsdiskurs in den politischen und professionellen Auseinandersetzungen um Abweichung eine wesentliche Rolle spielt (vgl. Lutz/Thane 2002, Brumlik 2008). Auch Jonathan Simon, der früh und systematisch auf die Durchsetzung einer neuen „actuarial justice" aufmerksam gemacht hat, betont, dass „the formation of a more rigorous and methodologically sophisticated risk assessment science may turn out to be largely irrelevant when there is a political imperative to incapacitate those whom the public considers unreasonable risks, especially sex offenders whose victims are children" (Simon 2005: 415)

ist vielmehr die Konstruktion von Populationen, die auf der Kombination abstrakter, generell risikoträchtiger Faktoren beruht".

Anders formuliert: die Herstellung von Risikosubjekten als numerisch repräsentierbare Typologien aus einem Komplex von probabilistisch relevanten Merkmalen tritt in dieser Perspektive an Stelle face-to-face basierter Aushandlungen mit individuellen AdressatInnen. „Durch diese Verschiebung", so erläutert Castel an selber Stelle,

> „entsteht ein krasses Missverhältnis zwischen dem Standpunkt des Fachpersonals [... sprich der Professionellen] und dem der Verwaltungskräfte, die diese [Sozial- und] Gesundheitspolitiken definieren und verwirklichen [. ... Die] Verwaltung kann sich ganz und gar verselbstständigen, der Kontrolle der vor Ort Arbeitenden, die zu bloßen Befehlsempfängern werden, völlig entgleiten".

Die Prämisse der versicherungsmathematischen Perspektive lautet, dass für eine präventive Logik zentrale Informationen über ein nicht eingetretenes Phänomen nur auf wahrscheinlichkeitsprognostischer Basis gegenüber einer statistisch aggregierten Entität zu gewinnen seien. Die Alternative hierzu – professionelles Ermessen und einzelfalldiagnostisches Erfahrungs- und Deutungswissen – erscheint demgegenüber als ‚subjektive Statistik', die sich vor allem durch ihre Nicht-Reliabilität und prädiktorische Invalidität auszeichne. Subjektive Statistiken sind nutzlos. Stattdessen gehen versicherungsmathematisch brauchbare Formen der Präventionswissensgenerierung idealerweise in kohortenspezifischen Längsschnittuntersuchungen vor, um Prädikatorvariablen – verstanden als ‚Risiko-' oder ‚protektive Faktoren' – in Form von Korrelationsziffern künftigen Abweichungen von Soll-Werten zuzuordnen.

Der Widerspruch von pragmatisch-liberaler Kriminalprävention und (sozial-)pädagogischer Professionalität

Etwas über 200 solcher Risiko- und Schutzfaktoren schlagen die standardisierten Prognosetafeln des bayerischen Landesjugendamtes vor und amerikanische Kriminologen meinen, schon bei der Altergruppe der 6-Jährigen jene bearbeitbaren Risikofaktoren identifizieren zu können, die die Wahrscheinlichkeit von Gewalt oder schwerer Delinquenz im künftigen Alter von 15–25 Jahren bestimmen (vgl. Hawkins et al. 2000: 7). Solche Faktoren stellen die Basis für Indikations-, ‚Assessmentverfahren' dar, die eine genaue Analyse der ‚Ist-Situation' erlauben. Dabei geht es üblicherweise um eine treffsichere Zuordnung von AkteurInnen zu unterschiedlichen Clustergruppen von populationsstatistisch schätzbaren Risikowahrscheinlichkeiten des Eintritts bestimmter – in der Regel problematischer – Ereignisse. Der technologische Vorteil solcher Verfahren besteht offensichtlich darin, dass sie angewendet werden können, indem Faktoren und Merkmale erfasst werden, die

> „statistisch mit einer erhöhten Wahrscheinlichkeit des Auftretens des interessierenden Ereignisses (Straffälligkeit) einhergehen,[...]. Eine auf der Basis von Risikofaktoren gestellte Prognose sagt zwar nichts über den zugrundeliegenden Risikomechanismus aus, also die ursächliche Weise des Zustandekommens des Ereignisses. Das Eintreten des Ereignisses kann aber mit einer gewissen Irrtumswahrscheinlichkeit [...] vorhergesagt werden. Bei der statistischen Prognose erfolgt die Anwendung des Wissens auf den

Einzelfall subsumtionslogisch. Der Fall wird hier mithilfe standardisierter formaler Prozeduren unter ein System von diagnostischen Kategorien subsumiert" (Pelzer/Scheerer 2006: 208).

Prognosen auf der Basis versicherungsmathematischer Kalkulationen versprechen eine hohe Zielgenauigkeit in der Überführung des ‚profilten Falls' – d.h. der TrägerIn eines spezifischen, aus Risikofaktoranalysen inferenzstatistisch ermittelten Risikoprofils – zu der am stärksten Erfolg versprechenden Maßnahme. Dabei lassen sich – die Debatte um eine Evidenzbasierung hat dies eindeutig gezeigt – die je risikogruppenspezifisch in ihrer Präventionswirkung effektivsten und effizientesten Programme nicht nur identifizieren bzw. entwickeln, sondern – und dies ist für die Wiederholbarkeit solcher Erfolge zentral – auch standardisieren. Erfolgreiche präventive Interventionen zeichnen sich dabei in der Regel dadurch aus, dass sie auf die unterschiedlichen Risikogruppen abgestimmt und auf die wesentlichen ‚intervenable needs' (vgl. dazu Hannah-Moffat 2005), d.h. jene Faktoren zielen, die direkt und messbar die Problementstehung begünstigen und zugleich pragmatisch effektiv und effizient anzugehen sind. Damit erlaubt eine versicherungsmathematische Perspektive eine effizienz- und effektivitätsoptimierte Ressourcenallokation auf der Basis von Kosten-Nutzenanalysen, die ebenfalls nicht ex post geschehen müssen, sondern direkt in die Interventionsentscheidungen eingebunden werden können.

Mit (sozial-)pädagogischer Professionalität hat dies nichts mehr zu tun. Die Frage, wer warum ein Fall ist und welche Maßnahme zu diesem Fall – genauer zu einem spezifischen Schutz- und Risikofaktorenbündel – passt, ist keine Frage professionellen Verstehens, Wissens, Entscheidens und Ermessens, sondern eine Frage algorithmischer Berechnung. Professionelle bzw. PraktikerInnen sind in dieser Logik kaum mehr als ProgrammexekutorInnen. Der gegenwärtige Präventionsdiskurs ist vor allem ein utilitaristischer und technologischer Diskurs. Technologisch gibt es kaum einen Zweifel daran, dass der Professionalismus der Präventionslogik einem versicherungsmathematischen Risikomanagerialismus heillos unterlegen ist. Für die Erziehungswissenschaft gibt es jedoch gute Gründe, den Begriff der Profession wie den der Prävention gegen das versicherungsmathematische Risikomanagement zu verteidigen.

Pädagogische Alternativen: Prävention als Erziehung und Liebe

Für die Sozial*pädagogik* ist wesentlich, dass der unscharfe Begriff der Prävention mit einem zweiten Begriff synonymisiert werden kann, der zwar ebenso unscharf daherkommt, aber durch die Rückwendung auf seine basale Operation (vgl. Prange 2005)[6] durchaus fassbar wird. Dieser Begriff zeigt sich als Erziehung (vgl. dazu auch Hafen 2007: 234), denn was anderes kann das, hier als hehr vorgestellte, Ziel einer jeden Präventionsmaßnahme sein, als: „Handlungen von Eltern, Lehrern, Ausbildern u.a. […,] die in der bewussten Absicht erfolgen, […] Kenntnisse und Fähigkeiten, […] Handlungswillen und Handlungsfähigkeit […] dauerhaft zu verbessern" (Schaub/Zenke 2000). Aber eben jene Begriffsdefinition ist nicht die der Prävention, sondern die der Erziehung. Insofern Prävention jedoch nicht durch den Inhalt einer Maßnahme bezeichnet ist und auch nicht durch die konkrete Handlung, sondern deren Begründung und Rationa-

---

6 Prange weist hier eindrücklich nach, dass die grundlegende Handlung des Erziehens das Zeigen ist und dass der Begriff Erziehung erst durch die Formen der Ausübung, das Zeigen, fassbar wird.

lität, muss der Ausgang der Zielstellung bei Prävention und Erziehung derselbe sein. Die Konsequenz aus dieser Einsicht ist, dass der Erziehung immer schon ein Zuvorkommen innewohnt, wie auch das Zuvorkommen von einer erzieherischen Absicht nicht abzulösen ist, welches sich dann im gemeinsamen Ausgang zeigt und dadurch erst sichtbar und überhaupt existent wird.

Folgt man z.B. Hegels frühen Schriften, Diltheys Beschreibung des grundlegenden Vermögens des Erziehers (vgl. Sorgo 2007), Pestalozzis oder Korczaks Werk, Horkheimers Bildungsbegriff oder gegenwärtigen Erörterungen zur Ethik der Beziehungen „von Person zu Person" (Honneth/Rössler 2008), so gelangt man zu der Grundvoraussetzung pädagogischen Handelns: der *Liebe,* die diesem Handeln vorausgesetzt ist.

Die Grundbedingung eines jeden pädagogischen Handelns sei also Liebe, und dies soll hier nicht – gerade weil „,Liebe' zum Thema pädagogischer Diskurse zu machen, [...] im Allgemeinen [bedeutet], ein Schmunzeln hervorzurufen" (Uhle 2007: 101) – als aufgedunsene Romantik und auch nicht als schwülstiger und schmalziger pädagogischer Kitsch (vgl. Reichenbach 2003) verstanden werden.

Es wird hier Liebe als Grundbedingung postuliert, nicht um das Komplexe zu dedifferenzieren, sondern um das „Anderssein des Anderen" (Reichenbach 2003: 780) gegen die versicherungsmathematische Perspektive erst denken zu können.

Der hier vorgestellte Begriff von Prävention, der von Liebe ausgeht und darin von der Erziehung und vice versa nicht ablösbar ist, zeigt sich bei dem Handeln der SozialpädagogInnen beispielsweise in der schon angesprochenen Erkenntnis einer spezifischen ‚Hilfsbedürftigkeit', auf welche nur mit Zeit, wie es Horkheimer formulieren würde, und Liebe helfend geantwortet werden kann, insofern jenes Helfen schon, im Sinne von *carus* (lieb und wert), eine liebende Implikation mit sich bringt. Dass Liebe in diesem Kontext die Zwischenmenschlichkeit, damit auch das zwischenmenschliche Handeln, betont, kann mit Nohl in der Betrachtung von Uhle aufgezeigt werden. Liebe steht dort für „unbedingten Förderwillen des Wertvollen an Anderen" (Uhle 2007: 112) und hat gar gesteigerte Kraft bei Kindern und Jugendlichen, „die familial keine verlässliche [...] Um- und Mitwelt erlebt haben" (Uhle 2007: 112).

Die Liebe zum Anderen, welche Prävention bestimmt und auszeichnet, kann sich nur in Interaktion zeigen, da in der Kommunikation zwischen den SozialpädagogInnen und den AdressatInnen allein schon die Barrikade des öffentlichen Lebens und Verstricktseins in verschiedenste Strukturen gebrochen werden muss, um die Individualität und das Private betreffenden Fragen ‚Wer bist du?', ‚Wie bist du?', ‚Warum bist du?' stellen zu können. Die Liebe zum Anderen bedeutet „Selbsthingabe und [...] das Vertrauen in die Wiederauferstehung" (Sorgo 2007: 53), was das pädagogische Verhältnis zwischen Adressat und Erzieher am nachhaltigsten ausdrückt. Sie bedeutet zudem Selbstaufgabe im Sinne des Wachsens an der Aufgabe (sich selbst erkennen, entfremden und gestärkt daraus hervorgehen vgl. Wessels/Clairmont 1988), die in diesem Sinne nur den Professionellen im Umgang mit den Adressaten möglich ist, da ihr Gegenstand nicht starr ist, also einen Wandel überhaupt zulässt.

Foucault (1993) macht in seinen *Technologien des Selbst* jene Fragen (Wer, Wie und Warum bist du?) zum Thema und zeigt nachdrücklich, wie diese Fragen zu Technologien des Selbst wurden und ein gestärktes, kompetentes oder vermögendes Individuum hervorbringen, das sich etwaiger gleichschaltender Tendenzen, die letztlich auf die Beherrschbarkeit des Individuellen abzielen, erwehren kann.

Der rein versicherungsmathematische Ansatz, der die Individualität des Menschen letztlich negieren muss, kann diese Fragen im Singular freilich nicht stellen – dies darf er aber auch nicht, da dies gegen seine eigene grundlegende Ausrichtung streben und ihn zuletzt selbst gänzlich negieren würde. Die existenzielle Basis des versicherungsmathematischen Ansatzes ist, dass er mit geringem Kosteneinsatz einen großen Nutzen einbringen kann. Was hier aber zwischen den Kosten als Ausgang und dem Nutzen als Ziel, wohlwissend, nicht mitbenannt ist, sind die Mittel, die nur zynisch Zwecke heiligen. Die dem Liberalismus innewohnende Urdichotomie von Verkauf oder Nicht-Verkauf als existenzielle Grundlage entspricht dem versicherungsmathematischen Ansatz. Aufgrund dieser Urdichotomie muss der Ansatz aus der Idee der Prävention bis zur Auslöschung hin bekämpft werden, weil Liebe „in den westlichen Gesellschaften [...] als solche nur anerkannt [wird], wenn sie sich aus der Berechnung herausnimmt, sich einem Markt entzieht. Schließlich negiert Liebe die Differenzen, die der Markt auseinander zieht[...]. Sie [die Liebe] hat unmotiviert zu sein, darf keine Gegenliebe einfordern und ist unbezahlbar" (Sorgo 2007: 51). Da sich die Liebe, als Rationalität und Begründung, dem Markt entzieht bedroht sie das Feld des Marktes, das der versicherungsmathematische Ansatz bestellt. Somit kann mit diesem konkurriert werden, was aber ganz im Sinne des Liberalismus als finales Ziel die Ausschaltung der Konkurrenz innehat. Dies erklärt die Anfeindung dieses Ansatzes gegen das von diesem so genannte Subjektive und Intuitive und das Individuelle in der Interaktion der Individuen.

„In Bezug auf die Liebe ist das ökonomische Kalkül weiterhin ein Skandal." (Sorgo 2007: 51) Im Bezug auf Prävention ist die versicherungsmathematische Perspektive immer ein Skandal. Für das Zuvorkommen in seiner nicht auflösbaren Verschränkung mit der Erziehung bedeutet dies, dass an der Liebe, an der Interaktion zwischen Subjekten, festgehalten werden muss – als conditio sine qua non –, da ohne das besondere Verhältnis zum individuellen Anderen dieser nicht als Wandelbarer existieren kann und ohne diese es überhaupt keine Erziehung geben kann, sondern nur ewige Gleichheit, Zucht und Gehorsam, nicht aber Freiheit in Selbstbestimmung als Zielsetzung der praktischen Sozialen Arbeit. Mit Luhmann gesprochen: Liebe ist der symbolische Code, „der auf die Ermöglichung individuierter Beziehungen abhebt, in dem es nicht erlaubt ist, Persönliches der Kommunikation zu entziehen" (Uhle 2007: 115).

Der hier geführte Begriff ist als Grundbedingung Ausgangspunkt für Pädagogik und Prävention, das heißt er ist nicht schon selbst „ganzheitliches"[7] Konzept. Vielmehr erlaubt es dieser Ausgangspunkt, als Haltung formuliert, dass Differenz, Uneindeutigkeit und selbst Distanz späterhin erst möglich sind. Vielleicht zeigt sich gerade hier, mit Blick auf den Präventionsbegriff, ein wesentlicher Unterschied zwischen der Sozial*pädagogik* und der Kriminologie und möglicherweise entspricht das Ausmaß einer erziehungswissenschaftlich begründeten Professionalität in der Sozialen Arbeit nicht zuletzt dem Ausmaß, in dem sie sich die Technologie und Moralität des Präventionsbegriffs der Kriminologie *nicht* zu eigen macht.

Literatur

Bauch, J. 2004: Gesundheitserziehung als doppelte Umweltorientierung. Zum Technologiedefizit in der Gesundheitspädagogik. In: Journal of Public Health 12, 2, S. 87-92.
Böllert, K. 1995: Zwischen Intervention und Prävention. Soziale Arbeit als aktive Gestaltung von Lebensweisen, Neuwied/Berlin/Kriftel.
Bröckling, U. 2008: Vorbeugen ist besser ... Zur Soziologie der Prävention. In: Behemoth. A Journal on Civilisation, 1, 1, S. 38-48.

---

7   Roland Reichenbach (2003) markiert gerade den Begriff des Ganzheitlichen als Kitsch in der Pädagogik.

Brumlik, M. (Hg.) 2008: Ab nach Sibirien. Wie gefährlich ist unsere Jugend?
Brumlik, M. 2000: Soziale Arbeit. Funktionale Erfordernisse, ideologische Selbstmißverständnisse und vergessene Traditionen. In. Zeitschrift für Pädagogik, 42. Beiheft, S. 186-211.
Castel, R. 1983: Von der Gefährlichkeit zum Risiko. In: Max Wambach (Hg.), Der Mensch als Risiko. Frankfurt a.M.
Desrosières, A. 1993: La politique des grands nombres. Histoire de la raison statistique. Paris.
Dollinger, B. 2006: Prävention. Unintendierte Folgen guter Absichten. In: Dollinger, B./Raithel, J. (Hg.): Aktivierende Sozialpädagogik. Ein kritisches Glossar. Wiesbaden. S. 145-154.
Evers, A./Nowotny, H. 1987: Über den Umgang mit Unsicherheit. Die Entdeckung. der Gestaltbarkeit von Gesellschaft. Frankfurt a.M.
Ewald, F. 1993: Der Vorsorgestaat, Frankfurt a.M.
Feeley, M./Simon, J. 1994: Actuarial Justice: The Emerging New Criminal Law. In: Nelken, D. (ed.): The Futures of Criminology. London.
Foucault, M. 1976: Überwachen und Strafen. Die Geburt des Gefängnisses. Frankfurt a.M.
Foucault, M. 1993; Technologien des Selbst. Frankfurt a.M.
Frehsee, D. 2000: Fragen an den Deutschen Präventionstag. In: DVJJ – Journal. Nr. 167, 1, S. 65-72.
Gambrill, E. 2001: Social Work: An Authority-Based Profession. In: Research on Social. Work Practice, 11, 2, S. 166-175.
Garland, D. 1985: Punishment and Welfare. Aldershot.
Goldthorpe, J. 2000: On Sociology. Numbers, Narratives, and the Integration of Research and Theory. Oxford.
Hafen, M. 2007: Grundlagen der systemischen Prävention. Ein Theoriebuch für Lehre und Praxis. Heidelberg.
Hannah-Moffat, K., 2005: Criminogenic Needs and the Transformative Risk Subject. In: Punishment &. Society, 7, 1, S. 29-51.
Harcourt, B. 2007: Against Prediction: Profiling, Policing, and Punishing in an Actuarial Age. Chicago.
Hasenfield, Y. 1972: People Processing Organizations: An Exchange Approach. In: American Sociological Review, 37, S. 256–263.
Hawkins, D./Herrenkohl, T./Farrington, D. et al. 2000: Predictors of Youth Violence. In: US. Department of Justice (ed.): Juvenile Justice Bulletin. April 2000.
Honneth, A./Rössler, B. 2008: Von Person zu Person. Frankfurt a.M.
Kautsky, K. 1973: Kritik der Hegel - Marxschen dialektischen Entwicklungstheorie und Ersetzung durch die Wechselwirkung Organismus –Umwelt. In: Fletscher, I. (Hg.). Der Marxismus. Seine Geschichte in Dokumenten. München.
Lamnek, S. 1994: Neue Theorien abweichenden Verhaltens. München.
Lindner, W. 2005: Notizen zur Produktivität der Kinder- und Jugendarbeit. Beitrag zum 6. Bundeskongress Soziale Arbeit. In: Sozial Extra, 29, S. 40-43.
Lindner, W./Freund, Th. 2001: Der Prävention vorbeugen? Zur Reflexion und kritische Bewertung von Präventionsaktivitäten in der Sozialpädagogik. In: Freund, Th./Linder, W. (Hg.) (2001): Prävention. Zur kritischen Bewertung von Präventionsansätzen in der Jugendarbeit. Opladen.
Luhmann N./Schorr K.E. (Hg.) 1982: Zwischen Technologie und Selbstreferenz. Frankfurt a. M.
Lutz T., Thane K. 2003: Alles Risiko - oder was? Sicherheitsdiskurse zwischen Rationalität und Moral. In: Widersprüche 22, 4, S. 9-20.
Müller, S. 1995: Der kontrollierte Alltag. In: neue praxis, 25, S. 259-262.
Muncie, J. 2004: Youth and crime, 2nd ed. London.
O'Malley, P. 2000: Uncertain subjects: risk, liberalism and contract. In: Economy and Society, 29, 4, S. 460-484.
Otto, H.-U./Polutta, A./Ziegler, H. (ed.) 2009: Evidence-based Practice. Modernising the Knowledge Base of Social Work? Opladen.
Otto, H-U/Flösser, G. (Hg.) 1992: How to Organize Prevention. Berlin/New York.
Pelzer, P./Scheerer, S. 2006: Terrorismus-Prognosen. In: Kemmesies, U (Hg.): Terrorismus und Extremismus – der Zukunft auf die Spur. München.
Prange, K. 2005: Die Zeigestruktur der Erziehung. Grundriss einer operativen Pädagogik. Paderborn et al.
Pütter, N. 2007: *Prävention. Spielarten und Abgründe einer populären Überzeugung*. In: Bürgerrechte & Polizei/CILIP 86, 1, S. 3-15.
Reichenbach, R. 2003: Pädagogischer Kitsch. In: Zeitschrift für Pädagogik. 49, 6, S. 775-789.
Robert Ph. 2003: The Evaluation of Prevention Policies. In: European Journal of Crime, Criminal Law and Criminal Justice, 111, 1, S. 114-130.
Rose, N. 1999: Powers of Freedom: Reframing Political Thought. Cambridge.
Rössner, D./Bannenberg, M./Sommerfeld M. et al. 2000: Leitlinien wirkungsorientierter Kriminalprävention. Anwendungsbezogene Ertragsanalyse des ‚Düsseldorfer Gutachtens'. Marburg.

Schaarschuch, A. 1990: Zwischen Regulation und Reproduktion. Gesellschaftliche Modernisierung und Perspektiven Sozialer Arbeit. Bielefeld.

Schaub, H./Zenke, K. 2000: Stichwort „Erziehung" in: Wörterbuch Pädagogik. München.

Scheerer, S. 2001: Verstehen und Erklären von Gewalt – ein Versprechen der Moderne. In: Albrecht, G./Backes, O./ Kühnel, W. (Hg.): Gewaltkriminalität zwischen Mythos und Realität. Frankfurt a.M.

Schmidt-Semisch, H. 2002: Kriminalität als Risiko. Schadenmanagement zwischen Strafrecht und Versicherung, München.

Schneider, H.-J. 2007: Die deutschsprachige Kriminologie der Gegenwart. Kritische Analyse anhand deutschsprachiger kriminologischer Lehrbücher. In: Liebl, K. (Hg.): Kriminologie im 21. Jahrhundert. Wiesbaden.

Schrapper, C./Pies, S., 2003: Fachlichkeit im Hilfeplanprozess – Fachliche Standards und Qualitätsentwicklung als Element professioneller Identität. In: Forum Jugendhilfe, 6, 1, S. 51-62.

Schwind, H.-D. 2005: Kriminologie. 15. Aufl. Heidelberg.

Seelmeyer, U. 2008: Das Ende der Normalisierung? Soziale Arbeit zwischen Normativität und Normalität. Weinheim

Simon, J. 2005: Reversal of Fortune: The Resurgence of Individual Risk Assessment in Criminal Justice. In: Annual Review of Law and Social Science, 1, 397-421.

Simon, Jonathan. 1988. The Ideological Effects of Actuarial Practices. In: Law & Society Review 22, S.771–800.

Smith, R. 2006: Actuarialism and Early Intervention in Contemporary Youth Justice. In: Goldson, B./Muncie, J. (eds.): Youth Crime and Justice. London.

Sorgo, G. 2007: Unsichtbare Liebe. Gefühlspraxis ohne Drama. In: Billstein, J./Uhle, R.(Hg.). Liebe. Zur Anthropologie einer Grundbedingung pädagogischen Handelns. Oberhausen.

Stehr, J. 2007: Normierungs- und Normalisierungsschübe – Zur Aktualität des Foucaultschen Disziplinbegriffes. In: Anhorn, R./Bettinger, F./Stehr, J. (Hg.): Foucaults Machtanalytik und Soziale Arbeit. Eine kritische Einführung und Bestandsaufnahme. Wiesbaden.

Thiersch, H. 2000: Lebensweltorientierte Soziale Arbeit. Aufgaben der Praxis im sozialen Wandel. Weinheim/ München.

Thyer, B. 2001: What is the Role of Theory in Research on Social Work Practice? In: Journal of Social Work Education 37, 1, S. 9–25.

Uhle, R. 2007: Pädagogische Liebe und emphatische Pädagogik. In: Bilstein, J./Uhle, R. (Hg.): Liebe. Zur Anthropologie einer Grundbedingung pädagogischen Handelns. Oberhausen.

Vobruba, G. 1983 Prävention durch Selbstkontrolle. In: Wambach, M. M. (Hg.) Der Mensch als Risiko. Frankfurt a.M.

Völker, W. 1987: Immer lustig und vergnügt. Einwände gegen den Präventiven Blick. In: Widersprüche 25, 7-14.

von Kardorff, E. 1995: Prävention: wissenschaftliche und politische Desiderate. In: Diskurs, 1, S. 6-14.

von Kardorff, E. 1996: Die Prävention der Gesellschaft. Zu einigen Aspekten sozial und gesundheitspolitischen Präventionskurse. In: Klotter, C. (Hg.): Prävention und Gesundheitsförderung. Göttingen.

Webb, S. 2009: Risk, Governmentality and Insurance. The Actuarial Re-Casting of Social Work. In: Otto, H.-U./Polutta, A./Ziegler, H. (eds.): Evidence-based Practice. Modernising the Knowledge Base of Social Work? Opladen i.E.

Wessels, H.-F/Clairmont, H. (Hg.) G.W.F. Hegel. Phänomenologie des Geistes. Mit einer Einleitung von W. Bonsiepen. Hamburg.

Young, J. 1999: The Exclusive Society. London.

Ziegler, H. 2006: Evidenzbasierte Soziale Arbeit: Über managerielle PrakterInnen in neobürokratischen Organisationen. In: Schweppe, C./Sting, S. (Hg.): Sozialpädagogik im Übergang. Neue Herausforderungen für Disziplin und Profession. Weinheim/München.

F Interventionen im Schnittfeld von Sozialer Arbeit und Justiz

Thomas Trenczek

Mitwirkung der Jugendhilfe im Strafverfahren – Jugendgerichtshilfe

1 Grundlagen

In den §§ 50-52 SGB VIII regelt das Kinder- und Jugendhilferecht die Aufgaben des Jugendamts, die es aus Anlass gerichtlicher Verfahren vor den Familien-, Vormundschafts- und Jugendgerichten zugunsten junger Menschen und ihrer Familien wahrzunehmen hat.[1] Hierbei handelt es sich ungeachtet der Spezifika der justiznahen Arbeitsfelder nicht um eine vom Gericht abgeleitete, sondern um eine originäre, sozialrechtlich begründete Aufgabenstellung des Jugendamts. Das gilt auch für die Mitwirkung des Jugendamts in Strafverfahren nach dem Jugendgerichtsgesetz (§ 52 SGB VIII), auch wenn die „JGH" früher in den Anfängen der Jugendgerichtsbewegung unter der Geltung des RJGG (1923) von freien Vereinigungen der Jugendfürsorge wahrgenommen wurde.[2] Das traditionell als Jugendgerichtshilfe (JGH) bezeichnete Arbeitsfeld ist wie wohl kein anderes durch einen *doppelten rechtlichen Bezugsrahmen* gekennzeichnet, einerseits dem Jugend*hilfe*recht und andererseits dem Jugend*straf*recht.[3] Die Rechtsgrundlage (vgl. Art. 20 Abs. 3 GG, § 31 SGB I) für die Mitwirkung des Jugendamtes im jugendstrafrechtlichen Verfahren steht im SGB VIII (insb. § 52 SGB VIII). In der jugendstrafrechtlichen Praxis wird allerdings die Regelungsrelevanz des SGB VIII häufig nicht ausreichend beachtet. Anderseits ist das Normengefüge – SGB VIII und JGG – in geradezu idealer Weise auf *Kooperation* angelegt.[4] Überall dort, wo diese Kooperation wechselseitig praktiziert wird, gibt es weder Aufregung noch zwingt das SGB VIII zu umwälzenden Veränderungen. Vielmehr wird diese Kooperation aufgrund der wenigen neuen Regelungen des SGB VIII z.B. zu möglichen Globalvereinbarungen (§ 36a Abs. 2 SGB VIII) sogar erleichtert.

Das SGB VIII vermeidet bewusst den eine besondere Institution nahe legenden *Begriff* „Jugendgerichtshilfe" und spricht stattdessen von der „Mitwirkung in Verfahren nach dem JGG". Schon durch die Wortwahl signalisiert das Gesetz die Einbindung der JGH in den Verantwortungsbereich des kommunalen Jugendhilfeträgers.[5] Jugendgerichtshilfe ist „lediglich"

---

1   Ausführlich hierzu Trenczek 2007.
2   Zur Geschichte der JGH vgl. Müller/Trenczek 2001; Weyel 2008. Zur Beteiligung freier Träger aufgrund der heutigen Rechtsgrundlagen siehe Münder u.a. 2006 § 52 Rz. 99 f.
3   Trenczek in DVJJ: 2008: 64 ff. (Kap. 6)
4   Vgl. bereits Trenczek 1991, 1993 und 1996.
5   In einer klaren (aber offensichtlich immer noch notwendigen) Begründung kritisierte der Gesetzgeber die frühere Praxis und wies auf die jugendhilferechtlichen Funktionen der JGH hin: Die „systematische Zuordnung zum Jugendgerichtsgesetz hat den Eindruck verstärkt, die Jugendgerichtshilfe sei – wie etwa die Bewährungshilfe – an Weisungen der Staatsanwaltschaft oder des Gerichts gebunden. Ihre Einbindung in das Jugendamt und in die kommunale Selbstverwaltung ist dabei nicht immer ausreichend zur Kenntnis genommen worden. Der Durchgriff auf die Institution „Jugendgerichtshilfe" [...] hat überdies die Vorstellung gestärkt, diese Institution habe eigenständige, von den sonstigen Abteilungen des Jugendamtes losgelöste Befugnisse. Durch die Neuregelung soll

eine *Aufgabe* des Jugendamtes, unabhängig davon, in welchen Organisationsformen diese Aufgabe wahrgenommen wird. Das *Jugendhilferecht* nimmt eine saubere Trennung von Zielorientierung (autonome, reflexive Persönlichkeit), Aufgaben (Förderung und Prävention durch die Erfüllung fachgerechter Leistungen und anderer Aufgaben) und (Eingriffs-)Befugnissen (z.B. Eingriff in das Elternrecht; Berechtigung zur Informationsweitergabe) vor.[6] JGH ist Jugendhilfe; es gibt keine vom Jugendamt gesonderte „JGH", sie hat keine vom Jugendamt losgelösten Aufgaben oder Befugnisse. Die Besonderheit der JGH im Aufgabenspektrum des Jugendamtes liegt vor allem darin, dass typisch leistungsrechtliche Aspekte (§ 52 Abs. 2 und 3 SGB VIII) mit anderen, hoheitlichen Aufgabenbereichen verknüpft werden.

Nach §§ 2 Abs. 3 Nr. 8, 52 SGB VIII i.V.m. § 38 Abs. 2 JGG wirken die Jugendämter im jugendgerichtlichen Verfahren mit, um „die erzieherischen, sozialen und fürsorgerischen", d.h. in der Terminologie des SGB VIII die das Wohl des jungen Menschen fördernden, unterstützenden und Benachteiligungen abbauenden (vgl. § 1 Ab. 3 SGB VIII), also die sozialpädagogisch-jugendhilferechtlich relevanten Gesichtspunkte zur Geltung zu bringen (*Zweckbindung der Jugendhilfe*).[7] Diese unterscheiden sich grundlegend von der (jugend-)strafrechtlichen Betrachtungsweise: Die Jugendhilfe orientiert sich am *Kindeswohl*, den (Jugend-)Strafgerichten geht es um die Legalbewährung.[8] Das Begehen einer Straftat begründet weder eine Leistungspflicht des Jugendamtes noch stellt sie per se eine Kindeswohlgefährdung dar, die das Jugendamt im Rahmen seiner Schutzverpflichtung (§ 8a SGB VIII) zu einer Intervention verlassen müsste. Die Jugendhilfe hat es mit ganzheitlichen Biographien und dynamischen Familiensystemen zu tun, Justiz mit Rechtsbeziehungen und punktuellen Ereignissen. Die Jugendgerichte entscheiden aus Anlass zurückliegender Geschehnisse. Die Jugendhilfe hat die zukünftigen Entwicklungsmöglichkeiten der Kinder und Jugendlichen sowie ihrer Familien und damit die möglichen Unterstützungsleistungen im Auge (zu behalten). Nicht die (rechtliche oder Leistungs-)Entscheidung als solche führt zu einer Veränderung der Situation von Kindern, Jugendlichen und ihrer Familien, sondern die mit ihnen gemeinsam erarbeiteten Veränderungsprozesse. Das Denken und Handeln der Jugendhilfe ist prozesshaft und rekonstruktiv. Es geht ihr nicht um Wahrheitsfindung oder das Treffen einer möglichst „objektiven", „richtigen" Entscheidung, sondern darum, die ihr zur Verfügung stehenden Ressourcen und Methoden zur Förderung und Herstellung des Kindeswohls zu nutzen. Das Jugendhilferecht erfordert ein Ende der Maßnahmephilosophie.[9] Es geht im Rahmen der Jugendhilfe vorrangig nicht um eine „richtige", sondern um eine einvernehmliche Konfliktklärung und (kooperative) Entscheidungsfindung. Im Hinblick auf das JGG wird (nicht nur von der Justiz, sondern auch von Teilen einer sehr traditionell arbeitenden JGH) zu oft übersehen, dass es sich bei dem *Er-*

---

  die Einbindung dieser Aufgaben in den Verantwortungsbereich des Jugendamtes stärker betont werden" (BT-Dr. 11/5948, 89, BT-Dr. 11/7421, 1 und Plenarprotokoll 11/216 vom 20. Juni 1990, 17085 ff.).

6 Bei der Einführung des SGB VIII wurde in der Begründung ausdrücklich darauf hingewiesen, dass es vermieden werden müsse, straf- und ordnungsrechtliche Gesichtspunkte in das Kinder- und Jugendhilferecht hineinzutragen, die dessen Charakter zwangsläufig verändern müssten (BT-Drs. 11/5948 S. 117).

7 Schlink 1991: 53 ff.; Münder u.a. 2003/2006 § 52 Rz 10; Trenczek 1991a, 361; 1993, 317; Wiesner/Mörsberger 2006 § 52 Rz 30.

8 Trenczek 1996, 39 ff.; Ostendorf 2006, Grdl.z. §§ 1-2 Rz. 3 ff.

9 Wurde früher unter der Geltung des JWG in Bezug auf die jugendstrafrechtlichen „Neuen Ambulanten Maßnahmen" der *[7]Maßnahme*begriff gerade als eine den Freiheitsentzug ersetzende Sanktion nicht weiter problematisiert, ist er heute wohl nur noch zur Bezeichnung der jugendstrafrechtlichen Rechtsfolgen angemessen. Eine Maßnahme ist eine Mischkonstruktion, die nicht nur unterstützende, sondern auch zugleich eingreifende Elemente aufweist (Wiesner 1995,6). Das SGB VIII verzichtet deshalb im Bereich der Erziehungshilfen auf den Maßnahmebegriff, da er semantisch die Durchsetzung gegen den Willen des Betroffenen impliziert.

ziehungsbegriff des JGG um ein strafrechtliches Konstrukt handelt, mit dem sich erzieherische Hilfen weder begründen noch legitimieren lassen.[10] Das JGG gibt keine Antwort auf die von der Jugendhilfe zu klärenden Frage nach dem erzieherischen Hilfebedarf, sondern regelt die Voraussetzungen der (jugend-angemessenen) Reaktion auf und Sanktionierung von Straftaten.

Die in § 52 SGB VIII vorgenommene Verknüpfung zu den Bestimmungen des JGG führt nicht zu einer Loslösung der JGH von den sonstigen Aufgaben oder Befugnissen des Jugendamtes.[11] Der Systemzweck der Jugendhilfe, nämlich die Verwirklichung des Wohles und die soziale Integration des jungen Menschen, wird dem Systemzweck der Strafjustiz, nämlich Strafverfolgung und Verfahrensschutz, nicht untergeordnet.[12] Vielmehr unterstreicht § 38 Abs. 2 JGG nochmals ausdrücklich („*zu diesem Zweck*") die jugendhilferechtliche Zweckbindung. Die Mitwirkung der Jugendhilfe ist deshalb auch im strafrechtlichen Verfahren primär eine sozialanwaltliche *Hilfe zugunsten junger Menschen*[13] und ihrer Familien (§ 2 Abs. 1 SGB VIII) und steht unter dem Primat sozialrechtlich normierter Handlungsstandards.[14]

Während sich die Aufgaben und Befugnisse des Jugendamts aus dem Sozialrecht ergeben (insbesondere SGB I, VIII und X), bestimmt sich seine *prozessrechtliche Stellung* im Gerichtsverfahren aus den jeweiligen Verfahrensnormen des Gesetzes über die Angelegenheiten der freiwilligen Gerichtsbarkeit (FGG), künftig FamFG, und der Zivilprozessordnung (ZPO) bzw. des Jugendgerichtsgesetzes (JGG) und der Strafprozessordnung (StPO).[15] Im Strafverfahren ist die JGH mit umfangreichen Beteiligungsrechten (Information, Anhörungs- und Äußerungsrechte, Anwesenheits-, Verkehrs- und Kontaktrechte) ausgestattet.[16] §§ 38, 50 JGG, auf den § 52 Abs. 1 SGB VIII verweist, konkretisieren die verfahrensrechtliche Stellung des Jugendamts im Strafverfahren sowie die neben dem leistungsbezogenen Auftrag obliegenden spezifischen Aufgaben im Strafverfahren. § 38 JGG ist *keine* Befugnisnorm im Hinblick auf Eingriffe des Jugendamts in die Rechtsposition junger Menschen und ihrer Familien.[17] Das Jugendamt unterliegt zudem keinen gerichtlichen Weisungen, weder im Hinblick auf die Art und Weise der Aufgabenwahrnehmung (im Hinblick auf konkrete Mitwirkungshandlungen, z.B. bestimmte Ermittlungen durchzuführen, Entscheidungsvorschläge zu machen) noch im Hinblick auf ein persönliches Erscheinen der Mitarbeiter des Jugendamtes.[18]

Aufgabe des Jugendamtes im Rahmen der JGH ist es dabei zunächst, möglichst *frühzeitig* (also noch vor Anklageerhebung) und in der Interaktion mit dem jungen Menschen und seiner Familie zu prüfen, ob Jugendhilfeleistungen in Betracht kommen und diese ggf. zu initiieren (§ 52 Abs. 2 SGB VIII), damit das Ermittlungsverfahren möglichst informell ohne Anklage beendet werden kann (*Diversion*).[19] Eine Beschränkung, die JGH habe Erziehungshilfen nur ge-

---

10 Pieplow 1989, Trenczek 1996: 39 ff.; Ostendorf 2006, Grdl.z.§§ 1-2 Rz. 3 ff.
11 So ausdrücklich BT-Dr. 11/5948, 89
12 Vgl. Maas: 1996: 246.
13 Vgl. BGH 29. 6. 2000 – 1 StR 123/00 – Lexetius.com/2000,1177 Rz. 8.
14 Hierzu vgl. Münder u.a. 2006, Einleitung Rz. 31 ff, § 2 Rz. 7; Wiesner/Wiesner 2006 § 1 Rz. 41.
15 Hierzu Eisenberg 2009, 3 38 Rz. 23 ff.; Ostendorf 2006, Rz. 6 ff
16 Hierzu Münder u.a. 2006 § 52 Rz. 14 ff.; Trenczek 2007a. Die der JGH aus strafrechtlicher Sicht zugeschriebene Rolle als „Prozessorgan" oder gar „Prozesshilfsorgan eigener Art" (vgl. Brunner/Dölling 2002 § 38 Rz. 1b), hat in der Vergangenheit teilweise seltsame Missverständnisse, z.B. „eigenständigen Organs der Strafrechtspflege" (Hauck u.a./Bohnert 2008 § 52 Rz. 7) erzeugt, obwohl damit überwiegend nur die selbständige verfahrensrechtliche Stellung hervorgehoben werden sollte.
17 So bereits Trenczek 1991b: 251 ff; mittlerweile ganz h.M. auch aus strafrechtlicher Sicht, vgl. Eisenberg 2009 § 38 Rz. 43a.
18 Hierzu Münder u.a. 2006 § 52 Rz. 69; Trenczek 2002: 352ff.
19 Heinz 2005; Plewig 1993; Trenczek 1991 sowie Sonnen in diesem Band.

genüber dem Allgemeinen Sozialen Dienst (ASD) anzuregen, nicht aber über ihre Gewährung zu entscheiden,[20] ist aus dem Gesetz nicht zu entnehmen und reflektiert lediglich das überkommene Bild einer vom Jugendamt gelösten „irgendwo anders" verorteten JGH. Die Leistungen der Jugendhilfe sind unabhängig von der Durchführung und dem Ausgang des Strafverfahrens zu erbringen, sofern die *formellen und materiellen Leistungsvoraussetzungen* vorliegen.[21] Der einzelne (JGH-)Mitarbeiter innerhalb des Jugendamts hat kein Privileg zur Entscheidung über die Gewährung von Jugendhilfeleistungen, eine fachgerechte Hilfeplanung unter Mitwirkung der Betroffenen muss deshalb auch im Rahmen der Mitwirkung im jugendstrafrechtlichen Verfahren selbstverständlich sein und die JGH-Stellungnahme hierauf basieren.[22] Die Bedeutung des Hilfeplanverfahrens hat der Gesetzgeber gerade im Zusammenhang mit der Kooperation mit den Gerichten hervorgehoben. Nach § 36a Abs.1 SGB VIII trägt der öffentliche Träger der Jugendhilfe die Kosten der Hilfe grundsätzlich nur dann, wenn sie auf Grundlage einer fachgerechten Hilfeplanung durch die Fachkräfte des Jugendamtes erbracht wird (so genannte *Steuerungsverantwortung*).[23] Das gilt auch dann, wenn Jugendliche (und ihre Eltern) und junge Volljährige durch den Jugendrichter zur Inanspruchnahme von Hilfen verpflichtet werden.[24]

Neben der Förderung der Diversion hat das Jugendamt den Jugendlichen während des gesamten Verfahrens (vom Beginn eines Ermittlungsverfahrens bis zur Vollstreckung einer gegebenenfalls verhängten Sanktion) zu betreuen (§ 52 Abs. 3 SGB VIII). Die *Betreuung junger Menschen* ist nicht die Kür, sie steht nicht „neben" den aus überkommener Sicht „zentralen Pflicht-Aufgaben"[25] der JGH, sondern ist der wesentliche Teil und Zweck der Mitwirkung der Jugendhilfe im Verfahren.[26] Diese Betreuung muss entsprechend den Grundmaximen des Jugendhilferechts sozialpädagogisch und sozialanwaltlich zugunsten des jungen Menschen erfolgen. Die JGH hat die Aufgabe, Krisen zu managen, Hilfestellungen zu leisten, Lebenslagen zu verbessern, zu beraten und Wege in die soziale Integration aufzuzeigen.

Sowohl im Ermittlungsverfahren wie auch nach Anklage vor dem Gericht soll die JGH die *sozialpädagogischen Aspekte zur Geltung* zu bringen (§ 52 Abs. 1 SGB VIII i.V.m. § 38 JGG). Gefragt ist mit der sozialarbeiterischen/-pädagogischen Fachkompetenz bewusst eine *andere* als die strafrechtlich orientierte Perspektive. Zusammenfassend können die Aufgaben der Jugendhilfe im Rahmen der JGH wie folgt beschrieben werden. Sie hat:

---

20 So aber Kunkel 2006: 313.
21 Hierzu ausführlich Trenczek 1996 u. 2009.
22 Münder u.a. 2006 § 52 Rz. 57; Trenczek 1996: 99 ff.
23 Hierzu ausführlich Münder u.a. 2006 § 52 Rz. ; Trenczek 2007b
24 Soweit die Justiz – wie im Bereich der Jugendhilfeleistungen – nicht über eigene Maßnahmen verfügt, hat sie vor ihrer Entscheidung durch Anhörung des Jugendamtes zu klären, ob die Leistungsvoraussetzungen vorliegen und wer ggf. die bei Inanspruchnahme der Leistungen anfallende Kosten trägt. Eine Anordnung jugendstrafrechtlicher „Maßnahmen" ohne die nach § 36a SGB VIII notwendige Einbeziehung des Jugendamtes läuft „ins Leere". Die öffentliche Jugendhilfe darf ihre Leistungen nicht als „Maßnahmen" durchführen. Freie Träger können zwar unmittelbar von der Justiz beauftragt und tätig werden, insofern aber nicht von der öffentlichen Jugendhilfe refinanziert werden. Zur Finanzierung von Leistungen im Rahmen der Jugendstraffälligenhilfe vgl. Trenczek 2009 Rz. 19 ff.
25 Das sei – so die traditionelle Sicht der Justiz - insb. die Persönlichkeitserforschung und Berichterstattung, vgl. z.B. Brunner/Dölling 2002 § 38 Rz. 4a f.
26 Ebenso Kunkel/Riekenbrauk 2006 § 52 Rz. 28 u. 43.

- den jungen Menschen (und seine Eltern) zu beraten, auf die Verhandlung vorzubereiten und über den Gang und die möglichen Folgen des Verfahrens aufzuklären,
- dem Jugendlichen (und seinen Eltern) bzw. Heranwachsenden mögliche sozialpädagogische Angebote und Leistungen auch unabhängig vom Strafverfahren aufzuzeigen, diese zu initiieren, gegebenenfalls zu vermitteln und durchzuführen,
- zur Förderung der Diversion ambulante Leistungen und Hilfen, besonders einen Ausgleich mit dem Geschädigten, anzubieten oder zu vermitteln und durchzuführen,
- den jungen Menschen während des gesamten Verfahrens zu betreuen und bei der sozialen Integration/Wiedereingliederung zu unterstützen;
- vorläufige Entscheidungen besonders zum Zwecke der Haftvermeidung bzw. -verschonung und die Einstellung eines Verfahrens anzuregen;
- die Erhebung von psychosozialen Daten und verstehende Untersuchung von Biographie und Lebenslage (so genannte „Erforschung der Persönlichkeit" § 38 Abs. 1 JGG) zur Vorbereitung jugendhilferechtlicher Interventionen sowie zur
- Unterstützung von Staatsanwaltschaft und Gericht, indem sie insb. durch fachliche Stellungnahmen[27] die persönlichen, familiären und sozialen Gegebenheiten des Jugendlichen oder Heranwachsenden unter besonderer Berücksichtigung der aktuellen Lebenssituation darstellt und verständlich macht, die Justiz frühzeitig über die in Frage kommenden Leistungen der Jugendhilfe informiert, sie über die zu treffenden Entscheidungen insbesondere im Hinblick auf deren lebensweltliche Konsequenzen berät und bei Bedarf Angebote der Jugendhilfe unterbreitet (nicht aber so genannte jugendstrafrechtliche Maßnahmen vorschlägt![28]), in Haftsachen beschleunigt Alternativen zur Untersuchungshaft prüft und initiiert.

2 JGH-Praxis im Wandel

Kaum ein anderes Thema im Bereich der jugendkriminalrechtlichen Sozialkontrolle wird so heftig widerstreitend diskutiert wie die Arbeit der Jugendgerichtshilfe (JGH). Die Diskussionen um die JGH dokumentieren dabei gleichzeitig zu einem guten Stück die Auseinandersetzung um das Verhältnis von Erziehung und/statt Strafe im Jugendstrafrecht.[29] Die im Hinblick auf einerseits jugendhilfeorientierte, andererseits jugendstrafrechtliche Zielvorstellungen widersprüchlich erscheinende Aufgabenstellung der Jugendhilfe im Rahmen des jugendstrafrechtlichen Verfahrens führte von Beginn an nahezu zwangsläufig zu Konflikten im Aufgaben- und Selbstverständnis der JGH. Die Praxis der JGH wurde z.T. mit heftiger Kritik begleitet, freilich mit ganz unterschiedlichen, gegensätzlichen Vorzeichen. So stellte bereits 1972 der Dritte Jugendbericht der Bundesregierung fest, dass sich die JGH in der Praxis weitgehend auf die Ermittlungen und auf die Vertretung im Gerichtsverfahren beschränke und die jugendhilfeorientierten Aufgaben häufig zu kurz kämen.[30] Aus anderer, strafrechtlicher Perspektive wurde die fehlende oder aus Sicht der Justiz unzureichende Berichterstattung beklagt. Insbesondere lasse die JGH oft einen begründeten Sanktionsvorschlag vermissen.[31] Demgegenüber wird wiederum

---

27 Hierzu Trenczek 2003a.
28 Hierzu Trenczek 2003a: 38 u. 2007b: 34 f.
29 Vgl. Müller 1991; Müller/Otto 1996; Pieplow 1989; Plewig 2008; Trenczek 1996 sowie Cornel in diesem Band.
30 Vgl. BMJFG BT-Drs. VI/3170 (1972) 66.
31 Vgl. Momberg 1982: 151f u. 292; vgl. Seidel 1988: 218.

aus sozialpädagogischer Sicht kritisiert, dass in den Stellungnahmen der JGH kriminologische, entwicklungspsychologische und sozialisationstheoretische Vorbehalte teilweise nur unzureichend thematisiert werden. Gelegentlich müsse man feststellen, dass die kriminologischen Befunde zur Normalität und Episodenhaftigkeit von Jugendkriminalität immer noch negiert, defizitfixierte Sozialisationsmythen (z.B. das broken-home-Syndrom) und Alltagstheorien (z.B. frühzeitige Delinquenz als Einstieg in die „kriminelle Karriere") sorgsam gepflegt und ein überkommenes Resozialisierungsmodell selbst dort bemüht werden, wo es weder etwas zu resozialisieren noch zu sozialisieren gibt.[32] Die Stellungnahmen der JGH seien nicht selten lapidar, pädagogisch nichtssagend, unausgewogen und stigmatisierend, diagnostisch wertlos und nicht selten kompetenzanmaßend.[33] In diesem Zusammenhang wird auch die Unsitte kritisiert, mit einer vorrangig vergangenheitsorientierten Defizitzuschreibung, insbesondere durch Zuschreibung „schädlicher Neigungen", zur Legitimation repressiver Maßnahmen beizutragen. Die JGH lasse sich bei der Beurteilung der pädagogischen Geeignetheit und Erforderlichkeit einer „erzieherischen" Unterstützungsleistung von antizipierten justiziellen Denkmustern (Art und Schwere der Sanktion, strafrechtliche Vorbelastungen, ...) leiten oder beschränke sich darauf, den Jugendlichen die Logik justizieller Entscheidungen verständlich zu machen.[34]

In welchem Maße die JGH die in der Gesamtbilanz überwiegend punitive jugendgerichtliche Sanktionspraxis beeinflußt hat, ist systematisch bisher wenig erforscht. Die wenigen auf der Auswertung von Akten basierenden und mittlerweile nicht mehr ganz aktuellen Studien lassen die JGH in einem sehr ungünstigen Licht erscheinen und attestieren ihr bestenfalls eine Bedeutungslosigkeit im gerichtlichen Entscheidungsprozess.[35] Mitunter erweise sich die Tätigkeit der JGH sogar als Nachteil für den Jugendlichen. So legen die Veröffentlichungen nahe, dass die Verhandlungsposition des Jugendlichen durch Vor-Urteile der JGH geschwächt werde, die Wahrscheinlichkeit einer informellen Erledigung des Verfahrens bei einer Beteiligung der JGH sinke und die JGH damit insgesamt tendenziell einen kriminalisierenden Einfluss ausübe.[36]

Auch wenn die Befunde der bisherigen Forschung auf Probleme und Defizite in der Arbeit der JGH hinweisen, bei deren Interpretation wird zu wenig berücksichtigt, dass sich diese Untersuchungen nahezu ausschließlich auf den engen Teilbereich justiznaher und teilweise behördlich-routinemäßiger Aufgabenwahrnehmung beschränkten und die zugrunde gelegten Erfolgsdefinitionen vorrangig aus dem Verfahrensinteresse der Strafjustiz entwickelt wurden.[37] In den bisherigen „Wirkungs"-Forschungen wurde die *sozialpädagogische Aufgabenstellung* der Jugend(gerichts)hilfe als Teil der Jugendhilfe weder inhaltlich noch methodisch angemessen in den Blick genommen und die seit Mitte der 1980er Jahre gerade in diesem Bereich einsetzenden und mit dem SGB VIII normativ unterlegten Entwicklungen blieben weitgehend unberücksichtigt.

Nach einer Ende der 1980er Jahre vom Bundesjugendministerium (BMJFFG) in Auftrag gegebenen Studie zum Perspektivenwechsel der Sozialen Arbeit wurde festgestellt, dass die JGH von allen Aufgabenbereichen der Jugendhilfe am stärksten vom Wandlungsprozess gekennzeichnet sei.[38] Hierfür seien insbesondere die Veränderungen im Bereich der Diversion

---

32 Vgl. Müller/Trenczek 2001: 867.
33 Vgl. Gohde/Wolff 1990, Kiehl 1991: 175; Wild 1989: S. 16 f, 115 ff.
34 Vgl. Bettmer 1991: 36f.
35 Vgl. z.B. Heinz/Hügel 1987; Hermann/Kerner 1986: 187; Hügel 1988: 308 ff.; Momberg 1982; Seidel 1988; Wild 1989. Beachte aber auch die Replik von Weyel 1988 u. 1990.
36 Cremers et al. 1982: 135; Heinz/Hügel 1987, 94; Hügel 1988: 310.
37 Müller/Trenczek 2001: 864; Weyel 1988: 313.
38 Kreft/Lukas u.a. 1990; Lukas 1991: 300 ff.

und der so genannten Neuen Ambulanten Maßnahmen[39] verantwortlich. Die Zunahme des Personals, die Abgrenzung eines speziellen Zuständigkeitsbereichs auch in kleinen Jugendämtern, Spezialisierung durch Aus- und Weiterbildung der Mitarbeiter auch im methodischen Sektor, eine verbesserte Kooperation mit Jugendrichtern und -staatsanwälten, die Delegation der neuer ambulanter Maßnahmen an freie Träger bis hin zur Bildung regionaler Arbeitsgemeinschaften wurden als konkrete Mittel zur Erreichung eines veränderten und erfolgreicheren Umgangs mit den Jugendlichen und Heranwachsenden angesehen. Allerdings basierten die Ergebnisse auf Angaben der Jugendamtsleitungen, ohne dass überprüft wurde, ob der propagierte Perspektivenwandel in der Jugendhilfe von den Mitarbeitern der Jugendämter rezipiert und akzeptiert oder gar auch umgesetzt wurde.

Ein erster Versuch, die Mitarbeiter der JGH direkt über ihr Aufgabenverständnis und ihre Arbeitssituation zu befragen, wurde 1985/86 am Freiburger Max-Planck-Institut durchgeführt, über Ergebnisse dieser Umfrage ist allerdings bis auf ein Referat auf dem 20. Deutschen Jugendgerichtstag in Köln 1986 nichts bekannt.[40] Bei der damaligen Befragung von 231 JGH-Mitarbeitern standen thematisch die Bewertung der Sanktionswirklichkeit, das Kooperationsverhältnis zur Justiz und Aspekte der beruflichen Zufriedenheit im Vordergrund. Im wesentlichen lassen sich die damaligen Ergebnisse und Schlussfolgerungen dahingehend zusammenfassen, dass die JGH offensichtlich in den Jugendgerichten über einen erheblichen Vertrauensbonus verfüge und sie deshalb zu ermutigen sei, ihre Vorstellungen und Vorschläge zum Verfahrensergebnis offensiver einzubringen.

Erst Ende der 1990er Jahre rückte die JGH wieder in das Blickfeld empirischer Forschung. Mit Unterstützung der BAG JGH, der DVJJ und dem Bundesjugendministerium wurde eine *bundesweite Befragung der Mitarbeiter der Jugendämter* und freier Träger, die mit Aufgaben der Jugendgerichtshilfe befasst sind, durchgeführt.[41] Ziel der Untersuchung war es, eine umfassende Bestandsaufnahme der Situation der Jugendgerichtshilfe vorzunehmen. Auf der Grundlage der konzeptionellen und rechtlichen Verortung der JGH als Teil der Jugendhilfe wurden insbesondere die Auswirkungen der regionalen und organisatorischen Rahmenbedingungen, mögliche Schwachpunkte in den Arbeitsstrukturen aber auch die Entwicklungspotentiale der sozialen Arbeit mit straffälligen Jugendlichen untersucht.

Auch wenn sich die JGH auf die ihr vormals zugedachte Rolle einer Gerichtsdienerin oder „Doppelagentin"[42] schon historisch so nicht hat reduzieren und sich die tradierten Aufgabenzuschreibungen spätestens nach Einführung des Kinder- und Jugendhilferechts (1991) nicht mehr aufrecht erhalten ließen,[43] ist die Praxis der Jugend(gerichts)hilfe immer noch zu einem großen Teil von den „klassischen" gerichtsverfahrensorientierten Aufgaben bestimmt. Andererseits hat sich das Tätigkeitsspektrum der JGH mittlerweile differenziert, auch wenn Angebote der U-Haftvermeidung, Haftbesuche, Initiierung und Durchführung sozialpädagogischer Jugendhilfeleistungen, ein vernetztes Handeln sowie Öffentlichkeits- und Präventionsarbeit noch nicht überall selbstverständlich sind. Hierbei zeigen sich deutliche regionale Handlungsmuster sowie Unterschiede insbesondere im Hinblick auf den Grad der Spezialisierung.

---

39 Hierzu BAG NAM 2003; Trenczek 2009.
40 Vgl. Köpke 1987: 198 ff.
41 Vgl. Trenczek 2003. An der Befragung hatten sich 529 Praktiker der JGH beteiligt, die mindestens 244 öffentlichen Trägern (106 kreisfreien Städte und 18 kreisangehörigen Städten/Gemeinden; 120 Landkreisen) und damit nahezu 40% der (z.Zt. der Umfrage ermittelten) 619 Jugendämter in Deutschland zugerechnet werden konnten.
42 Vgl. Ostendorf 1991.
43 Hierzu Münder u.a. 2006 § 52; Trenczek 2003; 2007.

Die sich im *regionalen Vergleich* heraus kristallisierenden Unterschiede,[44] wurden – wenn auch nicht mit dieser Deutlichkeit – durchaus erwartet, treten diese doch auch in anderen kriminologischen Untersuchungen (polizeilichen bzw. justiziellen Handelns) immer wieder zu Tage. Allerdings waren es in dieser Untersuchung mitnichten immer die Teilnehmer aus dem Norden, sondern vielmehr aus der Region Mitte und dem Osten der Republik, deren Praxis sich von der ihrer Kollegen aus den anderen Regionen abhob.

Deutliche Unterschiede zeigt die JGH-Praxis bei einem Vergleich nach ihrem *Spezialisierungsgrad*.[45] Entgegen immer wieder auch von Jugendhilfeseite kolportierter Vermutungen zeichnet sich die Aufgabenwahrnehmung der (mehr) spezialisiert arbeitenden Kolleginnen durch eine größere Nähe zu den Betreuungsaufgaben der Jugendhilfe aus. Bei den JGH-Aufgaben wahrnehmenden ASD-Mitarbeitern ist der Anteil der spezifischen, der Betreuung von straffälligen Jugendlichen dienenden Hilfeangebote und Unterstützungsleistungen deutlich niedriger. Im Hinblick auf die Kooperation zu den anderen am Jugendstrafverfahren beteiligten Institutionen, insbesondere der Justiz, wird der Zusammenhang zwischen dem zeitlichen Anteil und der Art der JGH-Aufgabenwahrnehmung vor allem deutlich im Hinblick auf die Häufigkeit des beiderseitigen Kontakts, die Teilnahme der JA-Mitarbeiter an der gerichtlichen Hauptverhandlung und den Kriterien ihres Entscheidungsvorschlages. Trotz anders lautender Unterstellungen orientieren sich die mehr spezialisiert arbeitenden JGH-Mitarbeiter erkennbar stärker an jugendhilferechtlichen Zielsetzungen und Kriterien als ihre (eher) integriert arbeitenden Kollegen. Allerdings orientiert sich die JGH insgesamt, insbesondere wenn sie von Mitarbeitern des ASD integriert wahrgenommen wird, noch deutlich an den justiziellen Kriterien und Vorgaben.

Insgesamt sind die *sozialpädagogischen Betreuungsleistungen* im Rahmen *der JGH* immer noch *weit unterentwickelt*. Dies gilt auch im Hinblick auf ein frühzeitiges Intervenieren und Anbieten von Jugendhilfeleistungen, gerade auch, um eine informelle Verfahrenserledigung zu fördern (§ 52 Abs. 2 SGB VIII). Die Mitarbeiter der Jugendämter richten ihre JGH-Tätigkeit ungeachtet individueller Ausnahmen in ihrer großen Mehrheit noch sehr traditionell auf das gerichtliche Hauptverfahren aus. Eine dem *sozialanwaltlichen Handlungsauftrag des SGB VIII* entsprechende JGH/Jugendhilfe muss deutlich andere Schwerpunkte setzen. Dabei muss selbstverständlich berücksichtigt werden, dass es die Praxis vor Ort durchaus mit unterschiedlichen Zielgruppen und Problemlagen zu tun hat. Es ist allerdings äußerst kritisch zu bewerten, wenn sich die Mitarbeiter der JA vor allem um jugendtypische und Bagatellkriminalität an sich sozial durchaus integrierter junger Menschen kümmern und die Betreuung gerade der mehrfach auffälligen, sozial von Ausgrenzung und Benachteiligung bedrohten Jugendlichen und Heranwachsenden (von jungen Volljährigen ganz zu schweigen) vernachlässigt wird. Unverständlich und im Rechtsstaat nicht hinzunehmen ist es, wenn klare gesetzliche Vorgaben, insbesondere die Pflicht zur frühzeitigen Prüfung und ggf. Initiierung sozialpädagogischer Jugendhilfeleistungen auch aus Anlass eines gegen einen jungen Menschen durchgeführten Strafverfahrens (§ 52 Abs. 2 SGB VIII), die Prüfung der Leistungsvoraussetzungen des SGB VIII (§ 31 SGB I, § 27 SGB VIII) sowie die Durchführung eines Hilfeplanverfahrens (§ 36 SGB VIII), nicht umgesetzt werden.

Als *Fazit* der empirischen Untersuchungen kann man festhalten, dass die Praxis der JGH (insbesondere Art und Form ihrer Stellungnahmen, die Häufigkeit des Kontakts zwischen den

---

44 Trenczek 2003: insb. 91 ff. u. 103 ff.
45 Trenczek 2003: insb. 85 ff. u.

Verfahrensbeteiligten, Reaktions- und „Maßnahme"-Vorschläge) auf starke regionale Tradierungen schließen lassen. Zwar lassen sich im Hinblick auf manche Aufgabenfelder und Vorgehensweisen Unterschiede auch unter weiteren Aspekten (z.B. Trägerstruktur, Geschlecht und Alter der Mitarbeiter) feststellen, allerdings zeigen sich diese anderen Unterscheidungsmerkmale nicht durchgängig und sie scheinen im Vergleich zu den regionalen und organisatorischen Einflussfaktoren nicht so bedeutend zu sein. Auch bei einer sehr vorsichtigen Interpretation der Ergebnisse kann man feststellen, dass die konkrete Aufgabenwahrnehmung und Vorgehensweise der Jugendgerichtshilfe im Wesentlichen durch *regional tradierte Strukturen* sowie durch den *Grad der Spezialisierung* bestimmt zu werden scheinen.[46]

3 Fazit und Ausblick

Die JGH steht an der Schnittstelle von Jugendhilfe und Strafrecht. Sie agiert in einem *Spannungsfeld,* in dem wesensmäßig verschiedene Diskurse mit eigenen Logiken und differenten Konsequenzen aufeinander treffen.

Die Jugendgerichtshilfe ist im *Umbruch* – die Bewertung ihrer Praxis ist ambivalent. Aufgrund der Ergebnisse der aktuellen JGH-Untersuchung kommt man – ungeachtet mehrerer Ausnahmen von der Regel – nicht umhin festzustellen, dass die Mitarbeiter der Jugendämter im Hinblick auf die JGH dem konzeptionellen und im SGB VIII gesetzlich normierten *Leitbild* der Mitwirkung der Jugendhilfe im jugendstrafrechtlichen Verfahren vielerorts hinterherlaufen. Freilich zeigen die zum Teil sehr deutlichen Unterschiede sowohl zwischen den Regionen, zwischen Stadt und Land, aber auch zwischen unterschiedlich stark spezialisierten Mitarbeitern, welche *Entwicklungspotentiale* in der Praxis – ungeachtet der zumeist als Entschuldigung angeführten Ressourcenprobleme der kommunalen Haushalte – vorhanden sind. Soll der jugendhilferechtliche Handlungsauftrag Ernst genommen werden, dann sind hier eine veränderte Prioritätensetzung und die Entwicklung einer bewussten Fachlichkeit auch gegen die Widerstände einer unter erheblichen Sparzwängen stehenden Verwaltung einzufordern.

Die Diskussion um die Entspezialisierung der Aufgabenwahrnehmung war lange Zeit die wohl umstrittenste Frage bei der Beschreibung des Fachdienstes JGH.[47] Mittlerweile ist hier wieder etwas Entspannung eingetreten, haben doch Kommunen, die ihre Dienste entspezialisiert hatten, erkannt, dass dies im Kooperationsbereich zur Justiz zu unproduktiven und zu teilweise nicht kompensierbaren Reibungsverlusten führt. Auf der Grundlage der Ergebnisse der empirischen Untersuchungen scheint es deshalb geboten, die JGH-Aufgaben einigen Mitarbeitern gebündelt zu einer (weitgehend) *spezialisierten Aufgabenwahrnehmung* zu übertragen.

---

46 Hinzuweisen ist darauf, dass die im Rahmen der JGH-Befragung durch die Experten des Praxisfeldes wiedergegeben Einstellungs- und Handlungsmuster nicht die Frage beantworten, ob sich diese Einschätzungen in der Praxis des konkreten Handelns kongruent wiederfinden lassen. Ebenso unbeantwortet bleibt die Frage, welche Auswirkungen die JGH auf das Handeln der Justiz oder die Lebensbewältigungsstrategien (oder gar Legalbewährung) der Jugendlichen haben. Dies war durch die Untersuchung weder beabsichtigt noch mit einem vertretbaren Aufwand durchzuführen.

47 Vgl. KGSt 3/1995; BMFJ 8. Jugendbericht BT-Ds. 11/6576; Emig 2001; für spezialisierte Fachkräfte: BAG JGH 1994; Klier/Brehmer/Zinke 1995, 175f.; Rein 1998; Weyel 1996.

Die JGH kann dabei der Gefahr, in das „Souterrain der Justiz"[48] abgedrängt zu werden oder gar lediglich als „Appendix des Kriminaljustizsystems"[49] zu fungieren, entgehen, wenn sie sich auf ihre spezifische *Fachlichkeit und Standards* besinnt.[50] Sollte es dadurch zu Konflikten mit der Strafjustiz kommen, muss dies nicht schaden. Eine Konflikte offenlegende und Widersprüche nicht verdeckende Zusammenarbeit aller Beteiligten bringt einen entscheidenden Gewinn an Ehrlichkeit und Wirklichkeit und ermöglicht es den Beteiligten, jeweils ihre Aufgaben adäquat wahrzunehmen.

Nach Jahren der Auseinandersetzung mit der Dominanz einer trotz gefälliger Erziehungsterminologie vielfach ungebrochen straforientierten Jugendgerichtsbarkeit drohen aktuell größere Gefahren durch die Ressourcenprobleme kommunaler Haushalte. Rechtsansprüche unterlaufende Anweisungen (z.B. keine Leistungen bei mehrfach straffälligen Jugendlichen oder jungen Volljährigen zu initiieren), andere verwaltungstechnische Tricks, Schwellen und Strukturen (Bestehen auf formaler Antragstellung der Eltern; Anweisung, dass JGH-Mitarbeiter keine Erziehungshilfen initiieren dürfen; langwierige Entscheidungsfindung, so dass sich das „Problem" bei weiteren Krisen und Straftaten aufgrund von Inhaftierung von selbst erledigt) sind Anzeichen einer *teilweise offen rechtswidrigen Leistungsverweigerung der Jugendämter*.[51] Eine solche Praxis verrät die mit dem SGB VIII verfolgten Ziele und macht alle Bemühungen einer fachlichen Qualitätssicherung obsolet. Freilich haben die Landesjustizverwaltungen diese Situation mitzuverantworten, haben sie doch jahrelang die Hinweise auf die geradezu rechtswidrige Praxis nicht nur ignoriert, sondern die ressourcenmäßige Indienstnahme der Jugendhilfe für die Zwecke der Strafjustiz[52] toleriert und ausgenutzt.

Literatur

Bundesarbeitsgemeinschaft Jugendgerichtshilfe (BAG JGH) in der DVJJ (1994): Jugendgerichtshilfe – Standort und Wandel. Leitfaden für die Arbeit der Jugendgerichtshilfe; 2. Aufl., Hannover.
BAG Neuen Ambulante Maßnahmen (NAM) (2000): Neue ambulante Maßnahmen, Grundlagen – Hintergründe – Praxis; Bonn.
BAG Jugendgerichtshilfe (2001). Standards für den Fachdienst Jugendgerichtshilfe. Mitwirkung der Jugendhilfe in Verfahren nach dem Jugendgerichtsgesetz. 2. Aufl., Hannover.
Bettmer, F. (1991): Auswege aus der Pädagogisierungsfalle. In: Neue Praxis, 21. Jg., S. 33ff.
Brunner, R./Dölling. D. (2002): Jugendgerichtsgesetz. Kommentar; 11. Aufl., Berlin.
Bundesministerium für Familie und Jugend (BMFJ) (1990): Jugendbericht der Bundesregierung: 8. Jugendbericht - BT-Drs. 11/6576; Bonn.
Cremers, E./Reicherts, J./Seidel, R. (1982): Interaktionen vor Gericht. In: Soeffner, H.G. (Hg.): Beiträge zur empirischen Sprachsoziologie; Tübingen, S. 115ff.
DVJJ (Hg.) (2008): Schöffenleitfaden - Arbeitshilfe für die ehrenamtlichen Richterinnen und Richter in der Jugendkriminalrechtspflege; 5. Aufl., Hannover
Eisenberg, U. 2009: JGG Kommentar, 13. Aufl., Heidelberg
Emig, O. (2001): Jugendhilfe im Strafverfahren: Neuer Wein in alten Schläuchen. In: DVJJ-Journal, 12. Jg., S. 51ff.
Goerdeler, J.: (2005): Der Bundesrat verabschiedet das Gesetz zur Weiterentwicklung der Kinder- und Jugendhilfe (KICK). In: Zeitschrift für Jugendkriminalrecht und Jugendhilfe, 16. Jg., S. 315ff.
Gohde, H./Wolff (1990): „Gutachterlichkeit" der Jugendgerichtshilfe. In: Neue Praxis, 20. Jg., S. 316ff.

---

48 Müller/Otto 1986
49 Bettmer 1991: 34.
50 Vgl. hierzu die laufend überarbeiteten „Standards für den Fachdienst Jugendgerichtshilfe" der BAG JGH (2001).
51 Münder u.a. 2006, § 52 Rz.; Goerdeler 2005: 318; Ostendorf 2004: 295; Trenczek 2009 Rz. 30.
52 Wiesner 2005.

Hauck, K./Noftz, W. (Hg.). (2008): Sozialgesetzbuch SBG VIII – Kinder- und Jugendhile Kommentar. Loseblattsammlung, Berlin (zitiert Hauck u../Bearbeiter) 1991 (sowie Ergänzungslieferung bis 2008)
Heinz, W. (2005): Zahlt sich Milde aus? Diversion und ihre Bedeutung für die Sanktionspraxis. In: Zeitschrift für Jugendkriminalrecht und Jugendhilfe, 16. Jg., S. 166ff u. 302ff.
Heinz, W./Hügel, C. (Hg.) (1987): Erzieherische Maßnahmen im deutschen Jugendstrafrecht. Bonn.
Herrmann, D./Kerner, H.-J. (1985): Entscheidungen im Strafverfahren unter dem Aspekt der Kriminalisierung. In: Kury, H. (Hg.): Entwicklungstendenzen kriminologischer Forschung, Band 12, Interdisziplinäre Wissenschaft zwischen Politik und Praxis. Köln.
Hügel, C. (1987): Ergebnisse der empirischen Untersuchung. In: Heinz, W./Hügel, C. (Hg.): Erzieherische Maßnahmen im deutschen Jugendstrafrecht. Bonn, S. 21ff.
Hügel, C. (1988): Es geht auch ohne JGH. In: Bewährungshilfe, 35. Jg., S. 308ff.
Kiehl, W.H. (1991): Jugendgerichtshilfe – Soziale Arbeit im Spannungsfeld zwischen Jugendhilfe und Jugendstrafgericht. In: Wiesner, R./Zarbock, W. (Hg.): Das neue Kinder- und Jugendhilfegesetz (KJHG). Köln, S. 173ff.
Klier, R./Brehmer, M./Zinke S. (1995): Jugendhilfe in Strafverfahren – Jugendgerichtshilfe: Handbuch für die Praxis Sozialer Arbeit. Berlin, (2. Auflage 2002).
Kommunale Gemeinschaftsstelle für Verwaltungsvereinfachung (KGSt) (Hg.) (1995): Dekonzentration der JGH. In: KGSt-Bericht 3, Köln.
Köpke, U. (1987): Jugendgerichtshilfe und ambulante Dienste. In: DVJJ (Hg.): Und wenn es künftig weniger werden; Dokumentation des 20. Deutschen Jugendgerichtstages; München, S. 198ff.
Kunkel, P. (Hg.) (2006): LPK SGB VIII, 3. Aufl., Baden-Baden (zitiert mit Bearbeiter: Kunkel/Bearbeiter)
Kreft, D./Lukas, H. u.a. (1990). Perspektivenwandel der Jugendhilfe; Bd. I, Forschungsmaterialien zu neuen Handlungsfeldern in der Jugend- und Familienhilfe sowie Ergebnisse einer totalerhebung zur aufgabenwahrnehmung der Jugendämter; Bd. 2, Expertisentexte „Neue Handlungsfeldern in der Jugend- und Familienhilfe"; Nürnberg/Frankfurt.
Kunkel, P.-C. (2006): Steuerungsverantwortung des Jugendamtes - § 36a SGB VIII – und eventuelle Auswirkungen auf das Jugendstrafverfahren. In: Zeitschrift für Jugendkriminalrecht und Jugendhilfe, 17. Jg., S. 313ff.
Lukas, H. (1991). Jugendämter im Umbruch? Verändertes Handeln in traditionellen Arbeitsbereichen und Etablierung neuer Handlungsfelder. In: Zentralblatt für Jugendrecht, 78. Jg., S. 300ff.
Maas, U. (1996): Soziale Arbeit als Verwaltungshandeln; 2. Aufl., Weinheim.
Momberg, R. (1982): Die Ermittlungstätigkeit der Jugendgerichtshilfe und ihr Einfluß auf die Entscheidung des Jugendrichters. (jur. Diss.), Göttingen.
Müller, S. (1991): Erziehen – Helfen – Strafen. Zur Klärung des Erziehungsbegriffs im Jugendstrafrecht aus pädagogischer Sicht. In: DVJJ-Journal, 2. Jg., S. 344ff.
Müller, S./Otto, H.-U. (Hg.) (1986): Damit Erziehung nicht zur Strafe wird, Bielefeld.
Müller, S./Otto, H.-U. (1986a): Sozialarbeit im Souterrain der Justiz. In: Müller, S./Otto, H.-U. (Hg.): Damit Erziehung nicht zur Strafe wird. Bielefeld, S. VIIff
Müller, S./Trenczek, Th. (2001): Jugendgerichtshilfe – Jugendhilfe und Strafjustiz. In: Otto, H. U./Thiersch, H. (Hg.): Handbuch der Sozialarbeit/Sozialpädagogik. 2. Aufl., Neuwied, S. 857ff.
Münder, J. u.a. (2003/2006): Frankfurter Kommentar zum SGB VIII; Weinheim 4. Auflage 2003/5. Auflage 2006.
Ostendorf, H. (1991). Jugendgerichtshilfe in der Rolle der „Doppelagentin". Chance oder programmiertes Versagen? In. Zentralblatt für Jugendrecht, 78. Jg., S. 9ff.
Ostendorf, H. (2004): Eigentor für das Jugendstrafrecht durch Leistungsverweigerung der Jugendhilfe? In: Zeitschrift für Jugendkriminalrecht und Jugendhilfe, 15. Jg., S. 294ff.
Ostendorf, H. (2006): Jugendgerichtsgesetz Kommentar; 7. Aufl., Köln.
Pieplow, L. 1989: Erziehung als Chiffre. In: Walter, M. (Hg.): Beiträge zur Erziehung im Jugendkriminalrecht, Köln, S. 5ff
Plewig, H.-J. (1993): Diversion im Rahmen des Jugendgerichtsgesetzes. In Kreft, D. u.a. (Hg.): Perspektivenwandel der Jugendhilfe; Frankfurt, S. 267ff.
Plewig, H.-J. (2008): Im Spannungsfeld zwischen Erziehung und Strafe. Pädagogischer Umgang mit hochdelinquenten Minderjährigen. In: Zeitschrift für Jugendkriminalrecht und Jugendhilfe, 19. Jg., S. 34ff.
Rein, B. (1998). Geht es auch ohne JGH? Entspezialisierung contra Fachlichkeit. In: DVJJ-Journal/Zeitschrift für Jugendkriminalrecht und Jugendhilfe, 9. Jg., S. 335ff.
Seidel, G. (1988): Die Jugendgerichtshilfe in ihrer Ermittlungsfunktion und ihr Einfluß auf richterliche Entscheidungen in Jugendstrafverfahren gegen weibliche Jugendliche. Frankfurt/Main.
Schlink, B. (1991): Jugendgerichtshilfe zwischen Jugend und Gerichtshilfe – Verfassungsrechtliche Bemerkungen zu § 38 JGG. In: BMJ (Hg.): Jugendgerichtshilfe – Quo vadis? Bonn, S. 51ff.

Trenczek, T. (1991): Jugend(gerichts)hilfe im Umbruch. In: DVJJ-Journal/Zeitschrift für Jugendkriminalrecht und Jugendhilfe, 2. Jg., S. 360ff.
Trenczek, T. (1991a): Möglichkeiten und Grenzen der Diversion nach dem neuen Jugendstrafrecht. In: DVJJ-Journal/ Zeitschrift für Jugendkriminalrecht und Jugendhilfe, S. 8ff.
ders. (1993): Auszug aus dem Souterrain? Rechtliche Rahmenbedingungen und sozialpädagogische Handlungsansätze für die Jugendhilfe im Strafverfahren. In: Recht der Jugend und des Bildungswesens, S. 316ff.
ders. (1996): Strafe, Erziehung oder Hilfe? Neue ambulante Maßnahmen und Hilfen zur Erziehung - Sozialpädagogische Hilfeangebote für straffällige junge Menschen im Spannungsfeld von Jugendhilferecht und Strafrecht, Forum, Bonn.
ders. (2002): Hilfen zur Erziehung: Leistungsvoraussetzungen und Rechtsfolgen. In Becker-Textor, I./Textor, M. (Hg.): SGB VIII Online Handbuch: www.sgbviii.de.
ders (2003): Die Mitwirkung der Jugendhilfe im Strafverfahren: Konzeption und Praxis der Jugendgerichtshilfe; Weinheim.
ders. (2003a): Stellungnahmen der Jugendhilfe im Strafverfahren – Fachliche Qualitätsanforderungen und strafrechtlicher Umgang. In: Zeitschrift für Jugendkriminalrecht und Jugendhilfe, 14. Jg., S. 35ff.
ders. (2007): Die Mitwirkung der Jugendhilfe in gerichtlichen Verfahren. In: Münder, J./Wiesner, R, (Hg.): Handbuch des Jugendhilferechts; Baden-Baden, S. 197ff.
ders. (2007a): Mitwirkung in der Jugendgerichtsbarkeit. In Münder, J./Wiesner, R. (Hg.): Handbuch des Jugendhilferechts; Baden-Baden 2007, S. 355ff.
ders. (2007b): Jugendgerichtshilfe: Aufgaben und Steuerungsverantwortung. In: Zeitschrift für Jugendkriminalrecht und Jugendhilfe, 18. Jg., S. 31ff.
ders. (2009): Jugendstraffälligenhilfe. In Cornel u.a. (Hg.): Handbuch der Resozialisierung; Baden-Baden 3. Aufl., S. 128ff.
Weyel, F. (1988): Der Einfluß der Jugendgerichtshilfe auf Sanktionsentscheidungen. In: Bewährungshilfe 35. Jg., S. 313ff.
Weyel, F.H. (1990): Was ist los mit der Jugendgerichtshilfe? Zur Frage der Effektivität der Jugendgerichtshilfe im Jugendstrafverfahren. In: DVJJ (Hg.): Mehrfach Auffällige – Mehrfach Betroffene: Erlebnisweisen und Reaktionsformen. Bonn, S. 141ff.
Weyel, F.H. (1996): Vom Sterben der alten Jugendgerichtshilfe: Gibt es noch Rettung? In: Zentralblatt für Jugendrecht, 83. Jg., S. 349ff.
Weyel, F.H. (2008): Geschichte und Wandel des Erziehungsgedankens. In: Zeitschrift für Jugendkriminalrecht und Jugendhilfe, 19. Jg., 132ff.
Wiesner, R. (1995): Über die Indienstnahme der Jugendhilfe für das Jugendstrafrecht. In: BMJ (Hg.): Grundfragen des Jugendkriminalrechts und seiner Neuregelung. 2. Aufl., Bonn, S. 144ff.
Wiesner, R. u.a. (2006): SGB VIII, Kinder- und Jugendhilfe, 3. Aufl., München (zitiert: Wiesner/Bearbeiter).
Wild, P. (1989): Jugendgerichtshilfe in der Praxis. München.

Regine Drewniak

Ambulante sozialpädagogische Maßnahmen als Alternativen zum Freiheitsentzug

Nahezu drei Jahrzehnte Praxis der so genannten Neuen ambulanten Maßnahmen (NAM) – Zeit für eine Bilanz. Nach der geradezu euphorischen *ambulanten Bewegung* der 1980er Jahre, der vielfach gefeierten *Jugendstrafrechtsreform durch die Praxis* und schließlich der gesetzlichen Einführung der NAM im Jugendgerichtsgesetz 1990 haben sich weitreichende Hoffnungen auf nunmehr rationalere Reaktionen auf Jugendkriminalität verbunden. Für junge Menschen, die in massiveren Formen straffällig geworden sind, galten sozialpädagogische Leistungen der Jugendhilfe als sachgerechte Alternative und sollten insofern die traditionell strafenden, insbesondere freiheitsentziehenden Sanktionen weitgehend ersetzen. Trotz bundesweiter Verbreitung von Angeboten haben sich die angezielten Veränderungen in der jugendgerichtlichen Sanktionspraxis indessen nicht vollzogen. Die Grundidee aber, die der Entwicklung der NAM zugrunde lag, ist bis heute unangefochten und findet auch in neueren gesetzlichen Änderungen ihre Entsprechung. Mit den aktuellen Diskussionen um die Steuerungsverantwortung der Jugendhilfe sowie der Festlegung der Jugendgerichtsbarkeit explizit auf eine spezialpräventive Ausrichtung sind die NAM wieder verstärkt in den Blick geraten. Einmal mehr stellt sich die Frage, welche konkreten Erfordernisse sich aus den bisherigen Erfahrungen herleiten lassen, um das Potential der NAM zielentsprechend auszuschöpfen.

1 Die Idee

Zahlreiche, immer wieder replizierte Forschungsbefunde zum Phänomen Jugendkriminalität sowie zur Effektivität jugendgerichtlicher Sanktionen begründeten konsequenterweise einen grundsätzlichen Wandel in Hinblick auf die Frage angemessener Reaktionen. Dieser in gleichförmigen Wiederholungen vielerorts auffindbare Erkenntnisstand lässt sich in Zuspitzung auf seine Initialwirkung für die sozialpädagogischen Angebote folgendermaßen zusammenfassen:

Im Bereich der normalen, ubiquitären und episodenhaften Jugenddelinquenz fehlt die Legitimation für besondere staatliche, gar strafrechtliche Intervention. Sanktionen bei jugendtypischer Normaldelinquenz verletzen grundlegende rechtsstaatliche Prinzipien (Löhr 1986). Im Unterschied zu diesen – quantitativ dominierenden – Erscheinungsformen verdient jene Gruppe junger Menschen besondere Aufmerksamkeit, die den Normalbereich von Jugenddelinquenz verlassen und wiederholt und wegen auch schwerwiegenderer Delikte auffallen – und gleichzeitig wiederholt und zunehmend härter sanktioniert werden. Diese Gruppe lässt sich durch Indikatoren sozialer Benachteiligung charakterisieren, die sich als begünstigende Faktoren sowohl für massivere Straffälligkeit als auch für Strafschärfungen durch die Instanzen der

strafrechtlichen Sozialkontrolle erwiesen haben. Bilanziert man die einschlägigen empirischen Befunde zu dieser Gruppe junger Menschen (Walter 1995), dann zeigt sich, dass
1. es sich um eine zahlenmäßig sehr kleine Gruppe handelt,
2. deren Lebenssituationen gekennzeichnet sind durch massive persönliche und soziale Benachteiligungen,
3. sie bislang durch außerstrafrechtliche Institutionen etwa der Jugendhilfe o.a. Unterstützungssysteme (aus den unterschiedlichsten Gründen) nicht wirklich erreicht worden sind und
4. sie betroffen sind von der *negativen Eigendynamik des Rückfalls* (Heinz 1990; S. 49): dem Kreislauf nämlich von immer geringer werdenden Chancen, erhöhter Kontrolle und intensiverer, letztlich freiheitsentziehender Sanktionierung.

Jugendkriminalität in ihren *massiveren* Ausdrucksformen offenbart Defizite in Hinblick auf die Überwindung von sozialer Benachteiligung und des Ausschlusses von sozialer Teilhabe sowie gleichzeitig in Hinblick auf eine rechtzeitige und adäquate sozialpädagogische Korrektur benachteiligter Lebenslagen (Scherr 2007). In *strafrechtlicher* Hinsicht mehrfach *Auffällige*, in *jugendhilferechtlicher* Hinsicht mehrfach *Benachteiligte* und – in *beiderlei Hinsicht* – von sozialer Ausgrenzung mehrfach *Betroffene*: so ist die Zielgruppe der ambulanten sozialpädagogischen Maßnahmen charakterisiert.

Im Rahmen des Paradigmenwechsels von der normativen zur emanzipativen Sozialpädagogik wurde seit Ende der 1960er Jahre gerade auch die Position der Sozialpädagogik in ihrem Verhältnis zum Jugendstrafrecht neu bestimmt, um den bis dato eher unkritischen Umgang mit Begriffen wie Normalität, Dissozialität, Verwahrlosung und Kriminalität künftig zu vermeiden (Mollenhauer 1968; Peterich 2000a). Kritisiert wurde die im Rahmen des Jugendwohlfahrtsgesetzes (JWG) getroffene Unterscheidung von *Dissozialität* – zu beheben mit erzieherischen Hilfen – und *Jugendkriminalität* – zu ahnden im Rahmen des JGG –, da diese nicht dem wissenschaftlichen Erkenntnisstand über Dissozialitätsprozesse entspräche, die mit beiden Phänomenen gleichermaßen zusammenhängen: Jugendkriminalität ordne sich ein in das Kontinuum jugendlicher Dissozialitätsphänomene, die auf Benachteiligungs- und Ausgrenzungsprozesse zurückzuführen sind. In einem künftigen Jugendhilfegesetz und einem revidierten Jugendgerichtsgesetz – so bereits 1972 im Dritten Jugendbericht der Bundesregierung gefordert – sollen Voraussetzungen dafür geschaffen werden, dass die Jugendämter allen jungen Menschen, die mit dem Strafrecht in Konflikt geraten sind, umfassende Sozialisationshilfen gewähren können und zu diesen Leistungen ausdrücklich verpflichtet werden (Deutscher Bundestag 1972: 99ff).

Zentrales *kriminalpolitisches* Ziel – und als solches von konstitutiver Bedeutung für die Entwicklung der NAM – ist die Vermeidung freiheitsentziehender Sanktionen (Bernstorff/Brandler/Peterich 1986). Diese Zielsetzung folgt den Erkenntnissen über die desintegrierenden Folgen des Freiheitsentzugs (Dünkel 1990), indem dieser den ohnehin benachteiligten Lebenssituationen der jungen Menschen weitere Benachteiligungen und Ausgrenzungen hinzufügt und dadurch weitere Kriminalität eben *nicht* verhindert: auch die Zugehörigkeit zu Lebenswelten, in welchen Kriminalität zum *normalen* Verhalten zählt, wird durch freiheitsentziehende Sanktionen noch verstärkt. Die vom Bundesministerium der Justiz herausgegebene Rückfallstatistik belegt einmal mehr die in spezialpräventiver Hinsicht weitgehende Wirkungslosigkeit des Freiheitsentzugs (Jehle/Heinz/Sutterer 2003).

Ihre wissenschaftliche Fundierung findet die These der spezialpräventiven Überlegenheit der ambulanten Maßnahmen in den seit langem bekannten Befunden der kriminologischen

Forschung. In gleichförmigen Wiederholungen werden hier *Risiko- und Schutzfaktoren* identifiziert, die für massivere Kriminalität und Gewaltbereitschaft von Jugendlichen relevant sind: ökonomischer Status, Bildung, innerfamiliäre Gewalterfahrungen sowie Gewalt befürwortende Männlichkeitsüberzeugungen sind *die* Faktoren, die in enorm hohem Maße Unterschiede in Kriminalitäts- und Gewaltraten junger Menschen zu erklären vermögen (Wilmers u.a. 2002; Boers 2007). Gemeinsam mit den Befunden zur eigentlich entscheidenden Frage, was Jugendliche dazu bewegt, delinquentes Handeln als Episode auch wieder zu beenden (Böttger/Köller/Solberg 2003), lässt sich dies zuspitzen auf folgenden *Erkenntnisstand*: die Fähigkeit sowie die Bereitschaft von Jugendlichen zu sozialer Integration ist in der Regel abhängig von der Existenz von konkreten Perspektiven, die eine realistische Aussicht auf gesellschaftliche Teilhabe versprechen – und die durch massivere Kriminalität und die ihr folgenden Konsequenzen gefährdet werden. Sind also die konkreten Lebensbedingungen nicht geeignet, solche Perspektiven entstehen zu lassen, ist es Aufgabe der Jugendhilfe, dem entgegen zu wirken. Im Verfahren nach dem Jugendgerichtsgesetz stellt sie hierfür – bei entsprechend diagnostiziertem Bedarf – auf die individuellen Belange der Jugendlichen und Heranwachsenden jeweils ausgerichtete spezielle Leistungen bereit. Indem die ambulanten sozialpädagogischen Maßnahmen gerade die Lebenssituationen der jungen Menschen fokussieren, stellen sie die sachgerechtere, mithin effektivere und im übrigen kostengünstigere Form der Unterstützung dar auf dem Weg zur sozialen Integration (Bundesministerium der Justiz 1986).

Zusätzlichen empirischen Rückhalt erhielt die Propagierung ambulanter sozialpädagogischer Angebote durch die empirische Sanktionsforschung. Untersuchungen zur spezialpräventiven Wirksamkeit jugendgerichtlicher Sanktionen führten zu der These von der *Gleichwirkung verschiedener Sanktionen* (Kerner 1996: 7): Im Hinblick auf die Legalbewährung (im Sinne *offiziell registrierter* Straffälligkeit) verweisen internationale Befunde übereinstimmend darauf, dass unter statistischer Kontrolle relevanter Faktoren wie insbesondere Alter und strafrechtliche Vorauffälligkeit keine bedeutsamen Unterschiede zwischen den verschiedenen jugendgerichtlichen Sanktionsformen nachzuweisen sind (Kerner/Dolde/Mey 1996). Mit dem Verweis auf die Legalbewährung als *einzig* legitimes Ziel jugendgerichtlicher Sanktionen sowie dem verfassungsrechtlich gebotenen Vorrang weniger eingriffsintensiver Maßnahmen begründeten diese Befunde die kriminalpolitische Forderung nach einem weitgehenden Verzicht auf freiheitsentziehende Sanktionen. Die sozialpädagogischen Angebote als überlegene Alternativen zu den traditionellen strafenden jugendgerichtlichen Sanktionen sollten gestärkt werden.

Für die *konzeptionelle Ausgestaltung* der NAM ergeben sich konkrete Anforderungen, die sich schlicht aus den Informationen zur Zielgruppe der massiv auffälligen, benachteiligten und ausgegrenzten jungen Menschen herleiten (Bundesarbeitsgemeinschaft für ambulante Maßnahmen 1991 und 2000; Drewniak 2007):

- Die Jugendlichen und Heranwachsenden verfügen häufig über vergangene und häufig auch nachteilige Erfahrungen mit dem Hilfesystem, nicht zuletzt infolge auch hier erlebter Ausgrenzungen. Um die (neuerliche) Bereitschaft zur Inanspruchnahme von Jugendhilfeleistungen zu fördern, müssen diese den Lebenswelten, Bedürfnissen und Interessenslagen der Jugendlichen entsprechen, mithin *attraktiv* sein. Bei Planung, kontinuierlicher Überprüfung und Modifikation der konkreten Ausgestaltung der Angebote ist also die *Partizipation* der betroffenen jungen Menschen unumgänglich. Am ehesten gelingt dies im Rahmen von handlungs- und erlebnisorientierten Gruppenangeboten, die in einrichtungseigenen Räumen und Werkstätten erfolgen und durch Aktivitäten außerhalb der Einrichtung ergänzt werden (Drewniak 2006). Neben der Steigerung der Teilnahmebereitschaft der Jugendlichen stellen

diese Gruppenaktivitäten ein Bildungsangebot dar, das von besonderer Relevanz ist für soziale Lernprozesse (Tophoven 1998).
- Die Jugendlichen haben in der Regel erfahren, dass die Beurteilung ihrer Persönlichkeit über negative, defizitäre Zuschreibungen erfolgte (als „Schulverweigerer", als „Bildungsversager", als „kriminell"). Die ihnen neu entgegenzubringende *pädagogische Haltung* muss sie Akzeptanz erfahren lassen, die sich insbesondere auch durch prospektive Anknüpfungen an realistisch einzuschätzende Fähigkeiten und Entwicklungschancen der Jugendlichen auszeichnet (Peterich 2000b). Auf dieser Grundlage kann eine pädagogische Beziehung sich entwickeln, die die Jugendlichen bindet.
- Notwendigerweise zu ergänzen ist die soziale Gruppenarbeit um *individuelle Förderangebote*. Im Rahmen dieser Angebote erst können die aktuellen Lebenssituationen sowie Veränderungserfordernisse und Zukunftsplanungen thematisiert und konkrete Entwicklungsschritte ausgehandelt, angestoßen und begleitet werden. Die Einbeziehung von Personensorgeberechtigten und relevanten Beziehungspersonen, Unterstützung bei Konfliktregulierungen sowie auch ganz lebenspraktische Hilfen erfolgen in den Lebensräumen der Jugendlichen.

Unter der Voraussetzung, dass die NAM in diesem Sinne adäquat konzeptionell ausgestaltet sind und im Rahmen von Jugendgerichtsverfahren qualifiziert eingesetzt werden, verfügen sie über das höchste Potential für die Verwirklichung der spezialpräventiven Zielvorgabe des JGG – indem sie auf die Entwicklung konkreter und realistischer Perspektiven auf soziale Teilhabe für die hiervon bislang ausgegrenzten jungen Menschen hinwirken.

2 Die Gesetzgebung

Die Konsequenzen für adäquatere Reaktionen auf das Straffälligwerden junger Menschen wurden vom Gesetzgeber schließlich aufgegriffen und 1990/91 mit der Novellierung des Jugendgerichtsgesetzes (JGG) und dem Inkrafttreten des Kinder- und Jugendhilfegesetzes (SGB VIII) explizit als Zielsetzung verfolgt (Deutscher Bundestag 1989a u. 1989b). Während der Jugendhilfe bei der Verwirklichung des Erziehungsgedankens des JGG nunmehr künftig eine *Schlüsselrolle* (Deutscher Bundestag 1989a: 13) zukommen sollte, setzte parallel das SGB VIII insofern neue fachliche Standards, indem es klarstellte, dass die Mitwirkung der Jugendhilfe im Jugendgerichtsverfahren unter dem Primat der sozialpädagogischen Handlungsstandards steht, die durch das Jugendhilferecht definiert sind: Im jugendgerichtlichen Verfahren hat sie jene Gesichtspunkte zur Geltung zu bringen, die das Wohl des jungen Menschen fördern und unterstützen sowie Benachteiligungen abbauen (Trenczek 2003). Neben der ausdrücklichen Nennung von Sozialen Trainingskursen und Betreuungsweisungen im (beispielhaften) Katalog der Weisungen in § 10 JGG sowie von Sozialer Gruppenarbeit und Betreuungshilfe unter den Hilfen zur Erziehung in §§ 27ff SGB VIII enthalten beide Gesetzesbegründungen übereinstimmend den Verweis auf die dreifache Subsidiarität des Jugendstrafrechts, nämlich
- der Vorrang informeller vor formeller Verfahrenserledigung (Diversion vor Urteil),
- der Vorrang ambulanter vor freiheitsentziehender Maßnahmen
- der Vorrang von Jugendhilfeleistungen vor strafrechtlichen Sanktionen (Bundesministerium der Justiz 1991).

Im Rahmen des 2. JGGuaÄndG, das seit dem 1.1.2008 in Kraft ist, hat der Gesetzgeber die Jugendgerichtsbarkeit explizit auf eine spezialpräventive Ausrichtung festgelegt: „Die Anwendung des Jugendstrafrechts soll vor allem erneuten Straftaten eines Jugendlichen oder Heranwachsenden entgegenwirken." (§ 2 Abs. 1 Satz 1 JGG) Ziel jedes Jugendgerichtsverfahrens ist es also, unter der Vielzahl der möglichen Reaktionen genau diejenige herauszufinden, die in jedem individuellen Fall am ehesten geeignet erscheint, den jungen Menschen künftig von weiteren Straftaten abzuhalten. Den Forschungsbefunden zu Risiko- und Schutzfaktoren für massivere Straffälligkeit junger Menschen folgend gilt diese entscheidungsleitende Frage nach der *im Einzelfall* jeweils angemessensten Reaktion mit größtmöglicher spezialpräventiver Wirksamkeit als eindeutig *sozialpädagogische* Frage. In Hinblick auf die diagnostische Kompetenz, die für eine profunde Beantwortung dieser Frage erforderlich ist, sind Richter und Staatsanwälte in der Regel nicht hinreichend qualifiziert (Breymann 2005). Gerade aus diesem Grunde ist die Mitwirkung der Jugendhilfe im Jugendstrafverfahren seit jeher obligatorisch.

Gleichwohl ergeben sich aus den unterschiedlichen rechtlichen Grundlagen in JGG und SGB VIII *Spannungen* infolge der unterschiedlichen Anlässe, Grundsätze und Ziele der sozialpädagogischen Maßnahmen (Trenczek 1996). Zum Teil wird aufgrund dieser Gegebenheiten von einer prinzipiellen Unvereinbarkeit von Hilfe zur Erziehung gemäß SGB VIII und jugendgerichtlicher Weisung gemäß JGG ausgegangen (Wiesner 1995; § 29 Randziffer 17), mit der Folge, dass die Maßnahmen im Falle des Zugangs durch die Justiz nicht durch die Jugendhilfe zu leisten seien. Dies ist jedoch keinesfalls zwingend. Als Angebot der Jugendhilfe zielt soziale Gruppenarbeit mit Einzelbetreuung auf soziale Integration, auf Prävention und – im Falle der Weisung im Rahmen eines Jugendstrafverfahrens – auf Diversion und Vermeidung freiheitsentziehender Sanktionen. Eine solche kumulative Sichtweise der Zielsetzung wird auf pragmatische Weise der gesetzlichen Lage gerecht und erlaubt die Entwicklung von Handlungskriterien, die im Sinne der hier gebotenen Jugendhilfeorientierung geboten sind, ohne den strafrechtlichen Bezugsrahmen zu ignorieren (Drewniak/Höynck 1998).

Auch der Entscheidung über konkrete Rechtsfolgen des JGG liegt das diese legitimierende Kriterium des *erzieherischen Bedarfs* zugrunde. Das JGG folgt eben auch der pädagogischen Einsicht in die besonderen Lebenslagen von Jugendlichen und den Risikofaktoren für massivere strafrechtliche Auffälligkeiten. Die Diagnose eines – indizierten oder gerade *nicht* indizierten – Anspruchs auf Leistungen der Jugendhilfe sowie die Entscheidung über deren Gewährung fällt auch im Rahmen von Jugendgerichtsverfahren eindeutig in die Zuständigkeit und Kompetenz der beteiligten Jugendhilfeakteure (Meysen 2008). Dies wurde zuletzt 2005 mit dem Gesetz zur Weiterentwicklung der Kinder- und Jugendhilfe (KICK) explizit verdeutlicht (§ 36a SGB VIII).

Klares – und Spannungen durchaus begründendes – Unterscheidungsmerkmal von Weisungen nach JGG und Hilfen zur Erziehung nach SGB VIII ist die Freiwilligkeit. Während das SGB VIII eindeutig und prinzipiell von der *Freiwilligkeitsmaxime* ausgeht, ist dem JGG der Zwangscharakter immanent: bei einem Abbruch der Inanspruchnahme von Leistungen, die rein nach dem Jugendhilferecht gewährt werden, sind zunächst keine Konsequenzen vorgesehen; bei den Weisungen nach JGG droht bei schuldhafter Nichtbefolgung der Ungehorsamsarrest (§ 11 III JGG). In diesem Konflikt verdeutlichen sich in besonderer Weise die Anforderungen an die Professionalität der sozialpädagogischen Fachkräfte sowie an die konkrete konzeptionelle Ausgestaltung der Leistungen. Die von den NAM anvisierte Zielgruppe ist gerade nicht dadurch charakterisiert, bereitwillig Leistungen der Jugendhilfe in Anspruch zu nehmen, häufig begründet durch vergangene nachteilige, sie ausgrenzende Erfahrungen (Peterich 1994). Für die (neuerliche) Bereitschaft zur Inanspruchnahme von Unterstützungsleistungen kann eine jugendrichterliche Weisung hilfreich sein, indem sie den nachdrücklichen Zugang zu eben anders konzipierten, weil zielgruppenorientierten Angeboten der Jugendhilfe begünstigt. In Hinblick auf den Freiwilligkeitsanspruch der Jugendhilfe wäre aber dann – entsprechend eines Vorschlags von Schüler-Springorum (1986: 210) – die Forderung „Freiwilligkeit tut not!" sinnvollerweise abzuwandeln in „Unfreiwilligkeit ist von Übel": Bei anhaltendem und in keiner Weise auszuräumendem Widerstand der Jugendlichen/Heranwachsenden ist von der Teilnahme selbstredend abzusehen. In solchen Fällen der Nichterfüllung richterlicher Weisungen, die etwa auf unzutreffenden Diagnosen, mangelnder Beteiligung der Betroffenen bei der Wahl der Leistung oder nicht bedarfsgerechtem Leistungsangebot basieren, ist auch der Ungehorsamsarrest keineswegs zwingend. Mit der Möglichkeit nachträglicher Änderungen von Weisungen bietet das JGG eine auch in pädagogischer Hinsicht sinnvolle Regelung (§ 11 II JGG).

3 Die Praxis

Die im Zuge des Neuorientierungsprozesses der 1970er Jahre ausgelöste ambulante Bewegung und bundesweite Etablierung von spezialisierten Jugendhilfeprojekten sowie letztlich deren gesetzliche Verankerung im Jugendgerichtsgesetz und Kinder- und Jugendhilfegesetz 1990 wurde weithin als Erfolg der *Jugendstrafrechtsreform durch die Praxis* (Bundesministerium der Justiz 1989) betrachtet. Neben der Feststellung realer Veränderungen der jugendgerichtlichen Sanktionspraxis durch den quantitativen Ausbau ambulanter Maßnahmen (Heinz 1986) finden sich Verweise, dass der „fördernde Einfluss erzieherisch gestalteter Gruppenarbeit auf die Entwicklung junger Menschen bewiesen" sei (Friske 1995: 153) bzw. „als gesichert gelten" könne (Kunkel 1995: 103). Das empirische Fundament der Praxisbeurteilungen ist indessen bei genauerem Besehen äußerst bruchstückhaft, zumal die Grundlagen solcher Diagnosen weniger systematischer empirischer Forschung als vielmehr unsystematischen Beobachtungen entstammen: „Wir haben keine genauen Zahlen, wissen aber alle aus Erfahrungen (…)" (Bernstorff 1992: 12). Durchaus erfolgte Bestandsaufnahmen blieben allerdings in der Regel auf Deskriptionen der Angebotsverbreitung beschränkt (Bundesarbeitsgemeinschaft für ambulante Maßnahmen 1983 und 1992; Busch/Hartmann 1984; Heinz/Huber 1986; Dünkel/Geng/Kirstein 1998).

Analysen der *Sanktionspraxis* der Jugendgerichte auf der Grundlage der Strafverfolgungsstatistik indessen verwiesen zunächst auf einen Bedeutungszuwachs der jugendrichterlichen Weisungen seit Mitte der 1970er Jahre, der allerdings weniger den *sozialpädagogischen* Angeboten als vielmehr den *Arbeits*weisungen zugeschrieben wurde (Heinz 1996). Seit 1990, mit der im JGG eingeführten Möglichkeit der Verhängung von Arbeitsleistungen im Rahmen der Zuchtmittel auch als *Auflage*, ging der Bedeutungsgewinn der Weisungen wieder verloren zugunsten der quantitativ deutlich angestiegenen *Arbeitsauflagen* (Heinz 2007: 91ff). In Hinblick auf den vom Gesetzgeber intendierten Bedeutungszuwachs der ambulanten *sozialpädagogischen* Reaktionen bleibt die ernüchternde Bilanz, dass diese im Vergleich zu *punitiven* Reaktionsformen quantitativ über ein *Nischendasein* nicht hinausgekommen sind (Heinz 1996: 117; Heinz 2007: 91).

Hierfür ursächliche Hintergründe lassen sich auf (mindestens) drei verschiedenen, freilich durchaus interagierenden Ebenen identifizieren:

(1) Die *jugendgerichtliche Sanktionspraxis* wird vor allem determiniert von Kriterien, die am allgemeinen Strafrecht orientiert, dem JGG aber nicht immanent sind. Dominante Kriterien für jugendgerichtliche Entscheidungen sind Deliktschwere und strafrechtliche Vorauffälligkeit, deren zunehmende Ausprägungen sanktionseskalierende, d.h. strafschärfende Wirkung haben (Hupfeld 1996). Den Lebenslagen der Jugendlichen und Heranwachsenden kommt eine vergleichsweise geringe oder gar – im Falle sozialbiographischer Auffälligkeiten – strafschärfende Wirkung zu (Ludwig-Mayerhofer/Rzepka 1989). Bei den Sanktionspräferenzen zeigt sich eindeutig die Dominanz der traditionell ahnenden, strafenden Reaktionen: Die Nutzungsbereitschaft der ambulanten Maßnahmen als alleinige Sanktionsfolge beschränkt sich im wesentlichen auf Jugendliche, bei welchen weder eine Leistung der Jugendhilfe indiziert, noch eine jugendrichterliche Weisung verhältnismäßig ist. Bei tatsächlich leistungsberechtigten und massiv delinquenzbelasteten Jugendlichen kommen hingegen sozialpädagogische Leistungen allenfalls in Kombination mit eingriffsintensiveren Sanktionen zur Anwendung (Drewniak 1996b). Eine Analyse der 2005 nach Jugendgerichtsgesetz verhängten Sanktionen zeigt, dass zwei von drei verhängten Erziehungsmaßregeln mit weiteren schwereren Sanktionen (Zuchtmittel, Jugendstrafe) kombiniert worden sind (Heinz 2007: 91). Die jugendgerichtliche Nutzung der ambulanten sozialpädagogischen Maßnahmen scheint sich eher auf die Funktion einer *erzieherischen Draufgabe* zu reduzieren als auf einen Ersatz für freiheitsentziehende Sanktionen (Drewniak 1997).

(2) Die Praxis der *Mitwirkung der Jugendhilfe in Verfahren nach dem Jugendgerichtsgesetz* ist seit langem heftiger Kritik ausgesetzt. Der mit der Einführung des SGB VIII verbundene generelle Perspektivenwandel innerhalb der Jugendhilfe scheint insbesondere in diesem Bereich nicht generell stattgefunden zu haben (Trenczek 1999 und 2003): Noch immer dominiere ein justiznahes Aufgabenverständnis sowie eine eher traditionelle Fokussierung der Arbeit auf das gerichtliche Hauptverfahren. Diagnostiziert wird weiterhin eine nach wie vor deutliche Handlungsorientierung an *strafrechtlichen* Kriterien, die sich nicht zuletzt in der Praxis der Sanktionsvorschläge nieder schlägt. Auch werde gerade die betreuungsbedürftige Gruppe der massiver auffälligen Jugendlichen und Heranwachsenden vernachlässigt, indem die Ressourcen hauptsächlich der Gruppe der sozial integrierten jungen Menschen zukommen, die wegen jugendtypischer Normaldelinquenz ‚aufgefallen' sind. Alles in allem steht eine solche Praxis der Jugendhilfe dem sozialanwaltlichen Funktionsauftrag des SGB VIII deutlich entgegen. Befördert werden die Handlungslogiken freilich durch enorm hohe Fallbelastungen, die eine professionelle Erledigung der doch vielfältigen und anspruchsvollen Aufgaben nicht ermöglichen und rein bürokratische Erledigungsformen begünstigen. Nicht zuletzt aber ist die Kooperation zwischen Jugendhilfe und Jugendgerichtsbarkeit oftmals noch immer durch ein traditionelles Hierarchiebewusstsein geprägt mit der Gefahr, dass die Jugendhilfe sich im Jugendgerichtsverfahren marginalisiert (Müller/Otto 1986; Thiersch 2007).

(3) Nach mittlerweile fast 20 Jahren praktischer Erfahrungen seit Verankerung von Sozialer Gruppenarbeit/Betreuungshilfe im SGB VIII und Sozialer Trainingskurse/Betreuungsweisung im JGG hat sich eine sehr *heterogene Praxis* herausgebildet, die eine generelle Beurteilung nicht gerade erleichtert: freilich ist hiermit aber auch eines der Grundprobleme der NAM benannt. Seit den 1980er Jahren haben sich Einrichtungen der NAM bundesweit nahezu flächendeckend etabliert (Dünkel/Geng/Kirstein 1998). Diese Entwicklung erfolgte indessen weitgehend unkoordiniert mit der Folge, dass die konzeptionellen Ausgestaltungen der NAM-Angebotsformen äußerst

uneinheitlich sind und insbesondere nicht generell den Bedarfen der anvisierten Zielgruppe der jungen Menschen entsprechen, die massiver auffällig, benachteiligt und ausgegrenzt sind. Zwar wurde schon früh in dieser Entwicklungsphase auf die Notwendigkeit entsprechender wissenschaftlicher Begleitungen und Evaluationen verwiesen (Schüler-Springorum 1986), doch sind diese – aus freilich den unterschiedlichsten Gründen – bislang ausgeblieben.

So finden sich in der Praxis der NAM vielfältige, dabei aber oftmals Gleiches meinende Angebotsbezeichnungen, verschiedene und unterschiedlich kombinierte gruppenpädagogische Konzepte; geschlossenen und zeitlich befristeten Gruppen stehen offene und fortlaufende, auch die freiwillig fortgesetzte Teilnahme ermöglichende Gruppen gegenüber; neben Wochenendseminaren steht eine Gruppendauer von sechs Monaten; mal wird die Gruppenteilnahme vorrangig über Diversion propagiert, mal explizit reduziert auf richterliche Weisungen; mal richtet sich das Angebot ausschließlich an straffällig gewordene Jugendliche und Heranwachsende (definiert dann zusätzlich über unterschiedliche strafrechtliche Auffälligkeitsformen), mal auch an Freunde/Geschwister als freiwillige Teilnehmer, mal auch für nichtstraffällige Leistungsberechtigte über SGB VIII (Drewniak 1996a). Eine solche eher *beliebige* Ausgestaltung der NAM (Peterich 1994) führt aber im Ergebnis dazu, dass die eigentliche Zielgruppe nicht erreicht wird (Drewniak 1997; Plewig 1993) bzw. nicht erreicht werden kann: In der Tat finden sich in der Praxis Zielgruppendefinitionen, wie etwa „nicht zu viele Vorauffälligkeiten" oder „Ersttäter, deren Straftat im Bereich der leichten bis höchstens mittleren Kriminalität liegt" (Frey u.a. 1997: 72f). Weder solche expliziten Ausgrenzungen der eigentlichen Zielgruppe der *auch* massiv *delinquenz*belasteten Jugendlichen, noch die Definition nach ausschließlich *strafrechtlichen* Kriterien entsprechen den konzeptionellen Anforderungen der ambulanten Jugendhilfeangebote. Möglicherweise führt eine Befassung mit Jugendlichen mit eher geringem Unterstützungsbedarf zuweilen auch zu konzeptionellen Ausgestaltungen, die für die eigentliche Zielgruppe unangemessen sind: Die Beschränkung etwa auf eine routinemäßige Abwicklung immer gleicher *Trainingsprogramme* im Rahmen Sozialer Trainingskurse ist sicherlich nicht geeignet, die Jugendlichen in ihren vielfältigen desintegrationsbedingenden Problemen auch individuell zu unterstützen.

Ernüchternd, aber im Einklang auch mit den aktuellen Befunden der o.e. Sanktionsforschung, ist die Diagnose von Peterich 1994: 57):

> „Ein quantitativer und qualitativer Ausbau ambulanter Maßnahmen, der auf die Situation von Jugendlichen und Heranwachsenden, die Straftaten in erheblichem Umfang und/oder von erheblicher Schwere begehen, angemessen und verhältnismäßig reagiert, hat nicht stattgefunden."

4 Perspektiven

Die ambulanten sozialpädagogischen Angebote können über das höchste Potential verfügen, sachgerecht im Sinne der Zielsetzungen von Jugendhilfe und Jugendgerichtsbarkeit auf massivere Straffälligkeit junger Menschen zu reagieren und nicht zuletzt dadurch freiheitsentziehende Sanktionen weitgehend zu ersetzen (DVJJ 2008). Die Erfahrungen der letzten beiden Jahrzehnte zeigen aber, dass bei der praktischen Umsetzung der NAM, sowohl ihre konzeptionellen Ausgestaltung durch die Jugendhilfe als auch ihre Nutzung durch die Jugendgerichtsbarkeit betreffend, eine ganze Reihe an Hindernissen bestehen, deren Kenntnis indessen zugleich

Aufschluss über Änderungserfordernisse gibt. Voraussetzungen dafür, dass die NAM ihr Potential tatsächlich auch entfalten können, sind folgende:

1. Erforderlich ist die bundesweit flächendeckende Ausstattung mit *fachlich qualifizierten Angeboten* der Jugendhilfe für junge Menschen, die massiver straffällig geworden sind. Diese Gruppe Jugendlicher und Heranwachsender muss durch die Jugendhilfe als ihre Zielgruppe begriffen werden. Die konzeptionelle Ausgestaltung der ambulanten Maßnahmen muss die Bereitstellung individuell bedarfsgerechter sozialpädagogischer Förderangebote gewährleisten, um die Entwicklung der jungen Menschen zu eigenverantwortlichen und gemeinschaftsfähigen Persönlichkeiten zu fördern. Diese zentrale Grundvoraussetzung folgt den Belangen der von den NAM anvisierten *Zielgruppe* der mehrfach benachteiligten, ausgegrenzten und straffällig gewordenen jungen Menschen. Ohne diese Grundvoraussetzung bleibt die Zielsetzung der (nachhaltigen) Vermeidung freiheitsentziehender Sanktionen durch (nachhaltige) Förderung der sozialen Integration obsolet.

2. Sind solche qualifizierten Angebote verfügbar, kann die Jugendhilfe auch im Rahmen ihrer *Mitwirkung in Verfahren nach dem Jugendgerichtsgesetz* entsprechend ihres gesetzlichen Auftrags agieren. Hierbei muss sie ihre Schlüsselrolle, d.h. den sozialanwaltlichen Funktionsauftrag des SGB VIII gerade für die von den ambulanten Maßnahmen anvisierte Zielgruppe der mehrfach auffälligen, benachteiligten und ausgegrenzten jungen Menschen erfüllen. Zentraler Handlungsauftrag in Hinblick auf diese Zielgruppe ist es, mittels bedarfsgerechter Leistungen auf die Vermeidung freiheitsentziehender Sanktionen hinzuwirken. Dabei muss sie ihre fachliche Perspektive offensiv zur Geltung bringen. Eine fundierte professionelle Berichterstattung erfordert unter Beteiligung des jungen Menschen die frühzeitige Diagnose eines vorliegenden erzieherischen Bedarfs sowie die Prüfung bedarfsgerechter konkreter Leistungsangebote vor Ort. Nur unter der Voraussetzung einer insofern vollständigen und nachvollziehbaren Berichterstattung kann es gelingen, dass der aus Jugendhilfeperspektive angemessenen Reaktion im Rahmen der jugendgerichtlichen Verfahrenserledigung auch Rechnung getragen werden kann.

3. Eine rationale *jugendgerichtliche Praxis* zeichnet sich dadurch aus, dass die Orientierung an der sozialintegrativen Zielsetzung jugendgerichtlicher Reaktionen handlungsleitend ist. Je professioneller die beteiligte Jugendhilfe agiert, um so eher kann die Jugendgerichtsbarkeit ihren Handlungsauftrag erfüllen. Um die klare gesetzliche Vorgabe der spezialpräventiven Ausrichtung von Verfahren und Reaktionen umzusetzen, ist freilich eine deutliche Abgrenzung zur Tat- und Schuldorientierung des allgemeinen Strafrechts erforderlich. Mit der Zielsetzung, erneuten Straftaten des jungen Menschen entgegenzuwirken, wird eine prospektive Perspektiven-Orientierung begründet, die der professionellen Mitwirkung der Jugendhilfe bedarf. Sind adäquat konzeptionell ausgerichtete sozialpädagogische Angebote der Jugendhilfe verfügbar, können diese auch entsprechend genutzt werden und für die Zielgruppe der auch massiver straffällig gewordenen jungen Menschen Freiheitsentzug zu vermeiden helfen.

4. Jugendhilfe und Jugendgerichtsbarkeit agieren in Jugendgerichtsverfahren als voneinander unabhängige, fachlich eigenständige Institutionen. Gerade deshalb sind sie auf eine vertrauensvolle, verlässliche und kontinuierliche *Kooperation* angewiesen, die hohe Professionalität voraussetzt. Eine dem Ziel der Perspektivenentwicklung für benachteiligte junge Menschen folgende Praxis bedarf des Zusammenwirkens der beteiligten Akteure in Jugendhilfe und Ju-

gendgerichtsbarkeit auf Augenhöhe. Nur in der gegenseitigen Akzeptanz eines zwar unterschiedlichen, aber in gemeinsamer Verantwortung und mit gleicher Zielsetzung wahrzunehmenden Zugangs zu der Frage adäquater Reaktionen im Einzelfall kann dem gesetzgeberischen Auftrag Rechnung getragen werden.

5. Eine sich ihren Handlungsaufträgen verpflichtende Praxis zeichnet sich aus durch Engagement und die Bereitschaft aller Mitwirkenden, sich der jungen Menschen anzunehmen, sich intensiv mit ihren Belastungen zu befassen und nach positiven Anknüpfungspunkten zu suchen. Dieses Engagement ist angewiesen auf entsprechend hinreichende *Ressourcen*, insbesondere hinsichtlich personeller Ausstattung und fachlicher Qualifizierung.

6. Eine rationale, auf empirischem Wissen aufbauende gemeinsame Praxis von Jugendhilfe und Jugendgerichtsbarkeit kollidiert mit verbreiteten naiven Vorstellungen von wirksamer Jugendkriminalitätsbekämpfung und einhergehenden primitiven Strafbedürfnissen. Darüber hinaus scheint insbesondere das Jugendgerichtsgesetz besonders geeignet zu sein, für unsachgemäße Änderungsforderungen politisch instrumentalisiert zu werden. Daher braucht eine sachgerechte Praxis *breite Unterstützung* auf allen Ebenen, um die Autonomie der Entscheidungsträger gegenüber vereinnahmenden Erwartungen und Einflussnahmen aus Politik, Medien und Öffentlichkeit zu bewahren.

Eine in diesem Sinne aufeinander abgestimmte, von gemeinsamen Zielsetzungen getragene Praxis in Jugendhilfe und Jugensgerichtsbarkeit, die das Potential der NAM auszuschöpfen vermag, führt gleichzeitig zu einem tatsächlich restriktiven Zugriff auf freiheitsentziehende Sanktionen als *ultima ratio*. Dann erst verlieren die NAM ihre Alibifunktion in einer doch vielmehr auf Repression setzenden Jugendkriminalrechtspflege.

Literatur

Bernstorff, C. (1992): Möglichkeiten und Grenzen der ambulanten Maßnahmen gegen Ende des Jahres (1990, In: Bundesarbeitsgemeinschaft für ambulante Maßnahmen (Hrsg.), Ambulante Maßnahmen und sozialpädagogische Jugendhilfeangebote für junge Straffällige. Standort und Standards. Bonn, S. 11-21.
Bernstorff, C./Brandler, P./Peterich, P. (1986): Entscheidungskriterien bei der Anordnung und inhaltlichen Ausgestaltung der ambulanten Maßnahmen. In: Bundesministerium der Justiz (Hrsg.): Neue ambulante Maßnahmen nach dem Jugendgerichtsgesetz. Erfahrungen und Perspektiven. Bonn, S. 67-84.
Boers, K. (2007) (Hrsg.): Delinquenz im Jugendalter. Erkenntnisse einer Münsteraner Längsschnittstudie. Münster.
Böttger, A./Köller, R./Solberg, A. (2003): Delinquente Episoden – Ausstiege aus kriminalisierbarem Handeln. In K. F. Schumann (Hrsg.), Delinquenz im Lebensverlauf. Bremer Längsschnittstudie zum Übergang von der Schule in den Beruf bei ehemaligen Hauptschülern, Band 2. Weinheim, S. 95-122.
Breymann, K. (2005): Jugendakademie – Zu den Grundlagen der Weiterbildung für Jugendrichter und Jugendstaatsanwälte. In ZJJ, Jg.16, S. 185-193 und 279-289.
Bundesarbeitsgemeinschaft für ambulante Maßnahmen nach dem Jugendrecht in der DVJJ (1983): Ambulante sozialpädagogische Maßnahmen für junge Straffällige. Projekte, Adressen, Literatur. München.
Bundesarbeitsgemeinschaft für ambulante Maßnahmen nach dem Jugendrecht in der DVJJ (1991): Leitfaden für die Anordnung und Durchführung der neuen ambulanten Maßnahmen („Mindeststandards"), In: DVJJ, Jg. 2, S. 288-295.
Bundesarbeitsgemeinschaft für ambulante Maßnahmen nach dem Jugendrecht in der DVJJ (1992): Ambulante Maßnahmen und sozialpädagogische Jugendhilfeangebote für junge Straffällige. Standort und Standards. Hannover.

Bundesarbeitsgemeinschaft für ambulante Maßnahmen nach dem Jugendrecht in der DVJJ (2000) (Hrsg.): Neue Ambulante Maßnahmen. Grundlagen – Hintergründe – Praxis. Mönchengladbach.
Bundesministerium der Justiz (1986) (Hrsg.): Neue ambulante Maßnahmen nach dem Jugendgerichtsgesetz. Erfahrungen und Perspektiven. Bonn.
Bundesministerium der Justiz (1989) (Hrsg.): Jugendstrafrechtsreform durch die Praxis. Informelle Reaktionen und neue ambulante Maßnahmen auf dem Prüfstand, Bonn.
Bundesministerium der Justiz (1991) (Hrsg.): Jugendgerichtshilfe – Quo Vadis? Status und Perspektive der öffentlichen Jugendhilfe gegenüber dem Jugendgericht. Bonn.
Busch, M./Hartmann, G. (1984: Forschungsvorhaben des Bundesministers der Justiz. Soziale Trainingskurse im Rahmen des Jugendgerichtsgesetzes, Bonn.
Deutsche Vereinigung für Jugendgerichte und Jugendgerichtshilfen e.V. (2008): Zukunft schaffen! Perspektiven für straffällig gewordene junge Menschen durch ambulante Maßnahmen. DVJJ-Positionspapier. In: ZJJ, Jg. 19, S. 405-406.
Deutscher Bundestag (1972): Bericht der Bundesregierung über Bestrebungen und Leistungen der Jugendhilfe – Jugendbericht, Bonn.
Deutscher Bundestag (1989a): Entwurf eines Gesetzes zur Änderung des Jugendgerichtsgesetzes (1. JGGÄndG), Bonn.
Deutscher Bundestag (1989b): Entwurf eines Gesetzes zur Neuordnung des Kinder- und Jugendhilferechts (Kinder- und Jugendhilfegesetz – KJHG). Bonn.
Drewniak, R. (1996a): Ambulante Maßnahmen für junge Straffällige. Eine kritische Bestandsaufnahme in Niedersachsen. Baden-Baden.
Drewniak, R. (1996b): Ambulante sozialpädagogische Maßnahmen für junge Straffällige: Eignungsbeurteilung durch Jugend(gerichts)hilfe und Justiz. In: neue praxis, Jg. 26, S. 253-265.
Drewniak, R. (1997): Mehrfach Belastete: Die vergessene Zielgruppe der ambulanten sozialpädagogischen Maßnahmen? In: DVJJ, Jg. 8, S. 43-47.
Drewniak, R. (2006): „Der Name CHANCE macht eigentlich sich alle Ehre..." Bericht über die Evaluation einer Einrichtung ambulanter sozialpädagogischer Leistungen für junge Straffällige. Saarbrücken.
Drewniak, R. (2007): Wirkungsorientierte Jugendhilfe: Konzeptionelle Anforderungen an die ambulanten Maßnahmen für junge – so genannte – Intensivtäter. In: ZJJ, Jg. 18, S. 273-277.
Drewniak, R./Höynck, T. (1998): Soziale Gruppenarbeit/Soziale Trainingskurse: Eine theoretische Klärung. In: ZfJ, Jg. 85, S. 487-493.
Dünkel, F. (1990): Freiheitsentzug für junge Rechtsbrecher. Situation und Reform von Jugendstrafe, Jugendstrafvollzug, Jugendarrest und Untersuchungshaft in der Bundesrepublik Deutschland und im internationalen Vergleich. Bonn.
Dünkel, F./Geng, B./Kirstein, W. (1998): Soziale Trainingskurse und andere ambulante Maßnahmen nach dem JGG. Bonn.
Eisenstadt, S. N. (1966): Von Generation zu Generation: Altersgruppen und Sozialstruktur. München.
Frey, M./Hassan-Mansour, A./Mayer, C./Abeska, U./Kraus, L. (1997: Jugendarbeit mit Straffälligen. Theorie und Praxis Sozialen Trainings. Freiburg.
Friske, H.-W. (1995): Soziale Gruppenarbeit. In: Textor, M. R. (Hrsg.): Praxis der Kinder- und Jugendhilfe. Handbuch für die sozialpädagogische Anwendung des KJHG. Weinheim, S. 153-158.
Heinz, W. (1986): Neue ambulante Maßnahmen nach dem Jugendgerichtsgesetz. Überblick über die neuen ambulanten Maßnahmen, insbesondere über die durchführenden Einrichtungen, über die Häufigkeit des Vorkommens der Maßnahmen sowie über ihre Inhalte. In: Bundesministerium der Justiz (Hrsg.): Neue ambulante Maßnahmen nach dem Jugendgerichtsgesetz. Erfahrungen und Perspektiven. Bonn, S. 22-43.
Heinz, W. (1990): Mehrfach Auffällige - Mehrfach Betroffene. Erlebnisweisen und Reaktionsformen. In: DVJJ (Hrsg.): Mehrfach Auffällige - Mehrfach Betroffene. Erlebnisweisen und Reaktionsformen. Bonn, S. 30-73.
Heinz, W. (1996): Sanktionspraxis im Jugendstrafrecht. Die Jugendstrafrechtspflege im Spiegel der Rechtspflegestatistiken. In: DVJJ, Jg. 7, S. 105-119.
Heinz, W. (2007): Das strafrechtliche Sanktionensystem und die Sanktionierungspraxis in Deutschland 1882-2005. Konstanzer Inventar Sanktionsforschung 2007. <http://www.uni-konstanz.de/rtf/sanks05.htm>
Heinz, W./Huber, M. (1986): Ambulante sozialpädagogische Maßnahmen für junge Straffällige. Eine Bestandsaufnahme. In: Bundesarbeitsgemeinschaft ambulante Maßnahmen (Hrsg.): Ambulante sozialpädagogische Maßnahmen für junge Straffällige. Zwischenbilanz und Perspektiven. Hannover, S. 37-55.
Hupfeld, J. (1996): Jugendrichterliches Handeln. Eine Analyse der Reaktionen auf Rückfalldelinquenz aus psychologischer Perspektive. Baden-Baden.
Jehle, J.-M./Heinz, W./Sutterer, P. (2003): Legalbewährung nach strafrechtlichen Sanktionen. Eine kommentierte Rückfallstatistik. Berlin.

Kerner, H.-J. (1996): Erfolgsbeurteilung nach Strafvollzug. Ein Teil des umfassenderen Problems vergleichender kriminologischer Sanktionsforschung, In: Kerner, H.-J./Dolde, G./Mey, H.-G. (Hrsg.): Jugendstrafvollzug und Bewährung. Analysen zum Vollzugsverlauf und zur Rückfallentwicklung. Bonn, S. 3-95.

Kerner, H.-J./Dolde, G./Mey, H.-G. (1996) (Hrsg.): Jugendstrafvollzug und Bewährung. Analysen zum Vollzugsverlauf und zur Rückfallentwicklung. Bonn.

Kunkel, P.-C. (1995): Grundlagen des Jugendhilferechts. Systematische Darstellung für Studium und Praxis. Baden-Baden.

Löhr, H. E. (1986): Justizinterne Diversion unter Verzicht auf ambulante Maßnahmen? In: Neue ambulante Maßnahmen nach dem Jugendgerichtsgesetz. Erfahrungen und Perspektiven. Bonn, S. 130-138.

Ludwig-Mayerhofer, W./Rzepka, D. (1988): Diversion und Täterorientierung im Jugendstrafrecht. In: Monatsschrift für Kriminologie und Strafrechtsreform, Jg. 81, S. 17-37.

Meysen, T. (2008): Steuerungsverantwortung des Jugendamts nach § 36a SGB VIII: Anstoß zur Verhältnisklärung oder anstößig? In: FamRZ, 6, S. 562-570.

Mollenhauer, K. (1968): Jugendhilfe. Soziologische Materialien. Heidelberg.

Müller, S./Otto, H.-U. (1986): Sozialarbeit im Souterrain der Justiz. Plädoyer zur Aufkündigung einer verhängnisvollen Allianz. In: Müller, S./Otto, H.-U. (Hrsg.): Damit Erziehung nicht zur Strafe wird. Sozialarbeit als Konfliktschlichtung. Bielefeld, S. VII-XXII.

Peterich, P. (1994): Noch'n Konzept. Zur Alibifunktion ambulanter Maßnahmen im Jugendstrafrecht. In: Heinz, W. (Hrsg.): Gegen-Gewalt. Aggression und Gewalt junger Straftäter – Herausforderungen für Sozialarbeit und Justiz. Konstanz, S. 55-72.

Peterich, P. (2000a): Zum sozialpädagogisch begründeten Umgang mit Jugendlichen und Heranwachsenden, die straffällig geworden sind. In: Bundesarbeitsgemeinschaft ambulante Maßnahmen (Hrsg.): Neue Ambulante Maßnahmen. Grundlagen, Hintergründe, Praxis. Mönchengladbach, S. 120-144.

Peterich, Petra (2000b): Soziale Gruppenarbeit im Gesamtkonzept. Das Lüneburger Projekt. In: Bundesarbeitsgemeinschaft ambulante Maßnahmen (Hrsg.): Neue Ambulante Maßnahmen. Grundlagen, Hintergründe, Praxis. Mönchengladbach, S. 344-369.

Plewig, H.-J. (1993): Diversion im Rahmen des Jugendgerichtsgesetzes. In: Kreft, D./Lukas, H. (Hrsg.): Perspektivenwandel in der Jugendhilfe, Bd. 2. Nürnberg, S. 247ff.

Scherr, A. (2007): Jugendhilfe, die bessere Form des Strafvollzugs? Chancen und Risiken. In: Nickolai, W./Wichmann, C. (Hrsg.): Jugendhilfe und Justiz. Gesucht: Bessere Antworten auf Jugendkriminalität. Freiburg, S. 68-83.

Schüler-Springorum, H. (1986): Kriminalpolitische Perspektiven - Perspektiven für Praxis, Wissenschaft, Gesetzgebern In: Bundesministerium der Justiz (Hrsg.): Neue ambulante Maßnahmen nach dem Jugendgerichtsgesetz. Erfahrungen und Perspektiven. Bonn, S. 204-214.

Thiersch, H. (2007): Grenzen und Strafen. In: Nickolai, W./Wichmann, C. (Hrsg.): Jugendhilfe und Justiz. Gesucht: Bessere Antworten auf Jugendkriminalität. Freiburg, S. 43-67.

Tophoven, K. (1998): Kriterien für professionelle Kompetenz in der Sozialen Gruppenarbeit. In: deutsche jugend, Jg. 46, S. 259-268.

Trenczek, T. (1996): Strafe, Erziehung oder Hilfe? Neue Ambulante Maßnahmen und Hilfen zur Erziehung. Sozialpädagogische Hilfeangebote für straffällige junge Menschen im Spannungsfeld von Jugendhilferecht und Strafrecht. Bonn.

Trenczek, T. (1999): Was tut die Jugendhilfe im Strafverfahren? In: DVJJ, Jg. 10, S. 375-389.

Trenczek, T. (2003): Die Mitwirkung der Jugendhilfe im Strafverfahren. Konzeption und Praxis der Jugendgerichtshilfe. Weinheim.

Walter, M. (1995): Jugendkriminalität. Eine systematische Darstellung. Stuttgart.

Wiesner, R. u.a (1995a): SGB VIII. Kinder- und Jugendhilfe. München.

Wilmers, N./Enzmann, D./Schaefer, D./Herbers, K./Greve, W./Wetzels, P. (2002): Jugendliche in Deutschland zur Jahrtausendwende: Gefährlich oder gefährdet? Baden-Baden.

Tilman Lutz

Wiedergutmachung statt Strafe?
Restorative Justice und der Täter-Opfer-Ausgleich

„Der Täter-Opfer-Ausgleich ist ein Angebot an Beschuldigte und Geschädigte, die Straftat und ihre Folgen mit Hilfe eines neutralen Vermittlers eigenverantwortlich zu bearbeiten. Den Konfliktbeteiligten wird die Möglichkeit gegeben, in der persönlichen Begegnung die zugrunde liegenden und/oder entstandenen Konflikte zu bereinigen und den Schaden zu regulieren" (TOA-Servicebüro/BAG TOA 2005: 1.1.).

Diese Definition aus den ‚TOA-Standards' macht deutlich, dass diese „neuartige Form des Umgangs mit Kriminalität" (BMI/BMJ 2006: 589) im Widerspruch zu den (in diesem Band mehrfach angesprochenen) derzeit dominierenden Forderungen nach mehr Härte und konsequenteren Reaktionen steht. Der Täter-Opfer-Ausgleich (TOA) setzt „im Unterschied zum typischen klassischen Strafverfahren *nicht an der Straftat* und *der Person des Beschuldigten* an, sondern an *der Autonomie der Parteien des Konflikts*" (BMI/BMJ 2001: 389, Herv. TL). Auf die Frage, wie die Idee der Wiedergutmachung in den aktuellen Diskurs über den Umgang mit Jugendkriminalität passt, werde ich hier jedoch nicht eingehen (vgl. dazu Lutz 2002).

Im Kontext dieses Bandes scheinen mir die Fragen zentraler, die sich direkt aus der zitierten Definition des Täter-Opfer-Ausgleichs (TOA) ergeben: Was ist mit Wiedergutmachung gemeint? Geht es um eine vergangenheitsorientierte Regulierung des Schadens durch den Täter oder eine zukunftsorientierte Konfliktbereinigung durch persönliche Begegnung – sprich Versöhnung? Geht es um die gemeinsame Lösung von Konflikten oder einen Schuldausgleich durch den Täter? Daran schließt sich auch die Frage nach dem Verhältnis des TOA zur klassischen Strafrechtspflege an: Ist der TOA eine Alternative, eine Differenzierung oder eine Ergänzung?

Diese Fragen stellen sich vor dem Hintergrund, dass der TOA hierzulande – trotz seiner quantitativ betrachtet relativen Marginalität – nicht nur in den Sicherheitsberichten der Bundesregierung positiv bewertet und in den Kontext „einer sich gegenwärtig im Recht entwickelnden breiteren Bewegung von Mediation beziehungsweise von Restorative Justice" (ebd.: 387) gestellt wird. Auch die 2. Strafrechtsreform-Kommission fordert, den „Vorrang der außergerichtlichen Konfliktregelung als Verfahrensgrundsatz in einem allgemeinen Teil des JGG zu normieren" (DVJJ 2002: 15). Darüber hinaus gewinnt die Konfliktbearbeitung durch Mediation auch in anderen Bereichen des Rechts (vgl. Pelikan 1999) sowie weiteren Feldern der Sozialen Arbeit an Bedeutung, etwa im Rahmen von Konfliktschlichterprogrammen an Schulen (vgl. Behn u.a. 2006).

Deshalb lohnt sich ein genauerer Blick auf diese Form der Kriminalitäts- bzw. Konfliktbearbeitung und die zu Grunde liegende Idee – Wiedergutmachung statt Strafe. Ich werde zunächst auf Restorative Justice als „übergeordnete Perspektive" (Matt 2002: 169) für die international sehr unterschiedlichen Verfahren der Wiedergutmachung eingehen, um anschließend den TOA vor diesem Hintergrund kritisch zu reflektieren.

Restorative Justice – Wiedergutmachung statt Strafe?

Restorative Justice[1] dient seit den 1990ern als Oberbegriff für Projekte, die sich als Alternativen zum strafrechtlichen Umgang mit Kriminalität verstehen. Die Theorien, Ansätze und Verfahren, auf denen diese basieren, variieren zwar in ihren konkreten Ausprägungen (vgl. ausf. Matt 2002; Lutz 2002); allen gemeinsam ist jedoch die Idee, anstelle von staatlichen Strafen den Beteiligten zu ermöglichen, den Konflikt selbst bzw. mit Hilfe eines Vermittlers zu regeln, also den entstandenen Schaden, die Kränkung, die Verletzung wieder gut zu machen. Im Mittelpunkt stehen die Partizipation, das Empowerment und die Verantwortung von Täter, Opfer und Gemeinschaft sowie die Versöhnung und Herstellung des sozialen Friedens. Die Abgrenzung dieses Paradigmas vom klassischen Strafverfahren wird anhand seiner folgenden drei Kernelemente deutlich (vgl. Lutz 2002: 28):
1. Restorative Justice orientiert sich am Opfer und stellt dieses sowie die (Aus-) Wirkung der Tat, also die Verletzungen bzw. Schäden (bei Opfer, Täter und Gemeinschaft), in den Mittelpunkt.
2. Ziel ist die Wiedergutmachung des entstandenen Schadens und die ‚Heilung' der Gemeinschaft, des Opfers und des Täters. Dazu gehören die (Re-)Integration der Beteiligten und die Wiederherstellung der sozialen Beziehungen.
3. Im Zentrum stehen die Bedürfnisse aller von der Tat Betroffenen – inklusive der Gemeinschaft bzw. Gesellschaft.

Das Verständnis der Wiedergutmachung (Restoration) ist demnach sehr umfassend und gründet auf der (Re-)Definition der Tat als Verletzung oder Konflikt, und zwar als Anlass für „die Lösung der Konflikte, die aus dem kriminellen Akt entstehen, sowie die Lösung der Probleme, die zu der Tat geführt haben" (Marshall zit. nach Belgrave 1996). Die Wiedergutmachung bezieht sich also nicht primär auf die *Kompensation*, d.h. den Ausgleich des Schadens durch den Täter, sondern auf die *Versöhnung*[2], d.h. das gemeinsame Aushandeln eines für alle Konfliktparteien akzeptablen Ergebnisses zur Wiederherstellung der Beziehungen und des sozialen Friedens. Im Unterschied zum Strafverfahren liegt der Fokus nicht auf der Vergangenheit und der Sühne, sondern auf der Zukunft. Die Feststellung des Schadens und eine mögliche Kompensation werden dabei als *Instrument* und nicht als *Ziel* verstanden, zumal ein rein materieller Schadensausgleich ohnehin nicht immer möglich ist und die sozialen und psychischen Aspekte der Verletzung vernachlässigt (vgl. Llewellyn/Howse 1998).

Neben dem Rekurs auf frühe Gesellschaftsformen, in denen Kriminalität und Ungerechtigkeit als interpersonale Konflikte verstanden und in der Gemeinschaft mit oder ohne Vermittler

---

1 Der Begriff *Restorative Justice* wird aufgrund der unterschiedlichen Lesarten für die Begriffe meist nicht übersetzt. *To restore* meint ‚zurückgeben', ‚wiederherstellen', ‚wiedereinsetzen'. *Restorative* bedeutet ‚stärkend' oder ‚heilend'. *Justice* lässt sich mit ‚Recht', ‚Gerichtsbarkeit' oder ‚Gerechtigkeit' übersetzen.
2 Cohen (1994) betont bei der Unterscheidung von *Kompensation* und *Versöhnung*, dass die Versöhnung nicht zwingend eine Trennung in Täter und Opfer erfordert (vgl. ebd: 68).

gelöst wurden (vgl. Zehr 1990: 97)[3], beziehen sich die Konzepte der Wiedergutmachung einerseits auf die abolitionistische Kritik am Strafrecht an sich – insbesondere auf Christies Kritik in *Conflicts as Property* (1977), die sich im Kern auf die Aneignung der Konflikte durch das Justizsystem bezieht, das damit den Menschen bzw. Konfliktparteien ihren Konflikt ‚stiehlt'. Auf diese Weise werde erstens der Täter zum passiven Objekt der Kontrollinstanzen gemacht und zweitens das Opfer durch seine Reduktion auf die Rolle des Zeugen fast gänzlich aus der Konfliktlösung ausgeschlossen. Die Wiedergutmachung bzw. Restorative Justice wird dann als Alternative zur staatlichen Strafe, die als bloße Zufügung von Leid abgelehnt wird, definiert und zum Teil sogar als eigenständige Alternative zum Strafrecht im abolitionistischen Sinn verstanden (vgl. etwa Temme 2008). Gemäßigtere Vertreter argumentieren dagegen für die Beibehaltung des Strafrechts und fordern die weitgehende Abschaffung der Strafe zu Gunsten der Wiedergutmachung (vgl. Matt 2002: 222). Eine weitere Wurzel von Restorative Justice ist die Opferbewegung, die für eine größere Beachtung und Stärkung der Opfer[4] im Strafprozess eintritt (vgl. Garland 2001, S.121f). Dieser zeitlich fast parallel zu dem abolitionistischen Strang verlaufende Diskurs zielt jedoch in erster Linie auf eine Ausweitung der Opferrechte im Strafverfahren – auf Entschädigung bzw. Kompensation, mehr Einwirkungsmöglichkeiten im Prozess sowie die Ausweitung der Angebote zur Bewältigung der Opferwerdung.

Restorative Justice – Verfahren und Bedeutung

Das grundlegende Verständnis von Wiedergutmachung und Gerechtigkeit fußt auf der aktiven Beteiligung und Verantwortungsübernahme der Konfliktbeteiligten und setzt daher ein Mediationsverfahren voraus – also eine durch einen neutralen Vermittler moderierte persönliche Begegnung zwischen den Beteiligten. International dominieren drei Varianten – *Täter-Opfer-Ausgleich, family group conferences* sowie *peacemaking/healing circles*[5].

Diese Verfahren lassen sich alle in drei Phasen gliedern (vgl. Galaway/Hudson 1996: 5ff): die *Prämediationsphase*, in der die Hintergründe gesammelt, die Teilnehmer informiert und vorbereitet werden sowie im positiven Fall ein gemeinsamer Termin vereinbart wird. Der zentrale Grundsatz der Freiwilligkeit macht die Durchführbarkeit des Verfahrens von der Zustimmung der Beteiligten sowie dem Eingestehen der Schuld bzw. der Übernahme der Verantwortung seitens des Täters abhängig. In der *Mediationsphase* steht im Mittelpunkt, dass alle Beteiligten ihren Standpunkt darlegen können: das Opfer, wie es die Tat erlebt hat und welche Folgen es zu tragen hatte, der Täter, warum er so gehandelt hat und wie er die Handlung bewertet. Am Ende richtet sich der Fokus auf die Frage, was für eine vollständige Wiedergutmachung notwendig ist – Entschuldigung, Entschädigung usw. Wenn darüber eine Einigung erzielt wird, wird diese in einer Vereinbarung schriftlich festgehalten, deren Einhaltung in der *Ergebnisphase* überprüft wird.

Diese Form der Konfliktbearbeitung in persönlichen, moderierten Begegnungen entspricht dem Verständnis und den Grundlagen des Paradigmas der Wiedergutmachung, d.h. der alterna-

---

3   Die informelle Regelung von Normbrüchen bzw. ‚Ärgernissen' und ‚Lebenskatastrophen' (Hanak u.a. 1989) ist sowohl historisch als auch in der Moderne die Regel. Statistisch abnorm ist die trilaterale Vorgehensweise, Normbrüche von staatlichen Organen regeln zu lassen (vgl. Cohen 1994, S.70).
4   Dieser Umstand wird bspw. im 1. Sicherheitsbericht als ein Grund für die Stärkung des TOA angeführt (vgl. BMI/BMJ 2001: 389).
5   Die Methoden unterschieden sich v.a. durch den Grad der Einbeziehung der Gemeinschaft, die im TOA nicht bzw. nur mittelbar über den Mediator vertreten ist (vgl. ausf: Lutz 2002: 41ff).

tiven Sichtweise auf Straftaten sowie der Zielsetzung, dass die direkt Betroffenen den sozialen Frieden wieder herstellen. Um den Rahmen abzuschließen, skizziere ich die Rolle der Beteiligten und die Bedeutung dieses Verfahrens für Opfer, Täter und Gemeinschaft.

Opfer erhalten eine zentrale und aktive Rolle, so dass sie den Täter und die Tat besser verstehen können und erfahren, warum sie das Opfer waren. Damit werden zentrale Bedürfnisse von Opfern berücksichtigt (vgl. Zehr 1990, S.26f). Das trägt ebenso wie die Verantwortungsübernahme durch den Täter und die Unrechtsbestätigung durch die Gemeinschaft dazu bei, dass sich das Opfer rehabilitiert fühlen kann (vgl. Lewellyn/Howse 1998). Die Entschuldigung des Täters wird deshalb oft als der zentrale Punkt für das Erreichen einer Versöhnung angesehen und als wesentlich bedeutsamer eingestuft als die materielle Kompensation (vgl. Galaway/Hudson 1996: 7).

Auch der *Täter* erhält eine aktivere Rolle als im klassischen Strafverfahren, in dem er auf eine passive Zuschauerrolle beschränkt wird (vgl. Zehr 1990: 33). Er übernimmt aktiv Verantwortung für seine Handlung und wird nicht ‚zur Verantwortung gezogen'. Die klassische Dyade zwischen Täter und Opfer wird dabei teilweise aufgelöst, da davon ausgegangen wird, dass auch der Täter Schäden bzw. Verletzungen davongetragen hat, die geheilt werden müssen. Ebenso werden ihm ebenfalls legitime Bedürfnisse nach Sicherheit, Selbstkontrolle, Anerkennung seiner Würde und sozialer Unterstützung zugesprochen. Aufgrund der Ziele – Wiedergutmachung, Reintegration in die Gemeinschaft und Vermeidung von Stigmatisierung – tritt zudem die Verurteilung der Handlung an die Stelle der personalen Schuldzuschreibung.

Da der *Gemeinschaft* in der deutschen Variante des TOA keine tragende Rolle zukommt, beschränke ich mich hier auf das zentrale Argument der Befürworter dieser Verfahren, dass die Partizipation von Mitgliedern größerer sozialer Einheiten zu einem besseren Verständnis und der umfassenderen Würdigung der Interessen der Parteien sowie ihres sozialen Kontextes führe. Dies trägt zur „[...] Ermöglichung von stützender Verantwortungsübernahme, von sozialer Integration im weiteren Sinn" (Pelikan 1999: 19), bei.

Zusammenfassend gibt es drei zentrale Bedingungen für dieses Verfahren:
(1) die persönliche Begegnung und Kommunikation zwischen den Konfliktbeteiligten als Voraussetzung für die Versöhnung, die Klärung sowie den Ausgleich der unterschiedlichen Bedürfnisse;
(2) die Autonomie der Konfliktparteien bei der Lösung des Konfliktes und der Erarbeitung der Vereinbarung als zentrale Voraussetzung für die tatsächliche Ermächtigung und aktive Übernahme von Verantwortung;
(3) das Eingeständnis einer Schädigung bzw. die Übernahme der Verantwortung durch den Täter. Diese Bedingung wird aus Sicht des Rechtssystems vor dem Hintergrund der Unschuldsvermutung als problematisch angesehen[6].

Vor dem Hintergrund der Idee der Wiedergutmachung, der Bedeutung des Verfahrens für die Beteiligten und der zentralen Voraussetzungen gehe ich nun auf den TOA ein. Im Zentrum stehen dabei die zu Beginn aufgeworfenen Fragen, die vor dem Hintergrund der gesetzlichen Normierung und der aus der Praxis bekannten Ergebnisse diskutiert werden.

---

6 Dies gilt in der Bundesrepublik umso mehr, als der Mediator kein Zeugnisverweigerungsrecht hat und daher Aussagen im Mediationsprozess in folgenden Verfahren verwendet werden können (Kerner/Hartmann 2005: 57).

TOA in der Bundesrepublik – Entwicklung und Daten

Der Täter-Opfer-Ausgleich erfreut sich auf der Ebene der Gesetzesreformen seit 1990 zunehmender Beliebtheit und ist inzwischen ein fester – wenn auch kein zentraler – Bestandteil der Kriminalitätsbearbeitung in der Bundesrepublik. Dies gilt sowohl für den hier im Zentrum stehenden Jugendbereich, in dem der TOA als Diversionsmaßname (gem. §§ 45 Abs.2 und 47 Abs.1 Nr. 2 JGG) sowie als Sanktion (gem. § 10 Nr. 7 JGG) festgeschrieben ist, als auch für das Erwachsenenstrafrecht (insbes. § 46a StGB; §§ 153a, 155a StPO).

Im Zweiten Sicherheitsbericht (BMI/BMJ 2006) wird von einem kontinuierlichen Anstieg von 2.100 Fällen im Jahr 1989 auf etwa 24.000 im Jahr 2005 gesprochen (vgl. ebd.: 593)[7] und darauf hingewiesen, dass – gerade im Vergleich mit anderen europäischen Ländern – ein Ausbau wünschenswert sei (vgl. ebd.: 595). Aufgrund der hohen Bereitschaft von Geschädigten und Beschuldigten und der weitgehend akzeptierten Eignung des TOA für unterschiedliche Delikte, insbesondere Körperverletzungs- und Eigentumsdelikte, gehen Wandrey und Weitekamp (1998) von einem Potenzial von etwa 600.000 Fällen pro Jahr aus (vgl. ebd.: 143).

Aus der umfangreichen TOA-Statistik von Kerner und Hartmann (2005) für den Zeitraum von 1993 bis 2002 geht hervor, dass der Schwerpunkt der TOA-Verfahren bei Jugendlichen im Bereich der Gewalt- und Körperverletzungsdelikte liegt und bspw. Raub- und Erpressungsdelikte „mit einem höheren Anteil vertreten sind als in der Kriminalstatistik" (ebd.: 33). Dies verweist darauf, dass sich die Befürchtung nicht bestätigt, dass der TOA primär das Netz der sozialen Kontrolle im Bagatellbereich erweitere (vgl. ebd.: 33, 50f). Aus der Perspektive des Verständnisses von Wiedergutmachung bedeutender ist jedoch, dass es bei den statistisch besonders häufigen Eigentumsdelikten anscheinend „aus der Sicht der Praxis und wohl auch der Opfer vielfach an einem Konflikt [fehlt], der eine Mediation als sinnvoll oder gar unerlässlich erscheinen lässt. Andere Formen der Diversion sind hier im Justizalltag leichter abzuwickeln" (ebd.: 33). Ein weiteres Anzeichen dafür, dass in der Praxis des TOA die Versöhnung, der Konflikt sowie die Beziehungen im Vordergrund stehen und die Kompensation eine untergeordnete Rolle spielt, sind die Inhalte der Vereinbarungen: Den Löwenanteil machen Entschuldigungen aus, die allerdings „wohl immer mit einem TOA […] verbunden sein dürften" (ebd.: 91) und auch in Kombination mit anderen Vereinbarungen auftreten. Bei letzteren dominierten zwischen 1993 und 2002 im Jugendbereich der Schadensersatz (24,8%–37,3%) und das Schmerzensgeld (10,8%–21,2%), teilweise wurde der soziale Frieden ohne Vereinbarung einer Leistung (4,6%–9,8%) oder mit einem Geschenk (3,2%–10,0%) hergestellt (vgl. ebd.: 94)[8]. Auffällig sei, dass die materiellen Ausgleichsleistungen seit 1999 in der Häufigkeit und in der Höhe deutlich rückläufig sind (vgl. ebd.: 94; 99). Die Erfüllung der vereinbarten Leistungen bewegt sich mit über 80% (vgl. ebd.: 104) auf einem hohen Niveau.

Die Praxis des TOA – Grenzen und Spannungsfelder

Dieser kurze Auszug aus der Statistik verweist auf eine relativ stabile Entwicklung des TOA als Verfahren der Wiedergutmachung, wenn auch auf einem quantitativ niedrigen Niveau – als strafrechtliche Marginalie. Die nackten Zahlen deuten zudem darauf hin, dass sich die Idee

---

7 Diese Schätzungen umfassen das Jugend- und Erwachsenenstrafrecht und basieren auf unterschiedlichen Erhebungen. Demnach wird insgesamt bei etwa 1% der anklagefähigen Personen ein TOA durchgeführt (vgl. BMI/BMJ 2006: 593).
8 Die zitierten Zahlen weisen jeweils den höchsten und den niedrigsten Wert aus dem benannten Zeitraum aus.

des wieder gut zumachenden Konfliktes sowie das Ziel der Versöhnung der Konfliktbeteiligten durch persönliche Begegnung in der Praxis zu realisieren scheinen. So stellt der materielle Schadensausgleich keinesfalls das zentrale Element, sondern ein Mittel zum Zweck dar. Diese Idee wird auch in den ‚TOA-Standards' (TOA-Servicebüro/BAG TOA 2005) und Kommentierungen betont: der TOA knüpft demnach an alltägliche, informelle und selbstverantwortliche Konfliktregelungen an (vgl. Trenczek u.a. 2008: 553f) und sei „konzeptionell keine Strafe, nicht einmal eine eigentliche Sanktion" (BMI/BMJ 2006: 590).

Gegen diese Lesart – und gerade aus sozialpädagogisch-kriminologischer Perspektive gilt es meines Erachtens, solche Befunde und grundsätzlich positiv zu bewertenden Ansätze gegen den Strich zu bürsten – spricht jedoch die im selben Atemzug konstatierte enge An- bzw. Einbindung des TOA in das Strafrecht (vgl. ebd.). Die bereits benannten Paragrafen zeigen, dass der TOA im Jugendbereich als Weisung auf der Ebene der Sanktionen oder als Diversionsmaßnahme auf der Ebene der Einstellung des Verfahrens unter Auflagen angesiedelt ist. Solte (2003) konstatiert deshalb zu Recht, dass der *TOA im Schatten des Strafrechts* stattfindet und der Konflikt unter Aufsicht des Rechts verbleibt – er werde unter Entscheidungsvorbehalt von Staatsanwaltschaft und Gericht lediglich „reprivatisiert" (ebd.: 9). Damit wären zentrale Elemente der Prinzipien der Restorative Justice, die sich auch in den TOA-Standards widerspiegeln und in ihrer Bedeutung für die Beteiligten wesentlich sind, zumindest eingeschränkt. Im Folgenden will ich anhand von dreien dieser Standards zentrale Konflikte und Spannungsfelder des TOA als Praxis der Wiedergutmachung statt Strafe illustrieren und diskutieren:
1. die „Freiwilligkeit der Teilnahme" (TOA-Servicebüro/BAG TOA 2005: 1.2.), die für Geschädigte wie Beschuldigte gleichermaßen gilt;
2. der „Verzicht auf TOA-Ergebnisvorgaben durch die Justiz" (ebd.), d.h. die Konfliktparteien entscheiden autonom über die Angemessenheit der verabredeten Wiedergutmachungsleistung;
3. Kernelement des TOA ist die „Tataufarbeitung und Konfliktregelung zwischen den Konfliktparteien im gemeinsamen Gespräch" (ebd. 5.3). „Eine umfassende Klärung des Konflikts ist nur in der persönlichen Begegnung zwischen den Beteiligten möglich" (ebd.).

Die Bedingung der Freiwilligkeit wird hierzulande für alle Beteiligten primär durch die Möglichkeit erfüllt, einen TOA abzulehnen. Der Konflikt ist in aller Regel bereits verstaatlicht: über 90% der Verfahren werden von der Staatsanwaltschaft oder der Jugendgerichtshilfe angeregt (Kerner/Hartmann 2005: 25). Die Freiwilligkeit der Beschuldigten muss zudem als noch weiter eingeschränkt bewertet werden, da die Folgen einer Ablehnung nicht absehbar sind – entweder wird das Strafverfahren fortgesetzt oder es greift eine andere Diversionsmaßnahme. Zudem bleiben im Hintergrund immer die Zwangsmittel der Strafrechtspflege bestehen. Insofern handelt es sich eher um einen Zwangskontext mit Wahlmöglichkeiten – und selbst diese sind nicht in jedem Fall gegeben. Das Prinzip der Freiwilligkeit entfällt für den Täter vollständig, wenn der TOA gemäß § 10 Nr. 7 JGG als Erziehungsmaßregel und damit als Sanktion verhängt wird. Dieser Paragraf wird „daher schon seit seinem Bestehen als systemwidrig kritisiert" (DVJJ 2002: 67).

Ähnlichen Einschränkungen unterliegt das Prinzip der Autonomie der Beteiligten bei der Konfliktlösung, da der Konflikt im Schatten des Strafrechts verbleibt: Die im Mediationsverfahren verabredete Erledigung ist rechtlich keineswegs bindend und endgültig. Damit werden die zentralen Prinzipien der Autonomie sowie die Ermächtigung der Beteiligten in Frage gestellt – die Rückgabe des Konflikts wird gewissermaßen halbiert. Die praktische Relevanz dieser Einschränkung wird leider nur in den – nur teilweise vorliegenden – detaillierten Statistiken einzelner TOA-Einrichtungen sichtbar. Die Jahresstatistik für 2007 des TOA Bremen (http://www.toa-bremen.de/Jahresbericht%202007.pdf) zeigt jedoch exemplarisch, dass die Justiz von dieser Möglichkeit in der Praxis durchaus Gebrauch macht.

Neben diesen primär durch die enge Anbindung an das Strafrecht begründeten ‚Sollbruchstellen' der Prinzipien der Wiedergutmachung bzw. TOA-Standards wird ein weiteres Kernelement, die persönliche Begegnung zwischen den Konfliktbeteiligten, auch in der Praxis ausgehöhlt. In der TOA-Statistik (Kerner/Hartmann2005) wird einerseits auf die besondere Relevanz dieser Begegnung für den Prozess der Wiedergutmachung verwiesen, anderseits heißt es dort:

> „Ein möglichst hoher Anteil an gemeinsamen Gesprächen ist [...] kein hinreichendes Kriterium für die Qualität der Vermittlungsarbeit. Es kommt vielmehr darauf an, dass die Vermittlungspersonen im Gespräch mit beiden Betroffenen Möglichkeiten und Bedürfnisse von Beschuldigten und Geschädigten in einer der jeweiligen Situation angemessenen Weise erarbeiten" (ebd.: 77).

Zu den implizit angesprochenen angemessenen Alternativen zählen neben privat organisierten Treffen ohne Vermittler, die dem Kernprinzip der eigenständigen Konfliktlösung ebenfalls – wenn nicht sogar noch deutlicher – entsprechen, auch abwechselnde Einzelgespräche von Vermittlern mit Beschuldigten und Geschädigten. In den zuletzt genannten Fällen kommt die Vereinbarung ohne eine persönliche Begegnung zu Stande. Nimmt man die Prinzipien von Restorative Justice, die TOA Standards und vor allem die Bedeutung der persönlichen Begegnung bei der Wiedergutmachung ernst, dann handelt es sich dabei um eine Erledigungsform, die die Prinzipien der Wiedergutmachung missachtet und gerade für die Beteiligten besonders relevante Ziele verfehlt.

Fazit

Die – gerade aus Sicht der Sozialen Arbeit – sympathischen TOA-Standards und die Idee der Wiedergutmachung statt Strafe verweisen auf eine alternative Form der Kriminalitätskontrolle, die einerseits unseren sozialisationsbedingten Überzeugungen entspricht, dass Unrecht bearbeitet werden muss, und andererseits mit den Ansprüchen kritisch-kriminologischer Gesellschaftskritik konform geht.

Mit Blick auf die eingangs fokussierten Fragen, was Wiedergutmachung bedeutet, ob Konfliktlösung oder Schuldausgleich im Vordergrund stehen und in welchem Verhältnis der TOA zur klassischen Strafrechtspflege steht, ist eine gesunde Skepsis jedoch angebracht. Nicht nur die quantitativ marginale Rolle des TOA spricht gegen dessen Bedeutung als relevante Alternative. Gerade die enge Verkopplung mit dem Justizsystem steht zentralen Prinzipien der Wiedergutmachung entgegen. Die Konfrontation der Standards der Praxis mit den rechtlichen Rahmenbedingungen verweist auf unterschiedliche Denkweisen und klare Bruchstellen. Solte (2003), ein Befürworter des TOA, bezeichnet diesen „als ein parasitäres Verfahren" (ebd.: 2), das erst auf Basis des staatlich organisierten Prozederes möglich wird. Diese Zuspitzung und die Aussage aus dem letzten Sicherheitsbericht, „dass die alternative Lösung den staatlichen Strafanspruch nicht ‚aushöhlt', sondern in einem positiven Sinne ‚entbehrlich' macht, weil und insofern der Rechtsfrieden anderweitig eingetreten ist" (BMI/BMJ 2006: 591), unterstreichen die These, dass es sich beim TOA – spitz formuliert – um eine staatlich inszenierte und kontrollierte Simulation selbstständiger Konfliktlösungen durch die Bevölkerung handelt – die zudem Kosten spart (vgl. BMI/BMJ 2001: 391).

Die Kritik und Analyse von alternativen Ideen und Konzepten der Kriminalitätskontrolle führt häufig zu ähnlichen Ergebnissen (vgl. Cohen 1985): Der aus strafrechtskritischer Perspektive zu begrüßende Anspruch, traditionelle Sanktionen zurückzudrängen oder zu ersetzen, wird aufgrund der Dominanz der Rationalitäten der Strafrechtspflege o.ä. nicht eingelöst. Was übrig bleibt, ist eine Differenzierung bzw. Ausweitung der Kriminalitätskontrolle. Jenseits der notwendigen kritischen Analyse, die auf den Widerspruch von Ideal und Handeln, von Anspruch und Wirklichkeit verweist, bleibt festzuhalten, dass die Praxis des TOA sich nicht nur in ihren Standards, sondern augenscheinlich auch im konkreten Handeln an der Idee der Wiedergutmachung als Alternative zur Strafe orientieren.

Der TOA erweitert den Sanktionskatalog um eine kostengünstige Maßnahme, ohne andere Sanktionsformen oder die Hegemonie der Strafe zu verdrängen. Dies bedeutet jedoch nicht, dass dieses Konzept oder seine Umsetzung negativer zu bewerten sind als vorhergehende Bearbeitungsformen. Vielmehr zeigen positive Fallbeispiele, in denen das Verfahren tatsächlich zu einer Wiedergutmachung im beschriebenen Sinn führt, sowie unterschiedliche – auch internationale – Evaluationen, eine hohe Zufriedenheit der Beteiligten sowie positive Auswirkungen auf Opfer und Täter.

Literatur

Belgrave, J. 1996: Restorative Justice. A Discussion Paper. Ministry of Justice. Wellington. URL: www.justice.govt.nz/pubs/reports/1996/restorative; [05.10.2008]
Behn, S. et. al. (Hg.) (2006): Mediation an Schulen. Eine bundesdeutsche Evaluation. Wiesbaden.
BMI/BMJ (Bundesministerium des Inneren/Bundesministerium der Justiz) (Hg.) 2001: Erster Periodischer Sicherheitsbericht. Berlin.
BMI/BMJ (Bundesministerium des Inneren/Bundesministerium der Justiz) (Hg.) 2006: Zweiter Periodischer Sicherheitsbericht. Berlin.
Christie, N. 1977: Conflicts as Property. In: British Journal of Criminology 17, S. 1-15.
Cohen, S. 1985: Visions of Social Control - Crime, Punishment and Classification. Cambridge.
Cohen, S. 1994: Social Control and the Politics of Reconstruction. In: Nelken, D. (Hg.): The Futures of Criminology. London, S. 63-88.
DVJJ Journal Extra 2002: 2.Jugendstrafrechtsreform-Kommission. Vorschläge für eine Reform des Jugendstrafrechts. URL: www.dvjj.de/download.php?id=39 [07.10.2008]
Galaway, B./Hudson, J. 1996: Introduction. In: dies. (Hg.): Restorative Justice: International Perspectives. Monsey, S. 1-14.
Garland, D. 2001: The Culture of Control. Crime and Social Order in Contemporary Society. Chicago
Hanak, G./Stehr, J./Steinert, H., 1989: Ärgernisse und Lebenskatastrophen. Über den alltäglichen Umgang mit Kriminalität. Bielefeld.
Kerner, H.-J./Hartmann, A. (Hg.) 2005: Täter-Opfer-Ausgleich in der Entwicklung. Auswertung der bundesweiten Täter-Opfer-Ausgleichs-Statistik für den Zehnjahreszeitraum 1993 bis 2002. Berlin.
Llewellyn, J./Howse, R. 1998: Restorative Justice – a conceptual framework, prepared for the Law Commission in Canada. Update 2001. Ottawa (o. S.).
Lutz, T. 2002: Restorative Justice – Visionäre Alternative oder Version des Alten? Münster.
Matt, E. 2002: Verantwortung und (Fehl-)verhalten. Für eine restorative justice. Münster.
Pelikan, C. (Hg.) 1999: Mediationsverfahren: Horizonte, Grenzen, Innensichten. Jahrbuch für Rechts- und Kriminalsoziologie 99. Baden-Baden.

Solte, C. 2003: Täter-Opfer-Ausgleich im modernen Strafrecht – und in der altertümlichen Justiz. Vortrag auf dem 5. Bundeskongress 2003 in Kassel. URL: www.dvjj.de/download.php?id=165 [05.10.2008]

Temme 2008: Restorative Justice – ein Gegenmodell im Sinne des Abolitionismus. In: Kriminologisches Journal 40, S. 83-96.

Trenzcek, T./Tammen, B./Behlert, W. 2008: Grundzüge des Rechts. Studienbuch für Soziale Berufe. Weinheim.

Wandrey, M./Weitekamp, E. 1998: Die organisatorische Umsetzung des Täter-Opfer-Ausgleichs in der Bundesrepublik Deutschland – eine vorläufige Einschätzung der Entwicklung im Zeitraum von 1989 bis 1995. In: Dölling, D. u.a. (Hg): Täter-Opfer-Ausgleich in Deutschland: Bestandsaufnahme und Perspektiven. Mönchengladbach, S.121-148.

TOA-Servicebüro/BAG TOA 2005: TOA-Standards. Qualitätskriterien für die Praxis des Täter-Opfer-Ausgleichs. 5. Auflage. URL: http://www.ausgleichende-gerechtigkeit.de/files/toa_standards_5.pdf *[30.09.2008]*.

Zehr, H. 1990: Changing Lenses. A New Focus on Crime and Justice. Scottdale.

Stefan Weyers

Demokratische Partizipation durch „Just Communities"

Der Just Community-Ansatz wurde von dem Entwicklungspsychologen und Pädagogen Lawrence Kohlberg begründet. Er basiert auf Kohlbergs Theorie der Moralentwicklung und steht in der Tradition der demokratischen Erziehungsphilosophie John Deweys und der strukturgenetischen Entwicklungspsychologie Jean Piagets. Der Begriff „Just Community" verweist auf die pädagogische Programmatik des Ansatzes: Ziel ist die Schaffung institutioneller Kontexte, die einen „Gemeinschaftssinn" (Kohlberg 1987: S. 40) fördern und sich zugleich durch ein „System partizipatorischer Demokratie" (ebd.: 39) an Prinzipien der Gerechtigkeit orientieren. Angenommen wird, dass die Entwicklung moralischer Autonomie und Handlungsfähigkeit aktiver Partizipation und eigenverantwortlicher Aushandlungsprozesse in möglichst egalitären sozialen Beziehungen bedarf. Diese Grundannahme gilt für unterschiedliche pädagogische Handlungsfelder, Kohlberg verstand sein Modell aber auch als kompensatorische Erziehung für straffällige und benachteiligte Jugendliche. Just Communities etablierten sich zwar vor allem an Alternativschulen, die ersten Modellversuche wurden jedoch Anfang der 1970er Jahre in sozialpädagogischen Kontexten initiiert: in Gefängnissen und Schulen in sozialen Brennpunkten.

Im Folgenden werde ich zunächst Kohlbergs entwicklungspsychologische und sozialisationstheoretische Grundannahmen skizzieren (1). Da Kohlberg Interventionen im Strafvollzug u.a. mit Entwicklungsverzögerungen jugendlicher Straffälliger begründete, diskutiere ich auch seine kriminologischen Annahmen und alternative Befunde zur Beziehung von Moral und Delinquenz (2). Der Schwerpunkt des Beitrags liegt auf der Darstellung des Just Community-Ansatzes. Dabei geht es zunächst um seine pädagogische Programmatik und historische Anknüpfungspunkte (3), sodann um seine Anwendung im Strafvollzug am Beispiel der von Kohlberg in den 1970er Jahren initiierten Projekte in den USA (4). Die Reichweite und Grenzen solcher Modelle lassen sich aber weder aus ihrer pädagogischen Programmatik noch aus theoretischen Konzepten ableiten, vielmehr bedarf es der empirischen Analyse der sozialen Praxis. Exemplarisch werden daher die Ergebnisse eines Modellversuchs vorgestellt, der ab Mitte der 1990er Jahre in einer deutschen Jugendstrafanstalt durchgeführt wurde (5). Der Beitrag schließt mit einer Bilanzierung und der Diskussion offener Fragen (6).

1   Kohlbergs Theorie der Moralentwicklung

Kohlberg versteht die Moralentwicklung nicht als zunehmende Internalisierung moralischer Normen, sondern als Konstruktionsprozess, in dem das Individuum in Interaktion mit seiner sozialen Umwelt ein Verständnis dieser Welt aufbaut und den eigenen Erfahrungen Sinn verleiht. Die Stufen des moralischen Urteils sind entwicklungsspezifische Deutungsmuster, sie stellen qualitativ verschiedene Arten des Urteilens dar, welche die Interpretation der Welt und der eigenen Erfahrungen anleiten. Kohlberg (1995) unterscheidet drei Niveaus, die je zwei Stufen beinhalten. Auf *präkonventionellem Niveau* orientieren Menschen sich an Interessen und Bedürfnissen von ego und alter. Sie urteilen aus einer egozentrischen Perspektive (Stufe 1) oder beziehen einen konkreten anderen in ihre Sichtweise mit ein (Stufe 2). Auf *konventionellem Niveau* orientieren sie sich an sozialen Erwartungen, Rollen und Verpflichtungen. Sie nehmen Perspektiven ein, die Beziehungen im sozialen Nahraum (Stufe 3) oder funktionale Erfordernisse des gesellschaftlichen Systems (Stufe 4) berücksichtigen. Auf den Stufen 5 und 6, dem *postkonventionellem Niveau,* orientieren Personen sich an universellen Menschenrechten, dem Sozialvertrag oder universalen ethischen Prinzipien. Dabei nehmen sie eine dem sozialen System übergeordnete Perspektive rationaler Individuen ein. Diese Entwicklungslogik impliziert eine immer komplexere Deutung moralischer Konflikte, auf jeder höheren Stufe werden mehr Perspektiven berücksichtigt und miteinander koordiniert. Die Moralstufen sind allgemeine *kognitive Strukturen,* die von kulturspezifischen *inhaltlichen* Moralvorstellungen abstrahieren. Sie sind auch keine Stufen des *Handelns,* für das moralische Handeln sind viele weitere Faktoren von Bedeutung.

Aus *sozialisationstheoretischer Perspektive* ist die Interaktion des Subjekts mit seiner sozialen Umwelt der Motor der Entwicklung. Die individuelle Entwicklungsdynamik hängt daher entscheidend von sozialen Bedingungen ab. Als entwicklungsförderlich nennt Kohlberg (1995: 164 ff.) vor allem Gelegenheiten zur Rollenübernahme, die moralische Atmosphäre des sozialen Umfelds und kognitiv-moralische Konflikte. Günstige Anregungsbedingungen bieten somit die demokratische Partizipation an Entscheidungsprozessen und die Übernahme von Verantwortung (vgl. Lempert 1988). Für das Erreichen der Stufe 4 bedarf es der aktiven Partizipation in komplexen geregelten Institutionen. Mit dem Konzept der „moralischen Atmosphäre" beschreibt Kohlberg (1995: 292 ff.) im Anschluss an Durkheim die kollektiven Normen einer Gruppe oder Institution, die sowohl für das moralische Handeln als auch für die individuelle Entwicklung bedeutsam sind. *Soziales Handeln* erfolgt in einem Gruppenkontext. Personen orientieren sich in ihrem Handeln daher häufig weniger am individuellen Urteil als an den bestehenden Gruppennormen (was auch für Jugenddelinquenz gelten dürfte). Die moralische Atmosphäre ist zugleich eine wichtige Bedingung der *Individualentwicklung*. Personen orientieren sich in ihrem Urteil an der Moral des sozialen Umfelds. Begreift man die Moralstufen als individuelle Rekonstruktionen sozialer Strukturen, dann liegt es auf der Hand, dass soziale Kontexte, die durch einseitigen Zwang gekennzeichnet sind, die Entwicklung eher hemmen als fördern. Für pädagogische Kontexte gilt daher der moralischen Atmosphäre der Institution und der Entwicklung kollektiver Normen besondere Aufmerksamkeit.

In der neueren Moralforschung wird der Kognitivismus der Theorie Kohlbergs kritisiert und handlungs- und identitätstheoretische Fragen als Desiderat der Theorie ausgewiesen. Generell gibt es eine Hinwendung zur Frage der Verankerung der Moral in der Person und zur „Moral im Kontext" (vgl. Edelstein/Nunner-Winkler/Noam 1993; Edelstein/Nunner-Winkler 2000; Keller 1996). Festzuhalten ist, dass die Stufentheorie primär die *Entwicklung des Denkens über Gerechtigkeit* abbildet, andere Aspekte der Moralentwicklung jedoch vernachlässigt. Diese Kritik trifft den Just Community-Ansatz allerdings nicht, denn dieser zielt nicht auf hypothetische Fälle, sondern auf praktische Erfahrungen: auf Auseinandersetzungen über reale moralische Themen und Konflikte, die *kognitiv*, *motivational* und *handlungs*relevant sind (vgl. McDonough 2005).

2 Die Beziehung von Moral und Delinquenz

Auf der Basis zahlreicher Studien, in denen jugendliche Straffällige geringere Stufenwerte erreichten als Nicht-Delinquente, postulieren Kohlberg und Mitarbeiter, dass Straftäter Entwicklungsverzögerungen aufweisen und vorwiegend auf den Stufen 1 und 2 urteilen (vgl. Jennings/ Kilkenny/Kohlberg 1983). Dem Erreichen höherer Stufen schreiben sie dagegen eine hemmende Funktion gegenüber Delinquenz zu: Das moralische Urteil ab Stufe 3 gilt als wichtige Bedingung, um delinquente Handlungsimpulse zu kontrollieren. Kohlberg sieht die Förderung der Moralentwicklung im Strafvollzug daher auch als Beitrag zur Resozialisierung an. Den Autoren zufolge lassen sich Straftaten *unabhängig vom Alter* eher mit niedrigen als höheren Stufen vereinbaren. Die präkonventionelle Moral sei zwar nicht Ursache von Delinquenz; je niedriger die Stufe sei, desto leichter sei es jedoch, das eigene Urteil zu ignorieren oder zu rationalisieren.

Diese Thesen sind aus empirischer wie theoretischer Sicht fragwürdig (vgl. Weyers 2004: 85 ff.): Zur Präkonventionalität straffälliger Jugendlicher gibt es widersprüchliche Befunde und für die Verallgemeinerung auf Erwachsene fehlt jegliche empirische Evidenz. Zudem sind die Thesen mit Kohlbergs eigener Beobachtung kaum vereinbar, wonach ein starker Zusammenhang zwischen moralischem Urteil und moralischem Handeln nur für Stufe 5, nicht aber für die Stufen 3 und 4 besteht. Generell ist es wenig plausibel, eine enge Beziehung zwischen globalen Urteilsstrukturen und kontextspezifischen Handlungen zu postulieren. Für das Handeln sind weniger die Stufenhöhe als vielmehr der Inhalt und die Verpflichtungskraft konkreter Urteile und situative Faktoren entscheidend.[1]

Eine neuere Untersuchung mit inhaftierten männlichen Jugendlichen (n=30) zeigt, dass sich Kohlbergs These nicht generalisieren lässt: Nur vier Personen urteilen hier unterhalb der Stufe 3, es gibt nur moderate Entwicklungsverzögerungen und es zeigt sich auch keine Beziehung zwischen Stufe und Schwere der Tat (vgl. ebd.). Die Jugendlichen unterscheiden sich in wesentlichen Dimensionen der Moralentwicklung jedoch zum Teil erheblich voneinander. Dies gilt für das Niveau des moralischen Urteils und für die moralische Orientierung ebenso wie für die retrospektive Bewertung der Taten und die Integration der Delinquenz in die Biographie. Während die moralkognitive Entwicklung bei den meisten Akteuren nahezu altersadäquat ist, sprechen die Befunde zur moralischen Orientierung und biographischen Selbstpräsentation für eine stark ambivalente Haltung vieler Personen gegenüber moralischen Normen und dem eigenen Tun. In narrativen Interviews zeigen sich große Differenzen in der biographischen Selbstpräsentation der Akteure und in der Bewertung der eigenen Taten (vgl. Weyers 2004: 231 ff.; 2005b). Die Mehrzahl stellt sich als Opfer dar, als Dummer Junge oder starker Held. Andere Probanden bewerten ihre Straftaten retrospektiv eindeutig negativ, hier finden sich starke Anzeichen für eine biographische Umorientierung. Es liegen also ganz unterschiedliche individuelle Voraussetzungen für sozialpädagogische Interventionen vor. Insgesamt widersprechen die Befunde den kriminologischen Annahmen Kohlbergs und zeigen die Notwendigkeit, Interventionen nicht auf die *kognitive* Entwicklung zu begrenzen.

---

1 Für eine alternative Deutung der Beziehung von Moral und Delinquenz vgl. Weyers (2004: 89 ff.; 2005a).

3 Pädagogische Programmatik und historische Anknüpfungspunkte

Ansätze demokratischer Partizipation haben eine lange Tradition in der Sozialpädagogik. Kinderparlamente, Kindergerichte und andere Formen des „self-governments" waren zentrale Bestandteile der Kinder- und Jugendheime von Janusz Korczak, Homer Lane und Siegfried Bernfeld (vgl. Bernfeld 1921; Kamp 1995). In diesen Einrichtungen lebten vor allem Waisen- und Flüchtlingskinder, in Lanes „Little Commonwealth" auch viele jugendliche Straftäter. Demokratische Modellprojekte entstanden häufig zuerst in sozialpädagogischen Einrichtungen und wurden danach auf Reformschulen wie Summerhill übertragen (vgl. Kamp 1995; Oelkers 2003). So war Alexander Neill stark von Lane beeinflusst.

Bernfeld (1921) schildert in seinem eindrucksvollen „Bericht über einen ernsthaften Versuch mit neuer Erziehung" seine Erfahrungen mit dem Aufbau des Kinderheims Baumgarten. In dieser Einrichtung mit ca. 300 zum Teil stark traumatisierten und verwahrlosten Waisenkindern führte er nach und nach Formen demokratischer Partizipation ein, so ein Kindergericht und die „Schulgemeinde", die Versammlung aller Kinder und Mitarbeiter. Innerhalb von sechs Monaten[2] zeigten sich deutliche Fortschritte in der individuellen Entwicklung und im sozialen Zusammenleben. Auf der Grundlage der Freudschen Theorie betont Bernfeld (1921: 72 ff.) die Bedeutung der Bildung und Bindung der Affekte. Er beschreibt die Gefühlsentwicklung der Kinder und Jugendlichen über vier Phasen. Sie verlief von einer narzisstischen Phase der Selbstliebe (1) über die dyadische Bindung an einen Freund (2) bis zur Identifikation mit „Kameradschaften", die aus 10-15 Kindern bestanden (3). Die Bindung der Gefühle an die Gruppe sieht Bernfeld als wesentlich für die Entwicklung eines „Gemeinschaftsgefühls" bzw. einer „sozialen Ethik" (ebd., S. 81) an. Bernfeld sieht darin auch eine Voraussetzung für die erst allmählich einsetzende Bindung an die Institutionen der gesamten Schulgemeinde (4) und schließlich – perspektivisch – an die Menschheit (5).

Diese Phasen der Affektentwicklung weisen erstaunliche Parallelen zu Kohlbergs Stufen auf, auch wenn große theoretische Differenzen bestehen. Bernfeld zeigt, wie die soziomoralische Entwicklung in affektiv-motivationale und Gruppenprozesse eingebettet ist. Mit seiner Akzentuierung des „Gemeinschaftssinns" berücksichtigt der Just Community-Ansatz diese Prozesse viel stärker als die Stufentheorie. Kohlberg (1986) revidiert damit auch den Ansatz rein hypothetischer Dilemma-Diskussionen, den er als Beispiel für ein „Einbahnstraßenmodell" (ebd., S. 24) der Beziehung von Theorie und Praxis ansieht (vgl. Brumlik 1989). Im Rückgriff auf Dewey (2000) plädiert Müller (2005) dafür, die Sozialpädagogik grundsätzlich als „Erziehung zur Demokratie" zu verstehen. Auch Kohlberg (1986, 1987) knüpft explizit an Dewey an. Trotz Differenzen in der Theoriebildung konvergieren ihre Ansätze in zentralen Grundannahmen:

1) Lernen und Entwicklung vollzieht sich vor allem durch die aktive und selbstständige Auseinandersetzung mit Konflikten und Hindernissen und nicht durch das passive Nachvollziehen vorgefertigten Wissens oder pädagogisch aufbereiteter Konfliktlösungen.
2) Demokratie ist nicht nur Ziel, sondern Bedingung bzw. „Mittel der Erziehung" (ebd.: 38). Dewey versteht unter Demokratie „eine Form des Zusammenlebens, der gemeinsamen und

---

2 Das Experiment scheiterte nach sechs Monaten an Konflikten mit der Verwaltung, die dazu führten, dass alle Erziehungs- und Lehrkräfte ihren Dienst quittierten (vgl. Bernfeld 1921: 112 ff.). Diese Erfahrung war ein wichtiger biographischer Hintergrund für Bernfelds „Sisyphos".

miteinander geteilten Erfahrung" (2000: 121). Kohlberg schließt an dieses Konzept der Demokratie als *Lebensform* an.
3) Die zentrale Aufgabe der Demokratieerziehung ist nicht die Vermittlung von Normen und Werten, sondern die Gestaltung von Lernumwelten und Entwicklungsbedingungen, die eigenverantwortliche Erfahrungen und soziale Kooperation unter Gleichen ermöglichen.

Das Spezifische dieses Ansatzes ist die Einbettung in differenzierte Entwicklungskonzepte. Entwicklung wird als Prozess der ständigen Konstruktion und Rekonstruktion von Erfahrungen verstanden. Piaget (1986) und Kohlberg (1995) zeigen, dass die Entwicklung sozialer Urteils- und Handlungsfähigkeit sukzessive verläuft, dass nachfolgende Entwicklungsschritte auf den vorhandenen Fähigkeiten aufbauen und sie in die erweiterten Kompetenzen integrieren. Mit Dewey versteht Kohlberg daher „Entwicklung als Ziel der Erziehung" (1987: 38). Dabei ist das Vertrauen in die Handlungskompetenz der Lernenden, die aktuell noch nicht verfügbar, sondern erst zu entwickeln ist, ein entscheidendes Moment der Stimulation der Entwicklung: „Nur entsprechend der ihnen bereits zugestandenen Selbstverantwortlichkeit entwickeln sich Menschen zu verantwortlichen Subjekten" (Lempert 1999: 332). Oser, Althof und Higgins-D'Alessandro (2008) bezeichnen diese pädagogische Haltung als „trust in advance": „Teachers who believe and trust in advance that students fundamentally want to participate, to think and to act morally, will treat them in a way that actually helps to advance these attitudes and the corresponding competencies" (ebd.: 409).

4 „Just Communities" im Strafvollzug der USA

Zwischen 1971 und 1979 initiierten Kohlberg und seine Mitarbeiter fünf Just Community-Projekte in Gefängnissen der USA (vgl. Hickey/Scharf 1980; Jennings/Kilkenny/Kohlberg 1983; Kohlberg et al. 1975). Für die Analyse der institutionellen Rahmenbedingungen griffen sie u.a. auf das Konzept der „moralischen Atmosphäre" zurück. Eine zentrale Bedingung für das moralische Urteil der Individuen ist demnach die moralische Struktur einer Gruppe oder Institution. Kohlberg, Scharf und Hickey (1978) stellten fest, dass Strafgefangene die moralische Struktur des Gefängnisses den Stufen 1 und 2 zuordnen und dass es aus ihrer Sicht „auf dem Niveau der Macht von Zwang und Strafe funktionierte" (ebd.: 205). Die Insassen beurteilten moralische Konflikte im Vollzug auf niedrigeren Stufen als Konflikte in anderen sozialen Kontexten. Das „bürokratische Autoritätssystem" und die „ausbeuterischen Insassenkulturen" (ebd.: 207) strukturieren soziale Interaktionen derart, dass moralische Lernprozesse und Prozesse der Rollen- und Perspektivenübernahme blockiert werden: „Of all public institutions in our society, prisons operate at perhaps the lowest moral level: they are the least democratic, the least just, the least likely to be perceived as fair by their inhabitants" (Kauffman 1990: 77). Die Idee demokratischer Partizipation im Vollzug erscheint somit paradox. Der Just Community-Ansatz zielt allerdings gerade auf *individuelle Entwicklung* durch *institutionelle Veränderung* (Power/Higgins/Kohlberg 1989: 52). Dabei wird der Verbesserung der moralischen Atmosphäre der Institution, der Entwicklung kollektiver Normen und des Gemeinschaftssinns ein zentraler Stellenwert zugeschrieben. Als zentrales Ziel sehen die Autoren die Implementierung einer Gemeinschaft, die „von den Insassen als fair und legitim wahrgenommen wird" (Kohlberg/Scharf/Hickey 1978: 207).

Die institutionellen Rahmenbedingungen und individuellen Voraussetzungen in den fünf Projekten waren sehr verschieden und können hier nicht detailliert beschrieben werden (vgl. Hickey/Scharf 1980; Jennings/Kilkenny/Kohlberg 1983). Der Kern aller Projekte bildete das wöchentliche „community meeting" der Insassen und Bediensteten, in dem die Regeln der Gemeinschaft nach dem Prinzip „ein Mensch eine Stimme" mit Mehrheitsentscheidung beschlossen wurden. In dringenden Fällen konnten Sondersitzungen einberufen werden, in „marathon meetings" wurden alle zwei bis drei Monate die Satzung und alle Regeln diskutiert. Diese betrafen Fragen des alltäglichen Zusammenlebens, die Aufnahme neuer Mitglieder, Arbeit und Schule, Fragen der Sanktionierung etc. Weitere Bestandteile des Modells waren die alternierende Leitung der Meetings und die Übernahme von Kontrollfunktionen durch Insassen. Die Versammlung oder ein Disziplinrat entschieden über die Bestrafung von Regelverstößen. Kleingruppen beschäftigten sich mit persönlichen Fragen und Konflikten.

Modelle demokratischer Partizipation im Vollzug stehen zwangsläufig vor zahlreichen Schwierigkeiten. Die Autoren nennen die Begrenzung moralischer Interaktionen durch die autoritäre Struktur des Vollzugs und die Insassensubkultur, starke Rollenkonflikte der Bediensteten zwischen Kontrolle und Hilfe, die fehlende Ausbildung und Supervision, die geringe politische Unterstützung. Hickey und Scharf (1980: 144 ff.) berichten auch vom Misstrauen von Bediensteten und vor allem der Verwaltung. Trotz vieler Schwierigkeiten gab es bei den meisten Insassen relevante Fortschritte im Niveau des moralischen Urteils, es zeigte sich auch eine deutliche Verbesserung des sozialen Klimas und der moralischen Atmosphäre (vgl. ebd.: 128 ff.; Jennings et al. 1983: 328 ff.). Zur Rückfälligkeit gibt es widersprüchliche, aber tendenziell positive Befunde. Wichtiger als solche Kriterien war für die Kohlberg-Gruppe allerdings „that it served the ends of social justice" (Kauffman 1990: 79). Einige Programme existierten ein Jahr, andere mehrere Jahre lang, alle Projekte wurden jedoch spätestens nach Wechsel der Anstaltsleitung eingestellt. Letztlich scheiterten sie – wie Bernfelds Experiment – vor allem an administrativen und politischen Widerständen (vgl. Hickey/Scharf 1980: 144 ff.; Oser/Althof, 1992: 441 f.).[3]

In Deutschland wurden Just Communities in mehreren Jugendhilfeeinrichtungen und in einem Gefängnis eingeführt. Dieser Modellversuch wurde 1994 initiiert und wissenschaftlich begleitet (vgl. Brumlik 1998; Sutter/Baader/Weyers 1998; Sutter 2002, 2003, 2007; Weyers 2003).[4] Die Möglichkeiten, Grenzen und Ambivalenzen demokratischer Partizipation im Vollzug werden im Folgenden anhand dieses Projekts genauer diskutiert.

5 „Die demokratische Gemeinschaft" – ein Modellversuch

Der Modellversuch wurde in einem Haus des gelockerten Vollzugs der Jugendstrafanstalt Adelsheim eingeführt. Zentrales Organ ist die wöchentlich tagende „Demokratische Gemeinschaftsversammlung". Hier werden die Regeln des Zusammenlebens beschlossen, Alltagsfragen und Konflikte besprochen sowie Disziplinarmaßnahmen verhängt. Mitglieder der Gemeinschaft sind alle Insassen und Bediensteten des Hauses. An der Versammlung nahmen in der Regel

---

3 Just Communites wurden in einigen Gefängnissen Kanadas eingeführt (vgl. Garz 1994), meines Wissens gab es jedoch keine weiteren Projekte in Gefängnissen der USA.
4 Die Initiierung und Begleitung des Modellversuchs erfolgte im Rahmen eines von 1994-1999 laufenden DFG-Projekts unter der Leitung von Micha Brumlik und Hansjörg Sutter an der Universität Heidelberg.

15 Insassen, ein Sozialpädagoge und zwei Vollzugsbeamte teil, in den ersten drei Jahren auch ein oder zwei wissenschaftliche Mitarbeiter, die Rederecht hatten, aber nicht stimmberechtigt waren (vgl. Sutter/Baader/Weyers 1998). Jedes Mitglied hat eine Stimme, Entscheidungen bedürfen der absoluten Mehrheit der Anwesenden. Weitere Organe der Gemeinschaft sind das Leitungs- und das Fairnesskomitee, deren Mitglieder von der Versammlung gewählt werden. Das Leitungskomitee besteht aus zwei Insassen und ist für die Vorbereitung und Leitung der Versammlungen und für die Kontrolle von Hausdiensten verantwortlich. Das Fairnesskomitee (zwei Insassen, ein Bediensteter) kann angerufen werden, um bei Konflikten zu vermitteln oder um Maßnahmen der Hausleitung zu überprüfen. Es trifft keine eigenen Entscheidungen, sondern versucht mit den Betroffenen eine einvernehmliche Lösung zu erzielen.

Die „Demokratische Gemeinschaft" hat für ein Gefängnis vergleichsweise weitgehende Entscheidungsbefugnisse: Über das Zusammenleben ihrer Mitglieder und die Belange des Hauses entscheidet sie in eigener Verantwortung. Zu Bereichen, die in die rechtliche Zuständigkeit der Anstaltsleitung fallen, gibt es ein Vorschlagsrecht. Jedes Veto der Anstaltsleitung muss laut Satzung gegenüber der Gemeinschaft begründet werden (vgl. ebd.). Dies war in den ersten 10 Jahren nur zweimal der Fall. In den ersten drei Jahren, auf die sich die Analyse bezieht, wurden die meisten Regeln aus der vorherigen Praxis übernommen. Auch dies zeigt die eher pragmatische Nutzung der Mitbestimmungsrechte. Allerdings wurden einige Regeln auf Initiative der Insassen neu eingeführt oder verändert, vormals automatisch verhängte Sanktionen bei „Arbeitsverweigerung" oder sofortige Rückverlegung in den Regelvollzug bei schweren Regelverstößen wurden abgeschafft oder gemildert.

Die empirischen Analysen beziehen sich auf die videografierten Versammlungen und Interviews zur moralischen Urteilsfähigkeit. Sie belegen, dass die Einführung demokratischer Beteiligungsrechte moralische Lern- und Entwicklungsprozesse auch im Strafvollzug ermöglichen kann (vgl. Sutter 2002, 2003, 2007; Sutter/Baader/Weyers 1998). Sie zeigen aber auch, dass dem viele institutionelle und subkulturelle Bedingungen entgegenstehen. Der für Soziale Arbeit konstitutive Widerspruch zwischen Hilfe und Kontrolle ist im Gefängnis besonders ausgeprägt: Die Kontrollfunktion der Bediensteten ist dominant und strukturiert in hohem Maße die Beziehungen zu den Insassen. Die Anstaltsregeln sind primär auf Sicherheitsbelange ausgerichtet; die Handlungsroutinen der Bediensteten sind eher an einem reibungslosen Ablauf und an Verhaltenskonformität der Insassen orientiert als an dem recht aufwändigen Versuch, Konflikte zu besprechen und einvernehmlich zu lösen. Aber nicht nur die institutionellen Bedingungen im Strafvollzug, sondern auch die meist hierarchische, vorwiegend an der Aushandlung von Rangpositionen orientierte Insassensubkultur lässt wenig Spielraum für demokratische Konfliktregelungen auf der Basis gegenseitigen Respekts (vgl. Sutter 2003: 253 ff.).

Diese Strukturen und Machtverhältnisse reproduzieren sich auch in der Versammlung, so dass *nicht alles* thematisiert werden kann und auch nicht *von jeder Person*. Die Etablierung demokratischer Verfahrensregeln hebt den Einfluss von Anstaltsordnung und Subkultur nicht auf. Sie schafft keine „demokratischen Verhältnisse", erweitert die soziale Struktur des Vollzuges jedoch – und das ist entscheidend – um ein drittes Element. Trotz schwieriger Phasen erwies sich die wöchentliche Versammlung über viele Jahre hinweg als Ort, an dem die Strukturen des Vollzugsalltags zumindest teilweise thematisiert, reflektiert und kritisiert werden konnten. Somit reproduzieren sich diese Strukturen „nicht mehr umstandslos und werden – so die sozialisationstheoretische Annahme – eher zum Gegenstand einer reflexiven Auseinandersetzung mit der Sozialwelt des Vollzugs" (ebd.: 254). Die häufigere Diskussion von Themen, die zunehmende Themenvielfalt, die Thematisierung von besonders brisanten Themen wie die Unterdrückung von Mitgefangenen, die Kritik an Bediensteten, die Änderung von Regeln, die Bereitschaft zur Mitarbeit in Leitungs- und Fairnesskomitee, aber auch Rücktritte von diesen Ämtern und Enttäuschungen (vgl. Sutter/Baader/Weyers 1998: 386 ff.): All diese Aspekte zeigen die Eigendynamik und die praktische Akzeptanz des Modellversuches – auch wenn sich die meisten Strukturen des Vollzugs nicht wesentlich ändern, viele Konflikte latent oder manifest fortbestehen und häufig eher Bagatellverstöße als moralisch relevante Themen besprochen werden.

Insbesondere bei engagierten Insassen zeigten sich deutliche Fortschritte in der moralischen Urteilsfähigkeit, was die sozialisatorische Relevanz demokratischer Beteiligungsmodelle belegt. Anders als es die Programmatik des Just Community-Ansatzes suggeriert, lassen sich diese Veränderungen jedoch nicht auf *moralische* Argumentationen zurückführen oder auf Konfliktregelungen, bei denen auf *moralische* Regeln oder Prinzipien rekurriert wird, denn diese spielen in den Versammlungen nur eine geringe Rolle. Im Unterschied zur Kohlberg-Schule verortet Sutter (2002, 2007) die Entwicklungsbedeutsamkeit demokratischer Partizipation daher in der Dynamik sozialer Aushandlungen: Movens der Entwicklung ist „die *soziale Dynamik der Aushandlungsprozeduren demokratischer Selbstbestimmung und Interessenvertretung*. Eine Dynamik, die im Vollzugsalltag von den Beteiligten – kognitiv wie emotional – eine fortlaufende Ausbalancierung und Koordinierung widerstreitender Interessen, Normensysteme und Loyalitätsverpflichtungen erfordert" (ebd.: 141).

Sutters Analysen zeigen, dass sich die Widersprüchlichkeit dieses Interaktionssystems einer vereinfachenden Typisierung als „totale Institution" versus „partizipatorische Demokratie" entzieht, und dass es gerade diese Widersprüchlichkeit sein könnte, die sozialisatorisch relevant ist. Entscheidend dürfte somit weniger die moralisch-argumentative Qualität der Diskussionsbeiträge sein, sondern vielmehr dass soziale Aushandlungsprozesse im Vollzug durch demokratische Beteiligungsmodelle stimuliert werden und ihren Charakter verändern: Eine „schlichte" Orientierung an Anstaltsordnung oder Subkultur reicht nicht aus, stattdessen muss eine Vielzahl von Perspektiven, Normen und Interessen berücksichtigt, koordiniert und ggf. argumentativ ausgewiesen werden – und das gilt für alle Beteiligten, für Insassen wie für Bedienstete. Für die praktischen Erfolgschancen solcher Reformmodelle ist dieser Befund insofern positiv, als eine primär *moralische* Reflexion der sozialen Praxis nicht notwendig erscheint. Eine solche Strategie erschiene sogar problematisch, denn sie würde nicht mit den lebensweltlichen Orientierungen und habitualisierten Konfliktregelungsstrategien der Insassen und Bediensteten korrespondieren – vermutlich nicht nur im Gefängnis, sondern auch in anderen sozialpädagogischen Handlungsfeldern. Eine solche Strategie stünde zudem in Gefahr, zu einer *Moralisierung* der sozialen Praxis zu führen, was in einer Institution, die in hohem Maße durch soziale Zwänge strukturiert ist, vermutlich nicht zu einer Aufhebung von Zwängen führen, sondern eher „paradoxale Effekte zeitigen" (ebd.: 147) würde.

Insgesamt belegen die Befunde auch, dass eine demokratisierte Praxis für das soziale Klima im Vollzug förderlich ist. Nach Abschluss der wissenschaftlichen Begleitphase wurde das Modell weitergeführt und besteht nunmehr seit 15 Jahren, was für seine hohe Akzeptanz bei Insassen, Bediensteten und der Anstaltsleitung spricht.

6 Fazit und Ausblick

Das zentrale Problem der Demokratieerziehung im Strafvollzug ist das Spannungsverhältnis zwischen Prinzipien demokratischer Partizipation auf der einen und den undemokratischen institutionellen Bedingungen auf der anderen Seite. Diese erfordern von Insassen und Bediensteten eher soziale Anpassung bzw. soziale Kontrolle als egalitäre Verständigung. Innerhalb dieses Spannungsfeldes lassen sich weitere Problembereiche ausweisen:

Es besteht *erstens* die Gefahr einer Defizitorientierung und damit einer sozialtechnokratischen Verkürzung demokratischer Beteiligung zu einem Trainingsprogramm gegen Delinquenz. Ein solches Konzept mag die Akzeptanz in der Öffentlichkeit und der Bürokratie erhöhen, sie hat jedoch für das Interaktionssystem negative Folgen: Zwar sind pädagogisierende Interaktionen in pädagogischen Beziehungen nicht vollständig vermeidbar, tendenziell gefährden sie jedoch demokratische und egalitäre Aushandlungsprozesse.

Das *zweite* Problem ergibt sich, wenn der Spielraum für eigenverantwortliche Entscheidungen so gering ist, dass keine für die Insassen relevanten und für die Institution ggf. unangenehmen Entscheidungen getroffen werden können. Bedeutsame Aushandlungsprozesse können kaum stattfinden, weil es um nichts geht. Hier wird Demokratie illusorisch und läuft Gefahr, eher der Verschleierung als dem Abbau sozialer Kontrolle zu dienen.

Demokratische Verfahren gefährden Hierarchien und Handlungsspielräume der Insassen. Die *dritte* Gefahr besteht darin, dass subkulturelle Strategien und Handlungsmuster den Rahmen dessen, was in der Versammlung thematisiert und entschieden werden darf, stark beschränken. Auch hier wird Demokratie illusorisch. Kommen egalitäre Aushandlungsprozesse zustande, bietet die Peergruppe jedoch eine große Chance für gemeinsame Lernprozesse.

Ein *vierter* Problembereich liegt in dem möglichen „Inselcharakter" solcher Projekte, sofern demokratische Strukturen in ein autoritäres soziales Umfeld eingebettet sind: sei es eine große Strafanstalt, seien es soziale Milieus außerhalb. Die Gefahr der Segmentierung, d.h. der fehlenden Übertragung des Gelernten auf andere soziale Kontexte, besteht hier noch verstärkt.

Demokratische Beteiligungsmodelle sind nicht nur im Strafvollzug eine Gratwanderung mit dem Risiko des Scheiterns. Sie bieten aber auch die große Chance zur Förderung sozialer und moralischer Urteilsfähigkeit, zum Lernen alternativer Strategien der Konfliktlösung sowie zur reflexiven Verarbeitung eigener Handlungen und Erfahrungen. In diesem Sinne sollen Urteilskompetenzen gestärkt und alternative Handlungsmöglichkeiten eröffnet werden. Ob diese genutzt werden können, hängt nicht nur von den Akteuren, sondern von vielen sozialen Bedingungen ab. Um individuelle Ressourcen zu stärken, bedürfen demokratiepädagogische Ansätze der Ergänzung durch weitere Angebote, etwa zur Bewältigung schwieriger Lebenslagen, zur Unterstützung bei Alltagsproblemen und zur schulischen und beruflichen Bildung. Für die Mitarbeiter sind zudem professionelle Angebote wie Supervision und Weiterbildung unabdingbar, um die widersprüchlichen Anforderungen des Vollzugalltags reflektieren und im Sinne verständigungsorientierter Handlungsstrategien bewältigen zu können (vgl. Sutter 2007; Weyers 2005b).

Im gegenwärtigen Vollzugssystem fristen Modelle demokratischer Partizipation lediglich ein Nischendasein. Daher gibt es in diesem Feld kaum Vergleichsmöglichkeiten und nur wenig empirische Forschung. Forschungsdesiderate betreffen die sozialisatorischen Bedingungen soziomoralischer Entwicklung im Vollzug, etwa die Kontroverse, ob eher moralische Reflexionen oder soziale Aushandlungsprozesse die Entwicklung fördern. Desiderate bestehen vor allem in Bezug auf die Evaluation solcher Modelle, und zwar sowohl im Hinblick auf individuelle als auch institutionelle Veränderungen. So weiß man bspw. wenig über den weiteren Lebensweg der Insassen. Allerdings wäre es verfehlt, solche Projekte primär an der Rückfallhäufigkeit zu messen, letztlich geht es um eine pädagogische und vor allem *politische* Grundsatzentscheidung. Angesichts des gegenwärtigen kriminalpolitischen Diskurses ist es notwendig, über Alternativen zu Disziplinierungstechniken oder autoritären Modellen à la Glenn Mills nachzudenken. Die Einführung demokratischer Mitbestimmungsrechte im Vollzug lässt sich dabei nicht nur als sozialpädagogische Intervention, sondern auch als Beitrag zur Humanisierung des Strafvollzugs und zur Durchsetzung von Menschenrechten begreifen: „The right to democratic participation in prison is more than a psychological or educational technique; it is a fundamental political right" (Hickey/Scharf 1980: XI).

7 Literatur

Bernfeld, S. (1921): Kinderheim Baumgarten. Bericht über einen ernsthaften Versuch mit neuer Erziehung. Berlin.
Brumlik, M. (1989): Kohlbergs „Just Community"-Ansatz als Grundlage einer Theorie der Sozialpädagogik. In: neue praxis, 19. Jg., S. 374-383.
Brumlik, M. (1998): „Just Community" – a social cognitive research project in the penal system. In: European Journal of Social Work, 1. Jg., S. 339-346.
Dewey, J. (2000): Demokratie und Erziehung. Weinheim.
Edelstein, W./Nunner-Winkler, G. (Hrsg.) (2000): Moral im sozialen Kontext, Frankfurt.
Edelstein, W./Nunner-Winkler, G./Noam, G. (Hrsg.) (1993): Moral und Person, Frankfurt.
Garz, D. (1994): Über den Erwerb von Bildung im Gefängnis. In: neue praxis, 24. Jg., S. 36-45.
Hickey, J./Scharf, P. (1980): Toward a just correctional system. Experiments in implementing democracy in prisons. San Francisco.
Jennings, W./Kilkenny, R./Kohlberg, L. (1983): Moral-development theory and practice of youthful and adult offenders. In: Laufer, W./Day, J. (Eds.): Personality theory, moral development and criminal behaviour. Lexington, S. 281-355.
Kamp, J.-M. (1995): Kinderrepubliken. Geschichte, Praxis und Theorie radikaler Selbstregierung in Kinder- und Jugendheimen. Opladen.
Kauffman, K. (1990): The prison as a Just Community. In: New directions for child development, No. 47, S. 77-80
Keller, M. (1996): Moralische Sensibilität. Entwicklung in Freundschaft und Familie. Weinheim.
Kohlberg, L. (1986): Der „Just Community"-Ansatz der Moralerziehung in Theorie und Praxis. In: Oser, F./Fatke, R./Höffe, O. (Hrsg.): Transformation und Entwicklung. Frankfurt/M., S. 21-55.
Kohlberg, L. (1987): Moralische Entwicklung und demokratische Erziehung. In: Lind, G./Raschert, J. (Hrsg.): Moralische Urteilsfähigkeit. Weinheim, S. 25-43.
Kohlberg, L. (1995): Die Psychologie der Moralentwicklung, Frankfurt.
Kohlberg, L./Kauffman, K./Scharf, P./Hickey, J. (1975): The Just Community approach to corrections: A theory. In: Journal of Moral Education, 4. Jg., S. 243-260.
Kohlberg, L./Scharf, P./Hickey, J. (1978): Die Gerechtigkeitsstruktur im Gefängnis. In: Portele, G. (Hrsg.): Sozialisation und Moral. Weinheim, S. 202-214.
Lempert, W. (1988): Soziobiographische Bedingungen der Entwicklung moralischer Urteilsfähigkeit. In: Kölner Zeitschrift für Soziologie und Sozialpsychologie, 40. Jg., S. 62-92.
Lempert, W. (1999): Verantwortlichkeit als Erziehungsziel? In: Pollak, G./Prim, R. (Hrsg.): Erziehungswissenschaft und Pädagogik zwischen kritischer Reflexion und Dienstleistung. Weinheim, S. 319-335.
McDonough, G. (2005): Moral maturity and autonomy: appreciating the significance of Lawrence Kolhberg's Just Community. In: Journal of Moral Education, 34. Jg., S. 199-213.
Müller, C. (2005): Sozialpädagogik als Erziehung zur Demokratie. Bad Heilbrunn.
Oelkers, J. (2003): Krise der Moderne und Reformer der Erziehung. In: Tenorth, H.-E. (Hrsg.): Klassiker der Pädagogik, Bd. 2. München, S. 7-31.
Oser, F./Althof, W. (1992): Moralische Selbstbestimmung. Stuttgart.

Oser, F./Althof, W./Higgins-D'Alessandro, A. (2008): The Just Community approach to moral education: system change or individual change? In: Journal of Moral Education, 37. Jg., S. 395-415.
Piaget, J. (1986): Das moralische Urteil beim Kinde, München.
Power, C./Higgins, A./Kohlberg, L. (1989): Lawrence Kohlberg's approach to moral education. New York.
Sutter, H. (2002): Sozio-moralische Lern- und Entwicklungsprozesse. In: Otto, H.-U./Oelerich, G./Micheel, H. (Hrsg.): Empirische Forschung und Soziale Arbeit, Neuwied, S. 159-213.
Sutter, H. (2003): Die sozialisatorische Relevanz des Alltäglichen in einem demokratisierten Vollzug. In: Schweppe, C. (Hrsg.): Qualitative Forschung in der Sozialpädagogik, Opladen, S. 245-277.
Sutter, H. (2007): Demokratische Partizipation im Jugendstrafvollzug. Erziehungswissenschaftliche Rekonstruktion eines Modellversuchs. In: Sozialer Sinn, 8. Jg., S. 131-158.
Sutter, H./Baader, M./Weyers, S. (1998): Die „Demokratische Gemeinschaft" als Ort sozialen und moralischen Lernens. In: neue praxis, 28. Jg., S. 383-400.
Weyers, S. (2003): Funktioniert Demokratie(erziehung) im Knast? In: Neue Kriminalpolitik 15. Jg., S. 106-109.
Weyers, S. (2004): Moral und Delinquenz. Moralische Entwicklung und Sozialisation straffälliger Jugendlicher, Weinheim.
Weyers, S. (2005a): Delinquenz und Moral. Eine Auseinandersetzung mit den kriminologischen Thesen Kohlbergs. In: Kriminologisches Journal, 37. Jg., S. 3-22.
Weyers, S. (2005b): Moralische und biographische Entwicklung straffälliger Jugendlicher. Perspektiven für die Sozialpädagogik. In: Zeitschrift für Sozialpädagogik, 3. Jg., S. 114-137.

Hans-Joachim Plewig

„Konfrontative Pädagogik"

1 Zuordnung

Der Begriff ‚Konfrontative Pädagogik' ist in der Fachdiskussion nicht etabliert. Im Wesentlichen wird er im Bereich des Jugendstrafrechts im Rahmen des Anti-Aggressionstrainings verwendet. Er steht im Zusammenhang mit dem Projekt Glen Mills (USA) und ist mit seiner Orientierung am Strafrecht der Kriminalpädagogik zuzuordnen (zur Definition und Abgrenzung gegenüber der Devianzpädagogik vgl. Plewig 2000; 2005). Vertreter dieser Richtung bezeichnen die Konfrontative Pädagogik als eine Handlungsmethode. Zu ihrer Begründung beziehen sie sich auf eine Vielzahl von vor allem psychologischen Theorien. Klärungsbedarf besteht hinsichtlich der gesellschaftlichen Rahmenbedingungen, des Bezugswissens, des Standes kriminologischer Erkenntnisse, zur Wirkung von Strafe, zur Interventionsberechtigung sowie zu Rechtsfragen.

2 Handlungsbedarf

In der Auseinandersetzung um das Thema ‚Jugendkriminalität' ist zwischen der von Politikern bzw. Medien geführten Debatte und der Fachdiskussion zu unterscheiden. Es sind insbesondere spektakuläre Einzelfälle, die immer wieder die Öffentlichkeit erregen und zu Zweifeln an der Tauglichkeit der gegenwärtigen Handhabung des Jugendstrafrechts und der Jugendhilfe führen. Die mediale Aufbereitung dieser Straftaten lässt den Eindruck entstehen, die Jugendkriminalität nehme immer mehr zu, die Straftäter würden immer jünger und die Sanktionspraxis sei unzureichend. Daraus ergeben sich Forderungen unter anderem nach der Herabsetzung der Strafmündigkeit, der Beschleunigung von Verfahren und strengeren Strafen. Bislang hat sich der Gesetzgeber sie nicht zueigen gemacht. Gleichwohl besteht diese Kritik fort. Jugendhilfe und Jugendstrafrecht bleiben gefordert, immer wieder im Einzelfall und generell nachzuweisen, dass die geltenden Gesetze und die Praxis im Umgang mit diesen Konflikten angemessen sind.

Die Fachwelt muss sich diesen Herausforderungen auf allen Ebenen offensiv stellen, will sie sich nicht durch weitere Aufsehen erregende Delikte dem Vorwurf ausgesetzt sehen, kein rationales und realitätsbezogenes Konzept präsentieren zu können. Im Mittelpunkt steht dabei der Umgang mit als gewalttätig bezeichneten jungen Menschen. Konzepte beschleunigter Verfahren bei Polizei und Staatsanwaltschaft für so genannte Intensivtäter und Projekte unter dem Titel Anti-Aggressions-Training sind Beispiele dafür, dass Konfrontation zum Leitgedanken solcher Maßnahmen geworden ist. Sie fordern zur kontroversen Diskussion heraus. Sie steht im Zusammenhang mit der Forderung nach ‚Mut zur Erziehung' aus den 1980ern bzw. ‚Mehr Disziplin' (Bueb 2006).

3 Erziehungsstrafrecht, Kriminalpolitik und Wirkungsforschung

Das deutsche Jugendstrafrecht basiert auf der Leitformel des ‚Erziehungsgedankens' (§ 2 JGG). Aus Anlass der Tat soll unter Berücksichtigung des bisherigen Lebensweges eine als erzieherisch erachtete Sanktion erfolgen.

Folgt man dem Konzept des erzieherisch verstandenen Jugendstrafrechts (zur Kritik am Konzept AWO 1993; H.-J. Albrecht 2002), führt dies zur Frage nach dessen Wirksamkeit. Zwei Dokumentationen liefern aktuelle Befunde:

a) Der Zweite Periodische Sicherheitsbericht (BMI/BMJ 2006) betont, dass alle vorliegenden Dunkelfeldstudien Rückgänge der Gewalt junger Menschen zeigten. Daten der Versicherungswirtschaft bestätigten dies. Festzustellen sei diesbezüglich auch eine veränderte Bewertung von Gewalt. Verstärkte Präventionsmaßnahmen gingen regelmäßig mit einer gesteigerten Aufmerksamkeit für entsprechende Delikte einher (Kurzfassung 4.1.1).
b) W. Heinz legte 2008 Sachstand und Bewertung des Jugendstrafrechts vor. Aus den vorliegenden Daten schließt er, dass weder die Jugendkriminalität insgesamt noch die Gewaltkriminalität junger Menschen in den letzten Jahren dramatisch gestiegen sei (ebd.:88, m.w.N.). Aus dem Bericht der Bund-Länder-AG ‚Entwicklung der Gewaltkriminalität junger Menschen (…)' zitiert er, dass es zwar im Hellfeld (PKS) einen Anstieg bei Körperverletzungsdelikten gebe, ein deutlicher Anstieg der Jugendgewaltkriminalität bzw. der Schwere der Delikte aber nicht nachzuweisen sei (ebd.). Weitere Schlussfolgerungen von Heinz sind: Schwere Strafen schrecken nicht ab, Tough-on-Crime'-Kriminalpolitik senkt Rückfälligkeit nicht und frühe Bestrafung stabilisiert kriminelle Karrieren (ebd.: 88f.).

Untersuchungen, die diese allgemeinen Daten quantitativ und vor allem qualitativ im Sinne einer Wirkungsforschung vertieft analysieren, sind – von wenigen Ausnahmen abgesehen (vgl. dazu 2. Zweiter Periodischer Sicherheitsbericht; BMI/BMJ 2006) – nicht bzw. nicht ernsthaft verfolgt worden. Die Justiz zeigt daran kaum Interesse. Da die Jugendrichter über keine qualifizierte Ausbildung verfügen müssen (§ 37 JGG hat nur deklaratorische Bedeutung), sind sie fachlich nicht in der Lage, die pädagogischen, psychologischen und soziologischen Gesichtspunkte bei der Entscheidungsfindung angemessen zu beurteilen. Darüber kann die Jugendgerichtshilfe (§§ 38, 43 JGG; § 52 KJHG) allenfalls in Ansätzen hinweg helfen. Es ist nicht erkennbar, dass sie in devianzpädagogischer (zum Begriff vgl. Plewig 2000) Diagnostik und hinsichtlich der Berücksichtigung von Entwicklungspsychologie, Sozialisationsforschung und Hilfeplanung hinreichend geschult ist.

Es stellt sich deshalb die Frage, wie gelingende Interventionen konzipiert werden können. In diese Richtung wirken etwa Maßnahmen des Sozialmanagements, die durch knapper werdende Finanzmittel Autorität in den Handlungsfeldern Jugendhilfe und Jugendstrafrecht erlangten. Das Vorbild des Sherman-Reports aus den USA verhalf dazu, in Deutschland erste einschlägige Bestandsaufnahmen vorzunehmen (26. Dt. Jugendgerichtstag 2004; Fachdiskussion in der ZJJ ab 2/2003). Bei dem Bericht handelt es sich um eine Sekundäranalyse vorhandener Untersuchungen. Er unterscheidet in Maßnahmen, die funktionieren, die nicht geeignet sind, und solche, die Potential haben. Unter ‚What works?' im Bereich des Jugendstrafvollzuges nennt er Resozialisierungsprogramme mit speziellen Merkmalen. Dazu zählen insbesondere substantielle, bedeutungsvolle Beziehungen zwischen den Gefangenen und den Mitarbeitern. Entscheidend ist danach die Integrität des Programms. Die Praxis muss mit den verkündeten Zielen übereinstimmen. Hingegen als sinnlos (‚What does not work?') erweisen sich Maßnahmen, die lediglich spezifische Abschreckungswirkungen betonen. Gemeint sind unter anderem streng repressive, so genannte Boot Camps, also Projekte, in denen Disziplin, Struktur, Herausforderung und Angriffe auf das Selbstwertgefühl betont werden, ohne den Lebenszusammenhang der Täter umfassend zu berücksichtigen (Sherman-Report, Kap. 9: 23 und 36 ff.).

4 Unbotmäßige Jugend und die Idee der ‚Konfrontation'

Während im Großen gesellschaftliche Widersprüche auf Schlagworte wie ‚Risikogesellschaft' oder ‚Globalisierung' reduziert werden, lauten in den letzten Jahrzehnten die Formeln im Kleinen etwa ‚Bedürfnisaufschub', ‚Antiautoritäre Erziehung', ‚Fördern und Fordern' oder ‚Mut zur Erziehung bzw. Disziplin'. Gerungen wird um die Deutungshoheit über gesellschaftliche Tatsachen und deren Auswirkungen. Kinder und Jugendliche bieten mit ihrem als abweichend gedeuteten Verhalten teilweise Symptome dessen, womit sie umgehen lernen müssen (Stichwort: Belastete Lebenslagen; vgl. AWO 1993). Sie werden deshalb immer wieder zu Sündenböcken gemacht.

Es gibt in der Gesellschaft ein starkes Verlangen, für alle Verhaltensweisen, insbesondere für das Phänomen ‚Kriminalität' ‚Erklärungen' zu erhalten. Scheinbar Unverständliches muss begreifbar und verkraftbar gemacht werden. Dahinter steckt ein tiefes menschliches Bedürfnis, ‚Ordnung' ins Leben zu bringen. Das kann zu tendenziell totalitären Denk- und Handlungslogiken verführen. Gerade auch Präventionsstrategien enthalten dieses Element (vgl. Matza 1973; Plewig 1999). Was bleibt, sind der Markt der Rezepte für Erziehung und der griffigen Antworten auf Jugendkriminalität sowie die Profiteure dieser Interessenlage.

Das Beispiel der so genannten Konfrontativen Pädagogik bietet in dieser Hinsicht Gelegenheit zur Analyse. Es soll nachfolgend mit Blick auf seine konzeptionellen Grundlagen sowie auf seine Ziele, Methoden, Begründungen und Interessen untersucht werden.

5 Konfrontative Pädagogik

5.1 Herkunft

Bei der so genannten Konfrontativen Pädagogik handelt es sich nicht um einen in der Fachdiskussion etablierten Begriff. Es gibt aber eine Reihe von Beiträgen, für die einige wenige Autoren verantwortlich sind. Ihre Vertreter hegen keine Ansprüche auf Theoriebildung, sondern sprechen von einem ‚pädagogischen Handlungsstil' (Kilb 2006: 45).

Allgemein werden drei Grundformen des konfrontativen Ansatzes unterschieden:
a) Strukturen zur Regelung von Normen in einem pädagogischen Rahmen (Beispiel Glen Mills/USA; vgl. Colla u.a. 2001);
b) situativer Handlungsstil pädagogischer Fachkräfte (vgl. Kilb 2005: 44);
c) inszenierte Form von Kursen u.ä., z.B. das Anti-Aggressivitäts-Training (AAT) oder das Coolness-Training. Die zuletzt genannten Kurse finden in Schulen, in der Jugendhilfe, in der Regel für junge Männer, z.T. aber auch für Mädchen, hauptsächlich aber im (Jugend-)

Strafvollzug statt. Die weiteren Ausführungen konzentrieren sich auf den Justizbereich, weil die Literatur sich hauptsächlich auf dieses Handlungsfeld bezieht und die zentralen Fragen an diesem Beispiel am besten erörtert werden können.

Der Kernbegriff lautet Grenzziehung. Zu ihr zählt ein „autoritativer Erziehungsstil" (Weidner 2001: 17). Weidner/Kilb nennen für ihren Ansatz „12 Eckpfeiler" (2004:. 7f.), die sich folgendermaßen sortieren und zusammenfassen lassen:
- ultima Ratio in der Erziehung;
- optimistisches Menschenbild;
- Intervention, direkt, konfrontativ, normativ, grenzziehend, delikt- und defizitspezifisch, Kooperation mit Polizei und Justiz;
- Lebensweltorientierung; pädagogischer Bezug; Förderung prosozialen Verhaltens, moralischen Bewusstseins und von Handlungskompetenz;
- Gesellschaftskritik;
- Werbung um den Probanden; Motivierung der Jugendlichen zur Veränderung; Akzeptanz einer sekundären, extrinsischen Motivation; Erlaubnis zur Intervention durch die Jugendlichen wird vorausgesetzt;
- Zielgruppe bewertet Freundlichkeit als Schwäche;
- Grenzziehung gegenüber vielerlei derzeit anerkannten Perspektiven: Sozialisationstheorien, die Handlungskompetenzen ‚kommunikativ' vermitteln wollen; Abgrenzung zu permissiven und autoritären Erziehungsstilen; Alltagsorientierung; Lebensweltorientierung; akzeptierende Jugendarbeit; Stigmatisierungsansatz;
- Gegenspieler sind „rechtsstaatliche Hardliner und sanfteste Pädagogen" (Weidner 2001: 14).

Die Befürworter des aggressiven AATs berufen sich auf das Konzept von ‚Glen Mills' (Colla u.a.. 2001; Weidner 2001: 22ff.). Der Erfinder und langjährige Leiter dieser offenen Einrichtung eines Jugendstrafvollzuges in den USA hat sich immer damit gebrüstet, auf Theorie verzichten zu können. Das lässt erste Rückschlüsse auf die Qualifizierung der Mitarbeiter zu. Das private Unternehmen hat sich geweigert, sich evaluieren zu lassen. Es wurde deshalb auch nicht in die Untersuchung des Sherman-Reports (1997) aufgenommen.

Das US-Konzept selbst beeindruckt durch konsequente (Sozial-)Disziplinierung und Manipulation. Grundlage des dortigen ‚konfrontativen Kerns' ist ein sehr enger, normativer Rahmen. Seine Einhaltung wird streng durch ein hierarchisch organisiertes, von extremer „corporate identity" geprägtes System von Mitarbeitern einerseits und den Jugendlichen selbst andererseits überwacht. Bei nahezu unumgänglichen Regelverstößen erfolgt eine Konfrontation nach sieben sich steigernden Stufen (vgl. Colla 2002: 21f.). Die beiden letzten berechtigen die Anstalt zum Einsatz körperlicher Gewalt (vgl. Barth 2006: 15).

Eine Norm lautet, Konfrontationen zu akzeptieren, egal ob gerechtfertigt oder nicht (vgl. Weidner 2001: 65). Über Normen wird nicht diskutiert, Gewalt nicht problematisiert (vgl. Walter 2002: 70 f.). Bei Regelbefolgung und Dokumentation der Mitwirkung an 150 (!) Konfrontationen beginnt für Neulinge ein Aufstieg in der Hierarchie mit entsprechendem Macht- und Privilegienzuwachs (vgl. Colla 2002: 20f.).

Die gewünschten und behaupteten Lerneffekte entstehen in einem patriarchalischen, Macht bewussten und disziplinierungsversessenen System. Die Ausübung von Macht wird bis hin zur persönlichen Verletzung von Delinquenten legitimiert. Wie so oft in Jugendhilfe und Jugendstrafrecht geschieht dies mit der Begründung, die Intervention geschehe ‚zum Wohle' der Betroffenen. Damit lässt sich scheinbar jede Form von Erziehung rechtfertigen.

5.2 Das Anti-Aggressivitäts-Training mit dem ‚heißen Stuhl' (AAThS)

Zielgruppe dieses Trainings sind männliche Jugendliche und Erwachsene, die häufig und mit Spaß Gewalt ausüben und daraus ihr Selbstbewusstsein ableiten. Sie stammten – so die Vertreter des AAT bzw. Coolness-Trainings – aus unglücklichen, zerbrochenen Elternhäusern und seien ‚erziehungsresistent'. Sie hätten kontinuierlich Gewalt beobachtet und erlitten. „Es ist offensichtlich, dass dieses unterleibsorientierte Trash-Niveau nicht ausreicht, den Erfordernissen einer Kommunikations- und Dienstleistungsgesellschaft gerecht zu werden" (Weidner 2001: 8). Ihnen fehle in der Regel die primäre Motivation, von ihrer Delinquenz abzulassen. Ihre Fähigkeit, mit den Opfern zu empfinden und Frustrationen auszuhalten, sei gering ausgeprägt (vgl. Weidner 2001).

Obwohl sich die Protagonisten dieses Ansatzes im ‚Deutschen Institut für Konfrontative Pädagogik' vereinigt haben und die Konzepte urheberrechtlich geschützt sind, gibt es keine öffentlich kontrollierte wissenschaftliche Ausbildung. Die Trainer werden im eigenen Verein geschult, der ein entsprechendes Zertifikat verleiht.

Das Training selbst ist in der Regel auf sechs Monate angelegt und umfasst zwei bis drei Stunden pro Woche. In der ersten Phase soll eine sekundäre Motivation geschaffen werden (Wunsch nach Vollzugslockerungen, vorzeitige Entlassung). Kern der Intervention ist die ‚Konfrontationsphase', in der Selbstbild und Neutralisierungstechniken so verändert werden sollen, dass Empathiefähigkeit entsteht. Es geht darum, die bisherige Einstellung des Täters zu Gewalt mit Hilfe eines Übergewichts an ‚Antagonisten' zu überwinden. „Die konfrontative Therapie strebt einen schlagartigen, radikalen, schnellen Erkenntnisgewinn des Menschen an" (Weidner 2001: 12). Die Parole lautet: „Begleiten und behandeln und bestrafen, punktgenau, dem Persönlichkeitsprofil der Betroffenen entsprechend". (ebd.: 14). Dazu werden ‚Provokationstests' aufgebaut und die Taten in ‚psychodramatischen Rollenspielen nachinszeniert. Höhepunkt dieser Konfrontation ist der ‚heiße Stuhl', dem jeder Teilnehmer für drei bis vier Stunden ausgesetzt wird. Die Einwirkungen der übrigen Beteiligten auf den Täter können als ein intensives verbales, teilweise auch körperliches Tribunal bezeichnet werden (vgl. näher Plewig, 2007: 364f.). Er soll „Gewalt als Kompensation seines eigenen mickrigen Ichs erleben (...), Ekel und Abscheu verspüren" (Heilemann/Fischwasser von Proeck, 2001: 73).

5.3 Bezugswissen

Die Protagonisten des Anti-Aggressivitäts-Trainings (AAT) berufen sich auf verschiedenartige Theorien zur Rechtfertigung ihres Handlungsstils (ausführlich dazu Plewig 2007: 365ff.).

Allgemein wird Bezug genommen auf die sozialkognitive Lerntheorie nach Bandura (sowie auf andere Psychologen wie Pawlow, Skinner, Silver, Dublin und Louric). Im Mittelpunkt steht das Lernen am Modell. Die Rolle der Trainer und Co-Trainer sowie der bei einem Training beteiligten anderen Straffälligen besteht aber gerade darin, einen verbalen Schlagabtausch und gewollte Provokationen, mithin intensives bedrängendes Einwirken zu praktizieren. Forschungsergebnisse zur angestrebten positiven Selbstwirksamkeit besagen jedoch, dass diese vor allem durch zutrauende, ermutigende Äußerungen erreicht werden.

Einen weiteren zentralen Baustein des AAThS bildet speziell die Provokative Therapie nach Farelly. Sie wurde für Psychotiker entwickelt, setzt also in ihrer Anwendung eine therapeutische Ausbildung voraus und basierte auf gezieltem Humor, scharfer Ironie und Sarkasmus. Farelly gab zu, sich dabei von seinen eigenen Aggressionen mit habe leiten lassen (vgl. Plewig 2007: 367f.).

Der spezielle Baustein besteht aus einer Kombination von Konfrontativer Therapie (Corsini) und ‚heißem Stuhl' (Perls). Corsini geht davon aus, dass sich Menschen unter geeigneten Bedingungen plötzlich und lang anhaltend zum Besseren verändern können (dazu und zum Weiteren vgl. Plewig 2007: 368; 2008). Perls hat den ‚heißen Stuhl' für seine Gestalttherapie erfunden. Aber anders als das dort, wo Feedback ruhig und sachlich gegeben wird, geht es beim AAThS darum, den Strafgefangenen zu attackieren und so zum Nachdenken zu zwingen (vgl. Weidner 2001: 15).

5.4 Zwischenergebnis

Das Fundament der Methode bzw. des Handlungsstils Konfrontative Pädagogik besteht aus einer Liste stichwortartig zitierter theoretischer Bezüge (Lerntheorie, Psychoanalyse, Entwicklungspsychologie; sozialkognitives Lernen, peer-group-Erziehung, Provokative und Konfrontative Therapie mit ‚heißem Stuhl'). Weder die jeweilige Fundiertheit der Bezugstheorie und deren Übertragbarkeit auf das AAT noch gar die wechselseitige Verträglichkeit werden von den Vertretern des Ansatzes analysiert. Kriminologische Erkenntnisse, speziell zur Wirksamkeitsforschung, kommen nicht zur Sprache. Aber da das AAThS darauf aus ist, mentale Haltungen und Verhaltensweisen der jungen Straffälligen zu brechen, ist das zerstörerische Element des Konzeptes Teil des Programms.

Es ist nicht der Einwand exzessiver ‚Konfrontation' allein, der diese Methode obsolet macht. Ungeklärte fundamentale Fragen, wie die der erziehungswissenschaftlichen Begründung von Strafe und der Aspekt der Interventionsberechtigung, kommen hinzu. Sie sollen im Folgenden näher betrachtet werden.

6 Strafe und Interventionsberechtigung

Das AAThS ist Bestandteil des Strafvollzuges. Nachweise der Legitimation und Wirksamkeit sind deshalb besonders relevant. Sie müssen unter Bezug auf lerntheoretische und entwicklungspsychologische Fragestellungen reflektiert werden (vgl. Plewig 2008: 34 ff.). Darüber hinaus sind Interventionen in der Jugendhilfe und im Jugendstrafrecht gefordert, eine Straftheorie zu benennen und zur Interventionsberechtigung Aussagen zu machen. Die Vertreter der Konfrontativen Pädagogik übersehen dies.

6.1 Das Strafproblem in der Pädagogik

Die Diskussion um Strafe in der Erziehung ist ein weitgehendes Tabu. Dem widerspricht auch nicht die aktuelle Debatte um ‚Disziplin' (Brumlik 2007; Bueb 2006; Thiersch 2007; Winkler 2003). Es ist bezeichnend, dass seit den 1960er Jahren Straftheorien und pädagogische Praxis nicht mehr erörtert werden (als Ausnahme vgl. Günder u.a. 2009). Insofern stößt die Konfrontative Pädagogik in eine Lücke vor.

Gleichwohl gibt es eine Tradition der pädagogischen Auseinandersetzung um das Thema Strafe. Geissler (1982: 148) etwa unterscheidet die pädagogische Strafe von disziplinierenden Steuerungsmitteln und brutaler physischer Gewalt. Gegenwirkende Maßnahmen seien unerlässlich. Sie müssten aber transformatorisch sein (ebd.). Alle Strafen – moralische, disziplinierende oder handlungskonsequente – fügen Leid zu (ebd.: 153). Langeveld (1951: 112) drückt es in der Sprache der Geisteswissenschaftlichen Pädagogik so aus: „Man muss in der Strafe einen positiven Wert aufzeigen können, und sie muss den ‚Zögling' sittlich mündig machen". Diese transformatorische Wirkung der Strafe werde oft nicht erreicht, weil das Strafleid des Sanktionierten dem entgegensteht. Dies behindere die Verselbständigung des Heranwachsenden: Die durch die Strafe hervorgerufene Furcht führt zu einer zielgerichteten Fluchtreaktion, um angedrohten Konsequenzen zu entgehen. Dies kann mit der Zeit zur allgemeinen Lebenshaltung der Angst werden. „Die Frage ist, ob überhaupt mit Strafen die pädagogische Intention verbunden sein kann, den eigenen guten Willen des Heranwachsenden zu stärken, damit dieser schließlich selber Handlungen unternimmt, die sich im allgemeinen Normenkonsensus nicht rechtfertigen lassen." (Geissler 1982: 156)

Die direkten und indirekten Folgen sind dann, dass die abschreckende Wirkung in der Regel offenbar nur so lange anhält, wie die strafandrohende und -vollziehende Gewalt wirklich gegenwärtig ist. Das versetze den Angesprochenen in einen Zustand permanenter Unmündigkeit. „Tritt Furcht erst auf, wenn die strafbare Tat bereits verübt worden ist, schlägt ihre Wirkung, pädagogisch gesehen, um. Jetzt schadet sie mehr, als dass sie nützt, weil sie den Täter in Fluchtbewegungen drängt" (ebd.).

Geisslers These, dass man mit Strafen nicht unmittelbar erziehen kann, sondern meist nur eine zeitweilige äußerlich verursachte Disziplin erreicht, eröffnet diesbezüglich den Blick auf eine wesentliche Unterscheidung: die der Disziplinarstrafe von der Erziehungsstrafe (Geissler 1982: 160ff.):

- Die Disziplinarstrafe (zu den Regeln der Handhabung vgl. Geissler 1982: 164ff.) oder ähnliche Lenkungsmittel schaffen bestenfalls die Voraussetzungen für Erziehung im engeren Sinne. Sie mag erforderlich sein, um Verhalten erst einmal zu regulieren (z.B. bei Konflikten in der Schulklasse oder im Heim), stellt aber keinesfalls den Endzweck der Erziehung dar (vgl. dazu, nicht ganz systematisch, Thiersch mit seiner Unterscheidung von Strafe und Konflikt, 2007: 9).
- Erziehungsstrafen hingegen folgen einem Ermessen des Sanktionsanwenders (keiner gerichtlich festgelegten Sanktion). Es bedarf eines belastbaren personalen Bezugs zwischen Sanktionierten und dem Sanktionierenden („Das Strafrecht des Erziehenden geht nicht über den Bereich seiner Sorgebereitschaft hinaus", Geissler 1982: 172). Dieser enge persönliche Kontakt besitzt für all jene Vorgänge hohe Bedeutung, „in denen durch gegenlenkende Maßnahmen Transformationen in den Handlungsmotiven und -abläufen erreicht werden soll."

Betrachtet man diese Differenzierung, so sind im Ergebnis Konzepte der Konfrontativen Pädagogik wie das AAT mit dem ‚heißen Stuhl' erziehungswissenschaftlich, zumal aus der Sicht der Straf-Pädagogik, nicht haltbar. Sie basieren lediglich auf Erziehungsmitteln wie Struktur, Disziplin und heftigem Einwirken auf die Psyche der Betroffenen. Selbst wenn transformatorisch wirksame, pädagogisch-psychologisch fundierte Theorien und Methoden zur Anwendung kämen, bliebe die Frage, ob die Adressaten sie auch annehmen (können). Dies berührt das fundamentale Kriterium der Interventionsberechtigung.

6.2 Interventionsberechtigung

Die Interventionsberechtigung als grundlegendes Element der Pädagogik zählt – wie die Strafe – zu den vernachlässigten, unbedachten Themen. Zur Begründung der Interventionsberechtigung liegt eine vorzügliche Praxis-Theorie-Analyse vor. Im Rahmen der in Hamburg in den 1970ern entwickelten radikalen Jugendsozialarbeit mit so genannten Rockern hatten Kraußlach/Düwer/Fellberg 1976 eine bis heute maßgebliche Beschreibung und Reflexion dieser extrem schwierigen und belastenden Arbeit vorgelegt. Kraußlach (1981) hat das Thema noch einmal vertieft, indem er sein Konzept einer ‚konfliktorientierten Pädagogik in der Jugendsozialarbeit' entfaltete.

Kraußlach These ist, dass ein Pädagoge, der von Jugendlichen nicht akzeptiert wird, nichts ausrichten könne. Zunächst unterscheidet er das Interventionsbedürfnis von der Interventionsberechtigung (ebd.: 71). „Autorität wird von Jugendlichen zugestanden und zugebilligt. Sie ist Ausdruck von Achtung, Zuneigung und Anerkennung. Wer von Jugendlichen als ‚Autorität' anerkannt wird, hat in der Regel mit ihnen viel erlebt und einen längeren Prozess durchgestanden" (ebd.: 71). Deshalb können alle nur punktuellen Interventionen, wie zum Beispiel der Jugendarrest, kaum nachhaltige positive Wirkungen erreichen (vgl. Sherman-Report 1997). Es kommt gerade nicht darauf an, einen Konflikt zu ‚gewinnen', den Jugendlichen zu ‚überwältigen' oder gar seinen ‚Willen zu brechen', wie dies Verfechter des AAThS denken und praktizieren.

Ähnlich wie Geissler unterscheidet Kraußlach (1981: 77f.; zu den ‚Stufen des Interventionsrechts: 94 ff) zwischen Konfliktmanagement (gewohnheitsbildende Lenkungsmittel) und erworbener, zugesprochener und ständig erneuerter Interventionsberechtigung. Dabei ist zu beachten: „Pädagogik ist niemals neutral" (88). Parteiliche Jugendsozialarbeit hat sich bewusst auf die Seite der ‚aggressiven' Jugendlichen und damit gegen alle Obrigkeit (Eltern, Schule, Jugendhilfe, Polizei und Justiz) zu stellen. Nur so sei das große Misstrauen gegenüber ‚Erwachsenen' abzubauen und etwas aufzubauen, das einem ‚pädagogischer Bezug' entspreche. Dadurch werden die Mitarbeiter dialogfähig.

Die Verfechter des AAThS hingegen sprechen das Thema „Interventionsberechtigung" in der für sie typischen forschen Sprache an. Sie plädieren für „mehr Streitkultur und ein engagiertes Aushandeln" (Weidner 2001: 17). Konfrontative Pädagogik zu praktizieren heiße, „brutal ehrlich" zu sein. Die Probanden könnten „hässliche Wahrheiten durchaus verkraften". Gleichgültigkeit und Konfliktangst der Professionellen seien seriös (ebd.: 18).

Weidner beruft sich in diesem Zusammenhang sogar auf Nohls Konzept des pädagogischen Bezugs (vgl. Nohl 1963)[1]. Er erklärt den ‚pädagogischen Bezug' zum „Eckpfeiler in unserer Arbeit" (Weidner 2001: 20). Dies macht deutlich, wie sehr sich die Verfechter des AAThS immer wieder an theoretischen Bezügen vergreifen, denn Nohls Modell hat ein bestimmtes bürgerliches Publikum vor Augen. Zu dessen kulturellem Kapital gehört die Vermittlung von ‚Bildung' in einem ganz bestimmten Sinne. Beim Umgang mit der proletarischen Jugend verfolgt die Sozialpädagogik seit jeher ein anderes Ziel (vgl. Nohl/Pallat 1929), wie sich auch am

---

[1] Mit „pädagogischem Bezug" ist ein sehr intensives persönliches, auf geistig-seelischer Grundlage beruhendes Verhältnis zwischen einem erwachsenen, gebildeten Menschen und einem jüngeren Menschen gemeint, der nach Bildung strebt und daher einen Bildungswillen entwickelt. So verstanden, stellt Erziehung einen Prozess und ein Medium dar, in welchem diese ‚Bildungs- und Erziehungsgemeinschaft' stattfindet (vgl. Kron 1988: 200ff.).

Konzept der Kriminalpädagogik ablesen lässt (vgl. Francke 1929; Plewig 2005). Vor allem Mollenhauer hat darauf hingewiesen, dass die „Aporien bürgerlicher Moral" in der Sozialpädagogik erkannt und überwunden werden müssten (1974).

Die Verfechter des AAThS nehmen demgegenüber bewusst eine andere Position ein: die der strafenden und fordernden Justiz. Trotzdem behaupten sie, sie könnten mittels ‚Konfrontation' Empathie bei den Jungen Strafgefangenen hervorrufen.

6.3 Empathie in der ‚Konfrontativen Pädagogik'

Der Begriff Empathie beschreibt als Teil sozialer Kompetenz die Fähigkeit, sich in andere Personen und ihr Erleben einzufühlen, sie zu verstehen und ihr künftiges Handeln vorauszusehen (vgl. Stimmer 2006: 161). Die Methode des AAThS will bei den Teilnehmern Empathie gegenüber den Opfern und Schuldgefühle wecken, um Hemmschwellen gegenüber künftigem Gewaltverhalten aufzubauen. Nach fester Überzeugung der Protagonisten des AAThS mangelt es den ‚Gewalttätern' an „Reflexionsbereitschaft über die Opferfolge" (Weidner 2001: 12). Sie ist in einem Schnellkursus von sechs Monaten nicht zu erreichen. Empathiefähigkeit ist nur begrenzt kurzfristig förderbar. Es handelt sich um „ein tief verwurzeltes Reaktionsmuster, von lang wirkenden Sozialisationseinflüssen in der Familie geprägt, das sich durch Änderungsresistenz auszeichne" (Bierhoff 1980: 37).

Diese Erkenntnis ist im Umfeld des AAThS nicht unbekannt. Die Evaluation eines ‚Coolness'-Trainings mit so genannten rechtsradikalen, gewalttätigen Jugendlichen hat unter anderem erbracht, dass die Jugendlichen sich an ihre eigenen Mitwirkungshandlungen bei der Konfrontation anderer Teilnehmer detaillierter erinnerten als an die Erfahrungen, die sie selbst auf dem heißen Stuhl machten (vgl. Palloks 2006: 166). Es wurde eine „diffuse Vermischung von fürsorgender Anteilnahme an Schicksalszufügungen (schwierige Familie/Kindheit) mit harschen Schuldzuweisungen" beobachtet (ebd.: 164). Der geplante, verwirrende Wechsel zwischen gewollter Nähe und praktiziertem aggressivem Umgang habe dazu beigetragen, dass die Jugendlichen nicht erkennen konnten, „ob der nicht zu beeinflussende Familienhintergrund für ihr Fehlverhalten als ursächlich akzeptiert und sie damit entlastet werden oder ob ihnen durch die Trainer die Eigenverantwortung (…) erteilt wird" (ebd.: 165).

Dies wirft erneut die Frage des Lernens am – falschen! – Modell auf. Der Jugendliche bekommt von den Trainern bzw. ‚scouts' des ‚Coolness'-Trainings signalisiert, dass sein stichelndes, den Konfrontierten demütigendes Verhalten akzeptabel, gar erwünscht sei. Dies bestätigt noch die angeblich verwerflichen Machtgelüste der Gefangenen.

Die Befürworter des AAThS reklamieren für sich, „zu 80%" einfühlsam, verständnisvoll, verzeihend und nicht-direktiv zu sein und nur zu zwanzig Prozent „Biss zu zeigen" (Weidner 2006: 35). Damit verwechseln sie ehrliche Empathie mit einer oberflächlichen Instrumentalisierung dieser Emotion. Winkler (2003: 45) wirft ihnen eine „Ingenieursmentalität" vor. Das unterstreicht den manipulativen Charakter der Methode.

Im Ergebnis verfügt die Konfrontative Pädagogik über keine Theorie pädagogischen Strafens. Eine Interventionsberechtigung liegt in aller Regel nicht vor. Es steht zu befürchten, dass das AAThS eher negatives Verhalten verstärkt als Ansätze zur Entwicklung von Empathie fördert. Mehr noch: Die Äußerungen der Protagonisten lassen vermuten, dass sie den Straffälligen mit unkontrollierten Affekten begegnen.

Wenn in letzter Zeit von einer in der Gesellschaft wachsenden ‚Straflust' die Rede ist – hier kommt sie ungehemmt zum Ausdruck. Die Gefahr der Befriedigung eigener Aggressionen wird nur vereinzelt gesehen (vgl. Wolters 2001,: 29). Die voyeuristischen Absichten der Trainer bleiben unkritisiert (vgl. die Beschreibung ehrenamtlicher Trainer bei Heilemann/Fischwasser von Proeck 2001: 96 ff.). Die eigenen ‚Qualitätsstandards' enthalten dazu nichts. Regeln fachlichen methodischen Handelns, wie sie in der Sozialen Arbeit zugrunde zu legen sind, werden verletzt (vgl. Stimmer 2006: 225 f.). Konfrontative Pädagogik beinhaltet keine „klare Linie", die der Praxis eine neue, konkretere und angemessenere Orientierungshilfe für den Umgang mit mehrfach gewaltdelinquenten Jugendlichen bietet. Angesichts der Achtung der Individualität jedes Jugendlichen und der Notwendigkeit, ihm einen „punktgenau angepassten fruchtbaren Bedeutungsraum" (Rödler 2005: 348) zu vermitteln, bedarf es der für pädagogische Beziehungen mit Lernpotential erforderlichen Transparenz, Verlässlichkeit und Berechenbarkeit. Der Verdienst konfrontativer Pädagogik liegt nicht in innovativem Gedankengut. Er ist nur darin zu sehen, auf die grenzsetzende, d.h. verbal und empathisch konfrontierende Seite akzeptierender Pädagogik hinzuweisen, auf die Tatsache, dass Erziehung Konflikte beinhaltet, die oft einen langfristigen Prozess der Auseinandersetzung erfordern. Ein Mangel an dieser Konfliktbereitschaft in der Praxis ist Dauerthema, wird von Gegnern wie Befürwortern konfrontativer Pädagogik beklagt (vgl. Weidner 2001:18; Rödler 2005: 345; Herz 2005: 367).

7 Rechtsfragen

7.1 Freiwilligkeit und Zwang

Für das Anti-Aggressivitätstraining im Vollzug wird von seinen Vertretern eine „Behandlung unter Zwang als sekundäre Einstiegsmotivation" akzeptiert. Im Haftalltag bedeutet die Teilnahme an Angeboten zum einen Abwechslung in der Routine, zum anderen erhoffen sich die Bewerber Vergünstigungen. Sie sind damit nicht als frei in ihrer Entscheidung anzusehen, am Training teilzunehmen.

Der gesellschaftliche Auftrag, auf ‚aggressive Minderjährige' fördernd und grenzziehend einzugehen, führt zu einer Unterscheidung von pädagogischer und Aufsichts-Verantwortung (vgl. LVR 2006: 15). Fraglich ist, wie sich das AAThS zu diesen Verantwortungsbereichen verhält. Erziehungsverantwortung beinhaltet das Ziel der Förderung der Persönlichkeitsentwicklung, das mittels Zuwendung und pädagogischer Grenzsetzung verfolgt wird; Aufsichtsverantwortung will eine Fremdgefährdung vermeiden oder beenden (ebd.: 9). Mit dem Training als „Behandlungsmaßnahme" im Sinne eines Förderangebots (vgl. Kilb 2006a: 11) wird offiziell von den Befürwortern Erziehungsverantwortung in Anspruch genommen. Geht es konkret um die Rechtfertigung seines zwingenden Charakters, argumentieren die Protagonisten des Trainings kaum „erzieherisch" in der Weise, dass die Maßnahme darauf abziele, die Persönlichkeit des Teilnehmers zu fördern. Die Argumentation findet vielmehr auf der Ebene von Aufsichtsverantwortung statt, indem vor allem der Schutz potentieller Gewaltopfer herausgestrichen wird (vgl. Weidner 2001: 16).

Vor diesem Hintergrund ist zu diskutieren, ob das AAThS eine entwürdigende Maßnahme darstellt, die gegen das Gebot der Achtung der Menschenwürde (Art.1 Abs.1 GG) verstößt (vgl. Rzepka 2005).

7.2 Art. 6 GG iVm § 1631b BGB (Verhältnismäßigkeitsgrundsatz)

§ 1631 II BGB beinhaltet in Satz 1 das Recht des Kindes auf eine gewaltfreie Erziehung und verbietet in Satz 2 neben körperlicher Bestrafung und seelischen Verletzungen auch entwürdigende Maßnahmen. Auch der Staat untersteht als Inhaber des Wächteramts nach Art. 6 II S. 2 GG diesem Verbot. Eine Einwilligung der Eltern oder des zu Erziehenden durch den Teilnehmervertrag im Rahmen eines Trainings kann hieran angesichts der gesetzgeberischen Hervorhebung des Kindeswohls nichts ändern (vgl. Rzepka 2005: 381). Entwürdigende Maßnahmen im Sinne des 1631 II BGB sind unter anderem solche, die die eigene Selbstachtung und das Ehrgefühl in unzulässiger Weise beeinträchtigen (vgl. Palandt 2003, § 1631 RN 13). Vorgehensweisen aus dem konfrontativen Teil des AAThS wie die spezifische Form des Vorgeführtwerdens vor der Gruppe und die ‚grenzwertige' Kommunikation insgesamt stehen damit auf einer Stufe. Es bestehen damit auch aus diesen Normen heraus Bedenken. Weitere ergeben sich aus dem allgemeinen verfassungsrechtlichen Grundsatz der Verhältnismäßigkeit, wonach die Ausübung staatlicher Gewalt geeignet, erforderlich und angemessen im engeren Sinne sein muss (vgl. Jarass/Pieroth 2004, Art. 20 RN 81). Das Kriterium der ‚Erforderlichkeit' erscheint – schon angesichts der dürftigen empirischen Befunde (vgl. Ohlemacher u.a. 2001) – zweifelhaft, da bei gleicher Eignung mildere Maßnahmen möglich und vorrangig einzusetzen sind.

8   Fazit

Die Konfrontative Pädagogik und die Methode des Anti-Aggressions-Trainings mit dem heißen Stuhl haben eine Vielzahl von Fragen aufgeworfen. Sie bedürfen einer systematischen und gründlichen Analyse. Das Ergebnis ist eindeutig: Das Konzept ist theoretisch nicht fundiert, methodisch nicht gerechtfertigt und rechtlich unzulässig.

Die entscheidenden, markanten Grundlagen (Provokative Therapie; Konfrontative Therapie; ‚Heißer Stuhl') wurden nicht verstanden. Die Verfechter haben sie nicht präzise auf ihre Übertragbarkeit hin überprüft, sondern die Konzepte schlicht geplündert. Zudem ignoriert die Methode der Konfrontativen Pädagogik den eigenen Kern, nämlich das Strafproblem in der Pädagogik. Spätestens hier wären Erkenntnisse der Entwicklungspsychologie und Sozialisationsforschung einzubeziehen gewesen, was nicht geschieht. So fehlt jede nähere Bestimmung, unter welchen Bedingungen nachhaltig gelernt werden kann.

Schließlich entziehen sich die Protagonisten auch einer selbstkritischen Betrachtung, unter welchen Umständen sie als Trainer überhaupt eine Interventionsberechtigung erlangen könnten. Im Gegenteil, ihre öffentlichen Bekundungen und praktischen Handlungen sind geprägt von einer gering schätzenden Meinung von ihrer Klientel. Sie erscheint als intellektuell schlicht, emotional reduziert und moralisch zurückgeblieben. Es ist fraglich, ob eine derartig oberflächliche, allenfalls kulturkritische Betrachtungsweise sachlich zutrifft. In jedem Fall prägt sie den Blick auf die Adressaten und die Beziehung zu ihnen. Vorurteile, Affekte, Vorbehalte, Antipathien usw. existieren zwar durchaus im zwischenmenschlichen Bereich der ‚personenbezogenen Dienstleistungen'; es gehört aber zur Professionalität, sie im Zaum zu halten.

Da dies nicht geschieht, trifft die Verantwortung die beteiligten Institutionen (Justizministerium und Vollzugsanstalten). Dem Staat obliegen Schutzpflichten, ganz besonders gegenüber Strafgefangenen. Die Eingriffe in die Grundrechte der Gefangenen und – bei unter Achtzehnjährigen – Erziehungsrechte der Eltern sind massiv. Zumindest müsste bei den Trainings zwingend ein Psychologe anwesend sein (vgl. Rau 2006: 165) – wenn man nicht ohnehin das ganze Konzept als fachlich unzureichend verwirft. Die Konfrontative Pädagogik will „Realitätsprinzipien in Erziehungsprozessen auch gegen den Willen von delinquent agierenden Jugendlichen einmassieren" (Weidner 2001: 20). Dieses Denken hat totalitäre Züge. Aspekte der Straflust sind unverkennbar. Das AAThS ist eine aggressive Technik zur Durchsetzung fragwürdiger Machtansprüche (vgl. Winkler 2003: 46; Scherr 2002: 310).

Es steht grundsätzlich jedem frei, in unserer Gesellschaft ein Unternehmen zu gründen und Leistungen anzubieten, in denen mit Menschen rüde umgegangen wird. Im Privatfernsehen gibt es täglich genug Beispiele, wie sich Menschen demütigen lassen. Grenzen bestehen allerdings dort, wo die Rechte der Betroffenen berührt sind. Es gibt keine wissenschaftliche oder politische Rechtfertigung dafür, Strafgefangene Prozeduren auszusetzen, wie sie das AAThS praktiziert. Einmal mehr wird deutlich, wie relativ schutzlos Gefangene mit niedrigem sozialen Status sind. Ihnen fehlt die advokatorische Hilfe.

Literatur

Albrecht, H.J., 2002: Ist das deutsche Jugendstrafrecht noch zeitgemäß? München.
AWO (Hg), 1993: Jugend ohne Zukunft? Befähigen statt Strafen. Positionspapier. Bonn.
Barth, S., 2006: Konfrontative Pädagogik - Ein Paradigmenwechsel? In: Theorie und Praxis der Sozialen Arbeit. 57. Jg. S. 13-19.
Bierhoff, H.W., 1980: Hilfreiches Verhalten. Darmstadt.
Brumlik, M., 2007: Die Wiederkehr des Reaktionären. Vortrag auf dem 27. Deutschen Jugendgerichtstag. In: Zeitschrift für Jugendkriminalrecht und Jugendhilfe.18. Jg. S. 350-355.
Bueb, B., 2006: Lob der Disziplin. Berlin.
Bundesministerium des Innern (BMI)/Bundesministerium der Justiz (BMJ), (Hg.), 2006: Zweiter Periodischer Sicherheitsbericht. Berlin.
Colla, H.E. u.a. (Hg.), 2001: Konfrontative Pädagogik. Das Glen-Mills-Experiment. Bonn.
Colla, H.E., 2002: Glen Mills Schools – A private out-of-state residental facility. In: Deutsches Jugendinstitut e.V. (Hg.): Die Glen Mills Schools, Pennsylvania, USA. Ein Modell zwischen Schule, Kinder- und Jugendhilfe und Justiz? Eine Expertise.2. Aufl. URL http://www.dji.de/bibs/124_ 619_expertise2.pdf (Stand: 6. 2. 07). S. 9-28.
Francke, H., 1929: Kriminalpädagogik. In: Nohl, H./Pallat, L. (Hg.): Handbuch der Pädagogik, Langensalza. Bd. V, S. 195-206.
Geissler, E., 1982: Erziehungsmittel. 6. Aufl. Bad Heilbrunn.
Günder, R. u.a., 2009: Reaktionen auf unerwünschtes Verhalten in der Stationären Erziehungshilfe. In: Unsere Jugend, 61. Jg. S. 14-25.
Heilemann, M/Fischwasser von Proeck, G., 2001: Gewalt wandeln: Das Anti-Aggressivitätstraining AAT. Lengerich.
Heinz, W., 2008: Stellungnahme zur aktuellen Diskussion um eine Verschärfung des Jugendstrafrechts. In: Zeitschrift für Jugendkriminalrecht und Jugendhilfe. 19. Jg., S. 87-96Herz, B., 2005: Ist die „Konfrontative Pädagogik" der Rede wert? In: Zeitschrift für Jugendkriminalrecht und Jugendhilfe. 16. Jg. S. 365-373.
Jarass, D./Pieroth, B., 2004: Grundgesetz für die Bundesrepublik Deutschland – Kommentar. Art. 1, 2, 20. 7. Aufl. München.
Kilb, R., 2005: Weshalb und wozu Konfrontative Pädagogik? In: Zeitschrift für Sozialpädagogik. 3. Jg. S. 15-19.
Kilb, R., 2006: Weshalb und wozu „Konfrontative Pädagogik", AAT und CT ? Der Versuch einer kritischen Verortung. In: R. Kilb, J. Weidner, R. Gall (Hg.): Konfrontative Pädagogik in der Schule. Anti-Aggressivitäts- und Coolnesstraining. Weinheim und München. S. 45-75.
Kilb, R., 2006a: Einleitung: Eine Methode aus der Straffälligenhilfe für die Schule? In: R. Kilb, J. Weidner, R. Gall (Hg.): Konfrontative Pädagogik in der Schule. Anti-Aggressivitäts- und Coolnesstraining. Weinheim und München. S. 9-29.

Kilb, R./Weidner, J./Jehn, O., 2001: Qualitätsanforderungen für das Antiaggressivitäts-Training (AAT) und das Coolness-Training (AAT/CT). In: J. Weidner, R. Kilb/D. Kreft (Hg.): Gewalt im Griff. Bd. 1: Neue Formen des Anti-Aggressivitäts-Trainings. 3. Aufl. Weinheim und Basel. S. 262-274.
Kraußlach, J., 1981: Aggressionen im Jugendhaus. Konfliktorientierte Pädagogik in der Jugendarbeit. Wuppertal.
Kraußlach, J./Düwer, F.W./Fellberg, G., 1976: Aggressive Jugendliche. München.
Kron, F., 1988: Grundwissen Pädagogik. München.
Langeveld, M., 1951: Einführung in die Pädagogik. Stuttgart.
Landesjugendamt Rheinland, 2006: Pädagogik und Zwang. Minderjährigenrechte und Freiheitsschutz – Positionspapier. 5. verbesserte Aufl. URL http://www.lvr.de-jugend-aktuell-Positionspapier (Stand: 28.3.07).
Matza, D., 1973: Abweichendes Verhalten. Heidelberg.
Mollenhauer, K., 1974: Einführung in die Sozialpädagogik. 5. Aufl. Weinheim.
Nohl, H., 1963: Die pädagogische Bewegung in Deutschland und ihre Theorie. Frankfurt a. M.
Nohl, H./Pallat, L., (Hg.), 1929: Handbuch der Pädagogik. Band V. Langensalza.
Ohlemacher, T. u.a., 2001: „Nicht besser, aber auch nicht schlechter": Anti-Aggressivitätstraining und Legalbewährung. In: Zeitschrift für Jugendkriminalrecht und Jugendhilfe. 12. Jg. S. 380-386.
Palandt, O., 2003: Bürgerliches Gesetzbuch. Kommentar. 62. Aufl. München.
Palloks, K., 2006: Cool sein auf Kommando? Konfrontative Pädagogik in der Praxis. Evaluierung einer Umsetzung des Projekt-Formates „Coolness-Training". In: Unsere Jugend. 58. Jg. S. 158-170.
Plewig, H.-J., 1999: Zauberformel Prävention. In: Neue Kriminalpädagogik.3. S.33-37.
Plewig, H.-J., 2000: Devianzpädagogik. In: F. Stimmer (Hg.): Lexikon der Sozialpädagogik und der Sozialarbeit. 4. Aufl. München.
Plewig, H.-J., 2005: Von der Kriminal- zur Devianzpädagogik – und zurück? In: H. Richter./H.-J. Plewig, (Hg.): Dialogisches Verstehen. Festschrift für Horst Scarbath. Frankfurt a.M. S. 139-155.
Plewig, H.-J., 2007 und 2008: Neue deutsche Härte? – Die ‚Konfrontative Pädagogik' auf dem Prüfstand. In: Zeitschrift für Jugendkriminalrecht und Jugendhilfe. 18. Jg. S. 363-369 und Zeitschrift für Jugendkriminalrecht und Jugendhilfe. 19. Jg. S. 52-59.
Plewig, H.-J., 2008: Im Spannungsfeld zwischen Erziehung und Strafe? Pädagogischer Umgang mit hochdelinquenten jungen Menschen. In: Zeitschrift für Jugendkriminalrecht und Jugendhilfe. 19. Jg. S. 34-43.
Rau, T., 2006: Katamnestische Untersuchung zur Wirksamkeit des Anti-Aggressivitäts-Trainings bei straffälligen Jugendlichen und jungen Erwachsenen. Evaluation einer sozialpädagogischen Intervention. Dissertation an der Medizinischen Fakultät der Universität Ulm: http://vts.uni-ulm.de/docs/2006/5661/vts_5661_7467.pdf (15.11.2007).
Rödler, P., 2005: Alternative zur „Kusstherapie"? In: Behindertenpädagogik. 44. Jg. S. 343-355.
Rzepka, D., 2005: Anti-Aggressivitäts-Training – Anmerkungen aus verfassungsrechtlicher und kriminologischer Sicht. In: Behindertenpädagogik. 44. Jg. S. 373-385.
Scherr, A., 2002: Mit Härte gegen Gewalt? Kritische Anmerkungen zum Anti-Aggressivitäts- und Coolness-Training. In: Kriminologisches Journal. 34. Jg. S. 304-311.
Sherman, L.W. et. al., 1997: Preventing Crime: What works, what doesn't, what's promising? University of Maryland (zit. als „Sherman-Report").
Stimmer, F., 2006: Grundlagen des Methodischen Handelns in der Sozialen Arbeit. 2.Aufl. Stuttgart.
Thiersch, H., 2007: Wie geht die Sozialpädagogik mit Regelverletzungen junger Erwachsener um? Vortrag Januar 2007; Ev. Akademie Bad Boll: http://www.ev-akademie-boll.de/fileadmin/res/otg/520107-Thiersch.pdf (15.11.2007)
Walter, J., 2002: Was kann der deutsche Jugendstrafvollzug von den Glen Mills Schools lernen? In: DJI e.V. (Hg.): Die Glen Mills Schools, Pennsylvania, USA. Ein Modell zwischen Schule, Kinder- und Jugendhilfe und Justiz? Eine Expertise.2. Aufl. http://www.dji.de/bibs/124_619_expertise 2.pdf (Stand: 6. 2. 07). S. 59-75.
Weidner, J., 2001: Vom Straftäter zum Gentleman? In: H.E. Colla/C. Scholz/J. Weidner (Hg.): „Konfrontative Pädagogik". Das Glen Mills Experiment. Mönchengladbach. S. 7-54.
Weidner, J., 2006: Konfrontative Pädagogik (KP). Ein Plädoyer für eine gerade Linie mit Herz- auch im schulischen Alltag. In: R. Kilb/J. Weidner/R. Gall (Hg.): Konfrontative Pädagogik in der Schule. Anti-Aggressivitäts- und Coolnesstraining. Weinheim und München. S. 29-44.
Weidner, J./Kilb, R., 2004: Vorwort zur 1. Auflage. In: Dies. (Hg.): Konfrontative Pädagogik. Konfliktbearbeitung in sozialer Arbeit und Erziehung. Wiesbaden. S. 7-9.
Winkler, M., 2003: Verliebt in das eigene Programm. In: Sozialextra. 27. Jg. S. 44-46.
Wolters, J.M., 2001: Konfrontative Sozialpädagogik. Streitschrift für endliches Umdenken in Jugendhilfe, Jugendstrafvollzug und Jugendpsychiatrie. In: Sozialmagazin. 26. Jg. S. 27-33.

Frank Bettinger

Kriminalisierung und soziale Ausschließung

Grundsätzlich lassen sich Soziale Arbeit, ihre Funktion bzw. die an sie gerichteten Aufgaben und Aufträge nur verstehen, wenn zugleich ihre Einbettung in die historischen, gesellschaftlichen, politischen, rechtlichen und ökonomischen Kontexte reflektiert wird. So war (und ist) Soziale Arbeit in ihrem Handeln von Beginn an orientiert an ihr vorgegebenen gesellschaftlichen Ordnungsmodellen, an Vorstellungen von „Konformität" und „Devianz", von „Legalität" und „Kriminalität", an „sozialen Problemen" und somit einerseits an ihr vorgegebenen objektivierten Kategorien und Gegenständen sowie andererseits an Erklärungsansätzen über vermeintliche Problem-„Ursachen".

Sicherlich: Es ist der normative, rechtliche Rahmen des Staates, der den Handlungsspielraum Sozialer Arbeit begrenzt. Allerdings würde es – insbesondere mit Blick auf die vergangenen Jahrzehnte – zu kurz greifen, ausschließlich die rechtlichen Vorgaben als Bedingungen und Beschränkungen Sozialer Arbeit in den Blick zu nehmen. Entscheidend sind auch der diagnostizierte – letztlich durch die Wirtschaftskrise in den 1970er Jahren ausgelöste – gesellschaftliche Strukturwandel hin zu einem neuen, neoliberalen Gesellschaftstypus mit seinen Maximen der Konkurrenz, Effizienz, Eigenverantwortlichkeit und Selbstdisziplin, zu dessen Legitimation nicht zuletzt das Konzept der „Globalisierung" als Vehikel zur Etablierung eines Mythos diente, der die Gefährdung der Wettbewerbsfähigkeit des „Standortes Deutschland" unterstellte. Zentral ist ferner die Diskreditierung des Sozialstaates als Ursache zunehmender gesellschaftlicher Probleme und Krisenphänomene, als deren Konsequenz die Privatisierung der Sozialpolitik und der strukturellen gesellschaftlichen Probleme folgte. Konkret: Entsprechend der neoliberalen Logik wurde die Lösung der Krise in der Realisierung eines Marktfundamentalismus gesehen, einhergehend mit einer umfassenden Deregulierung der Märkte, dem Abbau des Sozialstaates sowie der Privatisierung der ökonomischen und sozialen Risiken einer „Markt-Logik", nach der sich alle gesellschaftlichen Bereiche (auch die Soziale Arbeit) zu richten haben, um „die ganze Gesellschaft in eine Aufbruchstimmung zu versetzen. Dass der Markt gefühllos wie eine Maschine funktioniert und keine Moral kennt, stört die Neoliberalen nicht, (hat) aber für Millionen Menschen, die seinen Zwängen schutzlos ausgeliefert sind, verheerende Konsequenzen. Mit dem Marktprinzip wird der Krankheitserreger selbst als (wohl kaum wirksame) Medizin gegen Arbeitslosigkeit und Armut verordnet" (Butterwegge 2001: 84).

Tatsächlich entwickelte sich ein neuer Typus von Gesellschaft, der sich durch ein neues Maß und eine neue Qualität an Ungleichheitsverhältnissen und Marginalisierungsprozessen auszeichnet. Darüber hinaus brachte er neue Formen einer hochgradig selektiven Integration hervor, mit der die Grenzen der sozialen Zugehörigkeit bzw. der sozialen Ausschließung neu markiert und mit veränderten Bedeutungen versehen wurden (vgl. Anhorn/Bettinger 2002: 232f.). Es handelt sich um einen Prozess, der unbedingt im Zusammenhang mit diesen fundamentalen gesellschaftlichen Veränderungen zu begreifen ist, die nicht nur bis zum heutigen Tage zu konstatieren sind, sondern deren Ausweitung noch zu befürchten steht. Dies ist zu bedenken vor dem Hintergrund der Zuspitzung der weltweiten Krise des Kapitalismus (im hegemonialen Diskurs als „Wirtschaftskrise" und „Finanzkrise" beinahe verniedlichend codiert), die eine quantitative Zunahme der „Überflüssigen"-Population und eine Potenzierung menschlichen Leids prognostizieren lassen. Ausschließungsprozesse rücken in diesem neuen Typus von Gesellschaft in den Vordergrund: so zeigen „die Erzeugung einer überschüssigen Bevölkerung durch Produktionsweise und Arbeitsmarkt, offen gewalttätig ausgetragene Konflikte um Zugehörigkeit sowie Feindbild-Kampagnen gegen Fremde, Arme, Abweichende, dass 'Vergesellschaftung' eine veränderte Bedeutung erhalten hat" (Cremer-Schäfer/Steinert 1997: 244). Wacquant hat diese Entwicklung frühzeitig für die USA konstatiert, jedoch gilt sie mittlerweile für die meisten europäischen Staaten, in denen sich ein „liberal-paternalistisches System" etablieren konnte:

„Die ‚unsichtbare Hand' des Marktes für unsichere Arbeitsverhältnisse findet ihre institutionelle Entsprechung in der „eisernen Hand" des Staates, der bereitsteht, die Unruhen, die aus der zunehmenden Verbreitung sozialer Unsicherheit resultieren, unter Kontrolle zu halten. (…) Wobei das wachsende Interesse, die öffentliche Ordnung aufrechtzuerhalten und mehr und mehr Mittel dafür bereitzustellen, wie gerufen (kommt), um das Legitimationsdefizit zu kompensieren, unter dem die politisch Verantwortlichen leiden, weil der Staat seinen Aufgaben im Bereich der Wirtschaft und der Sozialpolitik nicht mehr nachkommt" (Wacquant 2008: 214; vgl. Wacquant 2000). Diese Verlagerung in Richtung Ordnung, Kriminalisierung und Strafe beginnt mit und wird deutlich in den Dramatisierungsdiskursen über die vermeintliche Zunahme von (Jugend-)Gewalt, über (Jugend-/Ausländer-)Kriminalität oder über „gefährliche Klassen", die sich aus den Populationen der Armen, Arbeitslosen und Bildungsbenachteiligten rekrutieren. Es handelt sich dabei um Diskurse, die nicht nur aus kurzfristigen, perfiden wahltaktischen Überlegungen resultieren oder aus dem politischen Bemühen um Kompensation eines Legitimationsdefizites, sondern als Teil bzw. Konsequenz neoliberaler Ideologie dechiffriert werden können, mit dem Ziel der Ausschließung „überflüssiger" Populationen und mit der Konsequenz, dass die Betroffenen zu „Bürgern zweiter Klasse (gemacht werden); man unterwirft sie einer permanenten, aktiven und genauen Kontrolle durch die staatlichen Behörden und verdächtigt sie von vornherein einer moralischen – wenn nicht sogar strafrechtlichen – Abweichung. Man sieht, wie paradox – und wie skandalös – eine Politik ist, die die armen, in den so genannten Problemvierteln „geparkten" Leute bestraft und gleichzeitig von demokratischen Werten und von der Gleichheit der Bürger spricht" (Wacquant 2008: 221).

Was bedeutet *soziale Ausschließung*, und in welchem Zusammenhang stehen diese Prozesse zu solchen der *Kriminalisierung*? Im Anschluss an Steinert gehe ich davon aus, dass Prozessen sozialer Ausschließung eine Schlüsselrolle bei der Analyse der veränderten Grenzziehungen und Bestimmungen von sozialer Zugehörigkeit oder Ausgrenzung in der neoliberalen Gesellschaft zukommt. Es handelt sich – so Steinert – um einen Begriff, den es bis in die 1980er Jahre in der Soziologie und in der Kriminologie nur als Randerscheinung gab, der aber mittlerweile auf gesellschaftlichen Erfahrungen beruht, die den Neoliberalismus als eine Produktionsweise prägen, die sich u.a. auszeichnet durch eine *Politik der Gesellschaftsspaltung* sowie durch einen *autoritären Populismus*: So nimmt die Produktionsweise des Neoliberalismus einerseits Massenarbeitslosigkeit, Armut und eskalierende Gesellschaftsspaltung hin und ist nicht mehr bereit, diesen Phänomenen mit den traditionellen Mitteln der Regulation von Ungleichheit gegenzusteuern. Andererseits erzeugen Politik und Regierungen Ängste und Feind-Konstellationen, zu deren Abwehr sich alle Rechtschaffenen hinter der Regierung zusammenschließen sollen (vgl. Steinert 2008: 20). Im Kontext der Ausschließungslogik geht es um die Teilhabe bzw. das Vorenthalten der Teilhabe an den gesellschaftlichen Ressourcen.

„Das eine Extrem ist die ‚Eliminierung' einer Kategorie von Personen, im härtesten Fall durch physische Vernichtung der Träger des Zugehörigkeitsmerkmals, im weniger harten durch (äußere oder innere) Verbannung (Als ‚innere Verbannung' können die – zeitlich begrenzte oder lebenslange – Einschließung in Anstalten und auch weniger offensichtlich physische Formen der Ghettoisierung verstanden werden). Die Abstufung gegenüber diesen Formen der ‚Total-Abschaffung' der betreffenden Personen besteht im Ausschluss von der Teilhabe an mehr oder weniger zentralen Bereichen und Ressourcen der Gesellschaft: Verfügung über die Möglichkeit von (Lohn-)Arbeit, über Eigentum, über Geld, über freie Mobilität, über Wissen und Ausbildung, Autonomie der Lebensgestaltung, Privatheit, Intimität, Anerkennung als gleich und gleich berechtigt u.a.m." (Steinert 2000: 20f.).

Es wird deutlich, dass soziale Ausschließung als ein gradueller Prozess zu verstehen ist, an dessen Anfang vermeintlich „milde Formen" wie Ungleichheit, Diskriminierung oder moralische Degradierung stehen können; sehr wohl aber auch als Vor-Form der Totalabschaffung einer Person bzw. einer Kategorie von Personen (vgl. Cremer-Schäfer/Steinert 1997: 244). So finden sich die Leidtragenden von Ausschließungsprozessen mittlerweile in großen Teilen der Bevölkerung wieder. Kronauer hat in diesem Zusammenhang nicht nur darauf hingewiesen, dass sich die traditionelle „soziale Frage" verschoben hat und sich auf neue und zugespitzte Weise als Problem der Ausschließung von der Teilhabe an den gesellschaftlich realisierten Möglichkeiten des Lebensstandards, der politischen Einflussnahme und der sozialen Anerkennung, letztlich als eine neue gesellschaftliche Spaltung darstellt (vgl. Kronauer 2002: 11), sondern eine *Erosion* des Sozialen als *Prozess* konstatiert, der Ausschließung nicht nur als Resultat begreifen lässt, sondern gerade dazu auffordert, den *Prozesscharakter* und somit die Abstufungen sozialer Gefährdungen in den Blick zu nehmen. Ein dynamisch-prozessuales Verständnis sozialer Ausschließung, auf dem auch Anhorn insistiert, der soziale Ausschließung insbesondere als

- ein *graduelles* Konzept begreift, das unterschiedliche Grade der Ausschließung erfasst, die auf einem Kontinuum angesiedelt sind, das von den unscheinbarsten und subtilsten Formen der Diskriminierung im Alltag über die Beschneidung und Vorenthaltung von Rechten und Ansprüchen, die zwangsweise Asylierung in totalen Institutionen bis hin zur physischen Vernichtung reichen kann, sowie als
- ein *relationales* Konzept, da Menschen bzw. Gruppen von Menschen immer im Verhältnis zu anderen Gruppen, Institutionen und der Gesellschaft als Ganzes ausgeschlossen sind.

Ein solches dynamisch-prozessuales Verständnis von sozialer Ausschließung, so Anhorn, „fordert geradezu dazu auf, die Interaktionsprozesse zwischen den Betroffenen und den Repräsentanten und Verwaltern materieller und immaterieller Ressourcen und institutioneller Normalitätserwartungen, ferner die Institutionen, deren Organisationsstrukturen, Verfahrensregeln und Praktiken, die soziale Ausschließung erzeugen sowie die gesellschaftlichen Strukturen, die die ungleiche Verteilung von Ressourcen und Partizipationschancen systematisch (re-)produzieren, in den Fokus der Analyse zu rücken" (Anhorn 2008: 37). Richtet sich hingegen die Aufmerksamkeit nicht auf den Prozesscharakter von Ausschließung, geraten die gesellschaftlichen Macht-, Herrschafts- und Ungleichheitsverhältnisse ebenso aus dem Blick, wie die Agenturen und Institutionen der sozialen Ausschließung; und es geht damit die Gefahr einher, strukturelle Phänomene und Probleme zu entpolitisieren und zu individualisieren, d.h. das Problem der Integration auf die Ausgeschlossenen zu verlagern, die es (unter bestimmten Voraussetzungen) wieder in die Gesellschaft zu integrieren gilt, nachdem ihre „Integrationsfähigkeit" wieder hergestellt wurde.

Ein anderer Ansatz wäre, nach den gesellschaftlichen Verhältnissen zu fragen, in die integriert werden soll. Dies bedeutet, die Ursachen, Abstufungen und Formen der Ausgrenzung bis in den Kern der Gesellschaft zurückzuverfolgen (vgl. Kronauer 2002: 47). Denn „gerade die Aufmerksamkeit für die Dynamik, mit der immer größere Teile der Bevölkerung den Erschütterungen und Umwälzungen der gesellschaftlichen Verhältnisse ausgesetzt sind, die sie die unscharfen Grenzen zwischen der Teilhabe am ‚normalen' sozialen Leben und der Ausschließung davon erfahren lassen, gerade diese Perspektive schärft erst den Blick für die Dramatik der gegenwärtigen Ausgrenzungsprozesse" (Herkommer 1999: 19/20).

Als eine besondere Strategie sozialer Ausschließung kommt Kriminalisierungsprozessen eine nicht unerhebliche Bedeutung zu. Die dem traditionellen Kriminalitätsdiskurs inhärenten Zuschreibungen von Gefährlichkeit, Bedrohung, Unordnung und Unsicherheit und ihre selektive Anwendung auf spezifische Gruppen der Gesellschaft dienen dabei als ein zentrales Medium, mit dem die insgesamt prekär gewordenen Grenzen der Zugehörigkeit gefestigt und abgesichert werden (vgl. Anhorn/Bettinger 2002: 234). *Kriminalisierung* ist dabei als ein komplexer Prozess zu begreifen, in dem nicht nur die Kategorie Kriminalität konstruiert und als Deutungsschablone auf soziale Konflikte und problematische Situationen angelegt wird, sondern der darüber hinaus und zunehmend in einem Zusammenhang zu sehen ist mit der diskursiven Generierung kriminologisch-kriminalpolitischer Kategorien („Ausländerkriminalität", „Jugendgewalt", „Jugendkriminalität"), die sich durchaus als funktional im Hinblick auf die intendierte Zementierung hermetischer Grenzmarkierungen und damit der Ausschließung spezifischer, als besonders gefährlich oder problematisch bezeichneter Gruppen der Gesellschaft erweisen (vgl. Stehr 2008: 319f.).

Bei diesen Grenzmarkierungen spielt ein regelmäßig konstruierter „Zusammenhang" eine unrühmliche Rolle: der zwischen „Kriminalität" und Unterprivilegierung bzw. insbesondere Armut. Einerseits erscheinen Armut und Arbeitslosigkeit in der (nach wie vor hegemonialen) neoliberalen Weltsicht und somit auch im politischen und öffentlichen Diskurs nicht als gesellschaftliches oder strukturbedingtes Problem, sondern als selbstverschuldetes Schicksal, das im Grunde eine gerechte Strafe für Leistungsverweigerung oder die Unfähigkeit darstellt, sich bzw. seine Arbeitskraft auf dem Markt mit ausreichendem Erlös zu verkaufen (vgl. Butterwegge 2001: 78). Andererseits erweist sich „Kriminalität" als eine auf soziale Ausschließung gerichtete Kategorie, mit der sich die Diskreditierung und Ausgrenzung von Unterprivilegierten, Arbeitslosen und Armen vorbehaltlos legitimieren lässt (vgl. Anhorn/Bettinger 2002: 241). „Während Armut, Arbeitslosigkeit und soziale Unterprivilegierung Formen der sozialen Ausschließung darstellen, die sich aufgrund der anonymen und a-moralischen Sachlogik des Marktgeschehens quasi naturwüchsig herstellen und die davon Betroffenen als zwar bedauerliche, letztlich aber selbstverantwortliche ‚Opfer' ihres ‚persönlichen' Mangels an marktgängigen' Merkmalen und Fähigkeiten erscheinen lassen, erweitern sich in der Kombination mit der Kategorie 'Kriminalität' die Spielräume einer *moralisierenden* und *personalisierenden*

Skandalisierung von sozialen Zuständen und Verhaltensweisen" (vgl. Cremer-Schäfer/Steinert 1998: 86). Solche „Zeremonien moralischer Degradierung" sind Voraussetzung dafür, bestimmten Populationen Zugehörigkeit und Partizipation zu verweigern oder zu entziehen (vgl. Cremer-Schäfer 2002: 145). Bei solchen moralischen Degradierungen, Diskriminierungen und Stigmatisierungen handelt es sich um Prozesse sozialer Ausschließung! Die Verknüpfung von „Kriminalität" mit Unterprivilegierung, die Benennung „kriminogener Faktoren", die diskursive Konstruktion „gefährlicher" Gruppen und Feind-Bilder dienen dabei nicht nur der Legitimation von Ausschließung, sondern ebenso der Transformation von (eher abstrakter) Angst und Unsicherheit vor den dramatischen Folgen (der Krise) des Kapitalismus in eine (eher konkrete) Angst vor vermeintlich eindeutig identifizier- und benennbaren Personen und Gruppen, die es in einer gemeinsamen Kraftanstrengung zu kontrollieren, zu disziplinieren, zu bekämpfen oder auch sozialpädagogisch zu beglücken gilt. So werden zwar zwei Fliegen nicht mit einer Klappe geschlagen (dafür wiegt die Krise des Kapitalismus zu schwer); aber immerhin bietet sich den Entscheidungsträgern in Politik und Verwaltung die (diskursiv selbst geschaffene) Option, bezogen auf gesellschaftliche, kommunale Unsicherheitslagen zu reagieren („Wir" müssen…; „Wir" sind aufgefordert…) und somit Handlungsbereitschaft und -fähigkeit zu signalisieren (die in anderen Politikbereichen eher selten festzustellen ist). Zugleich bietet sich die Gelegenheit, die ausschließenden Zumutungen und für viele Menschen unerträglichen Konsequenzen neoliberaler Ideologie und Produktionsweise zu verschleiern, indem auf das Scheitern „defizitärer" (mangelhaft integrierter, qualifizierter, motivierter, gebildeter, flexibler, mobiler) Subjekte und Gruppen hingewiesen wird, die nicht nur nicht gewillt zu sein scheinen, sich den gesellschaftlichen Anforderungen zu stellen, sondern zudem das Gemeinwesen durch einen Hang zur Abweichung belasten. – So kann den ohnehin Ausgeschlossenen eine „Lebensführungsschuld" zugeschrieben werden. In der Figur des Armen – so Helga Cremer-Schäfer unter Bezugnahme auf Zygmunt Bauman – vermischen sich seit langer Zeit die Verteidigung von Ordnung und Norm und die Ausschließung von „unpassenden Menschen": „Die Armen sind Menschen, die nicht ernährt, behaust und gekleidet sind, wie es der Standard ihrer Zeit und ihres Ortes als richtig und ordentlich definiert; aber vor allem sind sie Menschen, die nicht mit der Norm mithalten können, fähig zu sein, solchen Standards zu entsprechen (…) Die Armen sind Verkörperung und Prototyp des ‚Unpassenden' und des ‚Abnormalen' (…) Die Norm agiert indirekt, indem sie den Ausschluss eher wie eine Selbstmarginalisierung aussehen lässt" (Bauman zit.n. Cremer-Schäfer 2002: 136).

Soziale Ausschließung, Kriminalisierung und „die" Kriminologie

Die Auseinandersetzung mit „Kriminalität" ist eine höchst voraussetzungsvolle und – so möchte ich hoffnungsvoll hinzufügen – folgenreiche. „Kriminalität" zu thematisieren, bedeutet zugleich eine Beschäftigung mit Gesellschaft, mit Interessen, Macht und Herrschaft, mit Strafrecht und seinen Institutionen, mit Norm und Normgenese, mit Selektions- und Degradierungsprozessen. Sich mit „Kriminalität" zu beschäftigen, bedeutet aber auch – und dies vielleicht zuallererst – eine Auseinandersetzung mit wissenschaftstheoretischen und erkenntnistheoretischen Fragestellungen, also eine Auseinandersetzung mit der Generierung von Wissen, Wahrheit, Kategorien, Gegenständen und gesellschaftlicher Wirklichkeit. Eine solche Auseinandersetzung soll und kann hier nur ansatzweise und Bezug nehmend auf die m. E. relevantesten Aspekte geleistet werden, verbunden mit einem insbesondere an das sozialpädagogische Publikum gerichteten Plädoyer, sich endlich von einem objektivistischen Verständnis von Welt und Realität zu verabschieden, ein Verständnis, das nach wie vor als selbstverständlichste Grundlage für sozialarbeiterische bzw. sozialpädagogische Reflexion, Interpretation und (Re-)Aktion unterstellt werden muss.

So sehr Kriminalisierungs- und/als Ausschließungsprozesse in einem Zusammenhang mit den skizzierten gesellschaftlichen Umbrüchen gesehen und analysiert werden müssen, so sehr muss auch die Involviertheit der wissenschaftlichen Disziplinen – insbesondere der traditionellen Kriminologie mit ihren epistemologischen Präferenzen – in Rechnung gestellt werden. In diesem Zusammenhang – Fritz Sack wird dankenswerterweise nicht müde, immer wieder darauf hinzuweisen – ist der nach wie vor zentralste Punkt für eine sich kritisch verstehende Kriminologie, dass gesellschaftliche Wirklichkeit keine voraussetzungslos gegebene ist, die es mit den empirischen und theoretischen Instrumenten der Wissenschaft ohne weiteres zu erkennen und zu entdecken gibt, sondern eine durch Gesellschaft, Handeln, Interpretation, Interaktion, Ideen, Wissenschaft und – wie wir noch sehen werden – in Diskursen hergestellte und produzierte, die sich einem schlichten Abbildmodell von Wirklichkeit sperrt. D.h., gesellschaftliche Wirklichkeit ist eine durch und durch konstruierte Wirklichkeit, wobei allerdings zu konzedieren ist, dass „es eine Hierarchie von Wirklichkeitskonzepten und Wirklichkeitszugriffen (gibt), wo einige Wirklichkeitskonstruktionen eine größere Chance als andere haben, als gesellschaftlich verbindliche und folgenreiche ‚Wirklichkeit' sich durchzusetzen und akzeptiert zu werden. Deshalb ist die ‚Wahrheit' dieser Wirklichkeit eine Vorstellung, von der man nur sagen kann (…), dass sie umkämpft ist" (vgl. Sack 1996: 10; Sack 1988: 21). Zu solchen gesellschaftlichen Wahrheiten und Wirklichkeiten gehören nicht nur solche über „Kriminalität" oder „Kriminalitätsentwicklungen", sondern auch so „kurzschlüssige und ‚sprichwörtliche' Übersetzungen von Strukturmerkmalen in ‚kriminogene Motivationsstrukturen' und damit sozial diskriminierende Eigenschaften von Personen wie sie in der Kriminologie geleistet werden. Aber das ist die Funktion der Kriminologie: Es sollen die Motive zur Sprache gebracht werden, die arme Leute „haben", die bei ihnen durchbrechen und sie überwältigen, Strafgesetze zu brechen" (Cremer-Schäfer 2002: 140).

Wenn davon auszugehen ist, dass gesellschaftliche Wirklichkeit nicht objektiv vorhanden und beschreibbar ist, dass ferner „Kriminalität" ein Konstrukt und kein beobachtbares Verhalten darstellt, deren Ursachen erforscht werden können, und darüber hinaus keine Eigenschaft bildet, die einem individuellen Verhalten inhärent ist, und in der Konsequenz auch die Bemühungen um die Identifizierung eines kausalen Zusammenhangs zwischen „Kriminalität" und Unterprivilegierung ad absurdum führen, dann rückt „Kriminalität" nicht als deviantes Verhalten in den Fokus des (wissenschaftlichen) Interesses, sondern als Produkt von machtbesetzten Konstruktions- und Zuschreibungsprozessen; dann stellt sich die Frage nach der *Produktion* von Wissen, Gegenständen, Kategorien, Wahrheit und Wirklichkeit.

Eine konstruktivistische, diskurstheoretische Perspektive zugrunde legend, gehe ich davon aus, dass Diskursen bei der Herstellung gesellschaftlicher Wirklichkeit nicht nur eine grundlegende Bedeutung, sondern eine gesellschaftliche Ordnungsfunktion zukommt, da Diskurse Wissen generieren und ordnen und diesem Wissen Bedeutungen zuweisen, Gegenstände produzieren und in der Konsequenz das „Wahre" vom „Falschen" unterscheiden und somit Unterscheidungskriterien zur Verfügung stellen, die das „Normale" vom „Abweichenden", „Legalität" von „Kriminalität", „Vernunft" von „Wahnsinn", das „Gute" vom „Bösen" trennen. Foucault versteht Wissensstrukturen, denen immer gesellschaftliche Ordnungsfunktionen innewohnen, „als historisch mehr oder weniger kontingente und diskontinuierliche Ordnungen, die emergente soziale Produkte diskursiver (und nicht-diskursiver) Praktiken darstellen. Diskurse konstituieren die Möglichkeiten gesellschaftlicher Wirklichkeitswahrnehmung, die *Matrix der Erfahrungen*" (Keller 2005: 125; vgl. Bettinger 2007: 77). Wissen meint alle Arten von Bewusstseinsinhalten bzw. von Bedeutungen, mit denen Menschen die sie umgebende Wirklichkeit deuten und gestalten. Dieses Wissen beziehen die Menschen aus den jeweiligen diskursiven Zusammenhängen, in die sie hineingeboren sind und in die verstrickt sie während ihres gesamten Daseins leben (vgl. Jäger 2001: 81). Wissen als analytisches Konzept umfasst gemäß Foucaults These alles, was zu einer bestimmten Zeit gewusst, gedacht, gesagt, getan und wahrgenommen werden kann. Es ist Ergebnis von Regelsystemen, die die Gesellschaft durchziehen. Wissen hat somit keine Anbindung an eine vermeintliche übergreifende Wahrheit (vgl. Lüders 2007).

„Alles, was wir wahrnehmen, erfahren, spüren, auch die Art, wie wir handeln, ist über sozial konstruiertes, typisiertes, in unterschiedlichen Graden als legitim anerkanntes und objektiviertes Wissen vermittelt. Dieses Wissen ist nicht auf ein ‚angeborenes' kognitives Kategoriensystem rückführbar, sondern auf gesellschaftlich hergestellte symbolische Systeme. Solche symbolischen Ordnungen werden überwiegend in Diskursen gesellschaftlich produziert, legitimiert, kommuniziert und transformiert; sie haben gesellschaftlich-materiale Voraussetzungen und Folgen" (Keller 2001: 123; vgl. Landwehr 2001: 77). Der Diskurs als Bedingung unserer Wahrnehmung und unseres Denkens. Wahrnehmung wird nicht verstanden als Prozess der Aneignung objektiver Wirklichkeit, sondern als Prozess des Interpretierens und der Kategorisierung von Erfahrungen; sie ist orientiert an der vom Diskurs produzierten Matrix, und reproduziert dabei wiederum diese Matrix und die mit ihr verwobene Stichhaltigkeit und Normalität (vgl. Bublitz 1999: 24). So kann Wirklichkeit als durch den Diskurs geformt verstanden werden. Ein Zugang zur Wirklichkeit, die keine objektive sein kann, ist nur durch die diskursiven Strukturen möglich, die unsere Auffassung von Wirklichkeit bestimmen (vgl. Bettinger 2007)

Die Gegenstandsbereiche sind also nicht etwa „prädiskursiv" vorhanden, sondern werden als historisch-soziale Gegenstände erst produziert – z.B. „Vernunft", „Wahnsinn", „Normalität", „Kriminalität" – und damit zur Grundlage der Unterscheidung von „Normalität" und „Abweichung", von „Vernunft" und „Wahnsinn". Dabei koalieren „kollektive Akteure aus unterschiedlichen Kontexten (z.B. aus Wissenschaft, Politik, Wirtschaft) bei der Auseinandersetzung um öffentliche Problemdefinitionen durch die Benutzung einer gemeinsamen Grunderzählung (…) in der spezifische Vorstellungen von kausaler und politischer Verantwortung, Problemdringlichkeit, Problemlösung, Opfern und Schuldigen formuliert werden" (Keller 2001: 126). Nur zu deutlich wird dieser Zusammenhang in dem skizzierten Bemühen, Unterprivilegierung, Kriminalität und den Zusammenhang beider Phänomene zu erklären. Ein Bemühen, das dem positivistisch-kriminologischen Diskurs seit jeher zu Eigen war, indem dort die seriösen, wissenschaftlichen Aussagen hervorgebracht wurden, die bis zum heutigen Tag als „das" Wissen über „Kriminalität" und seine Ursachen Anerkennung beanspruchen. Und noch ein weiterer Aspekt wird deutlich: dass das im kriminologischen Diskurs produzierte Wissen den Anwendungsregeln der mit „Kriminalität" befassten Institutionen zugrunde liegt, somit der kriminologische Diskurs als Teil grenzziehender Machtverhältnisse betrachtet werden muss (vgl. Althoff 2002: 67; vgl. Cremer-Schäfer 2002: 137).

Allerdings würde es zu kurz greifen, ausschließlich auf die Bedeutung des kriminologischen Diskurses für die Produktion des Wissens über „Kriminalität" zu fokussieren. Vielmehr gilt es in Rechnung zu stellen, dass die traditionelle, positivistische Kriminologie an den Vorgaben des Strafrechts und der Strafgesetzgebung orientiert ist und sich somit in die Logik staatlichen und kriminalpolitischen Handelns eingenistet hat. Das Strafrecht aber – auch das eine Trivialität – ist „unhintergehbar geschichtsgebunden und gesellschaftsabhängig. Dies bedeutet aber für alle theoretischen und praktischen Zwecke: das Strafrecht ist in allen seinen institutionellen Verästelungen und auf seinen sämtlichen Ebenen ein durch und durch politisches System von Regeln, dem es an genau jenen Eigenschaften mangelt, die für eine objektive und positivistische Wissenschaft als Bedingung ihrer Möglichkeit unverzichtbar sind" (Sack 1994: 207f; s.a. Sack 1990: 20; Sack 1972: 12). Für die Kriminologie, wie für alle kritischen Wissenschaften, muss dies bedeuten „davon auszugehen, dass die Dinge, die sie untersucht, nicht so sind, wie sie zuallererst erscheinen" (Sack), und darüber hinaus Abstand zu nehmen von den staatlichen Vorgaben des Strafrechts als zu bearbeitendem Gegenstand. Die Kriminologie muss stattdessen – wie es Fritz Sack formuliert hat – die gewaltigste Ordnungsmacht moderner Gesellschaften, nämlich den Staat, in den Mittelpunkt der empirischen und theoretischen Bemühungen zur Analyse von Kriminalität und ihrer Kontrolle stellen und sich hierbei auch nicht von der Fassade der Rechtsstaatlichkeit täuschen lassen, hinter der sich doch nur ein Geflecht von Sozialdisziplinierung, von Disziplinierungs- und Normalisierungstechniken verberge: „Ich hege die Hoffnung auf eine schließlich gelingende Herausführung der Kriminologie aus ihrer selbstverschuldeten Bevormundung durch bzw. Unmündigkeit gegenüber dem Strafrecht und der Kriminalpolitik" (Sack 1996: 26f; s.a. Sack 1990: 33).

Soziale Ausschließung, Kriminalisierung und „die" Soziale Arbeit

Eine Herausführung aus selbst verschuldeter Bevormundung, wie sie Fritz Sack für die Kriminologie erhofft, scheint für die Soziale Arbeit in ähnlich weiter Ferne zu liegen. Soziale Arbeit zeichnet regelmäßig ein „Zustand" aus, der dem der traditionellen Kriminologie durchaus ähnelt und am Status von Wissenschaftlichkeit zweifeln lässt. Nach wie vor orientiert sich Soziale Arbeit an ihr vorgegebenen Aufgaben und Aufträgen, die sich an einem Gegenstand orientieren, an dessen Formulierung Soziale Arbeit selber nicht beteiligt ist, diesen vielmehr bereitwillig, ja unterwürfig und in stets voraus eilendem Gehorsam präventiv und reaktiv bearbeitet und somit immer wieder reproduziert. Gemeint sind „Soziale Probleme", wie Devianz und Delinquenz, die in den Blick genommen, individuell zugeschrieben und individualisierend bearbeitet werden, natürlich nicht, ohne sich mit den Ursachen-Forschungen und Erklärungsansätzen beschäftigt zu haben, die Kriminologie, Medien und Politik frei Haus liefern. In diesem Zusammenhang haben wir darauf hingewiesen, dass auch Soziale Arbeit in Prozesse sozialer Ausschließung involviert ist, indem sie sich die Kategorien und Erklärungen – beispielsweise bezogen auf „Kriminalität" oder den unterstellten kausalen Zusammenhang von „Kriminalität" und Unterprivilegierung – zu Eigen macht, die andere Disziplinen ihr zur Verfügung stellen und mit denen sie Subjekte und soziale Phänomene *be*-deutet, kategorisiert und bearbeitet, und an denen sie ihre Interventionen orientiert. Darüber hinaus besteht die Gefahr, dass strukturelle Faktoren in individuelle Defizite und Schwächen übersetzt werden: aus Armut, Arbeitslosigkeit und Unterprivilegierung werden Arme, Arbeitslose und Unterprivilegierte, die an den gesellschaftlichen Verhältnissen gescheitert sind. Mit diesen (individualisierenden) Defizitzuschreibungen erzeugt die Soziale Arbeit ihr eigenes „Vokabular der sozialen Degradierung" und der sozialen Ausschließung. Zudem werden mit der gutwilligen

Dramatisierung von Armut, Arbeitslosigkeit, Unterprivilegierung als *Ursachen* für Kriminalität die Potenziale für soziale Ausschließung erweitert (vgl. Anhorn/Bettinger 2002: 249).

Der dominierende Diskurs der Sozialen Arbeit stellt – entsprechend der zur Verfügung stehenden Logik kriminologischer und kriminalpolitischer Diskurse – „soziale Probleme" wie Kriminalität und Gewalt in einen Zusammenhang mit sozialer Ungleichheit und Unterprivilegierung und bedient sich dabei ätiologischer Erklärungsmuster. Eine dem vorherrschenden Verständnis Sozialer Arbeit ohnehin schon inhärente Tendenz zur Individualisierung gesellschaftlicher Konflikte wird in der Kombination mit der Kategorie „Kriminalität" noch weiter potenziert. „Kriminalität" erweist sich speziell in der Verknüpfung mit der Kategorie „Armut" als ein Mechanismus, mit dem sich die ohnehin stets mitschwingende Rhetorik der Diskreditierung, Degradierung und Ausgrenzung von Unterprivilegierten, Arbeitslosen und Armen vorbehaltlos artikulieren, systematisch verstärken und in nahezu unanfechtbarer Weise legitimieren lässt (Anhorn/Bettinger 2002: 241). Eine Soziale Arbeit, die angesichts der skizzierten gesellschaftlichen Umbrüche, des grundlegend veränderten strukturellen und diskursiv-ideologischen gesellschaftlichen Kontextes ihrer Arbeit, an ihrem traditionell sozialstaatlich-integrativen Selbstverständnis festhält und dabei gleichzeitig – orientiert an einem fremdbestimmten Gegenstand – ihre Funktion in der Bearbeitung von „Kriminalität" oder „Devianz" sieht, läuft Gefahr, Teil des Ordnungs-Systems zu werden, das den neuen gesellschaftlichen Grenzziehungen und somit Ausschließungen zugrunde liegt.

Nicht zuletzt aus diesem Grund haben wir uns an verschiedenen Stellen gegen eine Bearbeitung von „Kriminalität" durch die Sozialarbeit bzw. Sozialpädagogik ausgesprochen; eine Bearbeitung, die der bürokratischen und politischen Funktionalisierung und Instrumentalisierung geschuldet ist, gegen die sich Soziale Arbeit zur Wehr zu setzen hat! Allerdings soll nicht der Eindruck entstehen, als sei Soziale Arbeit lediglich „Opfer" fremder Mächte oder Disziplinen. Was Fritz Sack für die traditionelle Kriminologie festgestellt hat, nämlich eine „selbstverschuldete Bevormundung bzw. Unmündigkeit", gilt in gleichem Maße auch für eine Soziale Arbeit, die nach wie vor dominiert wird von fachfremden Diskursen, die der Sozialen Arbeit – nicht ausschließlich bezogen auf „Kriminalität" – das Wissen zur Verfügung stellen, das wiederum Grundlage sozialpädagogischer Reflexion und Deutung sowie sozialpädagogischen Handelns wird. Solchermaßen „funktioniert" Soziale Arbeit also, orientiert an einer Ordnung des Sozialen, der sie sich in gleichem Maße unterwirft, wie sie jene als objektiv gegeben voraussetzt. Eine solche, von uns als „traditionelle" bezeichnete Soziale Arbeit funktioniert im Kontext neoliberaler, ordnungspolitischer Rahmungen, weil sie sich – ähnlich der traditionellen Kriminologie – in den Beschränkungen eines objektivistischen Wissenschaftsverständnisses eingenistet hat und fremdbestimmt und theorielos offizielle Definitionen „sozialer Probleme" zu bearbeiten sucht, sich dabei fremde Kategorien („Kriminalität") und ätiologische Erklärungsansätze zu Eigen macht und darüber in Prozesse sozialer Ausschließung involviert ist.

Gefordert ist hingegen eine Soziale Arbeit, „die sich in Theorie, Praxis und analytischer Kompetenz ihrer gesellschaftstheoretischen und ihrer gesellschaftspolitischen Kontexte wie ihrer professionellen Perspektiven bewusst ist, um substantielle gesellschaftliche Veränderungsprozesse erneut zu ihrem Thema zu machen" (Sünker 2000: 217), und zwar gerade in Anbetracht eines tief greifenden Strukturwandels, neoliberaler Zumutungen, systematischer Reproduktion von Ungleichheit, sich verschärfender Ausschließungsverhältnisse und Subjektivierungspraxen in Bildungsinstitutionen, die sich als solche der Untertanenproduktion bezeichnen lassen (vgl. Bettinger 2008).

Gefordert und realisierbar ist eine autonomere, eine selbstbestimmtere und politische Soziale Arbeit, die bemüht ist, sich von den Funktions- und Auftragszuschreibungen durch Staat, Recht, Politik und Kapital zu emanzipieren. Wir haben diesbezüglich einige Bausteine einer Theorie und Praxis kritischer Sozialer Arbeit benannt, die einer reflexiven, selbstbestimmteren Praxis Sozialer Arbeit den Weg ebnen könnten (vgl. Anhorn/Bettinger 2005; Anhorn/Bettinger/Stehr 2008; Bettinger 2008). In Anlehnung an unsere Überlegungen zeichnet sich eine kritische Soziale Arbeit dadurch aus, dass sie – als Grundvoraussetzung für eine Emanzipation von fachfremden Diskursen – ihren Gegenstand eigenständig benennt und sich auf diesen im Kontext der Ausgestaltung der sozialpädagogischen Praxis auch tatsächlich bezieht. Abzulehnen ist die Bearbeitung von „Kriminalität" durch die Soziale Arbeit! Und grundsätzlicher: Abzulehnen ist eine Beteiligung Sozialer Arbeit an Prozessen sozialer Ausschließung! Als Gegenstand Sozialer Arbeit betrachten wir *Prozesse und Auswirkungen sozialer Ausschließung*. Bezug nehmend auf diesen Gegenstand können als Funktionen Sozialer Arbeit u.a. die Realisierung gesellschaftlicher Teilhabe und Chancengleichheit sowie die Ermöglichung sozialer, ökonomischer, kultureller und politischer Partizipation benannt werden. Zur Realisierung von Teilhabe, Chancengleichheit und Partizipation hat eine sich kritisch verstehende Soziale Arbeit neben der Gewährung von Hilfe und Unterstützung

- Bildungs- und Sozialisationsprozesse zu offerieren, die sich einerseits orientieren an den Prinzipien der Aufklärung und Emanzipation sowie der Ermöglichung von Lebensbewältigungskompetenzen, andererseits an den Bedürfnissen, Wünschen und Interessen der Nutzer und Nutzerinnen sozialpädagogischer bzw. sozialarbeiterischer Angebote;
- Macht-, Herrschafts- und Ungleichheitsverhältnisse sowie die Strategien und Prozesse, die diese Verhältnisse kontinuierlich reproduzieren, zu thematisieren und zu skandalisieren;
- sich selbst als politische Akteurin zu begreifen und an der (politischen) Gestaltung des Sozialen mitzuwirken sowie Einmischung in Politik und Mitwirkung an der Gestaltung des Sozialen den Bürgern und Bürgerinnen zu ermöglichen;
- Diskurse als herrschaftslegitimierende Techniken der Wirklichkeitsproduktion und somit von gesellschaftlichen Ordnungen in der bürgerlich-kapitalistischen Gesellschaft zu erkennen und zu analysieren und in die Arenen einzutreten, in denen um die Durchsetzung von Wirklichkeit gekämpft wird, denn „die erste Front ist die Ebene der Worte und *Diskurse.* Hier muss man die semantischen Tendenzen bremsen, die den Raum für Debatten schrumpfen lassen, zum Beispiel indem der Begriff Unsicherheit auf physische oder kriminelle Unsicherheit begrenzt und über soziale und wirtschaftliche Unsicherheit nicht gesprochen wird" (Wacquant 2008: 223).

Wenn es uns ernst ist mit der Herausführung Sozialer Arbeit aus unerträglicher, selbstverschuldeter Bevormundung bzw. Unmündigkeit gegenüber anderen (disziplinären) Diskursen; wenn darüber hinaus eine selbstbestimmtere, theoretisch fundierte Soziale Arbeit sich in ihrer Reflexion, Kritik und in ihrer Praxis tatsächlich auf *ihren* Gegenstand bezieht, dann wird dies nicht nur für den Status und das eigene Selbstverständnis Sozialer Arbeit, für ihre Interpretationen und Deutungen gesellschaftlicher Phänomene, für die sozialpädagogische Praxis sowie die mit dieser Praxis konfrontierten Nutzer und Nutzerinnen gravierende Veränderungen mit sich bringen. Es sollte dazu führen, sich intensiver mit dem Gedanken auseinander zu setzen, sich von den als „Kolonialmächte" auftretenden so genannten Bezugsdisziplinen zu emanzipieren und diese – allen voran die Medizin, Psychologie und das Recht – endlich aus den sozialarbeiterischen und sozialpädagogischen Fakultäten zu verabschieden.

Literatur

Althoff, M. (2002): Kriminalität" – eine diskursive Praxis. Eine Einführung in die Diskursanalyse Michel Foucaults, in: Anhorn, R./Bettinger, F. (Hg.), Kritische Kriminologie und Soziale Arbeit, S. 47-73.
Anhorn, R. (2008): Zur Einleitung: Warum sozialer Ausschluss für Theorie und Praxis Sozialer Arbeit zum Thema werden muss, in: Anhorn, R./Bettinger, F./Stehr, J. (Hg.), Sozialer Ausschluss und Soziale Arbeit, S. 13-48.
Anhorn, R./Bettinger, F. (Hg.) (2002): Kritische Kriminologie und Soziale Arbeit. Impulse für professionelles Selbstverständnis und kritisch-reflexive Handlungskompetenz, Weinheim und München.
Anhorn, R./Bettinger, F. (2005): Sozialer Ausschluss und Soziale Arbeit. Positionsbestimmungen einer kritischen Theorie und Praxis Sozialer Arbeit, Wiesbaden.
Anhorn, R./Bettinger, F./Stehr, J. (Hg.) (2007): Foucaults Machtanalytik und Soziale Arbeit. Eine kritische Einführung und Bestandsaufnahme, Wiesbaden.
Anhorn, R./Bettinger, F./Stehr, J. (Hg.) (2008): Sozialer Ausschluss und Soziale Arbeit. Positionsbestimmungen einer kritischen Theorie und Praxis Sozialer Arbeit, 2., überarbeitete und erweiterte Auflage, Wiesbaden.
Bettinger, F. (2007): Diskurse – Konstitutionsbedingung des Sozialen, in: Anhorn, R./Bettinger, F./Stehr, J. (Hg.), Foucaults Machtanalytik und Soziale Arbeit, S. 75-90.
Bettinger, F. (2008): Auftrag und Mandat, in: Bakic, J./Diebäcker, M./Hammer, E. (Hg.), Aktuelle Leitbegriffe der Sozialen Arbeit. Ein kritisches Handbuch, S. 25-39.
Bublitz, H. (1999): Diskursanalyse als Gesellschafts-„Theorie", in: Bublitz, H./Bührmann, A. u.a. (Hg.), Das Wuchern der Diskurse. Perspektiven der Diskursanalyse Foucaults, S. 22-48, Frankfurt.
Butterwegge, Ch. (2001): Wohlfahrtsstaat im Wandel. Probleme und Perspektiven der Sozialpolitik, Opladen.
Cremer-Schäfer, H. (1995): „Kriminalität" als ein ideologischer Diskurs und der Moral-Status der Geschlechter, in: Kriminologisches Journal, 5. Beiheft, S. 120-142.
Cremer-Schäfer, H. (1997): Kriminalität und soziale Ungleichheit. Über die Funktion von Ideologie bei der Arbeit der Kategorisierung und Klassifikation von Menschen, in: Frehsee, D./Löschper, G./Smaus, G. (Hg.), Konstruktion der Wirklichkeit durch Kriminalität und Strafe, Reihe: Interdisziplinäre Studien zu Recht und Staat, Bd. 5, S.68-100, Baden-Baden.
Cremer-Schäfer, H. (2002): Formen sozialer Ausschließung. Über den Zusammenhang von „Armut" und „Kriminalisierung", in: Anhorn, R./Bettinger, F., Kritische Kriminologie und Soziale Arbeit, S. 125-146.
Cremer-Schäfer, H./Steinert, H. (1997): Die Institution „Verbrechen und Strafe". Über die sozialkulturellen Bedingungen von sozialer Kontrolle und sozialer Ausschließung, in: Kriminologisches Journal, Heft 4, S.243-255.
Cremer-Schäfer, H./Reinke, H. (2001): Integration und Ausschließung: Kriminalpolitik und Kriminalität in Zeiten gesellschaftlicher Transformation, in: Althoff, M./Cremer-Schäfer, H. u.a., Integration und Ausschließung. Kriminalpolitik und Kriminalität in Zeiten gesellschaftlicher Transformation, Reihe: Interdisziplinäre Studien zu Recht und Staat, Bd. 18, S. 11-26.
Herkommer, S. (1999): Deklassiert, ausgeschlossen, chancenlos – die Überzähligen im globalisierten Kapitalismus, in: Herkommer, S. (Hg.), Soziale Ausgrenzungen. Gesichter des neuen Kapitalismus, S. 7-34, Hamburg.
Jäger, S. (2001): Diskurs und Wissen. Theoretische und methodische Aspekte einer Kritischen Diskurs- und Dispositivanalyse, in: Keller, R./Hirseland, A. u.a. (Hg.), Handbuch Sozialwissenschaftliche Diskursanalyse, Bd. 1, Theorien und Methoden, S. 81-112, Opladen.
Keller, R. (2001): Wissenssoziologische Diskursanalyse, in: Keller, R./Hirseland, A. u.a. (Hg.), Handbuch Sozialwissenschaftliche Diskursanalyse, Bd. 1, Theorien und Methoden, S. 113-143, Opladen.
Keller, R. (2005): Wissenssoziologische Diskursanalyse. Grundlegung eines Forschungsprogramms, Wiesbaden.
Kronauer, M. (2002): Exklusion. Die Gefährdung des Sozialen im hoch entwickelten Kapitalismus, Frankfurt und New York.
Landwehr, A. (2001): Geschichte des Sagbaren. Einführung in die historische Diskursanalyse, Tübingen.
Lüders, J. (2007): Soziale Arbeit und „Bildung". Ein foucaultscher Blick auf ein umstrittenes Konzept, in: Anhorn, R./BEttinger, F./Stehr, J. (Hg.), Foucaults Machtanalytik und Soziale Arbeit, S.185-199.
Sack, F. (1972): Definition von Kriminalität als politisches Handeln: der labeling approach, in: Kriminologisches Journal, Heft 1, S. 3-31.
Sack, F. (1978): Probleme der Kriminalsoziologie, in: König, R. (Hg.)., Handbuch der empirischen Sozialforschung, Band 12: Wahlverhalten, Vorurteile, Kriminalität, 2. Aufl., S. 192-492, Stuttgart.
Sack, F. (1979): Neue Perspektiven in der Kriminologie, in: Sack, F./König, R. (Hg.), Kriminalsoziologie, 3. Aufl.., S. 431-475, Wiesbaden.
Sack, F. (1986): Kriminologische Forschungsperspektiven aus soziologischer Sicht, in: Kury, H. (Hg.), Entwicklungstendenzen kriminologischer Forschung: Interdisziplinäre Wissenschaft zwischen Politik und Praxis, Bd. 12., S. 39-63.

Sack, F. (1988): Wege und Umwege der deutschen Kriminologie in und aus dem Strafrecht, in: Janssen, H./Kaulitzky, R./Michalowski, R. (Hg.), Radikale Kriminologie, S. 9-34.
Sack, F. (1990): Das Elend der Kriminologie und Überlegungen zu seiner Überwindung. Ein erweitertes Vorwort, in: Robert, Ph., Strafe, Strafrecht, Kriminologie. Eine soziologische Kritik, S.15-55, Frankfurt und New York.
Sack, F. (1994): Sozio-politischer Wandel, Kriminalität und eine sprachlose Kriminologie, in: Kritische Vierteljahresschrift für Gesetzgebung und Rechtswissenschaft, Heft 3, S. 205-226.
Sack, F. (1996): Statt einer Einleitung, Gabi Löschper und Trutz von Trotha im Interview mit Fritz Sack, in: Trotha, T. von, Politischer Wandel, Gesellschaft und Kriminalitätsdiskurse. Beiträge zur interdisziplinären wissenschaftlichen Kriminologie. Festschrift für Fritz Sack zum 65. Geburtstag, S. 1-29, Baden-Baden.
Stehr, J. (2008): Soziale Ausschließung durch Kriminalisierung: Anforderungen an eine kritische Soziale Arbeit, in: Anhorn, R./Bettinger, F./Stehr, J. Sozialer Ausschluss und Soziale Arbeit, 2. Aufl., S. 319-332
Steinert, H. (2000): Warum sich gerade jetzt mit „sozialer Ausschließung" befassen? in: Pilgram, A./Steinert, H. (Hg.), Sozialer Ausschluss – Begriffe, Praktiken und Gegenwehr, Reihe: Jahrbuch für Rechts- und Kriminalsoziologie, S. 13-20, Baden-Baden.
Steinert, H. (2008): „Soziale Ausschließung": Produktionsweisen und Begriffs-Konjunkturen, in: Klimke, D. (Hg.), Exklusion in der Marktgesellschaft, S. 19-30, Wiesbaden.
Sünker, H. (2000): Gesellschaftliche Perspektiven Sozialer Arbeit heute, in: Müller, S./Sünker, H./Olk, Th./Böllert, K. (Hrsg.), Soziale Arbeit. Gesellschaftliche Bedingungen und professionelle Perspektiven, S. 209-225, Neuwied und Kriftel.
Wacquant, L (2000): Elend hinter Gittern, Konstanz.
Wacquant, L. (2001): Die Verlockungen des Strafrechts in Europa, in: Bourdieu, P. (Hg.), Der Lohn der Angst. Flexibilisierung und Kriminalisierung in der „neuen Arbeitsgesellschaft", S. 119-125, Konstanz.
Wacquant, L. (2008): Armut als Delikt. Ein Gespräch mit Loic Wacquant, in: Bude, H./Willisch, A. (Hg.), Exklusion. Die Debatte über die „Überflüssigen", S. 213-224, Frankfurt.

G Der strafjustizielle Umgang mit Jugendkriminalität

Heinz Cornel

Der Erziehungsgedanke im Jugendstrafrecht: Historische Entwicklungen

1 Einleitung

Will man historische Entwicklungen des Erziehungsgedankens im Jugendstrafrecht darstellen, so muss man sich die Tatsache vergegenwärtigen, dass Erziehung, Jugend und Strafrecht selbst gewordene Phänomene sind, die vor einigen Jahrhunderten nicht nur andere Formen hatten, sondern als solche noch nicht existierten. Dies ist in den Geschichts- und Sozialwissenschaften keine neue Erkenntnis, bleibt aber insoweit bemerkenswert, als dies in manchen rechtspolitischen Debatten und dem unkritischen, fast assoziativen Gebrauch von Begriffen häufig unberücksichtigt bleibt. Insofern muss es in diesem Beitrag auch darum gehen, jeweils die Begriffe in ihre historischen Kontexte zu stellen und genau zu definieren. Allgemeine breite Begriffsklärungen zur Erziehung, Jugend und Strafrecht werden nicht möglich sein – manchmal wären sie geradezu unhistorisch. Es soll also der Dreiklang von Erziehung, Jugend und Strafrecht in Philosophie und Praxis in den Kontext sonstiger historischer und ökonomischer Entwicklungen gesetzt werden, um herauszuarbeiten, welche Bedeutung dem Erziehungsgedanken im Jugendstrafrecht zukommt. Im Rahmen dieses kurzen Beitrags kann das oft nur angesprochen und nicht immer vertieft werden – aber das entspricht dem Charakter des Handbuchs und deshalb wird nicht immer darauf hingewiesen.

Eine begriffliche pädagogische Klärung des Erziehungsbegriffes ist nicht nötig, weil der Erziehungsgedanke im Jugendstrafrecht eher eine Chiffre darstellt, einen allgemeinen Platzhalter für spezialpräventive Beeinflussungen mit dem Ziel der Straffreiheit bzw. Nichtrückfälligkeit. Es ist unbestritten, dass es um Lernprozesse geht und dabei Fachkompetenzen der Pädagogik und vor allem Sozialpädagogik tangiert werden. Gleichzeitig wird aber das Setting, das Lernfeld, das ohnehin schon durch die Hierarchie von ‚Erzieher und Zögling' bestimmt ist, nichtpädagogisch festgelegt durch seine Funktion im Rahmen des Strafrechts, der Tatvergeltung und der Strafvollstreckung. Nur in Ansätzen ist es in Deutschland gelungen, strafrechtliche Reaktionen durch solche der Jugendhilfe und Sozialpädagogik ohne Strafaspekte zu ersetzen.

Es ist problematisch, dass die heutige Erziehungswissenschaft über keinen angemessenen differenzierten Begriff von Erziehung verfügt. Zwar besteht Konsens, dass Erziehungswissenschaft mehr sein sollte als Entwicklungspsychologie und Sozialisationstheorie, darüber hinaus geraten die Definitionen schnell in die Spezifika von Schulpolitik, Sozialpädagogik und Heilpädagogik. Eine sehr allgemeine, damit aber auch umfassend zu gebrauchende, wenn auch inhaltlich wenig festliegende Definition hat Siegfried Bernfeld formuliert, für den Erziehung „die Summe der Reaktionen einer Gesellschaft auf die Entwicklungstatsache" darstellt (Bernfeld 1967: 51).

Gleichwohl erzogen wird auch unabhängig von der Erziehungswissenschaft (vgl. Winkler 2006: 16). Allerdings ist der Einfluss der Erziehungswissenschaft auf das, was Erziehung genannt wird und im Bereich des Jugendstrafrechts passiert, ohnehin gering. Das mag man bedauern. Betrachtet man allerdings Kooperation, Vertrauen und Bindung als Voraussetzung für Erziehung (Winkler 2006: 147), so sind die Bedingungen zumindest in den Gefängnissen dafür ohnehin schlecht.

2 Staatliches Strafen in Zeiten ohne spezifische Jugendphase und Separierung zum Zwecke der Erziehung

Wer die historische Entwicklung des Erziehungsgedankens im Jugendstrafrecht erörtern will, muss mit historischen Phasen beginnen, in denen es weder Erziehungsgedanken, noch ein Jugendstrafrecht und noch nicht einmal eine grundsätzliche Andersbehandlung straffälliger junger Menschen gab. Die uns heute geläufigen Strafmündigkeitsgrenzen, die auf der Basis von Schuldfähigkeit und Zurechnungsfähigkeit beruhen, haben sich in den letzten 500 Jahren in Mitteleuropa nicht nur mehrfach verschoben, sie waren in ihrer Klarheit lange Zeit nicht vorhanden und wurden noch weniger eingehalten. In vielen strafrechtlichen Kodifizierungen des frühen Mittelalters wird die Vollendung des 12. Lebensjahres als eine Grenze genannt, bis zu der Kinder bei ihrer Mutter bleiben sollten, nicht streng bestraft werden sollten und nach dem Kirchenrecht „einer Hauptsünde wohl nicht fähig seien" (vgl. Wackernagel 1862: 48; John 1858: 90ff.; Buch 1857: 278f. und Frauenstätt 1890: 31). Einige strafrechtliche Kodifizierungen insbesondere vor der Constitutio Criminalis Carolina entbehrten jeglicher Strafmündigkeitsgrenzen (vgl. Knapp 1914: 136). Auch die Altersangaben, die sich finden lassen, waren keine festen Grenzen der Unmündigkeit aus Altersgründen. Die Altersgrenzen standen bis zum Ende des 17. Jahrhunderts unter dem aus dem römischen Recht stammenden Grundsatz, dass eine positive Berücksichtigung geringen Alters dann entfällt, „wenn die Bosheit das Alter erfüllt". Wörtlich findet sich dieser Grundsatz noch 1507 als Art. 190 der Constitutio Criminalis Bambergensis und 1516 in der Brandenburgischen Heilsgerichtsordnung (zitiert nach Berger 1897: 44). Selbst im 17. Jahrhundert wurden noch Kinder zum Tod durch das Schwert verurteilt und hingerichtet (vgl. Distel 1896: 375ff. und Schletter 1857: 127). Nur Kinder unter sieben Jahren wurden zumeist nicht strafrechtlich verfolgt – allerdings von Eltern und oft auch Geschädigten ohne Strafrecht und rechtliche Grenzen häufig körperlich hart gestraft.

Der Schwabenspiegel regelte immerhin, dass sogar Kinder unter sieben Jahren bei Menschenraub mit dem Tode bestraft werden mussten (vgl. Bruck 1878: 91). Uns erscheint die Möglichkeit eines solchen Deliktes heute sehr unwahrscheinlich – aber immerhin meinten erwachsene Personen damals, dies regeln zu müssen. Auch die Constitutio Criminalis Carolina von 1530 kannte in Art. 179 keine exakten Strafmündigkeitsgrenzen, sondern forderte die Rechtsverständigen auf, die Jugend als besonderen Umstand zu berücksichtigen.

Ganz offensichtlich gab es keinen Begriff von Zurechnungsfähigkeit und Verantwortungsreife und insofern auch kein Kriterium, weshalb man Kinder und erst recht junge Menschen jenseits des 12. Lebensjahres anders als Erwachsene behandeln sollte. Wer Kriminalität mit Teufelsbesessenheit erklärt und in öffentlichen Gerichtssitzungen Tiere und sogar Steine zum Tode verurteilt, für den kann mangelnde Zurechnungsfähigkeit keine Begründung für eine Sonderbehandlung junger Menschen sein. Immerhin wurden Kinder meist milder bestraft als Erwachsene, d.h. dass die Anzahl der Schläge und das Ausmaß der Schmerzzuführung geringer war, weniger gefoltert wurde und gegebenenfalls zwar Todesstrafen vollstreckt wurden, aber als Strafmilderung der Körper erst nach dem Tod auf das Rad geflochten wurde (vgl. Frauenstätt 1890: 32 und Knapp 1896: 9).

So grausam dieses Bestrafen bleibt – eine strafrechtliche Sonderbehandlung junger Menschen war nicht begründbar, weil es solche qualitativen Andersbehandlungen im Alltagsleben auch nicht gab und weil das Erreichen des Zwecks dieser Strafen nicht von einer Berücksichtigung des Alters abhängig war. Ein auf junge Menschen bezogener Erziehungsgedanke hätte sowohl im Aufwachsen der jungen Generation als auch im staatlichen System des Strafens völlig isoliert dagestanden und war insofern nicht einmal denkbar. Erst ein Wandel der Vorstellung über die individuelle Zurechnung, die Sonderbehandlung junger Menschen in anderen Lebensbereichen und neue Strafzwecke konnten auch eine Differenzierung nach Alter bei der Strafandrohung und Strafvollstreckung sinnvoll erscheinen lassen. Erzieherische Aspekte spielten in dieser Phase keinerlei Rolle.

3 Grundlagen erster Entwicklungen zur erzieherischen Sonderbehandlung junger Menschen im Strafrecht

3.1 Ökonomische, technische und demographische Entwicklungen und kriminalpolitische Folgen

Bis in das 16. Jahrhundert hinein hatte sich während des Mittelalters und der frühen Neuzeit die Bevölkerung selbst, aber auch deren Produktionsweisen in Handwerk und Landwirtschaft verhältnismäßig gleichmäßig entwickelt – nur die deutsche Siedlungsbewegung Richtung Osten, vor allem im 10. bis 13. Jahrhundert und die Pest im 14. Jahrhundert, sind als Sonderbewegungen zu nennen.

Die Verarmung großer Teile der Bevölkerung, welche u. a. durch ein sehr repressives mittelalterliches Strafrecht kontrolliert und diszipliniert wurde, die Entdeckung neuer Märkte und Völker sowie die Entwicklung von Zunftbetrieben zu Manufakturen ermöglichten im 17. Jahrhundert das Entstehen einer kapitalistischen Produktion, den Aufstieg des Bürgertums und führten letztlich zu einem vorher nie gekannten Arbeitskräftebedarf. Durch den 30-jährigen Krieg war die Entwicklung in Deutschland insbesondere gegenüber England und den Niederlanden verzögert, aber schließlich setzte bis Mitte des 18. Jahrhunderts eine Entwicklung ein, in deren Zuge auf der Basis des Arbeitskräftemangels und neuer Produktionsweisen europaweit Zucht- und Arbeitshäuser entstanden, in denen mit harter Arbeit verbundene Freiheitsstrafen vollstreckt wurden, die Arbeitsdisziplin vermitteln sollten (vgl. Hippel 1898: 424; Borchers 1923: 15; Howard 1780: 52 und Kriegsmann 1912: 6) und gleichzeitig selbst hohe Gewinne abwarfen (Rosenfeld 1905: 154). 1786 gab es schon mindestens 60 Zucht- und Arbeitshäuser in Deutschland (vgl. Hippel 1898: 422). Die Anzahl der Lebens- und Leibesstrafen nahm spürbar ab und die Strafbegründungen betonten nun folgerichtig den Besserungszweck (vgl. Kapitel 3.2). Aus Institutionen der Vernichtung und Sicherung wurden Spinn- und Raspelhäuser, in denen Delinquente, Bettler, Waisen und teils auch einkommenslose Witwen arbeiteten und an Arbeit gewöhnt werden sollten.

Als die Freiheitsstrafen um die Jahrhundertwende zum 19. Jahrhundert in den Deutschen Partikulargesetzen verankert waren (z. B. Preußen 1794, Österreich – Ungarn 1803, Bayern 1813,

Oldenburg 1814; vgl. Cornel 1979: 33f und 182), war der Arbeitskräftemangel jedoch längst behoben, die Zuchthäuser wurden unrentabel und ab 1810 wurden in Preußen hunderttausende Bauern einerseits von der Leibeigenschaft befreit und andererseits oft vom Lande vertrieben (sogen. Bauernbefreiung). Die Zucht- und Arbeitshäuser verfielen teils, meist aber wurden sie nur unrentabel, die Gefangenen hungerten oft, wurden eng zusammengepfercht und da es keine Arbeit gab, mussten Gefangene die Tretmühle um ihrer selbst nur zur Disziplinierung und Vergeltung bedienen (vgl. Howard 1780, Wagnitz 1791, Krohne 1889: 21ff.). Durch die Verarmung der Bevölkerung stieg insbesondere die Eigentumskriminalität an, die angedrohten Strafmaße wurden in den ersten Jahrzehnten des 19. Jahrhunderts erhöht und Hinrichtungen wieder häufiger vollstreckt (vgl. Blasius 1976: 45 und 103; Röder 1864: 28; Wahlberg 1882: 16 und Mittelstädt 1879: 74ff.). Karl Krohne beschrieb diese Entwicklung wie folgt: „Die Humanität, von welcher die Änderung des Strafensystems ausgegangen war, verkehrte sich in eine Grausamkeit, welche die der alten Strafgesetzgebung weit übertraf. Die Gesundheit der Bestraften wurde durch die in diesen Gefängnissen vollzogene Freiheitsstrafe mehr zu Grunde gerichtet als durch die Leibesstrafe im Recht und an der Gefängniskrankheit starben mehr Gefangene als unter dem früheren Recht am Galgen oder auf dem Schafott" (Krohne/Uber 1901: VIII). Erst nach einer Welle der Industrialisierung auf Basis der sich verbreitenden Dampfmaschinen in Deutschland vor und nach der Reichsgründung, die nicht zufällig mit einem Aufschwung der Naturwissenschaften und dem Beginn empirischer Sozialwissenschaften zusammenfiel, wandelten sich die Kriminalpolitik, die Straflegitimationen und die Zustände in den Gefängnissen erneut (vgl. detaillierter Cornel 1979: 77f. und 125ff.). Im siebten Jahrzehnt des 19. Jahrhunderts sanken die Verurteiltenziffern auf Grund von Eigentumskriminalität und die Zahl der Zucht- und Gefängnisinsassen nahm erstmals nach langer Zeit wieder ab (vgl. Rabl 1936: 1 und 8 sowie Berger 1974: 33ff.). Als die materielle Versorgung der Bevölkerung zumindest auf unterster Ebene für weite Teile der Bevölkerung nach den Jahren des Pauperismus gesichert war, sank die Bedeutung direkt materieller Not als entscheidendes Motiv für die kriminelle Aneignung und als Anlass für die Kriminalisierung. Dies war nun zum einen Anlass für die besondere Diskriminierung derjenigen, deren Armut andauerte und die nicht durch Lohnarbeit sich und ihre Familien ernähren konnten, das so genannte Lumpenproletariat[1], und zum anderen wurde die Unfähigkeit, Bedürfnisbefriedigung zurückzustellen, als Grund des abweichenden Verhaltens angesehen, und damit erschien die gelungene oder misslungene Sozialisation in einem neuen Licht. Wo mangelnde Erziehung als Ursache für Delinquenz erscheint, ist die Grundlage für eine Erziehungskonzeption im Strafvollzug gelegt.

3.2 Entwicklungen der theologischen und philosophischen Straflegitimationen

Im Mittelalter sah die Obrigkeit keinen Anlass, das Strafen (von Strafrecht kann man noch kaum sprechen) für delinquentes Verhalten zu legitimieren. Zwar können die frühen Landfieden des 12. und 13. Jahrhunderts und auch die Constitutio Criminalis Carolina als Versuche gelten, die äquivalente Tatvergeltung zu operationalisieren und Handlungsanweisungen für die Rechtsanwendung in dem Sinne zu geben, dass sie unabhängig von den Zufälligkeiten von Raum und Zeit werden. Aber weder wurde die Frage der grundsätzlichen Legitimation dieser Schmerzzufügungen gestellt, noch konnte man auch nur ansatzweise von Rechtsgarantien für Delinquente sprechen. In dieser Tradition steht auch noch Luther, der die Notwendigkeit der Strafen mit der

---

1 Der stigmatisierende Begriff trägt Diskriminierung und Ausgrenzung mit sich.

Boshaftigkeit der Welt erklärt (vgl. Luther 1898: 577; Luther 1905: 381; Luther 1900: 247f.) und die Todesstrafen zu den Werken Gottes erklärte (vgl. Luther 1897: 626).

Die Straftheorie des frühen Naturrechts von Hugo Grotius, der sich dabei auf Platon (vgl. Grotius 1950: 327), Aristoteles und Seneca (vgl. Grotius 1950: 327f.) beruft, war zweckgerichtet, was er damit begründet, dass ein Mensch dem anderen „nur schaden darf um einer guten Folge willen" (Grotius 1950: 328). Als einen Zweck nennt er gleichberechtigt nebeneinander Besserung, Mäßigung, Ermahnung und Züchtigung (vgl. Grotius 1950: 330). Von einem Erziehungsgedanken wird man hier zwar noch nicht sprechen können, aber straftheoretisch, strafrechtsphilosophisch war immerhin eine Grundlage gelegt, die über die reine Rache, Vergeltung und Vernichtung, also eine Art Feindstrafrecht, hinausging. Selbst Hobbes, dessen Naturrecht die ideale Grundlage des Staatsabsolutismus darstellte (vgl. Hobbes 1976: 190ff.), meinte, dass man beim Strafen „nicht das vergangene Übel, sondern das zukünftige Gute im Auge haben" solle (Hobbes 1977: 104) und dass Strafen nur zum Zweck der Besserung und Warnung erlaubt sei. Die bloße Rache lehnte er als grausam ab (Hobbes 1977, a.a.O.).

Samuel von Pufendorf, Christian Wolff und Christian Thomasius lösten ihr Naturrecht einerseits Stück für Stück von der Theologie und schufen so Voraussetzungen der Aufklärung. Sie legitimierten aber andererseits gleichzeitig alles, was dem Staat nützlich ist (vgl. Pufendorf 1943: 17, Thomasisus 1970: 177ff. und 181ff.; Frank 1887: 82 und 86 sowie Bloch 1977: 66) – immerhin stellte sich Thomasius gegen Hexenprozesse, Gottesurteile und Folterungen.

Montesquieu schließlich setzte sich noch konsequenter für die Säkularisierung des Strafrechts (vgl. Montesquieu 1976: 380), die Trennung von Gesetz und Moral (vgl. Montesquieu 1976: 296) und den Schutz des Einzelnen vor der Übermacht des Staates ein (vgl. Dahlem 1953: 30) und schaffte so Raum für präventive und letztlich auch erzieherische Konzeptionen. Er fordert immerhin u. a. spezialpräventive Strafzwecke, vor allem Besserung (vgl. Dahlem 1953: 62ff.), denn das Prinzip der Verhältnismäßigkeit von Delikt und Strafe sah er nur dann als erfüllt an, wenn die Strafe auch notwendig sei (vgl. Montesquieu 1976: 296).

Von ganz besonderer Bedeutung für die Entwicklung der Strafrechtslegitimationen war Cesare Beccaria mit seiner Schrift ‚Del delitti e delle pene' aus dem Jahr 1764, in Deutsch erschienen 1778 unter dem Titel ‚Verbrechen und Strafen'. Er sprach sich nicht nur gegen die Folter und Todesstrafe aus, sondern insgesamt für ein sparsames Umgehen mit dem Strafen. Der Verbrechensbegehung solle präventiv entgegengewirkt werden (vgl. Beccaria 1778: 216ff.), vor allem durch bessere Erziehung (vgl. Beccaria 1778: 231).

Den utilitaristischen Strafbegründungen, die über die Übelzufügungen hinaus spezialpräventive Zwecke erfüllen wollten und dies zumindest tendenziell in der neu geschaffenen Institution ‚Freiheitsstrafe' konnten, folgten die absoluten Straftheorien Kants und Hegels, die als Strafbegründung ausschließlich die Vergeltung akzeptierten. Den Gefängnissen, in denen eine positive Beeinflussung nicht möglich war, entsprach eine Straftheorie, die eben dies ablehnte. Zwar ging es Kant und Hegel dabei eigentlich nur um die Strafbegründung und Rechtfertigung – die Rezeption im 19. Jahrhundert und die praktische Strafvollstreckung kannten aber solche Differenzierungen nicht. Für Kant folgte aus dem kategorischen, also an keinen Zweck gebundenen, Imperativ zur Vereinigung im Staat der kategorische Imperativ des Strafrechts (vgl. Kant 1968 b: 331). Nach Kants Auffassung folgt der Mensch seinem von allen Nützlichkeitsrücksichten gelösten Strafrecht in autonomer und deshalb notwendig freier Entscheidung (vgl. Kant 1968 b: 331 und Kant 1968 a: 441 und 446f.). „Kants Ethik... verbietet dem Staat die Ausübung heteronomen Zwanges und entzieht den Einzelnen, auch wenn er Verbrecher geworden ist, jeder heteronomen Beeinflussung der Entwicklung seiner sittlichen Persönlichkeit. Was ein

Bestrafter aus dem Erlebnis des Bestraftseins und des Strafvollzuges macht, ist seine ureigene Persönlichkeitssache, nicht aber Gegenstand staatlicher Maßnahmen" (Schmidt 1958: 352).

Auch die so genannte Einwilligungstheorie Hegels lehnt es ab, die Notwendigkeit der Androhung oder Vollstreckung einer Strafe von einem Zweck abzuleiten, obwohl er die utilitaristischen Aspekte bezüglich der Gestaltung der Strafe durchaus sah (vgl. Hegel 1975 b: 188; vgl. auch Hegel 1975 a: 107). Für Hegel ist das Verbrechen eine Negation des Rechts, auf das die Strafe als Negation der Negation folgen muss, weil die Strafe ihre Begründung nur in der Aufhebung des Verbrechens finden kann (vgl. Hegel 1975 b: 186). Die Strafe ist für Hegel gerechtfertigt, weil der Verbrecher sie selbst ausgewählt hat, indem er die Tat begangen hat und vorher die Strafe kannte (deshalb Einwilligungstheorie). Trotz vieler Unterschiede im Detail zwischen Kant und Hegel bestimmten diese beiden das klassische deutsche Strafrecht weit über das 19. Jahrhundert hinaus. Als dritter Autor mit erheblichem Einfluss ist diesbezüglich Paul Johann Anselm Ritter von Feuerbach zu nennen, dessen generalpräventives Strafrecht zwar Zwecke verfolgen will und somit in deutlichem Widerspruch zu Kant und Hegel steht, dessen Legitimation des Strafrechts aber die Abschreckung (Feuerbach 1799: 40ff. und Feuerbach 1797: 212ff.) in den Mittelpunkt rückte, den psychologischen Zwang, wie er es nannte (vgl. Feuerbach 1826: 21). Eine spezialpräventive, bessernde Strafe lehnte Feuerbach ab, da künftige Verbrechen nicht gewiss seien, sondern höchstens wahrscheinlich. Eine solche Wahrscheinlichkeit verletze aber keinerlei Rechte und deshalb sei auch keine Zwangsanwendung legitimierbar (Feuerbach 1799: 78ff.).

Ob zweckfreie gerechte Vergeltung oder zweckgerichtete Abschreckung – die Theorien passten zu den Zuständen in den Gefängnissen, in denen Erziehung nicht erwünscht und nicht möglich war.

3.3 Pädagogisches Jahrhundert und Entwicklung des Erziehungsbegriffs

Die ökonomischen und gesellschaftlichen Entwicklungen wirkten sich nicht nur auf das System sozialer Kontrolle und insbesondere das staatliche Strafensystem mit seinen Institutionen und Legitimationen aus, sondern erforderten auch eine neue Vorbereitung der Folgegeneration auf die Anforderungen des Lebens und insbesondere Arbeitens. Die Philosophen der Aufklärung formulierten vor allem diese Anforderungen an die Erziehung – die empirischen Bezüge waren eher gering einzuschätzen.

Diese Ausrichtung auf Zweck-Mittel-Relationen war typisch für die Pädagogik der Aufklärung und setzte sie bzw. ihre Vertreter dem Verdacht aus, „das Individuum der Brauchbarkeit und Nützlichkeit, den gesellschaftlichen Erwartungen und den Zwängen von Stand und Beruf aufzuopfern" (Tenorth 2008: 81). Der Begriff der ‚schwarzen Pädagogik' bezieht sich auf diese Kritik hinsichtlich der Zielsetzung und der Erziehungsmethoden und ist gleichzeitig ein Indiz dafür, dass die Entwicklung weiterging und sich die Erziehung nach knapp 200 Jahren neuen Anforderungen stellen musste. Die Pädagogik der Aufklärung hatte insofern einen ambivalenten Charakter: Indem sie sich der zielgerichteten Beeinflussung junger Menschen zuwendete, ermöglichte sie nicht nur das Ausschöpfen von Entwicklungspotentialen junger Menschen, sondern leistete auch Sozialdisziplinierungen für die entstehende bürgerliche Gesellschaft (vgl. ähnlich Tenorth 2008: 80f.). In diesem Sinne wurde sie deshalb nicht ohne Anlass auch als Schwarze Pädagogik kritisiert, die äußere Gewaltanwendung durch das Erlernen von Selbstkontrolle ersetzte (vgl. Rutschky 1977). Ein wichtiger Schritt auf dem Weg, den Norbert Elias den Prozess der Zivilisation nannte (vgl. Elias 1976).

Das 18. Jahrhundert wurde immer wieder als das pädagogische Jahrhundert bezeichnet – auch schon in jener Zeit selbst (vgl. Tenorth 2008: 79; vgl. auch Herrmann 1981). Um dies zu begründen, nahm man einen zunehmenden pädagogischen Diskurs und das immer deutlichere Herausbilden der Kleinfamilie als Symptome für eine Etablierung der Lebensphase Kindheit als Schonraum. Kleine Kinder erfuhren – u.a. in Schulen – eine Sonderbehandlung, indem die Außenwelt und insbesondere das Arbeitsleben ausgeblendet wurden. Zwar wurde die Schulpflicht in Preußen schon zu Beginn des 18. Jahrhunderts verkündet, aber letztlich wurde sie für die Kinder des Proletariats und der Landbevölkerung erst in der zweiten Hälfte des 19. Jahrhunderts umgesetzt. Schließlich seien als Indizien die erste Professur für Pädagogik an der Universität Halle im Jahr 1779 genannt (vgl. Tenorth 2008: 109), sowie Rousseaus Schrift 'Emile' aus dem Jahr 1762 und Pestalozzis Werk ‚Lienhard und Gertrud' aus dem Jahr 1781.

Ginge man nun chronologisch und systematisch vor, so müsste man zunächst als Vorläufer vor allem Comenius nennen und als Praktiker August Hermann Franke (1662–1727). Das ist hier aus Platzgründen nicht möglich. Neben den schon genannten Rousseau und Pestalozzi lässt sich die neue Auffassung von Erziehung vor allem anhand der Pädagogik Immanuel Kants deutlich machen (vgl. Kant 1968c: 439ff. und 449f.).

Es kann hier nicht umfassend auf die Erziehungskonzeption und die Vierteilung in Disziplinierung, Kultivierung, Zivilisierung und Moralisierung eingegangen werden (vgl. Kant 1968c: 449f.; insbesondere bezüglich der Moralisierung zeigt sich die große Nähe zum kategorischen Imperativ), sondern lediglich auf die neue Bedeutung, die er der Erziehung beimaß. „Der Mensch kann nur Mensch werden durch Erziehung. Er ist nichts, als was die Erziehung aus ihm macht" (Kant 1968c: 443) – selten ist die Bedeutung der Erziehung grundsätzlicher und höher eingeschätzt worden.

Kant unterschied hinsichtlich der Erziehung zwischen einer bloßen Dressur, einer mechanischen Unterwerfung oder der wirklichen Aufklärung. Er schrieb, dass man Hunde und Pferde dressiert, aber auch Menschen dressieren könne (Kant 1968c: 450). Er meinte aber, dass diese Dressur nicht genüge, weil es darauf ankomme, dass die Kinder denken lernen. Kant beklagte, dass in der üblichen Erziehung der vierte Aspekt, den er Moralisierung nannte, oft vernachlässigt werde oder, wie er schrieb, dem Prediger überlassen werde. „Wie unendlich wichtig ist es aber nicht, die Kinder von Jugend auf das Laster verabscheuen zu lehren, nicht gerade allein aus dem Grunde, weil Gott es verboten hat, sondern weil es in sich selbst verabscheuungswürdig ist." (a.a.O.). Diese doppelte Begründung eines Verbotes, das sich nicht mehr allein auf religiöse Vorgaben beziehen soll, ist in vielerlei Hinsicht kennzeichnend und neu für die aufklärerische Epoche. Sie ermöglicht die Loslösung ethischer Normen von der Religion und fordert rationale Begründungen. Kant ging es dabei auch nicht nur allein um die Begründung der Normen selbst, sondern auch darum, dass das Kind die Angemessenheit der Gebote und Forderungen selbst durch Gebrauch seiner Vernunft einsehen kann.

Kants Pädagogik enthält bereits zwei metaphorische Formulierungen, die in der Geschichte der Pädagogik immer wieder den Erziehungsprozess erfassen sollen: Erziehen als *Machen*, als Herstellen eines Produktes, nämlich des erzogenen Menschen mit ganz gewissen Eigenschaften auf der einen Seite und auf der anderen Erziehung als beschützendes *Wachsen lassen*, als Garantie eines Schonraums, der Wachstum ermöglicht, oft mit der Tätigkeit eines Gärtners verglichen.[2] Diese zwei metaphorischen Formulierungen haben wesentliche Auswirkungen auf

---

2 vgl. Koller 2008: 33 mit Bezug auf Kant 1968c: 445 „Die Menschheit aus ihren Keimen zu entfalten" und „Zu machen, dass der Mensch seine Bestimmung erreiche".

das Menschenbild, die Erziehungsstile und Erziehungsziele. Nicht zuletzt aber auch auf das Verhältnis zwischen Erziehendem und der Person, die man früher Zögling nannte, ein Begriff, der die obigen Bilder aufnimmt. Was kann ich erzwingen, durch Dressur, Zwang und Disziplinierung und wo muss ich Freiraum geben, um Entwicklungsprozesse zu ermöglichen, die ansonsten durch äußeren Zwang unmöglich sind? Diese aktuelle Fragestellung bleibt unabhängig davon von Bedeutung, wie sie Immanuel Kant vor mehr als 200 Jahren beantwortet hat.

Mit Friedrich Schleiermacher geht man schon über das ‚Pädagogische Jahrhundert' und die eigentliche Aufklärungsepoche hinaus. Auf die Bildungstheorien von Schiller, Wilhelm von Humboldt, Fichte und Hegel kann hier nicht eingegangen werden. Immerhin knüpfte Schleiermacher an Hegel an und betonte in seiner Theorie der Erziehung die Notwendigkeit zum sozialen Wandel, durch die sich die Gesellschaft zum Besseren verändern kann. Johann Friedrich Herbart verstand Pädagogik weniger als Gesellschaftstheorie als Schleiermacher, sondern als eine Grundlegung für den Erzieher selber. Seine pädagogische Theorie will praxisrelevant sein, indem sie den Praktiker befähigt, theoretische Prinzipien zu reflektieren.

Schleiermacher sah keine Notwendigkeit, den Begriff der Erziehung selbst zu definieren (Schleiermacher 1957: 7) und spitzte – von seinen religiösen Zügen abgesehen, auf die hier nicht eingegangen werden kann – die pädagogische Theorie auf die Fragen zu: „Was will denn eigentlich die ältere Generation mit der jüngeren?" (Schleiermacher 1957: 9) oder „Was kann durch Erziehung bewirkt werden?" und „Was soll durch Erziehung bewirkt werden?" (Schleiermacher 1957: 13). Eine erste allgemeine Antwort lautet für ihn wie folgt: „Die Erziehung... soll den Menschen abliefern als ihr Werk an das Gesamtleben im Staate, in der Kirche, im Allgemeinen freien geselligen Verkehr, und im Erkennen und Wissen" (Schleiermacher 1957: 28f.). Was bei Kant das *Machen* ist, ist bei Schleiermacher das *Werk*.

Ein weiterer Aspekt der historischen Pädagogik des frühen 19. Jahrhunderts soll kurz angerissen werden. Schleiermacher stellte fest, dass Strafen vermieden werden können, „wenn die unterstützende Tätigkeit zur rechten Zeit geübt wird" (Schleiermacher 1957: 240). Er wollte die Strafen auf ein Minimum reduzieren und stellte fest: „Aus rein ethischen Prinzipien betreffend, möchte nichts zum Lobe der Strafe gesagt werden können" (Schleiermacher 1957: 240f.). „Als Erziehungsmittel darf die Strafe durchaus nicht gebraucht werden, sondern sie kann nur entschuldigt werden. Jede Strafe beweist, dass früher schon hätte auf die Gesinnung gewirkt werden sollen" (Schleiermacher 1957: 241).

Es versteht sich von selbst, dass die Entwicklung der Pädagogik der Aufklärung, des sich verbreitenden Erziehungsgedankens und der größeren Sensibilität für das Aufwachsen der Kinder nicht unabhängig von sonstigen gesellschaftlichen und ökonomischen Bedingungen gesehen werden kann. Gerade in Deutschland war das ausgehende 18. Jahrhundert, wie oben gezeigt, von starkem Bevölkerungswachstum und einer Verarmung der Bevölkerung gekennzeichnet – keine guten Bedingungen für die Masse der Kinder auf dem Lande, ihrer Erziehung bei Freistellung aus der Produktion viel Aufmerksamkeit zuzuwenden und erst recht nicht für delinquente junge Menschen, sich statt Vergeltung, Vernichtung und Ausgrenzung um ihre Integration zu bemühen.

Insgesamt dauerte es noch mehr als 100 Jahre, bis sich nach dem Jahrhundert der Pädagogik die Machbarkeit von Erziehung, die Zuversicht in die Gestaltung pädagogischer Prozesse und des Wachsenlassens, aber auch der Sozialdisziplinierung durch Beeinflussung der Psyche auch in der Kriminalpolitik und insbesondere und zu allererst im Strafrecht gegen junge Menschen zunächst konzeptionell und dann praktisch durchgesetzt hatte. Ökonomische Zwänge, der Pauperismus und absolute Straftheorien ließen dies nicht vorher zu. Man muss sich aber auch vergegenwärtigen, dass für einen Großteil junger Menschen noch zur Wende ins 20. Jahrhundert der Schonraum Jugend mit Schulbesuch und dem Aufkommen für den Lebensunterhalt durch die Eltern mit dem 14. Geburtstag beendet war.

Der strafrechtliche und kriminalpolitische Diskurs der aufkommenden Jugendgerichtsbewegung in den letzten Jahren des 19. und frühen Jahren des 20. Jahrhunderts nahm den Erziehungsgedanken auf, eine wirkliche pädagogische Debatte wurde fachlich aber selten geführt. Dazu war die Zielsetzung der Disziplinierung und sozialen Kontrolle, die Übermacht des Strafrechts mit seinen archaischen Elementen zu groß. Trotz einzelner pädagogischer und insbesondere sozialpädagogischer Ansätze innerhalb der Strukturen von Strafrecht und Strafvollzug sowie dem Schulunterricht im Vollzug blieb der grundsätzliche pädagogische Diskurs über das Verhältnis von Zwang und Freiheit, Autorität und Autonomie außen vor. Deshalb soll hier auch die weitere Entwicklung des pädagogischen Diskurses nicht weiter nachgezeichnet werden – die Reformpädagogik der 1920er Jahre, die Anforderung Adornos an Erziehung und die emanzipative Pädagogik der 1960er und 1970er Jahre des 20. Jahrhunderts kamen im Vollzug nie an.

3.4 Entstehung der Jugendphase und ihrer Institutionen

Die Genese des Erziehungsgedankens im Jugendstrafvollzug setzt, wie einleitend schon bemerkt, nicht nur spezifische Begründungen zum Strafen und entsprechende Institutionen voraus sowie einen Diskurs über Erziehung, sondern überhaupt das Begreifen der Kategorie Lebensalter zur sozialen Differenzierung. Zwar wird man einen Konsens darüber herstellen können, dass die historisch neuen aufklärerischen Auffassungen zur Erziehung mit der selbständigen Lebensphase Kindheit und Jugend einhergehen, dass die Separation der Kinder und Jugendlichen insbesondere in Schulen Ausfluss der entstehenden Pädagogik und neuer Anforderungen an die neue Generation darstellen. Damit es hierzu kommen konnte, bedurfte es aber einer breiten gesellschaftlichen Entwicklung und nicht allein eines philosophischen Diskurses.

Im zweiten Abschnitt dieses Beitrags konnte gezeigt werden, dass es kaum Sonderbehandlungen junger Menschen im Strafrecht und seiner Anwendung über das Kleinkindalter hinaus gab. Dies stellt jedoch keine besondere Unsensibilität des mittelalterlichen Strafrechts dar, sondern war Teil einer sozialen Ordnung, in der eine besondere Lebensphase Kindheit und erst recht Jugend mit Auswirkungen auf den sozialen Status nicht bekannt war. Es ist in der Jugendsoziologie weitgehend unbestritten, dass die Korrelation von Lebensalter und sozialem Status eine historisch in den letzten 500 Jahren gewachsene ist. Hugo Grotius, der oben bereits zitierte frühe Naturrechtler, studierte mit 11 Jahren und wurde mit 15 promoviert – da lag es nicht nahe, Gleichaltrige aus Altersgründen für strafunmündig zu erklären. Karl Borromäus (1538–1584) wurde mit 21 Jahren Kardinal und Erzbischof von Mailand sowie Staatssekretär – zu der ohnmächtigen, besonders vor strafrechtlicher Verantwortlichkeit zu schützenden Altersgruppe konnte man ihn in den Jahren zuvor schlecht zählen. Könnte man einwenden, dass die Macht im Falle einer Krönung von Kindern durch Vormünder und Berater wahrgenommen wurde, so verweisen andere Beispiele auf 14-jährige Offiziere mit Befehlsgewalt, aber auch auf die selbstverständliche Integration von 11-, 12- oder 13-jährigen Menschen in die landwirtschaftliche oder handwerkliche Produktion.

Auf diese Tätigkeiten wurde nicht intensiv durch spezifische Institutionen vorbereitet – sie wurden durch einfaches Mitmachen von Kindesbeinen auf gelernt. Kinder wurden als kleine Erwachsene wahrgenommen, die am üblichen Leben der Erwachsenen weitgehend teilnahmen. Der frühe und übergangslose Wechsel vom Kind zum Erwachsenen entsprach zum einen dem allgemeinen Ausbildungsstand der Bevölkerung und zum anderen dem Fehlen von Institutionen der Erziehung und Bildung, denn für die meisten dieser beruflichen Tätigkeiten waren weder eine spezifische Ausbildung, noch besondere intellektuelle Fähigkeiten, noch hohe Anforderungen an die soziale Disziplin notwendig. Gegebenenfalls wurde mit direkter körperlicher Gewalt gezwungen. Erst während des 19. Jahrhunderts bildete sich, beginnend in den oberen Klassen, eine selbständige Ausbildungs- und Kindheitsphase heraus, in der die Kinder weniger arbeiten mussten und zur Schule gingen. Diese Kindheitsphase verlängerte sich bis zum Ende des 19. Jahrhunderts und mündete, ebenfalls klassenspezifisch wie das Bild des Jünglings in der Literatur zeigt, bis zum Ende 19. Jahrhunderts in eine spezifische Jugendphase (vgl. für viele andere Aries 1976; de Mause 1977; Elschenbroich 1977; Flitner/Hornstein 1964: 311ff.; Cornel 1979: 102ff.).

4 Separation junger Menschen im Strafvollzug

In Preußen und vielen anderen Ländern Deutschlands wurde der Strafvollzug beginnend mit der 4. Dekade des 19. Jahrhunderts konsolidiert und angesichts der absoluten Straflegitimationen und der ökonomischen Situation im Sinne strenger Sozialdisziplinierung durchstrukturiert. Das führte einerseits zu absoluten Schweigegeboten (vgl. Rawiczerr Reglement von 1835) und in Preußen zur Anordnung des Vollzugs der Freiheitsstrafe in Einzelzellen durch König Friedrich Wilhelm den IV. (vgl. Riecke 1841: VIII), aber andererseits auch zu einer Verringerung des Anteils junger Menschen in den Gefängnissen. Nach der Verabschiedung neuer Strafgesetzbücher in allen deutschen Ländern wurden die Strafmündigkeitsgrenzen nun strenger eingehalten und die Gründung von Rettungshäusern und ersten Wohlfahrtsverbänden ersparte manchen jungen Delinquenten und Waisen den Aufenthalt im Zuchthaus (vgl. Schüttpelz 1936: 9ff., 27 und 34; vgl. Völter 1845 und Ristelhuber 1843: 58 sowie Julius 1828: 121ff., 230 und 317ff.). Junge Menschen waren nun zu einer Minderheit geworden und insbesondere in Preußen wurde unter Vollzugspraktikern die Gefahr der ‚kriminellen Infektion' diskutiert und deshalb die Separation junger Gefangener gefordert. Wo dies trotz des gewaltigen Gefängnisneubauprogramms in den 40er und 50er Jahren des 19. Jahrhunderts in Einzelfällen nicht möglich war, wurden vermehrt eigene Jugendabteilungen angemahnt. Von Erziehung war noch kaum die Rede – aber es wurde kritisiert, dass in den Massenhafträumen eine Besserung nicht möglich sei. In den letzten Jahrzehnten des 19. Jahrhunderts trennte man häufig junge von älteren Gefangenen und Ersttäter von mehrfach Rückfälligen – es sollte aber weiterhin Vergeltung geübt werden, wenn auch nach Altersklassen getrennt (vgl. Krohne 1889: 500f.).

5 Einzug des Erziehungsgedankens in das Strafrecht

Ein primär auf Vergeltung und Abschreckung ausgerichtetes Strafsystem, das zudem keinen Begriff von Zurechnung als Strafvoraussetzung kannte, konnte und musste geringes Alter nicht als relevant würdigen. Im Zuge der Verbreitung und Ausweitung einer spezifischen Kindheits-, Jugend- und Ausbildungsphase mit vielen Bestimmungen der Aufgaben einer Erziehung und Bildung für die künftige Generation konnten aber die schlechten Lebensbedingungen gerade

Der Erziehungsgedanke im Jugendstrafrecht: Historische Entwicklungen

junger Menschen im Strafvollzug kaum ignoriert werden, und so setzte auf der Basis einer entstehenden empirischen Kriminologie die moderne Strafrechtsschule zu ihrem Höhenflug an, was im Zusammenwirken mit anderen gesellschaftlichen Entwicklungen und ausländischen Vorbildern Jugendgerichte und Jugendgefängnisse und letztlich den Erziehungsgedanken im Strafvollzug brachte.

5.1 Jugendgerichtsbewegung

Die moderne soziologische Strafrechtsschule Franz von Liszts und eine von ihr formulierte, auf Zweckrationalität schauende Kriminalpolitik brachte in einem Prozess von mehr als 40 Jahren eine zumindest partielle Abkehr von den absoluten Straftheorien Kants, Hegels und Bindings. Nicht mehr der Missbrauch des Strafrechts durch den absolutistischen Staat wurde als Hauptproblem gesehen, sondern der starke Staat sollte steuernd eingreifen und dabei wurden durchaus auch soziale Ursachen der Delinquenz thematisiert. Aber nicht soziale Ungleichheit, Armut und soziale Benachteiligung wurden als politisches Problem gesehen, sondern die mangelnde Erziehung oder so genannte Verwahrlosung der Jugend (vgl. Cornel 1984: 84f.). Mangelnde Arbeitsdisziplin und sonstige Defizite in der Erziehung erschienen nun als Ursache der Jugendkriminalität und deshalb sollte Erziehung auch kriminalpräventiv wirken. In zahlreichen Debatten der Jugendgerichtsbewegung (vgl. Cornel 2008: 235) wurde deshalb über Strafmündigkeit sowie Grenzen und Alternativen zum Einsperren in Gefängnissen für Jugendliche gestritten. Letztlich konnten sich Pädagogen nicht gegen die Priorität des Strafrechts durchsetzen und so kam es zu einem Erziehungsstrafrecht. Franz von Liszt stellte den Zusammenhang zwischen einer zweckgerichteten Kriminalpolitik und der Forderung nach Erziehung delinquenter Jugendlicher wie folgt dar: „Wir verlangen in erster Linie die erzieherische Behandlung der Besserungsfähigen; und da die erziehende Umgestaltung des Charakters durch körperliche und geistige Ausbildung wie durch Gewöhnung an regelmäßige Arbeit nur bis zu einem gewissen Lebensalter überhaupt möglich ist, können wir wohl sagen: die erziehende Behandlung der Jugendlichen" (Liszt 1905 b: 397 u.ä. Liszt 1899: 71f.).

Da die kriminalpolitische Debatte um die Jahrhundertwende und die einzelnen Positionen der Jugendgerichtsbewegung hier nicht im Einzelnen nachgezeichnet werden können (vgl. aber Cornel 1984: 89ff. und Cornel 2008: 235), sei lediglich auf dreierlei hingewiesen:
1. Bei der Interpretation der Debatte um die Alternativen Erziehung oder Strafe muss berücksichtigt werden, dass unter dem Etikett der Erziehung eine ganze Reihe von mit Zwang und Repression verbundenen spezialpräventiven Maßnahmen nebeneinander gestellt wurde. Neben dem Jugendgefängnis war dies vor allem die Fürsorgeerziehung, die damals nicht nur gegen den Willen des Jugendlichen und seiner Eltern verhängt werden sollte, sondern mit Mauern, Gittern und Schlägen verbunden war.
2. Franz von Liszt entwarf zwar ein ganzes System spezialpräventiver Strafbegründungen und stellte seine empirische Orientierung im Gegensatz zu Hegel polemisch heraus (vgl. Schmidt 1965: 372), letztlich stand aber das Gefängnis im Zentrum seines kriminalpräventiven Sanktionensystems. Ob Gelegenheitstäter, unverbesserlicher Zustandsverbrecher oder besserungsfähiger jugendlicher Verbrecher (das waren die Begriffe seiner Einteilung) – mit verschiedenen Begründungen sollte jeweils das Gefängnis die Antwort auf deren Straftaten sein (vgl. Liszt 1905b: 353ff., hier 397 und 400; Liszt 1899: 70f. und Liszt 1905a: 164 ff.).
3. Im Zuge der Diskussion um Strafe oder Erziehung bzw. deren Kombination trat 1904 auf dem 27. Deutschen Juristentag eine dritte Position auf, die behauptete, „dass sich unter dem

Material der ‚Jugendlichen' ein leider sehr großer Prozentsatz solcher befindet, an denen alle Mühe vergeblich erscheint, die von Haus aus so unglücklich veranlagt sind, dass Erziehung und wirkliche Besserung unmöglich ist. Bei diesen Individuen mögen keine Versuche unternommen werden, sie sind einfach in irgendeiner Art auszuschalten und unschädlich zu machen…." (vgl. Verhandlungen des 27. Deutschen Juristentages Band 1: 93f.). Es ist erschreckend zu lesen, dass sich dieser Position, die später zu Jugendkonzentrationslagern führte, nur der durchaus repressionsfreudige preußische Verantwortliche für das Gefängniswesen Karl Krohne entgegenstellte (vgl. Verhandlungen des 27. Deutschen Juristentages Band 4: 340). 30 Jahre später dominierte diese Position nicht nur die Kriminalpolitik Deutschlands.

Nach langen Diskussionen mit unterschiedlichsten Kombinationen von Erziehung und Strafe sowie Strafmündigkeitsgrenzen (vgl. Aschrott 1892: 37; Appelius 1892; Schmölder 1894: 365 ff.; Köhne 1905; Köhne 1907; Felisch 1927: 370, Bericht vom 3. Internationalen Gefängniscongress zu Rom: 186 f.; Bericht von der 1. Jahresversammlung der Internationalen Kriminalistischen Vereinigung und Bericht von der 2. Jahresversammlung der Internationalen Kriminalistischen Vereinigung, S. 116 sowie Eisenacher Vorschläge: 558) scheiterten auch der in den Reichstag eingebrachte Entwurf zur Einführung von Erziehungs- und Besserungsmaßregeln von 1909 (vgl. § 373 des Entwurfs einer StPO von 1909: 100) und der Entwurf eines Gesetzes über das Verfahren gegen Jugendliche nebst Begründung von 1912 (vgl. Kohlrausch 1915: 134ff., insbesondere 144f.). Immerhin hatten zu dieser Zeit aber bereits die ersten Jugendgerichte sowie das Jugendgefängnis in Wittlich ihre Arbeit aufgenommen. Erst 1923 galt dann das Reichsjugendgerichtsgesetz.

5.2 Erstes Jugendgericht und erstes Jugendgefängnis

Die Jugendgerichtsbewegung hatte ihre produktivste Phase schon um die Jahrhundertwende zum 20. Jahrhundert hinter sich gelassen. Die wichtigsten Forderungen waren aufgestellt und diskutiert, internationale Erfahrungen aus Großbritannien (vgl. Struve 1914: 28; Copeland 1888 und Föhring 1888: 287) und den Vereinigten Staaten von Amerika (vgl. Baernreither 1905: 122ff.; Kriegsmann 1912: 295ff. und Struve 1914: 296f. sowie Fliegenschmidt 1908: 393ff.) waren immer wieder referiert worden. Der Frankfurter Strafrechtslehrer Bertholt Freudenthal fragte deshalb auf einer Versammlung der Deutschen Sektion der Internationalen Kriminalistischen Vereinigung am 08. September 1906 in Frankfurt: „Warum erproben wir z.B. das Reformsystem nicht, wie man es in England getan hat, in ein oder zwei geeigneten Anstalten für Jugendliche, statt uns den Kopf zu zerbrechen, wie es wohl ausfallen könne? Alljährlich werden bei uns über 50.000 Jugendliche verurteilt. Ist es nicht erstaunlich, wie unser Staat die Juristen über Fragen von so unmittelbar praktischer Bedeutung weiter streiten lässt…? (Freudenthal 1907: 141).

Schließlich wurde am 01.08.1912 versuchsweise durch das preußische Ministerium des Innern in einem ehemaligen Frauengefängnis in Wittlich an der Mosel das erste deutsche Jugendgefängnis eingerichtet (vgl. Bleidt 1928a: 371 und Freudenthal 1913, Spalte 135), das 169 männliche Gefangene im Alter zwischen 18 und 21 Jahren aufnehmen sollte, also gerade keine Jugendlichen im gesetzestechnischen Sinne. Gleichwohl war damit, da die Volljährigkeitsgrenze bei 21 Jahren lag, eine erste Einrichtung des Strafvollzugs ausschließlich für Minderjährige geschaffen worden und alle Veröffentlichungen aus jener Zeit betonen die Erziehungsintention

Der Erziehungsgedanke im Jugendstrafrecht: Historische Entwicklungen

(vgl. Schneider 1922: 48ff.; Bleidt 1928 a: 371, Klink 1918: 309, Preiser 1919: 332ff., Sieberer-Falch 1939: 20ff.). Nach einem Jahr wurde das Versuchsstadium beendet und die Jugendstrafanstalt Wittlich als ständige Sonderanstalt weitergeführt. Zu diesem Zeitpunkt existierten in Deutschland schon eine große Anzahl von selbständigen Jugendgerichten, die zwar keine neuen Rechtsgrundlagen im Sinne des Erziehungsgedankens anwenden konnten, immerhin aber den Anspruch hatten, im Zusammenwirken von Juristen und FürsorgerInnen erzieherische Belange in ihrer Rechtsprechung berücksichtigen zu können (vgl. Cornel 2008: 232f. und 235).

5.3 Vom Jugendgerichtsgesetz bis zur Jugendstrafrechtsreform von unten

Es kann hier nicht das Jugendstrafrecht der letzten 100 Jahre nachgezeichnet werden. In groben Strichen sollen einige Stationen skizziert werden. Die Sonderanstalt Wittlich war zweifellos das erste Modell eines pädagogisch orientierten Sondervollzugs für junge Menschen in Deutschland. Die Erziehung selbst entsprach aber, wie man beispielsweise an dem militärischen Drill und dem Exerzierunterricht sah, denen man großen erzieherischen Wert beimaß (vgl. Das Jugendgefängnis in Wittlich 1917: 11, Schneider 1922: 61 und Cornel 1984: 100f.) der Erziehung des Kaiserreichs. Bis 1928 entstanden in der Zeit der Weimarer Republik vier weitere Jugendgefängnisse in Niederschönfeld (Bayern), Eisenach (Thüringen), Hahnöfersand (Hamburg) und Schlesien, wobei letztere Anstalt nur für kurze Zeit bestand (vgl. Bleidt 1928 a: 369f. und derselbe 1928 b: 134). Insbesondere die Pädagogik in Hahnöfersand durch Curt Bondy (Bondy 1925 und 1928) und Walter Hermann (Hermann 1923) sowie von Otto Zirker in Eisenach, der eine psychoanalytisch orientierte Pädagogik anwandte, gingen konzeptionell deutlich über das Niveau von Wittlich hinaus (vgl. Zirker 1924: 71 und Francke 1929: 204). Die Sozialpädagogik selbst entwickelte sich in dieser Zeit stürmisch und sammelte auch Erfahrungen und entwickelte Konzeptionen im Umgang mit delinquenten Jugendlichen (Aichhorn 1969 und Bernfeld 1967).

Der Faschismus zertrat die zarte Pflanze pädagogischer Orientierungen, richtete sich gegen eine erzieherische Beeinflussung und führte neu die Zuchtmittel ein, u.a. den Jugendarrest (vgl. Cornel 1984: 106 ff.).

In der Bundesrepublik wurde 1953 das Jugendgerichtsgesetz mit seinen Strafmündigkeitsgrenzen weitgehend wieder in seine alte Form gebracht – der Jugendarrest blieb jedoch (Cornel 1984: 110 und Cornel 2003: 40f.). Schon 1952 hatten u.a. Helga Einsele, Albert Krebs, Wilhelm Mollenhauer und Eberhard Schmidt die Heraufsetzung der Strafmündigkeitsgrenze auf 16 Jahre und die Einschränkung, teils auch Streichung des Jugendarrestes gefordert (vgl. Mollenhauer 1952: 92ff.).

Die 1950er und auch die frühen 1960er Jahre waren hinsichtlich des Strafvollzugs nicht besonders experimentierfreudig. Immerhin wurde in Wiesbaden 1963 eine Jugendstrafanstalt neu gebaut, die konzeptionell neue Wege hinsichtlich der Erziehung der Gefangenen gehen wollte. Der Spiegel schrieb: „Im Frühjahr wird hier die erste Jugendstrafanstalt Deutschlands eröffnet, die eigens für die Aufgaben des Erziehungsstrafvollzugs entworfen und gebaut wurde" (Der Spiegel 1963, Nr. 6: 41). In dem Artikel ist vom Erziehungsstrafvollzug unter nahezu idealen Bedingungen" die Rede (a.a.O.). Gleichwohl war es eine geschlossene Anstalt mit langen Einschlusszeiten – nur die Schul- und Berufsausbildung hatte ein neues Niveau erreicht. In den folgenden Jahren gab es eine große Anzahl neuer Jugendstrafanstalten, die konzeptionell alle den Erziehungsgedanken betonten (vgl. Cornel 1984: 112 mit der dort genannten Literatur).

In den 70er Jahren wurde zur Diskussion gestellt, das Jugendwohlfahrtsgesetz und das Jugendgerichtsgesetz in ein Jugendhilferecht zu überführen und somit der Erziehung bzw. der Sozialpädagogik absolute Priorität einzuräumen (vgl. Vorschläge für ein erweitertes Jugendhilferecht 1970, insb. 9, 44ff. und 110ff.). Eine Chance hatte dieser Entwurf der Arbeiterwohlfahrt nicht, obwohl auch der Diskussionsentwurf eines Jugendhilfegesetzes des Bundesministeriums für Jugend, Familie und Gesundheit aus dem Jahr 1973 noch die Integration des Jugendstrafrechts in ein erweitertes Jugendhilferecht anstrebte. Dann musste der Erziehungsgedanke auf der Höhe des fachlichen sozialpädagogischen Diskurses wieder zurückstecken und es blieb im Referentenentwurf aus dem Jahr 1974 bei der Zweispurigkeit. Da die Reform des Jugendgerichtsgesetzes lange auf sich warten ließ, entstand in den 1980er Jahren die Jugendgerichtsbewegung von unten, durch die im Rahmen der Weisungen gem. § 10 JGG pädagogische ambulante Maßnahmen, entstigmatisierende Hilfen und insbesondere Diversion durch Einstellung von Verfahren verstärkt angewendet wurden. Hier wurde explizit sozialpädagogisch diskutiert, der Einfluss auf den Strafvollzug war aber eher mittelbar. Die These vom „Nothing Works" – derzufolge spätere Legalbewährung relativ unabhängig von der Art einer Intervention ist – schwächte sicher den Erziehungsgedanken, obwohl sie sich natürlich mindestens ebenso stark gegen repressive Vorgehensweisen wendete und keinesfalls mehr Vergeltung legitimierte (vgl Schumann/Voß 1980; Schumann/Voß/Papendorf 1981; Schweppe 1984 und Spörer 1987). Inzwischen ist aber die empirische Forschung über diesen Stand hinaus und weiß, dass es durchaus Programme mit Effekten gibt und dass Karrieren nicht so gleichmäßig verlaufen, wie lange Zeit angenommen wurde (vgl. Sherman u.a. 1998; Boers/Reinecke 2007 und Harrendorf 2006 und derselbe 2007).

1990 brachte dann das neue Jugendgerichtsgesetz eine Ausweitung der Weisungen, bessere institutionelle Bedingungen für die Diversion und den Täter-Opfer-Ausgleich.

5.4 Aktueller Stand

Dieser historische Überblick bietet nicht viel Platz, um zur aktuellen Situation Stellung zu nehmen. Immerhin aber sollen vier Aspekte genannt werden, die mir 100 Jahre nach Einrichtung der ersten Jugendgerichte und knapp 100 Jahre nach Gründung des ersten Jugendgefängnisses mit dem Anspruch der Erziehung von kennzeichnender Bedeutung erscheinen:

1. Alle Bundesländer haben seit Beginn des Jahres 2008 neue Jugendstrafvollzugsgesetze, die schon deshalb den Erziehungsgedanken beinhalten, da das Bundesverfassungsgericht entsprechende Vorgaben machte (vgl. BVerfGE 116, 69, 84ff.). Das Bundesverfassungsgericht hat am 31.5.2006 festgestellt, dass die Ausgangsbedingungen bei Jugendlichen andere sind als bei Erwachsenen und dass der Jugendliche in einem Alter steht, „in dem nicht nur er selbst, sondern auch andere für seine Entwicklung verantwortlich sind" (BVerfGE 116,69,85). Der Vollzug muss auf das Ziel der sozialen Integration ausgerichtet sein. „Der Gesetzgeber selbst ist verpflichtet, ein wirksames Resozialisierungskonzept zu entwickeln und den Strafvollzug darauf aufzubauen" (BVerfGE 116, 69, 89).
2. Ein Teil konservativer Politiker und der veröffentlichen Meinung möchte das Jugendstrafrecht einerseits auf Kinder ausdehnen und andererseits auf Minderjährige beschränken sowie Aspekte der Tatvergeltung stärken, was begriffsnotwendig eine Einschränkung des Erziehungsgedankens mit sich brächte. Eine populistische Kampagne mit entsprechender Zielsetzung führte aber 2008 nicht an dieses Ziel.

3. Im Jugendgerichtsgesetz wurde in § 2 Abs. 1 eine neue Formulierung durch den Gesetzgeber verabschiedet, der die Erziehung explizit deutlicher benennt: Um „erneuten Straftaten eines Jugendlichen oder Heranwachsenden entgegenzuwirken, sind die Rechtsfolgen und unter Beachtung des elterlichen Erziehungsrechts auch das Verfahren vorrangig am Erziehungsgedanken auszurichten.".
4. Das Bundesverfassungsgericht hat Wirkungsforschung und Evidenzbasierung im Jugendstrafvollzug gefordert (vgl. BVGE 116, 69, 90; auch schon 50, 290, 334 und 98, 169, 201). Das weckt bescheidene Hoffnungen – Anlass zur Skepsis geben politische Strukturen, historische Erfahrungen mit archaischen Gefühlen allerdings auch. Dass eine empirische Orientierung und Überprüfung von Strafmaßnahmen sowohl hinsichtlich ihrer Art als auch ihrer Dauer einer modernen, aufgeklärten, menschenrechtsorientierten (Sozial-)Pädagogik gegenüber den repressiven, vergeltenden Elementen der Kriminalpolitik mehr zum Durchbruch hilft, bleibt eine Hoffnung.

Für Jugendliche kann das letztlich nur auf eine Überwindung von Jugendarrest und Jugendgefängnis durch professionelle Jugendhilfe hinauslaufen. Allerdings ist heute eine Ausweitung der Jugendhilfe zu Lasten der Jugendstrafjustiz im Sinne von deren Rückzug kaum noch im Gespräch. Christian Pfeifer bezeichnete es 1991 als konsequent, die „Anhebung der Strafunmündigkeit Jugendlicher auf 16 Jahre" zur Diskussion zu stellen (vgl. Pfeiffer 1991: 127), und der Arbeitskreis junger Kriminologen hatte 1981 sogar gefordert, „Personen unter 18 Jahren dürfen nicht mit Freiheitsentzug bestraft werden" (vgl. Kriminologisches Journal 1982: 93). Beide Vorschläge wurden kaum aufgenommen und die Diskussion der letzten 20 Jahre ist eher eine Defensive, um die Ausweitung des Strafrechts zu Lasten von Pädagogik und Jugendhilfe zu vermeiden.

6 Schluss

Im Ergebnis kann festgestellt werden, dass in einem Gemeinwesen, das in vielerlei Hinsicht auf Zweckrationalität ausgerichtet ist, das Strafrecht nicht auf präventive Zwecke und die Strafvollstreckung bzw. der Strafvollzug nicht auf die Legitimation durch Erziehung im Sinne intentionaler Verhaltenssteuerung verzichten kann. Dabei sind aber die archaischen, repressiven Elemente des Strafens, für die im Sinne der Tatvergeltung Gründe der rechtsstaatlichen Begrenzung und der Verhältnismäßigkeit sprechen, so dominant, dass Erkenntnisse der neueren Erziehungswissenschaften sich nur bei geringfügigen Delikten und episodenhafter Delinquenz im frühen Jugendalter durchsetzen konnten. Ausgrenzung und Inhaftierung blieben – trotz zahlenmäßiger Zurückdrängung – die Säulen des Jugendstrafrechts, das den Erziehungsgedanken nicht auf der Höhe der Zeit in sein Zentrum lässt. Erziehung statt Strafe konnte sich nicht durchsetzen und insoweit steht der Erziehungsgedanke im Jugendstrafrecht auf dem Niveau des ausgehenden 19. Jahrhunderts.

Trotz einzelner pädagogischer und insbesondere sozialpädagogischer Ansätze innerhalb der Strukturen von Strafrecht und Strafvollzug (Jugendstrafvollzug) sowie dem Schulunterricht im Vollzug blieb der grundsätzliche pädagogische Diskurs über das Verhältnis von Zwang und Freiheit, Autorität und Autonomie außen vor. Deshalb soll hier auch die weitere Entwicklung des pädagogischen Diskurses nicht weiter nachgezeichnet werden.

Über Jahrhunderte hinweg war den Pädagogen klar, dass Grundlage des Lernens im Zuge der Erziehung die emotionale Zuwendung ist, die man je nach Bezugnahme und Tradition direkt ‚Liebe' oder ‚pädagogischen Eros' nannte. Dass erzieherische Prozesse eine Basis der Beziehung und insbesondere Bindung (vgl. Bowlby 1975; Winkler 2006: 147) brauchen, dass dann Ausprobieren und Fehler möglich sein müssen, ist im Alltag kindlicher Sozialisation selbstverständlich, in der Übertragung auf Delinquenz-Pädagogik aber offensichtlich schwer vermittelbar, obwohl doch die Verwendung des Begriffs ‚Erziehung' solche Parallelen nahe legt. Wenn es also auch im Jugendstrafrecht um einen Prozess der Erziehung und damit um ‚Vorgänge der Selbstkonstitution' (Winkler) geht, dann muss auch hier ein Lernfeld zur Verfügung gestellt werden, das Fehler zulässt, ohne gleich mit Strafe, Einschluss und Beziehungsabbruch zu drohen (vgl. Cornel 1995: 45).

Literatur

Aichhorn, August (1969): Kann der Jugendliche straffällig werden? Ist das Jugendgericht eine Lösung?, in: Jugendkriminalität, Strafjustiz und Sozialpädagogik, herausgegeben von Berthold Simonsohn, Frankfurt am Main, S. 100ff.
Appelius, (1892): Die Behandlung jugendlicher Verbrecher und verwahrloster Kinder, Berlin.
Aries, Philippe (1976): Geschichte der Kindheit, München/Wien.
Aschrott, Paul Felix (1892): Die Behandlung der verwahrlosten und verbrecherischen Jugend und Vorschläge zur Reform, Berlin.
Baernreither, J.N. (1905): Jugendfürsorge und Strafrecht in den Vereinigten Staaten von Amerika, Leipzig.
Beccaria, Cessare (1778): Verbrechen und Strafen, Breslau.
Behrle, Alfred (1931): Die Stellung der deutschen Sozialisten zum Strafvollzug von 1870 bis zur Gegenwart, Berlin/Leipzig.
Berger, Adalbert (1897): Jugend-Schutz und Jugend-Besserung, Leipzig.
Berger, Thomas (1974): Die konstante Repression, Zur Geschichte des Strafvollzugs in Preussen nach 1850, Frankfurt.
Bericht der 2. Jahresversammlung der Deutschen Landesgruppe der IKV, gehalten in Halle am 25. und 26. März 1891, Auszüge in: Berger, Adalbert, S. 552 ff.
Bericht von der 1. Jahresversammlung der Internationalen Kriminalistischen Vereinigung, gehalten zu Brüssel am 7. und 8. August 1889, in: Mitteilungen der IKV, Band 1, S. 138 ff.
Bernfeld, Siegfried (1967): Sisyphos oder die Grenzen der Erziehung, Frankfurt am Main (zuerst 1925 erschienen).
Blasius, Dirk (1976): Bürgerliche Gesellschaft und Kriminalität, Göttingen.
Bleidt, Wilhelm (1928a): Junge Gefangene, in: Deutsches Gefängniswesen,, hrsg. von Erwin Bumke, Berlin, S. 363ff.
Bleidt, Wilhelm (1928b): Jugendgefängnisse, in: Strafvollzug in Preußen, hrsg. vom Preußischen Ministerium des Inneren, Mannheim, S. 134ff.
Bloch, Ernst (1977): Naturrecht und menschliche Würde, in: ders., Gesamtausgabe, Band 6, Frankfurt.
Boers, Klaus/Reinecke, Jost (2007): Delinquenz im Jugendalter – Zusammenfassung und Ausblick, in: Delinquenz im Jugendalter – Erkenntnisse einer Münsteraner Längsschnittstudie, herausgegeben von Klaus Boers•und Jost Reinecke, Münster/New York/München/Berlin, S. 359ff.
Bondy, Curt (1925): Pädagogische Probleme im Jugendstrafvollzug, Mannheim.
Bondy, Curt (1928): Zur Frage der Erziehbarkeit, in: Zeitschrift für die gesamte Strafrechtswissenschaft, S. 329ff.
Bolwlby, John (1975): Bindung, München.
Borchers, (1923): Die Gefangenenarbeit in den deutschen Strafanstalten, in: Blätter für Gefängniskunde, Band 54, S. 7ff.
Bruch, Hans (1934): Die Strafrechtspflege in der Stadt Trier im 16., 17. und 18. Jahrhundert, Waldkirch.
Bruck, Felix (1878): Zur Lehre von der criminalistischen Zurechnungsfähigkeit, Breslau.
Buch, Johann von (1857): Der Richtsteig landrechts nebst Cautela und Premis, hrsg. von C. G. Homeyer, Berlin.
Copeland, Alfred James (1888): Bridewell Royal Hospital past and present, London.

Cornel, Heinz (1979): Die Entstehung des Jugendstrafvollzugs – Bedingungen und Faktoren einer historischen Entwicklung, Frankfurt am Main.
Cornel, Heinz (1984): Geschichte des Jugendstrafvollzugs, Weinheim und Basel.
Cornel, Heinz (1995): Resozialisierung – Klärung des Begriffs, seines Inhalts und seiner Verwendung, in: Handbuch der Resozialisierung, herausgegeben von Heinz Cornel, Bernd Maelicke und Bernd Rüdeger Sonnen, Baden-Baden, S. 13ff.
Cornel, Heinz (2003): Die Entstehung von Jugendgefängnis und Jugendarrest, in: Neue Praxis, S. 31ff.
Cornel, Heinz (2008): 100 Jahre Jugendgerichte – Die Zeit war reif, in: Zeitschrift für Jugendkriminalrecht und Jugendhilfe, S. 232ff.
Dahlem, Friedrich Georg (1953): Das Strafrecht bei Montesquieu, Mainz.
Das Jugendgefängnis in Wittlich, hrsg. vom Preußischen Minister des Inneren, Berlin 1917.
de Mause, Lloyd (Hrsg.) (1977): Hört ihr die Kinder weinen, Frankfurt.
Distel, Theodor (1896): Die Todesstrafe und eine noch nicht 14jährige Giftmischerin in Kursachsen (1684), in: Zeitschrift für die gesamte Strafrechtswissenschaft, Band 16, S. 375 ff.
Eisenacher Vorschläge über die Behandlung jugendlicher Verbrecher vom 18. und 19. Juli 1891, in: Berger, Adalbert, S. 557ff.
Elias, Norbert (1976): Über den Prozess der Zivilisation, Frankfurt.
Elschenbroich, Donata (1977): Kinder werden nicht geboren, Franfurt am Main.
Felisch (1927): Der Einfluss der Internationalen kriminalistischen Vereinigung auf die Behandlung der Jugendlichen, in: Mitteilungen der IKV, Band 21, S. 366ff.
Feuerbach, Paul J. A. Ritter von (1797): Anti-Hobbes oder über die Grenzen der höchsten Gewalt und das Zwangsrecht der Bürger gegen den Oberherrn, Giessen.
Feuerbach, Paul J. A. Ritter von (1799): Revision der Grundsätze und Grundbegriffe des positiven, peinlichen Rechts, Band 1, Erfurt/Chemnitz.
Feuerbach, Paul J. A. Ritter von (1826): Lehrbuch des gemeinen in Deutschland gültigen peinlichen Rechts, Gießen (9. Auflage).
Fliegenschmidt (1908): Anwendbarkeit der amerikanischen Grundsätze über die Behandlung jugendlicher Verbrecher in Deutschland, Gutachten zur Versammlung Deutscher Strafanstaltsbeamter in Köln 1908, in: Blätter für Gefängniskunde, Band 42, S. 393 ff.
Flitner, Andreas/Hornstein, Walter (1964) Kindheit und Jugendalter in geschichtlicher Betrachtung, in: Zeitschrift für Pädagogik, S. 311ff.
Föhring (1888): Die Zwangserziehung und die Bestrafung Jugendlicher, in: Handbuch des Gefängniswesens, hrsg. von Franz von Holtzendorff und Eugen von Jagemann, Hamburg., Band 2, S. 279 ff.
Francke, Herbert (1929): Kriminalpädagogik, in: Handbuch der Pädagogik, Band 5, herausgegeben Hermann Nohl und Ludwig Pallat, Langensalza, S. 195ff.
Frank, Reinhard (1887): Die Wolff'sche Strafrechtsphilosophie und ihr Verhältnis zur criminalpolitischen Aufklärung im 18. Jahrhundert, Göttingen.
Frauenstätt, Paul (1890): Breslaus Strafrechtspflege im 14. Jahrhundert bis 16. Jahrhundert, in: Zeitschrift für die gesamte Strafrechtswissenschaft, Band 10, S. 1 ff.
Freudenthal, Berthold (1907): Amerikanische Kriminalpolitik, in: Zeitschrift für die gesamte Strafrechtswissenschaft, Band 27, S. 121 ff.
Freudenthal, Berthold (1913): Das erste deutsche Jugendgefängnis, in: Deutsche Juristen Zeitung, 18. Jahrgang, Spalte 134ff.
Grotius, Hugo (1950): Vom Recht des Krieges und des Friedens, Tübingen.
Harrendorf, Stefan (2006): Gefährliche Gewalttäter?, in: Bewährungshilfe, S.308ff.
Harrendorf, Stefan (2007): Rückfälligkeit und kriminelle Karrieren von Gewalttätern. Ergebnisse einer bundesweiten Rückfalluntersuchung, Göttingen.
Hegel, Georg Wilhelm Friedrich (1975a): Wissenschaft der Logik, 1. Teil, II. Buch, in: ders., Werke, Band VI, Frankfurt, S. 3ff.
Hegel, Georg Wilhelm Friedrich (1975b): Grundlinien der Philosophie des Rechts, in: ders., Werke, Band VII, Frankfurt, S. 3ff.
Herrmann, Ulrich (Hrsg) (1981): Das pädagogische Jahrhundert, Weinheim u.a.
Herrmann, Walter (1923): Das Hamburgische Jugendgefängnis Hannöversand, in: Hamburgische Schriften zur gesamten Strafrechtswissenschaft, hrsg. von Moritz Liepmann, Hamburg.
Hippel, Robert von (1898): Beiträge zur Geschichte der Freiheitsstrafe, in: Zeitschrift für die gesamte Strafrechtswissenschaft, Band 18, S. 419ff.
Hobbes, Thomas (1976): Leviathan, Stuttgart.

Hobbes, Thomas (1977): Vom Bürger. Vom Menschen, Hamburg.
Hört ihr die Kinder weinen (1977) hrsg. von Lloyd de Mause, Frankfurt am Main.
Howard, John (1780): The State of the prisons in England and Wales, London.
John, Richard Eduard (1858): Das Strafrecht in Norddeutschland zur Zeit der Rechtsbücher, Leipzig.
Jugend und ohne Zukunft. Befähigen statt strafen, hrsg. von der Arbeiterwohlfahrt, Bonn 1993.
Julius, Nikolaus Heinrich (1828): Vorlesungen über die Gefängniß-Kunde, Berlin.
Julius, Nikolaus Heinrich (1947): Nachrichten über Rettungshäuser in Deutschland und der Schweiz, in: Jahrbücher der Gefängniß-Kunde und Besserungsanstalten, Band 10, Frankfurt am Main, S. 380 ff.
Kant, Immanuel (1968a): Grundlegung zur Metaphysik der Sitten, in: ders., Werke, Band IV, Berlin S. 385ff.
Kant, Immanuel (1968b): Die Metaphysik der Sitten, in: ders., Werke, Band VI, Berlin, S. 203ff.
Kant, Immanuel (1968c): Über Pädagogik, in: ders., Werke, Band IX, Berlin, S. 437ff.
Klink (1918): Das erste deutsche Jugendgefängnis, in: Preußisches Verwaltungs-Blatt, S. 309
Knapp, Hermann (1896): Das alte Nürnberger Kriminalrecht, Berlin.
Knapp, Hermann (1914): Alt-Regensburgs Gerichtsverfassung, Strafverfahren und Strafrecht bis zur Carolina, Berlin
Kohlrausch, Eduard,: Fortschritte und Rückschritte im Jugendgesetz-Entwurf, 1915, in: Zeitschrift für die gesamte Strafrechtswissenschaft, Band 35, S. 134ff.
Köhne, Paul (1905): Jugendgerichte, in: Deutsche Juristenzeitung, S. 579 ff.
Köhne, Paul (1907): Entwurf zu einem Reichsgesetz, betreffend die Ahndung und Verfolgung strafbarer Handlungen, welche von jugendlichen Personen begangen werden, in: Mitteilungen der Internationalen Kriminalistischen Vereinigung, Band 14, S. 481 ff.
Koller, Hans-Christoph (2008): Grundbegriffe, Theorien und Methoden der Erziehungswissenschaft, Stuttgart.
Kriegsmann, Nikolaus H. (1912): Einführung in die Gefängniskunde, Heidelberg.
Krohne, Karl (1889): Lehrbuch der Gefängniskunde, Stuttgart.
Krohne, Karl/Uber, R. (1901): Die Strafanstalten und Gefängnisse in Preußen, 1. Teil, Berlin.
Lindemann, Wilhelm (1939): Das Soester Strafrecht bis zum Beginn des 16. Jahrhunderts, Münster.
Liszt, Franz von (1899): Lehrbuch des Strafrechts, Berlin.
Liszt, Franz von (1905a): Der Zweckgedanke im Strafrecht, Marburger Universitätsprogramm von 1882, in: Franz von Liszt, Strafrechtliche Aufsätze und Vorträge, Band 1, Berlin, S. 126 ff.
Liszt, Franz von (1905b): Nach welchen Grundsätzen ist die Revision des Strafgesetzbuchs in Aussicht zu nehmen?, in: Franz von Liszt, Strafrechtliche Aufsätze und Vorträge, Band 2, Berlin, S. 356ff.
Luther, Martin (1897): Ob Kriegsleute auch in seligem Stande sein können, in: derselbe, Werke, Band 19, Weimar, S. 616ff.
Luther, Martin (1898): Zweite Predigt über die Epistel Jeremia 23, 5-8, in: derselbe, Werke, Band 20, Weimar, S. 561ff.
Luther, Martin (1900): Von weltlicher Oberkeit, wie weit man ihr Gehorsam schuldig sei, in: derselbe, Werke, Band 11, Weimar, S. 229ff.
Luther, Martin (1905): Predigt in der Schloßkirche zu Weimar am 25. Oktober 1522, in: derselbe Werke, Band 10, 3. Abteilung, Weimar, S. 379ff.
Mittelstädt, Otto (1879): Gegen die Freiheitsstrafe, Leipzig.
Mollenhauer, Wilhelm (1952): Reform des Jugendstrafrechts. Stellungnahme der ‚Arbeitsgemeinschaft für Reform des Strafvollzugs' in: Zeitschrift für Strafvollzug und Straffälligenhilfe, S.92ff.
Montesquieu, Charles Louis de (1976): Vom Geist der Gesetze, Stuttgart.
Pestalozzi, Heinrich (1781): Lienhard und Gertrud, Frankfurt.
Pfeiffer, Christian (1991): Unser Jugendstrafrecht – eine Strafe für die Jugend?, in: DVJJ-Journal, S.114ff.
Preiser, Friedrich (1919): Das erste deutsche Jugendgefängnis, in: Zeitschrift für die gesamte Strafrechtswissenschaft, Band 39, S. 328ff.
Pufendorf, Samuel von (1943): De officuio hominis et civit, 1673, ausgewählte Stücke übersetzt in: ders. Gemeinschaftspflichten des Naturrechts, Frankfurt.
Rabl, Rupert (1936): Strafzumessungspraxis und Kriminalitätsbewegung, Leipzig.
Rawiczer Reglement vom 25. Dezember 1835, in: Büttner, Paul, Reglementarische Bestimmungen für die Königlich Preußischen Strafanstalten, Anklam 1880.
Reindl, Richard: Offener Jugendstrafvollzug als Sozialisationsorganisation, Pfaffenweiler 1991.
Riecke, Emil (1841): Ueber Strafanstalten für jugendliche Verbrecher, Heilbronn.
Ristelhueber, J.B. (1843): Die Straf- und Besserungsanstalten nach den Bedürfnissen unserer Zeit, Mainz.
Röder, Karl D.A. (1864): Besserungsstrafe und Besserungsstrafanstalten als Rechtsforderung, Leipzig/Heidelberg.
Rosenfeld, Ernst (1905): Die staatliche Fürsorge für die entlassenen Strafgefangenen in Preußen, in: Zeitschrift für die gesamte Strafrechtswissenschaft, Band 25, S. 152ff.

Rousseau, Jean-Jacques (1978): Emil oder Über die Erziehung, Paderborn.
Rutschky, Katharina (1977, Herausgeberin): Schwarze Pädagogik, Quellen zur Naturgeschichte der bürgerlichen Erziehung, Frankfurt, Berlin, Wien.
Schleiermacher, Friedrich (1957): Pädagogische Schriften, Erster Band, Die Vorlesungen aus dem Jahre 1826, Düsseldorf und München.
Schletter, Hermann (1857): Die Konstitutionen Kurfürst Augusts von Sachsen vom Jahre 1572, Leipzig.
Schmidt, Eberhard (1958): Die geistesgeschichtliche Bedeutung der Aufklärung für die Entwicklung der Strafjustiz aus der Sicht des 20. Jahrhunderts, in: Schweizerische Zeitschrift für Strafrecht, Band 73, S. 341ff.
Schmidt, Eberhard (1965): Einführung in die Geschichte der deutschen Strafrechtspflege, Göttingen.
Schmölder, (1894): Die verwahrlosten Kinder und die jugendlichen Verbrecher, in: Der Gerichtssaal, S.157ff.
Schneider, Leo (1922): Der progressive Strafvollzug und seine Durchführung im Wittlicher Jugendgefängnis, Essen.
Schüttpelz, Elfriede (1936): Staat und Kinderfürsorge in Preußen in der 1. Hälfte des 19. Jahrhunderts, Berlin.
Schumann, Karl F./Voß, Michael (1980): Jugend ohne Kerker. Über die Abschaffung der Jugendgefängnisse im Staat Massachusetts im Januar 1972 und die Entwicklung seither, Bremen.
Schumann, Karl F./Voß, Michael/Papendorf, Knut (1981): Über die Entbehrlichkeit des Jugendstrafvollzugs, in: Freiheit statt Strafe, herausgegeben vob Helmut Ortner, Frankfurt am Main, S. 33ff.
Schweppe, Cornelia (1984): Es geht auch ohne Jugendgefängnis, Weinheim/Basel.
Sherman, Lawrence u.a.(1998): Preventing Crime: What works, what doesn't, what's promising? Report to the United States Concress. Prepared for the National Institute of Justice, Washington D.C.
Sieberer-Falch, Marianne (1939): Der Jugendstrafvollzug, Tübingen.
Spörer, Thomas (1987): Die Abschaffung der Jugendgefängnisse, Leinfelden.
Struve, Karl (1914): Die strafrechtliche Behandlung der Jugend in England, Berlin.
Tenorth, Heinz-Elmar, (2008): Geschichte der Erziehung. Einführung in die Grundzüge ihrer neuzeitlichen Erziehung, (4. Auflage) München.
Thomasius, Christian (1970): Erinnerung Wegen seiner künfftigen Winter-Lectionen (1702), in: ders., Deutsche Schriften, Stuttgart, S. 173ff.
Verhandlung des 1. Deutschen Jugendgerichtstages vom 15. – 17. März 1909, hrsg. von der Deutschen Zentrale für Jugendfürsorge, Berlin und Leipzig 1909.
Völter, Ludwig (1845): Geschichte und Statistik der Rettungs-Anstalten für arme verwahrloste Kinder in Württemberg, Stuttgart.
Vorschläge für ein erweitertes Jugendhilferecht, hrsg. vom Arbeiterwohlfahrt-Bundesverband e.V., Bonn 1970 (3. Auflage).
Wackernagel, Wilhelm (1862): Die Lebensalter – Ein Beitrag zur vergleichenden Sitten- und Rechtsgeschichte, Basel
Wagnitz, Heinrich Balthasar (1791): Historische Nachrichten und Bemerkungen über die merkwürdigsten Zuchthäuser in Deutschland, Band I, Halle.
Wahlberg, Wilhelm Emil (1882): Gesammelte kleine Bruchstücke über Strafrecht, Strafprocess, Gefängniskunde, Literatur und Dogmengeschichte der Rechtslehre in Oesterreich, Band 3, Wien.
Winkler, Michael (2006): Kritik der Pädagogik, Stuttgart.
Zirker, Otto (1924): Der Gefangene. Neuland der Erziehung in der Strafanstalt, Werther.

Klaus Laubenthal | Nina Nestler

Geltungsbereich und Sanktionenkatalog des JGG

Zu den in den Medien von Öffentlichkeit und Politik sowie in der Fachwelt heftig diskutierten Problemkreisen des Jugendstrafrechts gehören Geltungsbereich und Sanktionenkatalog des Jugendgerichtsgesetzes. Dabei bilden diese Komplexe bei weitem keine neuen Schwerpunkte des öffentlichen Interesses und fachlichen Diskurses.

1 Geltungsbereich

Bleibt die Definition des sachlichen Anwendungsumfangs des JGG – gem. § 1 Abs. 1 muss eine Verfehlung vorliegen, die nach den allgemeinen Vorschriften mit Strafe bedroht ist (dazu Laubenthal/Baier 2006, Rn. 53) – weitgehend unproblematisch, bereitet die Bestimmung des persönlichen Geltungsbereichs zuweilen erhebliche Schwierigkeiten. Diese resultieren, vor allem soweit die Strafbarkeit eines Heranwachsenden im Raum steht, nicht selten aus der diesbezüglich relativ flexiblen Ausgestaltung des JGG. Hinzu treten Fragen von politischer Natur, denn de lege ferenda werden Änderungen in zweierlei Hinsicht diskutiert: Zum einen geht es um eine Neufassung der in § 19 StGB, §§ 3 i.V.m. 1 Abs. 2 JGG festgelegten Strafmündigkeitsgrenze, zum anderen um Korrekturen zur gegenwärtigen Behandlung der Gruppe der Heranwachsenden, wobei insoweit unter anderem auch die zurzeit gültige Altersobergrenze von 21 Jahren im Streit steht.

§ 1 Abs. 2 JGG gibt zunächst die Begriffe des Jugendlichen und des Heranwachsenden im Wege einer Legaldefinition unter Bezugnahme auf den Zeitpunkt der Tatbegehung gem. § 2 JGG, § 8 StGB als maßgebliches Anknüpfungsmoment vor.

1.1 Jugendliche

Den persönlichen Geltungsbereich des JGG erstreckt § 1 Abs. 1 u. 2 JGG bezüglich der Jugendlichen auf Personen im Alter von 14 bis einschließlich 17 Jahren. Im Hinblick auf die Abschichtung von Kindern und Jugendlichen stehen sowohl eine Absenkung wie auch eine Heraufsetzung der gegenwärtigen absoluten Strafmündigkeitsgrenze von 14 Jahren zur Debatte.

Die gerade in Reaktion auf Verfehlungen vielfach auffälliger Kinder von manchen Seiten erwogene Absenkung des Strafmündigkeitsalters auf 12 Jahre (Hinz 2000: 107 ff.; ferner Paul 2003: 205 für Intensivtäter) erscheint jedoch nicht geboten. Für die Gruppe der 12- und 13-Jährigen fehlt es schon an einem Bedürfnis für kriminalrechtliche Interventionen, weil das Kinder- und Jugendhilferecht einen hinreichenden Katalog möglicher Maßnahmen bis hin zur Unterbringung in geschlossenen Heimen bereit hält. Ein tatsächliches Fehlen solcher Heimplätze in ausreichender Zahl bietet freilich keinen Anlass für die Ausweitung des Jugendkriminalrechts (Brunner/Dölling 2002 Einf. II Rn. 35; Kreuzer 2002: 2348 f.; Laubenthal 2002: 812). Dagegen spricht ferner die seit 1999 im Sinken begriffene Zahl tatverdächtiger Kinder (vgl. Polizeiliche Kriminalstatistik 2007: 76). Zudem erscheint es nicht einsichtig, die strafrechtliche Verantwortlichkeit generell nach unten auszudehnen, wenn die Autonomie der Individuen im Rahmen der Gesellschaft – und damit eine Grundvoraussetzung für die Erhebung des mit dem Strafvorwurf verbundenen sozialethischen Unwerturteils – sich immer später entwickelt. Auch die Grundrechtsrelevanz einer Herabsetzung der Strafmündigkeitsgrenze sollte nicht außer Acht bleiben, nachdem bereits durch die Erhebung eines kriminalrechtlichen Schuldvorwurfs in die Grundrechte der Betroffenen eingegriffen wird (BVerfGE 101: 287). Es bleibt schließlich weiter zu bezweifeln, ob sich gegenüber unter 14–Jährigen die Verantwortungsreife i.S.d. § 3 S. 1 JGG (der Delinquent muss zur Tatzeit nach seiner sittlichen und geistigen Entwicklung reif genug sein, das Tatunrecht einzusehen und nach dieser Einsicht zu handeln = bedingte Strafmündigkeit) in einer relevanten Zahl von Fällen wirklich belegen lässt. Ohne die Einholung von Sachverständigengutachten dürfte diese Feststellung in der Praxis ohnehin kaum jemals zu treffen sein (Hommes/Lewand, 2003: 8ff.; Meier/Rössner/Schöch, 2007: 97f.; Momsen, 2005: 181ff.; Seeliger, 2003: 169f.; Streng, 2008: 36f.). Im internationalen Vergleich schließlich fällt die bestehende Altersgrenze des deutschen Rechts von 14 Jahren keinesfalls aus dem Rahmen (vgl. Albrecht H.-J., 2002: D 83f.; Heitlinger, 2004:163ff.; Seeliger, 2003: 181ff.).

Im Gegenzug sprechen keine hinreichenden Argumente für eine von manchen (Ostendorf, 2007, Grdl. z. §§ 1–2 Rn. 9) geforderte Heraufsetzung der Strafmündigkeitsgrenze auf 16 Jahre. Angesichts der durch § 3 JGG eingeräumten Möglichkeit einer differenzierten Betrachtung sollten junge Menschen trotz der zunehmenden Komplexität der Lebensverhältnisse nicht in größerem Umfang als momentan von strafrechtlicher Verantwortlichkeit freigestellt werden (siehe Laubenthal, 2002: 812). Im Hinblick auf die Verhaltenserwartungen der Gesellschaft, den Gedanken des Opferschutzes und auch die Interessen junger Täter selbst, denen u.U. unangebrachte jugendhilferechtliche Konsequenzen drohen mögen, muss es bei der prinzipiellen Verantwortlichkeit 14- und 15-Jähriger bleiben (vgl. Albrecht H.-J., 2002,: D 88f.; Brunner/Dölling 2002, Einf. II Rn. 35; Heitlinger, 2004: 313f.; Streng, 2008: 36f.). Dem Anliegen, die Angehörigen dieser Altersgruppe vor den im Jugendstrafvollzug für ihre Sozialisation drohenden Gefahren zu bewahren, wird von der Praxis bereits heute weitgehend Rechnung getragen (Seeliger, 2003: 166).

1.2 Heranwachsende

Für Heranwachsende, welche die Gruppe der jungen Täter im Alter von 18 bis unter 21 Jahren ausmachen, gelten §§ 105–112 JGG, wonach eine Anwendung der Vorschriften des materiellen Jugendstrafrechts unter bestimmten Voraussetzungen erfolgt. Da § 3 JGG wegen § 105 Abs. 1 JGG keine Anwendung findet, wird der Heranwachsende im Gegensatz zum – bedingt strafmündigen – Jugendlichen vom Gesetz ohne weiteres als strafmündig angesehen; einer besonderen Feststellung seiner geistigen oder sittlichen Reife bedarf es infolgedessen nicht.

a) Entscheidung über die Anwendbarkeit von Jugendstrafrecht
Der Entscheidung über die Anwendbarkeit von Jugend- oder Erwachsenenstrafrecht kommt erhebliche praktische Bedeutung vor allem angesichts der angestiegenen Zahlen von Tätern im Heranwachsendenalter zu. Dabei liegt zwischenzeitlich die Zahl der straffälligen Heranwachsenden sogar höher als diejenige der jugendlichen Rechtsbrecher. So standen etwa 100.194

Heranwachsende im Jahr 2006 im Vergleich zu 89.583 Jugendlichen vor Gericht (Statistisches Bundesamt, 2007: 52). In diesem Zusammenhang geht das Gesetz trotz der Formulierung spezieller Voraussetzungen für das Eingreifen des jugendstrafrechtlichen Instrumentariums nicht davon aus, die Anwendung von Jugendstrafrecht bilde die Ausnahme, während im Normalfall Erwachsenenstrafrecht zur Geltung komme (dazu etwa BGH, NJW 2002: 75).

Den Maßstab der zu treffenden Gesamtwürdigung bildet der Jugendliche, wobei mit den so genannten Marburger Richtlinien ein Katalog von Kriterien existiert, welche Orientierung bei der Entscheidungsfindung bieten können. Nicht zu vernachlässigen sind ferner Umweltbedingungen wie z.B. ein auf Migrationshintergrund beruhender Kulturkonflikt (vgl. OLG Hamm, StV 2001: 182; Eisenberg 2007, § 105 Rn. 22) oder im Elternhaus verübte Gewalthandlungen (Eisenberg 2007, § 105 Rn. 19).

Bei der Anwendungshäufigkeit des Jugendstrafrechts fallen sowohl regionale wie deliktsspezifische Unterschiede auf. Erstere äußern sich in einem erheblichen Nord-Süd-Gefälle, das in den südlichen Bundesländern eine z.t. weitaus restriktivere Handhabung der Anwendung des Jugendstrafrechts zeigt als in manchen nördlichen Ländern (vgl. Daten bei Böhm/Feuerhelm 2004: 54 f.; Ostendorf 2007, Grdl. z. §§ 105–106 Rn. 7). Eine Deliktsspezifität der Anwendung des Jugendstrafrechts ist bei einem Vergleich der schwereren Delikte mit insbesondere leichteren Verkehrsstraftaten zu konstatieren, wobei vor allem letztere eher nach allgemeinem Strafrecht behandelt werden (Böhm/Feuerhelm 2004: 53; Eisenberg 2007, § 105 Rn. 4; Ostendorf,2007, Grdl. z. §§ 105–106 Rn. 6; Streng 2008, S. 40). Diese häufige Anwendung des allgemeinen Strafrechts auf Verkehrsdelikte mag mit der aufgrund von §§ 109 Abs. 1 S. 1, Abs. 2 S. 1, 79 Abs. 1 JGG nur dann gegebenen Möglichkeit erklärt werden, im Wege des Strafbefehlsverfahrens zu entscheiden, (so Böhm/Feuerhelm 2004: 53; Eisenberg 2007, § 105 Rn. 5; Ostendorf 2007, Grdl. z. §§ 105–106 Rn. 6). Bei schwersten Delikten kommt es demgegenüber regelmäßig zu einer genaueren Persönlichkeitserforschung unter Einholung von Sachverständigengutachten, wodurch Reifedefizite besser entdeckt werden (Böhm/Feuerhelm 2004: 53; Eisenberg 2007, § 105 Rn. 5; Streng 2008: 48). Im Übrigen dürfte das Bestreben eine Rolle spielen, die flexiblen Sanktionsmöglichkeiten des Jugendstrafrechts zu nutzen und dem als unangemessen hoch bewerteten Strafrahmen des allgemeinen Strafrechts aus dem Weg gehen zu können (vermutet von Streng 2008: 49f.).

b) Reformbestrebungen
Der uneinheitliche Umgang der Rechtspraxis mit § 105 Abs. 1 JGG stößt im Schrifttum nicht zu Unrecht auf Kritik. Angesichts der großzügigen Spielräume, welche die Tatbestandsvoraussetzungen der Norm dem Richter einräumen, und der Anerkennung eines weiten tatrichterlichen Ermessens durch den BGH (vgl. dazu Laubenthal/Baier 2006: 47) wird sich de lege lata am Befund, es handele sich um den für eine flexible, individualisierende Lösung zu zahlenden Preis (Meier/Rössner/Schöch 2007: 103f.), nichts ändern lassen. Die mit den Marburger Richtlinien begonnenen und bis in die Gegenwart fortgeführten Bemühungen um die Erarbeitung wissenschaftlich fundierter Entscheidungsgrundlagen vermögen die Mängel immerhin zu lindern. Speziell die bundesweit divergierende Anwendungspraxis des § 105 Abs. 1 JGG lässt aber Bedenken im Hinblick auf den auch grundrechtlich fundierten Gleichbehandlungsgrundsatz, Art. 3 Abs. 1 GG, als begründet erscheinen (Böhm/Feuerhelm 2004: 57; Schaffstein/Beulke 2002: 80; Schöch 2001: 135). Die ungleichmäßige Handhabung der Anwendung des Jugendstrafrechts auf Heranwachsende bleibt damit ein erhebliches Problem und bedingt einen höchst unbefriedigenden Zustand der Rechtsunsicherheit.

Daher wird zuweilen – vor allem von Seiten der Politik – eine generelle Herausnahme der Heranwachsenden aus dem Jugendstrafrecht erwogen (vgl. etwa Gesetzesantrag der Freistaaten Bayern und Thüringen vom 21.4.2004, BR-Drs. 276/05). Demgegenüber existieren auch Forderungen nach einer zwingenden Einbeziehung der Heranwachsenden in den Anwendungsbereich des JGG (Albrecht H.-J. 2002: D 96; Albrecht P.-A. 2000: 111; Böhm/Feuerhelm 2004: 61; Diemer/Schoreit/Sonnen 2008, § 105 Rn. 10; Dünkel 2002: 92; Kreuzer 2002: 2350; Ostendorf 2007: Grdl. z. §§ 105–106 Rn. 10; Sieveking/Eisenberg/Heid 2005: 190; Streng 2008: 49; krit. Laubenthal, 2002: 812f.). Darüber hinaus wird z.T. die Einführung eines Regel-Ausnahme-Verhältnisses, demzufolge prinzipiell das Erwachsenenstrafrecht und nur in Ausnahmefällen Jugendstrafrecht gelten soll (etwa BT-Drs. 15/1472, S. 5; BR-Drs. 238/04, S. 12; Kornprobst, 2002: 313; Paul 2003: 206f.; Werwigk-Hertneck/Rebmann 2003: 228f.), oder die Schaffung eines eigenständigen Jungtäterrechts für 18- bis 24-Jährige (vgl. Zweite Jugendstrafrechtsreform-Kommission der DVJJ, 2001: 346; Putzke 2004: 140; Schroer 2002: 312 ff.; ablehnend Albrecht H.-J. 2002: D 96; Böhm/Feuerhelm 2004: 62; Ostendorf 2007, Grdl. z. §§ 105–106 Rn. 12) gefordert.

Gegen Letzteres spricht, dass die Ziehung der oberen Altersgrenze bei 24 Jahren willkürlich erscheint, selbst wenn die Sozialisation bei 21-Jährigen noch nicht unbedingt abgeschlossen zu sein braucht. Außerdem werden viele der über 20-jährigen Täter bereits das jugendstrafrechtliche Instrumentarium erfolglos durchlaufen haben. Die generelle Einbeziehung der Heranwachsenden in das Erwachsenenstrafrecht erscheint insofern problematisch, als die unselbständige Jugendphase sich zunehmend in das Erwachsenenalter hinein verlängert, mithin eine strafrechtliche Gleichstellung Heranwachsender und sonstiger Volljähriger nicht veranlasst ist. Dieser Aspekt widerstreitet auch der Einführung eines Regel-Ausnahme-Verhältnisses zugunsten der Anwendung allgemeinen Strafrechts, zumal die Anwendungspraxis zu § 105 JGG eine derartige Vermutung nicht stützt. So wendet man in der Praxis immerhin in etwa 66% der Verfahren Jugendstrafrecht an (Statistisches Bundesamt 2007: 52). Darüber hinaus steht eine solche Forderung diametral zur europaweiten Entwicklung. Will man die Heranwachsenden generell den Jugendlichen gleichstellen, so entspräche dies damit zumindest in den meisten Fällen der Justizwirklichkeit sowie den aktuellen Entwicklungen in Europa (Dünkel 2003: 21ff.). Auch der Gesichtspunkt der Verfahrensökonomie lässt eine derartige Lösung wünschenswert erscheinen, da es keiner Gutachten über den Reifezustand mehr bedürfte. Sollte dieses Vorhaben – womit in naher Zukunft wohl eher nicht zu rechnen ist – verwirklicht werden, müsste allerdings durch zahlreiche Folgeänderungen der Tatsache Rechnung getragen werden, dass Volljährigen nicht mehr Erziehungsfähigkeit und -bedürftigkeit unterstellt werden dürfen. Der Erziehungsgedanke als jugendstrafrechtliches Grundanliegen wäre deshalb in der Folge zumindest teilweise aufzugeben (Albrecht P.-A. 2002: 160; Laubenthal 2002: 813).

2 Sanktionenkatalog

Das Jugendstrafrecht hält einen breiten Katalog möglicher Konsequenzen bereit, der es erlaubt, flexibel und differenziert auf Verfehlungen Jugendlicher und Heranwachsender zu reagieren, indem er die Verhängung verschiedener stationärer wie ambulanter Sanktionen vorsieht.

2.1 Der Sanktionenkatalog im Überblick

Als originäre Folgen von strafrechtlichen Verfehlungen Jugendlicher sieht das Gesetz drei Kategorien von förmlichen Sanktionsarten vor: Erziehungsmaßregeln i.S.d. §§ 5 Abs. 1, 9 ff. JGG, Zuchtmittel nach §§ 5 Abs. 2 1. Alt., 13 ff. JGG und Jugendstrafe gem. §§ 5 Abs. 2 2. Alt., 17 ff. JGG. Daneben bestehen die Möglichkeiten informeller Verfahrensbeendigung nach §§ 45, 47 JGG sowie der Verhängung von Maßregeln der Besserung und Sicherung gem. § 7 JGG.

An Erziehungsmaßregeln werden von §§ 9 Nr. 1, 10 f. JGG die Erteilung von Weisungen sowie von § 9 Nr. 2 JGG die Anordnung, Hilfe zur Erziehung in Anspruch zu nehmen, bereitgehalten. § 12 JGG benennt die möglichen Maßnahmen der Erziehungshilfe näher: In Betracht kommt zum einen Erziehungsbeistandschaft gem. § 12 Nr. 1 JGG i.V.m. § 30 SGB VIII, zum anderen Heimerziehung nach § 12 Nr. 2 JGG, § 34 SGB VIII.

Zuchtmittel sind die Verwarnung i.S.d. §§ 13 Abs. 2 Nr. 1, 14 JGG, die Erteilung von Auflagen gem. §§ 13 Abs. 2 Nr. 2, 15 JGG sowie nach §§ 13 Abs. 2 Nr. 3, 16 JGG der Jugendarrest.

Jugendstrafe wird gem. § 17 Abs. 2 1. u. 2. Alt. JGG entweder wegen schädlicher Neigungen oder wegen der Schwere der Schuld für eine bestimmte Dauer verhängt. Ihre Vollstreckung kann nach §§ 21 ff. JGG zur Bewährung ausgesetzt werden. Lässt sich zum Urteilszeitpunkt nicht sicher sagen, ob schädliche Neigungen im erforderlichen Umfang vorliegen, so darf gem. §§ 27 ff. JGG sogar die Entscheidung über die Verhängung der Jugendstrafe für eine bestimmte Zeit ausgesetzt werden.

Gegen Heranwachsende, für die Jugendstrafrecht gilt, kommen diese Sanktionen ebenfalls zur Anwendung. Allein Hilfe zur Erziehung nach §§ 12, 9 Nr. 2 JGG in Anspruch zu nehmen, darf dem volljährigen Heranwachsenden nicht auferlegt werden.

2.2 Rechtspolitische Bestrebungen zur Verschärfung des Sanktionenkatalogs

Forum für Diskussionen um eine Reformierung des jugendstrafrechtlichen Sanktionenkatalogs bietet nicht nur die durch Politik und Medien bestimmte Öffentlichkeit; auch die Fachwelt widmet sich den damit zusammenhängenden Fragen. In Rede stehen dabei vor allem die Anhebung des Höchstmaßes der Jugendstrafe von 10 auf 15 Jahre, der so genannte Warnschussarrest, die Erhebung des Fahrverbots zu einer vollwertigen Hauptstrafe für alle Arten von Straftaten und die Ausdehnung der nachträglichen Sicherungsverwahrung auf nach Jugendstrafrecht Verurteilte (vgl. dazu Merk 2008: 71; zu Verschärfungstendenzen in Europa eingehend Dünkel 2008: 102ff., 104).

Fordert die Öffentlichkeit die Umsetzung dieser Punkte, so lässt sie sich dabei von den zum Teil recht spektakulären Einzelfällen, welche durch die Medien eindrücklich inszeniert werden, leiten (Ostendorf 2008: 149). Zu derartigen Appellen bestimmt werden Politik, Medien und Bevölkerung dann zunächst von der Fehlannahme, ein härteres Vorgehen gegen jugendliche oder heranwachsende Straftäter führe zur Effektivierung der Bekämpfung von Jugendkriminalität. Ein Blick auf in längerfristigen Studien ermittelte Rückfallquoten belehrt jedoch eines Besseren. Denn Täter, deren Verfehlungen mit ambulanten Sanktionen geahndet wurden, tendierten erheblich seltener zu erneuter Straffälligkeit als diejenigen Jugendlichen und Heranwachsenden, deren Verfehlungen mit Jugendstrafe oder Arrest begegnet wurde (Jehle/Heinz/Sutterer 2003; Ostendorf 2008: 150; Ostendorf 2006: 323f.; Verrel 2008: 178). Selbst Jugendstrafen, deren Vollstreckung zur Bewährung ausgesetzt wurde, scheinen weniger oft eine Rückfälligkeit zu bedingen als ein vollstreckter Arrest. Dies mag Folge der gesellschaftlichen Auffassung sein, welche dazu neigt, den Arrest mit der Jugendstrafe gleichzusetzen und den Arrestanten als Kriminellen anzusehen (Ostendorf 2008: 150).

An dieser Stelle kann freilich nicht auf sämtliche der in Diskussion stehenden Änderungen in aller Ausführlichkeit eingegangen werden. Zu den beiden bedeutendsten Vorschlägen soll jedoch eine knappe Darstellung erfolgen.

a) Höchststrafe von 15 Jahren?

Unter Berufung auf die Gefährlichkeit vereinzelter Straftäter erheben manche das Postulat einer Anhebung des Höchstmaßes der Jugendstrafe von derzeit 10 auf 15 Jahre (Gesetzesanträge der Bayerischen Staatsregierung, BR-Drs. 662/97, 449/99, ferner zusammen mit der sächsischen Landesregierung, BR-Drs. 459/98; Merk 2008: 71). Dabei schließt schon die Handhabung in der Praxis einen Erfolg derartiger Änderungen aus, weil die Verhängung der Höchststrafe in der Realität bereits jetzt eine Seltenheit bleibt (Ostendorf 2008: 151; Schulz 2001: 313; Verrel 2008: 177). Auch stellt sich die Frage, ob Jugendstrafen längerer Dauer überhaupt noch mit dem Erziehungsgedanken zu rechtfertigen sind (Verrel 2008: 177). In diesem Zusammenhang wird angenommen, eine Erziehung in der Anstalt verspreche nur bis zu einem Zeitraum von vier bis maximal fünf Jahren Erfolg. Bei einer über diese Zeitspanne hinausreichenden Haftdauer fallen die entsozialisierenden Folgen des Freiheitsentzugs gegenüber den resozialisierenden Effekten deutlich schwerer ins Gewicht, überwiegen diese gar. Das Risiko irreversibler Zeichnung durch die Haft erhöht sich demnach proportional zu deren Dauer, wobei zugleich die erzieherische Wirkung nach und nach ausbleibt. Dem schließt sich der an die lange, zwischen Straftat und Beendigung der Vollstreckung liegende Zeitspanne anknüpfende Vorwurf einer Ineffektivität der Verfahren in Jugendstrafsachen einschließlich der Strafvollstreckung an. Denn lange Intervalle zwischen Tatbegehung und Aburteilung bzw. Vollstreckung reduzieren zunehmend eine unmittelbare Abschreckungs- und Schockwirkung bis hin zu deren völliger Verhinderung.

b) Sicherungsverwahrung im Jugendstrafrecht?

Im bislang geltenden Jugendstrafrecht verbot § 7 JGG jede Form der Sicherungsverwahrung gegenüber jungen Menschen im Alter von 14 bis 17 Jahren. Nur gegenüber denjenigen Heranwachsenden, deren Verfehlungen nach Erwachsenenstrafrecht geahndet wurden, bildeten gem. § 106 Abs. 3-6 JGG die vorbehaltene und die nachträgliche Sicherungsverwahrung zulässige Sanktionen. In der Diskussion stand jedoch die Einführung der Sicherungsverwahrung auch gegenüber nach Jugendstrafrecht verurteilten Jugendlichen und Heranwachsenden (Gesetzesanträge der Freistaaten Bayern und Thüringen, BR-Drs. 276/05; Referentenentwurf der Bundesregierung vom 10.4.2007 zu einem „Gesetz zur Einführung der nachträglichen Sicherungsverwahrung bei Verurteilungen nach Jugendstrafrecht"; ferner Merk 2008: 71).

Gem. der Neufassung des § 7 Abs. 2 JGG durch das „Gesetzes zur Einführung der nachträglichen Sicherungsverwahrung bei Verurteilungen nach Jugendstrafrecht" vom 8.7.2008 (BGBl I: 1212f.) ist bei Verhängung einer Jugendstrafe von mindestens sieben Jahren wegen bestimmter Straftaten die Anordnung von Sicherungsverwahrung zulässig. Als zusätzliche Voraussetzung nennt das Gesetz das Vorliegen von Tatsachen, die den Betroffenen als hochgefährlich für andere erscheinen lassen. Die z.T. erhobenen verfassungsrechtlichen Einwände gegen die Einführung einer solchen Sanktion (vgl. Ostendorf 2007, § 106 Rn. 12) wurden bereits vom Bundesverfassungsgericht mit Verweis auf deren Charakter als Maßregel der Besserung und Sicherung zurückgewiesen (BVerfG, StV 2006: 574).

Kontraproduktiv wirkt die Sicherungsverwahrung – insbesondere bei nachträglicher Anordnung –, da längerfristig betrachtet bei den meisten Jugendlichen die Episode abweichenden bzw. kriminellen Verhaltens im Alter zwischen 20 und 25 Jahren endet. Zudem kann eine künftige Gefährlichkeit jugendlicher oder reifeverzögerter Heranwachsender kaum abgeschätzt werden, da die Umstände, welche den weiteren Werdegang eines jungen Menschen nachhaltig beeinflussen, vielfältig und vor allem wenig vorhersehbar sind (Ostendorf 2008: 152; diese räumt auch die Gesetzesbegründung ein vgl. BT-Drs. 16/6562: 7). Eine realistische, für die Anordnung der Sicherungsverwahrung erforderliche Prognose über die Wahrscheinlichkeit der künftigen Begehung weiterer Straftaten bleibt damit letztlich ausgeschlossen (in diesem Sinne auch Ostendorf 2007a: 148). Auch im europaweiten Vergleich bildete das deutsche Jugendstrafrecht in seiner früheren Ausgestaltung keine Ausnahme. Kennen die Niederlande und England zwar vergleichbare Sanktionen, so bedürfen diese stets einer Anordnung im Strafurteil selbst – deren nachträgliche Verhängung bleibt dort in jedem Fall ausgeschlossen (vgl. dazu Ostendorf 2007a: 147, insbes. auch zur Vereinbarkeit mit internationalen Vorgaben).

3 Schlussbemerkung

Gerade im Bereich der jugendstrafrechtlichen Reaktionen zeigt sich, wie Politik und Medien immer wieder publizistische, die Ängste der Bevölkerung ausnutzende Forderungen erheben, die zwar auf ernst zu nehmende Probleme in Teilbereichen bezogen, selbst aber wenig wissenschaftlich fundiert sind. Gegebenenfalls defizitären Zuständen bei der divergierenden Anwendungspraxis des Jugendstrafrechts muss jedenfalls auf andere Weise zu begegnen sein, als mit der Reduzierung der Flexibilität der Unrechtsreaktionen des Jugendgerichtsgesetzes. Ein unterstellter Mangel an Abschreckungswirkung der Jugendstrafrechtspflege auf potenzielle junge Delinquenten ließe sich verringern, und damit die Effizienz der Jugendstrafverfahren erheblich steigern, sofern eine höhere Aufdeckungsquote und eine schnellere Ahndung, Aburteilung und Vollstreckung ermöglicht würden.

Literatur

Albrecht, H.-J. (2002): Ist das deutsche Jugendstrafrecht noch zeitgemäß? In: Verhandlungen des 64. Deutschen Juristentages, Band I. München, S. D 1 ff.
Albrecht, P.-A (2000): Jugendstrafrecht. 3. Aufl. München.
Albrecht, P.-A. (2002): Wider besseres Wissen – Gegenreform im Jugendstrafrecht. In: Festschrift für Lüderssen. Baden-Baden, S. 153 ff.
Beulke, W. (2006): Strafprozessrecht. 8. Aufl. Heidelberg.
Böhm, A./Feuerhelm, W. (2004): Einführung in das Jugendstrafrecht. 4. Aufl. München.
Brunner, R./Dölling, D. (2002): Jugendgerichtsgesetz: Kommentar. 11. Aufl., Berlin u.a.
Diemer, H./Schoreit, A./Sonnen, B.-R. (2008): Jugendgerichtsgesetz: Kommentar. 5. Aufl. Heidelberg.
Dünkel, F. (2002): Jugendstrafrecht – Streit um die Reform. In: Neue Kriminalpolitik 2002, S. 90 ff.
Dünkel, F. (2003): Heranwachsende im Jugendstrafrecht in Deutschland und im europäischen Vergleich. In: DVJJ-Journal Nr. 179/2003, S. 19 ff.
Dünkel, F. (2008): Jugendstrafrecht im europäischen Vergleich im Licht aktueller Empfehlungen des Europarats. In: Neue Kriminalpolitik 2008, S. 102 ff.

Eisenberg, U. (2001): Anmerkung zum Beschluss des BGH v. 15.3.2001. In: Neue Zeitschrift für Strafrecht 2001, S. 556 f.
Eisenberg, U. (2007): Jugendgerichtsgesetz. 10. Aufl. München.
Esser, R.(2003): Examensklausur – Wahlfachgruppe Kriminologie, Jugendstrafrecht, Strafvollzug. In: Jura 2003, S. 782 ff.
Heitlinger, C. (2004): Die Altersgrenze der Strafmündigkeit. Hamburg.
Herrlinger, W./Eisenberg, U. (1987): Zur Zulässigkeit der Anordnung eines Jugendarrestes bei gleichzeitiger Aussetzung der Entscheidung über die Verhängung einer Jugendstrafe. In Neue Zeitschrift für Strafrecht 1987, S. 177 f.
Hinz, W. (2000): Strafmündigkeit ab vollendetem 12. Lebensjahr? In: Zeitschrift für Rechtspolitik 2000, S. 107 ff.
Hommes, W./Lewand, M (2003): Zur empirischen Fundierung des strafrechtlichen Eintrittsalters. In: Zentralblatt für Jugendrecht 2003, S. 7 ff.
Jehle/Heinz/Sutterer, Legalbewährung nach strafrechtlichen Sanktionen, Bundesministerium der Justiz (Hrsg.), 2003.
Kornprobst, H. (2002): Ist das deutsche Jugendstrafrecht noch zeitgemäß? In: Juristische Rundschau 2002, S. 309 ff.
Kreuzer, A. (2002): Ist das deutsche Jugendstrafrecht noch zeitgemäß? In: Neue Juristische Wochenschrift 2002, S. 2345 ff.
Kusch, R. (2006): Plädoyer für die Abschaffung des Jugendstrafrechts. In: Neue Zeitschrift für Strafrecht 2006, S. 65 ff.
Laubenthal, K. (2002): Ist das deutsche Jugendstrafrecht noch zeitgemäß? In: Juristenzeitung 2002, S. 807 ff.
Laubenthal, K./Baier, H. (2006): Jugendstrafrecht. Berlin und Heidelberg.
Meier, B.-D./Rössner, D./Schöch, H.(2007): Jugendstrafrecht, 2.Aufl. München.
Merk, B. (2008): Verschärfung des Jugendstrafrechts?. In: Zeitschrift für Rechtspolitik 2008, S. 71.
Momsen, C. (2005): Der rechtliche Rahmen für die Verschiebung der Altersgrenzen im Jugendstrafrecht. In: Zeitschrift für Jugendkriminalrecht und Jugendhilfe 2005, S. 179 ff.
Ostendorf, H. (2006): Gegen die Abschaffung des Jugendstrafrechts oder seiner Essentialia. In: Neue Zeitschrift für Strafrecht 2006, S.323 ff.
Ostendorf, H. (2007): Jugendgerichtsgesetz: Kommentar. 6. Aufl. Köln u.a.
Ostendorf, H. (2007a): Nachträgliche Sicherungsverwahrung bei jungen Menschen auf dem internationalen und verfassungsrechtliche Prüfstand. In: Zeitschrift für Rechtspolitik 2007, S. 146 ff.
Ostendorf, H. (2008): Jugendstrafrecht – Reform statt Abkehr. In: Strafverteidiger 2008, S.148 ff.
Paul, A. (2003): Reform der Altersstufen im Jugendstrafrecht. In: Zeitschrift für Rechtspolitik 2003, S. 204 ff.
Putzke, H. (2004): Beschleunigtes Verfahren bei Heranwachsenden. Holzkirchen.
Schaffstein, F./Beulke, W. (2002): Jugendstrafrecht: eine systematische Darstellung. 14. Aufl. Stuttgart.
Schöch, H. (2001): Wie soll die Justiz auf Jugendkriminalität reagieren? In: Dölling, D. (Hrsg.): Das Jugendstrafrecht an der Wende zum 21. Jahrhundert. Berlin und New York, S. 125 ff.
Schroer, B. (2002): Erweiterung des Sanktionenkatalogs für junge Erwachsene. In: Gedächtnisschrift für Meurer. Berlin, S. 305 ff.
Schulz, H. (2001): Die Höchststrafe im Jugendstrafrecht (10 Jahre). In. Monatsschrift für Kriminologie und Strafrechtsreform 2001, S.310 ff.
Seeliger, M. (2003): Entwicklung der Kinderdelinquenz und Folgerungen im Hinblick auf eine Änderung der Strafmündigkeitsgrenze. Frankfurt a.M.
Sieveking, R./Eisenberg, U./Heid, U. (2005): Politische Bestrebungen zu Lasten des Jugendstrafrechts. In: Zeitschrift für Rechtspolitik 2005, S. 188 ff.
Streng, F. (2008): Jugendstrafrecht. 2. Aufl. Heidelberg.
Verrel, T. (2008): „Warnschussarrest" – Kriminalpolitik wider besseres Wissen?. In: Neue Zeitschrift für Strafrecht 2008, S. 177 ff.
Werwigk-Hertneck, C./Rebmann, F. (2003): Reformbedarf im Bereich des Jugendstrafrechts? In: Zeitschrift für Rechtspolitik 2003, S. 225 ff.

Bernd-Rüdeger Sonnen

Neuere Interventionsformen im Jugendstrafrecht

1 Diversion

1.1 Voraussetzungen und Ziel

Neuere Interventionsformen im Jugendstrafrecht lassen sich mit dem Begriff „Diversion" kennzeichnen. Sie bedeutet Ablenkung im Sinne von Weichenstellung bzw. Umleitung. Gemeint ist eine Umleitung um das System (jugend-)strafrechtlicher formeller Sozialkontrolle durch informelle Erledigung, häufig verbunden mit einer Weichenstellung vom Jugendstraf- zum Jugendhilferecht. Es geht um eine Vermeidung der Anklage (staatsanwaltschaftliche Diversion) bzw. von Hauptverhandlung und Verurteilung (richterliche Diversion). Gegenwärtig werden 68–69% aller Verfahren gegen Jugendliche und Heranwachsende informell erledigt, während die Vergleichszahl im Strafprozessrecht bei knapp über 50% liegt. Die Diversionsbewegung ist gleichzeitig ein gelungenes Beispiel für eine (von mir so genannte) Doppelintegration von Theorie und Praxis einerseits und von Rechts- und Sozialwissenschaften (hier Strafrecht und Kriminologie) andererseits. In Projekten wie „Brücke", „Handschlag" und „Waage" von der Praxis entwickelt, rechtlich im Rahmen des offenen Weisungskatalogs nach § 10 JGG zugelassen und kriminologisch durch die Vermeidung von Stigmatisierungseffekten förmlicher strafrechtlicher Sozialkontrolle abgesichert, wurde diese so genannte „Reform von unten" bzw. „innere" Reform zum Motor für das erste JGG-Änderungsgesetz 1990:

> „Neuere kriminologische Forschungen haben bewiesen, dass Kriminalität im Jugendalter meist nicht Indiz für ein erzieherisches Defizit ist, sondern überwiegend als entwicklungsbedingte Auffälligkeit mit dem Eintritt in das Erwachsenenalter abklingt und sich nicht wiederholt. Eine förmliche Verurteilung Jugendlicher ist daher in weitaus weniger Fällen geboten, als es der Gesetzgeber von 1953 noch für erforderlich erachtete.
> Untersuchungen zu der Frage, inwieweit der Verzicht auf eine formelle Sanktion zugunsten einer informellen Erledigung kriminalpolitisch von Bedeutung ist, haben – jedenfalls für den Bereich der leichten und mittleren Jugenddelinquenz – zu der Erkenntnis geführt, dass informellen Erledigungen als kostengünstigeren, schnelleren und humaneren Möglichkeiten der Bewältigung von Jugenddelinquenz auch kriminalpolitisch im Hinblick auf Prävention und Rückfallvermeidung höhere Effizienz zukommt.
> Es hat sich weiterhin gezeigt, dass die in der Praxis vielfältig erprobten neuen ambulanten Maßnahmen (Betreuungsweisung, sozialer Trainingskurs, Täter-Opfer-Ausgleich) die traditionellen Sanktionen (Geldbuße, Jugendarrest, Jugendstrafe) weitgehend ersetzen können, ohne dass sich damit die Rückfallgefahr erhöht. Schließlich ist seit langem bekannt, dass die stationären Sanktionen des Jugendstrafrechts (Jugendarrest und Jugendstrafe) sowie die Untersuchungshaft schädliche Nebenwirkungen für die jugendliche Entwicklung haben können" (Bundestags-Drucksache 11/5829: 1; vgl. BMJ 1989; Pfeiffer 1989)

Diese kriminalpolitischen Zielvorstellungen sind um das im neuen § 2 I JGG verankerte und seit dem 1.1.2008 geltende Ziel des Jugendstrafrechts zu ergänzen. Danach soll die Anwendung des Jugendstrafrechts vor allem erneuten Straftaten eines Jugendlichen oder Heranwachsenden entgegenwirken. Um dieses Ziel zu erreichen, sind die Rechtsfolgen und unter Beachtung des elterlichen Erziehungsrechts auch das Verfahren vorrangig am Erziehungsgedanken auszurichten. Damit enthält das JGG erstmals in seiner Geschichte seit den Gesetzen der Jahre 1923, 1943, 1953 die ausdrückliche Zielbestimmung, Rückfallkriminalität zu verhindern. Der Weg zur Zielerreichung ist der Erziehungsgedanke. Es wird deutlich, dass sich § 2 I JGG nicht auf normative Erwägungen beschränkt, sondern in erster Linie empirische Einschätzungen und die Berücksichtigung gesicherter empirischer Kenntnisse der kriminologischen Sanktionsforschung verlangt. Zum Gradmesser werden dabei die Ergebnisse der Evaluations- und Wirkungsforschung, und zwar differenziert nach den unterschiedlichen Rechtsgrundlagen für Diversionsstrategien.

Nach § 45 I JGG kann der Staatsanwalt von der Verfolgung absehen, wenn die Voraussetzungen des § 153 StPO vorliegen (Vergehen, geringe Schuld, mangelndes öffentliches Interesse – die Zustimmung des Gerichts ist hier nicht erforderlich). Die geringe Schuld muss nicht abschließend festgestellt sein; es genügt, wenn eine gewisse Wahrscheinlichkeit besteht, jedenfalls die Unwahrscheinlichkeit eines Freispruchs, wenn das Verfahren durchgeführt würde (BVerfGE 82: 106). Die Sache braucht nicht weiter aufgeklärt zu sein, als es für diese Prognose notwendig ist. Die Zustimmung des Beschuldigten oder seiner Erziehungsberechtigten ist ebenso wenig Voraussetzung wie ein Geständnis. Die Diversionsmöglichkeit des § 45 I JGG wird häufig als Folgenlosigkeit kritisiert, ist es aber nicht, wenn man daran denkt, dass ein Jugendlicher, der beispielsweise beim Ladendiebstahl erwischt wird, vom Warenhausdetektiv, dem Geschäftsführer, der Polizei und möglicherweise seinen Eltern oder sonst Erziehungsberechtigten mit seinem Verhalten konfrontiert wird.

Wenn eine erzieherische Maßnahme bereits durchgeführt und eingeleitet ist und weder eine Beteiligung des Richters noch die Erhebung der Anklage für erforderlich gehalten wird, sieht der Staatsanwalt von der Verfolgung gemäß § 45 II JGG ab. Dabei steht einer erzieherischen Maßnahme das Bemühen des Jugendlichen gleich, einen Ausgleich mit dem Verletzten zu erreichen. Diese Diversionsmöglichkeit ist nicht auf Vergehen beschränkt. Weitere Einzelheiten sind in der Richtlinie zu § 45 unter 3. festgehalten:

„Erzieherische Maßnahmen im Sinne von § 45 II sollen geeignet sein, die Einsicht des Jugendlichen in das Unrecht der Tat und deren Folgen zu fördern. Sie können von den Erziehungsberechtigten, aber z.B. auch vom Jugendamt, der Schule oder dem Ausbilder ausgehen. Ist noch keine angemessene erzieherische Reaktion erfolgt, so prüft die Staatsanwaltschaft, ob sie selbst die Voraussetzungen für die Einstellung des Verfahrens herbeiführen kann (z.B. indem sie ein erzieherisches Gespräch mit dem Jugendlichen führt oder ihn ermahnt oder eine Schadenswiedergutmachung im Rahmen des Täter-Opfer-Ausgleichs anregt). Erforderlich hierfür ist, dass der Beschuldigte den Tatvorwurf nicht ernstlich bestreitet, das Anerbieten der Staatsanwaltschaft annimmt und die Erziehungsberechtigten oder gesetzlichen Vertreter nicht widersprechen".

§ 45 II JGG ist letztlich Ausdruck für die Subsidiarität jugendkriminalrechtlicher Rechtsfolgen gegenüber (vorrangigen) privaten und außerstrafrechtlichen Reaktionen.

§ 45 III JGG regelt das informelle richterliche Erziehungsverfahren. Es kommt in Betracht, wenn eine Verfahrensbeendigung nach den §§ 45 I oder II ausscheidet, eine Anklage nicht für geboten erachtet wird und der Beschuldigte geständig ist. Der Staatsanwalt regt in diesem Fall die Erteilung einer Ermahnung, von abschließend aufgeführten Weisungen (Arbeitsleistung, Täter-Opfer-Ausgleich, Teilnahme am Verkehrsunterricht) oder von Auflagen (Schadenswiedergutmachung, persönliche Entschuldigung, Erbringung von Arbeitsleistungen, Bezahlung eines Geldbetrages) bei dem Jugendrichter an. Entspricht der Jugendrichter der Anregung, so sieht der Staatsanwalt von der Verfolgung ab, bei Erteilung von Weisungen oder Auflagen jedoch nur, nachdem der Jugendliche ihnen nachgekommen ist.

Die Vorschrift des § 45 gilt im Verfahren gegen Jugendliche und in den Fällen des § 105 I JGG auch gegen Heranwachsende, und zwar auch vor dem für allgemeine Strafsachen zuständigen Gericht (§§ 104 I Nr. 4, 109 II S. 1, 112 JGG).

Ist die Anklage eingereicht, stehen dem Jugendrichter die drei genannten Diversionsmöglichkeiten gemäß § 47 I Nr. 1-3 JGG zur Verfügung. Insgesamt beruhen die jugendstrafrechtlichen Diversionsstrategien mehr auf dem Subsidiaritätsprinzip, während die §§ 153 ff. StPO unter dem Aspekt der Opportunität zu betrachten sind.

Der kriminologische Wegweiser für Diversionsstrategien im Rahmen einer rationalen Jugendkriminalpolitik ist inzwischen fast 20 Jahre alt, so dass gefragt werden muss, ob der Weg noch gangbar ist oder neue Wege einzuschlagen sind. Das Ziel ist klar (= keine neuen Straftaten) und der Weg zum Ziel ist am Erziehungsgedanken auszurichten. Für den Zielerreichungsprozess spielt die Rückfallwahrscheinlichkeit eine entscheidende Bedeutung. Die insoweit neuesten Erkenntnisse sind im Februar 2004 in der vom Bundesministerium der Justiz herausgegebenen kommentierten Rückfallstatistik von *Jehle, Heinz* und *Sutterer*, Legalbewährung nach strafrechtlichen Sanktionen, 2003, vorgestellt worden.

1.2 Neue Rückfallstatistik

Die vorherige Rückfallstatistik auf der Grundlage der Daten des Bundeszentralregisters stammte aus dem Jahre 1990 und hatte als Bezugsjahr das Jahr 1984. Von der Dienststelle Bundeszentralregister des Generalbundesanwalts ist die Rückfälligkeit von Personen untersucht worden, die 1984 zu Freiheitsstrafe, Jugendarrest oder Jugendstrafe verurteilt worden sind bzw. Sicherungsverwahrung angeordnet worden ist. Die Rückfallstatistik beschränkte sich also auf freiheitsentziehende Sanktionen und legte den Beginn des Rückfallzeitraums auf das Vollstreckungsende. Demgegenüber erfasst die neue Rückfallstatistik auch die ambulanten und informellen Sanktionierungen. Insoweit handelt es sich um die erste umfassende bundesweite Rückfallstatistik. Sie beruht auf der Auswertung aller im Bundeszentralregister eingetragenen im Jahre 1994 erfolgten Verurteilungen zu einer ambulanten Sanktion, zu Jugendarrest oder einer ambulanten Maßregel, aller Verfahrenseinstellungen nach §§ 45, 47 JGG sowie der in diesem Jahr erfolgten Entlassungen aus freiheitsentziehenden Strafen oder Rechtsfolgen. Sie berücksichtigt die in einem vierjährigen Zeitraum bis 1998 erneuten formellen oder informellen Sanktionierungen (vgl. Heinz 2003: 35 ff).

1.3 Sanktionsbezogene Ergebnisse

Bei allen 1994 erfassten Personen (947.349) betrug die Quote der Legalbewährung 64,3%, d.h. nur 338.041 = 35,7% sind rückfällig geworden. Mit der Schwere der Vorsanktion nehmen die Rückfallraten tendenziell zu. Hinsichtlich der jugendstrafrechtlichen Sanktionen ergibt sich folgendes Bild (229.591 Fälle):

Sanktionsgruppen der Bezugsentscheidungen
(Folgeentscheidungen in %)

insgesamt	45,3 %
Jugendstrafe	
- ohne Bewährung	77,8 %
- mit Bewährung	59,6 %
Jugendarrest	70,0 %
Jugendrichterliche Maßnahmen*	55,2 %
Einstellung gem. §§ 45, 47 JGG	40,1 %

* Erziehungsmaßregeln, Zuchtmittel (ohne Arrest) und § 27 JGG
Quelle: Jehle/Heinz/Sutterer, 2003, 123 (eigene Darstellung)

Damit zeigt sich, dass
- die informellen Sanktionen eine geringere Rückfallquote haben als die formellen ambulanten Sanktionen (40 : 55%),
- die Höhe der Rückfallquote nach jugendstrafrechtlichen Sanktionen mit der Eingriffsintensität der Vorsanktion zunimmt (von 55 über 60 und 70 bis zu 78%)
- der Jugendarrest eine höhere Rückfallrate als die Jugendstrafe mit Bewährung hat (70 zu 60%).

Fragt man nach freiheitsentziehenden Folgesanktionen, zeigt sich folgende Abstufung:

Unbedingte Freiheits- bzw. Jugendstrafe als Folgeentscheidung
(% bezogen auf die jeweilige Bezugsentscheidung)

insgesamt	11,7 %
Jugendstrafe	
- ohne Bewährung	58,0 %
- mit Bewährung	29,1 %
Jugendarrest	25,2 %
Jugendrichterliche Maßnahmen*	11,7 %
Einstellung gem. §§ 45, 47 JGG	7,2 %

* Erziehungsmaßregeln, Zuchtmittel (ohne Arrest) und § 27 JGG
Quelle: Jehle/Heinz/Sutterer, 2003, 123

Angesichts der zuvor genannten hohen Rückfallquoten, kommt es nur ausnahmsweise, ungefähr in jedem 8. Fall zu einer freiheitsentziehenden Sanktion. Allerdings steigt die Wahrscheinlichkeit mit der Eingriffsschwere der Vorsanktion.

Aus diesen Ergebnissen der neuen Rückfallstatistik sind sehr behutsam Folgerungen für die Praxis zu ziehen. So verbietet sich ein direkter Vergleich zwischen informeller Erledigung und unbedingter Jugendstrafe angesichts unterschiedlicher Tat- und Täterstrukturen. Unter dem Aspekt des Verhältnismäßigkeitsgrundsatzes müssen aber aus rechtsstaatlichen Gründen ebenso wie aufgrund der Erkenntnisse der kriminologischen Sanktionsforschung praktische Konsequenzen gezogen werden, und zwar in den Bereichen einer gemeinsamen Schnittmenge, also dort, wo es zu einem Austausch der Sanktionen gekommen ist oder kommen kann. Gemeint sind die Schnittstellen zwischen informellen und formellen ambulanten Sanktionen, zwischen den formellen ambulanten Sanktionen (z.B. sozialer Trainingskurs) und dem Jugendarrest (verstanden als stationärer sozialer Trainingskurs) sowie bei Jugendstrafen bis zu zwei Jahren zwischen Jugendstrafe mit oder ohne Bewährung. Aber auch bei der unbedingten Jugendstrafe gebietet die extrem hohe Rückfallquote von 78%, folgenorientiert und in Alternativen zu denken.

Ein weiteres Ergebnis ist offenkundig: Der Ruf nach mehr Härte speist sich aus dem Glauben, dass eine härtere Sanktion zu einer geringeren Rückfallwahrscheinlichkeit führt. Aus der empirischen Sanktionsforschung wissen wir, dass das Gegenteil der Fall ist. Es geht nicht um mehr oder weniger Härte, sondern um einen verbesserten Opferschutz. Wenn es gelingt, die Rückfallquote um 10 bis 15% zu senken – und das ist durchaus realistisch –, bedeutet das auch entsprechend weniger Opfer von Kriminalität. Diese Tatsache kann einer aufgeklärten Öffentlichkeit nicht gleichgültig sein und sollte die undifferenzierte Forderung nach häufigerem und längerem „Wegsperren" ersetzen.

2 Wirklichkeit jugendstrafrechtlicher Entscheidungen

Während die Schuldfrage tat- und damit vergangenheitsbezogen zu beantworten ist, verlangt die Straffrage nicht nur im Jugendstrafrecht eine täterbezogene, zukunfts- und folgenorientierte Entscheidung. Die Sanktionsentscheidung von Jugendrichterinnen und Jugendrichtern ist eine Prognoseentscheidung, wie *Heike Jung* betont (vgl. DVJJ 1981). Deswegen müssen sozialwissenschaftlich gesicherte Erkenntnisse an die Stelle juristischer Intuition treten, die Entscheidungen also jugendkriminologisch und sozialwissenschaftlich abgesichert werden. Ergebnisse der Sanktions- und Wirkungsforschung bilden den Rahmen der Prognoseentscheidungen, können aber nur die kriminologischen Grundannahmen und das allgemeine Entscheidungsverhalten, nicht aber das konkrete Urteil des Jugendrichters kontrollieren und korrigieren. Dennoch haben sie entscheidende Bedeutung für eine rationale Kriminalpolitik[1].

Vor diesem Hintergrund ist auch die jugendkriminalrechtliche Behandlung junger Volljähriger vom 18. bis zum 21. Lebensjahr (und mit *Heike Jung* vielleicht noch darüber hinaus) zu sehen. Während die 2. Jugendstrafrechtsreform-Kommission der DVJJ 2002 und der 64. Deutsche Juristentag 2002 dafür plädieren, alle Heranwachsenden in das Jugendstrafrecht einzubeziehen, soll nach dem Entwurf eines Gesetzes zur Verbesserung der Bekämpfung der Jugenddelinquenz vom 23.03.2006 (BT-Drs 16/1027) auf die Straftat eines Heranwachsenden – von seltenen Ausnahmen abgesehen – das allgemeine Strafrecht anzuwenden sein, was auch dem Willen des Gesetzgebers entspräche. Richtig ist, dass 1954, also im ersten Jahr nach dem JGG 1953, auf die verurteilten Heranwachsenden nur zu 20% Jugendstrafrecht angewendet worden

---

1   Eine gute Grundlage dafür ist die von Heike Jung (2005) verfasste Kriminalsoziologie.

ist. Heute beträgt der Anteil in den alten Bundesländern 64% und in den neuen 48% (Strafverfolgungsstatistik 2006). Rechtsstaatlich problematisch sind freilich die Unterschiede zwischen der Anwendungspraxis in den einzelnen Bundesländern, wenn einerseits in Schleswig-Holstein zu 88%, in Hamburg zu 87%, im Saarland zu 85 % und andererseits in Sachsen nur zu 47%, in Baden-Württemberg zu 45% und in Brandenburg sogar nur zu 41% Jugendstrafrecht angewendet wird. Eine Streichung des § 105 JGG und generelle Anwendung des Jugendstrafrechts würde die Ungleichbehandlung beenden. Sie lässt sich entwicklungspsychologisch und soziologisch begründen, weil die Übernahme neuer Rollen in Partnerschaft, Ausbildung und Beruf sich deutlich in das 3. Lebensjahrzehnt verlängert hat. Um dieser Verlängerung der Übergangszeit zum Erwachsenenalter Rechnung zu tragen, empfiehlt das Ministerkomitee des Europarats, strafrechtlich aufgefallene junge Erwachsene unter 21 Jahren wie Jugendliche zu behandeln (Rec 2003: 20 Nr. 11). Das Jugendstrafrecht ist flexibler als das allgemeine Strafrecht, kann der Lebenssituation junger Menschen in einer Übergangsphase besser gerecht werden und erscheint unter präventiven Aspekten erfolgversprechender.

2.1 Informelle Erledigungen

Nach § 45 JGG kann der Staatsanwalt von der Verfolgung absehen und nach § 47 JGG der Richter das Verfahren einstellen. Während die Einstellungsquote 1981 bei 44% lag, stieg sie nach Inkrafttreten des 1. JGGÄndG 1990 auf 61% im Jahre 1991 und beträgt seit 1998 bis einschließlich 2004 jeweils 69 %, 2005 und 2006 = 68% bei freilich wieder extremen Unterschieden in den einzelnen Bundesländern (einerseits Bremen 88%, Hamburg 81%, Berlin und Brandenburg 76% und andererseits Niedersachsen 65%, Bayern 62%, Saarland 57%, jeweils im Jahre 2006). Eine informelle Erledigung erfolgt bei jüngeren Ersttätern und leichteren Delikten der Eigentums- und Vermögenskriminalität, aber auch bei einfacher Körperverletzung. Dabei entfielen nach der Hamburger Dissertation von *Oktay Çağlar* über die Erledigungspraxis im Landgerichtsbezirk Flensburg 56% auf § 45 I, 17 % auf § 45 II, 9% auf § 45 III und 18% auf § 47 JGG (vgl. Çağlar, 2005, 51 ff). Innerhalb von § 45 II JGG ist die gemeinnützige Arbeit innerhalb von fünf Jahren (1998-2003) von 6% auf 71% gestiegen, während der Täter-Opfer-Ausgleich von 48% auf knapp 8% gesunken ist. Sehr unterschiedlich wird von den Diversionsstrategien Gebrauch gemacht, wenn der Täter wiederholt mit leichten Eigentumsdelikten straffällig geworden ist (bei 2 Eintragungen in Hamburg 100% und in Bayern 53%, bei 3 und mehr Eintragungen in Hamburg 96% und in Bayern 29% – jeweils 1994).

Insgesamt zeigt sich bei den informellen Erledigungen ein Trend zu stärker ahndenden Maßnahmen, es bleibt aber bei dem Befund, dass sich Milde auszahlt (vgl. Heinz 2005; Heinz 2006a; Heinz 2006b).

2.2 Formelle Sanktionen

Fragt man bei den Urteilssanktionen nach der jeweils schwersten Reaktionsform, so ergibt sich für 2004 und 2006 folgende Rangliste in der Strafverfolgungsstatistik:

	2004	2006
Ambulante Zuchtmittel	57,5 %	58,1 %
Jugendarrest	18,9 %	19,6 %
Jugendstrafe mit Bewährung	10,3 %	9,6 %
Erziehungsmaßregeln	7,2 %	6,4 %
Jugendstrafe ohne Bewährung	6,3 %	6,3 %

Dabei zeigt sich, dass die Forderungen beispielsweise von *Heike Jung* 1980 auf dem 18. Deutschen Jugendgerichtstag in Göttingen nach Modernisierung des jugend(straf)rechtlichen Sanktionssystems, insbesondere durch eine Anreicherung der problemorientierten ambulanten Hilfen, zu einem großen Teil erfüllt worden sind. Von 1981 bis 2006 ist der Anteil der formellen Erledigung von 52% auf 32%, der Jugendarrest von 11% auf 6% und der Jugendstrafe von 8% auf 5% gesunken. Deutliche Kritik dürfte *Heike Jung* (2005) daran üben, dass in der Praxis vor allem die punitiven Sanktionsalternativen verstärkt zur Anwendung kommen, hatte sie doch 1980 die zu stark „vergeltende, auf Tat- und Schuldausgleich gerichtete Übelszufügung" und das Modell einer „Erziehung durch Strafe" als Ausdruck mangelhafter Entscheidungsvorbereitung und fehlender jugendkriminologischer und sozialpädagogischer Kompetenz bezeichnet. Unter den ambulanten Sanktionen (Weisung, Verwarnung, Auflage, Bewährungsstrafe) überwiegen heute die Arbeitsleistungen (Arbeitsweisung/Arbeitsauflage) und die Geldauflage (2006 = 48.000 Arbeitsauflagen, 16.000 Geldauflagen). Die Wiedergutmachungsauflage (2006 = 2.700) und die Entschuldigung (2006 = 217) haben demgegenüber eine ebenso geringe Bedeutung wie auf der Ebene der Diversion und der Erziehungsmaßregeln des Täter-Opfer-Ausgleichs. Wenn von geschätzten 20% TOA-geeigneter Fälle nur 1,5% genutzt werden (vgl. Wandrey/Weitekamp 1998, 142. vgl. auch Meier 2006: 261 ff), verkennt die Praxis die Chancen dieses ebenso modernen wie erfolgversprechenden Reaktionskonzepts.

Bei den stationären Sanktionen steht der durch Urteil verhängte Jugendarrest an der Spitze (hinzuzurechnen ist der durch Beschluss angeordnete so genannte Ungehorsamsarrest nach Nichterfüllung von Weisungen und Auflagen). Gegen 16.886 von 105.902 nach Jugendstrafrecht Verurteilten wurde 2006 eine Jugendstrafe verhängt. Nach Angaben der Strafverfolgungsstatistik betrug die Dauer zu 16% sechs Monate (= Mindeststrafe), zu 17% sechs bis einschließlich 9 Monate, zu 21% 9 bis einschl. 12 Monate, zu 34 % ein bis zwei Jahre und zu 12% über zwei Jahre (91 (= 0,5 %) Urteile lauteten auf fünf Jahre und darüber – Höchstgrenze zehn Jahre). 2006 wurden 60,5% aller Jugendstrafen zur Bewährung ausgesetzt (im Vergleich dazu 1955 = 32,4%). Bei den aussetzungsfähigen Jugendstrafen bis einschließlich zwei Jahre betrug die Aussetzungsquote 68,7%. Von der Aussetzung zur Bewährung gem. § 27 JGG (Schuldspruch) hat die Praxis 2006 in 2.157 Fällen Gebrauch gemacht. Eine Jugendstrafe nach Schuldspruch ist gem. § 30 JGG, der dem Richter die Möglichkeit einräumt, bei schlechter Führung während der Bewährungszeit eine Jugendstrafe auszusprechen, 757 Mal verhängt worden.

3 Kritik an der Entwicklung der Reaktions- und Sanktionierungspraxis im Jugendstrafrecht

Zu unterscheiden sind zwei Kritiklinien: Zunächst geht es um die populistische und positiv orientierte, am Beispiel extremer Einzelfälle medienwirksam unterstützte und verstärkte Kritik an einem „Schmusestrafrecht mit allerlei erzieherischem Sozialklimbim". Wahrgenommen als „zu laut, zu lasch und folgenlos" werden von der Justiz mehr Urteile, häufigere und längere Jugendstrafen, weniger Bewährung und mehr Jugendstrafvollzug nach dem Motto „Sperrt sie weg" gefordert. Nur so könne einer (vermeintlich steigenden) Jugendkriminalität und einer zunehmenden Brutalisierung von „Monster-Kids" und „Brutalo-Jugendlichen" wirksam begegnet werden. Jugendrichter sollen endlich wieder richten und in ihrer Rolle als Strafrichter strafen. Nur so könne ein größerer Opferschutz erreicht werden. Diese Vorstellungen und Forderungen in den Medien und der allgemeinen Öffentlichkeit sind hinsichtlich der jugendkriminalpolitischen Atmosphäre und für die Kultur im Umgang und in der Zusammenarbeit mit unserer Jugend durchaus ernst zu nehmen und durch Aufklärungsarbeit auch über Rückfallhäufigkeiten klar zu stellen. „Solche Daten dienen wissenschaftlicher und politischer Erkenntnisgewinnung sowie einer öffentlichen Diskussion, die die Suche nach besten Lösungen anspornt und demokratische Verantwortung geltend zu machen erlaubt", wie das Bundesverfassungsgericht im Urteil vom 31.5.2006 zur Notwendigkeit eines Jugendstrafvollzugsgesetzes ausgeführt hat.

Eine zweite, wissenschaftlich orientierte Kritik stellt die kriminalpolitischen Grundannahmen sowie die zugrunde liegenden Erkenntnisse der kriminologischen Sanktionsforschung in Frage. So wird der Erkenntnis „Milde zahlt sich aus" (Heinz 2008a; Heinz 2008b) entgegengehalten „Milde führt zu mehr Kriminalität". Mit diesem Ergebnis ist am 12.3.2009 eine von *Entorf und Spengler* erstellte und vom Deutschen Institut für Wirtschaftsforschung (DIW) veröffentlichte Studie vorgestellt worden: Is Being „Soft on Crime" the Solution to Rising Crime Rates? (DIW Berlin, Discussion Papers, No. 837, November 2008).

Es geht um eine Analyse der Strafrechtsreform seit 1969, also seit 40 Jahren. Zusammenfassendes Ergebnis ist, dass hohe Aufklärungs- und Verurteilungsraten abschreckend wirken, während die Art der Strafe und die Härte des Urteils die Kriminalitätsentwicklung dagegen kaum beeinflussen würden. Dem entsprechend führe die zunehmende Zahl von Verfahrenseinstellungen tendenziell zu einem Anstieg der Kriminalität. Von daher gehöre die Diversion auf den Prüfstand und letztlich seien mehr Urteile anstelle informeller Erledigungen erfolgversprechender. Diese Ergebnisse würden übergreifend für Eigentums- und Gewaltdelikte, und zwar sowohl im Bereich des Erwachsenen- als auch des Jugendstrafrechts gelten. Sie stützen sich auf die polizeiliche Kriminal- und die Strafverfolgungsstatistik. Wissenschaftlich arbeitenden Kriminologen und Kriminologinnen werfen *Entorf und Spengler* vor, „ideologisch geprägt" zu sein, die Autoren müssen aber gleichzeitig einräumen, dass die Kriminologen einen breiteren Forschungsansatz verfolgen. Vor eben diesem Hintergrund müssen sich dann aber die Wirtschaftswissenschaftler die Kritik gefallen lassen, dass sie nur mit Hellfelddaten und ohne Längsschnittuntersuchungen gearbeitet haben. Sicherlich müssen wir uns fragen, ob eine Diversionsrate von 68-69% im Jugendstrafrecht inzwischen „ausgereizt" ist und mitunter auch die Zielgruppe, die sich in dem Dreieck mit den Eckpunkten Normalität, Ubiquität und Episodenhaftigkeit bewegt, nicht mitunter verlassen worden ist. Dennoch vermag die vorliegende öknomische Analyse weder die kriminalpolitische Zielsetzung der Jugendstrafrechtsreform noch die ihre zugrunde liegenden kriminologischen Annahmen und Erkenntnisse der Sanktionsforschung zu widerlegen. Schließlich werden in dieser Analyse mit Blick auf Parallelen der Entwicklung von Kriminalität und Verfahrenseinstellungen Kausalzusammenhänge eher behauptet als nachgewiesen. Einen kriminogenen Faktor einer zu geringen Zahl von Urteilen gibt es nicht.

Innerhalb der formellen jugendstrafrechtlichen Sozialkontrolle wird schwerpunktmäßig kritisiert, dass eine Strafaussetzung zur Bewährung nach den §§ 21, 27 und 57 JGG als Freispruch (nicht nur von Verurteilten mit Migrationshintergrund) und damit als Folgenlosigkeit wahrgenommen wird. Entsprechend wird ein Arrest vor jeder Form der Bewährung gefordert, bezeichnet als Einstiegs- oder Warn(schuss)arrest[2]. Begründet wird der Warnschussarrest mit der besseren präventiven Wirkung dieser Sanktionsform gegenüber einer lediglich zur Bewährung ausgesetzten Jugendstrafe. Nun hat aber – wie schon dargestellt – die Jugendstrafe ohne Bewährung eine Rückfallwahrscheinlichkeit von 77,8%, der Jugendarrest von 70% und die Jugendstrafe mit Bewährung von 59,6%. Angesichts dieser Ergebnisse kann man beim besten Willen nicht von einer günstigeren Präventionswirkung des Warnschussarrestes sprechen. Wie aus der Kombination der Strafaussetzung zur Bewährung mit dem Jugendarrest mit der zweithöchsten Rückfallrate etwas relativ Positives entstehen soll, bleibt das Geheimnis der Befürworter, ist jedenfalls kriminologisch nicht begründbar. Auch nach den internationalen Erkenntnissen des Sherman-Reports würde sich ein kombiniertes Sanktionenprogramm (zwar Bewährung, zuvor aber kurzzeitiges Einsperren) ohnehin als unwirksam erweisen (vgl. Bannenberg/Rössner 2003: 111; Plewig 2003: 108 und Sonnen 2005: 94). Wenn das Bewährungsverfahren als Folgenlosigkeit bzw. in Komplizensachen im Vergleich falsch verstanden wird, ist die inhaltliche Vermittlung (Bewährungshilfe als Teil strafrechtlicher Sozialkontrolle) misslungen und insoweit Indiz für die Notwendigkeit qualifizierter Aus-, Fort- und Weiterbildung aller in der Jugendkriminalrechtspflege Tätigen und nicht Anlass für eine stationäre Sanktion[3].

Literatur

Bannenberg, B./Rössner, D., 2003: Preventing Crime: What works, what doesn't, what's promising? – Der Sherman-Report und seine Bedeutung für die deutsche Kriminalprävention. In: Zeitschrift für Jugendkriminalität und Jugendhilfe, 14. Jg., S. 111-118.
Breymann, K., 2005: Jugendakademie – Zu den Grundlagen der Weiterbildung für Jugendrichter und Jugendstaatsanwälte. In: Zeitschrift für Jugendkriminalität und Jugendhilfe, 16. Jg., S. 185- 192 (Teil 1) und S. 279 -289 (Teil 2).
Breymann, K./Sonnen, B.-R., 2005: Wer braucht eigentlich den Einstiegsarrest? In: Neue Zeitschrift für Strafrecht, 25. Jg., S. 669-673.
Bundesministerium der Justiz (Hg.), 1989: Jugendstrafrechtsreform durch die Praxis, Bonn.
Çağlar, O., 2005: Neue ambulante Maßnahmen in der Reform, Frankfurt a.M.
Dick, M., 2005: Erwachsenenbildung, Arbeitsforschung und Professionsentwicklung. Ein Ansatz zur Förderung jugendrichterlicher Kompetenz. In: Zeitschrift für Jugendkriminalität und Jugendhilfe, 16. Jg., S. 290-295.
Dick, M., 2008: Reflexive professionelle Entwicklungen im Jugendstrafrecht: Theoretische Herleitung und praktische Bedeutung eines neuen Fortbildungskonzeptes. In: Fördern Fordern Fallenlassen, Dokumentation des 27. Deutschen Jugendgerichtstages vom 15.09.-18.09.2007 in Freiburg, DVJJ Schriftenreihe Band 41, Godesberg, S. 145-173.

---

2 Zur Diskussion: Breymann/Sonnen (2005: 669); Findeisen (2007: 25-31); Verrel/Käufl (2008: 177-181) und Vietze (2004).
3 Zum Netzwerk Jugendakademie: Breymann (2005: 185-193; 279-289); Dick (2005: 290-295); Dick (2008) und Sonnen (2008: 781-792).

DVJJ (Hg.) (1981): Die jugendrichterlichen Entscheidungen – Anspruch und Wirklichkeit (18. Deutscher Jugendgerichtstag in Göttingen 1980), München.
Findeisen, S., 2007: Der Einstiegs- bzw. Warnschussarrest – ein Thema in der Diskussion. In Zeitschrift für Jugendkriminalität und Jugendhilfe, 18. Jg., S. 25-31.
Heinz, W., 2003: Die neue Rückfallstatistik – Legalbewährung junger Straftäter. In: Zeitschrift für Jugendkriminalität und Jugendhilfe, 14. Jg., S.35-48.
Heinz, W., 2005: Zahlt sich Milde aus? Diversion und ihre Bedeutung für die Praxis, In: Zeitschrift für Jugendkriminalität und Jugendhilfe, 16. Jg., S. 166-178 (Teil 1) und S. 302-311 (Teil 2).
Heinz, W., 2006a: Was richten Richter an, wenn sie richten? In: Verantwortung für Jugend – Perspektiven und Qualitätssicherung in der Jugendkriminalrechtspflege, Dokumentation des 26. Deutschen Jugendgerichtstages vom 25.09.-28.09.2004 in Leipzig, DVJJ Schriftenreihe Band 37, Godesberg, S. 62-107.
Heinz, W., 2006b: Kriminelle Jugendliche – gefährlich oder gefährdet? Konstanz.
Heinz, W., 2008a: Bekämpfung der Jugendkriminalität durch Verschärfung des Jugendstrafrechts!? In: Zeitschrift für Jugendkriminalität und Jugendhilfe, 19. Jg., S.60-68.
Heinz, W., 2008b: Stellungnahme zur aktuellen Diskussion um eine Verschärfung des Jugendstrafrechts. Zeitschrift für Jugendkriminalität und Jugendhilfe, 19. Jg., S. 87-96.
Jehle, J.-M./Heinz, W./Sutterer, P., 2003: Legalbewährung nach Strafrechtlichen Sanktionen: Eine kommentierte Rückfallstatistik. Mönchengladbach/Godesberg.
Jung, H. 2005: Kriminalsoziologie. Baden-Baden.
Meier, B.-D., 2006: Der Täter-Opfer-Ausgleich vor dem Aus? Zu den Auswirkungen des Gesetzes zur Weiterentwicklung der Kinder- und Jugendhilfe (KICK) im Bereich der ambulanten Maßnahmen nach dem JGG. In: Zeitschrift für Jugendkriminalität und Jugendhilfe, 17. Jg., S. 261-267.
Pfeiffer, C., 1989: Kriminalprävention im Jugendgerichtsverfahren. Köln.
Plewig, H.-J., 2003: Qualitätsstandards und Erfolgsperspektiven in Jugendhilfe und Jugendstrafrecht. In: Zeitschrift für Jugendkriminalität und Jugendhilfe, 14. Jg., S. 108-110.
Rainer, V., 2004: Der Einstiegsarrest – eine zeitgemäße Sanktion? Neue Sanktionsformen im deutschen Jugendstrafrecht. Berlin.
Sonnen, B.-R., 2005: Jugendkriminalität zwischen Glauben und Wissen – zur Bedeutung der im Februar 2004 vorgelegten neuen Rückfallstatistik. In: Strafverteidiger, 29. Jg., S. 94-99.
Sonnen, B.-R., 2008: Netzwerk Jugendakademie, Professionsentwicklung und Kriminologie. In: Görgen, T. (Hg) u.a. Interdisziplinäre Kriminologie: Festschrift für Arthur Kreuzer zum 70. Geburtstag. Frankfurt a.M., S. 781-792.
Verrel, T./Käufl, M., 2008: „Warnschussarrest – Kriminalpolitik wider besseres Wissen? In: Neue Zeitschrift für Strafrecht, 28. Jg., S. 177 -181.
Vietze, R., 2004: Der Einstiegsarrest – eine zeitgemäße Sanktion? Berlin.
Wandrey, M./Weitekamp, E. G.M., 1998: Die organisatorische Umsetzung des Täter-Opfer-Ausgleichs in der Bundesrepublik Deutschland eine vorläufige Einschätzung der Entwicklung im Zeitraum 1989-1995. In: Dölling, D. u.a. (Hg.): Täter-Opfer-Ausgleich in Deutschland. Bestandsaufnahme und Perspektiven. Bonn, S.121-148.

Gabriele Kawamura-Reindl

Bewährungshilfe im Spannungsfeld von Resozialisierung und Kontrolle

Seit ihrer Einführung in den 1950er Jahren ist die Strafaussetzung zur Bewährung eines der wichtigsten Instrumente einer Kriminalpolitik geworden, die auf eine ambulante Unterstützung und Kontrolle von Straffälligen setzt. Es ist ihr gelungen, den Anteil der Freiheitsstrafen an allen Sanktionen von 23% im Jahr 1965 auf 6% in den 1980er und 1990er Jahren zurück zu drängen. Derzeit nehmen die Freiheitsstrafen ohne Bewährung nur noch einen Anteil von gut 6% an allen Sanktionen ein; der Anteil der Freiheitsstrafen mit Bewährung dagegen liegt mit 13% schon doppelt so hoch (vgl. Schöch 2003: 213) und die Strafaussetzung zur Bewährung ist nach der Geldstrafe die zweithäufigste Sanktion im allgemeinen Strafrecht (vgl. BMI/BMJ 2006: 596). Die Probandenzahlen sind stark gestiegen: Während 1963 noch etwa 27.000 Probanden[1] unter Bewährungsaufsicht standen, waren es 2006 in Gesamtdeutschland (ohne Hamburg) schon etwa 174.000 Probanden.

Tab. 1: Unterstellungen insgesamt und nach Jugendstrafrecht (absolute Zahlen; Quelle: Statistisches Bundesamt 2007; 1995, 2006 ohne Hamburg)

Gesamtzahl der Unterstellungen (früheres Bundesgebiet):		davon Unterstellungen nach Jugendstrafrecht
1963	27.401	18.311
1975	61.532	32.600
1985	124.868	44.906
1995	132.147	29.358
2006	174.207	36.015

Von einzelnen Modellversuchen in den 1950er Jahren hat es die Bewährungshilfe nicht nur zu einer gesetzlichen Verankerung gebracht (s.u.), auch die Anzahl der hauptamtlichen Bewährungshelfer ist bundesweit auf rund 2.500 (vgl. BMI/BMJ 2006: 598) angestiegen. Auch die Erfolgsquoten lassen sich sehen: Während die Bewährungsquoten noch in den 1960er und 1970er Jahren bei etwa 50% lagen, liegen sie heute nach den letzten auswertbaren Daten des Statistischen Bundesamts aus dem Jahr 2006 immerhin bei 72% und damit deutlich besser als die Erfolgsquoten nach Strafvollzug – und dies, obwohl die Bewährungshilfe im Laufe der letzten 50 Jahre eine immer schwieriger werdende Klientel in immer problematischeren Lebenslagen in ihre Angebote einbeziehen musste. Diese Klientel – so paradox es klingt – wurde der Bewährungshilfe nicht zuletzt durch ihre erfolgreiche Arbeit beschert, denn der Druck überfüllter

---

1 Zur besseren Lesbarkeit wird im Text ausschließlich die maskuline Form im Sinne einer geschlechtsabstrakten Bezeichnung verwandt.

Haftanstalten und das zunehmende Vertrauen der Justiz in die Problembewältigungskapazitäten der Bewährungshilfe führten dazu, dass immer stärker vorbelastete Verurteilte zu Probanden der Bewährungshilfe wurden (vgl. Rieger 2004: 168).

Rechtliche Grundlagen

Unter bestimmten Voraussetzungen können Freiheitsstrafen zur Bewährung ausgesetzt werden, und zwar entweder bereits bei der Verurteilung oder nach Verbüßung eines Teils der verhängten Freiheitsstrafe. Bei der Verurteilung zu einer Freiheitsstrafe von nicht mehr als einem Jahr setzt das Gericht die Vollstreckung der Strafe zur Bewährung aus, wenn zu erwarten ist, dass der Verurteilte sich schon die Verurteilung zur Warnung dienen lässt und künftig auch ohne die Einwirkung des Strafvollzugs keine Straftaten mehr begehen wird (§ 56 Abs. 1 StGB). Unter diesen Voraussetzungen kann das Gericht auch die Vollstreckung einer höheren Freiheitsstrafe, die zwei Jahre nicht übersteigt, zur Bewährung aussetzen, wenn nach der Gesamtwürdigung von Tat und Persönlichkeit des Verurteilten besondere Umstände vorliegen (§ 56 Abs. 2 StGB). Einen Strafrest kann die zuständige Strafvollstreckungskammer des Landgerichts bei zeitiger Freiheitsstrafe zur Bewährung aussetzen, wenn zwei Drittel der verhängten Strafe, mindestens jedoch zwei Monate, verbüßt sind und dies unter Berücksichtigung der Sicherheitsinteressen der Allgemeinheit verantwortet werden kann (§ 57 Abs. 1 StGB). Unter weiteren Voraussetzungen, die § 57 Abs. 2 StGB aufführt, darf das Gericht die Vollstreckung des Strafrestes schon nach Verbüßung der Hälfte der (zeitigen) Freiheitsstrafe zur Bewährung aussetzen (bei lebenslanger Freiheitsstrafe gelten die Besonderheiten des § 57 a StGB).

Das Gericht kann dem Verurteilten Auflagen (§ 56 b StGB) und Weisungen (§ 56 c StGB) erteilen. Als Auflagen können die Wiedergutmachung des Schadens, die Zahlung eines Geldbetrages an eine gemeinnützige Einrichtung, an die Staatskasse oder die Erbringung einer sonstigen gemeinnützigen Leistung (z.B. Arbeitsauflagen) angeordnet werden. Weisungen sind richterliche Gebote oder Verbote, die dem Verurteilten helfen sollen, künftig Straftaten zu vermeiden, z.B. die Weisung, seinen Unterhaltspflichten nachzukommen, ein Alkoholverbot oder das Gebot, an einem Verkehrsunterricht teilzunehmen. Bei besonders eingriffsintensiven Weisungen, wie z.B. einer Behandlungsmaßnahme, die mit der Einnahme von Medikamenten einher geht, wird gemäß § 56 c StGB die Einwilligung des Verurteilten benötigt. Wenn der Verurteilte in der Bewährungszeit eine neue Straftat begeht und dadurch zeigt, dass sich die Erwartung, die der Strafaussetzung zugrunde lag, nicht erfüllt hat, oder wenn er gegen Weisungen oder Auflagen gröblich und beharrlich verstößt widerruft das Gericht die Strafaussetzung. Von einem Widerruf sieht das Gericht ab, wenn es ausreicht, die Bewährungszeit zu verlängern oder weitere Auflagen oder Weisungen zu erteilen (§ 56 f StGB).

Nicht jeder Proband wird einem Bewährungshelfer unterstellt, sondern die Unterstellung muss durch das urteilende Gericht ausdrücklich festgelegt werden. Nach § 56d StGB erfolgt eine Unterstellung in der Regel, wenn es eine Freiheitsstrafe von mehr als neun Monaten aussetzt und der Verurteilte noch nicht 27 Jahre alt ist. Die Unterstellung unter die Aufsicht und Leitung eines Bewährungshelfers erfolgt für die Dauer oder einen Teil der Bewährungszeit, wenn dies angezeigt ist, um den Verurteilten von Straftaten abzuhalten.

Bei der Verurteilung zu einer Jugendstrafe von nicht mehr als einem Jahr setzt der Richter gem. § 21 JGG die Vollstreckung der Strafe zur Bewährung aus, wenn zu erwarten ist, dass der

Jugendliche sich schon die Verurteilung zur Warnung dienen lassen und auch ohne die Einwirkung des Strafvollzugs unter der erzieherischen Einwirkung in der Bewährungszeit künftig einen rechtschaffenen Lebenswandel führen wird. Dabei sind namentlich die Persönlichkeit des Jugendlichen, sein Vorleben, die Umstände seiner Tat, sein Verhalten nach der Tat, seine Lebensverhältnisse und die Wirkungen zu berücksichtigen, die von der Aussetzung für ihn zu erwarten sind. Sind „schädliche Neigungen" als Voraussetzung für die Verhängung einer Jugendstrafe nicht eindeutig feststellbar, kann nach § 27 JGG die Entscheidung, ob Jugendstrafe wegen schädlicher Neigungen verhängt wird, zur Bewährung ausgesetzt werden. Praktisch wird die Entscheidung darüber also verschoben. Ein Schuldspruch wird allerdings ausgesprochen. Bei einer verhängten Jugendstrafe besteht – wie bei der Freiheitsstrafe – auch die Möglichkeit, bei günstiger Sozialprognose die Vollstreckung der Jugendstrafe ganz oder nach Verbüßung eines Teils zur Bewährung auszusetzen.

Bei Straf(rest)aussetzungen von Jugendstrafen ist die Bestellung eines Bewährungshelfers obligatorisch. Die Aufgaben des Bewährungshelfers bei Jugendlichen sind in § 24 Abs. 3 JGG geregelt: Der Bewährungshelfer steht dem Jugendlichen helfend und betreuend zur Seite. Er überwacht im Einvernehmen mit dem Richter die Erfüllung der Weisungen, Auflagen, Zusagen und Anerbieten. Der Bewährungshelfer soll die Erziehung des Jugendlichen fördern und möglichst mit dem Erziehungsberechtigten und dem gesetzlichen Vertreter vertrauensvoll zusammenwirken. Er hat in der Ausübung seines Amtes das Recht auf Zutritt zu dem Jugendlichen. Er kann von dem Erziehungsberechtigten, dem gesetzlichen Vertreter, der Schule, dem Ausbildenden Auskunft über die Lebensführung des Jugendlichen verlangen.

Organisation der Bewährungshilfe

Da weder das Strafgesetzbuch noch das Jugendgerichtsgesetz detaillierte Ausführungen zu den rechtlichen Strukturen und der Organisation der Bewährungshilfe enthalten und das Justizressort in die Zuständigkeit der Bundesländer fällt, werden durch die Bundesländer anhand von Landesgesetzen oder Verwaltungsvorschriften nähere Regelungen getroffen, die die Organisation und die Strukturen der Bewährungshilfe sowie die Stellung der Bewährungshelfer vorgeben. Hierdurch wurden und werden landes- und regionalspezifische Entwicklungen und Differenzierungen vorangetrieben. Daher sind die organisatorischen Strukturen der Bewährungshilfe in den Bundesländern unterschiedlich geregelt. So sind in den neuen Bundesländern, Berlin und Bremen die Aufgaben der Bewährungshilfe und der Gerichtshilfe in den Sozialen Diensten der Justiz zusammengefasst, in anderen Ländern ist die Bewährungshilfe ein eigenständiger sozialer Dienst der Justiz. Die hauptamtlichen Bewährungshelfer unterstehen im Allgemeinen der Fachaufsicht der Gerichte – und zwar des Richters, der die Bewährungshilfe für den jeweiligen Probanden angeordnet hat[2] – und der Dienstaufsicht des Landgerichtspräsidenten. In Baden-Württemberg als erstem und bislang einzigem Bundesland wurde die Bewährungshilfe inzwischen einem privaten Träger übertragen. Gemäß § 56d StGB kann die Tätigkeit des Bewährungshelfers sowohl hauptamtlich als auch ehrenamtlich ausgeübt werden. In den meisten

---

2 Die Ausübung der Fachaufsicht durch die Richter scheint in der Praxis einer Fachaufsicht durch leitende Bewährungshelfer zu weichen, angesichts der mangelnden Fachkompetenz von Richtern in Fragen Sozialer Arbeit eine begrüßenswerte Entwicklung.

Regionen spielt die ehrenamtliche Bewährungshilfe jedoch traditionell kaum eine Rolle (vgl. BMI/BMJ 2006: 596). Ideelle und materielle Unterstützung erhält die Bewährungshilfe häufig vor Ort im Rahmen regionaler Bewährungshilfefördervereine. Die Finanzierung der Personal- und Sachkosten der Bewährungshilfe erfolgt über den Haushalt der zuständigen Ministerien der Justiz durch die einzelnen Bundesländer.

Angesichts des besonderen erzieherischen Auftrags bei Jugendlichen und Heranwachsenden haben manche Länder als Spezialisierung die Jugendbewährungshilfe eingeführt. Hierzu zählen Berlin, Hamburg, Niedersachsen und neuerdings Hessen, wobei sich die Heterogenität der Organisationsformen im Jugendbereich fortsetzt. Berlin und Hamburg haben mit der Installation der Bewährungshilfe schon vor mehr als 50 Jahren eine spezialisierte Jugendbewährungshilfe eingeführt. Die Jugendbewährungshilfe ist in Berlin zentral dem Landesjugendamt zugeordnet. In der Stadt gibt es verschiedene Außenstellen, in denen die Mitarbeiter ihre Sprechstunden abhalten. In Hamburg ist die Jugendbewährungshilfe inzwischen dem Fachamt Straffälligen- und Gerichtshilfe, Fachbereich Jugend, in dem auch die Jugendgerichtshilfe untergebracht ist, zugeordnet (Stand: Aug. 2008). In Niedersachsen wurde die Jugendbewährungshilfe nach erfolgreicher Erprobung seit 2002 durch Erlass vom 2.09.05 landesweit eingeführt. Dort ist die Jugendbewährungshilfe als fachlicher Schwerpunkt in die Dienststellen der Bewährungshilfe integriert. In großstädtischen Bezirken nehmen die Jugendbewährungshelfer i.d.R. ausschließlich Aufgaben der Jugendbewährungshilfe wahr. Zum 1.02.2008 ist in Hessen die Jugendbewährungshilfe nach dem Hessischen Jugendstrafvollzugsgesetz eingerichtet worden. Sie betreut Verurteilte, die aus den hessischen Jugendstrafanstalten entlassen werden. Durch eine Fortentwicklung zur „Allgemeinen Jugendbewährungshilfe" sollen zukünftig von ihr auch Jugendliche betreut werden, bei denen die Jugendstrafe zur Bewährung ausgesetzt wurde, die also nicht aus einer Jugendanstalt entlassen werden (vgl. Pressemitteilung des Landes Hessen vom 7.3.08). Alle verurteilten Jugendlichen sollen der engen Betreuung durch die Allgemeine Jugendbewährungshilfe unterliegen, die an die Häuser des Jugendrechts[3] angebunden wird.

Aufgaben und Funktionen der Bewährungshilfe

Der Bewährungshelfer steht dem Probanden helfend und betreuend zur Seite und überwacht im Einvernehmen mit dem Gericht die Erfüllung der Auflagen und Weisungen sowie der Anerbieten und Zusagen. Er hat in vom Gericht bestimmten Zeitabständen über die Lebensführung des Probanden zu berichten, wozu auch Mitteilungen über „gröbliche oder beharrliche Verstöße gegen Auflagen, Weisungen, Anerbieten oder Zusagen" (§ 56d StGB) gehören. Damit ist das Spannungsfeld zwischen Hilfe und Kontrolle kennzeichnend und konstitutiv für die Arbeit der Bewährungshilfe. Für den Auftrag der Bewährungshilfe bedeutet dies einerseits, die Probanden „zu einer Veränderung ihrer Lebenssituation zu motivieren, ihnen dafür die erforderlichen Techniken an die Hand zu geben, notwendige Hilfen zu initiieren und den Prozess zu begleiten und zu steuern. Andererseits ist der Zwangskontext zu verdeutlichen, der alle Maßnahmen in einen besonderen, weil gerichtlich angeordneten Rahmen setzt und ein breites Sanktionsspek-

---

3   In „Häusern des Jugendrechts" sollen Mitarbeiter der Staatsanwaltschaft, der Polizei, der Jugendgerichtshilfe, des allgemeinen sozialen Dienstes der Jugendämter und die Jugendsachbearbeiter unter einem Dach zusammenarbeiten, um schnell und konsequent auf jugendliche Straftäter reagieren zu können.

trum enthält, auf das im Falle fehlender Bereitschaft zur Mitarbeit zurückgegriffen werden kann und muss" (May 2005: 89). Während für die Hilfsfunktion eine freiwillige Zusammenarbeit mit dem Probanden notwendig ist, wird die Kontrollpflicht auch gegen den Willen des Probanden durchgeführt. Denn der Bewährungshelfer überwacht u.a. die Erfüllung der Weisungen durch den Probanden und hat dem Richter gegenüber eine Berichts- und Mitteilungspflicht, die dem Gericht dazu dient, die Notwendigkeit eines Widerrufs oder weiterer Maßnahmen einschätzen zu können. Wenngleich der Kontrollauftrag für die notwendige Vertrauensbasis zwischen Klient und Bewährungshelfer Konflikte produziert und für die Effektiviät sozialpädagogischer Angebote und Maßnahmen gewisse Einschränkungen mit sich bringen kann, scheint doch der überwiegende Teil der Bewährungshelfer ihr Betätigungsfeld „auch wegen mit der Doppelrolle einhergehenden Vielschichtigkeit und der Einwirkungsmöglichkeiten auf die Entscheidungsfindung der Justiz" erhalten zu wollen (Böttner 2004: 314).

Die im Gesetz vorrangig genannte Hilfe- und Betreuungspflicht der Bewährungshelfer, die auch in deren Rollenverständnis nach wie vor eine zentrale Rolle zu spielen scheint (vgl. Patry/ Schrattbauer 2000, Böttner 2004), besteht letztlich für alle Faktoren, die für ein straffreies Leben der Probanden Bedeutung erlangen können, um ihre gesellschaftliche Integration zu unterstützen, wobei für die Betreuungstätigkeit in erster Linie die fachlichen Standards der Sozialpädagogik bzw. Sozialarbeit gelten. Die gesellschaftliche Ausgrenzung von Bewährungshilfeprobanden umfasst dabei verschiedene Dimensionen: die ökonomische Dimension, die räumliche, die kulturelle und die soziale Dimension. Beispiele dafür sind dauerhafte, sichere Beschäftigungsverhältnisse und die Möglichkeit an bestimmten Konsumstandards teilzuhaben für die ökonomische Dimension, akzeptable Wohnverhältnisse im Quartier für die räumliche Dimension, kulturelle Teilhabe und Anerkennung für die kulturelle Dimension und objektive Einbindung in soziale Netzwerke für die soziale Dimension. Bewährungshilfe ist damit – abstrakt formuliert – ein Instrument zur Verbesserung individueller Kompetenzen *und* Umfeldbedingungen. Sie steht vor der Aufgabe, zum einen die Lebenslagen ihrer Klientel zu verbessern, zum anderen, die soziale Kompetenz ihrer Probanden zu erhöhen und damit Partizipationshilfe zu leisten. Im Zentrum der resozialisierenden Bemühungen stehen die Befähigung zu einem straffreien Leben, die soziale und die berufliche Integration des Probanden. Eine Untersuchung von Kurze (1999) verweist auf eine inhaltlich und qualitativ sehr heterogene Umsetzung dieser Zielsetzungen und Aufgaben. In der Praxis zeigen sich nicht nur Unterschiede zwischen den Bewährungshelfern, sondern auch in der Betreuungstätigkeit eines Bewährungshelfers, wenn man seine Betreuung verschiedener Probanden vergleicht (Kurze 1999: 397 ff). Mit Qualitäts- und Organisationsentwicklungen wie in den Bundesländern Bayern, Berlin, Mecklenburg-Vorpommern und Sachsen Anhalt versucht man u.a., diesem Problem zu begegnen.

Konkret werden – überwiegend mit Methoden der Sozialen Einzelfallhilfe (vgl. Patry/Schrattbauer 2000: 180) – mit dem Ziel der Hilfe zur Selbsthilfe die jeweils spezifischen Probleme des Probanden angegangen, wobei die Art der Aufgaben und die Erwartungen der Probanden eine große Spannbreite aufweisen: Die Bewährungshilfe leistet v.a. Beratung und Unterstützung bei persönlichen, finanziellen und anderen Problemen, im Umgang mit Behörden, gibt Informationen, vermittelt an Beratungsstellen und informiert über therapeutische Einrichtungen. Beratung und persönliche Unterstützung beinhalten auch die Erschließung verschiedener Hilfemöglichkeiten sowie die Beratung zu Rechtsansprüchen auf Hilfe und zu sonstigen sozialen Angelegenheiten, z. B. bei persönlichen Problemen und Krisen. Darüber hinaus umfassen sie auch entsprechende Hilfestellungen bei der Inanspruchnahme von Sozialleistungen und von Schuldnerberatung sowie Hilfestellungen bei der Erledigung von Angelegenheiten mit Behörden und Gerichten. Inwieweit die Aufarbeitung der Straftat eine Rolle spielt, erschließt sich anhand vorliegender Untersuchungen und Praxisberichte nicht. Straffällige werden v.a. nach der Entlassung, dem empirisch nachgewiesenen Zeitpunkt der höchsten Rückfallgefährdung, vermehrt in extrem unsichere Lebensverhältnisse gedrängt. Bei einer Strafrestaussetzung ist es vorrangige Aufgabe der Bewährungshilfe, den Probanden in Freiheit zu stabilisieren, ihn bei der Bewältigung seiner existentiellen und häufig gravierenden persönlichen Probleme zu unterstützen, z.B. durch Beschaffung einer Wohnung nach der Entlassung oder auch durch die Absicherung seines Lebensunterhalts. Von zentraler Bedeutung für die Effizienz der Hilfen ist dabei der frühzeitige Kontaktaufbau zwischen dem Bewährungshelfer und dem Probanden[4].

Bei Arbeitsplatz- und Wohnungsbeschaffung kann Bewährungshilfe weniger unmittelbare Angebote bereitstellen, sondern sie muss sich meist auf die Beratung und Vermittlung beschränken, da sie weder über eigenständige Wohn- noch über Arbeitsmöglichkeiten verfügt. Auch kann sie – bis auf geringe Handgelder für den unmittelbaren Bedarf – keine direkten finanziellen Hilfen leisten, sondern fungiert als eine Art Vermittlungsinstanz zwischen Proband und staatlichen Leistungen. Effektive Bewährungshilfe beruht somit auf guter Zusammenarbeit mit Behörden, freien Trägern, Arbeitgebern, Bildungsträgern, Sucht- und Schuldnerberatungsstellen, Wohnungsbaugenossenschaften, ehrenamtlichen Bewährungshelfern und Therapeuten und verweist auf die Notwendigkeit einer sozialräumlichen Orientierung. Damit kann Bewährungshilfe aber auch allenfalls so effektiv sein wie das Hilfesystem, die Wohnungs- und Arbeitsmarktlage und die gesellschaftliche bzw. behördliche Akzeptanz für ihre Klientel vor Ort sind. Dass die soziale Infrastruktur angesichts finanzieller Engpässe bei den Kommunen und den Ländern in den letzten Jahren erhebliche Einbußen erlitten hat, dürfte nicht ohne deutliche Auswirkungen auf die Hilfemöglichkeiten der Bewährungshilfe geblieben sein.

Neben nach wie vor dominanten Methoden der sozialen Einzelfallhilfe (vgl. hierzu kritisch Grosser/Maelicke 2009: 188), die zwischen dem klassischen Case Work mit dem Schwerpunkt der Beziehungsarbeit und dem moderneren Case Management (vgl. hierzu Eisenriegler 1993: 25f, Engels/Martin 2002: 47f) changieren, wird regional mit einer sehr unterschiedlichen Häufigkeit und Intensität auch soziale Gruppenarbeit eingesetzt. Die Grundidee ist, dass die Probanden durch das soziale Gefüge in den Gruppen ein sozialadäquates Verhalten erlernen und dies in dem Schonraum, den die Gruppe bietet, erproben können. Problemgruppenspezifische Gruppenarbeit (z.B. sozialkognitive Trainings, Anti-Gewalttrainings oder die Arbeit mit Sexualstraftätern) bietet den Probanden die Möglichkeit, sich nicht nur mit Alltagsproblemen, sondern mit ihren besonderen persönlichen Schwierigkeiten und Defiziten auseinanderzusetzen. Gruppenarbeit wird mancherorts auch durch Projektarbeit mit einem definierten Ziel und einer festgelegten Dauer ergänzt.

Auffallend ist, dass trotz des nicht unbeträchtlichen Anteils weiblicher Probanden von knapp 13% (vgl. Statistisches Bundesamt 2007) spezifische Hilfen (z.B. Gruppenangebote) für straffällig gewordene Frauen noch kaum angeboten werden, obwohl dies angesichts einer steigenden absoluten Zahl weiblicher Probanden (und eines gestiegenen Anteils weiblicher Probanden) nicht nur fachlich plausibel, sondern insbesondere in Großstädten auch organisatorisch gut umsetzbar wäre.

---

4   Beklagt wird in diesem Zusammenhang die mangelnde strukturelle Verankerung einer Zusammenarbeit zwischen der Bewährungshilfe und dem Justizvollzug. Nach wie vor ist bis auf sehr wenige Ausnahmen eine abgestimmte Weiterführung von Maßnahmen der Bewährungshilfe im Vollzug sowie eine abgestimmte Entlassungsvorbereitung während der Inhaftierung mit dem späteren Bewährungshelfer noch immer die Ausnahme (vgl. Grosser/Maelicke 2009: 185).

Entwicklungsaufgaben im Jugendalter (Individuation, Identität, Entwicklung intellektueller und sozialer Kompetenz, Entwicklung der eigenen Geschlechtsrolle und Partnerfähigkeit, Berufsfindung, Bildung und Qualifikation, Umgang mit Freundschaften, Freizeit und Konsum sowie Herausbildung von Werteorientierungen) und daraus resultierende spezifische Problem- und Konfliktlagen jugendlicher und heranwachsender Probanden sowie der besondere Erziehungsanspruch des Jugendgerichtsgesetzes erfordern verstärkte Anstrengungen, eine Jugendbewährungshilfe zu installieren. Eine deutlich über das in der Pubertät normale Maß hinausgehende, deviante Form der Problembearbeitung seitens der Mehrfachtäter unter den jungen Bewährungshilfeprobanden erfolgt meist angesichts massiver Problemlagen: familiäre Probleme, finanzielle Notlagen bis hin zu sozialer Randständigkeit und dauerhafter sozialer Exklusion, ungünstige Wohnsituation, Schwierigkeiten in Schule, Ausbildung und Beruf und dadurch (mit-)bedingte subjektive wie objektive Chancen- und Perspektivlosigkeit und erhebliche Suchtprobleme. Die Reintegrationsverläufe jugendlicher Mehrfachtäter zeigen, dass bei den meisten durchaus eine Integration möglich ist, diese aber beim Jugendlichen beachtliche Anstrengungen voraussetzt, „zumal es hier nicht nur um die Beendigung von Straftaten geht, sondern meist um die Reorganisation des gesamten Lebensstils" (Stelly/Thomas 2006: 50). Die meist kontraproduktive Wirkung von Haftstrafen mit besonders hohen Rückfallquoten besonders bei Jugendlichen und Heranwachsenden bei vorliegender Veränderungsmotivation verweisen auf die Bedeutung einer Jugendbewährungshilfe, die Motivation fördern und adäquate Unterstützung leisten kann. Dort, wo Jugendbewährungshilfe besteht, wird sie von den Probanden sehr gut angenommen (vgl. Cornel 2001: 278f). Dennoch ist ein inhaltlicher, fachlicher und personeller Ausbau sinnvoll, damit sie zu einem noch effektiveren Instrument von Tertiärprävention und Resozialisierung wird. Fallzahlen von 1:60, wie sie etwa (2008) bei der Hamburger und der Berliner Jugendbewährungshilfe existieren, scheinen noch deutlich zu hoch, um den teilweise massiven Problemlagen jugendlicher Delinquenter gerecht zu werden (vgl. Cornel 2001: 280). Eine Verbesserung des Personalschlüssels könnte dazu beitragen, über die klassische soziale Einzelfallhilfe hinaus verstärkt problemlagenadäquate Maßnahmen wie Antigewalttraining, soziale, ggf. erlebnisorientierte Trainings, berufliche Integrationsmaßnahmen, Suchtprogramme und weitere gruppenpädagogische Maßnahmen für jugendliche Delinquenten im Rahmen ihrer Bewährungsunterstellung einzusetzen. Zudem wäre es möglich, notwendige Kooperationen, etwa zu Bildungsträgern, zu installieren, um die Haft vermeidende, resozialisierende Funktion der Bewährungshilfe gerade auch bei jungen Delinquenten zu stärken.

Effizienz der Bewährungshilfe

Die Unterstellung unter Bewährungshilfe endet „erfolgreich" mit Strafterlass nach Ablauf der Bewährungszeit bzw. mit Aufhebung der Unterstellung. Als Misserfolg dagegen wird verbucht, wenn das Gericht die Strafaussetzung bzw. die Strafrestaussetzung unter bestimmten Voraussetzungen widerruft, in der Regel also wenn der Verurteilte neue Straftaten während der Bewährungszeit begeht[5], gröblich oder beharrlich gegen Auflagen und Weisungen verstößt

---

5   Wobei dies gem. § 56 f (2) nicht zwingend zu einem Widerruf der Bewährungswiderruf führen muss. Das Gericht sieht kann von dem Widerruf ab, wenn es ausreicht, weitere Auflagen oder Weisungen zu erteilen, insbesondere die verurteilte Person einer Bewährungshelferin oder einem Bewährungshelfer zu unterstellen, oder die Bewährungs- oder Unterstellungszeit zu verlängern.

oder sich beharrlich der Aufsicht des Bewährungshelfers entzieht. Die Erfolgsquoten der Bewährungshilfe sind seit ihrer Einführung deutlich gestiegen, obwohl die Klientel eine höhere Problembelastung aufweist bzw. aufgrund gesellschaftlicher Entwicklungen die Integrationschancen gesunken sein dürften.

Tab. 2: Positiver Bewährungsabschluss (Quelle: Statistisches Bundesamt 2007)

Positiver Bewährungsabschluss durch Straferlass o.ä.:		
	Anzahl	in %
1963	6.304	55,0%
1975	11.879	56,9%
1985	26.537	67,7%
1995	28.492	70,9%
2006	39.840	72,0%

Der Straferlass lag 2006 mit 77,1% bei den Frauen leicht höher als bei den Männern mit 71,4%. Differenziert nach Altersgruppen steigt der Bewährungserfolg mit dem Alter der Verurteilten, wobei der Bewährungserfolg in fast allen Altersgruppen bei den Nichtdeutschen höher ist als bei Probanden, die die deutsche Staatsangehörigkeit besitzen.

Tab. 3: Bewährungserfolg im Vergleich (Quelle: Statistisches Bundesamt 2007)

Bewährungserfolg im Vergleich von Deutschen und Nichtdeutschen differenziert nach Altersgruppen:				
Altersgruppe	Deutsche		Nichtdeutsche	
	Anzahl	in %	Anzahl	in %
14 - 16 Jahre	192	38,9	71	32,9
16 - 18 Jahre	942	39,4	381	44,4
18 - 21 Jahre	4.156	55,6	1.186	61,2
21 - 25 Jahre	6.269	67,3	1.455	72,4
25 - 30 Jahre	5.145	65,4	1.360	70,7
30 - 40 Jahre	8.447	69,1	1.766	75,6
40 - 50 Jahre	5.002	75,4	591	79,3
50 - 60 Jahre	1.787	81,4	150	80,2
über 60 Jahre	580	85,7	42	84,0

Unterschiedlich sind die Straferlass-Quoten in den verschiedenen Bundesländern, die etwa zwischen Bayern oder Nordrhein-Westfalen und Schleswig-Holstein um bis zu 27% differieren. Geht man davon aus, dass für den erfolgreichen Abschluss der Bewährungszeit nicht nur die Arbeit des Bewährungshelfers, sondern auch das Entscheidungsverhalten der Gerichte bei Entwicklungskrisen der Probanden ausschlaggebend ist (vgl. Schöch 2003: 217), so dürften verschiedene Faktoren geeignet sein, diesen Sachverhalt erklären: Hierzu zählen v.a. die personelle, finanzielle und fachliche Ausstattung der Bewährungshilfe in Relation zum Probandenaufkommen, der Erfolg von Bewährungshelfern bei der Entdramatisierung von Verstößen der Probanden gegen Auflagen und Weisungen sowie die Toleranz der Justiz für Fehlverhalten der Probanden und kriminalpolitische Tendenzen.

Tab. 4: Straferlass im Ländervergleich (Quelle: Statistisches Bundesamt 2007)

Straferlass im Ländervergleich:		
	Anzahl	in %
Baden-Württemberg	7.120	73,7
Bayern	5.372	62,0
Berlin	2.077	71,8
Bremen	520	65,0
Hamburg	-	-
Hessen	3.372	72,1
Niedersachsen	4.969	64,7
Nordrhein-Westfalen	11.900	62,6
Rheinland-Pfalz	2.815	68,5
Saarland	654	87,2
Schleswig-Holstein	1.499	89,1
Früheres Bundesgebiet einschl. Gesamt-Berlin	39.840	66,5

Nicht so günstig wie der Bewährungserfolg während der Bewährungszeit ist die Legalbewährung nach der allgemeinen Rückfallstatistik. Die auf der Grundlage der Daten aus dem Bundeszentralregister über einen Zeitraum von vier Jahren durchgeführte Rückfallstatistik (vgl. Jehle u.a. 2003: 64f) kommt zu dem Ergebnis, dass nur 40% der zu einer Bewährungsstrafe verurteilten Personen nicht erneut straffällig werden. Innerhalb von fünf Jahren nach Ablauf der Bewährungszeit liegt die Wiederverurteilungsrate bei den ehemaligen Bewährungshilfeprobanden ungefähr bei 47% (vgl. Schöch 2003: 217), also immer noch eindeutig niedriger als nach (Jugend-)Strafvollzug[6].

Dass die Bewährungshilfe so erfolgreich arbeitet, ist angesichts der veränderten gesellschaftlichen Bedingungen sowie der Lebenslagen und Sozialisationsdefizite der Klientel keineswegs selbstverständlich. „Die aktuelle Situation der Bewährungshilfe ist immer mehr dadurch gekennzeichnet, dass mit der erweiterten Strafaussetzung die Klientel im Sinne von strafrechtlicher Vorbelastung schwieriger geworden ist und sich zugleich die allgemeine wirtschaftliche Entwicklung ihre Lebenslage verschlechtert hat." (Grosser/Maelicke 2009: 186) Die sozialen und materiellen Mehrfachbelastungen der Probanden zeigt die Lebenslagenuntersuchung der Arbeitsgemeinschaft der Bewährungshelfer und Bewährungshelferinnen (ADB) e.V. aus dem Jahr 1999: Drei Viertel aller Bewährungshilfe-Probanden sind vorbestraft. Durchschnittlich waren mehr als 50% der Probanden bereits früher inhaftiert, bei Jugendlichen und Heranwachsenden in Berlin waren es einschließlich Jugendarrest sogar zwei Drittel der Probanden (vgl. Cornel 2001: 277). Nach der Lebenslagenuntersuchung der ADB e.V. haben 61% keine abgeschlossene Ausbildung. 44% sind ohne Arbeit. 42% der Klienten der Bewährungshilfe sind suchtkrank, über die Hälfte mit illegalem Drogenkonsum, und die Verschuldung der Bewährungshilfeprobanden ist mit 60% viermal so hoch wie die der Normalbevölkerung (vgl. ADB e.V. 2000; Engels/Martin 2002). Auch scheint der Anteil der Probanden mit Migrationshintergrund, teilweise mit ungesichertem Aufenthaltsstatus (vgl. Barth 2007:30), zu steigen.

---

6 Dass die „Erfolgsquote" bei der Bewährungshilfe deutlich höher liegt als beim Strafvollzug, dürfte auch an der unterschiedlichen Klientel liegen: während eine positive Sozialprognose Voraussetzung für eine Strafaussetzung zur Bewährung ist, dürfte diese für einen Teil der Inhaftierten nicht konstatiert werden können.

Wesentliche über die spezialpräventiven, resozialisierenden Erfolge hinausragende Leistungen der Bewährungshilfe liegen darin, „dass es ihr gelungen ist, die in den Anfangsjahren teilweise sehr skeptische Haltung innerhalb der Justiz zu überwinden und durch die erkennbaren Erfolge ihrer Arbeit ein Klima des Vertrauens zu schaffen, in dem es möglich wird, in gemeinsamer Verantwortung die kritische Probe mit dem Verurteilten in Freiheit zu wagen" (Schöch 2003: 217). Es kommt hinzu, „dass sie in entscheidendem Maße dazu beigetragen hat, in modernen Industriegesellschaften die Überzeugung zu festigen, dass es möglich ist, auf Straftaten und Straftäter auch ohne Gefängnis zu reagieren" (Albrecht 1995: 16), und zwar ohne dass die Anzahl der Straftaten oder der Rückfälle angestiegen wäre. Damit ist sie nicht nur eine wahrscheinlich effektivere und deutlich kostengünstigere, sondern auch eine humanere Alternative zum Strafvollzug. Gleichwohl hat sie wenig zur quantitativen Zurückdrängung des Freiheitsentzugs beigetragen, denn ungeachtet steigender Klientenzahlen und sinkender Widerrufsquoten bei der Bewährungshilfe kann keine Verringerung der Anzahl der Inhaftierten konstatiert werden (vgl. Grosser/Maelicke 2009: 186).

Perspektiven und Probleme

Ein zentrales Problem in der Praxis ist die hohe Arbeitsbelastung von Bewährungshelfern, deren Anzahl mit dem stetigen Anstieg der Probandenzahlen und deren Problembelastung nicht Schritt halten konnte: Bei einem inzwischen weitgehend üblichen Fallschlüssel von 1:80[7] (vgl. auch BMI/BMJ 2006: 600) und einer Jahresarbeitszeit von 1.760 Std. bleiben rein rechnerisch 22 Stunden pro Jahr pro Proband, bei einem in manchen Ländern bereits vorhandenen Fallschlüssel von einem Bewährungshelfer zu 90 Probanden sind dies 19,5 Stunden, d.h. im Schnitt 1,6 bis 1,8 Stunden, die ein Bewährungshelfer im Durchschnitt monatlich pro Proband zur Verfügung hat[8]. Hierin enthalten sind nicht nur Gespräche mit den Probanden, sondern auch alle Verwaltungstätigkeiten (Aktenführung, Erstellung von Berichten), Anhörungen vor Gericht, Dienstbesprechungen, Dienstfahrten zu Hausbesuchen, Besuche in der JVA, etc. Auch wenn Bewährungshelfer nicht für jeden Probanden den gleichen Zeitaufwand investieren (müssen), dürfen vor dem Hintergrund dieser Zahlen die resozialisierenden Chancen wie auch die Kontrollmöglichkeiten der Bewährungshelfer sicher nicht überschätzt werden. Leider bietet auch die mit dem 23. Strafrechtsänderungsgesetz geschaffene Möglichkeit, die Unterstellungszeit von Anfang an oder nachträglich auf einen Teil der Bewährungszeit zu beschränken und damit auf eine Verkürzung von Unterstellungszeiten hinzuwirken, kaum Entlastungsmöglichkeiten, „denn die hiervon hauptsächlich betroffenen weniger problematischen Bewährungsverläufe machten schon bisher gegen Ende der Bewährungszeit kaum Arbeit". (Schöch 2003: 216) Die Beantwortung der Frage, ob durch eine differenziertere Verarbeitung von Klientengruppen oder Hilfeprozessen (vgl. hierzu Eisenriegler 1993, Kurze 2000, Schmitt 2003, Kawamura-Reindl 2004) Entlastungen erreicht werden können, steht letztlich noch aus, aber mit der Bildung von Fallgruppen wird unter dem Risikoaspekt schon begonnen. So soll z.B. künftig in Sachsen-Anhalt auf der Grundlage von Kriterienlisten für jeden Einzelfall „eine Risikoeinschätzung

---

7 In einzelnen Bundesländern haben Bewährungshelfer bis zu 100 Probanden zu betreuen.
8 Faktisch ist die Stundenzahl geringfügig höher, denn wegen Mehrfachunterstellungen ist die Zahl der unterstellten Bewährungsfälle immer etwas geringer als die Anzahl der tatsächlich betreuten Probanden, im Schnitt kommen bundesweit auf 120 Unterstellungen etwa 100 Probanden (vgl. Schöch 2003: 215).

vorgenommen werden, mit denen Hilfeangebote und Kontrollmaßnahmen für den jeweiligen Probanden ermittelt werden. ... Die einzelnen Probanden werden einer von vier verschiedenen Fallgruppen zugeordnet, für die jeweils bestimmte Hilfe- und Kontrollmaßnahmen gelten." (Ministerium der Justiz – Pressemitteilung Nr.: 066/08 v. 1.10.08)

Ansatzweise lässt sich auch für die Bewährungshilfe in Deutschland ein in anderen Ländern bereits vollzogener Paradigmenwechsel von der Behandlung („treatment"), Unterstützung („Social Welfare") und Besserung hin zur Ökonomisierung, zur Kontrolle und zum Risikomanagement verzeichnen. Eine zunehmend resozialisierungsfeindliche Öffentlichkeit und Politik, die vermehrt Sicherheit, Risikokontrolle und rigidere Strafen fordern, führen dazu, dass sich die Bewährungshilfe auch hierzulande seit einigen Jahren der Diskussion um Risikoanalyse und -kontrolle nicht entziehen kann und ihrem Kontrollauftrag nun verstärkte Beachtung schenkt (z.B. Klug 2005). In den USA ist die Bewährungshilfe längst auf ihre Kontrollfunktionen reduziert; Hilfeleistungen werden an externe Hilfsorganisationen ausgelagert. Auch in Großbritannien, in den Niederlanden und in der Schweiz fanden in den letzten zehn Jahren Entwicklungen statt, die zumindest ansatzweise in eine ähnliche Richtung weisen. Die Logik solcher Modelle fokussiert ausschließlich auf den Täter als Risikofaktor: „Lässt sich mit Hilfe ambulanter Überwachungsszenarien ein ähnliches Sicherheitsniveau für die Gesellschaft erreichen wie durch die Inhaftierung des Täters? Schutzaufsicht ist zentral, doch ist der Hilfsaspekt auf ein Rudiment verkümmert." (Pieth 2001: 427). Für die Ausgestaltung und Weiterentwicklung wird die Frage eine Rolle spielen, ob es der Bewährungshilfe gelingt, Entwicklungen entgegenzutreten, die die in § 56 d StGB gesetzlich verankerte Priorität des Hilfe- und Betreuungsaspekts in Frage stellen (vgl. Rieger 2004:173). Damit kann sie freilich aus dem alten Spannungsverhältnis zwischen Hilfe und Kontrolle nicht entlassen werden und muss sich bei der Frage der Akzentuierung der jeweiligen Aspekte nicht nur einer kritischen Auseinandersetzung mit ihrer Klientel, sondern v.a. auch einer fachlichen Diskussion mit anderen am Strafverfahren beteiligten Berufsgruppen und der Politik stellen.

Verschärft werden öffentliche Kontrollbedürfnisse durch Ökonomisierungstendenzen, die auch vor der Bewährungshilfe nicht halt machen. Im Rahmen von Verwaltungsreformen ist in den Ländern eine zunehmende Tendenz beobachtbar, Aufgaben zu privatisieren. Auch wenn monetäre Erwägungen hierbei nicht immer offiziell im Zentrum der öffentlichen Debatte stehen, so dürfte das Interesse, sich durch Privatisierung von Ausgaben zu entlasten, sicher eine nicht zu unterschätzende Rolle spielen. Am 1.1.2005 hat das Justizministerium Baden-Württemberg die Aufgaben der Bewährungshilfe zunächst modellhaft auf einen privaten Träger übertragen, um dann zum 1.1.2007 die Neustart gGmbH landesweit mit der Durchführung aller für die Bewährungs- und Gerichtshilfe relevanten Aufgaben, Maßnahmen und Dienstleistungen zu betrauen. Als Eckpunkte und Ziele des Pilotprojekts wurden die Sicherung bzw. Steigerung der Effizienz und Effektivität der Aufgabenerledigung in den Vordergrund gestellt. Es gehe vor allem darum, „die Qualität der Betreuungsarbeit durch die Bewährungs- und Gerichtshilfe sicher zu stellen, weiter zu entwickeln und gleichzeitig zu einem möglichst günstigen Verhältnis von Aufwand und Ertrag, auch wirtschaftlich gesehen, zu gelangen." (Justizministerium Baden-Württemberg, Gesamtkonzeption im Projekt „Strukturreform Bewährungshilfe", S. 2 f. zit. in: Sterzel 2006, S. 7) Bei einer angezielten Effizienzdividende von 10-15% in Baden-Württemberg „bleibt offen, wie der Effizienzgewinn erzielt werden soll, ohne Qualitätseinbußen in Kauf zu nehmen" (Beß/Koob-Sodtke 2008: 79). Hier zeichnen sich allerdings schon Tendenzen ab: Das Einsparpotential wird neben der Reduzierung der Standorte, d.h. Zentralisierung einiger bisheriger Außendienststellen, v.a. in der Einbindung weitgehend kostenloser ehrenamtlicher

Mitarbeiter gesehen (vgl. Presseerklärung des JM Baden-Württemberg v. 21.11.2006), wobei seitens der Politik – wie in anderen Arbeitsfeldern Sozialer Arbeit auch – häufig der zeitliche, organisatorische und fachliche Aufwand deutlich unterschätzt wird, den die Suche, Auswahl, Beratung, Betreuung und Schulung Ehrenamtlicher von den hauptamtlichen Kräften fordert. Daneben dürfte die Erwartung, dass ehrenamtlich Tätige die Klientel der Bewährungshilfe in nennenswertem Umfang fachkundig und effektiv betreuen könne, die Kompetenz Ehrenamtlicher deutlich über- oder/oder die komplexen Problemlagen der Probanden unterschätzen.

Neben den Kostengründen argumentierten Befürworter, dass Privatisierung den Klienten zugute käme, indem sie „ ... auch die Gruppen zu anspruchsvollen Kunden (erklären), die häufig genug von staatlichen Apparaten (z.b. dem Strafrecht) in Situationen der Hilflosigkeit gebracht wurden" (Cremer-Schäfer 1997:34). Zudem wird argumentiert, Privatisierung leiste einen Beitrag dazu zu verhindern, dass sich die Bewährungshilfe an Denk- und Handlungsstrukturen der Justiz orientiert, sondern sich wieder stärker auf ihre originäre sozialpädagogische Kompetenz besinnt und diese einsetzt. Privatisierung ist also vielleicht nicht per se schlecht. Sie bietet nicht nur für die Kostenträger eine Reihe von Vorteilen, sondern könnte möglicherweise eine fachliche und organisatorische Weiterentwicklung der Bewährungshilfe beschleunigen. Aber langfristig ist ein hoher Preis zu bezahlen: Denn letztlich geht es bei der Privatisierung um die Etablierung von Wettbewerb und Konkurrenz von Non-Profit-Organisationen im Sozialbereich (vgl. Cremer-Schäfer 1997: 34). Da aber nur der Staat die Bewährungshilfe finanziert, führt ein inszenierter Wettbewerb bei staatlichem Finanzmonopol in der Regel dazu, dass bei stetig klammen öffentlichen Haushalten eine Preisspirale nach unten einsetzt. Wettbewerb und Konkurrenz werden dann in der Regel entweder mit Qualitätseinbußen für die Klienten oder verschlechterten Arbeitsbedingungen für die Mitarbeiter, möglicherweise aber auch mit beidem kompensiert. Mit Privatisierungen verlagert der Staat finanzielle Risiken auf private Träger, die bei einer absehbaren Deckelung von zuvor budgetierten Kosten und vereinbarten Leistungsverträgen kaum eine andere Möglichkeit haben, als die Belastungen den Mitarbeitern in Form von arbeitsrechtlichen Restriktionen aufzubürden. Wohin dies letztlich für die Klienten führt, zeigen andere, bereits weitgehend privatisierte Bereiche Sozialer Arbeit (z.B. die Arbeit der Betreuer nach dem Betreuungsgesetz, bei denen der Staat sowohl die Zahl der Betreuungsstunden unabhängig vom tatsächlichen Bedarf als auch die Höhe der Stundenvergütung festlegt, letzteres freilich mit Tendenz nach unten). Insofern ist die Strategie der Bewährungshilfe in einigen Bundesländern, Verwaltungsreformen von oben und mögliche Privatisierungstendenzen von politischer Seite nicht auszusitzen, sondern diesen wie in Bayern durch neue fachliche und organisatorische Konzeptionen entgegenzuwirken (vgl. z.B. Beß/Koob-Sodtke 2008), sicher der bessere Weg.

Literatur

Arbeitsgemeinschaft Deutscher Bewährungshelferinnen und Bewährungshelfer (ADB) e.V. (2000): Bundesweite Befragung zur Erhebung der Lebenslage der Klientinnen und Klienten der Bewährungshilfe, Stichtag: 15.2.99, Aurich, zit. ADB e.V.

Albrecht, H.-J. (2000): Sozialarbeit und Justiz – Befunde, Entwicklungen und Perspektiven aus der Sicht des Strafrechts. In: Sozialarbeit und Justiz in der diakonischen Straffälligenhilfe, Dokumentation der Arbeitstagung 7.-10.3.08 in Eisenach. Stuttgart.

Barth, S. (2007): Problembelastung bei der Klientel der Bewährungshilfe – Ergebnisse von Stichtagserhebungen im Landgerichtsbezirk Siegen. In: Theorie und Praxis der Sozialen Arbeit, Jg. 58, H. 4, S. 24-30.
Beß, K.; Koob-Sodtke, G. (2008): Die Strukturreform der Bewährungshilfe in Bayern. In: Dessecker, A., (Hrsg.): Privatisierung in der Strafrechtspflege, Wiesbaden, S. 71-84.
Böttner, Sascha (2004): Der Rollenkonflikt der Bewährungshilfe in Theorie und Praxis, Baden-Baden.
Bundesministerium des Inneren/Bundesministerium der Justiz (Hg.) (2006): Zweiter Periodischer Sicherheitsbericht, Berlin.
Cornel, H. (2001): Die Jugendbewährungshilfe. In: Bischoff, D. und Matzke, M. (Hg.): Straftaten junger Menschen im vereinigten Berlin, Berlin, S. 276-281.
Cremer-Schäfer, H. (1997): Wenn es recht und billig sein soll. In: Neue Kriminalpolitik, 9. Jg., S. 30-35.
Eisenriegler, A. (1993): Das 6-Varianten-Modell zur Durchführung der Bewährungshilfe. In: SUB, Zeitschrift des Vereins für Bewährungshilfe und Soziale Arbeit, Jg. 15, S. 21-32.
Engels, D.; Martin, M. (2002): Typische Lebenslagen und typischer Unterstützungsbedarf von Klientinnen und Klienten der Bewährungshilfe, ISG Berlin, Institut für Sozialforschung und Gesellschaftspolitik GmbH, Berlin.
Grosser, R./Maelicke, B. (2009): Bewährungshilfe. In: Cornel, H./Kawamura-Reindl, G./Maelicke, B./Sonnen, B.-R. (Hg.): Resozialisierung - Handbuch, Baden-Baden, S. S. 180-191
Jehle, J.-M., Heinz, W., Sutterer, P. (2003): Legalbewährung nach strafrechtlichen Sanktionen. Eine kommentierte Rückfallstatistik, herausgegeben vom Bundesministerium der Justiz, Berlin.
Kawamura-Reindl, G. (2004): Steuern oder gesteuert werden? Zum Entwicklungsbedarf der Bewährungshilfe heute. In: Neue Kriminalpolitik, 16. Jg., S. 59-63.
Klug, W. (2000): Professionalität in der Bewährungshilfe. In: Bewährungshilfe, Jg. 47, S. 263-273.
Klug, W. (2005): Kontrolle braucht Methode! Anmerkungen zur Methodik des Kontrollprozesses in der Bewährungshilfe. In: Bewährungshilfe, Jg. 52, S. 183-194.
Kurze, Martin (1999): Soziale Arbeit und Strafjustiz. Eine Untersuchung zur Arbeit von Gerichtshilfe, Bewährungshilfe, Führungsaufsicht. Wiesbaden.
Kurze, M. (2000): Personal- und Organisationsentwicklung in den Sozialen Diensten der Justiz. In: Bewährungshilfe, 47. Jg. S. 243-262.
May, G. (2005): Die Bewährungshilfe und ihre Partner: Abgrenzung und Kooperation – eine Standortbestimmung. In: Clearingstelle Jugendhilfe/Polizei (Hg.):Viele Köche verderben den Brei? Interdisziplinäre Ansätze zur Prävention von Jugenddelinquenz, Dokumentation der Fachtagung vom 26. und 27. August 2005 in Berlin, Berlin.
Patry, J.-L./Schrattbauer, B. (2000): Rollenkonflikte in der Bewährungshilfe. In: Neue Praxis, Jg. 30, 176-187.
Pieth, M. (2001): Bedingte Freiheit. Disziplinierung zwischen Gnade und Kontrolle. Basel u.a.
Pilgram, A. (1997): Private Bewährungshilfe. In: Widersprüche, 17. Jg., S. 65-75.
Rieger, G. (2004): Bewährungshilfe heute – in schwierigen Zeiten mit Widersprüchen leben. In: Bewährungshilfe, Jg. 51, S. 167-178.
Schmitt, W. S. (2003): Das Kategorienmodell – Eine Alternative zu Fallzahlen als Index für Belastung bei Bewährungshelfern. In: Bewährungshilfe, Jg. 50, S. 226-235.
Schöch, H. (2003): Bewährungshilfe und humane Strafrechtspflege. In: Bewährungshilfe, Jg. 50, S. 211-225.
Sohn, W. (1993): Koordination und Kooperation in den Sozialen Diensten der Justiz. In: Soziale Arbeit, S. 316-325.
Statistisches Bundesamt (2007): Rechtspflege – Bewährungshilfe 2006, Fachserie 10, Reihe 5, Wiesbaden.
Stelly, W./Thomas, J. (2006): Die Reintegration jugendlicher Mehrfachtäter. In: Zeitschrift für Jugendkriminalrecht und Jugendhilfe. 17. Jg., S. 45-51.
Sterzel, D. (2006): Zur Verfassungsmäßigkeit der Übertragung der Bewährungs- und Gerichtshilfe in Baden-Württemberg auf einen privaten Rechtsträger durch das Landesgesetz über die Bewährungs- und Gerichtshilfe sowie die Sozialarbeit im Justizvollzug (LBGS), Rechtsgutachten erstattet im Auftrag der Gewerkschaft ver.di, Oldenburg i.O.

Karl-Heinz Reuband

Einstellungen der Bevölkerung gegenüber jugendlichen Straftätern. Eine empirische Analyse ihrer Erscheinungsformen und Determinanten

1 Einleitung

Die Debatte um jugendliche Devianz unterliegt Konjunkturen. Es gibt Zeiten, in denen abweichendes Verhalten unter Jugendlichen kaum öffentliche Aufmerksamkeit auf sich zieht. Und es gibt Zeiten, in denen es im Vordergrund der Diskussion steht (vgl. u.a. Rüther und Plum 1983, Cohen 2002). Mal sind es spektakuläre Ereignisse, die den Anlass dafür bilden, mal eher schleichende Entwicklungen. Und in wieder anderen Fällen ist es eine veränderte Sensibilität für die Erscheinungsformen Jugendlicher, die einen Wandel im Diskurs begünstigt. Die Themen und die Gruppen, auf die sich die Aufmerksamkeit richtet, unterliegen dabei über die Zeit einem Wandel. In den 1950er Jahren waren es u.a. die „Halbstarken", die zeitweise das Bild der unruhigen Jugend prägten (vgl. u.a. Kaiser 1959, Kurme 2006), in den 1960er Jahren die Hippies und die „rebellierenden" Studenten (vgl. u.a. Frei 2008), und heutzutage wird vor allem im Zusammenhang mit dem Thema der Gewaltkriminalität die Jugend als Bedrohung beschworen.

Manches von dem, was in der Öffentlichkeit als vermeintlich neues Phänomen beschrieben wurde, spiegelt zweifellos lediglich veränderte Ausdrucksformen jugendlicher Abweichung und nicht Veränderungen im Vorkommen von Devianz wider (vgl. Kluth 1965). Doch welche Erscheinungsformen auch Anstoß erregen und welche Ursachen dafür verantwortlich sein mögen, gemeinsames Kennzeichen des Diskurses ist, dass auf Änderungen im Erscheinungsbild der Jugend besonders sensibel reagiert wird. Dass dies geschieht, ist kein Zufall: Jugendliche gelten als das „Mutationspotential" der Gesellschaft (vgl. Mannheim 1928), weil sie als Vorboten eines Wandels nachfolgender Generationen angesehen werden und weil sie selbst später einmal als Erwachsene die Gesellschaft prägen. In ihnen spiegelt sich die gesellschaftliche Zukunft.

Dass auf Veränderungen im Erscheinungsbild Jugendlicher so sensibel reagiert wird, hat jedoch nicht nur mit ihrem Stellenwert als Verkörperung zukünftiger Entwicklung zu tun, sondern auch mit der Tatsache, dass man bei Jugendlichen noch an die Möglichkeit der Intervention glaubt: weil die psychosoziale Entwicklung noch nicht abgeschlossen sei, gebe es die Chance, Fehlentwicklungen durch geeignete Maßnahmen zu korrigieren. Das Strafrecht trägt dem Phänomen jugendlicher Formbarkeit Rechnung, indem den Jugendlichen ein eigenes Jugendstrafrecht eingeräumt wird. Und dieses bietet selbst dort noch einen gewissen Schonraum, wo in anderen Verhaltensbereichen der Erwachsenenstatus längst zugebilligt wird: Auch wenn in der Bundesrepublik mit 18 Jahren bereits Volljährigkeit erreicht ist, werden nach dem Strafrecht Personen zwischen 18 und 20 Jahren nicht den Erwachsenen gleichgestellt. Sie gelten als

Heranwachsende und können nach dem Jugendstrafrecht verurteilt werden. In einem derartigen Fall sind die Sanktionen andere: es werden Strafen verhängt, die in besonderem Maße dem Resozialisierungsgedanken und mit sozialen Hilfen verbunden sind (vgl. Dölling 2008). Ob ein Heranwachsender nach dem Jugendstrafrecht verurteilt wird oder nicht, wird durch die justizielle Einstufung von Tat und Täter mitbestimmt.

Jugendliche nicht nach dem Erwachsenenstrafrecht zu beurteilen, muss nun allerdings nicht notwendigerweise bedeuten, auf „harte" Sanktionen zu verzichten. So sind z.B. manche Rechtspolitiker der Meinung, dass „harte" Strafen abschreckend wirken und besonders gut geeignet seien, die Verfestigung delinquenter Karrieren zu verhindern. Und tatsächlich gibt es – besonders im angloamerikanischen Kriminalitätsdiskurs – eine weitverbreitete Tendenz, „Sharp shock treatments" für Jugendliche zu propagieren und in die Praxis umzusetzen (vgl. u.a. Muncie 1999, Hill 2004). In vielen Fällen richten sich diese auf jugendliche Wiederholungstäter, in manchen Fällen aber bereits auch auf jugendliche Ersttäter.

Rein theoretisch gesehen erscheint auf den ersten Blick das Plädoyer für „Sharp shock treatments" nicht unplausibel und im Einklang mit Handlungsmaximen der modernen, individualisierten Gesellschaft zu stehen: gelöst von kollektiven Verbindlichkeiten ist das Individuum auf sich allein gestellt (vgl. Beck 1986) und handelt nach rationaler Kosten- und Nutzen-Abwägung. Dem „Rational Choice Modell" gemäß, das dieser Sichtweise unterliegt (und das auch in den Sozialwissenschaften inzwischen eine gewisse Popularität genießt, vgl. Hill 2002), würde dies bedeuten, dass eine Erhöhung der Strafe die Kosten des Handelns vergrößert und daher zu dessen Vermeidung führt (vgl. u.a. Becker 1968). Diesem Handlungs- und „Behandlungs"-Modell steht andererseits die Vorstellung gegenüber, dass jugendliche Kriminalität vielfach ein passageres Verhalten darstellt und repressive Reaktionen eher eine Verfestigung als eine Korrektur des devianten Handelns bewirken (vgl. Walter 2005). Die beste Strategie des Umgangs mit der Kriminalität Jugendlicher wäre aus dieser Sicht eher eine milde Reaktion – womöglich gar der Verzicht auf Strafe überhaupt – und nicht der Rückgriff auf Mittel eines repressiv gearteten Strafrechts.

2 Zielsetzung und methodisches Vorgehen

Im Folgendem soll der Frage nach dem Strafbedürfnis der Bevölkerung im Rahmen einer repräsentativen Bevölkerungsstudie nachgegangen werden. Drei Fragen interessieren: Welche Einstellungen nehmen die Bürger gegenüber jugendlicher Kriminalität ein – wie sehr überwiegen rehabilitative und wie sehr repressive Strafbedürfnisse? Welche Einstellungen nehmen Personen mit unterschiedlichen sozialen Merkmalen ein – welchen Stellenwert haben Geschlecht, Alter und Bildung? Und: Wie sehr üben Kriminalitätsfurcht, Anomie und allgemeine Strafvorstellungen einen Einfluss auf das Strafverlangen aus?

Grundlage der Analyse ist eine eigene repräsentative Befragung der deutschen Bevölkerung 18 Jahre und älter in den Hauptstädten ausgewählter Bundesländer: Hamburg, Kiel, München, Stuttgart und Dresden. Randomstichproben aus dem Einwohnermelderegister der Städte bilden die Ausgangsbasis[1]. Die Befragung erfolgte postalisch. Postalische Befragungen haben

---

1 Die Daten wurden im Rahmen eines von der VW-Stiftung geförderten Projekts des Verfassers zum Thema Drogenkonsum und Drogenpolitik erhoben (AZ II/76571).

den Vorteil, dass offener geantwortet wird und sozial erwünschte Antworttendenzen seltener vorkommen als in face-to-face oder telefonischen Befragungen (vgl. Tourangeau et al. 2000).[2] Dass postalischen Befragungen unterdurchschnittliche, ja geradezu „geringe" Ausschöpfungsquoten erreichen – wie des öfteren behauptet wird – ist falsch und beruht auf einer Unkenntnis der relevanten Literatur. Wenn die Erhebungen korrekt durchgeführt werden, können sie ähnliche oder gar höhere Ausschöpfungsquoten erreichen als face-to-face oder telefonische Befragungen.[3]

Angelegt war die Befragung als Mehrthemenerhebung. Neben Fragen zu den Bereichen Drogengebrauch und Kriminalität, die den thematischen Schwerpunkt bildeten, waren mehrere Fragen auch zum Leben in der Stadt und zum Freizeitverhalten enthalten. Gegenüber den Zielpersonen wurde die Erhebung in dem Anschreiben als Studie zu Lebensbedingungen in Städten und zu aktuellen Fragen deklariert. Auf dem Fragebogen lautete der Titel dementsprechend auch global „Leben in ‚[Stadtname]'". Durch den Mehrthemencharakter sollte eine thematisch einseitige, selektive Rekrutierung von Befragten – wie sie bei Ein-Themen-Untersuchungen droht (vgl. u.a. Heberlein und Baumgärtner 1978, Yammarino 1991) – verhindert werden.

Nach bis zu drei Erinnerungen wurden Ausschöpfungsquoten je nach Stadt zwischen 48 und 50% erreicht. Derartige Quoten sind als überdurchschnittlich anzusehen, selbst in höchst professionell und aufwendig durchgeführten Umfragen (auf der Basis von face-to-face Befragungen) wie dem ALLBUS oder dem SOEP liegen sie darunter (vgl. Wasmer et al. 2007, Schupp 2008). Pro Stadt wurden rund 1.000 Personen befragt. Für die folgende Analyse fassen wir die einzelnen Erhebungen auf Städte-Basis zu einem Gesamtdatensatz zusammen. Insgesamt gehen damit 4.831 Befragte in die Untersuchung ein.

3 Verbreitung und Struktur von Sanktionseinstellungen

3.1 Ergebnisse der städtischen Befragung

Drei Fragen zum Sanktionsverlangen für jugendliche Täter wurden in der Erhebung gestellt. Die erste bezieht sich auf einen jugendlichen Ersttäter, der einen Ladendiebstahl begangen hat. Auf eine Spezifikation des Alters wurde hierbei verzichtet, es ist lediglich von einem Jugendlichen die Rede. Im zweiten Fall geht es um einen Haschischkonsumenten. Der Jugend-Bezug

---

2   Im vorliegenden Fall wurde – anders als sonst üblich – eine komplett anonyme Befragungsvariante gewählt (ohne Nummer auf dem Fragebogen). Dadurch sollten sozial erwünschte Antworttendenzen bei besonders sensiblen Fragen noch weiter reduziert werden. Um trotz der Anonymität der Erhebung kostengünstig Mahnaktionen durchzuführen, war jedem Anschreiben eine Karte beigefügt, die eine Identifikationsnummer enthielt und die mit der Information, ob man an der Befragung teilgenommen hatte oder nicht, getrennt vom Fragebogen zurückgesandt werden sollte (vgl. Reuband 1999a). Auf Basis der Rückläufe dieser Karten wurden Personen, die noch nicht geantwortet hatten und nicht durch Krankheit oder aus anderen Gründen ausfielen, erneut angeschrieben.

3   Typisch für eine Fehleinschätzung postalischer Verfahren ist z.B. die Aussage in einem neueren Forschungsbericht des Kriminologischen Forschungsinstituts Niedersachsen (KFN), dass der Rücklauf bei einer postalischen Bevölkerungsbefragung „erfahrungsgemäß eher gering" sei. Auch wird behauptet, dass es sich um eine kostenintensive Methode handele (vgl. Baier et al. 2008: 8) – was falsch ist. Face-to-face und telefonische Befragungen sind weitaus teurer. Dass in der Untersuchung des KFN lediglich eine Ausschöpfungsquote von 23% erreicht wird, ist im Übrigen nichts, was dem postalisch Verfahren per se als Defizit eigen ist – es ist vielmehr vor allem das Resultat eines Verzichts auf (stets erforderliche) Mahnaktionen. Vgl. zur Durchführung postalischer Erhebungen und den Effekten von Mahnaktionen: Reuband und Blasius (1996), Reuband (1999b, 2001), vgl. allgemein dazu auch Dillman (2000).

ist implizit: Haschischkonsum stellt in Deutschland in erster Linie ein Delikt Jugendlicher dar.[4] Man kann deshalb vermuten, dass die Befragten bei der Beantwortung dieser Frage primär an einen Jugendlichen als Täter denken. In dem dritten Fall handelt es sich um einen 21-jährigen Wiederholungstäter, der einen Einbruch verübt und einen Fernseher, Bargeld und einen Videorekorder entwendet hat.

Zwar ist beim letztgenannten Delikt im Fall des Täters strafrechtlich die Altersgrenze des Jugendstrafrechts um ein Jahr überschritten, aber für die Bürger macht es – wie eine Zusatzstudie belegt[5] – keinen Unterschied, ob es sich beim Wiederholungseinbrecher um einen 20- oder 21-jährigen Täter handelt. Man kann daher die Reaktion der Befragten auf diesen Fall durchaus noch als Reaktion auf jugendliche Täter betrachten. Die Frage wurde – mit leichter Modifikationen in der Spezifikation des Schadens – aus dem „International Crime Victim Survey" (Van Dijk et al. 1991) bzw. dem „European Crime Survey" (Van Dijk et al. 2007) entnommen und bietet aufgrund dessen den Vorteil, Vergleiche mit bundesweiten und internationalen Umfragen zu erlauben.

In der Art der Strafoptionen, die den Befragten zur Auswahl vorgegeben wurden, variieren die Fragen. Während bei der Frage zum Umgang mit einem jugendlichen Ersttäter lediglich das Bestrafungsprinzip („milde" vs. „streng bestrafen") erfragt wurde, waren bei den anderen beiden Fragen konkrete Strafoptionen vorgegeben. Diese waren weitgehend an den Kategorien der entsprechenden Frage des „International Crime Victim Survey" orientiert und reichten von der Gefängnisstrafe bis zum Freispruch. Für Antworten außerhalb des vorgegebenen Sanktionsspektrums wurde die Zusatzkategorie „Sonstiges" aufgeführt.

Tabelle 1: Bestrafung von jugendlichem Ersttäter (in %)

Milde Strafe	57
Strenge Strafe	23
Sonstiges	20
	100

Frageformulierung: „Es gibt unterschiedliche Ansichten darüber, wie man mit Jugendlichen umgehen soll, die etwas von geringem Wert aus einem Laden oder Kaufhaus gestohlen haben und zum ersten Mal polizeiauffällig werden. Die einen meinen, das wäre eine Jugendsünde und man sollte eher milde mit ihnen umgehen. Die anderen sagen, man müsste besonders streng sein, um sie von weiteren Straftaten abzuschrecken. Was meinen Sie?"
Antwortkategorien: „Milde damit umgehen, nicht streng bestrafen – Streng bestrafen – Sonstiges, was?"

---

4 Angehörige der älteren Generation weisen zwar nicht selten ebenfalls Lebenszeiterfahrung mit Cannabis auf, sie haben den Gebrauch jedoch häufig wieder eingestellt (vgl. Kraus 2006, Reuband 2008a). Angesichts dessen kann man davon ausgehen, dass die Befragten bei der Beantwortung der Frage in erster Linie an jugendliche Haschischkonsumenten als Täter dachten. Rein strafrechtlich gesehen ist der Haschischkonsum in der Bundesrepublik kein Straftatbestand. Strafrechtlich relevant ist allein der Besitz oder Handel. Wer jedoch jemals konsumiert hat, der war auch jemals in Besitz der Droge, so dass aus Sicht der Bürger der Konsum de facto mit Delinquenz identisch sein muss.

5 Die Studie stützt sich auf eine face-to-face-Befragung auf Quotenbasis, die in Düsseldorf und Umgebung durchgeführt wurde. Die verschiedenen Formulierungen wurden über zufällig aufgeteilte Splitversionen getestet. Wäre die Altersdifferenz größer, hätte es sicherlich Effekte gegeben.

Vergleicht man die Antworten auf die erste Frage, wie mit einem jugendlichen Ersttäter umzugehen sei, wird deutlich, – wie man *Tabelle 1* entnehmen kann – dass die Befürwortung von „Milde" und nicht von „Strenge" das vorherrschende Einstellungsmuster in der Bevölkerung darstellt. Daran ändert sich auch dann nichts, wenn man die Nennungen heranziehen würde, die in der Rubrik „Sonstiges" zusammengefasst sind. Denn auch hier werden eher therapeutisch-soziale Maßnahmen genannt als Maßnahmen, die einen repressiven Charakter tragen. Daran gemessen ist die Bevölkerung von Forderungen nach einer „sharp-shock-treatment" für Ersttäter weit entfernt.

Im Fall des Haschischgebrauchs – ein Delikt, durch das keine anderen Personen geschädigt werden („victimless crime") – wird ebenfalls mehrheitlich eine milde Reaktion bevorzugt: Rund 35% plädieren für Freispruch oder Verwarnung, 33% für soziale Arbeit, 7% für eine Geldstrafe und 8% für Bewährung. Und „lediglich" 10% halten eine Gefängnisstrafe für angebracht (Tabelle 2). Gemessen an dem Schaden, der aus dem Haschischgebrauch für den einzelnen erwächst, und der Tatsache, dass niemand sonst davon als Opfer betroffen ist, muss dieser Wert gleichwohl außergewöhnlich hoch erscheinen. Doch im historischen Vergleich wird deutlich, dass die heutige Situation in der Bevölkerung weitaus entkrampfter wahrgenommen wird als noch vor mehreren Jahren. So beurteilte Anfang der 1970er Jahre die Bevölkerung den Haschischkonsum Jugendlicher im Vergleich zum Verprügeln der Ehefrau als schlimmer. Und Forderungen nach einer Gefängnisstrafe für Haschischkonsumenten erfreuten sich häufiger als heute einer gewissen Popularität. Veränderungen in der Wahrnehmung der Cannabisrisiken *und* eine veränderte Einstellung zur Gewalt in der Ehe führten längerfristig zur Verschiebung in der Schwerebeurteilung der Delikte (vgl. Reuband 2004).

Tabelle 2: Bestrafung von jugendlichem Einbrecher (Wiederholungstäter) und von Haschischkonsumenten (in %)

	Einbruch	Haschischkonsum
Gefängnisstrafe	46	10
Geldstrafe	7	7
Bewährung	11	8
Soziale Arbeit	31	33
Verwarnung	1	14
Freispruch	-	21
Sonstiges	5	7
	100	100

Frageformulierung Einbruch: „Es gibt verschiedene Ansichten, wie Straftäter bestraft werden sollen. Nehmen wir einmal den Fall eines 21-jährigen Mannes, der zum zweiten Mal wegen Einbruchs verurteilt wird. Dieses Mal hat er aus einer Privatwohnung Bargeld, eine Videokamera und einen Fernseher gestohlen. Welche der folgenden Strafen halten Sie in einem solchen Fall für angemessen?"
Frageformulierung Haschischkonsum: „Und wie ist es, wenn jemand Haschisch besitzt und öfters raucht? Welche Strafe halten Sie in einem solchen Fall für angemessen?"Antwortkategorien: „Eine Gefängnisstrafe – Eine Geldstrafe – Eine zur Bewährung ausgesetzte Strafe – Gemeinnützige soziale Arbeit – Eine Verwarnung mit Androhung einer Strafe – Freispruch – Sonstiges, was?"

Dass nach wie vor ein – wenn auch kleiner – Teil der Befragten eine Gefängnisstrafe für Haschischkonsumenten bevorzugt, mag damit zu tun haben, dass teilweise weiterhin unrealistische Vorstellungen über die Selbst- und Fremdgefährdungen durch Haschischgebrauch bestehen. Auch mag es sein, dass manche der Befragten nicht an eine längere sondern kürzere Zeit im Gefängnis denken – an Haft mit abschreckender Wirkung als eine Art „sharp shock treatment". Dass sich ein Teil der Befragten für eine andere, nicht repressive Reaktion ausgesprochen hätte, wenn diese explizit im Strafkatalog vorgegeben worden wäre (z.B. Therapie durch Psychologen), ist nicht ausgeschlossen, doch nicht sehr wahrscheinlich, denn es gab nicht nur die Kategorie „Sonstiges", sondern es war auch im Fragebogen explizit Platz für die Abfassung entsprechender Alternativvorschläge freigelassen worden.

Am kritischsten fällt das Urteil über einen 21-Jährigen aus, der zum zweiten Mal wegen Einbruchs verurteilt wird. Rund die Hälfte befürwortet in diesem Fall eine Gefängnisstrafe (Tabelle 2). Dass das Urteil so negativ ausfällt, dürfte maßgeblich durch die spezifische Kombination von Art des Delikts, Art des Opfers, Wiederholungstatbestand und Höhe des Schadens bedingt sein. Nicht nur setzt das Delikt ein gewaltsames Eindringen in abgeschlossene Räume voraus, sondern es wird auch eine Person Opfer und nicht – wie beim Ladendiebstahl – ein anonymes Geschäft. Die Zahl der Befragten, die für einen Sanktionsverzicht plädieren, ist dementsprechend vernachlässigenswert.

Man könnte geneigt sein, die Fragen zum Strafverlangen – so unterschiedlich sie auch formuliert sind – als Indikatoren ein und derselben Strafphilosophie zu werten. Wer sich für eine milde Strafe bei einem Ersttäter ausspricht, der müsste – so die Vermutung – ebenfalls bei einem jugendlichen Wiederholungstäter überproportional gegen eine Gefängnisstrafe eingestellt sein. Und er müsste auch häufiger gegen eine Gefängnisstrafe bei Haschischkonsumenten optieren. Setzt man die Antworten auf die Fragen miteinander in Beziehung, tritt ein derartiger Zusammenhang zwar der Tendenz nach auf – alles in allem aber erweist er sich als recht schwach. So befürworten unter denen, die sich für „Strenge" bei einem Ersttäter aussprechen, 60% eine Gefängnisstrafe für einen Einbrecher als Wiederholungstäter. Dies tun aber auch 41% derer, die sich für „Milde" oder andere Strafen für einen Ersttäter aussprechen. Nicht viel anders verhält es sich, wenn man die Beurteilung des Ersttäters mit dem Strafverlangen für Haschischkonsumenten in Beziehung setzt: Wer eine strenge Strafe für einen Ersttäter fordert, der befürwortet zwar häufiger Gefängnis als Strafe als jemand, der einen milden Umgang bevorzugt (21% vs. 6%). Aber alles in allem ist die Differenz auch in diesem Fall nicht sonderlich eindrucksvoll.

Dass die geringe Stärke des Zusammenhangs nicht daraus erwächst, dass bei dem einen Delikt lediglich global eine „milde" oder „strenge" Bestrafung erfragt wird, beim anderen jedoch konkrete Strafen, zeigt sich daran, dass die Beziehungen auch dann schwach sind, wenn man die *konkreten* Strafforderungen für einen jugendlichen Einbrecher und einen Haschischkonsumenten miteinander in Beziehung setzt: unter denen, die sich im Fall eines Einbrechers für eine Gefängnisstrafe aussprechen, urteilten lediglich 16% analog im Fall des Haschischkonsums. Und unter denen, die sich im Fall eines Einbrechers für eine Geldstrafe oder Bewährung aussprechen, tun dies 8% bzw. 4%. Offenbar spiegelt sich in den Urteilen der Befragten eine Neigung wider, nach Tat und Art des Täters zu differenzieren und nur bedingt eine generalisierte Haltung einzunehmen.[6]

---

6 Dass die Schwäche des Zusammenhangs zum Teil Folge mangelnder Reflexion und damit von „Non-Attitudes" ist (vgl. Converse 1964), ist prinzipiell denkbar. Doch alles in allem ist dieser Einflussfaktor nicht allzu hoch zu veranschlagen. Zwar variiert die Stärke des Zusammenhangs mit dem Ausmaß politischen Interesses in der erwarteten Richtung, aber selbst unter den politisch hoch Interessierten ist der Zusammenhang nur gering ausgeprägt.

3.2 Besonderheiten und Gemeinsamkeiten der Befunde im bundesweiten Vergleich

Wie typisch sind nun die von uns ermittelten Meinungsverhältnisse für die Bundesbürger in ihrer Gesamtheit? Wie sehr lassen sich die Befunde auf die Bundesrepublik hin generalisieren? Ein erster Zugang zur Klärung dieser Frage eröffnet sich, wenn man die Daten nach dem Ort der Befragung differenziert und die Schwankungsbreite zwischen den Städten als Maßstab der Beurteilung wählt. Je geringer diese ist, desto unwahrscheinlicher ist es, dass städtespezifische Besonderheiten für das Antwortmuster verantwortlich sind. Unternimmt man eine derartige Überprüfung, zeigt sich, dass die Unterschiede zwischen den Städten insgesamt gering sind. Die Werte für „Milde" im Umgang mit einem jugendlichen Ersttäter liegen zwischen 51% und 64% (wobei Dresden den geringsten und München den höchsten Wert aufweist). Gefängnisstrafe wird für einen Einbrecher in Stuttgart und München von 41-42% der Befragten befürwortet, in Kiel und Dresden von 47-48% und in Hamburg von 51%. Und im Fall des Drogendelikts variieren die Werte für Gefängnis als Strafe in den westdeutschen Städten nur leicht zwischen 7 und 10%. Einzig in Dresden liegen sie mit 15% etwas höher. Die Werte für Freispruch oder Verwarnung, die für den Haschischkonsum die häufigste Nennung repräsentieren, schwanken in den westdeutschen Städten zwischen 34 und 39%, in Dresden liegt der entsprechende Wert mit 30% etwas niedriger.

Ein zweiter Zugang zur Klärung städtespezifischer Besonderheiten ergibt sich aus dem Vergleich mit bundesweiten Befragungsergebnissen. Setzt man die Antworten auf die Frage zum jugendlichen Einbrecher mit denen einer zeitgleich durchgeführten[7] bundesweiten Telefonbefragung – mit nahezu gleicher Frageformulierung – in Beziehung, wird deutlich, dass punitive Orientierungen in der Städte-Untersuchung häufiger geäußert werden: So beläuft sich der Anteil derer, die sich für eine Gefängnisstrafe aussprechen, in der bundesweiten Erhebung, West- und Ostdeutschland umfassend, auf 20% (eigene Daten, vgl. auch Reuband 2003), in der hier zugrunde gelegten Erhebung auf Basis ausgewählter Städte liegt der Anteil jedoch mit 44% mehr als doppelt so hoch. Stattdessen wird in der bundesweiten Studie häufiger die – insgesamt mildere – „gemeinnützige soziale Arbeit" genannt (58% vs. 30%). Hinsichtlich der Geldstrafe als präferierte Sanktion sind die Ergebnisse beider Erhebungen praktisch identisch.

Dass sich die eine Befragung auf Großstädte bezieht, die andere jedoch ebenso Klein-, Mittelstädte und ländliche Gemeinden umfasst, scheidet als Erklärungsmöglichkeit für den Unterschied in der Bevorzugung der Gefängnisstrafe aus: So plädierten in der bundesweiten Erhebung die Befragten, die in den *gleichen* Städten wie die Befragten unserer Städte-Erhebung lebten, ähnlich häufig wie in der bundesweiten Gesamterhebung – rund 20% – für eine Gefängnisstrafe.[8] Auch dass die Diskrepanzen durch Periodeneffekte erklärt werden können, ist nicht plausibel: denn der Vergleich der bundesweiten Erhebung mit anderen bundesweiten Erhebungen mit identischer Frageformulierung aus etwa der gleichen Zeit (vgl. Reuband 2003, Kühnrich und Kania 2008) erbringt keine Unterschiede in der hier beschriebenen Größenordnung[9]. Ebenso unwahrscheinlich ist, dass Unterschiede in der Platzierung der Fragen im Fra-

---

7 Die telefonische Befragung fand im Juli-August 2002 statt, die postalische Befragungen in Hamburg, Kiel und Stuttgart im August-Oktober 2002, in München Oktober-Dezember und in Dresden – verzögert aufgrund der dortigen Überschwemmungskatastrophe – in der Zeit zwischen Dezember 2002 und Februar 2003.
8 Die Ortszurechnung wurde auf der Grundlage der im Datensatz vorhandenen Vorwahlnummern vorgenommen. Die Zahl der Befragten beläuft sich auf N=99.
9 Desgleichen gibt es auch keinen Hinweis dafür, dass unsere eigene Städte-Befragung Periodeneffekten unterliegt und deshalb eine Ausnahme darstellt: denn in Hamburg, wo wir die Frage in späteren Erhebungen replizierten,

gebogen, in der Reihenfolge der Antwortvorgaben (vgl. Reuband 2007a) oder differierende Ausschöpfungsquoten[10] für die Diskrepanzen verantwortlich sein könnten.

So verbleibt als potentiell bedeutsamer Effekt letztlich nur der Tatbestand, dass (1) die Höhe des in der Formulierung genannten Schadens zwischen den Erhebungen leicht differiert *und* (2) sich der Erhebungsmodus unterscheidet – im einen Fall in Form einer postalischen, im anderen Fall in Form einer telefonischen Befragung. Wie plausibel ist es, dass aufgrund dessen das Antwortverhalten beeinflusst werden kann? Die Tatsache, dass in der bundesweiten Erhebung die Rede davon ist, dass ein „Fernseher" gestohlen wurde, es in der Städte-Erhebung jedoch heißt „Bargeld, ein Videorecorder und ein Fernseher", könnte aufgrund des größeren Schadens in der Städte-Erhebung eine etwas größere Punitivität erwarten lassen. Und in der Tat weist eine Methodenstudie[11] darauf hin, dass, wo der Schaden gravierender Art ist, häufiger eine Gefängnisstrafe favorisiert wird. Doch der Effekt beläuft sich lediglich auf 8 Prozentpunkte und erklärt nicht die beobachtete Antwortdifferenz von rund 20 Prozentpunkten. Mindestens die Hälfte des Effekts dürfte daher auf den anderen genannten, methodischen Unterschied – das unterschiedliche Befragungsverfahren – zurückgehen. Und dafür gibt es eine Reihe empirischer Indizien aus anderen Studien. So ist in mehreren Methodenstudien nachgewiesen worden, dass soziale Erwünschtheitseffekte in face-to-face- und telefonischen Befragungen im Vergleich zu anonymen postalischen Befragungen verstärkt aktiviert werden (vgl. Tourangeau et al. 2000).

Dies gilt auch für Fragen zum Sanktionsverlangen. So fällt in der Bundesrepublik die Befürwortung der Todesstrafe in postalischen Befragungen stets höher aus als in face-to-face- oder Telefonbefragungen (vgl. Kury 1993: 371, Reuband und Blasius 1996, Reuband 2000: 213, 2002: 13, Anm. 2). Darüber hinaus wird deliktspezifische Punitivität – auch in Hinblick auf den Umgang mit einem jugendlichen Einbrecher – in postalischen Erhebungen eher bekundet als in face-to-face-Befragungen (vgl. Kury 1993: 360, Kury et al. 2002: 32 ff.). Des Weiteren finden sich Hinweise für entsprechende Effekte in Untersuchungen, in denen das Strafverlangen zunächst schriftlich und anschließend mithilfe einer Nachbefragung face-to-face, im Rahmen eines qualitativen Interviews, ermittelt wurde: Die Antworten in der Nachbefragung waren weniger punitiv als die, die in der ersten Erhebung geäußert worden waren (vgl. Kury und Obergfell-Fuchs 2006, 2008, Becker 2007). Dieser Befund ist von Helmut Kury und Joachim Obergfell-Fuchs als Zeichen dafür gewertet worden, dass die Bürger realiter weniger punitiv seien als zunächst bekundet. Eine u. E. realistischere Interpretation ist, dass sich Befragte in anonymen Befragungen bereitwilliger zu ihrer Punitivität bekennen als in Interviews, die mit einem Kontakt zu einem Interviewer einhergehen.[12]

änderte sich die Haltung der Bürger auch später nicht in nennenswertem Maße. So sprachen sich dort in der Erhebung im Jahr 2008 46% für eine Gefängnisstrafe aus, 2002 waren es mit 51% nur wenig mehr gewesen. Dass die Verhältnisse in den anderen Städten anders sein sollten, ist nicht anzunehmen.

10 Die Ausschöpfungsquoten liegen zwar in der bundesweiten telefonischen Erhebung niedriger als in der postalischen – doch niedrigere Ausschöpfungsquoten müssen nicht notwendigerweise andersgeartete, schlechtere Befunde in den relevanten Variablen erbringen (vgl. auch Diekmann 2007). Dass sich selbst bei niedriger Ausschöpfung die Ergebnisse von Telefonbefragungen nicht sehr von denen mit hoher Ausschöpfung unterscheiden müssen, belegen u.a. die Analysen von Blasius und Reuband (1995).

11 Im Rahmen eines Methodenexperiments haben wir zu klären versucht, wie sehr daraus Effekte auf das Antwortverhalten erwachsen. Es basiert auf einer face-to-face-Befragung, die in Düsseldorf und Umgebung in der Bevölkerung mit rund 550 Befragten durchgeführt wurde. In einer der Split-Fassungen war der Schaden – wie in der bundesweiten Erhebung – auf den Diebstahl eines Fernsehers beschränkt, im anderen Fall war vom Diebstahl von „Bargeld, eines Videorekorders und eines Fernsehers" die Rede.

12 Nehmen wir einmal an, diese unsere Interpretation träfe zu und soziale Erwünschtheitseffekte wären im vorliegenden Fall maßgeblich für die unterschiedlichen Antwortmuster verantwortlich, so hätte dies Konsequenzen auch

Dass der beschriebene Effekt des Erhebungsverfahrens nicht auf das Delikt eines jugendlichen Einbrechers beschränkt ist, sondern auch für andere Delikte wie den Drogengebrauch gilt, zeigt ein weiterer Vergleich unserer Untersuchung mit einer zeitnah durchgeführten bundesweiten Erhebung auf face-to-face Basis (vgl. Reuband 2004). Dass in der bundesweiten Erhebung nicht allgemein von Haschischkonsumenten, sondern spezifischer von Studenten die Rede ist, die auf einer Party Haschisch rauchen, ist wohl noch das geringste Problem für den Vergleich.[13] Das etwas größere liegt in den dort vorgegebenen Antwortkategorien: die Optionen von Freispruch, Verwarnung bis zu Geldstrafe und Bewährung werden zwar aufgeführt, nicht aber – wie in unserer Städteuntersuchung – die „gemeinnützige soziale Arbeit".[14]

Beschränkt man sich jedoch auf die Endpole des Sanktionskontinuums – „Gefängnis" einerseits und „Freispruch/Verwarnung" andererseits –, kann man mit der gebotenen Vorsicht einen Vergleich zwischen den beiden Erhebungen anstellen. Es zeigt sich dann: In der bundesweiten Erhebung befürworteten in Westdeutschland 44% einen Freispruch oder eine Verwarnung und in Ostdeutschland 42% (vgl. Reuband 2007b). In unserer Städte-Erhebung, die west- und ostdeutsche Städte umfasst, sind es 35% und damit etwas weniger.[15] Damit einher geht eine etwas stärkere Neigung, Gefängnisstrafe zu befürworten. Für eine Gefängnisstrafe plädieren in der bundesweiten Erhebung im Westen und im Osten Deutschlands 5 bzw. 6%, in der Städte- Erhebung mit 10% rund doppelt so viele.

Die Unterschiede in der Antwortverteilung sind jedoch alles in allem, im Vergleich zum vorher diskutierten Einbruchsdelikt, weniger spektakulär und belaufen sich auf wenige Prozentpunkte. Dass es sich hier nicht um einen Sonderfall unserer Studie handelt, darauf verweist eine der zuvor schon zitierten Untersuchungen. Auch in dieser waren punitive Sanktionen häufiger in der postalischen Erhebung geäußert worden als in der face-to-face-Befragung. Im Fall des Haschischdelikts aber war der Effekt schwächer ausgeprägt und erreichte nicht mehr die erforderliche Größenordnung für statistische Signifikanz (vgl. Kury et al. 2002: 35).

Deliktspezifische soziale Erwünschtheitseffekte stellen vermutlich die bedeutsamste Erklärung für die Unterschiedlichkeit der Befunde dar. Sie dürften existieren, wenn je nach Delikt unterschiedliche Vorstellungen über das in der Bevölkerung vorherrschende Meinungsklima und/oder deliktspezifische Unterschiede in der subjektiven Bedeutsamkeit des Meinungsklimas

---

für den internationalen Vergleich: das relativ „milde" Sanktionsklima, wie es sich für Deutschland im interviewergestützten „International Crime Victim Survey" (Reuband 2003) und dem „European Crime Survey" (Kühnrich und Kania 2008) im Vergleich zu anderen Ländern zeigt, wäre möglicherweise partiell das Ergebnis eines methodischen Artefakts. Sollten die Befragten in den übrigen Ländern keinen vergleichbaren Antworttendenzen unterliegen (z.B. weil dort unter Umständen ein anderes Meinungsklima wahrgenommen wird), würde sich die Stellung der Deutschen anders darstellen, als es die international vergleichenden Untersuchungen nahelegen. Leider scheint es in anderen Ländern keine entsprechenden Studien zu geben, die einen Vergleich unterschiedlicher Erhebungsverfahren im Hinblick auf das Sanktionsverlangen erlauben. Wir konnten lediglich eine Studie für die USA lokalisieren, und diese erbrachte – ähnlich wie in den deutschen Vergleichen – höhere Punitivität in der postalischen Befragung im Vergleich zu telefonischer Befragung (vgl. Farnworth et al. 1996).

13 Dass die Täterspezifikation Effekte auf das Strafverlangen haben kann, belegt eine Untersuchung aus dem Jahr 1982, in der mittels Splitversionen des Fragebogens die Täterspezifikation leicht variiert wurde (vgl. Reuband 1992a: 146f). Inwiefern damals zeitspezifische Besonderheiten zum negativeren Image der Studenten beitrugen (die Vorstellung von der Studentenrevolte und den 68ern) und derartige Effekte heutzutage nicht mehr gelten, kann hier nicht geklärt werden.

14 Stattdessen findet sich die „Geldbuße an das Rote Kreuz". Zwar ist hier auch ein gemeinnütziger Bezug angesprochen, doch ist er auf einer anderen Ebene angesiedelt als gemeinnützige Arbeit (auch wenn der äquivalente – hier nicht näher bestimmte – Betrag, in Euro umgerechnet, prinzipiell der gleiche sein könnte).

15 Personen ohne Angaben, sind aus der Berechnung ausgeklammert, Sie stellen einen Anteil von 5% in der face-to-face Befragung dar. Zu den Vergleichszahlen der bundesweiten Erhebung vgl. Reuband (2004).

bestehen. Bei manchen Delikten mag es für die Befragten wichtig sein, welches Meinungsklima dazu vorherrscht, bei anderen jedoch nicht. Träfe dies zu, könnte nicht von generellen Effekten des Erhebungsverfahrens gesprochen werden, sondern nur von einem, das in Abhängigkeit vom wahrgenommenen Meinungsklima steht.[16]

Was bleibt inhaltlich als Fazit? Wie immer man auch die Methodeneffekte im Einzelnen deuten mag – substantiell gesehen ist für unsere Fragestellung an dieser Stelle entscheidend: bei einem jugendlichen Ersttäter würde sich die Mehrheit der Bürger für einen milden Umgang entscheiden. Dies gilt – im Großen und Ganzen – auch noch für den Fall des Haschischkonsums junger Menschen. Dass sich die Bürger unter anderen Umständen, wie einem 21-jährigen Wiederholungseinbrecher, restriktiver und punitiver geben und in großen Teilen für eine Gefängnisstrafe aussprechen, ist damit nicht ausgeschlossen. Liberalität schließt Punitivität in anderen Fällen nicht aus. Von einer generalisierten Punitivität, die alle Delikte und Täter gleichermaßen betrifft, kann nicht gesprochen werden.

4 Soziale Determinanten der Strafeinstellungen

4.1 Widersprüchliche Befunde bisheriger Forschung

In welchem Umfang sich Menschen in ihren Einstellungen zum Sanktionsverlangen unterscheiden und wovon dies abhängt, ist in Deutschland bislang wenig erforscht worden. Die meisten Untersuchungen stammen aus den USA und beziehen sich entweder auf allgemeine Fragen zu Sanktionsprinzipien oder auf die Beurteilung der Todesstrafe als spezifische Sanktionsart. Studien, in denen deliktspezifische Sanktionspräferenzen ermittelt wurden und ein breites Spektrum möglicher Reaktionen vorgegeben wurde, sind selten. In den meisten Arbeiten zum Thema herrscht zudem eine eher deskriptive als analytische Perspektive vor.

Die Ergebnisse der bisherigen Forschung ergeben ein Bild, das von Widersprüchen nicht frei ist. Davon betroffen sind auch die sozialen Merkmale, die als zentrale Charakteristika der Sozialstruktur gelten (Geschlecht, Alter und Bildung) und die in der Forschung besonders oft Interesse auf sich ziehen. Am geringsten scheinen die Unterschiede zwischen den Geschlechtern bei der globalen Frage zum Zweck der Strafe zu sein, stärker jedoch bei Fragen, die sich auf konkrete Delikte beziehen. Danach sind Frauen nahezu durchgängig weniger punitiv als Männer (vgl. u.a. Kury et al. 2002: 48, Applegate et al. 2002, Walker et al. 1988: 156). Es gibt jedoch auch Ausnahmen: Delikte, bei denen sich die Frauen häufiger als Männer punitiv äußern. So äußerten sich z.B. in einer finnischen Untersuchung aus den 1960er Jahren die Männer bei Fragen zu Eigentumsdelikten punitiver als die Frauen, bei „moralischen Delikten" (primär im Zusammenhang mit dem Thema Alkohol) waren es hingegen umgekehrt die Frauen (vgl. Mäkelä 1967: 49). Und in einer neueren Untersuchung aus Freiburg handelte es sich um das Delikt des Haschischkonsums, wo sich Frauen punitiver äußerten als Männer (vgl. Kury et al. 2002: 48).

---

16 Dass sich im Fall der Todesstrafe die Bürger des Tatbestandes bewusst sind, dass die Mehrheit gegen die Todesstrafe eingestellt ist (vgl. Noelle-Neumann 1993: 15f.), muss bei anderen Delikten und Strafen entsprechende, realistische Wahrnehmungen nicht einschließen. Bei anderen Delikten mögen die Wahrnehmungen anders sein, und sie müssen sich nicht zwangsläufig mit den realen Meinungsverhältnissen decken.

Welche Gründe für die durchschnittlich geringere Punitivität der Frauen verantwortlich sind, ist ungeklärt. Unterschiede in der Viktimisierungsgefahr und der Kriminalitätsfurcht sind nicht als Ursachen anzusehen. Im Gegenteil: Aufgrund der überproportional höheren Kriminalitätsfurcht der Frauen (vgl. Reuband 2008b) könnte man bei ihnen eher eine höhere Punitivität erwarten. Manche Autoren glauben, dass die Haltung der Frauen primär eine Generalisierung ihrer traditionellen Geschlechterrolle darstellt und eine helfende, unterstützende Haltung ein zentrales Element dieser Rolle repräsentiert. Dies wäre der Grund, warum Frauen auf repressive Reaktionen auch im Umgang mit Delinquenz eher als Männer verzichten (vgl. Applegate et al. 2002).

Im Fall des Merkmals „Alter" sind die Befunde der bisherigen Forschung ebenfalls uneinheitlich. Einer verbreiteten Annahme gemäß steigt der Konservatismus mit höherem Alter an. Aufgrund dessen – und erhöhter Kriminalitätsfurcht – wird den Älteren dann oftmals eine erhöhte Punitivität unterstellt. In der Tat erbringen zahlreiche Studien entsprechende Befunde (vgl. u.a. Kury et al. 2002: 56ff, Hough und Moxon 1988: 144, Van Dijk und Steinmetz 1988: 76). Doch stellt dies keinen zwangsläufigen Zusammenhang dar. Es gibt auch Ausnahmen, wo es keinen oder gar einen umgekehrten Zusammenhang gibt. Die Beziehungen scheinen variabel zu sein und periodenspezifischen Effekten zu unterliegen. So dokumentieren deutsche Studien, die sich auf die Frage beziehen, wie mit einem 21-jährigen Einbrecher umzugehen wäre, für die Jahre zwischen 1989 und 2002 Veränderungen, denen zufolge die jüngeren Kohorten einen überproportionalen Wandel hin zu punitiven Orientierungen durchliefen. Die einstige Altersbeziehung wurde dadurch aufgehoben, sie kehrte sich ansatzweise sogar in ihr Gegenteil um (vgl. Reuband 2003). Auf analoge Tendenzen verweisen Erhebungen zur Strafphilosophie der Bürger im Langzeitvergleich (vgl. Reuband 2007b). Welche Ursachen für diesen Wandel verantwortlich sind, muss offen bleiben – sie reichen von veränderten Wertorientierungen unterschiedlicher Altersgruppen oder Kohorten, Verschiebungen in der Kriminalitätsbelastung bis hin zu Änderungen in der Vorstellung über Erfolg und Misserfolg unterschiedlicher Sanktionsformen.

Zu relativieren ist weiterhin die weitverbreitete Annahme, dass besser Gebildete seltener punitive Haltungen vertreten als schlechter Gebildete. Dieser Befund gilt zwar als einer der am besten dokumentierten – auch im internationalen Vergleich (vgl. u.a. Walker et al. 1988: 154, Van Dijk und Steinmetz 1988: 76, McCorkle 1993: 243, Kury et al. 2002: 73). Doch zwangsläufig ist die Beziehung zweifellos nicht. Dies zeigt sich u.a. daran, dass sich in Deutschland die besser Gebildeten in den 1950er und frühen 1960er Jahren überproportional oft für die Todesstrafe aussprachen. Erst in der Folgezeit kehrte sich die Beziehung in ihr Gegenteil um (vgl. Reuband 1980). Desgleichen fand sich in einer norwegischen Untersuchung aus den frühen 1960er Jahren, dass die Vorstellung, die Justiz ginge mit Straftätern zu milde um, mit steigender Bildung zu- und nicht, wie heutzutage in den meisten Studien, abnahm (vgl. Kutschinsky 1967: 27). Und in einer finnischen Untersuchung aus der Zeit Mitte der 1960er Jahre bekundeten Personen mit höherem Einkommen (normalerweise auch die besser Gebildeten) in ländlichen Gebieten eher punitive Orientierungen als Personen mit geringerem Einkommen. In städtischen Gebieten war es umgekehrt (vgl. Mäkelä 1967: 50f.). Erklärungsansätze, die auf kognitive Differenzierungen oder andere bildungsbezogene Kompetenzen rekurrieren – wie implizit oder explizit oft der Fall –, sind angesichts dieser Befunde kaum geeignet, das Strafverlangen in unterschiedlichen Bildungsgruppen zu erklären. Offenbar gibt es kohorten- und periodenspezifische Effekte, die je nach Zeit und Raum unterschiedliche Effekte der Bildung bewirken können.

Neben sozialen Merkmalen sind psychosoziale Befindlichkeiten und Erfahrungen als potentielle Determinanten der Punitivität anzusehen. In der älteren Literatur werden sie kaum beachtet, in der neueren Literatur wird ihnen schon eher Aufmerksamkeit geschenkt. Je nach Untersuchung wird mal eher der einen oder der anderen Einflussgröße Platz eingeräumt und in das Erklärungsmodell eingeführt. Unter den psychosozialen Einflussfaktoren ist in der Literatur am häufigsten die Kriminalitätsfurcht als Determinante punitiver Sanktionsvorstellungen deklariert worden: Wer sich um die Kriminalität sorge, wäre auch punitiver gegenüber Tätern eingestellt. Dementsprechend wurde – auf der Individual- wie auf der Aggregatebene – steigende Kriminalitätsfurcht mit steigender Punitivität gleichgesetzt und beobachtete parallele Verläufe als mehr oder minder natürliche Entwicklung interpretiert (vgl. z.B. Page und Shapiro 1992). Die empirischen Befunde aus der kriminologischen Forschung lassen eine derartige quasi-natürliche Zurechnung jedoch als fragwürdig erscheinen. Es gibt zwar Studien, die Effekte der Furcht auf das Strafverlangen belegen, aber auch solche, die keine erbringen (vgl. u.a. Hough und Moxon 1988: 144, Langworthly und Whitehead 1986, Boers 1991: 327 ff., Kury et al. 2002: 148, Costellae et al. 2009). Welche Ursachen für die diskrepanten Befunde verantwortlich sind, ist ungeklärt: sie können von methodischen Gründen (etwa in der Art der Operationalisierung von Furcht oder der Strafwünsche) bis hin zu nicht kontrollierten Effekten von Drittvariablen reichen.

Eine weitere potentielle, aber selten berücksichtigte Einflussgröße stellt die Anomie dar. Vermutet wurde in der Vergangenheit, im Zusammenhang mit der Diskussion um Kriminalitätsfurcht, dass allgemeine Verunsicherungen – wie sie ihren Niederschlag in anomischen Gefühlen finden – in gewissem Umfang auf das Phänomen der Kriminalität projiziert und daran festgemacht werden (vgl. Reuband 1992b, 1993: 47). Nach dieser These, für die es empirische Evidenz gibt (vgl. Reuband 1999c, Hirtenlehner 2006), variiert die Kriminalitätsfurcht sowohl auf der Individual- als auch auf der Aggregatebene mit dem Erleben von Unsicherheit und Anomie. Mit gleicher Argumentation wie im Fall der Kriminalitätsfurcht könnte man vermuten, dass allgemeine Verunsicherung und Anomie sich auch auf das Strafverlangen auswirken. Danach böte punitives Strafverlangen subjektiv gesehen eine Option, die eigene Verunsicherung zu reduzieren. Träfe diese Annahme zu, würden anomische Zustände nicht nur indirekt über die Kriminalitätsfurcht, sondern auch direkt auf das Sanktionsverlangen der Bürger einwirken.

Studien, die der Frage nach dem Stellenwert der Anomie nachgegangen sind, sind bislang spärlich, und die dabei verwendeten Indikatoren sind von Problemen nicht frei. So haben einige Autoren, die „allgemeine Verunsicherung" als Determinante der Punitivität postuliert haben, diese primär mit wirtschaftlicher Verunsicherung in Zusammenhang gebracht und in der empirischen Überprüfung mithilfe von Fragen zum wirtschaftlichen Optimismus (z.B. Hogan et al. 2005, Costellae et al. 2009) keine oder lediglich bedingt entsprechenden Effekte feststellen können. Doch angemessener wäre es, die allgemeine Verunsicherung direkt über Indikatoren für Anomie zu operationalisieren. Im Rahmen einer Freiburger Studie hat Helmut Kury dies getan – mit widersprüchlichen Befunden: bei leichteren Delikten (darunter Haschischkonsum) begünstigte Anomie Punitivität, bei schwereren reduzierte sie sie (vgl. Kury et al. 2002: 125). In der Regressionsanalyse, in welcher die Anomieindikatoren zusammengefasst und die Sanktionseinstellungen über alle Delikte hinweg gebildet waren, fand sich kein Effekt der Anomie (vgl. Kury et al. 2002: 147 f.).

Konkrete Erfahrungen mit Kriminalität bilden eine weitere potentielle Determinante punitiver Orientierungen. Einer in der Literatur nicht unüblichen These zufolge neigen Opfer von Kriminalität dazu, punitive Einstellungen zu entwickeln und harte Strafen für Straftäter zu fordern. Empirische Studien, die diese Hypothese überprüften, erbrachten dazu bislang widersprüchliche Ergebnisse. Während es in einigen Studien einen derartigen Zusammenhang gab, fehlte er in anderen Studien, zum Teil wiesen sogar die Nichtopfer die höheren Punitivitätswerte auf (vgl. u.a. Hough und Moxon 1988, Hough et al. 1988, Schwarzenegger 1992: 289, Kury et al 2002: 148). Vermutet wurde von einigen Autoren, dass das letztgenannte, paradox anmutende Ergebnis aus einer realistischeren Wahrnehmung der Kriminalitätsgefährdungen erwachse: Die Erfahrung von Viktimisierung würde bei den Opfern unrealistische Vorstellungen über die Dramatik von Viktimisierung revidieren (z.B. Hough et al. 1988: 206). Doch wahrscheinlicher ist, dass in vielen Fällen „methodische Gründe" die Hauptursache des Paradoxons bilden. So wurden bei den Analysen nicht immer Drittvariablen kontrolliert, die einen Einfluss ausüben könnten, und zudem vielfach eine zu einfache Operationalisierung gewählt – sowohl auf Ebene der Viktimisierung als auch der Sanktionspräferenz.[17]

Einen weiteren Variablenkomplex bildet die Strafphilosophie der Befragten. Sie ist eingebettet in allgemeine politische und kulturelle Vorstellungen. Je konservativer die politischen Ansichten, desto konservativer ist gewöhnlich auch die Strafphilosophie (vgl. dazu Eysenck 1954, Brillon 1988: 100 f., Hough et al. 1988: 215 f.). Wer meint, man müsse allgemein strenger und härter gegen Kriminelle vorgehen, wird – so ist zu vermuten – auch bei jugendlichen Tätern eher auf harte Sanktionen setzen als jemand, der meint, man müsse sich sozialpolitischer Maßnahmen und Hilfen bedienen. Untersuchungen zu diesem Themenkomplex sind spärlich und haben sich in der Vergangenheit auf ein deliktunspezifisches Strafverlangen bezogen. Dabei zeigte sich: Allgemeine Prinzipien des Strafens wie „Abschreckung", „Vergeltung" oder „Resozialisierung" weisen zum konkret deliktbezogenen Strafbedürfnis nur schwache Beziehungen auf (vgl. Reuband 2007b). Ein Grund dafür dürfte in der Abstraktheit der Strafzwecke liegen: Je abstrakter die Strafphilosophie erfasst wird, desto geringer wird wohl der Effekt auf das konkrete Strafverlangen sein.

In unserer Studie wurde die Strafphilosophie nicht über globale Strafzwecke, sondern über konkret benannte Maßnahmen operationalisiert: über die Frage, wie das Problem der Kriminalität in der eigenen Stadt am ehesten in den Griff zu bekommen sei. Unter den vorgegebenen Antwortmöglichkeiten waren enthalten: „Sozial schwache Gruppen sollen eine größere Unterstützung erhalten – Mehr soziale Hilfen für Jugendliche – Es sollten härtere Strafen verhängt werden – Man sollte dafür sorgen, dass weniger Asylanten ins Land kommen". Die beiden

---

17 Wo z.B. die Viktimisierung ungeachtet der Art des Delikts mit der Einstellung zur Todesstrafe in Beziehung gesetzt wird (wie vielfach der Fall), ist ein Zusammenhang kaum zu erwarten, denn Viktimisierung bedeutet in der Regel Viktimisierung durch triviale Delikte, meist Eigentumsdelikte, mit geringem Schaden. Wenn Viktimisierung einen Einfluss auf das Strafverlangen ausüben sollte, dann am ehesten unterhalb der Schwelle zur Todesstrafe. Dass sich die Verhältnisse komplexer darstellen als vielfach angenommen, belegen auch die Ergebnisse aus den „European Crime Surveys" (vgl. Kühnrich und Kania 2008: 33). Dieser Studie zufolge waren Personen, die innerhalb der letzten fünf Jahre Opfer eines Delikts waren, bei dem üblicherweise kein Kontakt zum Täter besteht (wie Diebstahl), in der Frage des Umgangs mit einem Wiederholungseinbrecher weniger punitiv als Nichtopfer. Diejenigen aber, die Opfer eines Verbrechens mit Kontakt zum Täter (wie Raub, Körperverletzung etc.) waren, äußerten eine erhöhte Punitivität als die übrigen Opfer. Im Vergleich zu den Nichtopfern erwiesen sie sich gleichwohl als deutlich weniger punitiv. Inwieweit zu diesem Befund ebenfalls Drittvariablen wie Schichtzugehörigkeit beigetragen haben, wurde in der bivariaten Analyse nicht untersucht. Angesichts der Tatsache, dass die Mehrheit der Viktimisierungen nicht mit Täterkontakt einhergeht, erstaunt es nicht, dass sich in der Regressionsanalyse unter Kontrolle sozialer Merkmale ein – wenn auch schwacher – negativer Zusammenhang mit dem Viktimisierungsstatus ergab.

erstgenannten Antworten werden für die folgende Analyse als Ausdruck liberaler, die anderen beiden als Ausdruck punitiver Strafphilosophie verstanden und in einen Index überführt.[18]

4.2 Der Einfluss sozialer Merkmale und psychosozialer Befindlichkeiten auf das Sanktionsverlangen

Wie sind die Ergebnisse unserer Untersuchung? Welchen Einfluss üben die sozialen Merkmale aus? Und welche Einflüsse kommen der psychosozialen Befindlichkeit, der Viktimisierungserfahrung und der Strafphilosophie zu? Beschränkt man sich zunächst auf die besonders repressiven Antworten der Befragten – neben dem Plädoyer für „Strenge" für Ersttäter, die Befürwortung von Gefängnis für den jugendlichen Einbrecher und Haschischkonsumenten (Tabelle 3) –, zeigt sich, dass in den unterschiedlichen Gruppen unterschiedlich geantwortet wird. Die Effekte sind jedoch von der Richtung und numerischen Stärke her nicht immer gleich. So ist der Unterschied zwischen den Geschlechtern in der Frage, wie mit Ersttätern umzugehen sei, minimal. Frauen tendieren hier sogar etwas häufiger als Männer zu einem „strengen" Umgang. Im Fall des Haschischkonsums sind die Werte zwischen den Geschlechtern angenähert. Und im Fall des jugendlichen Einbrechers sind es die Frauen, die deutlich milder urteilen.

Als uneinheitlich erweist sich der Effekt des Alters. So gibt es keinen systematischen Alterseffekt bei der Frage, ob mit einem jugendlichen Ersttäter streng oder milde umgegangen werden solle. Vielmehr urteilen die 18- bis 20-Jährigen in dieser Frage ähnlich wie die über 60-Jährigen. Demgegenüber lässt sich bei den Delikten Einbruch und Haschischkonsum ein systematischer – wenn auch schwacher – Alterseffekt beobachten: je älter die Befragten sind, desto eher befürworten sie eine Gefängnisstrafe. Weiterhin wird deutlich, dass mit steigender Bildung das Urteil weniger punitiv wird.

Tabelle 3: Prozentsatz punitiver Reaktion nach sozialen Merkmalen (in %)

	Ersttäter „Streng"	Einbruch „Gefängnis"	Haschisch „Gefängnis"
Geschlecht			
Frau	22	51	10
Mann	24	41	9
Alter			
18-29	25	42	5
30-44	21	44	7
45-59	22	46	10
60+	26	49	15
Bildung			
Hauptschule	29	54	17
Realschule	26	48	11
FHS-Reife	22	46	8
Abitur	18	38	3

N: Männer = 2096, Frauen = 2414;
18-29 = 854, 30-44 = 1299, 45-59 = 1001, 60+ = 1373;
Hauptschule = 1230, Realschule = 1296, FHS-Reife = 512, Abitur = 1572

---

18 Bevor dies erfolgte, wurde mittels Faktorenanalyse ermittelt, ob die einzelnen Nennungen auch auf einer Dimension liegen.

Nun bedeutet die Beschränkung auf die jeweils punitivste Antwortoption des vorgegebenen Strafkatalogs eine unvollständige Nutzung des Informationspotentials. Ein großer Teil, wenn nicht gar die Mehrheit der Befragten, entscheidet sich schließlich für andere Optionen als die Gefängnisstrafe – und diese Optionen unterliegen selbst intern einer gewissen Rangordnung nach Strafschwere: Eine Geldstrafe bedeutet eine schwerere Strafe als eine Verwarnung und diese wiederum eine schwerere als ein Freispruch. Könnte man die Urteile der Befragten der Härte der Strafe nach in eine Rangordnung bringen, würde man über eine ordinale Skalierung verfügen, die es erlaubt, die *Intensität* des Strafverlangens zum Gegenstand der Untersuchung zu machen und damit ein noch differenzierteres Bild zu liefern.

Helmut Kury (2008) hat in einer Lokalstudie, in der mittels Vignettentechnik deliktspezifische Strafurteile erhoben wurden, eine interne Rangordnung der Strafoptionen vorgenommen und die derart konstruierte, ordinale Variable in der Analyse wie eine metrische Variable behandelt. Die seinen Befragten vorgegebenen Strafoptionen waren mit den unserigen nahezu identisch, und weitgehend identisch war ebenfalls die Reihenfolge, mit der diese den Befragten vorgegeben war. Mit einer Ausnahme: Bei Kury folgt im Strafkatalog, der den Befragten vorgegeben wurde, die Bewährungsstrafe auf die Gefängnisstrafe, und auf diese folgt dann die Geldstrafe. In unserem Fall verhält es sich umgekehrt: auf die Gefängnisstrafe folgt die Geldstrafe und dann erst die Bewährungsstrafe.

Angesichts der Tatsache, dass die Bewährungsstrafe einen Ersatz für die Gefängnisstrafe darstellt und bei Verstoß gegen die Auflagen Gefängnis droht, macht die Reihenfolge bei Kury rechtspolitisch betrachtet Sinn: das *Potential* der Strafschwere ist bei Bewährungsstrafen größer als bei Geldstrafen. Was aus rechtspolitischer Perspektive plausibel ist, muss es jedoch nicht aus Sicht der Bürger sein. Für diese mag mehr zählen, ob aus dem Urteil für den Täter praktische Nachteile erwachsen. Daran gemessen könnten Geldstrafen, die dem Täter Kosten auferlegen, schwerwiegender sein als Bewährungsstrafen, denn bei denen wird nur eine gute Führung vorausgesetzt. Empirische Studien, die Informationen zu der von den Bürgern wahrgenommenen Strafschwere unterschiedlicher Sanktionen bieten, sind selten. Sie liegen bislang nur für den angloamerikanischen Raum vor und beziehen sich oft nur auf Studenten (vgl. z.B. Sebba 1978, Walker et al. 1988: 189 ff.). Auf deutsche Verhältnisse können sie nicht generalisiert werden.

Angesichts der Tatsache, dass sich in unserer Untersuchung die Befragten, die sich für harte Sanktionen als Mittel der Kriminalitätsbekämpfung aussprechen, eher unter den Befürwortern der Geldstrafe als der Bewährung finden – die Geldstrafe für sie offenbar als die punitivere Reaktion gilt (vgl. Anhang) –, haben wir uns bei der Skalierung der Sanktionsschwere für eine Rangordnung entschieden, in der die Geldstrafe eine Position zwischen Bewährung und Gefängnisstrafe einnimmt. Die in dieser Weise konstruierte ordinale Variable behandeln wir im Folgenden – ähnlich wie Helmut Kury – wie eine metrische Variable. Ein derartiges Vorgehen hat sich in der Praxis der Forschung als brauchbar und als durchaus legitim erwiesen. Es ermöglicht, auf gebräuchliche statistische und informative Analyseverfahren zurückzugreifen.[19]

---

19 Rein von der statistischen Theorie her gesehen verstößt dieses Vorgehen gegen die Regeln. Doch die Praxis (u.a. über Simulationsstudien) hat gezeigt, dass dieser Verstoß gewöhnlich keine nennenswerten Auswirkungen hat und man sich dadurch den Vorteil erkauft, auf ein größeres Arsenal informativer statistischer Analyseverfahren zurückgreifen zu können (vgl u.a. Scheuch 1976: 95, Asher 1976: 76, Weede 1977: 1). Im vorliegenden Fall wurden die folgenden Werte zugewiesen: Freispruch=1, Verwarnung=2, gemeinnützige soziale Arbeit=3, Bewährung=4, Geldstrafe=5, Gefängnis=6.

Die Analyse der sozialen Determinanten des Strafverlangens erfolgt in mehreren Schritten. Zunächst werden wir im Rahmen multivariater Regressionsanalysen getrennt für die einzelnen Delikte die Effekte sozialer Merkmale auf das Strafverlangen bestimmen (*Modell 1*), in einem zweiten Schritt die innerpsychischen Faktoren Kriminalitätsfurcht und Anomie zusätzlich einbeziehen (*Modell 2*) und in einem dritten Schritt die Strafphilosophie der Bürger (*Modell 3*). In einem weiteren Schritt (*Modell 4*) gehen dann je nach Delikt unterschiedliche Zusatzvariablen, wie Viktimisierung oder Drogenerfahrung, in die Analyse ein. Durch das schrittweise Vorgehen kann man ermitteln, wie sehr die einzelnen sozialen Merkmale einen Effekt ausüben, wie sie durch Einbeziehung zusätzlicher Merkmale in ihrer Einflussstruktur modifiziert werden, und wie sehr die zusätzlichen Variablen über die anderen Merkmale hinaus einen Effekt ausüben.

Tabelle 4: Determinanten der Punitivität im Fall eines Einbruchsdelikts, begangen von einem 21-jährigen Einbrecher (Beta Koeffizienten der Regressionsanalyse)

	Modell 1	Modell 2	Modell 3	Modell 4
Geschlecht	-,13***	-,16**	-,13***	-,13***
Alter	-,03	-,05**	-,07**	-,07***
Bildung	-,12***	-,07***	-,05*	-,05**
Kriminalitätsfurcht		,15***	,10***	,10***
Anomie		,01	,01	,02
Punitive Strafphilosophie			,21***	,21***
Opfer von Kriminalität				,01
r2	.03	.05	.09	.09

*p < 0,05 **p < 0,01 ***p < 0,001

Frageformulierungen und Codierung der Variablen: Geschlecht: 1= Mann, 2= Frau; Alter in Jahren; Bildung 1= Haupt- bzw. Volksschule, 2= Mittlere Reife, 3= Fachhochschulreife, 4= Abitur. Die Punitivität wurde über die jeweiligen Kategorien der Sanktionierung gebildet (1= Freispruch ...6= Gefängnis) Die Kriminalitätsfurcht wurde ermittelt über Factor Scores, basierend auf den folgenden Indikatoren: „Was bereitet Ihnen zur Zeit persönlich Sorgen? Was bedrückt Sie, wenn Sie an Ihre Zukunft denken? Geben Sie bitte anhand der Skala an, wie sehr die jeweilige Aussage auf Sie zutrifft ...In meine Wohnung eingebrochen wird – Ich mich abends allein nicht mehr auf die Straße trauen kann – Ich überfallen werde". Antwortkategorien: „Sehr stark – Stark – Mittel – Wenig – Überhaupt nicht" ; „Wie sicher fühlen Sie sich in Ihrer Wohngegend, wenn Sie abends bei Dunkelheit allein auf die Straße gehen?" Antwortkategorien: Sehr sicher – ziemlich sicher – ziemlich unsicher – sehr unsicher". Anomie wurde gebildet über die Basis von Factor-Scores, die sich auf die folgenden Indikatoren gründen: – „So wie die Zukunft aussieht, kann man es kaum noch verantworten, Kinder auf die Welt zu bringen – Das Leben ist heute so kompliziert geworden, dass ich mich fast nicht mehr zurechtfinde – In diesen Tagen ist alles so unsicher geworden, dass man auf alles gefasst sein muss." Antwortkategorien: „Stimme voll und ganz zu – Stimme eher zu – Stimme eher nicht zu – Stimme überhaupt nicht zu" Die punitive Strafphilosophie wurde ermittelt durch die Frage „Wie kann man Ihrer Ansicht nach das Problem der Kriminalität in [Stadt] am ehesten in den Griff bekommen? Hier ist eine Auswahl von Meinungen." Antwortkategorien, die hier verwendet wurden: „Sozial schwache Gruppen sollen eine größere Unterstützung erhalten – Mehr soziale Hilfen für Jugendliche – Es sollen härtere Strafen verhängt werden – Man sollte dafür sorgen, dass weniger Asylanten ins Land kommen". Opfer von Kriminalität wurde erfasst über die Frage „Sind Sie in den letzten 12 Monaten Opfer von Kriminalität geworden? Bitte geben Sie an, um was für ein Delikt es sich handelt, auch wenn kein nennenswerter Schaden entstand oder es sich nur um einen Versuch handelte." [Es folgte eine Liste mit Delikten].

Betrachtet man zunächst den Einfluss sozialer Merkmale auf die Sanktionspräferenzen für einen jugendlichen Einbrecher in *Modell 1* (Tabelle 4), wird ersichtlich, dass das Geschlecht und die Bildung einen eigenständigen Einfluss entfalten. Frauen sind demnach – in Übereinstimmung mit den vorherrschenden Befunden anderer Untersuchungen – weniger punitiv als Männer und besser Gebildete weniger punitiv als schlechter Gebildete. Der Effekt des Alters erweist sich in dieser Phase der Analyse als vernachlässigenswert. Führt man die Variablen Kriminalitätsfurcht und Anomie ein (*Modell 2*), nimmt der Effekt der Altersvariable leicht zu und erreicht sogar statistische Signifikanz. Wobei nun gilt: je jünger, desto punitiver die Orientierung! Dieser Befund ist nicht einzigartig. Er findet sich – bezogen auf das gleiche Delikt – für Deutschland auch in einer Analyse auf Basis des „European Crime Survey" (Kühnrich und Kania 2008). Damit werden jene populären Interpretationen obsolet, denen zufolge steigendes Alter per se konservativere Orientierungen hervorruft. Der Grund für den andersgearteten, ja geradezu konträren Befund unserer Studie könnte in einem kohortenbedingten Wandel liegen: einem Wandel, der insbesondere die jüngeren Kohorten betroffen und die Herausbildung punitiver Orientierungen begünstigt hat (dazu vgl. Reuband 2003).

Der Effekt der Bildung wird in unserer Untersuchung – wenn auch weiterhin statistisch signifikant – bei Einführung der zusätzlichen Variablen abgeschwächt (was auf intervenierende Effekte dieser zusätzlichen Variablen hindeutet). Unter den neu eingefügten, psychosozial ausgerichteten Variablen übt lediglich die Kriminalitätsfurcht einen nennenswerten Einfluss aus. Einen ähnlichen Befund erbringt der „European Crime Survey" (Kühnrich und Kania 2008). Der Einfluss der Anomie erweist sich in unserer Analyse als vernachlässigenswert, sobald die Kriminalitätsfurcht im Modell berücksichtigt wird.[20] Auch in der Freiburger Untersuchung von Kury blieb die Anomie bei diesem Delikt (jugendlicher Einbrecher, der zum zweiten Mal einen Fernseher gestohlen hat), ohne Bedeutung (vgl. Kury et al. 2002: Abb. S. 124). Führt man in unserer Analyse schließlich als weitere unabhängige Variable die Strafphilosophie ein (*Modell 3*), wird deutlich, dass diese zweifellos zu den wichtigsten Einflussgrößen überhaupt zählt. Der standardisierte Beta Koeffizient ist mit .21 mehr als doppelt so groß wie der Einfluss der Kriminalitätsfurcht. Die übrigen Variablen verlieren z.T. durch die Einbeziehung der Strafphilosophie weiter an eigenständigem Einfluss.

Die Viktimisierungserfahrung, die von manchen Autoren als bedeutsam für das Strafverlangen eingeschätzt wird, sich jedoch in vielen Untersuchungen als unbedeutend gezeigt hat, erweist sich auch in unserer Untersuchung als irrelevant. Ob jemand in den letzten 12 Monaten Opfer eines Delikts wurde (meist in Form von Eigentumskriminalität), bleibt ohne Auswirkungen auf das Strafverlangen für einen jugendlichen Einbrecher (*Modell 4*).[21]

---

20 Täte man dies nicht, würde man durchaus einen gewissen Effekt der Anomie feststellen können. Da aber Anomie und Furcht eng korrelieren (r=. 52) und die Furcht die Variable mit dem stärkeren Einfluss darstellt, verschwindet der Effekt der Anomie, sobald die Furcht in der Analyse einbezogen wird.

21 In unserer Erhebung wurde die Viktimisierung für die letzten 12 Monate ermittelt. Delikte, die Gewalt oder Gewaltanwendung beinhalten und mit Täterkontakt einhergehen, stellen hierbei – wie auch sonst üblich – nur einen kleinen Anteil dar. In der Mehrzahl der berichteten Fälle erwuchs aus dem Einbruch, der berichtet wurde, ein Schaden. Angesichts dessen kann man nicht Einbruchsversuche für Fehler eines Effekts verantwortlich machen. Ob der fehlende Zusammenhang auch Folge spezifischer Einstellungen gegenüber jugendlichen Tätern ist oder ein allgemeines Muster darstellt, muss an dieser Stelle offen bleiben.Der Befund eines fehlenden Zusammenhangs gilt selbst dann, wenn man sich auf die Gruppe der Opfer beschränkt und untersucht, welche Sanktionsforderungen für einen Einbrecher von denen vertreten werden, die selbst innerhalb der letzten 12 Monate Opfer eines Einbruchs waren.

Tabelle 5: Determinanten der Punitivität im Fall des Delikts Haschischkonsum (Beta Koeffizienten der Regressionsanalyse)

	Modell 1	Modell 2	Modell 3	Modell 4
Geschlecht	,03*	,02	,02	,01
Alter	,21***	,18***	,16***	,02
Bildung	-,20	-,10***	-,08***	,03*
Kriminalitätsfurcht		,19***	,13***	,04*
Anomie		,10***	,07***	,05*
Punitive Strafphilosophie			,21***	,12***
Haschischkonsum				-,11***
Cannabisgefahren				-,45***
r^2	.11	.17	.20	.38

*p < 0,05 **p < 0,01 ***p < 0,001

Wendet man sich als nächstes dem Strafverlangen für Haschischgebrauch zu, so zeigt sich, dass die Variablen, die bisher brauchbar waren, dies nicht notwendigerweise auch für die Erklärung der Punitivität im Fall des Haschischgebrauchs sind. Wie man *Tabelle 5* entnehmen kann (*Modell 1*), entfällt ein Effekt des Geschlechts. Demgegenüber lässt sich hier nun ein Alterseffekt feststellen. Und dieser entspricht dem gängigen Befund vieler Studien: je älter der Befragte ist, desto höher das Strafurteil. Ob man dies allerdings als Bekräftigung der Aussage deuten sollte, dass Ältere generell punitiver sind als Jüngere, ist zweifelhaft. Es könnte sich auch um einen Sonderfall handeln: Drogenkonsum stellt schließlich eine andere Deliktklasse als Eigentums- oder andere Delikte dar. Die Tatsache, dass sich Drogenerfahrung vor allem auf die jüngeren Altersgruppen hin konzentriert, stellt einen Faktor dar, der die Altersbeziehung beeinflusst haben könnte und – wie sich später zeigen wird – dies in der Tat auch tut.

Des Weiteren zeigt sich in Übereinstimmung mit der Literatur: Je höher die Bildung, desto geringer die Punitivität. Die Einführung der zusätzlichen Variablen für psychosoziale Befindlichkeit in *Modell 2* und *3* reduziert zwar den Einfluss der sozialen Merkmale, er bleibt aber als solcher erhalten. Bemerkenswert ist, dass, ähnlich wie im Fall des zuvor diskutierten Delikts, die Kriminalitätsfurcht Punitivität begünstigt – erstaunlicherweise gilt dies aber auch für die Anomie. Gerade im Fall des Einbruchdelikts, das potentiell jeden treffen kann, hätte man – der These von der „Bannung" der Unsicherheit gemäß – einen Effekt erwarten können, weniger aber im Fall des Haschischkonsums. Unser Befund ist indes nicht einzigartig, nicht etwa Folge eines spezifischen Periodeneffekts. Ähnliche Zusammenhänge hatten sich auch schon in der Freiburger Untersuchung von Helmut Kury gezeigt: Auch dort fiel das Urteil über Haschischkonsumenten umso punitiver aus, je größer das Gefühl der Anomie auf Seiten der Befragten ausgeprägt war (vgl. Kury et al. 2002: 125). Möglicherweise wird der Haschischgebrauch von den Befragten zum Teil mit allgemeiner Verunsicherung assoziiert, als Verlust traditioneller Selbstverständlichkeiten und ungewisser Zukunft. Schließlich erweist sich, ähnlich wie beim zuvor diskutierten Delikt, die Strafphilosophie als gewichtige Einflussgröße auf das Strafverlangen. Dies dokumentiert, wie sehr allgemeine Vorstellungen über die Bekämpfung von Kriminalität selbst die Vorstellungen über den Umgang mit Delikten ohne Opfer („victimless crimes") bestimmen.

Bleibt am Schluss noch zu klären, welchen Stellenwert die Tatsache hat, dass ein Teil der Befragten selbst Drogenerfahrungen gesammelt hat – sie mithin über ein Verhalten urteilen, das sie selbst schon mal praktiziert haben.²² Doch nicht nur die Drogenerfahrung ist es, die hier zählen könnte, sondern auch der Kontakt zu Drogenkonsumenten und deren Vermittlung positiver Drogendefinitionen und deren Neutralisierung negativer Definitionen (vgl. Reuband 1994: 185 ff.). Beides dürfte die Wahrnehmung von Risiken des Cannabisgebrauchs reduzieren, und beides ist überproportional unter den jüngeren Befragten anzutreffen – auch wenn sie selbst keine Drogenerfahrungen gesammelt haben. Führt man das Vorhandensein eigener Drogenerfahrungen und die Wahrnehmung von Cannabisrisiken in die Analyse ein (*Modell 4*), verblasst in der Tat das Alter als Determinante des Sanktionsverlangens. Auffällig ist allerdings, dass nun auch die Kriminalitätsfurcht ihren Einfluss verliert und praktisch nahezu bedeutungslos wird. Dies könnte ein Zeichen dafür sein, dass wahrgenommene Cannabisrisiken und die Kriminalitätsfurcht miteinander in Beziehung stehen. Und in der Tat korreliert beides miteinander – besonders unter Befragten, die bisher noch keine Erfahrungen mit Drogen gemacht haben. So beläuft sich unter ihnen die entsprechende Korrelation auf einen Wert von r = .34.

Vermutlich liegt ein Grund für den Zusammenhang zwischen Wahrnehmung von Cannabisrisiken und Kriminalitätsfurcht in der Vorstellung, dass Cannabiskonsumenten in hohem Maße gefährdet seien, kriminell zu werden. In der Tat glaubt eine Mehrheit der befragten Nichtkonsumenten, dass Haschischkonsumenten meist später auf harte Drogen wie Heroin umsteigen. So stimmten 72% der Befragten dem Satz „voll und ganz" oder „eher" zu: „Wer Haschisch raucht, wird meist später auch zu harten Drogen, wie z.B. Heroin, greifen". Und je älter die Befragten sind, desto eher wird diese Ansicht vertreten. Angesichts dessen ist der Schluss, Cannabisgebrauch führe zu Abhängigkeit und Beschaffungskriminalität, aus Sicht der Befragten durchaus plausibel. Tatsächlich jedoch stellt diese Annahme einen Fehlschluss dar – denn auch wenn die meisten Heroinkonsumenten ihre Drogenkarriere mit Cannabis begannen, geht doch nur ein kleiner Teil der Cannabiskonsumierenden jemals auf härtere Drogen über (vgl. Reuband 1990, 1991). Die Suchtgefahr wird erheblich überschätzt.

Als bedeutsamste Variable erweist sich im Endmodell (*Modell* 4) die Wahrnehmung der Cannabisgefahren. Mit einem Beta-Wert von .45 ist das Gewicht dieser Variable nahezu viermal so hoch wie das der Strafphilosophie. Dieser Befund legt nahe, dass sich das Sanktionsverlangen auf Seiten der Bürger in diesem Fall in nicht unerheblichem Maße auf die wahrgenommene Selbstgefährdung der Konsumenten stützt. Was bedeuten würde: Nicht die Durchsetzung der eigenen Moral prägt maßgeblich das Urteil, sondern das Bedürfnis nach Schutz des Jugendlichen selbst. Die Wahl einer punitiven Option spiegelt vermutlich bei vielen Befragten auch eine gewisse Hilflosigkeit wider: Sie wollen etwas gegen den Drogengebrauch unternehmen, sehen den Konsumenten jedoch nicht bloß als Täter, sondern auch als Opfer, dem geholfen werden muss.²³

---

22 Zur Verbreitung von Drogenerfahrung in den von uns hier einbezogenen Städten siehe Reuband (2008b: 308). Danach liegt der Wert für Lebenszeitprävalenz bei den unter 29-Jährigen bei ca. 50%, bei den 50- bis 59-Jährigen hingegen bei 11-25%.
23 In diesem Zusammenhang sind ebenfalls die Ergebnisse einer US-amerikanischen Untersuchung anzuführen, in der einerseits das Bedürfnis der Befragten, Drogenkonsum zu bekämpfen, besonders ausgeprägt war, andererseits aber auch das Bedürfnis, ihnen Rehabilitationsmaßnahmen zu gewähren (vgl. McCorkle 1993: 245).

5 Schlussbemerkungen

Von einer punitiven Grundorientierung gegenüber Jugendlichen, die ein kriminelles Delikt begangen haben, kann unseren Daten zufolge in der deutschen Bevölkerung nicht die Rede sein. Dies gilt auch dort, wo – wie in Großstädten – Kriminalität gewöhnlich weiter verbreitet ist als in kleineren Gemeinden und Mittelstädten. Und es gilt auch dann, wenn man sich postalischer Erhebungen bedient, in denen die Bereitschaft, sich punitiv zu äußern, etwas größer ist als in face-to-face oder telefonischen Befragungen.

Gegenüber jugendlichen Ladendieben plädierte die Mehrheit eher für „Milde" als „Strenge", und im Fall des Haschischkonsums herrschte eine Orientierung vor, die zwar auf Intervention gerichtet ist, sich aber besonders punitiver Maßnahmen weitgehend enthält. Anders sieht die Situation aus, wenn es sich um einen Wiederholungstäter handelt und von diesem schwerere Delikte begangen wurden. Dann ist man sehr wohl auch für härtere Strafen und Gefängnis als Strafoption. Welches Urteil favorisiert wird, ist mithin von der Art der Tat und vom Täter abhängig.

Was den Einfluss der sozialen Merkmale Geschlecht, Alter und Bildung angeht, ist von einem einheitlichen Effekt nicht auszugehen. Empirische Befunde sprechen dafür, dass sich die Einflussfaktoren von Delikt zu Delikt und ebenfalls von Deliktklasse zu Deliktklasse (wie Eigentums- oder Gewaltdelikte) unterscheiden können.[24] Darüber hinaus gibt es Hinweise dafür, dass perioden- und kohortenspezifische Effekte die Beziehungen modifizieren und unter bestimmten Umständen sogar in das Gegenteil kehren können.

In unserer Untersuchung ergab sich bei Frauen, anders als gewöhnlich erwartet, keine konsistent höhere Neigung als bei Männern, auf eine Sanktionierung zu verzichten. So konnten im Fall des Haschischdelikts keine Unterschiede zwischen den Geschlechtern ermittelt werden. Die Tatsache, dass der Drogenkonsum üblicherweise in der Bevölkerung nicht als Täter, sondern als ein Opfer gedeutet wird, der aufgrund einer Problemkonstellation zu Drogen greift (vgl. Reuband 1994), mag mit dazu beigetragen haben. Die Präferenz der Frauen für Interventionsbereitschaft ist aus dieser Sicht womöglich nicht als Ausdruck von Punitivität zu interpretieren, sondern als ein Zeichen für das Bemühen, durch rechtzeitiges Eingreifen dem Jugendlichen Hilfe zukommen zu lassen. Eine derartige Haltung wäre kompatibel mit traditionellen Vorstellungen, denen zufolge helfende und unterstützende Maßnahmen Bestandteile der weiblichen Geschlechterrolle sind (vgl. Applegate et al. 2002).

Kein einheitlicher Effekt ergab sich beim Merkmal Alter. Im Fall des Einbruchdelikts fand sich im Endmodell ein negativer Zusammenhang mit der Punitivität, im Fall des Drogendelikts jedoch von vornherein ein positiver: je älter der Befragte war, desto punitiver die Sanktionspräferenz. Der Grund dafür lag – so zeigte unsere Analyse – in der altersmäßig variierenden Verbreitung von Drogenerfahrung und Wahrnehmung von Drogengefahren. Im Fall des Merkmals Bildung ergab sich bei allen Delikten das von der Forschung her bekannte Muster einer sinkenden Punitivitätsneigung mit steigendem Bildungsniveau. Dass der Effekt allerdings nicht allein eine Funktion kognitiver Kompetenzen und besserer Informiertheit über Effekte strafrechtlicher Sanktionen ist – wie nicht selten in der Literatur unterstellt –, zeigt sich daran, dass der Bildungseffekt bei Einführung anderer Variablen zum Teil erheblich reduziert wird. Dies erfolgte bereits in einem Stadium, in dem psychosoziale Befindlichkeiten wie Kriminalitätsfurcht und Anomie als Zusatzvariablen in das Modell eingeführt wurden.

---

24 Siehe in diesem Zusammenhang auch die empirischen Befunde bei Kury und Obergfell-Fuchs (2008), des Weiteren bei Kury et al. (2002).

Dass Kriminalitätsfurcht und Anomie selbst bei dem Delikt des Haschischkonsums einen Einfluss auszuüben vermögen, ist bemerkenswert. Daran wird deutlich, dass das Strafverlangen selbst bei Delikten ohne Opfer durch die Wahrnehmung gesellschaftlicher Bedrohung und Unsicherheit mit beeinflusst wird. Allerdings ist der Effekt auf der Individualebene nicht derart stark, als dass man ohne weiteres auch auf der Aggregatebene größere Zusammenhänge erwarten muss. Dies bedeutet: Veränderungen in der Kriminalitätsfurcht und Anomie können, müssen aber nicht mit Veränderungen in der Punitivität der Bürger einhergehen. Ob dies der Fall ist oder nicht, dürfte auch von der Art der Mobilisierung durch Politik und Medien mitbestimmt werden.

Als wichtigste Variable erwies sich in unserer Untersuchung die „Strafphilosophie" der Bürger. Man mag dies auf den ersten Blick für trivial erachten – handelt es sich doch, wie es zunächst scheint, um eine nahezu tautologische Beziehung. Dies ist jedoch nicht zwingend der Fall. So hatten sich in anderen Analysen, bei denen sich die „Strafphilosophie" auf relativ abstrakte Strafzwecke wie Abschreckung, Resozialisierung, Vergeltung etc. stützte, keine oder lediglich vernachlässigenswerte Effekte auf das deliktspezifische Strafverlangen ergeben (vgl. Reuband 2007b). Dass sich die Situation hier nun anders darstellt, dürfte in der Art der Operationalisierung liegen: In der hier verwendeten Untersuchung war die „Strafphilosophie" über weniger abstrakte als konkrete Forderungen operationalisiert worden – und damit vermutlich „dichter" an den deliktspezifischen Kriterien auf Seiten der Befragten. Dennoch ist auch im vorliegenden Fall der Zusammenhang nicht derart eng, dass man von der Strafphilosophie unmittelbar auf das konkrete Strafverlangen schließen kann – die Mobilisierung durch Ereignisse, Medien und Politik dürften in weitaus stärkerem Maße für Umsetzung und Ausgestaltung konkreter Sanktionsvorstellungen auf Seiten der Bevölkerung sorgen.

Anhang: Skalierung der Strafschwere

Um zu ermitteln, wie sehr in der Bevölkerung mit den unterschiedlichen Strafformen Vorstellungen unterschiedlicher Sanktionsschwere verbunden werden, sind wir zwei Wege gegangen. Zum einen haben wir in Düsseldorf Studenten der Sozialwissenschaften der Heinrich-Heine-Universität im Erstsemester gebeten, die Sanktionen nach dem Grad der Schwere zu ordnen (N=115). Natürlich stellen diese Befragten keinen repräsentativen Querschnitt der Bevölkerung dar. Aber nichts spricht dafür, dass sie – anders als etwa Jurastudenten – spezielle juristische Kenntnisse an das Bewertungsschema anlegen. In ihrem Urteil dürften sich in gewissem Umfang allgemein verbreitete Vorstellungen widerspiegeln, wie man sie in der Bevölkerung antrifft.

Wie man den Antworten entnehmen kann, wird seitens der Studenten erwartungsgemäß dem „Freispruch" die geringste Sanktionsschwere zugeordnet, gefolgt von der „Verwarnung" und der „gemeinnützigen sozialen Arbeit". Es folgen – mit annähernd gleicher Rangplatzierung – die „Geldstrafe" und die „Bewährung". Den punitiven Endpol stellt die „Gefängnisstrafe" dar. Die Rangfolge, gemessen am arithmetischen Mittel (Standardabweichung in Klammern) lautet: Freispruch: 1,1 (0,3); Verwarnung: 2,0 (0,4); Soziale Arbeit: 3,5 (0,8); Geldstrafe: 4,1 (0,8); Bewährung: 4,3 (0,9); Gefängnis: 6,0 (0,1). Ein deutlicher Hinweis dafür, dass sich hinter den Mittelwerten erhebliche Variationen der Bewertung verbergen, zeigt sich darin, dass für Geldstrafe, Bewährung und soziale Arbeit die Standardabweichung am höchsten ausfällt.

Unser zweiter Zugang zur Ermittlung der Sanktionsschwere besteht in einem indirekten Verfahren, unter Rekurs auf die Befragten unserer Bevölkerungsbefragung selbst: Befragte, die sich für harte Strafen aussprechen, müssten überproportional oft punitive Optionen wählen. Träfe dies im Allgemeinen zu (und die empirischen Daten legen dies nahe), müsste der Anteil der Befragten, die für einen harten Umgang mit Kriminalität plädieren, in den gewählten Strafoptionen einen indirekten Indikator für die zuerkannte Strafschwere der Strafoption repräsentieren. Unternimmt man eine derartige Analyse, zeigt sich, dass die Geldstrafe von den Befragten als schwerwiegender beurteilt wird als die Bewährungsstrafe: Wer sich im Fall des Einbrechers für die Geldstrafe ausspricht, meint häufiger als ein Befürworter der Bewährungsstrafe, dass man härter gegen Kriminalität vorgehen solle. Er plädiert auch häufiger für die Existenz der Todesstrafe als Mittel des prinzipiell verfügbaren Strafkatalogs.

Der dritte Zugang zur Schätzung der Schwerezuordnung von Sanktionen beruht auf einer indirekten Messung mittels kategorialer Regressionsanalyse, wie sie von Kühnrich und Kania unter Rekurs auf den European Crime Survey vorgenommen wurde. Die Frage dort bezieht sich – ähnlich wie in unserer Studie – auf einen jugendlichen Täter, der zum zweiten Mal wegen eines Einbruchs verurteilt wird. Die Quantifizierung der abhängigen Variablen ergibt sich bei dem verwendeten Verfahren rein rechnerisch aus der Gesamtheit der unabhängigen Variablen. Da sich diese in der vorgenommenen Analyse nicht auf Elemente der Strafphilosophie, sondern auf soziale Merkmale und psychische Befindlichkeiten unterschiedlicher Art stützen und die Quantifizierung der abhängigen Variablen eine Funktion dieser Variable ist, erscheint uns die Möglichkeit der Bestimmung subjektiver Schwereeinschätzungen in diesem Fall allerdings eingeschränkt. Die Ergebnisse sind je nach Land widersprüchlich: Während in Deutschland der Schwere nach die Bewährung auf die Geldstrafe folgt, ist es in Großbritannien und Frankreich umgekehrt (vgl. Kühnrich und Kania 2008).

Zusammengefasst gibt es bezüglich der Platzierung der „Geldstrafe" und der „Bewährung" nach Sanktionsschwere also Argumente sowohl für die eine als auch die andere Rangordnung. Ein wesentlicher Grund für diese Ambivalenz dürfte darin liegen, dass die vorgegebenen Kategorien der Bestrafung uneindeutig sind: So bleibt es unklar, welche Summen mit der „Geldstrafe" verbunden sind. Und es bleibt unklar, welcher Art die Bewährungsauflagen sind und welche Strafe folgen würde, wenn die Auflagen nicht erfüllt werden. Aus dieser Sicht könnten Befragte je nach impliziter Zuschreibung mal eher die Geldstrafe oder mal eher die Bewährung als die stärkere Sanktion interpretieren.

In der Analyse, die wir der Arbeit zugrunde legen, kommt eine Skalierung der Strafschwere zur Anwendung, bei welcher die Geldstrafe an zweiter und die Bewährung an dritter Stelle platziert ist. In den von uns durchgeführten Analysen erweist es sich empirisch gesehen letztlich als relativ belanglos, ob man die Geldstrafe oder die Bewährung an zweiter oder dritter Stelle der Rangskala platziert. Die entsprechenden Analysen mit den gleichen unabhängigen Variablen wie im Endmodell unterscheiden sich nur minimal in den Koeffizienten (allenfalls in der zweiten Stelle um einen Wert von 0,01 oder 0,02), weswegen wir es für legitim erachten, der hier dargestellten Variante den Vorzug zu geben. Die von uns verwendete Variante weist die engsten Zusammenhänge auf und erbringt die höchste erklärte Varianz in den von uns gerechneten Modellen.

Literatur

Applegate, B., F.T. Cullen und B.S. Fisher (2002): Public views towards crime and correctional policies: is there a gender gap? In: Journal of Criminal Justice, 25, 89-100.
Asher, H.B. (1976): Causal modeling. Beverly Hills/London.
Baier, D., S. Rabold, C. Kappes und D. Kudlacek (2008): Sicherheit und Kriminalität in Stade. Ergebnisse einer Schüler- und Erwachsenenbefragung. KfN Forschungsbericht Nr. 106. Hannover.
Beck, U. (1986): Die Risikogesellschaft. Frankfurt/M.
Becker, G. (1968): Crime and Punishment, An economic approach. In: Journal of Political Economy, 76, S. 169-217
Becker, M. (2007): Alltagsweltliche Deutungsmuster zu Kriminalität und Kriminalitätsbekämpfung. Eine qualitative Untersuchung, Dissertation Heinrich-Heine-Universität Düsseldorf.
Boers, K. (1991): Kriminalitätsfurcht. Über den Entstehungszusammenhang und die Folgen eines sozialen Problems. Pfaffenweiler.
Blasius, J. und K.H. Reuband (1995): Telefoninterviews in der empirischen Sozialforschung: Ausschöpfungsquoten und Antwortmuster, in : ZA Information, 37, 1995, S. 64-87.
Blasius, J. und K.H. Reuband (1996): Postalische Befragungen in der empirischen Sozialforschung: Ausschöpfungsquoten und Antwortmuster. In: Planung und Analyse, 1996, S. 35-41
Brillon. Y. (1988): Punitiveness, status and ideology in three Canadian provinces. Dealing with offenders: popular opinion and the views of victims in England and Wales. In: N. Walker und M. Hough (Hg.), Public Attitudes to Sentencing. Surveys from five Countries (S. 84-110). Aldershot, Hants, England; Brookfield, Vt., USA.
Cohen, S. (2002): Folk Devils and Moral Panics: The Creation of the Mods and Rockers. London.
Converse, P.E. (1964): The nature of belief systems in mass publics. In: D.A. Apter (Hg.), Ideology and discontent (S. 206-261). New York.
Coestellae, M.T., T. Chricos und Gertz (2009): Punitive attitudes towards criminals. In: Punishment and Society, 11, S. 24-49.
Diekmann, A. (2007): Empirische Sozialforschung. Grundlagen, Methoden, Anwendungen. Reinbek bei Hamburg
Dillman, D. (2000): Mail and Internet Surveys. The Tailored Design Method. New York.
Dölling, D. (2008): Zur strafrechtlichen Behandlung der Heranwachsenden. In: T. Görgen (Hg.): Interdisziplinäre Kriminologie : Festschrift für Arthur Kreuzer zum 70. Geburtstag (S. 117-127). Frankfurt/M.
Eysenck, H.J. (1954): The psychology of politics. London.
Farnworth, M., K. Bennet und V.M. West, (1996): Mail vs. Telephone Surveys of Criminal Justice Attitudes: A Comparative Analysis. In: Journal of Quantitative Criminology, 12, S. 113-133.
Frei, N. (2008): 1968: Jugendrevolte und globaler Protest. München.
Heberlein, T.A. und R. Baumgartner (1978): Factors Affecting Response Rates to Mailed.
Questionnaires. In: American Sociological Review, 43, S. 447-462.
Hill, P.B. (2002): Rational-Choice-Theorie. Bielefeld.
Hill, R. (2004): In Pursuit of the responsibilised self: boot camps, crime and punishment. In: R. Hill und G. Taft (Hg.), Hard lessons. Reflections on governance and crime-control in late modernity (S. 131-150). Burlington.
Hirtenlehner, H. (2006): Kriminalitätsfurcht – Ausdruck generalisierter Ängste und schwindender Gewissheiten? Untersuchung zur empirischen Bewährung der Generalisierungsthese in einer österreichischen Kommune. In: Kölner Zeitschrift für Soziologie und Sozialpsychologie, 58, S. 307-331.
Hogan, M., T. Chricos und M. Gertz (2005): Economic insecurity, blame and punitive attitudes.In: Justice Quarterly, 22, S. 392-412.
Hough, M. und D. Moxon (1988): Dealing with offenders: popular opinion and the views of victims in England and Wales. In: N. Walker und M. Hough (Hg.), Public Attitudes to Sentencing. Surveys from five Countries (S. 134-148). Aldershot, Hants, England ; Brookfield, Vt., USA.
Hough, M., H. Lewis und N. Walker (1988): Factors associated with punitiveness in England and Wales. In: N. Walker und M. Hough (Hg.), Public Attitudes to Sentencing. Surveys from five Countries (S. 203-217). Aldershot, Hants, England ; Brookfield, Vt., USA.
Kaiser, G. (1959): Randalierende Jugend. Eine soziologische und kriminologische Studie über die sogenannten „Halbstarken". Frankfurt/M.
Kluth, H. (1965): Jugendgefährdung als soziales Problem. In: H. Röhrs (Hg.), Die Jugendfrage. Frankfurt/M.
Kräupl, G. und H. Ludwig (2000): Wahrnehmung von Kriminalität und Sanktionen im Kontext gesellschaftlicher Transformation. Freiburg.
Kraus, L. (2008): Epidemiologischer Suchtsurvey 2006. Repräsentativerhebung zum Gebrauch und Missbrauch psychoaktiver Substanzen bei Erwachsenen in Deutschland. In: Sucht, 54 (Sonderheft 1), S. 1-63.

Kühnrich, B. und H. Kania (2005): Attitudes Towards Punishment in the European Union. Results from the 2005 European Crime Survey (ECSS) with Focus on Germany. ECSS Project Research Report. Freiburg.
Kurme, S. (2006): Halbstarke. Jugendprotest in den 1950er Jahren in Deutschland und den USA. Frankfurt/New York
Kury, H. (1993): Der Einfluss der Datenerhebung auf die Ergebnisse von Umfragen – erläutert am Beispiel einer Opferstudie. In: G. Kaiser und H. Kury (Hg.), Kriminologische Forschung in den 90er Jahren.(S. 321-410). Freiburg.
Kury, H. (2008): Zu Punitivität und der Validität der Erfassung von Sanktionseinstellungen. In: T. Görgen (Hg): Interdisziplinäre Kriminologie: Festschrift für Arthur Kreuzer zum 70. Geburtstag (S. 395-415). Frankfurt/M.
Kury, H., J.Obergfell-Fuchs und M. Wuerger (2002): Strafeinstellungen. Ein Vergleich zwischen Ost- und Westdeutschland. Freiburg.
Kury, H. und J. Obergfell-Fuchs (2006): Zur Punitivität in Deutschland. In: Soziale Probleme, Heft 2, S. 119-154.
Kury, H. und J. Obergfell-Fuchs (2008): Methodische Probleme bei der Erfassung von Sanktionseinstellungen (Punitivität) – Ein quantitativer und qualitativer Ansatz In: A. Groenemeyer und S. Wieseler (Hg.): Soziologie sozialer Probleme und sozialer Kontrolle. Realitäten, Repräsentation und Politik (S. 231-255.). Wiesbaden.
Kutschinsky, B. (1967): Law and Education: Some Aspects of Scandinavian Studies into "The General Sense of Justice". In: Acta Sociologica, 10, S. 20-41.
Langworthy, R.H. und J.T. Whitehead (1986): Liberalism and fear as explanations of punitiveness. In: Criminology, 24, S. 575-591.
Mäkelä, K. (1967): Public Sense of Justice and Judicial Practice. In: Acta Sociologica, 10, S. 42-62.
Mannheim, K. (1928): Das Problem der Generationen. In: Kölner Vierteljahreshefte für Soziologie, 7, S. 157-184.
McCorkle, R.C. (1993): Research Note: Punish and Rehabilitate? Public Attitudes Toward Six Common Crimes. In: Crime & Delinquency, 39, S. 240-252.
Muncie, J. (1999): Institutionalized intolerance: youth justice and the 1998 Crime and Disorder Act. In: Critical Social Policy, 59, S. 147-175.
Noelle-Neumann, E. (1993): Allensbacher Jahrbuch der Demoskopie, Bd.9, 1984-1992. München.
Page, B.I. und R.Y. Shapiro (1992): The Rational Public. Fifty Years of Trends in American Policy Preferences. Chicago/London.
Reuband, K.H. (1980): Sanktionsverlangen im Wandel. Die Einstellung zur Todesstrafe in der Bundesrepublik Deutschland seit 1950. In: Kölner Zeitschrift für Soziologie und Sozialpsychologie, 32, S. 535-558.
Reuband, K.H. (1990): Vom Haschisch zum Heroin? Soziokulturelle Determinanten der Drogenwahl. In: Suchtgefahren, 36, S. 1-17.
Reuband, K.H. (1991): Abhängig vom ersten „Schuß"? Über das Experimentieren Jugendlicher mit Heroin und injektivem Drogengebrauch. In: Soziale Probleme, 2, S. 189-207.
Reuband, K.H. (1992a): Kriminalitätsfurcht in Ost- und Westdeutschland. Zur Bedeutung psychosozialer Einflußfaktoren, in: Soziale Probleme, 3, 1992, S. 211-219.
Reuband, K.H. (1992b): Der Einfluss kontextueller Hintergrundsinformationen auf die Deliktbewertung und das Sanktionsverlangen der Bevölkerung. Ergebnisse eines Frageexperiments. In: Zeitschrift für Rechtssoziologie, 13, S. 141-149.
Reuband, K.H. (1993): Steigt in der Bundesrepublik die Verbrechensfurcht? Widersprüchliche Befunde aus der neueren Umfrageforschung, in: J. Neumeyer, (Hg)., Innere Unsicherheit (S.41-50). München.
Reuband, K.H. (1994): Soziale Determinanten des Drogengebrauchs. Eine empirische Untersuchung des Gebrauchs weicher Drogen in der Bundesrepublik Deutschland. Opladen.
Reuband, K.H. (1999a): Anonyme and nicht-anonyme postalische Bevölkerungsbefragungen. Auswirkungen auf die Rücksendequote und das Antwortverhalten. In: Planung und Analyse, Heft 1, S. 56-58.
Reuband, K.H. (1999b): Postalische Befragungen in den neuen Bundesländern. Durchführungsbedingungen, Ausschöpfungsquoten und Zusammensetzung der Befragten in einer Großstadtstudie, in: ZA Information 45, 1999, S. 71-99.
Reuband, K.H. (1999c): Kriminalitätsfurcht. Stabilität und Wandel. In: Neue Kriminalpolitik. Forum für Praxis, Politik und Wissenschaft, 11, Heft 2, S. 15-20.
Reuband, K.H. (2000): Telefonische und postalische Umfragen in Ostdeutschland. Auswirkungen auf die soziale Zusammensetzung und das Antwortverhalten. In: V. Hüfken, (Hg.), Methoden in Telefonumfragen (S.191-215).Opladen
Reuband, K.H. (2001): Möglichkeiten und Probleme des Einsatzes postalischer Befragungen. In: Kölner Zeitschrift für Soziologie und Sozialpsychologie, 53, S. 338-364.
Reuband, K.H. (2002): Mail and telephone surveys. Their impact on responses. In: J. Blasius, J. Hox, E. de Leeuw und P. Schmidt (Hg.), Social science methodology in the new millenium [CD-Rom] P021403. Opladen.

Reuband, K.H. (2003): Steigende Repressionsneigung im Zeitalter der „Postmoderne"? Das Sanktionsverlangen der Bundesbürger 1989 und 2002 im Vergleich. In: Neue Kriminalpolitik. Forum für Praxis, Politik und Wissenschaft, Heft 3, S. 100-104.
Reuband, K.H. (2004): Konstanz und Wandel im Strafbedürfnis der Bundesbürger – 1970 bis 2003. In: R. Lautmann, D. Klimke und F.Sack, (Hg.), Punitivität. 8. Beiheft des Kriminologisches Journal, S. 89-103.
Reuband, K.H. (2007a): Reihenfolgeeffekte bei Fragen zum Strafverlangen: Macht es in Umfragen einen Unterschied, welche Strafe an welcher Stelle der Antwortvorgaben genannt wird? In: Monatsschrift für Kriminologie und Strafrechtsreform, 90, S. 409-417.
Reuband, K.H. (2007b): Konstanz und Wandel in der „Strafphilosophie" der Deutschen – Ausdruck stabiler Verhältnisse oder steigender Punitivität? Ergebnisse eines Langzeitvergleichs (1970-2003). In: Soziale Probleme, 18, S. 187-213.
Reuband, K.H. (2008a): Èvolution des modes de consommation des drogues et effets limités des politique pénales: Le cas de L´Allemagne, in: Lévolution des usages de drogues et des politiques. De l´Europe aux Amériques, Numero Special, Déviance et société, 32, No. 3, S. 305-324.
Reuband, K.H. (2008b): Kriminalitätsfurcht: Erscheinungsformen, Trends und soziale Determinanten, in: H.-J., Lange, P. Ohly und J. Reichertz (Hg.), Auf der Suche nach neuer Sicherheit. Fakten, Theorien und Folgen. (S. 233-251) Wiesbaden.
Reuband, K.H. und J. Blasius (1996): Face-to-face, telefonische und postalische Befragungen: Ausschöpfungsquoten und Antwortmuster in einer Großstadt-Studie. In: Kölner Zeitschrift für Soziologie und Sozialpsychologie S. 296-318.
Rüther, W. und W. Plum (1983): Zur Thematisierung von Jugend als soziales Problem in der Presse. In: M. Brusten und P. Malinowski. (Hg.), Jugend – ein soziales Problem? (S. 169-181). Opladen.
Scheuch, E.K. (1976): Forschungstechniken als Teil der Soziologie heute. In: M.R. Lepsius (Hg.), Zwischenbilanz der Soziologie. Verhandlungen des 17. Deutschen Soziologentages (S. 83-127). Stuttgart.
Schupp, J. (2008): 25 Jahre Umfragemethodik in der Längsschnittstudie Sozio-oekonomisches Panel (SOEP) zwischen Kontinuität, Anpassung und innovativer Weiterentwicklung. Präsentation bei der Jahrestagung der Sektion Methoden der empirischen Sozialforschung 7. und 8. 3. 2008, Bonn.
Schwarzenegger, C. (1992): Die Einstellung der Bevölkerung zur Kriminalität und Verbrechenskontrolle. Freiburg
Sebba, L. (1978): Some Explorations in the Scaling of Penalties. In: Journal of Research in Crime and Delinquency, 15, S. 247.
Sessar, K. (1997): Strafeinstellungen zum Umbruch. In: K. Boers, G. Gutsche und K. Sessar (Hg.), Sozialer Umbruch und Kriminalität in Deutschland (S. 255-292). Opladen.
Tourangeau, R., J.L. Rips, K.A. Rasinski (2000): The psychology of survey response. Cambridge.
Van Dijk, J. P. Mayhew und M. Killias (1991): Experiences of Crime across the World. Key findings from the 1989 International Crime Survey. Boston.
Van Dijk, J., Manchin, R., Van Kesteren, J., Nevala, S., Hideg, G. (2007): The burden of crime in the EU: A comparative analysis of the European Crime and Safety Survey (EU ICS) 2005. Brüssel.
Van Dijk, J. und C.H.D. Steinmetz (1988): Pragmatism, ideology and crime control: three Dutch surveys. In: N. Walker und M. Hough (Hg.), Public Attitudes to Sentencing. Surveys from five Countries (S. 74-83). Aldershot, Hants, England ; Brookfield, Vt., USA.
Walker, N. und M. Hough (1988): Introduction: developments in methods and perspectives. In: N. Walker und M. Hough (Hg.), Public Attitudes to Sentencing. Surveys from five Countries (S. 1-15). Aldershot, Hants, England ; Brookfield, Vt., USA.
Walker, N., M. Collins und P. Wilson (1988): How the public sees sentencing: an Australian survey. In: N. Walker und M.´Hough (Hg.), Public Attitudes to Sentencing. Surveys from five Countries (S. 149-159). Aldershot, Hants, England ; Brookfield, Vt., USA.
Walker, N., M. Hough, und H. Lewis (1988): Tolerance of leniency and severity in England and Wales. In: N. Walker und M. Hough (Hg.), Public Attitudes to Sentencing. Surveys from five Countries (S. 178-202). Aldershot, Hants, England ; Brookfield, Vt., USA.
Walter, M. (2005): Jugendkriminalität. Stuttgart.
Wasmer, M., E. Scholz und M. Blohm (2007): Konzeption und Durchführung der „Allgemeinen Bevölkerungsumfrage der Sozialwissenschaften" (ALLBUS) 2006. Arbeitspapier. Mannheim.
Weede, E. (1977): Hypothesen, Gleichungen und Daten. Spezifikations- und Messprobleme bei Kausalmodellen für Daten aus einer und mehreren Beobachtungsperioden. Kronberg/Ts.
Yammarino, F. J., S.J. Skinner und T.L. Childers (1991): Understanding Mail Survey Response Behaviour. A Meta-Analysis. In: Public Opinion Quarterly, 55, S. 613-639.

H Inhaftierung und geschlossene Unterbringung

Johannes Feest | Kai Bammann

Jugendstrafvollzugsgesetze: Anspruch und Umsetzung

1 Einleitung

In den letzten dreißig Jahren wurden, angefangen mit der Jugendstrafvollzugskommission[1], immer wieder konkrete Vorschläge für ein Jugendstrafvollzugsgesetz erarbeitet[2]. Die entsprechenden Gesetzentwürfe sind jedoch regelmäßig gescheitert. Obwohl diese Situation weithin als verfassungswidrig galt (vgl. Pollähne/Bammann/Feest 2004), ist es bei je zwei mageren Bestimmungen im Jugendgerichtsgesetz (JGG) und im Strafvollzugsgesetz (StVollzG) geblieben, ergänzt durch bloße Verwaltungsvorschriften (VVJug).

Seit Anfang 2008 haben wir nun, auf einen Schlag, gleich sechzehn umfassende Jugendstrafvollzugsgesetze erhalten[3] (vgl. Höynck 2008), für jedes Bundesland eines, sowie außerdem eine ausführlichere Regelung im JGG. Dies verdanken wir dem zufälligen (?) zeitlichen Zusammentreffen einer Entscheidung des Bundesverfassungsgerichts[4], welche den Gesetzgeber dazu verpflichtete bis zum Ende des Jahres 2007 eine gesetzliche Grundlage für den Jugendstrafvollzug zu schaffen, mit der Föderalismusreform (vgl. Feest 2008), welche den Bundesländern die Gesetzgebungskompetenz für den Justizvollzug einräumte.

Meist sind die Gesetzgeber der Einsicht[5] gefolgt, dass ein vom Erwachsenenvollzug unterschiedener Jugendstrafvollzug sinnvollerweise in einem speziellen Gesetz zum Ausdruck kommen sollte. Drei Bundesländer haben den Jugendstrafvollzug legislatorisch mit dem Erwachsenenstrafvollzug (Bayern, Hamburg[6]), in einem Fall (Niedersachsen) sogar auch noch mit dem Untersuchungshaftvollzug kombiniert, was zu erheblicher Unübersichtlichkeit führt.

---

1 Diese hatte, unter dem Vorsitz von Alexander Böhm, im Jahre 1976 zu tagen begonnen und 1980 einen Schlußbericht mit Vorabempfehlungen vorgelegt.
2 Auf Bundesebene zuletzt der Referentenentwurf von 7. Juni 2006.
3 Links zu den Landesgesetzen sowie zu den ergänzenden bundesrechtlichen Vorschriften zum Jugendstrafvollzugsrecht finden sich auf der Web Page des Strafvollzugsarchivs: www.strafvollzugsarchiv.de.
4 BverfGE 116, S.69-95 vom 31.05.2006 (2 BvR 1673, 2402/04)
5 Dies gehört zu den Mindeststandards für die Jugendstrafvollzugsgesetzgebung, wie sie gemeinsam von der Deutschen Vereinigung für Jugendgerichte und Jugendgerichtshilfen (DVJJ), dem Fachverband für Soziale Arbeit, Strafrecht und Kriminalpolitik (DBH), der Arbeitsgemeinschaft Deutscher BewährungshelferInnen (ADB), der BAG Soziale Arbeit im Justizvollzug und der Neuen Richtervereinigung entwickelt wurden. Sie sind abgedruckt in: Neue Kriminalpolitik, 2007, 4-6 ebenso wie in ZJJ 2007, 94- 96. Download ist möglich von der Web Page der DVJJ http://www.dvjj.de/artikel.php?artikel=842.
6 Die schwarz-grüne Koalition in Hamburg hat sich allerdings im Koalitionsvertrag vorgenommen, dies zu ändern und ein spezielles Jugendstrafvollzugsgesetz zu schaffen.

2 Vorgaben des BVerfG und deren Umsetzung

In seiner maßgeblichen Entscheidung hat das Bundesverfassungsgericht eine Reihe von Vorgaben für die Gesetzgebung gemacht, welche weitgehend dem in der Fachwelt vorhandenen Konsens[7] entsprechen. Sie werden im Folgenden einer kritischen Analyse der Ländergesetze zugrunde gelegt.

2.1 Ziel des Jugendstrafvollzuges

Das Bundesverfassungsgericht hat (in Rn. 51) festgehalten, dass auch für den Jugendstrafvollzug das Vollzugsziel der „sozialen Integration" (definiert als die Fähigkeit, künftig in sozialer Verantwortung ein Leben ohne Straftaten zu führen, dies entspricht dem alten Grundsatz der Resozialisierung aus § 2 StVollzG) (NStZ 2008: 250f) gilt und Verfassungsrang hat, weshalb es nicht beliebig geändert werden darf. Das Gericht hat ferner deutlich gemacht, dass zwischen diesem Integrationsziel und „dem Anliegen, die Allgemeinheit vor weiteren Straftaten zu schützen", kein Gegensatz bestehe, da dieser Schutz nur durch eine möglichst gelungene Resozialisierung erreichbar sei. Damit hat das Gericht es den Landesgesetzgebern schwerer gemacht, ihre im Wahlkampf gegebenen Versprechen nach Aufwertung der Sicherheit zu verwirklichen.

Eine Umsetzung dieser Vorgabe hätte sinnvoller Weise bei § 2 StVollzG ansetzen und sich darauf konzentrieren können, die dort vorhandenen Undeutlichkeiten zu beseitigen. Als einziges Bundesland hat Nordrhein-Westfalen diesen Weg beschritten und deutlich die Befähigung der Gefangenen „künftig in sozialer Verantwortung ein Leben ohne Straftaten zu führen" als einziges Vollzugsziel festgelegt (§ 2 Abs. 1 JStVollzG NRW). Nur in diesem Rahmen sei „bei der Gestaltung des Vollzuges der Schutz der Allgemeinheit vor weiteren Straftaten zu gewährleisten" (§ 2 Abs. 2 JStVollzG NRW).

Die meisten Bundesländer (Hessen, Niedersachsen und die Länder der so genannten 9er-Gruppe[8]) haben sich dafür entschieden, die Resozialisierung nicht mehr als einziges Ziel zu bezeichnen, sondern den Schutz der Allgemeinheit als weiteres Ziel (Niedersachsen) oder wenigstens als weitere Aufgabe (9er-Gruppe) zu erwähnen. Begriffe wie „gleichermaßen", „zugleich" bzw. „auch" sollen signalisieren, dass diese Aufgaben bzw. Ziele nunmehr auf gleicher Ebene stehen. Das entspricht dem in den Wahlkämpfen gegebenen Versprechen, den Schutz der Allgemeinheit aufzuwerten. Zugleich wird versucht, durch Voranstellung der Resozialisierung im Gesetz eine unmittelbare Intervention des Bundesverfassungsgerichts zu verhindern.

Einen eigenen und eigenartigen Weg ist Baden-Württemberg gegangen, wo man das Erziehungsziel (§ 2 JStVollzG BW) möglichst weit entfernt von der „kriminalpädagogischen Aufgabe" des Schutzes der Allgemeinheit (in § 21 JStVollzG BW) geregelt hat. Dadurch ist es nicht ohne weiteres klar, in welchem Über-, Unter- oder Nebenordnungsverhältnis die beiden zueinander stehen.

Hessen hat zwar nur ein „Erziehungsziel" postuliert, zugleich aber deutlich gemacht, dass der Schutz der Allgemeinheit nicht allein durch die Erreichung dieses Zieles gewährleistet werden soll, vielmehr darüber hinaus durch die „sichere Unterbringung und Beaufsichtigung der Ge-

---

7 Vgl. die oben erwähnten Mindeststandards für den Jugendstrafvollzug.
8 Neun Bundesländer haben gemeinsam einen Modell-Entwurf entwickelt und ihrer jeweiligen Gesetzgebung zugrunde gelegt. Es handelt sich um Berlin, Brandenburg, Bremen, Mecklenburg-Vorpommern, Rheinland-Pfalz, Saarland, Sachsen-Anhalt, Schleswig-Holstein und Thüringen.

fangenen" (§ 2 Abs.2 Satz 2 StVollzG). Damit wird der Vorrang des Erziehungsziels wieder in Frage gestellt.

Ausdrücklich eine konservative Flagge haben nur die Bundesländer Bayern und Hamburg gezeigt. Sie kennen jetzt zwei „Aufgaben des Jugendstrafvollzuges", wobei sie die Sicherheitsaufgabe pointiert an die erste Stelle setzen. Inwieweit die lokalen Gerichte dem folgen und dem Schutz der Allgemeinheit Vorrang vor jeglichen Resozialisierungsbemühungen einräumen werden, bleibt abzuwarten. Gespannt darf man ferner sein, ob das Bundesverfassungsgericht sich solche Insubordination gefallen lassen wird.

2.2 Kontakte und Schutz vor Übergriffen

Sehr ausführlich hat das Bundesverfassungsgericht darauf hingewiesen, dass sich Freiheitsstrafen gerade bei Jugendlichen in besonders einschneidender Weise auswirken (Rn. 54). Es hat daraus die Konsequenz gezogen, dass die gesetzlichen Grundlagen den Besonderheiten des Jugendstrafvollzuges angepasst sein müssen: „So müssen etwa die Besuchsmöglichkeiten für familiäre Kontakte – auch im Hinblick auf Art. 6 Abs. 2 GG – um ein Mehrfaches über denen im Erwachsenenvollzug [...] angesetzt werden."[9]

Dem sind die Ländergesetze nachgekommen, indem sie die Mindestzahl der Besuchsstunden pro Monat von einer Stunde (§ 24 StVollzG) im bisherigen geltenden Recht auf vier im neuen Jugendstrafvollzugsrecht erhöht haben. Hinzukommen in einzelnen Bundesländern Sonderbestimmungen für zusätzliche Familienbesuche bzw. Besuche von Kindern der inhaftierten Jugendstrafgefangenen. Baden-Württemberg hat auch Langzeitbesuche, allerdings nur für die Kinder und nicht auch für die Partner der Inhaftierten, vorgesehen (§ 38 Abs. 4 JStVollzG BW).

Ferner sollen, nach den Vorgaben des Bundesverfassungsgerichts, Kontakte innerhalb der Anstalt, die dem sozialem Lernen dienen können, nicht unnötig beschränkt werden. Zugleich müsse jedoch der Gefahr von wechselseitigen Übergriffen entgegengewirkt werden. „Nach derzeitigem Erkenntnisstand ist dazu die Unterbringung in kleineren Wohngruppen [...] besonders geeignet" (Rn. 57).

Den letzteren Gedanken haben die Ländergesetze durchwegs aufgegriffen und in der Regel eine Unterbringung in „Wohngruppen" vorgesehen. Allerdings finden sich nur selten genauere Angaben über deren Größe und Ausstattung. Maximalgrößen finden sich nur in Sachsen („nicht mehr als zwölf Gefangene") und in Hessen (§ 68 Abs. 4: „nicht mehr als acht Gefangene"). In Art. 140 StVollzG Bay heißt es dazu immerhin noch, dass die Größe der Wohngruppen „sich nach dem Erziehungsauftrag bemisst". In den übrigen Bundesländern fehlt jegliche genauere Festlegung.

Das Fehlen genauer Angaben gilt auch für die Größe der Haftträume. Die meisten Ländergesetze folgen hier dem schlechten Beispiel des § 144 StVollzG, wonach die Haftträume „hinreichend Luftinhalt" und „ausreichend" Boden- und Fensterfläche haben sollen. Die positive Ausnahme ist hier Baden-Württemberg, wo die Einzelzelle in Neubauten 9 qm Bodenfläche und in Gemeinschaftshafträumen 7 qm pro Gefangenem haben muss (§ 7 Abs. 2 JStVollzG BW). Bei bereits bestehenden Haftanstalten sind allerdings auch wesentlich kleinere Haftträume zulässig. Schon jetzt gilt aber uneingeschränkt, dass ein Haftraum unabhängig von seiner Größe nur

---

9 Ähnlich Nr. 15 der Mindeststandards für den Jugendstrafvollzug.

dann als Gemeinschaftshaftraum bestimmt werden darf, wenn er über eine baulich abgetrennte und entlüftete Sanitäreinrichtung („WC") verfügt (§ 4 JStVollzG BW).

Der Schutz vor Übergriffen durch Mitgefangene soll (seit dem so genannten „Foltermord" in der JVA Siegburg, der in den Medien als besonders erschreckendes Beispiel von Gewalt unter Jugendstrafgefangenen Schlagzeilen machte) vor allem durch die Einzelunterbringung zur Nachtzeit erreicht werden. Diese ist in allen Ländergesetzen vorgesehen. Eine gemeinsame Unterbringung ist jedoch durchwegs zulässig, „soweit sie nur vorübergehend und aus zwingenden Gründen erforderlich ist" (nur in Berlin ist diese Durchbrechung des Prinzips der Einzelunterbringung bis zum 31.12.2012 befristet).

2.3 Erforderliche Ausstattung der Anstalten

Eine weitere Vorgabe des Bundesverfassungsgerichts bezieht sich darauf, dass die Anstalten so auszustatten sind, wie es zur Realisierung des Vollzugsziels bzw. der Vollzugsziele erforderlich ist. Der Staat habe „durch gesetzliche Festlegung hinreichend konkretisierbarer Vorgaben Sorge dafür zu tragen, dass für allgemein als erfolgsnotwendig anerkannte Vollzugsbedingungen und Maßnahmen die erforderliche Ausstattung mit den personellen und finanziellen Mitteln kontinuierlich gesichert ist" (Rn. 61). Besonders genannt werden vom Gericht ausreichende Bildungs- und Ausbildungsmöglichkeiten, ausreichende pädagogische und therapeutische Betreuung sowie eine Entlassungsvorbereitung, die mit angemessenen Hilfen für die Phase nach der Entlassung verzahnt ist[10].

Dem sind die Ländergesetze durch die üblichen, aus dem Strafvollzugsgesetz bekannten, Kann- und Soll-Bestimmungen nachgekommen (z.B. § 37 JStVollzG der 9er-Gruppe: „Sofern den Gefangenen Arbeit zugewiesen wird, soll diese möglichst deren Fähigkeiten, Fertigkeiten und Neigungen entsprechen"). In den Ländergesetzen findet sich jedoch wie schon im alten StVollzG nirgends ein Recht des Gefangenen, eine angemessene Arbeit oder Ausbildung zugewiesen zu bekommen. Ebenso wenig finden sich Festlegungen über die Mindestzahl von Bediensteten der verschiedenen Kategorien, die für die Betreuung einer bestimmten Anzahl von Gefangenen zur Verfügung stehen müssen[11].

2.4 Orientierung am Stand der wissenschaftlichen Erkenntnisse

Die gesetzlichen Vorgaben für die Ausgestaltung des Vollzuges müssen, nach Meinung des Bundesverfassungsgerichts „auf sorgfältig ermittelten Annahmen und Prognosen über die Wirksamkeit unterschiedlicher Vollzugsgestaltungen und Behandlungsmaßnahmen beruhen [...]. Der Gesetzgeber muss vorhandene Erkenntnisquellen, zu denen auch das in der Vollzugspraxis verfügbare Erfahrungswissen gehört, ausschöpfen [...] und sich am Stand der wissenschaftlichen Erkenntnisse orientieren" (Rn. 62). Mindestens in zwei Punkten ist es mehr als zweifelhaft, ob die Landesgesetzgeber dem nachgekommen sind.

---

10 Qualifiziertes und ausreichendes Personal fordert Nr. 23 der Mindeststandards für den Jugendstrafvollzug.
11 Eine derartige Norm fand sich, wenn auch ohne zahlenmäßige Fixierung, im Entwurf des BMJ für ein Jugendstrafvollzugsgesetz (2006), der aber durch die Föderalismusreform obsolet wurde: „Die Jugendstrafanstalten werden mit dem für die Erreichung des Vollzugsziels erforderlichen, nach anerkannten Kriterien bemessenen Personal ausgestattet. Die Zahl der Fachkräfte für die Jugendstrafanstalten wird so bemessen, dass auch eine nachgehende Betreuung der Gefangenen gewährleistet ist." (§ 41 Abs.1)

Jugendstrafvollzugsgesetze: Anspruch und Umsetzung

So sind sich sämtliche Ländergesetze darin einig, dass Gefangene im Jugendstrafvollzug aktiv an ihrer „Behandlung" bzw. der Erreichung des Vollzugsziels mitwirken müssen. Tun sie dies nicht, müssen sie mit disziplinarischen Sanktionen und/oder den Wegfall von Vollzugslockerungen rechnen. Diese Regelung weicht ab von § 4 Abs. 1 StVollzG und steht in scharfem Gegensatz zur Meinung der Fachleute, die eine „unbestimmte Pflicht zur Selbst-Resozialisierung" ablehnen[12]. Die Mitwirkungspflicht kann auch nicht darauf gestützt werden, dass es sich um schulpflichtige Minderjährige handelt, da die überwältigende Mehrheit der Jugendstrafgefangenen die Volljährigkeitsgrenze überschritten haben. Konsequenterweise haben die Länder Bayern, Hamburg und Niedersachsen die Mitwirkungspflicht gleich auch für Erwachsene eingeführt. Es hat den Anschein, als ob hier der Jugendstrafvollzug, einst als „Vorreiter" der Reform gepriesen, zum Einfallstor repressiver Regelungen gemacht werden soll.

Eine mangelnde Orientierung am Stand der wissenschaftlichen Erkenntnis ist auch bei der Frage des offenen Vollzuges zu verzeichnen. Dieser (und der damit verbundene Freigang) gilt weithin als der Königsweg zur Vermeidung von Desozialisierung und zur Gewährleistung einer sozialen Integration der Gefangenen[13]. Empirische Untersuchungen belegen, dass die Chancen zu einem künftig straffreien Leben dann am günstigsten sind, wenn die Insassen zumindest über den offenen Vollzug entlassen werden (vgl. Lesting 2006). Wenn immer möglich, sollte die Strafvollstreckung auch direkt und ohne den Umweg über den geschlossenen Vollzug in einer offenen Anstalt erfolgen. Auch das Bundesverfassungsgericht hat neuerdings ausdrücklich darauf hingewiesen, dass die Einrichtung des offenen Vollzuges in besonderer Weise dem Ziel der sozialen Integration Rechnung trägt, indem sie den schädlichen Folgen des Freiheitsentzuges entgegenwirkt und dem Gefangenen helfen kann, nach dem Vollzug der Strafe ein straffreies Leben in Freiheit zu führen[14]. Dies entspricht der Regelung des § 10 StVollzG, wo vom Offenen Vollzug als Regelvollzug ausgegangen wird, auch wenn sich dies in der Praxis bislang nicht durchgesetzt hat.

Die Ländergesetze zum Jugendstrafvollzug hätten dies durch eine deutliche Weichenstellung zugunsten des offenen Vollzuges klarstellen können. Die meisten Bundesländer haben jedoch eine klare Entscheidung in diesem Sinne vermieden, indem sie den offenen und den geschlossenen Vollzug gleichwertig nebeneinanderstellen und den Anstalten die Entscheidung überlassen. Ausdrücklich zur Regel erklärt wurde der geschlossene Vollzug in einzelnen Bundesländern (Hamburg: „Die Gefangenen werden im geschlossenen Vollzug untergebracht"; ähnlich Bayern und Niedersachsen). Einzig und allein Baden-Württemberg hat wenigstens normativ den offenen Vollzug an die erste Stelle gesetzt. Als eine originelle Form hat es zusätzlich den „Jugendstrafvollzug in freien Formen", d.h. bei Einrichtungen freier Träger, eingeführt[15]. Nach § 27 Abs. 1 JStVollzG BW soll die Jugendstrafe „bei Eignung" in einer solchen „freien" Einrichtung vollstreckt werden; in zweiter Linie wird der offene Vollzug genannt (Abs.2) und erst danach heißt es: „Eignet sich der junge Gefangene nicht für den Jugendstrafvollzug in freier Form oder den offenen Vollzug, so wird er in einer geschlossenen Jugendstrafanstalt oder einer Abteilung mit Vorkehrungen gegen Entweichung untergebracht" (Abs.3). Es bleibt abzuwar-

---

12 Nr. 5 der Mindeststandards für den Jugendstrafvollzug: „Eine allgemeine Pflicht des Gefangenen, ‚an der Erreichung des Vollzugszieles' (seiner Resozialisierung) mitzuwirken, ist inhaltlich zu unbestimmt, praktisch nicht handhabbar, nicht willkürfest [...] und daher verfassungswidrig". Das Bundesverfassungsgericht hat sich allerdings bisher zu dieser Frage nicht geäußert. Kritisch hierzu auch Eisenberg Jugendstrafvollzugsgesetze der Bundesländer – eine Übersicht, NStZ 2008: 250, 252.
13 Nr. 9 der Mindeststandards für den Jugendstrafvollzug.
14 BverfG, 2 BvR 725/07 vom 27.9.2007.
15 Dafür sprechen sich auch die Mindeststandards für den Jugendstrafvollzug aus (Nr. 10).

ten, ob dies tatsächlich zu einer stärkeren Öffnung des Jugendstrafvollzugs führen wird, umso mehr als Bedenken gegenüber dieser „Privatisierung" des Vollzuges bestehen.

Die Orientierung am Stand der wissenschaftlichen Erkenntnis erfordert im übrigen eine verstärkte Kooperation mit wissenschaftlichen Einrichtungen[16], die auch in den meisten Ländergesetzen ausdrücklich vorgesehen ist. So heißt es in § 97 JStVollzG MVP: „Der Vollzug, insbesondere seine Aufgabenerfüllung und Gestaltung, die Umsetzung seiner Leitlinien sowie die Behandlungsprogramme und deren Wirkungen auf das Vollzugsziel, soll regelmäßig durch den kriminologischen Dienst, durch eine Hochschule oder durch eine andere Stelle wissenschaftlich begleitet und erforscht werden" (ein entsprechender Vertrag ist mit dem Kriminologischen Institut der Universität Greifswald abgeschlossen worden). Ähnliche Regelungen finden sich in § 189 StVollzG Bay; § 19 JStVollzG BW; § 97 JStVollzG HB (ähnlich die anderen Länder der 9er-Gruppe); § 66 JStVollzG Hessen; § 189 JVollzG Nieders.; § 108 JStVollzG NRW. Diese Regelungen entsprechen hier, zum Teil wörtlich, den Mindeststandards für den Jugendstrafvollzug[17]. Die Erfahrungen der Vergangenheit lassen jedoch befürchten, dass eine so abgeschottete Einrichtung wie der Justizvollzug sich in der Praxis nur schwer gegenüber unabhängiger Forschung und Evaluation öffnet.

2.5 Beachtung internationaler Standards mit Menschenrechtsbezug

Das Bundesverfassungsgericht hat ferner darauf hingewiesen, dass „völkerrechtliche Vorgaben oder internationale Standards mit Menschenrechtsbezug" beachtet werden sollten (Rn. 63).

Im Zusammenhang mit dem Jugendstrafvollzug sind vor allem die United Nations Rules for the Protection of Juveniles Deprived of their Liberty (1990) zu nennen. Mindestens zwei Normen dieser von der Generalversammlung der Vereinten Nationen beschlossenen Empfehlungen waren während der Gesetzgebungsarbeiten bekannt, spätestens seit sie in den Mindeststandards zum Jugendstrafvollzug ausdrücklich[18] benannt wurden:

Zum einen geht es um das strikte Verbot von Einzelhaft („closed or solitary confinement") in Art. 67 der Regeln für den Jugendstrafvollzug. Dieser Empfehlung ist keines der Ländergesetze gefolgt. Einzelhaft, d.h. die unausgesetzte Absonderung eines Gefangenen, „wenn dies aus Gründen, die in deren Person liegen, unerlässlich ist", stellt weiterhin eine in allen deutschen Jugendstrafanstalten zulässige Sicherungsmaßnahme dar. Gerechtfertigt wird dies damit, dass es sich bei der Einzelhaft nicht um eine totale Isolierung der Gefangenen handle, da die Betroffenen regelmäßig vom Personal aufgesucht würden. Nur Hessen hat eine enge Begrenzung der Einzelhaft auf jeweils eine Woche vorgesehen, wobei die Aufsichtsbehörde eingeschaltet werden muss, wenn im Laufe eines Jahres bei einem Gefangenen mehr als vier Wochen zusammenkommen (§ 49 Abs.7 HessJStVollzG)[19]. In den übrigen Bundesländern ist (wie bei Erwachsenen) keinerlei zeitliche Begrenzung dieser Maßnahme vorgesehen. Eine Verständigung der Aufsichtsbehörde soll im allgemeinen nach zwei Monaten erforderlich sein; nur Baden-Württemberg (§ 82 JStVollzG BW: eine Woche) und Berlin (§ 71 JStVollzG Berlin:

---

16 Nr. 22 der Mindeststandards für den Jugendstrafvollzug: „Die kriminologischen und sonst geeigneten Forschungseinrichtungen sind an der Wirkungsforschung und an der Vollzugsevaluation zu beteiligen."
17 Nr. 22 Mindeststandards für den Jugendstrafvollzug.
18 Nr. 18 Mindeststandards für den Jugendstrafvollzug.
19 Hessen folgt dabei Wort für Wort dem Vorschlag der Jugendstrafvollzugskommission, Schlußbericht, Bonn 1980, S. 184. Noch weiter geht nur der Referentenentwurf des BMJ von 2006, in dem es heißt: „Die Einzelhaft darf ununterbrochen nicht mehr als eine Woche und insgesamt nicht mehr als vier Wochen im Vollstreckungsjahr betragen. Einzelhaft von mehr als einer Woche im Jahr bedarf der Zustimmung der Aufsichtsbehörde".

zwei Wochen) verlangen eine schnellere Verständigung der Aufsichtsbehörde. In Bayern und Niedersachsen muss die Aufsichtsbehörde (wie bei Erwachsenen) sogar erst nach drei Monaten verständigt werden.

Ein zweiter Punkt betrifft den Waffengebrauch im Jugendstrafvollzug. Hierzu heißt es in Art. 65 der Regeln der Vereinten Nationen: „The carrying and use of weapons by personnel should be prohibited in any facility where juveniles are detained". Diese Regel ist völlig unmissverständlich, indem sie nicht nur den Gebrauch, sondern schon das Tragen von Waffen verbietet. Dennoch haben sich fast alle Ländergesetze, in unterschiedlichen Formulierungen, darüber hinweggesetzt[20]. Einzig und allein das Land Sachsen hat Schuss- und Stichwaffen völlig ausgeschlossen, indem es in § 77 JStVollzG Sachsen den Waffenbegriff wie folgt eingeschränkt hat: „Waffen sind die dienstlich zugelassenen Hiebwaffen".

2.6 Effektiver Rechtsschutz

Das Bundesverfassungsgericht hat auch für den Jugendstrafvollzug einen für diese Personengruppe angemessenen Rechtsschutz angemahnt: „Die im Jugendstrafvollzug Inhaftierten sind zudem typischerweise besonders ungeübt im Umgang mit Institutionen und Schriftsprache; zu geeignetem schriftlichen Ausdruck sind sie häufig überhaupt nicht fähig. Ihre Verweisung auf ein regelmäßig ortsfernes, erst- und letztinstanzlich entscheidendes Obergericht, ohne besondere Vorkehrungen für die Möglichkeit mündlicher Kommunikation, wird dem – auch im Vergleich mit den für Gefangene im Erwachsenenstrafvollzug vorgesehenen Rechtsschutzmöglichkeiten – nicht gerecht" (Rn.58).

Bei der Föderalismusreform wurde jedoch (unter anderem) übersehen, dass der gerichtliche Rechtsschutz inhaltlich zum Verfahrensrecht gehört und deshalb nicht in die Zuständigkeit der Ländergesetzgebung übergegangen ist. Der Bund ist daher weiterhin für den gerichtlichen Rechtsschutz zuständig und hat inzwischen eine Neuregelung beschlossen. Eisenberg macht in diesem Zusammenhang den Vorschlag, dass es sinnvoller gewesen wäre, die Zuständigkeit dem Jugendgericht zu übertragen, dem die Vollstreckungsleitung obliegt (§ 82 JGG), da dieses näher am Vollzug dran sei (vgl. Eisenberg 2008). Der Bundegesetzgeber ist jedoch einen anderen Weg gegangen und hat in § 92 Abs. 1 JGG nunmehr bestimmt, dass die Jugendkammer des zuständigen Landgerichts für Anträge auf gerichtliche Entscheidung aus dem Jugendstrafvollzug zuständig ist. Nach § 92 Abs.3 JGG liegt es im Ermessen der Jugendkammer, ob sie eine mündliche Anhörung durchführt oder nicht. Allerdings ist der Jugendliche auf Antrag zu dieser Frage zu „hören". Da diese „Anhörung" des Jugendlichen nach der bei Juristen üblichen Terminologie jedoch auch schriftlich durchgeführt werden kann, werden die Jugendlichen vielfach nicht die Möglichkeit haben, sich mündlich zu äußern. Ob dies den Vorstellungen des Bundesverfassungsgerichts entspricht, erscheint fraglich.

Als Mindeststandard wird zusätzlich die Einrichtung von unabhängigen „Strafvollzugsbeauftragten" gefordert, die freien Zugang zu allen Haftanstalten sowie einen ausreichenden verwaltungsmäßigen Unterbau haben und an die sich Gefangene jederzeit mit Beschwerden wenden können[21]. Unter dem Eindruck der Tragödie in der JVA Siegburg ist eine solche Einrichtung („Ombudsperson") jedoch bisher nur in Nordrhein-Westfalen geschaffen worden (§ 97 JStVollzG NRW). Ihre Effektivität wird abzuwarten und zu untersuchen sein.

---

20 Vgl. dazu die detaillierte Darstellung auf der Weg Page des Strafvollzugsarchivs: http://www.strafvollzugsarchiv. de/index.php?action=archiv_beitrag&thema_id=&beitrag_id=123&gelesen=123
21 Nr. 21 Mindeststandards für den Jugendstrafvollzug.

Ein weiteres Problem ergibt sich aus dem bekannten Umstand, dass sich die Dauer, aber auch die Ausgestaltung des Vollzuges schon heute von Bundesland zu Bundesland unterscheidet. Nunmehr kommt es also auch zu unterschiedlichen landesgesetzlichen Regelungen des Strafvollzuges, obwohl dieser auf einer Verurteilung nach Bundesrecht erfolgt (vgl. Eisenberg 2008). Mehr noch als früher werden daher die Gerichte gefordert sein, einheitliche Standards zu entwickeln, bzw. wird auch das Bundesverfassungsgericht eine Balance zwischen den verschiedenen Landesstrafvollzugsgesetzen und der bundeseinheitlichen Rechtsgrundlage der Verurteilung finden müssen.

3   Schlussbemerkung

Erwartungsgemäß ist kein einziger der Landesgesetzgeber einen insgesamt wirklich neuen Weg gegangen, anhand dessen in den nächsten Jahren Erfahrungen gesammelt werden könnten. Schreibt man dem Jugendstrafrecht allgemein eine Art „Vorreiterfunktion" gegenüber dem Erwachsenenstrafrecht zu, so können die nunmehr bestehenden Jugendstrafvollzugesetze einer entsprechenden Aufgabe gegenüber den Erwachsenenstrafvollzugsgesetzen nicht gerecht werden. Stattdessen ist man fast durchweg nahe an den Formulierungen des für Erwachsene geschaffenen Strafvollzugsgesetzes geblieben und hat damit das Ziel verfehlt, ein eigenes Jugendstrafvollzugsrecht zu schaffen. Es ist daher kein Wunder, dass wichtige, über das Strafvollzugsgesetz hinausgehende Forderungen gar nicht erst auftauchen, zum Beispiel die Einbeziehung der Jugendstrafgefangenen in die Sozialversicherung[22].

Allerdings finden sich in fast allen Ländergesetzen einzelne originelle Formulierungen. Einige davon haben wir beispielhaft erwähnt. Es ist bedauerlich, dass die Landesjustizverwaltungen nicht entschlossener versucht haben, diese Punkte systematisch zu sammeln und in einen einheitlichen Modell-Entwurf zu integrieren.

Andererseits sind die Ländergesetze auch wieder nicht ganz so schlecht ausgefallen, wie dies befürchtet worden war. Anhaltspunkte etwa für einen „Wettbewerb der Schäbigkeit"[23](vgl. Dünkel 2006), sind auf der normativen Ebene kaum auszumachen. Umso mehr muss man die Umsetzung der Regelungen, vor allem aber auch die Finanzierung des Vollzugs in den einzelnen Ländern aufmerksam beobachten. Dort dürften die eigentlich wichtigen Unterschiede auftreten, die identifiziert und (publizistisch wie juristisch) skandalisiert werden müssen.

---

22 Nr. 17 der Mindeststandards für den Jugendstrafvollzug.
23 Dieses Schlagwort hat sich großer Beliebtheit in der Diskussion erfreut. Seine Erfinder haben es jedoch primär auf die tatsächliche Situation bezogen, die schon vor den neuen Gesetzen bestand und durch diese allenfalls landesspezifisch legitimiert werden wird.

Literatur

Bundesministerium der Justiz (Hg.) (1980): Tagungsberichte der Jugendstrafvollzugskommission. Schlußbericht. Bn. 11. Bonn.
Dünkel, F./Schüler-Springorum, H. (2006): Strafvollzug als Ländersache? Der „Wettbewerb der Schäbigkeit" ist schon im Gange! In: Zeitschrift für Strafvollzug und Straffälligenhilfe, 55. Jg. S. 145-149.
Eisenberg, U. (2008): Jugendstrafvollzugsgesetze der Bundesländer – eine Übersicht. In: Neue Zeitschrift für Strafrecht, 28.Jg. S. 250-262.
Feest, J. (2008): Alles anders? Die Zukunft des deutschen Justizvollzugs. In: Deutsche Aids-Hilfe (Hg.) Betreuung im Strafvollzug. Ein Handbuch. Berlin. S. 10-18.
Höynck, T. (2008): Jugendstrafvollzugsgesetze der Länder. Eine Auswahl wichtiger Regelungsbereiche in synoptischer Darstellungen. In: Zeitschrift für Jugendkriminalität und Jugendhilfe, 19. Jg. S. 159-168.
Lesting, W. (2006): § 10 Offener und geschlossener Vollzug. In: J. Feest (Hg.) AK StVollzG. 5. Aufl. Neuwied. S. 69-81.
Pollhäne, H./Bammann, K./Feest, J. (Hg.) (2004): Wege aus der Gesetzlosigkeit. Rechtslage und Regelungsbedürftigkeit des Jugendstrafvollzugs. Mönchengladbach.

Mechthild Bereswill

Strafhaft als biographischer Einschnitt. Befunde zum Jugendstrafvollzug aus der Perspektive seiner Insassen

Die Gestalt und Wirksamkeit eines Erziehungsstrafvollzugs wie er in dem 1953 in Westdeutschland verabschiedeten Jugendgerichtsgesetz vorgesehen war, ist bis heute umstritten (zur Geschichte von Erziehung im Gefängnis vgl. Cornel 2002; zur Geschichte und den Kontroversen über die rechtliche Grundlegung des bundesdeutschen Jugendstrafvollzugs vgl. Schwirzer 2008). So stellt auch Theodor Hofmann in seiner 1967 erschienenen Studie „Jugend im Gefängnis" die Frage: „Wird der Jugendstrafvollzug in der gegenwärtigen Form seinem Erziehungsauftrag gerecht?". Seine umfassende Untersuchung der Hafterfahrungen von insgesamt 100 männlichen Jugendlichen und Heranwachsenden leistet einen empirisch fundierten Beitrag zur damaligen Diskussion über die Reform des Jugendstrafvollzugs. Während es Hoffmann jedoch vor allem darum geht, den Erziehungsgedanken zu stärken und weitere Reformmöglichkeiten zu identifizieren, ist die Grundsatzfrage, ob Erziehung im Gefängnis überhaupt greifen kann, bis heute kontrovers geblieben.

Jugendliche Straftäter, genauer gesagt mehrheitlich männliche Jugendliche und Heranwachsende, sind Symbolfiguren im öffentlichen Meinungskampf um Devianz, soziale Kontrolle, Erziehung und Strafe (vgl. Bereswill 2007). Sie ziehen rigide Forderungen nach unerbittlicher Strafe oder überzogene Rettungsphantasien auf sich und gelten als gefährlich und gefährdet zugleich. Im Kontext dieser spannungsgeladenen Zuschreibungen erfährt das Jugendgefängnis eine widersprüchliche Bedeutung; steht die „totale Institution" (Goffman 1961/1973) doch für Erziehung und drastische Strafe gleichzeitig. Hier soll – mit Hilfe des Freiheitsentzugs – erzogen und gebessert, letztlich integriert werden. Das widersprüchliche Verhältnis von Strafe und Erziehung, das Hofmann (1967: 200) vor gut 30 Jahren meinte durch einen angemessenen Reformprozess in Richtung Erziehung auflösen zu können, begleitet die fachlichen und öffentlichen Debatten bis heute. So resümieren Joachim Kersten und Christian von Wolffersdorff-Ehlert (1980: 402) in ihrer Weg weisenden, 1980 erschienenen Studie „Jugendstrafe" im Gegensatz zu Hofmann, „der Widerspruch zwischen Behandlung und Verwahrung [sei, M.B.] keinesfalls gelöst". Siegfried Müller stellt 1992 fest, es gäbe wohl kaum eine Verknüpfung der Begriffe von Erziehung und Strafe, die im Diskurs um das Jugendstrafrecht nicht durchbuchstabiert worden wäre: „Erziehung *statt* Strafe, Erziehung *und* Strafe, Erziehung *als* Strafe, Erziehung *in der* Strafe, Erziehung *neben der* Strafe, Erziehung *durch* Strafe, Strafe *statt* Erziehung, Strafe *als* Erziehung, etc." (1992: 218, Hervorheb. i. Orig.). Aus gefängniskritischer Sicht betont Heinz Cornel (2002: 232) schließlich weitere zehn Jahre später, der Erziehungsgedanke dürfe nicht länger eine Unterbringung im Gefängnis legitimieren. Daniela Hosser und Werner Greve (2002: 429) grenzen sich hingegen von solchen Urteilen ab, wenn sie feststellen, dass wir nicht über genügend empirisch gesichertes Wissen verfügen, was die Wirkung einer Haftstrafe auf die weitere Entwicklung und das Leben von Verurteilten anbetrifft. Hinzu kommt, dass eine kritische Auseinandersetzung mit den widersprüchlichen Erfahrungen, die Inhaftierte im Strafvollzug machen, den Jugendstrafvollzug im Kontext von lebenslaufspezifischen Konstellationen und biographischen Erfahrungen im Umgang mit Institutionen der Hilfe und Kontrolle in den Blick nehmen sollte (vgl. Bereswill 2004a und 2006).

Der kursorische Rückblick auf empirische Studien und wissenschaftliche Kontroversen über den Charakter des Jugendgefängnisses veranschaulicht, dass wir es mit einem bis heute umstrittenen Feld zu tun haben, das aus unterschiedlichen disziplinären Blickwinkeln untersucht und verstanden werden muss. Hier treffen rechtswissenschaftliche, erziehungswissenschaftliche und sozialwissenschaftliche Diskurse aufeinander, die die juristische Legitimation, den Charakter von Erziehung in der modernen Gesellschaft und die Gestalt sowie den Wandel der sozialen Organisation Gefängnis fokussieren. Hinzu kommen verhaltenswissenschaftliche Zugänge zum unterstellten Zusammenhang von Devianz, Persönlichkeitsentwicklung und -störung, die den Behandlungsanspruch des Strafvollzugs unterstreichen sollen (vgl. die Beiträge in Bereswill/Greve 2001, Bereswill/Höynck 2002, Goerdeler/Walkenhorst 2007, zum europäischen Vergleich vgl. die Beiträge in Goldson/Muncie 2007 und Muncie/Goldson 2006).

Die umstrittene Frage, ob Erziehung im Gefängnis überhaupt möglich ist, ist eng verknüpft mit grundlegenden Fragen, wie ein Freiheitsentzug in die biographische Entwicklung eines jungen Menschen eingreift, welche Identitätskonflikte mit einer geschlossenen Unterbringung im Gefängnis einher gehen und welche langfristigen Konsequenzen eine Strafhaft für die Lebensläufe und Lebensentwürfe von jungen Erwachsenen mit sich bringt. Empirische Studien, die sich der Erfahrung des Freiheitsentzuges aus der Perspektive der Inhaftierten nähern, stellen bis heute Ausnahmen dar. Dies gilt verschärft für Mädchen und junge Frauen im Jugendstrafvollzug (vgl. Jansen 2006, Bereswill 2007). Zudem gibt es nur wenige offen und qualitativ angelegte Untersuchungen, die Entwicklungsprozesse unter Bedingungen der geschlossenen Unterbringung aus Sicht der Akteurinnen und Akteure selbst rekonstruieren (vgl. Bereswill 1999 und 2006, Meyer 2001, Bukow et al. 2003). Ein besonderes Forschungsdesiderat, das 1997 in einer von der VolkswagenStiftung geförderten umfangreichen sowohl qualitativen als auch quantitativen Studie des Kriminologischen Forschungsinstituts Niedersachsen (KFN) aufgegriffen wurde, stellen longitudinale Studien zur Wirkung und langfristigen Verarbeitung des Freiheitsentzugs durch Inhaftierte auch nach einer Entlassung dar (vgl. Greve/Hosser/Pfeiffer 1997, Bereswill 1999). Die grundlegende Frage nach den Entlassungs- und Übergangserfahrungen junger Inhaftierter und ihre mit diesen Übergängen verbundenen Resozialisierungskonflikte führte lange Zeit ein Schattendasein – im Vergleich zu den teilweise hitzigen und polemischen Debatten über die Notwendigkeit oder Schädlichkeit des Gefängnisses selbst.

Um die tief greifende Wirkung eines Freiheitsentzuges auf die Handlungsmuster von Menschen genauer zu verstehen, ist es hilfreich, soziologische und sozialpsychologische Erkenntnisse zu Prisonisierung heran zu ziehen und diese im Kontext der spezifischen Dynamik der Adoleszenz zu reflektieren. Die psychosoziale Verarbeitung eines Freiheitsentzugs ist dabei als eine komplexe Wechselbeziehung von institutionell gestifteten und biographisch vorstrukturierten Handlungsmustern zu begreifen. Anders gesagt: Das Gefängnis ist kein übermächtiger, handlungsdeterminierender Zusammenhang. Trotzdem nehmen die Strukturelemente dieser „autoritären Gemeinschaft" (Sykes 1958/1994: 133) einen starken Einfluss auf die Handlungsorientierungen aller ihrer Mitglieder. Umgekehrt führt eine Inhaftierung nicht dazu, dass das Selbst von Insassen sich grundlegend verändert, wie Goffman (1961/1973: 149) dies nahe legt. Menschen im Gefängnis schreiben ihre Biographien nicht um, sie verarbeiten die Erfahrung einer Inhaftierung vielmehr im Licht biographischer Konflikterfahrungen und Handlungsmuster (vgl. Bereswill 2008).

Im Folgenden werden beide Aspekte vertieft, indem zunächst skizziert wird, was Prisonisierung für Adoleszente bedeutet (1). Anschließend wird anhand von konkreten Ergebnissen aus eigenen Studien auf die Wechselbeziehung von Inhaftierung, biographischen Konflikterfahrungen und Übergangskonflikten eingegangen (2). Im Ausblick wird die Frage nach dem Auftrag und der Realität des Jugendstrafvollzugs erneut aufgegriffen und resümiert (3).

1 Adoleszenz- und Autonomiekonflikte in der autoritären Institution

Über alle Unterschiede hinweg betonen soziologische Studien zum Gefängnis zentrale Charakteristika dieser sozialen Organisation: Das Gefängnis ist durch rigide Umgangsformen gekennzeichnet, verbunden mit andauernden Autoritätskonflikten und dauerhaften Machtkämpfen zwischen seinen Mitgliedern. Aus soziologischer Perspektive spiegeln die unvermeidlichen Machtkonflikte zwischen Gefangenen sowie zwischen Gefangenen und Personal die Effekte, die die Struktur der geschlossenen Institution auf das Handeln ihrer Mitglieder hat. Hierzu zählt auch die Herausbildung einer Inhaftiertensubkultur, die ebenfalls als ein Effekt der hermetischen Struktur von Gefängnissen gesehen wird (vgl. McCorkle/Korn 1954, Sykes 1958/1994, Cressey 1961, Goffman 1961, 1961/1973, Sparks et al. 1996, Matthews 1999).

Besonders hervorzuheben sind hierbei die klassischen Arbeiten der US-amerikanischen Soziologen Gresham M. Sykes und Erving Goffman, die das Gefängnis aus strukturfunktionalistischer (Sykes) und interaktionstheoretischer (Goffman) Perspektive untersucht haben. Jenseits aller Kritik an theoretischen Ansätzen wie der von Sykes, die einen zu starken Handlungsdeterminismus nahe legen (vgl. Bereswill 2004b), lenken solche klassischen Studien den forschenden Blick auf die wechselseitigen Interaktionseffekte zwischen der Gestalt einer sozialen Organisation, genauer: den in ihr institutionalisierten Mechanismen sozialer Kontrolle einerseits und dem Handeln von Individuen andererseits. Sykes war der Erste, der diese Dynamik aus der Perspektive von Gefangenen nachgezeichnet hat. Sein Bild von den „Schmerzen des Freiheitsentzugs" bringt auf den Punkt, wie krisenhaft und bedrohlich die Erfahrung von Gefangenschaft durch Inhaftierte erlebt wird. Dieses Bild wird in der Forschung zum Strafvollzug immer wieder aufgegriffen, um auf die psychosozialen Kosten der geschlossenen Unterbringung aufmerksam zu machen (vgl. Windzio 2006, Liebling/Maruna 2005, Bereswill 2001, Johnson/Toch 1982). Zu fragen ist: Was geschieht mit Menschen, die gegen ihren Willen unter einem Dach zusammen leben und arbeiten und sich dabei einer einzigen Autorität unterordnen müssen? Wie verarbeiten sie Erfahrungen von Angst, Einsamkeit, Trauma, Depression, Wut, Ungerechtigkeit, Ohnmacht und Gewalt? Es handelt sich um grundlegende Fragen zur existenziellen Erfahrung von Gefangenschaft, deren Brisanz mit Blick auf Jugendliche und Heranwachsende im geschlossenen Vollzug auf der Hand liegt.

Die Schmerzen des Freiheitsentzugs erschüttern den Einzelnen tief in seinem Gefühl zu sich selbst und zu anderen. Laut Sykes (1958/1994: 63ff.) resultieren diese Erschütterungen aus dem Verlust der Freiheit, dem Entzug von Gütern, dem Verlust heterosexueller Beziehungen, dem Verlust von Autonomie und der Beraubung des alltäglichen Sicherheitsgefühls. Gesellschaftlicher Ausschluss, materielle wie kulturelle Verarmung und geschlechtsgebundene Autonomiekrisen führen demnach zu heftigen Abwehrreaktionen des Subjekts, verbunden mit der Herausbildung einer hoch dynamischen gewaltförmigen Inhaftiertensubkultur, in der der Einzelne um seine Sicherheit und um seinen Gesichtsverlust „als Mann" fürchten muss (vgl. Bereswill 2004b, Bereswill/Neuber in diesem Band; zur Geschlechterperspektive, auch auf Weiblichkeit bezogen vgl. Bereswill 2007 und 2004b). Inhaftierte müssen ihre Position in einer gewaltbetonten Rangordnung bestimmen und gleichzeitig mit den Zumutungen der autoritären Kontrolle, aber auch den fürsorglichen Beziehungsangeboten durch Bedienstete zurechtkommen (vgl. Koesling 2008). Es handelt sich um eine hoch dynamische Interaktion, in der dauerhaft um Autonomie, Abhängigkeit und Anerkennung gekämpft wird (vgl. Bereswill 2001, Neuber 2009).

Die skizzierte Dynamik spitzt sich für Jugendliche und Heranwachsende weiter zu, indem sie ihre Adoleszenzkonflikte unter den Bedingungen der hermetischen, autoritär strukturierten Institution erleben. Wird Adoleszenz als psychosozialer Knotenpunkt individueller und gesellschaftlicher Entwicklungsanforderungen begriffen, interveniert eine Inhaftierung in die innere wie äußere Anforderung, mehr Handlungsautonomie zu entwickeln. Die Interaktionsbezüge zwischen Heranwachsenden und den Personen ihres sozialen Umfelds verändern sich, verbunden mit Ablösungsprozessen, neuen Bindungen und Bildungsprozessen, in deren Verlauf alte Erfahrungen virulent und neue Erfahrungen in diese integriert werden müssen. Der Prozess einer neuen Strukturierung vergangener Erfahrungen umfasst keine fest umrissene Alters- oder Entwicklungsspanne. Es handelt sich vielmehr um einen „psychosozialen Möglichkeitsraum" (King 2002, 32ff.) mit fließenden Übergängen und ungleichzeitigen Dynamiken. Zugleich forciert die moderne Gesellschaft Prozesse der sozialen Platzanweisung, wie sie sich beispielsweise im Übergang zwischen Schule und Beruf oder auch durch Interventionen der Hilfe und Kontrolle abzeichnen. Die konkreten Chancenstrukturen von Jugendlichen einerseits und ihre Phantasien und Wünsche andererseits treffen aufeinander, was gerade hafterfahrenen, zumeist stark bildungsbenachteiligten Heranwachsenden bittere Kompromisse und einen langfristigen Umgang mit Enttäuschungen, Zurückweisungen und Versagungen abverlangt (vgl. Bereswill et al. 2007).

Werden solche grundsätzlichen Überlegungen zur komplexen Entwicklungssituation der Adoleszenz und die Erfahrung des Freiheitsentzugs systematisch aufeinander bezogen, sind junge Inhaftierte gefordert, ihre generellen Autonomie- und Autoritätskonflikte und die restriktiven Bedingungen des geschlossenen Vollzugs auszubalancieren, ohne dass ihre eigenen Konflikte ihnen vollständig zugänglich und die damit verbundenen Affekte ihnen gänzlich bewusst sind. Im Rahmen der geschlossenen Institution verstärken die generelle und notwendige Zerreißprobe adoleszenter Konflikte und die institutionellen Zwänge, denen Gefangene sich unterwerfen sollen, sich gegenseitig.

Im Kontext der bereits erwähnten Chancenstrukturen kommt hinzu, dass die beschriebene Entwicklungsdynamik für die meisten Jugendlichen und Heranwachsenden mit biographischen Erfahrungen von vorangegangener Institutionalisierung, Sanktionierung, sozialem Ausschluss und schmerzhaften Brüchen im Kontext familialer Bindungskonstellationen steht. Dies zeigt sich auch in den bereits erwähnten umfangreichen Studien des KFN. Von 2.037 befragten männlichen Jugendlichen und Heranwachsenden, die zum ersten Mal eine Strafhaft verbüßen, haben 45,5% der jungen Männer mindestens einen Heimaufenthalt erlebt, innerhalb dieser Gruppe waren 45% in mehr als einer Einrichtung der Kinder- und Jugendhilfe untergebracht. 51,9% haben ihre Schulbildung vorzeitig abgebrochen und 44,2% vor der Inhaftierung keine berufliche Bildung aufgenommen (vgl. Enzmann/Greve 2001, Hosser/Greve 2002, Bereswill et al. 2008). Solche Befunde zum Jugendstrafvollzug sind nicht neu und bestätigen, dass wir es im Zusammenhang mit der Verhängung und Verbüßung einer Strafhaft (immer noch) mit einem hoch selektiven Prozess der Überschneidung von Hilfe und sozialer Kontrolle zu tun haben (vgl. Kersten/von Wolffersdorff-Ehlert 1980, Kerner et al. 1996).

Vor diesem Hintergrund reagieren junge Inhaftierte höchst ambivalent auf die Erfahrung des Freiheitsentzugs, auch das zeigen die Befunde der KFN-Studien: So lehnen sie die autoritäre, autonomieeinschränkende Maßnahme einerseits ab und leiden unter der Krise, die diese Erfahrung auslöst (vgl. Bereswill 2001, 257ff.). Gleichzeitig artikulieren sie hohe Erwartungen an die Integrationspotenziale des Jugendstrafvollzugs, was die Möglichkeiten von Bildung und Ausbildung anbetrifft (vgl. Enzmann 2002: 269, Bereswill et al. 2008: 12ff., vgl. schon bei Hofmann 1967: 162ff.). Dieses Schwanken zwischen Abwehr und Identifikation spiegelt zum einen die bereits diskutierten Konflikte, die mit den Schmerzen des Freiheitsentzugs einhergehen, zum anderen verweisen die ambivalenten Reaktionen auf die generellen Anpassungskonflikte von Adoleszenten, vor allem aber auf die Integrationskonflikte einer sozial besonders verwundbaren Gruppe von „Männern-im-Werden" (Bereswill 1999), die das Gefängnis als eine Entwicklungseinschränkung und ein Entwicklungsversprechen zugleich erleben. Dieser Widerspruch wird im folgenden Abschnitt weiter ausgeleuchtet, indem zentrale Ergebnisse der qualitativen Längsschnittstudien des KFN zusammengefasst werden.

2 Zum Verhältnis von biographischer Diskontinuität und rigider Struktur

Ein qualitativer Längsschnitt bietet die außerordentliche Möglichkeit, die Erfahrungen junger Inhaftierter zu rekonstruieren, ihre Entwicklungen auch nach einer Haft weiter zu verfolgen und ihre Deutungs- und Handlungsmuster zudem im Kontext ihrer lebensgeschichtlichen Konflikterfahrungen vor und nach einer Inhaftierung zu verstehen. Die geschlossene Unterbringung im Gefängnis wird dabei im Kontext institutioneller Übergangsdynamiken erfasst. Relevante Untersuchungsfragen lauten: Wie greifen Inhaftierte die Erfahrung von Geschlossenheit auf? In welche lebensgeschichtlichen Prozesse intervenieren die Maßnahmen des Jugendstrafvollzugs? Wie gestalten Menschen ihr Leben nach einem solchen institutionellen Eingriff, und an welche biographischen Erfahrungen knüpfen sie dabei an?

Fokussiert wird die langfristige Wirkung eines Freiheitsentzugs auf das weitere Leben junger Männer. Hierfür wurden Interviews mit 43 Inhaftierten in Ost- und Westdeutschland zur Haft und ihren Lebensgeschichten erhoben. In 30 Fällen konnte die Forschungsbeziehung auch nach der Entlassung fortgesetzt und einmal jährlich ein Interview durchgeführt werden (in 15 Fällen gelang dies über neun Jahre hinweg). Die Stärke dieses Forschungszugangs liegt darin, dass fallübergreifende Strukturmerkmale des Gefängnisses und fallspezifische Aspekte heraus gearbeitet und aufeinander bezogen werden können. Der gesellschaftliche Anspruch der Resozialisierung wird so aus der Perspektive seiner Adressaten ausgeleuchtet, soziale Integration als komplexe und konflikthafte Verschränkung von intrasubjektiven Verarbeitungsmustern des Subjekts mit seinen intersubjektiven Bindungs- und Unterstützungserfahrungen sowie den institutionellen Übergängen, die es zu bewältigen gilt, untersucht (vgl. Bereswill 2008).

Die erste Studie mit dem Titel „Gefängnis und die Folgen" beleuchtet dabei die Auswirkungen einer ersten Strafhaft auf die weitere Entwicklung männlicher Jugendlicher und Heranwachsender. Sie wurde von 1997 bis 2004 von der VolkswagenStiftung gefördert (zu den Publikationen des gesamten Projekts und den Folgeprojekten vgl. die Angaben auf der Homepage des KFN: www.kfn.de). Die zweite Studie mit dem Titel „Labile Übergänge" wurde 2005-2007 von der Stiftung Deutsche Jugendmarke finanziert und widmet sich den Integrationskonflikten und Potenzialen junger Männer mit Hafterfahrungen anhand ihrer Integration in Ausbildung und Arbeit (vgl. Bereswill et al. 2008). Im Folgenden werden zwei Dimensionen des Freiheitsentzugs aus der Perspektive von Jugendlichen und Heranwachsenden zusammen gefasst: Autoritäts- und Autonomiekonflikte und die besondere Erfahrung der Struktur von Geschlossenheit. Diese Erfahrungskonstellationen des Freiheitsentzugs werden anschließend im Kontext des für Jugendliche und Heranwachsende im Jugendstrafvollzug sehr typischen Phämomens der biographischen Diskontinutität betrachtet.

Autoritäts- und Autonomiekonflikte

Die Interviewerzählungen über das Gefängnis verdeutlichen: Der institutionelle Eingriff in die eigene Handlungsökonomie ist schmerzhaft und bedrohlich und wird von fast allen Gefangenen als demütigend erlebt. Aus ihrer Sicht sind die Regeln des Strafvollzugs eine autoritäre Provokation. Sie fühlen sich ungerecht behandelt und sind empört über eine alltägliche Bevormundung, der sie nicht ausweichen können. Als Inhaftierte müssen sie sich einer Vielzahl von Regeln und Anweisungen unterwerfen, deren Sinn vor allem darin besteht, das Verhalten einer großen Gruppe von Menschen zu kontrollieren. Die aufreibende Auseinandersetzung mit dem Sinn oder Unsinn solcher Regeln zählt zum Alltag der geschlossenen Institution, das zeigt die folgende Passage aus einem Interview. Der achtzehnjährige Insasse einer ostdeutschen Jugendvollzugsanstalt ist sichtlich empört über eine für ihn neue Erfahrung der Reglementierung:

„Na ich sag mal, hier oben muss man sich von Beamten alles gefallen lassen. Das heißt, wenn die sagen ‚jetzt geht's nicht duschen' dann geht's halt nicht duschen, und das frisst man halt alles in sich rein, und wenn man am liebsten an die Decke springt, wenn man jetzt halt duschen will, bist schon halb ausgepellt und denn darf man nicht duschen, oder wenn man zur Arbeit will, zieht sich morgens an, und die sagen ‚heute geht's nicht zur Arbeit'."

Der Erzähler schildert seine Interaktion mit den Vollzugsbeamten als eine Art Einbahnstraße. Er muss sich unterwerfen und seinen Ärger über diese Demütigung schlucken. Verweist seine Beschreibung der eigenen Ohnmacht einerseits auf unverwechselbare lebensgeschichtliche Erfahrungen, repräsentiert seine Schilderung aber zugleich ein typisches Merkmal von Gefangenschaft: Wird die eigene Handlungsökonomie so weit eingeschränkt, dass selbst alltägliche Verrichtungen wie Duschen oder Wäsche waschen fremdbestimmt sind, verdichtet sich dies zu einer bedrohlichen Erfahrung von Ohnmacht und Abhängigkeit. Zugleich verdeutlicht die Textstelle, dass diese Erfahrung Wut auslöst, deren Ausagieren auch nicht zur Veränderung der Regeln führen würde: „Man muss sich alles gefallen lassen" – so bringt der Inhaftierte auf den Punkt, was den Verlust von Autonomie im Gefängnis kennzeichnet. Es ist die Erfahrung, sich der Logik einer undurchschaubaren Bürokratie zu unterwerfen, deren Regeln für Inhaftierte nicht nur undurchsichtig, sondern auch unsinnig sind.

Hinzu kommt die bereits erwähnte Hierarchie in der Subkultur der Gefangenen und die damit verbundene Angst, sich nicht behaupten zu können, zum Opfer zu werden und den Verlust der männlichen Ehre zu riskieren, die im Gefängnis eine überdeterminierte Bedeutung erfährt (vgl.

Bereswill 2001). Die Zugehörigkeit zur Gruppe der Insassen sichert aber auch ein Moment des Widerstands gegen die autoritäre Institution und dient der Abwehr von Autonomiekrisen.

Gleichzeitig zeigen die Interviews, dass die Gefängnisbilder der Untersuchungsteilnehmer nicht ungebrochen negativ sind – dies ändert sich auch nach einer Entlassung nicht. Zwar betonen sie die schmerzhaften Einschränkungen, mit denen sie sich arrangieren müssen. Trotzdem schildern sie auch Lernprozesse, verbunden mit mehr Handlungsmöglichkeiten und mit der Hoffnung auf gesellschaftliche Integration. Für viele Inhaftierte ist das Gefängnis ein zwiespältiger Ort, was im folgenden Resümee eines Entlassenen deutlich wird. Ein halbes Jahr nach seiner Entlassung sagt er: „Das Gefängnis ist ein Loch, aber es war das Beste, was mir passieren konnte".

In der geschlossenen Institution wird Zwang ausgeübt – nicht zuletzt auch zwischen Gefangenen. Darauf spielt der Erzähler an. Gleichzeitig öffnen sich Perspektiven, die ein besseres Leben versprechen: aus dem Drogenkonsum aussteigen, Schule oder Ausbildung abschließen und die Möglichkeit, das eigene Leben zu verändern. Solche Motive kommen in den Interviews während der Inhaftierung immer wieder zur Sprache, auch nach Rückfällen. Wie bereits erwähnt, ist die Hoffnung auf Bildung als Schritt in Richtung einer Erwerbstätigkeit nach der Entlassung dabei von heraus gehobener Bedeutung (vgl. Bereswill et al. 2008).

Die Inhaftierung als Strukturgeber und die Erfahrung des Strukturbruchs

Solche Hoffnungen werden besonders von jungen Männern geäußert, die vor ihrer Aufnahme in den Jugendstrafvollzug in prekären Verhältnissen, unsicheren Bindungen und unter dem Einfluss sozialstaatlicher Institutionen gelebt haben. Im Kontext solcher Lebensläufe wird das Gefängnis als „letzte Chance" gesehen, als Beginn eines „zweiten Lebens" oder als Möglichkeit, „das eigene Leben in die Hand zu nehmen" (so lauten typische Aussagen aus verschiedenen Interviews).

Hier zeigt sich ein entscheidender Effekt von Prisonisierung: Die rigiden Strukturvorgaben der Institution geben Orientierung und Halt und wecken Wünsche nach mehr eigener Struktur. Gerade weil die Heranwachsenden „an die Hand genommen" werden, entwickeln sie das Gefühl, ihr „Leben in die Hand nehmen" zu können. Autonomiestrebungen, Bindungswünsche und Abhängigkeitsängste von Adoleszenten geraten durch einen existenziellen Einschnitt, den Freiheitsentzug, in Bewegung. Diese komplexe Entwicklungsdynamik kann im Kontext der rigiden Struktur des Gefängnisses nicht umfassend wahrgenommen, vor allem aber nicht langfristig aufgefangen werden. So schlägt die Hoffnung auf eine „letzte Chance" oder ein „zweites Leben" nach einer Entlassung in Enttäuschung um. Der erlebte Zugewinn an Handlungsfähigkeit bleibt auf den geschlossenen Rahmen beschränkt, denn die Erfahrung von mehr Handlungsfähigkeit unter sozialer Kontrolle lässt sich nicht unmittelbar auf offene Situationen übertragen. Ohne die strenge Hand der kontrollierenden, aber auch versorgenden Institution fällt es schwer, das Leben in die eigenen Hände zu nehmen. Das folgende Zitat illustriert dies: „Ich fand's drinne besser ... Weil ich hatte weniger zu tun ich mußte nich andauernd zum Arbeitsamt ich bin arbeiten gegangen hab mein Geld gekriegt ... irgendwie war's drinne leichter".

Die Aussage stammt von dem gleichen jungen Mann, dessen Wut auf die Willkür der Institution weiter oben zitiert wurde. In seinem Fall schlägt die im Gefängnis umkämpfte und ersehnte Autonomie nach der Entlassung in Abhängigkeit um. Er kehrt in seine gewohnten Zusammenhänge zurück, delegiert alles, was er zu regeln hat, an die Frauen in seinem Umfeld, ist bald wieder in Gewaltkonflikte mit anderen Männern verwickelt und wird schließlich erneut inhaftiert. Im Rahmen der langjährigen Forschungsbeziehung trifft die Forscherin ihn einmal außerhalb des Gefängnisses an – aus diesem Interview stammt die zitierte Sequenz. Alle anderen Gespräche finden im Gefängnis statt, wo der junge Mann sich bis zum Jahr 2007 mehr und mehr mit den Bedingungen der „begrenzten Autonomie" (Bereswill 2006) arrangiert.

Die Entlassung aus dem Gefängnis ist eine Schwelle, deren Überquerung sehr anstrengend ist und nicht selten scheitert. Der individuell zu bewältigende Übergangs- und Anpassungskonflikt spitzt sich durch die soziale Marginalisierung der meisten jungen Männer weiter zu: Wie sollen sie das gesellschaftlich immer noch dominante Ideal des Erwerbsarbeiters, das ihnen auch während der Haft nahe gelegt wird, erreichen? Auf welche alternativen Männlichkeitsideale können sie sich beziehen? Wie lassen sich Wünsche nach mehr Selbstständigkeit modifizieren, statt sie einfach nur aufzugeben? Unsicherheiten nach einer Entlassung müssen jetzt in einem offenen Rahmen bewältigt werden. Diese existenzielle Erfahrung bringt ein junger Mann im ersten Interview nach seiner Entlassung auf den Punkt: „Wo die Tür zugegangen is' dann is 'n großer LKW gekommen und der hat die ganzen Probleme gleich wieder so runtergeschüttelt ... von seinem Hänger".

Bemerkenswert ist, dass die Tür nicht vor ihm auf-, sondern hinter ihm zugeht – eine Perspektive, in der sich die Erfahrung von Geschlossenheit verdichtet: Der Weg zurück in die Freiheit ist mit dem Verlust der äußeren und inneren Struktur verbunden, der Übergang wird als eine Krise erlebt. (ausführlich dazu: vgl. Bereswill 2004a).

In vielen Fällen wird diese Erfahrung des Strukturbruchs nicht aufgefangen. Der Übergang zwischen den verschiedenen Erfahrungsräumen von Geschlossenheit und Offenheit führt zu einer Überforderung. Hinzu kommt, dass während der Haft entstandene Bindungen an andere Inhaftierte wie auch an Bedienstete nicht gelöst, aber auch nicht weiter verfolgt werden können – auch hier dominiert der Modus des radikalen Bruchs, ein Muster, das die Biographien junger Inhaftierter generell kennzeichnet.

Die Bedeutung biographischer Diskontinuität

Eine Strafhaft interveniert zumeist in hoch diskontinuierliche Lebensläufe. Das bedeutet, die Strategien und Maßnahmen des Jugendstrafvollzugs treffen auf biographische Handlungsmuster, die durch Abhängigkeit, Bindungslosigkeit und eine hohe Eingriffsintensität von Institutionen geprägt sind. Es sind Erfahrungen mit wechselnden Bezugspersonen, wechselnden Institutionen sowie mit instabilen Beziehungs- und Erziehungsmodalitäten. Sie spiegeln sich in Handlungsorientierungen, die zwischen dem Streben nach vollkommener Unabhängigkeit und passiver Abhängigkeit von vorgegebenen Strukturen pendeln.

In solche biographischen Muster greift die geschlossene Institution ein und verspricht – trotz ihrer gewaltförmigen Gestalt – auch Struktur, Beständigkeit und Bindung. Dies weckt Hoffnungen, die selten in Erfüllung gehen. Die Möglichkeit, an den eigenen Wünschen nach Autonomie und Bindung zu scheitern, ist den meisten Inhaftierten bekannt, auch wenn die Erfahrung von radikaler Geschlossenheit für viele der Heranwachsenden neu sein mag. Zugleich zeichnen sich kontrastreiche biographische Verarbeitungsmuster eines Freiheitsentzugs ab, die im Überblick über die gesamte Untersuchungsgruppe sehr unterschiedlich verteilt sind. Wenige Inhaftierte erleben den Freiheitsentzug als einen inneren Wendepunkt. Sie sprechen über ihre persönliche Veränderung, auch in Beziehung zu signifikanten Bezugspersonen, vor allem außerhalb der Institution. Entscheidend ist dabei, dass es sich um Beziehungskontinuitäten handelt, die Beziehungsqualitäten sich aber verändern, nicht zuletzt durch die gemeinsame

Auseinandersetzung mit der durch die Inhaftierung des Inhaftierten ausgelösten Situation. Der Umgang mit Kontinuität und Wandel in der eigenen Lebenswelt und den persönlichen Beziehungen ist hierbei in intersubjektive Aushandlungsprozesse eingebunden, die auch die gemeinsame Bewältigung von Konflikten umfassen.

Im scharfen Kontrast zu diesem reflexiven und bindungsorientierten Muster einer Autonomie in Beziehung zeigt sich ein Verarbeitungsmuster als dominant, bei dem der Freiheitsentzug als Kontinuität der biographischen Diskontinuität erlebt wird: Für viele Untersuchungsteilnehmer ist der Gefängnisaufenthalt die Fortsetzung institutioneller Wechsel und biographischer Brüche, mit dem Unterschied, dass sie erstmalig nicht weiter gereicht werden. Die Erfahrung, in einer rigiden Struktur fest gehalten zu werden, führt zu einem Selbsterleben, das mit einem Zuwachs an Handlungsfähigkeit einher geht – dies zeigt sich an zahlreichen Aussagen über das Gefängnis als „letzte" oder „einzige" Möglichkeit, abstinent zu werden oder die Schule abzuschließen. Aus solchen manifesten Aussagen auf die resozialisierende Wirkung von geschlossenen Institutionen und die Autonomiepotenziale von Heranwachsenden zu schließen führt allerdings in die Irre: Gerade im Kontext hoch diskontinuierlicher Biographien kann eine rigide äußere Struktur die intersubjektive Herausbildung einer eigenen, verinnerlichten Struktur nicht ersetzen. Ganz im Gegenteil: Im geschlossenen Raum werden Abhängigkeitsmuster verdeckt gehalten und gleichzeitig verstärkt, die mit dem Schritt nach draußen erneut virulent werden – eine Erfahrung, die ein junger Mann auf den Punkt bringt, wenn er sagt: „Im Knast bin ich ein anderer Mensch wie draußen". Mit dieser Selbstdeutung erklärt er sich und anderen das Gefühl des radikalen Bruchs nach der Entlassung und sein Scheitern am Alltag draußen, als er bereits wieder inhaftiert ist. Dazu passt auch seine Einschätzung, dass es besser gewesen wäre, ihn zur Abschreckung früher einzusperren, dann hätte er mehr Entwicklungsmöglichkeiten gehabt – eine Forderung nach mehr Härte und weniger pädagogischer Einfühlung, die auf den gesellschaftlichen Diskurs über mehr Härte im Umgang mit Kriminalität verweist. Der verborgene Gegensinn dieses rückblickenden Wunsches nach mehr Härte erschließt sich erst, wenn dieser im Kontext einer auch durch Institutionen gestifteten biographischen Diskontinuität verstanden wird. Vor diesem Hintergrund wird die rigide Struktur des Gefängnisses zu einer haltenden Erfahrung, die als ein existenzieller Einschnitt in die eigene Biographie erlebt und zugleich zum Ausgangspunkt des nächsten Scheiterns wird.

3 Erziehung unter Restriktion – Entwicklung unter Kontrolle?

In seiner eingangs zitierten, 1967 veröffentlichten Studie kommt Theodor Hofmann schließlich zu dem Schluss, dass der „Jugendstrafvollzug in seiner jetzigen Form ... seiner Aufgabe, junge Menschen für die Freiheit zu erziehen, noch nicht gerecht [wird, M.B.]" (1967: 191). Für den Pädagogen Hofmann ist die Frage, ob das Jugendgefängnis diese Aufgabe zukünftig wird erfüllen können, eine Frage von weiteren Reformen, also nur eine Frage der Zeit. Gresham Sykes (1958/1994: 130ff.), für den Gefängnisse durchaus verschieden organisiert sind, sich in ihren grundsätzlichen Strukturen aber gleichen, resümiert hingegen seine soziologische Studie zu einem Hochsicherheitsgefängnis für Männer in den USA mit einem Nachwort an die Reformer und betont, dass keine Reform in der Lage sein wird, die autoritäre Struktur der geschlossenen Institution Gefängnis aufzuheben. Damit bleiben auch die Schmerzen des Freiheitsentzugs und die mit ihnen verbundenen Autonomiekrisen virulent und handlungsleitend für Inhaftierte. Diese Beobachtung rückt laut Liebling und Maruna (2005) die Frage nach den psychosozialen Folgen eines Freiheitsentzugs in den Mittelpunkt. Es handelt sich um einen Perspektivwechsel, der die alt bekannte Frage „what works" in Richtung „what hurts" erweitert.

So öffnet sich der Blick auf die Folgen von Erziehung unter den Bedingungen der institutionellen Geschlossenheit. Die grundsätzliche Frage nach Erziehung wird damit weder hinfällig, noch wird es der Anspruch, soziales Lernen auch und gerade im Gefängnis zu ermöglichen (Walter 2006). Zugleich wird aber deutlich, dass die fortwährende Kontroverse zum Verhältnis von Strafe und Erziehung zu kurz greift, so lange sie sich auf die Kritik am Freiheitsentzug fixiert, ohne diese Maßnahme im Kontext biographischer Übergangskonflikte und institutioneller Übergangserfahrungen zu analysieren. So ist Hofmanns Resümee immer noch zeitgemäß: Das Gefängnis erzieht nicht für die Freiheit – und wird es wohl nie tun.

Damit ist aber nicht der Umkehrschluss verbunden, den Erziehungsgedanken aufzugeben. Was bleibt ist vielmehr der dauerhafte Umgang mit einer Paradoxie: Der gegenwärtige Jugendstrafvollzug ist am Horizont einer Erziehung zu messen, die Adoleszenten erlaubt, ihre geschlechtsgebundenen Konflikte im Umgang mit Autonomie, Abhängigkeit, Trennung und Bindung durchzuarbeiten. Zugleich wird dieser Anspruch vom autoritären Charakter des Anstaltslebens konterkariert. Eine geschlossene Unterbringung grenzt die Entwicklung junger Menschen ein und hält sie unter Kontrolle. Im Kontext einer biographischen Untersuchungsperspektive wird zugleich deutlich, dass das Gefängnis seine nachhaltige Wirkung erst im Kontext von vielschichtigen Bindungs-, Ablösungs- und Übergangskonflikten entfaltet. Im Fall von jungen Inhaftierten sind diese Konflikte im Kontext einer hohen sozialen Verwundbarkeit und biographischen Diskontinuität zu verstehen.

Literatur

Bereswill, Mechthild (2008): „Im Knast bin ich ein anderer Mensch als draußen". Die biographische Verarbeitung von Institutionenerfahrungen. In: Forum Supervision, S. 52-65.

Bereswill, Mechthild (2007): Abweichendes Verhalten und Geschlecht. Eine vielschichtige Beziehung. In: Kawamura-Reindl, Gabriele/Halbhuber-Gassner, Lydia/Wichmann, Cornelius (2007) (Hrsg.): Gender Mainstreaming – ein Konzept für die Straffälligenhilfe? Freiburg im Breisgau, S. 163-183.

Bereswill, Mechthild (2006): Begrenzte Autonomie. Die biographische Erfahrung von Geschlossenheit zwischen Bindung und Bindungslosigkeit. In: DVJJ (2006) (Hrsg.): Verantwortung für Jugend. Dokumentation des 26. Deutschen Jugendgerichtstags vom 25.-28. September 2004 in Leipzig. Godesberg, S. 240-261.

Bereswill, Mechthild (2004a): Inside – out: resocialisation from prison as a biographical process. A longitudinal approach to the psychodynamics of imprisonment. In: Journal of Social Work Practice. Psychotherapeutic approaches in health, welfare and the community, 18. Jg., Heft 3, S. 315-336.

Bereswill, Mechthild (2004b): „The Society of Captives" – Formierungen von Männlichkeit im Gefängnis. Aktuelle Bezüge zur Gefängnisforschung von Gresham M. Sykes. In: Kriminologisches Journal, 36. Jg., Heft 2, S. 92-108.

Bereswill, Mechthild (2001): „Die Schmerzen des Freiheitsentzugs" – Gefängniserfahrungen und Überlebensstrategien männlicher Jugendlicher und Heranwachsender. In: Bereswill, Mechthild/Greve, Werner (2001) (Hrsg.): Forschungsthema Strafvollzug. Interdisziplinäre Beiträge zur kriminologischen Forschung. Baden Baden, S. 253-285.

Bereswill, Mechthild (1999): Gefängnis und Jugendbiographie. Qualitative Zugänge zu Jugend, Männlichkeitsentwürfen und Delinquenz. Kriminologisches Forschungsinstitut Niedersachsen, Forschungsbericht Nr. 78, (JuSt-Bericht Nr. 4), Hannover.

Bereswill, Mechthild; Koesling, Almut; Neuber, Anke (2008): Umwege in Arbeit. Die Bedeutung von Tätigkeit in den Biographien junger Männer mit Hafterfahrungen. Interdisziplinäre Beiträge zur kriminologischen Forschung, Band 34. Baden Baden.
Bereswill, Mechthild; Koesling, Almut; Neuber, Anke (2007): Brüchige Erfolge – biographische Diskontinuität, Inhaftierung und Integration. In: Goerdeler, Jochen; Walkenhorst, Philipp (Hrsg.): Jugendstrafvollzug. Grundlagen, Konzepte, Handlungsfelder 2. DVJJ Schriftenreihe, Band 40, Godesberg, S. 294-312.
Bereswill, Mechthild; Höynck, Theresia (2002) (Hrsg.): Jugendstrafvollzug in Deutschland – Grundlagen, Konzepte, Handlungsfelder. Beiträge aus Forschung und Praxis. Schriftenreihe der DVJJ, Band 33. Bad Godesberg.
Bereswill, Mechthild; Greve, Werner (2001) (Hrsg.): Forschungsthema Strafvollzug. Interdisziplinäre Beiträge zur kriminologischen Forschung, Band 21. Baden Baden.
Bukow, Wolf-Dietrich; Jünschke, Klaus; Spindler, Susanne; Tekin, Ugur (2003): Ausgegrenzt, eingesperrt und abgeschoben. Migration und Jugendkriminalität. Opladen.
Cornel, Heinz (2002): Wie die Erziehung ins Gefängnis kam. Über die fragwürdige Verbindung von Strafe und Erziehung. In: Cornel, Heinz (Hrsg.): Neue Kriminalpolitik und Soziale Arbeit. Baden-Baden, S. 225-233.
Cressey, Donald R. (1961) (Hrsg.): The Prison. Studies in Institutional Organization and Change. New York.
Enzmann, Dirk (2002): Alltag im Gefängnis: Belastungen, Befürchtungen und Erwartungen aus der Sicht jugendlicher und heranwachsender Inhaftierter. In: Bereswill, Mechthild; Höynck, Theresia (Hrsg.) (2002): Jugendstrafvollzug in Deutschland – Grundlagen, Konzepte, Handlungsfelder. Beiträge aus Forschung und Praxis. Schriftenreihe der DVJJ, Band 33. Bad Godesberg, S. 263-284.
Enzmann, Dirk; Greve, Werner (2001). Strafhaft für Jugendliche. Soziale und individuelle Bedingungen von Delinquenz und Sanktionierung. In: Bereswill, Mechthild; Greve, Werner (Hrsg.) (2001): Forschungsthema Strafvollzug. Interdisziplinäre Beiträge zur kriminologischen Forschung, Band 21. Baden Baden, S. 109-145.
Goerdeler, Jochen; Walkenhorst, Philipp (Hrsg.): Jugendstrafvollzug. Grundlagen, Konzepte, Handlungsfelder 2. DVJJ Schriftenreihe, Band 40, Godesberg.
Goffman, Erving (1961/1973): Asyle. Frankfurt am Main.
Goffman, Erving (1961): On the Characteristics of Total Institutions: The Inmate World/On the Characteristics of Total Institutions: Staff-Inmate Relations. In: Cressey, Donald R. (1961) (Hrsg.): The Prison. Studies in Institutional Organization and Change. New York, S. 15-106.
Goldson, Barry; Muncie, John (2007) (Hrsg.): Youth Crime and Justice. Critical Issues. Los Angeles, London, New Dehli, Signapore.
Greve, Werner; Hosser, Daniela; Pfeiffer, Christian (1997): Gefängnis und die Folgen. Identitätsentwicklung und kriminelles Verhalten während und nach Verbüßung einer Jugendstrafe., Kriminologisches Forschungsinstitut Niedersachsen, Forschungsbericht Nr. 64, (JuSt-Bericht Nr. 1), Hannover.
Hofmann, Theodor (1967): Jugend im Gefängnis. Pädagogische Untersuchungen über den Strafvollzug an Jugendlichen. München.
Hosser, Daniela, Greve, Werner (2002): Entwicklung junger Männer in Strafhaft zwischen Anpassung und Widerstand. In: DVJJ-Journal 4/2002, S. 429-434.
Jansen, Irma (2006): „Der Frauenknast" - Entmystifizierung einer Organisation. In: Zander, Margherita/Hartwig, Luise/Jansen, Irma (2006) (Hrsg.): Geschlecht Nebensache? Zur Aktualität einer Gender-Perspektive in der Sozialen Arbeit. Wiesbaden, S.271-290.
Johnson, Robert/Toch, Hans (2001). Crime and Punishment. Inside Views. Los Angeles.
Kersten, Joachim/von Wolffersdorf-Ehlert, Christian (1980): Jugendstrafe. Innenansichten aus dem Knast, Frankfurt am Main.
Kerner, Hans-Jürgen; Dolde, Günther; Mey, Hans-Günther (Hrsg.) (1996): Jugendstrafvollzug und Bewährung. Analysen zum Vollzugsverlauf und zur Rückfallentwicklung. Bonn.
King, Vera (2002): Die Entstehung des Neuen in der Adoleszenz. Individuation, Generativität und Geschlecht in modernisierten Gesellschaften. Opladen.
Koesling, Almut (2008): Erziehungs- und Beziehungserfahrungen jugendlicher und heranwachsender Inhaftierter. Eine qualitative Längsschnittstudie. Promotion an der Philosophischen Fakultät der Leibniz Universität Hannover.
Liebling, Alison/Maruna, Shadd (2005) (Hrsg.): The Effects of Imprisonment. Cullompton and Devon.
Matthews, Roger (1999): Doing Time. An Introduction to the Sociology of Prison. Houndsmill und New York.
McCorkle, Lloyd/Korn Richard (1954): Resocialization within Walls. In: The Annals, CCXCIII, S. 88-98.
Meyer, Anja (2001): Qualitative Forschung in der Kriminologie. Die Hallenser Biographiestudie zu Jugendgewalt. Frankfurt am Main.
Muncie, John; Goldson, Barry (2006) (Hrsg.): Comparative Youth Justice. Los Angeles, London, New Dehli, Signapore.

Müller, Siegfried (1992): Erziehen – Helfen – Strafen. Zur Klärung des Erziehungsbegriffs im Jugendstrafrecht aus pädagogischer Sicht. In: Peters, Helge (Hrsg.): Muß Strafe sein?Zur Analyse und Kritik strafrechtlicher Praxis. Opladen, S. 217-231.

Neuber, Anke (2009): Die Demonstration kein Opfer zu sein. Biographische Fallstudien zu Gewalt und Männlichkeitskonflikten. Interdisziplinäre Beiträge zur kriminologischen Forschung, Band 35. Baden Baden.

Schwirzer, Stephan (2008): Jugendstrafvollzug für das 21. Jahrhundert? Der Entwurf eines Gesetzes zur Regelung des Jugendstrafvollzuges (GJVollz) Stand: 7. Juni 2006, Frankfurt am Main.

Sparks, Richard/Bottoms, Anthony/Hay, Will/ (1996): Prisons and the Problem of Order. Oxford.

Sykes, Gresham M. (1958/1974): The Society of Captives. A Study of a Maximum Security Prison. Princeton und New Jersey.

Toch, Hans (2005): Reinventing Prisons. In: Liebling, Alison/Maruna, Shadd (2005) (Hrsg.): The Effects of Imprisonment. Cullompton und Devon, S. 465-473.

Walter, Joachim (2006): Bedingungen bestmöglicher Förderung im Jugendstrafvollzug. (Teil1), ZJJ 3/2006. S. 236-244. Joachim.

Windzio, Michael (2006): Is there a deterrent effect of pains of imprisonment? The impact of "social costs" of first incarceration on the hazard rate of recidivism. In: Punishment & Society, 8. Jg., S. 341-364.

Michael Lindenberg[1]

Geschlossene Unterbringung in der Kinder- und Jugendhilfe. Darstellung, Kritik, politischer Zusammenhang

1 Gesetzlicher und empirischer Rahmen der Geschlossenen Unterbringung

In den vergangenen Jahren zeigt sich eine verstärkte Bereitschaft, Kinder und Jugendliche geschlossen unterzubringen. Der folgende Beitrag thematisiert diese Tendenz, indem er in einem ersten Schritt das Phänomen beschreibt, in einem zweiten die Begründungen dafür benennt und in einem dritten Schritt eine Deutung für diese Entwicklung anbietet.

Was ist Geschlossene Unterbringung?

Mit Geschlossener Unterbringung ist gemeint, dass im Rahmen der Kinder- und Jugendhilfe (KJHG) zumeist strafunmündigen Kindern und Jugendlichen auf der Grundlage pädagogischer Argumente die Freiheit entzogen wird. „Eine Geschlossene Unterbringung ist dadurch gekennzeichnet, dass besondere Eingrenzungs- und Abschließvorrichtungen oder andere Sicherungsmaßnahmen vorhanden sind, um ein Entweichen, also ein unerlaubtes Verlassen des abgeschlossenen oder gesicherten Bereiches zu erschweren oder zu verhindern und die Anwesenheit des Jugendlichen für die notwendige pädagogisch-therapeutische Arbeit mit ihm sicherzustellen" (zit. nach Wolffersdorff/Sprau-Kuhlen 1990: 22).

Es handelt sich damit um eine freiheitsentziehende Maßnahme innerhalb der Jugendhilfe, die Wiesner wie folgt definiert: „Freiheitsentziehung ist jeder Eingriff gegen den Willen des Betroffenen in dessen persönliche Freiheit von einer Dauer und Stärke, dass das Maß altersgemäßer Freiheitsbeschränkungen überschritten wird. Freiheitsentziehende Maßnahmen liegen vor, wenn das Kind oder der Jugendliche auf einem bestimmten Raum festgehalten, sein Aufenthalt ständig überwacht und die Aufnahme von Kontakten mit Personen außerhalb des Raumes durch Sicherungsmaßnahmen verhindert wird" (Wiesner 1998: zit.n. Enquete-Kommission 2000: 210).

---

1   Es handelt sich um die erweiterte Fassung meines Beitrags „Geschlossene Unterbringung und die Politik des aktivierenden Staates. Zur nacheilenden fachlichen Begründung einer vorauseilenden politischen Entwicklung." In: Dahme, Heinz-Jürgen; Wohlfahrt, Norbert (Hg.). Aktivierende Soziale Arbeit. Theorie – Handlungsfelder – Praxis. Baltmannsweiler: Schneider-Verlag: 123-133.

Rechtliche Grundlagen der Geschlossenen Unterbringung[2]

Kinder und Jugendliche sind Inhaber von Grundrechten, wie durch die UN-Kinderrechtskonvention sowie das Kinder- und Jugendhilfegesetz (KJHG) deutlich gemacht wird. Bei Anordnung freiheitsentziehender Maßnahmen wie der Geschlossenen Unterbringung sind diese Rechte zu berücksichtigen. Daher bedarf es stets einer verfassungsrechtlichen Legitimation.

Freiheitsentzug stellt nach dem Grundgesetz (GG) eine Einschränkung des Grundrechts auf persönliche Freiheit (Art. 2 GG) sowie eine Einschränkung des Grundrechts auf Freizügigkeit (Art. 11 GG) dar. Artikel 104 GG besagt, dass „die Freiheit der Person nur aufgrund eines förmlichen Gesetzes beschränkt" werden kann, und „über die Zulässigkeit und Fortdauer einer Freiheitsentziehung hat nur der Richter zu entscheiden."

Im KJHG gibt es keine eigenständige Rechtsnorm für die Geschlossene Heimunterbringung und den damit verbundenen Freiheitsentzug. Mit Abschaffung der Fürsorgeerziehung seit Einführung des KJHG bedarf es bei Freiheitsentzug in der Jugendhilfe immer eines familienrichterlichen Beschlusses gemäß § 1631b BGB. Das Familiengericht wird auf Antrag des Sorgeberechtigten, also durch Antrag der Eltern oder des Amtsvormunds tätig und beschließt bei Vorliegen der entsprechenden gesetzlichen Voraussetzungen eine freiheitsentziehende Unterbringung. Grundlage für die Geschlossene Unterbringung sind somit § 1631b BGB in Verbindung mit § 34 KJHG (Heimerziehung).

Die Genehmigung für eine Einweisung ist gem. § 1631b Satz 3 BGB davon abhängig, ob das „Wohl des Kindes" dies erfordert. Die Kommission des Elften Kinder- und Jugendberichtes kommt zu dem Schluss, dass „(...) allein akute Selbst- und Fremdgefährdung ausschlaggebende Gründe sei[e]n. Voraussetzung ist also, dass Gefahr für Leib und Leben der betroffenen Kinder und Jugendlichen oder dritter Personen vorliegt. Die Gefährdung anderer Rechtsgüter (Eigentum, öffentliche Ordnung etc.) reicht nicht als Einweisungsgrund aus." (Elfter Kinder- und Jugendbericht 2002: 240; vgl. auch Trauernicht 1991: 521)

Das „Wohl des Kindes" ist ein unbestimmter Rechtsbegriff und muss nach dem Verhältnismäßigkeitsgrundsatz konkretisiert werden. Es ist zu prüfen, ob die Maßnahme der Geschlossenen Unterbringung tatsächlich geeignet und erforderlich ist und nach dem Prinzip des geringst möglichen Eingriffs erfolgt, d.h. „(...) dass weniger einschneidende Maßnahmen unterhalb der Schwelle der Freiheitsentziehung Vorrang haben" (Wille 2002: 87, vgl. auch Trenczek 1994: 292). Nur dann ist die Anordnung von Geschlossener Unterbringung rechtmäßig[3]. Die Geschlossene Unterbringung ist dann zu beenden, wenn das Wohl des Kindes nicht mehr gefährdet ist. Nach Bernzen (2002: 7) ist „dieses (...) ein materielles Kriterium, welches pädagogisch, psychologisch und eventuell medizinisch ausfüllungsbedürftig ist (...)."

Da in einem einschlägigen Familiengerichtsverfahren in das Freiheitsrecht von Minderjährigen eingegriffen wird, sind darüber hinaus die grundrechtssichernden Verfahrensvorschriften des Familiengerichtsgesetzes (FGG) anzuwenden. Dabei ist die Bestellung eines Verfahrenspflegers als Beistand für den Minderjährigen gem. § 70b FGG besonders hervorzuheben, da dieser in einem Verfahren die Interessen des Kindes vertritt und deren Berücksichtigung einfordert. Außerdem ist es notwendig, ein Sachverständigengutachten einzuholen (§ 70e FGG) so-

---

2 Bei der Abfassung dieses Abschnitts habe ich mich an der hervorragenden Diplomarbeit von Meiners (2003) orientiert, bei der ich mich bedanke.

3 Die Verfassungsmäßigkeit des §1631b BGB wird von Schlink und Schattenfroh aufgrund des unbestimmten Rechtsbegriffs des „Kindeswohls" als Voraussetzung für einen Freiheitsentzug angezweifelt. Es wird die Auffassung vertreten, dass eindeutige Kriterien für die Zulässigkeit des Freiheitsentzugs bei Minderjährigen fehlen, wie dies in § 1906 BGB für Erwachsene der Fall ist. (Vgl. Schlink und Schattenfroh 2001: 73)

wie das Jugendamt (§ 49a Abs. 1 Nr.5 FGG), das Kind (§ 70c FGG) und eine Vertrauensperson (§ 70d FGG) anzuhören.

Zusammenfassend: Aufnahme finden in der Geschlossenen Unterbringung Kinder und Jugendliche im Rahmen von erzieherischen Hilfen nach §§ 27ff SGB VIII in Verbindung mit einer familienrichterlichen Anordnung nach §1631b BGB unter Berücksichtigung der Verfahrensvorschriften der §§ 49a Abs.1 Nr.5, 70ff FGG.

Umfang der Geschlossenen Unterbringung

Obwohl in Deutschland auch nach den Heimreformen in den 1980er Jahren geschlossen untergebracht worden ist, existieren keine regelmäßigen bundesweit übergreifenden Statistiken über diese Praxis. Dies wurde immer wieder beklagt (vgl. etwa Remschmidt 1994, 269; Arbeitsgemeinschaft 1995: 139).

Dem Elften Kinder- und Jugendbericht zu Folge waren in 2002 keine Einrichtungen bekannt, die ausschließlich freiheitsentziehende Maßnahmen vorhalten. (vgl. BMFSFJ 2002: 240) Dagegen hätten sich „fließende Übergänge zwischen ‚offenen', ‚halboffenen', ‚individuell-Geschlossenen' und Geschlossenen Formen der Betreuung herausgebildet." (ebd.) Laut Bundesumfrage des Landesjugendamtes Saarland haben im Jahre 2000 sechs Bundesländer Einrichtungen mit Geschlossener Unterbringung unterhalten. Dabei verteilten sich 146 Plätze auf acht Einrichtungen. Das waren gemäß dieser Umfrage seinerzeit 21 Plätze mehr als 1998 (125 Plätze). Diese Zahl deckte sich mit der angenommenen Zahl der Internationalen Gesellschaft für erzieherische Hilfen (IGfH). Eine interne und unveröffentlichte Zählung der Bürgerschaft der Freien und Hansestadt Hamburg aus dem Jahr 2005 hat in sieben Bundesländern 223 Plätze erhoben. Von den 223 Plätzen wurden 80 (36%) für Mädchen, 93 (42%) für Jungen und 50 (22%) für gemischt geschlechtliche Gruppen angeboten. Diese Angaben decken sich in etwa mit den Zahlen von Hoops und Permien (2006).

Gesichert ist das alles jedoch nicht. Noch nicht einmal in den jeweiligen Bundesländern selbst scheint ein Überblick darüber zu bestehen, wie viele ihrer Landeskinder und Jugendlichen geschlossen untergebracht sind. Dies hängt in erster Linie damit zusammen, dass die gesetzliche Grundlage zwar klar ist, jedoch innerhalb der Einrichtungen der Jugendhilfe unterschiedliche Bezeichnungen für diese Maßnahme kursieren. Erfasst werden zwar die Hilfen nach § 34 KJHG (Heimerziehung), nicht jedoch gesondert die Untergruppe der Geschlossenen Unterbringung.

Etwas Licht in dieses Dunkel brachte 2006 eine verdienstvolle Studie von Hoops und Permien. Die Untersuchung versuchte nach der bis dahin immer noch als aktuell zitierten Untersuchung von Wolffersdorff, Sprau-Kuhlen und Kersten (1990) erneut, eine empirische Sicht auf die Geschlossene Unterbringung zu gewinnen. Keine Innensicht, allerdings, wie die Verfasserinnen ausdrücklich schreiben: „Da die Studie nur am Rande den Alltag der Einrichtungen in den Blick nehmen konnte, lassen die Projektergebnisse keine Rückschlüsse darauf zu, ob und inwieweit in der Alltagsbewältigung oder durch spezielle heiminterne Regelungen (z.B. Öffnen der Post, Mithören bestimmter Telefongespräche, Einsatz von Wachdienstpersonal) Verletzungen der Rechte untergebrachter Jugendlicher stattfinden." (Hoops/Permien 2006: 16) Um ihre empirische Sicht zu gewinnen, haben die beiden Verfasserinnen in mehr als zwei Jahren folgende fünf Arbeitspakete in Angriff genommen: Erstens haben sie mit 40 Fachkräften in Jugendämtern gesprochen und dort 38 Aktenanalysen durchgeführt. Zweitens haben sie in Heimen mit 15 Leitungskräften geredet und 125 Akten aus den von ihnen besuchten 9 Heimen ausgewertet. Drittens haben sie mit 35 untergebrachten Jugendlichen leitfadengestützte Interviews geführt. Viertens haben Interviews mit leitenden Ärzten in 16 jugendpsychiatrischen Kliniken stattgefunden, und fünftens wurden von den Verfasserinnen die Praxis der Verfahrenspflege und die der einweisenden Familiengerichte untersucht. Die Autorinnen haben herausgearbeitet:

1. Am Ausmaß der Geschlossenen Unterbringung hat sich in den vergangenen zehn Jahren wenig geändert. Die Verfasserinnen haben 14 Heime entdeckt, in denen eine Unterbringung nach § 1631b BGB praktiziert wird. Dabei verteilen sich 196 Plätze auf 104 Mädchen und 92 Jungen (Stand: Juni 2006).
2. Die Kinder werden in der Regel sehr jung aufgenommen – Mädchen im Schnitt als 14-jährige, Jungen bereits als 13-jährige. Das ist auffällig bei einer Maßnahme, die als letzte Möglichkeit gilt.
3. Die Länder mit eigenen Plätzen für Geschlossene Unterbringung sind mit „sehr viel höheren Prozentanteilen mit Belegungen vertreten als Länder ohne diese Möglichkeit." (ebd.: 50) Die These von der Sogwirkung ist damit nicht von der Hand zu weisen, so schreiben die Verfasserinnen – sie ist jedenfalls mit dem Material dieser Studie bestätigt, füge ich hinzu.
4. Die Unterbringungen nach § 1631b BGB in Einrichtungen der Kinder- und Jugendpsychiatrie überschreiten die Unterbringungen in Einrichtungen der Jugendhilfe bei weitem: 2002 waren 2.340 Kinder und Jugendliche in der Psychiatrie untergebracht, also ca. zehnmal so viel wie in Einrichtungen der erzieherischen Jugendhilfe.
5. Nur für knapp 40% der Jugendlichen ist eine Verfahrenspflegschaft zu Beginn der Geschlossenen Unterbringung bestellt, nur für 50% lag ein Gutachten vor, nur 43% waren vor Beginn der Maßnahme angehört worden, 2/3 der Jugendlichen waren zunächst auf der Basis von einstweiligen Anordnungen untergebracht (ebd.: 123). Insbesondere die Verfahrenspflegschaft scheint nicht optimal in das Verfahren eingebunden zu sein. Weder scheint dies ein Instrument zu sein, auf das die Familiengerichte gerne zurückgreifen, noch neigen die Einrichtungen zu positiven Wertungen, noch wissen die Jugendlichen oder die Personensorgeberechtigten, mit wem sie es da zu tun haben, und auch unter den Verfahrenspflegern selbst scheint nicht immer Klarheit darüber zu herrschen, wie sie ihre Rolle auszugestalten haben.
6. Geschlossene Unterbringung ist aus Sicht der beteiligten Institutionen auch ein Organisationsproblem. Ein Beispiel mag das verdeutlichen: Ein Jugendamt hat sich entschieden, diese Maßnahme vorzuschlagen. Nun gilt es, verschiedene Akteure zusammenzubringen: Zuerst muss geklärt werden, wo ein Platz zur Verfügung steht. Dann will diese Einrichtung in der Regel ein Aufnahmegespräch, möchte also mitentscheiden. Fährt der Mitarbeiter des Jugendamtes mit dem Jugendlichen und dessen Eltern dann zur Vorstellung dahin? Schließlich geht es darum, dass er in dieser Einrichtung für einen bestimmten Zeitraum seine Freiheit verliert. Und was ist, wenn die Einrichtung in einem anderen Bundesland liegt? Lohnt der weite Weg? Außerdem schreibt der Gesetzgeber ein jugendpsychiatrisches Gutachten vor. Gibt es das schon? Wenn nein, ist es sinnvoll, das Familiengericht bereits mit der Sache zu befassen? Wie lange kann gewartet werden, wie lange steht der Platz zur Verfügung? Sind übrigens die Personensorgeberechtigten mit dem Heim einverstanden? Welche Rolle spielt der Verfahrenspfleger/die Verfahrenspflegerin, soweit überhaupt eine Bestellung ins Auge gefasst wird?
7. Vermutlich nicht zuletzt aus diesen Gründen mussten die Verfasserinnen eine häufig rechtsfehlerhafte Praxis der Geschlossenen Unterbringung feststellen. So lag nur in 30% vor Unterbringung eine Verfahrenspflegschaft vor, und es gab Fälle, in denen ein Verzicht – anders

als vom Gesetzgeber vorgeschrieben – nicht begründet wurde. Persönliche Anhörungen der Jugendlichen vor dem Familiengericht vor der Unterbringung fanden überhaupt nur in 43% der untersuchten Fälle statt, zu 40% wurden sie auf einen Zeitpunkt während der Unterbringung verlegt, gelegentlich wurde zu überhaupt keinem Zeitpunkt angehört. Auch das vom Gesetzgeber vorgeschriebene jugendpsychiatrische Gutachten lag vor Beginn nur in 50% der Fälle vor, wurde während der Maßnahme erstellt (33%), kam überhaupt nicht an Land (12%) bzw. war unklar (5%). Dies stimmt bedenklich, so die Verfasserinnen, weil das Gutachten doch wenigstens deshalb angefertigt werden muss, „um auszuschließen, dass es sich um eine primär psychiatrische Erkrankung handelt." (ebd., 72) Insgesamt waren von den 109 untersuchten Hauptsacheverfahren der Familiengerichte nur 74 rechtlich fehlerlos.

8. Die Untersuchung zeigt erneut: Von Geschlossener Unterbringung spricht eigentlich niemand. Auch die Verfasserinnen nicht. Sie benutzen den Begriff „FM" („Freiheitsentziehende Maßnahmen"), die sie in einem „Kontinuum von Maßnahmen" verorten (ebd., 28), an dessen Ende (oder Beginn, je nachdem), dann doch eine Einschließung steht. Die Zahl der Wortschöpfungen ist beeindruckend: „offen mit Freiheitsbeschränkung", „geographisch geschlossen", „zu bestimmten Tageszeiten geschlossen", „fakultativ geschlossen" (nämlich für bestimmte Jugendliche zu bestimmten Zeiten), „teilgeschlossen", „stationäre intensivtherapeutische Betreuung", „pädagogisch betreute Intensivgruppen", „individuelle", „situative" oder „fakultative Teilgeschlossenheit", „engmaschige", „schützende und beschützende Hilfe", „verbindliche Betreuung" – das sind immerhin 13 aus der Studie herausgelesene Bezeichnungen.

9. Diese Bezeichnungen kommen allerdings bei den Jugendlichen, Hoops und Permien zu Folge, nicht an. „Anstelle von ‚therapeutischen Milieu', von ‚individueller Teilgeschlossenheit', von ‚engmaschiger Betreuung' und von ‚Time-Out' oder ‚Chill-Out-Räumen' zu sprechen, ist bei den Jugendlichen überwiegend die Rede von ‚Zwang', von ‚Knast', von ‚Wegschließen' und von ‚Iso-Zellen'. Die unmissverständlich eher negativ konnotierten Begriffe werden auf Nachfrage von den Jugendlichen auch entsprechend negativ konkretisiert." (ebd.: 107). Dies ist eine interessante Aussage. Denn während sich etwa in einer Jugendpsychiatrie oder in einem Jugendgefängnis alle – Insassen und die Mitglieder des Stabes – darauf geeinigt haben, wo sie sich befinden, scheint die Wahrnehmung von Insassen und Stab in Geschlossenen Einrichtungen der Jugendhilfe durchaus unterschiedlich zu sein.

Kritik an der Heimunterbringung und der Geschlossenen Unterbringung

Mit Inkrafttreten des Kinder- und Jugendhilfegesetzes (KJHG) zum 1.1.1991 war der Weg frei, den Rechtsanspruch auf eine erzieherische Hilfe für die Personensorgeberechtigten unter fachlichen Gesichtspunkten so weiterzuentwickeln, dass die einzelnen Hilfeformen, wie sie in §§ 28-35 des Kinder- und Jugendhilfegesetzes (KJHG) formuliert und entwickelt sind, gleichrangig nebeneinander bedarfsgerecht vorgehalten werden konnten. Damit war die bisherige Vormachtstellung der Heimerziehung gebrochen. Zudem ist den Betroffenen ein Wunsch- und Wahlrecht sowie ein Mitwirkungs- und Gestaltungsrecht bei der Bewilligung und Durchführung der Hilfe zu ermöglichen. Dies entsprach auf der normativen und gesetzessystematischen Ebene dem neuen Verständnis in der Jugendhilfe, die von einer fürsorgerischen, bevormundenden und eingreifenden Haltung abrückte und den Rechtsanspruch und die Teilhabemöglichkeiten in den Vordergrund stellte. Dabei konnte auf Anfang der 1980er Jahre getroffene Richtungsentscheidungen aufgebaut werden, in Hamburg etwa: „Alternativen zur Heimerziehung" (Bürgerschaft 1982) und einer unter diesem Stichwort entsprechenden „Weiterentwicklung der Hilfen zur Erziehung" (Bürgerschaft 1990) sowie „Weiterentwicklung der Hilfen zur Erziehung außerhalb der eigenen Familie" (Bürgerschaft 1992). Hier wurde das Ziel formuliert, dass „Hilfen außerhalb der eigenen Familie auf das notwendige Ausmaß beschränkt bleiben und zugleich für insbesondere sozial benachteiligte Kinder, Familien und junge Menschen Sozialisationsbedingungen und Teilhabemöglichkeiten an gesellschaftlichen Entwicklungen verbessert werden können".

Bei diesem Ausbau ambulanter Hilfen konnte aufgrund vorliegender empirischer Untersuchungen (vgl. etwa Jordan/Trauernicht 1989) davon ausgegangen werden, dass sich die Lebenslagen von Kindern und Jugendlichen, die sich in einer stationären Hilfe befinden, nicht grundsätzlich von denjenigen unterscheiden, die ambulante Erziehungshilfen in Anspruch nehmen. „Nicht grundsätzlich" bedeutet, dass die Gründe, die zur Bewilligung einer Hilfe zur Erziehung geführt haben, in vielen Fällen nicht ursächlich auf in der Person der Kinder und Jugendlichen oder in deren Eltern liegenden Verhaltensauffälligkeiten oder so genannte „erzieherische Mängel" zurückzuführen sind, sondern dass häufig objektiv vorhandene sozioökonomische Gründe wie beengte Wohnverhältnisse, Armut, Krankheit oder Arbeitslosigkeit der Eltern eine herausragende Rolle spielen. Und es sind in erster Linie diese objektiven Beeinträchtigungen der Lebenslagen und nicht persönliche Unzulänglichkeiten, die für die Entstehung eines Bedarfs an einer erzieherischen Hilfe ursächlich sind. Dass es daher sinnvoll ist, mit den Hilfen am Entstehungsort des Problems im Wege ambulanter Erziehungshilfen anzusetzen und die Heimerziehung auf ein geringes Maß zu beschränken, war die zwingende Schlussfolgerung aus dieser Erkenntnis. Das ursprüngliche Ziel der Reduzierung von Heimunterbringungen zielte darauf, die Erziehungshilfen deutlicher und konsequenter auf die Herkunftsfamilie zurückzubeziehen und diese selbst stärker als in der Vergangenheit auch in den Jugendhilfeprozess zu integrieren. Auf der Ebene der Angebots- und Bedarfsplanung konnte dies nur heißen, ambulante Hilfen als familienstärkende und familienstützende Hilfen zu qualifizieren und neben den stationären Angeboten vorrangig zu behandeln.

Diese Entwicklung weg von der Heimerziehung hin zu familienstärkenden und familienstützenden Hilfen zwischen den 1960er und 1990er Jahren und der erneute Anstieg stationärer Hilfen kann in vier Phasen eingeteilt werden (vgl. Lindenberg/Wagner 1997).

Phase I: Bis Mitte der sechziger Jahre bestand im Zusammenhang mit dem Bevölkerungswachstum bei Kindern und Jugendlichen ein kontinuierlich ansteigender Bedarf an Heimplätzen. Es handelte sich daher um Zuwächse der Heimerziehung aus vorwiegend demographischen Gründen. Fachlich wurde die Heimerziehung noch nicht bestritten.

Phase II: Ab Mitte der sechziger Jahre begann die Heimplatznachfrage aus demographischen Ursachen gleichmäßig zu sinken. Es handelte sich daher um Verminderung der Heimplätze aus überwiegend demographischen Gründen, sie wurde weiterhin fachlich nicht auf den Prüfstand gestellt (vgl. Peters/Wohlert 1993: 105).

Phase III: Das änderte sich Ende der 1970er Jahre. Mit der beginnenden Heimreform kam es zu einer Verminderung der Heimerziehung aus grundsätzlich fachlichen Gründen. Dieser Belegungsrückgang hielt auch in den achtziger Jahren weiterhin an. Diese Reduzierung wurde in der Zeit der Heimreform mit der Zielsetzung der milieunahen Unterbringung fachlich begründet und dann im KJHG umgesetzt.

Phase IV: Ab Mitte der 1990er Jahre war ein erneuter Anstieg der Heimerziehung aus einzelfallbezogenen fachlichen Gründen zu beobachten. Wurden in Phase III die rückläufigen Heimunterbringungen grundsätzlich fachlich herbeigeführt und durch die demographische Entwicklung lediglich unterstützt, so hat sich die Situation in den 1990er Jahren umgekehrt. Dabei herrschten nun erneut einzelfallbezogene fachliche Begründungen vor. Vor allem das bisherige Argument der milieunahen Erziehung wurde kritisch betrachtet und die Herausnahme aus dem schädigenden Alltagsmilieu und eine Zuführung in ein pädagogisch-therapeutisch-klinisches Erziehungsmilieu vermehrt bevorzugt.

Kunstreich (2001) hat diese Entwicklung von Phase I bis Phase III mit fünf Begriffen charakterisiert: erstens Dezentralisierung, zweitens Entformalisierung, drittens Entspezialisierung, viertens Individualisierung, fünftens Lebensweltorientierung. Diese fünf Begriffe hat er in folgenden historischen Ablauf gestellt: Spannungen, Konflikte und Widersprüche in der Heimerziehung entladen sich Ende der siebziger Jahre, und die Geschlossene Unterbringung wird abgeschafft. Dies machte den Weg frei von den zentralen Anstalten zu Wohnungen im Stadtteil für die Jugendlichen und führte zur Dezentralisierung. Damit einher ging die Entwicklung weg von Regularien ohne Ansehen der Person, wie in Anstalten üblich, zu Regeln mit Ansehen der Person: Entformalisierung. Fachlich bedeutete dies eine Entwicklung vom Spezialistentum zum Experten für den Alltag: Entspezialisierung. Die Kinder und Jugendlichen waren nun nicht mehr klassifizierte Symptomträger, sondern als einzigartige Menschen anerkannt: Individualisierung. Das war der Abschied von einem klinischen Selbstverständnis: Die Profession machte sich auf den Weg zu den Lebenswelten ihrer Adressaten: Lebensweltorientierung. Dies nun änderte sich, wie geschildert, in Phase IV. Der erneute Anstieg der Herausnahmen aus dem Alltagsmilieu und der Aufstieg der Geschlossenen Unterbringung dürften parallel verlaufen sein.

2 Befürwortende Haltungen zur Geschlossenen Unterbringung in der Jugendhilfe

Diese von Kunstreich dargestellte Entwicklung der milieunahen, lebensweltorientierten Hilfe erreichte ihren Höhepunkt etwa Mitte der 1990er Jahre. Seither hat diese Position zwar weiterhin Bestand, daneben sind jedoch wieder klinische Konzepte mit therapeutischem Zuschnitt auf der Jugendhilfebühne erschienen. In diesem Verschiebungszusammenhang wird auch die Geschlossene Unterbringung vermehrt diskutiert und befürwortet. Ich unterscheide dabei zwei befürwortende Positionen innerhalb der Jugendhilfe: skeptische, aber pragmatische Befürworter sowie Befürworter, die diese klinischen Konzepte mehr oder weniger bruchlos in das Kontinuum der Jugendhilfe einordnen.

Haltung 1: Pragmatismus skeptischer Befürworter

Ein Beispiel für diese Haltung ist die zitierte Studie von Hoops und Permien (2006). Die Verfasserinnen sind der Ansicht, dass „es ohne eine mit zeitweiligen Freiheitsentzug verbundene Hilfe für manche der Jugendlichen, deren Akten wir analysierten oder mit denen wir sprechen konnten, kaum alternative Erfolgshoffnung geben dürfte" (ebd.: 120). Klar ist für die Verfasserinnen, dass diese Hoffnungsperspektive ohne Garantie und daher mit ungewissem Ausgang einen hohen Preis hat, nämlich die Außerkraftsetzung des Willens der Jugendlichen, also genau jenem, was sonst als „Basis für den Erfolg einer Hilfe gilt: Ihre Mitwirkungsbereitschaft und ihre Partizipation an der Entscheidung über Art, Ort und Dauer der Hilfe" (ebd.: 120). Diese Mitwirkungsbereitschaft darf nach Ansicht der Autorinnen dann außer Kraft gesetzt werden, wenn die Hilfe „so gut wie möglich eingeleitet, begleitet und reflektiert" wird (ebd.: 120). Hier ist die Botschaft klar: „Es klappt noch nicht alles besonders gut. Aber das ist nur eine Frage der Zeit. Lasst uns diesen Weg der Geschlossenen Unterbringung weiter einschlagen und sie verbessern."

Haltung 2: Einbettung der Geschlossenen Unterbringung in den Katalog der Jugendhilfe

Für diese Position liefert Wiesner (2003) eine ausgesprochen substanzielle Begründung, auf die ich daher hier ausführlich eingehe. Er beginnt mit der ersten Aussage, dass es sich bei der Geschlossenen Unterbringung nicht um Strafe, Sühne oder Abschreckung handle. Auch habe die Jugendhilfe, dies seine zweite Aussage, nicht die Aufgabe, für Strafunmündige einen Knast bereitzustellen (ebd.: 109). Sondern es handle sich um eine Leistung des Kinder- und Jugendhilferechts. Mit dieser ersten Aussage wird die Geschlossene Unterbringung in einem ersten Schritt von Strafformen abgegrenzt und damit als eine Maßnahme der Jugendhilfe behauptet. Mit der zweiten Aussage wird von ihm dann auf die latente Einkapselung der Geschlossenen Unterbringung in die erzieherische Jugendhilfe hingewiesen. Mit dieser Aussage spricht er die in der erzieherischen Jugendhilfe bekannte Praxis an, dass man sich auf der Vorderbühne zwar einerseits für Lebensweltnähe ausspricht, andererseits auf der Hinterbühne jedoch schwierige Kinder und Jugendliche in andere Bundesländer verschiebt oder in psychiatrische Einrichtungen einweist. Durch diese Verschiebung werden diese Kinder und Jugendlichen dann nicht etwa nur lebensweltfern in offenen Heimen nach § 34 KHG, sondern in Einzelfällen auch geschlossen untergebracht. Diese zweite Aussage wird mit einer nachfolgenden dritten Aussage gekoppelt. Danach kann „in wenigen, sehr seltenen Konstellationen (...) zeitweilige pädagogische Betreuung in einer Geschlossenen Gruppe eine dem jeweiligen Fall angemessene Form der Intervention" sein, wie Wiesner (2003: 110) den 11. Kinder- und Jugendbericht (2002: 240) zustimmend zitiert. Auf dieser Grundlage wird dann eine moralische Aussage gegen eine die Geschlossene Unterbringung ablehnende Jugendhilfe eingeführt, weil diese Position, so diese vierte Aussage, mit einer „kategorischen Ablehnung (...) zur Ausgrenzung von Kindern und Jugendlichen und ihrer gesellschaftlichen Desintegration" beitrage (Wiesner 2003: 111). Mit diesen vier Aussagen wird die Geschlossene Unterbringung in Einzelfällen als Teil der Jugendhilfe reklamiert und ihre Kritik als unaufrichtig (da die Praxis der Geschlossenen Unterbringung niemals unterbrochen wurde) und für die Kinder und Jugendlichen als schädlich (weil ausschließend und desintegrierend) dargestellt.

Um den ohne Zweifel gegenüber den Kindern und Jugendlichen strafenden Charakter der Geschlossenen Unterbringung in den erzieherischen und helfenden Kontext der Jugendhilfe verankern zu können, wird mit einer fünften Aussage der fraglos anzuerkennende freiheitsentziehende Charakter der Geschlossenen Unterbringung als ein in bestimmten Situationen geeignetes Mittel gewürdigt, „um eine Beziehungsebene zu schaffen" (Wiesner 2003: 113). Da jedoch anerkannt werden muss, dass Bestrafung und erzieherische Bemühungen in einem schwierigen Verhältnis stehen und sich durchaus gegenseitig ein Bein stellen können – „Interesse und die Motivation (für den Hilfeerfolg, d.V.) lassen sich zwar nicht erzwingen, aber wecken", formuliert Wiesner einschränkend (ebd.) – wird mit einer sechsten Aussage verdeutlicht, dass die Freiheitsentziehung lediglich eine Bedingung für die Gewährung einer Hilfe zur

Erziehung bereitstellt. In einem siebten Schritt wird dann diese soeben als Bedingung der Hilfe dargestellte Freiheitsentziehung als der lediglich erste Teil eines umfassenden Hilfekonzepts charakterisiert, „dessen Hauptphase in offener Form verläuft, das freilich Rückschläge und damit erneute Freiheitsentziehung nicht von vornherein generell ausschließt." (ebd.)

Mit den ersten vier Aussagen liefert Wiesner eine Kritik an der Kritik der Geschlossenen Unterbringung. Mit den nachfolgenden drei Aussagen wird die Geschlossene Unterbringung auf die Vorderbühne der erzieherischen Jugendhilfe gestellt. Dies kann auch relativ mühelos gelingen, weil in der Jugendhilfe auf Geschlossene Unterbringung niemals ganz verzichtet worden ist. Es hat sich dabei in den vergangenen zwanzig Jahren jedoch eher um eine randseitige, verschämte, fast „schmutzige" Praxis gehandelt, an der allerdings selbst liberale Bundesländer teilgenommen haben. So hat etwa Hamburg auch nach der Abschaffung der Geschlossenen Unterbringung und trotz der fachlichen Orientierung auf eine lebensweltnahe Unterbringung einen stetigen Anstieg der auswärtigen Unterbringungen zu verzeichnen gehabt, und zwar von 1990 noch lediglich ca. sieben von 100 Hilfen nach 34 KHG bis 1997 auf fast 27 von 100 verfügten Hilfen (vgl. Lindenberg/Wagner 1997: 15). Dieser Trend ist bis heute ungebrochen. Dazu kann vermutet werden, „dass in den hilfebewilligenden Dienststellen zum Teil die Einschätzung herrscht, dass bestimmte Kinder und Jugendliche zur Problemschärfung wegen ausschließlich in der Person des Kindes oder des Jugendlichen liegenden Aspekten und unabhängig von einer sich grundsätzlich verschlechternden Lebenslage lebensweltfern untergebracht werden müssen" (ebd.: 19). Dieses Argumentationsmuster des Herauslösens der Kinder und Jugendlichen aus den sie schädigenden lebensweltnahen Zusammenhängen ist in der Jugendhilfe weit verbreitet und kann auch als ein grundlegender Einweisungsgrund in die Geschlossene Unterbringung gelten.

3 Politik und Geschlossene Unterbringung

Punitivität und Jugendhilfe

Wie hat es zu dieser Entwicklung in der Jugendhilfe hin zu einer wieder hoffähig gewordenen Einschließung kommen können? Ich bin der Ansicht, dass diese Entwicklung in dem politischen Zusammenhang einer wieder punitiver eingestellten Gesellschaft steht. Diese Aussage fußt zugleich auf der These von der helfenden und strafenden Seite des aktivierenden Staates (vgl. nur Dahme et al. 2003; Dahme/Wohlfahrt 2003; Lindenberg 2002 a; Lindenberg 2002 b; Lindenberg/Schmidt-Semisch 2003; Ziegler 2002). Die Geschlossene Unterbringung verkörpert den Übergang von der helfenden zur strafenden Seite, sie bildet das Scharnier.

Dabei sehe ich bei der Wiedereinführung der Geschlossenen Unterbringung einen Mechanismus am Werk, der in der Jugendhilfe zunehmend wieder akzeptiert wird. Mit dem Wort „Mechanismus" will ich deutlich machen, dass es sich bei dieser Wiedereinführung um einen für die Jugendhilfe zwangsläufigen Vorgang handelt. Auf diesen Vorgang kann sie selbst nur sehr begrenzt Einfluss nehmen, da die Wiedereinführung durch politische Kräfte veranlasst wird. Nachdem der Jugendhilfe die Debatte um die Geschlossene Unterbringung politisch aufgeherrscht wurde, finden sich an diesem zeitlich frühen Punkt in der Diskussion in den jeweiligen Ländern jedoch sehr schnell Protagonisten aus der Jugendhilfe selbst, die die passenden Argumente zur Wiedereinführung beisteuern. Diese Mischung aus initiierender politischer Willensbekundung und nachfolgender argumentativer Unterstützung durch die für die Durchführung dieses Willens vorgesehenen oder sich aktiv in das Gespräch bringende Fachleute erweckt jetzt im Körper der Jugendhilfe eine Kraft zu einem neuen Leben, die dort schon immer eingekapselt gewesen ist. Dabei ist die argumentative Unterstützung aus der Jugendhilfe zur Durchsetzung der Geschlossenen Unterbringung sehr bedeutsam, weil sie die politisch vertretene Behauptung, wonach Teile der Jugend nunmehr weniger gefährdet seien, sondern vielmehr zunehmend gefährlich werden, mit ihrem Argument stützt. Dieses Argument aus der Jugendhilfe besagt, dass nunmehr auch ein fachliches Erkennen vorliegt, wonach in vielen Einzelfällen das Einsperren erforderlich ist. Durch diese Beteiligung der Experten kann die zunehmende Gefährlichkeit noch wirksamer auf die Tagesordnung der Öffentlichkeit gebracht werden (vgl. Lutz 2004).

Meine Aussage lautet daher, dass der Mechanismus der Wiedereinführung der Geschlossenen Unterbringung in die Jugendhilfe selbst eingelagert ist. So kann sie zur Wiedererweckung der Geschlossenen Unterbringung als ihren aktiven Beitrag zur Bekämpfung der „gefährlichen Jugend" beitragen. Denn die Politik kann die Jugendhilfe zwar veranlassen, wieder einzusperren; die Begründungen für diese Alltagspraxis kann ihr die Politik jedoch nicht liefern. Darum muss sie selbst tätig werden. Und das muss sie in einer doppelten Anstrengung: Einmal bedarf es der Begründung nach Außen. Hier geht es um die Darstellung der Effekte und der Zielorientierung dieser Maßnahme („Geschlossene Unterbringung ist nützlich"). Zum anderen bedarf es aber auch der Rechtfertigung nach Innen („Geschlossene Unterbringung ist fachlich vertretbar"). Hier geht es um die fachliche Begründung für den Prozess der Arbeit. Und in beide Richtungen ist sie in den vergangenen Jahren argumentativ vorgegangen.

Kritik der Befürwortung der Geschlossenen Unterbringung

Warum verlässt die Jugendhilfe einen seit 20 Jahren ausgetretenen Pfad, der dadurch gekennzeichnet war, dass die Geschlossene Unterbringung lediglich auf der Hinterbühne stattfand, während auf der Vorderbühne dem Prinzip der Lebensweltnähe gefolgt wurde? In erster Linie, weil sie vor einem Legitimationsproblem steht. Dieses Legitimationsproblem ist ihr nicht neu; Bäuerle hat es bereits 1977 in folgende Worte gefasst: „Befindet sich die demokratische Gesellschaft in einer Bewegung zu mehr Humanität, mehr Demokratie, mehr Freiheit für den Bürger, in Phasen sozialer Hoffnung und politischen Mutes, finden alle offenen, an Freiheit und Selbstbestimmung orientierten Hilfen für problematische Kinder Auftrieb (moralisch und finanziell). Befindet sich die demokratische Gesellschaft in Phasen der Depression, der politischen Unlust, der Ängstlichkeit und des Rufes nach Recht und Ordnung, wird alsbald auch nach mehr Geschlossenen Heimen für Kinder und Jugendliche gerufen, nach Einschränkung der Finanz'last' für soziale Hilfen und gleichzeitig nach einer entschlossenen Polizei, einer Justiz, die kurzen Prozess zu machen versteht, und nach sicheren Gefängnissen." (Bäuerle 1977: 248)

In dieser Situation befinden wir uns erneut, und sie hat sich schon seit geraumer Zeit angekündigt (vgl. Wolffersdorff 1994). Die Wiederkehr der Geschlossenen Unterbringung geht auf diesen Trend ein; es handelt sich um eine punitive Pädagogik als politische Praxis (vgl. Lindenberg/Meiners 2003). Damit ist gemeint, dass die Punitivität dieser Pädagogik, also einer Pädagogik, die auch mit Bestrafung und Zwang als Regelinstrument zu arbeiten gewillt ist, wie das in der Geschlossenen Unterbringung der Fall ist, trotz etwa der anhand von Wiesner (2003) geschilderten Bemühungen nicht aus der pädagogischen Praxis allein abgeleitet werden kann. Damit meine ich nicht, dass Erziehung ohne Zwang stattfinden kann. Ich will damit jedoch verdeutlichen, dass die Geschlossene Unterbringung eine Einrichtung zum Einsperren ist und damit den Zwang zum zentralen Mittel ihrer Einwirkung auf junge Menschen erhebt. Und Einsperrung wird regelmäßig nicht zur Helferin, sondern zur Herrin der Pädagogik, weil sich sowohl die Pädagogen als auch die Kinder und Jugendlichen der Struktur der Institution und dem Mittel der Einsperrung unterwerfen müssen. Dies hat Auswirkungen auf die erzieherische Interaktion und auf das Verhalten der beteiligten Akteure; es entsteht ein „Verhältnis von Eingeschlossenen zu Schließern" (Lerche 1995: 5). So orientiert das durch einen ausgeprägten Regelkatalog strukturierte Alltagshandeln die Pädagogen stark auf das Verhindern von Entweichungen und Aggressionen, auf das Funktionieren der Gruppe sowie auf die Einhaltung von Pflichten und Diensten, die zumeist auf ein stark reglementiertes Stufenmodell zurückgehen (vgl. Wolffersdorff/Sprau-Kuhlen 1990: 133). Und trotz einer guten personellen Ausstattung Geschlossener Einrichtungen müssen Mitarbeiter „infolge der Zusammenballung biographisch besonders schwer belasteter Jugendlicher in der Regel zu kurzfristigen Situationslösungen Zuflucht nehmen (...). Langfristige Perspektiven der Erziehungsplanung treten dadurch häufig in den Hintergrund oder finden ihren Platz in Regel- und Sanktionssystemen." (ebd.: 134)

Aus diesen Gründen kann die Ableitung von Wiesner erst verstanden werden, wenn seine pädagogisch gemeinten Aussagen vor dem Hintergrund der politischen Situation bedacht werden. Dann wird deutlich: die Heimreformen in Deutschland – also der Verweis der Geschlossenheit in der Jugendhilfe auf die Hinterbühne vor mehr als zwanzig Jahren – waren politische Entscheidungen. Diese politischen Entscheidungen führen zu daraus abgeleiteten pädagogischen Praxen, die wir heute etwa unter den Stichworten „Dezentralisierung", „Ambulantisierung" oder „Individualisierung" kennen. Und heute sind es erneut politische Entscheidungen, die auf die pädagogische Praxis einwirken: In der Jugendhilfe führt das zu einer Rückkehr der Heime, zur Wiedereinsetzung von therapeutischen Einrichtungen, verstärkt es den Trend von der Entspezialisierung zur Spezialisierung, und schließlich auch zur Geschlossenen Unterbringung. Damit ist die soziale Tatsache „Geschlossene Unterbringung" das Erzeugnis einer kollektiven Vorstellung. Das Kollektivbewusstsein über den erwarteten Umgang mit auffälligem Verhalten hat sich gewandelt und wandelt sich weiterhin: Der Trend geht in der Gesamtheit der Anschauungen von der Sorge zur Härte. Warum diese kollektive Vorstellung entsteht, habe ich mit dem Zitat von Bäuerle verdeutlicht.

Aktivierender Staat

Die Chiffren für die Rückkehr der Punitivität zur Bewältigung der Krise stellt die Politik des aktivierenden Staates bereit: „Der aktivierende Staat bedeutet eine neue Verantwortungsteilung zwischen Bürger und Staat. Eigeninitiative und Freiraum werden stärker gefördert. Natürlich bleibt der Staat weiter verpflichtet, für individuelle Freiheit und Sicherheit der Bürgerinnen und Bürger zu sorgen. Das gilt zum Beispiel für Innere Sicherheit, Rechtsschutz und die Finanzverwaltung. Aber in vielen anderen Bereichen müssen öffentliche Aufgaben nicht unbedingt direkt von staatlichen Organen wahrgenommen werden, zum Beispiel in Dienstleistungsbereichen wie Post, Kommunikation und Verkehr. Hier kann sich der Staat darauf beschränken, den Rahmen festzulegen. Bei Konflikten tritt er als Moderator auf, mit dem Ziel, mehr Freiraum für gesellschaftliches Engagement zu schaffen. So aktiviert der Staat gesellschaftliche Verantwortung." (www.staat-modern.de/programm)

Diese Aktivierung im „Freiraum gesellschaftlichen Engagements" stellt nicht nur die Sozialpolitik schrittweise in den Dienst arbeitsmarktpolitischer Zwecke. Auch die Jugendhilfe wird in diesen Sog hineingezogen, wie es in der bekannten Zweiteilung von „Fördern und Fordern" des aktivierenden Staates zum Ausdruck kommt: „Die Entwicklung und Durchsetzung von Zwangsmaßnahmen erscheint somit als ein methodisches Prinzip der Beeinflussung und Veränderung defizitärer Persönlichkeitsstrukturen" (Dahme/Wohlfahrt 2003: 19) gegenüber denjenigen, denen die Anpassung an die erwartete selbstgestaltete Lebensführung „im Freiraum gesellschaftlichen Engagements" nicht gelingt.

„Life-Coaching" als Auftrag Sozialer Arbeit im aktivierenden Staat

In Anlehnung an Glißmann (2000) beschreibe ich Soziale Arbeit, die diese Erwartung einer selbst gestalteten Lebensführung, eines Selbstmanagements der Individuen, unterstützen soll, als „Life-Coaching". „Life-Coaching" soll helfen, zum Unternehmer seiner selbst zu werden. Soziale Arbeit als Life-Coaching ist dann keine Hilfe zur Selbsthilfe mehr, sondern Anleitung zum selbstständigen Unternehmertum. Unter dem bisherigen sozialarbeiterischen Leitbild der Hilfe zur Selbsthilfe sollten Menschen dazu befähigt werden, Handlungs- und Entscheidungsspielräume innerhalb eines Systems von Anweisungen zu erkennen und diese Anweisungen dann zu befolgen. Soziale Arbeit im Kontext der Aktivierungspolitik soll dagegen ein selbstständiges Reagieren innerhalb gesetzter Rahmenbedingungen ermöglichen. Jeder soll selbst erkennen, was für ihn als Unternehmer seiner selbst richtig ist, und das als richtig Erkannte eigenständig umsetzen. Das Motto lautet dann: „Tut was ihr wollt, aber ihr müsst profitabel sein." (ebd.: 6) Life-Coaching als neue Zielformulierung für eine Soziale Arbeit im aktivierenden Staat ist damit Ausdruck einer Form von Herrschaft, die nicht mehr über Anweisung und Kontrolle erfolgt. Diese Herrschaft inszeniert die möglichst unmittelbare Konfrontation mit dem Marktdruck; der Marktdruck wird ungebrochen spürbar gemacht. Die Menschen sollen selbstständig auf die Veränderungen am Markt reagieren, sie sollen das unternehmerisch Richtige selbst herausfinden und dies dann auch zügig realisieren. Das ist „Aktivierung."

Und was ist mit jenen, bei denen das nicht funktioniert? Jenen, denen ein Selbstmanagement bereits unter den Bedingungen des Wohlfahrtsstaates unmöglich gewesen ist? Die Antwort: Wer sich ohne Anweisung und Kontrolle nicht selbst managen kann, wird desto strikter fremder Anweisung und Kontrolle unterworfen.

Um diesem doppelten Ansinnen – einerseits Life-Coaching als Anleitung zum Selbstmanagement, andererseits kontrollierendes Fremdmanagement – zu entsprechen, bedarf es auch in der Jugendhilfe einiger Umgruppierungen. Diese Umgruppierungen sollen erstens die Anleitung zum Selbstmanagement gewährleisten, zweitens die Organisation eines Fremdmanagements ermöglichen und drittens den Übergang dieser beiden unterschiedlichen Regulationspraktiken bewerkstelligen. An diesem Übergang kommt die Scharnierfunktion der Geschlossenen Unterbringung zum Tragen. Sie verbindet eine Jugendhilfe, deren Pädagogik auf interne Ermächtigung und Selbstregulation der Individuen angelegt ist (Selbstmanagement), mit einer neuen, sich entwickelnden Form des externen Risikomanagements von gefährlichen Kindern und Jugendlichen (Fremdmanagement). Während die zum Selbstmanagement anleitende Jugendhilfe die Kinder und Jugendlichen noch in der Komplexität ihrer lebensweltlichen Bezüge zu sehen bereit ist, ist das im externen Risikomanagement, im „Managerialismus", schon nicht mehr der Fall. Seinen Protagonisten geht es „um individuelle Ergebnisse, die sich am Output bemessen, der technisch ermittelt und vom Management kontrolliert wird, nicht aber um die Bewertung der sozialen und kollektiven Wirkungen (outcomes) von Sozialer Arbeit. Dem liegt die Annahme zu Grunde, dass alle Dienstleistungsnutzer und alle Situationen im Rahmen einer handhabbaren Anzahl von Kategorien klassifizierbar sind. Für jede Kategorie können dann Dienstleistungskriterien entwickelt werden, die zu spezifischen Outputs führen." (White 2000: 21) Wegen dieser Orientierung am messbaren Resultat kümmert sich der Managerialismus „wenig um die Komplexität der Lebenswelten der Nutzer oder um die Komplexität der Faktoren, die die Ursachen der Probleme sein könnten. Um die Probleme handhabbar zu machen, bleibt die Meßlatte die technische Effizienz der Sozialarbeiter" (ebd.).

Es geht also nicht um die Durchdringung der Komplexität der individuellen Lebensverhältnisse, die einem Selbstmanagement entgegenstehen und daher Ausgangspunkt eines Life-Coaching Sozialer Arbeit sind. Sondern es geht im Gegenteil um die Herstellung von Verlässlichkeit bei der Risikominimierung von als gefährlich eingeschätzten Kindern und Jugendlichen. Dies kann nur über eine Trivialisierung der pädagogischen Arbeit herbeigeführt werden. Trivialität ist Verlässlichkeit und Determination, und sie führt zu erwartbaren Ergebnissen, wie es anhand der trivialen Maschine des Autos deutlich wird: Wir drehen den Schlüssel (Input) und die Maschine beginnt zu laufen (Output). Eine bestimmte Handlung ruft eine bestimmte Reaktion erwartbar hervor. Managerialismus ist daher der Versuch, die Komplexität des sozialen Handelns durch seine Trivialisierung verlässlich zu stellen. Und Zwang ist dazu eines der ältesten und verlässlichsten Mittel. Und die Einsperrung ist eine der sehr gut erprobten Formen des Zwanges.

Jugendhilfe zwischen Life-Coaching und Risikomanagement

Um diese Dualität von Komplexität und Trivialität und deren gegenseitige Verbindung herzustellen, bedarf es einer Jugendhilfe, die sowohl die komplexe als auch die triviale Praxis kennt und mit beiden umzugehen weiß. In der Geschlossenen Unterbringung sodann werden diese beiden Praktiken miteinander verbunden. In der Sprache des aktivierenden Staates klingt die hier eingeführte Unterscheidung zwischen einer komplexen und einer trivialen Praxis jedoch anders. Hier wird die Unterscheidung zwischen einer komplexen, auf Hilfe im Sinne des Life-Coaching und daher die Lebenszusammenhänge berücksichtigenden Praxis einerseits sowie einer trivialen, auf Zwang zielenden und einer am Output orientierten Jugendhilfe über das Begriffspaar „Fördern und Fordern" eingeführt. Fördern und Fordern führt in der Praxis der Jugendhilfe zu einer Prüfung, welcher der beiden Modi angemessen ist. Dazu leitet die Jugendhilfe das „Fördern und Fordern" des aktivierenden Staates in eine dreigeteilte Unterscheidung ein: Erstens identifiziert sie jene würdigen Kinder und Jugendlichen, die es in jedem Fall und unumschränkt zu fördern gilt. Zweitens findet sie solche, deren Würdigkeitsprüfung noch nicht abgeschlossen ist bzw. deren Würdigkeit auf dem Prüfstand steht, die bis zum Abschluss diese Prüfung aber zu fördern sind. Drittens dann klassifiziert sie jene Kinder und Jugendlichen, deren Gruppe mit der Renaissance der Geschlossenen Unterbringung stetig zunimmt. Diese jungen Menschen stehen auf dem Übergang zwischen beiden Praxen. Einerseits sind sie noch pädagogisch zu fassende Subjekte, deren Life-Coaching angestrebt wird, andererseits aber schon dem Risikomanagement unterworfene Objekte, die nach Gefährlichkeitskriterien beurteilt werden. Entsprechend wird in der Geschlossenen Unterbringung durch einen hohen Personalschlüssel, durch Beschulung, durch therapeutische Angebote, durch angeleitete Freizeit, durch intensive Einzelgespräche und andere Hilfsmittel die Komplexität der Kinder und Jugendlichen anerkannt. Zugleich jedoch führt die Nutzung des Zwangs zu einer hohen Erwartbarkeit und damit Trivialisierung aller Interaktionen innerhalb der Organisation, weil sich sowohl Betreuer als auch Zöglinge dem Diktat der Geschlossenheit zu unterwerfen haben. Dies macht die Ambivalenz der Geschlossenen Unterbringung aus und führt dazu, dass der Zwang wahlweise als Bedingung oder als Verhinderung pädagogischen Handelns erscheint. Denn es findet nicht nur Zwang, sondern auch pädagogisches Handeln statt. Und es findet nicht nur pädagogisches Handeln, sondern auch Zwang statt.

Dies ist die vermittelnde Übergangspraxis der Geschlossenen Unterbringung hin zu einem neoliberalen Risikomanagement. Sein Managerialismus verfolgt eine Strategie der Gefahrenvermeidung und nimmt dabei den Subjektcharakter von Kindern und Jugendlichen nicht in den Blick. Zur besseren Anschauung der entwickelten Aufteilung benutzte ich folgendes Schaubild:

Jugendhilfe-Praxis I	Jugendhilfe- Praxis II		Jugendhilfe Praxis III	Jugendstrafrechtspraxis
Würdige, eindeutig zu fördernde Kinder und Jugendliche Subjektstatus der Betroffenen	Fördernde, aber zu prüfende Kinder und Jugendliche (Fordern) Subjektstatus der Betroffenen	Geschlossene Unterbringung	Risikomanagement; Übergang zum Managerialismus für „Unwürdige" Objektstatus der Betroffenen	(Jugend) Strafe

Neben dem bereits erwähnten Umstand, dass die Geschlossene Unterbringung an der Grenze zwischen der prüfenden, noch fördernden Praxis auf der einen Seite (Praxis II), und dem schon nur noch managenden, an dem Subjektcharakter der Kinder und Jugendlichen bereits uninteressierten Praxis (III) angesiedelt ist, wird an dieser Darstellung auch deutlich, dass eine strikte Trennung zwischen Hilfe für die Jugend (Jugendhilfe) und Bestrafung der Jugend (Jugendstrafe) aufgehoben ist. Die Geschlossene Unterbringung dient auch hier als Verbindung zwischen diesen beiden Reaktionsweisen, sie verbindet sie zu einem Kontinuum.

Die Geschlossene Unterbringung ist daher keinesfalls nur die Antwort auf pädagogisch ungelöste Probleme im Umgang mit schwierigen oder gefährlichen Kindern und Jugendlichen. Sie ist allerdings auch kein reines Ausschlussinstrument, sondern der Versuch, den Übergang von der Inklusion zur Exklusion im aktivierenden Staat zu handhaben. Vor allem aber ist sie eine nacheilende Reaktion der Jugendhilfe auf ein ihr vorauseilendes politisches Phänomen, das unter dem Begriff des „aktivierenden Staates" immer größere Schlagkraft entfaltet und von der Annahme getragen wird, dass Druck und Zwang die konsequente Reaktion auf die Nichtbefolgung des Aktivierungsbefehls sind. Dem Zwang zur Inklusion wird ein Zwang zur Exklusion zur Seite gestellt (vgl. Dahme/Wohlfahrt 2002: 26). Wem sein Live-Coaching nicht gelingt, der wird mit Ausschluss bestraft.

Literatur

Arbeitsgemeinschaft für Erziehungshilfen (AFET) (1995): Stellungnahme zur Geschlossenen Unterbringung in der Jugendhilfe. In: DVJJ-Journal, 6 (148): (März): 139-140.
Bäuerle, W. (1977): Argumente wider eine böse Sache. In: Sozialpädagogik, 19. Jg.: 247-251.
Bernzen, C. (2002): Juristisches Kurzgutachten zu den Eckpunkten eines Senatskonzepts – Geschlossene Unterbringung für minderjährige Straftäter und Maßnahmen der Jugendhilfe zur Stärkung der Erziehungsverantwortung der Eltern. Manuskript im Auftrag der Freien und Hansestadt Hamburg. Hamburg.
Bürgerschaft der Freien und Hansestadt Hamburg. (1982): Drucksache: „Öffentliche Erziehung in Hamburg: Konzept zur Verbesserung der öffentlichen Erziehung und für Alternativen zur Heimerziehung." (9/4454 vom 13.04.1982): Hamburg.

Bürgerschaft der Freien und Hansestadt Hamburg. (1990): Drucksache: „Weiterentwicklung der Hilfen zur Erziehung in Hamburg" (13/6683 vom 04.09.1990): Hamburg.
Bürgerschaft der Freien und Hansestadt Hamburg. (1992): Drucksache: „Weiterentwicklung der Hilfen zur Erziehung in Hamburg Teil II." Hamburg.
Dahme, H.J./Wohlfahrt, N. (2002): Aktivierender Staat. Ein neues sozialpolitisches Leitbild und seine Konsequenzen für die soziale Arbeit. In: neue praxis 1: 10-30.
Dahme, H. J./Wohlfahrt, N. (2003): Die „verborgene" Seite des aktivierenden Staates. In: sozial extra, August/September: 17-21.
Dahme, H. – J., Otto, H. – U., Trube, A., Wohlfahrt, N. (Hg.) (2003). Soziale Arbeit für den aktivierenden Staat. Opladen.
Elfter Kinder- und Jugendbericht. (2002): Bonn: BT-Drucksache 14/8181 vom 14. Februar.
Enquete-Kommission „Jugendkriminalität" der Bürgerschaft der Freien und Hansestadt Hamburg. (2000): Drucksache 16/4000. Hamburg.
Glißmann, W. (2000): Ökonomisierung der „Ressource Ich" – Die Instrumentalisierung des Denkens in der neuen Arbeitsorganisation. In: Denkansätze (Zeitschrift der IG-Metaller in der IBM), Mai: 5-24.
Hoops, S./Permien, H. (2006): Mildere Maßnahmen sind nicht möglich. Freiheitsentziehende Maßnahmen nach § 1631 b BGB in Jugendhilfe und Jugendpsychiatrie. München: DJI (Deutsches Jugendinstitut). Eigenverlag.
Jordan, E./Trauernicht, G. (1989): Alleinerziehende im Brennpunkt der Jugendhilfe. Erziehung außerhalb der eigenen Familie im Spiegel der Akten aus der Sicht der betroffenen Familien und neue Wege der Problemlösung. Münster.
Kunstreich, T. (2001): Grundkurs Soziale Arbeit. Sieben Blicke auf Geschichte und Gegenwart Sozialer Arbeit (Bd. 1 und 2). Bielefeld.
Lerche, W. (1995): Wegsperren als Lösung. Referat auf dem Deutschen Jugendgerichtstag 22.-27. September 1995. Manuskript.
Lindenberg, M./Wagner, H. A. (1997): Diskussionspapier und Materialien zum Anstieg auf milieuferner Unterbringungen nach § 34 KJHG. Eigendruck Amt für Jugend. Hamburg.
Lindenberg, M. (2002a): Ambulante Maßnahmen in der Justiz. Von der Netzerweiterung zum Management des erweiterten Netzes. In: Rein, B. (Hg.), Fällt die soziale Verantwortung in der Jugendkriminalrechtspflege der Ökonomie zum Opfer? (DVJJ-Journal Extra). Hannover: 71-90.
Lindenberg, M. (2002b): Aufgeklärte Herrschaft im aktivierenden Staat. Anmerkungen zu den Thesen der Hamburger Sozialsenatorin zur Zukunft der Sozialen Arbeit in Hamburg. In: Widersprüche 84: 77-87.
Lindenberg, M.; Meiners, M. (2003): Punitive Pädagogik als politische Praxis. Die Wiedergeburt der Geschlossenen Unterbringung in Hamburg. In: Unsere Jugend, 7 + 8: 312-322.
Lindenberg, M.; Schmidt-Semisch, H. (2003): Ethik der Interessenlosigkeit. Zur Ambivalenz einer neoliberalen Kriminal- und Sicherheitspolitik. In: Stangl, W./Hanak, G. (Hg.), Innere Sicherheiten (Jahrbuch für Rechts- und Kriminalsoziologie). Baden-Baden: 99-111.
Lutz, T.: (2004): Von der gefährdeten zur gefährlichen Jugend? In: Forum für Kinder- und Jugendarbeit, 2 (Juni): 40-44.
Meiners, M. (2003): Damit Erziehung wieder zur Strafe wird? Die Wiedereinführung der Geschlossenen Unterbringung in Hamburg. unv. Diplomarbeit an der Ev. Fachhochschule des Rauhen Hauses. Hamburg.
Peters, F./Wohlert, F. (1993): Im Jahre 4 nach der Hamburger Heimreform von 1982: Erfahrungen, ungelöste Probleme, Perspektiven. In K. Wolff (Hg.),. Entwicklungen in der Heimerziehung. Münster: 103-130.
Remschmidt, H. (1994): Erziehung und Strafe, Geschlossene Unterbringung – Ausweg oder Irrweg? In: DVJJ-Journal, 5 (September/Dezember): 269-274.
Schlink, B./Schattenfroh, S. (2001): Zulässigkeit Geschlossener Unterbringung in Heimen der öffentlichen Jugendhilfe. In: Fegert, J./Späth, K./Salgo, L. (Hg.), Freiheitsentziehende Maßnahmen in Jugendhilfe und Kinder- und Jugendpsychiatrie. Münster: 73-171.
Trauernicht, G. (1991): Eine erneute Positionsbestimmung zu einem alten Thema: Geschlossene Unterbringung von Kindern und Jugendlichen. In: Zentralblatt für Jugendrecht: 520-523.
Trenczek, T. (1994): Geschlossene Unterbringung oder Inobhutnahme? Rechtliche, sozialpädagogische und jugendpolitische Anmerkungen zu den freiheitsentziehenden Maßnahmen in der Jugendhilfe. In: DVJJ-Journal, 5 (September/Dezember): 288-296.
White, V. (2000): Profession und Management. Über Zwecke, Ziele und Mittel in der Sozialen Arbeit. In: Widersprüche 77: 9-27.
Wiesner, R. (2003): Freiheitsentzug in pädagogischer Verantwortung? Zur Diskussion der Geschlossenen Unterbringung im Rahmen der Kinder- und Jugendhilfe. In: Jugendamt (JAmt), 3: 109-116.
Wille, J. (2002): § 1631b in der amtsgerichtlichen Praxis. In: Zentralblatt für Jugendrecht, 3: 85-95.

Wolffersdorff, C. v./Sprau-Kuhlen, V. (1990): Geschlossene Unterbringung in Heimen – Kapitulation der Jugendhilfe? München.
Wolffersdorff, C. v. (1994): Rückkehr zur Geschlossenen Heimerziehung. Probelauf für eine andere Jugend- und Straffälligenhilfe? In: Neue Kriminalpolitik 4: 30-36.
Ziegler, H. (2002): Drei Mann in einem Boot. Warum sich die soziale mit der sicheren Stadt und beide mit dem „aktivierenden" Sozialstaat so gut verstehen. In: Widersprüche 82: 25-38.

Knut Papendorf

Gegen die Logik der Inhaftierung – die Forderungen des AJK aus heutiger Sicht

Mit den Beiträgen in diesem Buch sind ein weiteres Mal die Abschaffungsbedürftigkeit des Jugendgefängnisses dokumentiert worden. Nicht das erste Mal übrigens und vermutlich auch nicht das letzte Mal.

Ich war vor nunmehr schon knapp 30 Jahren an einer Unternehmung beteiligt, die sich zum Ziel gesetzt hatte, „durch eine stärkere Berücksichtigung der Erfahrungen mit dem Jugendstrafrecht und jugendrechtlichen Sanktionen zu einer *Verwissenschaftlichung* der stattfindenden Reformdiskussion" beizutragen (Papendorf 1982: 137). Dieses Projekt war abolitionistisch konzipiert in der Weise, dass es sich „von dem Primat einer umfassenden *Rückdrängung des staatlichen Strafanspruchs*" leiten ließ (ebd.: 137 f).[1]

Im Rahmen verschiedener, auf die Beeinflussung der öffentlichen Diskussion zielenden Medienstrategien, wurden auf unsere Initiative hin vom Arbeitskreis junger Kriminologen (AJK)[2] acht Forderungen in Thesenform verabschiedet.[3] Ich werde jeweils vorab unsere damaligen Argumente zusammenfassend darstellen, um dann anschließend ihre Tragfähigkeit vor dem Hintergrund der eingetretenen Entwicklung zu überprüfen.[4]

Forderung 1: Personen unter 18 Jahren dürfen nicht mit Freiheitsstrafe bestraft werden.
Die Begründungen für diese Forderung damals lassen sich folgendermaßen bündeln:
Der *Jugend*strafvollzug trägt seinen Namen zu Unrecht. Nur knapp jeder Neunte (760 von 6.490 = 11,7%) der zum Stichtag 31.1.1980 einsitzenden jungen Straftäter war tatsächlich Jugendlicher im Sinne des JGG. Wie die aktualisierte Tabelle für den Stichtag 31.3.2007 zeigt, hat sich diese Situation mit einem entsprechenden Anteil von nunmehr nur noch 11,2% noch weiter zugespitzt. Die übergroße Majorität der in deutschen Jugendstrafanstalten Einsitzenden (88,8%) sind Heranwachsende bzw. Jungerwachsene.

---

[1] Dieses Projekt wurde von Karl F. Schumann initiiert und von Karl F. Schumann, Michael Voss und Knut Papendorf betrieben.

[2] Der AJK wurde 1969 gegründet als Vereinigung „kritischer" Kriminologen in scharfer Abgrenzung von der damaligen herrschenden ätiologisch fundierten Kriminologie. Der AJK konstituierte damals (wie auch heute) ein wichtiges Forum der sich kriminalsoziologisch verstehenden Kriminologie inklusive ihrer abolitionistischen Verzweigungen (siehe z.B. für eine aktuelle Diskussion der abolitionistischen Perspektive das Schwerpunktheft „Ist das Gefängnis noch zu retten?", Kriminologisches Journal 1/2008).

[3] „Kritik der Jugendstrafvollzugsreform. Alternativen zur geschlossenen Anstalt" war das Thema einer Tagung des AJK, die vom 25.-27. September 1981 in Wremen stattfand (Kritik der Jugendstrafvollzugsreform. Ein Tagungsbericht als Einführung in das Heft, in: Kriminologisches Journal 1982: 85-94).

[4] Es ist dabei zu berücksichtigen, dass es erstens zu zahlreichen Gesetzesänderungen gekommen ist. Zweitens ist in Folge der Wiedervereinigung der beiden deutschen Staaten 1990 ab 1992 eine Zusammenlegung der Vollzugsstatistiken erfolgt. D.h., dass die eingetretenen Entwicklungen nunmehr für eine größere Grundgesamtheit gelten. Ich glaube allerdings, dass ein Vergleich der Situation Anfang der 1980er Jahre mit der heutigen Situation dennoch sinnvoll sein kann, wenn dieser Faktor mitgedacht wird.

Ein Vergleich der entsprechenden Zahlen für die Jahre 1980, 1990, 2000 und 2005 zeigt, dass der Anteil der bis 18-jährigen Strafgefangenen im Jahre 1990 bis auf 7% sank. Offenbar zeigt sich gerade in diesem Zeitraum eine Tendenz, restriktiver mit dem Instrument der Jugendstrafe für diese Altersgruppe umzugehen. In den 1990er Jahren ist dagegen sowohl ein absoluter Zuwachs der Jugendstrafvollzugszahlen zu verzeichnen, wie auch eine „Verjüngung" der Altersstruktur.[5] Bis 2005 zeigt sich wiederum eine gegenläufige Entwicklung (Dünkel/Geng 2007: 25 f). Wir können damit konstatieren, dass trotz dieser aufgezeigten Schwankungen Jugendliche im Jugendstrafvollzug eine verschwindende Minderheit darstellen.

Wir haben 1982 als konstitutiven Moment des Jugendgefängnisses für eine strenge Trennung von jugendlichen Strafgefangenen und älteren und mehr hafterfahreneren Straftätern argumentiert. Dieser Separierungsgedanke spricht zwingend, und dies gilt heute unverändert, „für eine Herausnahme der Minderjährigen aus dem Strafvollzug für Volljährige" (Papendorf 1982: 139).

Tabelle 1: Alterszusammensetzung der Strafgefangenen im Jugendstrafvollzug (Stichtag 31.3.2007)

Altersgruppe	absolut	%
14-15	55	0,8
17-17	725	10,4
14-17 insgesamt	780	11,2
20-20	3.340	47,8
25-25	2.815	40,3
25 und mehr	54	0,8
14-25 und mehr	6.989	100,5

Quelle: Statistisches Bundesamt, Wiesbaden (Hrsg.), Fachserie 10, Rechtspflege, Reihe 4.1, Strafvollzug, Tabelle 3

Handelt es sich bei den zu unbedingter Jugendstrafe verurteilten jugendlichen Straftätern – fragten wir damals – nun um speziell „gefährliche" Jugendliche, bei denen die ultima-ratio-Funktion der Jugendstrafe ausgehebelt erscheint? Sehen wir uns hierzu einmal die Deliktsstruktur dieser Altersgruppe an.

---

5 Dünkel/Geng 2007, 26) erklären den wesentlichen Anteil des Zuwachses an jugendlichen Strafgefangenen mit Sonderproblemen der „insoweit besonders belasteten neuen Bundesländer".

Tabelle 2: Hauptdeliktsgruppen der mit Jugendstrafe sanktionierter Straftäter unter 18 Jahren (Stichtag 31.3.2007)

Deliktgruppen	Unter 18 Jahren (insg. 780)		
	Absolut	%	
I. Straftaten g. die Sexuelle Selbstbestimmung	28	3,6	(2,4 %)*
II. Andere Straftaten gegen die Person	187	24,0	(9,7 %)*
davon: Mord	9		
Mordversuch	3		
Totschlag	15		
Körperverletzung	45		
Schwere Körperverletzung	112	14,4	(3,6 %)*
III. Diebstahl/Unterschlagung	214	27,4	(64,6 %)*
davon: einf. Diebstahl	69		
Einbruchsdiebstahl	85		
IV. Raub/Erpressung	286	36,7	(17,6 %)*
davon: Raub	85		
schwerer Raub	39		
räuberischer Diebstahl/ Erpressung	157	20,1	(4,6 %)*
V. Sonstige	65	8,3	5,7)*
Insgesamt	780	100	

*: Prozentzahlen der Stichtagszählung 31.3.1980
Quelle: Quelle: Statistisches Bundesamt, Wiesbaden (Hrsg.), Fachserie 10, Rechtspflege, Reihe 4.1, Strafvollzug, Tabelle 5.

Wieder im Vergleich zu 1980 haben wir zu konstatieren, dass die Deliktsstruktur der jugendlichen Straftäter sich deutlich verändert hat. Saßen 1980 knapp zwei Drittel (64,6%) wegen Diebstahls/Unterschlagung ein, sind es heute nur noch ein gutes Fünftel (27,4%). Heute dominieren die Deliktskategorien „Straftaten gegen die sexuelle Selbstbestimmung" und insbesondere „Andere Straftaten gegen die Person" und „Raub/Erpressung", die bei knapp zwei Dritteln (64,3%) der jugendlichen Straftätern den Deliktshintergrund abbilden.[6] Das Bild vom jugendlichen Straftäter als schwerpunktmäßig „Dieb" 1980 hat sich also im Laufe dieser knapp 30 Jahre umgekehrt in „Schläger" und „Räuber unter Zuhilfenahme von Gewalt".[7]

Dies klingt dramatisch. Allerdings ist dieser Eindruck nicht so eindeutig, wie der bloße Blick auf die veränderten Zahlen suggeriert. Erstens gibt es Anhaltspunkte dafür, dass zumindest seit den 1990er Jahren zunehmend Raubdelikte geringerer Schwere angezeigt werden, die zu weniger schweren Strafen führen.[8] Andererseits berichten Dünkel/Geng (2007: 26) von Aus-

---

6 Bei diesen Zahlen ist zu berücksichtigen, dass wegen des kumulativen Effekts von Stichtagszählungen die langstrafig einsitzenden „Gefährlichen" überrepräsentiert sind.
7 Gerade die Deliktskategorien „Schwere Körperverletzung" und „Räuberischer Diebstahl/Erpressung" haben mit 14,4% (1980 3,6%) und 20,1% (1980 4,6%) die dramatischsten Zuwächse zu verzeichnen. Vergleiche auch die entsprechenden Zahlen für die Jugendstrafvollzugspopulation ohne Differenzierung nach Alter (Dünkel/Geng 2007: 26).
8 Zwar haben sich im Zeitraum 1990-2003 die absoluten Zahlen der wegen gefährlicher oder schwerer Körperverletzung und Raubdelikten Verurteilter etwa verdoppelt. Der Anteil von langen Jugendstrafen (d.h. mehr als zwei bzw. drei Jahren) an den entsprechenden Jugendstrafen blieb dagegen relativ konstant (Dünkel/Geng 2007: 21).

sagen Vollzugsbediensteter, wonach die Lebenssituation im Jugendstrafvollzug allgemein und die Arbeitsbedingungen für die Beamten durch zunehmend schwierigere Gefangene geprägt ist (Dünkel/Geng 2007: 28).

Forderung 2: Eine Einweisung in den Strafvollzug aus Gründen der Erziehung ist sinnlos und darf nicht erfolgen.
Die Begründung dieser Forderung speiste sich aus der Überzeugung, dass die Verhängung und Vollstreckung von Jugendstrafe als „pädagogische Kapitulation" zu betrachten ist, so die gängigen Sozialisationstheorien zur Entstehung von sozial erwünschtem Verhalten (Fend 1972; Horn 1971). Erziehungsstrafe führt zu einer allein fremdbestimmten Erziehung, die keinen Raum für widersprüchliche Normen und für das Aushandeln von Konflikten bietet (Kupffer 1974: 249 ff). Auch im Wohngruppenvollzug „lässt sich die Bewältigung von Konflikten von Familie/Freund/Freundin oder in der Schule und am Arbeitsplatz nicht simulieren. Dort herrscht ein ganz anderer Realitätsdruck, der durch den Freiheitsentzug und die zwangsweise Zusammenführung geschlechts- und altershomogener Personen auf relativ engem Raum geprägt ist (Deutsches Jugendinstitut 1981: 12).

Und schließlich, eine diagnostizierte Erziehungs- bzw. Behandlungsbedürftigkeit ist als Begründung für den Aufenthalt im Jugendgefängnis abzulehnen. Zwar erscheint die verstärkte Bereitstellung von schulischer und beruflicher Bildung auf den ersten Blick sinnvoll. Die im Wege eines negativen Sozialisationsprozesses den jugendlichen Gefangenen gleichzeitig vermittelten entsozialisierenden Überlebenstechniken entwerten wiederum die möglicherweise durch die Maßnahmen vermittelten Positiva. Danach werde, so die Fachdienste im Strafvollzug, für den Gesellenbrief ein „Rollenverlust", ein „Verlernprozess ..., mit den Gegebenheiten der Außenwelt fertig zu werden" eingetauscht (Fachdienste im Strafvollzug 1979: 25).

Unsere damaligen Ausführungen gelten unverändert. Wir glauben nicht, dass die vorfindbaren Anhaltspunkte für eine im Vergleich zum Erwachsenenvollzug größere Intensität von Behandlungsangeboten im Jugendstrafvollzug für die tatsächliche Bedarfslage ausreicht (Dünkel/Geng 2007: 45). Um den gesteigerten Anforderungen der im Vergleich zu 1980 erheblich stärker problembelasteten Gefangenen auch nur annähernd nachzukommen, harrt der verfassungsrechtlich verbürgte Resozialisierungsauftrag nur noch umso mehr seiner Realisierung.

Zwar hat das Bundesverfassungsgericht in seiner Entscheidung vom 31.5.2006 für den Jugendstrafvollzug explizit ein wirksames Resozialisierungskonzept eingefordert. Die Bundesländer haben in ihren seit 2008 geltenden neuen Jugendstrafvollzugsgesetzen den Erziehungsgedanken entsprechend integriert. Auch der neuformulierte § 2 Absatz 1 JGG stützt sich explizit auf den Erziehungsgedanken. Und schließlich hat das Bundesverfassungsgericht für den Jugendstrafvollzug Wirkungsforschung und Evidenzbasierung gefordert (BVGE 116, 69, 90). „Das weckt", schreibt in diesem Band Heinz Cornel, „bescheidene Hoffnung." Allerdings ist vor dem Hintergrund von gegenläufigen Entwicklungen, der verschärften Ressourcenknappheit staatlicher Haushalte und den Beharrungskräften in Justiz, Strafvollzug und Politik Skepsis angebracht. Der heute tatsächlich vorfindbare Erziehungsgedanke im Jugendstrafrecht wird von Heinz Cornel dann auch „auf dem Niveau des ausgehenden 19. Jahrhunderts" verortet. Damit bleiben als tragende Säulen des Jugendstrafvollzuges entgegen aller Reformrhetorik unverändert allein Ausgrenzung und Einsperrung.

Forderung 3: Die unbestimmte Jugendstrafe ist ersatzlos abzuschaffen.
Die unbestimmte Jugendstrafe wurde mit dem 1. Gesetz zur Änderung des JGG vom 30.8.1990 abgeschafft bzw. weniger in einer abolitionistischen Terminologie formuliert: Sie darf seit dem 30.8.1990 nicht mehr neu verhängt werden. Sie war allerdings schon seit den 1970er Jahren einer schleichenden Entwertung ausgesetzt.

Forderung 4: Soweit bei Personen über 18 Jahren Freiheit entzogen wird, ist offener Vollzug als Regelvollzug vorzusehen. Leistungen dürfen nur unter Wahrung des Freiwilligkeitsprinzips angeboten werden.
Am Stichtag 31.3.1980 befanden sich von den mit Freiheitsstrafe bzw. Jugendstrafe sanktionierten Heranwachsenden und Jungerwachsenen (18-20 Jahre, insg. 3.730, davon 3.494 Jugendstrafe) ganze 431 im offenen Vollzug, d.h. nur jeder Zehnte (11,6) (Stat. Bundesamt Wiesbaden (Hrsg.), Fachserie 10, Reihe 4, Strafvollzug 1980, Tabelle 4).

Für den Erwachsenvollzug lässt § 10 StVollzG den Schluss zu, dass dem offenen Vollzug eine Sonderstellung als Regelvollzug einzuräumen ist. Dennoch wurde im Arbeitsentwurf eines Gesetzes zur Fortentwicklung des Jugendstrafvollzuges und zur Eingliederung junger Straffälliger, in der Fassung vom 30.6.1980 (ArE) am geschlossenen Gefängnis als Regelvollzug festgehalten: „Die Normalisierung des Anstaltslebens (wird) in erster Linie von der Unterbringung in kleinen übersichtlichen Gruppen, von der Einbeziehung in die schulische und berufliche Bildung ... erwartet" (ArE Begründung, 22).

Gegen den offenen Vollzug als Regelvollzug bei jugendlichen Strafgefangenen wurden insbesondere die Gefahr hoher Entweichungsquoten und auch pädagogische Gesichtspunkte herangezogen (Busch 1978: 11).

An diesem düsteren Befund hat sich nichts geändert. Dünkel und Gengs (2007: 30) Stichtagsvergleich (31.3.2006) erweist, dass sich der Anteil von Jugendstrafgefangenen im offenen Vollzug mit ca. 8% noch weiter verringert hat. Im Erwachsenenvollzug waren mehr als doppelt so viele Gefangene, nämlich 19%, im offenen Vollzug. Auf die großen regionalen Unterschiede in dem Gebrauch von offenem Vollzug kann hier nicht weiter eingegangen werden (Dünkel und Geng (ebd.). Änderungen in der Deliktsstruktur der Jugendstrafgefangenen lassen hier keine eindeutigen Zusammenhänge erkennen. Länder mit hohen Gewalttäteranteilen oder überdurchschnittlichen Drogentäterzahlen haben den offenen Vollzug deutlich stärker ausgebaut als Länder mit weniger problematischen Gefangenen.[9] Dünkel und Geng sehen die Ausgestaltung des Jugendstrafvollzuges weniger von wissenschaftlich fundierten Konzepten der Straftäterbehandlung geprägt, sondern „im wesentlichen durch vollzugspolitische Entscheidungen" (ebd.: 31f).

---

9 Ganz ähnliche Befunde zeigen sich in den 1980er Jahren für Vollzugslockerungen und Hafturlaub im Jugendstrafvollzug: sie werden erheblich restriktiver gehandhabt als im Erwachsenenvollzug (Dünkel und Geng ebd.: 31).

Forderung 5: Bei Personen unter 18 Jahren darf Untersuchungshaft nicht angeordnet werden.

Tabelle 3: Untersuchungshaft bei unter 21-Jährigen (Stichtag 31.12. für Untersuchungshaft, 31.3. für Jugendstrafvollzug)

Jahr	Jugendgefängnis		Untersuchungshaft			
	14-17	14-20	14-17	Relation von (3) zu (1)	14-20	Relation von (5) zu (2)
	(1)	(2)	(3)	(4)	(5)	(6)
1977	813	4.222	747	91.9	2.762	65.4
1980	760	4.254	622	81.8	2.662	62.6
1981	716	4.124	752	105.0	2.893	70.2
1982	795	4.439	861	108.3	2.901	65.4
1985	631	3.869	462	73.2	1.908	49.3
2007	780	4.220	593	76.0	1.316	31.2

Quelle: Statisches Bundesamt Wiesbaden, Rechtspflege, Fachserie 10, Reihe 4, Strafvollzug 1977-1985, 2007, Tabelle 4 und Rechtspflege, Bestand der Gefangenen und Verwahrten in den deutschen Justizvollzugsanstalten zum Stichtag 31.3.2007.

Es wurden, wie die Strafvollzugsstatistik ausweist, überproportional häufig die 14- bis 17-Jährigen in Untersuchungshaft genommen. In den Jahren 1981 und 1982 saßen sogar mehr dieser Altersgruppe in Untersuchungshaft als in Strafhaft. Diese Praxis steht – schrieben wir damals – in einem grotesken Missverhältnis zum Subsidiaritätsgrundsatz der Untersuchungshaft (vgl. §§ 71 II, 72 III JGG a. F.)[10]. Darüber hinaus treten neben den im Gesetz genannten Haftgründen (vgl. § 112 ff StPO) offenbar noch andere – ungenannte, apokryphe – Haftgründe, die in ihrer Konsequenz zu einer Funktionserweiterung der Untersuchungshaft führten mit der Folge, dass die Untersuchungshaft zur vorweggenommenen kurzen Jugendstrafe unter sechs Monate wird. Für die Plausibilität dieser Annahme spricht schon, dass der Anteil der vollstreckbaren Jugendstrafe bei vorheriger Untersuchungshaft bei weniger als 40% liegt.[11] Die durchschnittliche Dauer der Untersuchungshaft für Jugendliche und Heranwachsende liegt bei etwa zwei bis drei Monaten (Ostendorf 2007, JGG, Grdl. §§ 71-73, Rdnr. 6). In einer Vielzahl von Fällen wird diese in der Verfolgung von Bagatellkriminalität verhängt.[12]

Bei einem Vergleich der Untersuchungshaftzahlen Anfang der 1980er Jahre mit der Situation heute wird deutlich, dass die Untersuchungshaft deutlich weniger zur Anwendung kommt.[13] Al-

---

10 Die Gesetzeslage hat sich bezüglich der §§ 71, 72 JGG 1990 mit dem 1. Gesetz zur Änderung des JGG geändert. In den Fällen, in dem die Argumentation bezüglich der AJK-Thesen zum Zeitpunkt ihrer Verabschiedung referiert wird, geschieht dies vor dem Hintergrund der damaligen Gesetzeslage. Diese wird dann jeweils gekennzeichnet durch den Vermerk „alte Fassung" (a.F.).
11 Ostendorf 2007, JGG, Grdl. z. §§ 71-73, Rdnr. 6. Mit Hinweis auf das bei der Untersuchungshaft maßgebliche Verhältnismäßigkeitsprinzip spricht Ostendorf hier von einem „gesamtjustiziellen Gesetzesverstoß". Siehe hierzu auch Dünkel/Geng (ebd. S. 23 FN 14). Der interessanten Frage nach dem Vorliegen eines Austauschverhältnisses zwischen Untersuchungshaft und Jugendstrafvollzug in einigen Bundesländern (z.B. Hamburg), kann hier nicht weiter nachgegangen werden (Dünkel/Geng 2007, ebd.).
12 Nach Gebauers Untersuchung lagen 18% der Untersuchungshaftfälle Delikte zugrunde, die nicht einmal das Gewicht des vollendeten einfachen Diebstahls hatten (Gebauer, Die Rechtswirklichkeit der Untersuchungshaft in der Bundesrepublik Deutschland, 1987, S. 177; zitiert nach Ostendorf 2007, JGG, Grdl. §§ 71-73, Rdnr. 5).
13 Dieser Trend ist wegen des Wiedervereinigungseffektes noch größer (siehe bereits Fußnote 3).

lerdings zeigt sich auf niedrigerem Niveau unverändert der Trend, dass überproportional häufig 14- bis 17-Jährige – also die Jüngeren – in Untersuchungshaft genommen werden. Kommen bei dieser Altersgruppe für 2007 auf vier Strafgefangene etwa drei Untersuchungshäftlinge, liegt dieses Verhältnis bei der Altersgruppe der 14- bis 20-Jährige etwa bei drei zu eins.

Die Rechtslage hat sich mit der Reformgesetzgebung von 1990 geändert. Kritikwürdig ist, dass der Gesetzgeber sich nicht hat dazu durchringen können, zumindest für die 14- und 15-jährigen Untersuchungshaft generell auszuschließen bzw. wenigstens auf Fälle des Verdachts eines Verbrechenstatbestandes zu begrenzen.[14] Entsprechende Vorschläge konnten im Gesetzgebungsverfahren nicht durchgesetzt werden.

Als Alternative zur Untersuchungshaft, so unsere damalige Forderung, ist ein Pflichtverteidiger zu bestellen. Ein Verteidiger ist besser als die Jugendgerichtshilfe geeignet, dem Jugendlichen schon in diesem frühen Stadium im Sinne einer Advokatur beizustehen. Eine Realisierung dieses Vorschlags steht weiterhin aus.

Forderung 6: Der Jugendarrest ist abzuschaffen.
Die kriminalpolitische Zielsetzung dieser die Lücke zwischen Jugendstrafvollzug und Erziehungsmaßnahmen schließenden Sanktion Jugendarrest manifestiert sich in der „Short-sharp-shock"-Ideologie, wonach der Jugendliche bei seiner Ehre zu packen sei, ihm ein Denkzettel zu verpassen sei und er schließlich durch die Isolation zur Selbstbesinnung zu kommen habe. Diese Idee einer raschen Intervention staatlicher Instanzen gegen den auf frischer Tat ertappten Jugendlichen scheiterte schon an der langen Zeit zwischen Tatbegehung und Hauptverhandlung (knapp ½ Jahr) und noch einmal ca. drei Monate bis zu seiner Vollstreckung (Pfeiffer 1981: 32 mwN). Aus lerntheoretischen Gründen muss die geforderte Auseinandersetzung mit der Tat bloße Illusion bleiben. Die überwiegend sozialstrukturell begründeten Probleme der Jugendlichen bleiben bei dieser ausschließlich auf das Individuum zielenden Maßnahme ausgeblendet. Vor diesem Hintergrund kann es nicht verwundern, dass in der Fachöffentlichkeit der 1980er Jahre sich eine breite Strömung findet, die eine generelle Abschaffung des Jugendarrestes fordert (Arbeiterwohlfahrt 1981: 4; Arbeitsgemeinschaft sozialdemokratischer Juristen 1979: 28, 48 f; Arbeitsgemeinschaft für Jugendhilfe 1981: 9). Auch der Arbeitskreis Jugendarrest des Jugendgerichtstages 1980 stellte dezidierte Anforderungen an den zu reformierenden Dauerarrest, wie die ausschließliche Heranziehung von fachlich/pädagogisch ausgebildeten Mitarbeitern und die Vollziehung des Jugendarrestes in möglichst offenen Formen (Deutsche Vereinigung für Jugendgerichte und Jugendgerichtshilfen 1981: 323 f).

An unserer damaligen Kritik des Jugendarrestes sind keine Abstriche zu machen. Es sind hier eher noch weitere Argumente hinzugekommen, die seine Abschaffungswürdigkeit untermauern. Nach neueren Untersuchungen liegen zwischen Tatbegehung und Vollstreckung nunmehr zwischen 10 bis 13 Monate (Ostendorf 2007, JGG, Grdl. Z. §§ 13-16 Rdn. 9). Damit erweist sich das Short-sharp-shock-Ziel endgültig als bloßes Wunschdenken. In diesem Kontext ist es auch nicht verwunderlich, dass der Jugendarrest enorme Rückfallzahlen aufweist: die Zahlen liegen in unterschiedlichen Untersuchungen aus den 1980er und 1990er Jahren zwischen 64% bis 81% (Ostendorf ebd.). Weitergehende negative Wirkungen des Jugendarrestes wie „negative Rollenübernahme" und „Aggressionsstau" sind von Eisenhardt nachgewiesen worden, wobei die stärker belasteten Jugendlichen durch den Arrest noch weiter belastet werden. Eisenhardts Bestandsaufnahme kann insoweit nur zugestimmt werden: „Wenn der Jugendarrest

---

14 Vergleiche ausführlich zu dieser Diskussion Ostendorf 2007, JGG, Grdl. z. §§ 71-73, Rdnr. 9.

nicht weiterentwickelt wird, dann sollte man erkennen, dass er zur Zeit lediglich die Funktion einer kurzen Freiheitsstrafe erfüllen kann, die nur keinen entsprechenden Eintrag in das Strafregister beinhaltet. Man muss also aufgrund der Analyse der Vollzugsgegebenheiten klar sagen, dass der Jugendarrest in der derzeitigen Ausgestaltung in den Arrestanstalten keine geeignete Reaktion auf jugendliches Fehlverhalten darstellt. Dies gilt besonders für die Ausgestaltung des Dauerarrestes."[15]

Ob eine grundsätzliche Reform des Jugendarrestes in einer Umgestaltung des Dauerarrestes in „standortgebundene soziale Trainingskurse" (Ostendorf ebd., Rdnr. 10) gesehen werden kann, ist eine schwierige Frage, wo man schnell wieder in der Sicherungsfalle landen kann. Die Frage ist nämlich, welche Maßstäbe gelten sollen, um die Jugendlichen in diesen stationären Einrichtungen auch halten zu können.

These 7: Das Jugendstrafrecht muss gegenüber der Jugendhilfe unter strikter Wahrung ihrer Autonomie zurücktreten. Eine stationäre Unterbringung in Einrichtungen der Jugendhilfe darf nicht unter Vorbehalten wie dem der Geschlossenheit geschehen.
Mit den §§ 71 II, 72 III JGG a.F. standen Maßnahmen der Jugendhilfe generell als Alternative zum Jugendstrafvollzug/Untersuchungshaftvollzug zur Verfügung. Allerdings waren diese „geeigneten Heime" in der Praxis so gut wie nicht vorhanden. Unabhängig davon darf Jugendhilfe nicht zu einem Jugendstrafrecht milderen Typs umfunktioniert werden, d.h. das Prinzip der Geschlossenheit für stationäre Einrichtungen der Jugendhilfe ist abzulehnen, weil mit dem Stigma „Erziehung unter dem Primat der Einsperrung" behaftet. Zur Frage der rechtlichen Zulässigkeit und Gebotenheit geschlossener Unterbringung in der Heimerziehung sei in diesem Kontext zur Erinnerung noch einmal Giehring zusammenfassend zitiert. Er stellt fest, „dass die öffentlichen Träger der Jugendhilfe grundsätzlich nicht verpflichtet sind, im Rahmen der öffentlichen Erziehung – und damit erst recht nicht bei der Gewährung von Hilfen zur Erziehung – Minderjährige gesichert unterzubringen, soweit es sich nicht um Notmaßnahmen zur Abwendung unmittelbar drohender Selbst- oder erheblicher Fremdgefährdung handelt und soweit sie pädagogisch vertretbare Alternativen zur Verfügung stellt, die auf die spezifischen Probleme der gefährdeten Minderjährigen hin ausgerichtet sind" (Giehring 1981, 28).

Die Gesetzeslage hat sich, wie gesagt, 1990 mit dem 1. Gesetz zur Änderung des JGG geändert.[16] Seitdem wird die Unterbringung gem. § 71 II JGG in „(teil-) offenen Heimen durchgeführt" (Ostendorf 2007, JGG, Grdl. z. §§ 71-73, Rdnr. 4).[17] Mit der Schließung der geschlossenen Heime in einigen Bundesländern Anfang der 1980er Jahre konzentriert sich die Diskussion stärker auf eine generelle Herausnahme der Jugendlichen aus dem Untersuchungshaftvollzug. Die Alternative „Heimunterbringung oder U-Haft" wird nunmehr als irreführend kritisiert. Ein unter dem Primat der Geschlossenheit stehendes Heimkonzept stellt kein pädagogisches

---

15 Eisenhardt, Gutachten über den Jugendarrest, 1989: 135, zitiert nach Ostendorf (ebd.).
16 Zu den Änderungen im einzelnen siehe Ostendorf 2007, JGG, Grdl. z. §§ 71-73. Der neuformulierte § 71 Absatz 1 JGG lässt bis zur Rechtskraft des Urteils als vorläufige Maßnahmen insbesondere die Weisung gem. § 10 JGG zu. Im § 71 Absatz 2 JGG wurden die Voraussetzungen für die Einweisung in ein Erziehungsheim neu formuliert. Nach Ostendorf sind danach stationäre Maßnahmen nur noch als Einweisung in eine Familie oder Wohngemeinschaft zulässig (Ostendorf 2007, JGG, § 71 Rdnr. 6). Nach § 71 Absatz Absatz 2 JGG ist als vorläufige Maßnahme auch die einstweilige Unterbringung in einem „geeigneten" Heim der Jugendhilfe zulässig. § 72 Absatz 4 JGG ermöglicht dem Haftrichter wiederum, in bestimmten Fällen anstelle von Untersuchungshaft auf den weniger eingriffsintensiven Maßnahmenkatalog des § 71 JGG zurückzugreifen.
17 Zu den unterschiedlichen Ausgestaltung der Untersuchungs-Haft-Vermeiding in einzelnen Bundesländern siehe Ostendorf 2007 (ebd.).

Handlungsfeld bereit, das auf die alltägliche Lebenswelt vorbereiten kann. Außerdem ist zu berücksichtigen, dass, je mehr alternative Heimerziehungsmöglichkeiten angeboten werden, sie „umso mehr und umso länger (!) ... genutzt" werden. Hierin sei eine Entlastungsfunktion für die Justiz zu sehen, schaffe sie doch Platz in den überfüllten Untersuchungshaftanstalten. Als Schlussfolgerung bleibt nur die Zurückdrängung der geschlossenen Heimunterbringung (Ostendorf 2007, JGG, Grdl. z. §§ 71-73, Rdnr. 8).

These 8: Für ambulante Alternativsanktionen müssen folgende Prinzipien gelten:
- *Nicht-Intervention hat Vorrang vor jedem ambulanten Programm;*
- *Strenge Prüfung, dass die ambulanten Sanktionen nicht die Kontrolle ausweiten, sondern an die Stelle bestehender Maßnahmen treten;*
- *Berücksichtigung der sozialen Bedingtheit von Kriminalität und der Situation des Opfers;*
- *Keine Hilfe oder therapeutische Maßnahme gegen den Willen des Betroffenen;*
- *Durchführung der Maßnahme im sozialen Nahraum;*
- *Angebote außerhalb der Justiz haben Vorrang vor staatlichen Maßnahmen.*

Ganz entscheidend ist, dass ambulante Sanktionen nicht zu einer Ausweitung staatlicher Kontrolltätigkeit in der Weise führen, dass vormals weitgehend sanktionslos gebliebene jugendtypische Bagatelldelikte nunmehr zu aufwendigen strafrechtlichen Verfahren führen. Neben diesem quantitativen Aspekt darf nicht die ambulanten Sanktionen immanente Gefahr einer qualitativen Kontrollausdehnung vergessen werden. Gerade im Bereich der Bagatellkriminalität muss der Vorrang der Nicht-Intervention und damit Verzicht staatlicher Eingriffe diesen Bestrebungen entgegengehalten werden.

Unsere damaligen Befürchtung scheinen sich zumindest für den Täter-Opfer-Ausgleich (TOA) nicht realisiert zu haben.[18] Kerner und Hartmanns TOA-Statistik für den Zeitraum 1993-2002 verdeutlicht, dass das Gros der TOA-Verfahren bei Jugendlichen im Bereich der Gewalt- und Körperverletzungsdelikte liegt und Raub- und Erpressungsdelikte „mit einem höheren Anteil vertreten sind als in der Kriminalstatistik". Hieraus ziehen die Autoren den Schluss, dass sich die Befürchtung nicht bestätigt habe, dass der TOA zu einer qualitativen Kontrollerweiterung im Bagatellbereich führe.[19] Allerdings bleibt der TOA wegen seiner Ausgestaltung im JGG als Weisung bzw. Diversionsmaßnahme „im Schatten des Strafrechts", weil er unter Entscheidungsvorbehalt von Staatsanwaltschaft und Gericht bleibe (Lutz ebd.). Damit mangelt es auch weitestgehend an der Bedingung der Freiwilligkeit, weil über 90% der TOA-Verfahren von der Staatsanwaltschaft oder der Jugendgerichtshilfe angeregt werden (Lutz ebd.).

Mit der gesetzlichen Einführung der Neuen ambulanten Maßnahmen im JGG 1990 ist zu fragen, ob damit die gesetzgeberische Intention der Rückdrängung freiheitsentziehender Sanktionen realisiert werden konnte. Regine Drewniak (in diesem Band) zieht eine ernüchternde Bilanz. Die ausschließliche Anwendung ambulanter Maßnahmen beschränkt sich danach erstens auf Jugendliche, bei denen weder eine Leistung der Jugendhilfe erforderlich, noch eine jugendrichterliche Weisung verhältnismäßig ist. Bei massiver belasteten Jugendlichen kommen ambulante Leistungen „allenfalls in Kombination mit eingriffsintensiveren Sanktionen zur An-

---

18 Der TOA ist sowohl als Diversionsmaßnahme gem. §§ 45 Abs. 2 und 47 Abs. 1 Nr. 2 JGG oder als Sanktion gem. § 10 Nr. 7 JGG ausgestaltet.
19 Kerner/Hartmann (Hg.) 2005: Täter-Opfer-Ausgleich in der Entwicklung. Auswertung der bundesweiten Täter-Opfer-Ausgleichs-Statistik für den Zehnjahreszeitraum 1993 bis 2002. Berlin: 33, 50 f; zitiert nach Lutz in diesem Band.

wendung" (ebd.). Drewniak kritisiert darüber hinaus die auch heute, nach 20 Jahren Praxis, immer noch heterogene bzw. beliebige Ausgestaltung der Neuen ambulanten Maßnahmen. So bleibt als Fazit nur die zutiefst ernüchternde Feststellung, dass für Jugendliche und Heranwachsende, die Straftaten in erheblichem Umfang und/oder von erheblicher Schwere begehen, weder quantitativ noch qualitativ ein angemessener Ausbau ambulanter Maßnahmen erfolgt ist.[20]

Abschlusskommentar

Es besteht nach meinen Ausführungen keine Notwendigkeit, Abstriche an dem Forderungskatalog des AJK vorzunehmen. Bei allen vorgenommenen Reformen des JGG-Systems werden in dieser Perspektive über fast 30 Jahre dessen Beharrungskräfte deutlich. Nun könnte man hiergegen einwenden, dass es doch gerade in letzter Zeit Schritte gegeben hat, die die Hoffnung auf eine bessere Zukunft zulassen. Ich denke hier natürlich an die Entscheidung des Bundesverfassungsgerichtes vom 31.5.2006 und die dort verankerte Erziehungsmaxime für den Jugendstrafvollzug. Überfällig, aber dennoch natürlich positiv zu bewerten, ist auch, dass das Bundesverfassungsgericht nunmehr klargestellt hat, dass sich Gesetzgebung und Praxis des Jugendstrafvollzuges auszurichten haben am Stand der wissenschaftlichen Erkenntnis, also einen „theoriegeleiteten und evidenzbasierten Jugendstrafvollzug zu entwickeln" haben. Allerdings trübt sich diese verhaltene Freude unmittelbar, wenn man sich die Analysen der neuen regionalen Jugendstrafvollzugsgesetze von Walter (2008: 21 ff) und von Feest und Bammann (2009, in diesem Band) vergegenwärtigt. Es müssen hier einige Stichwörter reichen:
- kein Rechtsanspruch auf Zuweisung eines angemessenen Arbeits- bzw. Ausbildungsplatzes;
- Auferlegung einer Mitwirkungspflicht zur Selbst-Resozialisierung;
- keine deutliche Weichenstellung zugunsten des offenen Vollzuges;
- kein striktes Verbot von Einzelhaft trotz der eindeutigen internationalen Standards;
- keine Verwirklichung von innovativen Vollzugsformen;
- keine Einbeziehung in die Systeme der Sozialversicherung.

Walter (2008: 29) identifiziert in dieser Entwicklung bloße symbolische Gesetzgebung, die eine gefährliche Verbindung mit Provinzialismus einzugehen droht.

Und dann vielleicht noch ganz am Schluss – sozusagen off the record – ein letztes Wort: Man muss sich nur einmal die Zeit nehmen, um auf einer Zuhörerbank in einem wo auch immer lokalisierten bundesrepublikanischen Jugendgericht Platz zu nehmen.[21] Man ist unmittelbar konfrontiert mit einer schon als eindrucksvoll zu bezeichnenden Selektionsleistung unseres Jugendstrafsystemes: Zu besichtigen ist der sicherlich oft gutwillige, aber dennoch zum Scheitern verurteilte und absurde Versuch, mit dem Arsenal des JGG Armut, Benachteiligung, langandauernde Ausgrenzung und soziale Desintegration von jungen Menschen bewältigen zu wollen. Die Gesellschaft, vertreten durch sein Jugendgericht, sitzt nicht über sich selbst und seine Versäumnisse zu Gericht, sondern bestraft seine Opfer ein zweites Mal. Das ist beschämend.

---

20 Drewniak (ebd.) mit Verweis auf Peterich (1994: 57).
21 Seit etwa 20 Jahren nehme ich einmal im Jahr mit Jurastudenten aus Oslo an einem Sitzungstag eines norddeutschen Jugendgerichtes teil.

Literatur

Arbeitsgemeinschaft für Jugendhilfe (AGJ) (1981): Stellungnahme zum Arbeitsentwurf eines Gesetzes zur Fortentwicklung des Jugendstrafvollzugs und zur Eingliederung junger Straffälliger, Bonn.

Arbeitsgemeinschaft sozialdemokratischer Juristen (ASJ) (1979): Thesen zur Reform des Jugendkriminalrechts, Vorlage für die Sitzung der ASJ-Bundesausschußsitzung am 19.1.1979 in Bonn.

Arbeiterwohlfahrt (Hrsg.) (1981): Stellungnahme der Arbeiterwohlfahrt zu den Arbeitsentwürfen des Bundesministers der Justiz zur Verbesserung der gesetzlichen Regelungen für den Jugendstrafvollzug, Bonn.

Bundesministerium der Justiz (1980): Arbeitsentwurf eines Gesetzes zur Fortentwicklung des Jugendstrafvollzuges und zur Eingliederung junger Straffälliger, in der Fassung vom 30.6.1980.

Busch, M. (1978): Offener Jugendstrafvollzug und Lockerungen des Vollzuges, in: Bundesministerium der Justiz, Tagungsberichte der Jugendstrafvollzugskommission, Band VI, Bonn, S. 1 ff.

Cornel, H. (2009): Der Erziehungsgedanke im Jugendstrafrecht: historische Entwicklungen (in diesem Band).

Deutsches Jugendinstitut (1981): Stellungnahme zum Arbeitsentwurf einer Verordnung über den Vollzug der Jugendstrafe und die Eingliederung junger Straffälliger, München.

Deutsche Vereinigung für Jugendgerichte und Jugendgerichtshilfen (1981): Die jugendrichterliche Entscheidung – Anspruch und Wirklichkeit, München.

Drewniak, R. (2009): Ambulante sozialpädagogische Maßnahmen als Alternativen zum Freiheitsentzug (in diesem Band).

Dünkel, F./Geng, B. (2007): Jugendstrafvollzug in Deutschland – aktuelle rechtstatsächliche Befunde, in: Goerdeler, J./Walkenhorst, P. (Hrsg.), Jugendstrafvollzug in Deutschland. Neue Gesetze, neue Strukturen, neue Praxis? Godesberg, S. 15 - 54.

Fachdienste im niedersächsischen Strafvollzug (1979): Heft 1.

Fend, H. (1972): Sozialisierung und Erziehung, Weinheim.

Feest, J./Bammann, K. (2009): Jugendstrafvollzugsgesetze: Anspruch und Umsetzung (in diesem Band).

Giehring, H. (1981): Zur Frage der rechtlichen Zulässigkeit und Gebotenheit geschlossener Unterbringung in der Heimerziehung, Rechtsgutachten für die Behörde für Arbeit, Jugend und Soziales der Freien und Hansestadt Hamburg, Hamburg.

Horn, K. (1971): Dressur oder Erziehung, Frankfurt/Main.

Kriminologische Journal (2008): 1, Schwerpunkt: Ist das Gefängnis noch zu retten?

Kritik der Jugendstrafvollzugsreform. Ein Tagungsbericht als Einführung in das Heft (1982): In: Kriminologisches Journal 2, S. 85-94.

Kupffer, H. (1974): Erziehung als Strafform? In: Kriminologisches Journal, S. 249-260.

Lutz, T. (2009): Wiedergutmachung statt Strafe? Restorative Justice und der Täter-Opfer-Ausgleich (in diesem Band).

Ostendorf, H. (2007): Jugendgerichtsgesetz, Kommentar, 7. Auflage, Baden-Baden.

Papendorf, K. (1982): Erfahrungswissenschaftliche Gründe, Jugendliche nicht mehr einzusperren. Zur Rationalität der AJK-Forderungen, in: Kriminologisches Journal 2, S. 137-158.

Pfeiffer, C. (1981): Jugendarrest – für wen eigentlich? In: Monatsschrift für Kriminologie und Strafrechtsreform, S. 28-62.

Walter, J. (2008): Notizen aus der Provinz. Eine erste Bilanz der Gesetzgebung der Länder zum Jugendstrafvollzug, in: Kriminologisches Journal 1, S. 21-31.

Autorinnen und Autoren

Hans-Jörg Albrecht, Prof. Dr., Max-Planck-Institut für ausländisches und internationales Strafrecht, Freiburg

Roland Anhorn, Prof. Dr., Professor für Sozialpädagogik an der EFH Darmstadt

Kai Bammann, Dr. jur., Dipl.-Kunsttherapeut/Kunstpädagoge (FH) und Dipl.-Kriminologe, arbeitet zurzeit als freier Künstler und Autor sowie als pädagogischer Mitarbeiter in einem Jugendheim in der Nähe von Bremen

Mechthild Bereswill, Prof. Dr., Fachbereich Sozialwesen, Universität Kassel

Frank Bettinger, Prof. Dr. rer. pol., Professor für Sozialpädagogik an der EFH Darmstadt

Micha Brumlik, Prof. Dr., Fachbereich Erziehungswissenschaften, Institut für Allgemeine Erziehungswissenschaft, Johann Wolfgang Goethe-Universität Frankfurt

Heinz Cornel, Prof. Dr., Prorektor der Alice Salomon Hochschule Berlin

Helga Cremer-Schäfer, Prof. Dr., Fachbereich Erziehungswissenschaften, Institut für Sozialpädagogik und Erwachsenenbildung, Johann Wolfgang Goethe-Universität Frankfurt

Bernd Dollinger, Prof. Dr., Professor für Sozialpädagogik an der PH Freiburg

Regine Drewniak, Dr. disc. pol., Pädagogin M.A., Kriminologin und Evaluatorin

Stefanie Eifler, PD Dr., Universität Bielefeld, Fakultät für Soziologie

Olaf Emig, Dipl.-Kriminologe und Dipl.-Sozialarbeiter, Jugendgerichtshilfe im Amt für Soziale Dienste, Bremen

Johannes Feest, Prof. Dr., Professor am FB 06: Rechtswissenschaften der Universität Bremen

Detlev Frehsee (1935-2001), Prof. Dr., Professor für Kriminologie, Strafrecht und Strafprozessrecht an der Universität Bielefeld

Christine Graebsch, Dipl. Kriminologin, Rechtsanwältin, Lehrbeauftragte an der Universität Bremen

Marcus Hußmann, Dipl. Sozialpädagoge, Doktorand am FB Erziehungswissenschaft der Universität Hamburg, Lehrbeauftragter und akademischer Tutor an der Universität Hamburg sowie an der Ev. Hochschule Hamburg

Gabriele Kawamura-Reindl, Prof., Diplom Kriminologin, Professorin an der Fakultät Sozialwissenschaften, Georg-Simon-Ohm-Hochschule Nürnberg

Reinhard Kreissl, PD Dr., Department Recht und Gesellschaft, Institut für Rechts- und Kriminalsoziologie, Wien

Klaus Laubenthal, Prof. Dr., Ordinarius für Kriminologie und Strafrecht und Vorstand des Instituts für Strafrecht und Kriminologie der Universität Würzburg; Richter am Oberlandesgericht

Michael Lindenberg, Prof. Dr. phil., Diplom Kriminologe und Diplom Sozialarbeiter, Professor an der Ev. Fachhochschule für Soziale Arbeit und Diakonie der Diakonenanstalt des Rauhen Hauses

Tilman Lutz, Diakon, Dipl. Sozialpädagoge, Dipl. Kriminologe. Zurzeit Wissenschaftlicher Mitarbeiter an der Ev. Fachhochschule für Soziale Arbeit und Diakonie der Diakonenanstalt des Rauhen Hauses

Thomas Naplava, Dr., Landeskriminalamt Nordrhein-Westfalen, Kriminalistisch-Kriminologische Forschungsstelle

Anke Neuber, Dr., Fachbereich Sozialwesen, Universität Kassel

Nina Nestler, Dr., wissenschaftliche Assistentin am Lehrstuhl für Strafrecht und Kriminologie der Universität Würzburg

Dietrich Oberwittler, PD Dr. phil., Max-Planck-Institut für ausländisches und internationales Strafrecht, Abteilung Kriminologie

Heribert Ostendorf, Prof. Dr., Leiter der Forschungsstelle für Jugendstrafrecht und Kriminalprävention an der Christian-Albrechts-Universität zu Kiel

Knut Papendorf, Prof. Dr. phil., Professor im Institutt for kriminologi og rettssosiologi, Universtität Oslo

Hans-Joachim Plewig, Prof. Dr., Institut für Sozialarbeit und Sozialpädagogik, Universität Lüneburg

Robin Reder, wissenschaftlicher Mitarbeiter am Institut für Erziehungswissenschaft, Westfälische Wilhelms-Universität Münster

Karl-Heinz Reuband, Prof. Dr., Professor am Sozialwissenschaftlichen Institut der Heinrich-Heine-Universität Düsseldorf

Fritz Sack, Prof. Dr., Professor am Institut für kriminologische Sozialforschung der Universität Hamburg

Albert Scherr, Prof. Dr., Institut für Sozialwissenschaft, PH Freiburg

Karl F. Schumann, Prof. Dr., Professor am Fachbereich 06: Rechtswissenschaften, Universität Bremen

Henning Schmidt-Semisch, Prof. Dr., Diplom Kriminologe und Soziologe, Professor am Fachbereich 11: Human- und Gesundheitswissenschaften der Universität Bremen

Silkenbeumer, Mirja, Dr. phil. Dipl. Päd., Leibniz Universität Hannover, Institut für Erziehungswissenschaft

Bernd-Rüdeger Sonnen, Prof. Dr., Fakultät für Rechtswissenschaft, Universität Hamburg

Thomas Trenczek, Prof. Dr., FH Jena, Fachbereich Sozialwesen

Stefan Weyers, Dr., Institut für Allgemeine Erziehungswissenschaft der Goethe-Universität Frankfurt am Main

Holger Ziegler, Prof. Dr., Universität Bielefeld, AG 8: Soziale Arbeit

Lehrbücher Soziale Arbeit

Karl-Heinz Braun / Martin Felinger / Konstanze Wetzel
Sozialreportage
Einführung in eine Handlungs- und Forschungsmethode der Sozialen Arbeit
2009. ca. 220 S. Br. ca. EUR 19,90
ISBN 978-3-531-16332-1

Karl August Chassé
Unterschichten in Deutschland
Materialien zu einer kritischen Debatte
2009. ca. 200 S. Br. ca. EUR 16,90
ISBN 978-3-531-16183-9

Katharina Gröning
Pädagogische Beratung
Konzepte und Positionen
2006. 166 S. Br. EUR 16,90
ISBN 978-3-531-14874-8

Christina Hölzle / Irma Jansen (Hrsg.)
Ressourcenorientierte Biografiearbeit
Einführung in Theorie und Praxis
2009. 341 S. Br. EUR 19,90
ISBN 978-3-531-16377-2

Fabian Kessl / Melanie Plößer (Hrsg.)
Differenzierung, Normalisierung, Andersheit
Soziale Arbeit als Arbeit mit den Anderen
2009. ca. 200 S. Br. ca. EUR 19,90
ISBN 978-3-531-16371-0

Erhältlich im Buchhandel oder beim Verlag.
Änderungen vorbehalten. Stand: Juli 2009.

Michael May
Aktuelle Theoriediskurse Sozialer Arbeit
Eine Einführung
2., überarb. und erw. Aufl. 2009. 321 S.
Br. EUR 29,90
ISBN 978-3-531-16372-7

Brigitta Michel-Schwartze (Hrsg.)
Methodenbuch Soziale Arbeit
Basiswissen für die Praxis
2., überarb. u. erw. Aufl. 2009. 346 S.
Br. EUR 19,90
ISBN 978-3-531-16163-1

Herbert Schubert (Hrsg.)
Netzwerkmanagement
Koordination von professionellen Vernetzungen – Grundlagen und Praxisbeispiele
2008. 272 S. Br. EUR 19,90
ISBN 978-3-531-15444-2

Mechthild Seithe
Engaging
Möglichkeiten Klientenzentrierter Beratung in der Sozialen Arbeit
2008. 141 S. Br. EUR 14,90
ISBN 978-3-531-15424-4

Wolfgang Widulle
Handlungsorientiert Lernen im Studium
Arbeitsbuch für sozialpädagogische Berufe
2009. 254 S. Br. EUR 24,90
ISBN 978-3-531-16578-3

www.vs-verlag.de

VS VERLAG FÜR SOZIALWISSENSCHAFTEN

Abraham-Lincoln-Straße 46
65189 Wiesbaden
Tel. 0611.7878-722
Fax 0611.7878-400

Soziale Passagen –
Journal für Empirie und Theorie Sozialer Arbeit

Soziale Passagen

- sind ein interaktives Projekt, das sich den durch gesellschaftliche Veränderungen provozierten Herausforderungen stellt und sich dezidiert als wissenschaftliche Publikationsplattform zu Fragen der Sozialen Arbeit verstehen.

- stehen für eine deutlich konturierte empirische Fundierung und die ‚Entdeckung' der Hochschulen, Forschungsprojekte und Forschungsinstitute als Praxisorte. Sie bieten einen diskursiven Raum für interdisziplinäre Debatten und sind ein Forum für empirisch fundierte und theoretisch elaborierte Reflexionen.

- enthalten in jeder Ausgabe einen Thementeil und ein Forum für einzelne Beiträge. Einen weiteren Schwerpunkt bilden Kurzberichte aus laufenden Forschungsprojekten. Die inhaltliche Qualität ist über ein peer-review-Verfahren gesichert.

- richten sich an Mitarbeiterinnen, Mitarbeiter und Studierende an Universitäten, Fachhochschulen und Instituten sowie an wissenschaftlich orientierte Leitungs- und Fachkräfte in der sozialpädagogischen Praxis.

1. Jahrgang 2009 – 2 Hefte jährlich

www.sozialepassagen.de

Abonnieren Sie gleich!
vs@abo-service.info
Tel: 0611. 7878151 · Fax: 0611. 7878423

Erhältlich im Buchhandel oder beim Verlag.
Änderungen vorbehalten. Stand: Juli 2009.

VS-JOURNALS.DE

Abraham-Lincoln-Straße 46
65189 Wiesbaden
Tel. 0611.7878-722
Fax 0611.7878-400